Diritto del lavoro

IUSTITIAM COLIMUS

Maria Vittoria Ballestrero
Gisella De Simone

Diritto del lavoro

Con la collaborazione di Marco Novella

QUINTA EDIZIONE RIVEDUTA E AGGIORNATA – LUGLIO 2022

Giappichelli

VIA PO, 21 - TEL. 011-81.53.111 - FAX 011-81.25.100

http://www.giappichelli.it

ISBN/EAN 978-88-921-4421-7

G. Giappichelli Editore

Questo libro è stato stampato su carta certificata, riciclabile al 100%

Stampa: Stampatre s.r.l. - Torino

INDICE

pag.

pag.

Capitolo IV

I CONTRATTI DI LAVORO

PARTE IV

LA TUTELA DEL LAVORO NEL MERCATO

Capitolo I

POLITICHE ATTIVE DEL LAVORO E ACCESSO AL LAVORO

Capitolo II

DISCIPLINE SPECIFICHE DELL'ACCESSO AL LAVORO: DISABILI E STRANIERI

pag.

Capitolo III

AMMORTIZZATORI SOCIALI E RACCORDO TRA POLITICHE ATTIVE E PASSIVE DEL LAVORO

PARTE V

I DIRITTI FONDAMENTALI DEL LAVORATORE

Capitolo I

EGUAGLIANZA E NON DISCRIMINAZIONE

Parte VII

Gestione dei rapporti di lavoro e vicende dell'impresa

Capitolo I

Il tempo di lavoro

Sezione I

L'orario di lavoro

Sezione II

L'orario ridotto: il lavoro a tempo parziale

Capitolo II

La sospensione del rapporto di lavoro

pag.

Capitolo III

RAPPORTI TRA IMPRESE E RAPPORTI DI LAVORO

PARTE VIII

LA CESSAZIONE DEL RAPPORTO DI LAVORO

Capitolo I

IL RECESSO UNILATERALE

Capitolo II

I LICENZIAMENTI INDIVIDUALI

Prefazione alla quinta edizione

I tre anni di distanza che separano questa nuova edizione del Manuale dall'edizione precedente (2019) sono stati segnati da eventi terribili, che hanno sconvolto la vita di tutti noi, e continuano a condizionarla profondamente, aggiungendo alle ansie per una pandemia che non ci lascia, le preoccupazioni per una guerra orrenda, che sentiamo così vicina a noi e di cui non siamo in grado di sapere se e come potrà finire e in quali condizioni lascerà i nostri sistemi politici, la nostra economia, i nostri valori morali.

Questi anni terribili hanno segnato anche il Diritto del lavoro, sul quale si è abbattuta, con una urgenza sconosciuta in passato, la necessità di far fronte alla situazione creata dalla pandemia, nella quale si sono combinate le esigenze imprescindibili di salvaguardare la salute e la sicurezza dei cittadini, mantenendo, nei limiti delle possibilità consentite dalla paralisi di molte attività produttive, uno spazio aperto perché il lavoro non perdesse la centralità che la nostra Costituzione gli assegna.

Gli anni 2020-2021 sono stati gli anni di una legislazione emergenziale: una normativa "Covid-19" che, in parte progressivamente superata via via che il virus allentava (senza mai perderla) la sua morsa, continua tuttavia a estendere le sue propaggini nella normativa attuale. In questa nuova edizione del Manuale abbiamo ritenuto di poter trascurare (limitandoci a qualche rapido cenno) la normativa emergenziale che possiamo ritenere superata, per concentrare invece la nostra attenzione sull'assetto attuale del diritto del lavoro, guardando agli interventi del legislatore, della Corte costituzionale, della giurisprudenza, delle parti sociali, che immettono nel diritto del lavoro contenuti in parte nuovi, legati alle trasformazioni del lavoro e della sua organizzazione nel difficile periodo che stiamo attraversando.

Come già per le passate edizioni, auspichiamo che un testo aggiornato possa, se non rendere meno arduo lo studio di una materia soggetta a continui mutamenti e ricca, purtroppo, di disposizioni di difficile lettura e di incerta interpretazione, almeno mettere gli studenti al corrente di quanto di nuovo è stato introdotto nel diritto vigente. Siamo consapevoli che anche questa edizione, dovendo dare conto di innovazioni legislative intervenute negli ultimi mesi e persino nelle ultime settimane, non va esente dal rischio di sviste, o addirittura di qualche fraintendimento. Ce ne scusiamo in anticipo: ma i tempi della pubblicazione del Manuale devono seguire i tempi dell'organizzazione didattica, che non consente il rinvio dei molti mesi necessari per una più meditata riflessione.

Sulla base dell'esperienza maturata nell'impiego – da parte nostra e dei nostri studenti – della precedente edizione del testo, in questa quinta edizione abbiamo apportato alcune importanti modifiche alla struttura dell'edizione precedente (ma resta l'organizzazione in Parti, così come la suddivisione interna in Sezioni di alcuni Capitoli), con l'obiettivo di renderla più chiara e meglio fruibile.

Le scelte relative ai contenuti e allo stile del Manuale sono quelle indicate fino dalla prima edizione. Come nelle precedenti edizioni, abbiamo tenuta ferma la scelta di escludere dalla trattazione l'intera materia del lavoro pubblico: malgrado la c.d. privatizzazione, il lavoro pubblico mantiene una sua "specialità", accentuata dalle recenti riforme, che per poter essere compresa richiede una trattazione specifica e approfondita. Anche in questa edizione è stata inserita una parte dedicata all'organizzazione sindacale e alla contrattazione collettiva: siamo ben consapevoli che anche il diritto sindacale ha una ampiezza e una complessità tali da imporne lo studio come materia a sé; abbiamo tuttavia ritenuto necessario fornire, in uno spazio relativamente contenuto, le nozioni di base indispensabili alla comprensione della disciplina dei rapporti di lavoro, molta parte della quale è contenuta, per virtù propria o per rinvio da parte del legislatore, nei contratti collettivi.

Non diversamente dalle edizioni precedenti, anche in questa edizione abbiamo evitato di mettere in fondo ad ogni capitolo la classica "bibliografia essenziale", optando per i semplici riferimenti finali e per esteso alla bibliografia citata in forma abbreviata nelle note, ai quali abbiamo aggiunto l'indicazione di alcune letture utili per un primo orientamento nella ricerca. Le note a piè di pagina e il corpo minore del carattere sono stati utilizzati per fornire ai lettori più curiosi, o più scrupolosi, dettagli ulteriori e approfondimenti degli argomenti trattati.

Questa quinta edizione del Manuale, come le quattro che la hanno preceduta, è frutto del nostro lavoro comune, nonché dello sforzo di dare omogeneità al testo, per quanto possibile, e senza poter cancellare talune differenze di stile e di approccio che fanno parte della nostra identità culturale. Come è avvenuto sin dalla prima edizione, Marco Novella ha collaborato con noi, redigendo la PT. IV e la PT. IX, delle quali resta l'unico autore e responsabile.

Infine, dobbiamo un sentito ringraziamento a Cinzia Carta, Giulia Bandelloni e Beatrice Dassori per averci fornito il loro prezioso aiuto nella ricerca del materiale normativo e giurisprudenziale indispensabile per l'aggiornamento del manuale. Un ringraziamento speciale ad Annamaria Donini che oltre ad aiutarci nella ricerca, ha curato, con scrupolo, competenza e grande attenzione la revisione del manoscritto.

Genova, luglio 2022

Maria Vittoria Ballestrero e Gisella De Simone

ABBREVIAZIONI

ADL	Argomenti di diritto del lavoro
ADL *Quaderni*	Quaderni di Argomenti di diritto del lavoro
AG	About gender
DDP	Digesto IV, discipline privatistiche
D&L	vedi RCDL
DIC	Diritto, immigrazione, cittadinanza
DL	Diritto del lavoro
DLM	Diritti, lavori, mercati
DLRI	Giornale di diritto del lavoro e di relazioni industriali
DML	Il diritto del mercato del lavoro
DP	Diritto pubblico
DPL	Diritto e pratica del lavoro
DRI	Diritto delle relazioni industriali
DSS	Diritto della sicurezza sociale
ED	Enciclopedia del diritto
EGT	Enciclopedia giuridica Treccani
FI	Foro italiano
FI Rep.	Repertorio del Foro italiano
GC	Giustizia civile
GCCC	Giurisprudenza completa della cassazione civile
GCM	Giustizia civile Massimario
GDA	Giornale di diritto amministrativo
GL	Guida al lavoro
Gpiem	Giurisprudenza piemontese
L80	vedi RCDL
LD	Lavoro e diritto
LG	Il lavoro nella giurisprudenza
LLI	Labour & Law Issues
LPA	Il lavoro nelle pubbliche amministrazioni
MGL	Massimario della giurisprudenza del lavoro
NDI	Novissimo Digesto italiano
NDIApp.	Novissimo Digesto italiano, Appendice
NGL	Notiziario di giurisprudenza del lavoro
NLCC	Le nuove leggi civili commentate
OGL	Orientamenti della giurisprudenza del lavoro
PD	Politica del diritto
QDLRI	Quaderni di diritto del lavoro e delle relazioni industriali

QF	Quaderni fiorentini per la storia del pensiero giuridico moderno
RA	Rivista dell'arbitrato
RCDpriv.	Rivista critica di diritto privato
RCDL	Rivista critica di diritto del lavoro (indicata anche con l'acronimo D&L e L80)
RDC	Rivista di diritto civile
RDComm.	Rivista di diritto commerciale
RDL	Rivista di diritto del lavoro
RD Sport	Rivista di diritto sportivo
RDSS	Rivista di diritto della sicurezza sociale
RGL	Rivista giuridica del lavoro e della previdenza sociale
RIDL	Rivista italiana di diritto del lavoro
RISG	Rivista italiana di scienze giuridiche
RPen	Rivista penale
RSoc	Rivista delle società
RTDPC	Rivista trimestrale di diritto e procedura civile
TLG	Toscana lavoro giurisprudenza
VTDL	Variazioni su Temi di Diritto del Lavoro
WP C.S.D.L.E.	Working papers Centro Studi di Diritto del lavoro europeo
WPO	Working papers Olympus

PARTE I

LE FONTI DEL DIRITTO DEL LAVORO

Capitolo I

Le fonti del diritto del lavoro

Sommario: 1. Introduzione. – 2. Le fonti sovranazionali. Il diritto dell'Unione europea e l'*acquis communautaire*. – 2.1. Diritto primario e diritto derivato, efficacia diretta ed efficacia indiretta. L'attuazione delle direttive nel diritto italiano. – 3. Il diritto internazionale. In particolare: *a*) la CEDU e la Carta sociale europea; *b*) le Convenzioni dell'OIL. – 4. Le fonti del diritto interno. La Costituzione e il lavoro. – 4.1. I diritti sociali come diritti fondamentali. – 5. La legislazione ordinaria: ripartizione della potestà legislativa tra Stato e Regioni. – 6. La legge e la contrattazione collettiva.

1. *Introduzione*

Allo studio delle fonti del diritto del lavoro è necessario premettere alcuni chiarimenti sulle nozioni e sulla terminologia che utilizzeremo: si tratta di concetti e terminologie che gli studenti hanno già appreso con lo studio delle materie istituzionali di base, ma che vale la pena di riepilogare in questa sede per ragioni di chiarezza [1].

a) *Fonti legali*

Si dicono fonti *legali o formali* (di produzione) del diritto tutti quegli atti o fatti cui il diritto stesso attribuisce il potere (o la competenza che dir si voglia) di creare norme giuridiche vincolanti *erga omnes*.

Il diritto, in altre parole, disciplina (tra le altre cose) la sua stessa creazione, mediante norme cosiddette "sulla produzione giuridica": norme, cioè, che stabiliscono quali soggetti od organi e con quali procedimenti possano validamente creare (nuove, ulteriori) norme giuridiche. Ne sono esempi particolarmente chiari gli artt. 70 ss. Cost. che conferiscono alle Camere il potere legislativo e stabiliscono con quali procedimenti tale potere possa essere esercitato.

Le norme prodotte da fonti legali o formali appartengono all'ordinamento positivo in virtù delle norme sulla produzione giuridica che ne disciplinano la creazione.

b) *La fonte originaria*

Ogni ordinamento, tuttavia, necessariamente include – accanto alle fonti legali, di cui al punto precedente – anche una fonte originaria, la cui appartenenza all'ordinamento non dipende dalla esistenza previa di norme sulla produzione giuridica. La fonte in questione altro non è che la costituzione, frutto dell'esercizio non già di un

---

[1] Dobbiamo questo paragrafo introduttivo a Riccardo Guastini 2010.

potere costituito (ossia previsto e regolato da norme sulla produzione giuridica, quale il potere legislativo), bensì del potere costituente, ossia di un potere *extra ordinem*, non conferito né disciplinato da alcuna norma preesistente.

Le norme costituzionali appartengono all'ordinamento, per così dire, per virtù propria: non perché una norma preesistente abbia conferito ai padri costituenti il potere di emanare una costituzione, ma perché sono norme, di fatto, accettate e generalmente osservate.

Insomma, criterio di appartenenza all'ordinamento delle norme derivanti da fonti legali è la conformità alle norme sulla produzione giuridica. Criterio di appartenenza delle norme costituzionali originarie è l'effettività.

c) Fonti extra ordinem

Generalmente parlando, si dicono fonti *extra ordinem* tutti quei fatti che, pur non essendo previsti come fatti produttivi di diritto dalle norme sulla produzione giuridica vigenti, nondimeno danno vita a norme che, di fatto, ricevono egualmente accettazione ed osservanza da parte dei loro destinatari, e si impongono come norme valide in virtù del cosiddetto "principio di effettività". Principio di effettività è quella regola in virtù della quale: una norma deve considerarsi giuridicamente esistente – anche se non risponde ai criteri di validità dell'ordinamento vigente – qualora sia generalmente accettata ed osservata dai suoi destinatari; e reciprocamente una norma non può considerarsi giuridicamente esistente – anche se risponde ai criteri di validità dell'ordinamento vigente – qualora non sia per nulla accettata e osservata dai suoi destinatari.

d) Le fonti dell'ordinamento vigente

L'elenco di fonti contenuto nell'art. 1 disp. prel. c.c. (1942) – il quale, si osservi, non includeva la costituzione allora vigente, ossia lo Statuto albertino – è ormai palesemente inadeguato, a seguito della entrata in vigore della Costituzione repubblicana (1948). L'elenco delle fonti si è notevolmente allungato; oltre alle nuove fonti del nostro ordinamento debbono necessariamente essere richiamate, per le ragioni che diremo oltre, le fonti dell'ordinamento dell'Unione europea.

e) La gerarchia delle fonti

Le fonti menzionate non stanno, per così dire, tutte "sullo stesso piano": al contrario, sono gerarchicamente ordinate, nel senso seguente. Una fonte (F1) si dice gerarchicamente sovraordinata ad un'altra fonte (F2) allorché una norma positiva inibisce a F2 di contenere norme incompatibili con quelle statuite da F1. Così, ad esempio, per limitarci alle relazioni gerarchiche più importanti, gli artt. 134, 136, e 138 Cost. inibiscono alla legge di contenere norme incompatibili con la Costituzione; l'art. 4 disp. prel. c.c., come pure l'art. 5, l. n. 2248/1865, all. E, sul contenzioso amministrativo, inibiscono ai regolamenti di contenere norme incompatibili con la legge; e così via.

In virtù delle norme che stabiliscono relazioni gerarchiche tra fonti, le norme della fonte inferiore che siano incompatibili con le norme della fonte superiore sono *invalide*. Se si tratta di norme di legge (incompatibili con la Costituzione) la loro invalidità può essere dichiarata, con effetti di annullamento *erga omnes*, dalla Corte costituzionale (e da essa sola). Se si tratta di norme regolamentari (incompatibili con la legge), la loro invalidità può essere riconosciuta con effetti di disapplicazione *inter partes* dal giudice civile, e può essere dichiarata con effetti di annullamento *erga omnes* dal giudice amministrativo.

2. *Le fonti sovranazionali. Il diritto dell'Unione europea e l'*acquis communautaire

Il diritto del lavoro degli ultimi decenni risulta profondamente influenzato da quello che, sino a qualche anno fa, si definiva "diritto comunitario" (e ora "diritto dell'Unione europea" o "diritto eurounitario"), al punto che oggi non avrebbe alcun senso, e non sarebbe neppure possibile, studiare il diritto del lavoro italiano senza considerare quelle fonti, che hanno conformato molte materie e molti istituti cardine del diritto interno (eguaglianza e discriminazione, tempo di lavoro, sicurezza, lavori c.d. atipici, trasferimento d'azienda, insolvenza del datore di lavoro, licenziamenti collettivi, per citare alcuni temi centrali del diritto del lavoro).

Nato negli anni '50 per creare quello che diverrà un *mercato comune*, il diritto comunitario (diritto della Comunità Economica Europea, CEE, istituita con il Trattato di Roma del 25 marzo 1957, entrato in vigore il 1° gennaio 1958), nei decenni successivi ha progressivamente dato spazio ai *diritti sociali fondamentali* (*infra*, § 4.1)[2]. Il punto di svolta finale – per quanto qui rileva – è rappresentato dal Trattato di Lisbona (entrato in vigore il 1° dicembre 2009), in forza del quale, tra l'altro, «l'Unione sostituisce e succede alla Comunità europea[3]». Corretto e doveroso, dunque, parlare oggi di diritto dell'Unione europea, fondato sui due Trattati (che «hanno lo stesso valore giuridico») che rappresentano le fondamenta del nuovo diritto dell'UE: il (nuovo) Trattato sull'Unione europea (d'ora in poi TUE) e il Trattato sul funzionamento dell'Unione europea (d'ora in poi TFUE).

Le disposizioni che riguardano segnatamente quello che possiamo definire il diritto del lavoro (o diritto sociale, in senso più ampio) dell'Unione europea (d'ora in poi UE) sono disperse in diverse parti di entrambi i Trattati (ma soprattutto nel TFUE) e, complessivamente, denotano una accresciuta sensibilità per la c.d. dimensione sociale dell'UE.

Tra gli obiettivi odierni, troviamo la realizzazione di una «economia sociale di mercato fortemente competitiva, che mira alla piena occupazione e al progresso sociale» (art. 3.3 TUE). Tra i valori sui quali si fonda l'Unione, troviamo, per quanto qui più rileva, «il rispetto della dignità umana, della libertà, (...) dell'uguaglianza (...) e dei diritti umani», valori comuni «agli Stati membri in una società caratterizzata dal pluralismo, dalla non discriminazione, dalla tolleranza, dalla giustizia, dalla solidarietà e dalla parità tra donne e uomini» (art. 2 TUE). Questi stessi valori avevano già trovato la loro formale affermazione nella Carta dei diritti fondamentali dell'Unione europea (d'ora in avanti CDFUE), solennemente proclamata a Nizza nel dicembre 2000; ma solo con la modifica dell'art. 6. 1 TUE ad opera del Trattato di Lisbona (2009) la Carta ha acquisito «lo stesso valore giuridico dei trattati», entrando formalmente e sostanzialmente a far parte delle fonti del diritto dell'UE, collocandosi, insieme ai Trattati, al vertice della gerarchia delle fonti dell'UE (c.d. diritto primario: *infra*).

Se la genesi e l'evoluzione del diritto dell'UE mostra le peculiarità delle quali si è

---

[2] Così da superare oggi, grazie soprattutto alla Carta dei diritti fondamentali di cui si dirà, l'accusa di «frigidità sociale» autorevolmente rivolta al diritto comunitario da Mancini 1988, p. 26.

[3] L'aggettivo "economica" (Comunità economica europea) era stato soppresso dal Trattato di Maastricht firmato nel 1992 ed entrato in vigore nel 1993.

brevemente detto, altrettanto peculiare, come anticipato, è la collocazione delle norme UE rispetto alla gerarchia delle fonti italiane, a causa della complessa interazione tra fonti con origini e competenze diverse. Generalmente si ritiene che il diritto dell'UE prevalga sul diritto interno degli Stati membri (la c.d. *primauté*), e si fa risalire questo principio ad una risalente pronuncia (1964) della Corte di Giustizia (d'ora in avanti CGE), organo della Comunità e poi dell'Unione, deputato, *in primis*, a controllare la corretta interpretazione del diritto UE e la formale e sostanziale conformità dei sistemi giuridici nazionali al diritto UE. Secondo la vulgata ormai consolidatasi ufficialmente, il primato del diritto UE dovrebbe valere anche rispetto alle Costituzioni nazionali, così da porre il diritto UE al vertice della gerarchia delle fonti per qualsiasi Stato membro.

I Trattati e la CDFUE tuttavia non sono, né formalmente né sostanzialmente, assimilabili ad una vera Costituzione europea. Risultati di atti di diritto internazionale, i Trattati hanno tuttavia creato un ordinamento giuridico autonomo (dotato di proprie istituzioni, che interagiscono in vario modo tra loro e con le autorità nazionali)[4], fondato sul riconoscimento loro attribuito dagli Stati membri, che hanno rinunciato a parte della loro sovranità accettando che, nelle materie e con le modalità previste negli stessi Trattati, le fonti UE prevalgano sulle fonti interne. Cruciale, dunque, è verificare quali materie rientrino nella competenza dell'UE, ovvero i confini del riparto di competenze, e ciò dovrà essere fatto di volta in volta, verificando quali siano i settori di esclusiva competenza dell'UE, quali di competenza esclusiva nazionale, e quali invece di legislazione concorrente[5].

Ancora più cruciale risulta il rapporto che si viene a creare tra i due ordinamenti giuridici e le relative fonti. La Corte costituzionale ha ormai avallato la prevalenza del diritto UE sul diritto interno (inclusa la stessa Costituzione, e con il solo limite dei principi fondamentali), ritenendo tale prevalenza consentita dalla stessa Costituzione. La Corte, nelle sue decisioni in materia, si è riferita anzitutto all'art. 11 («L'Italia [...] consente, in condizioni di parità con gli altri Stati, alle limitazioni di sovranità necessarie ad un ordinamento che assicuri la pace e la giustizia fra le Nazioni; promuove e favorisce le orga-

---

[4] Si rinvia, necessariamente, ai Manuali di diritto dell'UE. Ma non si può non richiamare qui l'attenzione almeno sul ruolo della Commissione e della Corte di Giustizia. In particolare, la Commissione svolge un importante ruolo di primo controllo dell'effettivo rispetto del diritto UE da parte degli Stati membri. In virtù delle sue prerogative, la Commissione (di propria iniziativa, su segnalazione di privati o sulla base di una interrogazione parlamentare) può avviare una *procedura di infrazione* nei confronti di uno Stato membro ogni qual volta rilevi la violazione di una norma del diritto UE, che può condurre la Commissione a presentare *ricorso per inadempimento* davanti alla CGE contro lo Stato in questione (art. 258 TFUE). Ma è la Corte di Giustizia che, secondo l'art. 19 TUE, «assicura il rispetto del diritto nell'interpretazione e nell'applicazione dei trattati».

[5] Secondo l'art. 5.2 TUE, «in virtù del *principio di attribuzione*, l'Unione agisce esclusivamente nei limiti delle competenze che le sono attribuite dagli Stati membri nei trattati per realizzare gli obiettivi da questi stabiliti. Qualsiasi competenza non attribuita all'Unione nei trattati appartiene agli Stati membri». Secondo l'art. 5.3 TUE, invece, «in virtù del *principio di sussidiarietà*, nei settori che non sono di sua competenza esclusiva l'Unione interviene soltanto se e in quanto gli obiettivi dell'azione prevista non possono essere conseguiti in misura sufficiente dagli Stati membri, né a livello centrale né a livello regionale e locale, ma possono, a motivo della portata o degli effetti dell'azione in questione, essere conseguiti meglio a livello di Unione». Non solo: «in virtù del *principio di proporzionalità*, il contenuto e la forma dell'azione dell'Unione si limitano a quanto necessario per il conseguimento degli obiettivi dei trattati» (l'art. 5.4 TUE).

nizzazioni internazionali rivolte a tale scopo»), e in secondo luogo all'art. 117 (come modificato dalla legge costituzionale n. 3/2001), in forza del quale «la potestà legislativa è esercitata dallo Stato e dalle Regioni nel rispetto della Costituzione, nonché dei vincoli derivanti dall'*ordinamento comunitario* e dagli obblighi internazionali». Ciò non esclude che, in talune circostanze, il problema della supremazia del diritto UE rispetto alla nostra Costituzione si sia posto (es. divieto di lavoro notturno femminile) e possa riproporsi, mettendo in evidenza punti di frizione tra i diversi principi e le diverse norme espresse da quelle fonti, rimettendo così in discussione i loro reciproci rapporti.

Il primato del diritto UE trova riscontro, sia nell'elaborazione della Corte costituzionale sia nella giurisprudenza della CGE, nell'obbligo del giudice nazionale di decidere una controversia sulla base delle norme UE direttamente applicabili, disapplicando le norme interne contrastanti. Quando invece il giudice individui un contrasto tra norme UE non direttamente applicabili e norme interne, trova spazio l'applicazione del principio di c.d. *interpretazione conforme*: il giudice nazionale deve interpretare le disposizioni interne nel modo più conforme alle disposizioni UE, quando ciò risulti possibile e non vi sia incertezza sull'interpretazione delle disposizioni UE.

Nella dialettica tra ordinamenti, e più specificamente nel dialogo tra le Corti, un ruolo importante è svolto dal meccanismo del *rinvio pregiudiziale.* In forza dell'art. 267 TFUE, la Corte è competente a pronunciarsi in via pregiudiziale sull'interpretazione dei Trattati, nonché sulla validità e sull'interpretazione degli atti compiuti dalle istituzioni e dagli organi dell'UE. Ogni organo giurisdizionale nazionale *può* rivolgersi alla Corte, sospendendo il giudizio in corso, per chiedere l'interpretazione del diritto UE che ritiene necessaria per risolvere la controversia interna. L'interpretazione delle norme UE decisa dalla Corte, pur non rappresentando formalmente una interpretazione autentica, costituisce un'interpretazione generalmente vincolante per qualsiasi interprete. La decisione, contro la quale non è ammesso alcun ricorso, è infatti obbligatoria per la giurisdizione nazionale che ha avviato il rinvio pregiudiziale (ma anche per tutte le giurisdizioni nazionali degli Stati membri). La facoltà di rinvio pregiudiziale si trasforma tuttavia (art. 276.3 TFUE) in obbligo per le giurisdizioni nazionali di ultima istanza (verso le cui decisioni non sia proponibile ricorso giurisdizionale secondo il diritto interno). Con le sentenze nn. 102 e 103/2008 della nostra Corte costituzionale, con le quali si è registrato il primo rinvio pregiudiziale ad opera della Corte italiana, sembrano ormai superate le molte remore che l'avevano indotta ad escludere un dialogo diretto con il supremo giudice UE, ritenendo che la sua funzione di controllo costituzionale non ne consentisse l'inclusione nel novero dei giudici di ultima istanza; a seguito dell'ordinanza n. 207/2013, la Corte utilizza il rinvio pregiudiziale anche nell'ambito di un giudizio di legittimità costituzionale in via incidentale. Il dialogo tra giudici italiani e CGE pare ormai dunque chiaramente e pienamente instaurato, proprio al fine di garantire – con le parole della nostra Corte – il «generale interesse all'uniforme applicazione del diritto comunitario».

La Corte si limita a fornire l'interpretazione del diritto UE, che il giudice nazionale applicherà nel decidere la controversia interna. Questa netta distinzione di ruoli tra giudici nazionali (cui spetta decidere la controversia interna) e giudici della Corte (cui spetta l'interpretazione del diritto UE) dovrebbe segnare i confini della collaborazione tra giurisdizioni nazionali e giurisdizione UE. Di fatto, in alcuni recenti casi, la Corte si è spinta sino a fornire "suggerimenti" al giudice nazionale che dovrà decidere della conformità del diritto interno rispetto al diritto UE, rendendo meno limpida la ripartizione di competenze ed arrivando a comprimere, di fatto, il potere e l'autonomia dei giudici nazionali.

2.1. *Diritto primario e diritto derivato, efficacia diretta ed efficacia indiretta. L'attuazione delle direttive nel diritto italiano*

Le fonti formali del diritto UE possono utilmente distinguersi in:

a) diritto primario, costituito dai Trattati (e dalle fonti ad essi eventualmente equiparate: è il caso oggi della CDFUE), che definiscono gli ambiti di esercizio della potestà legislativa dell'UE e i poteri attribuiti alle istituzioni europee;

b) diritto derivato, costituito da tutti gli atti normativi la cui validità deriva dal diritto primario. Nell'ambito del diritto derivato – trascurando in questa sede gli atti convenzionali (es. accordi tra l'UE e un paese terzo) – si suole distinguere tra atti unilaterali tipici e atipici. Tra gli *atti tipici* (art. 288 TFUE) nella materia di nostro interesse risultano rilevanti, più che decisioni (vincolanti), raccomandazioni e pareri (non vincolanti), i *regolamenti* e le *direttive*. Tra gli *atti c.d. atipici* (perché non menzionati all'art. 288 TFUE), merita segnalare, nell'ambito di nostro interesse, i c.d. *libri bianchi e libri verdi*, per lo più manifestazioni di intenti e proposte (aperte alla consultazione pubblica, nel caso dei libri verdi, che in molti casi confluiscono poi in un libro bianco) volte a influenzare lo sviluppo del diritto UE e dei diritti nazionali[6].

La funzione legislativa è esercitata congiuntamente, secondo procedure dettagliatamente regolate dai Trattati, dal *Parlamento europeo* (composto dai rappresentanti eletti dai cittadini degli Stati membri) e dal *Consiglio* (composto da un rappresentante di ciascuno Stato membro a livello ministeriale, abilitato a impegnare il governo dello Stato membro che rappresenta e ad esercitare il diritto di voto)[7]. Gli atti legislativi (tra i quali le direttive e i regolamenti, per quanto qui più interessa) sono adottati su proposta della *Commissione*, che svolge un ruolo peculiare nel sistema complessivo. Tra le sue molte competenze (*ex* art. 17 TUE), infatti, all'iniziativa legislativa (es. proposte di direttive), si aggiungono funzioni di coordinamento, di gestione e di esecuzione, come pure la vigilanza sull'attuazione dei Trattati e delle misure adottate dalle istituzioni in virtù dei Trattati (es. direttive) (*retro*, nt. 4).

Regolamenti e direttive possono essere emanati nelle sole materie per le quali i Trattati prevedono una competenza primaria dell'UE e nei limiti di competenza ivi previsti.

«Il *regolamento* ha portata generale. Esso è obbligatorio in tutti i suoi elementi e direttamente applicabile in ciascuno degli Stati membri». Ciò significa che le norme da esso prodotte hanno *effetto diretto* (anche nei rapporti tra i privati) all'interno degli ordinamenti nazionali, senza necessità di alcun intervento da parte del legislatore interno. Si tratta dunque di un intervento per così dire pesante, che regola in modo uniforme la materia che ne è oggetto, senza lasciare alcuno spazio ad adattamenti nazionali delle regole, dispiegando un effetto diretto *verticale* (nei confronti degli Stati

---

[6] Si tratta di atti che non devono essere sottovalutati sia perché rappresentano la posizione della Commissione europea, ovvero di uno degli organi principali dell'UE, sia per l'impatto che essi hanno avuto e potranno avere sulle scelte politiche (di politica economia e di politica del diritto) dell'UE e degli Stati membri, a partire dallo storico *Libro bianco* di Jacques Delors del 1985.

[7] Il Consiglio non deve essere confuso con il *Consiglio europeo*, che non ha funzioni legislative bensì di impulso e di indirizzo delle politiche dell'UE, ed è composto dai capi di Stato o di governo degli Stati membri, dal suo presidente e dal presidente della Commissione.

membri) e *orizzontale* (tra privati). Importanti Regolamenti hanno regolato e regolano, per esempio, la libera circolazione dei lavoratori, tema centrale nel diritto sociale dell'UE sin dalle origini.

«La *direttiva* vincola lo Stato membro cui è rivolta per quanto riguarda il risultato da raggiungere, salva restando la competenza degli organi nazionali in merito alla forma e ai mezzi». I destinatari della direttiva, dunque, sono (solo) gli Stati membri, che devono provvedere a conformare il loro ordinamento giuridico entro il termine previsto da ciascuna direttiva; per questa ragione le direttive non hanno effetto diretto, e devono essere necessariamente trasposte (o recepite: *infra*) nel diritto interno degli Stati membri.

Ciò non esclude tuttavia che, a determinate condizioni, una direttiva possa essere invocata direttamente da un cittadino di uno Stato membro in un procedimento giudiziario nazionale. Scaduto il termine entro il quale uno Stato membro avrebbe dovuto recepire la direttiva, a fronte di un mancato o inadeguato recepimento (*infra*) della stessa direttiva, le disposizioni contenute in quella direttiva possono essere invocate direttamente dal cittadino dello Stato inadempiente, a condizione che esse siano così dettagliate e *self executing* da definire in modo chiaro, preciso e incondizionato i diritti che il cittadino intenda far valere. Verificata questa necessaria condizione, la disposizione in oggetto acquisisce sì efficacia diretta, ma limitata: la sua efficacia, infatti, si dispiega soltanto nei confronti dello Stato (inadempiente all'obbligo di recepimento), sia pure inteso in senso ampio, così da ricomprendere anche tutti i casi nei quali sia parte del giudizio la pubblica amministrazione (per esempio nella sua veste di datore di lavoro pubblico). Si tratta di quello che usualmente viene definito *effetto diretto verticale*. Resta invece ferma l'impossibilità di realizzare l'obiettivo di attribuire alla direttiva effetto diretto orizzontale (nelle controversie tra privati).

Al fine di garantire l'effettività delle direttive e di evitare che uno Stato membro possa trarre beneficio dal loro mancato recepimento, tuttavia, la CGE ha statuito che il cittadino che abbia subito un danno direttamente riconducibile al mancato recepimento di una direttiva *non self executing* potrà far valere il diritto ad un risarcimento effettivo e proporzionato del danno subito[8]; si tratta dell'applicazione della c.d. dottrina *Francovich*, dal caso (italiano) che è stato all'origine di questa giurisprudenza della Corte, ormai consolidatasi[9].

L'opera di interpretazione del diritto UE da parte della CGE, oltre che rappresentare un fondamentale ausilio per i giudici nazionali, rappresenta anche un importante tassello dello stesso diritto UE, che non può essere circoscritto alle soli fonti formali che abbiamo rapidamente considerato. Quelle fonti risultano infatti di volta in volta arricchite, nel loro significato e nella loro portata, proprio dall'interpretazione che la Corte ne dà con le sue decisioni (il c.d. *acquis communautaire*). Prova ne sia il fatto che, nelle numerose occasioni di aggiornamento e riscrittura delle direttive, si rinvie-

---

[8] Perché il danno possa e debba essere risarcito, occorre che si verifichino tre condizioni: «la prima di queste condizioni è che il risultato prescritto dalla direttiva implichi l'attribuzione di diritti a favore dei singoli. La seconda condizione è che il contenuto di tali diritti possa essere individuato sulla base delle disposizioni della direttiva. Infine, la terza condizione è l'esistenza di un nesso di causalità tra la violazione dell'obbligo a carico dello Stato e il danno subito dai soggetti lesi».

[9] Sentenza 19.11.1991, Cause riunite C-6/90 e C-9/90.

ne spesso un esplicito rinvio all'elaborazione della CGE. Il richiamo all'*acquis communautaire* compare infatti o nei c.d. *Considerando* delle direttive, che definiscono la base giuridica della direttiva (la disposizione del Trattato sulla quale si fondano sia la sua validità sia le sue finalità), o addirittura nell'articolato del testo della direttiva. In tali casi, come si usa dire, la direttiva provvede a codificare il punto di approdo della giurisprudenza della Corte, che rappresenta dunque, in un certo senso, una fonte del diritto UE, seppure *sui generis.*

Per completare questa sintetica presentazione dell'interazione tra le fonti dell'UE e il diritto interno, occorre considerare brevemente le modalità con le quali il diritto italiano provvede a trasporre (o recepire, come pure si usa dire) le direttive, per dar loro piena attuazione. Diversamente da quanto avviene per le fonti di diritto internazionale (*infra*, § 3), le direttive acquisiscono efficacia nel diritto interno non attraverso una legge di ratifica, bensì attraverso un procedimento che, da molti anni, è stato codificato e strutturato in modo da garantire, almeno in via di principio, il costante e tempestivo adeguamento dell'ordinamento interno alle direttive che, anno dopo anno, vengono approvate dalle istituzioni UE e al "diritto vivente" elaborato dalla CGE. La l. n. 234/2012 ha sostituito la tradizionale legge comunitaria annuale introdotta nel 1989 dalla legge La Pergola con un doppio binario, costituito da: la *legge di delegazione europea*, che attribuisce al Governo deleghe legislative per il recepimento delle direttive; la *legge europea*, che contiene disposizioni legislative che danno diretta attuazione alle direttive o che modificano disposizioni vigenti oggetto di procedure d'infrazione nei confronti dell'Italia o di sentenze della CGE [10].

Conclusivamente, si può ben comprendere come e perché il diritto (del lavoro, ma non solo) italiano sia ormai profondamente influenzato e quasi conformato dal diritto UE. Agli Stati membri resta certamente la possibilità di mantenere o introdurre disposizioni di miglior favore rispetto allo standard imposto dalle direttive, ma la Corte è sempre più vigile nel controllare che questo avvenga senza violare altre norme UE. L'opera di complessiva tendenziale omogeneizzazione dei diritti nazionali – nelle materie di competenza del diritto UE, secondo quanto previsto dai Trattati, beninteso – è poi completata dalle c.d. *clausole di non regresso*, inserite sistematicamente nelle direttive di ultima generazione. In forza di queste clausole, infatti, l'applicazione di una direttiva, e dunque il suo necessario recepimento, non legittimano una riduzione generale delle tutele offerte dagli ordinamenti nazionali nella materia oggetto della direttiva. Nell'interpretazione della Corte, queste clausole si applicano a qualsiasi intervento legislativo nella materia *de qua*, e non soltanto all'atto che formalmente ha recepito la direttiva, ma non impediscono invece al legislatore nazionale di modificare anche *in pejus* la disciplina previgente, purché sussistano giustificate finalità, principalmente di ordine economico, estranee alla trasposizione della direttiva e a condizione che comunque sia assicurato il rispetto dei livelli di protezione garantiti dalla direttiva [11].

---

[10] Merita ricordare che diritto dell'UE consente anche la trasposizione attraverso accordi o contratti collettivi, a condizione che abbiano efficacia generale (la generale efficacia è condizione necessaria per qualsiasi disposizione interna – legislativa, regolamentare, amministrativa – idonea a recepire una direttiva). In Italia tale opzione non è praticabile, a causa dei limiti di efficacia dei contratti collettivi (*infra*, PT. II, Sez. III).

[11] Il caso più interessante, per il nostro diritto interno, riguarda l'applicazione della clausola di

3. *Il diritto internazionale. In particolare:* a) *la CEDU e la Carta sociale europea;* b) *le Convenzioni dell'OIL*

a) Tra le fonti internazionali che hanno assunto recentemente maggior rilievo anche per il diritto del lavoro merita di essere segnalata anzitutto la *Convenzione europea per la salvaguardia dei diritti dell'uomo* (CEDU). La Convenzione – un accordo internazionale multilaterale concluso tra tutti i membri del Consiglio d'Europa [12] – entrata in vigore il 3 settembre 1953, ha assunto una nuova rilevanza politica e istituzionale, ed un diverso valore giuridico con il Trattato di Lisbona (v. *retro*), che all'art. 6 TUE ha previsto da un lato, che i diritti fondamentali, quali garantiti dalla CEDU e risultanti dalle tradizioni costituzionali comuni agli Stati membri, fanno parte del diritto dell'Unione in quanto principi generali e, dall'altro, che l'Unione aderisce alla CEDU. Sul progetto di accordo di adesione la CGE ha espresso un parere (pubblicato nel dicembre 2014) giudicato molto cauto e problematico, se non addirittura negativo [13].

Non si devono comunque trascurare da un lato il recepimento espresso dei diritti fondamentali garantiti dalla CEDU quali "principi generali" del diritto dell'UE, e dall'altro l'adesione dell'Italia alla CEDU [14]. In ogni caso, dunque, mentre quei principi potranno essere utilizzati dalla CGE nell'interpretazione del diritto dell'UE, d'altra parte quei principi dovranno essere rispettati dalla nostra Repubblica ed applicati dai giudici nazionali, nei limiti di compatibilità con la Costituzione (v. *infra*) [15].

In secondo luogo va ricordata la *Carta sociale europea* (CSE), firmata a Torino nel 1961 nell'ambito del Consiglio d'Europa e ratificata dall'Italia con l. n. 929/1965; riveduta nel 1996 è stata ratificata dall'Italia con l. n. 30/1999. La CSE è spesso considerata una sorta di "sorella povera" della CEDU; come avremo occasione di sottolineare oltre, la sua rilevanza è tuttavia cresciuta negli ultimi anni. La CSE, alla quale la UE non aderisce, è richiamata dall'art. 151.1 TFUE, ma non è integrata nel diritto dell'UE, anche se l'Unione e gli Stati membri devono "tenere presenti" i diritti sociali fondamentali in essa definiti. Notevole importanza ha il Comitato europeo sui diritti sociali (CEDS), previsto dall'art. 25 CSE, organo non giurisdizionale di controllo molto atti-

---

non regresso presente nella Clausola 8 della Direttiva CE 99/70 sui contratti a tempo determinato, come vedremo a suo tempo.

[12] Ad oggi aderiscono 47 Paesi, tra cui gli Stati membri dell'Unione europea.

[13] La Corte ritiene che l'adesione debba essere subordinata alle condizioni previste dai Trattati dirette a «garantire che quest'ultima non incida sulle caratteristiche specifiche dell'Unione e del diritto dell'Unione», tra cui spiccano il principio di attribuzione, il quadro istituzionale e la natura stessa del diritto dell'Unione, con particolare riferimento al suo "primato" (v. *retro*). Una delle questioni più delicate riguarda il rapporto tra i giudicati della Corte europea dei diritti dell'uomo (Corte EDU, più nota come Corte di Strasburgo) – l'organo giurisdizionale internazionale che assicura l'applicazione e il rispetto della CEDU – da una parte, e i giudicati della CGE dall'altra.

[14] La Convenzione è stata ratificata con l. n. 848/1955.

[15] Le sentenze della Corte di Strasburgo possono assumere un ruolo non marginale nel "diritto vivente" interno: per fare solo un esempio, basti pensare al potenziale impatto, anche sul diritto del lavoro e sociale, della condanna dell'Italia (per violazione dell'articolo 8 della Convenzione CEDU sul «diritto al rispetto della propria vita privata e familiare») a causa della totale negazione di diritti alle coppie omosessuali. La grave carenza è stata finalmente sanata dall'Italia con la l. n. 76/2016 sulle unioni civili tra persone dello stesso sesso e disciplina delle convivenze.

vo e autorevole, formato da membri indipendenti, ai quali compete il monitoraggio sull'applicazione della CSE; al CEDS possono essere inoltrati da organizzazioni non governative (ONG) internazionali, europee e nazionali, reclami collettivi sulla violazione delle disposizioni della CSE.

b) Alle fonti sin qui esaminate occorre aggiungere altre fonti di specifico interesse: si tratta delle norme di diritto internazionale (pubblico) del lavoro, la cui parte più importante è rappresentata dalle *Convenzioni* dell'OIL (Organizzazione Internazionale del Lavoro). Queste norme internazionali (di diritto internazionale convenzionale) non sono applicabili nell'ordinamento interno senza previa "recezione" (rinvio recettizio mediante ratifica e ordine di esecuzione di un trattato) o trasformazione in norme interne (riproduzione, con legge o altro atto normativo, delle norme internazionali). Le norme internazionali convenzionali oggetto di ratifica sono dunque fonti del diritto interno, ma di rango superiore alla legge ordinaria [16].

L'OIL, da cui promanano le norme internazionali del lavoro, è un'antica organizzazione internazionale: istituita nel 1919 (PT. XIII del Trattato di Versailles), con sede a Ginevra, è diventata nel secondo dopoguerra un'agenzia specializzata dell'ONU, mantenendo la sua autonomia e la sua originaria struttura tripartita.

Sono organi dell'OIL: a) la Conferenza Internazionale del Lavoro, alla quale partecipano gli Stati membri, rappresentati da una delegazione composta da due rappresentanti del Governo (uno dei quali solitamente è il Ministro del Lavoro), un delegato per le organizzazioni nazionali dei lavoratori e uno per quelle dei datori di lavoro. La Conferenza adotta le Convenzioni e le Raccomandazioni, approva il bilancio, elegge il Consiglio di amministrazione; b) il Consiglio di Amministrazione, organo esecutivo dell'Organizzazione, con mandato triennale; c) l'Ufficio Internazionale del Lavoro, meglio conosciuto con l'acronimo BIT (*Bureau International du Travail*), o ILO (*International Labour Office*), costituisce l'apparato amministrativo dell'OIL e ha il compito di preparare le delibere del Consiglio di Amministrazione e degli atti della Conferenza e soprattutto di monitorare e verificare l'effettiva applicazione delle Convenzioni. All'interno dell'OIL opera il Comitato di esperti sull'applicazione delle Convenzioni e raccomandazioni (CEACR), organismo indipendente e non giurisdizionale, nominato dal Consiglio di amministrazione dell'OIL, chiamato a dare una valutazione tecnica e imparziale, non vincolante, dell'applicazione degli *International Labour Standards* (*infra*), i cui pareri sono tenuti in attenta considerazione anche dalla Corte EDU, quando si tratti di questioni che coinvolgono diritti sociali fondamentali.

Sono membri dell'OIL gli Stati membri dell'ONU.

Gli obiettivi universalistici dell'OIL (estensione della protezione sociale dei lavoratori – formali e informali – e in particolare la protezione delle condizioni di vita,

---

[16] Occorre infatti segnalare che, secondo l'art. 117, c. 1, Cost., come modificato dalla legge costituzionale n. 3/2001, «La potestà legislativa è esercitata dallo Stato e dalle Regioni nel rispetto della Costituzione, nonché dei vincoli derivanti dall'ordinamento comunitario e dagli obblighi internazionali». La Corte cost., nelle sentenze "gemelle" nn. 348/2007 e 349/2007, ha precisato che le norme internazionali convenzionali (o pattizie) vincolano lo Stato ma non producono effetti diretti nell'ordinamento interno; non assumono valore costituzionale, ma sono "norme interposte", vale a dire norme di rango subordinato alla Costituzione, ma intermedio tra questa e la legge ordinaria; il controllo sulla loro compatibilità con l'ordinamento costituzionale italiano spetta alla Corte costituzionale.

della salute, delle pari opportunità in campo educativo e professionale) sono stati definiti dalla *Dichiarazione di Philadelphia* del 1944, nella quale sono affermati (o meglio riaffermati) tre fondamentali principi: il lavoro non è una merce; la libertà di espressione e di associazione sono fondamentali per il progresso; la povertà in qualunque luogo costituisce un pericolo per la prosperità ovunque. Questa dichiarazione, che si collega strettamente alla *Dichiarazione universale dei diritti dell'uomo* adottata dall'Assemblea dell'ONU nel 1948, costituisce la base giuridica essenziale dell'azione normativa dell'OIL, che si sviluppa mediante la stipulazione di Convenzioni e Raccomandazioni.

Le Convenzioni dell'OIL, nelle quali vengono formulate norme dette correntemente *International Labour Standards* (*ILS*), hanno natura di trattati internazionali multilaterali: le Convenzioni obbligano solo gli Stati che le ratificano e richiedono un numero minimo di ratifiche prima della loro entrata in vigore. Fa capo dunque alle delegazioni tripartite degli Stati membri la scelta se approvare o meno una Convenzione, ma rientra senz'altro nella sovranità degli Stati membri la scelta di dare o meno vita agli *ILS* mediante la ratifica delle Convenzioni.

Lo scarso interesse che per lungo tempo è stato riservato alle Convenzioni e all'attività dell'OIL certamente dipende dal fatto che si attribuiva alle norme internazionali un ruolo del tutto marginale rispetto al diritto interno e al sempre più invadente diritto dell'UE. Ma influiva su questo atteggiamento anche il progressivo declino dell'OIL, dovuto ad una serie di cause, tra le quali il sempre minor numero di Convenzioni adottate, per evidenti difficoltà di raggiungere il necessario consenso delle delegazioni, e il numero decrescente di ratifiche, specie da parte di potenze economiche come gli USA, la Cina, la Russia, il Brasile. Certamente però una delle ragioni maggiori della debolezza della regolamentazione internazionale del lavoro era, ma continua ad essere, la mancanza di sanzioni efficaci per le più gravi violazioni delle Convenzioni [17].

Alla sfida rappresentata dalla perdita di centralità, l'OIL ha dato una prima importante risposta con l'adozione, nel 1998, della *Dichiarazione relativa ai principi e ai diritti fondamentali del lavoro*, nella quale, dopo aver richiamato i principi enunciati dalla *Dichiarazione di Philadelphia*, l'OIL ha definito i *core labour standards*, ricavati da otto Convenzioni fondamentali: la libertà di associazione e il riconoscimento del diritto effettivo alla contrattazione collettiva; l'eliminazione di ogni forma di lavoro obbligatorio o forzato; la eliminazione effettiva del lavoro infantile; l'eliminazione delle discriminazioni in materia di lavoro. Questi *standards* sono considerati vincolanti per tutti gli Stati membri indipendentemente dalla ratifica delle otto Convenzioni: il vincolo discende infatti direttamente dall'appartenenza all'Organizzazione, di cui la *Dichiarazione* costituisce atto fondamentale (o costituzionale) [18]. Deve essere inoltre ricordata l'Agenda per il *decent work* lanciata nel 1999, con la quale l'OIL denunciava l'impatto sociale drammaticamente negativo della globalizzazione. La Dichiarazione del 1998 e l'Agenda costi-

---

[17] La posizione di monopolio (come produttore di *hard law* internazionale) dell'OIL, peraltro, è stata messa in crisi da ragioni interne (la struttura tripartita, la natura giuridica delle Convenzioni, lo scarso livello di effettività delle norme in esse contenute) e da fattori esterni, vale a dire da quella normativa transnazionale, caratterizzata dal passaggio dall'attore pubblico agli attori privati, che va dai codici di condotta e direttive etiche delle imprese transnazionali alle clausole sociali poste unilateralmente, di cui è ricca l'esperienza giuridica del commercio internazionale.

[18] La lista dei *core labour standards* è ristretta, e né la sicurezza sociale, né la protezione della salute sul lavoro figurano nella lista: ma le conclusioni adottate nella Conferenza del 2001, che ha lanciato la "campagna per il lavoro decente" (*decent work*), hanno ribadito che l'azione dell'OIL non torna indietro sull'*acquis* normativo internazionale in materia di sicurezza sociale.

tuiscono ormai il fulcro dell'attività dell'OIL, presa in considerazione anche al di fuori dell'organizzazione; malgrado ciò, il rilancio di un ruolo centrale dell'OIL (visto con sfavore da quanti pensano che dall'applicazione degli *ILS* nel commercio internazionale deriverebbe uno svantaggio competitivo ai paesi in via di sviluppo) richiederebbe un rafforzamento della funzione normativa dell'OIL: ma ciò è possibile solo promuovendo l'uscita dell'Organizzazione dalle strettoie in cui è attualmente costretta dalla sua stessa struttura tripartita, dalla necessità di operare difficili mediazioni tra interessi spesso in aperto conflitto, dalla sua soggezione alla sovranità degli Stati. Le molte iniziative connesse alla celebrazione, nel 2019, del centenario dell'OIL, sono state l'occasione per la riapertura del dibattito sulle iniziative necessarie per il rilancio di questa importante organizzazione internazionale, la cui Agenda 2030 incorpora la *Decent work Agenda*[19].

Conclusivamente, si può osservare che i diritti fondamentali trovano ormai protezione attraverso un sistema "multilivello", che vede agire e interagire il diritto internazionale (es. OIL), il diritto europeo (es. CEDU, CSE), il diritto dell'UE (es. Trattati), senza trascurare il ruolo delle cc.dd. clausole sociali inserite, in modo crescente ma ancora limitato e oggetto di discussione, nei contratti commerciali internazionali, che hanno l'obiettivo di garantire *standard* minimi di trattamento economico e normativo nei confronti dei dipendenti di imprese che operano in paesi in via di sviluppo per conto di grandi imprese (per lo più multinazionali) europee o di altri Paesi c.d. avanzati.

4. *Le fonti del diritto interno. La Costituzione e il lavoro*

La Costituzione, fonte sovraordinata alle altre fonti del diritto interno, assegna al lavoro un ruolo di primo piano: il capitolo dei principi fondamentali si apre infatti con la solenne affermazione: «*L'Italia è una Repubblica democratica fondata sul lavoro*» (art. 1, c. 1)[20].

La dottrina si interroga sul significato della formula *fondata sul lavoro*, chiedendosi se sia solo retorica costituzionale o se abbia anche una portata giuridica. Vi sono interpreti favorevoli ad assegnare al "principio lavoristico" il significato normativo di principio costitutivo, nel senso che il lavoro è il massimo valore riconosciuto, e dun-

---

[19] Una ampia riflessione sul percorso dell'OIL e sulle prospettive nei saggi di vari autori pubblicati in *LD*, n. 3/2019, *Cent'anni di solitudine? OIL 1919-2019*.

[20] La formula *fondata sul lavoro* è il risultato di un compromesso, dopo che per pochi voti (12 per la precisione) era stata respinta la formula proposta dalla sinistra (Repubblica di lavoratori). Il rigetto di quella formula rispondeva all'intento di escluderne un'interpretazione classista, senza negare, assumendo il valore del lavoro, l'obiettivo di realizzare un nuovo equilibrio sociale che assegnasse alle forze del lavoro la preminenza sulle altre. Ai "lavoratori" si riferisce l'art. 3, c. 2 («È compito della Repubblica rimuovere gli ostacoli di ordine economico e sociale, che, limitando di fatto la libertà e l'eguaglianza dei cittadini, impediscono il pieno sviluppo della persona umana e l'effettiva partecipazione di tutti i lavoratori all'organizzazione politica, economica e sociale del Paese»). Ma di questa disposizione, che sancisce il principio di eguaglianza in senso sostanziale, sono considerati in realtà destinatari *tutti i cittadini* (lavoratori e non lavoratori) e tutte le persone in condizione di sotto-protezione sociale, alle quali la Repubblica deve garantire *l'effettiva partecipazione all'organizzazione politica, economica e sociale del Paese*.

que costituisce «il principio giuridico fondamentale al quale tutti gli altri sono, o dovrebbero essere, subordinati». Se così fosse, quando il valore "lavoro" si scontra, e va dunque conciliato con, in ipotesi, il valore "proprietà", o con il valore "iniziativa economica privata", il lavoro dovrebbe prevalere[21]. Ma per altri interpreti, e segnatamente per la Corte costituzionale, il lavoro è un *valore primario* della Repubblica democratica, ma non un valore *esclusivo*, perché nella Costituzione sono enunciati o tacitamente presupposti anche altri valori. La formula *fondata sul lavoro* è dunque letta – schematizzando al massimo – come attribuzione al lavoro di un valore non preminente, che dovrà essere bilanciato con altri valori di rango costituzionale con cui entra in conflitto.

Quanto al significato del vocabolo "lavoro", occorre sottolineare il collegamento istituito dagli interpreti tra il primo comma dell'art. 1 Cost. e i principi fondamentali contenuti nell'art. 2 Cost. (il principio personalistico che assicura, attraverso la garanzia dei diritti inviolabili dell'uomo, lo svolgimento della personalità) e nell'art. 3, c. 2, Cost. Il collegamento tra questi principi porta a rileggere il "lavoro" in termini di affermazione della personalità dell'uomo, ovvero di diritto allo sviluppo della personalità attraverso il lavoro: si tratta dunque non solo del lavoro subordinato, ma del lavoro latamente inteso, subordinato, autonomo, professionale.

Avvalora questa interpretazione, che allarga il significato di "lavoro" ben oltre il lavoro subordinato, anche il collegamento dell'art. 1, c. 1, con l'art. 35, c. 1 («La Repubblica tutela il lavoro in tutte le sue forme ed applicazioni»), che introduce il Titolo III (Rapporti economici). Secondo l'opinione prevalente, la tutela ha ad oggetto il lavoro (subordinato ma anche autonomo) svolto in situazione di sotto-protezione o soggezione. Il lavoro è inteso latamente, ma non fino a comprendere tra i lavoratori anche tutti coloro che iniziano e praticano una attività economica, ai quali si riferisce l'art. 41 Cost., che garantisce la libertà dell'iniziativa economica privata.

Il secondo principio fondamentale dedicato al lavoro è contenuto nell'art. 4, c. 1: «La Repubblica riconosce a tutti i cittadini il diritto al lavoro e promuove le condizioni che rendano effettivo questo diritto». Lo stesso art. 4, c. 2, sancisce il dovere di ogni cittadino di svolgere, secondo le proprie possibilità e la propria scelta, un'attività o una funzione che concorra al progresso materiale o spirituale della società. Questo dovere è interpretato in genere come dovere morale; si può tuttavia dire che il secondo comma dell'art. 4 contenga anche un principio giuridico – che può costituire il punto di partenza per la costruzione da parte del legislatore di vere e proprie regole di comportamento[22] – ma non un dovere giuridico (e certamente non un "dovere di lavorare") sanzionabile.

Della tutela del bene "lavoro" come tutela della stabilità nel posto di lavoro parleremo oltre (*infra*, PT. VIII, Cap. II). Per ora conviene spendere qualche parola sul significato che il diritto al lavoro ha nella nostra Costituzione, anche tenendo conto della sua possibile rilettura alla luce di alcune disposizioni della CDFUE, entrata ormai a pieno titolo nel diritto primario dell'UE (*retro*, § 2).

---

[21] U. Rescigno 2009, p. 21 ss.

[22] È il caso, ad esempio, dell'onere di accettare la seconda offerta di lavoro, pena la decadenza dal godimento del reddito di cittadinanza (d.l n. 4/2019, conv. in l. n. 26/2019 e modificato da l. n. 234/2021) (*infra*, PT. IV, Cap. II).

La dottrina più risalente relegava senz'altro il primo comma dell'art. 4 Cost. nell'ambito delle norme programmatiche: il diritto al lavoro, non diversamente dagli altri diritti sociali (definiti come diritti a prestazioni), erano considerati non propriamente diritti, ma solo "aspettative" nei confronti dei pubblici poteri. Solo nella dottrina più recente è emersa la tendenza a rinvenire nell'art. 4, c. 1, anche un contenuto precettivo: posto che "diritto al lavoro" non significa diritto (perfetto e azionabile in giudizio) di ottenere un posto di lavoro, questa rilettura dell'art. 4, c. 1, conduce gli interpreti ad affermare che l'art. 4 contiene tuttavia la garanzia costituzionale di un diritto (e non di una mera aspettativa) scomponibile in due distinte pretese, una di carattere negativo (libertà di lavoro), l'altra di carattere positivo (diritto a prestazioni pubbliche).

La "pretesa *negativa*" è definita come *diritto sociale di libertà*: la libertà di lavoro, cioè il diritto di svolgere liberamente un'attività secondo le proprie scelte e le proprie capacità, senza che a tale libertà possano essere frapposti ostacoli o barriere irragionevoli. Il diritto al lavoro è sancito nei termini di un diritto sociale di libertà anche dall'art. 15, c. 1, della CDFUE, intitolato "Libertà professionale e diritto di lavorare" («Ogni individuo ha il diritto di lavorare e di esercitare una professione liberamente scelta o accettata»). Nella Carta, il diritto di lavorare è caratterizzato come diritto fondamentale di libertà; in quanto tale è attribuito ad ogni individuo, ed ha dunque carattere universale[23].

Nel suo contenuto positivo (o pretesa *positiva*) il diritto al lavoro è un *diritto a prestazione* di cui sono titolari tutti i cittadini: prestazione pubblica, nel senso di intervento pubblico (del legislatore, della pubblica amministrazione) diretto a rendere effettivo il diritto, assicurandone la concreta realizzazione. Può contribuire ad uscire dalla vaghezza la considerazione di quanto previsto dalla CSE, che, all'art. 1, prevede che le parti si impegnino: a riconoscere, tra i loro principali obiettivi e responsabilità, la realizzazione ed il mantenimento del livello più elevato e più stabile possibile dell'impiego in vista della realizzazione del pieno impiego; a tutelare in modo efficace il diritto del lavoratore di guadagnarsi la vita con un lavoro liberamente intrapreso; a istituire o a mantenere servizi gratuiti in materia di occupazione per tutti i lavoratori; ad assicurare o a favorire un orientamento, una formazione ed un riadattamento professionale adeguati. Pur essendo assai più stringata, e più fortemente focalizzata sul contenuto "negativo" del diritto al lavoro, anche la CDFUE prevede all'art. 29 (Diritto di accesso ai servizi di collocamento): «Ogni individuo ha il diritto di accedere a un servizio di collocamento gratuito» (*infra*, PT. IV, Cap. I).

Avvalendoci dell'apporto dei documenti comunitari e di altre fonti internazionali (la Convenzione OIL 122/1964 sulle politiche dell'impiego, ratificata dall'Italia con l. n. 864/1970), dobbiamo aggiungere che il lavoro oggetto del relativo diritto deve essere *adeguato* alle capacità e alle attitudini; il lavoro, ci dice ancora l'OIL (Rapporto del 1999), deve essere *decente*: decente nel senso di un lavoro a cui si accede in condizioni di libertà, di sicurezza, di equità e di sufficiente dignità. Insomma: non solo *more jobs*, ma *better jobs*.

---

[23] Nell'UE, ogni individuo ha diritto di lavorare, ma l'esercizio della libertà di lavoro non è garantita ad ogni individuo nello stesso modo: la garanzia varia a seconda che l'individuo che ne è titolare sia cittadino dell'UE, o provenga invece da uno Stato extracomunitario. Nell'UE, la libertà di lavoro si esercita nell'ambito del mercato interno, ed è garantita dalla libertà di circolazione delle persone sancita dal secondo comma dello stesso art. 15 della CDFUE, («Ogni cittadino dell'Unione ha la libertà di cercare un lavoro, di lavorare, di stabilirsi o di prestare servizi in qualunque Stato membro»). Il collegamento tra diritto al lavoro e libertà di circolazione è rinvenibile anche nella nostra Costituzione (art. 120, c. 1), che garantisce l'esercizio del diritto al lavoro in qualunque parte del territorio nazionale.

4.1. *I diritti sociali come diritti fondamentali*

La Costituzione italiana, diversamente da altre costituzioni, non solo contiene un dettagliato catalogo di *diritti sociali*, ma presuppone una loro giustificazione complessiva, che si collega oltre che alla garanzia dei diritti civili e politici, anche e soprattutto al fine della rimozione degli ostacoli alla libertà e all'eguaglianza per lo sviluppo della democrazia nel campo politico ed economico-sociale. Con l'inserimento dei diritti sociali nella categoria dei diritti fondamentali, i diritti fondamentali divengono "indivisibili", nel senso che risulta superata la contrapposizione tra diritti di libertà e "diritti a prestazioni", dalla quale tradizionalmente si faceva derivare la priorità assiologica dei primi e la "minorità" dei secondi.

La qualificazione dei diritti sociali come diritti fondamentali ha conseguenze significative: un diritto fondamentale può essere limitato solo da un altro diritto di pari rango, e nel bilanciamento prevale (o dovrebbe prevalere) su diritti che non godano dello *status* di diritti fondamentali.

L'indivisibilità dei diritti fondamentali non impedisce che sia ancora necessario distinguere: per quanto riguarda i diritti sociali, resta infatti necessario distinguere tra quelli, per così dire, *self executing* (tra i quali si ritiene che rientrino i diritti sociali il cui contenuto è essenzialmente una libertà: ad esempio, nel diritto al lavoro sancito dall'art. 4 Cost., rientra la libertà di lavorare) e quelli *condizionati*, nel senso che il loro soddisfacimento richiede l'intervento dei pubblici poteri. Rispetto a questi ultimi viene in evidenza la relazione tra risorse finanziarie disponibili e livello di protezione dei diritti: relazione che si risolve nel contemperamento tra le ragioni dei diritti sociali e quelle dell'efficienza economica.

Di questi diritti parleremo via via che affronteremo gli argomenti nei quali vengono in considerazione.

5. *La legislazione ordinaria: ripartizione della potestà legislativa tra Stato e Regioni*

La riforma in senso federalista, o meglio di valorizzazione delle autonomie locali, dell'art. 117 Cost., ad opera della legge costituzionale n. 3/2001, ha modificato la ripartizione del potere legislativo fra lo Stato e le Regioni originariamente prevista [24]. Il riparto è ispirato al principio di *sussidiarietà*: superato il rigido riparto per materie del vecchio testo dell'art. 117, la formulazione attuale intende individuare il livello di regolamentazione (nazionale o locale) più adeguato secondo la natura dei fatti da regolare. Il potere legislativo risulta così ripartito: materie soggette alla legislazione esclusiva dello Stato; materie nelle quali la legislazione dello Stato concorre con la legisla-

[24] Nella scorsa legislatura (XVII) il Parlamento aveva approvato un testo di legge costituzionale contenente modifiche al Titolo V della Parte II della Costituzione, nel quale era prevista anche una modifica della ripartizione del potere legislativo fra lo Stato e le Regioni (art. 117). Il testo della riforma è stato sottoposto a referendum costituzionale. Nella consultazione, svoltasi il 4 dicembre 2016, il "no" aveva riportato la maggioranza dei voti: la riforma costituzionale è stata pertanto bocciata dal voto popolare.

zione regionale determinando, di quest'ultima, i principi fondamentali; materie nelle quali la Regione ha potestà legislativa esclusiva [25].

Limitandoci qui alle sole materie che direttamente o indirettamente riguardano il diritto del lavoro, ricordiamo che lo Stato ha legislazione esclusiva nelle seguenti materie: condizione giuridica dei cittadini di Stati non appartenenti all'Unione europea; immigrazione; giurisdizione e norme processuali; ordinamento civile e penale; giustizia amministrativa; determinazione dei livelli essenziali delle prestazioni concernenti i diritti civili e sociali che devono essere garantiti su tutto il territorio nazionale; previdenza sociale. Sono materie di legislazione concorrente dello Stato e delle Regioni quelle relative a: tutela e sicurezza del lavoro; istruzione, salva l'autonomia delle istituzioni scolastiche e con esclusione della istruzione e della formazione professionale; professioni; previdenza complementare e integrativa. Le Regioni hanno potestà legislativa (esclusiva) in riferimento ad ogni materia non espressamente riservata alla legislazione dello Stato.

Tra le materie sulle quali vi è potestà legislativa concorrente tra Stato e Regioni spicca la *tutela e sicurezza del lavoro*. Un'interpretazione estensiva di questa espressione avrebbe messo fortemente in discussione l'unità del diritto del lavoro sul territorio nazionale (e con ciò l'eguaglianza dei lavoratori di fronte alla legge); l'orientamento prevalente si è perciò ragionevolmente orientato nel senso di una interpretazione riduttiva, autorevolmente avallata dalla Corte costituzionale (sentenze nn. 359/2003, 50/2005, 384/2005). La Corte ha precisato che il diritto del lavoro, essendo parte dell'ordinamento civile, è di competenza esclusiva dello Stato; restano nella competenza concorrente delle Regioni la disciplina del mercato del lavoro (servizi per l'impiego, politiche attive del lavoro), nonché le attività amministrative di tutela del lavoro e della sua sicurezza. Quanto alla formazione professionale (esclusa quella direttamente impartita dal datore di lavoro, di competenza esclusiva della legislazione statale: così ha stabilito la Corte costituzionale), essa rientra nella competenza esclusiva della Regione, ma lo Stato può ancora intervenire definendo i livelli essenziali delle prestazioni relative al diritto dei lavoratori alla formazione.

6. *La legge e la contrattazione collettiva*

Concludiamo questa breve rassegna delle fonti del diritto del lavoro segnalando che il diritto del lavoro presenta, relativamente alle proprie fonti, una caratteristica singolare, rappresentata dalla coesistenza di fonti legali (delle quali abbiamo parlato sin qui) e fonti contrattuali collettive (i contratti collettivi di lavoro, di cui parleremo oltre: PT. II) e dal rapporto complesso e mutevole tra tali fonti.

Occorre intanto premettere che il contratto collettivo si dice "collettivo" per un duplice ordine di ragioni: perché le parti stipulanti sono soggetti collettivi; perché i destinatari del contratto sono un numero indeterminato di soggetti. Il contratto collettivo, essendo appunto un contratto, è un atto di autoregolamentazione di interessi

---

[25] La potestà regolamentare spetta allo Stato nelle materie di legislazione esclusiva, salva delega alle Regioni. La potestà regolamentare spetta alle Regioni in ogni altra materia. Le leggi regionali rimuovono ogni ostacolo che impedisce la piena parità degli uomini e delle donne nella vita sociale, culturale ed economica e promuovono la parità di accesso tra donne e uomini alle cariche elettive.

da parte di soggetti contrapposti (i datori di lavoro e i lavoratori); tende a regolare rapporti in corso di esecuzione ovvero futuri rapporti; tali rapporti intercorrono non già tra le parti contraenti (cioè tra i sindacati dei lavoratori e le organizzazioni dei datori di lavoro che stipulano il contratto collettivo) ma tra altri e diversi soggetti (i singoli lavoratori e datori di lavoro), in virtù del potere di rappresentanza proprio dei soggetti collettivi stipulanti. Lo scopo del contratto collettivo, infatti, «è quello di esercitare, nei confronti dei datori di lavoro che sono o diverranno soggetti dei *contratti individuali* di lavoro, una *funzione normativa*: la funzione, in altre parole, di predeterminare il contenuto essenziale di quegli stessi contratti, sia per quanto riguarda il trattamento economico dei lavoratori, sia per quanto riguarda tutti gli altri istituti o aspetti che rilevano nell'attuazione del rapporto di lavoro»[26].

I contratti collettivi, che fino da tempi remoti svolgono un ruolo di straordinaria importanza, essendo contenuta appunto nei contratti collettivi una parte assai consistente della disciplina dei rapporti di lavoro, sono fonti del diritto in senso formale solo quando la legge attribuisca loro quella efficacia *erga omnes* che ne implica l'opponibilità a terzi. Come vedremo oltre (PT. II), nell'ordinamento vigente i contratti collettivi hanno natura di contratti di diritto privato e non hanno efficacia generale; tuttavia danno vita a norme che, di fatto (ordinariamente, ma non sempre), ricevono effettiva accettazione ed osservanza da parte dei loro destinatari e possono pertanto essere considerati come fonti *extra ordinem*.

La coesistenza tra fonti legali e fonti contrattuali si basa su di un rapporto tradizionalmente costruito in senso *gerarchico*: la legge, comando generale e astratto, è in principio inderogabile; il contratto collettivo, atto di autonomia privata, può tuttavia derogare ad essa, ma solo con clausole più favorevoli ai lavoratori. Quanto alle competenze, il nostro ordinamento non attribuisce alla contrattazione collettiva competenze esclusive: anche nelle materie tradizionalmente riservate ad essa (come ad es. i salari) la legge può intervenire, imponendo vincoli e limiti inderogabili alla contrattazione collettiva: purché ciò sia giustificato dalla presenza di interessi generali, che spetta alla legge tutelare.

Il rapporto tra legge e contrattazione collettiva ha conosciuto nel tempo una notevole evoluzione, che risponde, bene o male, ad esigenze di *delegificazione* del diritto del lavoro, nel senso della sostituzione della fonte legale (per definizione rigida) con la più flessibile fonte contrattuale. Mentre dal punto di vista formale il contratto collettivo ha continuato a vivere nel nostro ordinamento come un contratto di diritto privato, nei fatti sempre più spesso è stato ed è utilizzato dallo stesso legislatore come una vera e propria *fonte del diritto*, alla quale la legge attribuisce direttamente *funzioni normative*, chiamandola ad integrare la disciplina legale, e talora a derogare ad essa[27].

---

[26] Ghezzi, Romagnoli, 1997, p. 135 ss.

[27] Un caso particolare di reciproca integrazione tra legge e contrattazione collettiva si è verificato all'inizio della pandemia da Covid-19. Le indicazioni contenute nel d.p.c.m. 11.3.2020 sono state recepite nel *Protocollo condiviso di regolamentazione delle misure per il contrasto e il contenimento del virus Covid-19 negli ambienti di lavoro* del 14.3.2020, sottoscritto dalle principali Confederazioni sindacali e datoriali. Un successivo d.p.c.m. (22.3.2020) ha reso vincolante per le imprese il *Protocollo*, al quale ha fatto ulteriore rinvio il d.l. n. 19/2020. I contenuti del *Protocollo* a loro volta integrano le discipline legali in materia di salute e sicurezza dei lavoratori (art. 2087 c.c.; d.lgs. n. 81/2008) (*infra*, PT. VI, Cap. III, Sez. II).

Tale tendenza trova ampia conferma nei decreti legislativi emanati nel 2015 in attuazione della legge-delega n. 183/2014 (*Jobs Act*), dei quali avremo occasione di parlare in molte parti di questo manuale. Nel d.lgs. n. 81/2015, che contiene la disciplina organica dei contratti di lavoro (solo in parte modificata successivamente), a fronte dei numerosi rinvii alla contrattazione collettiva (sia con funzione integrativa della disciplina legale, sia anche con funzione di deroga, non sempre in favore dei lavoratori, più spesso per rispondere ad esigenze di flessibilità organizzativa delle imprese) il legislatore si è preoccupato di specificare (art. 51) che i contratti collettivi ai quali fa rinvio sono «i contratti collettivi nazionali, territoriali o aziendali stipulati da associazioni sindacali comparativamente più rappresentative sul piano nazionale e i contratti collettivi aziendali stipulati dalle loro rappresentanze sindacali aziendali ovvero dalla rappresentanza sindacale unitaria». Il legislatore sembra peraltro voler attribuire all'art. 51, d.lgs. n. 81/2015 una funzione definitoria di carattere generale: il rinvio all'art. 51 ricorre infatti di frequente nella legislazione successiva che regola materie estranee a quelle regolate dal d.lgs. n. 81.

Chiariremo oltre (PT. II) il significato dei criteri di rappresentatività sindacale utilizzati dal legislatore; fin d'ora vale però la pena di sottolineare che l'ampio spazio assicurato alla contrattazione aziendale, vale a dire agli accordi concordati tra l'imprenditore e le rappresentanze sindacali dei lavoratori, da un lato, è uno spazio delimitato dalla legge (sia pure spesso in modo molto ampio e talora generico), d'altro lato, lo spazio può essere occupato solo da soggetti dotati della rappresentatività richiesta dalla legge.

La sottolineatura è importante, perché occorre tenere presente che tutt'ora vige nel nostro ordinamento una disposizione (art. 8, l. n. 148/2011, conv. con modifiche del d.l. n. 138/2011) nella quale il rapporto tra legge e contrattazione collettiva aziendale o territoriale (definita "di prossimità") risulta profondamente alterato rispetto alla tradizione del rinvio dalla legge alla contrattazione collettiva, che presuppone un rapporto di supremazia gerarchica della legge rispetto al contratto. Dell'art. 8 avremo modo di occuparci oltre (PT. II); per ora possiamo limitarci a ricordare che il legislatore (art. 8, c. 2-*bis*) ha attribuito alla contrattazione aziendale o territoriale la competenza a derogare, con effetti *erga omnes*, anche alle leggi in materia di lavoro in una pluralità di materie (che vanno dal controllo a distanza dei lavoratori sino alle conseguenze del licenziamento illegittimo), con l'unico limite del rispetto della Costituzione, nonché dei vincoli derivanti dalle normative comunitarie e dalle convenzioni internazionali sul lavoro. L'art. 8, c. 2-*bis*, assegna dunque alla contrattazione locale o aziendale un potere di deroga alla legge estremamente ampio e indeterminato, aprendo la strada alla sostituzione della legge dello Stato con discipline aziendali e/o locali, frutto del compromesso, spesso "al ribasso", fra interessi privati particolari. In dottrina sono stati sollevati seri dubbi sulla costituzionalità di questa disposizione[28]; la Corte costituzionale,

[28] In dottrina si è sottolineato che l'art. 8 potrebbe entrare in conflitto con i principi contenuti nell'art. 117 Cost. (come interpretato dalla Corte cost.), secondo il quale gran parte della legislazione in materia di lavoro fa parte dell'ordinamento civile dello Stato, e rientra nella sua esclusiva competenza: è diritto pubblico, non diritto privato; persegue interessi generali, non interessi di soggetti privati; è una disciplina generale e uniforme. Altri profili di incostituzionalità investono il contrasto con l'art. 39, c. 1 e 4, Cost. (libertà dell'organizzazione sindacale ed efficacia generale dei contratti collettivi). Con sentenza n. 221/2012 la Corte cost. ha invece respinto l'eccezione di incostituziona-

che fino ad ora non era stata chiamata a pronunciarsi, avrà presto l'occasione di farlo [29]. Ma sugli esiti è difficile azzardare un pronostico.

L'inderogabilità della legislazione di tutela dei lavoratori ha rappresentato sin qui un tratto qualificante del diritto del lavoro, in ragione della funzione di protezione dei lavoratori tipica della legislazione lavoristica. Ciò non significa che la legge non possa in alcun caso essere derogata da una disciplina contrattuale collettiva; ma perché la deroga non si ponga in contrasto con i principi costituzionali che tutelano il lavoro occorre che la legge stessa definisca, in modo chiaro e preciso, quale contrattazione collettiva (livello e rappresentatività dei soggetti stipulanti), ed entro quali limiti la contrattazione sia autorizzata ad operare la deroga, escludendo in ogni caso la derogabilità delle disposizioni di legge che garantiscono diritti sociali fondamentali dei lavoratori. Per questo pare quanto mai opportuno il "ripristino" della gerarchia delle fonti contenuto nell'art. 51, d.lgs. n. 81/2015, di cui abbiamo detto sopra, che delimita gli spazi di deroga entro i quali può agire la contrattazione collettiva (anche di livello aziendale), selezionando i soggetti (organizzazioni sindacali) stipulanti. Tuttavia, non essendo stato espressamente abrogato l'art. 8, l. n. 148/2011, resta almeno in teoria aperto uno spazio incontrollato entro il quale la contrattazione di "prossimità", stipulata ai sensi dell'art. 8, potrebbe ancora legittimamente derogare alla legge in una ampia serie di materie che restano al di fuori del perimetro segnato dalle norme legali di rinvio alla contrattazione collettiva.

Torneremo a parlarne oltre (PT. II), dopo avere fornito le nozioni di base indispensabili alla comprensione di tali problemi.

---

lità sollevata dalla Regione Toscana per violazione delle competenze legislative della Regione. La Corte ha affermato che le materie "tassativamente" elencate nel c. 2 dell'art. 8 (alle quali si riferisce il c. 2-*bis*) appartengono all'ordinamento civile e sono di competenza esclusiva della legislazione statale: ciò che esclude ogni interferenza con la legislazione regionale.

[29] È recente la prima ordinanza di rimessione alla Corte costituzionale per violazione del principio della libertà sindacale, in relazione all'estensione dell'efficacia del contratto collettivo aziendale a tutti i lavoratori anche se appartenenti ad un sindacato non firmatario (App. Napoli 3.2.2022).

PARTE II

ORGANIZZAZIONE SINDACALE, CONTRATTAZIONE COLLETTIVA E CONFLITTO COLLETTIVO

Sezione I

DALLE ORIGINI AL DIRITTO SINDACALE VIGENTE

SOMMARIO: 1. Dalle norme corporative alla contrattazione collettiva di diritto comune. – 2. Organizzazione sindacale e contrattazione collettiva nell'ordinamento vigente: l'art. 39 Cost. – 2.1. La mancata attuazione dell'art. 39 Cost.: ragioni e conseguenze.

1. *Dalle norme corporative alla contrattazione collettiva di diritto comune*

Nelle disposizioni preliminari al codice civile, art. 1, collocate al terzo posto della gerarchia delle fonti del diritto troviamo le *norme corporative*. All'epoca (1942) l'ordinamento corporativo era ancora vigente e in quell'ordinamento le norme corporative erano appunto fonti del diritto dotate di efficacia generale, subordinate solo alla legge e al regolamento. Erano norme corporative i contratti collettivi nazionali di categoria, le ordinanze corporative, le sentenze della Magistratura del lavoro.

L'ordinamento corporativo è stato soppresso con d.lgs.lgt. n. 369/1944: a partire da quella data le norme corporative non esistono più, ma i contratti collettivi conservati transitoriamente in vita dall'art. 43 del decreto hanno continuato ancora per più di un decennio a far parte delle fonti del diritto. La loro sostituzione è avvenuta con l'emanazione dei decreti legislativi previsti dalla l. n. 741/1959 (la "legge Vigorelli") di cui diremo oltre (Sez. III, § 3.1).

Riepiloghiamo brevemente i tratti essenziali dell'ordinamento corporativo.

La legge sindacale fascista del 1926 (che sopprimeva la libertà sindacale[1] e puniva lo sciopero come reato) prevedeva che per ogni *categoria* dovesse essere riconosciuta legalmente una sola associazione sindacale (una dalla parte dei datori di lavoro e una dalla parte dei lavoratori). Per "categoria" si intendeva il complesso di coloro che svolgevano una stessa attività economico-professionale, e che erano perciò stesso considerati portatori di interessi comuni, tutelabili mediante la costituzione di un'associazione che li rappresentasse. Con il riconoscimento, ed in virtù di esso, le associazioni acquistavano la *personalità giuridica di diritto pubblico* (vale a dire una posizione di supremazia: le associazioni riconosciute erano definite "organi" dello

---

[1] Il movimento sindacale, nato alla fine del secolo XIX, si era sviluppato nei decenni successivi, dando luogo alla formazione di grandi organizzazioni. La principale era la Confederazione generale del lavoro, di ispirazione socialista, che si costituì nel 1906: ad essa aderivano numerose Federazioni (tra le quali la FIOM, federazione degli operai metallurgici, nata nel 1901) e, con esse, un numero assai rilevante di lavoratori. Gli industriali si erano dati anch'essi una propria organizzazione (la Confederazione dell'industria, costituita nel 1910). Anche la contrattazione collettiva si era sviluppata: dalle prime esperienze di accordi aziendali si era progressivamente passati alla stipulazione di contratti collettivi nazionali, per le diverse categorie che si erano dotate di una propria organizzazione sindacale nazionale.

Stato), ed erano assoggettate ad un controllo strettissimo da parte del Ministro per le Corporazioni.

L'associazione riconosciuta assumeva la *rappresentanza legale* della categoria. L'appartenenza del singolo datore di lavoro alla *categoria* era perciò predeterminata, e dipendeva dalla sua attività (vale a dire dal settore produttivo nel quale la sua attività era collocabile). Anche i lavoratori "appartenevano" a categorie predeterminate, ed erano assoggettati alla rappresentanza legale delle associazioni riconosciute costituite per ciascuna di tali categorie. L'appartenenza dei lavoratori alla "categoria" era determinata in funzione della dipendenza da un determinato datore di lavoro, e dunque dalla categoria di appartenenza del datore di lavoro. L'organizzazione delle associazioni riconosciute era organizzata su due soli livelli (la *Federazione*, organizzazione nazionale di categoria; la *Confederazione*, organizzazione nazionale delle Federazioni, dunque organizzazione pluricategoriale).

La principale funzione affidata dalla legge alle associazioni riconosciute (titolari esclusive del potere contrattuale) era quella di stipulare i *contratti collettivi* (detti *corporativi*), che avevano efficacia *erga omnes*, vale a dire rispetto a tutti i datori di lavoro e i lavoratori della categoria cui il contratto si riferiva, e che esse rappresentavano legalmente.

Il contratto collettivo corporativo aveva natura giuridica di *contratto di diritto pubblico*, concluso tra enti pubblici (le associazioni professionali riconosciute); si applicava a tutti i datori di lavoro che esercitavano l'attività prevista dal contratto collettivo come ambito di applicazione (c.d. categoria contrattuale) e a tutti i lavoratori che da essi dipendevano. La disciplina del contratto collettivo contenuta nella l. n. 563/1926 e nel suo regolamento di attuazione, venne poi riscritta negli artt. da 2067 a 2077 c.c.: queste disposizioni sono oggi da considerare abrogate, fatta eccezione, come si dirà oltre, per l'art. 2077 c.c. che – secondo l'orientamento consolidato della giurisprudenza – trova applicazione anche nell'ordinamento attuale.

Il contratto collettivo corporativo aveva una durata determinata, fissata dal contratto medesimo (art. 2074 c.c.). La scadenza del contratto collettivo non produceva tuttavia l'effetto della cessazione del contratto: il contratto scaduto era infatti *ultrattivo*, e continuava perciò a produrre effetti fino a che non fosse intervenuto un "nuovo regolamento collettivo" (ossia un nuovo contratto collettivo, ovvero, in caso di inerzia delle parti, una sentenza della Magistratura del lavoro, cui la legge del 1926 assegnava il compito di stabilire in talune ipotesi nuove condizioni di lavoro).

Il contratto collettivo corporativo, oltre che efficace *erga omnes*, era *inderogabile*. A norma dell'art. 2077 c.c., il contratto collettivo corporativo costituiva la disciplina giuridica vincolante di tutti i rapporti individuali di lavoro fra datori di lavoro e lavoratori della categoria alla quale si applicava il contratto collettivo. La legge assicurava l'efficacia vincolante del contratto collettivo obbligando i singoli ad *uniformare* il contratto individuale al contratto collettivo e disponendo che, in caso di clausole difformi, queste fossero sostituite di diritto dalle clausole del contratto collettivo (inserzione automatica delle clausole del contratto collettivo nel contratto individuale). Il contratto collettivo spiegava la propria efficacia *normativa* (detta anche *reale*) sia nei confronti dei contratti individuali preesistenti, sia nei confronti dei contratti individuali successivi alla sua entrata in vigore, determinando la modificazione del contenuto dei contratti individuali presenti e futuri. L'unica eccezione alla regola era rappresentata dalla presenza di *speciali condizioni dei contratti individuali più favorevoli ai lavoratori*, che restavano salve (in quanto, trovando fonte nel contratto individuale, potevano essere modificate solo consensualmente dalle parti del contratto individuale). L'inderogabilità del contratto collettivo (efficacia normativa sul contratto individuale e sostituzione automatica delle clausole difformi) consentì alla dottrina del tempo di costruire la teoria del contratto collettivo come *fonte eteronoma* di disciplina del contenuto dei contratti individuali di lavoro.

2. *Organizzazione sindacale e contrattazione collettiva nell'ordinamento vigente: l'art. 39 Cost.*

L'ordinamento corporativo venne soppresso nel novembre del 1944, e le organizzazioni sindacali fasciste vennero sciolte. Il compito di costruire un nuovo quadro giuridico nel quale i sindacati potessero liberamente costituirsi e svolgere la propria attività contrattuale e conflittuale toccò all'Assemblea Costituente eletta il 2 giugno del 1946 (per la prima volta votarono le donne), sulla quale pesava la responsabilità di dettare una nuova disciplina basata sui valori di fondo della nuova Italia repubblicana e democratica.

I costituenti non avevano tuttavia il vuoto di fronte. Nell'Italia già liberata dall'occupazione tedesca si era costituito un grande sindacato unitario libero e di massa, al quale aderirono fin dall'inizio milioni di lavoratori, di tutti i settori. Dopo l'8 settembre del 1943 (data dell'armistizio con gli anglo-americani) si svolsero infatti nella clandestinità (buona parte dell'Italia era occupata dai tedeschi) le trattative fra gli esponenti sindacali legati ai tre maggiori partiti antifascisti (Democrazia Cristiana, Partito Comunista, Partito Socialista) per la costituzione di una Confederazione sindacale unitaria (che prese il nome di *Confederazione Generale Italiana del lavoro: CGIL*); le trattative si conclusero con la "*dichiarazione dell'unità sindacale*", detta *Patto di Roma*; il Patto fu firmato il 3 giugno 1944. Quando, nel colmo del 1947, l'Assemblea Costituente si impegnò nella costruzione delle basi del nuovo diritto sindacale, l'unità sindacale già scricchiolava sotto il peso dei contrasti tra i partiti politici; la CGIL unitaria costituiva tuttavia un punto ideale di riferimento[2].

L'ipotesi di utilizzare, nella nuova disciplina, l'intelaiatura pubblicistica del sindacato unico e della contrattazione collettiva corporativa, democratizzandola dall'interno, era radicata nel gruppo dirigente democristiano; la sinistra sosteneva al contrario la necessità che il sindacato fosse libero, indipendente dallo Stato, basato sulla volontaria iscrizione dei lavoratori; ma anche la sinistra vedeva nel contratto collettivo efficace *erga omnes* un'insostituibile garanzia, e non metteva in discussione che ciò dovesse implicare il riconoscimento giuridico del sindacato[3]. La formulazione dell'art. 39 Cost., la disposizione nella quale trovano disciplina le organizzazioni sindacali e la contrattazione collettiva, costituisce il risultato di un difficile compromesso tra queste due diverse posizioni.

---

[2] L'unità sindacale ebbe infatti vita breve, essendo strettamente collegata alla unità tra le forze politiche antifasciste, che resistette solo nei primi due anni del dopoguerra. La prima scissione (ad opera della corrente cattolica, legata al partito della Democrazia cristiana) avvenne nel luglio del 1948; a meno di un anno di distanza seguirono la strada della scissione anche la corrente repubblicana e socialdemocratica. Dalla scissione, e passando attraverso un faticoso lavorio e una ridda di sigle, nacquero nel 1950: la CISL, di ispirazione cattolica, che si proponeva, in polemica con la CGIL, come sindacato "apolitico", non classista e rivendicativo; la UIL, sindacato laico di ispirazione socialdemocratica. Sempre nel 1950 vide la luce anche la CISNAL, confederazione di ispirazione corporativa, che raccoglieva l'eredità del sindacalismo fascista (questa confederazione è stata in anni più vicini a noi sostituita dalla UGL).

[3] Ci riferiamo specialmente alle posizioni espresse da Di Vittorio, allora uno dei tre Segretari generali della CGIL, esponente della corrente comunista, e relatore nella III Sotto-commissione.

Con un ordine del giorno concordato tra le maggiori forze politiche, venne proposto il testo definitivo del primo comma dell'art. 39 approvato dall'assemblea («*l'organizzazione sindacale è libera*»). Assai più complicata fu la vicenda dei successivi commi, quelli nei quali era necessario affrontare il nodo spinoso dell'efficacia dei contratti collettivi, e di conseguenza individuare i sindacati ai quali attribuire la titolarità del potere di contrattare per tutta la categoria.

L'immunità dei sindacati dall'ingerenza dello Stato che stava alla base della formulazione del primo comma venne ribadita nelle formulazioni adottate in ordine alla registrazione dei sindacati. Anzitutto si adottò una formulazione in negativo («Ai sindacati *non può essere imposto altro obbligo* se non la loro registrazione presso gli uffici locali o centrali, secondo le norme stabilite dalla legge»: art. 39, c. 2). Poiché la *registrazione* non poteva essere automatica, si preferì lasciare alla legge di attuazione il compito di specificare gli accertamenti necessari e le modalità della registrazione. Fu concordata però l'aggiunta di un comma nel quale la registrazione fosse condizionata alla sola democrazia interna del sindacato: il terzo comma dell'art. 39 («*È condizione* per la registrazione che gli statuti dei sindacati sanciscano *un ordinamento interno a base democratica*») risultò tuttavia sfrondato dal riferimento ai modi di elezione dei dirigenti sindacali, che secondo i proponenti avrebbe chiarito il senso della democrazia interna.

Risolto in questi termini il problema della conciliazione tra il principio della libertà sindacale (che implica necessariamente il pluralismo sindacale) e la selezione dei sindacati ai quali attribuire particolari prerogative, i costituenti affrontarono finalmente la questione della efficacia generalmente obbligatoria (o *erga omnes*) del contratto collettivo nazionale di categoria, sulla quale si registrava la maggiore distanza tra le posizioni delle forze politiche.

Alla titolarità del potere di stipulare contratti collettivi generalmente obbligatori attribuita ad un *sindacato unico* di diritto pubblico (vanamente proposto dai cattolici, e poi abbandonato a vantaggio del pluralismo di sindacati concorrenti), la sinistra contrapponeva l'idea di attribuire tale potere al *sindacato maggioritario* (l'idea non era proprio originale: l'ispirazione era fornita dalla legge francese del 1936, quando in Francia governava il Fronte popolare).

La tesi del "sindacato maggioritario", fortemente osteggiata, tramontò rapidamente. Già nel dibattito in sottocommissione si delineò il *compromesso* da cui nacque il quarto comma dell'art. 39; la proposta di una *rappresentanza unitaria* di tutti i sindacati registrati in proporzione dei loro iscritti venne accettata. Con la formulazione adottata, l'art. 39 stabiliva il principio *proporzionale*: il contratto generalmente obbligatorio poteva essere stipulato solo dalla rappresentanza unitaria, un organismo costituito *ad hoc*, con metodo rigorosamente proporzionale, nell'ambito del quale anche la minoranza sarebbe stata rappresentata.

2.1. *La mancata attuazione dell'art. 39 Cost.: ragioni e conseguenze*

La Costituzione è entrata in vigore il 1° gennaio del 1948, ma ancora oggi i cc. 2, 3 e 4 dell'art. 39 restano privi di attuazione.

Il costituente aveva costruito un modello cucito addosso alla CGIL unitaria, ma, come abbiamo detto, erano già evidenti le tensioni e i contrasti che, nel giro di pochi mesi, avrebbero portato alla rottura del patto di unità tra le tre componenti (comunista, socialista e democristiana) firmato appena quattro anni prima. Una pluralità sindacale, caratterizzata dalla concorrenza tra il sindacato dominato dai comunisti (corrente maggioritaria in CGIL) e gli altri sindacati, era dunque nelle prospettive (e negli auspici di molti).

Certamente le vicende sindacali del periodo e le conseguenze che ne derivarono in ordine agli atteggiamenti delle Confederazioni sono parte integrante delle ragioni storiche che stanno alla base della mancata attuazione dei cc. 2, 3 e 4 dell'art. 39 Cost. [4]. Ma non sono le uniche ragioni. Basta riflettere sul complesso meccanismo previsto dall'art. 39 in materia di registrazione dei sindacati e formazione delle rappresentanze unitarie, cui è conferito il potere di stipulare i contratti collettivi nazionali di categoria efficaci *erga omnes*: poiché le procedure devono essere stabilite da un'apposita legge, la mancata emanazione di questa legge è la causa prima della mancata attuazione dell'art. 39 [5].

Il fronte sindacale, diviso sull'attuazione dell'art. 39 si trovava però d'accordo almeno nell'affermare la necessità di dare efficacia *erga omnes* ai contratti collettivi, per l'innegabile e drammatica urgenza di assicurare ai lavoratori la garanzia di minimi inderogabili di trattamento economico e normativo. Ma il problema era, ancora una volta, quello di stabilire quali contratti e stipulati da chi: e qui i contrasti riemergevano. Il disimpegno del governo portò forze politiche e sindacati negli anni successivi a cercare soluzioni di ripiego, nel tentativo di sciogliere, almeno in via transitoria, il nodo dell'efficacia *erga omnes* dei contratti collettivi (*infra*, Sez. III, § 3.1).

Se queste sono, in estrema sintesi, le ragioni storiche della mancata attuazione dei cc. 2, 3 e 4, dell'art. 39 Cost., spiegazioni meno sintetiche dovremo dedicare alle conseguenze di tale mancata attuazione, che ha determinato la necessità di sostituire al complesso meccanismo dell'art. 39 (subito giudicato "troppo macchinoso") un altro meccanismo, che trovasse al di fuori della legge prevista dai costituenti la propria base. Si tratta della cosiddetta *privatizzazione del diritto sindacale* (vale a dire la riconduzione del diritto sindacale nell'ambito del diritto privato), di cui ci occuperemo parlando della natura giuridica del sindacato e del contratto collettivo.

---

[4] L'atteggiamento della CISL, che aveva rapidamente abbandonato gli orientamenti del passato unitario, e che affermava ora la natura privatistica del sindacato e la sua totale autonomia dallo Stato, fu subito apertamente contrario all'attuazione dell'art. 39. Più incerto l'atteggiamento della UIL, che tuttavia era sfavorevole ad ogni sistema di controllo sulla consistenza numerica del sindacato (prevista invece dall'art. 39, c. 4). Favorevole era invece la CGIL, e lo restò per lungo tempo: l'attuazione del meccanismo previsto dal quarto comma dell'art. 39 avrebbe garantito una prevalenza nell'ambito della rappresentanza unitaria; ciò le avrebbe assicurato la possibilità di resistere con successo alla emarginazione che subiva nelle fabbriche, dove "la guerra fredda" tra sindacati apertasi subito dopo la scissione trovava terreno favorevole nell'atteggiamento degli industriali, che sostenevano apertamente la CISL, e discriminavano i militanti della CGIL.

[5] Senza entrare in dettagli che sarebbero di troppo in questa sede, ricordiamo anzitutto che, nel corso della prima legislatura (1948-1953), solo il disegno di legge del Ministro del lavoro Rubinacci venne presentato (nel 1951) in Parlamento, dove tuttavia non fu mai discusso. Nella legislatura successiva vennero avanzate altre proposte, ma nessuna (salvo quella avanzata dal Movimento sociale, partito neo-fascista) aveva l'ambizione di dare attuazione all'art. 39 con una legge organica. Comunque neppure queste proposte ebbero un seguito.

Occorre tuttavia segnalare fin da ora che le prospettive, anche teoriche, sono in parte cambiate a partire dall'emanazione della l. 20.5.1970, n. 300, meglio nota come *Statuto dei lavoratori*: un intervento legislativo che nulla ha a che fare con l'attuazione dei cc. 2, 3 e 4 dell'art. 39 Cost., ma che ha innovato profondamente l'assetto delle relazioni industriali nel nostro Paese. Le prospettive attuali ci allontanano ancora di più dal modello privatistico degli anni '50 e '60 del secolo scorso. Tuttavia, una legge sulla rappresentanza sindacale e sulla efficacia (generale) dei contratti collettivi, richiesta da più parti, fino ad ora non è stata emanata; molte proposte sono state avanzate nella scorsa legislatura (ricordiamo ad esempio il disegno di legge di iniziativa popolare n. 4064 del 29.9.2016 "*Carta dei diritti universali del lavoro. Nuovo statuto di tutte le lavoratrici e di tutti i lavoratori*"), ma nessuna di queste ha avuto seguito; nuove proposte sono state avanzate nell'attuale legislatura, ma le alterne vicissitudini politiche che ne hanno caratterizzato sin qui il percorso, segnato negli ultimi due anni dalle drammatiche vicende della pandemia e da ultimo della guerra in Ukraina, non consentono di fare attendibili previsioni. La legislatura, peraltro, è ormai prossima alla scadenza.

Sezione II
ORGANIZZAZIONE SINDACALE E DIRITTI SINDACALI

1. *La libertà sindacale: significato, estensione, limiti*

Il primo comma dell'art. 39 Cost. («*l'organizzazione sindacale è libera*») contiene una norma immediatamente precettiva, che opera nei rapporti intersoggettivi tra privati, e per l'attuazione della quale non si rende necessario l'intervento della legge. Rispetto alla libertà di associazione (art. 18 Cost.), la libertà sancita dall'art. 39, c. 1, assume una sua specificità, non tanto nel senso che l'organizzazione sindacale costituisce un'integrazione o un'articolazione della libertà di associazione, ma piuttosto nel senso che il fine sindacale è tipizzato dall'art. 39 come lecito, e che pertanto la libertà sindacale è sotto questo aspetto assoluta. I limiti all'esercizio della libertà di associazione, di cui all'art. 18, praticamente non toccano la libertà sindacale.

La libertà sancita dall'art. 39, c. 1, è libertà di "organizzazione", non di associazione, sindacale. Secondo l'interpretazione prevalente, l'uso del termine "organizzazione" implica una nozione più ampia dell'aggregazione sindacale nella forma associativa: peraltro, come vedremo oltre, parlando dell'organizzazione sindacale nei luoghi di lavoro, l'esperienza passata e attuale ci pone di fronte rappresentanze dei lavoratori che hanno certamente natura sindacale, ma non hanno struttura associativa (*infra*, § 2).

Ma quando può dirsi che un'organizzazione abbia natura sindacale? L'art. 39 non fornisce alcuna definizione del predicato "sindacale", rinviando perciò a dati di esperienza [1].

Dal punto di vista del fine, può essere definita come sindacale ogni attività (di or-

[1] L'unico testo normativo nel quale troviamo una definizione di "organizzazione sindacale" è l'art. 10 della Convenzione OIL n. 87/1948, ratificata e resa esecutiva con l. n. 367/1958 («ogni organizzazione di lavoratori o datori di lavoro che abbia lo scopo di promuovere e di difendere gli interessi dei lavoratori o dei datori di lavoro»): definizione tautologica (l'organizzazione è un'organizzazione) e teleologica (in ragione del fine dell'organizzazione).

ganizzazione, di contrattazione, conflittuale) diretta all'autotutela degli interessi connessi allo svolgimento di un'attività di lavoro (non necessariamente del solo lavoro subordinato). Dal punto di vista strutturale, «la qualificazione sindacale presuppone anche un'aggregazione di soggetti»[2], ed è perciò necessario che un'organizzazione vi sia, anche se nella forma minima di struttura di coordinamento degli interessi individuali, o come altrimenti si dice di *coalizione*[3].

Oggetto della garanzia costituzionale è l'attività finalizzata alla organizzazione sindacale: la libertà sindacale, infatti, come tutte le libertà, non è solo *libertà da* interferenze dei pubblici poteri e anche dei soggetti privati (in particolare, nel caso, dei datori di lavoro), ma è anche e soprattutto *libertà di agire*.

La libertà sindacale è certamente un diritto a *titolarità individuale*, perché ogni individuo ha diritto di coalizzarsi con altri per tutelare i propri interessi, e di partecipare all'attività della organizzazione alla quale aderisce. Così la libertà sindacale è configurata dall'art. 11 della CEDU, e così anche dall'art. 12 CDFUE[4]. La libertà sindacale è però anche, ed essenzialmente, un diritto a *titolarità collettiva*: così è la libertà che l'art. 39, c. 1, Cost., garantisce all'organizzazione, perché questa possa svolgere, appunto liberamente, attività di autotutela degli interessi dei lavoratori che ad essa aderiscono.

A) *La libertà sindacale negativa*

Una questione sulla quale gli studiosi si sono interrogati è se la libertà sindacale (nella sua dimensione individuale), oltre ad avere il contenuto positivo che si è appena detto, abbia anche un contenuto *negativo*: con ciò intendendosi la libertà del lavoratore di non aderire ad alcuna organizzazione sindacale.

L'art. 39 Cost. nulla dice in proposito, e mute sono anche le Convenzioni OIL n. 87/1948 (sulla libertà sindacale e la protezione del diritto sindacale) e n. 98/1949 (sull'applicazione del principio del diritto di organizzazione e di negoziazione collettiva), entrambe ratificate e rese esecutive dall'Italia con l. n. 367/1958. Di libertà negativa non parla neppure la CSE[5], che all'art. 5 fa riferimento solo alla libertà positiva di costituire organizzazioni sindacali o di aderirvi, e neppure ne parla la CDFUE (art. 12).

La libertà sindacale negativa è invece espressamente sancita dallo Statuto dei lavoratori (d'ora in avanti St. lav.), che all'art. 15 prevede la nullità di ogni atto o patto (individuale o collettivo) diretto a subordinare l'occupazione di un lavoratore alla condizione che aderisca o non aderisca ad una associazione sindacale ovvero cessi di farne parte, nonché la nullità di ogni altro atto che discrimini il lavoratore a causa della sua affi-

---

[2] Giugni 1979, pp. 265-266.

[3] Stanti le particolari condizioni di lavoro nel settore del *food delivery* e in altri settori in cui operano le piattaforme digitali, hanno preso piede nuove forme di associazionismo sindacale "informale", che sperimentano modalità non tradizionali di aggregazione di lavoratori precari, frammentati e dispersi.

[4] *Retro*, PT. I. Ricordiamo che il testo della CDFUE è stato oggetto di revisioni. Il testo vigente, che sostituisce quello originario, è allegato ai Trattati (TUE e TFUE), ed è entrato in vigore a partire dall'entrata in vigore del Trattato di Lisbona (1° dicembre 2009).

[5] *Retro*, PT. I. Alla libertà sindacale negativa fa riferimento esplicito la Carta comunitaria dei diritti sociali fondamentali del 1989 (art. 11), che non costituisce fonte del diritto dell'UE in senso tecnico.

liazione sindacale[6]. Sull'argomento torneremo oltre, nella parte dedicata ai diritti di libertà e attività sindacale di cui sono titolari i singoli lavoratori (*infra*, §§ 5 ss.)[7].

B) *Il fine sindacale e i sindacati di comodo*

Abbiamo detto sopra che può essere definita come *sindacale* ogni attività diretta all'autotutela degli interessi connessi allo svolgimento di un'attività di lavoro. La definizione del fine sindacale risulta così molto ampia ma anche generica. Un contributo ad una sua migliore precisazione viene dal disposto dell'art. 17 St. lav., che vieta ai datori di lavoro e alle associazioni di datori di lavoro di costituire o sostenere, con mezzi finanziari o altrimenti, associazioni sindacali di lavoratori[8]. Il divieto imposto agli imprenditori di crearsi, mediante un illecito sostegno, un interlocutore sindacale *di comodo* (altrimenti detto *sindacato giallo*) rende evidente che può definirsi come "sindacale" solo un'organizzazione autenticamente tale, cioè «atteggiata antagonisticamente nei confronti della controparte»[9]. Atteggiamento antagonistico non significa che il sindacato, per essere genuino, non debba essere disponibile a contrattare ed eventualmente ad accettare le proposte della controparte; significa che il sindacato è autenticamente tale se tutela, mediante la negoziazione collettiva e il conflitto, gli interessi dei propri rappresentati che sono, per definizione, antagonistici rispetto a quelli della controparte[10]. Il divieto di sindacati di comodo implica perciò e necessariamente anche il *divieto di sindacati misti* di lavoratori e datori di lavoro.

---

[6] Cass. n. 20819/2021 ha ritenuto che violasse la libertà sindacale individuale e collettiva la clausola del contrato collettivo stipulato tra una compagnia aerea irlandese *low cost* e un sindacato irlandese che vietava ai dipendenti della compagnia di avere qualsiasi rapporto con organizzazioni sindacali diverse da quella stipulante il contratto collettivo, poiché tale clausola condizionava l'assunzione, le condizioni di lavoro e la permanenza in servizio.

[7] Di libertà sindacale negativa si è parlato qualche anno fa a proposito del controverso "caso Pometon", nel quale l'applicazione del contratto collettivo aziendale, sottoscritto dalla sola FIM-CISL, ai lavoratori non iscritti a tale sindacato è stata subordinata alla loro esplicita adesione al contratto, subordinata a sua volta al pagamento di una quota di circa 200 euro, pari alla quota associativa di un anno, a favore del sindacato stipulante (c.d. quota contratto). Sul caso si è pronunciato Trib. Venezia 30.5.2014, accogliendo il ricorso proposto da 23 lavoratori iscritti alla Fiom-Cgil, esclusi dai benefici economici del contratto aziendale, senza però affrontare la questione della quota associativa.

[8] Il divieto era già previsto dall'art. 2 della Convenzione OIL n. 98/1949. Il divieto di cui all'art. 17 St. lav. colpisce una serie di comportamenti, che non sono tipizzabili *a priori*, e dei quali non è dunque possibile fornire se non qualche esempio: dal caso macroscopico della creazione del sindacato da parte dell'imprenditore, al caso dell'impresa (piattaforma digitale) che con un video messaggio sollecita gli *shopper* (addetti alla consegna della spesa a domicilio), ad aderire ad un determinato sindacato disponibile a firmare un accordo con l'impresa, per finire ai casi di finanziamento (ovviamente poco probabile quello esplicito), o di forme di sostegno più sottili e difficili da provare in giudizio, come favoritismi nei trattamenti economici e in altri benefici di carriera a fine di incentivare l'adesione al sindacato di comodo, assunzioni discriminatorie, privilegi ingiustificati (vale a dire non costituenti adempimento di un obbligo legale o genuinamente contrattuale) nell'assegnazione di locali, spazi di affissione, permessi.

[9] Mancini 1981, *sub art. 17*, p. 68.

[10] La qualificazione di un sindacato come "di comodo" è spesso incerta. Nel giudizio di opposizione a Trib. Firenze decr. 9.2.2021, il giudice ha qualificato così il sindacato UGL Rider, poco rappresentativo e costituito *ad hoc*, che ha stipulato con Assodelivery (associazione delle piattaforme del settore delivery) un CCNL, analogo nei contenuti alla regolamentazione contrattuale già previ-

Il divieto di sindacati di comodo non pone limiti alla libertà sindacale garantita dall'art. 39, c. 1, Cost. e non rappresenta perciò un'illecita interferenza del legislatore nell'ordinamento sindacale; al contrario, dà ad esso attuazione, impedendo che l'esercizio della libertà sindacale sia di fatto impedito o ostacolato dalla presenza di soggetti spuri, in grado di turbare con la loro presenza la dinamica delle relazioni industriali [11].

C) *L'estensione della libertà sindacale*

a) *Datori di lavoro*

In merito all'estensione agli imprenditori e più in generale ai datori di lavoro della libertà sindacale, secondo un'opinione largamente diffusa, l'art. 39, c. 1, Cost., non distingue tra le parti sociali contrapposte, e mette dunque lavoratori e imprenditori sullo stesso piano quanto a garanzia della libertà sindacale (ma non dell'azione sindacale: al diritto di sciopero dei lavoratori, non corrisponde un diritto di serrata). La simmetria sarebbe stata certo più evidente se avessero trovato attuazione i cc. 2, 3 e 4 dell'art. 39, poiché la registrazione delle associazioni di ambedue le parti avrebbe comportato la parificazione del loro regime giuridico: ma l'attuazione, come sappiamo, non vi è stata.

Nel diritto vigente, l'estensione della garanzia della libertà sindacale agli imprenditori (e di conseguenza della qualificazione come "sindacali" delle loro organizzazioni) può trovare fondamento specialmente nelle sentenze della Corte costituzionale n. 1/1960 (sulla vicenda dello sganciamento dalla Confindustria delle imprese a prevalente partecipazione statale) e n. 29/1960 (sulla liceità penale della serrata), che hanno ricondotto all'art. 39, c. 1, Cost. la libertà di organizzazione e di azione sindacale dei datori di lavoro. Infine non si deve dimenticare che la CDFUE, all'art. 28 prevede per i lavoratori, per i datori di lavoro e per le loro organizzazioni eguali diritti di negoziazione collettiva e di ricorso ad azioni collettive (ivi compreso lo sciopero) per la difesa dei propri interessi in caso di conflitto [12].

Ovviamente dire che l'art. 39 estende anche agli imprenditori la garanzia della libertà sindacale non significa dire che gli imprenditori godano degli stessi diritti sindacali di cui godono i lavoratori, cui tali diritti sono riconosciuti in virtù del principio di eguaglianza sostanziale di cui all'art. 3, c. 2, Cost., che costituisce il fondamento della tutela della libertà e dell'attività sindacale.

---

sta dalle piattaforme, senza alcun confronto nel merito del contratto con i *rider* e mentre erano in corso le trattative presso il Ministero del lavoro con i sindacati considerati dallo stesso Ministero maggiormente rappresentativi.

[11] Per quanto attiene alle sanzioni, la violazione del divieto costituisce senza dubbio una condotta antisindacale (*infra*, § 6), poiché favorire illecitamente un sindacato significa inevitabilmente «impedire o limitare l'esercizio della libertà e dell'attività sindacale» degli altri sindacati (art. 28 St. lav.). Tuttavia il giudice, investito della questione, non potrà spingersi fino ad ordinare lo scioglimento del sindacato di comodo, poiché la libertà di associazione di cui all'art. 18 Cost. tutela anche un "sindacato giallo", i cui fini non sono vietati dalla legge penale. L'associazione potrà dunque continuare ad esistere, ma non potrà agire come "sindacato", non essendo genuinamente tale.

[12] L'opinione contraria all'estensione dell'art. 39, c. 1, Cost. ai datori di lavoro, autorevolmente sostenuta (specialmente da Giugni) ma minoritaria, si basa sulla considerazione (in sé certamente esatta) della indubbia diversità, storica e fattuale, tra sindacati dei lavoratori e associazioni datoriali. Ciò non toglie che, come afferma la prevalente dottrina, la costruzione della libertà sindacale bilaterale abbia dalla sua i dati normativi, non contestabili, che abbiamo richiamato sopra.

b) *Lavoratori autonomi e pubblici dipendenti*

Secondo l'interpretazione prevalente, ai lavoratori autonomi definibili, in ragione della dipendenza economica dal committente e delle modalità di esecuzione della prestazione come *parasubordinati* (altrimenti detti collaboratori coordinati e continuativi) deve essere riconosciuta la libertà di organizzazione sindacale di cui all'art. 39, c. 1, Cost. La stessa garanzia di libertà sindacale si estende inoltre a quei lavoratori autonomi la cui prestazione sia caratterizzata, come nel caso della c.d. mono-committenza, dalla subordinazione economica al committente, che assimila la loro condizione a quella dei lavoratori giuridicamente subordinati [13].

Quanto ai pubblici dipendenti, se in un passato alquanto remoto era stata messa in dubbio l'estensione ad essi della garanzia di cui all'art. 39, c. 1, Cost., oggi tale estensione è invece pacificamente ammessa: con la cosiddetta privatizzazione del pubblico impiego (d.lgs. n. 29/1993 ora confluito nel d.lgs. n. 165/2001, successivamente modificato in più punti) è stata sancita la tutela della libertà e dell'attività sindacale dei lavoratori pubblici, nei modi e nelle forme previste dallo Statuto dei lavoratori.

D) *I limiti legali alla libertà sindacale: militari e polizia di Stato*

I soli limiti legali alla libertà sindacale presenti nel nostro ordinamento riguardano i militari e gli appartenenti alla polizia di Stato: tali limiti sono peraltro ammessi dalle Convenzioni internazionali richiamate sopra.

Per quanto riguarda i militari di carriera, il Codice dell'ordinamento militare (d.lgs. n. 66/2010, già l. n. 382/1978), all'art. 1475, c. 2, escludeva espressamente che potessero costituire associazioni di carattere sindacale o aderire ad altre associazioni sindacali, e che potessero esercitare il diritto di sciopero. La compressione di un diritto fondamentale di libertà era stata sin qui giustificata in base alle funzioni e ai compiti che i militari di carriera sono chiamati a svolgere, che a loro volta avrebbero giustificato un'organizzazione gerarchica e una disciplina incompatibili con lo svolgimento di attività sindacali [14]. Ma la Corte costituzionale (sentenza n. 120/2018) ha dichiarato l'illegittimità costituzionale dell'art. 1475, c. 2, d.lgs. n. 66/2010, nella parte in cui prevede che «I militari non possono costituire associazioni professionali a carattere sindacale o aderire ad altre associazioni sindacali» *invece di prevedere* che «I militari *possono* costituire associazioni professionali a carattere sindacale alle condizioni e con i limiti fissati dalla legge» [15]. Re-

---

[13] Riprenderemo oltre l'argomento, parlando dell'applicazione dell'art. 28 St. lav. (repressione della condotta antisindacale) alle collaborazioni etero-organizzate (art. 2, d.lgs. n. 81/2015 e successive modifiche). Non devono essere confusi con le organizzazioni sindacali dei lavoratori autonomi gli ordini e i collegi professionali, persone giuridiche di diritto pubblico, alle quali obbligatoriamente appartengono gli esercenti libere professioni per le quali gli ordini e i collegi sono istituiti. Le attività di tipo sindacale dei liberi professionisti sono svolte dalle loro volontarie associazioni, la cui libertà è tutelata dall'art. 18 Cost.

[14] La questione della legittimità costituzionale dei limiti alla libertà sindacale dei militari, sollevata dal Consiglio di Stato, era stata respinta dalla Corte costituzionale (sentenza n. 449/1999). I militari di leva (prima dell'abolizione della leva obbligatoria) potevano invece iscriversi ad associazioni sindacali o rimanere iscritti a sindacati, ma non potevano svolgere attività sindacali durante il servizio.

[15] La Corte rivede l'orientamento espresso in passato sulla questione alla luce degli artt. 11 (libertà di associazione) e 14 (divieto di discriminazione) della CEDU (come interpretati dalla Corte europea dei diritti dell'uomo) e dell'art. 5 della CSE, che legittimano le "restrizioni" alla libertà sindacale dei

sta invece fermo il divieto per i militari di aderire ad altre associazioni sindacali. La Corte ha rinviato al Parlamento il compito di porre i limiti coerenti con l'esercizio delle funzioni e dei compiti dei militari; in attesa, le restrizioni sono le stesse dettate dal d.lgs. n. 66/2010 per gli organismi di rappresentanza.

Per quanto concerne la polizia di Stato, dopo la smilitarizzazione ad opera della l. n. 121/1981, ai poliziotti è permesso costituire associazioni sindacali o aderire a sindacati, ma deve trattarsi di sindacati formati, diretti e rappresentati esclusivamente da appartenenti alla polizia (anche in quiescenza); questi sindacati, inoltre, non possono aderire ad organizzazioni che rappresentino altre categorie, diverse dalla polizia. In ogni caso è vietato il ricorso allo sciopero, mentre sono concessi alcuni diritti sindacali: assemblee, permessi e aspettative sindacali [16].

2. *Libertà sindacale e modelli di organizzazione*

a) *Le organizzazioni dei lavoratori*

Con il ritorno alla libertà sindacale nel dopoguerra è rinato anche il pluralismo sindacale: il pluralismo può determinare, ed effettivamente determina, la presenza (e la concorrenza) di più organizzazioni sindacali alle quali aderiscono, per libera scelta e in ragione delle loro personali opinioni, i lavoratori occupati in un medesimo settore produttivo. Abbiamo fatto cenno sopra alla nascita della CGIL unitaria e alla sua scissione, alla successiva nascita di altre Confederazioni (la CISL e la UIL). Queste tre Confederazioni sono le maggiori organizzazioni attualmente presenti, e ad esse aderiscono (per scelta volontaria) milioni di lavoratori di tutte le categorie dei settori dell'industria, del commercio, dell'agricoltura, dei servizi, del settore pubblico centrale e locale.

La struttura organizzativa delle maggiori Confederazioni sindacali (CGIL, CISL, UIL) è complessa, e può essere schematizzata distinguendo la linea di organizzazione *orizzontale* (intercategoriale) dalla linea di organizzazione *verticale* (di categoria).

Nell'ambito di ciascuna di queste linee occorre distinguere i diversi livelli territoriali.

L'organizzazione *orizzontale* (intercategoriale) si articola su tre livelli:

– la struttura *territoriale* (in genere provinciale): per la CGIL le Camere del lavoro; per la CISL le Unioni provinciali; per la UIL le Camere sindacali;

– la struttura *regionale*, nella quale confluiscono le strutture territoriali;

– la struttura *nazionale* (*Confederazione*), nella quale confluiscono sia le strutture regionali sia le strutture nazionali di categoria (Federazioni).

L'organizzazione *verticale* (di categoria) si articola su quattro livelli:

– la struttura al livello del luogo di lavoro [17];

militari ma *non* il divieto di associarsi sindacalmente; ritiene incompatibile con tali disposizioni (contenute in fonti internazionali alle quali lo Stato è tenuto a conformarsi) l'esclusione, sancita dall'art. l'art. 1475, c. 2, del diritto di associazione sindacale. Il Cons. Stato, Sez. II, 18.5.2020, n. 3165, in *RGL*, 2020, II, p. 667, nt. Zitti, ha tuttavia affermato che l'esercizio della libertà sindacale deve rispettare i vincoli gerarchici e le procedure (dell'Arma dei carabinieri, nella specie).

[16] Il d.lgs. n. 195/1995 regola il procedimento di contrattazione collettiva, che si conclude con il recepimento dell'accordo sindacale per la polizia di Stato in un d.p.r.

[17] Di tali strutture parleremo oltre. Come vedremo, le RSU possono essere definite solo in senso

– la struttura *territoriale* di categoria;
– la struttura *regionale* di categoria;
– la struttura *nazionale* di categoria (*Federazione*).

L'organizzazione sindacale a struttura confederale non esaurisce il panorama dei modelli organizzativi: il pluralismo sindacale si manifesta non solo nella presenza di una pluralità di sigle sindacali (fino al limite della frammentazione presente in alcuni settori della pubblica amministrazione e dei servizi pubblici), ma anche nella scelta di una struttura organizzativa legata alla definizione dell'interesse collettivo tutelato, e dunque di un'area di rappresentanza (detta anche *categoria*) ristretta ad un'attività professionale (i dirigenti d'azienda, i quadri, o ancora i piloti, i controllori di volo, i macchinisti, i medici ospedalieri, i professori universitari di ruolo e così via), ovvero ad un settore specifico di attività (la scuola, il credito, ecc.). Questi sindacati, che sono detti *autonomi* per distinguerli dai sindacati confederati, si sono andati peraltro progressivamente riunendo in organizzazioni di tipo confederale (così ad esempio la CISAL, la CONFSAL, la CISAS), anche se conservano una connotazione prevalentemente settoriale, che distingue queste nuove Confederazioni dalle tre grandi Confederazioni, alle quali può aggiungersi attualmente anche la UGL (nata dalle ceneri della CISNAL, sindacato neo-corporativo nato nel 1950) [18].

Nell'Unione europea opera la Confederazione europea dei sindacati (ETUC; in precedenza CES) che si è costituita a Bruxelles nel 1973 e alla quale aderiscono le Confederazioni CGIL, CISL e UIL. Queste tre Confederazioni aderiscono dal 2006 alla Confederazione sindacale internazionale (CSI).

b) *Le organizzazioni dei datori di lavoro*

A differenza dei sindacati di lavoratori, le organizzazioni dei datori di lavoro non presentano rilevanti divisioni su basi ideologiche o politiche. Fino ad epoca recente, le organizzazioni erano divise per settori economici e per dimensione delle imprese associate; attualmente invece il mondo delle organizzazioni datoriali si presenta disarticolato, a causa della nascita di una pluralità di nuove associazioni, nate sia a seguito del recesso di alcuni imprenditori dalle grandi organizzazioni storiche, sia autonomamente. Queste nuove organizzazioni sono protagoniste di una contrattazione collettiva (numericamente rilevante) in concorrenza (spesso al ribasso) con il contratto stipulato dalle organizzazioni aderenti alle grandi organizzazioni datoriali "storiche".

In queste ultime, le strutture orizzontali (territoriali e nazionali) hanno ampie funzioni e un ruolo più importante (almeno sul piano delle politiche sindacali) di quelle verticali di categoria; le divisioni sono piuttosto per settori economici; le strutture orizzontali (territoriali e nazionali) hanno ampie funzioni.

Le principali organizzazioni imprenditoriali sono: nel settore industriale la CONFINDUSTRIA [19] (ma è presente anche la CONFAPI, confederazione delle industrie

---

lato "strutture di base" dei sindacati di categoria: non sono infatti strutture dei singoli sindacati ma strutture unitarie ed elettive. Quanto alle RSA di cui all'art. 19 St. lav., queste non si prestano in alcun modo ad essere definite come strutture di base del sindacato di categoria.

[18] Occorre inoltre ricordare che sono presenti organizzazioni sindacali che mantengono una certa fluidità organizzativa; alcune di queste organizzazioni sono confluite nella USB (Unione sindacale di base), la cui presenza si va estendendo oltre il settore pubblico e dei pubblici servizi.

[19] La Confindustria è sicuramente la maggiore organizzazione degli imprenditori industriali e non solo: sono associate a Confindustria anche imprese private o privatizzate del terziario (trasporti, comunicazioni, turismo, spettacolo). Dal punto di vista organizzativo, la struttura di base è quella oriz-

medio-piccole); nel settore del commercio la CONFCOMMERCIO (ma è presente anche la CONFESERCENTI); nel settore agricolo la CONFAGRICOLTURA (ma sono presenti anche la COLDIRETTI, che organizza i coltivatori diretti e la CONFCOLTIVATORI, che organizza i piccoli imprenditori agricoli); nei settori bancario e assicurativo ABI e ANIA; nel settore delle imprese cooperative sono presenti diverse organizzazioni (le maggiori sono LEGACOOP e CONFCOOPERATIVE), che fanno capo ad ACI (Alleanza delle cooperative italiane, costituita nel 2011) [20].

Le imprese dei servizi pubblici locali (ex municipalizzate) fanno capo alla CONFSERVIZI, alla quale aderiscono le Federazioni di categoria. Occorre infine ricordare che svolgono anche funzioni di tipo sindacale le organizzazioni degli artigiani.

A livello europeo gli imprenditori sono organizzati nella *Business Europe* (nota anche come UNICE); nella UAPME, che rappresenta le imprese di piccola e media dimensione; i datori di lavoro pubblici nel CEEP (Centro europeo dell'impresa pubblica).

3. *Le associazioni sindacali: natura giuridica*

Il sindacato ha, per tradizione storica comune ai paesi industriali, la struttura di un'associazione, ma questo non è né sempre vero, né appunto necessario. Non essendo stata mai emanata la legge alla quale l'art. 39 Cost. riserva l'attuazione dei suoi cc. 2, 3 e 4, nel nostro ordinamento i sindacati non possono chiedere la "registrazione" e conseguire per questa via la personalità giuridica prevista dalla Costituzione. La mancanza di una disciplina legale speciale ha indotto gli interpreti a cercare nel diritto comune (privato) regole applicabili a questi soggetti, la cui esistenza nell'ordinamento giuridico è garantita dall'art. 39, c. 1, Cost. Per convinzione pressoché unanime, queste regole sono contenute negli artt. 36, 37, 38 c.c.: almeno quando siano organizzati in forma associativa, i sindacati hanno allora la soggettività giuridica delle associazioni non riconosciute.

Secondo quanto previsto da queste poche e scarne disposizioni, l'ordinamento interno e l'amministrazione dell'associazione sono regolati dagli accordi degli associati;

---

zontale territoriale (*Associazione industriali provinciale*), alla quale aderiscono le imprese della provincia; le Associazioni provinciali si raggruppano a loro volta nelle 18 Confindustrie regionali che sostituiscono le Federazioni regionali, alle quali Confindustria ha devoluto importanti funzioni. La struttura orizzontale di vertice è la *Confederazione*, nella quale confluiscono, oltre alle strutture orizzontali provinciali, le strutture verticali nazionali (Federazioni di categoria, presenti nei maggiori settori merceologici). Nell'organizzazione degli imprenditori industriali, hanno da sempre un ruolo molto rilevante le strutture orizzontali: da un lato le Associazioni industriali (che, a livello provinciale, svolgono compiti di assistenza alle imprese in materia di contrattazione aziendale, applicazione della legislazione e dei contratti collettivi, composizione delle controversie); d'altro lato la Confederazione, alla quale fa capo la responsabilità delle scelte di politica delle relazioni industriali, e di politica *tout court*.

[20] Merita segnalare che, nell'ambito delle organizzazioni degli imprenditori si sta sviluppando una tendenza alla ricomposizione della frammentazione organizzativa presente in alcuni settori: oltre alla già menzionata ACI, ricordiamo R.ETE. Imprese Italia, fondata nel 2010 da Confcommercio, Confesercenti, CNA, Confartigianato e Casartigiani, che, superata la tradizionale divisione tra le diverse organizzazioni del commercio e dell'artigianato, organizza ora imprese sia manifatturiere sia del terziario, sulla base del criterio della piccola dimensione (senza distinzione tra imprese artigiane e non).

l'associazione può stare in giudizio nella persona di coloro ai quali, secondo tali accordi, è conferita la presidenza o la direzione. L'associazione ha un fondo comune, costituito con i contributi degli associati[21] e con i beni acquistati con tali contributi; il fondo permane (e non può essere diviso tra gli associati) fino allo scioglimento dell'associazione. Il fondo comune risponde delle obbligazioni dell'associazione, salva la responsabilità personale e solidale delle persone che hanno agito in nome e per conto dell'associazione.

L'associazione non riconosciuta ha dunque una propria soggettività giuridica, autonoma e distinta da quella dei singoli associati, in quanto ad essa (e non ai singoli associati) sono direttamente imputati i rapporti giuridici (come le obbligazioni e la conseguente responsabilità verso i terzi creditori del fondo comune). Ciò che differenzia l'associazione non riconosciuta da quella riconosciuta come persona giuridica è la diversa estensione della responsabilità per i debiti dell'associazione: mentre l'associazione riconosciuta gode di autonomia patrimoniale perfetta, nell'associazione non riconosciuta coloro che hanno agito in nome e per conto dell'associazione possono essere chiamati a rispondere personalmente e illimitatamente[22].

Una delle maggiori (e più durature) implicazioni della qualificazione del sindacato come associazione non riconosciuta è l'abbandono dell'idea che nel nostro diritto la organizzazione sindacale debba essere conforme «a presunte categorie di datori di lavoro o di lavoratori esistenti in natura e la cui naturale identità possa essere fissata dalle leggi o dalle autorità»[23]. In altri termini: nel diritto sindacale fondato sul principio della libertà sindacale il sindacato preesiste alla categoria.

Per quanto nel linguaggio corrente si usi chiamare *sindacato di categoria* (in opposizione al *sindacato di mestiere*) il sindacato che definisce la propria area di rappresentanza per ramo d'industria o settore di attività, la *categoria* (che diciamo *sindacale*, per distinguerla dalla categoria *contrattuale*, che è il campo di applicazione del contratto collettivo, come definito nel contratto medesimo) è *il gruppo professionale che l'associazio-*

---

[21] Le quote associative (contributi sindacali) costituiscono il canale "tipico" di finanziamento dei sindacati, ma non l'unico; ai contributi si aggiungono le quote contrattuali e di servizio (quote per assistenza contrattuale) a carico dei lavoratori inserite nei contratti collettivi. Entrate rilevanti provengono dal sistema dei servizi (Patronati e CAF) e dalle altre attività economiche che fanno capo alle organizzazioni sindacali (servizi formativi, assicurativi, ecc.).

[22] La pochezza della disciplina legale delle associazioni non riconosciute non esclude, secondo un orientamento interpretativo, che ad esse possano applicarsi, in via analogica, alcune delle disposizioni contenute negli artt. 14-35 c.c., in quanto riferibili al fenomeno associativo, e non strettamente connesse al riconoscimento giuridico dell'associazione. Si tratta delle disposizioni che contengono regole che possiamo dire di *democrazia interna* dell'associazione, non derogabili dalla volontà degli associati e mediante loro accordi. In particolare: la regola secondo cui l'associato può sempre recedere dall'associazione se non ha assunto l'obbligo di farne parte per un tempo determinato (art. 24, c. 2); la regola secondo cui l'esclusione dell'associato non può essere deliberata dall'assemblea che per gravi motivi (art. 24, c. 3).

[23] Esposito 1954. Ciò a differenza di quanto avveniva nel diritto corporativo, dove le categorie dei datori di lavoro e dei lavoratori erano predefinite, e perciò logicamente preesistevano alle associazioni professionali che le rappresentavano legalmente nella contrattazione collettiva (ciò che determinava la coincidenza tra la categoria come area di rappresentanza sindacale e la categoria come area di applicazione del contratto collettivo).

ne rappresenta e del quale persegue l'interesse collettivo. Alla luce del principio di libertà sindacale è dunque «legittimo che sia considerato categoria da un'associazione sindacale quel che non è considerato tale da un'altra, e che per l'una costituisca autonoma categoria ciò che per l'altra è solo parte o momento di una categoria»[24].

Come vedremo oltre, affrontando lo studio del contratto collettivo di diritto comune e della sua efficacia soggettiva, la distinzione tra categoria sindacale e categoria contrattuale è fondamentale per decidere in ordine ai criteri di applicazione del contratto collettivo.

3.1. *La rappresentanza sindacale*

Come abbiamo detto sopra, la "carenza legislativa" (vale a dire la mancata attuazione dell'art. 39 Cost.) ha portato ad attribuire al sindacato la natura giuridica di associazione non riconosciuta; come tale, il sindacato è dotato di una soggettività giuridica distinta da quella dei singoli che ad essa aderiscono (gli iscritti). Il passo ulteriore da compiere consiste ora nel qualificare il rapporto che intercorre tra l'associazione e i destinatari della sua attività negoziale (la contrattazione collettiva, *in primis*).

Tradizionalmente, la dottrina ha qualificato questo rapporto facendo ricorso alla categoria giuridica (privatistica) della *rappresentanza volontaria*: con il che si intende quel particolare meccanismo giuridico mediante il quale la volontà negoziale viene formata ed espressa da un soggetto diverso da quello a cui sono immediatamente imputabili gli effetti giuridici dell'atto compiuto. Secondo questa ricostruzione (che si colloca nel contesto di quelle dottrine privatistiche del diritto sindacale che sono state a lungo dominanti), la legittimazione del potere dell'associazione di rappresentare gli associati è fondata su di un atto volontario (negoziale: l'adesione al sindacato); l'adesione è considerata costitutiva del potere dell'associazione di rappresentare nella negoziazione l'interesse collettivo degli associati e di imputare loro gli effetti dei negozi posti in essere.

Il fulcro della teoria della rappresentanza volontaria è la nozione di *interesse collettivo*, sintesi e non somma di interessi individuali, quantitativamente ma anche qualitativamente distinto da quello individuale degli associati, e indivisibile. L'interesse collettivo, pur essendo un interesse diverso da quello individuale, è un interesse privato (perché non è proprio di tutta la collettività organizzata, ma di una collettività di interessi costituita su basi volontarie). I lavoratori (o i datori di lavoro) si uniscono per la tutela di interessi «che credono opportuno di perseguire in forma associata invece che individuale»[25]; l'associazione sindacale opera la sintesi di questi interessi, definendo come interesse proprio, distinto da quello degli associati *uti singuli*, l'inte-

---

[24] Esposito 1954. Per fare un esempio: in un sistema fondato sulla libertà e sul pluralismo sindacale, un macchinista delle Ferrovie non solo potrà aderire (o non aderire) ad un qualsiasi sindacato, ma potrà aderire ad un'associazione sindacale che definisce come "categoria" rappresentata (interesse collettivo del gruppo rappresentato) i "lavoratori del settore dei trasporti", oppure i "lavoratori dipendenti dalle Ferrovie", oppure i soli "macchinisti delle Ferrovie": insomma come il macchinista non appartiene ad una predefinita "categoria", così ogni associazione sindacale è libera di definire come crede la categoria rappresentata.

[25] La frase citata è di Esposito 1954.

resse collettivo, che tuttavia non è un autonomo interesse dell'associazione, ma il risultato di una sintesi degli interessi degli associati.

Definito come collettivo l'interesse di cui il sindacato-associazione è portatore, occorre spiegare perché i singoli iscritti siano vincolati dagli atti compiuti dal sindacato (il contratto collettivo, in primo luogo): detto in altri termini, occorre trovare una ragione giuridica della subordinazione dell'autonomia individuale dei singoli iscritti all'autonomia collettiva.

La dottrina più risalente ha ravvisato il fondamento del potere negoziale del sindacato nel *mandato con rappresentanza sindacale*, che ogni associato conferisce al sindacato nel momento dell'iscrizione[26]. Per quanto datata, la ricostruzione della rappresentanza sindacale in termini squisitamente privatistici (rappresentanza volontaria, conferita dai singoli associati, mediante l'adesione all'associazione sindacale, a sua volta configurata come associazione non riconosciuta) non è mai stata davvero abbandonata.

Peraltro, a partire dall'inizio degli anni '70 del secolo scorso si sono fatte strada, nelle elaborazioni della dottrina, ricostruzioni del potere negoziale del sindacato che all'istituto della rappresentanza volontaria non hanno più fatto riferimento: il potere viene considerato come proprio del sindacato, cioè autonomo e non fondato sul "mandato" degli iscritti; l'interesse collettivo è definito come interesse proprio del sindacato, che esprime una mediazione fra interessi diversi, che non sono solo e necessariamente gli interessi dei suoi iscritti; la rappresentanza sindacale non è più concepita come strettamente associativa (dell'associazione nei confronti dei suoi iscritti, in nome e per conto dei quali agisce), ma come rappresentanza tendenzialmente generale, cioè estesa al di fuori della cerchia degli iscritti.

Questo importante passaggio teorico, che coglie il *carattere strutturalmente collettivo* (non individualistico) dell'organizzazione sindacale, ha aperto la strada alla ricerca di nuove basi giuridiche del potere negoziale dei sindacati, che, nella prassi, appare sempre più vicino agli schemi della rappresentanza politica che a quella volontaria-associativa del diritto privato. La nuova base è la *rappresentatività*: concetto che a partire dagli anni '70 del secolo XX tende ad aggiungersi, e talora a sovrapporsi, al concetto di rappresentanza sindacale.

3.2. *La rappresentatività sindacale*

La rappresentanza è una nozione modellata sul diritto comune dei privati: è la nozione per la quale la volontà contrattuale viene formata ed espressa da un soggetto diverso da quello a cui sono imputati gli effetti dell'atto compiuto. La *rappresentativi-*

---

[26] Un settore della dottrina, meno remoto e più attento alla dimensione collettiva dell'organizzazione sindacale, ha ravvisato invece il fondamento del potere negoziale del sindacato direttamente nel contratto associativo: il contratto di adesione vincola l'aderente nei termini e nei modi previsti dallo statuto del sindacato; la subordinazione dell'autonomia individuale dell'associato all'autonomia collettiva (dell'associazione) è un effetto del contratto associativo. Questa teoria (nota come teoria della *rappresentanza associativa*) valorizza l'autonomia statutaria dell'associazione rispetto alla volontà individuale degli iscritti, spiegando così la prevalenza dell'interesse collettivo sull'interesse individuale.

tà, viceversa, è un concetto "pregiuridico" o sociologico: si dice rappresentativo il sindacato capace di dare effettiva tutela agli interessi collettivi che assume di rappresentare, perché l'effettività della tutela è alla base del reciproco riconoscimento tra i sindacati, e tra le parti della negoziazione collettiva. La rappresentatività diviene però un concetto giuridico nel momento in cui l'ordinamento statuale (e dunque la legge dello Stato) affida alla rappresentatività la funzione di qualificare e selezionare i soggetti collettivi; la rappresentatività assume rilevanza in un sistema che assicura il pluralismo sindacale, e la selezione opera in un contesto di concorrenza tra sindacati diversi per ispirazione e capacità di aggregare consenso.

Il *concetto giuridico di rappresentatività* (o di maggiore rappresentatività) non era sconosciuto al nostro diritto sindacale post-costituzionale, poiché la legge faceva talora riferimento alla maggiore rappresentatività per selezionare i sindacati a fini di partecipazione a organi amministrativi e internazionali, ma ha acquistato ben altro rilievo con l'entrata in vigore dello Statuto dei lavoratori (l. n. 300/1970), dove la maggiore rappresentatività era utilizzata dall'art. 19. In questa disposizione (successivamente modificata: *infra*, §§ 4.1 e 4.2) il legislatore prevedeva che le rappresentanze sindacali aziendali (titolari dei diritti sindacali di cui al Titolo III della stessa legge) fossero costituite nell'ambito delle associazioni aderenti alle *Confederazioni maggiormente rappresentative sul piano nazionale*.

La scelta del legislatore non era certo casuale: come ebbe ad affermare la Corte costituzionale (nella sentenza n. 334/1988) si trattava di una precisa opzione a favore di una aggregazione degli interessi dei vari gruppi professionali, dei quali la Confederazione ricompone le spinte particolaristiche, valorizzando la solidarietà e raccordando la tutela dei lavoratori occupati con quella dei non occupati. La scelta del legislatore si basava sulla storica rappresentatività delle maggiori Confederazioni sindacali: era una presunzione di rappresentatività, fondata su di un dato di esperienza; ma era anche una scelta politica: quella di privilegiare le organizzazioni sindacali di più ampie dimensioni, capaci di compensare i diversi egoismi di settore. La Corte costituzionale (sentenza n. 54/1974) aveva inoltre precisato che il criterio della *maggiore rappresentatività* non si riferiva ad una *comparazione* fra le varie Confederazioni nazionali (cosa che avrebbe comportato la necessità di pesarne la consistenza associativa, cioè il numero degli iscritti), bensì ad una *effettività*, cioè ad una differenza effettivamente esistente, e sempre verificabile, della capacità rappresentativa di alcune organizzazioni sindacali rispetto ad altre. A tale proposito, la Cassazione in un primo tempo aveva fissato, come criterio per individuare le Confederazioni maggiormente rappresentative sul piano nazionale, l'equilibrata consistenza associativa su tutto l'arco delle categorie e la diffusione dell'organizzazione sul territorio nazionale. Successivamente le maglie della valutazione si sono allargate, consentendo di qualificare come Confederazioni maggiormente rappresentative anche organizzazioni sindacali, che pur avendo una certa consistenza organizzativa (nelle categorie e sul territorio), non appartengono al gruppo ristretto delle Confederazioni che aggregano grandi masse di lavoratori di tutte le categorie. Restano fuori i sindacati *monocategoriali*: il carattere *intercategoriale* della Confederazione non appare infatti superabile, neppure mediante interpretazioni sempre meno rigorose della espressione legale "Confederazioni maggiormente rappresentative" [27].

---

[27] Un contributo al progressivo allentamento del rigore nell'interpretazione del criterio selettivo riassunto dall'espressione "Confederazioni maggiormente rappresentative" lo fornì (forse involontariamente) lo stesso legislatore. L'intervento legislativo era in sé poca cosa: si tratta della l. n. 902/1977, il cui oggetto era la ripartizione del patrimonio residuo delle disciolte organizzazioni sindacali fasciste

La maggiore rappresentatività è un criterio di selezione e di qualificazione dei soggetti collettivi largamente utilizzato dalla legge. Ciò che, a partire dall'ultimo decennio del secolo scorso, tende progressivamente a sparire è la presunzione di maggiore rappresentatività, che aveva fatto delle tre maggiori Confederazioni sindacali i sindacati maggiormente rappresentativi per antonomasia. A partire dalla legge finanziaria del 1996 (l. n. 549/1995, art. 25) il legislatore utilizza un nuovo criterio di selezione, che da allora tende progressivamente a sostituire, nella legislazione, quello della maggiore rappresentatività: il criterio è quello dei *sindacati comparativamente più rappresentativi*, in generale sul piano nazionale (la formula fa riferimento alla contrattazione collettiva nazionale di categoria), ma non mancano i casi in cui l'ambito di comparazione è quello territoriale (senza ulteriori precisazioni: così nell'art. 8, l. n. 148/2011).

Nelle prime leggi che lo hanno utilizzato, il criterio della *maggiore rappresentatività comparativa* aveva la funzione di selezionare, in presenza di più contratti collettivi, il contratto al quale la legge intende collegare determinati effetti (la retribuzione base per il calcolo dei contributi previdenziali; la concessione del beneficio della fiscalizzazione degli oneri sociali). Da qui il criterio è passato ad altre leggi, nelle quali ai contratti collettivi stipulati dai sindacati comparativamente più rappresentativi sul piano nazionale è affidata la funzione di integrare o modificare la regolamentazione posta dalla legge (gli esempi li ritroveremo studiando la disciplina dei contratti di lavoro). In questi ultimi casi la funzione del criterio è meno evidente: secondo alcuni l'intento del legislatore è quello di risolvere conflitti tra sindacati, individuando *ex ante* i sindacati legittimati alla contrattazione collettiva, secondo altri quello di evitare, mediante selezione *ex post*, la pluralità di contratti per una stessa categoria.

Il riferimento ad un giudizio comparativo costringe a rimettere in discussione i criteri di valutazione della rappresentatività, introducendo strumenti che la rendano "misurabile", mediante il calcolo del peso effettivo della rappresentanza. Insomma, la rappresentatività, che si era separata dalla rappresentanza sindacale (associativa), tende a ricongiungersi con questa: nel senso che sarà considerato rappresentativo il sindacato che effettivamente rappresenta una consistente quantità dei potenziali interessati, e maggiormente rappresentativo il sindacato che effettivamente rappresenta la maggioranza dei potenziali interessati. Non si tratta del criterio della rappresentanza meramente associativa di un tempo, ma piuttosto della combinazione di questa con la capacità del sindacato di aggregare consenso anche al di fuori della cerchia dei propri iscritti.

La legge non dice però in base a quali criteri debba essere "pesata" la rappresentatività sindacale; come abbiamo segnalato, manca ancora, infatti, una disciplina legislativa della rappresentatività sindacale nel settore privato. Se la legge continua a tacere, le parti sociali (Confindustria, CGIL, CISL e UIL) hanno tentato di riempire il vuoto provvedendo con una disciplina contrattuale: l'Accordo interconfederale (d'ora in avanti AI) del 28.6.2011, riveduto il 14.7.2011 (cui è stata aggiunta una postilla il 21.9.2011),

---

tra le organizzazioni sindacali presenti al momento dell'entrata in vigore della legge. La legge assegnava il 93% di tale patrimonio alle organizzazioni sindacali indicate nominativamente in una tabella allegata (oltre a CGIL, CISL e UIL, anche la CISNAL e la CIDA la cui maggiore rappresentatività era molto controversa), nonché le associazioni maggiormente rappresentative dei datori di lavoro, dei lavoratori autonomi e delle cooperative. Il restante 7% era attribuito alle Confederazioni e associazioni nazionali che risultassero "maggiormente rappresentative" tenuto conto: della consistenza numerica, dell'ampiezza e diffusione delle strutture organizzative, della loro partecipazione alla contrattazione collettiva e della loro presenza nel conflitto.

è stato poi sottoscritto anche da UGL e CONFSAL; successivamente sono stati stipulati (sempre tra Confindustria, CGIL CISL e UIL) l'Accordo interconfederale 31.5.2013 (detto "Protocollo"), e l'AI 10.1.2014 (detto Testo Unico sulla rappresentanza), con il quale le parti hanno dato attuazione al Protocollo del 2013. Al T.U. hanno successivamente aderito altre organizzazioni, sia dalla parte dei lavoratori, sia dalla parte dei datori di lavoro [28]. Con l'AI 4.7.2017 le parti stipulanti hanno apportato alcune modifiche al T.U. nella parte relativa alla raccolta dei dati necessari per il calcolo della rappresentatività dei sindacati, in particolare trasferendo all'INPS le funzioni già assegnate al CNEL.

Trattandosi di una disciplina contrattuale, gli AI non sono in grado di risolvere problemi che solo la legge, dotata di forza vincolante *erga omnes*, può risolvere. Tuttavia si tratta di discipline fortemente innovative, espressione di una recuperata unità sindacale almeno nella fase della definizione delle regole, dopo le travagliate vicende segnate dalla divisione tra le Confederazioni sindacali. Per quanto attiene al modo di calcolare (o pesare) la rappresentatività, le parti hanno adottato per il settore privato il modello in vigore nel settore pubblico, adeguandolo alle diverse caratteristiche del settore privato. La rappresentatività sindacale, e cioè il livello di consenso di cui il sindacato gode nell'ambito della categoria cui si applica il contratto collettivo (nazionale di categoria), è calcolata mediante la ponderazione (media semplice) tra i dati associativi (numero di iscritti) e dati elettorali (numero di voti raccolti nelle elezioni delle rappresentanze sindacali unitarie). Di queste nuove regole parleremo oltre (*infra*, Sez. IV, § 1). Con una innovazione importante, il "Patto della fabbrica" (AI 9.3.2018) ha stabilito l'estensione del criterio della maggiore rappresentatività comparativa alle organizzazioni dei datori di lavoro a fini di accesso alla contrattazione collettiva nazionale di categoria e di efficacia del contratto collettivo; il percorso per la misurazione e la certificazione della rappresentatività sono ancora in corso di definizione.

Con gli Accordi citati le parti sociali hanno concordato dunque un metodo che consente di "pesare" la rappresentatività dei sindacati. La legge invece, come si è detto, continua a tacere. Non rompe il silenzio l'art. 8, l. n. 148/2011, che fa solo generico riferimento ad «*associazioni dei lavoratori comparativamente più rappresentative sul piano nazionale o territoriale*», senza precisare in qual modo tale maggiore rappresentatività debba essere valutata [29]. Non rompe il silenzio neppure l'art. 51, d.lgs. n. 81/2015 (richiamato spesso nella legislazione successiva), che, come abbiamo già ricordato parlando del rapporto tra legge e contrattazione collettiva (*retro*, PT. I, § 6), stabilisce che i contratti collettivi ai quali la legge fa rinvio sono «i contratti collettivi nazionali, territoriali o aziendali stipulati da associazioni sindacali comparativamente più rappresentative sul piano nazionale e i contratti collettivi aziendali stipulati dalle loro rappresentanze sindacali aziendali ovvero dalla rappresentanza sindacale unitaria». Il criterio della rappresentatività è definito con maggiore precisione, ma ancora una volta il legislatore non fornisce le regole (ambito della comparazione, metodo, procedure, competenze) necessarie per la valutazione comparativa della maggiore rappresentatività.

---

[28] Ulteriori AI (detti Protocolli) sono stati stipulati nei settori del commercio, dei servizi, delle cooperative.

[29] L'art. 8 non si occupa della stipulazione dei contratti nazionali, perché l'obiettivo del legislatore è solo quello di garantire efficacia generale (o come oggi si dice "esigibilità") ad accordi aziendali che derogano (anche *in pejus*) ai contratti collettivi nazionali ed anche alla legge (*infra*, Sez. IV).

Indicazioni utili al fine di "pesare" la rappresentatività possono attualmente derivare dall'applicazione del d.l. n. 76/2020, conv. in l. n. 120/2020, art. 16 *quater*: si tratta tuttavia di strumenti per la raccolta di dati indicativi della rappresentatività delle organizzazioni datoriali e sindacali, ma non ancora di regole per il giudizio comparativo[30].

4. *L'organizzazione sindacale nei luoghi di lavoro*

Lo Statuto dei lavoratori (l. n. 300/1970) ha regolato per la prima volta l'organizzazione sindacale nei luoghi di lavoro, prevedendo il diritto dei lavoratori di costituire proprie rappresentanze, ed attribuendo a tali rappresentanze importanti prerogative.

Nell'esperienza che ha preceduto l'entrata in vigore dello St. lav., erano esistite altre forme di rappresentanza dei lavoratori: la più antica e duratura è la Commissione interna (CI), la cui origine risale agli albori del secolo XX, che trovò disciplina negli AI stipulati (nel 1947, nel 1953, e per l'ultima volta nel 1966) tra le Confederazioni dei lavoratori e la Confindustria. La CI era eletta in tutte le imprese con almeno 25 dipendenti a scrutinio segreto e a suffragio universale. L'elezione avveniva su liste sindacali contrapposte, con voto di preferenza; la ripartizione dei seggi avveniva con il metodo proporzionale. La CI, organo elettivo (e perciò rappresentativo di tutti i lavoratori), restava in carica due anni e aveva funzioni propositive, consultive e conciliative.

Il punto debole (ma anche il punto chiave) della disciplina era rappresentato dall'espressa esclusione delle CI dalla competenza contrattuale a livello di azienda, riservata alle organizzazioni sindacali territoriali. Malgrado ciò l'attività contrattuale svolta dalle CI fu intensa[31]: questa contrattazione "abusiva", con la quale la CI occupava spazi naturali di contrattazione non coperti dal sindacato, ancora privo di una propria struttura organizzata nei luoghi di lavoro, costituì, malgrado tutto, il veicolo attraverso il quale cominciò a camminare la contrattazione collettiva aziendale.

Mai regolate dalla legge, le CI hanno vissuto fino all'entrata in vigore dello St. lav., e anche oltre: ma fin da subito era apparso evidente che i profondi mutamenti intervenuti negli anni precedenti all'emanazione dello Statuto avrebbero determinato la rapida obsolescenza di organismi rappresentativi non più in grado di gestire la conflittualità aziendale di quei tempi.

Non avevano riempito il vuoto di rappresentanza sindacale dei lavoratori nelle aziende neppure le sezioni sindacali aziendali (SAS), nate per iniziativa della CISL, e poi adottate anche dalla CGIL. Concepite come alternativa alle CI e in posizione di supremazia rispetto ad esse, non riuscirono mai a raggiungere questo obiettivo: del resto, l'istituzione delle SAS non faceva

[30] Il d.l. n. 76/2020, conv. in l. n. 120/2020, art. 16 *quater* (che fa seguito all'iniziativa legislativa del CNEL) ha introdotto il codice univoco alfanumerico per identificare i CCNL in base al settore di attività economica (ATECO) dell'impresa. Nelle comunicazioni obbligatorie all'INPS il datore di lavoro deve comunicare il CCNL applicato, indicando il relativo codice. Il codice permette di abbinare a ciascun CCNL il numero di lavoratori ai quali è applicato, fornendo un ulteriore indice (in aggiunta ai dati di cui l'INPS dispone) della rappresentatività delle organizzazioni sindacali e datoriali stipulanti.

[31] L'attività contrattuale delle CI era tuttavia priva di guida e di riconoscimento: i sindacati firmatari dell'AI, infatti, non erano in grado di guidarla, né tanto meno erano disponibili a legittimarla. Si trattò di una contrattazione di contenuto essenzialmente economico: "vantaggi" per i lavoratori, come superminimi, premi speciali, indennità varie, ma anche e specialmente il cottimo collettivo cioè la retribuzione commisurata alla produttività di una squadra di lavoratori.

dell'azienda la sede per l'esercizio del loro potere; al contrario, l'istituzione delle SAS finiva per rafforzare il potere contrattuale del sindacato di categoria esterno all'azienda. Del resto, né CISL né CGIL fecero mai un vero tentativo per avviare l'effettivo intervento delle SAS nella contrattazione aziendale, neppure nella forma della partecipazione congiunta con i sindacati provinciali alle trattative, e neppure avanzarono mai richieste alla controparte datoriale di riconoscere formalmente le SAS.

La situazione mutò radicalmente negli anni 1968/69, caratterizzati da intense lotte sindacali. In queste lotte, e negli accordi aziendali che ne scaturivano, nacque una nuova forma di rappresentanza dei lavoratori: i *delegati* (di linea, di reparto, di gruppo omogeneo), che dopo la firma dei contratti di categoria nel 1969, vennero implicitamente riconosciuti dai datori di lavoro come rappresentanti insieme del gruppo di lavoro che li aveva nominati e del sindacato. Tra il 1970 e il 1972, i delegati di reparto e di gruppo omogeneo si costituirono in *Consigli di fabbrica* (CdF), altrimenti detti *Consigli unitari dei delegati*, che si diffusero prima nell'intero settore industriale e successivamente (grazie al *Patto federativo*)[32], anche nei settori non industriali. Nel *Patto federativo* le Confederazioni individuarono nel CdF (che nel documento era detto "Consiglio dei delegati") l'istanza sindacale (unitaria) di base, con poteri di contrattazione nei luoghi di lavoro. Secondo il Patto, alla formazione del Consiglio dovevano concorrere sia i lavoratori iscritti sia i lavoratori non iscritti alle tre Confederazioni, ma in ogni caso doveva essere assicurata la rappresentanza della Federazione delle tre Confederazioni. Il sistema elettorale prevedeva perciò che nel Consiglio una parte dei seggi fosse riservata a lavoratori iscritti scelti dalle Confederazioni come propri rappresentanti.

Dal punto di vista giuridico, la vicenda dei CdF si è intrecciata per molti anni con quella delle *Rappresentanze sindacali aziendali* (RSA) previste dall'art. 19 St. lav., alle quali dobbiamo dedicare ora la nostra attenzione.

4.1. *Le rappresentanze sindacali aziendali (RSA)*

Prima di entrare nel merito della disciplina legale delle RSA, occorre ricostruire il contesto in cui tale disciplina si inserisce.

L'art. 14 St. lav. garantisce a tutti i lavoratori di costituire associazioni sindacali, di aderirvi, e di svolgere attività sindacale all'interno dei luoghi di lavoro; la specifica funzione di questa disposizione è garantire, in termini generali, la titolarità individuale dei diritti di libertà e attività sindacale all'interno dei luoghi di lavoro. La garanzia si estende alla costituzione di rappresentanze dei sindacati (in qualsiasi forma: sezioni, gruppi, o quant'altro) ovvero alla creazione di, o all'adesione a, sindacati aziendali nuovi: con l'unico limite rappresentato dal divieto di cui all'art. 17 (divieto di sindacati di comodo: *supra*, § 1, B). L'art. 14 tutela inoltre, e in termini egualmente generali, tutte le forme di organizzazione e di aggregazione sindacale che concretamente possono manifestarsi nei luoghi di lavoro: in forma associativa, e all'interno dello schema delineato dall'art. 19, ma anche al di fuori di tale schema (come certamente erano, all'epoca in cui lo Statuto è stato emanato, i delegati, e come saranno successivamente i CdF).

Premessa tale generale garanzia di libertà e attività sindacale, l'art. 19, St. lav., nel-

---

[32] Il *Patto federativo* (3.7.1972) stipulato tra CGIL, CISL e UIL (l'accordo ha retto solo fino al 1984) formalizzava la ritrovata unità di azione delle tre Confederazioni, e rispondeva, mediante la costruzione di una sovrastruttura federativa unitaria (una sorta di camera di compensazione delle tensioni tra Confederazioni), alle esigenze di unità sindacale che erano già emerse nel corso degli anni '60 e che avevano raggiunto l'apice durante le lotte del c.d. autunno caldo (autunno del 1969).

la originaria formulazione, delimitava la costituzione delle rappresentanze sindacali aziendali (RSA) nell'ambito: *a*) delle *associazioni aderenti alle Confederazioni maggiormente rappresentative* sul piano nazionale, oppure, *in alternativa*; *b*) delle *associazioni sindacali* non affiliate alle predette confederazioni, *firmatarie di contratti collettivi nazionali o provinciali* di lavoro applicati nell'unità produttiva. Come ha precisato la Corte costituzionale (sentenza 26.1.1990, n. 30), la *protezione* accordata dallo St. lav. alle organizzazioni sindacali si articola *su due livelli*: ad un primo livello, comune a tutte, viene assicurata la libertà di associazione e di azione sindacale (art. 14); il secondo livello (art. 19) esprime invece – ad avviso della Corte – la politica promozionale perseguita dal legislatore «al fine di favorire l'ordinato svolgimento del conflitto sociale e comporta una selezione dei soggetti collettivi protetti fondata sulla loro effettiva rappresentatività».

L'art. 19, c. 1, prevede che le RSA possano essere costituite *ad iniziativa dei lavoratori* in ogni unità produttiva[33]. Come abbiamo detto, la costituzione delle RSA in origine poteva avvenire solo nell'ambito delle associazioni sindacali individuate dalle lett. *a*) e *b*) dello stesso c. 1. A seguito della modificazione dell'art. 19 apportata con il *referendum* del 1995 (*infra*), la costituzione delle RSA può avvenire nell'ambito di qualunque associazione sindacale, purché firmataria del contratto collettivo (anche aziendale) applicato nell'unità produttiva[34]; questa formulazione ha subito una ulteriore modificazione a seguito della sentenza n. 231/2013 della Corte costituzionale (*infra*).

Non essendo stata modificata la prima parte dell'art. 19, c. 1, natura giuridica e struttura delle RSA rimangono immutate.

Per quanto attiene alla *struttura*, la legge nulla dice, e le opinioni degli interpreti non sono univoche. La Corte di Cassazione (accogliendo un'opinione diffusa ma non unanime in dottrina, e non sempre condivisa dalla giurisprudenza) ha affermato che l'art. 19 non dà una definizione rigida e non disegna la struttura della RSA: piuttosto individua una *categoria di organismi rappresentativi* nella quale possono confluire una molteplicità di strutture associative dei lavoratori; in ogni caso, la RSA *non* è un *organo del sindacato*, ma una struttura dotata di una propria *autonoma soggettività giuridica* (riconducibile agli artt. 36 e 38 c.c.), distinta da quella dell'associazione nel cui ambito è stata costituita, ed è perciò titolare dei diritti e dei poteri che la legge le attribuisce (come la convocazione dell'assemblea, l'indizione del *referendum*, l'affissione e la fruizione dei locali in azienda).

L'art. 19 affida espressamente la costituzione delle RSA all'*iniziativa* dei lavoratori. La legge, ancora una volta, non precisa in che cosa debba consistere tale iniziativa: la giurisprudenza da un lato è ferma nell'escludere ogni potere del datore di lavoro di

[33] Ai sensi dell'art. 35 St. lav., le disposizioni del Titolo III si applicano in ogni sede, stabilimento, filiale, ufficio o reparto autonomo che occupa più di 15 dipendenti, e nelle imprese agricole con più di 5 dipendenti; al fine del raggiungimento della predetta consistenza occupazionale è sufficiente che l'impresa occupi più di 15 dipendenti nello stesso comune, anche se ciascuna unità produttiva, singolarmente considerata, non raggiunga il limite dei 15 dipendenti. La definizione della soglia numerica minima è stata ritenuta legittima dalla Corte costituzionale, nella sentenza n. 189/1975.

[34] La lettera *a*) è stata soppressa, la lettera *b*) risulta riformulata a seguito della soppressione degli aggettivi "nazionale o provinciale", che qualificavano in origine il contratto collettivo applicato nell'unità produttiva di cui l'associazione sindacale doveva essere firmataria.

porre limiti o condizioni all'iniziativa dei lavoratori; dall'altro non considera soddisfatto il requisito dell'iniziativa dei lavoratori da una mera designazione dei rappresentanti sindacali da parte del sindacato esterno, e tuttavia ritiene sufficiente *una qualsiasi forma di collegamento* tra i lavoratori interessati alla costituzione della RSA e il sindacato nel cui ambito la RSA è costituita. L'iniziativa può essere presa da lavoratori iscritti e anche non iscritti al sindacato nel cui ambito è costituita la rappresentanza; l'iniziativa può essere presa anche da un solo lavoratore.

La struttura *aperta* delle RSA ha consentito, per un lungo periodo, che nella realtà delle imprese (non solo industriali) diritti e poteri che la legge riservava alle RSA fossero esercitati dai CdF, che in virtù del Patto Federativo stipulato nel 1972, CGIL, CISL e UIL avevano riconosciuto come propria struttura di base. Dal punto di vista giuridico, stante la libertà lasciata dall'art. 19 all'iniziativa dei lavoratori nella costituzione delle RSA, di cui la legge non regola la struttura, il CdF poteva essere legittimamente considerato come una *RSA unitaria*, costituita nell'ambito delle associazioni aderenti alle tre Confederazioni (sicuramente maggiormente rappresentative sul piano nazionale). I CdF non erano tuttavia rappresentanze generali di tutto il personale dell'azienda, ma solo *strutture di base* di CGIL, CISL e UIL. La identificazione fra RSA e CdF non risolveva dunque tutti i problemi, che infatti emersero prepotentemente nel momento in cui la rottura dell'unità fra le tre Confederazioni (nel 1984) portò alla rottura del Patto federativo e alla conseguente crisi dei CdF, con il ritorno a RSA separate.

La Corte costituzionale è stata chiamata più volte a pronunciarsi sulla legittimità costituzionale dell'art. 19 St. lav., ed ogni volta ha affermato la piena legittimità dei criteri selettivi di cui all'art. 19, lett. *a*) e *b*). Anzitutto, come già anticipato, la Corte ha tenuto ben distinta la garanzia generale della libertà sindacale (art. 14) dalla disciplina delle RSA: solo per quest'ultima il legislatore, compiendo una scelta razionale e ragionevole, ha operato la selezione in base a criteri di rappresentatività[35]; la legge, insomma, non ha voluto autorizzare alcuni sindacati ed escluderne altri: ha preso atto di una differenza effettivamente esistente, e sempre verificabile, e ha differenziato il trattamento in ragione di tale effettiva differenza.

Solo nell'ultima sentenza pronunciata sulla originaria formulazione dell'art. 19 (n. 30/1990) l'orientamento della Corte costituzionale è mutato: ancora una volta la Corte aveva "salvato" la legittimità costituzionale dell'art. 19, ma aveva finito in realtà per rimettere in discussione quella razionalità e ragionevolezza su cui aveva fondato il giudizio a partire dalla sentenza n. 54/1974. La Corte si era detta "consapevole" del fatto che, a causa delle trasformazioni verificatesi e delle diversificazioni degli interessi «è andata progressivamente attenuandosi l'idoneità del modello disegnato nell'art. 19 a rispecchiare l'effettività della rappresentatività» dei sindacati. Perciò – aveva affermato – occorre scrivere *nuove regole*, che consentano di verificare l'*effettiva rappresentatività* dei sindacati di cui alle lett. *a*) e *b*) dell'art. 19 non più sulla base di *presunzioni*, ma sulla base del *reale consenso* dei lavoratori, e di allargare il sostegno legisla-

[35] Il legislatore – ha affermato la Corte – ha voluto evitare che singoli individui o piccoli gruppi isolati di lavoratori possano pretendere di dare vita a una pluralità di rappresentanze aziendali ben poco rappresentative, ostacolando così l'operosità aziendale e la realizzazione degli interessi collettivi dei lavoratori. Perciò ha fissato i criteri di rappresentatività che selezionano i sindacati nel cui ambito possono essere costituite le RSA, consentendo che le RSA svolgano le funzioni ad esse attribuite dalla legge solo ove abbiano un'effettiva capacità di rappresentanza degli interessi sindacali.

tivo ad altri sindacati che abbiano conquistato reale consenso tra i lavoratori. La Corte alludeva alla costituzione di RSA su *base elettiva*, sollecitando il Parlamento ad intraprendere al più presto una riforma in tal senso dell'art. 19.

4.2. *La riforma delle rappresentanze sindacali mediante* referendum. *Il nuovo art. 19 St. lav.*

Nel periodo successivo alla sentenza n. 30/1990 della Corte costituzionale, erano stati presentati e discussi in Parlamento alcuni progetti di legge, senza arrivare all'approvazione di una legge; del resto, mentre una disciplina legislativa è stata emanata per il settore pubblico (di cui non ci occupiamo in questa sede)[36], il Parlamento non è ancora riuscito ad approvare una legge generale in materia di rappresentanza e rappresentatività sindacale.

Mentre in Parlamento si discuteva di rappresentanza sindacale, ma senza esito, nel 1994 erano stati promossi alcuni *referendum* abrogativi. Dei due referendum sull'art. 19 St. lav. proposti ha avuto esito positivo quello che mirava a cancellare il privilegio accordato alle Confederazioni (abrogazione della lettera *a*), e proponeva una parziale abrogazione della lettera *b*) (soppressione della qualificazione come *nazionale o provinciale* del contratto collettivo applicato nell'unità produttiva).

Nel settembre del 1995 è così entrato in vigore il nuovo art. 19 St. lav., nel testo modificato dal referendum (svoltosi nel giugno del 1995). Il testo è il seguente: «*rappresentanze sindacali aziendali possono essere costituite, ad iniziativa dei lavoratori, nell'ambito delle associazioni sindacali firmatarie di contratti collettivi applicati nell'unità produttiva*». Il privilegio delle Confederazioni è stato eliminato; la selezione no: la stipulazione del contratto collettivo continua a svolgere la funzione di criterio di selezione, ma il livello contrattuale non è più qualificato; dunque la sottoscrizione di un contratto collettivo anche solo aziendale abilita il sindacato ad essere ambito di riferimento per la costituzione di una RSA.

La Corte costituzionale (sentenza n. 244/1996), chiamata da alcuni giudici a pronunciarsi sulla legittimità costituzionale del nuovo testo dell'art. 19, ha ritenuto infondata la questione. Secondo la Corte, la volontà popolare ha cancellato il criterio di rappresentatività *presunta* (le Confederazioni maggiormente rappresentative) e ha salvato il criterio di rappresentatività *effettiva*, desumibile dalla stipulazione del contratto collettivo, estendendolo anche al contratto aziendale. La rappresentatività del sindacato non deriva da un riconoscimento del datore di lavoro (dunque la legge non dà al datore di lavoro il potere di scegliersi gli interlocutori più graditi, o magari di comodo), «ma è una qualità giuridica attribuita dalla legge alle associazioni sindacali che abbiano stipulato contratti collettivi (nazionali, locali o aziendali) applicati nell'unità produttiva»[37].

---

[36] L'argomento è trattato in Ballestrero, *Diritto sindacale*[6], Giappichelli, Torino, 2018, cui facciamo rinvio.

[37] A questo proposito la Corte cost. in una successiva decisione (ord. n. 345/1996), nella quale ha ribadito la legittimità costituzionale del nuovo art. 19 St. lav., ha affermato che un sindacato disposto a sottoscrivere un cattivo contratto per i suoi rappresentati pur di ritagliarsi una porzione di potere in

Ciò detto, la Corte ha ritenuto di dover precisare: in primo luogo che per essere *firmatarie* le associazioni sindacali devono aver preso attivamente parte alla trattativa contrattuale (e non semplicemente avere aderito al contratto negoziato da altre associazioni); in secondo luogo, che il contratto collettivo di cui si tratta non può essere un contratto qualsiasi, ma deve essere un *vero contratto collettivo*: vale a dire un contratto che regoli in modo organico i rapporti di lavoro, «almeno per un settore o istituto importante della loro disciplina, anche in via integrativa, a livello aziendale, di un contratto nazionale o provinciale già applicato nella stessa unità produttiva». Le precisazioni della Corte costituzionale sono certamente servite a risolvere alcuni problemi interpretativi posti dalla nuova formulazione dell'art. 19, ma certamente non tutti[38].

L'interpretazione dell'art. 19 fornita dalla Corte, pur essendo ispirata da intenti di stabilizzazione e razionalizzazione delle relazioni sindacali, può portare infatti a risultati di selezione dei sindacati abilitati a costituire RSA, che poco o nulla hanno a che fare con la loro effettiva rappresentatività: la mancata sottoscrizione del contratto collettivo normativo può determinare la negazione dell'accesso ai diritti sindacali a sindacati che, pur godendo di largo consenso fra i lavoratori e di una cospicua rappresentanza associativa (numero di iscritti), e pur avendo partecipato alle trattative e avendo eventualmente stipulato altri accordi applicati in azienda, non siano d'accordo su una determinata soluzione contrattuale.

Una decina di anni fa, il problema segnalato è stato portato all'attenzione generale dal contratto collettivo (specifico "di primo livello") stipulato tra la FIAT (non aderente a Confindustria, e perciò non tenuta al rispetto né degli Accordi interconfederali, né dei contratti collettivi nazionali stipulati dalle Federazioni ad essa aderenti) e alcune organizzazioni sindacali (le Federazioni aderenti a CISL e UIL e la FISMIC), che trovava applicazione in tutte le imprese del gruppo. Stando alla lettera dell'art. 19 (come riformulato dal referendum del 1995), i lavoratori aderenti all'organizzazione sindacale non firmataria (nella specie la FIOM, aderente alla CGIL) non avevano, secondo l'opinione largamente prevalente (non condivisa tuttavia da qualche giudice), la possibilità di costituire la propria RSA. Si era così profilato un problema di conformità dell'art. 19 St. lav. al principio della libertà dell'organizzazione sindacale di cui al-

azienda, non tutela come dovrebbe i loro interessi, configurandosi o come sindacato sfuggito al controllo degli associati, cioè non più rispettoso del precetto costituzionale di democraticità interna o, al limite, come un sindacato di comodo vietato dall'art. 17 St. lav.

[38] Due problemi in particolare meritano di essere segnalati. Il primo attiene alla definizione della natura del contratto collettivo cui fa riferimento l'art. 19 St. lav. Gli orientamenti interpretativi non sono univoci: secondo un primo orientamento, certamente più fedele alla sentenza n. 244/1996 della Corte costituzionale, il contratto collettivo di cui all'art. 19 deve avere *carattere normativo* (vale a dire deve regolare un rilevante numero di istituti relativi ai contratti individuali di lavoro). Secondo un altro orientamento, il contratto collettivo di cui all'art. 19 può anche avere carattere meramente *gestionale* (contratti di gestione di crisi aziendali, contratti riguardanti la mobilità dei lavoratori, contratti volti a delimitare il potere del datore di lavoro nei licenziamenti collettivi), in quanto esprime la capacità negoziale dell'organizzazione sindacale (questo orientamento certamente consente un più ampio accesso alla costituzione delle RSA, ma può anche favorire una frammentazione sindacale alla quale la Corte costituzionale aveva tentato di porre un freno). Un secondo problema, è se per *contratto* collettivo *applicato* nell'unità produttiva possa intendersi anche quel contratto di cui il datore di lavoro applichi per adesione soltanto alcune clausole: in questo caso la giurisprudenza sembra compattamente orientata per la risposta negativa, dalla quale deriva la conseguenza che il datore di lavoro, che non si iscrive all'associazione datoriale e non applica alcun contratto collettivo, riesce ad impedire che i suoi dipendenti possano costituire le proprie RSA.

l'art. 39 Cost.: problema sollevato da alcuni giudici, che avevano rimesso la questione di costituzionalità dell'art. 19 alla Corte costituzionale.

Con la sentenza n. 231/2013 la Corte costituzionale ha dichiarato la illegittimità dell'art. 19 St. lav. «nella parte in cui *non* prevede che la rappresentanza sindacale aziendale possa essere costituita anche nell'ambito di associazioni sindacali che, pur *non firmatarie* dei contratti collettivi applicati nell'unità produttiva, abbiano comunque partecipato alla negoziazione relativa agli stessi contratti quali rappresentanti dei lavoratori dell'azienda».

La Corte ha pronunciato una sentenza *additiva di accoglimento*, che, pur lasciando formalmente immutata la lettera della disposizione, nella sostanza la riscrive, modificandone il significato e la portata pratica.

La vicenda della esclusione della FIOM, sindacato la cui forza, per numero di iscritti e per successo elettorale (nelle elezioni di RSU: *infra*, § 4.3), è un dato di fatto indiscutibile, ha costretto la Corte a prendere atto che l'esclusione di un sindacato, la cui rappresentatività, nei fatti, non dipende dalla circostanza che sia disponibile a sottoscrivere un contratto da cui dissente, rimette in discussione la razionalità del criterio selettivo previsto dall'art. 19, che la stessa Corte aveva individuato nella rappresentatività effettiva desumibile dalla firma del contratto. Il dissenso del sindacato maggiormente o significativamente rappresentativo, che lo porta a non sottoscrivere il contratto collettivo, finisce infatti per essere "punito" dalla lettera dell'art. 19. Non resta che ammettere che la selezione a favore dei soli sindacati firmatari premia i sindacati "consonanti" (cioè d'accordo con il datore di lavoro), in spregio dei principi costituzionali di eguaglianza e di libertà sindacale. Questo "squilibrio" – afferma la Corte – deve essere allora sanato: il sindacato effettivamente rappresentativo deve essere incluso, anche se dissenziente.

La Corte, che si è tenuta prudentemente sul crinale dei propri precedenti (specificamente, la sentenza n. 244/1996 e l'ordinanza n. 345/1996), ha rispolverato, a fini di inclusione, il criterio selettivo della *partecipazione alle trattative*, attribuendo ad essa (e non più alla sottoscrizione del contratto) la funzione di indice di una rappresentatività "effettiva", che il sindacato ha acquisito altrove («nei fatti e nel consenso dei lavoratori dell'unità produttiva»). Se da ciò derivasse che il sindacato dotato di significativa rappresentatività avrebbe senz'altro titolo per partecipare alle trattative contrattuali, si potrebbe dire che la riscrittura dell'art. 19 risolve in radice la questione sottoposta al giudizio della Corte: ma le cose non stanno così, perché può avvenire che il sindacato, anche se rappresentativo, non partecipi alle trattative (e perciò) non sia "selezionato" ai fini dell'applicazione dell'art. 19 St. lav. Ciò per varie ragioni, ma fondamentalmente perché, secondo l'opinione largamente prevalente, il nostro ordinamento non prevede un *obbligo a trattare*, lasciando al datore di lavoro la libertà di scegliersi i propri interlocutoria sindacali. Costituisce tuttavia condotta antisindacale (*infra*, § 6) il rifiuto del datore di lavoro di trattare con una organizzazione sindacale, ove tale rifiuto esprima un contegno oggettivamente discriminatorio nei confronti di questa organizzazione[39].

---

[39] Trib. Busto Arsizio 4.6.2019; Trib. Busto Arsizio 25.10.2019; Trib. Roma 23.8.2019, in *RIDL*, 2020, II, p. 396, nt. S. Donini.

4.3. *Le rappresentanze sindacali unitarie (RSU)*

Come abbiamo visto nei paragrafi precedenti, la disciplina legale delle rappresentanze sindacali dei lavoratori nei luoghi di lavoro è attualmente contenuta nell'art. 19 St. lav., come modificato dal referendum del 1995 e dalla sentenza n. 231/2013 della Corte costituzionale. Questa disciplina legale convive (nei termini che diremo) con una disciplina contrattuale, che ha dato vita ad una diversa forma di rappresentanza sindacale.

La disciplina contrattuale era all'origine contenuta in un accordo stipulato tra il Governo e le grandi Confederazioni dei lavoratori e dei datori di lavoro noto come Protocollo del 1993, perfezionato, per il settore privato, con l'AI del dicembre del 1993. La nuova disciplina delle RSU è contenuta attualmente nell'AI 10.1.2014 (T.U. sulla rappresentanza) con il quale le parti (Confindustria, CGIL, CISL, UIL) hanno dato attuazione ad un precedente AI (Protocollo del 31.5.2013).

L'AI del 1993 (preceduto dall'intesa del 1991 tra CGIL, CISL e UIL) prevedeva una struttura sindacale aziendale unitaria (la RSU) a composizione mista, in *parte elettiva* e in *parte associativa*. I *due terzi* dei componenti della RSU erano infatti eletti a suffragio universale dai lavoratori dell'unità produttiva (con più di 15 dipendenti), iscritti e non iscritti ai sindacati che potevano presentare le liste; il *restante terzo* era eletto o designato dalle associazioni sindacali firmatarie del contratto collettivo nazionale applicato nell'unità produttiva.

Con una innovazione densa di significato e di implicazioni, il Protocollo del 2013, come attuato dal T.U. sulla rappresentanza del 2014, ha soppresso (pur senza dirlo esplicitamente) la riserva del terzo, sancendo così la composizione *totalmente elettiva* della RSU. La principale implicazione è senza dubbio il venir meno del vincolo della RSU con le organizzazioni sindacali di livello nazionale firmatarie del contratto collettivo di categoria, alle quali era riservata la designazione di un terzo dei componenti. Il rapporto con le organizzazioni sindacali che operano sull'esterno dei luoghi di lavoro tuttavia sussiste, perché l'elezione dei rappresentanti (cioè dei componenti della RSU) avviene sulla base di liste presentate appunto dalle organizzazioni sindacali a ciò autorizzate.

Nelle unità produttive con più di 15 dipendenti, RSU possono essere costituite ad iniziativa delle organizzazioni sindacali di categoria aderenti alle Confederazioni firmatarie dell'AI 28.6.2011, del Protocollo 31.5.2013 e del T.U. sulla rappresentanza 10.1.2014. L'iniziativa per la costituzione della RSU è assunta direttamente dalle associazioni autorizzate a presentare le liste, ovvero dalla stessa RSU tre mesi prima della scadenza del mandato. Le liste elettorali possono essere presentate, oltre che dalle organizzazioni sindacali anzidette, anche dalle organizzazioni sindacali di categoria firmatarie del contratto collettivo nazionale di categoria applicato nell'unità produttiva, nonché dalle associazioni sindacali formalmente costituite con un proprio statuto ed atto costitutivo a condizione: a) che accettino espressamente, formalmente ed integralmente i contenuti dell'AI del 2011, del Protocollo del 2013 e del T.U. sulla rappresentanza del 2014; b) che la lista sia corredata da un numero di firme di lavoratori dipendenti dall'unità produttiva pari al 5% degli aventi diritto al voto nelle aziende con oltre 60 dipendenti (nelle aziende di dimensione compresa fra 16 e 59 dipendenti la lista dovrà essere corredata da almeno tre firme di lavoratori). Il numero dei seggi verrà attribuito secondo un criterio interamente proporzionale in relazione ai voti ottenuti dalle liste concorrenti.

I componenti della RSU[40] durano in carica *tre anni*, alla scadenza dei quali decadono automaticamente: la previsione è intesa ad evitare che possa ripetersi il fenomeno della proroga per mancato rinnovo che aveva caratterizzato l'esperienza dei CdF nella fase del loro declino.

Secondo quanto previsto dal T.U. sulla rappresentanza (nella cosiddetta *clausola di salvaguardia*), le organizzazioni sindacali di categoria aderenti alle Confederazioni firmatarie dell'AI del 2011, del Protocollo del 2013 e del T.U. del 2014, o che, comunque, aderiscano alla disciplina in essi contenuta partecipando alla procedura di elezione della RSU, *rinunciano formalmente ed espressamente a costituire RSA* ai sensi dell'art. 19, St. lav.[41].

Già considerando il disegno originario, ma a maggior ragione alla luce dei nuovi AI, si può convenire con l'opinione che vede nella RSU un *canale unico* di rappresentanza dei lavoratori, poiché nello stesso organismo confluiscono sia le funzioni di rappresentanza dei lavoratori che lo eleggono, sia le funzioni squisitamente sindacali (la contrattazione aziendale, *in primis*)[42]. Non più definibile né come struttura di base unitaria di CGIL, CISL e UIL (come erano i CdF), né come somma di diverse RSA, la RSU assume la veste di organismo rappresentativo della generalità dei lavoratori.

Il T.U. sulla rappresentanza (ma già così gli Accordi precedenti) prevede che i componenti delle RSU subentrino ai dirigenti delle RSA nella titolarità di diritti, permessi, libertà sindacali e tutele già loro spettanti per effetto delle disposizioni di cui al Titolo III St. lav. (sono fatte salve le condizioni di miglior favore eventualmente già previste nei confronti delle associazioni sindacali dai contratti collettivi di diverso livello, in materia di numero dei dirigenti della RSA, diritti, permessi e libertà sindacali). I diritti che lo Statuto attribuisce ai *dirigenti* delle RSA restano prerogative proprie della *persona* del rappresentante sindacale, e non della RSU nel suo complesso; i componenti della RSU subentrano perciò ai dirigenti delle RSA nella titolarità di diritti e tutele di cui al Titolo III St. lav.

Per quanto infine riguarda le competenze della RSU, secondo quanto previsto dal-

---

[40] Il numero dei componenti le RSU sarà pari almeno a: a) 3 componenti per la RSU costituita nelle unità produttive che occupano fino a 200 dipendenti; b) 3 componenti ogni 300 o frazione di 300 dipendenti nelle unità produttive che occupano fino a 3000 dipendenti; c) 3 componenti ogni 500 o frazione di 500 dipendenti nelle unità produttive di maggiori dimensioni, in aggiunta al numero di cui alla precedente lett. b).

[41] Le organizzazioni sindacali di categoria aderenti alle Confederazioni firmatarie dell'AI del 2011, del Protocollo del 2013 e del T.U. del 2014, o che comunque ad essi aderiscano, si impegnano a *non* costituire RSA nelle realtà *in cui siano state o vengano costituite RSU*. Sono diversamente regolati il caso in cui *non siano mai state costituite* forme di rappresentanza sindacale, e quello in cui, invece, fossero già presenti le RSA, e sia deciso il *passaggio* dalle RSA alle RSU. In quest'ultimo caso, il T.U. prevede che sia necessario il consenso unanime delle organizzazioni sindacali aderenti alle Confederazioni firmatarie del Protocollo del 2013. Sull'interpretazione di questa clausola cfr. Trib. Torino ord. 5.2.2019, in *RIDL*, 2019, II, p. 331, nt. Morone.

[42] Per *doppio canale* si intende la ripartizione tra funzioni di rappresentanza dei lavoratori da parte di un organismo elettivo (come erano le Commissioni interne) e funzioni sindacali (di agente contrattuale, essenzialmente) affidate a rappresentanti dei sindacati (come erano le Sezioni sindacali aziendali). Per quanto l'art. 19 St. lav. nulla espressamente dica in proposito, le RSA sono state considerate dagli interpreti come "canale unico" di rappresentanza.

l'AI del 1993, spettava alla RSU la competenza a stipulare il contratto collettivo aziendale (nei limiti e con le modalità previste dal contratto collettivo nazionale): ma, in quell'Accordo, la competenza contrattuale era attribuita alla RSU congiuntamente con le strutture territoriali delle associazioni sindacali firmatarie del contratto collettivo. In materia, l'innovazione è stata introdotta dall'AI del 2011: al punto 4, l'AI prevede infatti che i contratti collettivi aziendali abbiano efficacia per tutto il personale in forza nell'azienda «se approvati dalla maggioranza dei componenti delle rappresentanze sindacali unitarie elette secondo le regole interconfederali vigenti». Così dicendo, l'Accordo attribuisce implicitamente alla RSU la competenza negoziale esclusiva; la regola è ora ribadita dal T.U. sulla rappresentanza [43].

Come si è detto sopra, pur avendo espresso una netta opzione a favore della costituzione delle RSU, le parti sociali non possono escludere che nelle unità produttive con più di 15 dipendenti possano essere costituite altre forme di rappresentanza sindacale (le RSA regolate dall'art. 19 St. lav.). Del resto, la via contrattuale alla disciplina delle rappresentanze sindacali dei lavoratori nei luoghi di lavoro, non è autosufficiente. Anzitutto occorre considerare che gli accordi interconfederali non hanno efficacia generale: vi sono importanti settori nei quali i contratti collettivi non prevedono la costituzione delle RSU, optando quindi per le RSA ai sensi dell'art. 19 St. lav. (così il settore del credito). In secondo luogo, resta aperto il problema delle organizzazioni sindacali che non partecipano alla elezione della RSU, che porta con sé la possibile coesistenza tra la RSU e una o più separate RSA. In terzo luogo, a seguito delle modifiche subite dall'art. 19 St. lav., resta aperto il problema delle imprese nelle quali il datore di lavoro non applichi alcun contratto collettivo, e manchino di conseguenza i presupposti necessari per la costituzione delle RSA. In tale caso, non di coesistenza tra RSU e RSA si tratta, ma di totale mancanza di rappresentanza sindacale dei lavoratori nei luoghi di lavoro.

A tutti questi problemi può dare soluzione solo una legge sulla rappresentanza sindacale, che, come abbiamo detto più volte, per ora non è stata emanata.

5. *I diritti sindacali*

Della libertà sindacale abbiamo già detto nei paragrafi precedenti, dedicando attenzione al profilo collettivo di tale libertà (libertà dell'organizzazione sindacale); l'estrema sinteticità di questa parte del testo ci ha indotto a trascurare l'analisi delle prerogative specifiche delle RSA (o della RSU, ove costituita in sostituzione delle RSA) e dei suoi dirigenti regolati dal Titolo III St. lav.: diritto di affissione, diritto ai locali, convocazione del *referendum* sindacale, permessi e aspettative sindacali: prerogative regolate dagli artt. 21-27, 30, 31 St. lav. [44].

---

[43] Pur nel silenzio degli Accordi, si può ritenere che i sindacati territoriali, secondo la ormai consolidata prassi, possano continuare a sedere al tavolo negoziale; ma l'eventuale dissenso di uno o più di essi non sarà più rilevante a fini di efficacia del contratto aziendale. A fini di efficacia generale del contratto collettivo aziendale, infatti, dovrebbe rilevare solo il consenso della RSU (o meglio: il consenso della maggioranza della RSU, considerata come un collegio la cui volontà è appunto la volontà della maggioranza dei suoi componenti).

[44] La materia è trattata in Ballestrero, *Diritto sindacale*, cit., al quale rinviamo.

Nei prossimi paragrafi ci occuperemo invece della libertà sindacale come diritto individuale, guardando alla posizione del lavoratore, che svolge la prestazione lavorativa dedotta nel contratto nell'ambito di un'organizzazione diretta dal datore di lavoro. L'esercizio dei diritti di cui il lavoratore è titolare, e che gli sono conferiti dalla Costituzione e dalle leggi in ragione della sua posizione di subordinazione giuridica, o comunque di dipendenza economica, subisce limiti e condizionamenti determinati dal bilanciamento dei diritti del lavoratore con i diritti e le prerogative del datore di lavoro. Dando concreta attuazione all'art. 39, c. 1, Cost., lo Statuto dei lavoratori conferisce al singolo lavoratore una serie di diritti di libertà e di attività sindacale, che aprono uno spazio di "agibilità" sindacale all'interno del luogo di lavoro: questo spazio di esercizio effettivo dei diritti è presidiato da un lato dalla presenza delle RSA (ovvero della RSU), dall'altro dalla previsione di un rimedio giudiziario particolarmente rapido ed efficace: la *repressione della condotta antisindacale*, per la quale è predisposto un procedimento speciale in via d'urgenza (*infra*, § 6).

5.1. *Divieto di discriminazione sindacale*

Il primo dei diritti sindacali ha ad oggetto l'affiliazione (o non affiliazione) sindacale. L'art. 15 St. lav. (intitolato *atti discriminatori*) sancisce anzitutto la nullità di qualsiasi patto o atto diretto a subordinare l'occupazione di un lavoratore alla condizione che aderisca o non aderisca ad un'associazione sindacale, ovvero cessi di farne parte (c. 1, lett. *a*), accordando in tal modo protezione anche alla libertà sindacale negativa del singolo lavoratore (*retro*, § 1, A)[45]. L'art. 15 St. lav. sancisce dunque la nullità di qualsiasi clausola contrattuale diretta a obbligare i lavoratori ad affiliarsi o a non affiliarsi ad un sindacato a fini di assunzione, o per mantenere il posto di lavoro, o per ottenere un beneficio economico o di carriera, a garanzia del diritto di ogni lavoratore di scegliere liberamente e di dissentire: ciò deve considerarsi implicito (e persino superfluo) in un sistema di libertà dell'organizzazione sindacale, che deve assicurare la volontarietà dell'aggregazione e il pluralismo organizzativo.

L'art. 15, c. 1, lett. *b*), sancisce inoltre la *nullità* di qualsiasi atto o patto diretto a licenziare un lavoratore, discriminarlo nell'assegnazione di qualifiche o mansioni, nei trasferimenti, nei provvedimenti disciplinari, o recargli altrimenti pregiudizio a causa della sua affiliazione o attività sindacale ovvero della partecipazione ad uno sciopero. Questa seconda parte dell'art. 15 trova un proprio precedente diretto nella Convenzione OIL n. 98/1949 (art. 1), di cui tuttavia non costituisce una semplice traduzione: l'art. 15 menziona infatti esplicitamente la *partecipazione ad uno sciopero*, che la Convenzione non include nell'ambito della libertà che deve essere adeguatamente protetta.

L'ultimo comma dell'art. 15 estendeva in origine il divieto (e la conseguente nullità) agli atti e patti diretti a fini di discriminazione politica e religiosa; altri *fattori di discriminazione* sono stati aggiunti successivamente: il sesso, insieme alla razza e alla lingua sono stati aggiunti dall'art. 13, l. n. 903/1977, sulla parità tra uomini e donne

[45] Il divieto di condizionare all'affiliazione sindacale l'occupazione di un lavoratore colpisce le cosiddette clausole di *union security*, la cui contrarietà al principio di libertà sindacale è stata autorevolmente affermata dalla Corte europea dei diritti dell'uomo.

in materia di lavoro; successivamente, il d.lgs. n. 216/2003 (emanato in attuazione della Direttiva CE 2000/78) ha aggiunto ai fattori di discriminazione l'handicap, l'età, l'orientamento sessuale, le convinzioni personali. Di questa disposizione ci occuperemo oltre, quando affronteremo l'argomento dei divieti di discriminazione (*infra*, PT. V).

L'ampiezza dell'espressione *qualsiasi atto o patto* contenuta nell'art. 15 consente di affermare che, al di là dei casi espressamente menzionati nelle lett. *a*) e *b*) dello stesso articolo, la nullità colpisce qualsiasi atto unilaterale o bilaterale di gestione del rapporto di lavoro, che risulti lesivo del diritto di libertà e attività sindacale del lavoratore. Anche questionari, sondaggi, test, che contengano domande dalle quali possano emergere informazioni sulla militanza sindacale o anche soltanto sulla propensione conflittuale del lavoratore potrebbero costituire discriminazione per ragioni sindacali, se a questo tipo di indagini fosse riconducibile un pregiudizio subito dal lavoratore nell'accesso o nello svolgimento del rapporto di lavoro[46]. In proposito occorre ricordare che l'art. 8 St. lav. vieta al datore di lavoro, sia a fini di assunzione, sia durante lo svolgimento del rapporto di lavoro, di effettuare indagini, anche a mezzo di terzi, sulle opinioni politiche, religiose o sindacali del lavoratore, nonché su fatti non rilevanti ai fini della valutazione dell'attitudine professionale del lavoratore; la violazione del divieto è sanzionata penalmente.

«La discriminazione di carattere sindacale può avvenire, da parte del datore di lavoro, non solo privando il prestatore di lavoro di particolari benefici o arrecandogli comunque danno, bensì, molto più sottilmente, attribuendo particolari benefici ai lavoratori che tengano un determinato comportamento e condizionandoli, così, nell'esercizio della libertà sindacale»[47]. Proprio tenendo conto di ciò, l'art. 16 St. lav. vieta al datore di lavoro di concedere *trattamenti economici collettivi di maggior favore aventi carattere discriminatorio* ai sensi dell'art. 15, e dunque per ragioni sindacali, ma anche per le altre ragioni previste o prevedibili in base all'art. 15.

Il trattamento economico ha carattere collettivo quando sia diretto ad avvantaggiare non il singolo lavoratore (i trattamenti discriminatori di carattere individuale trovano disciplina nell'art. 15), ma alcuni lavoratori individuati o un gruppo individuabile di essi. Lo Statuto non impone con ciò il trattamento uniforme di tutti i lavoratori: si limita a vietare che tra lavoratori che si trovano nelle stesse condizioni (lavoratori *comparabili*, nel linguaggio affermatosi di recente anche nella legislazione italiana) vengano operate *differenze di trattamento illecite*, perché direttamente o indirettamente basate su fattori la cui considerazione è vietata. Un tipico (e storico) esempio di trattamento collettivo discriminatorio per ragioni sindacali è il *premio antisciopero*, vale a dire il beneficio economico (o economicamente valutabile) attribuito ai lavoratori perché non prendano parte allo sciopero, o perché si impegnino a non parteciparvi. L'art. 16, diversamente dall'art. 15, *non* prevede la *nullità* del trattamento collettivo discriminatorio: probabilmente perché l'azione di nullità, con il suo effetto di rimozione *ex tunc* del trattamento discriminatorio, potrebbe in sostanza risolversi in un'azione di alcuni lavoratori (gli esclusi dal trattamento) contro altri lavoratori (i beneficiari del trattamento). Nessuna sanzione di tipo riparatorio è peraltro prevista dall'art. 16, che

[46] Sulla questione cfr. Pret. Pisa 30.3.1999, in *RIDL*, 2000, II, p. 80, e *ivi* riferimenti.

[47] Giugni 2006, p. 32.

prevede invece solo una *sanzione amministrativa* a carico del datore di lavoro: condanna del datore di lavoro al pagamento al Fondo pensioni dei lavoratori dipendenti (gestito dall'INPS) di una somma pari all'importo del trattamento medesimo corrisposto per un periodo massimo di un anno.

L'applicazione in giudizio dell'art. 15 è stata molto scarsa, essendo la materia assorbita nella più ampia fattispecie della condotta antisindacale (art. 28 St. lav.), per la quale la legge predispone strumenti processuali più efficienti [48]. Recentemente si è registrata la tendenza a ricondurre la discriminazione per ragioni sindacali nell'ambito del fattore "convinzioni personali" di cui al d.lgs. n. 216/2003 (attuazione della Direttiva CE 2000/78); in alcuni casi di notevole interesse, i sindacati hanno infatti proposto il ricorso in giudizio secondo il rito di cui all'art. 28, d.lgs. n. 150/2011, nel cui ambito rientrano appunto le controversie in materia di discriminazioni per convinzioni personali (art. 4, d.lgs. n. 216/2003). Si tratta di una scelta ponderata, tenuto conto dell'estensione del diritto antidiscriminatorio anche oltre i confini del lavoro subordinato e degli indubbi vantaggi sul piano sostanziale e processuale: dal divieto di discriminazione indiretta, alla discriminazione collettiva, al regime dell'onere della prova (di cui parleremo oltre: PT. V, Cap. I) [49].

La scelta dei ricorrenti di ricondurre la discriminazione per ragioni sindacali nell'ambito del fattore "convinzioni personali", trova avallo nella sentenza n. 1/2020 della S.C. [50], secondo cui «nell'ambito della categoria generale delle convinzioni personali caratterizzata dall'eterogeneità delle ipotesi di discriminazione ideologica estesa alla sfera dei rapporti sociali, può essere ricompresa [...] anche la discriminazione per motivi sindacali con il conseguente divieto di atti o comportamenti idonei a realizzare una diversità di trattamento o un pregiudizio in ragione dell'affiliazione o della partecipazione del lavoratore ad attività sindacali».

Quanto infine al procedimento previsto dall'art. 16 non è stato praticamente mai usato; anche la materia dei trattamenti economici collettivi discriminatori per ragioni sindacali è confluita nell'alveo, assai più ampio, della condotta antisindacale (art. 28 St. lav.: *infra*, § 6).

---

[48] V. ad es. Trib. Velletri 10.4.2019: nel caso, la discriminazione sindacale consistente nel trattamento deteriore di alcuni dipendenti rispetto ad altri, è stata provata mediante registrazioni e in assenza di adeguate giustificazioni da parte del datore di lavoro.

[49] Un caso meno recente, ma molto noto, è quello che ha visto condannare la FIAT per discriminazione sindacale, ai sensi del d.lgs. n. 216/2003, per aver escluso dalle assunzioni nello stabilimento Fabbrica Italia di Pomigliano i lavoratori iscritti alla FIOM. Confermando nella sostanza la decisione di primo grado, App. Roma 19.10.2012 ha condannato l'azienda per discriminazione collettiva (imponendole di procedere all'assunzione di 126 lavoratori iscritti FIOM nelle successive assunzioni) e per discriminazione individuale nei confronti di 19 lavoratori esclusi dalle assunzioni già effettuate, ordinandone l'immediata assunzione. La vicenda si è chiusa con la sentenza Cass. n. 5581/2014, che ha dichiarato inammissibile il ricorso dell'azienda, per sopravvenuta carenza di interesse ad agire, a seguito della cessione dello stabilimento. Più di recente il d.lgs. n. 216/2003 è stato invocato nel caso, largamente commentato, della discriminazione sindacale indiretta dei *rider*, su cui si è pronunciato il Trib. Bologna ord. 31.12.2020, in *Labor*, 1, 2021, p. 103, nt. Ballestrero.

[50] Cass. n. 1/2020, in *RIDL*, 2020, II, p. 377, nt. Tardivo; la S.C. ha anche affermato che il regime dell'onere della prova di cui all'art. 4, c. 4, d.lgs. n. 216/2003, trova applicazione anche nel procedimento di cui all'art. 28 St. lav.

5.2. *Attività di proselitismo e contributi sindacali*

L'art. 26 St. lav. (originariamente composto di tre commi e oggi di uno solo)[51] contiene una disposizione che ha per destinatari i lavoratori *uti singuli*, garantendo loro di svolgere attività tipicamente sindacali, come quelle di *proselitismo* e di *collettaggio* (vale a dire di raccolta di contributi a favore delle organizzazioni sindacali). Si tratta di attività che i singoli lavoratori svolgono a favore «*delle loro organizzazioni sindacali*» (vale a dire dei sindacati di appartenenza o anche di mera militanza), e per questo l'art. 26 è considerato una disposizione *di sostegno* (non solo finanziario): non delle RSA (o della RSU), tuttavia, ma di qualunque sindacato, che può essere beneficiario dell'attività svolta dai lavoratori a suo favore, senza che per svolgerla debbano o possano in alcun modo intervenire le RSA o la RSU, e neppure il sindacato beneficiario. La dottrina prevalente, richiamandosi alla lettera dell'art. 26, limita il diritto allo svolgimento di tali attività nell'*ambito sindacale*, escludendo che questo diritto si estenda oltre tale confine. Ciò non significa che attività di propaganda (compreso il volantinaggio) per fini politici, religiosi, o per altri fini ancora, non debbano ritenersi legittime: lo sono, nella misura in cui possano essere ricondotte nell'alveo dell'art. 1 St. lav. (intitolato "libertà di opinione", a norma del quale «i lavoratori, senza distinzione di opinioni politiche, sindacali e di fede religiosa, hanno diritto, nei luoghi dove prestano la loro opera, di manifestare liberamente il proprio pensiero, nel rispetto dei principi della Costituzione e delle norme della presente legge»).

L'attività di proselitismo e collettaggio sindacale tutelata dall'art. 26 incontra il limite del *normale svolgimento dell'attività aziendale*, espressamente sancito dallo Statuto dei lavoratori *solo* per queste attività e non per altre: non per quelle esercitabili dalle rappresentanze sindacali, e neppure per quelle attività che possono ricondursi alla libera manifestazione del pensiero dei lavoratori. La dottrina interpreta il limite del normale svolgimento dell'attività aziendale come diretto non a garantire il normale svolgimento dell'attività lavorativa da parte dell'attivista sindacale (il quale è tenuto in ogni caso ad adempiere la propria prestazione lavorativa, con la diligenza richiesta dall'art. 2104 c.c.), quanto piuttosto ad evitare che le attività di proselitismo e di collettaggio provochino *turbative* all'attività degli altri lavoratori e all'organizzazione.

Il testo originario dell'art. 26 prevedeva (ai cc. 2 e 3, cancellati dal *referendum* abrogativo del 1995) il diritto delle associazioni sindacali di percepire (e il corrispondente obbligo del datore di lavoro di versare) i *contributi sindacali* (vale a dire le quote associative) volontariamente versati dai lavoratori tramite *trattenuta sul salario* (ovvero sulle prestazioni erogate per conto degli enti previdenziali: ad es. l'integrazione salariale). La trattenuta e il relativo versamento al sindacato beneficiario erano effettuate dal datore di lavoro sulla base di una *delega* in tal senso rilasciata dal lavoratore, e secondo le *modalità stabilite dai contratti collettivi di lavoro*, che dovevano garantire la segretezza del versamento. In mancanza di contratto collettivo, il lavoratore poteva indicare l'associazione alla quale il datore di lavoro doveva versare la quota associativa trattenuta.

La portata pratica del *referendum* si è rivelata modesta: i contratti collettivi continuano infatti a prevedere il pagamento dei contributi sindacali su delega, con regole simili a quelle con-

[51] Il testo attuale dell'art. 26 è il risultato dell'esito positivo del *referendum* abrogativo del 1995, che ha cancellato i cc. 2 e 3 del testo originario.

tenute nei due commi dell'art. 26 abrogati. Non è dubbio, allora, che il datore di lavoro che applica il contratto collettivo sia obbligato (oggi dal contratto, come prima lo era dalla legge) ad effettuare le trattenute e a versare i contributi; per ciò che attiene ai sindacati, è egualmente indubbio che quelli che hanno firmato il contratto collettivo siano beneficiari dei contributi pagati dai lavoratori con il sistema della delega. Quanto ai sindacati *non firmatari* del contratto collettivo, questi potranno beneficiare della delega *ad hoc* rilasciata dai singoli lavoratori [52].

5.3. *Diritto di assemblea*

L'assemblea ha la funzione di consentire ai lavoratori di partecipare all'elaborazione delle politiche contrattuali e delle decisioni sindacali; la partecipazione all'assemblea costituisce esercizio della libertà garantita dall'art. 39, c. 1, Cost.: anche per questo la partecipazione non è limitata ai soli lavoratori iscritti al soggetto sindacale che ha convocato l'assemblea, ma è aperta a tutti i lavoratori occupati nell'unità produttiva, compresi quelli il cui rapporto di lavoro è sospeso (lavoratori collocati in cassa integrazione o anche scioperanti); sono titolari del diritto anche i lavoratori somministrati, i lavoratori intermittenti nei periodi di effettivo lavoro, i soci di cooperativa con rapporto di lavoro subordinato, ma nei limiti previsti dalla contrattazione collettiva.

Il primo comma dell'art. 20 St. lav. attribuisce ai *lavoratori* il diritto di riunirsi in assemblea nell'unità produttiva in cui prestano la loro opera fuori dell'orario di lavoro, o durante l'orario di lavoro (ma allora nei limiti minimi di dieci ore annue retribuite, o nei più favorevoli limiti previsti dalla contrattazione collettiva). Ma lo stesso art. 20, c. 2, riserva alle RSA il *potere di convocare* le assemblee, congiuntamente o singolarmente (in quest'ultimo caso secondo l'ordine di precedenza nella convocazione) [53]. Per quanto attiene alla convocazione, occorre segnalare che ove sia presente una RSU, questa subentra nelle prerogative delle RSA e dunque anche nel potere di convocazione delle assemblee; inoltre, a norma dell'art. 5 dell'Accordo interconfederale del dicembre 1993 (che ha istituito le RSU) tre delle dieci ore di assemblea retribuite sono attribuite alle organizzazioni aderenti alle associazioni sindacali firmatarie del contratto collettivo nazionale applicato nell'unità produttiva; così anche il T.U. sulla rappresentanza del 2014.

Ha dato luogo ad orientamenti divergenti della Cassazione la questione se la convocazione dell'assemblea spetti in via esclusiva alla RSU (nella sua collegialità, e dunque alla sua maggioranza), o invece spetti anche alle singole componenti (eletti nelle diverse liste sindacali). La questione è stata risolta dalle S.U. della Cassazione, che hanno accolto la seconda soluzione; rilevano le S.U. che tale soluzione «non nega affatto che le RSU funzionino secondo il principio di maggioranza: nega soltanto che esso sia

---

[52] Il datore di lavoro, che non è più obbligato dalla legge, non può *rifiutare* di operare la trattenuta sulla retribuzione del lavoratore, senza con ciò incorrere in una condotta antisindacale. Le S.U. della Cass. (n. 28269/2005) hanno accolto infatti la tesi della *cessione (parziale) del credito retributivo,* escludendo che in tal modo si crei un illegittimo aggravio della posizione del datore di lavoro-debitore; la cessione non richiede il consenso del debitore ceduto; il datore tuttavia può rifiutare la cessione del credito quando sia in grado di provarne l'eccessiva gravosità per l'organizzazione aziendale. Il rifiuto ingiustificato costituisce condotta antisindacale: Cass. n. 24612/2019.

[53] Corte cost., ord. n. 170/1995, ha ritenuto legittima tale riserva.

incompatibile con la concorrente legittimazione (anche) singola a richiedere l'assemblea», legittimazione desunta da quell'art. 4, c. 5, dell'accordo del 1993 che lo stesso AI del 2014 (T.U. sulla rappresentanza) ha espressamente ribadito[54].

Si è posto infine il problema se le dieci ore fossero attribuite dalla legge ai singoli lavoratori o alle RSA. Secondo l'avviso espresso di recente dalla Cassazione (in contrasto con l'opinione di buona parte della dottrina), il *monte ore* (*dieci ore retribuite*) è attribuito non ai singoli lavoratori, ma alla "generalità" dei lavoratori e quindi alle RSA o alla RSU che convocano l'assemblea; resta invece un diritto individuale dei singoli lavoratori la partecipazione ad assemblee non retribuite convocate fuori dell'orario di lavoro[55]. Di conseguenza – ad avviso della S.C. – la facoltà di indire un'assemblea retribuita non sarebbe più esercitabile da una RSA, quando assemblee per quella stessa collettività di lavoratori siano già state tenute (o siano state indette) da un'altra RSA e le ore di assemblea retribuita siano state quindi "consumate".

6. *Repressione della condotta antisindacale*

Alla *repressione della condotta antisindacale* è dedicato l'art. 28 St. lav., considerato la "norma di chiusura" della parte dello Statuto nella quale sono regolati i diritti sindacali individuali e le prerogative delle rappresentanze sindacali aziendali dei lavoratori.

Secondo quanto stabilisce l'art. 28, c. 1, St. lav., si è in presenza di una condotta antisindacale ogniqualvolta «il datore di lavoro ponga in essere comportamenti diretti ad impedire o limitare l'esercizio della libertà e dell'attività sindacale nonché del diritto di sciopero».

Il legislatore definisce il comportamento illegittimo sulla base della sua idoneità a ledere i *beni protetti*, che sono appunto la libertà, l'attività sindacale, il diritto di sciopero, nella consapevolezza che questi beni possono essere lesi da comportamenti diversi, non definibili *a priori*. Comportamento "diretto" *non* vuole dire *intenzionalmente diretto* a ledere i beni protetti, ma *oggettivamente idoneo* (anche solo potenzialmente) a produrre la lesione di tali beni, senza che sia necessario accertare la presenza di uno specifico intento lesivo.

Abbiamo detto che i "beni protetti" dall'art. 28 sono la libertà, l'attività sindacale, il diritto di sciopero: diritti che spettano sia *ai lavoratori*, come singoli e come affiliati ad un'organizzazione sindacale, sia all'*organizzazione sindacale* in quanto tale. Il ricorso al Tribunale del luogo ove è posto in essere il comportamento del quale si intende denunciare il carattere antisindacale deve essere proposto «*dagli organismi locali delle*

---

[54] Cass. S.U. n. 13978/2017; le S.U. sono state chiamate da Cass. ord. n. 24443/2016 a risolvere il conflitto tra gli orientamenti emersi nella giurisprudenza della Cassazione. L'orientamento delle S.U. trova conferma nella giurisprudenza successiva della S.C.: cfr. Cass. n. 2862/2020, secondo cui il singolo componente deve però essere eletto nelle liste di un sindacato dotato di rappresentatività ai sensi dell'art. 19 St. lav. (quindi firmatario del contratto collettivo applicato nell'azienda, o partecipante alle trattative, anche se non firmatario).

[55] Si tratta di tre sentenze "gemelle": Cass. n. 16942/2009; Cass. n. 21694/2009; Cass. n. 16936/2009, cui hanno fatto seguito altre sentenze della S.C. in senso conforme.

associazioni sindacali nazionali che vi abbiano interesse»: sono questi dunque i soggetti ai quali la legge ha conferito la legittimazione (*esclusiva*) ad agire in giudizio[56]. A rispondere della condotta contestata sarà in ogni caso il *datore di lavoro* (anche se il comportamento antisindacale sia stato posto in essere da un suo dipendente)[57].

Poiché legittimato ad agire è solo il sindacato, l'interesse ad agire è necessariamente un *interesse collettivo*, perciò riferibile al sindacato e non al singolo lavoratore. Questo tuttavia non significa che vi sia lesione di un interesse collettivo solo quando la condotta del datore di lavoro leda diritti e prerogative del sindacato. Ogni atto o comportamento idoneo a colpire o impedire o limitare la libertà e l'attività sindacale lede l'interesse collettivo di cui è portatore il sindacato, anche quando si concretizza nella lesione diretta e immediata di un interesse individuale del singolo lavoratore (come nel caso del *licenziamento antisindacale*: caso ricorrente nell'esperienza processuale). In altri termini: dal punto di vista *sostanziale*, la condotta antisindacale può essere *plurioffensiva*, nel senso che può determinare contemporaneamente la lesione sia dell'interesse collettivo di cui è portatore il sindacato, sia dell'interesse individuale del lavoratore colpito. Dal punto di vista *processuale* l'interesse giuridicamente rilevante è però il solo interesse collettivo.

L'interesse ad agire deve essere *attuale*: il che non significa che la condotta antisindacale debba essere ancora in atto. La giurisprudenza da tempo e con orientamento ormai consolidato afferma che l'attualità richiesta per l'azione *ex* art. 28 sia da ravvisare ogni qual volta la condotta datoriale, pur cessata, sia comunque idonea a determinare una situazione di compromissione dei diritti e delle prerogative sindacali per il presente ed il futuro; ciò avviene – ad avviso della Cassazione – quando la condotta sia tuttora idonea a produrre effetti durevoli nel tempo, sia per la sua portata intimidatoria, sia per la situazione di incertezza che ne consegue, suscettibile di determinare in qualche misura una restrizione o un ostacolo al libero esercizio dell'attività sindacale.

Per quanto riguarda le regole processuali, possiamo brevemente ricordare che il procedimento (speciale in via d'urgenza) regolato dall'art. 28 St. lav. si apre con una

---

[56] La definizione del carattere "nazionale" dell'organizzazione sindacale ha dato luogo ad interpretazioni giurisprudenziali non univoche. In Cassazione appare tuttavia consolidato l'orientamento che considera "nazionale" l'organizzazione sindacale che svolga attività su ampia parte del territorio nazionale, ma la Corte non ritiene necessario che abbia stipulato il contratto collettivo nazionale di lavoro e neppure che faccia parte di una Confederazione: Cass. n. 1/2020, cit.

[57] La legittimazione passiva del "datore di lavoro" è alla base dell'opinione corrente che limita l'ambito di applicazione dell'art. 28 ai soli rapporti di lavoro subordinato. La questione si è però riproposta di recente a proposito del ricorso per condotta antisindacale nei confronti dei *rider* (e altre figure similari di lavoratori del settore del *food delivery*) che, secondo l'indirizzo interpretativo prevalente (avallato dalla S.C: *infra*, PT. III, Cap. II, Sez. II) non sono lavoratori subordinati ma *collaboratori etero-organizzati*, ai quali l'art. 2, d.lgs. n. 81/2015 e succ. mod., estende l'applicazione della disciplina del lavoro subordinato. Nel senso dell'estensione dell'art. 28 anche a queste collaborazioni, e dunque oltre i confini del lavoro subordinato in senso stretto Trib. Milano 28.3.2021; Trib. Bologna 14.4.2021; *contra* Trib. Firenze 9.2.2021, in *RIDL*, 2021, II, p. 180, nt. Martelloni (ma il giudice qualifica i *rider* lavoratori autonomi, escludendo l'applicazione dell'art. 2, d.lgs. n. 81/2015); il decreto è stato riformato da Trib. Firenze 24.11.2021, con riconoscimento dell'applicazione dell'art. 28 ai collaboratori *ex* art. 2. Cfr. Martelloni, *Riders: la repressione della condotta antisindacale allarga il suo raggio*, in *LLI*, 2021, 7, 2, R. 172 ss.

fase sommaria innanzi al giudice del lavoro di primo grado (il Tribunale) del «luogo ove è posto in essere il comportamento denunziato». Il giudice, entro due giorni dal deposito del ricorso, convocate le parti e assunte sommarie informazioni, qualora ritenga sussistente la condotta antisindacale, «ordina al datore di lavoro, con decreto motivato ed immediatamente esecutivo, la cessazione del comportamento illegittimo e la rimozione degli effetti». Il termine di due giorni non è perentorio: il provvedimento del giudice è legittimo anche se emesso tardivamente. La parte soccombente può fare *opposizione* al decreto entro 15 giorni dalla sua comunicazione alle parti davanti al Tribunale, che decide con sentenza immediatamente esecutiva. L'opposizione al decreto apre la seconda fase del giudizio di primo grado, che, a differenza della prima (a cognizione sommaria, e con procedura speciale), è a cognizione piena, ed è soggetta alla disciplina ordinaria del processo del lavoro.

6.1. *Condotta antisindacale e violazione delle procedure di informazione e consultazione sindacale*

La casistica in materia di condotta antisindacale è ricchissima e molto varia; non potendo ricapitolarla in questa sede, la richiameremo via via, parlando specialmente del contratto collettivo e dello sciopero. Qui ci limitiamo a soffermarci sulla condotta antisindacale consistente nella violazione delle procedure di informazione e consultazione sindacale previste dai CCNL (e altresì dai contratti collettivi aziendali). Si tratta di una problematica emersa in alcuni recenti casi giudiziari, relativi a cessazioni di attività produttive e chiusure di stabilimenti con conseguente licenziamento di tutti i dipendenti da parte di imprese (perlopiù facenti parte di gruppi multinazionali)[58].

Le discipline contrattuali dell'informazione e consultazione sindacale danno attuazione al d.lgs. n. 25/2007, a sua volta attuazione della Direttiva CE 2002/14, che istituisce un quadro generale relativo all'*informazion*e e alla *consultazione* dei lavoratori[59], e rende obbligatoria l'informazione e la consultazione dei lavoratori nelle imprese con più di 50 addetti e negli stabilimenti con più di 20 addetti situati nel territorio di uno Stato membro. Le materie oggetto di informazione e consultazione (art. 4 della Direttiva) riguardano l'andamento recente e quello prevedibile dell'attività dell'impresa; la situazione dell'occupazione; le decisioni dell'impresa suscettibili di determinare rilevanti cambiamenti nell'organizzazione del lavoro e dei contratti di lavoro.

Il d.lgs. n. 25/2007 (art. 8) dispone che restano comunque ferme le procedure di informazione e consultazione sindacale già previste in materia di licenziamenti collettivi e trasferimenti d'azienda, che non possono pertanto considerarsi assorbite dalle

---

[58] Trib. Ancona decr. 22.2.2022, *Caterpillar Hidraulics Italia S.r.l.*; Trib. Firenze decr. 20.9.2021, *GKN Driveline Campi Bisenzio*; Trib. Monza decr. 12.10.2021, *Giannetti Ruote di Ceriano Laghetto*; Trib. Napoli 3.11.2021, *Whirpool Napoli*. I testi possono essere reperiti nel sito della rivista *Labor*.

[59] Per *informazione* si intende in questa Direttiva la trasmissione da parte del datore di lavoro ai rappresentanti dei lavoratori (organismi di rappresentanza dei lavoratori, per la cui individuazione la Direttiva rinvia alle legislazioni e prassi nazionali) dei dati necessari per conoscere le questioni trattate; per *consultazione* si intende lo scambio di opinioni e l'instaurazione di un dialogo tra le parti.

procedure di informazione e consultazione sindacale previste dai contratti collettivi. Si tratta dunque di procedure che la legge tiene distinte. Ma il problema posto da quei casi giudiziari è se e in che misura il mancato, o il non corretto adempimento da parte dell'impresa degli obblighi di informazione e consultazione sindacale possa produrre effetti sulla procedura dei licenziamenti collettivi, nella quale i rappresentanti sindacali si trovano di fronte alla decisione dell'impresa di chiudere lo stabilimento e di licenziare tutti i dipendenti senza aver avuto negli incontri previsti dai contratti collettivi informazioni sufficienti a prevedere le decisioni dell'impresa e ad aprire con essa un dialogo "costruttivo", alla ricerca di soluzioni alternative ai licenziamenti e di minor impatto sociale.

I giudici sono stati chiamati a decidere sui ricorsi dei sindacati legittimati ai sensi dell'art. 28 St. lav., che denunciavano la condotta antisindacale delle imprese, chiedendo altresì la revoca della procedura dei licenziamenti collettivi avviata dalle imprese. La soluzione offerta sin qui dai giudici non è univoca: ma prevale l'orientamento favorevole ad escludere che la condotta antisindacale possa produrre effetti negativi sulla procedura dei licenziamenti collettivi (*infra*, PT. VIII, Cap. III).

Sezione III

IL CONTRATTO COLLETTIVO

1. *Il contratto collettivo di diritto comune*

I contratti collettivi stipulati a partire dalla fine della seconda guerra mondiale sono detti *di diritto comune*, per segnalare che la loro disciplina, in mancanza di una legge che specificamente li riguardi (a causa della mancata attuazione dell'art. 39, cc. 2, 3 e 4, Cost.), deve essere rinvenuta nel diritto privato, e più in particolare nelle disposizioni del codice civile in materia di contratti.

La teoria del contratto collettivo di diritto comune trova il proprio fondamento in quella teoria della rappresentanza sindacale (*retro*, Sez. II), che pur essendo stata sottoposta a profonde revisioni non è mai stata abbandonata. La giurisprudenza continua infatti a farvi ricorso: il contratto collettivo regola i rapporti di lavoro in corso di esecuzione ovvero futuri intercorrenti tra i singoli lavoratori e datori di lavoro, «in virtù del potere di rappresentanza volontaria che questi hanno conferito, o successivamente conferiranno durante la vigenza del contratto, alle parti collettive all'atto dell'adesione alle stesse (con l'iscrizione cioè ai rispettivi sindacati, per quel che riguarda i lavoratori; così anche, sempre in linea di principio, per i datori, salvi i casi dei contratti d'impresa in cui negozia e stipula l'imprenditore in prima persona)» [1].

Nell'ordinamento vigente, il contratto collettivo, ancorché privo di specifica disciplina legale, ha una sua propria tipicità (appunto in ragione delle sue particolari caratteristiche funzionali), che assume rilievo anche nell'ordinamento statuale: senza definire cosa sia o come debba essere un contratto collettivo, la legge prende in considerazione questo prodotto dell'autonomia collettiva, disciplinandone determinati effetti in relazione a determinate situazioni o circostanze.

Dalla natura privatistica e dalla mancanza di una specifica disciplina legale discen-

---

[1] Ghezzi, Romagnoli 1997, p. 135 ss.

dono rilevanti conseguenze in materia di forma (a) e di interpretazione del contratto collettivo (b).

a) Per quanto riguarda la *forma*, in mancanza di espresse previsioni legali, vige il principio della libertà di forma desumibile dagli artt. 1350 ss. c.c.: è perciò ammissibile la stipulazione solo verbale del contratto collettivo (ad esempio, un contratto collettivo aziendale può essere stipulato mediante comportamenti concludenti, quando l'interlocutore dell'imprenditore sia un soggetto sindacale)[2]. Presuppone tuttavia la stesura per iscritto dei contratti collettivi l'art. 17, l. n. 936/1986, che prevede il deposito dei contratti collettivi presso l'archivio del CNEL; il CNEL identifica i CCNL mediante un codice alfanumerico in base al settore di attività economica (d.l. n. 76/2020, conv. in l. n. 120/2020, art. 16 *quater*).

b) Per quanto riguarda l'*interpretazione*, essendo il contratto collettivo un contratto di diritto privato, deve essere interpretato secondo i criteri dettati dal codice civile per l'interpretazione dei contratti (artt. 1362 ss.). Per ricostruire la comune volontà delle parti, la giurisprudenza privilegia il senso letterale delle parole, ritenendo che, ove il testo del contratto sia sufficientemente chiaro e preciso, il criterio letterale sia l'unico in grado di individuare la comune intenzione dei contraenti. Tenendo tuttavia conto del fatto che i soggetti che stipulano il contratto collettivo sono diversi dai soggetti che sono destinatari della maggior parte delle sue clausole (quelle della *parte normativa*, come diremo oltre), la dottrina si è espressa nel senso della prevalenza dei *criteri oggettivi di interpretazione*, e in particolare del criterio di cui all'art. 1363 c.c. («le clausole del contratto si interpretano le une per mezzo delle altre, attribuendo a ciascuna il senso che risulta dal complesso dell'atto»). Una corretta ricostruzione della volontà negoziale è possibile – afferma la Cassazione – solo attraverso l'esame del contratto complessivamente considerato, ove ogni singola clausola è parte di un equilibrio più ampio, ed è insieme oggetto e strumento di interpretazione.

In coerenza con la natura contrattuale del contratto collettivo e con il necessario rispetto della volontà delle parti stipulanti, è escluso il ricorso all'analogia; non è dunque ammessa la possibilità di colmare le lacune di un contratto collettivo applicando analogicamente le clausole di un altro contratto (cosiddetta *analogia esterna*), e neppure è consentito estendere le clausole di uno stesso contratto al di là dei casi espressamente previsti (cosiddetta *analogia interna*).

Occorre infine ricordare che, con d.lgs. n. 40/2006 (in attuazione della legge delega n. 80/2005 sulla riforma del giudizio di cassazione), il legislatore ha introdotto uno speciale regime processuale del contratto collettivo di diritto comune, prevedendo il ricorso in Cassazione per violazione e falsa applicazione del contratto collettivo nazionale (art. 360, n. 3, c.p.c.), nonché la risoluzione con ricorso per cassazione in via pregiudiziale delle questioni concernenti l'efficacia, la validità e l'interpretazione dei contratti collettivi (art. 420-*bis*, c.p.c.): queste innovazioni, oltre a ridurre la distanza

[2] Il principio costituzionale di libertà dell'organizzazione sindacale rende senz'altro inapplicabile al contratto collettivo di diritto comune l'art. 2072 c.c. (in materia di deposito e pubblicazione del contratto collettivo corporativo); quanto alle disposizioni in materia di deposito e pubblicazione dei contratti collettivi contenute nella l. n. 741/1959, che ne presupponevano la stipulazione per iscritto, queste erano state dettate al solo fine della recezione dei contratti collettivi di diritto comune nei decreti legislativi (*infra*, § 3.1).

che separa la disciplina del contratto collettivo del settore privato da quella del settore pubblico (artt. 63, c. 5, e 64, d.lgs. n. 165/2001), rendono evidente la considerazione del contratto collettivo come fonte, sia pure non in senso formale, di disciplina dei rapporti di lavoro.

2. *La struttura del contratto collettivo. Parte obbligatoria e parte normativa*

La funzione (tipica) del contratto collettivo è quella di regolare in modo uniforme il contenuto dei contratti individuali di lavoro, dettando altresì regole relative allo svolgimento dei rapporti di lavoro: oltre al trattamento retributivo, il contratto collettivo regola l'orario di lavoro, le ferie e le festività, la classificazione dei lavoratori, le norme disciplinari, e così via. Le clausole che contengono queste regole costituiscono, nella struttura del contratto collettivo, la cosiddetta *parte normativa*: vale a dire la parte del contratto collettivo (la maggiore per quantità e funzione) di cui sono destinatari i datori di lavoro ed i lavoratori ai quali il contratto collettivo si applica, e per i quali il contratto collettivo costituisce una delle principali fonti (concorrente con la legge e con lo stesso contratto individuale) di disciplina dei loro rapporti di lavoro.

All'originaria funzione assolta dalla parte normativa, si è venuta progressivamente affiancando una diversa funzione del contratto collettivo, assolta da quelle clausole dirette non a creare diritti e obblighi delle parti del contratto individuale di lavoro, ma ad instaurare rapporti obbligatori direttamente tra le organizzazioni sindacali stipulanti, e destinate perciò a regolare i rapporti tra le contrapposte organizzazioni sindacali. L'insieme di queste clausole costituisce la *parte obbligatoria* (o *contenuto obbligatorio*) del contratto collettivo.

La parte obbligatoria del contratto collettivo, in origine assai limitata, si è venuta progressivamente arricchendo: ne fanno parte le *clausole di tregua sindacale* e di *raffreddamento del conflitto* (che impongono ai sindacati stipulanti di astenersi dalla proclamazione dello sciopero per il periodo previsto dalla clausola), le clausole relative ai diritti di *informazione e consultazione sindacale*, le clausole relative all'istituzione di *organismi paritetici* per le controversie in materia di cottimi, qualifiche, e così via. Sono in genere ricondotte alla parte obbligatoria del contratto collettivo, ma hanno una funzione propria (di *composizione dei conflitti*), le clausole che prevedono l'istituzione di *collegi di conciliazione e arbitrato* e disciplinano procedure (a più livelli, in genere) di composizione di controversie.

Fra parte normativa e parte obbligatoria del contratto collettivo vi è certamente un nesso di strumentalità; tuttavia occorre tenere presente che quando una clausola è ricondotta alla parte obbligatoria del contratto collettivo (ciò che in pratica può risultare dubbio, a causa del possibile intreccio tra le due parti del contratto)[3], la viola-

[3] Quando tale intreccio effettivamente vi sia, e le clausole obbligatorie abbiano una ricaduta sui rapporti di lavoro, divenendo fonte di diritti individuali dei lavoratori, la dottrina qualifica tali clausole come *miste*. Costituiscono esempi (talora controversi) di clausole miste: le clausole in materia di criteri di scelta dei lavoratori da porre in Cassa integrazione e le clausole di rientro dalla Cassa integrazione; le clausole che prevedono i criteri di scelta dei lavoratori da licenziare per riduzione del personale; le clausole in materia di appalti e trasferimenti di ramo d'azienda che pongono limiti al decentramento produttivo in funzione di salvaguardia dell'occupazione.

zione ha rilevanza solo nei rapporti tra i soggetti stipulanti il contratto collettivo e non nei rapporti tra le parti del contratto individuale di lavoro; di conseguenza saranno esperibili solo nei confronti delle parti stipulanti i rimedi di diritto comune per inadempimento del contratto (di fronte al giudice civile e con rito ordinario). Resta altresì esperibile, ove ne ricorrano i presupposti, il ricorso per *condotta antisindacale* ai sensi dell'art. 28 St. lav.: costituisce ad esempio un caso classico di condotta antisindacale la violazione, da parte del datore di lavoro, dei diritti di informazione e consultazione sindacale (*retro*, Sez. II, § 6.1).

3. *L'efficacia soggettiva del contratto collettivo*

Come abbiamo detto sopra, il contratto collettivo di diritto comune è un contratto stipulato da soggetti (le organizzazioni sindacali) che ne rappresentano altri (i datori di lavoro e i lavoratori, parti dei contratti individuali di lavoro); la funzione essenziale del contratto collettivo è quella di regolare il contenuto dei contratti individuali di lavoro degli iscritti alle organizzazioni stipulanti. Di conseguenza, e in linea di principio, solo il datore di lavoro iscritto all'organizzazione dei datori di lavoro stipulante è tenuto (in ragione del proprio vincolo associativo) all'applicazione del contratto collettivo nei confronti dei soli lavoratori iscritti alle organizzazioni sindacali dei lavoratori stipulanti. Se poi il datore di lavoro recede dalla propria organizzazione si libera dall'obbligo di applicare i contratti collettivi successivi al recesso, restando il suo obbligo limitato all'applicazione del solo contratto vigente nel momento in cui il recesso si è verificato, e fino alla scadenza del contratto stesso.

Come vedremo oltre, la giurisprudenza ha elaborato una serie di criteri che consentono di applicare direttamente o indirettamente il contratto collettivo di diritto comune anche in difetto di iscrizione del datore del datore di lavoro all'organizzazione stipulante.

L'*efficacia soggettiva* (che definisce l'ambito dei destinatari) del contratto collettivo di diritto comune resta comunque limitata; tanto limitata che, almeno negli anni '50, il maggior problema che si era determinato a seguito della mancata attuazione dell'art. 39 Cost. era certamente quello della diffusa disapplicazione dei contratti collettivi: problema di dimensione tanto imponente, che il Parlamento fu costretto a porvi temporaneo rimedio con l'emanazione di un'apposita legge.

3.1. *L'estensione* erga omnes *dei contratti collettivi di diritto comune. La "legge Vigorelli"*

La l. 14.7.1959, n. 741, nota come *legge Vigorelli* (dal nome del Ministro proponente), consentì di realizzare, nel giro di quindici mesi, l'estensione *erga omnes* dei contratti collettivi nazionali di categoria e integrativi provinciali stipulati nel corso degli anni '50. Il legislatore risolveva così, in via *transitoria* (vale a dire nell'attesa di una legge di attuazione dell'art. 39, c. 4, Cost., la cui emanazione era ormai improbabile), il problema della limitata efficacia soggettiva dei contratti collettivi di diritto comune, per la cui applicazione restava essenziale l'iscrizione del datore di lavoro all'organizzazione sindacale stipulante. La legge Vigorelli, intitolata «norme transitorie per garantire minimi di trattamento economico e normativo ai lavoratori», era una legge-delega: il Governo era infatti delegato «ad emanare norme giuridiche, aventi forza di legge, al fine di assicurare minimi di trattamento economico e normativo nei confronti di tutti gli appartenenti ad una medesima categoria». Il legislatore delegava dunque il Governo ad emanare decreti legislativi, nei quali dovevano essere recepiti i contratti collettivi nazionali di categoria (nonché i contratti integrativi provinciali) stipulati prima dell'entrata in vigore della legge.

L'estensione *erga omnes* dell'efficacia del contratto collettivo avveniva appunto mediante la recezione nel decreto (un decreto per ogni contratto collettivo di cui si estendeva l'efficacia). Al fine della recezione nei decreti, i contratti collettivi dovevano essere depositati a cura delle organizzazioni stipulanti presso il Ministero del Lavoro, che provvedeva alla loro pubblicazione in un apposito bollettino[4].

La legge stabiliva la regola della prevalenza del contratto collettivo più favorevole (art. 7), che regolava i rapporti tra contratti collettivi e la loro successione nel tempo[5]. Era previsto che il contratto collettivo esteso *erga omnes* mediante la recezione nel decreto legislativo si sostituisse di diritto ai trattamenti in atto. Restavano però salve «le condizioni, anche di carattere aziendale, più favorevoli ai lavoratori»: dunque, ove il contratto collettivo (anche aziendale) applicato nell'azienda fosse stato più favorevole ai lavoratori del contratto collettivo (nazionale e/o provinciale) esteso *erga omnes*, i lavoratori avrebbero conservato il trattamento più favorevole.

Non ebbe successo il tentativo effettuato dal Parlamento per rendere più stabile (o meno transitorio) il meccanismo di estensione dei contratti collettivi, emanando una legge (1.10.1960, n. 1027) che *prorogava di dieci mesi* i termini per il deposito dei contratti collettivi, consentendo così al Governo di emanare i decreti legislativi di estensione dei nuovi contratti stipulati nel frattempo (il contratto dei metalmeccanici, ad esempio). La Corte costituzionale (sentenza n. 106/1962) annullò la l. n. 1027/1960, affermando che «anche una sola reiterazione della delega (a tale riducendosi la proroga prevista dall'art. 1 della legge impugnata) toglie alla legge i caratteri della transitorietà e dell'eccezionalità (...) e finisce col sostituire al sistema costituzionale un al-

---

[4] Per rispettare l'autonomia negoziale delle organizzazioni sindacali che avevano stipulato i contratti collettivi oggetto di recezione in decreto, assumeva particolare importanza il dovere del Governo di *uniformarsi* «a tutte le clausole» del contratto collettivo. In primo luogo non poteva essere modificata la *categoria contrattuale*, cioè il campo di applicazione del contratto, come definito nel contratto medesimo: la legge in sostanza si limitava a prescrivere che tutti i datori di lavoro (iscritti e non iscritti alle organizzazioni stipulanti), che in ragione dell'attività effettivamente esercitata rientrassero nell'ambito della categoria per la quale era stato stipulato il contratto collettivo poi recepito nel decreto, dovessero applicare il contratto collettivo a tutti lavoratori da loro dipendenti. In secondo luogo *non potevano essere modificate o soppresse singole clausole* contrattuali: il testo del contratto doveva essere recepito nella sua interezza; sarebbe poi spettato al giudice dichiarare eventualmente la nullità della clausola contraria alla legge, qualora la questione fosse stata sollevata in giudizio.

[5] L'art. 7 prevedeva che il contratto collettivo esteso *erga omnes* conservasse efficacia oltre la scadenza (fosse cioè *ultrattivo*) e fino a quando non fosse sostituito da un altro contratto collettivo avente efficacia «per tutti gli appartenenti alla categoria» (cioè da un altro contratto collettivo della medesima categoria efficace *erga omnes*). La sostituzione poteva perciò aver luogo solo se fosse stata data attuazione all'art. 39 Cost., o se fosse stata emanata una nuova legge che consentisse l'estensione *erga omnes* oltre il termine di un anno previsto dalla l. n. 741/1959.

tro sistema arbitrariamente costruito dal legislatore e pertanto illegittimo». Censurata la legge di proroga, la Corte salvò invece la legittimità costituzionale della legge Vigorelli, considerandola un intervento legislativo di carattere transitorio, giustificato da pressanti ragioni d'interesse pubblico [6].

Scaduti i termini previsti dalla legge Vigorelli, e impedita dalla Corte costituzionale la proroga di essi, è presto venuto al pettine il nodo della successione tra i contratti collettivi stipulati prima dell'entrata in vigore di quella legge estesi *erga omnes* e i nuovi contratti collettivi stipulati nella stagione contrattuale immediatamente successiva, che tornavano ad essere contratti collettivi ad efficacia soggettiva limitata ai soli iscritti alle organizzazioni sindacali stipulanti. Secondo quanto previsto dall'art. 7 della legge Vigorelli, i datori di lavoro affiliati alle organizzazioni che avevano stipulato nuovi contratti collettivi di diritto comune, e che quindi erano obbligati per vincolo associativo ad applicare tali contratti ai propri dipendenti, potevano sostituire i trattamenti economici e normativi previsti dal contratto collettivo *erga omnes* con i trattamenti previsti dal nuovo contratto collettivo solo se questi ultimi erano più favorevoli ai lavoratori.

L'applicazione dell'art. 7 ha dato luogo a numerose controversie, ormai da tempo superate. Possiamo tuttavia ricordare che nell'orientamento progressivamente affermatosi in giurisprudenza, al fine di stabilire se un contratto collettivo sia più o meno favorevole di un altro, il raffronto avviene con riferimento talora all'insieme delle clausole del contratto, talora invece alla complessiva disciplina di ciascun *istituto*: intendendo per *istituto contrattuale* l'assetto complessivo di interessi omogenei (*criterio del conglobamento*) [7]. Il conglobamento consente l'applicazione integrale della disciplina dell'istituto più favorevole e impedisce il cumulo, all'interno dello stesso istituto, di clausole più favorevoli, rispettando in sostanza, e sia pure limitatamente al singolo istituto, l'*inscindibilità* delle clausole prevista in genere nei contratti collettivi. Il criterio del conglobamento è tutt'ora utilizzato dalla giurisprudenza nel raffronto tra contratti collettivi di diritto comune.

3.2. *Estensione del contratto collettivo di diritto comune al datore di lavoro non iscritto*

L'estensione *erga omnes* dei contratti collettivi ad opera della legge costituisce nella nostra esperienza giuridica post-costituzionale un episodio irripetibile. Chiuso quell'episodio, la ripresa della contrattazione collettiva all'inizio degli anni '60 riapriva il

---

[6] La Corte ribadì che, pur essendo una tendenza ricollegabile alla natura del contratto collettivo, l'estensione dell'efficacia del contratto collettivo a tutti gli appartenenti alla categoria alla quale il contratto si riferisce non può essere legittimamente realizzata in modo diverso da quello stabilito dalla Costituzione. La Corte si dichiarò tuttavia consapevole dell'inadempienza costituzionale e «delle conseguenze che essa provoca nel campo dei rapporti di lavoro» e finì perciò per affermare che la l. n. 741/1959, aveva il significato di «legge transitoria, provvisoria ed eccezionale, rivolta a regolare una situazione passata e a tutelare l'interesse pubblico della parità di trattamento dei lavoratori e dei datori di lavoro»: con questa legge il legislatore non aveva voluto dare attuazione all'art. 39, ma si era limitato a «collegare il regime dei contratti di diritto comune con l'altro dei contratti con efficacia generale, a mezzo di un regolamento transitorio», circostanza che poneva la legge «al riparo dal contrasto con l'art. 39 Cost.».

[7] Ad esempio, una gratifica o un'indennità fanno parte dell'istituto della retribuzione: nel confronto tra contratti collettivi si dovrà guardare all'insieme della disciplina della retribuzione nell'uno e nell'altro contratto e valutare se, complessivamente, il trattamento retributivo risulti nel secondo contratto più favorevole che nel primo.

problema della sostituzione dei vecchi contratti collettivi estesi *erga omnes* con i nuovi contratti di diritto comune, riproponendo per intero il problema della limitata efficacia soggettiva di questi contratti.

Pur dovendo restare nei limiti imposti dalla mancata attuazione dell'art. 39 Cost., e pur restando fedele alla teoria privatistica della rappresentanza sindacale, la giurisprudenza si è dimostrata sensibile all'esigenza di dare forza al contratto collettivo di diritto comune. Se la prima giurisprudenza in merito all'efficacia soggettiva del contratto collettivo di diritto comune insisteva sulla necessità dell'iscrizione di entrambe le parti alle organizzazioni stipulanti, la giurisprudenza successiva ha progressivamente elaborato una serie di criteri interpretativi che consentono di dare applicazione al contratto collettivo di diritto comune anche al di fuori della rappresentanza sindacale strettamente intesa [8].

Il primo criterio elaborato dalla giurisprudenza riguarda il comportamento delle parti del contratto individuale di lavoro, le quali, ai fini della determinazione del contenuto del contratto, abbiano fatto *esplicito rinvio* al contratto collettivo. Così facendo le parti hanno *recepito* il contratto collettivo, ovvero hanno determinato il contenuto del contratto individuale *per relationem*. Quando ciò sia avvenuto, il datore di lavoro non può unilateralmente liberarsi dall'obbligo di applicare il contratto collettivo, perché tale obbligo ha fonte nel contratto individuale e ogni modificazione del contenuto del contratto individuale non può che essere concordata con il lavoratore. La recezione può essere anche implicita (applicazione nei contratti individuali di lavoro dell'intero contratto collettivo o numerose clausole di esso: questa *implicita recezione* del contratto collettivo opera solo se il numero e l'importanza delle clausole recepite consente di ritenere che si sia voluto recepire l'intero contratto) [9].

La recezione ha in ogni caso ad oggetto uno *specifico* contratto collettivo e non i contratti collettivi successivi [10].

3.3. *Estensione del contratto collettivo di diritto comune ai lavoratori non iscritti*

Secondo un orientamento interpretativo consolidato, il datore di lavoro obbligato all'applicazione di un contratto collettivo (per vincolo associativo, o per adesione esplicita o implicita al contratto collettivo) è tenuto ad applicarlo in modo uniforme, vale a dire nei confronti dei lavoratori che da lui dipendono, senza distinzione tra iscritti e non iscritti ai sindacati stipulanti.

Questa conclusione si basa sulla considerazione che il datore di lavoro, con l'iscrizione alla propria organizzazione, conferisce alla stessa il potere di rappresentarlo e

---

[8] Applicando rigorosamente le regole in materia di rappresentanza volontaria, il lavoratore che pretendesse l'applicazione di un contratto collettivo avrebbe l'onere di provare la propria iscrizione al sindacato stipulante e di fornire elementi sufficienti a provare l'iscrizione del datore di lavoro.

[9] Cass. ord. n. 74/2022; Cass. n. 28905/2021, relativamente all'applicazione continuata di molte e significative voci retributive.

[10] Il lavoratore che pretenda l'applicazione del contratto collettivo dovrà provarne la recezione esplicita o implicita: ma sarà sufficiente, per soddisfare l'onere della prova, la mancata contestazione da parte del datore di lavoro, ovvero la prova che il rapporto tra le parti si sia svolto nel presupposto dell'applicazione del contratto collettivo.

quindi di impegnarlo nella regolamentazione dei rapporti di lavoro che fanno capo alla sua impresa. Peraltro, da un lato i contratti collettivi sono stipulati per la generalità dei lavoratori (e non per i soli iscritti), d'altro lato, il datore di lavoro applica in modo uniforme ai propri dipendenti il contratto collettivo non solo per evitare una doppia contabilità, ma anche per non incentivare, con il suo comportamento, l'iscrizione dei lavoratori ai sindacati stipulanti. Inoltre, differenziare il trattamento dei lavoratori in ragione della loro affiliazione sindacale potrebbe costituire violazione del divieto di discriminazione per ragioni sindacali di cui all'art. 15 St. lav.

L'applicazione di questa regola giurisprudenziale, elaborata nell'evidente intento di garantire l'applicazione uniforme del contratto collettivo, nell'interesse dei lavoratori, non aveva dato luogo in passato a particolari problemi, e le cause in materia erano state rarissime.

La situazione è cambiata in anni a noi più vicini a causa del moltiplicarsi dei casi di stipulazione di contratti collettivi *separati*. Per *contratto collettivo separato* si intende un contratto collettivo sottoscritto solo da alcune delle organizzazioni sindacali che hanno partecipato alle trattative (nell'esperienza di questi anni la firma mancante è per lo più quella della CGIL, sindacato maggiormente rappresentativo in una pluralità di settori). In particolare sono definiti contratti collettivi separati i contratti di categoria, o anche aziendali, stipulati solo da alcune delle organizzazioni sindacali che avevano stipulato il precedente contratto di categoria, e che, dissentendo dai contenuti dei nuovi accordi, ne rifiutano la sottoscrizione [11].

L'applicazione dei contratti collettivi separati anche ai lavoratori iscritti (o che comunque aderiscono) ai sindacati che non hanno stipulato tali contratti apre il problema della rappresentanza e della tutela del dissenso. La difficoltà di trovare soluzioni convincenti in mancanza di una legge sulla rappresentatività sindacale e l'efficacia dei contratti collettivi era già emersa nel contenzioso giudiziario apertosi a valle della conclusione di importanti contratti collettivi "separati" (come nel caso dei contratti FIAT di Pomigliano, Mirafiori, Fabbrica Italia Pomigliano). Il problema si è riproposto nel caso recente del CCNL stipulato il 15 settembre 2020 tra Assodelivery (Associazione delle imprese del settore) e UGL Rider (sindacato dei *rider* di nuova costituzione): contratto fortemente contestato, nel merito e nel metodo, da altre organizzazioni sindacali, maggiormente rappresentative; sulla applicazione di quel contratto ai la-

---

[11] Il fenomeno della contrattazione separata non deve essere confuso con quello della *concorrenza tra diversi contratti collettivi* aventi il medesimo ambito oggettivo di applicazione (categoria in senso merceologico) stipulati da soggetti collettivi diversi. In alcuni settori merceologici agiscono infatti una pluralità di associazioni imprenditoriali, che stipulano diversi contratti collettivi, applicati dai datori di lavoro ai propri dipendenti in ragione della loro affiliazione all'una o all'altra organizzazione. In tali ipotesi, la disciplina dei rapporti di lavoro di uno stesso settore potrà essere diversa a seconda del contratto collettivo applicato, e l'applicazione dell'uno o dell'altro contratto collettivo dipenderà dall'iscrizione del datore di lavoro all'una o all'altra organizzazione. Il fenomeno della contrattazione separata non deve essere confuso neppure col fenomeno dei *contratti collettivi pirata*: contratti stipulati per un determinato settore da organizzazioni imprenditoriali costituite *ad hoc* con controparti sindacali di comodo, al solo scopo di sostituire con un contratto largamente peggiorativo la disciplina dei rapporti di lavoro prevista dal contratto collettivo stipulato dalle organizzazioni rappresentative nell'ambito della categoria. Come abbiamo segnalato sopra, il fenomeno ha subito una notevole espansione negli ultimi anni, a causa della frammentazione delle organizzazioni dei datori di lavoro.

voratori non iscritti al sindacato stipulante o comunque dissenzienti si è aperto un contenzioso giudiziario [12].

Gli AI del 2011, 2013 e 2014, ai quali abbiamo già fatto riferimento, introducono una serie di regole, che se non sono in grado di evitare la stipulazione di contratti collettivi separati (una disciplina contrattuale, come tale, è inopponibile a terzi), sono però dirette a garantire che i contratti collettivi da un lato siano stipulati da sindacati che rappresentano la maggioranza dei lavoratori destinatari, d'altro lato, che l'applicazione del contratto collettivo sia sorretta dal consenso della maggioranza dei lavoratori che ne sono destinatari (*infra*, Sez. IV).

3.4. *Applicazione indiretta del contratto collettivo di diritto comune. Il ricorso all'art. 36 Cost.*

Una considerazione a sé merita l'orientamento giurisprudenziale che, facendo leva sull'applicazione da parte del giudice dell'art. 36 Cost. (sufficienza e proporzionalità della retribuzione in relazione alla qualità e alla quantità del lavoro prestato), consente di fare *indiretta applicazione* dei contratti collettivi di diritto comune, sia pure limitatamente alla parte salariale.

Il giudice, ove ritenga che la retribuzione prevista dal contratto individuale di lavoro, inferiore a quella garantita dal contratto collettivo della categoria merceologica alla quale è riconducibile l'attività esercitata dall'imprenditore (che nella specie non trova applicazione), sia contraria ai principi di proporzionalità e sufficienza di cui all'art. 36 Cost. (al quale è riconosciuta immediata precettività anche nei rapporti tra privati), dichiara la nullità della clausola del contratto individuale, e facendo ricorso all'art. 2099 c.c. («in mancanza di norme corporative o di accordo tra le parti, la retribuzione è determinata dal giudice»), colma la lacuna così creatasi nel contratto, determinando egli stesso la *retribuzione proporzionale e sufficiente* [13].

Secondo tale consolidato orientamento giurisprudenziale (le prime pronunce in tal senso risalgono alla prima metà degli anni '50), il contratto collettivo di categoria, benché non applicabile nel caso di specie, perché il datore di lavoro non aderisce all'organizzazione sindacale stipulante, ovvero non ha aderito al contratto collettivo, costituisce un *parametro di riferimento* (non vincolante) ai fini della determinazione della retribuzione proporzionale e sufficiente conforme ai principi formulati nell'art. 36 Cost. A tal fine, il giudice terrà conto, in linea di massima, dei minimi salariali (altrimenti detti *minimi tabellari*), ma non necessariamente delle eventuali voci accesso-

---

[12] I giudici da un lato hanno riconosciuto al lavoratore (*rider*) il diritto di dissentire dall'applicazione di un contratto ritenuto peggiorativo rispetto ad altro contratto in ipotesi applicabile (Trib. Palermo ord. 30.3.2021), d'altro lato (Trib. Bologna 30.6.2021, in *Labor*, 1, 2022, nt. Centamore) hanno invece ritenuto illegittima l'applicazione di quel contratto, essendo il sindacato stipulante carente di potere negoziale in quanto non in possesso del requisito richiesto dalla legge: gli artt. 2 e 47-*quater*, d.lgs. n. 81/2015 demandano infatti la deroga della disciplina legale (in materia di compenso dei *rider*) ai contratti collettivi stipulati dai sindacati (al plurale) comparativamente più rappresentativi sul piano nazionale. Nello stesso senso si è espresso il Ministero del lavoro (Circolare n. 17/2020), secondo cui quel contratto non è idoneo a derogare alla disciplina legale e non produce effetto sostitutivo di quella disciplina neppure nei confronti dei lavoratori iscritti al sindacato stipulante.

[13] In taluni casi, tuttavia, è lo stesso legislatore che definisce la retribuzione proporzionale e sufficiente: così nelle società controllate da enti pubblici e nel terzo settore.

rie. La giurisprudenza è concorde nell'affermare che i minimi salariali previsti dalla contrattazione collettiva non devono essere necessariamente assunti dal giudice a parametro della retribuzione proporzionata e sufficiente, perché altrimenti si attribuirebbe alla contrattazione collettiva di diritto comune (quanto meno per i minimi retributivi e normativi) una efficacia *erga omnes* che non le è propria. Il giudice inoltre potrà anche tener conto di fattori come le condizioni di mercato, la dimensione dell'impresa, o il potere d'acquisto del salario, per giustificare una retribuzione *inferiore* ai minimi salariali previsti dal contratto collettivo di categoria.

Torneremo sull'argomento, per il necessario approfondimento, nel capitolo dedicato alla retribuzione (*infra*, PT. VI, Cap. III, Sez. I).

4. *Ambito di applicazione del contratto collettivo (art. 2070 c.c.)*

Nell'ambito dell'ordinamento corporativo, l'art. 2070 c.c. stabiliva (c. 1) che *ai fini dell'applicazione del contratto collettivo* l'appartenenza alla categoria professionale si determinava in base all'*attività esercitata dall'imprenditore.* Se poi l'imprenditore esercitava distinte attività, aventi carattere autonomo, si dovevano applicare ai rispettivi rapporti di lavoro i contratti collettivi corrispondenti alle singole attività (art. 2070, c. 2). Questa disposizione serviva in sostanza a risolvere il problema di quale contratto collettivo dovesse applicarsi quando non vi fosse perfetta corrispondenza tra la categoria sindacale (o inquadramento sindacale) dell'imprenditore e l'attività che questi effettivamente esercitava.

L'applicabilità dell'art. 2070, c. 1, al contratto collettivo di diritto comune è esclusa dalla dottrina pressoché unanime, che segnala il contrasto tra questa disposizione corporativa e il principio di libertà sindacale di cui all'art. 39, c. 1, Cost.; la giurisprudenza è pervenuta alla medesima conclusione, ma solo a partire dalla sentenza delle S.U. della Cassazione nel 1997 [14].

Per comprendere correttamente il significato della inapplicabilità dell'art. 2070 c.c. conviene fare ricorso ad un esempio. Poniamo che il datore di lavoro eserciti una certa attività (ad esempio un'impresa produttrice di tessuti) che rientra nella categoria alla quale si riferisce un certo contratto collettivo (il contratto collettivo dell'industria tessile), ma non essendo iscritto all'organizzazione stipulante e non avendo aderito, né esplicitamente né implicitamente (per fatti concludenti) a quel contratto collettivo, applichi (per recezione implicita) il contratto collettivo di un'altra categoria (ad esempio, il contratto collettivo dell'industria dei cappelli). Se l'art. 2070 fosse applicabile, il datore di lavoro sarebbe tenuto ad applicare il contratto collettivo dell'industria tessile, perché corrispondente alla sua attività merceologica: ma, come hanno precisato le S.U. della Cassazione, nel vigente sistema, in cui il datore di lavoro si sottopone volontariamente all'obbligo di applicare il contratto collettivo (mediante iscrizione all'organizzazione sindacale stipulante, o mediante adesione al contratto collettivo), la mera corrispondenza tra l'attività esercitata dal datore di lavoro e quella che contraddistingue la categoria cui si riferisce il contratto collettivo non è sufficiente perché sorga l'obbligo di applicare il contratto collettivo.

Un diverso ordine di problemi si pone quando il datore di lavoro sia invece iscritto ad una organizzazione datoriale, e applichi il contratto collettivo che questa ha stipulato, ma tale con-

---

[14] Cass. S.U. n. 2665/1997.

tratto non corrisponda all'attività effettivamente esercitata (ad es., l'industriale tessile, iscritto alla federazione degli industriali del cappello, applica il contratto dell'industria del cappello). Ancora una volta il principio della libertà dell'organizzazione sindacale rende inapplicabile l'art. 2070, c. 1: l'affermazione vale in negativo (nel senso che l'imprenditore non associato non è tenuto all'applicazione del contratto collettivo), ma vale anche in positivo, nel senso che l'imprenditore associato ad una organizzazione datoriale applica il contratto da questa stipulato anche se, per ipotesi, l'attività che egli esercita non rientra nel campo di applicazione di quel contratto, o vi rientra solo in parte. Al più, nel primo come nel secondo caso, il contratto collettivo della categoria corrispondente all'attività effettivamente esercitata dal datore di lavoro potrà costituire termine di riferimento per la determinazione della retribuzione ai sensi dell'art. 36 Cost., ove il trattamento economico previsto dal contratto applicato possa essere considerato insufficiente e non proporzionato [15].

Pur avendo ormai accolto la tesi dell'inapplicabilità dell'art. 2070, c. 1, al contratto collettivo di diritto comune, la giurisprudenza riconosce una portata *residuale* a tale disposizione, attribuendole la funzione di consentire, in taluni casi, l'individuazione dello specifico contratto collettivo applicabile: ciò ad esempio nel caso in cui il contratto individuale o l'accordo aziendale facciano un rinvio generico al contratto collettivo di categoria, e si debba dunque stabilire a quale contratto le parti abbiano voluto riferirsi. All'art. 2070 viene inoltre riconosciuta la funzione di individuare il contratto collettivo di categoria al quale rinvia l'art. 36 St. lav.: si tratta della cosiddetta *clausola sociale*, mediante la quale l'imprenditore, al fine di usufruire di benefici accordati dallo Stato o di appalti di opere pubbliche, si obbliga a garantire ai propri dipendenti trattamenti economici e normativi non inferiori a quelli previsti dai contratti collettivi di categoria.

Resta infine da ricordare che non mancano decisioni nelle quali i giudici ritengono ancora applicabile la regola contenuta nell'art. 2070, c. 2, a norma della quale se l'imprenditore esercita distinte attività autonome si applicano ai rispettivi rapporti di lavoro i contratti collettivi corrispondenti alle singole attività: tuttavia, al fine di rispettare il principio della libertà sindacale, l'applicazione dei diversi contratti collettivi è subordinata alla condizione che l'imprenditore sia iscritto alle rispettive associazioni sindacali (ovvero che abbia volontariamente aderito ai diversi contratti collettivi).

5. *Funzione normativa e inderogabilità del contratto collettivo*

Il contratto collettivo corporativo, oltre che efficace *erga omnes*, era inderogabile (cioè non poteva essere derogato dal contratto individuale di lavoro). L'inderogabilità del contratto collettivo corporativo, già prevista nel regolamento del 1926, era regolata dall'art. 2077 c.c., a norma del quale: (a) il contratto collettivo costituisce la disciplina giuridica comune di tutti i rapporti individuali di lavoro fra datori di lavoro e lavoratori

---

[15] Nell'ipotesi (tutt'altro che infrequente) che esista una pluralità di contratti collettivi per una stessa categoria merceologica (talora definita più o meno ampiamente dai contratti) sorge il problema di individuare quale debba essere il contratto di riferimento per la determinazione, ai sensi dell'art. 36 Cost., della retribuzione proporzionale e sufficiente. Affronteremo oltre la questione: PT. VI, Cap. III, Sez. I.

della categoria alla quale si applica il contratto collettivo; (b) i singoli datori di lavoro e lavoratori sono obbligati a *uniformare* il contenuto del contratto individuale al contratto collettivo; le clausole difformi sono sostituite *di diritto* dalle clausole del contratto collettivo (inserzione automatica delle clausole del contratto collettivo nel contratto individuale). Il contratto collettivo spiega la propria *efficacia normativa* (detta anche *reale*) sia nei confronti dei contratti individuali preesistenti, sia nei confronti dei contratti individuali successivi alla sua entrata in vigore, determinando di conseguenza la modificazione del contenuto dei contratti individuali; (c) fanno eccezione le sole clausole (*speciali condizioni*) individuali più favorevoli ai lavoratori, che trovando fonte nel contratto individuale di lavoro, possono essere modificate solo consensualmente dalle parti di questo contratto.

Con la soppressione dell'ordinamento corporativo, e l'avvio di una nuova esperienza di contrattazione collettiva (che, ripetiamo, ha natura privatistica ed efficacia soggettiva limitata in linea di principio ai soli iscritti alle organizzazioni stipulanti), il problema del rapporto tra contratto collettivo e contratto individuale doveva riproporsi, e con esso la questione dell'applicabilità dell'art. 2077 c.c. al contratto collettivo di diritto comune.

Nel corso degli anni '50 del secolo scorso la giurisprudenza ed un settore della dottrina affermarono, con diversi argomenti, l'applicabilità dell'art. 2077 c.c., distinguendo nettamente la questione dell'efficacia *erga omnes* dalla questione dell'inderogabilità del contratto collettivo. Si trattò di un'importante operazione di "decorporativizzazione" dell'art. 2077, che consentì di separare l'inderogabilità dalla natura pubblicistica del contratto collettivo, riconnettendola invece alla *funzione* del contratto collettivo. La giurisprudenza riconobbe come propria anche del contratto collettivo di natura privatistica la funzione di sottoporre ad una comune disciplina i rapporti individuali di lavoro e di sottrarre, quindi, la regolamentazione dei rapporti stessi alla libera disponibilità dei singoli. Disconoscere questa funzione, che inerisce ad ogni tipo di contratto collettivo, sia di natura pubblicistica, sia di natura privatistica, equivale a distruggere l'istituto nella sua essenza e nella sua forza economico-sociale, affermava la Cassazione.

Per quanto l'opinione dei giudici non fosse condivisa da un largo settore della dottrina, l'orientamento consolidato della giurisprudenza favorevole all'applicazione dell'art. 2077 finì per legittimare la tesi che l'inderogabilità fosse divenuta ormai norma di *diritto giurisprudenziale vivente* [16].

Alla soluzione del problema, che rimaneva aperto (almeno nelle discussioni fra giuristi), contribuì il legislatore nel 1973, quando, riformulando l'art. 2113 c.c. (art. 6, l. n. 533/1973, riforma del processo del lavoro) stabilì l'invalidità delle rinunce e delle transazioni del lavoratore su diritti derivanti da «norme inderogabili della legge e dei contratti collettivi» [17]: l'art. 2113 è stato infatti letto dalla dottrina prevalente come espressa previsione dell'inderogabilità dei contratti collettivi di diritto comune (gli unici ai quali il legislatore nel 1973 poteva fare riferimento) e, secondo alcuni, come implicita conferma dell'applicabilità dell'art. 2077 [18].

---

[16] Giugni 1968.

[17] Il vecchio testo dell'art. 2113 sanciva l'inderogabilità della legge e delle norme corporative.

[18] Su quest'ultimo punto si registrano opinioni divergenti. Un settore della dottrina continua a ritenere non applicabile l'art. 2077 c.c., perché incompatibile con la natura privatistica del contratto collettivo, e sottolinea inoltre le difficoltà di coordinamento tra la *nullità* delle clausole individuali

Sancita (o confermata) dal legislatore l'inderogabilità del contratto collettivo di diritto comune, resta da chiarire che la funzione di regolamentazione inderogabile dei contratti individuali di lavoro assolta dal contratto collettivo equivale a quella propria di una *fonte eteronoma* rispetto al contratto individuale. Qualificare il contratto collettivo come "fonte eteronoma" significa dire che il contratto collettivo determina la disciplina dei rapporti individuali di lavoro indipendentemente, ed anche in contrasto, con la volontà delle parti del contratto individuale, alla stessa stregua delle norme imperative di legge: senza dimenticare, tuttavia, che stante il principio della libertà sindacale sancito dall'art. 39 Cost., le parti assoggettano volontariamente le pattuizioni individuali alla disciplina dettata dal contratto collettivo.

Poiché l'inderogabilità del contratto collettivo implica che il contenuto dei contratti individuali già stipulati o che saranno successivamente stipulati si deve *uniformare* alle clausole del contratto collettivo (appunto secondo la regola dell'inderogabilità), l'inderogabilità implica che, al sopravvenire di un nuovo contratto collettivo applicabile, i contratti individuali vi si dovranno uniformare; diritti e obblighi delle parti che trovavano fonte nel precedente contratto collettivo saranno sostituiti dai diritti e dagli obblighi che trovano fonte nel nuovo contratto collettivo. Il contenuto dei contratti individuali, insomma, segue le vicende della fonte che li disciplina.

5.1. *La derogabilità* in melius *del contratto collettivo*

A norma dell'art. 2077, c. 2, c.c., alla regola dell'inderogabilità del contratto collettivo fanno eccezione le sole clausole (*speciali condizioni*) individuali più favorevoli ai lavoratori, che trovando fonte nel contratto individuale di lavoro, possono essere modificate solo consensualmente dalle parti.

Durante il periodo corporativo, la funzione "livellatrice" assegnata al contratto collettivo limitava lo spazio riservato all'autonomia individuale, restringendolo alla stipulazione di clausole poste in essere in relazione a speciali attitudini del lavoratore, che il datore di lavoro intendesse premiare con un trattamento di miglior favore.

La giurisprudenza ha per lungo tempo tenuto ferma l'interpretazione restrittiva dell'espressione "speciali condizioni" che si era affermata nel periodo corporativo: la deroga al contratto collettivo di diritto comune era dunque ammessa solo per le clausole stipulate *intuitu personae*, cioè per quelle clausole riguardanti il singolo lavoratore e le peculiarità tecniche della sua prestazione. Solo più recentemente la giurisprudenza ha superato tale orientamento, reinterpretando l'espressione "speciali condizioni" nel senso ampio di qualunque clausola più favorevole al lavoratore, che trovi fonte nel contratto individuale di lavoro, senza che sia necessario indagare sulla presenza dell'*intuitus personae*; i giudici riconoscono in tal modo la piena autonomia delle parti di pattuire trattamenti individuali più favorevoli di quelli previsti dal contratto collettivo.

---

difformi dal contratto collettivo (che costituisce il presupposto logico della sostituzione automatica prevista dall'art. 2077) e la mera *annullabilità* delle rinunce e transazioni a diritti derivanti dal contratto collettivo che è invece sancita dall'art. 2113 c.c. (*infra*, PT. IX).

6. *Efficacia nel tempo del contratto collettivo*

Diversamente dalle leggi, i contratti collettivi, che pure contengono, come abbiamo visto, discipline di carattere generale destinate a regolare in modo uniforme il contenuto di contratti individuali di lavoro ai quali si applicano, sono discipline a termine, cioè soggette a scadenza. La durata necessariamente determinata del contratto collettivo dipende dal fatto che è appunto un contratto, la cui stipulazione rappresenta un punto di equilibrio raggiunto dalle parti nella regolamentazione dei loro contrapposti interessi, come tale destinato a modificarsi nel tempo. Peraltro, costituisce principio generale la *non perpetuità dei vincoli obbligatori*: dunque, anche se la data di scadenza non fosse stata prevista dalle parti, i vincoli obbligatori che trovano fonte nel contratto collettivo non potrebbero essere perpetui, e le parti dovrebbero disporre di uno strumento giuridico (il *recesso unilaterale*) per porre ad essi termine [19]. Resta da precisare che la possibilità di recedere spetta *solo* alle parti stipulanti: al singolo datore di lavoro (a meno che non si tratti di un contratto collettivo aziendale, di cui è parte stipulante) *non* è consentito recedere *unilateralmente* [20].

I contratti collettivi prevedono una durata del contratto la cui definizione è rimessa esclusivamente alla volontà delle parti (attualmente la durata è triennale sia per i contratti nazionali sia per i contratti aziendali: *infra*, Sez. IV). In genere i contratti collettivi prevedono la *proroga* o il *rinnovo tacito* di anno in anno del contratto scaduto, che possono essere evitati mediante la *disdetta*, che ciascuna delle parti può dare (ordinariamente tre mesi) prima della scadenza. In caso di disdetta (che è un atto di *recesso unilaterale*), il contratto *scade* al termine dei tre mesi (o del diverso periodo previsto), e perciò cessa a quella data di produrre effetti. Ciò non avviene però se il contratto collettivo prevede espressamente (come spesso avviene) una *clausola di ultrattività*, in base alla quale il contratto scaduto (perché "disdettato", ovvero perché privo della clausola relativa al rinnovo tacito) resta in vigore fino a che non sia sostituito da un nuovo contratto collettivo.

L'*ultrattività* deve essere espressamente prevista e non è mai implicita. Infatti, secondo l'opinione consolidata della dottrina e della giurisprudenza, l'art. 2074 c.c. (intitolato all'efficacia dopo la scadenza del contratto collettivo, vale a dire alla sua ultrattività) [21], in quanto disposizione relativa al contratto collettivo corporativo, deve considerarsi implicitamente abrogato per incompatibilità con i principi sanciti dall'art. 39, c. 1, Cost., ed è in ogni caso inapplicabile al contratto collettivo di diritto comune.

Il contratto collettivo privo di clausola di ultrattività e definitivamente scaduto non

---

[19] Cass. n. 21537/2019, in *RIDL*, 2019, II, p. 735, nt. Maresca e Comandè.

[20] Cass. n. 3672/2021, in *RGL*, 2021, II, p. 383, nt. Bavaro, ha ribadito l'orientamento consolidato della giurisprudenza (Cass. n. 21537/2019, cit.), affermando che il datore di lavoro non può sciogliersi *unilateralmente* dal vincolo del contratto collettivo prima della scadenza, neppure dissociandosi dalla associazione di appartenenza firmataria del contratto.

[21] L'art. 2074 c.c. disponeva che il contratto collettivo, anche quando fosse stato denunziato, continuava a produrre i suoi effetti dopo la scadenza, fino a che non fosse intervenuto un nuovo regolamento collettivo. La denunzia del contratto collettivo era regolata dall'art. 2073 c.c., disposizione anch'essa implicitamente abrogata, in quanto incompatibile con il principio di libertà dell'organizzazione sindacale di cui all'art. 39, c. 1, Cost.

produce effetti, e dunque non è più in grado di disciplinare i rapporti di lavoro che ne erano destinatari; a tali rapporti restano invece applicabili le altre discipline (legali e contrattuali) vigenti al momento della scadenza e non travolte dalla scadenza del contratto collettivo. L'impatto della scadenza del contratto collettivo sul contenuto dei contratti individuali trova la sua spiegazione nella teoria che configura il contratto collettivo come *fonte eteronoma* di regolamento, concorrente con la fonte individuale (oltre che con quella legale) del contenuto del contratto individuale di lavoro: come abbiamo già detto, la disciplina del contratto individuale segue le vicende della sua fonte.

La cessazione degli effetti del contratto scaduto riguarda (almeno in linea teorica) anche il trattamento economico. Secondo un'opinione largamente diffusa in dottrina e accolta da buona parte della giurisprudenza, a seguito della scadenza del contratto collettivo, e durante il periodo di vacanza contrattuale, il venir meno della disciplina (anche) del trattamento economico non trova ostacolo in quel principio di irriducibilità (o *intangibilità*) della retribuzione, che taluni hanno invece ritenuto di poter dedurre dalla precettività dell'art. 36 Cost. Alla scadenza del contratto collettivo (al quale il contratto individuale si era uniformato), ed in attesa dell'entrata in vigore di un nuovo contratto, può essere pertanto pattuita – a livello individuale – una retribuzione inferiore per i nuovi assunti, senza che a ciò sia di ostacolo, in linea massima, il principio della *parità di trattamento* (che, secondo l'opinione prevalente, non costituisce un principio generalmente applicabile). Può anche essere pattuita – sempre a livello individuale, ed anche con i lavoratori già in servizio – una retribuzione inferiore a quella precedentemente prevista, ferma restando tuttavia l'osservanza della tutela offerta al lavoratore dall'art. 36 Cost. (retribuzione giusta, sufficiente e proporzionata alla qualità e quantità del lavoro prestato), per la determinazione della quale il trattamento economico previsto dal contratto collettivo scaduto può essere considerato parametro idoneo. I trattamenti più favorevoli (cosiddetti *superminimi*) che trovano fonte nel contratto individuale di lavoro sopravvivono alla scadenza del contratto collettivo[22]: ma deve effettivamente trattarsi di clausole individuali più favorevoli, stipulate *intuitu personae*.

---

[22] Cass. n. 10164/2021 precisa che non sussiste, come principio giuridico, la presunzione di assorbimento del superminimo nei successivi aumenti contrattuali. Spetta al giudice di merito interpretare, di volta in vola, la volontà delle parti.

Sezione IV
SISTEMA CONTRATTUALE E CONTRATTAZIONE COLLETTIVA

1. *Il sistema contrattuale*

La contrattazione collettiva è un fenomeno complesso e dinamico: da un lato, il singolo contratto collettivo può avere un ambito di applicazione (detto *livello*) diverso, a seconda che sia un contratto nazionale di categoria o un contratto aziendale, o un contratto territoriale; d'altro lato, il contratto collettivo, qualunque sia il suo livello, ha una durata determinata (o determinabile) ed è destinato ad essere sostituito da un nuovo contratto collettivo; infine, nell'ambito di una stessa impresa sono spesso applicabili contratti collettivi di diverso livello (il contratto nazionale della categoria, il contratto aziendale, stipulato appunto per quella determinata impresa, o il contratto territoriale). La disciplina delle dinamiche della contrattazione e dei rapporti tra i diversi livelli contrattuali costituisce il cosiddetto *sistema contrattuale*: un insieme di regole, di carattere essenzialmente procedurale, la cui stipulazione ha impegnato per decenni, e con alterne vicende, le parti sociali. Un breve cenno agli assetti del sistema contrattuale servirà a comprendere meglio gli argomenti trattati nei paragrafi successivi.

A partire dalla soppressione dell'ordinamento corporativo e dalla ripresa della libera negoziazione sindacale, il nostro sistema contrattuale ha conosciuto diverse fasi, connesse alle vicende attraversate dal movimento sindacale, alla forza e alla rappresentatività delle grandi Confederazioni sindacali, alla loro capacità di essere insieme enti esponenziali degli interessi dei lavoratori e interlocutori autorevoli dei Governi che si sono succeduti in Italia negli ultimi settanta anni.

Dopo una lunga fase caratterizzata da una forte centralizzazione della contrattazione collettiva, all'inizio degli anni '60 del secolo scorso, i contratti collettivi di categoria riconobbero formalmente la *contrattazione articolata*, segnando il passaggio dalla contrattazione nazionale esclusiva ad un sistema contrattuale coordinato su più livelli di contrattazione. Le regole allora fissate vennero messe in discussione nella stagione delle lotte operaie del 1968/69, caratterizzata da un'intensa attività conflittuale e contrattuale: la contrattazione raggiunse, nel periodo 1968/73, il massimo del decentramento privo di regole sostanziali e procedurali di coordinamento, estendendosi nei contenuti, e introducendo innovazioni che superavano i confini posti dai contratti nazionali. A partire dalla seconda metà degli anni '70 del secolo scorso, la crisi economica e le sfavorevoli condizioni del mercato del lavoro determinarono un processo di nuova centralizzazione della contrattazione collettiva, che portò al ridimensionamento della contrattazione aziendale. In quel periodo presero avvio le prime esperienze di *negoziazione triangola-*

re di provvedimenti di politica economica e sociale tra Governo, Confindustria e le tre maggiori Confederazioni dei lavoratori. Una ripresa della contrattazione collettiva a tutti i livelli si ebbe solo nella seconda metà degli anni '80, stimolata dalla favorevole congiuntura economica.

All'inizio degli anni '90, il peggioramento della congiuntura economica e la necessità di soddisfare i criteri di convergenza per l'unificazione monetaria dell'UE crearono le condizioni per la realizzazione di importanti accordi (detti di *concertazione sociale*) tra Governo e parti sociali. Preceduto dall'accordo triangolare del 31.7.1992, che abolì la scala mobile (vale a dire il meccanismo di adeguamento automatico delle retribuzioni al tasso di inflazione, mediante pagamento della indennità di contingenza), il *Protocollo* del 23.7.1993 sulla politica dei redditi e dell'occupazione, sugli assetti contrattuali, sulle politiche del lavoro e sul sostegno del sistema produttivo, definito con qualche enfasi la "Carta costituzionale" del sistema italiano di relazioni industriali, pose, per la prima volta, le basi di un sistema contrattuale regolato nella struttura e nel funzionamento [1].

Il sistema contrattuale regolato dal Protocollo del 1993 rimase in piedi fino al 2009, quando fu stipulato l'*Accordo quadro* (AQ) del 22.1.2009. La CGIL aveva partecipato alla trattativa ma non aveva sottoscritto l'Accordo, manifestando aperto dissenso sui contenuti dell'accordo e sul metodo della negoziazione. L'AQ, che aveva le caratteristiche di un AI [2], sostituiva il punto 2 del Protocollo del 1993 (assetti contrattuali): il testo, breve e in alcune parti alquanto generico, rinviava alla successiva contrattazione interconfederale e nazionale di categoria la sua attuazione. L'AI per il settore industriale del 15.4.2009 (anch'esso non firmato dalla CGIL) confermava il modello degli assetti contrattuali articolato su due livelli, già prevista dal Protocollo del 1993: il primo livello di contrattazione *nazionale* (con *vigenza triennale* sia per la parte normativa che per la parte economica) [3]; il secondo livello di contrattazione *aziendale o alternativamente territoriale* (laddove previsto, secondo l'attuale prassi, nell'ambito di specifici settori), anch'esso con *vigenza triennale*.

---

[1] Il sistema contrattuale previsto dal Protocollo era articolato su *due livelli*: il CCNL, che aveva una durata *quadriennale* per la parte normativa e *biennale* per la parte salariale (l'accelerazione della parte salariale era diretta a salvaguardare il potere di acquisto delle retribuzioni, dopo la soppressione del sistema di adeguamento automatico dei salari assicurato dalla scala mobile); il contratto *aziendale* (CCA), che aveva durata *quadriennale*. I livelli contrattuali avevano competenze diverse e non sovrapponibili. La ripartizione delle competenze fra i due livelli contrattuali si basava sul sistema delle *clausole di rinvio* (dal livello nazionale a quello aziendale); era riservata al livello aziendale la gestione delle vicende aziendali di riorganizzazione e ristrutturazione, attraverso le procedure di informazione e consultazione sindacale. La coerenza tra i due livelli del sistema contrattuale era affidata alla disciplina relativa all'istituzione e alla composizione delle RSU (*retro*, Sez. II, § 4.3) nonché alla competenza negoziale congiunta di queste con le associazioni territoriali dei sindacati nazionali stipulanti il CCNL.

[2] Diversamente da quanto era accaduto nel 1993, quando il Governo era stato "parte" del protocollo nella sua veste di datore di lavoro pubblico, il Governo era presente alla trattativa, ma non aveva assunto impegni. L'AQ è dunque un accordo tra Confederazioni sindacali e Confederazioni dei datori di lavoro.

[3] Venne abrogata la distinzione tra parte normativa e parte economica, e unificata la durata, ridotta a tre anni per l'intero contratto. Queste regole sono state implicitamente confermate dagli AI successivi di cui si parla nel testo.

La contrattazione interconfederale del 2009 può considerarsi ormai superata. Infatti, le complesse vicende e i conflitti (anche giudiziari) apertisi a valle della stipulazione degli AI del 2009, hanno sollecitato le parti sociali a riaprire la contrattazione e a dettare nuove regole del sistema contrattuale. Il primo importante passo è stato segnato dall'AI del 2011 (questa volta l'accordo è stato sottoscritto anche dalla CGIL). Successivamente sono stati stipulati nuovi AI (l'Accordo sulla produttività del 2012, il Protocollo del 2013, il T.U. sulla rappresentanza del 2014, l'AI 9.3.2018) di cui abbiamo parlato nei capitoli precedenti esaminando le discipline della rappresentatività sindacale e della rappresentanza sindacale nei luoghi di lavoro. Accordi sulla rappresentanza sono stati sottoscritti in forma analoga al T.U. concordato con Confindustria, anche con Confservizi, Alleanza Cooperative, Confcommercio, Confartigianato.

Nell'AI del 2011 le parti hanno anzitutto ribadito il ruolo centrale del CCNL, che ha la «funzione di garantire la certezza dei trattamenti economici e normativi comuni per tutti i lavoratori del settore ovunque impiegati nel territorio nazionale»; nello stesso tempo hanno affermato di condividere l'obiettivo di favorire lo sviluppo e la diffusione della contrattazione collettiva aziendale, precisando però che «la contrattazione collettiva aziendale si esercita per le materie delegate, in tutto o in parte, dal CCNL di categoria o dalla legge» (principi ribaditi anche nel T.U. sulla rappresentanza del 2014).

Per quanto riguarda la contrattazione nazionale, l'innovazione principale riguarda la fissazione di una soglia minima di rappresentatività nella categoria (5%) perché i sindacati siano ammessi al tavolo negoziale[4]. Ovviamente, trattandosi di una regola contrattuale, la sua efficacia è limitata alle parti stipulanti (le Confederazioni e le organizzazioni sindacali ad esse aderenti): un obbligo reciproco, ma particolarmente rivolto alla parte datoriale, che si impegna a non trattare con sindacati che non abbiano raggiunto la prevista soglia di rappresentatività. Come abbiamo già segnalato, l'AI 9.3.2018 (noto come "Patto della fabbrica") prevede l'elaborazione di nuove regole per calcolare la rappresentatività delle organizzazioni datoriali.

Secondo quanto previsto nel Protocollo del 2013, e più ampiamente nel T.U. sulla rappresentanza del 2014, «nel rispetto della libertà e autonomia di ogni organizzazione sindacale, le Federazioni di categoria – per ogni singolo contratto collettivo nazionale – decideranno le modalità di definizione della piattaforma e della delegazione trattante e le relative attribuzioni con proprio regolamento. In tale ambito, e in coerenza con le regole definite nella presente intesa, le organizzazioni sindacali

[4] Ai fini della certificazione della rappresentatività delle organizzazioni sindacali per la contrattazione collettiva nazionale di categoria, si assumono come base i dati associativi riferiti alle deleghe relative ai contributi sindacali conferite dai lavoratori (dati certificati dall'INPS), che saranno ponderati (media semplice, 50% e 50%) con i consensi ottenuti nelle elezioni periodiche delle RSU da rinnovare ogni tre anni. Il 4.7.2017 Confindustria, CGIL, CISL e UIL hanno sottoscritto l'accordo di modifiche al T.U. del 2014. Fra le altre cose, si segnala che le funzioni già attribuite al CNEL nel Testo Unico sulla rappresentanza del 2014 circa la raccolta del dato elettorale e della relativa ponderazione con il dato associativo, sono ora di competenza dell'INPS. Modifiche sono state apportate anche alle modalità di raccolta dei consensi espressi in occasione del rinnovo delle RSU. La raccolta dei dati necessari a stabilire le soglie di rappresentatività sindacale per l'accesso alla contrattazione nazionale procede tutt'ora con difficoltà.

favoriranno, in ogni categoria, la presentazione di piattaforme unitarie [...]. In assenza di piattaforma unitaria, la parte datoriale favorirà, in ogni categoria, che la negoziazione si avvii sulla base della piattaforma presentata da organizzazioni sindacali che abbiano complessivamente un livello di rappresentatività nel settore pari almeno al 50% +1».

A queste regole, che riguardano la fase iniziale del procedimento negoziale, si aggiungono le regole che riguardano invece la sua conclusione: i CCNL sui quali converge il consenso della maggioranza delle organizzazioni sindacali che hanno partecipato alle trattative (avendo superato la soglia minima di rappresentatività della categoria), e che, sottoposti a *referendum*, ottengono il consenso della maggioranza dei lavoratori che ne sono destinatari, sono efficaci anche nei confronti dei lavoratori dissenzienti, e vincolano al loro rispetto anche i sindacati che non li abbiano sottoscritti, i quali saranno tenuti ad astenersi da "ogni azione di contrasto"[5].

Tali previsioni potrebbero prefigurare l'affermazione di una rigida regola di maggioranza: ma proprio la previsione della verifica del consenso dei lavoratori in caso di rilevanti divergenze tra i sindacati partecipanti alle trattative rende evidente che le parti hanno ritenuto più opportuno subordinare al consenso della maggioranza dei lavoratori destinatari l'applicazione di un contratto sul quale converga il consenso solo della maggioranza dei sindacati partecipanti alla negoziazione.

In ogni caso è chiaro che l'insieme delle regole citate sopra non implica, dal punto di vista strettamente giuridico, l'efficacia *erga omnes* del contratto collettivo, ma solo l'effetto vincolante nei confronti delle parti che hanno partecipato alla trattativa. L'efficacia *erga omnes*, vale a dire l'estensione degli effetti del contratto anche ai sindacati che non hanno partecipato alla trattativa potrebbe essere stabilita solo dalla legge: una legge che dovrebbe essere in ogni caso rispettosa dei principi contenuti nell'art. 39, c. 4, Cost.

Questo per quanto riguarda il CCNL. Una parte molto corposa dell'AI del 2011, ripresa senza sostanziali modificazioni nel T.U. sulla rappresentanza del 2014, è dedicata alla contrattazione collettiva aziendale, dove sono previste una serie di regole (di contenuto fortemente innovativo rispetto agli Accordi separati del 2009) relative alla rappresentatività dei soggetti stipulanti, strettamente collegate all'efficacia del contratto aziendale (d'ora in avanti CCA). L'efficacia generale del CCA (dunque la sua applicabilità anche a lavoratori che aderiscono a sindacati dissenzienti) è affidata all'applicazione della regola di maggioranza, diversamente coniugata a seconda che a stipulare il contratto sia la RSU o siano invece le RSA. Ne parleremo oltre (§ 3).

---

[5] Secondo quanto previsto dal T.U. sulla rappresentanza, «i contratti collettivi nazionali di lavoro sottoscritti formalmente dalle organizzazioni sindacali che rappresentino almeno il 50% +1 della rappresentanza, come sopra determinata, previa consultazione certificata delle lavoratrici e dei lavoratori, a maggioranza semplice – le cui modalità saranno stabilite dalle categorie per ogni singolo contratto – saranno efficaci ed esigibili. La sottoscrizione formale dell'accordo, come sopra descritta, costituirà l'atto vincolante per entrambe le Parti. Il rispetto delle procedure sopra definite comporta che gli accordi in tal modo conclusi sono efficaci ed esigibili per l'insieme dei lavoratori e delle lavoratrici nonché pienamente esigibili per tutte le organizzazioni aderenti alle parti firmatarie della presente intesa».

2. *Le dinamiche contrattuali*

Come abbiamo detto (*retro*, Sez. III) i contratti collettivi prevedono una durata del contratto la cui definizione è rimessa esclusivamente alla volontà delle parti; abbiamo anche detto che negli Accordi del 2009 la durata dei contratti collettivi sia nazionali di categoria, sia aziendali è triennale, senza più distinzione tra parte normativa e parte retributiva. Sul punto sia l'AI del 2011, sia i successivi AI del 2013 e 2014 tacciono. Si può tuttavia ipotizzare che per questa parte resti fermo quanto stabilito nel 2009, non trattandosi di un punto controverso.

Le dinamiche della contrattazione trovavano una (parziale) disciplina nelle regole a suo tempo previste dal Protocollo del 1993 in materia di *rinnovo* dei CCNL (procedure per le trattative, accompagnate da periodi di "raffreddamento del conflitto", che impongono alle parti di astenersi dall'assumere iniziative unilaterali, come la proclamazione di scioperi). Le regole sono state modificate dall'AQ 22.1.2009 e dagli AI stipulati in attuazione di esso. La modifica ha comportato la soppressione dell'*indennità di vacanza contrattuale*, che era prevista dal Protocollo del 1993; l'indennità consisteva in un aumento della retribuzione (prevista dal contratto scaduto) pari al 30% del tasso di inflazione programmato qualora la vacanza contrattuale (vale a dire il periodo che va dalla scadenza del contratto al suo rinnovo) si prolungasse oltre tre mesi dalla scadenza del contratto, e pari al 50% del tasso di inflazione programmato ove la vacanza si prolungasse oltre sei mesi. Gli AI del 2011, 2013, 2014 nulla dispongono in proposito.

2.1. *Sostituzione del nuovo contratto collettivo al contratto collettivo scaduto*

Quando al contratto collettivo scaduto faccia seguito il rinnovo del contratto si verifica la successione della nuova disciplina alla precedente. La successione apre il problema della sostituzione dei trattamenti previsti dal contratto scaduto con i nuovi trattamenti [6].

Una massima giurisprudenziale ormai consolidata afferma che, in caso di successione tra contratti collettivi di diritto comune dello *stesso livello* (ma anche, come

---

[6] Una questione di grande rilievo teorico e pratico si pone quando le parti che hanno stipulato il nuovo contratto collettivo non sono le stesse che hanno stipulato il contratto precedente: è il caso dei *contratti collettivi separati*. In linea di principio può dirsi che, poiché il datore di lavoro iscritto all'organizzazione datoriale che ha stipulato il contratto collettivo si obbliga ad applicare il contratto vigente a tutti i propri dipendenti, indipendentemente dalla loro affiliazione sindacale, la circostanza che una (o più) delle organizzazioni sindacali che avevano stipulato il precedente contratto non abbia sottoscritto anche quello nuovo dovrebbe essere considerata priva di rilevanza. Tuttavia, quando il nuovo contratto collettivo, che dovrebbe succedere al precedente, non sia stato firmato da un sindacato largamente rappresentativo nella categoria, è legittimo chiedersi se i lavoratori aderenti al sindacato non firmatario abbiano il diritto di rifiutare l'applicazione del nuovo contratto collettivo. Alla domanda sono state date risposte diverse: in seguito ai ricorsi a suo tempo proposti dalla FIOM, che contestava l'applicazione del contratto collettivo separato stipulato dalla FIAT in sostituzione del contratto collettivo nazionale dei metalmeccanici, sottoscritto anche dalla FIOM, che all'epoca della stipulazione del contratto separato era ancora vigente, i giudici che si sono pronunciati sulla questione hanno ritenuto che ai lavoratori aderenti alla FIOM fosse applicabile il contratto nazionale ancora vigente, ma solo fino alla sua scadenza.

vedremo oltre, di *diverso livello*), le clausole del nuovo contratto collettivo si sostituiscono *in toto* alle precedenti sia nel caso in cui siano più favorevoli, sia nel caso in cui siano meno favorevoli. Facendo proprio l'orientamento della dottrina prevalente, la giurisprudenza afferma che le disposizioni dei contratti collettivi *non si incorporano* nel contenuto dei contratti individuali dando luogo a *diritti* sottratti al potere dispositivo dei sindacati, ma invece operano dall'esterno sui singoli rapporti di lavoro come *fonte eteronoma* di regolamento, concorrente con la fonte individuale[7]. Pertanto, nell'ipotesi di successione fra contratti collettivi, le precedenti disposizioni non sono suscettibili di essere conservate secondo il criterio del trattamento più favorevole, che riguarda il rapporto tra contratto collettivo e contratto individuale (art. 2077 c.c.). Le parti collettive stipulanti possono tuttavia prevedere la salvaguardia dei trattamenti più favorevoli previsti dal contratto collettivo precedente con apposita clausola.

La sostituzione del nuovo al vecchio contratto non può tuttavia incidere sui *diritti quesiti* dei lavoratori, vale a dire sui diritti che, trovando fonte nelle clausole del contratto collettivo previgente, siano già entrati a far parte del patrimonio dei lavoratori in una fase del rapporto già esaurita (ad esempio la maggiorazione della retribuzione per le ore di straordinario già eseguite); tale situazione non si configura quando si sia in presenza di situazioni future o di fattispecie in via di consolidamento relative alla naturale evoluzione del rapporto di lavoro.

3. *Il contratto collettivo aziendale*

La contrattazione aziendale ha fatto la sua comparsa ufficiale nell'esperienza sindacale italiana solo all'inizio degli anni '60 del secolo XX: la contrattazione collettiva nazionale di categoria aveva infatti introdotto l'*articolazione contrattuale*, prevedendo espressamente il *livello aziendale*, cui era assegnata una *funzione di integrazione* e di applicazione di quanto previsto dal contratto nazionale. Solo a partire dalla fine degli anni '60 però la contrattazione aziendale ha conosciuto un reale sviluppo, che è stato assai disordinato e privo di regole per due decenni.

Ai tempi della comparsa dell'articolazione della contrattazione collettiva a livello aziendale, la qualificazione del CCA come contratto *collettivo* era ancora incerta; l'orientamento della giurisprudenza, all'inizio negativo, mutò successivamente, quando ormai, in dottrina, dopo le incertezze iniziali, l'orientamento positivo era unanime. Da allora la Cassazione afferma che il CCA non è la somma di contratti individuali con-

---

[7] Sulla funzione normativa del contratto collettivo *retro*, Sez. III, § 5. Secondo la teoria dell'*incorporazione*, il contratto collettivo non ha di per sé efficacia normativa diretta, perché sono le parti del contratto individuale di lavoro che, nello stipulare il contratto, vi incorporano, recependolo (doverosamente, ove a ciò siano obbligate per legge), il contenuto del contratto collettivo. Secondo tale teoria, la sopravvenienza di un nuovo contratto collettivo avrà effetto sul contratto individuale solo se e quando le parti procederanno alla sua incorporazione: con la conseguenza che le clausole del contratto collettivo, essendo state incorporate nel contratto individuale che ad esso si è uniformato, risulteranno modificabili mediante uniformazione al contratto collettivo successivo, solo se più favorevoli al lavoratore (in applicazione dell'art. 2077 c.c.).

clusi tra il datore di lavoro e singoli lavoratori, ma un atto generale di autonomia negoziale che, concernendo una pluralità di lavoratori collettivamente considerati, realizza una uniforme disciplina dell'interesse collettivo di costoro con efficacia normativa generalizzata, che è tipica della contrattazione collettiva anche se limitata ad una sola azienda. Per la S.C., il CCA ha "*pari dignità*" rispetto al CCNL.

In virtù del principio della libertà dell'organizzazione sindacale (art. 39, c. 1, Cost.), la disciplina della contrattazione aziendale è materia di competenza dell'autonomia collettiva[8]; dopo un lungo periodo di "disordine" contrattuale, le parti sociali si sono date regole in grado di portare ordine nel sistema, coordinando l'articolazione dei diversi livelli della contrattazione.

Una disciplina della contrattazione aziendale (soggetti stipulanti, durata, cicli contrattuali, competenze della contrattazione aziendale) era stata introdotta con il Protocollo del luglio del 1993; nuove regole erano contenute nell'AQ del 2009 e negli AI che ad esso avevano fatto seguito (regole però non condivise dalla CGIL, sindacato maggioritario, che non aveva sottoscritto quell'accordo, né quelli successivi di attuazione). La materia ha trovato una ulteriore nuova disciplina convenzionale nell'AI del 2011, poi ripresa dall'AI del 2014 (T.U. sulla rappresentanza). Per quanto riguarda le competenze della contrattazione aziendale gli AI stabiliscono che «la contrattazione collettiva aziendale si esercita per le materie delegate, in tutto o in parte, dal contratto collettivo nazionale di lavoro di categoria o dalla legge»; ma la competenza si estende anche alla stipulazione degli accordi derogatori, nei modi e nei limiti di cui diremo oltre.

Riepiloghiamo qui le parti essenziali della disciplina interconfederale del CCA.

A) *Soggetti stipulanti*

Dalla parte del datore di lavoro, il soggetto stipulante il CCA è lo stesso datore di lavoro, che stipula il contratto per conto proprio o con l'assistenza della associazione imprenditoriale di appartenenza, ed assume perciò in proprio le obbligazioni di cui il contratto è fonte.

Dalla parte dei lavoratori, dopo il Protocollo del 1993 (per questa parte non modificato dalla successiva riforma degli assetti contrattuali) e in tutte le imprese nelle quali trova applicazione la contrattazione collettiva nella quale si è data attuazione all'AI del dicembre del 1993 (sulla istituzione e funzionamento delle RSU), l'*agente contrattuale* a livello di azienda è la RSU, la cui competenza contrattuale è ormai esclusiva (*retro*, Sez. II, § 4.3). I sindacati territoriali, secondo la ormai consolidata prassi, possano continuare a sedere al tavolo negoziale, ma l'eventuale dissenso di uno o più di essi non è rilevante a fini di efficacia del contratto aziendale.

Lo scenario della rappresentanza sindacale dei lavoratori in azienda può essere tuttavia più complicato. Occorre infatti tenere presente che la RSU può coesistere con una o più RSA costituite ai sensi dell'art. 19 St. lav., ma può anche accadere che la RSU non sia presente: così ad esempio nelle imprese aderenti ad organizzazioni datoriali che non hanno sottoscritto o non hanno aderito agli AI, oppure non affiliate ad alcuna organizzazione datoriale. Questa "complicazione" del tavolo negoziale può incidere notevolmente sull'efficacia del CCA.

---

[8] Ciò non esclude che la legge possa intervenire sulla contrattazione aziendale, purché nel rispetto dell'art. 39 Cost.: *infra*, § 4.

B) *Efficacia soggettiva*

a) *Contratto aziendale stipulato dalla RSU*

Quando a stipulare il CCA è la RSU, e questo organismo collegiale e unitario è l'unico interlocutore del datore di lavoro, si può ritenere che il CCA abbia *efficacia generale*, vale a dire si applichi a tutti i lavoratori occupati nell'azienda: essendo la RSU eletta da tutti i lavoratori dell'impresa, li rappresenta tutti: anche quelli che hanno votato per candidati della minoranza, o addirittura per candidati non eletti [9].

Occorre tuttavia tenere presente che la RSU è composta da membri eletti in liste presentate da diverse organizzazioni sindacali, e che più alto è il numero di voti raccolti da una lista, maggiore è il numero degli eletti di quella lista; insomma, all'interno della RSU sono ordinariamente presenti una maggioranza e una minoranza. Ora può avvenire (e di fatto avviene frequentemente) che l'operato della maggioranza non sia condiviso dalla minoranza; ove si tratti della sottoscrizione di un accordo, può avvenire che la minoranza lo contesti, e pretenda che non sia applicato anche ai lavoratori che nella minoranza si riconoscono. Per dare al problema del possibile conflitto interno alla RSU una soluzione nel senso della *efficacia generale* del CCA, gli AI sopra richiamati hanno stabilito che i CCA *sono efficaci per tutto il personale se approvati dalla maggioranza dei componenti delle rappresentanze sindacali unitarie*. Tali contratti vincolano tutte le associazioni sindacali affiliate alle Confederazioni sindacali firmatarie dell'AI, operanti all'interno dell'azienda: dunque se anche una sigla sindacale dissente dal contenuto dell'accordo è tenuta a rispettarlo [10].

b) *Contratto aziendale stipulato dalle RSA*

Diversa dalla precedente è l'ipotesi in cui al tavolo della contrattazione aziendale siedano non la RSU, ma ad esempio alcune RSA, ovvero l'ipotesi in cui l'accordo non porti la firma di organizzazioni sindacali rappresentative (una delle strutture territoriali delle organizzazioni sindacali firmatarie del contratto collettivo nazionale di categoria): sono ipotesi nelle quali il problema dell'efficacia del contratto aziendale nei confronti dei lavoratori non rappresentati si pone inevitabilmente [11].

---

[9] Il contratto sarà efficace anche nei confronti dei lavoratori che non sono andati a votare, avendone il diritto. Diversa è la situazione in cui un gruppo di lavoratori abbia manifestato la propria volontà di non accettare il sistema elettorale, assumendo l'iniziativa di costituire una RSA, ovvero una propria organizzazione sindacale: in tal caso valgono le osservazioni che seguono nel testo.

[10] L'applicazione rigida alla RSU del principio di maggioranza (fissato esplicitamente nel settore pubblico, dall'AQ del 1998) non è "compensata" dall'introduzione di un meccanismo (tipicamente: il *referendum*) di verifica del consenso della maggioranza dei lavoratori interessati.

[11] Un caso particolare è quello degli accordi collettivi cosiddetti *gestionali* (o di *procedimentalizzazione* del potere imprenditoriale): si tratta di accordi che non hanno funzione normativa (la funzione cioè di predeterminare il trattamento economico e normativo dei lavoratori), bensì quella di concordare un provvedimento di gestione del personale (i criteri di scelta dei lavoratori da licenziare nelle riduzioni del personale, o da mettere in Cassa integrazione guadagni); oppure di evitare l'eccedenza di personale attraverso una riduzione dell'orario di lavoro e della retribuzione (contratto di solidarietà), ovvero attraverso altri strumenti. Questi accordi – secondo quanto affermato dalla Corte cost. (n. 268/1994) – «non appartengono alla specie dei contratti collettivi normativi, i soli contemplati dall'art. 39, c. 4, Cost. [...]. Si tratta di un tipo diverso di contratto, la cui efficacia diretta [...] si esplica esclusivamente nei confronti degli imprenditori stipulanti (o

Anche su questa controversa questione (resa scottante all'epoca dalle vicende della contrattazione aziendale FIAT derogatoria "separata") è intervenuto l'AI del 2011 (le regole sono ribadite dall'AI del 2014, T.U. sulla rappresentanza e dagli AI successivi)[12]. Le regole dettate dall'Accordo attengono sia alla qualificazione della maggioranza necessaria per l'approvazione del contratto, sia alla verifica dell'effettivo consenso della maggioranza dei lavoratori interessati.

In caso di presenza delle RSA costituite *ex* art. 19 St. lav., i contratti collettivi aziendali hanno efficacia nei confronti di tutti i lavoratori dell'azienda, solo se approvati dalle RSA costituite nell'ambito delle associazioni sindacali che, singolarmente o insieme ad altre, risultino avere il maggior numero di iscritti[13]. Inoltre, i CCA approvati dalle rappresentanze sindacali aziendali maggioritarie devono essere sottoposti *a referendum*, se questo sia richiesto, entro 10 giorni dalla conclusione del contratto, da almeno una organizzazione firmataria dell'AI, o almeno dal 30% dei lavoratori dell'impresa. Per la validità del *referendum* è necessaria la partecipazione del 50% più uno degli aventi diritto al voto. Se la maggioranza semplice dei votanti è contraria all'accordo, l'accordo è respinto. Diversamente dal caso precedente (CCA stipulato dalla RSU), in questo caso le parti hanno previsto una eventuale verifica *ex post* del dissenso della maggioranza dei lavoratori ai quali si pretende che il contratto sia applicato, indipendentemente dal fatto che siano stati rappresentati nella negoziazione.

C) *Efficacia nel tempo*

Secondo quanto previsto dagli AI del 2009 (non modificati in ciò dal successivo AI del 2011 e neppure da quelli successivi) il CCA ha una durata triennale. Ma in passato è spesso accaduto che i rapporti di lavoro dei dipendenti di una determinata azienda fossero regolati da contratti collettivi aziendali privi di scadenza, e probabilmente la prassi di concludere accordi collettivi aziendali senza termine finale perdura.

---

del singolo imprenditore nel caso di accordo aziendale)». Sempre secondo la Corte cost., la questione dell'efficacia *erga omnes* non si pone per questo tipo di contratti "gestionali": l'imprenditore, che al contratto si è vincolato, auto-limitandosi, lo applicherà nei confronti di tutti i propri dipendenti; ove si tratti di un contratto collettivo previsto dalla legge (che ad esso rinvia la disciplina di un particolare istituto) l'efficacia nei confronti dei singoli lavoratori si fonda sulla legge (che rinvia appunto al contratto collettivo).

[12] Le parti sembrano aver accettato in sostanza l'idea che in aziende che pure aderiscono a Confindustria (e dunque tenute ad applicare il Protocollo e l'AI del 1993, considerati per questa parte vigenti) la rappresentanza dei lavoratori sia affidata, anziché alla RSU (in linea di principio per l'impresa è un vantaggio avere un unico interlocutore), alle RSA costituite ai sensi dell'art. 19 St. lav. In linea generale, la clausola di salvaguardia di cui al Protocollo del 1993 e ribadita negli AI successivi impegna le organizzazioni sindacali firmatarie a rinunciare alla costituzione di RSA, ma nel caso in cui fossero già presenti le RSA, il passaggio dalle RSA alla RSU richiede il consenso unanime delle organizzazioni sindacali aderenti alle Confederazioni firmatarie del Protocollo del 2013; in difetto di tale unanime consenso il passaggio alla RSU non ha luogo.

[13] I dati risulteranno dal pagamento dei contributi sindacali riscossi mediante il sistema della delega che il lavoratore conferisce al datore di lavoro di trattenere sulla sua retribuzione l'importo della quota associativa e di versarla al sindacato destinatario (*retro*, Sez. II, § 5.2). Per la stipulazione del CCA efficace *erga omnes* i sindacati nel cui ambito sono costituite le RSA stipulanti devono risultare destinatari della maggioranza delle deleghe relative ai contributi sindacali conferite dai lavoratori dell'azienda nell'anno precedente a quello in cui avviene la stipulazione; i dati sono rilevati e comunicati direttamente dall'azienda all'INPS.

Su tale questione si è ormai consolidato nella giurisprudenza un orientamento favorevole all'ammissibilità del *recesso unilaterale* (disdetta unilaterale con preavviso), fondato sul principio della non perpetuità dei vincoli obbligatori, che legittima il recesso ordinario come causa estintiva normale dei rapporti di durata, nonché sul principio di buona fede nell'esecuzione del contratto (art. 1375 c.c.). Gli effetti della disdetta unilaterale saranno gli stessi che abbiamo visto sopra, parlando della scadenza del CCNL (salvaguardia della retribuzione adeguata ai sensi dell'art. 36 Cost.; intangibilità dei diritti acquisiti).

Una diversa questione è quella relativa alla sopravvenienza di un nuovo CCNL. In linea generale questo problema viene affrontato dai contratti nazionali nelle *clausole di inscindibilità*, formulate più o meno nel modo seguente: «le disposizioni del presente contratto, nell'ambito di ogni istituto sono correlative ed inscindibili fra loro e non sono cumulabili con alcun altro trattamento». La legittimità di queste clausole è dubbia, ove riferite a trattamenti derivanti dalla legge o dal contratto individuale, di cui i sindacati non possono disporre; ma resta dubbia anche se riferita ai trattamenti previsti da un CCA ancora vigente: a meno che esistano nel sistema contrattuale norme giuridicamente vincolanti in ordine alla ripartizione delle competenze, e che i contratti di diverso livello siano conclusi tra soggetti collegati tra di loro nell'ambito di un sistema organizzato. È il caso, come si è detto più volte, della contrattazione collettiva che si svolge nell'ambito del sistema delineato a suo tempo dal Protocollo del 1993 e successivamente dagli AI del 2011, 2013 e 2014.

4. *Rapporti tra contratti di diverso livello*

La questione dei rapporti tra CCNL e CCA si pone essenzialmente nei casi in cui il CCA deroghi *in pejus* al CCNL in vigore e applicato nell'impresa. La deroga *in melius*, infatti, non crea in genere problemi, a meno che il CCNL non preveda tale inderogabilità. Si tratta di una questione complessa, sulla quale si registrano soluzioni diverse a seconda che ad affrontarla siano i giudici, le parti sociali o il legislatore.

A) *La giurisprudenza*

Ricordiamo, in premessa, che i giudici assegnano al CCA "*pari dignità*" (in quanto atto di autonomia negoziale che ha la funzione e l'efficacia normativa tipica di ogni contratto collettivo) rispetto al CCNL, escludendo di conseguenza la possibilità di fare ricorso al criterio della gerarchia fra contratti collettivi di diverso livello. Secondo tale orientamento, il CCA vincola, indipendentemente dalla loro affiliazione sindacale, tutti i lavoratori dell'azienda, stante l'attitudine del contratto aziendale ad incidere su *interessi collettivi indivisibili* dei lavoratori.

Questa è la regola generale; tuttavia in alcune occasioni la stessa Cassazione aveva escluso l'efficacia del CCA nei confronti dei lavoratori non aderenti ai soggetti collettivi che lo hanno stipulato, quando tale accordo contenga solo disposizioni peggiorative della precedente disciplina. Un interesse collettivo indivisibile, che giustifica l'efficacia generale del CCA, era parso alla Corte ravvisabile quando la deroga *in pejus* sia in qualche modo compensata da un vantaggio che corrisponde ad un interesse collettivo dei lavoratori (ad esempio, si diminuisce la retribuzione, ma si salvano posti di lavoro)[14]; dove tale compensazione manchi del tutto, chi

[14] In proposito meritano di essere richiamati i *contratti di solidarietà*: contratti collettivi *aziendali*

ha stipulato il contratto non potrà pretendere di vincolare ad esso se non coloro che sono obbligati in base alle regole della rappresentanza associativa (dunque gli iscritti al sindacato o gli aderenti alla RSA stipulante).

Ancora di recente la Cassazione ha ribadito che la regola generale è quella dell'applicabilità del CCA a tutti i lavoratori dell'azienda, in quanto la tutela degli interessi collettivi della comunità di lavoro aziendale e l'inscindibilità della disciplina che ne risulta concorrono a giustificare l'efficacia soggettiva dei CCA anche nei confronti dei lavoratori non iscritti alle organizzazioni sindacali stipulanti [15]. L'unica eccezione è quella dei lavoratori che, aderendo ad un'organizzazione sindacale non stipulante, ne condividano l'esplicito dissenso dall'accordo: ad essi la S.C. riconosce il diritto di sottrarsi all'applicazione del CCA.

Partendo da queste premesse, la giurisprudenza ormai concordemente ritiene che la deroga *in pejus* ad opera del contratto di livello inferiore possa essere considerata (entro i limiti anzidetti, e comunque nel rispetto dei diritti acquisiti) legittima.

Il caso più frequentemente affrontato sin qui dalla giurisprudenza è quello dei contratti aziendali detti *ablativi* (e talora *gestionali*) [16], la cui stipulazione è motivata dalla esigenza di gestire situazioni di crisi aziendali, di contrattare la mobilità dei lavoratori, di rendere più flessibile l'uso della forza lavoro in cambio di contropartite in termini di occupazione. In tale caso si pone il problema dell'efficacia soggettiva in modo diverso da come la pongono i contratti collettivi a contenuto acquisitivo, poiché sono i lavoratori che possono avere interesse a sottrarsi alla loro applicazione.

Esclusa l'applicabilità dell'art. 2077 c.c. ai rapporti tra contratti collettivi, e dunque la prevalenza del trattamento più favorevole (come già abbiamo visto nella successione tra contratti collettivi del medesimo livello), la Cassazione in un primo tempo aveva ritenuto che il problema del conflitto tra contratti collettivi di diverso livello potesse essere regolata in base al *criterio cronologico* (secondo cui la norma successiva prevale comunque sulla norma precedente): la tesi era fondata sul *presupposto* della *pari dignità* tra contratto collettivo e contratto collettivo nazionale.

La tesi della prevalenza del contratto successivo (ma non il suo presupposto, vale a dire la pari dignità e funzione dei contratti collettivi indipendentemente dal livello) è stata successivamente abbandonata; la Cassazione, pur mostrando un certo cauto favore per la tesi della prevalenza del contratto aziendale in quanto *norma speciale* (più vicina alle situazioni da regolare), sul contratto nazionale (*norma generale*), suggerita da un settore della dottrina, ha ritenuto che il problema possa essere risolto avvalendosi piuttosto del criterio della *competenza*: in base a tale criterio è legittimo l'accordo aziendale derogatorio *in pejus*, se la deroga ha ad oggetto una materia per la quale la contrattazione aziendale può essere ritenuta, interpretando la volontà delle parti, competente a disporre. Resta da considerare che il criterio della competenza risulta utilizzabile in presenza di norme giuridicamente vincolanti in ordine alla ripartizione

---

stipulati dal datore di lavoro con le associazioni aderenti alle Confederazioni maggiormente rappresentative sul piano nazionale, il cui obiettivo è la salvaguardia dell'occupazione. Poiché la stipulazione di tali contratti dà luogo all'intervento della Cassa integrazione guadagni (CIG) a parziale e temporaneo sostegno del reddito dei lavoratori, la trattazione è rinviata alla parte dedicata agli ammortizzatori sociali (*infra*, PT. IV, Cap. III).

[15] Cass. n. 26509/2020, in *RGL*, 2021, II, p. 269, nt. Leccese.

[16] Il termine *contratto gestionale* in questo caso è utilizzato nel senso della gestione di una crisi aziendale, alla quale le parti fanno fronte mediante la stipulazione di un accordo. Come si è detto sopra, sono detti *gestionali* (o di *procedimentalizzazione* del potere imprenditoriale) anche quei contratti che non hanno funzione normativa, bensì funzione di gestione concordata del personale.

delle competenze contrattuali, e solo se i contratti di diverso livello siano conclusi tra soggetti collegati tra di loro nell'ambito di un tale sistema organizzato di ripartizione delle competenze. È questo il caso della contrattazione aziendale successiva al Protocollo del 1993, che si colloca nell'ambito del sistema contrattuale da questo delineato, nonché della contrattazione aziendale che segue le nuove regole sugli assetti contrattuali successive agli AI del 2009 [17].

B) *Gli Accordi interconfederali (AI)*

La competenza della contrattazione aziendale a derogare al contratto nazionale è stata negli ultimi anni al centro di un intenso dibattito, nel quale si è fatta largo spazio l'opinione favorevole a liberare, almeno in parte, la contrattazione aziendale dal vincolo del rispetto del contratto nazionale. Con regole diverse e più stringenti rispetto a quelle stabilite dagli AI del 2009, l'AI del 2011 ha previsto la cosiddetta "*clausola di uscita*", vale a dire la possibilità che il CCA introduca deroghe (anche *in pejus*) al contratto collettivo nazionale. La formulazione è identica nel T.U. sulla rappresentanza del 2014.

La clausola, piuttosto contorta, è divisa in due parti, relative a due diverse ipotesi.

Nella prima parte (ipotesi a) è prevista la possibilità che siano stipulati (in futuro) contratti aziendali derogatori, ma nei limiti e con le procedure previste dal contratto collettivo nazionale: tali contratti aziendali avranno efficacia generale se stipulati secondo le regole illustrate sopra, relative all'efficacia *erga omnes* del CCA non derogatorio (maggioranza della RSU, RSA maggioritarie ed esito negativo dell'eventuale referendum abrogativo).

La seconda parte della clausola (ipotesi b) si riferisce: (i) alla situazione transitoria; (ii) al caso (anche futuro) nel quale il CCNL non disponga in materia. In entrambi i casi, il CCA derogatorio dovrà essere stipulato *d'intesa*, e cioè congiuntamente, tra la RSU o le RSA e i sindacati territoriali aderenti alle Confederazioni firmatarie dell'AI; il contratto dovrà dunque trovare il consenso degli organismi rappresentativi di livello aziendale e dei sindacati che operano sull'esterno dei luoghi di lavoro. Si può ritenere che in entrambi i casi, ai fini dell'efficacia generale dei CCA derogatori, dovranno essere applicate le stesse regole che si applicano nell'ipotesi (a): la coerenza interna dell'AI induce a propendere per questa interpretazione.

C) *La legge*

L'intervento del legislatore in materia può essere ricondotto a due diverse disposizioni.

(i) La prima in ordine di tempo è contenuta nell'art. 8, l. n. 148/2011, che detta nuove regole in materia di efficacia dei contratti collettivi aziendali derogatori, sotto il peregrino titolo di "sostegno alla contrattazione collettiva di prossimità" [18]. Come ab-

---

[17] Ciò non toglie tuttavia che nella contrattazione aziendale possano verificarsi, ed effettivamente si verifichino, casi di violazione dei limiti di competenza; la giurisprudenza, d'accordo con l'opinione prevalente in dottrina, ritiene che le clausole del Protocollo relative alla competenza dei diversi livelli contrattuali abbiano natura obbligatoria e non normativa, e che la loro violazione non abbia effetto sulla validità del contratto con cui i limiti sono stati violati.

[18] L'intervento del legislatore era avvenuto "a sorpresa"; sorpresa non gradita dalle parti sociali, che hanno manifestato il proprio dissenso in una postilla aggiunta all'Accordo del 2011 al momento della sua definitiva sottoscrizione (avvenuta il 21.9.2011). Il testo della postilla è il seguente. «Confindustria, CGIL, CISL e UIL concordano che le materie delle relazioni industriali e della contrat-

biamo già ricordato (*retro*, PT. I), i molti dubbi di costituzionalità sollevati in dottrina non avevano sinora avuto riscontro; solo recentemente un giudice ha sollevato la questione, rimettendo il giudizio alla Corte costituzionale [19].

L'art. 8, c. 1, prevede che i contratti collettivi di lavoro sottoscritti a livello aziendale o territoriale da associazioni dei lavoratori comparativamente più rappresentative sul piano nazionale o territoriale ovvero dalle loro rappresentanze sindacali possano realizzare specifiche intese (cioè accordi o clausole derogatorie) con efficacia nei confronti di tutti i lavoratori interessati; tali intese devono essere sottoscritte sulla base di un criterio maggioritario (relativo alle predette rappresentanze), ed essere finalizzate alla maggiore occupazione, alla qualità dei contratti di lavoro, all'adozione di forme di partecipazione dei lavoratori, alla emersione del lavoro irregolare, agli incrementi di competitività e di salario, alla gestione delle crisi aziendali e occupazionali, agli investimenti e all'avvio di nuove attività.

Il legislatore (art. 8, c. 2-*bis*) ha inoltre attribuito alla contrattazione aziendale la competenza non solo a derogare, con effetti *erga omnes*, al contratto nazionale di categoria, ma anche alle leggi in materia di lavoro, fatti salvi solo il rispetto della Costituzione, nonché i vincoli derivanti dalle normative comunitarie e dalle convenzioni internazionali sul lavoro.

Sia riguardo ai rapporti tra contratti collettivi di diverso livello, sia soprattutto riguardo ai rapporti tra contratto collettivo "di prossimità" e legge, le perplessità, o meglio le ragioni di dissenso, sono molte.

Anzitutto occorre sottolineare che, ai sensi dell'art. 8, c. 2, la contrattazione aziendale o territoriale può intervenire su una serie di materie, assai più ampia e genericamente indicata rispetto a quella prevista dagli AI [20]. Questo ampliamento del raggio

---

tazione sono affidate all'autonoma determinazione delle parti. Confindustria, CGIL, CISL e UIL si impegnano ad attenersi all'AI del 28.6.2011, applicandone compiutamente le norme e impegnandosi a far sì che le rispettive strutture, a tutti i livelli, si attengano a quanto concordato nel suddetto Accordo interconfederale. Roma, 21 settembre 2011». Nella pratica, tuttavia, accade talora che organizzazioni sindacali aderenti alle Confederazioni sottoscrivano "accordi di prossimità" derogatori, facendo applicazione proprio dell'art. 8.

[19] App. Napoli 3.2.2022. La questione sollevata verte sulla eventuale violazione del principio della libertà sindacale, in relazione all'estensione dell'efficacia del CCA a tutti i lavoratori anche se appartenenti ad un sindacato non firmatario.

[20] Il c. 2 dell'art. 8 prevede che le "specifiche intese" di cui al c. 1 possano riguardare la regolazione delle materie inerenti all'organizzazione del lavoro e della produzione con riferimento: a) agli impianti audiovisivi e alla introduzione di nuove tecnologie; b) alle mansioni del lavoratore, alla classificazione e inquadramento del personale; c) ai contratti a termine, ai contratti a orario ridotto, modulato o flessibile, al regime della solidarietà negli appalti e ai casi di ricorso alla somministrazione di lavoro; d) alla disciplina dell'orario di lavoro; e) alle modalità di assunzione e disciplina del rapporto di lavoro, comprese le collaborazioni coordinate e continuative a progetto e le partite IVA, alla trasformazione e conversione dei contratti di lavoro e alle conseguenze del recesso dal rapporto di lavoro, fatta eccezione per il licenziamento discriminatorio, il licenziamento della lavoratrice in concomitanza del matrimonio, il licenziamento della lavoratrice dall'inizio del periodo di gravidanza fino al termine dei periodi di interdizione al lavoro, nonché fino ad un anno di età del bambino, il licenziamento causato dalla domanda o dalla fruizione del congedo parentale e per la malattia del bambino da parte della lavoratrice o del lavoratore ed il licenziamento in caso di adozione o affidamento. Il c. 3 dell'art. 8 contiene anche una disposizione retroattiva («Le disposizioni contenute

di azione di una contrattazione collettiva "di prossimità" mette in discussione il ruolo centrale finora affidato al contratto nazionale, ribadito invece dalle parti sociali. L'ampliamento del raggio di azione della contrattazione "di prossimità" può essere necessario per adattare la disciplina alle particolarità del territorio o della singola azienda: ma deve essere un ampliamento controllato, pena la mortificazione del ruolo del contratto nazionale. Invece l'art. 8, c. 1, autorizza una contrattazione locale (livello di impresa o di territorio non meglio definito) del tutto svincolata da quella nazionale, e dunque al di fuori del sistema contrattuale previsto dagli Accordi interconfederali, legittimando così non un decentramento regolato della disciplina delle condizioni di lavoro, ma un aziendalismo esasperato.

In secondo luogo occorre sottolineare le differenze notevoli che corrono tra gli AI e l'art. 8 relativamente alla definizione dei soggetti stipulanti gli accordi derogatori dotati di efficacia generale. L'art. 8, c. 1, prevede che la contrattazione aziendale o territoriale in deroga dotata di efficacia generale possa essere stipulata:

a) «*da* associazioni dei lavoratori comparativamente più rappresentative sul piano nazionale o territoriale» (e non dalla RSU o dalle RSA, che gli AI individuano come agenti contrattuali a livello aziendale); inoltre il legislatore assegna la competenza contrattuale *a* (e non *ai*) sindacati comparativamente più rappresentativi non solo sul piano nazionale, ma anche sul piano territoriale (con ciò implicitamente ammettendo che gli accordi possano essere sottoscritti solo da alcuni e non da tutti i sindacati più rappresentativi);

b) dalle «rappresentanze sindacali operanti in azienda ai sensi della normativa di legge e degli accordi interconfederali vigenti, compreso l'Accordo interconfederale del 28.6.2011 [...] a condizione di essere sottoscritte sulla base di un *criterio maggioritario* relativo alle predette rappresentanze sindacali». Il richiamo all'AI è (alla lettera) limitato alle sole "rappresentanze aziendali" e non è invece esteso all'insieme delle regole dettate dalle parti sociali al fine di garantire che il contratto aziendale derogatorio sia stipulato da soggetti che rappresentano la maggioranza dei lavoratori interessati. Inoltre l'art. 8 si riferisce anche alla contrattazione territoriale (non prevista dall'AI); infine, la contrattazione "di prossimità" efficace *erga omnes* vive, nella previsione del legislatore, al di fuori di un sistema contrattuale regolato, come lo è invece, dal punto di vista dei vincoli sostanziali e procedurali, nell'AI.

L'attribuzione di efficacia *erga omnes* a contratti collettivi aziendali o territoriali, indipendentemente dal consenso della maggioranza dei sindacati rappresentativi, o dalla maggioranza dei lavoratori interessati, sembra volere riaprire la strada alla contrattazione separata che le parti sociali hanno cercato di impedire a partire dall'AI 28.6.2011, e più ancora con le regole del sistema contrattuale di cui agli AI del 2013 e del 2014. Molte voci si sono levate per chiedere l'abrogazione dell'art. 8, ma sino ad ora senza successo.

(ii) Il quadro si è in parte modificato con l'introduzione di una nuova disposizione

---

in contratti collettivi aziendali vigenti, approvati e sottoscritti prima dell'AI del 28.6.2011 tra le parti sociali, sono efficaci nei confronti di tutto il personale delle unità produttive cui il contratto stesso si riferisce a condizione che sia stato approvato con votazione a maggioranza dei lavoratori»). Con questa disposizione il legislatore ha inteso azzerare il contenzioso giudiziario sugli accordi FIAT di Pomigliano e Mirafiori e sul contratto FIAT "Fabbrica Italia Pomigliano".

legislativa. Come abbiamo già ricordato più volte, nel d.lgs. n. 81/2015, il legislatore ha infatti specificato (art. 51) che i contratti collettivi ai quali la legge fa rinvio (con funzione di integrazione o sostituzione della legge, nonché di deroga alla legge) sono «i contratti collettivi nazionali, territoriali o aziendali stipulati da associazioni sindacali comparativamente più rappresentative sul piano nazionale e i contratti collettivi aziendali stipulati dalle loro rappresentanze sindacali aziendali ovvero dalla rappresentanza sindacale unitaria». Poiché il rinvio all'art. 51 ricorre anche nella legislazione successiva che regola materie estranee a quelle regolate dal d.lgs. n. 81/2015, l'art. 51 è andato assumendo il carattere di regola generale.

La nuova regola non si sovrappone tuttavia alla regola contenuta nell'art. 8, l. n. 148/2011, e di conseguenza neppure la abroga implicitamente. Per quanto riguarda i contratti collettivi di diverso livello, si può dire che l'art. 51 non istituisce un rapporto gerarchico tra CCNL e CCA (o contratto territoriale): laddove la legge faccia rinvio generico alla "contrattazione collettiva", i diversi livelli contrattuali potranno trovarsi ordinati sullo stesso piano; ma, diversamente dall'art. 8, l'art. 51 non attribuisce al CCA (o al contratto territoriale) il potere di apportare deroghe, con efficacia *erga omnes*, al CCNL. Il legislatore non interviene su una materia che resta affidata alla competenza, e alle scelte, dell'autonomia collettiva.

L'art. 8 assegna alla contrattazione "di prossimità" la capacità di derogare alla legge, con efficacia *erga omnes*, in una ampia serie di materie, una parte delle quali restano al di fuori del perimetro, pure molto ampio, segnato dalle norme legali di rinvio alla contrattazione collettiva. L'art. 51, invece, seleziona i soggetti (organizzazioni sindacali) che le leggi, nelle clausole di rinvio, autorizzano ad intervenire mediante la contrattazione collettiva. Ciò non di meno, pare quanto mai opportuno che in tutti gli ambiti nei quali il legislatore fa rinvio alla contrattazione collettiva sia stata "ripristinata" una corretta gerarchia delle fonti, nel senso che è la legge ad attribuire, mediante specifici rinvii, funzione normativa alla contrattazione collettiva (con efficacia generale al massimo implicita), e non è invece – come prevede l'art. 8, l. n. 148/2011 – la contrattazione collettiva di prossimità a vedersi attribuita, una volta per tutte, una funzione normativa derogatoria efficace *erga omnes*.

Sezione V
IL CONFLITTO COLLETTIVO

SOMMARIO: 1. Il diritto di sciopero. – 1.1. Natura giuridica e titolarità del diritto di sciopero. – 1.2. I limiti del diritto di sciopero. – 1.3. Effetti dello sciopero. – 1.4. Lo sciopero nei pubblici servizi essenziali. *A*) La legge. *B*) Le parti sociali. *C*) La Commissione di garanzia (CGS). *D*) L'autorità amministrativa (precettazione). – 2. La serrata.

1. *Il diritto di sciopero*

Riconducibile all'area dei diritti sindacali, ma separato dai diritti di cui si è detto nel paragrafo precedente, e oggetto di una specifica tutela costituzionale è il diritto di sciopero. Lo sciopero costituisce la forma più incisiva di autotutela degli interessi collettivi dei lavoratori, e una loro tipica azione di lotta: l'azione di sciopero è un'azione collettiva, che consiste nell'astenersi appunto collettivamente dal lavoro, per rivendicare diritti, migliori condizioni di lavoro, nuovi contratti collettivi, e così via; con l'astensione dal lavoro gli scioperanti si propongono di bloccare l'attività dell'impresa, infliggendole il danno della perdita della produzione o dell'interruzione del servizio erogato.

Come ebbe a dire Piero Calamandrei, negli ordinamenti giuridici contemporanei lo sciopero è stato prima un reato, poi una libertà e infine un diritto. In realtà, nel nostro ordinamento, lo sciopero è stato prima un reato, poi una libertà, poi ancora un reato, e poi finalmente un diritto. La prima *depenalizzazione* dello sciopero (e della serrata) risale al codice penale emanato nel 1889 (detto *Codice Zanardelli*) (artt. 165-167)[1]. Il ritorno al *diritto penale* si ebbe con l'avvento al potere del fascismo; il capitolo della legge sindacale n. 563/1926 dedicato allo sciopero ed alla serrata venne riscritto, a breve distanza di tempo, e in modo più analitico, nel codice penale (detto *Codice Rocco*) del 1930[2]. Lo sciopero è diventato un diritto solo con l'entrata in vigore della Costituzione.

---

[1] Anche dopo la "depenalizzazione", lo sciopero restava tuttavia una mancata esecuzione della prestazione lavorativa e dunque un inadempimento contrattuale, che secondo i giudici togati e i giuristi dell'epoca rendeva senz'altro legittimo il licenziamento degli scioperanti.

[2] Nel disciplinare i reati di sciopero e di serrata, il codice penale divideva la materia in due capitoli separati: l'uno relativo al settore privato (artt. 502 ss.), collocato nel capo dedicato ai delitti contro l'economia pubblica; l'altro al settore pubblico e dei pubblici servizi (artt. 330 e 333), collocato nel capo dedicato ai delitti dei pubblici ufficiali contro la pubblica amministrazione. Qui è sufficiente richiamare solo le due principali disposizioni relative al settore privato. L'art. 502 c.p. prevedeva il reato di sciopero (e di serrata) per fini contrattuali: si trattava, allora come ora, delle azioni di lotta più ricorrenti, poste in essere per rivendicare nuove o diverse condizioni di lavoro, vale a dire nuovi patti o modificazione dei patti esistenti. L'art. 503, intitolato allo sciopero e alla serrata per fini non contrattuali, disciplinava i reati di sciopero e di serrata per fine politico: l'azione crimi-

L'art. 40 Cost. dispone: «*il diritto di sciopero si esercita nell'ambito delle leggi che lo regolano*»[3]. La formulazione, che riproduce quella del preambolo della Costituzione francese del 1946, riserva alla legge la disciplina dell'esercizio del diritto di sciopero: ma (fatta eccezione per la materia dello sciopero nei pubblici servizi, oggetto di una specifica disciplina legale a partire dalla l. n. 146/1990), la legge alla quale l'art. 40 affida la regolamentazione del diritto di sciopero non è stata emanata. Al mancato intervento della legge, ha fatto riscontro il lavoro interpretativo condotto negli anni dalla Corte costituzionale, dai giuristi e specialmente dai giudici, che ha dato luogo ad una vera e propria disciplina extra-legislativa del diritto di sciopero.

1.1. *Natura giuridica e titolarità del diritto di sciopero*

Lo sciopero è qualificato dall'art. 40 Cost., disposizione immediatamente precettiva[4], come *diritto soggettivo*; per quanto riguarda la "natura" del diritto, la discussione è stata lunga e intensa, ma può ormai considerarsi condivisa la qualificazione del diritto alternativamente come *diritto assoluto della persona*, o come *libertà fondamentale*, cioè come diritto di far valere un interesse professionale, latamente inteso, nei confronti del datore di lavoro, ma anche nei confronti di altri interlocutori: il Governo, il Parlamento, la pubblica amministrazione[5].

---

nosa era la medesima prevista dall'art. 502, ma la sanzione era molto più pesante: a giustificarla era il fine politico, che rendeva – per evidenti ragioni – i reati più gravi. Sugli artt. 502 ss. si è pronunciata a varie riprese la Corte cost., che ne ha dichiarato l'illegittimità (totale o parziale) per contrasto con l'art. 40 Cost. Gli artt. 330 e 333 c.p., di cui pure la Corte cost. aveva dichiarato la parziale illegittimità, sono stati abrogati dalla l. n. 146/1990 sullo sciopero nei pubblici servizi essenziali.

[3] Non dobbiamo trascurare la rilevanza che il diritto di sciopero assume nelle fonti internazionali e sovranazionali. Anzitutto, nella libertà sindacale sancita dall'art. 11 della CEDU, la Corte europea dei diritti dell'uomo ha fatto rientrare il diritto di sciopero, come "corollario inscindibile" del diritto di associazione sindacale, interpretato alla luce dell'evoluzione del diritto internazionale (in particolare la Convenzione OIL n. 87/1948) e delle prassi dei paesi europei. In secondo luogo, la CDFUE, all'art. 28, intitolato "Diritto di negoziazione e di azioni collettive", prevede quanto segue. «Il lavoratori e i datori di lavoro, o le rispettive organizzazioni, hanno conformemente al diritto comunitario e alle legislazioni e prassi nazionali, il diritto di negoziare e di concludere contratti collettivi ai livelli appropriati e di ricorrere, in caso di conflitti di interessi, ad azioni collettive per la difesa dei loro interessi, *compreso lo sciopero*». La Carta ha così superato la più riduttiva configurazione dei diritti sindacali contenuta nelle fonti internazionali, e in particolare nella CSE, includendo il diritto di sciopero fra i diritti fondamentali garantiti dall'UE.

[4] Che l'art. 40 abbia natura di norma precettiva vuol dire che esso è suscettibile di immediata applicazione sia nei rapporti (c.d. "verticali") tra lo Stato e i cittadini, sia nei rapporti (c.d. "orizzontali") tra privati cittadini. Dal carattere immediatamente precettivo dell'art. 40 Cost. discende come conseguenza evidente (e necessaria) che le norme del codice penale che punivano lo sciopero sono ormai incompatibili (per le ragioni e nei limiti stabiliti dalla Corte cost.: *infra*) con la garanzia costituzionale del diritto di sciopero.

[5] La qualificazione del diritto di sciopero come diritto assoluto o libertà fondamentale si è affermata nel tempo, prevalendo sulla precedente costruzione del diritto di sciopero come diritto potestativo, in ragione del progressivo abbandono della teoria del fondamento economico-contrattuale del diritto di sciopero, cui ha contribuito anche (e forse soprattutto) la Corte costituzionale, con le sentenze sullo sciopero politico e sullo sciopero di solidarietà.

La qualificazione del diritto di sciopero come diritto fondamentale trova la propria base nel principio di eguaglianza in senso sostanziale, enunciato dall'art. 3, c. 2, Cost., in quanto lo sciopero costituisce uno degli strumenti giuridici che concorrono all'eliminazione degli «ostacoli che di fatto impediscono il pieno sviluppo della persona umana e l'effettiva partecipazione di tutti i lavoratori all'organizzazione politica, economica e sociale del Paese» (così recita appunto l'art. 3, c. 2, Cost.). Il diritto di sciopero è qualificato come *diritto fondamentale* dall'art. 28 della CDFUE.

Il diritto di sciopero è, secondo l'opinione dominante, un *diritto individuale ad esercizio collettivo*: titolare del diritto è, in altri termini, il singolo lavoratore, ma l'esercizio del diritto, essendo il suo riconoscimento connesso alla tutela di un interesse collettivo dei lavoratori, è necessariamente collettivo [6]. A qualificare come *collettivo* l'esercizio del diritto non è il numero degli scioperanti: il numero può essere anche ristretto; ciò che conta è che l'azione sia diretta a tutelare non gli interessi individuali degli scioperanti, ma l'interesse (collettivo, o comune) di una collettività di lavoratori (i lavoratori di un'azienda, di una categoria contrattuale, di un intero settore, i lavoratori tutti, come categoria sociale) [7].

Dalla titolarità individuale del diritto di sciopero discendono alcune importanti conseguenze. La prima conseguenza è che l'esercizio del diritto di sciopero non esige una *proclamazione sindacale*. Tuttavia, poiché secondo la definizione dello sciopero, corrente in giurisprudenza e largamente accettata dalla dottrina, lo sciopero consiste in un'*astensione* dal lavoro *collettiva* e *concordata*, una qualche deliberazione (del sindacato, ma anche di un gruppo spontaneo di lavoratori) è necessaria, se non altro a fini organizzativi, ma non si richiede né che la deliberazione sia in alcun modo formalizzata, né che vi sia uno scarto di tempo (vale a dire un preavviso minimo) tra questa deliberazione e l'attuazione dello sciopero [8]. Nel nostro ordinamento, lo sciopero può

---

[6] La titolarità individuale è stata costantemente riaffermata dalla Corte costituzionale. Al fine di precisare quali lavoratori ne siano concretamente titolari, occorre ricordare che, salvo i militari (d.lgs. n. 66/2010), gli appartenenti alla polizia di Stato (che non è più un corpo militare: l. n. 121/1981) e la polizia penitenziaria (l. n. 395/1990), tutti i *lavoratori subordinati* (nel settore privato come nel settore pubblico, nonché gli addetti a pubblici servizi) sono titolari del diritto di sciopero. Secondo l'opinione prevalente, la titolarità del diritto di sciopero deve essere riconosciuta anche ai *lavoratori autonomi*, quando i loro rapporti con il committente siano caratterizzati dalla dipendenza economica. L'estensione del diritto di sciopero ai *lavoratori autonomi* dal punto di vista giuridico, ma subordinati dal punto di vista economico, trova fondamento nella sentenza Corte cost. n. 222/1975, nella quale la Corte ha dichiarato l'incostituzionalità dell'art. 506 c.p., che vietava la serrata dei piccoli imprenditori (*piccoli esercenti industrie*).

[7] La tesi della titolarità individuale del diritto di sciopero (definita da Gino Giugni "un dogma basato sulla ragione") è stata messa in discussione di recente (specialmente negli studi dedicati alla disciplina relativa ai pubblici servizi essenziali: *infra*, § 1.4). Malgrado la propensione mostrata da questa dottrina a ricondurre lo sciopero nell'ambito dei diritti a titolarità sindacale o a titolarità collettiva diffusa, la tesi della titolarità individuale resta, a nostro avviso, ancora oggi la più convincente e la più coerente alla *ratio* dell'art. 40 Cost. Paiono infatti mantenere la loro validità le ragioni che stanno alla base della qualificazione del diritto di sciopero come diritto fondamentale di libertà di ciascun lavoratore: diritto di esercitare il proprio diritto indipendentemente dall'affiliazione sindacale, o dall'adesione ad altro organismo collettivo, in condizione di eguaglianza rispetto ad ogni altro lavoratore.

[8] Prescindiamo qui dalla disciplina vigente nel settore dei pubblici servizi: l. n. 146/1990, come modificata dalla l. n. 83/2000, su cui *infra*, § 1.4.

essere pertanto sia un'azione collettiva spontanea, concordata direttamente tra i lavoratori interessati, sia (come avviene nella maggior parte dei casi) un'azione organizzata dai sindacati.

La seconda e non meno importante conseguenza della titolarità individuale del diritto di sciopero è che i sindacati non hanno il potere di disporne. Le clausole degli accordi e contratti collettivi che impegnano i sindacati firmatari a non proclamare lo sciopero, ovvero ad esperire obbligatoriamente procedure di raffreddamento del conflitto e di conciliazione delle controversie, prima di far ricorso allo sciopero (cosiddette "*clausole di tregua sindacale*"), producono effetti nei soli confronti delle parti (sindacati e organizzazioni dei datori di lavoro) stipulanti e non nei confronti dei singoli lavoratori, che restano liberi di esercitare il proprio diritto.

Le clausole di tregua hanno conosciuto in questi anni una nuova stagione. Si tratta questa volta di clausole che impegnano i sindacati firmatari a "garantire *l'esigibilità* degli impegni assunti" con il contratto collettivo, cioè ad astenersi dal proclamare scioperi durante la vigenza del contratto collettivo che hanno stipulato. Sia l'AI del 2011 (punto 6), sia gli AI successivi (Protocollo del 2013; T.U. sulla rappresentanza del 2014), prevedono che i contratti collettivi aziendali, stipulati alle condizioni previste dall'Accordo, *definiscano* (nei due AI più recenti la definizione è divenuta doverosa) delle clausole di tregua di questo tipo: ma con la precisazione che vincolano solo i sindacati firmatari e non i singoli lavoratori. Le Confederazioni sindacali, mentre rendono più stringenti gli obblighi di tregua, non mettono però in discussione la titolarità individuale del diritto di sciopero.

1.2. *I limiti del diritto di sciopero*

La natura di diritto assoluto della persona o libertà fondamentale non fa del diritto di sciopero un diritto privo di limiti: come ogni altro diritto, anche il diritto di sciopero conosce limiti, che tradizionalmente si distinguono in limiti *interni* (che ne condizionano l'estensione) e limiti *esterni* (che ne condizionano le modalità di esercizio).

– I *limiti interni* possono derivare anzitutto dalla definizione della nozione giuridica di sciopero. Secondo l'orientamento interpretativo prevalente (affermatosi anche per merito della Cassazione, a partire dalla sentenza n. 711/1980), il nostro ordinamento non contiene una definizione tecnica di sciopero, ma si limita ad assumere questo termine nel significato che gli è proprio nel contesto sociale di riferimento, nel quale sciopero significa nulla più che un'astensione collettiva dal lavoro, disposta da una pluralità di lavoratori, per il raggiungimento di un fine comune. A tale essenziale nozione rimane estranea qualsiasi delimitazione attinente all'ampiezza dell'astensione, e ogni considerazione dei suoi effetti, più o meno dannosi per l'azienda, poiché il danno inflitto alla produzione dell'impresa è allo stesso tempo la conseguenza normale e il fine legittimo dello sciopero.

I limiti interni possono derivare anche dalla definizione delle finalità dello sciopero: l'estensione del diritto varia a seconda che si ritenga che il ricorso allo sciopero sia legittimo per alcune finalità e non per altre. La questione dei fini legittimi dello sciopero è stata affrontata dalla Corte costituzionale nelle sentenze in cui ha cancellato in tutto o in (buona) parte le disposizioni del codice penale (artt. 502 ss.). Già nella sentenza n. 123/1962, la Corte aveva riconosciuto legittimo lo *sciopero di solidarietà* effettuato da alcuni lavoratori in appoggio a rivendicazioni di carattere economico di lavoratori dipendenti da altri datori di lavoro, sempre che fosse accertata l'affinità delle esigenze che motivavano l'agitazione degli uni con quella degli altri: pur senza dichiarare l'illegittimità costituzionale dell'art. 505 c.p., la Corte aveva aperto la strada ad un sensibile allargamento degli scopi per i quali lo sciopero può essere legittimamente esercitato.

Il passo decisivo in questa direzione è stato segnato, diversi anni dopo (ma non a caso dopo l'entrata in vigore dello Statuto dei lavoratori), dalla sentenza n. 290/1974, nella quale la Corte ha stabilito che il reato di *sciopero politico* (previsto dall'art. 503 c.p., mai espressamente abrogato dopo l'entrata in vigore della Costituzione) è incompatibile con l'art. 40 Cost., fatta eccezione per il caso in cui lo sciopero sia diretto a sovvertire l'ordinamento costituzionale ovvero ad impedire o ostacolare il regolare funzionamento delle istituzioni democratiche.

Nella motivazione della sentenza, la Corte distingue tra le *rivendicazioni economico-professionali*, che sono riconducibili sotto la protezione dell'art. 40 Cost., e le *rivendicazioni politiche in senso stretto*, che pur costituendo legittimo esercizio della libertà di opinione, restano al di fuori della protezione dell'art. 40 Cost. (non costituiscono, in altri termini, "sciopero" ai sensi dell'art. 40 Cost., con le conseguenze che possono derivarne sul piano contrattuale). La categoria giuridica delle rivendicazioni economico-professionali è tuttavia tanto latamente intesa, da poter includere la maggior parte degli scioperi proclamati, ad esempio, contro la politica economica e sociale del Governo. Nella citata sentenza n. 290/1974, la Corte ha del resto affermato che, nella maggior parte dei casi, non è possibile tracciare una distinzione netta tra sciopero economico-professionale e sciopero politico, dato che anche le rivendicazioni economico-professionali dei lavoratori hanno spesso come controparte non i datori di lavoro, ma il Governo (così, ad esempio, nel caso di uno sciopero proclamato per ottenere la riforma delle pensioni, oppure per ottenere l'aumento dei salari nel settore pubblico)[9].

– Limiti esterni: le c.d. forme anomale di sciopero

In via generale può affermarsi che l'esercizio del diritto di sciopero trova limiti nella tutela degli altrui diritti e degli interessi di pari o preminente dignità. L'esistenza di tali limiti (che si definiscono in genere *esterni*, o anche coessenziali) ha influenza non sulla sussistenza del diritto sciopero stesso, beninteso, ma sulle *modalità di esercizio* del diritto adottate dagli scioperanti, che possono essere illecite in caso di violazione dei limiti esterni.

Al di fuori dell'area dei pubblici servizi (nella quale la legge prescrive regole precise sull'esercizio del diritto di sciopero dirette a salvaguardare i diritti costituzionalmente tutelati degli utenti), la questione dell'eventuale illiceità di talune modalità di esercizio del diritto di sciopero è stata ripetutamente affrontata dalla dottrina e dalla giurisprudenza. L'attenzione degli interpreti si è concentrata sulle c.d. *forme anomale di sciopero*, ovvero lo *sciopero articolato* (nelle correnti forme *a scacchiera* e *a singhiozzo*) e ogni altra forma di sciopero in cui l'astensione dal lavoro non sia continuativa e

---

[9] In una successiva sentenza (n. 165/1983) la Corte costituzionale ha poi dichiarato l'illegittimità dell'art. 504 c.p., negli stessi termini e con le medesime motivazioni di cui alla sentenza n. 290/1974 (ribadite successivamente nella sentenza n. 276/1993).

non interessi contemporaneamente l'intera manodopera occupata in una fabbrica o in un ufficio [10].

Lo sciopero articolato (come pure le altre forme cosiddette anomale di sciopero) è stato per lungo tempo considerato illecito dalla dottrina prevalente e dalla giurisprudenza di più alto grado. L'orientamento interpretativo è mutato a partire dalla sentenza della Cassazione n. 711/1980 (che abbiamo già ricordato sopra). In quella sentenza la S.C. ha anzitutto affermato – come abbiamo detto – che alla nozione di sciopero, in assenza di definizioni legislative, rimane estranea qualsiasi delimitazione attinente all'ampiezza dell'astensione, ed ogni considerazione dei suoi effetti, più o meno dannosi per la produzione dell'impresa [11]. Costituisce dunque sciopero legittimo, ai sensi dell'art. 40 Cost., ogni astensione collettiva dal lavoro, totale o parziale, lunga o breve, continuativa o intermittente che sia. L'esercizio del diritto di sciopero è però *illecito* (e non gode più della protezione assicurata dall'art. 40) quando l'astensione dal lavoro sia effettuata senza gli opportuni accorgimenti e cautele, tanto da apparire idoneo a pregiudicare irreparabilmente *non* la *produzione*, ma la *produttività* dell'impresa. Nel linguaggio della Cassazione, "produttività" dell'impresa significa possibilità, per l'imprenditore, di esercitare la propria iniziativa economica, la cui libertà è riconosciuta dalla stessa Costituzione all'art. 41: la produttività dell'impresa può essere allora pregiudicata dal ricorso a forme di sciopero che determinino, ad esempio, un esorbitante fermo degli impianti, che impedisca all'imprenditore di riprendere sollecitamente l'attività dopo la cessazione dello sciopero [12].

---

[10] Si tratta di forme di sciopero inventate per ridurre al minimo la durata dell'astensione dal lavoro per ogni singolo scioperante (e quindi la perdita della retribuzione corrispettiva), ottenendo, attraverso la combinazione delle astensioni, un risultato di disorganizzazione aziendale per l'intera durata dell'azione di sciopero, e a volte anche oltre. Lo sciopero *a scacchiera* viene effettuato a scaglioni tra i vari reparti di uno stabilimento o di diversi stabilimenti di una stessa impresa: così mentre un reparto lavora l'altro si ferma, e viceversa (gli effetti maggiori di disorganizzazione si producono nelle catene di montaggio); lo sciopero *a singhiozzo* consiste nell'alternare brevi astensioni a periodi più o meno lunghi di lavoro; scacchiera e singhiozzo sono spesso usati in combinazione tra loro. Secondo l'orientamento giurisprudenziale prevalente non costituisce invece sciopero, ma inadempimento parziale della prestazione dovuta, il c.d. "sciopero delle mansioni" (ad es. il rifiuto di eseguire mansioni affidate ad un altro lavoratore, violando l'obbligo previsto dal contratto collettivo: Cass. n. 17770/2015); controversa la qualificazione come sciopero dell'astensione (collettiva) dal lavoro straordinario.

[11] Il danno alla produzione è la conseguenza normale e il fine ultimo dello sciopero. In considerazione di ciò il Trib. Busto Arsizio 14.1.2022, in *Boll. Adapt*, 5, 2022, ha affermato che il datore di lavoro non può chiedere ai dipendenti di preavvisare l'azienda della intenzione di aderire o meno allo sciopero, né imporre loro di svolgere durante lo sciopero attività prodromiche alla ripresa del lavoro.

[12] Cfr. ad es. Cass. n. 24653/2015, che in un caso di sciopero proclamato a oltranza per ogni giorno lavorativo per l'intera giornata all'interno del quale ogni lavoratore poteva aderire come, quanto e quando ritenesse più opportuno, e attuata attraverso astensioni dal lavoro senza alcun coordinamento tra loro, ha ritenuto che la Società datrice di lavoro fosse «seriamente esposta ai pregiudizi derivanti dall'impossibilità di prevenire i rischi sulla produttività aziendale con riferimento ai singoli reparti ove di volta in volta sarebbe stata attuata anche all'improvviso l'astensione dei lavoratori, con l'inevitabile insorgere di pericoli di vario genere, quali, ad esempio, la sottrazione della merce o il suo mancato pagamento o l'assenza di controllo delle condizioni di igiene e di sicurezza sul lavoro all'interno dei vari reparti, anche in considerazione della presenza di pubblico».

1.3. *Effetti dello sciopero*

Lo sciopero, come abbiamo detto, consiste in un'astensione dal lavoro, vale a dire in un inadempimento della prestazione lavorativa, consentito nella misura in cui costituisca esercizio legittimo del diritto appunto di astenersi dal lavoro. L'esercizio del diritto di sciopero *sospende* il rapporto di lavoro; la sospensione del rapporto di lavoro durante lo sciopero non è tuttavia integrale: rimangono infatti in vita i diritti e gli obblighi non strettamente connessi all'esecuzione della prestazione lavorativa, inclusi i diritti sindacali (come il diritto di assemblea). Il lavoratore che si sia astenuto dalla prestazione lavorativa per esercitare il proprio diritto di sciopero perde la retribuzione: la perdita della retribuzione corrisponde, grosso modo, alla durata dell'astensione dal lavoro[13].

La quantificazione della retribuzione perduta dal lavoratore scioperante diviene difficile, ed ha dato luogo a divergenti soluzioni, nel caso di scioperi articolati di breve durata o comunque di durata inferiore alla giornata lavorativa, durante i quali si alternano periodi nei quali il lavoratore si astiene dal lavoro e periodi nei quali è disponibile a prestare lavoro. In via generale, secondo la Cassazione, nel caso di sciopero a singhiozzo o a scacchiera (legittimo fino a quando non leda la produttività dell'impresa), non è consentito al datore di lavoro *rifiutare* la prestazione offerta dai lavoratori tra una sospensione e l'altra, non potendosi considerare tale prestazione parziale o diversa da quella dovuta (ciò che ne legittimerebbe il rifiuto), né, a maggior ragione, è consentito al datore di lavoro rifiutare le prestazioni offerte dai lavoratori non scioperanti. Essendo illegittimo il rifiuto, il lavoratore avrà diritto alla retribuzione corrispondente alla prestazione offerta, anche se tale prestazione non è stata effettivamente utilizzata dal datore di lavoro. Tuttavia, ad avviso della Cassazione, il datore di lavoro può legittimamente rifiutare le prestazioni offerte e, di conseguenza, non retribuire i lavoratori per l'intera durata dello sciopero articolato, indipendentemente dall'effettiva durata dell'astensione dal lavoro del singolo lavoratore, quando sussista una *sopravvenuta temporanea impossibilità* (ai sensi dell'art. 1256 c.c.) di utilizzare le prestazioni; l'impossibilità non è tuttavia assoluta, ma relativa, e in sostanza si risolve nell'apprezzamento della *proficuità* delle prestazioni offerte, alla luce dell'organizzazione aziendale che il datore di lavoro non è tenuto a modificare al fine di utilizzare le prestazioni. Le prestazioni non sono proficue quando l'utilizzazione comporti per l'impresa un aggravio di oneri e spese[14].

---

[13] La questione della retribuzione in caso di scioperi brevi ha trovato disciplina nel settore pubblico (dipendenti civili e militari dello Stato): l. 11.7.1980, n. 312, art. 171, cc. 1 e 2. La regola è quella della corrispondenza tra durata dell'astensione e trattenuta, ma la trattenuta può essere "lunga" quando lo sciopero più breve della giornata lavorativa abbia effetti "ultrattivi" sull'organizzazione dell'amministrazione.

[14] La soluzione prospettata dalla S.C., che passa attraverso una discutibile manipolazione delle categorie civilistiche dell'impossibilità sopravvenuta e della mora del creditore, pur non rimettendo in discussione la legittimità dello sciopero articolato, finisce per "sanzionarlo", privando della retribuzione scioperanti e persino non scioperanti.

1.4. *Lo sciopero nei pubblici servizi essenziali*

Per fronteggiare l'esplosione della conflittualità sindacale nei servizi pubblici, verso la fine degli anni '80 del secolo scorso il Parlamento si mise al lavoro, facendo tesoro delle proposte avanzate in quegli stessi anni dalle grandi Confederazioni sindacali, sulla scorta delle riflessioni di un piccolo gruppo di giuristi.

Il consenso delle Confederazioni sindacali maggiori e la loro attiva collaborazione con il Governo consentirono la promulgazione della l. 12.6.1990, n. 146, che altrimenti sarebbe stata politicamente impraticabile [15].

A dieci anni dall'entrata in vigore, la l. n. 146/1990, è stata riformata dalla l. 11.4.2000, n. 83: il nuovo intervento legislativo ha colmato alcune delle maggiori lacune della legge del 1990, modificandone in modo significativo l'assetto [16]. Ulteriori modifiche sono state introdotte dal d.l. n. 95/2012, convertito in l. n. 135/2012, dalla l. n. 228/2012, art. 1, c. 522, lett. *a*), n. 1; dalla l. n. 114/2014, art. 22; dal d.l. n. 146/2015.

La normativa appena richiamata rappresenta il primo e unico intervento del legislatore diretto a disciplinare, secondo quanto previsto dall'art. 40 Cost., l'esercizio del diritto di sciopero. La disciplina legale riguarda i soli servizi pubblici: in tutti gli altri settori, la carenza della legge continua a caratterizzare il regime giuridico dello sciopero [17]. L'ambito di applicazione della disciplina legale è certamente limitato: occorre tuttavia tenere presente che, nella realtà attuale, mentre nel settore industriale i sindacati fanno un uso prudente dello sciopero, nel terziario gli scioperi, proclamati da una pluralità di sigle sindacali autonome che affollano il panorama sindacale del settore, hanno una frequenza altissima (al limite della patologia). Non è perciò azzardato affermare che l'urgenza dei problemi di interpretazione e applicazione della normativa relativa ai pubblici servizi hanno finito per mettere ai margini la riflessione sul diritto di sciopero in generale.

Ai sensi dell'art. 1, c. 1, l. n. 146/1990 (non modificata per questa parte dalla l. n. 83/2000), al fine di limitare l'esercizio del diritto di sciopero, sono considerati come *pubblici servizi essenziali* i servizi (indipendentemente dalla disciplina giuridica – di diritto pubblico o di diritto privato – dei rapporti di lavoro degli addetti) [18] volti a ga-

---

[15] Contribuì certamente ad accelerare i lavori parlamentari e a realizzare un largo consenso intorno alla legge la pressione dell'opinione pubblica e la diffusa preoccupazione che i campionati mondiali di calcio, che dovevano svolgersi appunto nel 1990 in Italia, potessero essere turbati da un'ondata di scioperi selvaggi nel settore dei trasporti.

[16] Questa volta a spingere verso l'inasprimento delle regole sull'esercizi del diritto di sciopero era il previsto arrivo a Roma di milioni di pellegrini per il Giubileo: come sempre era il tormentato settore dei trasporti a destare preoccupazioni.

[17] Come negli altri settori, anche in quello dei servizi pubblici esisteva tuttavia una disciplina giuridica dello sciopero, alla quale avevano dato un importante contributo i giuristi, i giudici e soprattutto la Corte cost. (sentenze nn. 46/1958, 123/1962, 31/1969, 222/1976, 125/1980), alla cui giurisprudenza il legislatore ha fatto riferimento.

[18] La Corte cost., nella sentenza 16.5.1996, n. 171, aveva sollecitato il legislatore ad emanare norme dirette a regolare le *azioni collettive* dei lavoratori autonomi e dei liberi professionisti che possono entrare in conflitto con i diritti degli utenti costituzionalmente tutelati. Il legislatore ha dato seguito alla sollecitazione della Corte nel 2000 (l. n. 83), inserendo appunto i *lavoratori autonomi*, i *liberi*

rantire il godimento dei *diritti della persona costituzionalmente tutelati* alla vita, alla salute, alla libertà e alla sicurezza, alla libertà di circolazione, all'assistenza e alla previdenza sociale, all'istruzione e alla libertà di comunicazione, all'ambiente e al patrimonio storico.

L'*elenco* dei diritti degli utenti tutelati contenuto nell'art. 1, c. 1, è *tassativo*. Il c. 2 dello stesso art. 1, contiene invece un *elenco esemplificativo* dei servizi pubblici essenziali, la cui erogazione assicura il godimento di quei diritti. L'elenco, che questa volta è lungo, comprende: i servizi sanitari; l'igiene urbana; la protezione civile; la distribuzione di energie; l'amministrazione della giustizia (nei limiti dei provvedimenti urgenti, e dei processi con imputati in stato di detenzione); il trasporto aereo, ferroviario e marittimo (quest'ultimo nei limiti dei collegamenti con le isole); i servizi (anche bancari) che assicurano il pagamento di stipendi e pensioni; le scuole (compresa l'Università, nei limiti degli esami e delle valutazioni finali); gli asili e le scuole materne; le poste, le telecomunicazioni e l'informazione radiotelevisiva pubblica; la vigilanza sui beni culturali, alla quale il d.l. n. 146/2015, ha aggiunto l'apertura al pubblico dei musei e dei beni culturali.

Essendo questo elenco esemplificativo e non tassativo, è possibile un'interpretazione *estensiva* dei servizi qualificabili come essenziali; l'interpretazione estensiva è stata praticata dalla Commissione di garanzia dell'attuazione della legge sullo sciopero nei pubblici servizi (d'ora in avanti: CGS) (*infra*), che progressivamente ha inserito nella lista dei servizi pubblici essenziali destinatari della disciplina legale nuovi servizi, nonché una serie di *servizi strumentali*, nei quali l'astensione dal lavoro può determinare serie conseguenze negative sul funzionamento del servizio principale, e di conseguenza arrecare pregiudizio ai diritti degli utenti tutelati dalla legge.

Nell'ambito dei servizi pubblici definiti dall'art. 1, la legge affida la regolamentazione dell'esercizio del diritto di sciopero a quattro attori principali: A) la legge stessa; B) le parti sociali; C) la CGS; D) l'autorità amministrativa.

A) *La legge*

Le regole legali, che erano poche e molto stringate nella legge del 1990, sono state ampliate ed arricchite dalla riforma del 2000. Le regole, che hanno una portata generale e si applicano pertanto in tutti i pubblici servizi essenziali, sono le seguenti: a) *procedura preliminare* di raffreddamento e conciliazione del conflitto; il ricorso alla procedura (convenzionale, o in alternativa, amministrativa, quest'ultima regolata dalla stessa legge) deve obbligatoriamente precedere la *proclamazione* dello sciopero; b) *comunicazione scritta* della proclamazione (data, modalità, motivazione dello sciopero) al datore di lavoro e all'autorità amministrativa titolare del potere di precettazione (*infra D*), che, a sua volta, è tenuta a trasmettere immediatamente tale comunicazione alla CGS (*infra C*); c) *preavviso minimo* di dieci giorni (il preavviso intercorre tra la proclamazione e l'effettuazione dello sciopero); d) *durata determinata* dello sciopero (vale a dire divieto di sciopero ad oltranza); e) *intervallo minimo* – al fine di evitare l'oggettivo addensamento delle azioni di sciopero – fra scioperi suscettibili di colpire il fun-

---

professionisti e i *piccoli imprenditori* tra i destinatari della disciplina dello sciopero nei pubblici servizi essenziali. Di conseguenza essi saranno tenuti a garantire, in caso di astensione dall'attività, le prestazioni indispensabili e le altre misure previste come obbligatorie dalla legge.

zionamento di uno stesso servizio nell'ambito dello stesso "bacino di utenza", indipendentemente dal fatto che lo sciopero sia stato proclamato dall'uno o dall'altro sindacato; f) *obbligo* degli scioperanti, delle organizzazioni sindacali o degli altri soggetti collettivi che hanno proclamato lo sciopero, dei datori di lavoro pubblici e privati di assicurare l'erogazione delle *prestazioni indispensabili*, al fine di garantire un minimo essenziale di funzionamento del servizio colpito dallo sciopero. I datori di lavoro sono inoltre tenuti ad *informare* gli utenti, almeno 5 giorni prima, sulle modalità dello sciopero e sugli eventuali servizi alternativi disponibili. I *media* (radio, televisione e giornali) sono egualmente tenuti a dare informazioni agli utenti sulle modalità dello sciopero e sulle prestazioni indispensabili assicurate.

B) *Le parti sociali*

Mentre le regole legali hanno una portata generale, la disciplina delle *prestazioni indispensabili* e delle altre misure (specifiche procedure obbligatorie, durata dell'intervallo minimo tra le azioni di sciopero, modalità di erogazione del servizio minimo essenziale, ecc.) deve essere definita servizio per servizio. La legge prevede che il compito di porre in essere tali discipline specifiche sia affidato alle *parti sociali*. Più precisamente, quando si tratti dello sciopero dei lavoratori subordinati, la legge prevede che la disciplina delle prestazioni indispensabili e delle altre misure sia contenuta in *accordi collettivi* stipulati tra il datore di lavoro e le rappresentanze sindacali dei lavoratori (ove si tratti di accordi aziendali), ovvero tra le organizzazioni nazionali dei datori lavoro e i sindacati (ove si tratti di contratti collettivi di livello nazionale). Quando invece si tratti dell'astensione dal lavoro o dall'attività di *lavoratori autonomi*, *liberi professionisti*, *piccoli imprenditori*, la disciplina sarà contenuta in *codici di autoregolamentazione* adottati dalle associazioni o dalle organizzazioni che li rappresentano.

Il compito di porre in essere la disciplina delle prestazioni indispensabili è affidato in via sussidiaria dalla legge alla CGS (*infra* C), che può esercitarlo solo in mancanza di un idoneo accordo collettivo, o di un idoneo codice di autoregolamentazione.

C) *La Commissione di garanzia (CGS)*

La CGS è qualificata dagli interpreti come *autorità indipendente*, alla quale la legge affida il compito di garantire (in condizioni di imparzialità e indipendenza) il contemperamento tra diritti di rango costituzionale (come nella specie sono il diritto di sciopero e i diritti della persona degli utenti).

La CGS è attualmente composta di cinque membri (art. 23, d.l. n. 201/2011, conv. con modifiche in l. 22.12.2011, n. 214), designati dai Presidenti della Camera dei Deputati e del Senato tra esperti di diritto del lavoro, diritto costituzionale e relazioni industriali, e nominati con decreto del Presidente della Repubblica; il mandato ha la durata di 6 anni e non è rinnovabile.

Le delibere della CGS (che sono atti amministrativi) sono assoggettate al controllo giudiziario (del giudice amministrativo); le delibere in materia di sanzioni sono tuttavia sottoposte al controllo del giudice ordinario.

Secondo la l. n. 146/1990, come riformata dalla l. n. 83/2000, le funzioni della CGS sono essenzialmente tre: a) *regolare* l'esercizio del diritto di sciopero; b) *prevenire* gli scioperi illegittimi; c) *sanzionare* i comportamenti illeciti dei sindacati, dei datori di lavoro, delle organizzazioni o associazioni dei lavoratori autonomi, liberi professionisti, piccoli imprenditori.

a) *Valutazione di idoneità*

Ogni accordo collettivo (ed ogni codice di autoregolamentazione) deve essere sottoposto al giudizio (detto *valutazione di idoneità*) della CGS, la quale decide se le prestazioni indispensabili e le altre misure previste dalle parti sociali siano adeguate a realizzare quel contemperamento fra diritto di sciopero e diritti degli utenti, che rappresenta lo scopo ultimo della legge. A seguito della *valutazione positiva*, formulata dalla CGS, i sindacati, gli scioperanti, i datori di lavoro sono tenuti ad assicurare, in occasione dell'astensione dal lavoro, le prestazioni indispensabili e le altre misure previste dall'accordo collettivo o dal codice di autoregolamentazione. L'efficacia generale dell'accordo o del codice è riconducibile non direttamente all'accordo o al codice (che restano atti di autonomia privata), ma alla valutazione positiva che su di essi abbia espresso la CGS, che conferisce alle regole convenzionali, giudicate conformi alla legge, la forza e il valore di una disciplina dell'esercizio del diritto di sciopero generalmente applicabile nell'ambito del servizio al quale si riferisce. A questa regola fanno però eccezione quelle parti degli accordi collettivi che contengono *clausole procedurali di raffreddamento e conciliazione* dei conflitti: trattandosi di clausole della parte "obbligatoria" (non normativa) dell'accordo, la valutazione di idoneità *non* produce un effetto di estensione dell'efficacia delle regole procedurali nei confronti delle organizzazioni sindacali rimaste estranee alla loro negoziazione.

Il criterio al quale la CGS deve ispirare le proprie valutazioni corrisponde allo scopo che la legge enuncia come ragione della limitazione dell'esercizio del diritto di sciopero: vale a dire, come prevede l'art. 1, c. 2, lo scopo di *contemperare* il diritto di sciopero con i diritti degli utenti costituzionalmente tutelati (di cui lo stesso art. 1, c. 1, fornisce un elenco tassativo). Al fine del contemperamento, la l. n. 83/2000 ha previsto una sorta di *criterio quantitativo*, al quale la CGS deve attenersi nel formulare le proprie valutazioni sull'idoneità di accordi collettivi e codici di autoregolamentazione: in linea di massima (e fatte salve le possibili deroghe), le prestazioni indispensabili devono assicurare al massimo il 50% del funzionamento normale del servizio, e il personale comandato in servizio per garantire tali prestazioni indispensabili non deve ordinariamente superare il 30% del personale normalmente impiegato.

Al potere di valutare accordi collettivi e codici di autoregolamentazione (che è dunque un potere di validazione delle determinazioni delle parti sociali) la legge del 2000 (modificando in ciò la precedente l. n. 146/1990) ha aggiunto il potere della Commissione di *regolare* essa stessa (anche se in via *suppletiva* e *provvisoria*) l'esercizio del diritto di sciopero nell'ambito dei servizi pubblici essenziali. La CGS è tenuta ad esercitare il proprio potere regolamentare in due casi: nel caso in cui abbia formulato una *valutazione negativa* di un accordo o di un codice sottoposto dalle parti al suo giudizio; nel caso in cui l'accordo *non* sia stato *stipulato*, o il codice *non* sia stato *adottato*[19]. La regolamentazione della CGS è *provvisoria* nel senso che è suscettibile

[19] In entrambi i casi, la CGS è tenuta a formulare una *proposta* alle parti sull'insieme delle prestazioni indispensabili e delle altre misure che devono essere garantite in caso di sciopero. La proposta è sottoposta alle parti e alle organizzazioni degli utenti, che hanno 15 giorni di tempo per formulare le proprie osservazioni, decorsi i quali la CGS ha ancora 20 giorni di tempo per emanare la propria *regolamentazione provvisoria*.

di essere sostituita (in ogni momento) dall'accordo collettivo o dal codice di autoregolamentazione: sempre che siano valutati idonei dalla Commissione, s'intende.

b) *La prevenzione degli scioperi illegittimi*

La CGS ha il potere/dovere di intervenire per prevenire gli scioperi illegittimi. Occorre sottolineare che il controllo della Commissione riguarda soltanto le regole relative all'esercizio del diritto di sciopero (vale a dire le modalità dello sciopero, non le sue motivazioni). Ove, ricevuta la comunicazione della proclamazione di uno sciopero, la CGS individui qualche ragione di illegittimità dello sciopero, invia una comunicazione immediata all'organizzazione sindacale responsabile della proclamazione. Se questo primo intervento non è sufficiente, la Commissione può deliberare un invito formale al sindacato proclamante a rinviare o revocare lo sciopero. L'invito formale è in realtà un ordine: la legge prevede infatti che in caso di mancata ottemperanza all'invito della CGS la sanzione sia raddoppiata (*infra*).

Ancora nell'esercizio della sua funzione di prevenzione di scioperi illegittimi, la CGS può segnalare all'autorità amministrativa competente (il Ministro o il Prefetto: dipende dal livello nazionale o locale dello sciopero) l'opportunità di intervenire, al fine di evitare «un pericolo reale di pregiudizio grave e imminente ai diritti degli utenti» (*infra*, d).

c) *Potere sanzionatorio*

La l. n. 146/1990, come modificata dalla l. n. 83/2000, attribuisce alla CGS il ruolo di giudice dei comportamenti tenuti in occasione dello sciopero sia dalle organizzazioni sindacali, sia dai datori di lavoro, sia anche dalle associazioni o dalle organizzazioni dei lavoratori autonomi, liberi professionisti, piccoli imprenditori, in occasione dell'astensione collettiva dalla loro attività. La Commissione è, allo stesso tempo, titolare del potere di irrogare le sanzioni.

Le *sanzioni* sono diverse per natura e meccanismo di applicazione a seconda dei destinatari. Le sanzioni che spetta attualmente alla CGS irrogare sono: – le *sanzioni* cosiddette *collettive* a carico delle organizzazioni sindacali dei lavoratori (sospensione dei permessi sindacali retribuiti ovvero dei contributi associativi, oppure sospensione dalle trattative per un periodo di due mesi); – le *sanzioni amministrative* a carico delle organizzazioni dei lavoratori autonomi, liberi professionisti e piccoli imprenditori, nonché dei dirigenti e responsabili di aziende e pubbliche amministrazioni, dei responsabili legali dei soggetti sindacali che non fruiscono di permessi sindacali e contributi riscossi dal datore di lavoro [20].

La valutazione dei comportamenti dei *singoli lavoratori* non rientra invece nelle competenze della CGS: per quanto riguarda questi ultimi, la violazione delle regole in materia di esercizio del diritto di sciopero costituisce una violazione del contratto

---

[20] La procedura è rigidamente regolata dalla legge (notifica alle parti; motivazione della delibera; termine entro il quale deve essere applicata la sanzione). Resta affidata ad altri solo *l'applicazione* delle sanzioni. Spetta al datore di lavoro applicare (tempestivamente, altrimenti incorre nella sanzione per ogni giorno di ritardo) le sanzioni collettive (per esigenze di "funzionalità applicativa", in quanto è il datore di lavoro che dispone dei "beni" – permessi e contributi sindacali trattenuti sulla retribuzione dei lavoratori – sui quali cade la sanzione). Spetta invece alla DTL (ora ITL) l'applicazione delle sanzioni amministrative.

di lavoro. La l. n. 146/1990, come modificata dalla l. n. 83/2000, prevede infatti che l'applicazione delle sanzioni disciplinari (*proporzionali* alla gravità dell'infrazione, *escluso in ogni caso il licenziamento*) spetti al datore di lavoro, nel rispetto delle regole sostanziali e procedurali previste dallo Statuto dei lavoratori e dal contratto collettivo applicabile nel caso[21].

Le delibere sanzionatorie della CGS sono impugnabili di fronte al giudice ordinario.

D) *L'autorità amministrativa (precettazione)*

La l. n. 146/1990, e ancor più la l. n. 83/2000, sembrano affidare un ruolo marginale al Governo, che è il quarto attore sulla scena della regolamentazione dell'esercizio del diritto di sciopero nei servizi pubblici essenziali[22]. La legge conferisce all'autorità amministrativa il potere di emanare l'ordinanza di *precettazione*; l'ordinanza può essere tuttavia emessa nei soli casi in cui l'astensione collettiva dal lavoro sia in grado di costituire un «*pericolo reale di pregiudizio grave e imminente*» ai diritti degli utenti.

L'autorità amministrativa competente (il Presidente del Consiglio o il Ministro a ciò delegato, ovvero il Prefetto, a seconda della dimensione del conflitto), a seguito di una *delibera di segnalazione* della CGS, o di propria iniziativa, in caso di *urgenza*, invita le parti a rinunciare a porre in essere l'azione di sciopero che provoca un tale pericolo. A seguito dell'esito negativo di un *tentativo di conciliazione*, che deve essere esperito nel più breve termine possibile, l'autorità amministrativa può emanare un'*ordinanza*, con la quale impone le misure necessarie ad evitare il pregiudizio dei diritti degli utenti. L'ordinanza, che deve essere emanata non più tardi di 48 ore prima dello sciopero, può prevedere sia il *rinvio* dello sciopero, sia la *riduzione* della sua durata, sia infine l'adozione di tutte le misure indispensabili ad assicurare il funzionamento parziale del servizio. Se la CGS, nella sua delibera di segnalazione, ha formulato una *proposta* relativamente a tali misure, l'ordinanza di precettazione si conformerà alla delibera della CGS.

La mancata *ottemperanza* all'ordinanza di precettazione comporta l'irrogazione a carico dei singoli scioperanti, nonché delle organizzazioni sindacali, delle associazioni e degli organismi di rappresentanza dei lavoratori autonomi, di una *sanzione amministrativa* pecuniaria, applicata dall'Ispettorato territoriale del lavoro (ITL) competente per territorio[23].

---

[21] La Commissione resta al di fuori della questione; tuttavia, ove abbia formulato una valutazione negativa del comportamento delle organizzazioni sindacali che hanno proclamato lo sciopero, *prescrive* (come previsto dagli artt. 13, lett. *i*), e 4-*quater*) al datore di lavoro l'applicazione della sanzione disciplinare: per ricordare così al datore di lavoro che è suo *obbligo* applicare la sanzione disciplinare ai lavoratori che si siano resi responsabili della violazione delle regole in materia di esercizio del diritto di sciopero.

[22] Nei fatti, il ruolo del Governo è tutt'altro che marginale: il ricorso alla precettazione è frequente, specie nel settore dei trasporti, ma anche in altri settori (come l'igiene urbana, la sanità, la scuola) nei quali, anche a causa della frammentazione sindacale, il fittissimo calendario degli scioperi, che non sempre la CGS è in grado di gestire mediante l'attività di prevenzione degli scioperi illegittimi, può recare gravi pregiudizi ai diritti degli utenti.

[23] La sanzione per i singoli lavoratori è di 500 fino a 1000 euro per ogni giorno di mancata ottemperanza; per le organizzazioni sindacali, associazioni e organismi di rappresentanza dei lavoratori autonomi da 2500 a 50000 euro per ogni giorno di mancata ottemperanza.

2. *La serrata*

La serrata consiste, secondo le definizioni correnti, in un comportamento dell'imprenditore che, per ragioni di solito legate a situazioni di conflitto collettivo, chiude in tutto o in parte l'azienda, impedendo ai lavoratori di prestare il proprio lavoro, e rifiutando perciò di pagare le retribuzioni. La serrata può essere attuata da una impresa (è questa l'ipotesi di maggior importanza), ma può anche essere attuata da più imprese concordemente e contestualmente (si parla allora di *serrata collettiva*); può avere carattere *difensivo*, se costituisce la risposta all'azione di lotta dei lavoratori, o carattere *offensivo*, se si tratta di un'iniziativa assunta per anticipare o prevenire l'azione dei lavoratori.

La scarsa rilevanza pratica non implica che la serrata non assuma rilievo dal punto di vista giuridico sotto diversi profili. Il primo rilevante profilo è quello della liceità di tale comportamento dell'imprenditore.

Nell'ambito del Titolo III della Costituzione (rapporti economici) trovano disciplina l'organizzazione sindacale, la contrattazione collettiva, lo sciopero, la libertà dell'iniziativa economica: della serrata invece non vi è traccia. Ma non si tratta di una dimenticanza: è una scelta del costituente, che rifiutò di accettare l'idea che sciopero e serrata dovessero essere posti sullo stesso piano, come se si trattasse di fenomeni di carattere "speculare". Che nel nostro ordinamento la serrata *non sia un diritto* dei datori di lavoro è sempre stato pacifico. Il problema che si è posto in passato è se il silenzio della Costituzione dovesse essere interpretato come un'implicita conferma dell'illiceità penale della serrata, e dunque della sopravvivenza degli art. 502 ss. del codice penale del 1930 alla soppressione dell'ordinamento corporativo e soprattutto all'entrata in vigore della Costituzione.

La risposta è stata fornita dalla Corte costituzionale che nella sentenza n. 29/1960 (alla quale hanno fatto seguito le sentenze nn. 141/1967 e 222/1975), ha affermato l'incompatibilità tra le disposizioni del codice penale che punivano la serrata come reato e il sistema di libertà sancito dagli art. 39, c. 1, Cost.: lo sciopero è riconosciuto costituzionalmente come un diritto; «la serrata, priva di un tal riconoscimento, ma in pari tempo anche della qualificazione giuridico-penale a suo tempo posta dall'ordinamento corporativo, si presenta attualmente come un atto penalmente non vietato o, come si suol dire, penalmente lecito».

La serrata non è più un reato, ma non è neppure un diritto (è piuttosto una *libertà*, riconducibile nell'ambito dell'art. 39, c. 1, Cost.). L'interruzione totale o parziale dell'attività aziendale, con finalità di pressione o di lotta (vale a dire come strumento di autotutela del datore di lavoro), determinando una *sospensione unilaterale* dell'esecuzione dei rapporti di lavoro, costituisce una violazione del contratto di lavoro.

Secondo la ricostruzione più largamente diffusa in dottrina, la violazione consiste nel *rifiuto illegittimo* di ricevere le prestazioni offerte dai lavoratori (che sono disponibili a lavorare, ma non possono farlo, a causa appunto della sospensione dell'attività aziendale): il datore di lavoro (creditore delle prestazioni lavorative), che omette di cooperare all'adempimento dei lavoratori (debitori delle prestazioni lavorative) versa in una situazione di *mora del creditore* (art. 1206 c.c.), ed è pertanto tenuto a risarcire ai lavoratori il danno, corrispondente alla retribuzione che sarebbe normalmente spettata loro.

La configurazione della serrata come *illecito contrattuale* (per violazione dell'onere, o secondo altri dell'obbligo, di ricevere la prestazione lavorativa) può essere superata quando la mancata utilizzazione delle prestazioni lavorative non sia qualificabile come rifiuto illegittimo, ma sia invece *giustificata* alla luce del diritto dei contratti. Di ciò abbiamo detto sopra, parlando degli effetti dello sciopero. Ricordiamo qui che il comportamento del datore di lavoro che sospenda l'attività aziendale in risposta ad uno sciopero articolato è legittimo se lo sciopero pregiudica la produttività dell'azienda: in tal caso la sospensione dell'attività diretta a salvaguardare la sicurezza degli impianti o delle persone, ovvero la stessa sopravvivenza dell'impresa, non costituisce condotta antisindacale, ma comportamento contrattualmente corretto.

Problema ulteriore, ma strettamente connesso, che viene in considerazione soprattutto sotto il profilo dell'eventuale condotta antisindacale del datore di lavoro è quello dei limiti in cui l'adozione di misure dirette a contenere gli effetti dannosi dello sciopero possa considerarsi lecita. Secondo la comune opinione, la soggezione del datore di lavoro allo sciopero, mentre rende illeciti i comportamenti diretti ad impedire o limitare l'esercizio del diritto da parte dei lavoratori, non esclude la possibilità di reagire ad esso, adottando appunto le misure che ritenga necessarie a limitare i danni.

Particolare rilievo assume, in questo ambito, la questione dell'utilizzazione di lavoratori non scioperanti (i "crumiri") in sostituzione dei lavoratori scioperanti. Per quanto riguarda il *crumiraggio esterno* (vale a dire il ricorso a lavoratori esterni all'impresa) è necessario ricordare che il diritto vigente vieta il ricorso alla stipulazione di contratti di lavoro "flessibili" per sostituire lavoratori in sciopero. Per quanto riguarda il *crumiraggio interno* (utilizzazione di lavoratori non scioperanti interni all'impresa), l'opinione prevalente ne ammette la legittimità, ma ponendo particolare attenzione alla circostanza che i lavoratori non scioperanti siano correttamente utilizzati nel rispetto delle prescrizioni legali e contrattuali relative alla loro assunzione e alla loro utilizzazione: l'utilizzazione in mansioni inferiori è consentita, purché si tratti di attività marginali e sia giustificata da specifiche esigenze aziendali[24]. Ciò non toglie che anche il crumiraggio interno debba essere valutato sotto il profilo della incidenza di una tale misura sul diritto di sciopero, il cui esercizio non può essere né impedito né limitato dal datore di lavoro, al quale pure si riconosce il diritto di reagire allo sciopero per limitarne i danni.

---

[24] Cass. n. 8670/2019; Cass. n. 9027/2019 ha giudicato antisindacale la condotta di Trenitalia che aveva sostituito gli scioperanti con personale di livello superiore nel cui profilo professionale non rientravano, neppure marginalmente, le attività dei lavoratori sostituiti.

Parte III

SUBORDINAZIONE E CONTRATTO DI LAVORO

Capitolo I

DALLA LEGISLAZIONE SOCIALE AL CONTRATTO DI LAVORO SUBORDINATO

1. *Le origini del diritto del lavoro: la legislazione sociale*

Il diritto del lavoro nasce con l'industrializzazione, che in Italia è stata tardiva. Fino al 1880 lo sviluppo industriale era stato lento e la fisionomia economica del paese era rimasta prevalentemente agricola; intorno al 1880, a seguito dell'adozione delle tariffe doganali protezionistiche cominciò a svilupparsi l'industria manifatturiera, specialmente tessile e cotoniera in particolare; le misure di sostegno diretto del settore ferro-meccanico consentirono lo sviluppo dell'industria meccanica, agevolato dalle commesse ferroviarie, dalla formazione delle prime grandi reti tranviarie urbane ed extraurbane, dallo sviluppo dell'industria tessile che richiedeva macchinari e impianti.

Nel periodo 1876-1898 furono eliminati migliaia di piccoli laboratori o fabbrichette; contemporaneamente al fenomeno della liquidazione dei piccoli laboratori e delle aziende artigiane si ebbe una crescita del numero delle grandi fabbriche. All'epoca, la grande fabbrica (grande, secondo il metro dell'epoca) era già presente su tutto il territorio nazionale, anche se quantitativamente era concentrata al Nord, ed aveva già prodotto la divisione del lavoro su base territoriale, con la specializzazione delle varie zone nella produzione di un solo prodotto. Accanto alla grande fabbrica meccanizzata, che utilizzava le più moderne tecnologie, resistevano tuttavia vecchi opifici e piccole fabbriche, dove le condizioni di lavoro erano molto dure e quelle ambientali malsane. Ma anche nella grande fabbrica, all'efficienza tecnica non faceva riscontro un ambiente di lavoro che tenesse in alcun modo conto delle esigenze umane ed igieniche dei lavoratori. La giornata lavorativa media si aggirava intorno alle 12 ore di lavoro effettivo; ma nelle filande, dove lavoravano soprattutto donne e bambini, la parte più indifesa della classe operaia del tempo, la giornata media era di 15-16 ore di lavoro effettivo. Quanto ai salari, quelli nominali già bassissimi erano erosi da numerose trattenute e da forme di cointeressenza per rendere gli operai partecipi della cattiva produzione, dalle soste forzate e non retribuite, e finalmente dagli indennizzi per lavori difettosi e arnesi rotti.

Le condizioni inumane di vita e di lavoro degli operai suscitavano sentimenti di preoccupata indignazione nella borghesia illuminata del tempo, ma era specialmente il lavoro delle donne e dei bambini a suscitare preoccupazioni: malattie, aborti, e in genere i danni fisici procurati dal lavoro industriale contribuivano a quella "degenerazione della razza" (denutrizione, morbilità, deformazioni), che era caratteristica del proto-industrialismo italiano. La presenza delle donne era estesa in vari comparti produttivi, e non solo nel tessile-abbigliamento, in cui era preponderante: erano preferite dagli industriali, perché potevano pagarle meno ancora degli uomini (il massimo del salario femminile non raggiungeva il minimo, pure bassissimo, del salario maschile), perché erano più tranquille e scioperavano meno. L'occupazione femminile, "concorrenziale" rispetto a quella maschile, contribuiva peraltro a mantenere bassi i salari operai, ed era elemento di divisione all'interno di una classe operaia ancora debole e disorganizzata.

L'esigenza di varare una *legislazione sociale* era invocata da più parti, e con sempre maggior insistenza, ma le leggi tardavano ad intervenire, a causa dell'opposizione tenace degli industriali, ostili ad ogni intervento legislativo, che potesse limitare l'uso indiscriminato del lavoro delle donne e dei fanciulli. La prima fase della storia della legislazione sociale in Italia si esaurì tutta nella lunga vicenda parlamentare che portò all'approvazione della l. n. 3657/1886 sul *lavoro dei fanciulli*. La legge, incompleta e poverissima nei contenuti, molto al di sotto dello standard delle consimili leggi europee, ben poca protezione assicurava ai fanciulli e nulla disponeva riguardo al lavoro delle donne, alle quali toccò attendere ancora sedici anni per vedere una legge che desse loro un minimo di tutela. La prima legge sul *lavoro delle donne* (l. n. 242/1902, nota come "legge Carcano"), venne parzialmente modificata con la l. n. 416/1907, poi confluita nel T.U. sul *lavoro delle donne e dei fanciulli* (l. n. 816/1907). La *Cassa di maternità* venne istituita (a causa della forte opposizione degli industriali) ancora più tardi, con la l. n. 520/1910; solo a partire da quella data le lavoratrici poterono godere, nel periodo di congedo obbligatorio dal lavoro (quattro settimane dopo il parto), di una prestazione economica avente carattere di elargizione assistenziale, fissata in cifra predeterminata e non ragguagliata al salario.

Nella storia della legislazione sociale dell'ultimo ventennio del secolo XIX, il capitolo principale è rappresentato dalla l. n. 80/1898, sull'*assicurazione obbligatoria contro gli infortuni sul lavoro* (poi coordinata ad altre successive nel T.U. approvato con R.d. n. 51/1904). La legge, che superava la logica della responsabilità civile fondata sulla colpa aquiliana o sulla colpa contrattuale, portava il problema degli infortuni sul lavoro fuori dal diritto civile: se la teoria del rischio professionale creava un nesso tra esercizio del lavoro, organizzazione dell'impresa e infortunio, creando le premesse per la responsabilità oggettiva del datore di lavoro, l'assicurazione obbligatoria trasformava l'obbligo di risarcire il danno in obbligo di assicurarsi. Il costo dell'assicurazione era peraltro facilmente scaricabile sui lavoratori e sui consumatori: e dunque il vantaggio per gli imprenditori, che si erano visti in passato condannare al risarcimento dei danni, era notevole, e questo spiega perché questa legge "sociale" abbia visto la luce prima di altre, che incontravano la forte opposizione del fronte padronale.

È pressappoco coeva l'istituzione della Cassa Nazionale di previdenza per la *vecchiaia e l'invalidità* degli operai (l. n. 350/1898); l'assicurazione, che era volontaria, divenne tuttavia obbligatoria – per i soli lavoratori (operai e impiegati) in modeste condizioni economiche – solo nel 1919 (l. n. 603/1919), quando i datori di lavoro vennero obbligati a pagare i contributi assicurativi. Molto più tarda la tutela della *malattia* di lavoratori: la prima assicurazione sociale è quella relativa alla tubercolosi (l. n. 2055/1927); l'assicurazione obbligatoria venne introdotta solo in epoca corporativa (nel 1943, unificando le mutue sindacali nell'INAM, ente sciolto nel 1977, a seguito della nascita del Servizio Sanitario Nazionale).

2. *Il contratto di lavoro tra compravendita e locazione*

La legislazione sociale era assai carente, e inoltre il diritto ottocentesco non forniva al lavoro industriale, per come si veniva modellando nella prassi, una forma giuridica specifica e adeguata. Il codice civile (del 1865) conteneva solo tre scarne disposizioni alle quali il giurista potesse fare appello, per trovare una cornice dentro la quale comprendere e spiegare le discipline di diversa fonte (dagli usi aziendali, ai primi concordati di tariffa, alla "giurisprudenza" probivirale), che in concreto regolavano i rapporti tra industriali e operai salariati [1].

Nell'ambito dello schema della *locatio* (godimento temporaneo di una cosa in cambio del prezzo), l'art. 1570 definiva la locazione delle opere come «*contratto per cui una delle parti si obbliga a fare per l'altra una cosa mediante la pattuita mercede*». L'art. 1627 prevedeva poi tre principali «specie di *locazione di opere* e d'industria: (1) quella per cui le persone obbligano la propria opera all'altrui servizio; (2) quella dei vetturini sì per terra come per acqua, che s'incaricano del trasporto delle persone e delle cose; (3) quella degli imprenditori di opere ad appalto o cottimo» [2]. L'art. 1628 vietava infine la perpetuità del vincolo obbligatorio, disponendo «nessuno può obbligare la propria opera all'altrui servizio che a tempo o per una determinata impresa».

Il codice faceva propria la distinzione, cara alla dottrina civilistica dell'epoca, tra la *locatio operarum* (delle opere) e la *locatio operis* (dell'opera).

La *locatio operarum* era definita come scambio tra le prestazioni di un soggetto e la mercede pattuita. Il datore di lavoro si appropria delle prestazioni, assumendosi il

---

[1] In realtà, il diritto dell'epoca conosceva una articolata disciplina del rapporto di lavoro: ma essa rimase confinata nella sua specialità, non assumendo la funzione di modello di disciplina di altri rapporti di lavoro. Il codice di commercio (del 1882) regolava infatti (agli artt. 521 ss.) il *contratto di arruolamento marittimo* (arruolamento: assunzione, cioè iscrizione nel ruolo dell'equipaggio). La disciplina prevedeva la forma scritta del contratto, la durata, il diritto alla retribuzione in caso di malattia, il diritto ad un'indennità in caso di "congedo" (cioè licenziamento) senza motivo.

[2] Il cottimo era all'epoca una variante dell'appalto: il capo cottimo era un appaltatore o un subappaltatore di manodopera. Nella fabbrica, dove si concentravano i salariati, che alienavano le proprie energie lavorative "all'altrui servizio" e in cambio di una mercede, i cottimisti erano artigiani (diremmo oggi: lavoratori autonomi) a cui era addossato il rischio del risultato del proprio lavoro. Quando una squadra di cottimisti era solidalmente obbligata a realizzare un *opus* di grandi dimensioni, il cottimo aveva carattere collettivo. La trasformazione del cottimo-contratto (contratto di appalto o di sub-appalto) in cottimo-retribuzione (come oggi lo conosciamo) avvenne progressivamente, via via che si accentuava la dipendenza dei cottimisti dall'imprenditore che ne utilizzava effettivamente le prestazioni: il cottimo divenne allora una forma di retribuzione legata al risultato, anziché al tempo del lavoro.

rischio del rendimento e della utilità di esse; il prestatore di opere (cioè di lavoro) si vincola a mettere le proprie energie lavorative "*all'altrui servizio*": la dipendenza, o soggezione, del prestatore diviene l'elemento caratterizzante il tipo contrattuale della *locatio operarum*.

La *locatio operis*, per contro, era definita come scambio tra l'*opus* promesso e il compenso, che matura solo con la realizzazione del risultato promesso. Il rischio connesso alla produzione del risultato è a carico del prestatore (tipicamente: l'artigiano), che non produce tale risultato "all'altrui servizio", ma in condizioni di (relativa) autonomia.

Per mantenere il rapporto contrattuale tra datore e prestatore di lavoro entro la cornice della *locatio operarum*, era necessario risolvere almeno una fondamentale questione: essendo vietato fare del corpo umano l'oggetto di un contratto, occorreva separare il lavoro dal corpo di chi lo produce, farne cioè un "bene", suscettibile di essere oggetto di scambio.

Alla questione la dottrina del tempo dette due diverse risposte. Poiché il corpo umano non può essere l'oggetto del contratto, Francesco Carnelutti[3] individuava l'oggetto del contratto nelle "energie", che si distaccano dal corpo umano e si esteriorizzano: energie che il lavoratore vende al datore di lavoro, e di cui il datore di lavoro diviene proprietario (o, meglio, titolare del loro godimento esclusivo). La costruzione del contratto di lavoro come vendita non era certo priva di coerenza logica: una volta distaccate dal lavoratore che le eroga, le "energie" potevano essere considerate come merce oggetto di scambio. Ma questa costruzione non era destinata al successo: probabilmente perché in diritto – come ha rilevato Luigi Mengoni – l'astrazione del bene dalla persona non si riesce a fare in maniera così drastica come in economia.

In aperta e aspra polemica con Carnelutti, Ludovico Barassi riconduceva il contratto di lavoro nel tipo unitario della locazione (concessione a titolo oneroso del godimento di energie da qualunque fonte provengano), distinguendo all'interno del tipo tra *locatio operis* e *locatio operarum* per il fatto che, mentre nella prima la gestione del lavoro viene effettuata in forma autonoma dal lavoratore, nella seconda la gestione dell'attività si accentra nel creditore di lavoro che se ne accolla il rischio, e il corollario più importante consiste nella subordinazione del lavoratore alla controparte. Il vincolo di subordinazione (in senso giuridico-formale) qualifica la promessa stipulata dal prestatore di lavoro, consentendo di distinguere, all'interno dello stesso tipo contrattuale, la locazione delle opere da quella dell'opera.

Forte dell'autorità di Lotmar, per cui «il dispiegamento di energie non è un'attribuzione patrimoniale», e convinto dell'inseparabilità del lavoro dall'uomo, Barassi (considerato a ragione o a torto il padre del diritto del lavoro) identificava l'oggetto dell'obbligazione con il suo contenuto, vale a dire la prestazione promessa dal debitore. Se la promessa del lavoro è termine di scambio, la personalità del lavoro può conciliarsi con il concetto economico di scambio (e quindi di mercato): «la persona del lavoratore rientra nella posizione contrattuale nei limiti del concetto di obbligazione». La subordinazione dunque è liberamente voluta dal lavoratore e dedotta in contratto: e in ciò può anche vedersi un'elementare garanzia di libertà del lavoratore[4].

---

[3] È la nota posizione di Carnelutti (1913, 1916), che restituisce l'immagine di un operatore economico che «toglie qualcosa al suo patrimonio come il mercante che vende le sue merci».

[4] Dopo il tentativo condotto con la prima edizione de *Il contratto di lavoro nel diritto positivo italiano*, Società editrice libraria, Milano, 1901, nella quale non era riuscito a fornire un soddisfacente schema di *locatio operis* capace di separare il contratto di lavoro dal diritto delle merci, Barassi co-

Barassi apportava così al nascente diritto del lavoro il contributo di una costruzione dogmatica del contratto di lavoro alla quale era acquisito il dato dell'inseparabilità del lavoro dal lavoratore; a lui si deve la prima e più dotta ricostruzione sistematica del contratto che ha al centro, e come elemento della sua causa, la subordinazione. Ma i tempi per una disciplina legale del contratto di lavoro erano ancora lontani. Nel 1901, la Commissione presieduta dal ministro Chimirri (alla quale collaborò Barassi) elaborò un progetto per la disciplina della locazione di opere, che prendeva il nome ormai di contratto di lavoro subordinato. Il progetto venne insabbiato: di una organica disciplina del contratto di lavoro si riparlerà solo con la nuova codificazione.

3. *Il contratto di impiego privato*

Durante questo lungo arco di tempo, un importante passo verso la costruzione del contratto di lavoro come contratto nominato fu segnato dal R.d.l. n. 1825/1924 (noto come *legge sull'impiego privato*): con esso il rapporto di impiego privato venne definitivamente distaccato dalla matrice della *locatio operarum*, fino ad allora comune al lavoro operaio, regolata dagli artt. 1627 e 1628 del codice civile del 1865. Per quanto la completa elaborazione di un'organica disciplina giuridica del rapporto di impiego privato risalisse al 1913, l'approvazione del progetto avvenne solo dopo la fine della guerra (d.lgs.lgt. n. 112/1919). Il decreto venne abrogato pochi anni dopo, e sostituito dal R.d.l. n. 1825/1924 (mai formalmente abrogato, e dunque tutt'ora vigente, ancorché largamente superato nella maggior parte delle sue disposizioni) [5].

L'*iter* parlamentare era iniziato nel 1912, quando già il rapporto di impiego privato godeva di una regolamentazione organica nei contratti tipo, elaborata dalle Camere di commercio in base agli usi delle varie piazze. Tale regolamentazione dava conto dell'avvenuto consolidamento nelle aziende della presenza (quantitativamente crescente) degli impiegati, il cui ruolo si andava caratterizzando (e diversificando da quello dei "salariati") per la continuità del rapporto, l'infungibilità delle mansioni, i legami di fedeltà e di collaborazione con i datori di lavoro. Non tutti gli appartenenti al ceto impiegatizio potevano vantare questa posizione di relativo privilegio: tra i piccoli impiegati e commessi di negozio (la "plebe" dell'impiego privato) e gli impiegati di medio e alto livello, correvano infatti differenze profonde di *status* e di ruolo, e i primi erano sovente in condizioni peggiori degli operai. Obiettivo maggiore del progetto era separa-

---

struiva la teoria del contratto di lavoro nella seconda edizione completamente riveduta del 1915-1917, risentendo certamente dell'influenza della fondamentale opera del giurista tedesco Philipp Lotmar (i due ponderosi volumi *Der Arbeitsvertrag nach dem Privatrecht des deutschen Rechts, Liepzig*, 1902, 1908, su cui v. ora la preziosa antologia P. Lotmar, *La giustizia e altri scritti*, a cura di I. Fargnoli e L. Nogler, "Biblioteca per la storia del pensiero giuridico moderno", Università di Firenze, Giuffrè Francis Lefebvre, Milano, 2020.

[5] La nuova legge introduceva poche modifiche al testo precedente, ma qualche significativo peggioramento nella disciplina del recesso dal rapporto di impiego (termine di preavviso e indennità di anzianità), compensato da qualche concessione, come l'allungamento delle ferie. La legge del 1924 conservava in sostanza inalterato l'impianto del decreto del 1919: soprattutto restava inalterata la scelta, che era stata del legislatore liberale, di concludere una "pace separata" con la categoria meno numerosa, meno combattiva e tendenzialmente più fedele di lavoratori, sancendone solennemente i privilegi ed il particolarismo della condizione.

re i lavoratori in due categorie, secondo la partizione nell'impresa tra funzioni produttive (dei salariati) e funzioni organizzative (proprie dell'imprenditore), realizzando così la ricomposizione di tutti coloro che con l'imprenditore collaboravano (anche come meri esecutori di ordini) all'organizzazione dell'impresa. L'obiettivo era in sostanza quello di rilanciare una distinzione tra impiegati e operai che già esisteva, ma interessava solo una parte del ceto impiegatizio, contrapponendo questa volta tutti gli impiegati, collaboratori dell'imprenditore, agli operai, meri prestatori di forza-lavoro.

In base all'art. 1, R.d.l. n. 1825/1924, è impiegato (privato) colui il quale venga assunto a svolgere nell'azienda, a tempo normalmente indeterminato[6], attività professionale, con funzioni di collaborazione tanto di concetto che di ordine, eccettuata pertanto ogni prestazione che sia semplicemente di mano d'opera.

La definizione si compone di tre elementi (o requisiti): la professionalità; la collaborazione; il carattere intellettuale, o almeno non meramente manuale, della prestazione.

La *professionalità* aveva, all'epoca in cui la legge venne elaborata, il significato della deduzione in esclusiva nel rapporto delle energie di lavoro dell'impiegato. Tale significato venne tuttavia accantonato presto, poiché sempre più pacificamente si ammetteva la possibilità, per lo stesso impiegato, di essere contemporaneamente e legittimamente titolare di più rapporti di lavoro. Il requisito della professionalità perdeva così, progressivamente, la funzione definitoria che gli era stata affidata, venendo ad indicare solo il minimo di qualificazione richiesta per lo svolgimento delle prestazioni lavorative degli impiegati (come pure degli operai di mestiere, detti anche "professionali").

Più durevole il significato degli altri due requisiti: la *collaborazione* (da intendersi come integrazione dell'opera personale dell'imprenditore, ovvero come partecipazione alle attività di organizzazione dell'impresa) e l'*intellettualità della prestazione*. L'intellettualità della prestazione, a differenza di quanto avveniva nella legislazione degli altri Paesi, era declassata dalla nostra legge a requisito necessario, ma non sufficiente, per l'individuazione della categoria impiegatizia: come chiaramente indica la lettera

---

[6] Il R.d.l. n. 1825/1924 introduceva nell'ordinamento italiano, accanto al rapporto d'impiego a tempo indeterminato, anche la disciplina del *recesso unilaterale con preavviso*. Benché l'art. 1628 c.c. (del 1865) prevedesse la non perpetuità dei vincoli obbligatori, era venuta affermandosi la pratica dei contratti di lavoro a tempo indeterminato, che garantiva la stabile presenza di manodopera all'interno dell'impresa. La pratica dei contratti a tempo indeterminato pose però nuovi problemi in ordine alla definizione dei modi di risoluzione del contratto, che non essendo assistito da termine finale, non scadeva automaticamente, e poteva essere risolto solo per inadempimento dell'altra parte. La soluzione tecnica del problema (nella pratica l'istituto del recesso unilaterale volontario era già largamente conosciuta) venne compiutamente elaborata da Carnelutti, 1911, il quale, richiamandosi all'art. 1609 c.c. (disdetta volontaria della locazione senza determinazione di tempo), ritenne di poter individuare nella norma l'applicazione di un principio di libertà contrattuale, analogo a quello contenuto nell'art. 1628 c.c. Da questa premessa Carnelutti fece derivare, come se si fosse trattato di una logica conseguenza (anziché, come diremmo oggi, di una precisa scelta di politica del diritto), la necessità di estendere anche alla locazione di opere a tempo indeterminato il potere delle parti di dare liberamente la disdetta (vale a dire di recedere unilateralmente), riacquistando così quella libertà dal vincolo obbligatorio, di cui avrebbero potuto essere private dalla mancata determinazione del termine. L'istituto del recesso unilaterale volontario entrò nell'ordinamento già definito nel suo fondamento giuridico: in termini aggiornati alla pratica dei contratti di lavoro, il recesso con preavviso riconfermava quel principio di libertà contrattuale che ispirava il divieto di perpetuità dei vincoli obbligatori.

dell'art. 1, R.d.l. n. 1825/1924, che esclude dall'ambito impiegatizio le prestazioni "semplicemente manuali".

La formalizzazione della dicotomia impiegati-operai aveva qualche effetto anche sulla definizione del lavoro operaio. Mentre gli impiegati risultavano individuati dai tre requisiti di cui si è detto, gli *operai* (o salariati) erano definiti *in negativo*, come lavoratori non intellettuali, e come non collaboratori; insomma, fattori di produzione che l'industriale si procura nella stessa maniera in cui si procura le materie prime. Dalla definizione in negativo degli operai emergevano almeno due indicazioni che, in positivo, servivano a differenziare gli operai dagli impiegati, questi ultimi scarsamente sindacalizzati e soggetti alla libera contrattazione individuale: l'affluenza degli operai sul mercato; la presenza, sul mercato, di un'offerta organizzata di lavoro operaio. Con la conseguenza che il legislatore liberale lasciava alla contrattazione collettiva il compito di definire il trattamento economico e normativo degli operai, esclusi dall'applicazione delle norme che disciplinavano il privilegiato contratto d'impiego privato.

Il *rinvio implicito alla contrattazione collettiva* non rappresentava peraltro un salto nel buio. Già nei contratti collettivi stipulati nel primo decennio del secolo compariva un'articolata disciplina del lavoro operaio, che non metteva comunque in discussione la pienezza del potere imprenditoriale di organizzare, disciplinare e dirigere la forza lavoro subordinata. Per quanto prevalente fosse ancora la parte salariale, la contrattazione collettiva regolava anche il cottimo, l'orario di lavoro, il licenziamento con e senza preavviso, le sanzioni risarcitorie per gli inadempimenti ed i comportamenti scorretti dei lavoratori. Comparivano nei contratti collettivi le prime clausole sull'istituzione delle commissioni interne e sul controllo sindacale del collocamento, mentre cominciava a delinearsi un sistema di classificazione degli operai per "qualifiche", utile a differenziare i livelli salariali. La distinzione tra operai qualificati e non (manovali) non era tanto fondata sul mestiere operaio (sul saper fare: insieme di conoscenze ed esperienze), ma sulla collocazione dell'operaio nell'organizzazione, e sulla sua capacità di inserirsi in una determinata fase del processo produttivo.

Quando, nel 1919 entrò in vigore la prima disciplina del lavoro impiegatizio (poi modificata nel 1924), anche il lavoro operaio aveva dunque, in alcuni settori dell'industria almeno, un minimo di disciplina contrattuale. Mancava invece una regolamentazione del lavoro operaio che fornisse la cornice legale per la formazione, l'esecuzione, la cessazione dei rapporti di lavoro; una regolamentazione, che sulla scorta di quanto aveva già fatto la disciplina del lavoro impiegatizio, definisse in generale i diritti e i doveri delle parti, regolando così tutti i rapporti ai quali non fossero applicabili i contratti collettivi, e colmando altresì le lacune della disciplina collettiva, laddove fosse invece applicata.

L'iniziativa di dare anche agli operai una disciplina giuridica del rapporto di lavoro se la assunse il regime fascista: la realizzazione, che richiese tuttavia l'arco di un ventennio, venne affidata ai sindacati di diritto pubblico (dei datori di lavoro e dei lavoratori delle diverse categorie), cui spettava contrattare oltre ai salari anche gli aspetti normativi del rapporto di lavoro operaio, garantendo, grazie all'efficacia *erga omnes* dei contratti collettivi, la generalizzazione dei risultati contrattuali; la natura pubblica dei sindacati assicurava inoltre la conformità dei risultati contrattuali alle direttive politiche del regime.

Di queste direttive alcune, di notevole rilievo, erano formulate nella *Carta del lavoro* (documento politico ma non giuridico, che ebbe solo nel 1941 una tardiva recezione in legge; malgrado ciò, ad essa venne attribuito il valore di Carta dei principi informatori dell'ordinamento). Benché il regolamento di attuazione della legge sindacale del 1926 avesse ribadito la separazione tra impiegati e operai nell'inquadramento sindacale (non potevano far parte delle stesse associazioni) e nella contrattazione collettiva, nel Titolo III della Carta del lavoro, dedicato al contratto di lavoro e alle garanzie minime del lavoro, comparivano numerose "dichiarazioni" che estendevano ai "prestatori d'opera", con i debiti adattamenti alle esigenze dell'impresa, istituti già regolati per gli impiegati dalla legge del 1924 sull'impiego privato. Così, ad esempio: le ferie annuali; l'indennità di anzianità in caso di licenziamento senza colpa e di morte del lavoratore; la conservazione del posto in caso di malattia, richiamo alle armi e servizio militare, trasferimento dell'azienda; il periodo di prova. Comparivano anche "dichiarazioni" destinate ai "lavoratori" in generale (e senza distinzione tra impiegati e operai): come quelle relative al riposo settimanale e alle sanzioni disciplinari. Quanto all'orario di lavoro, da rispettarsi «scrupolosamente e intensamente», la durata massima era stata fissata per gli operai e gli impiegati insieme dal R.d.l. n. 629/1923 (di cui avremo modo di riparlare nel capitolo dedicato a questo tema).

Complessivamente, la Carta del lavoro prefigurava una disciplina unitaria dei rapporti di lavoro che ebbe qualche seguito nella legislazione successiva. Prima il R.d. n. 471/1928 soppresse le giurisdizioni speciali distinte (i collegi dei probiviri per gli operai; le Commissioni speciali per l'impiego privato per gli impiegati) unificando impiegati e operai nella normativa sulle controversie di lavoro. Poi l'art. 8, R.d. 6 maggio 1928, n. 1251, impose alla contrattazione collettiva di disciplinare gli aspetti fondamentali del contratto individuale di lavoro, secondo quanto disposto dalla Carta del lavoro nelle dichiarazioni di cui si è detto sopra. I contratti collettivi corporativi furono così vincolati a dare una regolamentazione del lavoro operaio, e questa risultò omogenea – nel disegno degli istituti, e salve le differenze di trattamento anche notevoli – alla disciplina legale del rapporto di impiego.

La relativa uniformità della disciplina giuridica dei rapporti di lavoro così raggiunta non toccava però il principio della divisione tra impiegati e operai, reso insuperabile, nell'ambito del sistema corporativo, dalle scelte operate dalla legge sindacale e poi più volte ribadito. Ancora alle soglie dell'entrata in vigore, nel 1942, del nuovo codice civile, la l. n. 543/1940 tutelava i soli impiegati rispetto al richiamo alle armi.

4. *Il codice civile: l'art. 2094 e la nozione unitaria di subordinazione*

Il compito di intervenire nella dicotomia della disciplina dei rapporti di lavoro (lavoro impiegatizio/lavoro operaio) doveva toccare al codice civile che, negli articoli da 2096 a 2129, dava finalmente una regolamentazione uniforme ai momenti fondamentali del rapporto di lavoro. Per quanto il legislatore prendesse atto di una ricomposizione già realizzata per larga parte dalla contrattazione collettiva, si trattava certamente di un passo avanti. Ma l'innovazione non era tale da contraddire le scelte del passato. La classificazione dei lavoratori in *tre categorie* (dirigenti, impiegati e operai) ed il rinvio alle nome corporative per la definizione dei criteri di appartenenza ad esse (art. 2095 c.c.) esprimevano la volontà di preservare la divisione tra i lavoratori, e dunque la sopravvivenza di una disciplina specifica del rapporto di impiego, ancorché ormai limitata ad alcune differenze di trattamento (diverso regime delle sospensioni del rapporto di lavoro, superiore durata delle ferie, maggiore ammontare dell'indennità di anzianità, ecc.).

Apportatrice di innovazioni rilevanti rispetto ai criteri di definizione delle categorie dei lavoratori fino ad allora vigenti (criteri tutti desumibili, in positivo e in negativo, dal R.d.l. n. 1825/1924) poteva essere ritenuta la definizione del prestatore di lavoro contenuta nell'art. 2094 c.c., della cui stesura è considerato il vero ispiratore Paolo Greco[7]. In questa disposizione, che introduce la disciplina unitaria del rapporto di lavoro e precede la norma sulla divisione dei prestatori di lavoro in categorie (art. 2095), il legislatore definisce "*prestatore di lavoro subordinato*" colui che si obbliga mediante retribuzione a «*collaborare nell'impresa, prestando il proprio lavoro intellettuale e manuale alle dipendenze e sotto la direzione dell'imprenditore*».

La "collaborazione", che nell'art. 2094 generalmente qualifica il lavoro subordinato, aveva infatti un significato prevalentemente ideologico, immediatamente riconducibile al principio corporativo della collaborazione fra le classi. Ma, al di là dell'ideologia, l'art. 2094 non introduceva una innovazione radicale. Certo, l'elemento della collaborazione che, dai tempi della legge sull'impiego privato, serviva a distinguere l'impiegato dall'operaio, subiva, con l'estensione, un appiattimento, ma non perdeva per questo la capacità di fornire l'unico criterio utile per differenziare le prestazioni di lavoro. Definire tutti i lavoratori come collaboratori dell'impresa non voleva dire che i collaboratori fossero tutti eguali, né che avessero tutti lo stesso ruolo nell'organizzazione del lavoro: come il legislatore si preoccupava di chiarire nell'articolo immediatamente successivo. La dottrina ebbe così facile gioco a dimostrare la vitalità della distinzione posta dalla legge del 1924. Malgrado l'art. 2094, si poteva infatti sostenere che di collaborazione in senso proprio si poteva parlare solo per gli impiegati, i quali, concorrendo a predisporre l'organizzazione dell'impresa collaborano *ad* essa. Gli operai, che svolgono invece compiti resi possibili dall'esistenza di un'organizzazione alla cui predisposizione non partecipano, collaborano *nella* impresa, ma non sono, tecnicamente, collaboratori dell'imprenditore.

La definizione unitaria del prestatore di lavoro come "collaboratore" dell'imprenditore non era ancora sufficiente a superare la storica divisione tra impiegati e operai, ma eliminava buona parte della disciplina giuridica separata del rapporto d'impiego; ciò avveniva grazie ad una nozione onnicomprensiva di "subordinazione", che consentiva di ricomporre quello che la collaborazione teneva distinto. La subordinazione è la stessa anche quando è diverso il grado di collaborazione, perché la prestazione di lavoro è in ogni caso eterodiretta. Ma di ciò riparleremo nel capitolo dedicato al contratto di lavoro subordinato e alla distinzione tra subordinazione e autonomia (*infra*, Cap. II, Sez. I, II).

5. *Un nuovo tipo contrattuale: il contratto di lavoro subordinato*

L'art. 2094 c.c. collega l'obbligazione del prestatore di lavoro (a collaborare nell'impresa, alle dipendenze e sotto la direzione dell'imprenditore) ad un *contratto di scambio*[8]: la fonte del rapporto di lavoro è dunque il contratto, e non l'incorporazione del

---

[7] Greco 1939.

[8] Non si può omettere di segnalare che le disposizioni del codice civile del 1942 dedicate al lavoro compendiano l'esperienza del periodo corporativo. Al posto del proprietario di forza lavoro che la offre sul mercato, troviamo ora il *produttore* (imprenditore o prestatore di lavoro, inserito nell'orga-

lavoratore in una istituzione ordinata su base gerarchica. Lo schema locativo è sepolto: l'art. 2094 infatti «ha tipizzato la subordinazione come criterio di qualificazione del contratto»[9]; il contratto di lavoro subordinato è ora un diverso e *autonomo tipo contrattuale*. La protezione del lavoratore contraente debole è affidata alle fonti inderogabili di disciplina del rapporto di lavoro: la legge e il contratto collettivo corporativo, efficace *erga omnes*, tolgono spazio all'autonomia contrattuale delle parti, ridotta alla sola stipulazione di clausole *intuitu personae* più favorevoli al lavoratore. La disciplina del contratto di lavoro (contenuto ed effetti) è infatti affidata per gran parte a norme inderogabili della legge o del contratto collettivo, la cui violazione non comporta la nullità parziale del contratto, ma la sostituzione di diritto delle clausole difformi (art. 1419, c. 2, c.c.).

La diseguaglianza sostanziale tra le parti (il lavoratore è un contraente debole, soggetto al potere economico-sociale del datore di lavoro) spiega, del resto, la presenza della normativa inderogabile di tutela del lavoratore. Malgrado la premessa concezione gerarchico-autoritaria della subordinazione che qualifica il contratto di lavoro, nel codice del '42 emerge, per la prima volta, l'implicazione della persona del lavoratore (una persona in carne ed ossa) nel contratto di lavoro. La disposizione più significativa in questo senso è contenuta nell'art. 2087 c.c. (obbligo di sicurezza), che espressamente include la salvaguardia dell'integrità fisica e morale del lavoratore (*infra*, PT. VI, Cap. III, Sez. II).

5.1. *L'implicazione della persona nel rapporto di lavoro*

L'immissione nel *contratto* della considerazione della sostanziale diseguaglianza del lavoratore, e l'accentuazione del profilo personalistico (ovvero l'implicazione della persona nel *rapporto* di lavoro) che già possiamo leggere nel codice civile, hanno acquistato ben altra rilevanza con l'entrata in vigore della Costituzione (1° gennaio 1948). In realtà, fino alla metà degli anni sessanta il diritto del lavoro non ha conosciuto uno sviluppo capace di adeguare la disciplina dei rapporti di lavoro ai nuovi principi costituzionali, che mettono il lavoratore subordinato, e talora il lavoratore *tout court*, al centro di un sistema di garanzie di diritti fondamentali.

La disciplina del contratto e del rapporto di lavoro è rimasta in gran parte affidata al codice civile, e le categorie civilistiche hanno fornito i binari entro i quali far correre l'interpretazione; l'ottica era ancora quella della protezione del contraente debole. Alteravano tuttavia i consolidati schemi interpretativi, aprendo la strada all'allontanamento del contratto di lavoro dal diritto comune dei contratti, due disposizioni costituzionali in particolare (gli artt. 36 e 37), che la giurisprudenza, non senza qualche incertezza, era arrivata presto a configurare come disposizioni immediatamente precettive e come tali applicabili ai rapporti tra privati, allargando così l'orizzonte della implicazione della persona del lavoratore nel rapporto dalla sola protezione del con-

---

nizzazione produttiva dell'impresa): il contesto è quello della funzionalizzazione dell'autonomia privata all'interesse superiore della produzione nazionale, della responsabilità dell'imprenditore verso lo Stato, e del potere di controllo dello Stato sugli indirizzi della produzione e degli scambi.

[9] Mengoni 2004, p. 126.

traente debole alla considerazione del coinvolgimento in esso della sua intera personalità. L'art. 37 Cost. (sul quale torneremo oltre: PT. V, Cap. I) sancisce l'eguaglianza senza distinzione di sesso nelle condizioni di lavoro: un diritto fondamentale, anzi il più fondamentale dei diritti della persona, limita la libertà contrattuale del datore di lavoro. L'art. 36 Cost. sancisce il diritto del lavoratore ad una retribuzione proporzionale alla qualità e alla quantità del lavoro prestato, e in ogni caso sufficiente a garantire condizioni di vita libera e dignitosa. La retribuzione resta pur sempre il corrispettivo della prestazione lavorativa, ma la determinazione del prezzo del lavoro non è lasciata esclusivamente al mercato, perché la tutela di un diritto del lavoratore (che potremmo anche dire di "cittadinanza" e meglio, di "cittadinanza sociale") interferisce con il valore di scambio (*infra*, PT. VI, Cap. III, Sez. I).

Una fase nuova del diritto del lavoro è stata segnata dallo Statuto dei lavoratori (l. n. 300/1970), nel quale domina la considerazione del lavoratore subordinato come titolare dei diritti fondamentali della persona. Lo Statuto può essere infatti considerato come un *Bill of Rights*, una Carta di diritti fondamentali e indisponibili, garantiti a tutti i lavoratori; una Carta sorretta, per garantirne l'effettività, dall'apertura di uno spazio al contro-potere sindacale. Lo Statuto ridistribuisce all'interno del contratto di scambio poteri ed obblighi, riscrivendo il contenuto del contratto: i diritti sono garantiti al lavoratore subordinato, nell'ottica di un riassetto del contratto di scambio determinato dalla tutela della persona (nella sua complessità di *soma* e di *psiche*), la cui libertà e dignità devono restare al riparo dall'esercizio dei poteri datoriali.

La persona del lavoratore implicata nel rapporto di lavoro è titolare di diritti fondamentali: è questo il traguardo del lungo percorso sinteticamente descritto fin qui. Ma è un traguardo suscettibile di essere rimesso in discussione. Gli argomenti che studieremo nei prossimi capitoli ci metteranno di fronte ai mutamenti intervenuti nella disciplina del lavoro che, aumentando la flessibilità e allargando gli spazi della precarietà, riducono nei fatti (e talora anche in diritto) il patrimonio di diritti acquisiti con lo Statuto dei lavoratori [10].

---

[10] Proprio la constatazione dei profondi cambiamenti intervenuti ha sollecitato nuove riflessioni sulla crisi del diritto del lavoro. In queste riflessioni spicca il contributo di A. Supiot, *Critique du droit du travail*, Puf, Paris, 1994, spec. 51 ss. Secondo Supiot, il riconoscimento della persona, ambiguo e pericoloso, porta ad occultare, o a negare, la specifica posizione del corpo umano nel rapporto di lavoro. La "persona" del lavoratore è, come nelle origini romanistiche del termine, la "maschera" dietro la quale si cela la fisionomia di un uomo; il suo corpo è il luogo, il passaggio obbligato dell'adempimento delle sue obbligazioni, è la cosa stessa che forma la materia del contratto. La riscoperta del corpo (o, meno crudamente, della persona fisica) come oggetto del contratto di lavoro serve a Supiot per isolare la materialità della prestazione di lavoro dalla soggettività di chi il lavoro lo presta. Ma il processo di disgregazione del lavoro nella frammentazione attuale in molti lavori iperflessibili e precari sembra riportarci molto più indietro, a quella difficile distinzione tra *locatio hominis* e *locatio operarum* da cui erano partiti i civilisti che all'inizio del XX secolo si erano dedicati allo studio del contratto di lavoro: lavoratori-oggetto e non soggetti, non persone, perché i diritti fondamentali delle persone sono negati a chi, spinto dal bisogno, è disposto ad accettare condizioni di lavoro e di vita ormai inaccettabili per i lavoratori "cittadini".

Capitolo II
SUBORDINAZIONE E AUTONOMIA

Sezione I
LA SUBORDINAZIONE

1. *Subordinazione e autonomia*

La distinzione tra subordinazione e autonomia ha una rilevanza cruciale: culturale, sociale, economica e, per quanto qui più rileva, giuridica. Si potrebbe dire che l'origine e la stessa ragion d'essere del diritto del lavoro è rappresentata dalla subordinazione del lavoratore, a fronte della quale l'ordinamento, nei diversi periodi storici, ha predisposto un sistema di regole per proteggere il lavoratore subordinato quale soggetto dipendente, economicamente e giuridicamente, da un altro soggetto, il datore di lavoro, al quale, come vedremo oltre, sono riconosciuti una serie di poteri tipici (direzione, controllo, disciplina).

La qualificazione di un rapporto come lavoro subordinato, peraltro, apre o chiude molte porte per accedere all'applicazione di specifiche discipline legali (diritti, poteri, obblighi, del lavoratore e del datore di lavoro). Il rispetto di queste discipline, ed in particolare la costituzione del rapporto giuridico obbligatorio di previdenza sociale che discende automaticamente dalla sussistenza di un rapporto di lavoro subordinato, comporta un insieme di costi per il datore di lavoro, tuttora più elevati e complessivamente non paragonabili a quelli che discendono invece dalla sussistenza di un rapporto di lavoro autonomo o di un rapporto di lavoro parasubordinato (*infra*, Sez. II).

Una delle ragioni del fenomeno, ormai diffuso da tempo, sintetizzato dalla espressione "fuga dal rapporto di lavoro subordinato" – intesa come tentativo di eludere la normativa applicabile a tale fattispecie stipulando un contratto diverso per acquisire la manodopera – può essere individuata proprio nei *costi*, espliciti ed impliciti, della subordinazione. Si tratta di costi (espliciti) finanziari (l'elevato importo dei contributi che il datore è tenuto a versare all'INPS[1] per i trattamenti pensionistici e dei premi che deve versare all'INAIL per l'assicurazione contro gli infortuni sul lavoro e le malattie professionali), in primo luogo; ma anche costi non direttamente monetizzabili, quali sono i costi per così dire normativi, ovvero i costi (impliciti) organizzativi e gestionali, strettamente legati alle specifiche discipline applicabili a ciascun rapporto di lavoro in relazione allo *status* di ciascun lavoratore (es. costi della maternità) e alle caratteristiche (es. organico dell'organizzazione) del datore di lavoro. Al contempo, l'acquisizione di manodopera, quale fattore produttivo dell'attività imprenditoriale, attraverso la stipulazione di un contratto di lavoro subordinato, soprattutto se a tempo indeterminato, riduce i costi di transazione che il datore di lavoro dovrebbe sostenere per acquisire, di volta in volta, la possibilità di utilizzare prestazioni lavorative che possano essere "dirette" secondo le modalità tipiche della subordinazione, esercitando, per l'appunto, i poteri tipici (direzione, controllo, disciplina) riconosciuti al datore di lavoro.

Tutte le disposizioni del codice civile relative al rapporto di lavoro (Libro V, Titolo II), così come tutte le disposizioni contenute nelle leggi speciali che hanno nei decenni significativamente integrato la disciplina lavoristica, hanno come destinatario esclusivo il lavoro subordinato, e più propriamente il prestatore di lavoro subordinato[2] (salvo eccezioni ed estensioni dei rispettivi campi di applicazione: v. in particolare Sez. II, per le collaborazioni "etero-organizzate" alle quali si applica la disciplina del rapporto di lavoro subordinato).

La distinzione tra lavoro subordinato e lavoro "non subordinato", ovvero la giustapposizione di autonomia e subordinazione, appare dunque fondamentale per individuare il campo di applicazione della disciplina lavoristica.

La nozione di autonomia, e dunque di *lavoratore autonomo*, è desumibile dall'art. 2222 c.c. – disposizione di apertura del Titolo III "Del lavoro autonomo" dello stesso Libro V – nel quale la fattispecie *contratto d'opera* è definita al fine di individuare il campo di applicazione delle discipline contenute nelle disposizioni successive. La definizione di lavoratore autonomo presenta tratti caratteristici propri, ma anche tratti distintivi rispetto al lavoro subordinato, tanto da indicare, tra i requisiti necessari, la mancanza del vincolo di subordinazione.

Il prestatore d'opera, o lavoratore autonomo, è colui che «si obbliga a compiere verso un corrispettivo un'opera o un servizio, con lavoro prevalentemente proprio e *senza vincolo di subordinazione* nei confronti del committente». Il principale criterio discretivo tra rapporti di lavoro riconducibili a due distinti tipi contrattuali (contratto di lavoro subordinato e contratto di lavoro autonomo) è dunque la subordinazione. Nel codice civile troviamo una definizione della subordinazione nella disposizione (art. 2094) dedicata al «prestatore di lavoro subordinato», anche se una parte della dottrina ha messo in evidenza, di quella definizione, la scarsa capacità descrittiva e discretiva (rispetto al lavoro autonomo ed ancor più oggi rispetto alla *species* collaborazioni

---

[1] Oggi: aliquota base del 33%, alla quale si sommano ulteriori minori voci contributive diversificate per categoria di lavoratori e per condizioni del datore, oltre che per tipo di contratto (es. a tempo indeterminato o determinato) attestandosi complessivamente su valori compresi tra 36% e 44%; va segnalato che il differenziale dei costi contributivi per lavoratori subordinati e collaboratori coordinati e continuativi negli ultimi anni si è progressivamente ridotto in misura significativa, e non pare di per sé giustificare la persistente "fuga dalla subordinazione" da parte delle imprese.

[2] Il codice civile, infatti, non definisce il contratto di lavoro subordinato bensì il prestatore di lavoro subordinato (Libro V, Titolo II, Sez. II, "Dei collaboratori dell'imprenditore", art. 2094).

coordinate e continuative, soprattutto considerando la nuova fattispecie delle collaborazioni "etero-organizzate": v. *infra*, e Sez. II).

Come abbiamo già visto, secondo l'art. 2094 c.c. «è prestatore di lavoro subordinato chi si obbliga mediante retribuzione a collaborare nell'impresa, prestando il proprio lavoro intellettuale o manuale alle dipendenze e sotto la direzione dell'imprenditore». Tralasciamo per ora l'espressione «si obbliga mediante retribuzione», che denota la posizione di un soggetto parte di un contratto di scambio a titolo oneroso (del quale approfondiremo oltre i tratti caratteristici e gli elementi essenziali: Cap. III); concentriamo invece l'attenzione sulla parte restante della lettera dell'art. 2094, e in particolare sui due termini che in essa ricorrono: la collaborazione; la dipendenza.

Per quanto riguarda il significato del primo di questi due termini, spesso si osserva che la *collaborazione*, di per sé, non rappresenta un elemento esclusivo della subordinazione: anche il lavoratore autonomo "collabora", ed ancor più il "collaboratore coordinato e continuativo" (v. *infra*, Sez. II)[3]. Pare tuttavia opportuno rilevare come la collaborazione di cui all'art. 2094 si distingua dalle "altre" collaborazioni proprio in forza del suo carattere subordinato; questa osservazione può rafforzare il diffuso giudizio di inadeguatezza dell'art. 2094, o, al contrario, valorizzare la differenza specifica (la subordinazione, appunto) che caratterizza il lavoro subordinato rispetto al lavoro autonomo[4]. Certo è, a nostro avviso, che la collaborazione, di per sé sola, è elemento necessario ma non sufficiente per decidere, in concreto, se in un determinato rapporto sia presente o meno il vincolo di subordinazione.

Per quanto riguarda il secondo dei due termini, la *dipendenza*, altrettanto spesso si afferma che è inadeguato a dar conto delle molteplici forme, in continua evoluzione, del lavoro nelle organizzazioni vieppiù complesse, e si imputa all'art. 2094 la sua (inevitabile) "storicità", intesa come il riflesso del modello (detto "socialtipico") di lavoratore presente all'epoca della redazione del codice. Non si può ignorare, in effetti, che quel modello di lavoratore (maschio, impiegato a tempo pieno e indeterminato, tendenzialmente "a vita", presso un solo datore di lavoro[5] e da questi dipendente economicamen-

---

[3] Il termine collaborazione lascia trasparire la sua origine, risalente al contratto di impiego privato (*retro*) e in quell'occasione riferita esclusivamente al lavoro degli impiegati (una delle "categorie" di prestatori di lavoro, in forza dell'art. 2095 c.c.) proprio per distinguerlo dal lavoro "manuale" degli operai; la trasposizione di quella collaborazione si ritrova peraltro, nello stesso art. 2094, nell'espressione «lavoro intellettuale», ora accostata, con una certa retorica, al lavoro «manuale».

[4] Anche rispetto alla sua sottospecie lavoro parasubordinato, se si tiene nel dovuto conto che le collaborazioni *ex* art. 409 c.p.c. (ieri come oggi) sono definite come «rapporti di collaborazione che si concretino in una prestazione d'opera continuativa e *coordinata*, prevalentemente personale, *anche se non a carattere subordinato*»: coordinata, appunto, e non subordinata; e la collaborazione oggi (l. n. 81/2017) «si intende coordinata quando, nel rispetto delle modalità di coordinamento stabilite di comune accordo dalle parti, il collaboratore organizza autonomamente l'attività lavorativa». Meno nitida invece, come diremo, appare oggi la distinzione tra la collaborazione di cui all'art. 2094 c.c. e le collaborazioni coordinate e continuative c.d. etero-organizzate (v. *infra*, Sez. III).

[5] L'esclusività del rapporto non rappresenta peraltro un elemento essenziale della subordinazione: se pure lo possiamo considerare tradizionalmente "tipico", non possiamo tuttavia trascurare la possibilità che il lavoratore sia parte di più di un contratto di lavoro subordinato. Questa affermazione, già presente in dottrina (e quasi scontata nei rapporti di lavoro part time) trova ora conforto nel d.lgs. n. 104/2022 di attuazione della Direttiva 2019/1152, la quale espressamente prevede (art. 8)

te) ha subito frammentazioni e modifiche importanti nei decenni successivi. Ma si può anche dire che il substrato sociologico, è rimasto, almeno *in nuce*, immutato: la "dipendenza" può infatti essere intesa – così l'intende parte della dottrina – come situazione di *dipendenza socio-economica* del prestatore, parte debole di un contratto tipicamente di mono-committenza, nel quale i mezzi e gli strumenti per realizzare il bene o il servizio oggetto dell'attività imprenditoriale sono nella disponibilità del datore, al quale è imputato il rischio economico dell'impresa così come il rischio della mancata utilità o proficuità del lavoro acquisito e utilizzato (si utilizza spesso in proposito l'espressione "doppia alienità", di mezzi e di risultati) [6]. Da qui ad affermare che la dipendenza socio-economica coincida con la "subordinazione", e perciò costituisca la ragion d'essere della disciplina privilegiata per i lavoratori subordinati, il passo è però lungo e incerto. Si può infatti ritenere che la dipendenza, nel senso anzidetto, rappresenti un tratto tipico, ma non necessario né esclusivo, del lavoro subordinato [7]; si può ancora affermare che rappresenti – e lo vedremo analizzando la giurisprudenza della Corte costituzionale – la ragione stessa degli interventi del legislatore in materia di lavoro subordinato. Non si può invece considerare la dipendenza socio-economica l'elemento di qualificazione della fattispecie lavoro subordinato (detto in altri termini: dipendenza economica e subordinazione giuridica sono nozioni distinte).

Se né la collaborazione, né la dipendenza sono sufficienti a dirci in che cosa consista il vincolo di subordinazione giuridica, l'attenzione deve necessariamente spostarsi e concentrarsi sull'interpretazione del sintagma «alle dipendenze e sotto la direzione» dell'imprenditore. Dovremo in particolare considerare quale nozione di subordinazione giuridica emerga dalla giurisprudenza, con quali metodi e utilizzando quali criteri di valutazione procede il giudice per ricondurre la fattispecie concreta alla fattispecie astratta e quali limiti (costituzionali) incontri il giudice, come pure il legislatore e le parti del contratto, nella qualificazione del rapporto.

2. *La nozione di subordinazione giuridica*

Secondo un orientamento consolidato nella giurisprudenza di merito e di legittimità, un rapporto di lavoro è riconducibile al tipo contrattuale "lavoro subordinato" (art. 2094 c.c.) quando si ravvisi subordinazione in senso gerarchico, ovvero sia ap-

---

che il datore di lavoro non può, in via di principio, vietare a un lavoratore di accettare impieghi presso altri datori di lavoro in orario al di fuori della programmazione del lavoro concordata, né riservargli un trattamento sfavorevole sulla base di tale motivo. Potranno tuttavia essere definite «condizioni per il ricorso a restrizioni di incompatibilità da parte dei datori di lavoro sulla base di motivi oggettivi quali la salute e la sicurezza, la protezione della riservatezza degli affari, l'integrità del servizio pubblico e la prevenzione dei conflitti di interessi». Il legislatore ha recepito correttamente i principi sanciti nella direttiva, precisando che resta comunque fermo l'obbligo di cui all'art. 2105 c.c.

[6] Ma v. *infra*, per il lavoro subordinato a domicilio.

[7] La dipendenza economica rappresenta un tratto comune, quasi un comun denominatore, di molti fenomeni che, nel tempo, il legislatore ha considerato meritevoli di tutele (tra loro peraltro fortemente differenziate): basti un rinvio agli sviluppi della disciplina delle collaborazioni coordinate e continuative (*infra*), e un richiamo, per addurre un esempio emblematico, della disciplina della subfornitura contenuta nella l. n. 192/1998.

prezzabile una situazione di assoggettamento personale del prestatore di lavoro ai poteri del datore di lavoro. La subordinazione è ricondotta in genere alla nozione di *etero-determinazione o etero-direzione* della prestazione lavorativa, formulata peraltro in termini molto ampi. Una consolidata massima della Cassazione[8] afferma che la nozione giuridica di subordinazione consiste nell'assoggettamento della prestazione lavorativa al potere del datore di lavoro di disporne secondo le mutevoli esigenze di tempo e luogo e di determinarne le concrete modalità con l'imposizione di decisioni e istruzioni alle quali il lavoratore è obbligato ad attenersi, nella permanenza dell'obbligazione del medesimo di mantenere nel tempo la messa a disposizione delle proprie energie lavorative. Se non si può correttamente ritenere che l'obbligazione derivante dal contratto di lavoro consista nella sola messa a disposizione continuativa delle energie del lavoratore, poiché è invece dedotto in contratto uno specifico *facere*, caratterizzato dalla professionalità della prestazione fornita, si può invece cogliere nella continuità dell'offerta della prestazione un tratto caratteristico della subordinazione[9], seppure non esclusivo e discretivo, poiché in comune (almeno) con le collaborazione coordinate e, appunto, continuative.

La Corte precisa che il vincolo di soggezione del lavoratore al potere direttivo, organizzativo e disciplinare del datore di lavoro deve estrinsecarsi nell'emanazione di *ordini specifici* oltre che nell'esercizio di un'assidua attività di vigilanza e controllo nell'esecuzione delle prestazioni lavorative[10]; requisito quest'ultimo che, peraltro, va concretamente apprezzato con riguardo alla "specificità" dell'incarico conferito al lavoratore ed al "modo della sua attuazione"[11]. L'intensità della soggezione del lavoratore subordinato al potere direttivo del datore di lavoro è infatti variabile, in ragione delle modalità dell'organizzazione del lavoro e delle caratteristiche della prestazione dedotta in contratto, e di questo tengono conto sia la giurisprudenza di merito, sia la giurisprudenza di legittimità. Secondo la Cassazione[12], infatti, gli ordini specifici e l'eser-

---

[8] V. ad esempio, tra le tante, Cass. n. 11502/2000.

[9] La continuità rappresenta un elemento essenziale del lavoro subordinato per gli atleti professionisti: «il lavoro sportivo prestato dagli atleti come attività principale, ovvero prevalente, e continuativa, si presume oggetto di contratto di lavoro subordinato. Esso costituisce, tuttavia, oggetto di contratto di lavoro autonomo quando ricorra almeno uno dei seguenti requisiti: a) l'attività sia svolta nell'ambito di una singola manifestazione sportiva o di più manifestazioni tra loro collegate in un breve periodo di tempo; b) lo sportivo non sia contrattualmente vincolato per ciò che riguarda la frequenza a sedute di preparazione o allenamento; c) la prestazione che è oggetto del contratto, pur avendo carattere continuativo, non superi otto ore settimanali oppure cinque giorni ogni mese ovvero trenta giorni ogni anno» (art. 27, cc. 2 e 3, d.lgs. n. 36/2021). Torneremo nella sede opportuna (Cap. IV, § 4) sul lavoro sportivo (oggetto della recente riforma in attuazione della legge-delega n. 86/2019), ma merita sottolineare sin d'ora l'esclusione *ex lege* della subordinazione per rapporti, pur continuativi, che prevedano prestazioni ridotte.

[10] «Il fondamentale requisito della subordinazione si configura come vincolo di soggezione del lavoratore al potere direttivo, organizzativo e disciplinare del datore di lavoro, il quale deve estrinsecarsi nell'emanazione di ordini specifici, oltre che nell'esercizio di un'assidua attività di vigilanza e controllo nell'esecuzione delle prestazioni lavorative»: si tratta di una massima ormai consolidata; così, recentemente, Cass. n. 4369/2017.

[11] Così per esempio Cass. n. 12926/1999.

[12] Cass. n. 9167/2001; Cass. n. 25666/2007.

cizio di un'attività di vigilanza e di controllo nell'esecuzione delle prestazioni lavorative, nei quali si estrinseca il potere organizzativo e disciplinare del datore di lavoro, si atteggiano diversamente in relazione alla peculiarità delle prestazioni. Peraltro, ancora secondo la Corte, se pure l'esercizio del potere direttivo deve estrinsecarsi nell'emanazione di ordini specifici, non è necessario che gli ordini siano continui, dettagliati e strettamente vincolanti, considerato altresì che l'assoggettamento può realizzarsi anche con riferimento a direttive programmatiche; conseguentemente l'esistenza di un potere disciplinare e gerarchico non è esclusa da eventuali margini, più o meno ampi, di autonomia, di iniziativa, di discrezionalità, dei quali goda il dipendente [13].

L'assoggettamento al potere direttivo rappresenta oggi il *discrimen* tra subordinazione e autonomia, in particolare rispetto alle collaborazioni etero-organizzate (v. *infra*, Sez. II), e d'altronde la stessa Corte costituzionale (sentenza n. 76/2015) ha negli ultimi anni irrigidito la sua valutazione in merito. «Il potere direttivo – afferma la Corte – pur nelle multiformi manifestazioni che presenta in concreto a seconda del contesto in cui si esplica e delle diverse professionalità coinvolte, si sostanzia nell'emanazione di ordini specifici, inerenti alla particolare attività svolta e diversi dalle direttive d'indole generale, in una direzione assidua e cogente, in una vigilanza e in un controllo costanti, in un'ingerenza, idonea a svilire l'autonomia del lavoratore» [14].

Ciò può avvenire anche quando il potere direttivo (e di controllo) è esercitato attraverso sistemi automatizzati o tramite una piattaforma *web* (come nel caso in cui una piattaforma venga utilizzata per gestire, con indicazioni e ordini specifici, il lavoro di un gruppo di infermieri, pure formalmente costituiti in associazione professionale) [15]. Le modalità con le quali gli ordini sono impartiti dunque non rileva, rileva la sottoposizione a quegli ordini, soprattutto quando i sistemi siano in grado di definire orari, turni, mansioni, e di "incorporare" il potere di controllo. Si tratta di questioni emerse a proposito del lavoro dei *rider* (*infra*, Sez. II), ma che si possono riproporre, e in futuro probabilmente ancor più si proporranno, per tutte le attività, di vario genere, gestite tramite piattaforme digitali. Merita perciò almeno un richiamo la Proposta di Direttiva relativa al miglioramento delle condizioni del lavoro che si svolge attraverso piattaforme digitali (COM(2021) 762 *final*), che potrebbe rivelarsi importante perché stabilisce principi di correttezza e trasparenza nel funzionamento delle piattaforme e introduce modalità di controllo (e contestazione) delle decisioni algoritmiche applicate ai lavoratori.

Non si può infine non considerare che, come ha ricordato la Cassazione in più recenti occasioni, il potere direttivo dell'imprenditore, generalmente ritenuto il criterio tipizzante il lavoro subordinato, con l'evolversi dei sistemi di organizzazione del lavoro, diviene sempre meno indicativo della subordinazione, per l'impossibilità di un

---

[13] Cass. n. 5520/1997; Cass. n. 7681/2003.

[14] La sentenza ha ad oggetto la qualificazione del rapporto di lavoro degli infermieri incaricati degli istituti di prevenzione e pena, che la Corte ritiene correttamente definita dalla legge come collaborazione coordinata e continuativa, negando che l'obbligo di rispettare le prescrizioni del direttore del carcere e del personale medico rispecchi l'assoggettamento dell'infermiere al potere direttivo, organizzativo e disciplinare del datore di lavoro e dunque la subordinazione del lavoratore.

[15] Trib. Bologna 20.10.2020.

controllo pieno e diretto delle diverse fasi della attività lavorativa prestata. Questa situazione si verifica in particolare in due casi: quando le modalità di svolgimento della prestazione rendano impossibile o comunque impraticabile un controllo continuo e ravvicinato; quando l'attività dei prestatori di lavoro sia caratterizzata da un'ampia autonomia operativa.

2.1. *Subordinazione, lavoro a distanza, controlli*

Consideriamo ora la questione che si pone quando le modalità di organizzazione del lavoro rendano, come abbiamo detto, impossibile o comunque impraticabile un controllo continuativo e ravvicinato sulla prestazione. Il problema che si pone, sostanzialmente, è quello di individuare la subordinazione (o escluderla) in tutte le possibili forme di "lavoro a distanza", che si svolge al di fuori dell'impresa.

Guardando ad un passato, anche remoto, che pure mantiene la sua persistente attualità, è sufficiente richiamare il *lavoro a domicilio* (si pensi al burrascoso sviluppo del lavoro a domicilio svolto da lavoratori non comunitari: basti citare le attività svolte dalla comunità cinese nel Pratese).

Occorre peraltro considerare la definizione di *lavoratore subordinato a domicilio* contenuta nella l. n. 877/1973, tuttora vigente: «è lavoratore a domicilio chiunque, *con vincolo di subordinazione*, esegue nel proprio domicilio o in locale di cui abbia disponibilità [16], anche con l'aiuto accessorio di membri della sua famiglia conviventi e a carico, ma con esclusione di manodopera salariata e di apprendisti, lavoro retribuito per conto di uno o più imprenditori, utilizzando materie prime o accessorie e attrezzature proprie e dello stesso imprenditore, anche se fornite per il tramite di terzi». Nel caso di specie, il legislatore, dopo aver affermato che il vincolo di subordinazione è elemento essenziale della fattispecie, si preoccupa di specificare (con formulazione che ha animato un vivace dibattito dottrinale, ormai risalente e sopito) che nel caso di specie la subordinazione, «*in deroga* a quanto stabilito dall'articolo 2094 del codice civile, ricorre quando il lavoratore a domicilio è tenuto ad osservare le direttive dell'imprenditore [17] circa le modalità di esecuzione, le caratteristiche e i requisiti del lavoro da svolgere nella esecuzione parziale, nel completamento o nell'intera lavorazione di prodotti oggetto dell'attività dell'imprenditore committente».

Insomma, se pure manca il controllo diretto e immediato, permane invece l'assoggettamento al potere direttivo, esercitato attraverso la comunicazione delle «direttive dell'imprenditore circa le modalità di esecuzione, le caratteristiche e i requisiti del

---

[16] Se dunque è compatibile con la subordinazione speciale del lavoratore a domicilio l'impiego di materie prime e attrezzature (anche) di proprietà del lavoratore (o comunque nella sua disponibilità: noleggio, *leasing*), l'utilizzo di locali di pertinenza del datore di lavoro costituisce una presunzione assoluta di lavoro subordinato per così dire "ordinario". Così l'art. 1, c. 3, l. n. 877/1973: «non è lavoratore a domicilio e deve a tutti gli effetti considerarsi dipendente con rapporto di lavoro a tempo indeterminato chiunque esegue, nelle condizioni di cui ai commi precedenti, lavori in locali di pertinenza dello stesso imprenditore, anche se per l'uso di tali locali e dei mezzi di lavoro in esso esistenti corrisponde al datore di lavoro un compenso di qualsiasi natura».

[17] Alle quali deve necessariamente attenersi, come precisa il primo comma dell'art. 11 della stessa legge.

lavoro da svolgere». Si può dunque fondatamente dubitare che si tratti davvero di una "subordinazione in deroga" e non invece di una particolare modalità di svolgimento di un ordinario rapporto di lavoro subordinato. Resta comunque la specialità della disciplina (molto dettagliata, a partire dalle regole in materia di retribuzione a cottimo e di limiti al ricorso al lavoro a domicilio a tutela della salute del lavoratore e dei suoi familiari).

Guardando all'attualità e al futuro prossimo, rilevano come esempi di lavoro a distanza il *telelavoro* e il c.d. *lavoro agile*.

Il telelavoro *non* costituisce un tipo contrattuale, ma solo una forma di lavoro (subordinato) a distanza che si avvale in modo sistematico e strutturale delle tecnologie dell'informazione e della comunicazione (ICT). Il telelavoro può essere svolto da casa, in forma mobile, in telecentri di lavoro, con modalità *offline*, *one way line*, *online*, in forma esclusiva o mista (prevedendo un mix, appunto, di lavoro "in presenza" e da remoto). La potenziale "intrusività" degli strumenti informatici utilizzati, giustifica l'attenzione riservata al telelavoro – come al lavoro agile e, per altre ragioni, al lavoro domestico – dal Codice in materia di protezione dei dati personali (d.lgs. n. 196/2003, come modificato dal d.lgs. n. 101/2018 per adeguarlo al Regolamento UE 2016/679), che all'art. 115 prevede che il datore sia obbligato «a garantire al lavoratore il rispetto della sua personalità e della sua libertà morale».

Espressamente e puntualmente disciplinato nel settore pubblico (dalla fine degli anni '90), il telelavoro ha trovato una disciplina quadro anche nel settore privato, grazie all'Accordo quadro europeo del 2002 e al successivo Accordo interconfederale di recepimento del 2004. Tuttora poco diffuso, è regolato da numerosi contratti collettivi di lavoro, nazionali e aziendali, che specificano, rispetto all'Accordo interconfederale, le condizioni di accesso (in particolare la volontarietà, l'informazione preventiva, la durata, la reversibilità), le modalità di esercizio dei diritti del lavoratore (formazione, carriera, diritti sindacali, etc.) e dei poteri del datore di lavoro, le condizioni di sicurezza che devono essere garantite per gli strumenti di lavoro utilizzati e le misure specifiche per la salute e sicurezza del lavoratore. Il legislatore ha recentemente mostrato il suo *favor* verso il telelavoro quale (discutibile) strumento di conciliazione tra vita lavorativa e vita privata/familiare: il d.lgs. n. 80/2015 prevede infatti, all'art. 23, che «i datori di lavoro privati che facciano ricorso all'istituto del telelavoro per motivi legati ad esigenze di conciliazione dei tempi di vita e di lavoro in forza di accordi collettivi stipulati da associazioni sindacali comparativamente più rappresentative sul piano nazionale, possono escludere i lavoratori ammessi al telelavoro dal computo dei limiti numerici previsti da leggi e contratti collettivi per l'applicazione di particolari normative e istituti» – suscitando dubbi sul controllo delle finalità della scelta datoriale e sui casi di mancato computo dei telelavoratori.

Maggior rilievo assume, come forma di lavoro a distanza, il lavoro agile (più noto come *smart working*).

L'art. 18 della l. n. 81/2017, infatti, «allo scopo di incrementare la competitività e agevolare la conciliazione dei tempi di vita e di lavoro», promuove «il *lavoro agile* quale modalità di esecuzione del rapporto di lavoro *subordinato* stabilita mediante accordo tra le parti, anche con forme di organizzazione per fasi, cicli e obiettivi e *senza precisi vincoli di orario o di luogo di lavoro*, con il possibile utilizzo di strumenti tecnologici per lo svolgimento dell'attività lavorativa. La prestazione lavorativa viene eseguita, in parte all'interno di locali aziendali e in parte all'esterno senza una postazione fissa, entro i soli limiti di durata massima dell'orario di lavoro giornaliero e settimanale, derivanti dalla legge e dalla contrattazione collettiva».

Anche in questo caso, come abbiamo detto per il telelavoro, *non* si tratta di un nuovo tipo (o sottotipo) contrattuale, bensì soltanto di una variegata possibilità di organizzazione spazio-temporale della prestazione che (non necessariamente) si avvale di strumenti tecnologici ed è svolta (almeno in parte) all'esterno della struttura "fisica" dell'organizzazione del datore di lavoro. Se questo basta ad assimilarla in modesta parte al lavoro a domicilio (nulla esclude infatti che il lavoro agile si svolga presso l'abitazione del prestatore), meno chiara è la distinzione tra telelavoro e lavoro "agile" (opinabile aggettivo che non rispecchia appieno l'idea di un lavoro *smart*), ragionevolmente individuabile nella «assenza di un preciso orario di lavoro» e nella «autonomia nello svolgimento della prestazione nell'ambito degli obiettivi prefissati» (art. 3 Protocollo sul lavoro agile: v. *infra*).

Se fino al 2020 il lavoro agile costituiva solo un fenomeno in via di progressiva ma lenta diffusione, almeno in Italia, in connessione con l'affermarsi della c.d. industria 4.0 (o della "quarta rivoluzione industriale"), con la pandemia ha assunto un ruolo centrale per la salvaguardia del lavoro, o almeno per le attività (che un tempo avremmo detto "telelavorabili" e) che oggi possiamo dire che consentono lo svolgimento da remoto, poiché ha permesso in molti settori di conciliare lavoro e "confinamento" (durante il cd. *lockdown*), garantendo così molti servizi, anche essenziali (basti pensare all'istruzione, dalle scuole primarie alle università, al credito e alla finanza), e molte attività amministrative necessarie per lo svolgimento del lavoro "in presenza" – con la locuzione che è ormai entrata nel linguaggio corrente. Con un frenetico susseguirsi di decreti leggi, il Governo è intervenuto per consentire il ricorso al lavoro agile *bypassando* la necessità del consenso individuale (che dovrebbe essere la regola cardine). Anche quando l'emergenza pare superata, restano in vigore numerose "piccole regole" che agevolano il ricorso al lavoro agile, sia garantendone l'accesso ai c.d. lavoratori fragili (art. 26, c. 2-*bis*, d.l. n. 18/2020, conv. con modifiche in l. n. 27/2020), sia ai genitori con figli in età prescolare o scolare.

Probabilmente si può affermare che, per il lavoro agile, nulla sarà più come prima, e molti preconizzano una sua larga diffusione, stabile o addirittura crescente. Senza lasciarsi travolgere dal fascino che può esercitare una forma di lavoro (subordinato, ripetiamo) che sembra conciliare l'inconciliabile (lavoro/libertà/lavoro di cura/disabilità), l'esperienza emergenziale vissuta ha messo in evidenza anche le molte ombre di questo fenomeno. Non può essere ignorato il rischio di un "ritorno al focolare (digitale)" delle donne, ed ancor meno il *divide* tra persone che *possono* lavorare da remoto e persone che *devono* lavorare "in presenza" (in fabbrica, nei negozi e nei centri commerciali, per tacere dalla grande categoria degli addetti alla sanità). Insomma: una nuova "divisione del lavoro" che accentua le divisioni già presenti nel mercato.

Se il lavoro agile diverrà una forma di lavoro sempre più diffusa, sarà ancora più importante risolvere una serie di questioni che il legislatore non ha finora sufficientemente regolato, e che probabilmente richiederebbero una interazione tra legge e contrattazione collettiva (e non solo individuale). In questo senso d'altronde si sono mosse le parti sociali, con il Protocollo Nazionale sul lavoro in modalità agile del 7.12.2021, realizzato sotto l'egida del Ministero del lavoro e delle politiche sociali.

Al di là delle previsioni che garantiscono espressamente alcuni diritti fondamentali del lavoratore agile (salute e sicurezza, riposi, diritto alla "disconnessione" dalle strumentazioni tecnologiche di lavoro [18], parità di trattamento economico e normativo, formazione), per quanto qui rileva la legge dispone che l'accordo tra le parti [19] disciplini «l'esecuzione della prestazione lavorativa svolta all'esterno dei locali aziendali, anche con riguardo alle forme di esercizio del potere direttivo del datore di lavoro ed agli strumenti utilizzati dal lavoratore»: potranno dunque essere diverse dall'ordinario le forme di esercizio del potere direttivo del datore di lavoro, ma il potere direttivo, fulcro della subordinazione, è espressamente previsto, deve sussistere e potrà essere verificato dal giudice.

2.2. *Subordinazione, inserimento nell'organizzazione datoriale, potere disciplinare*

Concentriamoci ora sulla seconda ipotesi nella quale l'assoggettamento del lavoratore al potere direttivo del datore di lavoro risulta carente o dubbio, a causa dei margini di autonomia e di discrezionalità del prestatore. Secondo un orientamento della Cassazione, la maggiore autonomia della prestazione riduce la rilevanza in sé del potere direttivo, e, ai fini dell'accertamento della subordinazione, è la destinazione dell'opera prestata ai fini propri dell'impresa, perseguiti con una data organizzazione, ad assumere invece il valore di criterio determinante [20]. Quando si sia in presenza di *ampi margini di autonomia* del lavoratore, connessi alla sua specifica professionalità *o* alla struttura organizzativa dell'impresa, la questione può essere riassunta in questo quesito: se assuma importanza determinante, ai fini della nozione di subordinazione

[18] Il "diritto alla disconnessione" è qui evocato prevedendo che l'accordo definisca le «misure tecniche e organizzative necessarie» per garantirlo, senza alcuna indicazione specifica e vincolante. La "separatezza" tra vita lavorativa e vita personale rileva peraltro (come avremo occasione di dire) sia in termini di diritto alla riservatezza del lavoratore, sia in termini di diritto al riposo (effettivo, privo di "intrusioni digitali" da parte dell'azienda: significativa la Risoluzione del Parlamento europeo del 21.1.2021 recante raccomandazioni alla Commissione su diritto alla disconnessione (2019/2181(INL)).

[19] «A termine o a tempo indeterminato; in tale ultimo caso, il recesso può avvenire con un preavviso non inferiore a trenta giorni. Nel caso di lavoratori disabili ai sensi dell'art. 1 della l. 12.3.1999, n. 68, il termine di preavviso del recesso da parte del datore di lavoro non può essere inferiore a novanta giorni, al fine di consentire un'adeguata riorganizzazione dei percorsi di lavoro rispetto alle esigenze di vita e di cura del lavoratore. In presenza di un giustificato motivo, ciascuno dei contraenti può recedere prima della scadenza del termine nel caso di accordo a tempo determinato, o senza preavviso nel caso di accordo a tempo indeterminato» (art. 19, c. 2). L'accordo deve essere stipulato per iscritto ai fini della regolarità amministrativa e della prova (art. 19, c. 1). Si tratta dunque necessariamente di un accordo individuale, anche se nulla esclude che la contrattazione collettiva (pur non prevista dalla legge) possa intervenire per definire specifiche "condizioni d'uso" del lavoro agile. Lascia perplessi la previsione introdotta (come c. 3-*bis*, art. 18, l. n. 81/2017) dall'art. 486 della l. n. 145/2018 (Legge di Bilancio 2019) che dispone l'obbligo per i datori di lavoro di riservare una priorità di accesso alle madri nel triennio successivo al termine del congedo di maternità e ai lavoratori che abbiano figli in condizioni di disabilità accertata ai sensi della l. n. 104/1992. La gestione delle priorità rischia di risultare ardua, e può generare disparità di trattamento tra lavoratori svantaggiati che pure potrebbero meritare di fruire degli stessi diritti.

[20] Cass. n. 9167/2001, cit.

giuridica, *l'inserimento stabile della prestazione lavorativa nell'organizzazione del datore di lavoro*, anziché l'esecuzione di direttive specifiche del datore di lavoro.

Occorre allora segnalare che in alcune sentenze l'orientamento della stessa Cassazione (condiviso da alcuni giudici di merito) appare più rigido e restrittivo e meno propenso a ritenere l'inserimento del lavoratore nella struttura organizzativa un criterio discretivo sufficiente per qualificare un rapporto come subordinato o, detto in altri termini, un elemento necessario e sufficiente della subordinazione. Così si afferma che l'inserimento nell'organizzazione imprenditoriale è solo il riflesso della subordinazione: riflesso che da una parte non è necessario, potendo anche mancare[21]; e che d'altro canto non è sufficiente, potendo essere presente e tuttavia, in assenza dell'assoggettamento del prestatore di lavoro alle direttive specifiche del datore di lavoro e al suo potere disciplinare, di vigilanza, e di controllo, non integrare la struttura subordinata del rapporto.

Seguendo questo approccio più rigoroso, si afferma in giurisprudenza che il mero inserimento del lavoratore nell'azienda non è parametro di qualificazione della subordinazione, né può costituire elemento esclusivo per dedurre la subordinazione stessa; il parametro di qualificazione si risolve necessariamente negli elementi dei quali l'inserimento è mera conseguenza: la sussistenza e la permanenza dell'obbligo del lavoratore di mantenere a disposizione del datore la propria professionalità e la sussistenza e permanenza del suo conseguente assoggettamento al potere direttivo e disciplinare del datore[22]. Per questa via si torna sostanzialmente ad individuare il cuore della subordinazione nella *etero-direzione*, arricchendo però tale concetto con la specificazione ulteriore di una delle forme tipiche nelle quali quella etero-direzione si realizza, ossia attraverso l'esercizio del potere disciplinare da parte del datore di lavoro[23].

Frequentemente, infatti, i giudici affiancano al criterio dell'assoggettamento al potere direttivo il criterio della sottoposizione al *potere disciplinare*, assegnando in realtà a quest'ultimo il peso decisivo nella qualificazione del rapporto. Si giunge così ad affermare che l'esercizio del potere disciplinare è sicuro indice di subordinazione; ma al contempo il mancato esercizio, in concreto, di quel potere non esclude la configurabilità di una soggezione al potere stesso, che crea comunque un vincolo di dipendenza personale, e dunque non esclude la subordinazione. Insomma, l'assoggettamento (quanto meno potenziale) al potere disciplinare rappresenta, a seconda delle

---

[21] Così App. Roma 22.12.2021, che ha configurato come subordinato il rapporto di lavoro di una giornalista che da quasi trent'anni collaborava con una nota testata, curando anche rubriche fisse, pur in assenza di stabile inserimento nella redazione e di rispetto di orari predeterminati, riconducendolo alla figura del "collaboratore fisso" disciplinata dal contratto di categoria. E la Cassazione (S.U. n. 1867/2020) ha ritenuto che il giornalista pubblicista, iscritto nel relativo elenco dell'albo generale dei giornalisti, possa essere parte di un contratto di lavoro subordinato, anche ove non presti in via esclusiva tale attività.

[22] Cass. n. 2171/2000. Più recentemente, Cass. n. 16254/2011, cit.

[23] Si segnala la isolata pronuncia di Cass. n. 18692/2007, secondo la quale «la prestazione di attività lavorativa onerosa, all'interno dei locali dell'azienda, con materiali ed attrezzature proprie della stessa, e con modalità tipiche e proprie di un lavoratore subordinato, in relazione alle caratteristiche delle mansioni svolte (nella specie commesso addetto alla vendita), comporta una presunzione di subordinazione» che è onere della controparte superare con prove adeguate.

prospettive dalle quali muovono i giudici, talvolta un elemento essenziale della nozione giuridica di subordinazione, talaltra un mero indice della sussistenza della subordinazione.

Nella giurisprudenza della Cassazione, peraltro, viene spesso utilizzato, quale sintesi della subordinazione, l'assoggettamento del lavoratore al potere "direttivo *e* organizzativo" dell'imprenditore[24]. Di potere "organizzativo", l'art. 2094 c.c. non parla, come abbiamo visto, mentre, come pure abbiamo osservato, l'inserimento nell'organizzazione dell'impresa è considerato talora come un criterio sufficiente per qualificare un rapporto di lavoro come subordinato, talora invece come un mero indice di subordinazione. Una cosa, tuttavia, è l'inserimento nell'organizzazione (altrui: del datore di lavoro), altra cosa è l'organizzazione (da parte dell'imprenditore) delle modalità di esecuzione della prestazione, anche se la distinzione, sino a ieri, non aveva concreta rilevanza. In un certo qual modo, si riteneva che l'inserimento nell'organizzazione aziendale fosse il risultato dell'(implicito) esercizio del potere organizzativo dell'imprenditore.

Il legislatore (art. 2, d.lgs. n. 81/2015: v. *infra*, Sez. III) interviene oggi prevedendo che «ai rapporti di collaborazione che si concretano in prestazioni di lavoro prevalentemente personali *e le cui modalità di esecuzione sono organizzate dal committente*» «si applica la disciplina del rapporto di lavoro subordinato». Almeno a livello teorico, diviene dunque necessario rimettere in discussione l'endiadi "potere direttivo *e* organizzativo", e distinguere tra "direzione" ed "organizzazione", e dunque tra "etero-direzione" e "etero-organizzazione" della prestazione lavorativa[25], al fine di distinguere tra lavoro subordinato *tout court* e collaborazione coordinata e continuativa etero-organizzata, alla quale pure si applica la disciplina del lavoro subordinato.

Certo è che dal 1° gennaio 2016 (termine *a quo* per l'applicazione della previsione sopra menzionata), la giurisprudenza deve necessariamente porre molta attenzione alla verifica dell'effettivo esercizio, da parte dell'imprenditore, del potere organizzativo che abbia ad oggetto le «modalità di esecuzione» della prestazione. La scelta del giudice risulterà meno "tragica" di quanto potrebbe apparire: in entrambi i casi, infatti, a quel rapporto si applicherà la disciplina del rapporto di lavoro subordinato, secondo quanto prevede l'art. 2, d.lgs. n. 81/2015[26]. Ma il confine della protezione non è scomparso: si è solo spostato, per così dire: dalla (netta, almeno teoricamente) distinzione tra lavoro subordinato e lavoro autonomo, alla distinzione tra le "collaborazioni coordinate e continuative" di cui all'art. 409 c.p.c. (delle quali pure tratteremo oltre) e le "collaborazioni etero-organizzate".

---

[24] Così, tra le tante, Cass. n. 3303/2016.

[25] Più sfumata pare la posizione espressa da Cass. n. 22634/2019, secondo la quale nella valutazione della fattispecie deve essere considerata la "intensità" della etero-organizzazione della prestazione, quale discrimine tra coordinamento (di attività autonoma) e stretta inerenza all'interesse dell'impresa (della prestazione subordinata): ma va considerato che questa affermazione appare quasi un *obiter dictum*, poiché la qualificazione della fattispecie (attività di un avvocato presso uno studio legale) quale lavoro subordinato avviene poi sulla base di una serie di indici (v. *infra*) della subordinazione, che tutti deponevano in tal senso.

[26] Integralmente, a nostro avviso, in assenza di qualsiasi diversa previsione da parte del legislatore: ma v. *infra*, Sez. II.

La considerazione di taluni elementi della fattispecie concreta come indici della subordinazione, o invece quali elementi discretivi tra fattispecie contigue, induce ad osservare con maggiore attenzione le tecniche utilizzate dalla giurisprudenza nella qualificazione del rapporto di lavoro, almeno sino ad oggi. Prima di prendere in esame il metodo di qualificazione della fattispecie utilizzato, analizziamo gli indici della subordinazione elaborati dai giudici, nonché il modo e il contesto nei quali essi vengono utilizzati.

3. *Indici della subordinazione*

Come abbiamo visto, il rapporto di lavoro può essere qualificato come subordinato in presenza dell'assoggettamento del prestatore di lavoro ai poteri direttivo e disciplinare del datore di lavoro, nonché (secondo una parte della giurisprudenza) di uno stabile inserimento del lavoratore nell'organizzazione aziendale. Non sempre, tuttavia questi elementi essenziali della subordinazione sussistono, o emergono chiaramente. Nei casi che i giudici debbono decidere, nei quali in genere è incerto il confine tra lavoro autonomo e lavoro subordinato, la presenza di questi elementi deve essere ricostruita guardando alle concrete modalità di svolgimento del rapporto. Per arrivare alla decisione i giudici si avvalgono di una serie di *indici sintomatici della situazione di subordinazione*, via via elaborati dalla stessa giurisprudenza. Tali indici, secondo l'orientamento giurisprudenziale più recente, acquistano rilevanza qualificatoria nei casi di più difficile soluzione.

Quando non sia agevole l'apprezzamento della subordinazione, possono soccorrere, quali elementi indiziari rilevanti nell'ambito di una valutazione globale della vicenda, *criteri distintivi sussidiari* come la continuità nello svolgimento delle mansioni, il versamento a cadenze periodiche del relativo compenso, il coordinamento dell'attività lavorativa rispetto all'assetto organizzativo aziendale, l'alienità del risultato, l'esecuzione del lavoro all'interno della struttura dell'impresa con materiali ed attrezzature proprie della stessa, l'osservanza di un vincolo di orario, l'assenza di rischio economico [27].

È importante rilevare che, secondo un consolidato orientamento della Cassazione, ciascun indice, autonomamente considerato, non è idoneo a determinare la qualificazione del rapporto: tuttavia gli indici possono costituire, globalmente considerati nell'ambito dell'indagine volta ad accertare la sussistenza del requisito della subordinazione, indizi concordanti, gravi e precisi, rivelatori dell'effettività di tale sussistenza [28].

---

[27] Emblematica, fra le tante, appare la decisione resa da Cass. n. 12900/2017: premesso «che ogni attività umana economicamente rilevante può essere oggetto sia di rapporto di lavoro subordinato che di lavoro autonomo, che l'elemento tipico che contraddistingue il rapporto di lavoro subordinato è costituito dalla subordinazione, intesa quale disponibilità del prestatore nei confronti del datore, con assoggettamento del prestatore al potere organizzativo, direttivo e disciplinare del datore di lavoro e conseguente inserimento del lavoratore nell'organizzazione aziendale (...), che l'esistenza del vincolo va concretamente apprezzata con riguardo alla specificità dell'incarico conferito», la Corte, riprendendo una massima da anni ormai consolidata, afferma che «in relazione alle difficoltà che non di rado si incontrano nella distinzione tra rapporto di lavoro autonomo e subordinato alla luce dei principi fondamentali ora indicati, è legittimo ricorrere a *criteri distintivi sussidiari*».

[28] Cass. n. 3853/1995; più recentemente, Cass. n. 21710/2016, secondo la quale «i criteri complementari e sussidiari – come quelli della collaborazione, della continuità delle prestazioni, dell'osser-

Un'applicazione esemplare di tale orientamento si può trovare in una sentenza che è intervenuta su un caso che, ai tempi, provocò molto clamore, e che riguardava una delle prime figure di lavoro iperflessibile la cui qualificazione risultava discussa e discutibile. Il Pretore di Torino[29] aveva affrontato il controverso problema della qualificazione giuridica del rapporto di lavoro dei c.d. *pony express*, intendendosi per tali quei lavoratori che, dotati di mezzo di trasporto proprio (di regola un motociclo), svolgono il servizio di presa di plichi presso il mittente e consegna al destinatario, a beneficio di una specifica agenzia di recapiti, che conferisce loro un incarico in tal senso. Gli indici individuati e valutati dal Pretore per qualificare la fattispecie come lavoro subordinato erano: la continuità delle prestazioni, sotto il profilo temporale, nonché la sostanziale stabilità nei rapporti ore lavorate-giorno e giorni lavorati-settimana; l'inserimento organico dei collaboratori entro la struttura imprenditoriale; l'assenza di autonoma capacità organizzativa e l'estraneità alla rete di clienti da servire, individuati e contattati dall'agenzia; l'obbligo di uniformarsi alle istruzioni impartite dal datore, tramite la radio aziendale, nell'espletamento dell'attività assegnata. Insomma, ciò che risultava dall'istruttoria era una reale messa a disposizione del datore, per ambiti temporali definiti e per mansioni o gruppi di mansioni determinate.

Diverso invece è stato l'avviso della Cassazione[30], che ha escluso la sussistenza della subordinazione facendo perno (oltre che sulla proprietà del mezzo, del lavoratore) sulla clausola del contratto di lavoro nella quale era prevista la facoltà, per il *pony express*, di non rispondere alla chiamata via radio, ovvero di rifiutare di svolgere la prestazione; la Corte ha infatti ritenuto che tale facoltà riconosciuta contrattualmente al lavoratore è incompatibile con la situazione di soggezione al potere direttivo del datore.

Dieci anni dopo, gli stessi argomenti sono stati addotti dai primi giudici del merito che hanno affrontato questioni del tutto simili (lavoro formalmente autonomo, retribuito con cifre irrisorie "a consegna", organizzato tramite *app*), che si sono poste per i *riders*, escludendo per tale via la subordinazione. La questione sarà affrontata nella sede opportuna, poiché la Cassazione (n. 1663/2020), come vedremo, ha ricondotto quelle attività a collaborazioni etero-organizzate (v. *infra*, Sez. II, § 3.2).

La valutazione degli stessi indici, diversamente ponderati (e vedremo che rileva in proposito il metodo di qualificazione della fattispecie seguito dal giudice) può condurre a risultati opposti. Può accadere che un indice di autonomia (nei casi sopra richiamati la facoltà di non rispondere alla chiamata) sia giudicato decisivo per escludere la subordinazione; ciò non deve indurre a ritenere, erroneamente, che il giudizio di qualificazione possa fondarsi su di un solo indice; mostra invece come l'assenza di sottoposizione al potere direttivo del datore di lavoro, dimostrata anche da un solo indice preciso (seppure discutibilmente decisivo, nella specie), impedisca di qualificare come subordinato un rapporto di lavoro. *A contrario*, trova conferma la priorità che deve essere assegnata alla sussistenza della soggezione ai poteri del datore di lavoro; solo in assenza di indicazioni chiare in proposito, è lecito ricorre agli indici sintomatici dei quali abbiamo trattato.

Come ha ribadito con grande chiarezza la Cassazione (n. 22634/2019), l'assogget-

---

vanza di un orario predeterminato, del versamento a cadenze fisse di una retribuzione prestabilita, del coordinamento dell'attività lavorativa all'assetto organizzativo dato dal datore di lavoro, dell'assenza in capo al lavoratore di una sia pur minima struttura imprenditoriale – (…) privi ciascuno di valore decisivo, possono essere valutati *globalmente* come indizi probatori della subordinazione».

[29] Pret. Torino 12.2.1996, in *RIDL*, 1997, II, p. 290.

[30] Cass. n. 7608/1991.

tamento al potere direttivo, disciplinare e di controllo del datore di lavoro – elemento essenziale e indefettibile della subordinazione – non costituisce un dato di fatto elementare quanto piuttosto un modo di essere del rapporto potenzialmente desumibile da un complesso di circostanze; sicché ove esso non sia agevolmente apprezzabile è possibile fare riferimento, ai fini qualificatori, ad altri elementi che hanno carattere sussidiario e funzione meramente indiziaria, «che costituiscono indizi idonei ad integrare una prova presuntiva della subordinazione, a condizione che siano fatti oggetto di una valutazione complessiva e globale».

4. *Le tecniche di qualificazione della fattispecie*

Il giudizio di qualificazione in termini di subordinazione o di autonomia della prestazione è condotto dai giudici, secondo l'orientamento largamente prevalente nella giurisprudenza più recente, mediante l'uso di un rigoroso *metodo sussuntivo*. Muovendo da una definizione astratta della subordinazione (assoggettamento del lavoratore al potere direttivo e disciplinare del datore di lavoro), il giudice qualifica come "lavoro subordinato", ai sensi dell'art. 2094 c.c., solo quei rapporti di lavoro che, nelle loro concrete modalità di attuazione, presentino caratteristiche conformi alla *definizione astratta* della subordinazione.

Nelle decisioni in cui si procede per sussunzione alla qualificazione del rapporto, il metodo di qualificazione non è in genere esplicitamente definito; talora tuttavia il giudice ritiene necessario chiarire i termini della propria operazione interpretativa. Così, ad esempio[31], in alcune sentenze si legge che il metodo di valutazione della natura del rapporto di lavoro è un metodo sussuntivo e formale: posta la definizione della fattispecie teorica di riferimento nella norma di cui all'art. 2094 c.c., il rapporto di lavoro subordinato è quello che è interamente sussumibile nella fattispecie astratta, con la specificazione che il vincolo della subordinazione consiste nell'assoggettamento personale al potere direttivo del datore di lavoro; soltanto *in via sussidiaria ed indiziaria* potrà farsi uso di ulteriori caratteri della prestazione. Anche quella parte della giurisprudenza che applica, o quanto meno dichiara di applicare, il metodo classico di qualificazione delle fattispecie concrete e di riconduzione al modello astratto, dunque, lascia spazio al possibile impiego, seppure ausiliario, degli indici dei quali abbiamo trattato.

La rigidità e astrattezza dei concetti – la nozione giuridica di subordinazione di cui abbiamo parlato – rischia tuttavia di sotto-includere, o al contrario di sovra-includere, nel rapporto di lavoro subordinato rapporti che possono presentare molti caratteri (desumibili da indici) della fattispecie opposta, vale a dire del rapporto di lavoro autonomo. Tenuto conto di ciò, parte della dottrina, muovendo dalla critica della inadeguatezza della definizione di cui all'art. 2094 c.c. (*retro*, § 1), imputa al metodo sussuntivo l'incapacità di cogliere la subordinazione (o al contrario l'autonomia) nelle forme più moderne di lavoro, quelle che meno corrispondono al prototipo normativo

---

[31] Trib. Milano 25.1.1992, in *OGL*, 1992, p. 37. Secondo Cass. n. 13935/2006, l'accertamento della subordinazione è rimesso al giudice del merito, che, a tal fine, non può esimersi da un concreto riferimento alle modalità di espletamento del rapporto di lavoro ed ai principi di diritto ispiratori della valutazione compiuta allo scopo della sussunzione della fattispecie concreta nella fattispecie astratta.

di lavoratore subordinato che aveva in mente, e di fronte, il legislatore del codice civile. Una via di uscita da questa *impasse* è stata negli ultimi decenni individuata nella scelta di un diverso metodo di qualificazione del rapporto. La scelta è caduta sul *metodo tipologico*[32], che meglio si presterebbe a dar conto e a ponderare gli indici sintomatici di subordinazione (o di autonomia, giova sempre ricordare).

La giurisprudenza[33], infatti, ha spesso fatto ricorso, nella qualificazione del rapporto di lavoro, al metodo tipologico, più flessibile del metodo sussuntivo, ma anche meno certo, e perciò sottoposto a molte critiche. Seguendo questo metodo, l'operazione di qualificazione non avviene attraverso un giudizio di identità (piena riconducibilità della fattispecie concreta nella fattispecie astratta), come nel metodo sussuntivo, bensì attraverso un giudizio di approssimazione della fattispecie concreta alla fattispecie astratta, tenendo conto – come ha affermato la giurisprudenza – della ricorrenza di indici da combinarsi in una valutazione di prevalenza. Per questa via, si eviterebbe di irrigidire la nozione di subordinazione e di escluderne la sussistenza ogni qual volta manchi la perfetta corrispondenza fra i tratti del caso in esame e il "modello ideale" di subordinazione (inadeguatamente) descritta dall'art. 2094 c.c.; viceversa, si eviterebbe di attrarre nella subordinazione rapporti che presentano indici ritenuti dal giudice sufficienti per la qualificazione in termini di autonomia. Si tratterebbe dunque di una tecnica che procede valutando globalmente e ponderando in modo articolato tutte le caratteristiche del rapporto su cui verte il giudizio, ovvero verificando e "pesando" tutti gli indici di subordinazione dei quali abbiamo detto (continuità, inserimento nella struttura organizzativa, alienità dei mezzi e dei risultati, orario di lavoro e retribuzione fissi, etc.).

La flessibilità del metodo tipologico, tuttavia, si traduce inevitabilmente in incertezza del diritto, sino al limite dell'aleatorietà del giudizio, soggetto alla "libera" valutazione del giudice (se non addirittura nella "manipolazione", ad opera del giudice, della subordinazione). Scontato che ogni interprete per l'appunto interpreta le disposizioni per trarne, di volta in volta, le diverse norme che ritiene ragionevole formulare, motivando le sue scelte, resta sullo sfondo il dubbio sulla compatibilità di questo metodo con la presenza, nel nostro ordinamento, di una definizione prescrittiva di subordinazione, contenuta nell'art. 2094 c.c. Più in generale, è lecito dubitare della compatibilità del metodo tipologico con i principi del diritto del lavoro. Il diritto del lavoro, infatti, è caratterizzato dalla massiccia e fondamentale presenza di un articolato sistema di norme inderogabili, a partire dai principi e dalle regole sanciti dalla Costituzione, poste a tutela del lavoratore subordinato, che compongono una disciplina inderogabile che deve essere rigorosamente applicata ad ogni lavoratore subordinato, ossia a qualsiasi fattispecie concreta che corrisponda alla fattispecie astratta della subordinazione. Questa indicazione metodologica, come subito vedremo, proviene dalle espresse indicazioni della Corte costituzionale.

---

[32] Sul quale v., per tutti, De Nova 1974.

[33] *Ex multis*, cfr. Cass. n. 3975/2001.

5. *L'indisponibilità del tipo contrattuale: lo spazio del legislatore, il ruolo della volontà delle parti*

Sulla questione della qualificazione giuridica del rapporto di lavoro si è espressa, nel 1994, la Corte costituzionale[34], affermando l'indisponibilità del tipo contrattuale, sia per il legislatore, sia per le parti. La pronuncia della Corte merita di essere considerata attentamente, sia per il valore di richiamo di principi costituzionali immanenti all'intera materia del diritto del lavoro, sia per l'impatto che ha avuto sulla giurisprudenza, di merito ma soprattutto di legittimità, successiva, anche se – giova subito osservare – talora i giudici hanno di fatto mostrato un ossequio poco più che formale ai principi sanciti dalla Corte.

Alcuni giudici avevano sottoposto alla Corte la questione se fosse costituzionalmente legittima l'interpretazione di una disposizione di legge[35], in virtù della quale un rapporto sorto da un contratto d'opera o per prestazioni professionali stipulato da enti espressamente indicati dal legislatore non potrebbe essere qualificato come rapporto di lavoro subordinato neppure se le concrete modalità di svolgimento del rapporto stesso – in contrasto con il *nomen juris* (vale a dire con il tipo contrattuale) enunciato dalle parti o con la regolamentazione negoziale dichiarata nel contratto – fossero quelle proprie del lavoro subordinato.

La Corte costituzionale, con la sua pronuncia interpretativa di rigetto, ha affermato che se alla normativa impugnata dovesse essere attribuito, come avevano ritenuto i giudici del merito, il significato appena descritto, la questione di legittimità costituzione sarebbe stata fondata. La Corte ha ricordato che già nella sentenza n. 121/1993 aveva ritenuto che non sarebbe comunque consentito al legislatore negare la qualificazione giuridica di rapporti di lavoro subordinato a rapporti che oggettivamente abbiano tale natura, ove da ciò derivi l'inapplicabilità delle *norme inderogabili* previste dall'ordinamento per dare attuazione ai principi, alle garanzie e ai diritti dettati dalla Costituzione *a tutela del lavoro subordinato*.

La tassatività, o *rigidità del tipo contrattuale*, è dunque, da una parte, il portato del fondamento assiologico della disciplina lavoristica, e dall'altra lo strumento irrinunciabile per garantire che i principi, le garanzie e i diritti sanciti dalla Costituzione per i lavoratori subordinati siano riconosciuti, in concreto, in ogni rapporto che debba essere ricondotto al tipo "lavoro subordinato". Si può dunque corretta-

---

[34] Corte cost. n. 115/1994, ma precedentemente, nello stesso senso, già Corte cost. n. 121/1993.

[35] L'art. 13, cc. 2 e 3, l. n. 498/1992 (Interventi urgenti in materia di finanza pubblica), così come sostituito dall'art. 6-*bis* del d.l. n. 9/1993 (Disposizioni urgenti in materia sanitaria e socio-assistenziale), convertito in legge, con modificazioni, dalla l. n. 67/1993, secondo cui «Le province, i comuni, le comunità montane e i loro consorzi, le istituzioni pubbliche di assistenza e beneficenza (IPAB), gli enti non commerciali senza scopo di lucro che svolgono attività socio-assistenziale e le istituzioni sanitarie operanti nel Servizio sanitario nazionale non sono soggetti, relativamente ai contratti d'opera o per prestazioni professionali a carattere individuale da essi stipulati, all'adempimento di tutti gli obblighi derivanti dalle leggi in materia di previdenza e di assistenza, non ponendo in essere, i contratti stessi, rapporti di subordinazione» (c. 2). «Le disposizioni di cui al secondo comma hanno natura interpretativa e si applicano anche ai contratti già stipulati alla data di entrata in vigore della presente legge» (c. 3).

mente parlare di limiti costituzionali al potere del legislatore di disporre del tipo contrattuale[36].

La sentenza della Corte costituzionale non si ferma qui, tuttavia, e, coerentemente, afferma la indisponibilità del tipo contrattuale anche da parte dei privati. A maggior ragione – prosegue la Corte – non sarebbe consentito al legislatore di autorizzare le parti ad escludere direttamente o indirettamente, con la loro dichiarazione contrattuale, l'applicabilità della disciplina inderogabile prevista a tutela dei lavoratori a rapporti che abbiano contenuto e modalità di esecuzione propri del rapporto di lavoro subordinato. *I principi, le garanzie e i diritti stabiliti dalla Costituzione* in questa materia, infatti, *sono e debbono essere sottratti alla disponibilità delle parti.* Affinché sia salvaguardato il loro carattere precettivo e fondamentale, essi debbono trovare attuazione ogni qual volta vi sia, nei fatti, quel *rapporto economico-sociale* al quale la Costituzione riferisce tali principi, tali garanzie e tali diritti. Pertanto, allorquando il contenuto concreto del rapporto e le sue effettive modalità di svolgimento – eventualmente anche in contrasto con le pattuizioni stipulate e con il *nomen juris* enunciato – siano quelli propri del rapporto di lavoro subordinato, solo quest'ultima può essere la qualificazione da attribuire al rapporto, per garantire i diritti costituzionali propri del lavoro subordinato.

Le parti, potremmo dire, non possono che "volere" ciò che corrisponde all'effettivo assetto di interessi che si è di fatto verificato nello svolgimento del rapporto, anche ove questo contrasti con la dichiarazione della loro volontà in sede di stipulazione del contratto, e dunque al momento della "scelta", per così dire, del tipo contrattuale. Pur senza mai mettere in discussione, almeno formalmente ed espressamente, l'indisponibilità per le parti del tipo contrattuale, una questione controversa resta tuttavia la seguente: quale rilevanza debba essere attribuita alla volontà manifestata dalle parti in ordine alla qualificazione del rapporto (*nomen juris*) nel momento in cui lo hanno stipulato (quando vi sia appunto contrasto tra il *nomen juris* e l'effettivo svolgimento del rapporto).

Secondo un consolidato orientamento giurisprudenziale, il concreto comportamento delle parti nello svolgimento del rapporto è da ritenersi indice decisivo della effettiva volontà negoziale circa l'assetto dei reciproci interessi, a prescindere dal *nomen juris* dato dalle parti al contratto (vale a dire dalla qualificazione del contratto effettuata dalle parti stipulanti). Come insegna la Corte di Cassazione, la qualificazione giuridica del contratto è riservata al giudice, che vi procede sulla base delle allegazioni e delle prove fornite circa l'assetto negoziale di interessi posto in essere dalle parti, indipendentemente dalla qualificazione datane dalle parti stesse[37]. Infatti, la preliminare e necessaria indagine sull'effettiva volontà negoziale – diretta ad accertare, anche attraverso il *nomen juris* attribuito al rapporto, se le parti abbiano inteso conferire alla prestazione il carattere della subordinazione – non può essere disgiunta da una verifica dei relativi risultati con riguardo alle caratteristiche e modalità concrete assunte dalla stessa prestazione nel corso del suo svolgimento, che obbliga a quali-

---

[36] Cfr. D'Antona 1995.

[37] Cass. n. 6821/1995. Secondo Cass. n. 4770/2003, il giudice deve dare la prevalenza ai dati fattuali emergenti dal concreto svolgimento del rapporto, senza che il *nomen juris* utilizzato dalle parti possa assumere carattere assorbente.

ficare un rapporto come subordinato ogni volta che il suo svolgimento non sia coerente con l'originaria qualificazione come autonomo (o parasubordinato)[38].

Ciò non significa tuttavia – come rilevato da una copiosa giurisprudenza – che la dichiarazione di volontà delle parti in ordine alla scelta dello schema maggiormente idoneo a soddisfare i rispettivi interessi[39] debba essere stralciata nell'interpretazione del contratto e nella qualificazione da parte del giudice del rapporto che ne è derivata, e che non debba tenersi conto del relativo affidamento reciproco delle parti. Al contrario, la qualificazione come lavoro autonomo operata dalle parti, e l'affidamento reciproco che ne discende, in presenza di modalità esecutive non incompatibili con l'espletamento in forma autonoma della prestazione di lavoro, costituisce un elemento di carattere fondamentale e prioritario per risolvere le situazioni di ambiguità fattuale[40].

Muovendo dalla constatazione – spesso ribadita in giurisprudenza – che ogni attività umana economicamente rilevante, anche se di semplice manovalanza, può essere espletata nelle forme del rapporto di lavoro subordinato ovvero di quello autonomo, la qualificazione procederà dal *nomen juris* per poi verificare se l'effettivo assetto realizzato tra le parti corrisponde o no a quanto dichiarato nel contratto (di lavoro autonomo o di lavoro subordinato).

Dalla fine degli anni '90, in particolare, la Cassazione ha ulteriormente precisato il proprio orientamento, anche in presenza di casi nei quali le parti avevano comune interesse ad escludere la qualificazione del rapporto come di lavoro subordinato, mentre l'INPS agiva per vedersi riconosciuto il credito relativo ai contributi previdenziali, dovuti in caso di rapporto di lavoro subordinato e non versati. La S.C. è giunta così ad affermare[41] che ai fini della qualificazione di un rapporto di lavoro come subordinato od autonomo, la rilevanza della qualificazione data dalle parti al rapporto è quella di una *presunzione semplice* di adeguamento delle parti alla volontà contrattuale, che può essere vinta, in presenza di un contratto qualificato come di lavoro autonomo, anche da opposte presunzioni, tratte da elementi indicanti l'assoggettamento del prestatore al potere direttivo del datore di lavoro, caratteristico della subordinazione.

Nella valutazione della rilevanza da attribuire alla volontà contrattuale, la Cassazione distingue diverse ipotesi: la prima è che le parti abbiano voluto attuare un rapporto di subordinazione, ma, per aggirare o nascondere la subordinazione, e con essa gli obblighi e gli oneri che la sua disciplina comporta, abbiano dichiarato espressamente di volere un rapporto di lavoro autonomo; la seconda è che si siano espresse in modo non chiaro. Nel primo caso, il contratto dissimulato prevale su quello simulato ai sensi del secondo comma dell'art. 1414 c.c.; nel secondo caso, le difficoltà di interpretare le dichiarazioni di volontà debbono essere superate

---

[38] Cass. n. 5520/1997. Secondo Cass. n. 6622/2007, ai fini della distinzione tra lavoro autonomo e lavoro subordinato, da un lato, non si deve prescindere dal "*nomen juris*" utilizzato, ma, dall'altro lato, si deve considerare il comportamento complessivo delle parti, anche posteriore alla conclusione del contratto: in caso di contrasto tra dati formali e dati fattuali circa le caratteristiche e le modalità della prestazione, è necessario dare prevalenza a questi ultimi.

[39] Cass. n. 8187/1999. Questo stesso principio è richiamato anche da Cass. n. 18271/2010.

[40] Cass. n. 4948/1996. Analogamente, Cass. n. 7931/2000, ha ritento che la volontà delle parti, cristallizzatasi nella redazione del contratto di lavoro, possa valere come elemento di valutazione ai fini dell'identificazione della natura del rapporto solo quando le concrete modalità di svolgimento del rapporto lascino margini di ambiguità o incertezza sulla corretta qualificazione della fattispecie.

[41] Cass. n. 8187/1999, cit.

ai sensi dell'art. 1362 c.c., che prescrive all'interprete di non limitarsi al senso letterale delle parole, ma di valutare anche il comportamento delle parti in sede esecutiva.

Diverso ancora, secondo la Corte, è il caso in cui i contraenti, voluto effettivamente un rapporto di lavoro autonomo, non abbiano poi tradotto in atto la dichiarazione, ma durante lo svolgimento del rapporto stesso abbiano manifestato, attraverso fatti concludenti, modifiche o mutamenti della volontà negoziale già espressa, con conseguente mutamento del regime normativo. Specialmente nel rapporto di lavoro – osserva ancora la Cassazione – gli atteggiamenti delle parti assumono rilevanza giuridica non tanto in sede di conclusione del contratto, quanto nella fase in cui le prestazioni vengono scambiate, e dunque è a questa fase che deve essere dedicata massima attenzione.

Insomma: ove le parti abbiamo scelto un tipo contrattuale al quale non ha corrisposto lo svolgimento di un rapporto coerente con la qualificazione operata, preverrà l'assetto che effettivamente si è venuto a creare, in ispecie quando nel rapporto siano chiaramente presenti gli elementi essenziali della subordinazione, intesa, ancora una volta, come assoggettamento al potere del datore di lavoro (*retro*), manchi una auto-organizzazione della prestazione e le mansioni svolte (es. cameriere) non si prestino ad essere oggetto di un rapporto di lavoro autonomo [42]. Nel procedere alla qualificazione del rapporto, in sede di contenzioso, spetterà al giudice di merito la valutazione del comportamento tenuto dalle parti durante l'attuazione del rapporto di lavoro, prendendo come *base di partenza* il *nomen juris* attribuito dalle parti al contratto [43], che «può rilevare solo in concorso con altri validi elementi differenziali o in caso di non concludenza degli altri elementi di valutazione» [44].

5.1. *La certificazione*

La questione della indisponibilità del tipo contrattuale è strettamente collegata alla questione della inderogabilità dei diritti che la Costituzione in primo luogo, e le leggi e i contratti collettivi in secondo luogo, riconoscono al lavoratore subordinato, come ha chiaramente indicato la Corte costituzionale (*retro*). Non tutti i diritti che discendono da norme inderogabili, come vedremo (PT. IX, § 2), sono assolutamente indisponibili. Predicare la disponibilità di alcuni diritti comporta la necessità di definire i confini della disponibilità dei diritti che le fonti eteronome attribuiscono al lavoratore, ovvero i margini di azione che possono essere legittimamente riconosciuti all'autonomia individuale.

Da almeno vent'anni, parte della dottrina ha messo in discussione il dogma della norma inderogabile nel diritto del lavoro, invocando l'opportunità di consentire alle parti del contratto di ridisegnarne il contenuto. L'idea di fondo che ha registrato maggiori consensi – pur a fronte di persistenti e convincenti critiche – e che, soprattutto, ha trovato eco negli interventi legislativi, è quella di valorizzare il ruolo dell'autonomia individuale, controbilanciandola con sistemi di assistenza delle parti (del lavoratore in particolare, tuttora considerato "parte debole" del contratto di lavoro) e

---

[42] Così, per esempio, Cass. n. 7024/2015.

[43] Cass. n. 12926/1999. In senso conforme, cfr. Cass. n. 6622/2007, cit.

[44] Cass. n. 14296/2017.

di verifica della genuinità delle scelte delle stesse parti, sulla scia di quanto già era previsto, almeno dal 1973, per la disciplina delle rinunce e transazioni poste in essere dal lavoratore relativamente a diritti derivanti da norme inderogabili di legge o di contratto collettivo (art. 2113 c.c.).

L'istituto che è stato creato *ad hoc* è la *certificazione* (artt. 75-84, d.lgs. n. 276/2003), procedura volontaria che le parti possono seguire per certificare, appunto, tutti i contratti nei quali sia dedotta una prestazione lavorativa. Finalità, disciplina, campi di applicazione, efficacia della certificazione saranno oggetto di trattazione nella sede appropriata (PT. IX, § 7); in questa sede è necessario e sufficiente chiarire che la certificazione può integrare e rafforzare la volontà delle parti nella qualificazione del contratto. Ma l'efficacia della certificazione (tra le parti e rispetto ai terzi interessati, per esempio gli istituti previdenziali quali l'INPS), come vedremo a suo tempo, non può spingersi sino al punto di "garantire" la qualificazione data dalle parti, quando si dimostri in contrasto con l'effettivo svolgimento del rapporto in forma diversa (subordinata invece che autonoma, in particolare) da quanto formalmente dichiarato dalle parti e certificato dalle Commissioni di certificazione (autorità pubblica o soggetto privato qualificato). Tanto meno, essa può vincolare il giudice che proceda, su istanza di una delle parti o di un terzo, alla riqualificazione del rapporto di lavoro.

Al fine, possiamo conclusivamente affermare che l'indisponibilità del tipo contrattuale che la Corte costituzionale ha affermato con vigore sulla base dei principi costituzionali resta ferma sia per il legislatore – che dunque non avrebbe potuto e non potrebbe affidare un potere dispositivo ai soggetti certificatori – sia per i privati, anche nell'ipotesi in cui decidano di ricorrere alle procedure di certificazione regolate dalla legge.

Sezione II

Lavoro autonomo, collaborazioni coordinate e continuative, collaborazioni etero-organizzate

1. *Introduzione: lavoro autonomo, lavoro subordinato, lavoro parasubordinato*

Nel mercato attuale del lavoro il mondo dei lavoratori subordinati (sempre meno) garantiti (i lavoratori c.d. *standard*, cioè con contratto di lavoro a tempo indeterminato) coesiste con un mondo sempre più affollato di lavoratori poco o per nulla garantiti: lavoratori subordinati *non standard* (vale a dire con contratti di lavoro flessibili e precari, c.d. atipici), ai quali si aggiungono i lavoratori autonomi, nel cui variegato mondo coesistono situazioni molto differenziate tra loro. Ai due estremi stanno: i lavoratori autonomi veri (quelli che usano le proprie energie lavorative e le proprie capacità alle dipendenze di se stessi, traendo utilità da rapporti contrattuali con varie controparti e di vario contenuto); i lavoratori autonomi finti (quelli cioè che, sulla base di un contratto del tipo autonomo, mettono stabilmente e monotonamente le proprie energie e capacità alle dipendenze di una stessa controparte, senza tuttavia che alla subordinazione sostanziale corrisponda anche quella formale). Tra questi due estremi si collocano i lavoratori dotati di un certo grado di autonomia nell'esecuzione della prestazione, ma dipendenti economicamente dal proprio committente (la dipendenza economica è accentuata nel caso delle c.d. mono-committenze).

Dualismo del mercato (lavoratori standard e non standard, garantiti e non garantiti, ovvero *insiders* e *outsiders*) e frammentazione del lavoro costituiscono un problema grave non solo dal punto di vista sociale, ma anche dal punto di vista economico, perché un mercato segmentato e squilibrato è inefficiente. La ricomposizione della frammentazione del lavoro e il superamento del dualismo del mercato del lavoro costituiscono una delle sfide che la stessa UE sollecita i legislatori a raccogliere, per realizzare la *flexicurity* (strategia, il cui ambizioso obiettivo è risolvere la contraddizione tra flessibilità e sicurezza, controbilanciando una maggiore flessibilità interna ed esterna, ovvero in entrata e in uscita, con una maggiore sicurezza sociale e professionale), in primo luogo riducendo appunto la segmentazione del mercato del lavoro.

Di queste questioni ci si occupa da molti anni anche in Italia. Le soluzioni prospettate in questi anni per superare la dicotomia lavoro autonomo/lavoro subordinato sono molteplici [1], ma sono cadute nel vuoto. La dicotomia resta, mentre l'attenzione del legislatore si è concentrata essenzialmente sul problema dell'allargamento al lavoro autonomo non protetto di alcune tutele minime.

Sia i lavoratori fintamente autonomi, sia i lavoratori effettivamente autonomi, ma economicamente dipendenti, sono bisognosi di una protezione, che la condizione di autonomi, escludendoli dall'area di applicazione delle norme di tutela che hanno come destinatari i lavoratori subordinati, basta a negare loro.

La questione della tutela dei lavoratori fintamente autonomi, è questione di abuso della qualificazione del contratto, ed è reprimibile mediante una corretta utilizzazione delle categorie giuridiche di cui già disponiamo: quando il rapporto di lavoro presenti gli elementi tipici del lavoro subordinato, non resta (o non dovrebbe restare) che procedere alla riconduzione del rapporto nel tipo contrattuale lavoro subordinato, con le conseguenze che ne derivano in ordine al riconoscimento dei diritti del lavoratore e degli obblighi del datore di lavoro.

Tutt'altro che semplice la questione della protezione dei lavoratori effettivamente autonomi, e specialmente di quei lavoratori autonomi (collaboratori coordinati e continuativi, e c.d. partite IVA: *infra*, § 2), il cui rapporto di lavoro, pur restando autonomo, presenta alcuni tratti comuni con il lavoro subordinato. Occorre infatti tenere presente che mentre lo schema giuridico è articolato in due tipi contrattuali (indisponibili), ai quali debbono essere necessariamente ricondotti i rapporti di lavoro, a seconda che presentino i caratteri essenziali dell'uno o dell'altro tipo, il quadro normativo è, in realtà, più complesso. Risale infatti a molto tempo addietro l'inserimento tra i due poli dell'autonomia e della subordinazione di un lavoro che, pur essendo riconducibile nell'ambito del lavoro autonomo, presenta caratteristiche in buona misura

---

[1] Le soluzioni prospettate in passato sono grosso modo riconducibili a due. La prima consiste nell'allargamento dell'area protetta dal diritto del lavoro, mediante la costruzione di una nozione allargata di subordinazione, che consenta la riqualificazione giuridica (di una parte) del lavoro autonomo come lavoro subordinato, e l'estensione ad esso delle norme protettive. All'allargamento della subordinazione conseguirebbe tuttavia una riduzione della capacità protettiva del diritto del lavoro. La seconda soluzione, incentrata sul superamento della dicotomia subordinazione/autonomia, e sulla costruzione di una base contrattuale minima comune, può essere ricondotta a due diverse proposte: quella di uno *Statuto dei lavori*, caratterizzato dalla individuazione di un nucleo di diritti universali e indisponibili, applicabili a tutti i rapporti di lavoro economicamente dipendente (subordinati e autonomi); quella, assai più complessa, del *contratto unico,* che possiamo omettere di descrivere, perché ha avuto scarso seguito in dottrina. In questi ultimi anni, la questione del superamento della dicotomia autonomia/subordinazione è tornata al centro del dibattito dottrinale; si intensificano le proposte di estendere la protezione del diritto del lavoro a forme di attività personale rese a favore di altri, benché classificate come autonome o, comunque, non subordinate, nelle quali la dipendenza economica si accompagna al bisogno di protezione (il dibattito verte sulla proposta di uno *Statuto del lavoro*). Il diritto vigente resta ancora saldamente ancorato alla dicotomia, ma non si può non constatare che non solo si sono spostati i confini che ancora separano il lavoro subordinato dal lavoro autonomo, ma sono cambiati i criteri che possiamo utilizzare per distinguere l'autonomia dalla subordinazione (a partire dal necessario aggiornamento della nozione di subordinazione). A noi pare giusto proporre di allargare al settore del lavoro autonomo economicamente dipendente la protezione, continuando però a distinguere, senza avventurarsi sulla strada della modulazione delle tutele nella quale avvertiamo i rischi di affievolimento delle tutele per alcuni piuttosto che prospettive di crescita della protezione per tutti.

assimilabili a quelle proprie del lavoro subordinato. Questo lavoro è stato qualificato dalla dottrina come *parasubordinato* (espressione generica, sostituita nell'uso, e nel linguaggio normativo, dall'espressione più tecnica di *collaborazione coordinata e continuativa*, abbreviata in *co.co.co.*).

Le co.co.co. avevano conosciuto una forte espansione già nell'ultimo decennio del secolo scorso, per l'ovvia convenienza da parte dei datori di lavoro di avvalersi di prestazioni lavorative senza dover sostenere i costi economici e giuridici della assunzione di lavoratori subordinati, ed hanno continuato a crescere di numero per molti anni. Il mondo delle co.co.co. si è popolato così di lavoratori solo apparentemente autonomi, ai quali veniva spesso richiesto di dotarsi di una partita IVA, e che erano frequentemente utilizzati in condizioni di effettiva subordinazione, non solo economica ma anche giuridica.

Innescata dall'allarme sociale provocato dalla crescita esponenziale di una categoria di lavoratori precari e sotto-protetti, la domanda di intervenire per porre rimedio a questa situazione ha avuto una prima risposta nel 2003. Gli artt. 61-69 del d.lgs. n. 276/2003, in attuazione di quanto succintamente previsto dall'art. 4, c. 1, lett. *c*) della legge-delega n. 30/2003, avevano dato vita alla nuova fattispecie della *collaborazione coordinata continuativa a progetto* (o *lavoro a progetto*). Con la creazione di questa nuova fattispecie (per essere valide le collaborazioni dovevano «essere riconducibili a uno o più progetti specifici determinati dal committente e gestiti autonomamente dal collaboratore»), il legislatore si proponeva di dettare una disciplina delle co.co.co., capace di contrastare gli abusi e, insieme, di garantire ai collaboratori alcune garanzie minime. L'intento è stato però realizzato solo in parte; a ridurre l'impatto anti-abusivo contribuivano, oltre ai molti limiti del campo di applicazione della nuova disciplina (tutto il settore pubblico, e non solo), la vaghezza che caratterizzava la definizione dei caratteri essenziali della fattispecie e la debolezza delle garanzie, che in sostanza innovavano poco rispetto a quanto già la legge prevedeva a favore dei lavoratori parasubordinati.

A quasi dieci anni di distanza, il legislatore interveniva nuovamente: nell'ambito di un disegno di riforma che doveva bilanciare l'apertura verso una maggiore flessibilità in uscita, mediante l'affievolimento delle garanzie contro i licenziamenti illegittimi, con una restrizione della flessibilità in entrata, sopprimendo alcune forme di lavoro iperflessibile e limitandone altre (ma il bilanciamento era rimasto più nelle intenzioni che nei fatti), la l. n. 92/2012 (la c.d. riforma Fornero) provvedeva a riformare la disciplina del lavoro a progetto. L'intento del legislatore era essenzialmente quello di assoggettare a limiti rigorosi (non senza qualche compromesso, che attenuava il rigore della disciplina), al fine di evitare abusi e distorsioni, il ricorso al lavoro a progetto, che la previgente disciplina rendeva ancora troppo facile. Restringendo lo spazio delle collaborazioni fintamente autonome, la riforma del 2012 aveva prodotto (ma con l'apporto forse decisivo dell'aumento dei costi retributivi e contributivi) il risultato di ridurre fortemente il numero dei collaboratori a progetto; risultato rafforzato dalle misure restrittive che la stessa legge aveva provveduto a mettere in campo, intervenendo anche sul fronte (fino ad allora inesplorato) delle collaborazioni dei titolari di partite IVA.

Alla riforma Fornero non è stato dato il tempo di una seria verifica della capacità di incidere positivamente sulle dinamiche del mercato del lavoro (verifica che richiede tempi non brevissimi), che il legislatore ha ritenuto necessario un nuovo intervento sulla intera materia delle co.co.co. E questa volta usando la scure al posto del cesello.

Dando attuazione a quanto previsto dal *Jobs Act* (legge-delega n. 183/2014, art. 1, c. 7), il Governo ha proceduto (d.lgs. n. 81/2015, art. 52) alla soppressione del lavoro a progetto, abrogandone per intero la disciplina legale (artt. 61-69, d.lgs. n. 276/2003 [2], come riformulati dalla l. n. 92/2012), nonché all'abrogazione delle disposizioni in materia di partite IVA (art. 69-*bis*, d.lgs. n. 276/2003). La cancellazione del lavoro a progetto non cancella le co.co.co., che anzi tornano, per così dire, alle origini. Per controbilanciare i rischi di una incontrollata espansione, il d.lgs. n. 81/2015 ha previsto le misure di cui diremo nei prossimi paragrafi; completa il quadro la nuova disciplina del lavoro autonomo (l. n. 81/2017), che trova applicazione anche nei rapporti di collaborazione coordinata e continuativa (*infra*, § 2).

Al fine di comprendere significato e implicazioni della nuova normativa che regola le co.co.co., conviene partire da un breve riepilogo della disciplina di cui all'art. 409, n. 3, c.p.c. (come modificato dall'art. 15, c. 1, lett. *a*), l. n. 81/2017), che costituisce punto essenziale di riferimento per la definizione di questa particolare forma di lavoro autonomo, largamente utilizzata.

2. *Le collaborazioni coordinate e continuative*

Le collaborazioni coordinate e continuative (co.co.co.) avevano trovato la loro prima considerazione legislativa nella legge Vigorelli (n. 741/1959) sulla estensione *erga omnes* dei contratti collettivi (*retro*, PT. II, Sez. III, § 3.1). L'art. 2 di quella legge stabiliva che i decreti legislativi che estendevano *erga omnes* contratti collettivi e accordi economici collettivi dovessero essere emanati per tutte le categorie per le quali risultassero stipulati *contratti e accordi economici collettivi* aventi ad oggetto la disciplina dei rapporti di lavoro, «ivi compresi i rapporti di collaborazione che si concretino in prestazioni d'opera continuativa e coordinata». Il legislatore riconosceva così come meritevole di tutela questa categoria di prestatori d'opera (dunque di lavoratori autonomi), in ragione della dipendenza economica, resa manifesta dal carattere continuativo e coordinato della prestazione svolta a vantaggio del committente. Il legislatore non menzionava il carattere personale della prestazione: ma la dottrina non aveva mancato di sottolineare come l'esigenza di un trattamento economico e normativo inderogabile nascesse dalla esistenza di una disparità contrattuale, che aveva causa nell'implicazione della persona del collaboratore nella prestazione lavorativa.

Entrate dalla finestra del diritto del lavoro con la legge Vigorelli, le co.co.co. sono

---

[2] La legge-delega n. 30/2003 e il d.lgs. n. 276/2003 sono meglio noti come legge Biagi. Marco Biagi, stimato studioso del diritto del lavoro, era stretto collaboratore del Ministro del lavoro Maroni (Governo Berlusconi 2001-2006); si deve a lui la elaborazione di una serie di proposte di riforma del mercato del lavoro e della disciplina dei rapporti di lavoro, che hanno costituito il punto essenziale di riferimento della legge-delega n. 30/2003 e del d.lgs. di attuazione n. 276/2003, anche se non tutti i contenuti di quei due provvedimenti possono essergli disinvoltamente attribuiti. Marco Biagi è stato assassinato dalle nuove brigate rosse il 19 marzo del 2002, la sera, a Bologna, davanti al portone della sua abitazione, dove stava rientrando dopo aver trascorso la giornata a Modena, nell'Università in cui insegnava. Nel testo citiamo il d.lgs. n. 276/2003 nella versione attuale, risultante da una serie di successive modificazioni e integrazioni.

entrate invece dalla porta con la riforma del processo del lavoro (l. n. 533/1973). L'art. 409, n. 3, c.p.c. (come novellato dalla l. n. 533/1973) estende infatti le disposizioni relative alle controversie individuali di lavoro ai rapporti di agenzia, di rappresentanza commerciale e ad «altri rapporti di collaborazione che si concretino in una prestazione d'opera *continuativa* e *coordinata, prevalentemente personale, anche se non a carattere subordinato*».

Prima che il legislatore intervenisse dettando una norma interpretativa (l. n. 81/2017, art. 15, c. 1, lett. *a*) che contribuisce ad una migliore definizione della fattispecie, le lacune della scarna disciplina legislativa erano già state colmate dagli interpreti, che avevano individuato i caratteri essenziali, e perciò costanti, di questa serie (aperta) di rapporti di lavoro, destinatari di alcune specifiche discipline sostanziali e processuali[3]. Costituiscono caratteri essenziali comuni: l'oggetto del contratto, che consiste in una prestazione di lavoro; la dipendenza economica del prestatore di lavoro dal proprio committente, accentuata nel caso della c.d. mono-committenza (che si verifica quando il prestatore si obblighi verso un solo committente), ma sussistente, malgrado il contrario avviso talora espresso dalla Cassazione, anche nel caso di una pluralità di committenti.

Sul problema della riconduzione delle co.co.co. al tipo contrattuale lavoro subordinato (art. 2094 c.c.) o al tipo lavoro autonomo (art. 2222 c.c.) in passato si sono confrontati opposti orientamenti interpretativi: un'opinione minoritaria, facendo leva sui criteri della dipendenza economica e della debolezza contrattuale, riteneva che le co.co.co fossero nella sostanza lavoro subordinato, e pertanto riteneva estensibile ai collaboratori l'intera disciplina del lavoro subordinato. Questa opinione è stata respinta, con solidi argomenti, dall'opinione prevalente, che configura il lavoro parasubordinato come *species* del *genus* lavoro autonomo. Quest'ultima opinione ha avuto l'avallo della Corte costituzionale che, nella sentenza n. 365/1995, ha affermato che i rapporti di co.co.co «restano nell'area del lavoro autonomo»[4].

Pure ricondotte nell'alveo del lavoro autonomo, le co.co.co. presentano caratteristiche distintive proprie, che si riassumono nei tre requisiti della *continuità*, *coordinazione* e *personalità della prestazione*[5].

---

[3] Si tratta di rapporti eterogenei, che vanno dagli amministratori di società, ai gestori di stazioni di servizio, ai procacciatori di affari, e così via, sempre che siano presenti i caratteri essenziali e gli elementi distintivi della fattispecie.

[4] Secondo la Corte cost. n. 365/1995, la categoria della parasubordinazione è rilevante ai soli fini processuali. «Non soltanto essa non fornisce un criterio ermeneutico di estensione a questi rapporti, che restano nell'area del lavoro autonomo, di discipline materiali proprie del lavoro subordinato, ma neppure consente di trarne argomento di illegittimità costituzionale, per contrarietà al principio di eguaglianza, delle disparità di trattamento. Di conseguenza non è violato nemmeno l'art. 35 Cost., il quale non esclude forme diverse di tutela secondo la varia natura dei rapporti in cui l'attività di lavoro è dedotta».

[5] Gli agenti e i rappresentanti di commercio sono menzionati separatamente dall'art. 409, n. 3: rientrano nella categoria dei lavoratori parasubordinati quando non siano dotati di una propria organizzazione di impresa che esclude il carattere prevalentemente personale della prestazione. Gli agenti, parasubordinati e non, godono di una specifica disciplina, contenuta negli artt. 1742 ss. c.c., come novellati dal d.lgs. n. 65/1999, attuazione della Direttiva CE 86/653, e negli accordi economici collettivi della categoria. Anche i liberi professionisti possono essere ricompresi nell'ambito dei lavoratori parasubordinati (quando ricorrano i caratteri distintivi della parasubordinazione); assai

Trattandosi di lavoro autonomo (e dunque di una prestazione d'opera che tecnicamente continuativa non è), la *continuità* della prestazione deve essere intesa nel senso che la prestazione sia diretta a soddisfare un interesse durevole del committente. La continuità si verifica sia nella reiterazione della stessa prestazione, sia nella ripetizione di prestazioni diverse (ma non disparate), sia anche nell'esecuzione di un'unica opera, ove l'attività necessaria per l'adempimento abbia una certa durata nel tempo.

Perché la prestazione possa essere definita come continuativa occorre allora che sussista, oltre all'interesse durevole del committente, l'elemento della *coordinazione funzionale* tra l'opera promessa e l'attività esercitata dal committente: ove la prestazione sia destinata a soddisfare per un certo tempo l'interesse del creditore e per quel tempo impegni le energie lavorative del prestatore, si verifica quella situazione di relativa dipendenza, che realizza insieme i requisiti della continuità e della coordinazione del rapporto di collaborazione non subordinata.

Le parole aggiunte dalla l. n. 81/2017 (art. 15, c. 1, lett. *a*), con norma interpretativa, all'art. 409, n. 3 («*La collaborazione si intende coordinata quando, nel rispetto delle modalità di coordinamento stabilite di comune accordo dalle parti, il collaboratore organizza autonomamente l'attività lavorativa*») contribuiscono a chiarire il significato della coordinazione tra le esigenze del committente e una prestazione di lavoro che mantiene i caratteri essenziali dell'autonomia (autonoma organizzazione dell'attività lavorativa). Nella collaborazione coordinata, le parti *di comune accordo* decidono le modalità del coordinamento, che non deve però interferire con la piena autonomia nell'organizzazione della prestazione lavorativa; il coordinamento è dunque un criterio di collegamento funzionale della prestazione del collaboratore con l'attività del committente, le cui prerogative giuridiche restano immutate rispetto al contratto di lavoro autonomo puro (art. 2222 c.c.). Il coordinamento si distingue (o dovrebbe distinguersi) perciò nettamente dalla organizzazione (unilaterale da parte del committente) della prestazione del collaboratore, oggetto della disciplina dettata dall'art. 2, d.lgs. n. 81/2015 (*infra*, § 3).

Ai requisiti della continuità e coordinazione deve sommarsi un terzo requisito, quello del *carattere prevalentemente personale* della prestazione: con il che si intende che il lavoro personale del prestatore deve essere prevalente (in senso qualitativo) non solo sul lavoro altrui eventualmente utilizzato, ma anche sugli altri fattori utilizzati per eseguire la prestazione. Il requisito della prevalente personalità della prestazione allude all'implicazione della persona nel rapporto di lavoro parasubordinato: la spendita di energie lavorative a vantaggio del committente crea una dipendenza economica che trascende immediatamente in una dipendenza personale, che l'autonomia nell'esecuzione della prestazione non elimina.

2.1. *Misure per la tutela dei collaboratori coordinati e continuativi (l. n. 81/2017)*

L'art. 409, n. 3, c.p.c., ha esteso alle controversie scaturenti dai rapporti di collaborazione coordinata e continuativa l'applicazione del rito del lavoro. La stessa l. n. 533/1973, che novellava il codice di procedura civile introducendo per le controver-

---

dubbio invece l'inserimento degli amministratori delegati di società (alla cui posizione resta esclusa la possibilità di aggiungere un contratto di lavoro subordinato: Cass. n. 36362/2021).

sie di lavoro e previdenziali un rito in parte diverso da quello ordinario di cognizione, nel riformulare l'art. 2113 c.c., ha esteso il regime dell'invalidità delle rinunce e delle transazioni del lavoratore su diritti derivanti da norme inderogabili della legge e dei contratti collettivi (*infra*, PT. IX) a tutti i lavoratori menzionati nell'art. 409: ivi compresi perciò i co.co.co.

All'estensione delle tutele processuali e sostanziali appena menzionate, si è successivamente aggiunta l'estensione della tutela previdenziale obbligatoria (art. 2, c. 26, l. n. 335/1995: l'aliquota contributiva, in origine fissata al 10%, ha raggiunto il 33% nel 2018, e a seguito dell'aggiunta di ulteriori aliquote è arrivata nel 2022 al 35% [6]; i co.co.co. sono iscritti alla gestione separata dell'INPS). Dal punto di vista fiscale i redditi da co.co.co. (quando si tratti di una collaborazione continuativa a favore di un solo committente e con retribuzione periodica prestabilita) sono assimilati ai redditi da lavoro subordinato [7].

Ulteriori misure sostanziali di tutela sono state introdotte dalla nuova disciplina del lavoro autonomo (l. 22.5.2017, n. 81, c.d. *Jobs Act* degli autonomi), il cui campo di applicazione (art. 1) include tutti i rapporti di lavoro autonomo di cui al titolo III del libro quinto del codice civile, compresi quelli che hanno una disciplina particolare ai sensi dell'art. 2222 c.c. Sono esclusi solo gli imprenditori, ivi compresi i piccoli imprenditori di cui all'art. 2083 c.c. La legge non seleziona dunque all'interno del lavoro autonomo (come sarebbe invece stato opportuno fare, viste le grandi diversità che corrono nel composito universo dei contratti d'opera) [8] e non detta specifiche regole applicabili alle collaborazioni coordinate e continuative di cui all'art. 409, n. 3, c.p.c.

Senza entrare nei dettagli di una disciplina in gran parte estranea alla nostra materia, possiamo qui richiamare alcune regole che in parte innovano, ma non sempre in senso migliorativo, rispetto alle tutele già previste dalla abrogata disciplina delle collaborazioni a progetto.

La prima tutela riguarda il lavoratore autonomo nelle transazioni commerciali tra lavoratori autonomi e imprese, pubbliche amministrazioni o tra lavoratori autonomi (è il caso delle sub-forniture): dettando queste regole il legislatore sembra avere finalmente riconosciuto che il contratto d'opera non è un contratto tra soggetti di fatto eguali; anche nel lavoro autonomo è presente uno squilibrio contrattuale fra le parti, legato alla dipendenza economica del prestatore dal committente [9].

L'art. 2, l. n. 81/2017, intitolato clausole e condotte abusive, definisce abusive e pri-

---

[6] Per i dettagli cfr. la Circolare INPS n. 25/2022.

[7] Salvo quelle specificamente previste dalla legge, le norme di tutela del lavoro subordinato restano inapplicabili al lavoro parasubordinato. In particolare, Cass. S.U. n. 1613/1989 ha escluso l'applicabilità dell'art. 2126 c.c. ai rapporti di lavoro parasubordinato, e l'orientamento è stato ribadito successivamente dalla Corte: così Cass. n. 6260/2006. L'orientamento della Cassazione è fermo nell'escludere l'applicabilità al lavoro parasubordinato dell'art. 36 Cost. (retribuzione equa e sufficiente).

[8] Gli artt. 5 e 6, l. n. 81/2017, contengono la delega al Governo per la disciplina di alcuni aspetti delle professioni liberali, con particolare riguardo alle tutele in materia di *welfare*.

[9] Per l'analisi della disciplina cfr. Perulli 2021, p. 88 ss., che sottolinea la continuità della l. n. 81/2017 con gli interventi legislativi che, nell'ultimo ventennio, hanno caratterizzato la tutela del contraente debole sul mercato, garantendo equilibrio sostanziale delle parti e adempimento degli obblighi del committente.

ve di effetto le clausole che attribuiscono al committente la facoltà di modificare unilateralmente le condizioni del contratto (in contrasto con quanto spesso avviene nella prassi); ove il contratto abbia ad oggetto una prestazione continuativa, costituisce condotta abusiva del committente recedere da esso senza congruo preavviso (non è previsto invece che debbano essere specificate le causali del recesso); sono abusive le clausole mediante le quali le parti concordano termini di pagamento superiori a sessanta giorni dalla data del ricevimento da parte del committente della fattura o della richiesta di pagamento. La legge considera altresì abusivo il rifiuto del committente di stipulare il contratto in forma scritta, senza tuttavia sancire espressamente la nullità del contratto per vizio di forma. Sempre a norma dell'art. 2, in tutte queste ipotesi il lavoratore autonomo ha diritto al risarcimento dei danni, anche promuovendo un tentativo di conciliazione mediante gli organismi abilitati. La legge (art. 3, c. 4) estende inoltre ai rapporti di lavoro autonomo, in quanto compatibile, l'art. 9, l. n. 192/1998, in materia di abuso di dipendenza economica [10].

Benché la legge non lo dica, si può ritenere [11] che, applicando analogicamente i principi di correttezza, trasparenza ed equità nei rapporti contrattuali previsti dalla disciplina del Codice del consumo, il contratto avente ad oggetto una collaborazione autonoma coordinata e continuativa, anzitutto richieda la forma scritta, ma debba altresì contenere la descrizione dettagliata dell'opera o servizio richiesto dal committente e le modalità (bilateralmente definite) del coordinamento (art. 15); la data di inizio del rapporto, la durata del contratto e/o i tempi di consegna dell'opera o del servizio; il corrispettivo pattuito, gli oneri previdenziali, gli eventuali rimborsi spese e la loro quantificazione; i tempi e le modalità di pagamento; i termini di preavviso e le causali di recesso.

Per quanto riguarda il corrispettivo, nulla è previsto: il legislatore ha infatti ignorato quanto previsto dall'art. 1, c. 7, lett. *g*) della legge-delega n. 183/2014 (c.d. *Jobs Act*), relativamente all'estensione del salario minimo legale (di cui si prevedeva l'introduzione in via sperimentale) alle collaborazioni autonome. Almeno per quanto riguarda le collaborazioni coordinate e continuative, sarebbe stato invece opportuno riprendere quanto stabiliva l'abrogata disciplina del lavoro a progetto, che, in mancanza di una contrattazione collettiva specifica, prevedeva che il compenso del collaboratore non potesse essere comunque inferiore alle retribuzioni minime previste dai contratti collettivi nazionali di categoria applicati nel settore di riferimento alle figure professionali il cui profilo di competenza ed esperienza fosse analogo a quello del collaboratore.

Altre misure di tutela sono quelle di *welfare* che avremo occasione di richiamare nei capitoli dedicati a questi argomenti (indennità di maternità e paternità, congedi parentali, tutela della gravidanza, malattia e infortunio: artt. 13 e 14, l. n. 81/2017). Tra le misure di tutela dei lavoratori autonomi si possono ricordare anche le misure fiscali sulla deducibilità delle spese di formazione e accesso alla formazione permanente, nonché le misure di politica attiva relative al diritto di accesso alle informazioni sul mercato e servizi personalizzati di orientamento, riqualificazione e ricollocazione (ma sulla effettività di queste ultime è legittimo esprimere qualche dubbio) (*infra*, PT. IV).

---

[10] Per un'analisi dettagliata di queste regole cfr. Ferraro 2018. Su rimedi e sanzioni cfr. Martelloni 2017.

[11] Perulli 2021, cit.

Infine, l'art. 7 della stessa legge stabilizza per tutti i lavoratori autonomi, nonché per gli assegnisti e dottorandi di ricerca con borsa di studio, il trattamento di disoccupazione (DIS-COLL) [12].

Occorre infine segnalare che il d.lgs. n. 104/2022, attuazione della Direttiva UE 2019/1152, relativa a condizioni di lavoro trasparenti e prevedibili nell'Unione europea, ha esteso alle collaborazioni coordinate e continuative (art. 409, n. 3, c.p.c.), nonché alle collaborazioni etero-organizzate (*infra*, § 3), gli obblighi informativi cui è tenuto, nei limiti della compatibilità, il committente. Trova applicazione relativamente alle collaborazioni anzidette anche la parte dello stesso d.lgs. che detta alcune regole specifiche in materia di condizioni di lavoro (in particolare gli artt. 8, 9, 10, 13 e 14): daremo conto di tali regole nella trattazione delle materie alle quali si riferiscono.

3. *Le collaborazioni etero-organizzate*

L'art. 52, c. 2, d.lgs. n. 81/2015, dopo aver abrogato al c. 1 la disciplina del lavoro a progetto, rinvia, per la disciplina delle co.co.co., all'art. 409, n. 3, c.p.c.; i requisiti della fattispecie della collaborazione sono dunque quelli che gli interpreti hanno tratto dalle scarne indicazioni contenute in quella disposizione, come integrata dalla norma interpretativa introdotta con l'art. 15, l. n. 81/2017 (*retro*, § 2). Il quadro è tuttavia più complesso: il d.lgs. n. 81/2015 ha infatti previsto, all'art. 2, che in presenza di taluni requisiti le collaborazioni siano attratte «nello specchio della subordinazione» [13].

Intitolato «*Collaborazioni organizzate dal committente*», il testo originario dell'art. l'art. 2, c. 1, prevedeva: «A far data dal 1° gennaio 2016, si applica la disciplina del rapporto di lavoro subordinato anche ai rapporti di collaborazione che si concretano in prestazioni di lavoro *esclusivamente* personali, continuative e le cui modalità di esecuzione sono organizzate dal committente anche con riferimento *ai tempi e al luogo di lavoro*». Il testo è stato modificato dall'art. 1, c. 1., d.l. n. 101/2019, conv. con modifiche in l. n. 128/2019) nel modo seguente: «A far data dal 1° gennaio 2016, si applica la disciplina del rapporto di lavoro subordinato anche ai rapporti di collaborazione che si concretano in prestazioni di lavoro *prevalentemente* personali, continuative e le cui modalità di esecuzione sono organizzate dal committente. *Le disposizioni di cui al presente comma si applicano anche qualora le modalità di esecuzione della prestazione siano organizzate mediante piattaforme anche digitali*». Si tratta di modifiche rilevanti sotto diversi profili, sui quali ci soffermeremo nei prossimi paragrafi.

---

[12] Trattamento della durata massima di 12 mesi, con importo decrescente dopo i primi sei, per gli eventi di disoccupazione successivi al 1° gennaio 2022 (c. 15-*quinquies*, aggiunto all'art. 15, d.lgs. n. 22/2015 dalla l. n. 234/2021).

[13] Mazzotta 2019, p. 99. Per quanto si tratti di una disposizione che ha esaurito i propri effetti, si può ricordare che, a mo' di contrappeso a quanto disposto dall'art. 2, c. 1, d.lgs. n. 81/2015, lo stesso decreto (art. 54) incentivava con l'estinzione degli illeciti contributivi fiscali e amministrativi collegati all'erronea qualificazione dei rapporti di lavoro (sempre a decorrere dal 1° gennaio 2016) i datori di lavoro privati (ma sarebbe stato più corretto chiamarli committenti) ad assumere volontariamente con contratto di lavoro subordinato a tempo indeterminato «i soggetti già parti di contratti di collaborazione coordinata e continuativa anche a progetto e di soggetti titolari di partita IVA con cui abbiano intrattenuto rapporti di lavoro autonomo».

Per completare il quadro occorre anzitutto segnalare che nel secondo comma dell'art. 2, d.lgs. n. 81/2015, il legislatore delegato ha introdotto alcune *eccezioni* alla regola stabilita nel c. 1 (applicazione della disciplina del lavoro subordinato) [14].

Due di queste eccezioni coincidono con le eccezioni che già erano previste dalla abrogata disciplina del lavoro a progetto. Si tratta: delle collaborazioni prestate nell'esercizio di professioni intellettuali per le quali è necessaria l'iscrizione in appositi albi professionali; delle attività prestate nell'esercizio della loro funzione dai componenti degli organi di amministrazione e controllo delle società e dai partecipanti a collegi e commissioni; a queste si è aggiunta l'eccezione relativa alle collaborazioni degli operatori che prestano le attività di soccorso alpino e speleologico di cui alla l. n. 74/2001, mentre sarà abrogata dall'inizio del 2023 l'eccezione relativa alle società sportive dilettantistiche a seguito della riforma del lavoro sportivo (*infra*, Cap. IV).

L'eccezione di maggiore portata e rilevanza riprende implicitamente, allargandola, l'eccezione, a suo tempo aggiunta alla disciplina del lavoro a progetto, che riguardava le attività di vendita diretta sia di beni sia di servizi (dette *out-bound*) realizzate attraverso *call center*. Ora però l'art. 2, c. 2, d.lgs. n. 81/2015, esclude dall'applicazione della regola di cui al c. 1 (applicazione della disciplina del lavoro subordinato) le collaborazioni per le quali gli *accordi collettivi nazionali* stipulati da associazioni sindacali comparativamente più rappresentative sul piano nazionale prevedono *discipline specifiche* riguardanti il trattamento economico e normativo, in ragione delle particolari esigenze produttive ed organizzative del relativo settore. Il richiamo ai *call center* è implicitamente riecheggiato nella formulazione; ma la nuova norma conferisce un ampio potere normativo all'autonomia collettiva, rinviando ai contratti collettivi di livello nazionale, specifici (dunque non genericamente di categoria) e qualificati in base alla maggiore rappresentatività dei sindacati stipulanti, la definizione della disciplina economica e normativa da applicare alle co.co.co., ponendo come unico limite le particolari esigenze produttive e organizzative del settore interessato. Il limite è generico e di per sé insufficiente a circoscrivere il potere dell'autonomia collettiva di tenere al di fuori dell'ambito di applicazione dell'art. 2, c. 1, d.lgs. n. 81/2015 e dunque dell'applicazione della disciplina del lavoro subordinato collaborazioni anche compiutamente etero-organizzate. Se il rinvio alla contrattazione collettiva fosse interpretato come potere di derogare alla legge, saremmo di fronte ad un esempio di delegificazione già largamente praticato nel diritto del lavoro: il modello non ricalcherebbe tuttavia quello previsto dall'art. 8, l. n. 148/2011 (potere di deroga alla legge attribuito alla contrattazione di prossimità, aziendale o territoriale: *retro*, PT. II, Sez. IV, § 4), perché in

---

[14] Nell'ordine: a) collaborazioni per le quali gli accordi collettivi nazionali stipulati da associazioni sindacali comparativamente più rappresentative sul piano nazionale prevedono discipline specifiche riguardanti il trattamento economico e normativo, in ragione delle particolari esigenze produttive ed organizzative del relativo settore; b) collaborazioni prestate nell'esercizio di professioni intellettuali per le quali è necessaria l'iscrizione in appositi albi professionali; c) attività prestate nell'esercizio della loro funzione dai componenti degli organi di amministrazione e controllo delle società e dai partecipanti a collegi e commissioni; d) lettera abrogata, a decorrere dal 1° gennaio 2023, dall'art. 52, c. 1, lett. *d*), d.lgs. n. 36/2021 come modificato dall'art. 10, c. 13-*quater*, d.l. n. 73/2021, conv. con modifiche in l. n. 106/2021 (lavoro sportivo); d-*bis*) collaborazioni prestate nell'ambito della produzione e della realizzazione di spettacoli da parte delle fondazioni di cui al d.lgs. n. 367/1996; d-*ter*) collaborazioni degli operatori che prestano le attività di cui alla l. n. 74/2001.

questo caso il legislatore ha specificato che i contratti collettivi sono quelli di livello nazionale stipulati dalle organizzazioni comparativamente più rappresentative sul piano nazionale[15]. Merita tuttavia sottolineare che "*disciplina specifica*" non significa necessariamente "deroga", e soprattutto non può consistere nella deroga alle regole fondamentali di tutela di lavoratori che il legislatore ha assimilato ai lavoratori subordinati.

Ricordiamo infine il c. 4 dell'art. 2, d.lgs. n. 81/2015, la cui formulazione originaria, che aveva suscitato molte perplessità, è stata sostituita dal d.lgs. n. 75/2017 (attuazione della legge-delega n. 124/2015, c.d. riforma Madia) con la seguente: «La disposizione di cui al c. 1 *non* trova applicazione nei confronti delle pubbliche amministrazioni». Il disposto è chiaro: peraltro alle p.a. già non si applicava la disciplina delle collaborazioni a progetto, e non si applicherà neppure (e a maggior ragione, considerata la specialità del lavoro nel settore pubblico, al quale si accede mediante concorso pubblico: art. 97 Cost.) il nuovo regime delle collaborazioni etero-organizzate. Nella nuova formulazione dell'art. 2, c. 4, è caduto il divieto di stipulare contratti di collaborazione etero-organizzata, che compariva nella formulazione precedente, ma che si può considerare implicito, poiché la p.a. non è certo libera di avvalersi di lavoro nella sostanza subordinato, attribuendo al contratto il *nomen iuris* di lavoro autonomo, e nella specie di collaborazione coordinata e continuativa. Il divieto, comunque, è stato ribadito dall'art. 5, d.lgs. n. 75/2017.

3.1. *Significato e implicazioni della disciplina delle collaborazioni etero-organizzate*

Sinteticamente riepilogando, il legislatore è intervenuto con il d.l. n. 101/2019, conv. con modifiche in l. n. 128/2019, modificando il primo comma dell'art. 2, d.lgs. n. 81/2015, in due punti. Nel primo ha sostituito nella definizione della prestazione il carattere "esclusivamente" con quello "prevalentemente" personale; ha inoltre cancellato il riferimento alla etero-organizzazione *anche* rispetto ai tempi e ai luoghi di lavoro. Nel secondo punto ha aggiunto al c. 1 un periodo nel quale dispone l'applicazione della disciplina del rapporto di lavoro subordinato «anche qualora le modalità di esecuzione della prestazione siano organizzate mediante piattaforme anche digitali». Questa aggiunta assume particolare importanza nella casistica di cui ci occuperemo nel prossimo paragrafo (§ 3.2).

Rispetto ai requisiti delle co.co.co. di cui all'art. 409, n. 3, le collaborazioni di cui all'art. 2 presentano due elementi comuni (la *continuità* e il carattere *prevalentemente personale* della prestazione)[16] e un elemento differenziale: la prestazione del collaboratore non è coordinata (dalle parti, di comune accordo) con l'attività del committente, ma è *organizzata* dal committente, che *unilateralmente* decide in ordine alle modalità di esecuzione, anche se non più, come in origine, stabilendo *anche* luogo e tempi del lavoro.

---

[15] Sulla questione della definizione della rappresentatività e maggiore rappresentatività delle organizzazioni sindacali v. *retro*, PT. II, Sez. II.

[16] Il requisito della personalità (sia essa prevalente o esclusiva) della prestazione è comune a tutte le co.co.co. (e al lavoro autonomo in generale), e quindi non è di per sé decisivo per la qualificazione delle collaborazioni che saranno soggette all'applicazione della disciplina del lavoro subordinato.

La nuova disciplina delle co.co.co., con la duplicità di regimi che ne deriva, pone una serie di interrogativi, sui quali si sono manifestate opinioni diverse. Senza potere entrare qui nel merito di una discussione assai complessa dal punto di vista teorico, possiamo limitarci a qualche considerazione, essenzialmente di ordine sistematico.

Per i contratti stipulati dopo il 1° gennaio 2016 (o stipulati prima, ma la cui esecuzione si estende oltre quella data) [17], ci si può domandare se abbia ancora un senso qualificare come co.co.co. una collaborazione che presenti tutti i requisiti di cui all'art. 2, c. 1 (continuità, personalità della prestazione, etero-organizzazione). La risposta non è ovvia. Occorre infatti segnalare che il legislatore *non* ha detto che le collaborazioni organizzate dal committente sono "considerate" rapporti di lavoro subordinato: se lo avesse fatto, avrebbe senz'altro allargato la nozione di subordinazione (art. 2094 c.c.), inserendo in questa nozione anche prestazioni di lavoro che, oltre a non essere esclusivamente (ma solo prevalentemente) personali, non sono etero-dirette dal datore di lavoro, e non si svolgono alle sue dipendenze, con ciò intendendo la soggezione ai poteri di controllo e disciplinare del datore di lavoro, come vuole la consolidata definizione della subordinazione giuridica (*retro*, Cap. II, Sez. I, § 2). Il legislatore si è invece cautamente limitato a dire che quando la "collaborazione" presenta i requisiti di cui all'art. 2, c. 1, d.lgs. n. 81/2015, ad essa si applica la disciplina del lavoro subordinato; con ciò implicitamente dicendo che, a partire dal 1° gennaio 2016, questa collaborazione viene *assimilata* (negli effetti) al lavoro subordinato, pur non identificandosi con esso.

La cautela non è stata sufficiente ad evitare che si aprisse un intenso dibattito nel quale si sono confrontate posizioni contrapposte. Nell'oscillazione tra la riconduzione delle collaborazioni etero-organizzate nell'alveo dell'art. 2094 c.c. e la riconduzione nell'alveo dell'art. 2222 c.c., ha riscosso largo seguito l'opinione favorevole a ricondurle al tipo contrattuale lavoro autonomo. Alla base di questo orientamento sta la distinzione proposta in dottrina e accolta dalla Cassazione (nella notissima sentenza n. 1663/2020: *infra*, § 3.2) tra una prestazione di lavoro etero-diretta ed una etero-organizzata. Sintetizzando: l'etero-direzione entra nello scambio contrattuale come elemento *interno* alla struttura del contratto, perché il lavoro scambiato contro salario, essendo subordinato, sarà prestato, durante lo svolgimento del rapporto, in condizioni di "dipendenza" da un contraente dotato di potere di direzione; l'etero-organizzazione della prestazione è invece un elemento *esterno* rispetto alla struttura di un contratto, nel quale il lavoratore (autonomo) è tenuto ad adeguare la propria attività alla mutevole organizzazione del committente, ma il committente non ha il potere di conformare, mediante le proprie direttive, la prestazione dedotta in contratto. La soppressione, nella nuova formulazione dell'art. 2, c. 1, del riferimento ai tempi e al luogo di lavoro sembra accentuare la distinzione tra etero-direzione ed etero-organizzazione della prestazione lavorativa, avvalorando la tesi che riconduce le collaborazioni etero-organizzate nell'alveo del lavoro autonomo.

Resta tuttavia da spiegare perché la legge applichi ad un lavoratore assoggettato al

---

[17] Quanto disposto dall'art. 2, c. 1, d.lgs. n. 81/2015, si riferisce a contratti di collaborazione la cui esecuzione si estende oltre la data del 1° gennaio 2016; solo a partire da quella data trova infatti applicazione la disciplina del lavoro subordinato, il che significa che il rapporto è assimilato (nel trattamento economico, normativo, contributivo e fiscale) ad un rapporto di lavoro subordinato.

potere organizzativo ma non a quello direttivo la disciplina giuridica del rapporto di lavoro etero-diretto, visibilmente non coerente con il tipo contrattuale al quale il legislatore stesso avrebbe ricondotto il rapporto. La spiegazione è tutt'altro che semplice. Semplificando al massimo, si può dire che la dottrina ha individuato come strada per uscire dall'*impasse*, la proposta (accolta anche dalla S.C., nella sentenza citata sopra) di definire l'art. 2 "norma di disciplina" e non di "fattispecie", assumendo che il legislatore, anziché definire una fattispecie astratta (ad es. un *tertium genus* intermedio tra lavoro subordinato e lavoro autonomo) [18] abbia adottato una prospettiva c.d. rimediale (applicazione della disciplina del lavoro subordinato).

Tralasciando la discussione sull'attendibilità della distinzione tra norma di disciplina e norma di fattispecie [19], il riferimento alla disciplina piuttosto che alla fattispecie può essere riformulato chiarendo che l'art. 2 prende in considerazione non un tipo contrattuale (*nomen iuris*), ma un rapporto di lavoro, che nei fatti presenti le caratteristiche della etero-organizzazione unilateralmente imposta dal "committente": una situazione (nel senso della posizione del prestatore di lavoro) che il legislatore giudica nella sostanza tanto equivalente alla dipendenza del lavoratore subordinato, da ritenere estensibile ad essa la disciplina del lavoro subordinato [20]. Secondo quanto ha precisato la S.C., l'applicazione del diritto del lavoro alle collaborazioni etero-organizzate è *integrale*; ad essa – ha affermato la Corte – possono sottrarsi solo le "norme ontologicamente incompatibili" (con una fattispecie che la Corte considera che resti nell'ambito dell'autonomia): in tal modo, tuttavia, la qualificazione (vale a dire la riconduzione al *nomen iuris*) uscita dalla porta rientra dalla finestra, perché "incompatibili" sono le norme relative al lavoro subordinato tecnicamente non estensibili a rapporti di lavoro autonomo [21].

Sin qui abbiamo fatto riferimento all'orientamento largamente prevalente, che riconduce le collaborazioni etero-organizzate nell'alveo del lavoro autonomo (eventualmente come *species* del *genus* co.co.co.). Esiste tuttavia un altro orientamento (minoritario), che spiega l'applicazione della disciplina del lavoro subordinato a collaborazioni che la legge evita consapevolmente di qualificare come lavoro subordinato [22],

---

[18] Mai realmente accolta in dottrina, la proposta della "categoria intermedia" è stata respinta dalla S.C. (Cass. n. 1663/2020, riformando sul punto la sentenza App. Torino 4.2.2019: *infra*, § 3.2).

[19] Ogni disciplina presuppone infatti una fattispecie che ne condiziona l'applicazione.

[20] La fattispecie (antecedente della applicazione delle norme in materia di lavoro subordinato) presa in considerazione dal legislatore è il rapporto (momento effettuale) e non il contratto (momento genetico), che resta irrilevante: cosicché il giudice, una volta accertata nel caso concreto la presenza degli elementi della fattispecie (assimilabili a quelli tipici del lavoro dipendente) applica la disciplina del lavoro subordinato, senza bisogno di ricondurre il rapporto ad un contratto nominato mediante l'ordinaria operazione di qualificazione e riconduzione al corretto *nomen iuris*.

[21] Come abbiamo già segnalato, il d.lgs. n. 104/2022, attuazione della Direttiva UE 2019/1152, relativa a condizioni di lavoro trasparenti e prevedibili nell'Unione europea, prevede espressamente l'applicabilità alle collaborazioni etero-organizzate, nei limiti della compatibilità, delle regole in materia di informazione del collaboratore, nonché l'applicazione di alcune disposizioni relative alle condizioni di lavoro (in particolare gli artt. 8, 9, 10,13, 14).

[22] Ove l'etero-organizzazione delle collaborazioni si risolvesse, anziché nella sola assimilazione al lavoro subordinato, nella formale riqualificazione di esse come lavoro subordinato, si porrebbe il

rimettendo in discussione proprio la separazione concettuale tra potere organizzativo e potere direttivo, e allargando, per questa via la nozione di subordinazione. L'allargamento consente di ricondurre nell'alveo dell'art. 2094 c.c. anche quei rapporti di lavoro che presentano caratteristiche in parte diverse da quelle rispondenti alla definizione tradizionale della subordinazione, ma della subordinazione condividono i tratti essenziali.

Il ripensamento della nozione di subordinazione non è peraltro una novità: è già presente nella giurisprudenza sulla c.d. "subordinazione attenuata", che, a fini di qualificazione di rapporti nei quali, a causa delle caratteristiche della prestazione di lavoro, il datore di lavoro organizza la prestazione coordinandola con quella di altri, senza emanare direttive specifiche e puntuali (che sarebbero prive di utilità, se non di senso), valorizza l'inserimento funzionale della prestazione nell'organizzazione e la soggezione del prestatore al potere organizzativo del datore di lavoro. Una giurisprudenza quest'ultima giudicata timida, sulla quale pesa il ritorno, da parte della Corte costituzionale (sentenza n. 76/2015)[23] ad una definizione della subordinazione caratterizzata da un'etero-direzione rigidamente concepita, e formulata nei termini cari alla tradizione giurisprudenziale. La giurisprudenza non è tuttavia arroccata sulle proprie massime consolidate: posti di fronte alla crescente dimensione del lavoro flessibile anche nei tempi e nei luoghi, i giudici sembrano consapevoli del largo spettro interpretativo offerto dalla formulazione dell'art. 2094 c.c., che consente di adeguarne il significato ad una realtà del lavoro, che il rispetto della Costituzione impone di lasciar passare attraverso le maglie di una subordinazione riconosciuta nella sua essenza di alienità e assoggettamento al potere unilaterale altrui. Ne vedremo un significativo esempio nella giurisprudenza sul rapporto di lavoro dei *rider* (§ 3.2).

Come abbiamo detto, l'opinione prevalente riconduce al lavoro autonomo le collaborazioni etero-organizzate. È allora di tutta evidenza che il problema della distinzione tra le co.co.co. di cui all'art. 409, n. 3 (soggette alla disciplina del lavoro autonomo) e le collaborazioni etero-organizzate di cui all'art. 2, c. 1, d.lgs. n. 81/2015 (soggette alla disciplina del lavoro subordinato), si sposta sul piano della distinzione tra etero-organizzazione e *coordinamento*. Opportunamente dunque la norma interpretativa aggiunta all'art. 409, n. 3, c.p.c., di cui abbiamo detto sopra (*retro*, § 2), ha posto l'accento, ai fini della distinzione tra le prime e le seconde, proprio sul coordinamento, distinguendo il caso in cui le modalità del coordinamento siano stabilite dalle parti di

---

problema, non solo teorico, della violazione, da parte del legislatore, della regola della *indisponibilità del tipo contrattuale* (*retro*, Cap. II, Sez. I): violazione che non riguarda la riqualificazione in sé (il legislatore può modificare la definizione giuridica della subordinazione, allargandola o restringendola), ma l'avere disposto, prevedendo le eccezioni di cui si è detto sopra (§ 3), la sottrazione all'applicazione della disciplina del lavoro subordinato di collaborazioni che presentano i caratteri tipici del lavoro subordinato (come ridefinito mediante la riconduzione ad esso delle collaborazioni etero-organizzate), tra le quali spiccano, anche per la larghezza del rinvio, quelle regolate dai contratti collettivi. Il problema pare superabile a quanti ritengono che, da un lato, il principio di indisponibilità del tipo non è più considerato un argine invalicabile a qualsiasi processo di flessibilizzazione e rimodulazione delle tutele (che ben può essere affidato alla contrattazione collettiva qualificata), e che, d'altro lato, l'esclusione dall'ambito di applicazione dell'art. 2 di alcune almeno delle collaborazioni elencate al c. 2, possa essere considerata giustificata (Razzolini 2020).

[23] *Retro*, Sez. I.

comune accordo, da quello in cui sia il committente a decidere unilateralmente l'organizzazione della prestazione, precisando che, nel primo caso, «*il collaboratore organizza autonomamente l'attività lavorativa*». Insomma, per restare al di fuori dell'applicazione della disciplina del lavoro subordinato, la collaborazione deve avere i caratteri di una prestazione di lavoro genuinamente autonomo, nella quale spetta al collaboratore, nel rispetto del coordinamento concordato con il committente, ogni decisione in ordine al tempo da impiegare nell'esecuzione della prestazione lavorativa, nonché al luogo dove eseguirla, anche se, per esigenze di coordinamento, potrà essere tenuto ad assicurare, in determinati giorni o ore, la propria presenza all'interno dell'organizzazione del committente.

3.2. *Il caso dei* rider*: tra collaborazioni etero-organizzate, lavoro subordinato e lavoro autonomo*

Le tante questioni interpretative di cui ci abbiamo parlato nei paragrafi precedenti, trovano riscontro nella applicazione in giudizio dell'art. 2, c. 1, cui hanno dato luogo le controversie di lavoro promosse dai *rider* (ciclofattorini addetti alla consegna a domicilio di cibo e altro) reclutati – tramite *app* installata sullo *smartphone* – da piattaforme digitali che fanno capo ad imprese multinazionali (*Foodora*, *Foodinho-Glovo*, *Just Eat*, *Deliveroo*, e altre ancora). La piattaforma, attraverso la quale è realizzata un'attività economica il cui oggetto è la fornitura di un servizio erogato mediante l'opera di prestatori di lavoro[24], produce il massimo beneficio per l'impresa che la adotta laddove, com'è nel caso dei *rider*, le prestazioni richieste siano elementari, e pertanto possano essere considerate altamente intercambiabili, e vi siano molte persone (*crowd*) pronte a svolgere i lavoretti della *gig economy*. Questa convenienza economica permette alle aziende che gestiscono i servizi di consegna tramite *app* di concedere ai *gig workers* il "lusso" di decidere se lavorare o non lavorare, se accettare di svolgere la consegna o saltare il turno.

Proprio la mancanza di obbligatorietà della prestazione aveva indotto i primi giudici che si erano pronunciati sulla qualificazione giuridica del rapporto di lavoro dei *rider* ad escluderne la natura subordinata. Nelle due pronunce di primo grado adottate rispettivamente dal Trib. Torino (7.5.2018, sul caso *Foodora*) e dal Trib. Milano (10.9.2018, sul caso *Foodinho-Glovo*), entrambe largamente commentate dalla dottrina, i giudici avevano ritenuto che la possibilità per il prestatore di decidere discrezionalmente, di settimana in settimana, in quali giorni e in quali orari lavorare o di non lavorare affatto, escludesse in radice la configurabilità del potere direttivo in capo all'imprenditore e la stabile inserzione nell'organizzazione dell'impresa. Anche nella decisione di secondo grado sul caso *Foodora* (App. Torino 4.2.2019), oggetto come le precedenti di molti commenti[25], la Corte aveva ritenuto che la libertà dei *rider* di dare o no la propria disponibilità a svolgere la prestazione lavorativa nei vari turni (*slot*) offerti dall'azienda, fosse incompatibile con lo schema del contratto di lavoro subor-

---

[24] Su queste tematiche cfr. Novella, Tullini 2022; *ivi*, in particolare, A. Donini, *Piattaforme*, p. 25 ss.

[25] Per tutti cfr. Novella 2019 e *ivi* riferimenti.

dinato di cui all'art. 2094 c.c. Diversamente da quanto stabilito dalle sentenze di primo grado sopra citate, la Corte aveva qualificato le prestazioni dei *rider* come lavoro autonomo riconducibile nello schema della collaborazione etero-organizzata, regolata dall'art. 2, c. 1, d.lgs. n. 81/2015 (considerato come un *tertium genus* tra autonomia e subordinazione), attribuendo rilevanza all'inserimento funzionale della prestazione nell'organizzazione del committente e alla continuità del rapporto (svolgimento di attività reiterate nel tempo al fine di soddisfare i bisogni delle parti). La Corte d'Appello aveva di conseguenza assicurato l'applicazione delle tutele del lavoro subordinato al rapporto dei *rider* «e in particolare per quel che riguarda sicurezza e igiene, retribuzione diretta e differita (quindi inquadramento professionale), limiti di orario, ferie e previdenza» (per la disciplina il giudice aveva usato come parametro di riferimento il CCNL della logistica), ma *non* l'applicazione delle discipline relative al licenziamento. Si profilava così un'applicazione selettiva della disciplina del lavoro subordinato[26].

Il caso *Foodora* si è chiuso con l'intervento della Cassazione: al di là del caso specifico (risolto alla luce del testo originario dell'art. 2, c. 1, d.lgs. n. 81/2015), l'ampia motivazione della sentenza n. 1663/2020 ne fa un essenziale punto di riferimento nella interpretazione dell'art. 2, c. 1, anche dopo le modifiche apportate dal "decreto dignità" (d.l. n. 101/2019, conv. con modifiche in l. n. 128/2019). La S.C. ha ritenuto che, nella specie, il lavoro dei *rider* presentava le caratteristiche della collaborazione etero-organizzata, che pur essendo caratterizzata nel momento genetico dall'autonomia, a causa della mancanza di un vero e proprio obbligo di svolgimento dell'attività lavorativa, sono invece organizzate dalla piattaforma durante tutta la fase di esecuzione della prestazione; le modalità organizzative sono definite «in modo sostanziale per il tramite dell'applicativo per *smartphone* collegato». Di conseguenza la S.C. ha sancito l'applicazione integrale della disciplina del lavoro subordinato (fatta eccezione per le "norme incompatibili", di cui si è detto sopra). Dopo aver ricondotto la fattispecie concreta dei *rider* di *Foodora* nell'ambito delle collaborazioni etero-organizzate, la S.C. ha affermato che non viene meno la possibilità per il giudice «di accertare l'esistenza di un rapporto di lavoro subordinato, secondo i criteri elaborati dalla giurisprudenza in materia, trattandosi di un potere costituzionalmente necessario alla luce della regola di effettività della tutela»[27].

Nello spazio aperto alla valutazione del giudice si collocano alcune decisioni nelle

---

[26] Così anche Trib. Roma 6.5.2019, relativamente alle attività *out-bound* in un *call center*.

[27] La qualificazione in termini di collaborazione etero-organizzata, anziché di lavoro subordinato, assume importanza sotto un ulteriore profilo rilevante: l'applicabilità della lett. *a*) dell'art. 2, c. 2, che attribuisce alla contrattazione collettiva qualificata il potere di prevedere «discipline specifiche riguardanti il trattamento economico normativo in ragione delle particolari esigenze produttive ed organizzative». In proposito abbiamo già rilevato che la "*disciplina specifica*" di cui parla la lett. *a*), non può consistere nella *deroga* alle regole fondamentali di tutela dei lavoratori subordinati, che restano inderogabili anche per la contrattazione (qualificata) che dovrebbe intervenire per dettare regole adeguate alle specificità dell'organizzazione e delle prestazioni dei lavoratori delle piattaforme (PT. II, Sez. III, §3.3). Peraltro, la qualificazione in termini di lavoro subordinato non preclude di certo l'intervento della contrattazione collettiva che detti apposite regole per adeguare il trattamento economico e normativo alle specificità di quei rapporti.

quali i giudici hanno qualificato quelli dei *rider* come rapporti di lavoro subordinato, ravvisando nella completa etero-organizzazione delle modalità di esecuzione della prestazione gli estremi di una subordinazione che se non coincide del tutto con la nozione "classica", coincide almeno con la nozione di "subordinazione attenuata", da tempo usata dalla giurisprudenza che ravvisa, nell'integrazione continuativa del lavoratore nell'organizzazione dell'impresa, gli elementi della dipendenza e dell'alienità [28]. Questa giurisprudenza si colloca peraltro nel solco aperto dal recente *Real Decreto Ley* n. 9/2021 spagnolo, che prevede una presunzione di subordinazione per il lavoro di consegna o distribuzione di prodotti e merci organizzato mediante piattaforme digitali, nonché dalla pur cauta proposta di Direttiva UE per il miglioramento delle condizioni di lavoro su piattaforma presentata il giorno 8 dicembre 2021 (COM/2021/762).

Come si è detto, sulla materia è intervenuto il Governo, con l'emanazione del d.l. n. 101/2019, conv. con modifiche in l. n. 128/2019. Il decreto ha integrato (aggiungendo un periodo finale) l'art. 2, c. 1, del d.lgs. n. 81/2015, prevedendo che la disciplina del lavoro subordinato si applichi alle collaborazioni etero-organizzate «anche qualora le modalità di esecuzione della prestazione siano organizzate mediante piattaforme anche digitali». La piattaforma (digitale o meno: ma non è chiaro come possa configurarsi una piattaforma "non digitale") rappresenta in questo caso uno strumento di organizzazione, da parte del committente, delle prestazioni di lavoro, superando possibili dubbi. Contribuiscono ad allargare l'ambito di applicazione dell'art. 2, c. 1., anche le altre due modifiche introdotte, di cui si è già detto sopra: la soppressione del riferimento ai tempi e al luogo di lavoro; la ridefinizione della prestazione come "prevalentemente" personale.

All'espansione della riconducibilità delle prestazioni dei *rider* nell'ambito delle collaborazioni etero-organizzate fa da contrappeso l'introduzione nel d.lgs. n. 81/2015, ad opera dello stesso d.l. n. 101/2019, conv. con modifiche in l. n. 128/2019, di un nuovo Capo V *bis*, intitolato "Tutela del lavoro tramite piattaforme digitali", nel quale (artt. 47-*bis* ss.), fatto salvo quanto previsto dall'art. 2, c. 1, la legge dispone la tutela minima dei *rider* "autonomi" (ma non etero-organizzati, e non destinatari delle tutele lavoristiche), che svolgono l'attività di consegna attraverso piattaforme digitali utilizzate dal committente strumentali all'attività di consegna, fissandone il compenso e determinando le modalità di esecuzione.

Il campo di applicazione è limitato ai rider («lavoratori impiegati nell'attività di consegna di beni per conto altrui, in ambito urbano e con l'ausilio di velocipedi o veicoli a motore» a due o a tre ruote) che operino «attraverso piattaforme anche digitali». Da una parte sono escluse tutte le altre forme di lavoro tramite piattaforme digitali (basti pensare a *Uber*), dall'altra si includono anche coloro che operino tramite piattaforme *non digitali.* Il contratto ha forma scritta (a fini di prova) e il prestatore di lavoro gode dei diritti di informazione (*infra*, Cap. III), e della tutela antidiscriminatoria (*infra*, PT. V). Importante appare la specifica estensione a favore dei *rider* dell'assicurazione obbligatoria (INAIL) contro gli infortuni sul lavoro e le malattie professionali (art. 47-*ter*) [29], a fronte di incidenti stradali, anche mortali, che hanno recentemente coinvolto

[28] Trib. Palermo 24.11.2020; Trib. Milano 20.4.2022.

[29] Il d.lgs. n. 104/2022, attuazione della Direttiva UE 2019/1152, ha sostituito il c. 1 dell'art. 47-*ter* nel modo seguente: «I contratti individuali di lavoro di cui all'articolo *47-bis* sono provati per

rider; così come pare importante l'estensione delle misure generali previste dal d.lgs. n. 81/2008 in materia di prevenzione e sicurezza sul lavoro.

Non meno importanti le disposizioni relative al compenso (art. 47-*quater*): da un lato è previsto che i contratti collettivi stipulati dalle organizzazioni sindacali e datoriali comparativamente più rappresentative a livello nazionale possono definire criteri di determinazione del compenso complessivo che tengano conto delle modalità di svolgimento della prestazione e dell'organizzazione del committente. D'altro lato si prevede che, in difetto di tali contratti, i lavoratori di cui all'art. 47-*bis* non possano essere retribuiti in base alle consegne effettuate e che ai medesimi lavoratori debba essere garantito un compenso minimo orario parametrato ai minimi tabellari stabiliti da contratti collettivi nazionali di settori affini o equivalenti sottoscritti dalle organizzazioni sindacali e datoriali comparativamente più rappresentative a livello nazionale.

Proprio il divieto di retribuzione in base alle consegne (cioè a cottimo) ha innescato il conflitto determinato dalla stipulazione del CCNL tra Assodelivery (Associazione delle imprese del settore) e UGL Rider (sindacato dei *rider* di nuova costituzione), che prevede invece il compenso per singola consegna. La legittimità di questo contratto è stata contestata anche in giudizio (ne abbiamo parlato in altra sede: *retro*, PT. II, Sez. III, § 3.2). In controtendenza si segnala l'iniziativa assunta da *Just Eat* che, a seguito della decisione di recedere da Assodelivery, ha stipulato un contratto collettivo aziendale (21.3.2021) con le Federazioni di categoria di CGIL, CISL, UIL, riorganizzando il servizio di *delivery* con *rider* assunti come lavoratori subordinati, inquadrati all'interno del CCNL della logistica (definendo livelli di inquadramento, orario settimanale, retribuzione oraria e retribuzione minima giornaliera)[30].

---

iscritto e i lavoratori devono ricevere entro la data di instaurazione del rapporto di lavoro le informazioni di cui agli articoli 1 e 1-*bis* del decreto legislativo 26 maggio 1997, n. 152, in quanto compatibili, nonché le informazioni inerenti alla tutela della sicurezza ai sensi del comma 3 dell'articolo 47-*septies*».

[30] Cfr. l'analisi di Forlivesi 2021. La riorganizzazione non ha riguardato tutte le società riconducibili al gruppo Just Eat ma solo una società a tal fine appositamente costituita (Takeaway.com Express Italy) che «intende avviare un'attività di *delivery food* caratterizzata da un modello organizzativo innovativo».

Capitolo III

Il contratto di lavoro subordinato

1. *Contratto e rapporto di lavoro*

Nel capitolo precedente abbiamo esaminato la nozione di subordinazione (art. 2094 c.c.), che qualifica il rapporto giuridico tra prestatore di lavoro e datore di lavoro come rapporto di lavoro subordinato: tale qualificazione, come si è detto, costituisce la porta d'ingresso del diritto del lavoro, vale a dire dell'insieme della legislazione di tutela dei lavoratori, della normativa previdenziale, della contrattazione collettiva. Occorre ora esaminare lo strumento giuridico mediante il quale si instaura il rapporto di lavoro: lo strumento è un contratto *tipico* (il contratto di lavoro subordinato). Come abbiamo già avuto modo di sottolineare, il tipo contrattuale, del quale costituisce elemento qualificante appunto la presenza del vincolo di subordinazione, è *rigido*, nel senso che le parti non possono disporre dello schema negoziale, disponendo così del contenuto e degli effetti del contratto determinati da norme inderogabili della legge e del contratto collettivo.

Il contratto di lavoro subordinato è un *contratto di durata*: con questa espressione si definisce un contratto nel quale l'esecuzione delle prestazioni contrattuali è continuata nel tempo. La continuità dell'esecuzione del contratto non deve essere confusa con la *durata determinata o indeterminata* del contratto.

Il contratto di lavoro è stipulato in via ordinaria a *tempo indeterminato* (vale a dire senza prefissione di un termine di scadenza); il contratto di lavoro "a tutele crescenti" (previsto e regolato dal d.lgs. n. 23/2015) è anch'esso un contratto a tempo indeterminato, nel quale è stata modificata, rispetto al passato, la disciplina dei licenziamenti (*infra*, PT. VIII).

Il contratto di lavoro può anche essere stipulato, ma nel rispetto di talune condizioni, *a tempo determinato* (*infra*, Cap. IV). Mentre il contratto a tempo determinato (detto anche *a termine*) cessa alla scadenza del termine, se il contratto è stipulato a tempo indeterminato il rapporto di lavoro prosegue fino a quando una delle due parti non eserciti il potere di recesso unilaterale, o non sopravvenga un'altra causa di cessazione (*infra*, PT. VIII).

1.1. *Il contratto come fonte del rapporto*

Abbiamo detto che lo strumento giuridico mediante il quale si instaura il rapporto di lavoro è il contratto: di ciò la dottrina largamente prevalente non pare dubitare, anche se ritiene doveroso sottolineare che il contratto di lavoro è caratterizzato dallo spazio assai più limitato, rispetto ad altri contratti, riservato all'autonomia contrattuale delle parti.

Dottrine (minoritarie) che negano invece che all'origine del rapporto di lavoro vi sia un contratto sono state presenti in passato. Secondo la teoria istituzionale-comunitaria, ispirata da dottrine tedesche del primo novecento, fonte del rapporto sarebbe l'incorporazione del lavoratore nell'impresa, istituzione caratterizzata dalla comunione di scopo tra lavoratori e datore di lavoro. Di questa teoria si trova traccia nel codice civile: nell'art. 2086, nel quale affiora la concezione istituzionalistica dell'impresa, la subordinazione è la dipendenza gerarchica del prestatore di lavoro dal datore di lavoro, capo dell'organizzazione produttiva in cui il lavoratore è inserito [1]. Il contesto è quello della funzionalizzazione dell'autonomia privata all'interesse superiore della produzione nazionale, della responsabilità dell'imprenditore verso lo Stato, e del potere di controllo dello Stato sugli indirizzi della produzione e degli scambi. Tuttavia l'art. 2094 dello stesso codice, per quanto non contenga alcuna definizione del contratto di lavoro, collega l'obbligazione del prestatore di lavoro (a collaborare nell'impresa, alle dipendenze e sotto la direzione dell'imprenditore) ad un contratto di scambio, stipulato dal lavoratore: la fonte del rapporto di lavoro è dunque il contratto, e non l'incorporazione del lavoratore in una istituzione ordinata su base gerarchica.

In epoca più vicina a noi sono state proposte altre teorie sull'origine non contrattuale del rapporto di lavoro. Così la teoria secondo la quale all'origine del rapporto di lavoro sta il solo fatto dell'inserimento del lavoratore nell'organizzazione dell'impresa, senza che sia necessaria la mediazione del contratto. Questa teoria fa leva soprattutto sull'art. 2126 c.c., ma l'argomento è fortemente (e giustamente) contestato dalla dottrina dominante [2]. Una ulteriore contrapposizione si profila tra la dominante teoria contrattualistica e la teoria che possiamo denominare a-contrattualistica: questa teoria non contesta che il contratto possa rilevare come

---

[1] Il testo dell'art. 2086 c.c. è stato di recente modificato dall'art. 375, d.lgs. n. 14/2019, Codice della crisi d'impresa e dell'insolvenza, che ha sostituito l'originaria rubrica "Direzione e gerarchia nell'impresa" con la rubrica "Gestione dell'impresa" e ha aggiunto un secondo comma («L'imprenditore, che operi in forma societaria o collettiva, ha il dovere di istituire un assetto organizzativo, amministrativo e contabile adeguato alla natura e alle dimensioni dell'impresa, anche in funzione della rilevazione tempestiva della crisi dell'impresa e della perdita della continuità aziendale, nonché di attivarsi senza indugio per l'adozione e l'attuazione di uno degli strumenti previsti dall'ordinamento per il superamento della crisi e il recupero della continuità aziendale»). La modifica dell'art. 2086 è entrata in vigore il 6.3.2019.

[2] Del resto, l'art. 2126 c.c. regola la conservazione degli effetti prodotti dal contratto di lavoro nullo o annullabile per il periodo cui il rapporto di lavoro che in quel contratto trovava la propria fonte ha avuto esecuzione (e fino a quando la invalidità non sia stata dichiarata o accertata); la prestazione di fatto è dunque riconducibile ad un contratto, viziato sì, ma non inesistente.

fonte del rapporto di lavoro e che incida altresì sulla regolamentazione del rapporto individuale, ma afferma che la fattispecie fondamentale del diritto del lavoro non è il contratto, ma il rapporto di lavoro subordinato (Scognamiglio 2007). La teoria a-contrattualistica ha avuto un seguito limitato, perché l'opinione dominante non ne condivide la premessa concezione della subordinazione come soggezione economico sociale di una parte (quella che dispone solo delle proprie energie lavorative) rispetto all'altra, dotata dei mezzi di produzione. La teoria contrattualistica coltiva però rapporti dialettici con la teoria a-contrattualistica: la dialettica nasce dalla circostanza che, all'interno della teoria contrattualistica, le opinioni su quanto del rapporto di lavoro sia riconducibile al contratto e quanto invece si collochi al di fuori di esso restano tutt'altro che univoche, anche in ragione della difficoltà di spiegare la soggezione di una parte al potere dell'altra parte nel quadro e nella logica di un contratto di scambio (*infra*, § 2).

La matrice contrattuale del rapporto di lavoro è presupposta dalla legislazione in materia di lavoro subordinato e, come si è detto, la dottrina prevalente è contrattualista, nel senso che da sempre è convinta che il rapporto di lavoro trovi la propria fonte in un contratto, del quale il rapporto costituisce l'esecuzione continuata nel tempo, scandita dal succedersi delle giornate lavorative.

2. *La causa del contratto di lavoro: scambio a titolo oneroso*

La causa è un elemento essenziale del contratto (richiesto a pena di nullità); individua la funzione economico-sociale del contratto, e quindi l'interesse meritevole di tutela perseguito dalle parti. La causa del contratto di lavoro subordinato è una causa di scambio, definita dall'art. 2094 c.c. in questi termini: il prestatore di lavoro si obbliga, mediante retribuzione, a collaborare nell'impresa. Lo scambio avviene tra la prestazione lavorativa (cioè un'attività personale come tale infungibile; un *facere* non generico ma, come vedremo oltre, specificamente individuato mediante la definizione delle mansioni: art. 2103 c.c.) e la retribuzione (vale a dire il compenso cui è tenuto il datore di lavoro che riceve la prestazione, utilizzandola all'interno della organizzazione da lui diretta). Lo scambio è dunque a titolo oneroso.

La semplicità dello schema negoziale (*do ut facias*) è tuttavia "complicata" dalla definizione dell'obbligazione del prestatore di lavoro in termini di collaborazione (*retro*, Cap. II, § 1): espressione il cui significato varia in ragione del diverso peso attribuito al profilo dell'inserimento del lavoratore nell'organizzazione dell'impresa, e allo svolgersi del rapporto di lavoro all'interno di essa.

L'indubbia connessione tra contratto di scambio e organizzazione del lavoro nell'impresa ha indotto un settore della dottrina a ritenere che oggetto dell'obbligazione del lavoratore sia non la subordinazione (che costituisce un effetto del contratto), ma la collaborazione. La collaborazione – si afferma – costituisce lo scopo specifico della prestazione lavorativa, e il riflesso dell'organizzazione sulla obbligazione di lavoro si sostanzia nell'obbligo di conformare l'esecuzione della prestazione alle concrete e variabili esigenze dell'organizzazione del lavoro. L'organizzazione resta fuori dalla causa del contratto (definita in termini di scambio tra collaborazione e retribuzione), ma condiziona pesantemente la definizione dell'obbligazione del lavoratore[3]. Un altro settore

---

[3] Il lavoratore in sostanza si obbligherebbe ad un risultato organizzativo, sia pure limitato al frammento di organizzazione in cui si colloca la prestazione: Ghera 2011, p. 48.

della dottrina costruisce invece il contratto di lavoro come contratto di scambio *e di organizzazione*: la subordinazione, intesa come collaborazione del prestatore di lavoro alla realizzazione del risultato complessivo di organizzazione (ovvero destinazione della prestazione lavorativa ad integrarsi in un organismo governato dal datore di lavoro), è attratta nella causa del contratto, nel senso che lo scambio assicura al datore di lavoro il risultato del coordinamento della prestazione dedotta in contratto al risultato complessivo dell'organizzazione[4].

Prescindendo in questa sede dalle critiche mosse da più parti alle tesi riepilogate sopra, che comportano tutte, se pure in misura diversa, una dilatazione della obbligazione del lavoratore, si può aderire a quella opinione che riporta la causa del contratto allo scambio tra un un'obbligazione di fare e un'obbligazione di dare[5]. Partendo da questa premessa si può dire che l'organizzazione del lavoro è estranea alla causa del contratto di lavoro, ma occorre aggiungere che non è invece estranea al rapporto di lavoro: nel senso che il contratto (che è fonte del rapporto) immette il lavoratore nell'organizzazione del lavoro nella quale avrà svolgimento il rapporto. La considerazione dell'organizzazione del lavoro come "dato" preesistente al contratto e l'immissione, mediante il contratto, del lavoratore nell'organizzazione diretta dal datore di lavoro spiegano da un lato la connessione tra organizzazione del lavoro e poteri del datore di lavoro, dall'altro la soggezione del lavoratore, immesso dal contratto nell'organizzazione, al potere direttivo del datore di lavoro. In questo modo si dà infatti "fondamento contrattuale" al potere direttivo: se l'etero-direzione della prestazione lavorativa è l'essenza stessa della subordinazione che qualifica il contratto, l'assoggettamento al potere di direzione entra nello scambio contrattuale, perché il lavoro scambiato contro salario è lavoro "subordinato", che sarà prestato cioè, durante lo svolgimento del rapporto, in condizioni di dipendenza da un contraente dotato di potere di direzione.

Resta tuttavia da spiegare perché uno dei contraenti sia dotato di poteri la cui presenza qualifica il contratto. Un contributo alla soluzione del problema può venire dalla considerazione del contratto come strumento attraverso il quale due soggetti scambiano denaro contro prestazione di lavoro subordinato: a patto però di esplicitare che i due soggetti si presentano nella stipulazione del contratto come portatori di diverse prerogative (o, se vogliamo, di due diverse identità, definite dal diritto che le regola), e che portano tali prerogative fin dentro il contratto di cui sono parti. Il lavoratore è titolare di diritti fondamentali della persona (vedremo oltre di quali diritti si tratta); le prerogative del datore di lavoro attengono al governo dell'organizzazione

---

[4] Persiani 1966; nello stesso ordine di idee, ma con sfumature diverse: Mengoni 2004, Marazza 2001; criticamente Liso 1982.

[5] Carabelli 2004. Poiché la prestazione di fare è connotata strutturalmente dalla subordinazione (vale a dire dalla soggezione del lavoratore al potere direttivo del datore di lavoro), il potere direttivo (o potere di coordinare la prestazione di lavoro) è interno al vincolo contrattuale, essendo riconosciuto dall'ordinamento l'interesse del datore di lavoro di conformare la prestazione lavorativa, finalizzandola al raggiungimento del risultato organizzativo e produttivo atteso (di cui si assume il rischio). Secondo le teorie intermedie tra teorie contrattualistica e a-contrattualistica, elaborate a partire dalla tesi di Mancini 1957, il rapporto di lavoro, pur mantenendo la propria fonte contrattuale, si arricchisce di contenuti che non si spiegano nella logica dello scambio, ma sono il riflesso dell'organizzazione nella quale, mediante il contratto, il lavoratore è stato inserito, e nell'ambito della quale il datore di lavoro utilizza la prestazione di lavoro facendo uso di poteri propri esterni al contratto; la subordinazione è collocata nel rapporto, quale effetto dell'obbligazione dedotta in contratto.

nel suo complesso, e quindi anche dell'organizzazione del lavoro. Il contratto – lo abbiamo detto – è lo strumento che consente di utilizzare il lavoro altrui nell'ambito dell'organizzazione: il contratto e il rapporto costituiscono dunque l'ambito nel quale vediamo "in azione" i poteri di organizzazione del lavoro altrui. Poiché lo strumento è un contratto, e poiché il contraente che scambia il proprio lavoro contro un salario è titolare di diritti fondamentali, l'esercizio dei poteri di utilizzazione del lavoro è soggetto a limiti: limiti contrattuali, nel senso che derivano dall'esistenza del contratto, che è ambito di esercizio di alcuni diritti e fonte di altri diritti del lavoratore.

2.1. *Contratto di associazione e prestazione di lavoro*

Lo schema del contratto di scambio a titolo oneroso di cui abbiamo detto sin qui non è utilizzabile quando la prestazione di lavoro sia oggetto di conferimento in un contratto di associazione.

Si può anzitutto ricordare che l'art. 53, d.lgs. n. 81/2015, intitolato "Superamento dell'associazione in partecipazione con apporto di lavoro", ha in sostanza eliminato dalla scena del diritto del lavoro questo particolare contratto, che in passato era stato spesso utilizzato nella pratica per eludere l'applicazione della disciplina del lavoro subordinato. L'art. 53, d.lgs. n. 81/2015, è intervenuto drasticamente sul contratto di associazione in partecipazione, sostituendo il secondo comma dell'art. 2549 (aggiunto dalla l. n. 92/2012)[6] nel modo seguente: «Nel caso in cui l'associato sia una persona fisica l'apporto di cui al primo comma non può consistere, nemmeno in parte, in una prestazione di lavoro». A partire dunque dall'entrata in vigore del d.lgs. n. 81/2015 non è stato più possibile stipulare contratti di associazione in partecipazione in cui si verifichi lo scambio tra una prestazione di lavoro e la partecipazione agli utili dell'impresa dell'associante; non sono previste né deroghe, né eccezioni. Un modo sbrigativo, ma senza dubbio efficace, per eliminare dalla scena un contratto di cui troppo spesso, in passato, si era abusato.

Per quanto riguarda il *lavoro nelle società*, secondo l'art. 2247 c.c., «con il contratto di società due o più persone conferiscono beni o servizi per l'esercizio in comune di una attività economica allo scopo di dividerne gli utili», e l'art. 2263, c. 2, regola proprio l'ipotesi del conferimento da parte del socio della propria opera (in relazione alla ripartizione dei guadagni e delle perdite, come recita la rubrica della disposizione)[7].

In generale, quando la prestazione lavorativa sia oggetto di conferimento in società di persone, la fattispecie *non* risulta compatibile con lo schema del lavoro subordinato: a causa della condizione di socio del prestatore, manca infatti l'alterità dei soggetti e la tipica "doppia alienità" (di organizzazione e strumenti, di risultato); il mero

---

[6] Nell'intento di reprimere gli abusi, la l. n. 92/2012 aveva aggiunto un (secondo) comma all'art. 2549 c.c., limitando la possibilità di ricorrere a tale tipo contrattuale per un *numero massimo* di *tre* associati (salvo che «siano legati all'associante da rapporto coniugale, di parentela entro il terzo grado o di affinità entro il secondo»). In caso di superamento di quella soglia, «il rapporto con *tutti* gli associati il cui apporto consiste anche in una prestazione di lavoro *si considera* di lavoro subordinato a tempo indeterminato»: il legislatore introduceva così una *presunzione assoluta* di subordinazione. Il rigore di tale regime era stato successivamente attenuato.

[7] Sul conferimento di lavoro in società, v. l'opera monografica tutt'oggi fondamentale di Romagnoli 1967.

controllo operato da altri soci non configura esercizio del potere direttivo, salvo che sia verificata una effettiva dipendenza gerarchica da altri soci. Diverso può essere il caso dell'attività svolta da un amministratore di società di capitali[8]: in questi casi, la giurisprudenza ammette il c.d. cumulo tra la posizione di amministratore (organico alla società e partecipe dei poteri della società stessa) e lo *status* di lavoratore subordinato (dirigente), soltanto quando sia accertata una effettiva "dipendenza" dell'amministratore rispetto ad un altro amministratore o ad un organo societario sovraordinato (Consiglio di amministrazione o Consiglio di sorveglianza, tipicamente)[9].

2.2. *Il lavoro nelle società cooperative di produzione e lavoro*

I problemi da affrontare mutano di segno e di rilevanza quando il lavoro sia oggetto di conferimento in una *società cooperativa di produzione e lavoro*. Obiettivo sociale della cooperazione è, sin dalle origini ottocentesche del fenomeno, quello di assicurare e ripartire tra i soci lavoratori occasioni di lavoro; le cooperative sono infatti caratterizzate dall'assenza di fine di lucro e dalla necessaria sussistenza di un fine mutualistico. La crescente diffusione del lavoro prestato nell'ambito delle cooperative di lavoro aveva obbligato dottrina e giurisprudenza a valutare la compatibilità tra lo schema e il fine mutualistici propri delle società cooperative e l'uso spesso improprio di questo strumento giuridico, svuotato dalle sue finalità ideali e impiegato sovente come espediente per utilizzare prestazioni lavorative in forma molto simile quando non addirittura coincidente con il lavoro subordinato. Da una opposta prospettiva, ci si interrogava sulla compatibilità tra lo *status* di socio e di lavoratore subordinato, tenuto conto che, nei contratti associativi, la prestazione viene resa in adempimento del contratto sociale.

L'ormai risalente riforma della legislazione in materia di cooperative di lavoro (l. 3.4.2001, n. 142, intitolata "Revisione della legislazione in materia cooperativistica, con particolare riferimento alla posizione del socio lavoratore") ha risolto in senso positivo la questione della *compatibilità* tra la posizione di socio della cooperativa e quella di lavoratore subordinato alle dipendenze della cooperativa, sulla quale il dibattito era stato in passato intenso, pure in presenza di una progressiva estensione ai soci lavoratori (in via legislativa e contrattuale) di alcune tutele tipiche del lavoro subordinato[10].

---

[8] Non a caso i rapporti degli amministratori di società rientrano tra le ipotesi tassativamente previste per le quali resta applicabile la disciplina delle collaborazioni coordinate e continuative, senza obbligo di ricondurle a progetto (e anche tutt'ora sono escluse dal campo di applicazione dell'art. 2, d.lgs. n. 81/2015: v. *retro*, Cap. II, Sez. II), stante la specificità della loro posizione; analogamente, i compensi percepiti dagli amministratori sono soggetti a ritenute previdenziali con modalità analoghe a quelle previste per le altre forme di lavoro parasubordinato.

[9] Cass. n. 381/2000. Si esclude perciò che l'"amministratore unico" di una società a base personale possa essere considerato come lavoratore subordinato: cfr. Cass. n. 7312/2013. Ma secondo Cass. ord. n. 2487/2022 i soci al 50% unici componenti del c.d.a. di una s.r.l. possono essere lavoratori subordinati della società.

[10] Ad es. l'art. 24, l. n. 196/1997, aveva previsto il diritto all'indennità di mobilità dei soci lavoratori licenziati con licenziamento collettivo da una cooperativa di lavoro; altre più risalenti estensioni

Prima dell'intervento della l. n. 142/2001, gli orientamenti della giurisprudenza erano stati contrastanti. Parte della giurisprudenza si era pronunciata in senso contrario alla configurazione di un rapporto di lavoro subordinato tra la cooperativa e il socio. Secondo la Cassazione [11], quando l'attività lavorativa svolta dal socio in favore della società cooperativa consisteva in prestazioni comprese tra quelle previste dal patto sociale e dirette al perseguimento dei fini istituzionali della società, non era configurabile un rapporto di lavoro subordinato e nemmeno un rapporto di lavoro autonomo, poiché quelle prestazioni lavorative tipiche del socio costituiscono adempimento del contratto di società. L'avviso della S.C. era condiviso dalla Corte costituzionale [12]: secondo la Corte, a differenza del prestatore di lavoro definito dall'art. 2094 c.c., il socio lavoratore di una cooperativa di lavoro è vincolato da un contratto che, se da un lato lo obbliga a una prestazione continuativa di lavoro in stato di subordinazione rispetto alla società, dall'altro lo rende partecipe dello scopo dell'impresa collettiva e corrispondentemente gli attribuisce poteri e diritti di concorrere alla formazione della volontà della società, di controllo sulla gestione sociale e infine il diritto a una quota degli utili. Questi diritti e poteri, e la correlativa assunzione da parte dei singoli soci di una quota del rischio d'impresa, giustificavano – secondo la Corte – l'inapplicabilità al socio lavoratore delle norme di tutela del lavoro subordinato [13].

Altra parte della giurisprudenza era invece orientata in senso favorevole alla compatibilità tra posizione di socio e di lavoratore subordinato: così la stessa Cassazione [14] riteneva erroneo dedurre necessariamente ed automaticamente dallo svolgimento di prestazioni ricomprese nei fini istituzionali della cooperativa l'esclusione della natura subordinata del lavoro prestato dal socio. Secondo la Corte, infatti, a ben considerare, in linea di principio non sussiste alcuna insanabile contraddizione o incompatibilità tra la qualità di socio di cooperativa e la prestazione di lavoro subordinato, ancorché quest'ultima sia coincidente con le finalità sociali. E aggiungeva: in questo, come in altri settori, la qualificazione, in termini di autonomia o di subordinazione, del rapporto di lavoro, va pur sempre ricollegata non già alla omogeneità o eterogeneità rispetto alle finalità sociali dell'attività prestata, bensì alla presenza o meno di quegli elementi che, secondo la dottrina e la giurisprudenza, tradizionalmente valgono ad individuare il lavoro subordinato e a differenziarlo da quello autonomo.

Come abbiamo anticipato, sulla questione della compatibilità tra la posizione di socio e quella di lavoratore subordinato è intervenuto il legislatore, con la l. n. 142/2001. L'art. 1, c. 3, come modificato dall'art. 9, legge-delega n. 30/2003, prevede che «il socio lavoratore di cooperativa stabilisce con la propria adesione o successivamente all'instaurazione del rapporto associativo un ulteriore rapporto di lavoro, in forma su-

---

ai soci di cooperativa della disciplina del lavoro subordinato (ad es. l'orario di lavoro) sono richiamate dalla Corte cost. (sentenza n. 30/1996).

[11] Ad esempio: Cass. S.U. n. 5813/1989 (con riferimento alla configurabilità di un rapporto di lavoro dipendente fra socio lavoratore e cooperativa); Cass. S.U. n. 1530/1989 (con riferimento alla configurabilità di un rapporto di lavoro autonomo fra socio lavoratore e cooperativa).

[12] Corte cost. n. 30/1996.

[13] Peraltro, la giurisprudenza che riteneva incompatibile la figura di socio con quella di lavoratore subordinato precisava che tale incompatibilità sussisteva solo quando la qualità di socio della cooperativa fosse reale ed effettiva e non simulata per nascondere un effettivo contratto di lavoro.

[14] Cass. n. 2315/1998. Nel caso, merita segnalare, l'attività del socio coincideva pienamente con l'oggetto sociale della cooperativa, condizione che aveva spesso indotto la giurisprudenza a negare la possibile configurazione di un rapporto di lavoro *a latere* del rapporto sociale. Molti ritengono che questa decisione abbia costituito un momento di "svolta" nell'elaborazione giurisprudenziale in materia.

bordinata o autonoma o in qualsiasi altra forma». La modifica (che ha soppresso le parole "e distinto" riferite all'ulteriore rapporto di lavoro) non elimina la *duplicità dei rapporti* (di socio e di prestatore di lavoro, subordinato ovvero autonomo) che si può ritenere ormai definitivamente accolta dalla legge.

La scelta del tipo contrattuale per l'instaurazione di un rapporto di lavoro dovrà essere compiuta dai competenti organi della cooperativa tenendo conto delle previsioni contenute nel regolamento della cooperativa (obbligatorio e suscettibile di certificazione), che deve contenere indicazioni sulla «tipologia di rapporti che si intendono attuare, in forma alternativa, con i soci lavoratori» (art. 6). Poiché non tutti i rapporti dovranno o potranno essere di lavoro subordinato, la legge disegna discipline diverse da applicare alla generalità dei soci lavoratori [15] e al più ristretto e specifico ambito dei soci lavoratori subordinati [16], cui deve essere riconosciuto un *trattamento economico* complessivo non inferiore ai minimi previsti, per prestazioni analoghe, dai contratti colletti nazionali della categoria affine, stipulati dalle organizzazioni datoriali e sindacali comparativamente più rappresentative a livello nazionale (secondo quanto previsto dall'art. 7, c. 4, d.l. n. 248/2007) [17]. La qualificazione ultima dei rapporti spetta comunque sempre, secondo i principi generali, al giudice che si pronuncia sulla singola controversia.

Per quanto riguarda la delicata questione della cessazione del rapporto di lavoro [18], l'art. 9 della già citata legge-delega n. 30/2003, ha sostituito il testo dell'art. 5, c.

---

[15] Per esempio, a tutti i soci si applicano le norme in materia di sicurezza sul lavoro (*infra*, PT. VI, Cap. III, Sez. II) e le disposizioni dello St. lav. che riconoscono diritti fondamentali ai lavoratori e vietano ogni forma di discriminazione.

[16] I soci lavoratori subordinati sono comunque destinatari di una disciplina speciale, nel senso che il legislatore indica in modo selettivo le discipline lavoristiche che non possono essere loro applicate (è il caso, sancito all'art. 2, l. n. 142/2001, dell'esclusione dell'art. 18 St. lav., ogni volta che venga a cessare, col rapporto di lavoro, anche quello associativo), ovvero devono o possono essere applicate, soltanto in virtù della clausola (tipica dei rapporti di lavoro a disciplina speciale: v. *infra*, Cap. IV) «compatibilmente con lo stato di socio lavoratore» (es. art. 2, in materia di esercizio dei diritti sindacali di cui al Titolo III St. lav.).

[17] Corte cost. n. 51/2015, ha sancito la legittimità costituzionale dell'art. 7, c. 4, d.l. n. 248/2007, affermando che la disposizione in questione non comporta un'estensione *ultra partes* dei contratti collettivi, illegittima rispetto ai principi di cui all'art. 39 Cost., ma individua (in linea con l'indirizzo giurisprudenziale prevalente) nei minimi di trattamento economico indicati dai contratti collettivi di lavoro firmati da associazioni comparativamente più rappresentative il parametro per la determinazione di una retribuzione conforme ai requisiti della proporzionalità e della sufficienza, di cui all'art. 36 Cost. La deliberazione, nell'ambito di un piano di crisi aziendale, di una riduzione temporanea dei trattamenti economici integrativi del socio lavoratore e di forme di apporto anche economico da parte di questi, *ex* art. 6, c. 1, lett. *d*) ed *e*), l. n. 142/2001, in deroga al principio generale del divieto di modificazione *in pejus* del trattamento economico minimo previsto dalla contrattazione collettiva, di cui all'art. 3 della predetta legge, è condizionata alla necessaria temporaneità dello stato di crisi e, quindi, all'essenziale apposizione di un termine finale ad esso: Cass. n. 2967/2021; conf. Cass. n. 25631/2020.

[18] Nelle prime sentenze (Cass. ord. n. 850/2005, Cass. n. 9112/2005) nelle quali si era data applicazione all'art. 1, c. 3, l. n. 142/2001 (testo originario), i giudici avevano affermato che, a fronte dell'esistenza di due distinti rapporti (uno sociale e un altro che può essere di lavoro subordinato, di lavoro autonomo, parasubordinato o di qualsiasi altro tipo conosciuto dall'ordinamento compatibile con la posizione del socio lavoratore), ciascuno dei due rapporti dovesse seguire le proprie

2, l. n. 142/2001 nel modo seguente: «Il rapporto di lavoro si estingue con il recesso o l'esclusione del socio deliberata nel rispetto delle previsioni statutarie e in conformità con gli artt. 2526 e 2527 c.c. Le controversie tra socio e cooperativa relative alla prestazione mutualistica sono di competenza del tribunale ordinario» [19].

Appare evidente l'intenzione del legislatore di accentuare l'inscindibilità tra rapporto sociale e rapporto di lavoro, assegnando però la prevalenza al primo rapporto sul secondo. Secondo la giurisprudenza prevalente, qualora il provvedimento di esclusione dalla compagine sociale sia ritenuto illegittimo, il socio avrà diritto alla ricostituzione del rapporto associativo e del concorrente rapporto di lavoro, nonché al risarcimento dei danni (indipendentemente dall'applicabilità dell'art. 18 St. lav.) [20]. L'intervento delle S.U. della Cassazione ha risolto inoltre il contrasto che era presente in giurisprudenza in ordine alla possibilità del socio lavoratore di impugnare il licenziamento senza avere preventivamente impugnato la delibera di esclusione, affermando che il socio lavoratore, il cui rapporto di lavoro sia cessato a causa dell'esclusione dalla cooperativa, in mancanza di impugnazione della delibera di esclusione non ha diritto alla reintegrazione nel posto di lavoro (art. 18 St. lav.), ma può invocare la tutela risarcitoria [21]. Qualora invece l'atto di licenziamento sia fondato su ragioni autonome e distinte rispetto a quelle della delibera di esclusione, troveranno applicazione le tutele relative alla cessazione del rapporto di lavoro [22]. Ai rapporti di lavoro subordinato con le cooperative costituiti dopo il 7 marzo 2015, dovrebbe applicarsi la disciplina dei licenziamenti prevista d.lgs. n. 23/2015, che ha fortemente limitato l'applicabilità della tutela reintegratoria (*infra*, PT. VIII, Cap. II, Sez. I).

2.3. *Lavoro gratuito e lavoro volontario*

Lo scambio contrattuale tra prestazione di lavoro e retribuzione previsto dall'art. 2094 c.c. è *oneroso*: prestazione e controprestazione si giustificano a vicenda (sono *corrispettive*) [23] in quanto scambiate tra loro. Secondo l'orientamento costante della

---

regole: dunque, secondo questa giurisprudenza, era ammissibile che il regolamento di una cooperativa prevedesse la connessione necessaria tra rapporto sociale e rapporto di lavoro (nel senso che la permanenza del primo fosse una condizione imprescindibile per la sussistenza del secondo), ma non era ammissibile che il regolamento prevedesse l'esclusione del socio quale clausola di risoluzione automatica del rapporto di lavoro.

[19] L'art. 5, c. 2, l. n. 142/2001, è stato ritenuto legittimo, relativamente al riparto di giurisdizione fra giudice del lavoro e tribunale civile ordinario, da Corte cost. ord. 28.122006, n. 460. Ciò non toglie che la questione del riparto sia controversa, specialmente in caso di esclusione del socio dalla cooperativa e conseguente cessazione del rapporto di lavoro. La Cassazione, modificando il proprio precedente orientamento (Cass. ord. n. 24917/2014) ha stabilito che, essendovi un intrinseco collegamento fra la controversia relativa all'esclusione dalla compagine sociale e quella relativa alla cessazione del rapporto di lavoro, trova applicazione l'art. 40 c.p.c. che impone, in caso di connessione fra più cause (quando una di queste rientri fra quelle di cui agli artt. 409 e 442 c.p.c.), l'attrazione delle controversie innanzi al giudice del lavoro e l'applicazione del rito speciale del lavoro.

[20] Cass. n. 34721/2021.

[21] Cass. S.U. n. 27436/2017.

[22] Cass. n. 35341/2021.

[23] Come vedremo oltre, parlando della retribuzione e della sospensione del rapporto di lavoro,

giurisprudenza, ogni attività oggettivamente configurabile come prestazione di lavoro subordinato si presume effettuata a titolo oneroso.

Una prestazione di lavoro può tuttavia essere effettuata *a titolo gratuito*: ma in tale caso non può essere ricondotta nell'ambito del contratto di lavoro (nel tipo contrattuale di cui all'art. 2094 c.c.); potrà invece essere ricondotta ad un rapporto di lavoro diverso (non di lavoro subordinato), istituito per una causa di affetto o di cortesia (*affectionis vel benevolentiae causa*). Per superare la *presunzione di onerosità* la giurisprudenza richiede però una prova rigorosa della causa e della correlativa gratuità del lavoro: ad esempio, nel caso vi siano state erogazioni periodiche di danaro in favore del prestatore, chi ha erogato tali somme dovrà provare di aver pagato per una causa diversa da quella retributiva. In mancanza di tale prova, la prestazione di lavoro sarà ricondotta nell'ambito del contratto di lavoro subordinato (con tutte le conseguenze che ne derivano).

La giurisprudenza prevalente ritiene invece operante la presunzione opposta in caso di attività espletata a favore di familiari o conviventi. La Cassazione più volte ha evidenziato che nel caso di prestazioni lavorative rese fra persone conviventi, legate da vincolo di parentela o di affinità, o anche da vincolo di affettuosa ospitalità, le prestazioni stesse si presumono gratuite e non ricollegabili ad un rapporto di lavoro. Questa presunzione può essere vinta dalla prova rigorosa – incombente sulla parte che sostiene l'esistenza del rapporto di lavoro – dei requisiti della subordinazione e dell'onerosità della prestazione[24].

La presunzione di gratuità è riconosciuta anche in caso di attività svolta in favore di congregazioni religiose: le prestazioni (incluse le eventuali attività di proselitismo), essendo rese volontariamente per una causa di religione, si presumono gratuite e non configurano un rapporto di lavoro subordinato.

La legislazione attuale conosce specifiche ipotesi di lavoro *volontario*, prestato al di fuori dello scambio a titolo oneroso tra prestazione di lavoro e retribuzione: lavori socialmente utili, servizio civile volontario, lavoro dei soci volontari delle cooperative sociali. Volontarie si considerano anche le attività svolte gratuitamente dai militanti di un partito politico o di un sindacato.

Il *volontariato*, che ha assunto una notevole importanza in presenza di una forte domanda di servizi alla persona e di una offerta di servizi pubblici spesso carente, era disciplinato da un'apposita legge-quadro (n. 266/1991), ora sostituita dal d.lgs. n. 117/2017 "Codice del terzo settore" (artt. 17-19). Le associazioni di volontariato, iscritte nel Registro nazionale del Terzo settore, sono considerate dall'art. 4 come Enti del terzo settore, e sono costituite per il perseguimento, senza scopo di lucro, di finalità civiche, solidaristiche e di utilità sociale mediante lo svolgimento, in via esclusiva o principale, di una o più attività di interesse generale in forma di azione volontaria o di erogazione gratuita di denaro, beni o servizi, o di mutualità o di produzione o scambio di beni o servizi.

---

la corrispettività tra prestazione di lavoro e retribuzione non deve essere intesa nel senso di una rigida corrispondenza biunivoca tra prestazione e controprestazione.

[24] In proposito occorre tenere presente che la problematica sopra descritta si distingue dalle questioni attinenti al lavoro prestato nell'ambito di una *impresa familiare*, per le quali occorre fare riferimento all'art. 230-*bis* c.c.

L'attività dei volontari è incompatibile con ogni forma di rapporto di lavoro (subordinato, autonomo, di collaborazione coordinata e continuativa), nonché con ogni altro rapporto di carattere patrimoniale con l'Ente di cui fanno parte. Ai volontari spetterà il rimborso delle spese eventualmente sostenute per svolgere la loro opera e saranno assicurati contro gli infortuni e le malattie professionali e per la responsabilità civile verso i terzi. I lavoratori subordinati che intendano svolgere attività di volontariato in un ente del Terzo settore hanno diritto di usufruire delle forme di flessibilità di orario di lavoro o delle turnazioni previste dai contratti o dagli accordi collettivi, compatibilmente con l'organizzazione aziendale; è inoltre previsto il diritto dei volontari del soccorso alpino e speleologico del CAI (di cui alla l. n. 74/2001) di astenersi dal lavoro nei giorni in cui siano impegnati in esercitazioni e operazioni di soccorso.

Il lavoro gratuito è presente anche nelle *cooperative sociali*, che possono prevedere «soci volontari che prestino la loro attività gratuitamente»: a causa della complessità della materia, la trattazione è rinviata oltre (§ 4.1.1).

Quanto al *servizio civile*, il d.lgs. n. 40/2017, intitolato "Istituzione del servizio civile universale", ha introdotto una nuova disciplina di questo servizio volontario «finalizzato, ai sensi degli artt. 52, primo comma e 11 della Costituzione, alla difesa non armata e non violenta della Patria, all'educazione, alla pace tra i popoli, nonché alla promozione dei valori fondativi della Repubblica». Sono destinatari del servizio civile i giovani compresi tra i 18 e i 28 anni; i settori di intervento sono definiti all'art. 3 del decreto; il Capo II del decreto regola la programmazione e l'attuazione del servizio civile. Il rapporto di servizio tra i giovani ammessi a svolgere il servizio civile universale (denominati operatori volontari del servizio civile universale) a seguito di bandi pubblici di selezione e l'Ente presso il quale si svolge il servizio *non è assimilabile ad alcuna forma di lavoro subordinato*. Il servizio civile universale, che può svolgersi in Italia e all'estero (alle condizioni previste dal d.lgs. n. 40/2017), ha durata non inferiore ad otto mesi e non superiore a dodici mesi[25].

2.4. *Attività lavorative a scopo formativo (cenni)*

Oltre al lavoro gratuito (e al volontariato in particolare) occorre considerare un altro tipo di attività lavorativa che resta al di fuori dello schema contrattuale tipico del contratto di lavoro. Si tratta di una modalità, assai diffusa, di svolgimento della formazione, che si realizza attraverso il *tirocinio* (detto anche *stage*), mediante il quale il

[25] Nell'attuazione del servizio civile universale gli operatori volontari sono tenuti a realizzare le attività previste dal progetto, nel rispetto di quanto stabilito nel contratto, e non possono svolgere attività di lavoro subordinato o autonomo, se incompatibile con il corretto espletamento del servizio civile universale. Agli operatori volontari è assicurata la formazione, di durata complessiva non inferiore a ottanta ore, articolata in formazione generale, di durata minima di trenta ore, e formazione specifica, di durata minima di cinquanta ore e commisurata alla durata e alla tipologia del programma di intervento. L'orario di svolgimento del servizio da parte dell'operatore volontario si articola in un impegno settimanale complessivo di venticinque ore, ovvero in un monte ore annuo per i dodici mesi corrispondente a 1145 ore, ovvero per otto mesi corrispondente a 765 ore. Ai giovani ammessi a svolgere il servizio civile universale è corrisposto un assegno mensile per il servizio effettuato, incrementato da eventuali indennità in caso di servizio civile all'estero, nella misura prevista dal Documento di programmazione finanziaria dell'anno di riferimento.

tirocinante compie un'esperienza di addestramento pratico o di orientamento nell'ambito di una organizzazione produttiva altrui, completando e arricchendo la propria formazione teorica.

Il tirocinio non è un rapporto di lavoro, pur potendo il tirocinante svolgere attività lavorativa. Il tirocinio non è preordinato allo scambio tra prestazione lavorativa e retribuzione (che costituisce la causa del contratto di lavoro), ma alla realizzazione della formazione o dell'orientamento professionale direttamente *on the job* (o, come talvolta si dice, "in situazione"). Di conseguenza, né le norme in materia di lavoro subordinato, né quelle previste per il lavoro autonomo, si applicano al tirocinio.

Tale aspetto fa comprendere la delicatezza della materia: il rischio è che, in taluni casi, lo *stage* possa rivelarsi pratica abusiva, volta a ottenere la disponibilità di prestazioni di lavoro senza l'applicazione della disciplina protettiva del diritto del lavoro. Ovviamente, nel caso in cui, in concreto, il rapporto di lavoro si svolga con assoggettamento a poteri di eterodirezione e controllo, e nel contempo non emerga alcuna reale attività di insegnamento, rimane aperta la possibilità di accertare per via giudiziale la sussistenza di un rapporto di lavoro subordinato [26].

Lo *stage*, o tirocinio, per molto tempo è stato disciplinato dall'art. 18, l. n. 196/1997, che ha introdotto la distinzione tra tirocini formativi e tirocini di orientamento, questi ultimi volti a favorire le consapevoli scelte professionali di chi si accinge a entrare o rientrare nel mercato del lavoro. Si deve al citato art. 18 (e al suo regolamento di attuazione: d.m. n. 142/1998) il merito di avere formalizzato una serie di regole identificative di uno "statuto" del tirocinio, che costituiscono ancora oggi i principi comuni dell'attuale (per altri versi radicalmente differente) quadro regolativo [27].

Negli anni successivi al 1997 vi sono stati ulteriori interventi del legislatore statale, giudicati tuttavia illegittimi dalla Corte costituzionale per indebita invasione delle competenze legislative esclusive regionali in materia di formazione (art. 117, c. 4, Cost.) [28]. Conseguenza della sentenza n. 287/2012 della Corte costituzionale è stato il decentramento a livello regionale delle discipline dei tirocini.

Le discipline regionali nel frattempo adottate hanno tuttavia mantenuto numerosi profili comuni di disciplina. Ciò deriva del fatto che, ancor prima della citata sentenza della Corte costituzionale, il legislatore aveva provveduto, con l'art. 1, cc. 34 ss., l. n. 92/2012, ad attribuire a Governo e Regioni il potere di concludere, in sede di Conferenza Stato-Regioni, un accordo per la definizione di linee-guida condivise in materia di tirocini formativi e di orientamento che contenessero i principi comuni da seguire nell'adozione delle discipline regionali, fatte salve misure di maggior tutela per i tirocinanti. L'accordo Stato-Regioni è stato raggiunto il 24 gennaio 2013 ed è stato oggetto di aggiornamento il 25 maggio 2017. Sulla materia è nuovamente intervenuto il legislatore: la l. n. 234/2021 (legge di bilancio 2022, art. 1, cc. 720-726) introduce no-

[26] Cfr. Trib. Novara 29.6.2010; Trib. Lodi 10.1.2019.

[27] Pascucci 2013.

[28] Le pronunce di illegittimità costituzionale hanno riguardato prima l'art. 60 del d.lgs. n. 276/2003 nella parte in cui introduceva una disciplina nazionale dei tirocini estivi sottraendola alla competenza regionale (Corte cost. n. 50/2005), poi l'art. 11, l. n. 148/2011, conv. con modifiche del d.l. n. 138/2011 (Corte cost. n. 287/2012).

vità in materia di tirocinio e prevede che entro 180 giorni dall'entrata in vigore della legge debbano essere definite tra Governo e Regioni nuove linee guida per i tirocini diversi da quello curriculari. Tali linee guida andranno dunque a sostituire o modificare quelle contenute nell'accordo Stato-Regioni del 2013 poi modificato nel 2017.

Entro sei mesi dall'entrata in vigore della legge, il Governo e le Regioni dovrebbero concludere un accordo per la definizione di linee-guida condivise in materia di tirocini diversi da quelli curriculari, sulla base dei seguenti criteri: a) revisione della disciplina, secondo criteri che ne circoscrivano l'applicazione in favore di soggetti con difficoltà di inclusione sociale; b) individuazione degli elementi qualificanti, quali il riconoscimento di una congrua indennità di partecipazione[29], la fissazione di una durata massima comprensiva di eventuali rinnovi e limiti numerici di tirocini attivabili in relazione alle dimensioni d'impresa; c) definizione di livelli essenziali della formazione e certificazione delle competenze alla conclusione del tirocinio; d) definizione di forme e modalità di contingentamento per vincolare l'attivazione di nuovi tirocini all'assunzione di una quota minima di tirocinanti al termine del periodo di tirocinio; e) previsione di azioni e interventi volti a prevenire e contrastare un uso distorto dell'istituto, anche attraverso la puntuale individuazione delle modalità con cui il tirocinante presta la propria attività.

Riassumendo brevemente: il tirocinio è un percorso formativo di alternanza tra studio e lavoro, finalizzato all'orientamento e alla formazione professionale, anche per migliorare l'incontro tra domanda e offerta di lavoro. Qualora sia funzionale al conseguimento di un titolo di studio formalmente riconosciuto, il tirocinio si definisce curriculare. Il tirocinio *non costituisce rapporto di lavoro* e non può essere utilizzato in sostituzione di lavoro dipendente[30]. Se il tirocinio è svolto in modo fraudolento, il soggetto ospitante è punito con la pena dell'ammenda di 50 euro per ciascun tirocinante coinvolto e per ciascun giorno di tirocinio, ferma restando la possibilità, su domanda del tirocinante, di riconoscere la sussistenza di un rapporto di lavoro subordinato a partire dalla pronuncia giudiziale. Il soggetto ospitante è tenuto, nei confronti dei tirocinanti, a propria cura e spese, al rispetto integrale delle disposizioni in materia di salute e sicurezza di cui al d.lgs. n. 81/2008.

3. *L'oggetto del contratto*

Oggetto del contratto di lavoro subordinato sono le prestazioni contrattuali, che debbono essere, perché il contratto sia valido, possibili, determinate o determinabili, lecite. Tali prestazioni costituiscono al tempo stesso le obbligazioni principali delle parti del contratto: la prestazione di lavoro da un lato, la retribuzione dall'altro. Alle obbligazioni principali, come vedremo, si aggiungono altre obbligazioni, il cui insie-

[29] La mancata corresponsione dell'indennità comporta a carico del trasgressore l'irrogazione di una sanzione amministrativa il cui ammontare è proporzionato alla gravità dell'illecito commesso, in misura variabile da un minimo di 1.000 euro a un massimo di 6.000 euro, conformemente alle previsioni di cui alla l. n. 689/1981.

[30] I tirocini sono soggetti a comunicazione obbligatoria da parte del soggetto ospitante ai sensi dell'art. 9-*bis*, c. 2, d.l. n. 510/1996, conv. con modifiche in l. n. 608/1996.

me definisce la posizione giuridica delle parti. Ne parleremo oltre, studiando i diritti e gli obblighi delle parti (*infra*, PT. V e PT. VI).

Il lavoro dedotto in obbligazione *non è una merce*[31], ma un'attività umana; la prestazione di lavoro è dunque una prestazione di *fare*: stipulando il contratto, il lavoratore «si obbliga a prestare la propria attività intellettuale o manuale» (art. 2094 c.c.). L'obbligazione del lavoratore non consiste nel "mettere a disposizione" del creditore (datore di lavoro) le proprie energie lavorative, ma nello svolgere un'attività (definita nella qualità dalle mansioni assegnategli e nella quantità dall'orario di lavoro definito nel contratto). Di ciò parleremo oltre. In questa sede pare importante sottolineare che la prestazione dedotta in obbligazione (indipendentemente dal tipo di attività e dalla durata di essa) è una prestazione di carattere squisitamente *personale*, nel senso che il suo adempimento è direttamente collegato alla persona del lavoratore. Il lavoro è tanto inseparabile dalla persona che lo svolge, che non è insensato (per quanto possa parere paradossale) dire che la persona (corpo e mente) del lavoratore è, al tempo stesso, soggetto (cioè parte stipulante) e oggetto del contratto.

4. *I soggetti: il datore di lavoro; il lavoratore*

4.1. *Il datore di lavoro*

Il termine "datore di lavoro" denota una delle parti del contratto: creditore della prestazione lavorativa oggetto del contratto di lavoro, e debitore della retribuzione. Sul datore di lavoro, come vedremo oltre, gravano una serie di obblighi ulteriori rispetto alla corresponsione della retribuzione, *in primis* l'obbligo di sicurezza *ex* art. 2087 c.c. Per altro verso, il datore di lavoro è anche il soggetto al quale il diritto riconosce una serie di prerogative e di poteri che discendono dal suo essere il titolare dell'organizzazione nella quale la prestazione lavorativa del lavoratore va ad inserirsi. In questo capitolo considereremo il datore di lavoro nella sua sola veste di parte del contratto di lavoro. Come vedremo, il problema di individuare il datore di lavoro si pone in tutti i casi nei quali il datore di lavoro formale (parte del contratto) non coincida pienamente con l'utilizzatore della prestazione fornita dal lavoratore (*infra*, PT. VII, Cap. III).

Per comprendere la rilevanza della questione, occorre qualche chiarimento preliminare sulla molteplicità di soggetti che possono rivestire il ruolo di datore di lavoro, e sulla rilevanza che il diritto positivo attribuisce alle loro caratteristiche. L'espres-

[31] «Il lavoro non deve essere considerato semplicemente una merce o un articolo di commercio»: suonava così la prima delle "clausole sociali" enunciate dal Trattato di Versailles (1919). La ragione originaria di questa clausola era quella di sottrarre le coalizioni sindacali dall'applicazione delle regole *antitrust*, alle quali i giudici americani invece le sottoponevano, considerando il lavoro *commodity or article of commerce*, e trattando di conseguenza l'azione sindacale come violazione della libertà di commercio. L'espressione *il lavoro non è una merce* ha acquistato successivamente il più ampio significato etico e giuridico di recisa negazione del valore mercantile del lavoro, spostando la protezione dal lavoro, considerato in astratto, alla persona del lavoratore, per la quale il lavoro è opportunità di sviluppo della personalità e di progresso materiale, e ai suoi diritti fondamentali.

sione "datore di lavoro", infatti, riassume e sintetizza soggetti diversi, il cui comune denominatore è rappresentato dall'essere parte del contratto di lavoro [32].

Il Titolo II del Libro V ("Del lavoro") del codice civile, nel quale si colloca la disposizione cardine del contratto e del rapporto di lavoro subordinato (art. 2094), reca la rubrica "Del lavoro nell'impresa". Il contesto per così dire naturale del lavoro subordinato è dunque, ancora oggi, l'impresa, e il datore di lavoro ivi tipizzato è l'imprenditore, non a caso definito nel primo articolo del Titolo II (art. 2082) [33]. Il prototipo di datore di lavoro è l'imprenditore, che è pure «il capo dell'impresa», da cui «dipendono gerarchicamente i suoi collaboratori» (art. 2086) e, specularmente, il prototipo di lavoratore subordinato è «chi si obbliga mediante retribuzione a collaborare *nell'impresa*, prestando il proprio lavoro intellettuale o manuale alle dipendenze e sotto la direzione dell'imprenditore» (art. 2094, significativamente collocato nella Sezione II "Dei collaboratori dell'imprenditore").

La prima grande partizione tra datori di lavoro, che affonda le sue radici nell'impostazione del codice civile, è quella tra *imprenditori* e *non imprenditori*.

All'interno della categoria dei non imprenditori, poi, il codice distingue i lavoratori autonomi e i professionisti (Titolo III) dagli altri datori di lavoro. In forza dell'art. 2238, «se l'esercente una professione intellettuale impiega sostituti o ausiliari, si applicano le disposizioni delle sezioni II, III, IV, del capo I del titolo II», ovvero le regole in materia di diritti e obblighi del prestatore di lavoro subordinato. Un rinvio del tutto analogo lo troviamo peraltro nel successivo art. 2239, secondo il quale «i rapporti di lavoro subordinato che non sono inerenti all'esercizio di un'impresa sono regolati dalle disposizioni delle sezioni II, III, IV del capo I del titolo II, in quanto compatibili con la specialità del rapporto» (sulla specialità dei rapporti: *infra*, Cap. IV) [34].

La distinzione tra datori di lavoro imprenditori e non imprenditori ha caratterizzato (e segna ancora oggi, in minore misura: es. art. 35 St. lav., che limita alle imprese il campo di applicazione delle norme in materia di organizzazione dell'attività sindacale) la disciplina lavoristica [35].

---

[32] Non si tratta tuttavia di una espressione generalmente adottata dal legislatore, sin dalle origini, che ha molto più spesso indicato il datore di lavoro attraverso diverse caratteristiche che possono individuarlo. Nel R.d.l. n. 1825/1924 (noto come legge sull'impiego privato), il contratto di impiego privato era stipulato da «una società o un privato, gestori di un'azienda», che assumevano il lavoratore (testualmente: «l'attività professionale dell'altro contraente, con funzioni di collaborazione tanto di concetto che di ordine, eccettuata pertanto ogni prestazione che sia semplicemente di mano d'opera») «al servizio dell'azienda stessa». Il contesto nel quale *naturaliter* si inseriva la prestazione dedotta in contratto era dunque l'azienda (ma era utilizzato anche il termine «ditta»), al cui «principale» erano attribuiti poteri ed obblighi.

[33] «È imprenditore chi esercita professionalmente una attività economica organizzata al fine della produzione o dello scambio di beni o di servizi».

[34] Come vedremo oltre, una disciplina *ad hoc* è invece prevista per i datori di lavoro domestico, a partire dall'art. 2240 c.c. Doveroso segnalare una lacuna nella disciplina del lavoro prestato per datori di lavoro non imprenditori: manca infatti il richiamo all'art. 2087 (Tutela delle condizioni di lavoro) perché collocato nella Sezione I del Capo I del Titolo II. La lacuna è stata tuttavia colmata dalla legislazione speciale, che assicura il rispetto del c.d. obbligo di sicurezza da parte di qualsiasi datore di lavoro (*infra*, PT. VI, Cap. III, Sez. II).

[35] A partire dal 1990 (l. n. 108/1990) la distinzione è stata superata per quanto riguarda la disci-

Meritano poi considerazione due ulteriori e diverse distinzioni che attraversano la categoria dei datori di lavoro: la natura, o qualità, del datore di lavoro e dell'attività da lui esercitata; la dimensione dell'organizzazione di cui il datore è titolare.

Per quanto riguarda la *natura, o qualità, del datore di lavoro* e dell'attività da lui esercitata, pare opportuno ricordare che, dalla l. n. 108/1990, rilevava (per escludere, in via di principio e salvo eccezioni, l'applicazione della reintegrazione in caso di licenziamento illegittimo) l'assenza di fini di lucro e il perseguimento di finalità espressamente stabilite dal legislatore. Nell'art. 4 della l. n. 108/1990 si trovava infatti una (nuova) categoria di datori di lavoro non imprenditori: le *organizzazioni di tendenza:* «datori di lavoro non imprenditori che svolgono senza fini di lucro attività di natura politica, sindacale, culturale, di istruzione ovvero di religione o di culto»[36]. Oggi invece, come vedremo nella parte dedicata ai licenziamenti, quella (discutibile) distinzione ha perso di rilievo, poiché il d.lgs. n. 23/2015 ha espressamente previsto che si applichi anche alle organizzazioni di tendenza la nuova e generale disciplina in materia di licenziamenti individuali contenuta nello stesso decreto. L'assenza di fine di lucro, unita allo svolgimento di attività per finalità sociali, rappresenta peraltro, come subito vedremo, un elemento in comune con le imprese sociali (§ 4.1.1).

Per quanto concerne la *dimensione dell'organizzazione* di cui il datore è titolare, le classiche distinzioni tra grande e piccola impresa[37] si sono tradotte, negli anni, in distinzioni operate dal legislatore in base alla consistenza dell'organico. Pur criticato per la scarsa rappresentatività effettiva della "dimensione" dell'organizzazione datoriale e della sua forza economica, e più volte oggetto di proposte di revisione, il parametro utilizzato dal legislatore (in materia di licenziamenti individuali e collettivi, di integrazione salariale, di assunzioni di lavoratori disabili, di istituzione di rappresentanze sindacali, etc.) è il *numero dei dipendenti.* Le diverse soglie numeriche sono poi talora articolate in funzione della dimensione di partizioni interne alle aziende, come nei casi nei quali il computo dei dipendenti deve essere fatto a livello di unità produttiva, quale struttura relativamente autonoma all'interno dell'impresa[38]. Neppure la recente riforma della disciplina dei licenziamenti per i lavoratori assunti con contratto a tutele crescenti (d.lgs. n. 23/2015) ha rinunciato ad utilizzare il parametro occu-

---

plina dei licenziamenti individuali (salvo per la perdurante separatezza del lavoro domestico (*infra*, Cap. IV, § 4), che si applica ai datori di lavoro, imprenditori non imprenditori (*infra*, PT. VIII, Cap. II).

[36] La rilevanza della categoria dei datori di lavoro ideologicamente connotati e del c.d. *no profit*, tornerà ad interessarci quando affronteremo il tema dei poteri del datore di lavoro e dei corrispettivi obblighi del lavoratore (in particolare di fedeltà, *ex* art. 2104 c.c., e di riservatezza, *ex* art. 2015 c.c.). *Infra*, PT. VI, Cap. II.

[37] Si pensi alla nozione di piccolo imprenditore di cui all'art. 2083 c.c.: «Sono piccoli imprenditori i coltivatori diretti del fondo, gli artigiani, i piccoli commercianti e coloro che esercitano un'attività professionale organizzata prevalentemente con il lavoro proprio e dei componenti della famiglia».

[38] Va da sé che, ove pure si ritengano ragionevoli queste distinzioni dal punto di vista della differenziazione del trattamento di organizzazioni tra loro disomogenee, meno certa è la loro ragionevolezza dal punto di vista dei lavoratori che, inseriti in strutture operative con diverse articolazioni e diverso numero di dipendenti, si vedono riconosciuto un patrimonio di diritti variabile in funzione delle caratteristiche specifiche del loro datore di lavoro o della singola struttura produttiva in cui sono stati inseriti.

pazionale come *discrimen* tra tutele ancora diverse per i lavoratori, anche se, come vedremo oltre, le differenze, a fronte di una riduzione di tutele per i lavoratori delle grandi imprese, non concernono più la "natura" (reale o obbligatoria) della tutela, ma la sola entità dell'indennizzo in caso di licenziamento illegittimo.

L'espressione "datore di lavoro" riassume una categoria di soggetti aventi le diverse caratteristiche sin qui descritte. Il datore di lavoro, abbiamo detto, è una delle parti del contratto di lavoro. Dobbiamo ora considerare un diverso problema, che, come abbiamo detto all'inizio, si pone in tutti i casi nei quali il datore di lavoro *formale* (parte del contratto) non coincida pienamente con l'*unico utilizzatore* della prestazione fornita dal lavoratore: il problema è chi debba essere la parte del contratto, ovvero chi sia il soggetto che deve stipulare direttamente il contratto con il lavoratore per acquisirne la prestazione e chi sia il responsabile del trattamento economico e normativo a lui dovuto. Il codice civile non ci offre indicazioni esplicite, ma nella definizione di lavoratore subordinato (art. 2094) si legge che egli si obbliga a collaborare nell'impresa e sotto la direzione dell'imprenditore. L'individuazione del datore di lavoro nel soggetto che effettivamente dirige la prestazione appare dunque sufficiente, e coerente con quella che è stata (e secondo alcuni è ancora) la regola aurea del diritto del lavoro: la coincidenza tra utilizzatore effettivo della prestazione e datore di lavoro formale (titolare del rapporto perché parte del contratto).

Questa regola era scolpita nell'art. 1 della l. n. 1369/1960 che vietava l'interposizione nei rapporti di lavoro, in qualsiasi forma realizzata (appalti, subappalti, cooperative, altri intermediari), ovvero l'appalto di «mere prestazioni di lavoro», e stabiliva che «i prestatori di lavoro, occupati in violazione» di quel divieto, dovevano essere «considerati, a tutti gli effetti, alle dipendenze dell'imprenditore che effettivamente abbia utilizzato le loro prestazioni».

Dalla fine degli anni '90, tuttavia, il legislatore ha legittimato e disciplinato ipotesi di *utilizzazione* per così dire *indiretta della manodopera*, fino all'abrogazione espressa della legge del 1960. Il datore di lavoro formale, parte del contratto, può essere dunque un soggetto (es. il somministratore: PT. VII, Cap. III) diverso dall'utilizzatore effettivo della prestazione, al quale pure la legge riconosce il potere di direzione della prestazione fornita dal somministratore (datore di lavoro formale): ma ancora oggi, quando la somministrazione è illecita o irregolare la legge imputa il rapporto di lavoro all'effettivo utilizzatore della prestazione (testualmente: al «soggetto che ne ha utilizzato la prestazione»).

Più recentemente, il legislatore ha ammesso, in alcune specifiche ipotesi (reti di imprese e gruppi) sia le *assunzioni congiunte*, sia la *codatorialità*, tra più soggetti. Neppure questi frammentari recenti interventi hanno tuttavia risolto tutti i problemi relativi alla individuazione del datore di lavoro, quando la prestazione sia utilizzata da più soggetti, particolarmente (ma non esclusivamente) nell'ambito dei gruppi di società. Tratteremo dei gruppi e delle reti nella sede più appropriata (PT. VII, Cap. III). Basti qui osservare che nell'ambito dei datori di lavoro imprenditori è possibile, e utile, evidenziare la sotto-categoria delle *imprese di gruppo*, di crescente importanza oggi e nel prossimo futuro, in Italia come in Europa [39].

---

[39] Allargando lo sguardo anche oltre l'Italia e l'Europa, i gruppi hanno progressivamente acquisito un ruolo importante nelle dinamiche economiche complessive, in concomitanza con l'ormai ac-

4.1.1. *Cooperative sociali e imprese sociali*

Un'attenzione specifica (anche rispetto alle cooperative delle quali già si è trattato) meritano le cooperative sociali, e più in generale, oggi, le imprese sociali.

Le cooperative sociali hanno una lunga storia e una importante esperienza alle spalle. Il loro riconoscimento è coevo alla Costituzione[40], che all'art. 45 riconosce la «funzione sociale della cooperazione a carattere di mutualità e senza fini di speculazione privata». Secondo l'art. 1 della l. n. 381/1991, esse «hanno lo scopo di perseguire l'interesse generale della comunità alla promozione umana e all'integrazione sociale dei cittadini». Il ruolo sociale che hanno svolto, e tuttora svolgono, è stato ulteriormente valorizzato dal legislatore, che con l'approvazione del Codice del Terzo settore (d.lgs. n. 117/2017, in attuazione della legge-delega n. 106/2016) ha provveduto al «riordino e alla revisione organica della disciplina vigente in materia di enti del Terzo settore», al fine di sostenere l'autonoma iniziativa dei cittadini che concorrono, anche in forma associata, a perseguire il bene comune, ad elevare i livelli di cittadinanza attiva, di coesione e protezione sociale, favorendo la partecipazione, l'inclusione e il pieno sviluppo della persona, a valorizzare il potenziale di crescita e di occupazione lavorativa, in attuazione degli artt. 2, 3, 4, 9, 18 e 118, c. 4, Cost.

Ci limiteremo qui ad indicare i tratti salienti degli enti del terzo settore (art. 4, d.lgs. n. 117/2017) con specifico riferimento alle loro peculiarità quali datori di lavoro, evidenziando l'impatto che talune regole sull'impiego del lavoro hanno sul contratto e sul rapporto di lavoro delle persone coinvolte.

Le cooperative sociali «acquisiscono di diritto la qualifica di imprese sociali» (art. 1, d.lgs. n. 112/2017, che disciplina le imprese sociali) e le imprese sociali sono a loro volta qualificate[41] come enti del Terzo settore. Le attività da loro svolte sono tradizionalmente ricondotte a due grandi ambiti, tra loro diversi per caratteristiche e finalità. Secondo l'art. 1, d.lgs. n. 381/1991 – come integrato dall'art. 2, c. 1, d.lgs. n. 112/2017, a sua volta modificato dal d.lgs. n. 95/2018 – l'attività tipica delle cooperative c.d. "di tipo a" è la gestione di servizi socio-sanitari ed educativi[42]. Nella gestione

---

centuata e consolidata globalizzazione dell'economia. La competizione tra ordinamenti giuridici sta assumendo un peso rilevante nella fuga dal diritto del lavoro nazionale e nella delocalizzazione produttiva, da una parte, e nella concomitante costruzione di un diritto del lavoro "a misura" del singolo gruppo di dimensione internazionale dall'altra.

[40] Decreto legislativo del Capo provvisorio dello Stato 14.12.1947, n. 1577 (più noto come Legge Basevi), che ha dato prima attuazione all'art. 45 Cost.

[41] Insieme ad una molteplicità di altri soggetti, dalle organizzazioni di volontariato (v. *retro*) alle società di mutuo soccorso, dalle reti associative alle fondazioni, e in generale tutti gli «enti di carattere privato diversi dalle società costituiti per il perseguimento, senza scopo di lucro, di finalità civiche, solidaristiche e di utilità sociale mediante lo svolgimento, in via esclusiva o principale, di una o più attività di interesse generale in forma di azione volontaria o di erogazione gratuita di denaro, beni o servizi, o di mutualità o di produzione o scambio di beni o servizi, ed iscritti nel registro unico nazionale del Terzo settore».

[42] Sono espressamente inclusi: interventi e servizi sociali, interventi e prestazioni sanitarie e socio-sanitarie, educazione, istruzione e formazione professionale e attività culturali con finalità educativa, formazione extrascolastica per prevenire la dispersione, inserimento o reinserimento di alcune categorie di lavoratori svantaggiati (evidente nell'ultimo caso citato la parziale coincidenza di finalità con le attività di tipo b).

dei servizi resi dalle c.d. cooperative di tipo a) in applicazione dei contratti stipulati con amministrazioni pubbliche, le prestazioni dei soci volontari possono essere utilizzate in misura complementare e non sostitutiva rispetto ai parametri di impiego di operatori professionali previsti dalle disposizioni vigenti (la stessa regola è prevista – lo anticipiamo – per tutte le imprese sociali: art. 13, c. 2-*bis*, d.lgs. n. 112/2017).

Le attività c.d. "di tipo b" sono rappresentate dallo svolgimento di attività diverse – agricole, industriali, commerciali o di servizi – finalizzate all'inserimento lavorativo di persone svantaggiate. Le c.d. cooperative di tipo b) rappresentano dunque un importante e specifico strumento di integrazione lavorativa delle persone svantaggiate[43]. Le persone svantaggiate devono costituire almeno il 30% dei lavoratori della cooperativa e, compatibilmente con il loro stato soggettivo, essere socie della cooperativa stessa. Si tratta, in questo caso, di lavoratori subordinati o di soci lavoratori di cooperativa, le cui prestazioni sono rese a titolo oneroso, con l'applicazione, in linea di massima, della disciplina generale prevista per i soci lavoratori di cooperative (*retro*, § 2.2). Relativamente alla retribuzione corrisposta alle persone svantaggiate impiegate (lavoratori subordinati o soci lavoratori di cooperative), le aliquote complessive della contribuzione per l'assicurazione obbligatoria previdenziale ed assistenziale dovute dalle cooperative sociali sono fortemente ridotte, in alcuni casi sino a zero.

Per tutte le cooperative sociali, gli statuti possono prevedere «soci volontari che prestino la loro attività gratuitamente», secondo la disciplina contenuta nella l. n. 381/1991. Ad essi «può essere corrisposto soltanto il rimborso delle spese effettivamente sostenute e documentate», ferma l'assicurazione contro gli infortuni e le malattie professionali.

Come abbiamo detto, le cooperative sono espressamente incluse dal legislatore tra le *imprese sociali*. Possono acquisire la qualifica di impresa sociale tutti gli enti privati, inclusi quelli costituiti nelle forme di cui al libro V del codice civile, che esercitano in via stabile e principale un'attività d'impresa di interesse generale – nei diversi ambiti contemplati dalla legge: dalla ricerca scientifica di particolare interesse sociale alla radiodiffusione a carattere comunitario, dalla cooperazione allo sviluppo alla riqualificazione di beni pubblici inutilizzati o di beni confiscati alla criminalità organizzata[44] – senza scopo di lucro e per finalità civiche, solidaristiche e di utilità sociale, adottando modalità di gestione responsabili e trasparenti e favorendo il più ampio coinvolgimento dei lavoratori, degli utenti e di altri soggetti interessati alle loro attività.

Per quanto qui rileva, merita segnalare l'obbligatorio coinvolgimento dei lavoratori nelle decisioni dell'impresa, «con particolare riferimento alle questioni che incidano direttamente sulle condizioni di lavoro» (art. 11, d.lgs. n. 112/2017). Inoltre, in forza dell'art. 13 dello stesso decreto, i lavoratori dell'impresa sociale hanno diritto ad un trattamento economico e normativo non inferiore a quello previsto dai contratti collettivi di cui all'art. 51, d.lgs. n. 81/2015. In ogni caso, la differenza retributiva tra

---

[43] Ai sensi dell'art. 4 della l. n. 381/1991, si considerano persone svantaggiate gli invalidi fisici, psichici e sensoriali, gli ex degenti di ospedali psichiatrici, anche giudiziari, i soggetti in trattamento psichiatrico, i tossicodipendenti, gli alcolisti, i minori in età lavorativa in situazioni di difficoltà familiare, le persone detenute o internate negli istituti penitenziari, i condannati e gli internati ammessi dalla legge alle misure alternative alla detenzione e al lavoro all'esterno.

[44] Il lungo e dettagliato elenco è contenuto nell'art. 2 del d.lgs. n. 112/2017.

lavoratori dipendenti dell'impresa sociale non può essere superiore al rapporto uno ad otto, da calcolarsi sulla base della retribuzione annua lorda. È ammessa la prestazione di attività di volontariato, ma il numero dei volontari impiegati nell'attività d'impresa, dei quali l'impresa sociale deve tenere un apposito registro, non può essere superiore a quello dei lavoratori[45].

4.2. *Il lavoratore*

Il termine "lavoratore" denota una classe di persone, all'interno della quale la normativa lavoristica attribuisce rilevanza, differenziando i trattamenti, a vari fattori di diversificazione: l'area geografica, la qualificazione professionale, il sesso, l'età, le condizioni di salute, la cittadinanza, la lingua divengono così elementi della "identità" dei lavoratori. La classe si frammenta in gruppi di portatori di diverse identità: gli uomini, le donne, i giovani, gli adulti, gli anziani, i malati, i portatori di handicap, e così via. Non si può dire che la normativa perda per questa strada di generalità ed astrattezza; si può invece dire che le norme individuano astratte categorie di destinatari sempre meno generali. In quale rapporto si pongano queste differenze, assunte dal diritto come rilevanti, con il principio di eguaglianza è questione che affronteremo oltre (PT. V, Cap. I). Per ora possiamo limitarci ad esaminare alcune regole comuni a tutti i lavoratori.

L'art. 2, c. 1, c.c., fissa la maggiore età, con la quale la persona acquista la capacità di agire, al compimento del diciottesimo anno di età; lo stesso art. 2, c. 2, fa salve le leggi speciali che stabiliscono un'età inferiore in materia di capacità di prestare il proprio lavoro; in tale caso il minore è abilitato all'esercizio dei diritti e delle azioni che dipendono dal contratto di lavoro.

L'età minima per l'accesso al lavoro è fissata a *quindici anni*, ma a partire dal 1° settembre 2007 il limite è stato elevato a *sedici anni* (art. 1, c. 622, l. n. 296/2006)[46], estendendo l'istruzione obbligatoria ad un periodo di almeno dieci anni. Compiuti i 16 anni, il minore acquista la speciale capacità giuridica (di essere parte di un rapporto di lavoro); il minore acquista altresì la capacità di agire secondaria (capacità di esercitare i diritti e le azioni relativi al rapporto di lavoro). La formulazione dell'art. 2, c. 2, c.c., rende invece dubbio se il minore acquisti anche la capacità di agire primaria: vale a dire la capacità di stipulare il contratto di lavoro (senza essere rappresentato dal genitore o dal tutore). La dottrina prevalente è orientata nel senso della coincidenza tra capacità giuridica speciale e capacità di agire (primaria e secondaria). Tale orientamento pare condivisibile, tenuto conto che già in passato, quando la maggiore età si raggiungeva a 21 anni, la capacità di stipulare il contratto di lavoro era fissata a 18: dunque il legislatore ha sempre ritenuto che la capacità di agire in materia di lavoro possa essere anticipata rispetto alla capacità in altri settori della vita economica.

---

[45] L'impresa sociale deve assicurare i volontari che prestano attività di volontariato nell'impresa medesima contro gli infortuni e le malattie connessi allo svolgimento dell'attività stessa, nonché per la responsabilità civile verso terzi.

[46] La disciplina dell'apprendistato «per la qualifica e il diploma professionale» consente di anticipare l'ammissione al lavoro a 15 anni (art. 43, c. 2, d.lgs. n. 81/2015). Per l'accesso ai pubblici impieghi è richiesto il limite minimo di 18 anni. Nei contratti del settore della navigazione l'arruolamento è ammesso anche in età inferiore ai 18 anni.

L'età minima per l'ammissione al lavoro costituisce un requisito essenziale di validità del contratto di lavoro e il suo difetto determina la nullità del contratto (*infra*, § 7). Il datore di lavoro che impieghi alle proprie dipendenze un lavoratore di età inferiore a quella minima stabilita dalla legge incorre in sanzioni penali e amministrative.

4.2.1. (segue) *Il lavoro dei minori*

Per quanto riguarda i minori, occorre preliminarmente distinguere all'interno dei soggetti che non hanno raggiunto la maggiore età (18 anni) due categorie: i *bambini*, vale a dire coloro che non hanno ancora compiuto i 15 anni e sono ancora soggetti all'obbligo scolastico; gli *adolescenti*, soggetti di età compresa tra 15 e 18 anni, che abbiano già assolto l'obbligo scolastico.

Il divieto del lavoro dei bambini e la loro tutela contro lo sfruttamento è da molto tempo oggetto di interventi normativi, sia a livello internazionale sia al livello del nostro diritto interno. La prima forma di tutela è rappresentata dalla fissazione di un'età minima per l'accesso al lavoro: il fenomeno del lavoro in età inferiori ai quindici anni non riguarda solo i paesi poveri o in via di sviluppo; studi condotti in Italia alcuni anni fa avevano calcolato in diverse centinaia di migliaia i minori di quindici anni coinvolti in attività lavorative.

In proposito ricordiamo anzitutto la Convenzione OIL n. 138/1973 (e la conseguente Raccomandazione n. 146), ratificata e resa esecutiva dall'Italia con l. n. 157/1981, che impegna gli Stati a perseguire politiche volte alla totale abolizione del lavoro minorile e stabilisce che nessun individuo possa essere ammesso al lavoro se di età inferiore a quella stabilita per il completamento dell'istruzione scolastica obbligatoria e, in ogni caso, non prima dei 15 anni (18 per le attività che possono in qualunque modo compromettere la salute, la sicurezza o la moralità del soggetto). A seguito dell'approvazione, da parte dell'Assemblea Generale delle Nazioni Unite della Convenzione sui Diritti dell'Infanzia (20 novembre 1989), l'OIL ha avviato, a partire dal 1992, l'*International Programme on the Elimination of Child Labour*, cui ha fatto seguito la Convenzione n. 182/1999 (ratificata e resa esecutiva dall'Italia con l. n. 148/2000) con la connessa Raccomandazione n. 190 sulla proibizione delle forme peggiori del lavoro minorile e l'azione immediata per la loro abolizione.

Per quanto riguarda l'UE, occorre anzitutto richiamare l'art. 32 della CDFUE, intitolato al divieto del lavoro minorile e alla protezione dei giovani sul luogo di lavoro[47]. Una disciplina per la protezione dei giovani nel lavoro è inoltre contenuta nella Direttiva CE 94/33, alla quale l'Italia ha dato attuazione mediante i dd.llgs. n. 345/1999 e n. 262/2000, che hanno ampiamente riformato la precedente disciplina del lavoro dei minori contenuta nella l. n. 977/1967.

Nel nostro ordinamento interno, il lavoro dei minori è oggetto di tutela costitu-

---

[47] «Il lavoro minorile è vietato. L'età minima per l'ammissione al lavoro non può essere inferiore all'età in cui termina la scuola dell'obbligo, fatte salve le norme più favorevoli ai giovani ed eccettuate deroghe limitate. I giovani ammessi al lavoro devono beneficiare di condizioni di lavoro appropriate alla loro età ed essere protetti contro lo sfruttamento economico o contro ogni lavoro che possa minarne la sicurezza, la salute, lo sviluppo fisico, mentale, morale o sociale o che possa mettere a rischio la loro istruzione».

zionale. L'art. 37, c. 2, Cost., riserva alla legge il compito di stabilire «il limite minimo di età per il lavoro salariato».

Per quanto riguarda l'età minima di ammissione al lavoro, come abbiamo detto sopra, essa è attualmente fissata a 16 anni, anticipabile a 15 nel caso dell'assunzione con contratto di apprendistato. I minori di 16 (o 15) anni non possono essere adibiti al lavoro, salve le attività culturali, artistiche, pubblicitarie, sportive o dello spettacolo per le quali l'Ispettorato Territoriale del lavoro (ITL) può autorizzare l'impiego del bambino, purché non venga pregiudicata la sicurezza, l'integrità psicofisica e lo sviluppo del minore, la frequenza scolastica o la partecipazione a programmi di orientamento o di formazione professionale (art. 4, c. 2, l. n. 977/1967, come novellato dalle modifiche successive). La violazione del divieto comporta, oltre alla nullità del contratto (con le conseguenze di cui all'art. 2126 c.c., che salvaguarda il diritto del minore alla retribuzione per il lavoro prestato) [48], sanzioni amministrative e penali a carico del datore di lavoro. Il d.lgs. n. 136/2016 sul distacco transnazionale e la l. n. 199/2016 sul caporalato prevedono aggravi di pena per l'impiego di minori in violazione di legge.

Il c. 3 dello stesso art. 37 Cost. dispone inoltre: «La Repubblica tutela il lavoro dei minori con speciali norme e garantisce ad essi, a parità di lavoro, il diritto alla parità di retribuzione».

Il principio della parità, pure riferito dalla Costituzione alla sola retribuzione, è interpretato come esteso all'intero trattamento economico e normativo: l'espressione "a parità di lavoro" è interpretata (non diversamente da quanto avviene per la parità salariale tra lavoratori e lavoratrici: *infra*, PT. V, Cap. I) nel senso dell'eguale valore del lavoro, espresso dall'inquadramento professionale (qualifica professionale e mansioni svolte). Le differenze di trattamento tra lavoratori adulti e minori sono dunque possibili, ma non possono essere giustificate dal più scarso rendimento del minore: ove questi svolga mansioni di eguale valore professionale a quelle di un adulto, anche il suo trattamento dovrà essere eguale [49]. Il principio della parità di trattamento dei minori non ha trovato una costante e soddisfacente applicazione nella contrattazione collettiva: non erano infrequenti le clausole dei contratti collettivi che prevedevano trattamenti economici deteriori per i minori (scatti di anzianità rinviati al compimento della maggiore età, retribuzioni inferiori ai minimi tabellari, indennità di contingenza ridotte) [50].

---

[48] Cass. n. 18856/2010 ha affermato, con riferimento ad un caso di lavoro di un minore di 15 anni, come tale vietato dall'ordinamento, che il lavoratore ha diritto ai sensi dell'art. 2126 c.c., ad una retribuzione in misura pari a quella spettante al lavoratore maggiorenne che svolga le medesime mansioni.

[49] Cass. n. 18856/2010, cit., secondo cui l'art. 37, c. 3, Cost., che opera con riferimento all'intero trattamento retributivo, implica che la maggiore inesperienza dei più giovani e l'opportunità di favorirne l'occupazione possano giustificare una più bassa retribuzione, rispetto ai lavoratori maggiorenni, solo se a loro vengano affidate diverse e meno impegnative mansioni, non essendo in altro modo giustificabile la diversità di trattamento tra essi.

[50] La giurisprudenza si è occupata della validità delle clausole collettive che escludono gli *scatti di anzianità* nei confronti dei minori: Cass. n. 23898/2004, ha ritenuto che il principio posto dall'art. 37, c. 3, Cost., trovi applicazione con riferimento non soltanto ai minimi salariali ma all'intero trattamento spettante ai lavoratori maggiorenni, ivi compresi gli scatti di anzianità, che integrano un aumento periodico del corrispettivo della prestazione lavorativa.

La tutela dei minori, che la Costituzione prevede sia affidata a "speciali norme", è prevista dalla legislazione richiamata sopra (l. n. 977/1967, come modificata dai dd.llgs. n. 345/1999 e n. 262/2000, attuazione della Direttiva CE 94/33).

La tutela consiste essenzialmente di prescrizioni relative alla salvaguardia della salute e della sicurezza dei minori.

Anzitutto deve essere accertata e certificata da esame medico l'idoneità del minore alle mansioni per le quali viene assunto, e tale idoneità deve permanere nel tempo (dunque il minore dovrà essere sottoposto a visite mediche periodiche). Il minore non può essere adibito a lavori pesanti e pericolosi (con l'unica eccezione di quelli indispensabili alla sua formazione professionale, ma solo se strettamente necessari e per un tempo comunque determinato); non può essere adibito al lavoro notturno (nella fascia oraria dalle 22 alle 6 o dalle 23 alle 7), con la sola eccezione delle prestazioni artistiche, che comunque non possono protrarsi oltre le 24 (deve essere garantito un riposo di almeno 14 ore consecutive)[51]; l'orario di lavoro per i bambini (nei soli casi in cui si fa eccezione al divieto) non può superare le 7 ore giornaliere e le 35 settimanali; per gli adolescenti vi è il limite massimo delle 8 ore giornaliere e delle 40 ore settimanali, con riposo intermedio di un'ora dopo quattro ore e mezzo di lavoro; il riposo settimanale deve essere di due giorni, di cui almeno uno coincidente con la domenica[52]. Le ferie annuali sono di almeno 30 giorni (per i minori di sedici anni) e di 20 giorni lavorativi (per coloro che hanno superato i sedici anni): durata quest'ultima compatibile con quella prevista dalla disciplina attuale delle ferie (*infra*, PT. VII, Cap. I).

5. *Forma del contratto, informazione del lavoratore e documentazione*

a) *La forma*

Il generale principio della *libertà della forma* del contratto di lavoro è stato affermato già dalla giurisprudenza più risalente, secondo cui per concludere il contratto

---

[51] Cass. pen. n. 15933/2006: l'art. 15, l. n. 977/1967, come sostituito dall'art. 10, d.lgs. n. 345/1999, nel vietare l'adibizione dei minori al lavoro notturno, intende per lavoro notturno quello prestato in un arco temporale che va dalle ore 22 alle ore 6 o dalle ore 23 alle ore 7, quale che sia l'ammontare delle ore lavorate nell'arco delle 24 ore (che comunque per legge non può superare le 7 ore per i bambini e le 8 ore per gli adolescenti); Cass. pen. n. 25237/2008, per cui il rispetto dei due distinti intervalli temporali (dalle 22 alle 6, o dalle 23 alle 7) deve essere verificato con riferimento all'inizio dell'attività lavorativa del minore, sicché dipende dal tempo d'inizio della prestazione giornaliera l'individuazione dell'uno o dell'altro intervallo previsto dalla norma.

[52] Cass. pen. n. 30238/2011: l'omessa concessione del risposo settimanale di almeno due giorni costituisce reato permanente (fino a quando dura il comportamento antigiuridico); Cass. pen. n. 26391/2005, secondo cui l'art. 22, c. 2, l. n. 977/1967, così come sostituito dall'art. 13, d.lgs. n. 345/1999, punisce la mancata concessione del riposo settimanale nella misura minima prevista, ma non la mancata indicazione delle ragioni per le quali il riposo viene ridotto a 36 ore. La regola della periodicità del riposo settimanale, poi, ammette delle deroghe contrattuali, nel senso che il riposo può essere goduto anche dopo 6 giorni lavorativi, purché ciò serva a perseguire interessi apprezzabili, e non venga disattesa, nel complesso, la cadenza di un giorno di riposo ogni 6 giorni lavorativi, né vengano superati i limiti di ragionevolezza. I periodi di riposo settimanale possono comunque essere interrotti nei casi di attività caratterizzate da periodi di lavoro frazionati o di breve durata nella giornata, come ad esempio nel lavoro a tempo parziale.

non è necessaria un'apposita stipulazione formale; di conseguenza, dal fatto della materiale prestazione di energie lavorative a favore di un datore di lavoro è lecito ricavare tutte le conseguenze di ordine giuridico a favore di colui che ha effettuato quelle prestazioni e nei confronti di colui che dalle prestazioni medesime ha tratto diretto profitto.

Il legislatore ha tuttavia previsto una serie di *eccezioni* al principio della libertà della forma, prescrivendo in alcuni casi la stipulazione in forma scritta, a pena di nullità, del contratto di lavoro (forma scritta *ad substantiam*); la forma scritta è richiesta solo a fini di prova (*ad probationem*) in altri casi [53]. Esamineremo nei prossimi capitoli questi casi, e vedremo allora quali siano le conseguenze della violazione dei requisiti di forma. Sin d'ora possiamo segnalare che la forma scritta è prevista in casi caratterizzati dalla presenza di modalità particolari (più flessibili o più precarie) rispetto al modello standard del rapporto di lavoro a tempo indeterminato, e dovrebbe garantire al lavoratore la conoscenza e la consapevolezza delle caratteristiche del contratto che si accinge a stipulare.

b) *L'informazione*

Il principio della libertà della forma non è stato intaccato dalla presenza delle disposizioni, fino ad ora contenute nel d.lgs. n. 152/1997, attuazione della Direttiva 91/533, relative all'obbligo del datore di lavoro di *informare* il lavoratore all'atto dell'assunzione (sia nel settore privato, sia in quello pubblico) e prima dell'inizio dell'attività (art. 4-*bis*, d.lgs. n. 181/2000), mediante comunicazione scritta, sugli elementi essenziali del rapporto di lavoro.

A partire dalla data della sua entrata in vigore, la materia è disciplinata dal d.lgs. n. 104/2022, attuazione della Direttiva UE 2019/1152 *Condizioni di lavoro trasparenti e prevedibili nell'Unione europea*, che abroga, a far data dal 1° agosto 2022, la Direttiva 91/533. Come già la Direttiva, anche la nuova normativa italiana, che in parte si aggiunge e in parte sostituisce quella contenuta nel d.lgs. n. 152/1997, contiene oltre alle disposizioni in materia di informazione del lavoratore, anche una serie di disposizioni relative alle condizioni di lavoro di cui daremo conto affrontando la disciplina degli istituti che risulta in qualche parte modificata da tali nuove disposizioni.

Per quanto riguarda l'informazione, brevemente riassumendo: il campo di applicazione del d.lgs. n. 104/2022 comprende pressoché per intero il lavoro subordinato (lavoro domestico e lavoro occasionale inclusi), il lavoro subordinato alle dipendenze delle p.a., ma anche le co.co.co. *ex* art. 409, n. 3, c.p.c., e le collaborazioni etero-organizzate *ex* art. 2, d.lgs. n. 81/2015 (nei limiti della compatibilità). Le esclusioni riguardano i rapporti di lavoro autonomo, i rapporti di lavoro caratterizzati dalla brevissima durata settimanale della prestazione (tre ore di media), nonché gli altri rapporti enumerati nell'art. 1, c. 4. Le informazioni devono essere comunicate (all'atto dell'instaurazione del rapporto di lavoro e prima dell'inizio dell'attività lavorativa) [54]

---

[53] Il contratto di arruolamento marittimo, ai sensi dell'art. 328 cod. nav., deve essere stipulato, a pena di nullità, per atto pubblico.

[54] L'obbligo di informazione è assolto mediante la consegna al lavoratore alternativamente: del contratto individuale di lavoro redatto per iscritto o della copia della comunicazione di instaurazione del rapporto di lavoro di cui all'art. 9-*bis*, d.lgs. n. 510/1996, conv. con modifiche in l. n. 608/1996. Il

per iscritto, in formato cartaceo oppure elettronico, devono essere accessibili in qualsiasi momento su richiesta del lavoratore e devono essere comunicate anche ai rappresentanti sindacali. Le materie oggetto dell'obbligo di informazione che grava sul datore di lavoro o sul committente (nei limiti della compatibilità) sono elencate dall'art. 4 (che sostituisce l'art. 1, d.lgs. n. 152/1997) e riguardano tutti gli elementi essenziali del rapporto di lavoro (identità delle parti, luogo di lavoro, mansioni, orario di lavoro, retribuzione, altri elementi essenziali)[55], nonché il contratto collettivo anche aziendale applicato, e gli enti previdenziali e assistenziali a cui vengono pagati i relativi contributi. In materia di orario di lavoro si segnala la previsione di obblighi specifici di informazione nel caso di modalità organizzative che non prevedano un orario normale di lavoro programmato[56].

Al d.lgs. n. 152/1997 l'art. 4, d.lgs. n. 104/2022 aggiunge un art. 1-*bis*, che (fermo restando quanto disposto dall'art. 4, St. lav.) obbliga il datore di lavoro o il committente pubblico e privato ad informare il lavoratore dell'utilizzo di sistemi decisionali o di monitoraggio automatizzati, che forniscano indicazioni rilevanti ai fini della assunzione o del conferimento dell'incarico, della gestione o della cessazione del rapporto di lavoro, dell'assegnazione di compiti o mansioni nonché indicazioni incidenti sulla sorveglianza, la valutazione, le prestazioni e l'adempimento delle obbligazioni contrattuali dei lavoratori. Alla luce delle problematiche emerse nel caso dei *rider* (*retro*, Cap. II, Sez. II, § 3.2), questa aggiunta si rivela quanto mai opportuna.

Per le ulteriori disposizioni in materia di informazioni, che non possono essere riassunte in questa sede, si rinvia al testo del d.lgs. n. 104/2022 (ma di alcune di esse si darà conto nei capitoli dedicati agli argomenti su cui incidono). La comunicazione scritta delle informazioni, che aveva valore probatorio[57] mantiene tale caratteristica anche alla luce della nuova disciplina; l'omessa comunicazione dà tutt'ora luogo a sanzioni amministrative di rilevante entità.

c) *La documentazione*

La l. n. 133/2008, art. 39, c. 1, ha previsto che i datori di lavoro privati, con l'eccezione dei datori di lavoro domestico, debbano istituire (a pena di sanzioni amministrative) il *libro unico del lavoro* (LUL, che sostituisce tutti i precedenti libri e registri incompatibili), nel quale sono iscritti i dati personali e contrattuali di tutti i lavoratori dipendenti, nonché dei lavoratori parasubordinati (collaboratori coordinati e conti-

---

datore di lavoro e il committente pubblico e privato comunicano per iscritto al lavoratore, entro il primo giorno di decorrenza degli effetti della modifica, qualsiasi variazione degli elementi di cui agli artt. 1, 1-*bis* e 2 che non derivi direttamente dalla modifica di disposizioni legislative o regolamentari, ovvero dalle clausole del contratto collettivo.

[55] I lavoratori, almeno 24 ore prima, devono essere informati per iscritto di ogni modifica incidente sulle informazioni fornite che comporti variazioni delle condizioni di svolgimento del lavoro.

[56] Le informazioni includono le ore e i giorni di riferimento in cui il lavoratore è tenuto a svolgere le prestazioni lavorative, il periodo minimo di preavviso a cui il lavoratore ha diritto prima dell'inizio della prestazione, l'ammontare minimo delle ore retribuite (art. 4, sostituzione dell'art. 1, d.lgs. n. 152/1997).

[57] La veridicità è presunta, ma la presunzione è semplice, nel senso che sia il datore di lavoro sia il lavoratore possono provare in giudizio la falsità o la non corrispondenza ai fatti di quanto comunicato: così aveva stabilito la CGE, 4.12.1997, cause C-253-258/96, *Kampelmann*.

nuativi, lavoratori a progetto) nonché degli associati in partecipazione con apporto lavorativo per i contratti ancora in corso alle date rispettivamente previste dal d.lgs. n. 81/2015.

Il libro unico del lavoro risponde ad esigenze di trasparenza nella gestione dei rapporti di lavoro, propedeutica alla attività di controllo dei servizi ispettivi e alla lotta contro il lavoro sommerso. L'art. 15, d.lgs. n. 151/2015, prevedeva che, a decorrere dal 1° gennaio 2018, il LUL fosse tenuto, in modalità telematica, presso il Ministero del lavoro e delle politiche sociali; l'entrata in funzione della nuova modalità di tenuta del LUL era stata rinviata al 1° gennaio 2019, ma il c.d. Decreto semplificazione (d.l. n. 145/2018, conv. con modifiche in l. n. 12/2019) ha abrogato l'art. 15, d.lgs. n. 151/2015; resterà dunque impregiudicata la facoltà dell'Ispettore del lavoro di richiedere all'azienda l'esibizione del LUL. Ricordiamo che l'art. 22 del d.lgs. n. 151/2015 ha modificato le sanzioni amministrative per omessa o infedele registrazione dei dati nel LUL, che determini differenze nei trattamenti retributivi, previdenziali e fiscali (la fattispecie si riferisce alle scritture complessivamente omesse, e non ai singoli dati).

6. *L'accordo: consenso, vizi del consenso, simulazione*

Come in ogni contratto, anche nel contratto di lavoro l'accordo ne costituisce un elemento essenziale. Fatta eccezione per il settore pubblico, nel quale la scelta da parte dell'amministrazione dei lavoratori da assumere è soggetta alla regola del pubblico concorso, nonché per le società a partecipazione pubblica, pure formalmente private, nelle quali il d.lgs. n. 175/2016 ha previsto la selezione ad evidenza pubblica (ovvero ispirata ai principi del pubblico concorso *ex* art. 36, d.lgs. n. 165/2001), la legge non dispone regole specifiche in materia. La proposta è in genere formulata dal datore di lavoro, mentre il lavoratore, dotato di minor forza contrattuale ha la sola possibilità di accettarla o rifiutarla. La libertà e genuinità del consenso è ovviamente rilevante anche nel contratto di lavoro, ma la materia dei vizi del consenso, almeno nella fase della stipulazione del contratto, ha nella realtà scarsa rilevanza pratica, anche se una limitata casistica giurisprudenziale in materia di *errore essenziale* (sulla qualità professionale del lavoratore, ad esempio) e *dolo* (affermazioni false o reticenti) è presente[58].

Praticamente assai rilevante, al contrario, la *simulazione*: non la simulazione assoluta (le parti dichiarano l'esistenza di un rapporto di lavoro in realtà inesistente: in tal caso, il contratto simulato non produce effetti tra le parti), ma piuttosto la *simulazione relativa*: le parti celano un contratto di lavoro subordinato dietro un diverso con-

---

[58] La maggior parte della casistica riguarda la questione della libertà del consenso del lavoratore in caso di dimissioni: ne parleremo oltre (*infra*, PT. VIII, Cap. IV). Per quanto riguarda invece il dolo, cfr. Cass. n. 2104/2003, secondo cui il dolo che vizia la volontà e causa l'annullamento del contratto implica la conoscenza da parte dell'agente delle false rappresentazioni che si producono nella vittima ed il convincimento che sia possibile determinare la volontà altrui con artifici, menzogne e raggiri, inducendola specificamente in inganno; pertanto la reticenza e il silenzio non bastano a costituire il dolo se non in rapporto alle circostanze e al complesso del contegno che determina l'errore, che devono essere tali da configurarsi quale malizia o astuzia volta a realizzare l'inganno perseguito.

tratto, ad esempio di lavoro autonomo, oppure stipulano un contratto di lavoro subordinato, ma danno vita ad un rapporto di lavoro autonomo. Questa problematica è assorbita totalmente da quella relativa alla qualificazione e riconduzione del rapporto di lavoro al tipo contrattuale di cui ci siamo occupati nel capitolo precedente (*retro*, Cap. II, Sez. I).

7. *Invalidità del contratto e prestazione di fatto (art. 2126 c.c.)*

L'art. 2126 c.c. prevede, nel suo primo comma, che la *nullità o l'annullamento* del contratto di lavoro *non producono effetto* per il periodo in cui il rapporto ha avuto esecuzione, *salvo che la nullità derivi dall'illiceità dell'oggetto o della causa*. Il secondo comma dello stesso art. 2126 prevede che se il lavoro è stato prestato con *violazione di norme poste a tutela del prestatore di lavoro*, questi ha in ogni caso *diritto alla retribuzione*. Così disponendo, l'art. 2126 tutela la parte debole del contratto: in assenza dell'art. 2126, la nullità del contratto lo travolgerebbe con effetto *ex tunc*, aprendo anche la strada ad eventuali azioni restitutorie da parte del datore di lavoro. Della dichiarazione di nullità del contratto di lavoro beneficerebbe in sostanza il solo datore di lavoro, perché al lavoratore, che comunque non potrebbe ottenere la "restituzione" della prestazione lavorativa svolta, non resterebbe che un'eventuale azione di arricchimento senza causa *ex* art. 2041 c.c. o di ripetizione dell'indebito *ex* artt. 2033 ss. c.c.

Nell'interpretazione del primo comma dell'art. 2126 si sono manifestati orientamenti non univoci in ordine al suo ambito di applicazione [59]. Pare in ogni caso necessario sottolineare che ai fini dell'effetto *ex tunc* della nullità non è rilevante genericamente la contrarietà del contratto a norma imperativa (dunque l'illegalità del contratto), ma più specificamente l'illiceità non del contratto in sé, ma dell'oggetto e della causa del contratto: solo in queste due ipotesi, infatti, l'art. 2126 c.c. prevede che l'invalidità produca effetto *ex tunc*, vale a dire per il periodo in cui il rapporto ha avuto esecuzione. Negli altri casi di invalidità del contratto di lavoro, gli effetti retributivi e previdenziali del contratto sono fatti salvi per il periodo in cui la prestazione è stata eseguita.

Le maggiori difficoltà interpretative si pongono in ordine al significato da assegnare al riferimento contenuto nell'art. 2126 c.c. all'illiceità dell'oggetto del contratto di lavoro, e soprattutto all'illiceità della causa dello stesso. Per quanto attiene all'*oggetto*, ricadono nel campo di applicazione della disposizione (e quindi tra i contratti illeciti) i contratti caratterizzati da illiceità della prestazione, ossia i contratti in cui sia la prestazione stessa a configurarsi come illecita, cioè contraria a norme imperative o a principi di ordine pubblico e buon costume [60]. Per quanto riguarda la *causa*, vale a

[59] La violazione di norme imperative di legge non dà luogo alla nullità del contratto di lavoro, quando tali norme abbiano ad oggetto rapporti (amministrativi, civili, commerciali) di per sé non incidenti sul rapporto di lavoro. Cfr. Cass. n. 182/2002, secondo cui l'esercizio di un'attività economica ben può essere assoggettato ad una disciplina amministrativa, la cui inosservanza riguarda i rapporti con la pubblica amministrazione, competente ad irrogare la sanzione ed eventualmente a disporre la cessazione dell'attività, e può esplicare effetti sui rapporti civilistici protetti, ma non infirma i contratti di lavoro subordinato, ove non influisca sulla liceità del loro oggetto o della causa.

[60] Oltre al caso (fortunatamente) di scuola, del contratto di lavoro subordinato del *killer*, illecito

dire la funzione dell'operazione negoziale che le parti hanno voluto porre in essere per soddisfare propri interessi, questa può divenire illecita quando gli interessi realizzati dalle parti siano vietati da norme imperative, dall'ordine pubblico, dal buon costume. La giurisprudenza prevalente accoglie un'interpretazione restrittiva di entrambe le ipotesi, circoscritta alla contrarietà della prestazione lavorativa o degli interessi perseguiti dalle parti ai principi fondamentali dell'ordinamento giuridico.

La mera contrarietà a norme imperative, invece, non rileva ai fini dell'effetto *ex tunc* della nullità: ad esempio, è certamente nullo, perché contrario a norme imperative, il contratto del giornalista non iscritto all'albo (l'iscrizione costituisce requisito essenziale per la validità del contratto), ma per l'attività effettivamente svolta il giornalista avrà diritto alla retribuzione [61]; è altresì nullo il contratto stipulato con un lavoratore extracomunitario prima della regolare autorizzazione, ma anche in questo caso il lavoratore avrà diritto al trattamento economico e previdenziale per il periodo in cui ha svolto la prestazione, ai sensi dell'art. 2126, c. 1 [62]. La contrarietà a norme imperative non rileva neppure quando la condotta costituisca reato, a meno che non si rifletta sulla causa del contratto (nel qual caso si verserebbe nell'ipotesi dell'illiceità della causa) [63]. Insomma, la tutela apprestata dall'art. 2126, c. 1 (effetto *ex nunc* della nullità), trova applicazione in tutti i casi in cui il contratto di lavoro risulta invalido in ragione dell'incidenza della norma imperativa su elementi del contratto *diversi* dall'oggetto o dalla causa.

Distinta dalle precedenti è l'ipotesi di cui al secondo comma dell'art. 2126, il quale stabilisce che quando vi sia *violazione di una norma posta a tutela del lavoratore* questi conserva in ogni caso il diritto alla retribuzione [64]. A tale comma la giurispru-

---

nell'oggetto, perché è la deduzione in contratto di quella prestazione di lavoro ad essere illecita, in molte altre circostanze l'applicabilità della disciplina di tutela del lavoratore di cui all'art. 2126 c.c. dipende non tanto dalla illiceità della prestazione dedotta in contratto, quanto dal fatto che è illecita la causa del contratto. Ad esempio, il lavoro (in ipotesi subordinato) di chi si prostituisce non è illecito di per sé, non essendo il prostituirsi vietato nel nostro ordinamento; può configurarsi piuttosto l'illiceità della causa del contratto, se risulta vietato l'assetto di interessi che, tramite quel contratto, le parti mirano a realizzare: nel caso, l'impiego di una persona secondo lo schema della subordinazione giuridica serve a realizzare un'attività illecita (lo sfruttamento della prostituzione).

[61] Cass. n. 14193/2009; Cass. n. 10158/2017.

[62] Così espressamente Cass. n. 7380/2010, che ha ritenuto che dall'assunzione di un lavoratore extracomunitario irregolare discenda in capo al datore di lavoro anche l'obbligo di versare i contributi dovuti ai competenti enti previdenziali. La giurisprudenza amministrativa concordemente afferma che in presenza di tutti gli indici che evidenziano lo svolgimento di fatto di un rapporto di pubblico impiego (subordinazione gerarchica, esclusività e continuità delle prestazioni, osservanza dell'orario di lavoro, retribuzione in misura fissa e continuativa, inserimento del lavoratore nella struttura organizzativa dell'ente), si deve ritenere applicabile l'art. 2126 c.c. al rapporto di fatto (a causa della nullità dell'atto di assunzione) instaurato alle dipendenze della pubblica amministrazione.

[63] Ad esempio, costituisce reato di truffa aggravata la condotta di chi, con falso titolo abilitativo alla professione di infermiere si fa assumere da una struttura sanitaria pubblica e vi svolge continuativamente la professione: in tale caso, ad avviso della Cassazione penale (Cass. pen. n. 8584/2010; Cass. pen. n. 36502/2009; Cass. pen. n. 37569/2009) il contratto è nullo perché la violazione di norme fondamentali dell'ordinamento (art. 32 Cost.) determina illiceità della causa, e di conseguenza gli effetti del contratto (retributivi e previdenziali) saranno travolti con effetto *ex tunc*.

[64] Cass. n. 7380/2010, cit., ha ritenuto che l'assunzione di lavoratore extracomunitario irregolare

denza, conformemente alla dottrina prevalente, riconduce il caso del contratto di lavoro stipulato con un lavoratore ancora privo della capacità di lavoro (minore di 16 o eventualmente 15 anni: *retro*, § 4.2.1), nel presupposto che la disposizione introduca un'eccezione alla regola, escludendo l'effetto *ex tunc* della nullità quando l'illiceità dell'oggetto o della causa del contratto di lavoro dipenda dalla violazione di norme protettive del lavoratore[65].

Resta infine da aggiungere che la giurisprudenza è costante nel senso di circoscrivere gli effetti dell'art. 2126 c.c. al periodo in cui il contratto ha avuto esecuzione, escludendo ogni pretesa relativa alla stabilizzazione del rapporto[66].

8. *Il patto di prova*

L'art. 2096 c.c. consente alle parti di inserire (come elemento accidentale), un patto di prova al momento della stipulazione del contratto di lavoro, così da far precedere l'assunzione definitiva da un periodo di prova. Il periodo di prova deve risultare da atto scritto; ciascuna delle due parti è tenuta a consentire l'esperimento che forma oggetto del patto di prova; durante il periodo di prova, ciascuna delle parti può recedere liberamente, senza preavviso (a meno che non sia stabilita una durata minima della prova)[67]. Compiuto il periodo di prova, l'assunzione diviene definitiva e il servizio prestato si computa nell'anzianità del prestatore di lavoro.

---

rientri sia nella previsione di cui al primo comma (*retro*) sia nella previsione di cui al secondo comma, perché la norma imperativa violata ha anche la finalità di garantire al lavoratore straniero condizioni di vita e di lavoro adeguate. Ma vedi in proposito la disciplina per l'emersione del lavoro extracomunitario irregolare (*infra*, PT. IV, Cap. II).

[65] Quella riportata nel testo è l'opinione prevalente, ma un'altra lettura dell'art. 2126, c. 2, è possibile e ragionevole: il secondo comma dell'art. 2126, a differenza del comma precedente, non regola gli effetti del contratto di lavoro invalido, ma regola invece i casi nei quali, come dice la rubrica della norma, vi sia *prestazione di fatto* in violazione di legge. Pensiamo proprio al caso del contratto stipulato con il minore di 16 (o 15) anni: a ben vedere il contratto è nullo, non perché è illecita la causa o l'oggetto del contratto, ma perché è stata violata una norma imperativa relativa ad un requisito essenziale di validità del contratto, diverso dall'oggetto o dalla causa; la fattispecie dovrebbe essere perciò ricondotta nell'ambito del primo comma dell'art. 2126. Altro esempio è quello del settore pubblico: secondo Cass. n. 4599/2017, sussiste un rapporto di pubblico impiego solo in presenza di un continuo e non occasionale inserimento nell'organizzazione pubblicistica dell'ente, in assenza del quale si è in presenza di prestazioni di mero fatto disciplinate *ex* art. 2126 c.c. con effetto limitato al riconoscimento del diritto alla retribuzione per il periodo in cui il rapporto ha avuto esecuzione di fatto, ma alla condizione che sussistano: lo svolgimento di attività continuativa in favore dell'ente; la subordinazione gerarchica; la retribuzione determinata o determinabile.

[66] Secondo l'orientamento della Cassazione ricordato sopra, relativamente al contratto di lavoro giornalistico nullo, la nullità di detto contratto non produce effetti limitatamente al periodo in cui ha avuto esecuzione, con l'ulteriore conseguenza che il lavoratore, se può chiedere la condanna dell'editore al pagamento delle differenze retributive per l'attività giornalistica effettivamente prestata, non può rivendicare il diritto a vedersi reintegrato nel posto di lavoro per il proseguimento dell'attività giornalistica.

[67] Nell'originaria formulazione dell'art. 2096 c.c., il datore di lavoro che avesse esercitato il recesso durante il periodo di prova non era tenuto al pagamento dell'indennità di anzianità, discipli-

L'assunzione in prova è consentita, oltre che nel contratto a tempo indeterminato, anche nel contratto a tempo determinato; la giurisprudenza ha ritenuto ammissibile il patto di prova anche nei contratti con finalità formative o di inserimento, mentre il legislatore ha esplicitamente ammesso la prova nel contratto di apprendistato.

L'art. 2096 c.c. non stabilisce un limite di durata del periodo di prova, la cui definizione è perlopiù affidata alla contrattazione collettiva e varia in ragione del livello di qualificazione del lavoratore e della qualità professionale delle mansioni oggetto della prova. Sino ad ora, il *limite massimo di durata* era però sancito in via indiretta dall'art. 10, l. n. 604/1966, che dispone l'applicazione delle norme relative ai licenziamenti individuali (motivazione del licenziamento, regole procedurali e sanzionatorie) solo dal momento in cui l'assunzione diviene definitiva «e in ogni caso quando sono decorsi sei mesi dall'inizio del rapporto di lavoro». Decorso il tempo massimo di sei mesi dalla costituzione del rapporto, il datore non ha più la possibilità di recedere liberamente; viene così meno il tratto caratterizzante del patto di prova, costituito appunto dalla libera recedibilità [68]. Ora invece il limite di durata è sancito in via diretta dalla legge. A seguito della Direttiva UE 2019/1152, il d.lgs. n. 104/2022, che dà attuazione alla Direttiva, ha introdotto, per il solo settore privato, le seguenti regole (art. 7). Il periodo di prova, ove previsto, non può avere una durata superiore a *sei mesi*, salva la durata inferiore prevista dalle disposizioni dei contratti collettivi [69]. Nel rapporto di lavoro a tempo determinato, il periodo di prova è stabilito in misura proporzionale alla durata del contratto e alle mansioni da svolgere in relazione alla natura dell'impiego. In caso di rinnovo di un contratto di lavoro per lo svolgimento delle stesse mansioni, il rapporto di lavoro non può essere soggetto ad un nuovo periodo di prova [70]. In caso di sopravvenienza di eventi, quali malattia, infortunio, congedo di maternità o paternità obbligatori, il periodo di prova è prolungato in misura corrispondente alla durata dell'assenza [71].

---

nata dall'art. 2120 c.c. La Corte cost., sentenza n. 189/1980, ha dichiarato costituzionalmente illegittimo, per violazione degli artt. 3 e 36 Cost., il c. 3 dell'art. 2096, nella parte in cui esclude il diritto del lavoratore all'indennità di anzianità. L'attuale disciplina del trattamento di fine rapporto (TFR: l. n. 297/1982), che sostituisce la precedente disciplina dell'indennità di anzianità, prevede il diritto del lavoratore a tale trattamento «in ogni caso di cessazione del rapporto», dunque anche nel caso del recesso durante il periodo di prova. Nella stessa sentenza la Corte ha anche dichiarato costituzionalmente illegittimo l'art. 2109, c. 2, nella parte in cui non prevedeva il diritto al rateo di ferie per il lavoratore assunto in prova, in caso di recesso durante tale periodo.

[68] Cass. n. 8295/2000. Fermo restando il limite legale di cui all'art. 10, l. n. 604/1966, nell'ipotesi in cui la pattuizione individuale preveda una durata di tale periodo maggiore rispetto al termine stabilito dal contratto collettivo applicabile, era ritenuta legittima la diversa durata concordata dalle parti, nel caso in cui sussistessero ragioni specifiche, quali la particolare complessità delle mansioni contrattuali, e si ravvisasse un interesse positivo del lavoratore alla maggiore durata dell'esperimento.

[69] La nullità della clausola del contratto individuale che preveda un periodo di prova di durata superiore a quella prevista dal contratto collettivo non è più evitabile con l'argomento che la durata superiore si risolve in un vantaggio per il lavoratore (così invece Cass. ord. n. 9789/2020).

[70] In questo senso si era già pronunciata la Cassazione (Cass. n. 6633/2020, in *RIDL*, 2020, II, p. 454, nt. Chiaromonte): la S.C. aveva ritenuto nullo per carenza di causa il patto di prova apposto ad un contratto a tempo indeterminato, considerata l'identità delle mansioni svolte in precedenti contratti a termine stipulati tra le stesse parti.

[71] Il prolungamento del periodo di prova non impedisce che le parti possano legittimamente

Per quanto attiene alla *natura giuridica* del patto di prova, la dottrina unanimemente esclude che sia un autonomo contratto, ed è concorde nel considerare il patto come *elemento accidentale del contratto di lavoro*; opinioni divergenti si registrano in ordine alla configurazione in termini di condizione, che per alcuni è sospensiva e per altri risolutiva. La scelta dell'una o dell'altra soluzione riveste scarsa rilevanza pratica. Assai più rilevante, invece, la questione della *funzione* del patto, che, stando alla lettera della legge, è quella di consentire ad entrambe le parti l'*esperimento*. In linea teorica la prova serve ad entrambe le parti per compiere una verifica in concreto: da parte del datore di lavoro, la verifica delle capacità professionali del lavoratore e della sua adattabilità all'organizzazione del lavoro; da parte del lavoratore della compatibilità dell'organizzazione del datore di lavoro con la propria capacità professionale, con le proprie aspirazioni, con la propria personalità. S'intende che, nella stragrande maggioranza dei casi, interessato alla prova è il datore di lavoro, e dunque la funzione reale del periodo di prova risponde all'esigenza del datore di lavoro di verificare sul campo l'idoneità del lavoratore prima di procedere alla sua definitiva assunzione.

La definizione dell'oggetto della prova assume rilevanza sotto due diversi profili: il primo ha riguardo al problema della *forma* del patto; il secondo ha riguardo invece alla cosiddetta *libera recedibilità*, vale a dire alla possibilità per ciascuna delle parti di recedere liberamente durante il periodo di prova.

– *La forma*

L'art. 2096 c.c. stabilisce l'obbligo di forma scritta; secondo l'interpretazione ormai consolidata, la forma scritta è richiesta *ad substantiam*: la violazione dell'obbligo di forma determina perciò la nullità del patto di prova[72]. Essendo il patto nullo, la stipulazione del contratto si considererà avvenuta in via definitiva fin dall'inizio.

Una questione rilevante, sulla quale l'orientamento della giurisprudenza può ormai considerarsi sufficientemente consolidato, riguarda il contenuto dell'obbligo di forma scritta; si tratta cioè di sapere se l'atto scritto debba contenere o meno l'indicazione specifica delle mansioni per le quali il lavoratore è assunto in prova. La Cassazione ha affermato che è necessario che il lavoratore conosca preventivamente il contenuto della prova cui sarà sottoposto, e pertanto le mansioni alle quali sarà adibito nel periodo di prova, anche perché solo questa conoscenza lo pone nelle condizioni di esprimere tutte le sue capacità, discrezionalmente valutabili dal datore di lavoro. Per queste ragioni, ha aggiunto la Corte, il patto di prova svolge la sua funzione solo in quanto contenga, come essenziale elemento negoziale, la specifica indicazione delle mansioni in relazione alle quali l'esperimento si svolgerà e il datore fonderà la propria valutazione[73].

---

stabilire che il periodo di prova sia calcolato sulla effettiva presenza in servizio del lavoratore: Cass. n. 25482/2014.

[72] Il patto, stipulato in forma scritta anteriormente o al massimo in coincidenza con la costituzione del rapporto, deve essere sottoscritto da entrambe le parti. I contratti collettivi non possono derogare alla regola che impone la forma scritta: così Cass. n. 21758/2010; Cass. n. 22308/2004.

[73] *Ex plurimis* Cass. n. 17591/2014; Cass. n. 9597/2017. La Cassazione ha riaffermato che la specificazione delle mansioni può essere effettuata anche attraverso il richiamo al contratto collettivo, ma ha precisato che il legittimo riferimento alla classificazione prevista dal contratto collettivo non esclude la necessità di un'adeguata specificazione; insomma, la necessità di specificazione, che

– *La libera recedibilità*

Nella parte dedicata alla cessazione dei rapporti di lavoro (PT. VIII, Cap. II) vedremo come il legislatore, a partire dalla l. n. 604/1966, sia ripetutamente intervenuto sulla disciplina del recesso (art. 2118 c.c.), introducendo limiti formali e sostanziali al potere del datore di lavoro di recedere. Resta al di fuori di queste discipline il patto di prova, caratterizzato dalla libera recedibilità, vale a dire dal potere attribuito ad entrambe le parti di recedere liberamente, senza vincolo di preavviso e di motivazione (il recesso può essere comunicato dal datore di lavoro anche oralmente)[74].

La libertà di recesso del datore di lavoro è stata tuttavia limitata dalla Corte costituzionale (sentenza n. 189/1980). La Corte ha posto al centro del proprio ragionamento la disposizione dell'art. 2096, c. 2, che sancisce l'obbligo delle parti «a consentire ed a fare l'esperimento che forma oggetto del patto di prova». Da questa disposizione la Corte ha fatto discendere un limite alla discrezionalità dell'imprenditore, «nel senso che la legittimità del licenziamento da lui intimato durante il periodo di prova può efficacemente essere contestata dal lavoratore quando risulti che non è stata consentita, per la inadeguatezza della durata dell'esperimento o per altri motivi, quella verifica del suo comportamento e delle sue qualità professionali alle quali il patto di prova è preordinato. Più in generale» – ha aggiunto la Corte – «si può affermare che la discrezionalità dell'imprenditore si esplica nella valutazione delle capacità e del comportamento professionale del lavoratore, così che il lavoratore stesso, il quale ritenga e sappia dimostrare il positivo superamento dello esperimento nonché l'imputabilità del licenziamento ad un motivo illecito, ben può eccepirne e dedurne la nullità in sede giurisdizionale».

Il recesso del datore è pertanto considerato illegittimo ogni qual volta non sia stata consentita l'effettuazione dell'esperimento della prova, oppure l'inserimento non abbia avuto durata adeguata o, ancora, quando la prova sia stata positivamente superata dal lavoratore; il recesso è illegittimo inoltre quando sia imputabile ad un motivo illecito determinante, ovvero sia discriminatorio per una delle ragioni previste dall'art. 3, l. n. 108/1990 (*infra*, PT. VIII, Cap. II, Sez. I)[75], ma l'onere di provare il motivo illecito determinante grava sul lavoratore-attore (meno gravoso invece il regime probatorio del licenziamento discriminatorio). La difficoltà di fornire la prova richiesta spiega probabilmente perché raramente i giudici abbiano l'occasione di pronunciarsi

---

è alla base del patto di prova, presuppone che, nell'ambito del richiamo a contratti collettivi e pur attraverso riferimenti ad astratte figure ivi previste, siano indicate le mansioni, nella loro materiale struttura, e dunque la particolare attività che definisce il compito affidato al lavoratore assunto in prova.

[74] Corte cost. n. 541/2000, ha ritenuto infondata la questione di legittimità costituzionale dell'art. 10, l. n. 604/1966 (Norme sui licenziamenti individuali) e dell'art. 2096 c.c., per la parte in cui escludono che durante il periodo di prova il licenziamento del lavoratore debba avvenire con la forma scritta; ne discende che il recesso può essere esercitato dal datore di lavoro anche in forma orale. Così anche Cass. n. 11722/2009.

[75] Secondo Cass. n. 21965/2010, pur essendo il recesso del datore dal rapporto di lavoro in prova estraneo al regime comune dei licenziamenti in punto di motivazione, oneri probatori e sanzioni, esso rimane sottoponibile al controllo giurisdizionale; nello stesso senso Cass. n. 21784/2009. Tuttavia, se il datore di lavoro ha dato una motivazione, e il giudice ne accerta l'infondatezza, il licenziamento è illegittimo: Cass. n. 12967/2015.

sulla illegittimità del recesso in periodo di prova. Come vedremo oltre, la questione assume particolare rilievo nel caso dell'assunzione in prova dei lavoratori disabili (*infra*, PT. IV, Cap. II).

In ordine alle conseguenze del recesso illegittimo, secondo l'orientamento tradizionale della S.C., essendo tale ipotesi al di fuori del campo di applicazione della disciplina dei licenziamenti (l. n. 604/1966, art. 18 St. lav., d.lgs. n. 23/2015), la conseguenza è unicamente la prosecuzione della prova per il periodo di tempo mancante al termine prefissato (oppure il risarcimento del danno), non comportando la dichiarazione di illegittimità del recesso nel periodo di prova che il rapporto di lavoro debba essere considerato come stabilmente costituito[76]. La Cassazione ha tuttavia precisato che il licenziamento intimato sull'erroneo presupposto della validità del patto di prova, in realtà affetto da nullità, non è sottratto all'applicazione della disciplina limitativa dei licenziamenti. Ciò in quanto la libera recedibilità presuppone che il patto di prova sia stato validamente apposto; pertanto, ove ne difettino i requisiti di sostanza e di forma richiesti dalla legge, la nullità della clausola, che essendo parziale non si estende all'intero contratto, determina la conversione (in senso atecnico) del contratto in uno ordinario, con applicabilità del relativo regime di tutela in ipotesi di licenziamenti individuali illegittimi.

[76] Cass. n. 7801/2017: dalla declaratoria di illegittimità del recesso durante il periodo di prova non consegue l'applicabilità dei regimi sanzionatori attualmente previsti per i licenziamenti illegittimi, ma unicamente la prosecuzione della prova, se possibile, oppure il risarcimento del danno. Nella giurisprudenza di merito è emerso un orientamento favorevole ad assimilare il recesso illegittimo dal patto di prova ad un licenziamento non giustificato, applicando di conseguenza la tutela prevista dalla normativa applicabile nel caso (art. 18 St. lav., d.lgs. n. 23/2015): v. ad es. Trib. Trento 6.2.2018, in *RIDL*, 2018, II, p. 508, nt. F. Marinelli.

Capitolo IV

I CONTRATTI DI LAVORO

1. *Dal contratto ai contratti*

Il prototipo normativo di lavoratore subordinato al quale abbiamo sinora fatto implicito riferimento è il lavoratore subordinato, parte di quello che può essere considerato il contratto di lavoro *standard*: a tempo pieno e indeterminato. Quel contratto aveva iniziato ad acquisire il suo tratto caratteristico (la durata indeterminata) con la legge sull'impiego privato (R.d.l. n. 1825/1924), che definiva il contratto di impiego come un contratto "a tempo normalmente indeterminato". Pur consentendo l'apposizione del termine, la legge sull'impiego privato indicava un modello di contratto di lavoro, poi confluito nell'art. 2094 c.c., che è divenuto il punto di riferimento, o se si preferisce la pietra di paragone, per valutare ogni altro contratto di lavoro subordinato che presenti caratteristiche peculiari e difformi rispetto ad esso.

L'esperienza di contratti diversi dal modello prevalente ha origini ormai risalenti, in alcuni casi addirittura antecedenti alla redazione del codice civile (basti pensare al contratto di arruolamento marittimo). Questi contratti sono poi confluiti nella categoria dei contratti speciali, o a disciplina speciale: categoria utile principalmente a fini classificatori e descrittivi[1], i cui confini sono tuttavia incerti (*infra*, § 4). A partire dagli anni '80 del secolo scorso, poi, hanno iniziato a diffondersi progressivamente contratti che pure presentavano elementi di più o meno marcata differenza rispetto al modello *standard*, quale ad esempio il contratto a tempo parziale, e che sono confluiti, sulla scia della nomenclatura comunitaria, nella categoria dei contratti *atipici* o *flessibili*, categoria anch'essa utilizzata a fini classificatori e descrittivi e dai mutevoli e incerti confini.

[1] Sul diverso valore (strutturale, tipologico o meramente classificatorio) della categoria della "specialità" cfr. Speziale 2007.

Mantenendo ferma, a soli fini espositivi della materia, questa pur incerta doppia classificazione, ormai entrata a far parte del "diritto vivente" e generalmente adottata da studiosi e operatori giuridici, ci occuperemo in questa sede di entrambe le categorie di *contratti non standard.* Tutti presentano deviazioni rispetto al tipo contrattuale "base", vuoi perché alla causa tipica (lo scambio tra prestazione lavorativa e retribuzione) si associa una diversa causa (es. formativa), vuoi perché su quei contratti incide in modo particolare il contesto nel quale la prestazione viene svolta (es. lavoro domestico), vuoi perché le peculiarità della durata del contratto (contratto a tempo determinato) o dell'organizzazione e della durata dell'orario di lavoro incidono su altri caratteri della prestazione lavorativa [2].

2. *Flessibilità e lavori atipici*

Come si è detto, col tempo è venuta creandosi e articolandosi una categoria di contratti di lavoro generalmente qualificati con l'aggettivo *atipico*, mutuando l'espressione dai primi interventi comunitari su quei contratti (o rapporti) di lavoro che in molti paesi dell'allora Comunità economica europea non garantivano al lavoratore lo stesso livello di protezione generalmente garantito al lavoratore a tempo pieno e indeterminato (il prototipo normativo di cui abbiamo detto sopra).

La presenza negli Stati membri di discipline fortemente differenziate ha impedito, per molti anni, che a livello comunitario, nonostante i molti progetti di direttive presentati dalla Commissione europea, si pervenisse all'approvazione di strumenti vincolanti sui tre tipi contrattuali che erano stati individuati come centrali nell'esperienza del lavoro atipico: contratto a tempo parziale, contratto a tempo determinato, contratto di lavoro interinale (l'attuale somministrazione, in Italia almeno). Solo alla fine degli anni '90 sono state infatti approvate la Direttiva CE 97/81 sul *part-time* e la Direttiva CE 99/70 sul lavoro a tempo determinato, seguite, a quasi un decennio di distanza, dalla Direttiva CE 2008/104 relativa al lavoro tramite agenzia interinale.

A ben vedere, almeno per quanto riguarda il nostro ordinamento interno, quei contratti non erano (e non sono) per nulla "atipici", configurandosi invece come contratti nominati e minuziosamente regolati dal nostro legislatore, in un passato più o meno recente, ma comunque prima degli interventi comunitari [3]. Neppure possono essere inquadrati nella categoria dei contratti "speciali", perché, in forza delle scelte operate dal legislatore, condividono i tratti caratterizzanti tipici del contratto di lavoro a tempo pieno e indeterminato, in particolare grazie alla garanzia di parità di trattamento, implicita (nel passato) o esplicita (oggi), assicurata ai lavoratori atipici. Ciò che li accomuna, empiricamente, è il loro utilizzo, o meglio le finalità per le quali sono così largamente impiegati. Valorizzando tali finalità, spesso sono qualificati come contratti *flessibili*; flessibili, in realtà, per lo più non sono i contratti – al più (come vedremo oltre: PT. VII, Cap. I) possono essere flessibili alcune modalità di svolgimento della

---

[2] Coerentemente con l'impostazione di questo Manuale, non sarà oggetto di trattazione il lavoro alle dipendenze delle pubbliche amministrazioni.

[3] Gli interventi comunitari, come vedremo, hanno poi inciso sulle modifiche intervenute nella disciplina nazionale che si è conformata alle direttive.

prestazione (tipicamente nel lavoro a tempo parziale) – bensì gli usi che di questi contratti si fanno. Si tratta, insomma, di contratti che vengono abitualmente impiegati per acquisire in modo flessibile la manodopera che, di volta in volta, in misura mutevole, "serve" alle imprese, anch'esse flessibili nella loro organizzazione.

Si può trattare di *flessibilità funzionale*, come nel caso del *part-time* e del lavoro interinale, come pure di flessibilità *in entrata*, come nel caso del contratto a termine, del contratto di apprendistato e dello stesso lavoro interinale, molto spesso utilizzati come contratti di "primo accesso" al lavoro (dei giovani, in particolare), o addirittura come un (improprio) periodo di prova "lungo". Certo è che se si guarda alla flessibilità *in entrata* non si può negare che (ancor più) flessibile si è dimostrato, nel recente passato, il ricorso ai contratti di collaborazione coordinata e continuativa, che pure si collocano al di fuori dell'area della subordinazione.

Oggi, tuttavia, non si può tacere che alcuni contratti di lavoro (per esempio il lavoro intermittente) e alcuni rapporti di lavoro (basti richiamare qui il lavoro accessorio) sono strutturalmente, e non solo funzionalmente, flessibili. La "moltiplicazione" delle forme più flessibili *vel* precarie di lavoro ha indotto il legislatore, negli ultimi anni, ad incentivare la sostituzione di queste forme con il lavoro a tempo determinato, considerato, a torto o a ragione, la forma "buona" della flessibilità in entrata, e una via di accesso preferenziale alla occupazione stabile – pur senza provvedere a sopprimere alcune forme iper-flessibili quali il lavoro intermittente o il lavoro occasionale. Solo negli ultimi tempi, nel primo periodo successivo all'introduzione del c.d. contratto a tutele crescenti (d.lgs. n. 23/2015) sostenuto da cospicui incentivi finanziari per le nuove assunzioni con tale contratto, il numero dei contratti a tempo determinato ha cessato di crescere (era arrivato a superare l'80% delle assunzioni) ed è cresciuto invece il ricorso al contratto a tempo indeterminato. Ma quell'effetto di stabilizzazione dei rapporti di lavoro si è rapidamente affievolito, scomparso il sostegno e nonostante l'incremento dei costi del contratto a tempo determinato (aumento dei contributi previdenziali).

Senza disperderci nelle molte categorizzazioni possibili, tutte opinabili e di limitato valore ermeneutico, concentreremo dunque la nostra attenzione sul contratto a tempo determinato, uno degli strumenti principe di accesso al lavoro, soprattutto ove si guardi alle dinamiche più recenti del mercato del lavoro, rinviando oltre l'analisi della disciplina dei contratti a orario ridotto o modulato (*part-time* in particolare: PT. VII, Cap. I, Sez. II), e del lavoro svolto tramite agenzia (somministrazione: PT. VII, Cap. III).

Ma prima pare opportuno dedicare attenzione a due rapporti di lavoro che, come anticipato, si situano agli estremi dell'area della flessibilità.

2.1. *Il lavoro intermittente*

Tra i contratti di lavoro precari e iperflessibili, la cui originaria disciplina risale alla c.d. legge Biagi (d.lgs. n. 276/2003), merita segnalare il *lavoro intermittente* (detto anche *a chiamata*), caratterizzato da modalità "atipiche" di gestione del tempo di lavoro.

Il lavoro intermittente è attualmente regolato dagli artt. 13-18, d.lgs. n. 81/2015. La l. n. 247/2007 lo aveva cancellato, abrogando gli artt. 33-40, d.lgs. n. 276/2003, ma la l. n. 133/2008 lo aveva riportato in vita; la l. n. 92/2012 aveva apportato alcune modifiche che avevano in parte ridotto i tratti estremi della flessibilità di questa forma contrattuale; la nuova disciplina non si discosta da quella del 2012, e ribadisce anche il limite quantitativo (quattrocento giornate di effettivo lavoro nell'arco di tre anni), il cui rigore è attenuato dalle ampie eccezioni, anch'esse tenute ferme.

Il contratto di lavoro intermittente (che può essere stipulato sia a tempo indeterminato, sia a termine) è il contratto mediante il quale un lavoratore si pone a disposizione di un datore di lavoro che ne può utilizzare la prestazione "*a chiamata*", vale a dire solo quando ne abbia necessità, restando il lavoratore per il restante periodo in posizione di disponibilità, sempre che nel contratto sia stata prevista tale disponibilità, e che il lavoratore si sia obbligato a garantirla. In tal caso il lavoratore ha diritto alla *indennità di disponibilità*, nella misura stabilita dal contratto collettivo e comunque non inferiore a quella determinata (sentite le associazioni sindacali comparativamente più rappresentative sul piano nazionale) dal Ministro del lavoro e delle politiche sociali con decreto. Se rifiuta di rispondere alla chiamata, il lavoratore perde però l'indennità (per il periodo successivo al rifiuto) e può essere licenziato per inadempimento dei suoi obblighi contrattuali. Anche quando il lavoratore non sia inadempiente, perché la mancata risposta alla chiamata è giustificata da malattia o altro evento (di cui è tenuto ad informare tempestivamente il datore di lavoro) che renda temporaneamente impossibile rispondere alla chiamata, non matura il diritto all'indennità per il periodo di temporanea indisponibilità; se non adempie all'obbligo di tempestiva informazione, il lavoratore perde il diritto all'indennità per quindici giorni (salvo diversa previsione del contratto individuale).

In via generale, il contratto di lavoro intermittente può essere concluso per lo svolgimento di *prestazioni di carattere discontinuo o intermittente* (secondo le esigenze individuate dai contratti collettivi stipulati da associazioni dei datori e prestatori di lavoro comparativamente più rappresentative sul piano nazionale o territoriale, o dalle rappresentanze sindacali aziendali di tali associazioni o dalle rappresentanze sindacali unitarie[4], o in mancanza, con decreto del Ministro del lavoro e delle politiche sociali), ovvero per *periodi predeterminati* nell'arco della settimana, del mese o dell'anno. L'art. 13, c. 2, d.lgs. n. 81/2015, prevede però che «*in ogni caso*» (dunque anche al di fuori dei casi previsti dal contratto collettivo o dal decreto ministeriale) possono essere stipulati contratti di lavoro intermittente con soggetti con più di cinquantacinque anni di età e con soggetti con meno di ventiquattro anni di età (ma in tal caso le prestazioni devono esaurirsi entro il 25 anno di età)[5]. L'art. 13, c. 3, d.lgs. n. 81/2015, aggiunge che «in

---

[4] Il rinvio ai contratti collettivi deve essere così interpretato ai sensi dell'art. 51, d.lgs. n. 81/2015: «Salvo diversa previsione, ai fini del presente decreto, per contratti collettivi si intendono i contratti collettivi nazionali, territoriali o aziendali stipulati da associazioni sindacali comparativamente più rappresentative sul piano nazionale e i contratti collettivi aziendali stipulati dalle loro rappresentanze sindacali aziendali ovvero dalla rappresentanza sindacale unitaria» (*retro*, PT. I, Cap. I, § 6). L'art. 13 dello stesso d.lgs. n. 81/2015, prevede l'intervento sostitutivo del Ministro del lavoro e delle politiche sociali, che individua con proprio decreto i casi in cui è ammissibile il ricorso al lavoro intermittente.

[5] Il caso di un lavoratore assunto con contratto di lavoro intermittente e licenziato al momento del raggiungimento del 25° anni di età, e per questo solo motivo, ha dato luogo ad una importante vicenda giudiziaria. Da un lato, la previsione della assenza di ulteriori requisiti per l'assunzione con contratto di lavoro intermittente per i lavoratori con meno di 25 anni (già contenuta nell'art. 34, d.lgs. n. 276/2003) è stata giudicata *direttamente discriminatoria* in base all'età da App. Milano 15.4.2014, in *RIDL*, 2015, II, p. 534, tenuto conto che, ad avviso del giudice, si tratta di un lavoro ben poco garantito, o addirittura "pregiudizievole". D'altro lato, la Cassazione (a seguito del ricorso proposto dal datore di lavoro avverso la sentenza della Corte milanese) ha proposto rinvio pregiudiziale alla CGE (Cass.

ogni caso, con l'eccezione dei settori del turismo, dei pubblici esercizi e dello spettacolo», il contratto di lavoro intermittente è ammesso, per ciascun lavoratore con il medesimo datore di lavoro, per un periodo complessivamente non superiore a *quattrocento giornate* di effettivo lavoro nell'arco di *tre anni solari.* In caso di superamento del predetto periodo il relativo rapporto si trasforma in un rapporto di lavoro a tempo pieno e indeterminato[6].

Il contratto di lavoro intermittente deve essere stipulato in *forma scritta* (ma la forma è richiesta a soli *fini di prova*) e deve contenere una serie di elementi: le ragioni oggettive o soggettive che ne giustificano la stipulazione; la durata; tempi e modi della disponibilità del lavoratore e preavviso di chiamata (che non può essere inferiore ad un giorno lavorativo); il trattamento economico e normativo e altro ancora (art. 15, d.lgs. n. 81/2015, come modificato dall'art. 5, c. 2, lett. *a*), d.lgs. n. 104/2022). Al lavoratore intermittente devono essere garantite la salute e la sicurezza. Prima dell'inizio della prestazione (o di un ciclo integrato di durata non superiore a 30 giorni), il datore di lavoro è tenuto a comunicare all'ITL (Ispettorato territoriale del lavoro) competente per territorio il ricorso al lavoro intermittente, mediante sms o posta elettronica (o altre modalità informatiche che saranno individuate con decreto del Ministro del lavoro e delle politiche sociali). La violazione dell'obbligo di comunicazione dà luogo a sanzione amministrativa.

Anche al lavoro intermittente si applica il principio di non discriminazione, molto probabilmente più in via teorica che pratica, vista l'estrema fragilità di lavoratori tanto precari. In ogni caso i trattamenti economici e normativi relativi ai periodi lavorati sono riproporzionati in ragione della prestazione lavorativa effettivamente eseguita, in particolare per quanto riguarda l'importo della retribuzione globale e delle singole componenti di essa, nonché delle ferie e dei trattamenti per malattia, infortunio sul lavoro, malattia professionale, maternità. E anche in questo caso – come meglio vedremo poi a proposito del lavoro a termine e del lavoro interinale – è vietato il ricorso al lavoro intermittente: per la sostituzione di lavoratori che esercitano il diritto di sciopero; b) presso unità produttive nelle quali si è proceduto, entro i sei mesi precedenti, a licenziamenti collettivi (v. PT. VIII, Cap. III) che hanno riguardato lavoratori adibiti alle stesse mansioni cui si riferisce il contratto di lavoro intermittente, ovvero presso unità produttive nelle quali sono operanti una sospensione del lavoro o una

---

n. 3982/2016), formulando il seguente quesito: se la normativa nazionale secondo la quale il contratto di lavoro intermittente può in ogni caso essere concluso con riferimento a prestazioni rese da soggetti con meno di venticinque anni di età, sia contraria al principio di non discriminazione in base all'età, di cui alla Direttiva 2000/78 e all'art. 21, § 1, della CDFUE. La CGE (Sez. I, 9.7.2017, causa C-143/16, *Abercrombie & Fitch Italia Srl c. Bordonaro*) ha stabilito che l'art. 21 CDFUE nonché la Direttiva CE 2000/78 non ostano ad una disposizione che autorizza un datore di lavoro a concludere un contratto di lavoro intermittente con un lavoratore che abbia meno di 25 anni, qualunque sia la natura delle prestazioni da eseguire, e a licenziare detto lavoratore al compimento del venticinquesimo anno, «giacché tale disposizione persegue una finalità legittima di politica del lavoro e del mercato del lavoro e i mezzi per conseguire tale finalità sono appropriati e necessari». La decisione della CGE non sorprende, essendo in linea con la sua giurisprudenza in materia di discriminazione in ragione dell'età (*infra*, PT. V, Cap. I). L'ultimo atto della vicenda pare segnato da Cass. n. 4223/2018, in *RIDL*, 2018, II, p. 419, nt. Ratti, che accoglie pienamente il *decisum* della CGE; ma le lacune nella argomentazione della CGE potrebbero aprire la strada a nuove controversie.

[6] Questa ultima previsione deve intendersi riferita anche ai lavoratori intermittenti di meno di 24 e di più di 55 anni (salvi i lavoratori assunti nei settori esclusi).

riduzione dell'orario in regime di cassa integrazione guadagni (v. PT. IV, Cap. III, § 2), che interessano lavoratori adibiti alle mansioni cui si riferisce il contratto di lavoro intermittente; ai datori di lavoro che non hanno effettuato la valutazione dei rischi (PT. VI, Cap. III, Sez. II) in applicazione della normativa di tutela della salute e della sicurezza dei lavoratori.

Al fine: una forma di lavoro subordinato, tipizzata dal legislatore ma davvero atipica per la sua disciplina, in particolare – come avevamo segnalato sin dall'inizio – per quanto concerne la gestione del tempo di lavoro, che la distingue in modo significativo dal lavoro a tempo parziale, anche nelle sue forme più flessibili (PT. VII, Cap. I, Sez. II).

2.2. *Il lavoro occasionale*

Ancora più estrema appare la "atipicità" del lavoro occasionale (detto in passato "accessorio"), che si colloca in un'area di incerta definizione, avendo ad oggetto una "attività lavorativa" non riconducibile al lavoro subordinato e neppure propriamente all'opera che costituisce oggetto del contratto di lavoro autonomo. Stante l'assenza di una qualificazione espressa da parte del legislatore, pare ragionevole dire che si tratta di un *contratto di lavoro*, del quale la legge definisce in modo generico l'oggetto e non precisa quale siano i poteri dell'utilizzatore della prestazione e in che misura possa ingerirsi nell'esecuzione della prestazione dedotta in contratto. È certo invece che si tratta di una forma di lavoro estremamente precario, nel quale i diritti del prestatore di lavoro sono ridotti al minimo: d'altronde "minimo" deve essere anche l'impegno assunto, marginale ("accessorio" scriveva in passato il legislatore): marginale per il percettore del compenso, e marginale per l'utilizzatore della prestazione.

L'attuale disciplina del lavoro *occasionale* è contenuta nell'art. 54-*bis*, d.l. n. 50/2017, conv. con modifiche in l. n. 96/2017, a sua volta modificato dal d.l. n. 87/2018 conv. con modifiche in l. n. 96/2018, c.d. "decreto dignità", art. 2-*bis*. Tale disciplina giunge al termine di un complicato percorso, che nel giro di due anni (2015-2017) ha visto il lavoro accessorio/occasionale apparire, scomparire e riapparire di nuovo.

La storia merita di essere brevemente riassunta. Il lavoro accessorio era regolato dagli artt. 48-50, d.lgs. n. 81/2015 (abrogati dal d.l. n. 25/2017, conv. in l. n. 49/2017); rispetto alla disciplina previgente (l. n. 92/2012, che a sua volta aveva modificato la disciplina originaria contenuta nel d.lgs. n. 276/2003) la disciplina del lavoro accessorio del 2015 non prevedeva alcun limite né soggettivo, né oggettivo all'utilizzazione di questa forma ultraflessibile di lavoro. Il lavoro accessorio poteva infatti essere prestato da qualunque persona fisica e per qualunque attività; quanto ai committenti, questi potevano essere imprenditori o professionisti di tutti i settori produttivi, ma anche altri soggetti né imprenditori, né professionisti[7]. L'aspetto più singolare della disciplina del lavoro accessorio era la modalità di pagamento del compenso (art. 49, d.lgs. n. 81/2015), mediante buoni orari (*voucher*), numerati progressivamente e datati, acqui-

[7] Alcuni limiti erano tuttavia previsti: uno specifico divieto di fare ricorso al lavoro accessorio negli appalti di opere e servizi (ma il divieto era derogabile con decreto ministeriale, sentite le parti sociali); limiti per le pubbliche amministrazioni (per l'utilizzazione del lavoro flessibile nel settore pubblico valgono le regole fissate dall'art. 36, d.lgs. n. 165/2001). Erano inoltre previste discipline speciali per alcune categorie di lavoratori.

stabili solo in via telematica; i committenti non imprenditori o professionisti potevano invece acquistare i buoni anche presso le rivendite autorizzate. Il valore nominale del buono orario era fissato in 10 euro; in agricoltura il valore era pari alla retribuzione oraria media del lavoro subordinato prevista dal contratto collettivo. I buoni relativi al compenso del prestatore di lavoro accessorio dovevano essere accreditati dal committente al *concessionario* (individuato con decreto dal Ministro del lavoro), ed era poi il concessionario a corrispondere al lavoratore il compenso e a versare all'INPS i contributi dovuti dal lavoratore.

Le maglie molto larghe della disciplina avevano prodotto il risultato di estendere oltre misura l'uso dei *voucher*, ormai largamente utilizzati non solo nel settore dei pubblici esercizi commerciali e delle attività stagionali (alberghi, ristoranti, stabilimenti balneari ecc.), ma anche nell'industria, passando da poche decine di migliaia a circa due milioni [8].

Nel contesto di una campagna di mobilitazione promossa dalla CGIL per l'abrogazione di quelle disposizioni dei decreti legislativi del 2015 (che nell'insieme sono conosciuti con il nome di *Jobs Act*) nelle quali la Confederazione ravvisava un sensibile regresso della tutela dei diritti dei lavoratori, vennero raccolte le firme necessarie per promuovere un *referendum*, avente ad oggetto l'abrogazione degli artt. 48-50, d.lgs. n. 81/2015, e con ciò l'eliminazione del lavoro accessorio. Sostenuta da oltre tre milioni di firme valide, la proposta referendaria era approdata al giudizio della Corte costituzionale, che aveva deciso per l'ammissibilità del *referendum* (sentenza n. 28/2017) [9]. Il Presidente della Repubblica, con d.P.R. 15.3.2017, aveva indetto lo svolgimento del *referendum* per il 20.5.2017, ma il Governo si era affrettato ad emanare un decreto legge (d.l. n. 25/2017, conv. in l. n. 49/2017) con cui ha abrogato gli artt. 48-50, d.lgs. n. 81/2015, rendendo così inutile lo svolgimento del *referendum*, che il Governo riteneva politicamente poco opportuno (dopo la recente grave sconfitta nel *referendum* costituzionale). La questione pareva allora risolta nel senso voluto dai promotori del *referendum*, che appunto chiedevano di eliminare dall'ordinamento il lavoro accessorio; ma così non è stato. Una nuova disciplina è stata prontamente emanata dal Governo (d.l. n. 50/2017, conv. in l. n. 96/2017, art. 54-*bis*): uscito dalla porta il lavoro accessorio, è rientrato dalla finestra il lavoro "occasionale": sempre ultraflessibile e pagato con i *voucher*, anche se diversamente regolato rispetto al lavoro accessorio del recente passato.

La nuova disciplina di cui all'art. 54-*bis*, d.l. n. 50/2017 è stata giudicata (discutibilmente) "innovativa" e "diversa" rispetto alla precedente (oggetto di quesito referendario e poi di abrogazione: v. sopra) dall'Ufficio centrale per i referendum [10], che ha ritenuto «il requisito della "occasionalità" dell'esigenza lavorativa», elemento fondamentale per garantire all'istituto la funzione di «strumento effettivamente finalizzato

[8] Qualche misura per rendere i *voucher* "tracciabili" (d.l. n. 185/2016) non era servita a ridurre un fenomeno di dimensioni allarmanti: le cifre facevano capire che i *voucher*, poco costosi e molto flessibili, erano ormai usati dai datori di lavoro in sostituzione di regolari assunzioni con contratto di lavoro a tempo determinato. Senza dimenticare che spesso l'utilizzazione del lavoratore "accessorio" era assai più lunga di quanto risultasse dai *voucher* dichiarati e corrisposti (per intenderci: contro due *voucher*, corrispondenti a due ore di lavoro dichiarate, il lavoratore ne lavorava sei, prendendo per quelle ore in più un salario "in nero").

[9] Vale la pena di richiamare il punto della motivazione in cui la Corte afferma: «L'evoluzione dell'istituto, nel trascendere i caratteri di occasionalità dell'esigenza lavorativa cui era originariamente chiamato ad assolvere, lo ha reso alternativo a tipologie regolate da altri istituti giuslavoristici e quindi non necessario».

[10] Che rigettò il ricorso contro la decisione, prima di sospendere, poi di interrompere il procedimento referendario (aprile 2017): Cass. Ufficio centrale per il referendum, ord. 29.11.2017, in *RGL*, 2018, I, p. 192 ss., nt. critica CGIL-Ufficio giuridico e vertenze.

alla disciplina delle prestazioni lavorative svolte in minima entità e in contesti marginali, e [pertanto] non alternativo ad altre forme contrattuali già presenti nel panorama lavoristico». L'occasionalità, dunque – anche secondo la dottrina che si è occupata del tema [11] – è da intendersi in una accezione che qualcuno ha definito "spuria": non è il mero opposto di continuità, mentre denoterebbe una prestazione che *deve* essere di minima entità e marginale. E proprio la peculiarità della fattispecie giustificherebbe la "anomalia" del rapporto che si viene a costituire tra le parti: certamente un rapporto di scambio lavoro/compenso ma non riconducibile dal legislatore alla classica partizione lavoro subordinato/lavoro autonomo, è bene ribadire.

Possiamo dire che il ricorso al lavoro occasionale è subordinato al ricorrere di alcuni requisiti, o – con le parole dell'art. 54-*bis* – che «si intendono» per prestazioni di lavoro occasionale quelle attività lavorative, da chiunque svolte [12] che diano luogo: a) per ciascun prestatore, con riferimento alla totalità degli utilizzatori, a compensi di importo complessivamente non superiore a 5.000 euro; b) per ciascun utilizzatore, con riferimento alla totalità dei prestatori, a compensi di importo complessivamente non superiore (di regola, salvo specifiche eccezioni) a 5.000 euro; c) per le prestazioni complessivamente rese da ogni prestatore in favore del medesimo utilizzatore a compensi di importo non superiore a 2.500 euro e, comunque, non eccedenti le 280 ore di durata (salvo diverse regole per il settore agricolo).

Tali prestazioni possono essere richieste, di regola [13], solo da due categorie di soggetti: a) dalle persone fisiche *non* nell'esercizio dell'attività professionale o di impresa, ma solo nell'ambito di piccoli lavori domestici, dell'assistenza domiciliare e dell'insegnamento privato supplementare; b) da qualunque altro utilizzatore privato di piccole dimensioni sempre che non operi in settori particolarmente pericolosi o nell'ambito dell'esecuzione di appalti di opere o servizi [14].

I soggetti di cui alla lett. *a)* – sostanzialmente privati cittadini e famiglie – per acquistare le prestazioni occasionali, devono utilizzare il "*Libretto Famiglia*" (LF) e, cioè, un libretto nominativo prefinanziato contenente titoli di pagamento, acquistabile attraver-

---

[11] Per tutti Marinelli 2019 ed *ivi* ampia bibliografia.

[12] Merita tuttavia segnalare che al fine di impedire una "destrutturazione" del lavoro subordinato, e di non disincentivare una forma di lavoro meno precaria, l'art. 54-*bis*, c. 5, d.l. n. 50/2017, conv. con modifiche in l. n. 96/2017, vieta la possibilità di svolgere prestazioni di lavoro occasionali ai soggetti con i quali l'utilizzatore abbia in corso o abbia cessato da meno di sei mesi un qualunque rapporto di lavoro subordinato o di collaborazione coordinata e continuativa.

[13] Trascuriamo qui di considerare le eccezioni previste per le società sportive professionistiche (v. l'art. 54-*bis*, c. 6 b-*bis*) e per le pubbliche amministrazioni (v. l'art. 54-*bis*, c. 7).

[14] È vietato il ricorso al contratto di prestazione occasionale: a) da parte degli utilizzatori che hanno alle proprie dipendenze più di cinque lavoratori subordinati a tempo indeterminato, ad eccezione delle aziende alberghiere e delle strutture ricettive che operano nel settore del turismo, per le attività lavorative rese da soggetti di cui al c. 8 (pensionati, studenti di età non superiore a 25 anni, disoccupati, percettori di forme di sostegno al reddito), e che hanno alle proprie dipendenze fino a otto lavoratori; b) da parte delle imprese del settore agricolo, salvo che per le attività lavorative rese dai soggetti di cui al c. 8 purché non iscritti nell'anno precedente negli elenchi anagrafici dei lavoratori agricoli; c) da parte delle imprese dell'edilizia e di settori affini, delle imprese esercenti l'attività di escavazione o lavorazione di materiale lapideo, delle imprese del settore delle miniere, cave e torbiere; d) nell'ambito dell'esecuzione di appalti di opere o servizi (c. 14, art. 54-*bis*).

so apposita piattaforma informatica INPS o presso gli uffici postali. Diversamente, i soggetti di cui alla lett. *b*) – professionisti, lavoratori autonomi, imprenditori, associazioni, fondazioni ed altri enti di natura privata – possono avvalersi di tali prestazioni solo tramite il contratto di prestazione occasionale (CPO), attivabile versando, attraverso apposita piattaforma informatica INPS, le somme necessarie a remunerarle.

Nel primo caso, merita sottolineare, manca qualsiasi riferimento ad un "contratto" tra le parti, e l'accordo tra le parti sembra conseguire all'accettazione del titolo di pagamento (il cui valore nominale è fissato in 10 euro, utilizzabili per compensare prestazioni di durata non superiore a un'ora)[15], ferma la necessità del lavoratore di registrarsi in una apposita piattaforma informatica gestita dall'Inps. Di un contratto di lavoro (pur non qualificato come subordinato o autonomo) si tratta invece nel secondo caso, per espressa previsione della legge ("contratto", appunto, di prestazione occasionale).

Ma gli elementi comuni ai due "modelli" di utilizzazione delle prestazioni occasionali sono molti, seppure con specificazioni per ciascun modello, se si guarda alla confusa e scarna disciplina applicabile alle prestazioni rese nelle due forme. Anche nel secondo caso, per esempio, è prevista una retribuzione oraria minima, che tuttavia è pari a 9 euro, tranne che nel settore agricolo, per il quale il compenso minimo è pari all'importo della retribuzione oraria delle prestazioni di natura subordinata individuata dal contratto collettivo di lavoro stipulato dalle associazioni sindacali comparativamente più rappresentative sul piano nazionale[16].

Considerando altri diritti tipici dei lavoratori (subordinati e non), il legislatore richiama l'applicazione di alcune disposizioni cardine in materia di riposo giornaliero, pause e riposi settimanali, nonché in materia di sicurezza sul lavoro, *ma* non fa alcun rinvio "aperto" alla disciplina applicabile al lavoro subordinato o al lavoro autonomo, lasciando questa fattispecie di lavoro in un "limbo" tra l'atipicità e la specialità, quasi come una monade.

La disciplina resta peraltro complicata e difficile da utilizzare, e questo spiega la marginalità (peraltro "voluta" dal legislatore: v. *retro*) del lavoro occasionale, sia nell'ambito delle famiglie sia nelle attività economiche.

3. *Il contratto a tempo determinato*

La disciplina del contratto a tempo determinato (d'ora in poi CTD) può essere rappresentata da una parabola ascendente e poi discendente del suo grado di "rigidità", segnata da una serie di interventi legislativi che, nel tempo, hanno prima allarga-

[15] Per ciascun titolo di pagamento erogato sono interamente a carico dell'utilizzatore la contribuzione alla Gestione separata di cui all'art. 2, c. 26, l. n. 335/1995, stabilita nella misura di 1,65 euro, e il premio dell'assicurazione contro gli infortuni sul lavoro e le malattie professionali, di cui al testo unico di cui al decreto del Presidente della Repubblica 30.6.1965, n. 1124, stabilito nella misura di 0,25 euro; un importo di 0,10 euro è destinato al finanziamento degli oneri gestionali. Il netto per il lavoratore corrisponde dunque a 8 euro.

[16] E anche in questo caso è a carico dell'utilizzatore la contribuzione alla Gestione separata così come il premio per l'assicurazione contro gli infortuni e le malattie professionali.

to, poi ristretto, poi nuovamente allargato le "eccezioni" rispetto alla "regola" del contratto a tempo indeterminato, sino a trasformarlo sostanzialmente, dal 2015, in un succedaneo di quest'ultimo, pur con le precisazioni che faremo.

Per comprendere il segno, mutevole nel tempo, della parabola della disciplina del CTD occorre dunque ripercorrere, seppure brevemente, le tappe segnate dalla legislazione in materia, muovendo dalle sue remote origini e valorizzando l'apporto del diritto dell'UE.

Il contratto di lavoro a tempo indeterminato rappresenta, secondo la Direttiva CE 99/70, la «*forma comune* dei rapporti di lavoro»; analogamente, il comma aggiunto dalla l. n. 247/2007 all'art. 1, d.lgs. n. 368/2001, sanciva che «il contratto di lavoro subordinato è stipulato *di regola* a tempo indeterminato»; riprendendo la formulazione della direttiva, l'art. 1 della l. n. 92/2012 ribadiva il rilievo prioritario del lavoro subordinato a tempo indeterminato quale «forma comune di rapporto di lavoro», e tale formulazione è stata tenuta ferma sino alla l. n. 78/2014.

Come abbiamo anticipato (*retro*, § 1), già la legge sull'impiego privato (R.d. n. 1825/1924) aveva individuato nel lavoro a tempo indeterminato la forma *standard*, diremmo oggi, di lavoro subordinato, con l'obiettivo di ridurre per le imprese i costi di transazione, consentendo loro un'acquisizione stabile del "fattore lavoro". L'art. 2097 c.c. da una parte affermava che «il contratto di lavoro si reputa a tempo indeterminato», dall'altra ammetteva in presenza di «specialità del rapporto» o anche soltanto di «atto scritto», l'apposizione del termine al contratto, salvo affermare che l'apposizione del termine sarebbe stata «priva di effetto», se «fatta per eludere le disposizioni che riguardano il contratto a tempo indeterminato». L'ambiguità della norma espressa dall'art. 2097 e l'abuso del ricorso al contratto a termine, confermato dai risultati dei lavori della Commissione parlamentare di inchiesta sulle condizioni dei lavoratori della metà degli anni '50 del novecento, condusse al primo intervento normativo limitativo del ricorso al contratto a termine.

Il disfavore per i contratti a termine ha caratterizzato, almeno in via di principio e salvo le mille deroghe ed eccezioni inserite nei suoi quarant'anni di vigenza, la *l. n. 230/1962*; la disposizione di apertura dell'art. 1 sanciva infatti che «il contratto di lavoro si reputa a tempo indeterminato, salvo le eccezioni appresso indicate». L'assunzione a termine era consentita in forma scritta e nei soli *casi tassativamente previsti dalla legge*, seppure, largamente cresciuti di numero nel corso dei decenni. Si stabiliva così un rapporto tra *regola* (il contratto a tempo indeterminato) ed *eccezione* (il contratto a termine), che aveva sì il fine di garantire la stabilità dei rapporti di lavoro, ma che poco si prestava (salvo interventi *ad hoc*, come avvenne sistematicamente a partire dalla seconda metà degli anni '70) ad un impiego del contratto a termine come strumento per acquisire lavoro flessibile[17].

---

[17] Nel frattempo, dopo la l. n. 604/1966 (v. *infra*, PT. VIII, Cap. II), nell'ordinamento non vigeva più il principio del libero recesso dal contratto a tempo indeterminato, bensì una disciplina limitativa del potere di recesso del datore di lavoro. Conseguentemente, il contratto a termine rappresentava sempre più una "valvola di sfogo" delle esigenze di flessibilità delle imprese e, al contempo, uno strumento di elusione delle regole di stabilità del posto di lavoro introdotte dal legislatore per i contratti a tempo indeterminato. Questo spiega, con riferimento agli ultimi decenni, la crescita esponenziale del ricorso al CTD da parte delle imprese; meno intuitive e più complesse le ragioni che spiegano il perdurante ricorso a CTD per le assunzioni dopo il 2105, a fronte della drastica riduzione (per i nuovi assunti) delle tutele contro i licenziamenti illegittimi e dei correlati costi.

Le principali eccezioni originarie, rigorosamente connesse ad esigenze datoriali oggettive ritenute meritevoli di tutela, erano i lavori stagionali, la sostituzione di lavoratori assenti con diritto alla conservazione del posto (*infra*, PT. VII, Cap. II), le assunzioni per far fronte ad esigenze straordinarie od occasionali connesse alla realizzazione di una specifica opera o di un servizio o alla temporanea necessità di maestranze con professionalità diverse da quelle presenti in azienda, gli impieghi tipici del mondo dello spettacolo. A queste ipotesi, nel tempo, se ne sono aggiunte molte altre, di volta in volta introdotte per venire incontro ad esigenze particolari ma sempre più rilevanti nello sviluppo economico del paese.

La deriva del sistema fu poi completata con le ampie aperture per settori quali commercio e turismo, successivamente allargate alle punte stagionali di attività di qualsiasi settore economico – superando così il contenzioso pregresso sui picchi[18] – e infine, con un mutamento di metodo da rilevare, con il potere attribuito dall'art. 23, l. n. 56/1987, alla contrattazione collettiva nazionale o locale di individuare ulteriori ipotesi di legittima apposizione del termine. Data l'ampiezza della delega di funzioni, furono così introdotte nuove *causali* di contratti a termine, sia *oggettive* (ossia legate a specifiche contingenti esigenze aziendali), sia, dando adito a critiche e interventi della giurisprudenza, *soggettive*, ossia legate alle particolari condizioni o caratteristiche dei lavoratori assunti (es. lavoratori extracomunitari, donne disoccupate, e così via).

Il punto di svolta nella disciplina del contratto a termine si registra con l'entrata in vigore della *Direttiva CE 99/70* (che ha recepito l'AQ tra le parti sociali a livello comunitario del 1999). La Direttiva stabilisce «i principi generali e i requisiti minimi relativi ai contratti a tempo determinato», con due obiettivi dichiarati: 1) migliorare la qualità del lavoro a tempo determinato garantendo il rispetto del principio di non discriminazione; 2) prevenire gli abusi derivanti dall'utilizzo di una successione di contratti a tempo determinato. Gli obiettivi erano ambiziosi e concreti, e si imponevano come risultati che ogni ordinamento nazionale avrebbe dovuto realizzare.

L'occasione del recepimento della direttiva ha offerto il destro per una riforma generale della disciplina del contratto a termine, che molto ha fatto discutere sia per il suo approccio e per i suoi contenuti, sia perché, ad avviso di molti commentatori, ha introdotto una disciplina molto più flessibile della precedente (la l. n. 230/1962 di cui si è detto sopra), che mal si concilierebbe con l'impostazione generale e gli obiettivi specifici della direttiva[19].

La prima riforma strutturale del contratto a termine è avvenuta nel 2001, con il d.lgs. n. 368, che ha espressamente recepito la Direttiva CE 99/70[20], abrogando la l. n.

---

[18] La giurisprudenza in materia di contratti a termine – in particolare sullo scottante tema della incerta legittimità di assunzioni a termine per far fronte ai "picchi stagionali di attività" delle aziende – rappresenta un capitolo ormai chiuso ma importante della storia del diritto del lavoro.

[19] Dubbi sulla conformità della disciplina interna rispetto alla direttiva, con riferimento all'effettivo rispetto della *clausola di non regresso* contenuta nella stessa direttiva (clausola 8), sono stati espressi da quanti hanno ravvisato nella nuova disciplina un "regresso" rispetto alla vecchia disciplina. Analoghi dubbi possono ragionevolmente porsi rispetto alla disciplina attualmente vigente, dopo le radicali modifiche apportate dalla l. n. 78/2014 e consolidate nel d.lgs. n. 81/2015, anche dopo l'ultima riforma: dubbi che già si erano posti rispetto alle significative modifiche apportate alla disciplina dalla l. n. 92/2012.

[20] L'anno precedente, tuttavia, la Corte costituzionale (sentenza n. 41/2000), aveva giudicato inammissibile il quesito referendario finalizzato all'abrogazione della l. n. 230/1962 ritenendo che quella legge – che conteneva una serie di misure puntualmente dirette ad evitare l'utilizzo del contratto a

230/1962, ridefinendo *ex novo* il contratto a tempo determinato e la sua disciplina, introducendo massicce dosi di flessibilità nel ricorso a questo contratto, visto come un potenziale strumento di sviluppo dell'occupazione (seppure precaria). Modifiche ulteriori sono poi intervenute attraverso interventi sia sulle "condizioni d'uso" di quel contratto, sia sulle conseguenze della violazione delle regole, fino a giungere alle prime profonde innovazioni apportate dalla l. n. 92/2012; a due anni di distanza è intervenuta una nuova radicale riforma ad opera della l. n. 78/2014 (conversione in legge del d.l. n. 34/2014, noto come "decreto Poletti", dal nome del Ministro del lavoro in carica). Il successivo d.lgs. n. 81/2015 ha proceduto a redigere un nuovo testo, sostitutivo del d.lgs. n. 368/2001, senza tuttavia alterare sostanzialmente il punto di approdo della l. n. 78/2014. Vedremo tuttavia come sia stata modificata una parte significativa della disciplina, prima con il "decreto dignità", poi con il d.l. n. 73/2021 (conv. in l. n. 106/2021)[21].

Prima di procedere all'analisi della disciplina oggi vigente, tuttavia, è necessario osservare che il d.lgs. n. 368/2001 (di recepimento della direttiva, merita ricordare), con tutte le successive modifiche intervenute, sino alla l. n. 78/2014 compresa, presenta un importante elemento di continuità rispetto al passato (remoto): il rapporto tra regola (il contratto a tempo indeterminato) ed eccezione (il contratto a tempo determinato). In una sorta di *never ending story*, o di "eterno ritorno", d'altronde, quel principio *non* era contenuto nel testo originario del d.lgs. n. 368/2001[22]: inserito ed espressamente consacrato nel testo grazie alla l. n. 247/2007, riformulato nel 2012, confermato ancora nel 2014, è "scomparso" dalle disposizioni che specificamente regolano il CTD nel 2015. Con una sorta di riemersione carsica, tuttavia, il principio, almeno formalmente, compare quale *incipit* dell'intero d.lgs. n. 81/2015; in forza dell'art. 1 (Forma contrattuale comune) «il contratto di lavoro subordinato a tempo indeterminato costituisce la forma comune di rapporto di lavoro». Non si può peraltro non rilevare sin d'ora che la forte liberalizzazione del ricorso al CTD (senza necessità di giu-

---

termine per finalità elusive degli obblighi nascenti da un rapporto di lavoro a tempo indeterminato – rappresentasse una "anticipata conformazione" del nostro ordinamento interno all'ordinamento dell'UE. La sentenza della Corte chiuse la strada al referendum abrogativo, ma non impedì che il legislatore procedesse ad una riforma radicale della disciplina del contratto a termine.

[21] Trascureremo invece di considerare la normativa emergenziale che ha in vario modo e in vari momenti interessato la disciplina (rinnovi, intervalli e proroghe, talora automatiche e forzose, altre volte lasciate alla discrezionalità del datore di lavoro, per lo più connesse alla sospensione dell'attività e al ricorso agli ammortizzatori sociali) del CTD durante la fase emergenziale della pandemia. Diversamente da altri interventi immediatamente successivi (v. § 3.2) si tratta davvero di disposizioni transitorie, i cui effetti si sono ormai conclusi.

[22] Ma già le prime sentenze della Cassazione (pur rese su fattispecie oggetto della precedente disciplina, *ratione temporis*) avevano comunque affermato a chiare lettere il carattere eccezionale del contratto a tempo determinato rispetto al contratto a tempo indeterminato. Come hanno scritto i giudici della S.C., «il termine costituisce deroga d'un generale sottinteso principio: il contratto di lavoro subordinato, per sua natura, non è a termine» (Cass. n. 7468/2002). Secondo la stessa Cassazione, d'altronde, «il contratto a tempo indeterminato esprime (...) il parametro generale del rapporto di lavoro, posto che in esso rifluiscono, in caso di indebita applicazione, le altre diverse esperienze di collaborazione subordinata, di carattere eccezionale o comunque, particolare, in cui si può articolare il sinallagma» (Cass. n. 17070/2002).

stificazione alcuna, almeno nel testo originario del d.lgs. n. 81/2015) rendeva ieri, e in parte rende anche oggi, scarsamente effettivo quel principio, pur retoricamente affermato dal legislatore in apertura del d.lgs. n. 81/2015.

3.1. *Dalle causali tassative alla "acausalità", passando attraverso il c.d. causalone*

La prima e centrale caratteristica della disciplina del 2001, che la separa dalla disciplina degli anni '60, era costituita dal superamento delle *causali, tassativamente previste* dalla legge o previste dalla contrattazione collettiva, sostituite da una *macro-causale* ("causalone", nel linguaggio corrente)[23]. L'art. 1 prevedeva infatti che l'apposizione di un termine alla durata del contratto a tempo indeterminato fosse consentita «a fronte di ragioni di carattere tecnico, produttivo, organizzativo o sostitutivo»: ragioni che, in forza della precisazione introdotta dalla successiva l. n. 133/2008 – uno dei tanti interventi di "manutenzione" della disciplina – potevano anche essere «riferibili alla ordinaria attività del datore di lavoro».

Da subito la dottrina aveva osservato che tale nuova regola, se da un lato consentiva, in astratto, una migliore connessione con le effettive esigenze delle imprese, dall'altro lato comportava, in concreto, una notevole incertezza applicativa, rimettendo in sostanza ai giudici la definizione dei confini di legittimità della stipulazione di contratti a termine sotto il profilo della loro giustificazione. La Cassazione[24] non aveva tardato a fornire qualche indicazione sulla sindacabilità della giustificazione, affermando che la sindacabilità è delimitata con un parametro che richiama quello che, nell'ambito del potere datoriale *ex* art. 41 Cost., consente il trasferimento del lavoratore (v. *infra*, PT. VI, Cap. I) e il licenziamento per giustificato motivo oggettivo (v. *infra*, PT. VIII, Cap. II). Le motivazioni necessarie, in effetti, tendono a sovrapporsi (a parte le ragioni sostitutive) a nozioni già note e sperimentate dalla giurisprudenza a proposito di altri istituti del diritto del lavoro.

Ciò che i giudici erano chiamati a verificare era che sussistesse effettivamente la ragione (o giustificazione) addotta (in forma scritta: *infra*) dal datore di lavoro, e che quella ragione, che pure poteva riferirsi ad una esigenza non necessariamente straordinaria dell'impresa, fosse, secondo la dottrina e la giurisprudenza[25] prevalenti, *temporanea*, ossia di durata determinata o determinabile (si pensi alla sostituzione di una lavoratrice che fruisca di un congedo per maternità: *infra*, PT. V, Cap. II). Secondo un principio generale dell'ordinamento, il giudice non può invece sindacare le scelte

---

[23] La maggioranza della dottrina qualifica tale causale come *clausola generale*, ma si tratta di una qualificazione tecnicamente discutibile e perciò discussa; pare preferibile qualificarla semplicemente come norma generale.

[24] Cass. n. 7468/2002, cit.

[25] Così per esempio, Cass. n. 24479/2011, che ribadisce che incombe sul datore di lavoro l'onere di indicare in modo preciso e puntuale le circostanze che contraddistinguono una particolare attività, in modo da rendere evidente la specifica connessione fra la durata solo temporanea della prestazione e le esigenze tecniche, organizzative e produttive che la stessa sia chiamata a realizzare, da una parte, e l'utilizzazione del lavoratore assunto esclusivamente nell'ambito della specifica ragione indicata e in stretto collegamento con la stessa, dall'altra.

organizzative e gestionali dell'impresa, riconducibili alla libertà di impresa garantita dall'art. 41, c. 1, Cost.[26].

Nella disciplina del 2001, limitazioni al ricorso al contratto a termine derivavano infine da un duplice intervento del legislatore.

Da una parte il legislatore autorizzava la contrattazione collettiva (contratti collettivi nazionali stipulati dai sindacati comparativamente più rappresentativi) a stabilire *limiti quantitativi* (vale a dire la percentuale massima di contratti a termine rispetto al totale degli occupati nell'impresa); ma il legislatore aveva previsto l'esclusione da detti limiti sia per ipotesi oggettive (più o meno classiche: *startup*, lavori stagionali, spettacoli o programmi radiotelevisivi) sia per ipotesi soggettive riferite a caratteristiche dei lavoratori (es. lavoratori *over* cinquantacinque anni) o del datore di lavoro (es. servizi aeroportuali, ma non mancavano ipotesi anche bizzarre, come l'import-export di prodotti ortofrutticoli).

Dall'altra parte il legislatore aveva posto specifici *divieti* di ricorso al contratto a tempo determinato, tra i quali meritano di essere segnalati il divieto di assunzione a termine per sostituire lavoratori in sciopero e il divieto di assunzione a termine per le imprese che non abbiano proceduto alla valutazione dei rischi (v. *infra*, PT. VI, Cap. III, Sez. II). Si tratta di limiti funzionali alla garanzia del rispetto di importanti diritti dei lavoratori, mantenuti fermi sino ad oggi dal legislatore anche nei successivi suoi interventi, come vedremo.

La disciplina del 2001 aveva subito diverse modifiche, nessuna delle quali ne aveva tuttavia alterato le caratteristiche essenziali. La prima modifica che incide invece se non sulla struttura, almeno sulle condizioni d'uso (vale a dire sui presupposti di legittimità della stipulazione del contratto a termine) del CTD è quella contenuta nella l. n. 92/2012 (c.d. riforma Monti-Fornero), che ha spostato il baricentro nell'instabile equilibrio tra contratto a tempo determinato e contratto a tempo indeterminato, da una parte, e tra contratti iper-flessibili (es. collaborazioni coordinate e continuative) e CTD, dall'altra[27].

L'art. 1, c. 9, lett. *b*), della l. n. 92/2012 – ora abrogato, come l'intera previgente disciplina, dal d.lgs. n. 81/2015, lo ricordiamo – consentiva infatti un *primo rapporto* a tempo determinato[28] – come pure una prima missione nella somministrazione (*infra*,

---

[26] Al di là del richiamo retorico, non sembra doversi dunque attribuire particolare peso alla previsione di cui all'art. 30 della l. n. 183/2010, c.d. Collegato lavoro, che – con riferimento a tutte le ipotesi di «instaurazione di un rapporto di lavoro, esercizio di poteri datoriali, trasferimento di azienda e recesso» – sancisce che «il controllo giudiziale è limitato esclusivamente, in conformità ai principi generali dell'ordinamento, all'accertamento del presupposto di legittimità e non può essere esteso al sindacato di merito sulle valutazioni tecniche, organizzative e produttive che competono al datore di lavoro».

[27] La restante disciplina del contratto a termine, come risultante dopo l'intervento della l. n. 92/2012, conteneva anch'essa alcune modificazioni rilevanti rispetto alla disciplina del 2001 in materia di proroghe (una sola volta e per ragioni oggettive), rinnovi (per i quali aveva allungato di molto l'intervallo tra la cessazione del contratto e la riassunzione: ma il d.l. n. 76/2013 aveva provveduto a ridurre i termini), prosecuzione di fatto del rapporto (per la quale aveva previsto un accorciamento dei termini di "tolleranza" prima della conversione in contratto a tempo indeterminato: ma la l. n. 134/2012 aveva provveduto ad allungarli). Di tale disciplina omettiamo qui la descrizione, essendo stata per buona parte sostituita dalla nuova disciplina di cui daremo conto nei prossimi paragrafi.

[28] Dubbi sono subito emersi rispetto al significato da attribuire all'aggettivo "primo": primo contratto di lavoro subordinato tra un datore e un lavoratore o primo contratto in assoluto, a prescin-

PT. VII, Cap. III, § 4) – senza necessità di giustificazione; si configurava così un contratto a termine *acausale*, utilizzabile liberamente «per lo svolgimento di qualunque tipo di mansione» in qualunque settore. La durata massima del primo contratto (di 6 mesi nel disegno di legge governativo) era di 12 mesi, e non ne era ammessa la proroga (che venne invece ammessa, l'anno successivo, dal d.l. n. 76/2013, ma sempre restando entro il limite di durata massima di 12 mesi).

La l. n. 92/2012 non si era tuttavia fermata qui, avendo introdotto anche una seconda "categoria" di contratti a termine *acausali*, la cui disciplina era stata rapidamente ulteriormente flessibilizzata (d.l. n. 76/2013). Il legislatore aveva infatti autorizzato i contratti collettivi (interconfederali, di categoria, decentrati, «stipulati dalle organizzazioni sindacali dei lavoratori e dei datori di lavoro comparativamente più rappresentative sul piano nazionale») a prevedere e regolare ulteriori ipotesi di assunzioni con contratti a termine acausali, senza più specificare né che si dovesse trattare del primo contratto, né che il limite di durata fosse di dodici mesi, e senza neppure prevedere i limiti quantitativi (percentuale del 6% rispetto ai lavoratori a tempo indeterminato occupati nell'impresa, prevista nel 2012 ma rimossa nel 2013).

Alla vigilia della riforma del 2014 (c.d. decreto Poletti), e del riordino della disciplina realizzato l'anno successivo (d.lgs. n. 81/2015), dunque, era in larga misura già venuta meno la necessità di "giustificare" la stipulazione di un CTD. Una annotazione merita di essere espressa in proposito, in punto di diritto. Come si legge nel "Considerando" 7 della Direttiva CE 99/70, «l'utilizzazione di contratti di lavoro a tempo determinato basata su *ragioni oggettive* è un modo di prevenire gli abusi»: a quel "modo" il legislatore nazionale ha deciso di rinunciare, come è confermato dalla riforma del 2014 e dal suo consolidamento nel 2015, che non recano traccia della necessità di "giustificare" in alcun modo l'apposizione del termine[29]. Salvo il parziale "ripensamento" con il d.l. n. 87/2018, trasformato in l. n. 96/2018, come subito vedremo.

3.2. *Il nuovo contratto a tempo determinato*

La l. n. 78/2014 ha rappresentato (oltre che la prima importante riforma attuata dal Governo Renzi, 2014-2016), un radicale cambiamento rispetto al passato, remoto e prossimo, come abbiamo anticipato, portando a compimento la liberalizzazione del ricorso al CTD – avviata dalla riforma Monti-Fornero e invocata dalle imprese – salvo poi (tentare di) incentivare (anche finanziariamente), a distanza di pochi mesi,

---

dere dal "tipo" di contratto eventualmente già intercorso tra le stesse parti? Secondo la Circolare del 22.4.2013 del Ministero del Lavoro, sarebbe stato ammissibile anche un "primo CTD acausale" stipulato con un lavoratore che avesse già collaborato con l'impresa come lavoratore autonomo, anche con contratto di lavoro a progetto.

[29] D'altronde la stessa Corte di Giustizia (CGE, 3.6.2021, C-326/19, *EB*) ha ritenuto legittima la legge italiana (n. 240/2010) che prevede la possibilità per le Università nazionali di stipulare contratti di lavoro a tempo determinato di durata triennale, prorogabili una sola volta per due anni, per l'assunzione (con contratti di diritto privato, appunto) di ricercatori universitari. Secondo la Corte tale contratto non contrasta con il diritto dell'Unione europea, perché è previsto per una durata predeterminata ed è prorogabile una sola volta, così soddisfacendo le condizioni stabilite dall'art. 5 dell'AQ del lavoro a termine, allegato alla nota direttiva comunitaria.

le assunzioni a tempo indeterminato con l'introduzione del contratto a tutele crescenti. Il contenuto della legge è rimasto per lo più immutato nella riscrittura operata dal d.lgs. n. 81/2015. Oggettivo merito del d.lgs. n. 81/2015 è stata la redazione di un nuovo testo, superando la più che decennale pessima prassi (seguita ancora dalla l. n. 78/2014) di procedere con soppressioni e modifiche di disposizioni dell'originario d.lgs. n. 368/2001, con conseguenti incongruenze e difficoltà interpretative. Ma i successivi interventi a partire dal 2018 hanno riproposto il metodo delle modifiche puntuali del testo (del d.lgs. n. 81/2015): modifiche apparentemente limitate, ma che sembrano spostare il movimento del pendolo verso un parziale ritorno alla giustificazione dell'apposizione del termine, come subito vedremo.

La recente mini-riforma (o parziale contro-riforma, se si vuole) è intervenuta sulla durata massima dei CTD, introducendo distinzioni che sembrano far riemergere alcune scelte a suo tempo compiute con il d.lgs. n. 368/2001 e con la l. n. 92/2012. Da una parte, infatti, l'art. 19 del d.lgs. n. 81/2015 (come modificato dalla l. n. 96/2018, che ha convertito in legge il d.l. n. 87/2018, e ancora dal d.l. n. 73/2021, conv. in l. n. 106/2021) consente oggi l'apposizione di un termine alla durata del contratto di lavoro subordinato, purché la durata del contratto non sia superiore a *dodici mesi* (erano *trentasei* nel d.lgs. n. 81/2015). L'apparente drastica riduzione della durata massima risulta tuttavia smorzata dalla previsione (art. 19, c. 1) in forza della quale il contratto può avere una durata superiore a dodici mesi, ma comunque *non eccedente i ventiquattro mesi*, in presenza di una "condizione" tra quelle espressamente previste: a) esigenze temporanee e oggettive, estranee all'ordinaria attività, ovvero esigenze di sostituzione di altri lavoratori; b) esigenze connesse a incrementi temporanei, significativi e non programmabili dell'attività ordinaria; b-*bis*) specifiche esigenze previste dai contratti collettivi di cui all'art. 51 dello stesso d.lgs. n. 81/2015. Questa terza ipotesi, stante la formulazione del successivo c. 1.1. dello stesso art. 19, ha carattere "temporaneo", poiché quel termine (superiore a dodici mesi ma comunque inferiore a ventiquattro) può essere apposto, per quelle "causali" previste dai contratti collettivi «fino al 30 settembre 2022». Merita comunque considerare anche questa ipotesi sia per aver chiara, nel tempo, la disciplina *pro tempore* applicabile, sia perché incide sulla disciplina di rinnovi e proroghe (v. *infra*), sia perché i contratti stipulati sino al 30 settembre potranno avere effetti ancora per un certo lasso di tempo, nonostante il carattere transitorio della disciplina *de qua*.

Due possibilità, dunque: un contratto per massimo dodici mesi acausale; un contratto per massimo 24 mesi ove ricorrano le condizioni indicate, che dovranno essere indicate nel contratto [30] e saranno soggette a controllo giudiziale. Insomma: almeno un parziale "ritorno all'antico", che spiega la forte ostilità manifestate dal mondo imprenditoriale nei confronti di questa ultima piccola riforma. Detto in altro modo: i CTD hanno una durata massima (complessiva, come diremo) di ventiquattro mesi, ma solo per i primi dodici mesi il contratto è – per mantenere l'espressione usuale – acausale.

---

[30] Come prevede, con formula non perspicua, il c. 4 dello stesso art. 19, che impone lo stesso onere in caso di «rinnovo» e di «proroga» del contratto quando la durata complessiva ecceda i dodici mesi. La nota INL (14.9.2021, n. 1363) chiarisce che le ulteriori ragioni che possono essere introdotte dalla contrattazione collettiva devono essere "specifiche" e non generiche (dunque non sono ammesse causali ampie e generiche, come "motivi organizzativi o produttivi").

a) *La forma*

Requisito indefettibile, oggi come ieri, è la forma scritta (nella quale, in forza del c. 4 dell'art. 24, deve essere espressamente richiamato il diritto di precedenza del quale tratteremo successivamente). Ai sensi del c. 4 dello stesso art. 19, infatti, «con l'eccezione dei rapporti di lavoro di durata non superiore a dodici giorni, l'apposizione del termine al contratto è priva di effetto se non risulta[31] da atto scritto, una copia del quale deve essere consegnata dal datore di lavoro al lavoratore entro cinque giorni lavorativi dall'inizio della prestazione». Il contratto nel quale il termine non risulti apposto per iscritto "si considera" stipulato a tempo indeterminato: nel senso che la nullità colpisce la sola clausola appositiva del termine; il contratto, mancando il termine, è validamente stipulato a tempo indeterminato (come abbiamo a suo tempo visto, il contratto a tempo indeterminato non è soggetto al requisito della forma scritta, salvo nei casi per i quali sia espressamente prevista).

Se, almeno per i primi dodici mesi, *non* è richiesta l'indicazione di alcuna giustificazione, l'obbligo (o meglio l'onere) di indicarla riemerge nelle ipotesi, numerose (art. 23, cc. 2 e 3: tra esse, le attività svolte in *start up* o di ricerca o per mostre, le attività stagionali, le assunzioni di ultracinquantenni o "sostitutive") per le quali *non* è prevista l'applicazione dei limiti quantitativi[32]. Merita segnalare, in particolare, l'ipotesi delle assunzioni «per sostituzione di lavoratori assenti» (lett. *e*) del comma citato), che nel passato, remoto e recente, hanno dato luogo ad un notevole contenzioso[33].

---

[31] Con la riforma del 2018 è scomparso l'anodino inciso «direttamente o indirettamente».

[32] Così come dei limiti di durata: è il caso, in particolare, delle assunzioni di lavoratori impiegati in attività stagionali, reiterabili e senza limitazioni di rinnovi: i contratti per stagionali possono essere prorogati o rinnovati senza necessità che ricorrano le condizioni introdotte dalla l. n. 96/2018 per superare i dodici mesi.

[33] Ricordiamo che mentre la l. n. 230/1962 imponeva l'indicazione del nominativo del lavoratore sostituito (che tra l'altro doveva essere un lavoratore assente con diritto alla conservazione del posto), il d.lgs. n. 368/2001 taceva sul punto. La Corte di Giustizia (CGE 24.6.2010, C-98/09, *Sorge*) ha stabilito che *non* contrasta con la clausola 8, n. 3, Direttiva CE 99/70, una normativa nazionale che non preveda l'obbligo per il datore di lavoro di indicare il nome dei lavoratori sostituiti e le ragioni della sostituzione, purché compensato da altre forme di tutela. Lo stesso caso (assunzioni sostitutive senza indicazione del lavoratore sostituito, presso le Poste italiane) ha dato adito all'intervento della Corte costituzionale (n. 107/2013). Richiamando la sentenza della CGE, la Corte ha valutato che «il legislatore, prescrivendo l'onere di specificazione delle ragioni sostitutive per poter assumere lavoratori a tempo determinato, ha imposto una regola di trasparenza. Ha precisato, cioè, che occorre dare giustificazione della sostituzione del personale assente con diritto alla conservazione del posto con una chiara indicazione della causa. In tale prospettiva, il criterio della identificazione nominativa del personale sostituito è da ritenere certamente il più semplice e idoneo a soddisfare l'esigenza di una nitida individuazione della ragione sostitutiva, ma non l'unico. Non si può escludere, infatti, la legittimità di criteri alternativi di specificazione, sempreché essi siano rigorosamente adeguati allo stesso fine e saldamente ancorati a dati di fatto oggettivi. E così, anche quando ci si trovi [come nel caso delle Poste] di fronte ad ipotesi di supplenza più complesse, nelle quali l'indicazione preventiva del lavoratore sostituito non sia praticabile per la notevole dimensione dell'azienda o per l'elevato numero degli avvicendamenti, la trasparenza della scelta dev'essere, nondimeno, scrupolosamente garantita. In altre parole, si deve assicurare in ogni modo che la causa della sostituzione di personale sia effettiva, immutabile nel corso del rapporto e verificabile, ove revocata in dubbio».

b) *La durata massima*

La durata (massima) rappresenta un primo limite importante. Occorre infatti ricordare che la Direttiva CE 99/70 contempla proprio, tra le diverse misure che i legislatori nazionali possono adottare «per prevenire gli abusi derivanti dall'utilizzo di una successione di contratti o rapporti a tempo determinato» (clausola 5), «l'individuazione della durata massima totale dei contratti o rapporti a tempo determinato successivi». Occorre chiarire subito, tuttavia, che la durata massima di ventiquattro mesi riguarda i rapporti di lavoro tra un lavoratore e uno stesso datore di lavoro, non la durata massima complessiva dei CTD che un lavoratore può stipulare; quasi ovvio, certo, ma resta il fatto che un lavoratore potrebbe, al limite, lavorare sino all'età di pensionamento con CTD, con una vita lavorativa dunque intrinsecamente precaria.

Resta ferma (art. 29, c. 2, lett. *a*), d.lgs. n. 81/2015) la possibilità di stipulare contratti a tempo determinato senza il rispetto della disciplina di cui al d.lgs. n. 81/2015, per la durata massima di cinque anni, per i dirigenti, ai quali è riconosciuto comunque il diritto di recesso con preavviso (art. 2118 c.c.) decorso un triennio. Le assunzioni a termine dei dirigenti, infatti, rientrano, insieme a poche altre specifiche ipotesi, nelle esclusioni dal campo di applicazione del decreto. Peraltro, mentre come vedremo è esplicitamente previsto il loro computo nell'organico, *non* è più espressamente previsto, come invece era, il rispetto del principio di non discriminazione nei loro confronti: necessità comunque a nostro avviso imposta dal rispetto dei principi generali dell'ordinamento nazionale e del diritto dell'UE.

Ai fini del raggiungimento dei ventiquattro mesi si computano tutti i contratti *conclusi per lo svolgimento di mansioni di pari livello e categoria legale*[34], indipendentemente dai periodi di interruzione tra un contratto e l'altro e comprese le eventuali proroghe (che richiedono il consenso del lavoratore), nonché i «periodi di missione aventi ad oggetto *mansioni di pari livello e categoria legale*, svolti tra i medesimi soggetti, nell'ambito di somministrazioni di lavoro a tempo determinato» (delle quali tratteremo nella sede opportuna).

Tale limite è tuttavia derogabile, come subito diremo, ed eludibile, ove lo stesso datore di lavoro assuma lo stesso lavoratore per mansioni di diverso livello (sul significato di questa espressione torneremo oltre, parlando del nuovo art. 2103 c.c.: *infra*, PT. VI, Cap. I). Le deroghe ammesse sono numerose, e riguardano casi specifici (ma non eccezionali: i contratti di ricerca, che possono avere durata pari a quella del progetto al quale si riferiscono, e le attività stagionali) ma possono riguardare le ipotesi più disparate, ove così sia stabilito dai contratti collettivi ai quali il legislatore fa rinvio. La disposizione (art. 19, c. 2) che introduce il limite massimo di durata, infatti, si apre con un rinvio "aperto" alla contrattazione collettiva: il limite si applica «fatte salve le diverse disposizioni dei contratti collettivi». Si tratta dunque di una delega in bianco alla contrattazione collettiva di diverso livello, compreso quello aziendale[35], che rende aleatoria la durata massima dei CTD stipulati tra uno stesso datore di lavoro e uno stesso lavoratore.

---

[34] «Per lo svolgimento di mansioni equivalenti», prevedeva la l. n. 92/2012, riprendendo la formulazione presente nel testo del(l'allora vigente) art. 2013 c.c. La nuova formulazione, per quanto in sé discutibile, pare coerente con la nuova e più flessibile disciplina delle mansioni introdotta dall'art. 3 dello stesso d.lgs. n. 81/2015 (che sarà trattata nella sede opportuna).

[35] Ai sensi dell'art. 51, d.lgs. n. 81/2015, già precedentemente richiamato.

Nella nuova disciplina, infine, trova conferma l'ammissibilità, superati i ventiquattro mesi, di un ulteriore successivo CTD tra gli stessi soggetti, della durata massima di dodici mesi, purché stipulato presso la Direzione territoriale del lavoro (DTL: ora Ispettorato territoriale del lavoro, ITL) competente per territorio; non è tuttavia più prevista, diversamente da quanto previsto dalla l. n. 92/2012, la necessaria assistenza di un rappresentante di una delle organizzazioni sindacali comparativamente più rappresentative sul piano nazionale cui il lavoratore sia iscritto o conferisca mandato (alle organizzazioni sindacali comparativamente più rappresentative sul piano nazionale era anche affidato il compito di definire, con avvisi comuni, la durata di questo ulteriore contratto, oggi fissata dallo stesso legislatore).

c) *I limiti quantitativi*

Venendo al secondo limite per la stipulazione di un CTD, pare ragionevole ritenere che esso sia stato introdotto per controbilanciare la liberalizzazione determinata dalla acausalità: invece di richiedere giustificazioni oggettive, la legge lascia agli imprenditori la libera scelta di avvalersi di contratti a termine, ma entro un *limite quantitativo* fissato dalla stessa legge, determinato da un rapporto, o proporzione, che deve rimanere costante nell'anno e non superare il 20%, tra lavoratori assunti a termine e lavoratori assunti a tempo indeterminato. Insomma: se a livello micro (aziende) si rispetta il limite del 20%, a livello macro (paese) l'occupazione instabile, *sub specie* CTD, non dovrebbe superare il 20% degli occupati (nel settore privato: in termini diversi si pone la questione nel settore pubblico, che non è oggetto di questa trattazione). Non dovrebbe: il condizionale è d'obbligo, considerando che, anche in questo caso, la disposizione (art. 23) che disciplina i limiti si apre con l'*incipit* «salvo diversa disposizione dei contratti collettivi». Anche i limiti quantitativi, dunque, come la durata massima del CTD, possono essere stabiliti dai contratti collettivi di diverso livello (nazionale, territoriale, aziendale) stipulati dai soggetti indicati dall'art. 51, d.lgs. n. 81/2015. La garanzia del mantenimento complessivo della proporzione (ove pure la si ritenesse ragionevole) tra occupati a termine e occupati stabili è dunque affidata alle forze sociali, e più concretamente alla "forza" delle organizzazioni sindacali in sede di contrattazione: una garanzia inevitabilmente debole.

Pare opportuno anticipare che il superamento del limite quantitativo comporta soltanto l'applicazione di *sanzioni amministrative* (di cui tratteremo a proposito del sistema sanzionatorio), senza alcuna possibile "stabilizzazione" dei rapporti di lavoro eccedentari rispetto alla percentuale fissata dalla legge o dalla contrattazione collettiva.

L'art. 23, c. 2, in dettaglio, prevede che non possano «essere assunti lavoratori a tempo determinato in misura superiore al 20% del numero dei lavoratori a tempo indeterminato in forza al 1° gennaio dell'anno di assunzione, con un arrotondamento del decimale all'unità superiore qualora esso sia eguale o superiore a 0,5. Nel caso di inizio dell'attività nel corso dell'anno, il limite percentuale si computa sul numero dei lavoratori a tempo indeterminato in forza al momento dell'assunzione». Pare logico ritenere (anche sulla scia della Circolare n. 18/2014 che si era pronunciata sulla analoga previsione contenuta nella l. n. 74/2104) che nel novero dei lavoratori "stabili" debbano essere considerati, se assunti con contratto a tempo indeterminato, i dirigenti e i *part-timers*, per esempio, ma non i lavoratori autonomi.

La stessa disposizione prevede infine che i datori di lavoro che occupano fino a cinque dipendenti possano comunque stipulare un CTD (nel rispetto del requisito di forma e del limite di durata, e di "condizioni" per i CTD che superino i dodici mesi: così è da intendersi l'ambigua formulazione «è sempre possibile stipulare un contratto di lavoro a tempo determinato», che riprende la già eguale e criticata espressione presente nella l. n. 92/2012).

Per completare il quadro occorre ricordare che, come anticipato, «sono esenti dal limite» quantitativo i CTD stipulati «per sostituzione di lavoratori assenti», ai quali si aggiungono molte altre ipotesi eterogenee (dalle assunzioni nelle *start up* ai contratti di ricerca, dalle assunzioni per specifici programmi radiotelevisivi alle attività stagionali).

d) *Le proroghe, i rinnovi, la continuazione di fatto*

Per quanto concerne la possibile *proroga* del contratto, che costituisce un prolungamento del contratto originario, è ammissibile per *quattro volte entro i ventiquattro mesi* (erano cinque volte nell'arco dei 36 mesi), con il consenso del lavoratore (e non è più espressamente previsto che si debba riferire «alla stessa attività lavorativa per la quale il contratto è stato stipulato a tempo determinato», come ancora prevedeva la l. n. 92/2012), ma è necessario il rispetto delle "condizioni" quando la durata complessiva del contratto supera i dodici mesi.

Per quanto riguarda i rinnovi (vale a dire la stipulazione di un *nuovo contratto* a termine tra le stesse parti), con l'art. 21, c. 2, si ritorna alle origini, per così dire. Da una parte, infatti, permane la mancata indicazione del numero massimo dei rinnovi – una delle misure «per prevenire gli abusi derivanti dall'utilizzo di una successione di contratti o rapporti a tempo determinato» secondo la Direttiva CE 99/70 – così come resta la prescrizione del rispetto di intervalli minimi tra contratti successivi[36]. Il ritorno al passato è particolarmente rilevante per quanto riguarda la durata degli intervalli imposti: dieci giorni quando il precedente contratto non superi i sei mesi, venti giorni quando invece li superi. Si tratta dei brevi intervalli previsti nel testo originario del d.lgs. n. 368/2001, che la l. n. 92/2012 aveva elevato rispettivamente a 60 e 90 giorni, attirandosi critiche[37] a causa dell'impatto negativo sulla possibilità di riassumere lavoratori già occupati presso la stessa azienda, e che erano stati ricondotti alla misura

---

[36] Sulla conformità o meno di tale metodo (soprattutto quando gli intervalli siano brevi come erano nel testo originario del d.lgs. n. 368/2001 e come sono tornati ad essere oggi) ha avuto occasione di esprimersi la Corte di Giustizia: v. ad esempio CGE 4.7.2006, C-212/2004, *Konstantinos Adeneler*, ove è stato affermato esplicitamente che la clausola 5 dell'AQ sul lavoro a tempo determinato «deve essere interpretata nel senso che essa osta ad una normativa nazionale [...] la quale stabilisce che soltanto i contratti o rapporti di lavoro a tempo determinato non separati gli uni dagli altri da un lasso temporale superiore a 20 giorni lavorativi devono essere considerati "successivi" ai sensi della detta clausola». In senso analogo, CGE 23.4.2009, cause riunite da C-378/07 a C-380/07, *Kiriaki Angelidaki*.

[37] Critiche comprensibili, ma a nostro avviso quanto meno ingenerose, se non in mala fede: se davvero l'attività di quei lavoratori rispondeva ad una esigenza aziendale permanente, o almeno di lungo periodo, il datore di lavoro avrebbe potuto/dovuto assumerli con contratto a tempo indeterminato. Obiettivo della previsione contenuta nella riforma Monti-Fornero era a nostro avviso quella di indurre le imprese ad assumere stabilmente i lavoratori stabilmente necessari, appunto, ripartendo le opportunità di lavoro intrinsecamente a termine tra la platea generale dei disoccupati e degli inoccupati.

di 10-20 giorni già nel 2013. Questi limiti non si applicano, comunque – oltre che, ragionevolmente, per le riassunzioni nelle attività stagionali – «nelle ipotesi individuate dai contratti collettivi» (dei quali anche in questo caso non si specificano né i livelli né i soggetti)[38]. Un freno ai rinnovi può essere tuttavia individuato nella (nuova: art. 21, c. 01) previsione in forza della quale «il contratto può essere rinnovato solo a fronte delle condizioni di cui all'art. 19, c. 1».

Infine, la disciplina della *continuazione del rapporto* oltre la scadenza del termine inizialmente fissato o successivamente prorogato ha mantenuto ferme le regole previgenti (l. n. 92/2012), consentendo oggi l'art. 22 del d.lgs. n. 81/2015 la continuazione di fatto (che sarà computata al fine del raggiungimento della durata massima complessiva di ventiquattro mesi), quale misura di tollerata flessibilità della durata, per trenta giorni o per cinquanta giorni, a seconda che il primo contratto sia di durata inferiore o meno ai sei mesi, accompagnata da una maggiorazione retributiva del venti per cento per i primi dieci giorni e del quaranta per cento per i successivi.

e) *L'apparato sanzionatorio: conversione del contratto*

Diversamente dal passato, nel quale si era sviluppato un importante contenzioso in materia, già con il decreto Poletti, e poi con il testo originario del d.lgs. n. 81/2015, la conversione del CTD illegittimo in contratto a tempo indeterminato, rimedio principe per garantire la riconduzione a regola (contratto a tempo indeterminato) delle eccezioni non giustificate, risultava del tutto marginale, poiché non era richiesta giustificazione alcuna per l'apposizione del termine. Con la novella del 2018, la conversione ritrova un significativo campo di applicazione quando la durata complessiva del rapporto superi i dodici mesi: anche in questo caso si torna all'antico, per così dire, con il potere del giudice di verificare l'effettiva sussistenza delle "condizioni" di cui all'art. 19, c. 1. A questa nuova possibilità si aggiungono alcune ipotesi specifiche nelle quali il legislatore ha espressamente previsto la conversione, con funzione sanzionatoria.

Ricordiamo che requisito essenziale per la stipulazione di un contratto a tempo determinato resta la forma scritta: il mancato rispetto dell'obbligo comporta la *conversione del contratto in contratto a tempo indeterminato* con effetto dal momento della stipulazione del contratto a termine privo dei requisiti formali; a ben vedere, d'altronde, la mancata corretta apposizione della clausola del termine, ossia la sua inesistenza, induce a ritenere che il contratto sia stato costituito *ab origine* a tempo indeterminato[39].

Allo stesso risultato (conversione del contratto a tempo determinato in contratto a tempo indeterminato) si perviene anche nelle ipotesi nelle quali il giudice ritenga illegittima l'apposizione del termine, perché in violazione degli specifici divieti; specifici divieti che, come anticipato, restano quelli originari, tra i quali abbiamo già menzio-

---

[38] Anche in questo caso valgono allora i criteri dettati dall'art. 51 dello stesso decreto n. 81/2015, disposizione che si applica appunto quando il rinvio alla contrattazione collettiva sia privo di ulteriori specificazioni.

[39] Per quanto in questa sede non ci occupiamo dei rapporti di lavoro nel settore pubblico, è opportuno segnalare che in tale settore è esclusa la conversione del contratto a termine illegittimo in contratto a tempo indeterminato (in virtù del principio, stabilito dall'art. 97 Cost., per cui all'impiego nelle pubbliche amministrazioni si accede solo mediante concorso pubblico); al lavoratore spetta soltanto il risarcimento del danno derivante dalla prestazione lavorativa in violazione di norme imperative.

nato, perché di particolare rilievo, il divieto di assunzione a termine per sostituire lavoratori in sciopero e il divieto di assunzione a termine per le imprese che non abbiano proceduto alla valutazione dei rischi (v. *infra*, PT. VI, Cap. III, Sez. II); aggiungiamo ora il divieto di assunzione a termine presso unità produttive nelle quali siano intervenuti provvedimenti di cassa integrazione o licenziamenti collettivi (sia pure con alcune deroghe) che abbiano riguardato lavoratori adibiti alle stesse mansioni per le quali si assumerebbe a tempo determinato.

La conversione in contratto a tempo indeterminato può avvenire inoltre:

i) in caso di continuazione di fatto del rapporto oltre il limite di 30 o 50 giorni dalla scadenza del contratto di durata rispettivamente inferiore o non inferiore a sei mesi: «il contratto si trasforma in contratto a tempo indeterminato dalla scadenza dei predetti termini»;

ii) in caso di mancato rispetto degli intervalli minimi (10 o 20 giorni) previsto per il rinnovo: «il secondo contratto si trasforma in contratto a tempo indeterminato». È stata soppressa invece la previsione (ancora contenuta nella l. n. 74/2014) in forza della quale «quando si tratta di due assunzioni successive a termine, intendendosi per tali quelle effettuate senza alcuna soluzione di continuità, il rapporto di lavoro si considera a tempo indeterminato dalla data di stipulazione del primo contratto». Si trattava tuttavia di un caso difficilmente configurabile, salvo comportamenti poco accorti del datore di lavoro, poiché richiedeva che tra le due assunzioni successive non intercorresse neppure un giorno di intervallo;

iii) in caso di proroga ulteriore rispetto al limite di quattro: «il contratto si trasforma in contratto a tempo indeterminato dalla data di decorrenza della quinta proroga»;

iv) per superamento del limite dei ventiquattro mesi di durata complessiva (salve le deroghe illustrate sopra): «il contratto si trasforma in contratto a tempo indeterminato dalla data di tale superamento».

Per quanto riguarda le conseguenze (anche economiche: risarcimento dei danni) della trasformazione del CTD in contratto a tempo indeterminato, v. *infra*, § 3.3.1.

f) *L'apparato sanzionatorio: sanzioni amministrative*

Mentre la violazione del limite di durata, come abbiamo visto, comporta la trasformazione del CTD in contratto a tempo indeterminato, con le modalità appena viste, per la violazione del limite quantitativo è oggi[40] espressamente «esclusa la trasformazione dei contratti interessati in contratti a tempo indeterminato» (art. 23, c. 4).

Sanzioni amministrative sono previste per il superamento dei limiti quantitativi (il 20% degli occupati o la diversa misura fissata dai contratti collettivi). Le sanzioni amministrative (art. 23, c. 4) consistono in una pena pecuniaria pari al 20% della retribuzione o al 50%, per ciascun mese o frazione di mese superiore a quindici giorni di durata del rapporto di lavoro, rispettivamente nel caso che venga assunto un lavoratore o più lavoratori oltre i limiti.

---

[40] Nella (breve) vigenza della l. n. 74/2014 – che pure aveva già introdotto il limite quantitativo in sostituzione, per così dire, della macro-causale – una dottrina minoritaria, ma non del tutto infondata, aveva ritenuto che, ferme le sanzioni amministrative, residuasse spazio anche per la stabilizzazione del rapporto. La porta socchiusa, o forse meglio lasciata inavvertitamente aperta, per questa interpretazione è stata chiusa con decisione dall'espresso chiarimento inserito nel d.lgs. n. 81/2015.

Il complessivo sistema sanzionatorio oggi vigente può giustificare dubbi in merito alla sua conformità rispetto alla Direttiva CE 99/70, poiché le sanzioni prescelte dal legislatore nazionale, nella sua pur ampia discrezionalità, non paiono corrispondere pienamente agli ormai consolidati canoni sanciti dalla Corte di Giustizia, ossia effettività, adeguatezza, deterrenza. Il giudizio può essere ragionevolmente fondato sui limiti delle ipotesi di trasformazione del CTD in contratto a tempo indeterminato e sugli importi delle sanzioni amministrative. Basti qui considerare che la sanzione (20% della retribuzione, che può salire al 50%) potrebbe essere al fine quantificata nella misura ridotta che il trasgressore potrà pagare entro 60 giorni al fine di estinguere completamente l'illecito amministrativo (la lettera della legge non lo esclude), riducendosi così il "costo" della violazione del limite ad un importo che è difficile considerare un deterrente effettivo rispetto all'abuso del CTD (la sanzione ridotta potrà scendere al 6,67% della retribuzione per il primo assunto a termine oltre il limite e al 16,67% per i successivi assunti). Insomma: i datori di lavoro potranno procedere ad assunzioni a termine anche oltre i limiti quantitativi, quelle assunzioni risulteranno semplicemente più onerose.

Il giudizio di dubbia conformità della vigente disciplina al diritto dell'UE appare non irragionevole anche ove si considerino le ulteriori possibili sanzioni amministrative previste oggi (ma già ieri, a dire il vero) per la violazione degli obblighi connessi al rispetto della parità di trattamento (almeno tendenziale: v. *infra*) tra lavoratori assunti con CTD e lavoratori assunti con contratto a tempo indeterminato. In tal caso, infatti, il datore di lavoro è punito con la sanzione amministrativa da 25,82 euro a 154,94 euro, oppure da 154,94 euro a 1.032,91 euro se l'inosservanza si riferisce a più di cinque lavoratori (art. 25, c. 2). Anche ove un numero cospicuo di lavoratori risultasse discriminato, infatti, il "costo" massimo della discriminazione non supererebbe il migliaio di euro, importo sicuramente privo di ogni effetto deterrente, pur a fronte della violazione del principio di non discriminazione, di fonte UE.

3.3. *I diritti del lavoratore*

La disciplina dei diritti specificamente riconosciuti ai lavoratori assunti con CTD ha mantenuto il suo impianto originario anche nel d.lgs. n. 81/2015, pur subendo alcune modifiche non marginali che saranno segnalate.

Al fine di realizzare uno dei principali obiettivi della Direttiva CE 99/70, il d.lgs. n. 81/2015 (art. 25), recependo quanto previsto dalla clausola 4 della direttiva, ha espressamente previsto che ai lavoratori a termine sia riconosciuto lo stesso trattamento economico e normativo – «in proporzione al periodo lavorativo prestato, sempre che non sia obiettivamente incompatibile con la natura del contratto a termine» – applicato in azienda ai lavoratori a tempo indeterminato *comparabili*, «intendendosi per tali quelli inquadrati nello stesso livello in forza dei criteri di classificazione stabiliti dalla contrattazione collettiva» (art. 25, c. 1). La previsione da una parte appare più ampia di quella imposta dalla direttiva, che vieta che i lavoratori a termine siano discriminati «per il solo fatto di avere un contratto o un rapporto a tempo determinato»; d'altra parte, tuttavia, non specifica – come prevede invece la direttiva – che i criteri di computo della anzianità utili a diversi fini siano gli stessi garantiti ai lavoratori a tempo indeterminato, salvo diversità giustificate «da motivazioni oggettive» [41].

Muovendo dal presupposto – che ritroviamo nei Considerando della Direttiva CE 99/70 – che sia opportuno favorire la stabilizzazione dei rapporti di lavoro, sono previsti alcuni diritti di informazione e di accesso alla formazione finalizzati a tale scopo, nonché il diritto di precedenza per assunzioni a tempo indeterminato e determinato nella stessa azienda.

In materia di *diritti di informazione*, il datore di lavoro deve informare «i lavoratori a tempo determinato, nonché le rappresentanze sindacali aziendali ovvero la rappresentanza sindacale unitaria, circa i posti vacanti che si rendono disponibili nell'impresa, secondo le modalità definite dai contratti collettivi» (art. 19, c. 5). Inoltre è previsto che i contratti collettivi (senza ulteriori specificazioni: quindi di diverso livello, anche aziendale), definiscano «modalità e contenuti delle informazioni da rendere alle rappresentanze sindacali aziendali o alla rappresentanza sindacale unitaria dei lavoratori in merito all'utilizzo del lavoro a tempo determinato» (art. 23, c. 5). Specifici obblighi di informazione erano usualmente già previsti nei contratti collettivi, anche al fine di verificare il rispetto dei tetti massimi percentuali di occupazione a termine che la previgente disciplina consentiva di introdurre; oggi, a fronte della espressa delega affidata alla contrattazione (anche) in materia di limiti quantitativi (in deroga al limite di legge del 20%), la previsione assume un nuovo rilievo.

Alla stessa contrattazione collettiva è affidato il compito di «prevedere modalità e strumenti diretti ad agevolare l'accesso dei lavoratori a tempo determinato ad opportunità di *formazione adeguata*, per aumentarne la qualificazione, promuoverne la carriera e migliorarne la mobilità occupazionale» (art. 26). Si tratta di una previsione debole, perché condizionata dagli equilibri contrattuali, che potrebbe però contribuire a ridurre il rischio di dequalificazione di fatto dei lavoratori a termine, spesso segregati in mansioni di basso valore e prive di prospettive di sviluppo della professionalità.

Il d.lgs. n. 368/2001 e le sue successive modificazioni (sino al 2014) sancivano anche uno specifico diritto ad una «*formazione sufficiente ed adeguata* alle caratteristiche delle mansioni oggetto del contratto, al fine di prevenire rischi specifici connessi alla esecuzione del lavoro». Il bene tutelato, in questo caso, era la sicurezza dei lavoratori, oggetto di interventi del diritto dell'UE rivolti a tutti i "lavoratori temporanei" a causa del rischio specifico legato alla temporaneità dell'impiego (minore conoscenza dell'ambiente, delle regole di autoprotezione, ecc.) [42], se si considera l'elevato numero di infortuni sul lavoro subiti dai lavoratori precari, nonostante la legge li ricom-

---

[41] La Corte di Giustizia, in particolare, è intervenuta più volte (con riferimento al settore pubblico) sul mancato computo della durata di un contratto a termine a fini di anzianità per inquadramento o promozioni dopo l'eventuale successiva assunzione a tempo indeterminato: CGE 13.9.2007, C-307/2005, *Yolanda Del Cerro Alonso*; CGE 8.9.2011, C-177/10, *Francisco Javier Rosado Santana*; CGE 22.12.2010, cause riunite C-444/09 e C-456/09, *Rosa María Gavieiro Gavieiro* e *Ana María Iglesias Torres*; CGE 18.10.2012, Cause riunite da C-302/11 a C-305/11, *Valenza, Altavista, Marsella, Schettini, Tomassini.*

[42] V. Direttiva CE 91/383, che completa le misure volte a promuovere il miglioramento della sicurezza e della salute durante il lavoro dei lavoratori aventi un rapporto di lavoro a durata determinata o un rapporto di lavoro interinale.

prenda nell'ampio campo di applicazione della disciplina in materia di igiene e sicurezza nei luoghi di lavoro. Tale previsione *non* è stata riproposta nel d.lgs. n. 81/2015; ma l'art. 28, c. 1, del c.d. T.U. Sicurezza (d.lgs. n. 81/2008) prevede espressamente, tra i rischi che devono essere valutati dal datore di lavoro, anche «quelli connessi alla specifica tipologia contrattuale attraverso cui viene resa la prestazione di lavoro» (v. *infra*, PT. VI, Cap. III, Sez. II).

Contrastato, nel tempo, è stato l'intervento del legislatore in materia di *diritto di precedenza* per le assunzioni a tempo indeterminato: presente nella legislazione precedente, affievolito perché affidato alle eventuali previsioni della contrattazione collettiva nel testo originario del d.lgs. n. 368/2001, ripristinato dalla l. n. 247/2007, è stato rafforzato dalla l. n. 92/2012 e consolidato nella disciplina vigente. Oggi sono previsti specifici diritti di precedenza (che, lo ricordiamo, devono essere specificamente richiamati nel contratto individuale redatto in forma scritta): a) il diritto per i lavoratori assunti a termine per attività stagionali di essere riassunti a termine per le medesime attività stagionali (art. 24, c. 3); b) il diritto di precedenza per i lavoratori impiegati con uno o più contratti a termine per un periodo complessivo superiore a sei mesi, in caso di assunzioni a tempo indeterminato da parte della stessa azienda per le stesse mansioni nei successivi dodici mesi (art. 24, c. 1). Nell'apprezzabile intento di agevolare il ritorno al lavoro delle lavoratrici dopo la maternità (v. PT. V, Cap. II), e dunque in una prospettiva di conciliazione tra vita familiare e vita professionale, nel computo dei sei mesi è calcolato anche il periodo di congedo per maternità di cui la lavoratrice abbia usufruito «nell'esecuzione di un contratto a tempo determinato presso» quel datore di lavoro, e il diritto di precedenza, in tal caso, è riconosciuto per le assunzioni a termine effettuate nello stesso arco di tempo. In tutte le ipotesi appena descritte, tuttavia, il diritto si estingue decorso un anno dalla cessazione del rapporto di lavoro; il lavoratore o la lavoratrice deve inoltre manifestare la propria volontà di avvalersi del diritto entro il termine di tre mesi per i lavori stagionali e di sei mesi per gli altri casi (art. 24, c. 4).

Un diritto di tutti i lavoratori, e non solo dei lavoratori a termine, può essere considerato la regola che prevede la computabilità dei lavoratori a tempo determinato «ai fini dell'applicazione di qualsiasi disciplina di fonte legale o contrattuale per la quale sia rilevante il computo dei dipendenti del datore di lavoro», come ha oggi chiarito il d.lgs. n. 81/2015, superando così le incongruità e le lacune che aveva creato la più risalente disciplina (secondo cui i lavoratori erano computati solo se il CTD aveva una durata superiore a nove mesi» e ai soli fini di applicazione dell'art. 35 St. lav.). Riprendendo in larga misura quanto già il legislatore (art. 12, l. n. 97/2013) aveva previsto per chiudere una procedura di infrazione (2010/2045) della Commissione europea, «si tiene conto del numero medio mensile di lavoratori a tempo determinato, *compresi i dirigenti*, impiegati negli ultimi due anni, sulla base dell'effettiva durata dei loro rapporti di lavoro» [43].

Da ultimo, merita osservare che, trattandosi di un contratto con apposizione di un termine, il rapporto si estingue alla scadenza; residua tuttavia la possibilità di *recesso ante tempus* in presenza di giusta causa, secondo quanto espressamente previsto dal-

---

[43] Non è chiaro perché non sia stata utilizzata la stessa tecnica (consistenza media) anche per l'applicazione del limite quantitativo del 20%, che invece, come si è visto, fa riferimento ai lavoratori a tempo indeterminato «in forza al 1° gennaio dell'anno di assunzione».

l'art. 2119 c.c. (v. *infra*, PT. VIII, Cap. I). La flessibilità del contratto a tempo determinato deve dunque essere correttamente intesa: se è vero infatti che si può ricorrere senza eccessivi vincoli alla stipulazione di un contratto a termine, con conseguente massima flessibilità di acquisizione della forza lavoro, d'altra parte occorre comunque considerare la irrecedibilità (salvo giusta causa) per l'intera durata del rapporto – il che spiega perché si registri un elevato numero di contratti a termine di durata particolarmente breve (tre o quattro mesi, o addirittura meno). In ogni caso il recesso *ante tempus* non assistito da giusta causa non comporta la stabilizzazione del rapporto, ma solo il risarcimento del danno subito dal lavoratore secondo i canoni ordinari (retribuzioni perdute, dedotto l'*aliunde perceptum* e l'*aliunde percipiendum*: v. *infra*, in materia di licenziamento, PT. VIII, Cap. II, Sez. I, B, § 1.4).

3.3.1. *L'effettività dei diritti dei lavoratori a tempo determinato*

Per valutare l'effettività dei diritti attribuiti dalla legge occorre verificare: le condizioni di effettiva fruizione di quei diritti, e lo abbiamo già fatto, in particolare, per i diritti di precedenza; la loro "giustiziabilità", intesa come tutela giurisdizionale effettiva ed efficace, secondo gli insegnamenti della Corte di Giustizia (non dimentichiamo mai che la disciplina del CTD rappresenta il recepimento di una direttiva), solo in parte sinora affrontata guardando al sistema sanzionatorio, ed ora da integrare considerando le condizioni poste per far valere in giudizio il proprio diritto.

Nel d.lgs. n. 81/2015 troviamo una disposizione (art. 28) rubricata «Decadenza e tutele». Tale disposizione ha opportunamente sostituito le disposizioni della l. n. 183/2010 (c.d. Collegato lavoro, art. 12)[44] in tema di impugnazione del contratto a termine e di indennità dovuta nel caso di conversione del contratto a termine, che già avevano subito una modifica ad opera della l. n. 92/2012, ma ne ha (criticabilmente, a nostro avviso) sostanzialmente ripreso i contenuti, ora espressamente applicabili a tutti i casi di impugnazione di un CTD. L'impugnazione (anche extragiudiziale, comunque in forma scritta) deve oggi avvenire «entro centottanta (erano centoventi nel testo originario del d.lgs. n. 81/2015) giorni dalla cessazione del singolo contratto» secondo le modalità previste dall'art. 6, c. 1, l. n. 604/1966, per l'impugnazione del licenziamento; il deposito del ricorso (nella cancelleria del tribunale) deve avvenire entro i successivi centottanta giorni.

Sostanzialmente confermata risulta anche la scelta (già operata dalla l. n. 183/2010) di *non* riconoscere l'integrale risarcimento del danno subito dal lavoratore a causa della illegittima apposizione del termine, nei casi di «trasformazione del contratto a tempo determinato in contratto a tempo indeterminato». Al lavoratore spetta infatti soltanto «una indennità onnicomprensiva nella misura compresa tra 2,5 mensilità ed un massimo di 12 mensilità dell'ultima retribuzione di riferimento per il calcolo del trattamento di fine rapporto»[45]: tale indennità «ristora per intero il pregiudizio subi-

---

[44] La Cassazione ha sistematicamente affermato che «in materia di contratto a termine, la disciplina introdotta dal d.lgs. n. 81 del 2015 è applicabile solamente ai contratti di lavoro stipulati successivamente all'entrata in vigore del d.lgs. cit., così perdurando l'applicazione della pregressa disciplina di cui all'art. 32, l. n. 183/2010 in relazione ai giudizi pendenti relativi ai contratti precedenti» (così Cass. n. 22124/2016).

[45] L'importo è dimezzato in presenza di contratti collettivi (come sempre: di qualsiasi livello) che prevedano l'assunzione, anche a tempo indeterminato, di lavoratori già occupati con contratto a

to dal lavoratore, comprese le conseguenze retributive e contributive relative al periodo compreso tra la scadenza del termine e la pronuncia con la quale il giudice ha ordinato la ricostituzione del rapporto di lavoro» (così già la l. n. 92/2012).

E sul punto merita evidenziare il principio di diritto enunciato (e in più occasioni ribadito) dalla Cassazione: in tema di risarcimento del danno nei casi di conversione del contratto di lavoro a tempo determinato, l'indennità di cui alla l. n. 183/2010, art. 32, cc. 5 e 7, come disciplinata dalla l. n. 92/2012, art. 1, c. 13, con norma di interpretazione autentica, ha carattere "forfetizzato" ed "onnicomprensivo" e pertanto ristora per intero il pregiudizio subito dal lavoratore per i danni causati dalla nullità del termine nel periodo cosiddetto intermedio, che decorre dalla scadenza del termine sino alla sentenza di conversione e non sino al deposito del ricorso introduttivo del giudizio (così, tra le tante, Cass. n. 17704/2020).

Risulta dunque definitivamente chiarita una questione che peraltro era già stata risolta dalla Corte costituzionale. Nella sentenza n. 303/2012 [46], infatti, la Corte aveva ritenuto legittima la limitazione del risarcimento allora prevista dalla l. n. 183/2010, e congruo il suo importo «in considerazione della previsione dell'abbreviazione dei termini di decadenza dell'azione» in giudizio, «che produce una accelerazione del processo» e perché il risarcimento forfetario «non ammette la detrazione dell'*aliunde perceptum*». Secondo la Corte, l'indennità risarcitoria «va chiaramente ad integrare la garanzia della conversione del contratto di lavoro a termine in un contratto di lavoro a tempo indeterminato. E la stabilizzazione del rapporto è la protezione più intensa che possa essere riconosciuta ad un lavoratore precario» [47]. Non si può tuttavia non rilevare che oggi la "stabilizzazione" opera nei soli limitati casi che abbiamo sopra descritto, e non rappresenta dunque più la sanzione principe per un CTD illegittimo.

Non solo. È vero che – ancora secondo la Corte – «è da ritenere che il datore di lavoro sia indefettibilmente obbligato a riammettere in servizio il lavoratore e a corrispondergli, in ogni caso, le retribuzioni dovute, anche in ipotesi di mancata riammissione effettiva». Ma occorre anche considerare quanto dispone oggi il d.lgs. n. 23/2015, che ha introdotto e regolato il contratto a tempo indeterminato a tutele crescenti. Nella definizione del suo campo di applicazione (art. 1), si prevede espressamente che le disposizioni di quel decreto (nuova disciplina sanzionatoria dei licenziamenti individuali: v. PT. VIII, Cap. II) si applichino ai lavoratori assunti dopo la sua entrata in

---

termine nell'ambito di specifiche graduatorie (così oggi l'ultimo comma dell'art. 28). Si segnala che, in coerenza con la nuova disciplina sanzionatoria dei licenziamenti illegittimi, il parametro di riferimento è la retribuzione di riferimento per il calcolo del trattamento di fine rapporto (v. PT. VI. Cap. III, Sez. I), e non più la retribuzione globale di fatto, come era nel passato.

[46] Si vedano le ordinanze di rimessione alla Corte costituzionale di Cass. n. 2112/2011 e Trib. Trani 20.12.2010, in *QL*, 2011, n. 2, p. 59.

[47] Concludeva la Corte: «la normativa impugnata risulta, nell'insieme, adeguata a realizzare un equilibrato componimento dei contrapposti interessi. Al lavoratore garantisce la conversione del contratto di lavoro a termine in un contratto di lavoro a tempo indeterminato, unitamente ad un'indennità che gli è dovuta sempre e comunque, senza necessità né dell'offerta della prestazione, né di oneri probatori di sorta. Al datore di lavoro, per altro verso, assicura la predeterminazione del risarcimento del danno dovuto per il periodo che intercorre dalla data d'interruzione del rapporto fino a quella dell'accertamento giudiziale del diritto del lavoratore al riconoscimento della durata indeterminata di esso».

vigore (7.3.2015) *e* «nei casi di *conversione*, successiva all'entrata in vigore del decreto, di contratto a tempo determinato (o di apprendistato: v *infra*, § 5) in contratto a tempo indeterminato». L'interpretazione di questa previsione è importante, sia dal punto di vista pratico (assoggettamento o meno del lavoratore alla nuova, e meno favorevole, tutela in caso di licenziamento illegittimo), sia dal punto di vista teorico. Parte della dottrina ritiene che il d.lgs. n. 23/2015 si debba applicare alle sole ipotesi di conversione volontaria del CTD in contratto a tempo indeterminato (c.d. stabilizzazione), e non invece alla *trasformazione* (questo è il termine sempre utilizzato dal legislatore del d.lgs. n. 81/2015) del CTD che faccia seguito ad un'impugnazione del CTD favorevolmente accolta dal giudice. Il Ministero del lavoro non ha tuttavia accolto questa interpretazione nella Circolare INPS n. 17 del 29.1.2015 (in materia di esonero contributivo per le assunzioni con contratto di lavoro a tempo indeterminato nel corso del 2015), considerando dunque ogni ipotesi di trasformazione o conversione del CTD posteriore all'entrata in vigore del decreto soggetta alla nuova disciplina dei licenziamenti. La questione è dubbia, a nostro avviso. Merita comunque segnalare un possibile eccesso di delega, considerando che la legge-delega (l. n. 183/2014) prevede espressamente l'adozione del nuovo regime «per le nuove assunzioni» (art. 1, c. 7, lett. *c*), e certamente non possono essere considerate "nuove assunzioni" le trasformazioni dei CTD imposte dal giudice (v. *amplius* PT. VIII, Cap. II, Sez. III, §1).

4. *I rapporti speciali o a disciplina speciale*

Come abbiamo avuto occasione di osservare (*retro*, § 1), la definizione della eterogenea categoria dei contratti speciali (o a disciplina speciale) è di natura convenzionale, e come tale soggetta ad assestamenti. Scontato che i contratti riconducibili a questa categoria dai confini incerti e mutevoli presentino rilevanti *deviazioni dal modello standard* di lavoro subordinato, il dibattito dottrinale si è negli ultimi decenni assopito, e la stessa manualistica o non li tratta o dedica loro una limitata attenzione descrivendoli brevemente e sottolineando la funzione essenzialmente descrittiva della loro categorizzazione.

Ciò che distingue i contratti "speciali" dal contratto *standard* e dai contratti c.d. atipici sarebbe, secondo i diversi approcci della dottrina, la specificità della causa (per questa via includendovi, per esempio, il contratto di apprendistato, in forza dell'asserita presenza della causa formativa *a latere* della tipica causa di scambio del lavoro subordinato *standard*: *infra*, § 5), o il contesto nel quale si svolgono (tipicamente il lavoro domestico, che si realizza in un contesto familiare), o, ancora, l'incidenza di profili e finalità pubblicistiche nella prestazione oggetto del contratto (classico il caso del lavoro nautico).

Queste caratteristiche dei contratti speciali, tuttavia, tendono a distinguerli tra loro, piuttosto che ad accomunarli. Il criterio discretivo (rispetto a tutti gli altri contratti di lavoro) che, al contrario, tende a porsi come un fattore comune determinante, una sorta di minimo comun denominatore, è la *specialità della loro disciplina*, che apre il problema (mai definitivamente risolto) della applicabilità a questi contratti della *disciplina generale* prevista dall'ordinamento per il contratto di lavoro *standard*. Posta la questione in questi termini, la rilevanza della categoria appare evidente, e non meramente nominalistica. Risulta infatti importante, sia teoricamente che praticamente, valutare se e in che misura la disciplina ordinaria possa o debba applicarsi, in assenza di disciplina speciale su uno specifico istituto del diritto del lavoro, o ad integrazione di quella speciale disciplina. Spesso, ma non sempre, il legislatore offre indicazioni in proposito, talora – come abbiamo avuto occasione di vedere per il lavoro a domicilio – affermando che si applica la disciplina generale "compatibilmente con la specialità del rapporto".

Senza alcuna pretesa di completezza, ci limiteremo qui a considerare alcuni contratti di lavoro che presentano una disciplina speciale meritevole di particolare considerazione per il loro rilievo sociale e per le questioni che si sono poste a proposito della applicabilità della disciplina ordinaria del lavoro subordinato.

a) Un primo esempio è rappresentato dal lavoro sportivo. In questo caso il legislatore era intervenuto dettando specifiche regole per il *lavoro degli sportivi professionisti*, distinguendoli dalla più ampia categoria degli sportivi dilettanti. Secondo l'art. 2, l. n. 81/1981, erano considerati sportivi professionisti gli atleti, gli allenatori, i direttori tecnico-sportivi ed i preparatori atletici, che esercitano l'attività sportiva *a titolo oneroso con carattere di continuità* nell'ambito delle discipline regolamentate dal CONI. La prestazione a titolo oneroso dell'atleta costituiva oggetto di contratto di lavoro subordinato secondo le previsioni della stessa legge, salvo che fosse configurabile invece un contratto di lavoro autonomo quando la prestazione fosse occasionale, o di breve durata complessiva, o, ancora, quando l'atleta non fosse a soggetto ad un obbligo continuativo di partecipare agli allenamenti.

Il d.lgs. n. 36/2021, emanato in attuazione della legge-delega n. 86/2019, ha abrogato la l. n. 81/1981e introdotto una nuova disciplina, con efficacia progressiva a partire da diverse date, la prima delle quali è il 1° gennaio 2022. Le disposizioni qui rilevanti sono racchiuse nel Titolo V, ed in particolare nel Capo I. Il legislatore ha superato la distinzione tra professionisti e dilettanti, dettagliando ulteriormente (e dunque ampliando) la nozione di "lavoratore sportivo", introducendo ora una nuova distinzione tra costoro e gli sportivi amatoriali. Sono considerati lavoratori sportivi (art. 25) «l'atleta, l'allenatore, l'istruttore, il direttore tecnico, il direttore sportivo, il preparatore atletico e il direttore di gara che, *senza alcuna distinzione di genere* e indipendentemente dal settore professionistico o dilettantistico, esercita l'attività sportiva verso un corrispettivo al di fuori delle prestazioni amatoriali di cui all'articolo 29»[48].

---

[48] «1. [...] amatori che mettono a disposizione il proprio tempo e le proprie capacità per promuovere lo sport, in modo personale, spontaneo e gratuito, senza fini di lucro, neanche indiretti, ma esclusivamente con finalità amatoriali. Le prestazioni amatoriali sono comprensive dello svolgimento diretto dell'attività sportiva, nonché della formazione, della didattica e della preparazione degli atleti. 2. Le prestazioni sportive amatoriali di cui al comma 1 non sono retribuite in alcun modo nemmeno dal beneficiario. Per tali prestazioni sportive amatoriali possono essere riconosciuti premi e compensi occasionali in relazione ai risultati ottenuti nelle competizioni sportive, nonché indennità di trasferta e rimborsi spese, anche forfettari [...]. 3. Le prestazioni sportive amatoriali sono incompatibili con qualsiasi forma di rapporto di lavoro subordinato o autonomo e con ogni altro rapporto di lavoro retribuito con l'ente di cui il volontario è socio o associato o tramite il quale svolge la propria attività amatoriale» (ma i volontari devono essere assicurati per la responsabilità civile verso i terzi).

L'attività lavorativa può essere oggetto di contratto di lavoro autonomo, subordinato, collaborazione *ex* art. 409, collaborazione etero-organizzata (art. 2, c. 1, d.lgs. n. 81/2015), occasionale. Resta tuttavia ferma la presunzione di subordinazione nei settori professionistici, ove il lavoro sportivo sia prestato dagli atleti come attività principale, ovvero prevalente, e continuativa (art. 27, c. 2), salvo ricorrano le stesse condizioni già previste dalla l. n. 91/1981 [49].

Restano fermi ancora oggi alcuni tratti di "specialità", tra i quali merita segnalare la necessaria piena conformità (pena la sostituzione automatica delle clausole difformi) del contratto individuale – da stipulare in forma scritta (a pena di nullità) – rispetto al "contratto tipo" «predisposto, conformemente all'accordo stipulato, ogni tre anni dalla federazione sportiva nazionale e dai rappresentanti delle categorie interessate» (art. 27, c. 4). Ma la specialità consegue altresì dalla esclusione della applicabilità di numerose importanti norme tipiche del lavoro subordinato [50].

Molte peculiarità della disciplina speciale (ammissibilità del contratto a termine rinnovabile senza limitazioni, apponibilità di clausola compromissoria che devolve ad un collegio arbitrale la risoluzione delle controversie concernenti l'attuazione del contratto, cedibilità del contratto con il consenso dello sportivo) [51] sono peraltro connesse all'autonomia dell'ordinamento sportivo rispetto all'ordinamento giuridico statuale, che continua a suscitare problemi di definizione dei rispettivi confini e delle correlate competenze.

Merita infine segnalare il progressivo superamento della anacronistica oggettiva discriminazione delle sportive, alle quali era negato l'accesso al professionismo (con i relativi adeguati compensi), dimostrata dalla espressa previsione che anche le federazioni delle sportive possono essere qualificate come professioniste, e accompagnata da disposizioni a sostengo delle donne nello sport (Capo III, Titolo V), in particolare con finanziamenti *ad hoc* per la transizione al professionismo sportivo (ma la cronaca ci dirà se le Federazioni sportive nazionali faranno davvero, e tutte, quella scelta).

---

[49] Il lavoro sportivo «costituisce [...] oggetto di contratto di lavoro autonomo quando ricorra almeno uno dei seguenti requisiti: a) l'attività sia svolta nell'ambito di una singola manifestazione sportiva o di più manifestazioni tra loro collegate in un breve periodo di tempo; b) lo sportivo non sia contrattualmente vincolato per ciò che riguarda la frequenza a sedute di preparazione o allenamento; c) la prestazione che è oggetto del contratto, pur avendo carattere continuativo, non superi otto ore settimanali oppure cinque giorni ogni mese ovvero trenta giorni ogni anno» (art. 27, c. 3).

[50] Ai contratti di lavoro subordinato sportivo non si applicano le norme contenute: negli artt. 4, 5, 13 e 18 dello Statuto dei lavoratori (l. n. 300/1970); negli artt. 1, 2, 3, 5, 6, 7, 8 della l. n. 604/1966; nell'art. 1, cc. da 47 a 69 della l. n. 92/2012; negli artt. 2, 4 e 5 della l. n. 108/1990; nell'art. 24 della l. n. 223/1991, e nel d.lgs. n. 23/2015.

[51] L'annosa questione del "vincolo contrattuale" (la c.d. vendita del cartellino), è stata oggetto della pronuncia della CGE (nel noto caso *Bosman*, sentenza 15.12.1995, C-415/1993), che ha qualificato tale disciplina come un ostacolo alla fondamentale libertà di circolazione, imponendo al legislatore la modifica dell'art. 6 (con l. n. 586/1996), che prevede ora un premio di addestramento e formazione tecnica riconosciuto alla società sportiva presso la quale l'atleta ha svolto la sua ultima attività dilettantistica o giovanile; sono seguite, negli ultimi anni, altre decisioni che hanno avuto ad oggetto le limitazioni poste dagli ordinamenti sportivi nazionali alla possibilità di schierare in campo atleti di nazionalità non comunitaria. Con l'art. 31, d.lgs. n. 36/2021, il vincolo sportivo è stato eliminato dal 1° luglio 2022 (e sarà progressivamente ridotta la durata dei vincoli precedentemente apposti), per tutti gli sportivi (anche per gli ex dilettanti).

b) Un esempio di contratto speciale molto risalente nel tempo merita invece di essere segnalato per la progressiva "attenuazione della specialità": il *lavoro nautico.* L'interesse pubblico alla sicurezza della navigazione ha indotto il legislatore delle origini a disciplinare separatamente e compiutamente questo rapporto di lavoro, nel *codice della navigazione.* Sia il contratto di lavoro (*contratto di arruolamento*), da una parte, sia le vicende del rapporto di lavoro (es. l'esercizio del potere disciplinare, la disciplina della prescrizione dei crediti retributivi) sono minuziosamente regolati in virtù delle peculiari finalità della disciplina, come abbiamo detto, e del particolare "contesto" nel quale la prestazione è organizzata.

La questione più interessante, da un punto di vista sistematico, è posta dall'art. 1 cod. nav.; dopo aver affermato che «in materia di navigazione, marittima, interna ed aerea, si applicano il presente codice, le leggi, i regolamenti, le norme corporative e gli usi ad essa relativi», infatti, così prosegue: «ove manchino disposizioni del diritto della navigazione e non ve ne siano di applicabili per analogia, si applica il diritto civile». L'individuazione delle "carenze" di norme speciali applicabili, direttamente o tramite analogia, si è accompagnata, negli interventi della giurisprudenza, alla valutazione della compatibilità tra la disciplina speciale e il rispetto dei principi generali sanciti dalla Costituzione.

Alcune questioni restano ancora aperte, ma molte sono state risolte grazie all'intervento della Corte costituzionale e della Corte di Giustizia. Significativi risultano, in particolare, le successive decisioni con le quali la Corte costituzionale, a partire dal 1987, ha ritenuto insufficiente il rinvio alla contrattazione collettiva (contenuto nel testo originario dell'art. 35 St. lav.) per l'applicazione integrale dello Statuto dei lavoratori, per poi affermare la necessità di applicare anche al personale navigante la disciplina generale dei licenziamenti individuali in tema di giustificazione del licenziamento e di reintegrazione in caso di licenziamento illegittimo, giungendo infine a riconoscere la diretta applicabilità, al personale delle imprese di navigazione, delle garanzie poste a tutela di diritti inviolabili del lavoratore assoggettato a sanzioni disciplinari[52]. Importante risulta anche la successiva pronuncia della Corte di Giustizia[53], nella quale la Corte ha da una parte ritenuto applicabile al lavoro marittimo la Direttiva CE 99/70, dall'altra ritenuto che la disciplina speciale del CTD contenuta nell'art. 326 cod. nav.[54] sia conforme alla direttiva stessa, in quanto prevede un limite, seppur diversamente formulato rispetto a quello applicabile ai contratti ordinari, alla durata dei successivi contratti a termine. La Cassazione[55] ha poi affermato che al CTD

---

[52] Le principali sentenze della Corte sono la n. 96/1987, la n. 41/1991 e la n. 364/1991.

[53] Corte di Giustizia 3.7.2014, C-362/13, C-363/13, C-407/134, *Fiamingo et alii.*

[54] «1. Il contratto a tempo determinato e quello per più viaggi non possono essere stipulati per una durata superiore ad un anno; se sono stipulati per una durata superiore, si considerano a tempo indeterminato. 2. Se, in forza di più contratti a viaggio, o di più contratti a tempo determinato, ovvero di più contratti dell'uno e dell'altro tipo, l'arruolato presta ininterrottamente servizio alle dipendenze dello stesso armatore per un tempo superiore ad un anno, il rapporto di arruolamento è regolato dalle norme concernenti il contratto a tempo indeterminato. 3. Agli effetti del comma precedente, la prestazione del servizio è considerata ininterrotta quando fra la cessazione di un contratto e la stipulazione del contratto successivo intercorre un periodo non superiore ai sessanta giorni».

[55] Cass. n. 62/2015.

nel settore marittimo si debba applicare la sola disciplina speciale contenuta nel codice della navigazione e *non* la disciplina comune.

Conclusivamente: facendo leva sul principio di eguaglianza (art. 3 Cost.), sono stati estesi ai lavoratori nautici molti diritti fondamentali riconosciuti agli altri lavoratori, così da poter ritenere che la "specialità" del rapporto si sia di molto attenuata[56], ma non sia completamente venuta meno.

c) Molte ragioni inducono a dedicare attenzione al *lavoro domestico*, tra le quali la "rilevanza sociale" del fenomeno seppure non accompagnata da un adeguato interesse della dottrina per lo studio di questo rapporto di lavoro speciale. Il rilievo del tema non è solo italiano, come testimonia l'approvazione nel 2011 della Convenzione OIL n. 198, *Decent Work for Domestic Workers*. Il tema presenta altresì profili di genere, sia perché la maggioranza dei lavoratori domestici sono donne, sia perché i destinatari dei servizi resi da questi "lavoratori invisibili"[57] sono le famiglie, e indirettamente, a causa della persistente divisione di genere delle responsabilità familiari, le donne[58]. Ancora – come hanno dimostrato molti studi di sociologia – una crescente componente della forza lavoro è straniera, con una preponderante presenza di lavoratrici e lavoratori extracomunitari.

Nel codice civile il lavoro degli «addetti ai servizi domestici» viene definito, regolato e contrattualizzato, superando, almeno formalmente e parzialmente, la «invisibilità giuridica» del fenomeno[59]. Andando a ritroso nel tempo, appaiono tra loro coerenti alcuni interventi normativi del diritto del lavoro corporativo: l'esclusione dei domestici dal campo di applicazione delle disciplina della durata legale della prestazione di lavoro (R.d.l. n. 692/1923) così come dall'area della contrattazione collettiva (R.d. n. 1130/1926); quest'ultima previsione, trasmigrerà nel codice civile, all'art. 2068 (c. 2: «Sono altresì sottratti alla disciplina del contratto collettivo

[56] Di specialità attenuata si può a maggior ragione parlare a proposito del *lavoro portuale*, con il passaggio dalla disciplina del codice della navigazione a quella introdotta con la riforma operata dalla l. n. 84/1994 (successivamente modificata dal d.lgs. n. 169/2016, in attuazione dell'art. 8, c. 1, lett. *f*), l. n. 124/2015, c.d. legge Madia). Anche se tutt'oggi residuano tratti di specialità (in materia di sicurezza del lavoro e di monopolio nella fornitura di lavoro temporaneo, in particolare), superata la disciplina del monopolio speciale del collocamento (grazie a importanti sentenze della CGE) e venuto meno l'impianto pubblicistico delle attività portuali, i già presenti dubbi in merito alla "specialità" del lavoro portuale risultano solidamente fondati.

[57] Uno dei problemi evidenziati, tra l'altro, dalle analisi dell'OIL, è la larga presenza di lavoro irregolare ("nero"), soprattutto per i lavoratori stranieri, che mina la possibilità di far valere i loro diritti.

[58] Il ricorso al lavoro domestico, soprattutto nella forma di lavoro di assistenza ad anziani, bambini e disabili ("badanti" e *babysitter*), ha rappresentato in tutto il mondo occidentale un sostituto del lavoro di cura storicamente svolto dalle donne, traducendosi così in uno strumento di *conciliazione* tra responsabilità familiari e lavoro salariato per le donne. La sua crescita è stata negli ultimi decenni esponenziale, in Italia, a fronte delle necessità di cura di soggetti "deboli" non sodisfatte dal sistema di *welfare*.

[59] Così Passaniti 2008, p. 234. Giuridicamente invisibili d'altronde quelle prestazioni di servizio non erano mai state, a dire il vero; rientravano infatti tra le locazioni delle opere espressamente considerate dal codice civile del 1865: la locazione di opere «per cui le persone obbligano la propria opera all'altrui servizio» (art. 1627, n. 1) soltanto «a tempo, o per una determinata impresa» (art. 1628) – «unica norma sostanziale» del codice di derivazione napoleonica «a tutela della libertà personale del lavoratore ed in opposizione al servaggio del diritto feudale» (Mengoni 1961, p. 20).

i rapporti di lavoro concernenti prestazioni di carattere personale o domestico»). Occorrerà l'intervento della Corte costituzionale, nel 1969[60], per sancire – entrata in vigore da 20 anni la Costituzione – l'illegittimità di quella previsione.

Il codice civile detta una disciplina essenziale del rapporto di lavoro domestico, negli artt. 2240-2246. Tenuto conto di quanto disposto dall'art. 2240 – «il rapporto di lavoro che ha per oggetto la prestazione di servizi di carattere domestico è regolato dalle disposizioni di questo capo e, in quanto più favorevoli al prestatore di lavoro, dalla convenzione e dagli usi» – è dubbio che si possa applicare a questo contratto quanto in generale previsto per i contratti di lavoro di cui sia parte un non imprenditore. Si dubita cioè della possibilità di integrare la disciplina speciale con la disciplina generale dei rapporti di lavoro subordinato, come prevede l'art. 2239 c.c., attraverso un giudizio di "compatibilità" della disciplina ordinaria con la disciplina speciale[61].

Il primo, e ad oggi unico, intervento del legislatore è rappresentato dalla l. n. 339/1958, tuttora vigente. La legge tuttavia ha un campo di applicazione limitato, perché si applica ai (soli) «rapporti di lavoro concernenti gli addetti ai servizi domestici che prestano la loro opera, continuativa e prevalente, di almeno 4 ore giornaliere presso lo stesso datore di lavoro». Importante risulta dunque il ruolo svolto dalla contrattazione collettiva, ormai consolidatasi.

Senza ricostruire in questa sede la disciplina complessiva del lavoro domestico, ci si può limitare a considerare due questioni che si pongono nell'area della disciplina dei licenziamenti e che riguardano in particolar modo le lavoratrici domestiche extracomunitarie.

La prima riguarda la libera recedibilità *ex* art. 2118 c.c., come confermata dalla prima proposizione dell'art. 4, l. n. 108/1990 (quanto meno per le lavoratrici che rientrino nel campo di applicazione della l. n. 339/1958): «fermo restando», però, «quanto previsto dall'articolo 3», che sancisce la nullità del «licenziamento determinato da ragioni discriminatorie», «indipendentemente dalla motivazione addotta» e «che comporta, quale che sia il numero dei dipendenti occupati dal datore di lavoro, le conseguenze previste dall'articolo 18» dello Statuto dei lavoratori (reintegrazione e risarcimento del danno, sia per coloro che sono ancora soggetti alla l. n. 92/2012, sia per coloro che sono soggetti al d.lgs. n. 23/2015: v. PT. VIII, Cap. II, Sez. I). Anche le lavoratrici domestiche verrebbero in queste circostanze a beneficiare di un *plus* di tutela, verosimilmente accordata dal legislatore per sanzionare un comportamento del datore di lavoro ritenuto particolarmente grave, perché lesivo di quella "pari dignità sociale" che la Costituzione garantisce a tutti i cittadini (art. 3, c. 1). All'indomani della l. n. 108/1990, l'estensione della reintegrazione alle lavoratrici domestiche appariva quasi sicuramente destinata all'ineffettività, e così è stato. Certo la composizione etnica e religiosa, oltre che di genere, dei lavoratori domestici offrirebbe astrattamente un importante ambito di intervento della repressione di odiosi fenomeni di discriminazione: astrattamente, appunto.

---

[60] Corte cost. n. 68/1969.

[61] Titolo IV – Del lavoro subordinato in particolari rapporti – Capo I – Disposizioni generali, art. 2239. Norme applicabili. «I rapporti di lavoro subordinato che non sono inerenti all'esercizio di un'impresa sono regolati dalle disposizioni delle sezioni II, III, IV del capo I del titolo II, *in quanto compatibili con la specialità del rapporto*».

La seconda questione riguarda la incompleta equiparazione delle lavoratrici domestiche alle "altre" lavoratrici subordinate in punto di tutela contro il licenziamento correlato alla maternità (v. PT. V, Cap. II). Nel 1974 (sentenza n. 27), nel 1976 (sentenza n. 9), e ancora nel 1994 (sentenza n. 86), la Corte costituzionale ha ritenuto legittima la tutela differenziata (e inferiore). Secondo la Corte, la piena equiparazione è incompatibile con la *specialità* del lavoro domestico per almeno due ragioni: un divieto di recesso dal rapporto prolungato per ventun mesi – dall'inizio della gravidanza al compimento di un anno del figlio – sarebbe un vincolo eccessivamente gravoso per l'economia familiare; mentre per la lavoratrice in un'impresa «il periodo di interdizione dal lavoro comporta *naturaliter* l'assenza dal luogo di lavoro», la «sospensione del titolo di ammissione alla convivenza familiare richiederebbe comunque una disposizione *ad hoc* e comunque comporterebbe «implicazioni pratiche» che «eccederebbero ogni ragionevole tollerabilità di una famiglia media». Il peculiare "contesto" nel quale si svolge l'altrettanto peculiare rapporto di lavoro[62] influisce dunque sui diritti riconosciuti a questi lavoratori, tuttora destinatari di minori diritti e minori protezioni, in punto di diritto e di fatto.

La pandemia – con tutti i problemi connessi prima al *lockdown*, poi all'uso di dispositivi di protezione individuale e all'obbligo di vaccinazione e di *Green pass*, alla qualificazione dell'assenza per quarantena (e così via enumerando i molti problemi, a partire dal mancato riconoscimento degli ammortizzatori sociali, pure ampiamente estesi a molte categorie di lavoratori "deboli") – ha messo ancora una volta in evidenza la fragilità di quel settore del mercato del lavoro e la scarsa attenzione riservata alle persone che svolgono quella attività nell'ambito familiare.

d) Di "particolare contesto" si deve parlare, da un diverso punto di vista, per quanto riguarda il *lavoro dei detenuti* così come molte sono, come diremo, le peculiarità del rapporto di lavoro instaurato con l'amministrazione penitenziaria o con datori di lavoro privati.

Per lungo tempo, sino alla riforma dell'ordinamento penitenziario introdotta con la l. n. 354/1975, il lavoro svolto dai detenuti svolgeva una funzione esclusivamente punitiva. Era del resto il R.d. n. 787/1931 a stabilire che «in ogni stabilimento carcerario le pene si scontano con l'obbligo del lavoro». Il cambiamento di prospettiva nella considerazione del lavoro dei detenuti si è avuto con la disciplina del 1975 (legge Smuraglia): in coerenza con il disposto costituzionale (art. 27, c. 3) secondo cui «le pene non possono consistere in trattamenti contrari al senso di umanità e devono tendere alla rieducazione del condannato», il lavoro perde il carattere meramente afflittivo per acquistare la funzione rieducativa e di reinserimento del detenuto nella società. Una prima peculiarità del lavoro carcerario, dunque, è rappresentata dalla sua *finalità*.

---

[62] Non a caso la Corte si riferiva alla modalità più particolare e problematica di lavoro domestico, quella della convivenza, che oggi interessa particolarmente le badanti migranti, il *côté* fragile del lavoro domestico. Dieci anni dopo la pronuncia della Corte, il codice in materia di protezione dei dati personali (d.lgs. n. 196/2003, oggi modificato dal d.lgs. n. 101/2018) opportunamente sanciva (e sancisce anche oggi) l'obbligo del datore di lavoro di garantire al lavoratore domestico – come al telelavoratore e al lavoratore agile, dopo le modifiche apportate nel 2018 – «il rispetto della sua personalità e della sua libertà morale», da una parte, e, dall'altra, il dovere del lavoratore domestico di «mantenere la necessaria riservatezza per tutto quanto si riferisce alla vita familiare» (art. 115).

Il lavoro dei detenuti – anche extracomunitari, secondo una Circolare ministeriale degli anni '90 – è regolato dagli artt. 15 e da 20 a 25-*bis* della citata l. n. 354/1975, come modificata dal d.lgs. n. 124/2018.

Un carattere peculiare del lavoro dei detenuti era la sua obbligatorietà. L'obbligo di prestare l'attività lavorativa da parte del detenuto non discende da un contratto di lavoro, ma dalla sentenza di condanna. Il detenuto può essere adibito al lavoro, secondo le decisioni prese dall'Amministrazione carceraria, ma quest'ultima non è obbligata ad assicurare ai detenuti un'attività lavorativa, essendo tenuta a farlo soltanto nei limiti del possibile (e i detenuti che effettivamente accedono al lavoro sono oggi una minoranza). Non è dunque previsto un diritto soggettivo del detenuto a svolgere attività lavorativa, bensì una semplice aspettativa. La recente complessiva riforma dell'ordinamento penitenziario – con i tre dd.llgs. nn. 121, 123 e 124 del 2018, in attuazione legge-delega n. 103/2017 (c.d. riforma Orlando) – ha eliminato l'obbligatorietà e ampliato la potenziale platea delle persone ammissibili al lavoro (e a lavori di pubblica utilità: art. 20-*ter*), configurato come un elemento del trattamento riabilitativo.

Il detenuto può essere avviato al lavoro alle dipendenze dell'Amministrazione carceraria (c.d. *lavoro intramurario*: lavorazioni per conto terzi o servizi interni). Per quanto concerne, specificamente, l'accesso al lavoro dei detenuti, spicca, quale tratto caratterizzante della disciplina, il ruolo attribuito all'Amministrazione carceraria e al Magistrato di sorveglianza [63]. L'accesso al lavoro, data la situazione del detenuto, non è libero, o affidato a meccanismi di selezione "di mercato", ma definito secondo regole burocratiche che ricordano, almeno in parte, l'ormai superato sistema del collocamento dei lavoratori (v. PT. IV, Cap. I, § 2). L'adibizione al lavoro avviene nel rispetto di graduatorie fissate in due apposite liste, delle quali una generica e l'altra per qualifica o mestiere, tenendo conto «esclusivamente dell'anzianità di disoccupazione durante lo stato di detenzione e di internamento, dei carichi familiari, e delle abilità lavorative possedute, e privilegiando, a parità di condizioni, i condannati» (art. 20, c. 5) [64].

---

[63] Al Magistrato di sorveglianza era anche affidata (art. 69 l. n. 354/1975) la competenza a pronunciarsi sui "reclami" dei detenuti in materia di lavoro: la Corte costituzionale (sentenza n. 341/2006) ha invece ritenuto che debba essere garantita ai lavoratori detenuti la necessaria tutela giurisdizionale dei diritti nascenti dai rapporti di lavoro instauratisi nell'ambito dell'organizzazione penitenziaria. La procedura interna prevista originariamente dalla legge, peraltro, negava la tutela giurisdizionale anche ai datori di lavoro dei detenuti, che non devono invece «subire indirettamente menomazioni della propria sfera giuridica per il solo fatto di aver stipulato contratti con persone sottoposte a restrizione della libertà personale». Ferma la legittimità di modalità di esecuzione della pena che rendano necessaria la limitazione di taluni diritti proprio del rapporto di lavoro, la Corte ha infine ribadito (così già la sentenza n. 49/1992) la illegittimità costituzionale di ogni «irrazionale ingiustificata discriminazione», con riguardo ai diritti inerenti alle prestazioni lavorative, tra i detenuti e gli altri cittadini.

[64] Per la formazione delle graduatorie all'interno delle liste è istituita, presso ogni istituto, una commissione «composta dal direttore o altro dirigente penitenziario delegato, dai responsabili dell'area sicurezza e dell'area giuridico-pedagogica, dal dirigente sanitario della struttura penitenziaria, da un funzionario dell'ufficio per l'esecuzione penale esterna, dal direttore del centro per l'impiego o da un suo delegato, da un rappresentante sindacale unitariamente designato dalle organizzazioni sindacali comparativamente più rappresentative a livello nazionale e un rappresentante unitariamente designato dalle organizzazioni sindacali comparativamente più rappresentative a livello terri-

Il lavoro penitenziario non ha carattere afflittivo e deve essere remunerato (art. 20, c. 2). Inoltre, per esplicita previsione di legge (art. 20, c. 3), «l'organizzazione e i metodi del lavoro penitenziario devono riflettere quelli del lavoro nella società libera al fine di far acquisire ai soggetti una preparazione professionale adeguata alle normali condizioni lavorative per agevolarne il reinserimento sociale».

La durata delle prestazioni lavorative non può superare i limiti stabiliti dalle leggi vigenti in materia di lavoro e sono garantiti il riposo festivo, il riposo annuale retribuito [65] e la tutela assicurativa e previdenziale (art. 20, c. 13). La remunerazione per ciascuna categoria di detenuti e internati che lavorano alle dipendenze dell'amministrazione penitenziaria «è stabilita, in relazione alla quantità e qualità del lavoro prestato, in misura pari ai due terzi del trattamento economico previsto dai contratti collettivi» (art. 22, c. 1) [66]. Sulla remunerazione spettante ai condannati sono prelevate le somme dovute a titolo di risarcimento del danno e di rimborso delle spese di procedimento, nonché le somme di mantenimento (cioè quelle per alimenti e corredo).

In alternativa al lavoro intramurario, il detenuto può essere avviato – se le condizioni di sicurezza, valutate dal Magistrato di sorveglianza, lo consentono – al lavoro esterno, alle dipendenze di un datore di lavoro (cooperativa sociale e altro soggetto pubblico o privato) con il quale l'amministrazione penitenziaria dell'istituto, o l'amministrazione centrale, abbiano stipulato apposite convenzioni [67]. Le convenzioni disciplinano l'oggetto e le condizioni di svolgimento dell'attività lavorativa, la formazione e il trattamento retributivo, senza oneri a carico della finanza pubblica (art. 20, c. 8). Nel caso del lavoro alle dipendenze di terzi, il rapporto si svolge, in linea di principio, alla stregua di un ordinario rapporto di lavoro. Tuttavia la retribuzione de-

---

toriale» (art. 20, c. 4). Alle riunioni della commissione partecipa senza potere deliberativo un rappresentante dei detenuti, designato per sorteggio secondo le modalità indicate nel regolamento interno dell'istituto (art. 20, c. 6).

[65] Così la novella del 2018, dopo che Corte cost. n. 158/2001 aveva ritenuto che al detenuto debba essere riconosciuto, come a qualsiasi altro lavoratore, il diritto alle ferie annuali retribuite (art. 36, c. 3, Cost.), al fine della reintegrazione delle energie psicofisiche. Le concrete modalità (di forme e tempo) di realizzazione del periodo annuale continuativo retribuito (con sospensione dell'attività lavorativa), dedicato al riposo o ad attività alternative esistenti nell'istituto carcerario, dovranno naturalmente essere compatibili con lo stato di detenzione, diversificandosi per il lavoro intramurario e per il lavoro esterno, secondo quando preveda la legge, il giudice, l'amministrazione penitenziaria.

[66] Corte cost. n. 1087/1988 ha riconosciuto la legittimità di tale previsione, ritenendo che comunque il lavoratore detenuto possa rivolgersi al giudice, «il quale può disapplicare l'atto determinativo della mercede se importi violazione» dei criteri di proporzionalità e sufficienza della retribuzione di cui all'art. 36 Cost.

[67] Al di là delle specifiche previsioni che riguardano le cooperative sociali, molte rilevanti agevolazioni (tipicamente nella forma di crediti di imposta) sono previste dal legislatore a favore di tutti i datori di lavoro che occupino detenuti o che siano committenti di lavorazioni da svolgere all'interno degli istituti. Le statistiche dimostrano che la recidiva diminuisce drasticamente quando ai detenuti sono offerte occasioni di formazione e di lavoro in ambienti e condizioni analoghe a quelle "libere". Negli ultimi anni sono cresciute le iniziative economiche svolte avvalendosi del lavoro dei detenuti; basti qui citare il caso di *Giotto*, pasticceria del carcere di Padova, e del ristorante InGalera, nel carcere di Bollate.

ve essere versata dal datore di lavoro alla direzione dell'istituto, che provvederà ai prelievi di cui si è già detto, accreditando il residuo (che non può comunque essere inferiore a tre quarti della mercede) nel conto del detenuto (il c.d. peculio), e il lavoro deve svolgersi sotto il diretto controllo della direzione dell'istituto.

Il detenuto può essere anche ammesso a svolgere lavoro autonomo. I detenuti e gli internati, in considerazione delle loro attitudini, possono essere infatti ammessi a esercitare, per proprio conto, attività artigianali, intellettuali o artistiche, nell'ambito del programma di trattamento e anche a esercitare attività di produzione di beni da destinare all'autoconsumo, anche in alternativa alla normale attività lavorativa (art. 20, cc. 11-12).

5. *L'apprendistato*

L'apprendistato è una forma di lavoro tradizionalmente prevista nel nostro ordinamento. Contemplato già dal codice civile del 1942 con la denominazione di «tirocinio» (artt. 2130-2134 c.c.), e regolato nel dettaglio dalla l. n. 25/1955, ha subito successivi aggiustamenti nel corso degli anni '80 e '90 del secolo scorso[68]. Nella convinzione che possa favorire l'ingresso dei giovani nel mondo del lavoro, l'apprendistato è stato oggetto di una importante riforma con il d.lgs. n. 276/2003 (artt. 47 ss.). Tale disciplina è stata ulteriormente rivisitata e raccolta in un Testo Unico (d.lgs. n. 167/2011) successivamente modificato prima dalla l. n. 92/2012 e poi dal d.l. n. 34/2014, convertito con modificazioni dalla l. n. 78/2014[69].

Da ultimo, la materia dell'apprendistato (almeno quella di competenza legislativa statale) è confluita, con modifiche, nel Capo V (artt. 41-47) del d.lgs. n. 81/2015, con il quale è stato contestualmente abrogato il precedente Testo unico del 2011 (art. 55, c. 1, lett. *g*)[70].

Oggi, il contratto di apprendistato è definito dal legislatore come un contratto di lavoro a tempo indeterminato finalizzato alla formazione e alla occupazione dei giovani (art. 41, c. 1, d.lgs. n. 81/2015), anche se, come meglio si dirà tra poco, in situazione di eccezione, può riguardare anche lavoratori che giovani non sono.

5.1. *Causa del contratto di apprendistato e riconduzione dell'apprendistato a un ordinario rapporto di lavoro subordinato*

Il contratto di apprendistato è ricondotto al *genus* del lavoro subordinato, ma nello stesso tempo è considerato un *rapporto speciale* (v. *retro*, § 4). In tale senso depone

---

[68] Cfr. art. 21, l. n. 56/1997 e art. 16, l. n. 196/1997.

[69] Un ulteriore intervento si era peraltro già avuto ad opera del d.l. n. 76/2013 (conv. in l. n. 99/2013), con l'obiettivo di alleggerire l'obbligo di formazione di carattere trasversale dell'apprendista.

[70] Salvo quanto disposto dall'art. 47, c. 5, del d.lgs. n. 81/2015 che prevede l'applicazione della vigente disciplina in via transitoria e con la finalità di evitare lacune normative per le regioni e le province autonome e i settori ove la nuova disciplina non sia immediatamente operativa, ed egualmente dispone l'applicabilità delle regolazioni contrattuali vigenti in caso di assenza della offerta formativa pubblica relativa all'apprendistato professionalizzante (cfr. *infra*).

il codice civile (art. 2134: disposizione non esplicitamente abrogata) e analoga indicazione si trovava nell'ormai abrogata l. n. 25/1955 (art. 2)[71].

Quanto alla causa, il contratto di apprendistato è usualmente (ma non univocamente) ricondotto tra i *contratti a causa mista*, per la ragione che con esso si realizza non uno scambio tra prestazione lavorativa e retribuzione, ma uno scambio tra lavoro, da una parte, e retribuzione e formazione dall'altra, gravando sul datore di lavoro l'obbligo di impartire all'apprendista la formazione necessaria ad acquisire competenze tecniche che accrescano le sue abilità professionali[72].

L'effetto principale della concezione secondo la quale la formazione è elemento essenziale e indefettibile del contratto di apprendistato, entrando a far parte della causa negoziale, si produce sotto il profilo delle conseguenze dell'inadempimento dell'obbligo formativo. Un contratto di apprendistato eseguito senza svolgimento della formazione a cui è tenuto il datore è un contratto del quale non si è realizzata la causa. Perdendo i suoi tratti di specialità, può ben essere ricondotto ad un ordinario contratto di lavoro subordinato a tempo indeterminato, senza che possa trovare applicazione la specifica disciplina dell'apprendistato, essendosi il rapporto esaurito nello scambio tra retribuzione e prestazione lavorativa[73]. Ad eguale sorte si ritiene siano sottoposti i rapporti aventi ad oggetto lo svolgimento di attività assolutamente elementari o routinarie, non integrate da un effettivo apporto didattico e formativo di natura teorica e pratica[74], i rapporti con lavoratori che abbiano già in precedenza effettuato, presso la medesima azienda, le mansioni tipiche della qualifica che il contratto di apprendistato successivo punta a far ottenere allo stesso lavoratore[75] o, ancora, i rapporti con lavoratori in possesso, al momento dell'assunzione in apprendistato, di titoli di studio che implicano una formazione comprendente quella da raggiungere attraverso l'apprendistato[76].

Sarebbe tuttavia errato ritenere che l'inesatto adempimento dell'obbligo formativo da parte del datore di lavoro ne determini sempre e comunque la trasformazione, sin dall'inizio, in un ordinario rapporto di lavoro subordinato a tempo indeterminato: la trasformazione non avviene ove la causa del contratto sia comunque realizzata, e cioè quando l'inadempimento non incida in modo determinante sulla finalità formativa dell'apprendistato[77]. Si ha invece trasformazione *ab origine* quando l'inadempimento abbia «un'obiettiva rilevanza, concretizzandosi nella totale mancanza di formazione,

---

[71] Ai sensi dell'art. 2134 c.c. l'apprendistato è uno speciale rapporto di lavoro, in forza del quale l'imprenditore è obbligato ad impartire o a far impartire nella sua impresa, all'apprendista assunto alle sue dipendenze, l'insegnamento necessario perché possa conseguire la capacità tecnica per diventare lavoratore qualificato, utilizzandone l'opera nell'impresa medesima.

[72] App. Milano 6.12.2021, n. 1234; Cons. Stato, sez. V, n. 7865/2021.

[73] Cass. n. 11265/2013; Trib. Roma 5.4.2017. L'onere della prova in ordine all'effettiva attività di insegnamento impartita all'apprendista grava sul datore di lavoro (così Cass. n. 16571/2018; App. Milano 2.5.2019).

[74] Cass. n. 16571/2018; Cass. n. 14754/2014; Cass. n. 11265/2013; Cass. n. 6787/2002.

[75] Trib. Prato 11.4.2012.

[76] Cass. n. 19834/2010, relativa ad un apprendista in possesso del titolo di geometra addetto alle mansioni di disegnatore tecnico.

[77] Trib. Torino 24.4.2013. Secondo Trib. Roma 2.9.2019 la trasformazione si realizza solo ove l'inadempimento degli obblighi formativi sia di non scarsa importanza.

teorica e pratica, ovvero in una attività formativa carente o inadeguata rispetto agli obiettivi indicati nel progetto di formazione e trasfusi nel contratto»[78].

L'art. 47, c. 1, del d.lgs. n. 81/2015 indirettamente conferma tale soluzione. Esso infatti prevede che in caso di *inadempimento dell'obbligo formativo* rilevato in sede di verifica ispettiva il datore di lavoro possa sanare l'inosservanza adempiendo tempestivamente all'atto di disposizione adottato dal personale ispettivo: la riconduzione ad un ordinario rapporto di lavoro subordinato dovrà essere disposta invece quando, ad esempio, per l'esiguità del residuo periodo di apprendistato, non sia più materialmente possibile porre in essere, da parte del datore di lavoro, il tardivo adempimento dell'obbligo formativo.

La trasformazione non è stata riconosciuta in un caso in cui l'apprendista era stato temporaneamente adibito a mansioni in parte diverse da quelle dedotte in contratto, concretizzando, secondo la Cassazione «un inadempimento del datore di lavoro non rilevante nell'economia del rapporto che non invalida il contratto, sicché ne resta esclusa la conversione in rapporto di lavoro subordinato a tempo indeterminato»[79].

Al contrario, un inadempimento più grave, anche se non necessariamente connesso all'obbligo formativo, può determinare la conseguenza della trasformazione: è il caso ad esempio dell'apprendista inquadrato ad una qualifica iniziale al di sotto di oltre due livelli rispetto alla qualifica di destinazione[80].

La trasformazione – è bene sottolinearlo – legittima al recupero delle differenze di contribuzione e dei premi assicurativi, e fa sorgere in capo al lavoratore il diritto a ottenere le differenze retributive tra il salario d'ingresso percepito e la retribuzione corrispondente all'inquadramento dovuto[81].

5.2. *I tre tipi di apprendistato*

L'apprendistato è articolato in tre forme distinte: a) apprendistato per la *qualifica* e per il *diploma professionale*, il *diploma di istruzione secondaria superiore* e *il certificato di specializzazione tecnica superiore*; b) *apprendistato professionalizzante*; c) *apprendistato di alta formazione e ricerca*.

a) Il primo tipo di apprendistato riguarda i soggetti tra i quindici e i venticinque anni di età. L'assunzione in apprendistato, che può riguardare tutti i settori di attività, è funzionale all'acquisizione della qualifica, del diploma professionale, del certificato di specializzazione tecnica superiore, e si svolge in modo tale da coniugare la formazione effettuata in azienda con l'istruzione e la formazione svolta dalle istituzioni formative. Nella disciplina attuale non compare più la funzionalizzazione dell'apprendistato all'assolvimento dell'obbligo scolastico. La durata dell'apprendistato è determinata in ragione della qualifica o del diploma da conseguire e non può in ogni

---

[78] Cass. n. 15949/2021; in senso analogo già: Cass. n. 16595/2020; Cass. n. 16571/2018; Cass. n. 20103/2017.

[79] Cass. n. 4920/2014.

[80] App. Ancona 5.12.2013. Cfr. *infra*, § 5.3, ove è illustrata la regola del sotto-inquadramento dell'apprendista.

[81] Cass. n. 28359/2021. V. anche Cass. n. 4416/2021 secondo cui violazioni meramente formali non comportano la decadenza dalle agevolazioni contributive. Cfr. *infra*, § 5.3.

caso essere superiore a tre anni, o a quattro anni nel caso di diploma professionale quadriennale [82].

b) Il secondo tipo di apprendistato, il più diffuso, consente il conseguimento della qualifica professionale a fini contrattuali, cioè ai fini dell'inquadramento nel contratto collettivo applicato in azienda [83]. Questo contratto di apprendistato può essere concluso in qualsiasi settore di attività (privato o pubblico), ma è riservato ai soggetti di età compresa tra i diciotto e i ventinove anni [84]. La regola della limitazione all'accesso sulla base dell'età è tuttavia derogata nei casi previsti dall'art. 47, c. 4, d.lgs. n. 81/2015, ai sensi del quale è possibile assumere in apprendistato professionalizzante, ai fini della loro qualificazione o riqualificazione professionale e indipendentemente dall'età anagrafica, anche i lavoratori beneficiari di trattamenti di mobilità o di un trattamento di disoccupazione (e a decorrere dal 1° gennaio 2022 anche i lavoratori beneficiari del trattamento straordinario di integrazione salariale) [85].

Occorre sottolineare che la "qualifica" cui si riferisce la disciplina dell'apprendistato professionalizzante è differente da quella che si consegue attraverso l'apprendistato del primo tipo: la qualifica nell'apprendistato professionalizzante infatti non è un titolo inerente ai percorsi di istruzione o formazione professionale, ma è la qualifica utile ai fini dell'inquadramento contrattuale del lavoratore. La durata, compresa la durata minima, del periodo di apprendistato è demandata agli accordi interconfederali e ai contratti collettivi nazionali di lavoro stipulati dalle associazioni sindacali comparativamente più rappresentative sul piano nazionale. Essa però non può essere superiore a tre anni, ovvero cinque per i profili professionali caratterizzanti la figura dell'artigiano individuati dalla contrattazione collettiva di riferimento.

c) I soggetti tra i diciotto e i ventinove anni possono altresì essere parte di un contratto di apprendistato del terzo tipo (*apprendistato di alta formazione e di ricerca*). Destinatari esclusivi di questo contratto di apprendistato sono coloro che siano in possesso di diploma di istruzione secondaria superiore o di un diploma professionale conseguito nei percorsi di istruzione e formazione professionale integrato da un certificato di specializzazione tecnica superiore o del diploma di maturità professionale all'esito del corso annuale integrativo. L'apprendistato del terzo tipo è finalizzato al con-

---

[82] L'apprendistato, di durata non superiore a quattro anni, può anche riguardare i giovani iscritti a partire dal secondo anno dei percorsi di istruzione secondaria superiore, per l'acquisizione, oltre che del diploma di istruzione secondaria superiore, di ulteriori competenze tecnico-professionali rispetto a quelle già previste dai vigenti regolamenti scolastici, utili anche ai fini del conseguimento del certificato di specializzazione tecnica superiore.

[83] Più precisamente, come recita l'art. 44, c. 1, d.lgs. n. 81/2015, la qualificazione professionale al cui conseguimento è finalizzato il contratto è determinata dalle parti del contratto sulla base dei profili o qualificazioni professionali previsti per il settore di riferimento dai sistemi di inquadramento del personale di cui ai contratti collettivi stipulati dalle associazioni sindacali comparativamente più rappresentative sul piano nazionale.

[84] Per i soggetti in possesso di una qualifica professionale, conseguita ai sensi del d.lgs. n. 226/2005, il contratto di apprendistato professionalizzante può essere stipulato a partire dal diciassettesimo anno di età.

[85] Per tali rapporti però non vale la regola del libero recesso (art. 2118 c.c.) al termine del periodo di apprendistato che è invece regola comune in tutte le altre ipotesi. Ai sensi dell'art. 47, c. 4, ad essi si applica la disciplina ordinaria dei licenziamenti individuali.

seguimento dei titoli di studio universitari e dell'alta formazione, compresi i dottorati di ricerca, dei diplomi relativi ai percorsi degli istituti tecnici superiori, ovvero per lo svolgimento di attività di ricerca o del praticantato per l'accesso alle professioni c.d. ordinistiche (il cui esercizio è regolato dagli Ordini professionali).

Il contratto di apprendistato, in tutte le forme anzidette, può svolgersi anche nell'ambito di una somministrazione di lavoro a tempo indeterminato tramite agenzia di cui al Capo IV del d.lgs. n. 81/2015 [86].

5.3. *La disciplina comune ai tre tipi di apprendistato*

Dopo avere introdotto la tripartizione di cui si è detto, il Capo V del d.lgs. n. 81/2015 stabilisce una disciplina comune ai tre tipi di apprendistato, che non può essere oggetto di deroga, né per accordo collettivo, né per accordo individuale. Tale disciplina (contenuta nell'art. 41, cc. da 1 a 4, d.lgs. n. 81/2015) detta i requisiti di forma del contratto di apprendistato, definisce la durata minima del periodo di apprendistato, regola le modalità di recesso delle parti.

– Per quanto concerne *la forma*, il contratto di apprendistato deve essere concluso per iscritto. Il requisito non è però richiesto *ad substantiam*, cioè ai fini della validità del contratto, ma *ad probationem*. Contenuto obbligatorio del contratto è il piano formativo individuale redatto in forma sintetica, definito anche sulla base di moduli e formulari stabiliti dalla contrattazione collettiva o dagli enti bilaterali [87]. Nell'apprendistato di primo e di terzo tipo il piano formativo individuale è predisposto dalla istituzione formativa con il coinvolgimento dell'impresa.

– La durata del periodo di apprendistato non può essere inferiore a sei mesi. Vi sono tuttavia delle eccezioni per le attività stagionali, la cui durata è sovente inferiore al semestre: è previsto infatti (artt. 43, c. 8, e 44, c. 5, d.lgs. n. 81/2015) che in questa ipotesi i contratti collettivi (stipulati dalle associazioni sindacali comparativamente più rappresentative sul piano nazionale) possano definire specifiche modalità di svolgimento del contratto di apprendistato, compresa l'ipotesi di apprendistato a tempo determinato, sia nella forma dell'apprendistato professionalizzante, sia nelle altre due forme di apprendistato, a condizione in quest'ultimo caso, che il rapporto si svolga nelle Regioni o Provincie autonome che abbiano definito un sistema di alternanza scuola-lavoro.

– Con riferimento alle *modalità di estinzione* del rapporto, è previsto che *al termine* del *periodo di apprendistato* le parti possano recedere dal contratto, ai sensi dell'art. 2118 c.c. (quindi senza necessità di indicazione dei motivi), con preavviso decorrente dal medesimo termine. Durante il periodo di preavviso continua a trovare applica-

[86] Lo si deduce indirettamente dall'art. 42, c. 7, il quale esclude la possibilità di utilizzare apprendisti con contratto di somministrazione a tempo determinato.

[87] Nella giurisprudenza formatasi precedentemente all'introduzione della nuova disciplina si trova l'affermazione che la mancanza, nel contratto, del piano formativo individuale, stante il suo carattere essenziale, determina la nullità del contratto di apprendistato che, quindi, sin dal suo inizio va considerato un contratto di lavoro subordinato a tempo indeterminato, con conseguente diritto del lavoratore alle differenze retributive e venir meno del diritto del datore di lavoro agli incentivi economici e normativi applicati all'apprendistato. Cfr. Trib. Bergamo 25.1.2012; Trib. Sassari 20.7.2011.

zione la disciplina del contratto di apprendistato. Se nessuna delle parti recede, il rapporto prosegue come ordinario rapporto di lavoro subordinato a tempo indeterminato. È questa una conseguenza della qualificazione del contratto di apprendistato come contratto a tempo indeterminato (art. 41, c. 1, d.lgs. n. 81/2015). Nel caso di recesso del datore di lavoro intervenuto non al termine, ma *durante* il periodo di apprendistato trovano applicazione le discipline previste dalla normativa vigente per il licenziamento [88]. Esse sono differenziate a seconda del tipo di vizio (della giustificazione o formale/procedurale), a seconda delle dimensioni occupazionali del datore di lavoro e a seconda della data di assunzione dell'apprendista (prima o dopo il giorno 7.3.2015: *infra* PT. VIII, Cap. II). Con riferimento specifico ed esclusivo al solo contratto di apprendistato del primo tipo, costituisce giustificato motivo di licenziamento il mancato raggiungimento degli obiettivi formativi, come attestato dall'istituzione formativa.

– Salve le disposizioni di carattere imperativo sinora illustrate, la rimanente disciplina del contratto di apprendistato è rimessa ad accordi interconfederali ovvero ai contratti collettivi nazionali di lavoro stipulati dalle associazioni sindacali comparativamente più rappresentative sul piano nazionale. Il rinvio alle fonti collettive non è però privo di vincoli: queste devono infatti rispettare una serie di «principi» (così li chiama il legislatore: art. 42, c. 5, d.lgs. n. 81/2015) che in realtà sembrano configurarsi come vere e proprie norme atte a determinare nel dettaglio la disciplina del rapporto di lavoro dell'apprendista.

Tra i «principi» da rispettare spiccano anzitutto quelli relativi al *trattamento economico* dell'apprendista: è fatto divieto di retribuire l'apprendista attraverso la forma del cottimo (cfr. PT. VI, Cap. III, Sez. I), ed è previsto il *salario di ingresso*. Quest'ultimo, cioè la retribuzione ridotta che può essere corrisposta all'apprendista in ragione della sua incompleta qualificazione, può essere determinato dal contratto collettivo secondo due criteri alternativi. L'apprendista può essere inquadrato sino a *due livelli inferiori* rispetto al livello spettante in applicazione del CCNL ai lavoratori addetti a mansioni che richiedono qualificazioni corrispondenti a quelle al cui conseguimento è finalizzato; in alternativa, la retribuzione dell'apprendista può essere stabilita in misura percentuale rispetto a quella dovuta al lavoratore qualificato e può aumentare nel corso degli anni proporzionalmente all'anzianità di servizio. I due criteri rispecchiano le più diffuse modalità di definizione del salario di ingresso previste nei contratti collettivi di lavoro [89].

Altri «principi» riguardano taluni aspetti della *formazione* dovuta all'apprendista [90] e la possibilità di prolungare il periodo di apprendistato in caso di malattia, in-

---

[88] Non trovando quindi applicazione la disciplina del recesso *ante tempus* dal contratto a termine (Cass. n. 17373/2017; Cass. n. 3464/2019).

[89] Cfr. ad es. sul punto l'AI relativo all'apprendistato del 18.5.2016.

[90] Tra questi vi sono l'obbligo di un tutore o referente aziendale per l'apprendista; la possibilità di finanziare i percorsi formativi aziendali degli apprendisti per il tramite dei fondi paritetici interprofessionali, anche attraverso accordi con le regioni e le province autonome di Trento e Bolzano (cfr. art. 118, l. n. 388/2000 e art. 12, d.lgs. n. 276/2003); la possibilità del riconoscimento, sulla base dei risultati conseguiti nel percorso di formazione, esterna e interna alla impresa, della qualificazione professionale ai fini contrattuali e delle competenze acquisite ai fini del proseguimento

fortunio o altra causa di sospensione involontaria del lavoro, di durata superiore a trenta giorni [91].

Rimessa ai contratti collettivi è altresì la possibilità di definire forme e modalità per la conferma in servizio dell'apprendista al termine del percorso formativo al fine di ulteriori assunzioni in apprendistato (è il caso, ad esempio, della stipulazione con lo stesso soggetto di un contratto di apprendistato professionalizzante al termine di un contratto di apprendistato del primo tipo).

Limitata al solo apprendistato professionalizzante è invece la disposizione (art. 42, c. 8) che pone limiti all'assunzione di nuovi apprendisti da parte di datori di lavoro che non abbiano confermato in servizio un numero minimo di apprendisti al termine del periodo di apprendistato. La regola è volta a evitare che, approfittando della possibilità di recesso *ad nutum* riconosciuto alla conclusione del periodo di apprendistato, i datori di lavoro di procedano ad un sistematico *turnover* degli apprendisti, senza mai confermarne in servizio.

Più precisamente, la disposizione anzidetta prevede che esclusivamente per i datori di lavoro che occupano almeno cinquanta dipendenti, l'assunzione di nuovi apprendisti con contratto di apprendistato professionalizzante sia subordinata alla prosecuzione, a tempo indeterminato, del rapporto di lavoro al termine del periodo di apprendistato, nei trentasei mesi precedenti la nuova assunzione, di almeno il 20 per cento degli apprendisti dipendenti dallo stesso datore di lavoro [92]. Gli apprendisti assunti in violazione del limite sono considerati lavoratori subordinati a tempo indeterminato sin dalla data di costituzione del rapporto. La rigida regola appena enunciata è però attenuata dalla previsione che consente comunque l'assunzione di un (solo) apprendista, senza applicazione di alcuna sanzione, in caso di mancato rispetto della percentuale di conferma (ivi compreso il caso della totale mancata conferma). Ulteriore attenuazione della rigidità della regola può derivare da eventuali previsioni dei contratti collettivi nazionali di lavoro (stipulati dalle associazioni sindacali comparativamente più rappresentative sul piano nazionale) che sono autorizzati a introdurre deroghe ai limiti sopra indicati.

In ogni caso, il numero complessivo degli apprendisti che un datore di lavoro può assumere (direttamente o indirettamente per il tramite delle agenzie di somministrazione autorizzate) non può superare il rapporto di 3 a 2 rispetto ai lavoratori qualificati in servizio; per i datori di lavoro che occupano un numero di lavoratori inferiore a dieci unità il numero degli apprendisti non può superare il rapporto di 1 a 1. Speciali condizioni di favore sono previste per le imprese artigiane, per le quali trovano applicazione le disposizioni di cui all'art. 4, l. n. 443/1985, e per le imprese di più

---

degli studi nonché nei percorsi di istruzione degli adulti; la registrazione della formazione effettuata e della qualificazione professionale ai fini contrattuali eventualmente acquisita nel libretto formativo del cittadino (art. 2, c. 1, lett. *i*), d.lgs. n. 276/2003).

[91] Tale previsione recepisce le "aperture" alla prorogabilità del periodo di apprendistato affermate in giurisprudenza in vigenza della disciplina precedente: cfr. Cass. n. 20357/2010, secondo la quale il termine finale del contratto di apprendistato è differito in presenza di sospensioni della prestazione incidenti nel percorso formativo con onere di comunicazione all'apprendista di tale differimento prima della scadenza del suddetto termine.

[92] Dal computo della predetta percentuale sono esclusi i rapporti cessati per recesso durante il periodo di prova, per dimissioni o per licenziamento per giusta causa.

piccole dimensioni. Il datore di lavoro che non abbia alle proprie dipendenze lavoratori qualificati o specializzati, o che comunque ne abbia in numero inferiore a tre, può infatti assumere fino a tre apprendisti.

Tali limiti, diversamente dalle altre fattispecie di cui si è dato conto in precedenza, non sono derogabili attraverso la contrattazione collettiva.

– Occorre infine ricordare che, sotto il profilo delle misure di previdenza e assistenza sociale, gli apprendisti godono dell'assicurazione contro gli infortuni sul lavoro e le malattie professionali; dell'assicurazione contro le malattie; dell'assicurazione contro l'invalidità e vecchiaia; del trattamento per maternità; degli assegni per il nucleo familiare; nonché dell'assicurazione sociale per l'impiego, che garantisce il sostegno del reddito in caso di disoccupazione.

– L'assunzione in apprendistato è incentivata da un regime contributivo favorevole: l'aliquota a carico dei datori di lavoro per tutta la durata dell'apprendistato è di gran lunga inferiore a quella ordinaria. Al termine del periodo di apprendistato l'agevolazione contributiva viene riconosciuta per ulteriori dodici mesi. Fatte salve specifiche previsioni di legge o di contratto collettivo, i lavoratori assunti con contratto di apprendistato sono esclusi dal computo dei limiti numerici previsti da leggi e contratti collettivi per l'applicazione di particolari normative e istituti.

5.4. *Le fonti dell'obbligo formativo*

I profili regolativi della formazione dell'apprendista hanno dato luogo a diversi problemi ricostruttivi ed applicativi. Il problema più grave ha riguardato la ripartizione delle competenze legislative tra Stato e Regioni. La Corte costituzionale è stata chiamata in più occasioni a pronunciarsi sul punto [93]. In una prima occasione, con la sentenza n. 50/2005, la Corte ha distinto tra formazione pubblica (esterna) e formazione aziendale, affermando che la competenza esclusiva delle Regioni in materia di formazione professionale riguarda la formazione professionale pubblica (quella cioè assicurata dalle Regioni anche mediante accordi con strutture formative private), mentre la disciplina della formazione professionale che i datori di lavoro svolgono in ambito aziendale rientra nel sinallagma contrattuale e quindi nelle competenze dello Stato in materia di ordinamento civile (art. 117, c. 2, lett. *l*). Gli stessi giudici costituzionali, peraltro, consapevoli che le due modalità di formazione possono non presentarsi "allo stato puro", osservano che occorre comporre le eventuali interferenze ricorrendo al principio di leale collaborazione [94].

Successivamente, con la sentenza n. 176/2010 [95], la Corte ha sancito l'illegittimità costituzionale dell'art. 49, d.lgs. n. 276/2003, come modificato dall'art. 23, c. 2, d.l. n. 112/2008 (disposizione oggi abrogata), nella parte in cui, cercando di ovviare alla mancata adozione di discipline da parte di varie Regioni, attribuiva alla contrattazione col-

[93] Corte cost. n. 50/2005; Corte cost. n. 406/2006; Corte cost. n. 425/2006; Corte cost. n. 21/2007; Corte cost. n. 24/2007; Corte cost. n. 176/2010.

[94] Sulla presenza di interferenze v. Corte cost. n. 406/2006; ma anche Corte cost. n. 21/2007; Corte cost. n. 24/2007.

[95] Corte cost. n. 176/2010.

lettiva e agli enti bilaterali la funzione di fonte esclusiva di regolamentazione dei profili formativi nell'apprendistato professionalizzante.

Nella disciplina attuale il ruolo regolativo delle discipline regionali è differenziato nelle tre forme di apprendistato previste.

Nell'apprendistato professionalizzante la definizione della durata e delle modalità mediante le quali è impartita la formazione per l'acquisizione delle competenze tecnico-professionali e specialistiche, cioè della formazione effettivamente professionalizzante, è rimessa agli accordi interconfederali e ai contratti collettivi nazionali di lavoro stipulati dalle associazioni sindacali comparativamente più rappresentative sul piano nazionale. Alle Regioni e alle Provincie autonome è affidata l'offerta di formazione pubblica di carattere trasversale e di base che deve essere limitata, nel monte ore complessivo, a non più di 120 ore per la durata del triennio. Importante è la disposizione che pone l'onere per gli enti locali di comunicare al datore di lavoro, entro 45 giorni dalla comunicazione dell'instaurazione del rapporto di lavoro con l'apprendista, le modalità di svolgimento della formazione pubblica, anche con riferimento ai calendari e alle sedi di svolgimento: ne consegue che l'inadempimento dell'obbligo formativo di carattere pubblico non è imputabile al datore di lavoro ove gli enti onerati non abbiano provveduto alla suddetta comunicazione.

Anche la durata del periodo di formazione è rimessa alla contrattazione collettiva e non può comunque essere superiore a tre anni, o cinque per i profili professionali caratterizzanti la figura dell'artigiano.

Nell'apprendistato del primo tipo la regolamentazione è rimessa alle Regioni e alle Province autonome di Trento e Bolzano. Anche per l'apprendistato di alta formazione e di ricerca, la regolamentazione degli aspetti formativi è rimessa alle Regioni, "sentite" le organizzazioni sindacali e altri soggetti coinvolti (ad esempio le Università e le istituzioni formative o di ricerca).

Temendo l'inerzia delle Regioni, il legislatore ha previsto che in assenza di regolamentazioni regionali l'attivazione dell'apprendistato del primo e del terzo tipo sia rimessa a decreti adottati dal Ministero del lavoro e delle politiche sociali. Con d.m. 12.10.2015 sono stati definiti gli standard formativi dell'apprendistato e criteri generali per la realizzazione dei percorsi di apprendistato, in attuazione dell'art. 46, c. 1, d.lgs. n. 81/2105.

Comune al primo e al terzo tipo di apprendistato è anche la disciplina della retribuzione da corrispondere all'apprendista nelle ore di svolgimento della formazione. Fatte salve le diverse previsioni dei contratti collettivi, per le ore di formazione svolte nella istituzione formativa l'apprendista non è retribuito; per le ore di formazione a carico del datore di lavoro è invece riconosciuta al lavoratore una retribuzione pari al 10 per cento di quella che gli sarebbe dovuta.

Resta fermo, e ciò vale per tutti i tipi di apprendistato, che gli standard formativi dell'apprendistato sono definiti con decreto ministeriale, previa intesa in sede di Conferenza permanente per i rapporti tra lo Stato, le regioni e le province autonome di Trento e Bolzano.

5.5. *La disciplina sanzionatoria*

Uno specifico apparato di sanzioni amministrative è previsto a fronte della violazione dei principali obblighi previsti dalla disciplina dell'apprendistato. Anzitutto, in caso di inadempimento nella erogazione della formazione a carico del datore di lavoro di cui sia esclusivamente responsabile il datore di lavoro e che sia tale da impedire la realizzazione delle finalità delle diverse forme di apprendistato, il datore di lavoro è tenuto a versare la differenza tra la contribuzione versata e quella dovuta con riferimento al livello di inquadramento contrattuale superiore che sarebbe stato raggiunto dal lavoratore al termine del periodo di apprendistato, maggiorata del 100%, con esclusione di qualsiasi altra sanzione per omessa contribuzione. Una sanzione amministrativa (da 100 a 600 euro) è prevista nel caso di mancanza di forma scritta del contratto e di assenza del piano formativo individuale nonché in caso di violazione delle previsioni contrattuali collettive attuative a) del divieto di retribuire a cottimo l'apprendista; b) del limite del sotto-inquadramento dell'apprendista (o della riduzione della retribuzione in proporzione all'anzianità di servizio); c) dell'obbligo di un tutore o referente aziendale[96]. In queste ipotesi l'art. 47, c. 2 del d.lgs. n. 81/2015 prevede che l'illecito sia accertato «nei modi e nelle forme di cui all'articolo 13, del decreto legislativo 23 aprile 2004, n. 124». Ne deriva che tali illeciti sono suscettibili di diffida, e nel caso di (pur tardiva) regolarizzazione il trasgressore godrà dell'abbattimento della relativa sanzione (v. PT. IX).

---

[96] Rimane priva di sanzione amministrativa l'ipotesi della violazione della durata minima del contratto (sei mesi, fatto salvo quanto previsto per le attività stagionali), opponendosi ad estensioni delle fattispecie di illecito il principio di legalità di cui alla l. n. 689/1981.

PARTE IV

LA TUTELA DEL LAVORO NEL MERCATO

Capitolo I

POLITICHE ATTIVE DEL LAVORO E ACCESSO AL LAVORO

1. *La protezione del lavoratore nel mercato: le politiche attive del lavoro*

Accanto alle discipline che, assegnando diritti al lavoratore o limitando i poteri del datore di lavoro, garantiscono la protezione del prestatore nel rapporto di lavoro, ve ne sono altre volte a fornire sostegno al lavoratore nel mercato del lavoro. Come meglio si vedrà nel prosieguo della trattazione, alcuni interventi normativi possono essere ascritti alle misure di *politica attiva del lavoro*: tali sono, ad esempio, quelli volti a favorire l'inserimento, o il reinserimento, nel mercato del lavoro di coloro che cercano occupazione. Altri interventi, invece, si configurano quali misure di *politica passiva del lavoro*: rientrano in tale categoria le misure di assistenza economica a coloro che si trovano in stato di disoccupazione, o le forme di sostegno al reddito per i lavoratori destinatari di provvedimenti di sospensione del rapporto di lavoro.

Più in generale, rientrano nel novero delle discipline del mercato del lavoro: le norme volte a regolare e a facilitare l'incontro tra domanda e offerta di lavoro e in particolare ad agevolare il lavoratore nella ricerca di occupazione; le norme che favoriscono l'occupabilità dei lavoratori, ad esempio promuovendo l'adeguamento delle competenze professionali attraverso iniziative di formazione, oppure prevedendo, per certe categorie di essi, incentivi economici destinati ai datori di lavoro disposti ad assumerli; le norme che forniscono sostegno economico al lavoratore in caso di disoccupazione o di riduzione o sospensione dell'attività lavorativa; le norme che impongono ai datori di lavoro l'assunzione di lavoratori disabili.

Peraltro, crescente importanza hanno ormai assunto le misure di raccordo tra politiche attive e passive del lavoro. Assai diffuso, in tale contesto, è lo strumento della c.d. condizionalità (v. *infra*, Cap. III), in base al quale l'erogazione da parte del soggetto pubblico di sussidi o servizi è subordinato al compimento, da parte del soggetto beneficiario, di comportamenti volti a uscire dallo stato di bisogno per il quale il sussidio o il servizio è erogato.

Il forte rilancio delle politiche attive del lavoro è l'obiettivo del recente programma GOL ("Garanzia di Occupabilità dei Lavoratori") adottato dal Governo nell'ambito del Piano Nazionale di Ripresa e Resilienza – PNRR 2021/2025.

Il programma prevede l'adozione di un Piano Nuove Competenze di carattere nazionale e di Piani a livello regionali, nel rispetto delle competenze regionali in tema di politiche del lavoro e di formazione (v. *retro*, PT. I, Cap. 1, § 5). È previsto il rafforzamento dei Centri per l'impiego e del "sistema duale" scuola-apprendistato, rivolto ai giovani.

I destinatari del progetto sono i cittadini beneficiari di ammortizzatori sociali in costanza di rapporto di lavoro; i lavoratori fragili o vulnerabili; i giovani NEET; le donne in condizioni di svantaggio; i disabili; i lavoratori con più di 55 anni; i beneficiari di ammortizzatori sociali in assenza di rapporto di lavoro; i percettori del Reddito di cittadinanza; i disoccupati senza sostegno al reddito; i lavoratori autonomi che cessano l'attività; i lavoratori, subordinati o autonomi, con redditi molto bassi.

Il piano prevede cinque percorsi, differenziati in base all'esperienza lavorativa e alle caratteristiche del soggetto interessato: reinserimento lavorativo; aggiornamento attraverso interventi formativi prevalentemente di breve durata e dal contenuto professionalizzante; riqualificazione professionale; inclusione lavorativa, in collaborazione con la rete dei servizi territoriali educativi, sociali, sanitari, di conciliazione; ricollocazione collettiva di lavoratori in esubero in caso di crisi aziendale.

L'entità delle risorse pubbliche dedicate, diversamente da altre simili iniziative del passato, è assai rilevante.

2. *L'intermediazione tra domanda e offerta di lavoro (il monopolio pubblico del collocamento: origini, crisi e superamento)*

Tra le misure di politica attiva del lavoro, assumono particolare rilievo quelle previste dalle norme che regolano l'attività di intermediazione tra domanda e offerta di lavoro.

Agli albori della industrializzazione (che come sappiamo in Italia si sviluppò solo nella seconda metà dell'Ottocento), l'intermediazione era una delle attività svolte dalle organizzazioni sindacali: esse svolgevano tale attività senza fine di lucro, con il duplice obiettivo di verificare l'applicazione uniforme delle condizioni di lavoro (contenute a quell'epoca nei c.d. concordati di tariffa) e di incentivare la sindacalizzazione della forza lavoro. L'associazione sindacale forniva al proprio iscritto il servizio di avviamento al lavoro garantendo condizioni di impiego uniformi. In questo modo il sindacato sottraeva i lavoratori alla possibile concorrenza al ribasso dei disoccupati (in gran parte contadini che lasciavano le campagne per diventare operai nelle fabbriche del Nord); allo stesso tempo, gestendo i flussi di manodopera per le aziende, impediva che la concorrenza tra imprese si svolgesse attraverso la compressione del costo del lavoro, con svantaggio degli imprenditori che si impegnavano a rispettare i concordati di tariffa.

Accanto a quella svolta dai sindacati, che agivano senza fini di lucro, era presente (ma è tuttora presente, nonostante le norme penali che la reprimono), un'altra forma di intermediazione: quella parassitaria e talvolta malavitosa svolta da soggetti singoli, non di rado inseriti in più ampie organizzazioni dedite al "controllo del territorio", che, fungendo da collettori di manodopera, lucravano sul lavoro altrui. È il fenomeno dei c.d. *caporali*, dei capo-cottimo, di coloro che ancora oggi, per dirla con un'espressione francese molto significativa, praticano il *marchandage du travail*, ossia forniscono manodopera a soggetti terzi pretendendo, in cambio, una quota della retribuzione dovuta al lavoratore per l'attività svolta[1]. Non di rado, l'attività dei caporali si estende oltre l'intermediazione, realizzando ipotesi di *interposizione nei rapporti di lavoro*: il caporale (interposto) assume manodopera, fungendo da datore di lavoro formale e fittizio, ma le prestazioni dei lavoratori sono utilizzate da un soggetto terzo, cioè l'interponente (ovvero il datore di lavoro sostanziale).

L'esigenza di evitare che intermediari approfittino dello stato di bisogno del lavoratore disoccupato ha fatto sì che, nella ormai più che centenaria storia del diritto del lavoro, l'intermediazione svolta da soggetti privati e l'interposizione nelle prestazioni di lavoro non solo siano state considerate con sfavore, ma siano state drasticamente represse anche attraverso la previsione di un apparato sanzionatorio penalistico. Sempre al fine di impedire la intermediazione parassitaria a danno del lavoratore, oltre alle norme di carattere repressivo, vige, fino da tempi remoti e tutt'oggi, il principio della gratuità per il prestatore di lavoro dei servizi pubblici o privati di collocamento.

In Italia, a partire dagli anni '20 del secolo XX, e per più di settanta anni, è prevalsa la concezione secondo la quale il *collocamento* (cioè l'attività di mediazione tra domanda e offerta di lavoro) doveva considerarsi funzione pubblica, resa in forma gratuita da soggetti pubblici in regime di monopolio[2].

Il monopolio pubblico, è bene sottolinearlo, non rispondeva soltanto alla necessità di reprimere la mediazione parassitaria a danno dei lavoratori: la gestione statale dell'incontro tra domanda e offerta di lavoro doveva perseguire l'obiettivo, non meno importante, di un'equa distribuzione delle occasioni di lavoro tra disoccupati o inoccupati, a seconda delle caratteristiche professionali e della gravità dello stato di bisogno di ciascuno. L'attività degli Uffici pubblici del collocamento doveva contribuire alla realizzazione del diritto al lavoro, affermato all'art. 4 della Costituzione nel frattempo entrata in vigore.

---

[1] Quella del caporale è una figura ancora oggi presente in Italia nelle zone agricole, particolarmente del Sud, ma anche nelle zone periferiche e negli hinterland delle città del Nord, come ci dicono le cronache giornalistiche. In molte circostanze il caporale è un affiliato di organizzazioni malavitose che recluta manodopera non specializzata (manovali, braccianti, operai generici), spesso extracomunitaria, per inviarla al lavoro nero soprattutto in agricoltura (ad es. per la raccolta della verdura nei campi) o in edilizia (tipicamente nell'ambito di cantieri edili abusivi). Il lavoratore viene retribuito a giornata, ma una parte del salario è trattenuta dal caporale, che pertanto lucra in modo parassitario sul lavoro altrui. Sulla repressione penale del "caporalato", *infra*, § 6.

[2] Con il R.d.l. n. 1003/1928 e poi con il R.d.l. n. 1934/1938, il collocamento diventava oggetto di monopolio pubblico, e veniva esercitato attraverso i sindacati corporativi, che erano enti di diritto pubblico, regolati dalla l. n. 563/1926 (*retro*, PT. II, Sez. I). La mediazione privata, svolta con o senza fine di lucro, era vietata e sanzionata penalmente. Neppure la soppressione dell'ordinamento corporativo fece venir meno il principio del monopolio pubblico statale del collocamento di manodopera. La l. 29.4.1949, n. 264 confermò infatti l'impostazione vincolistica precedente: l'esigenza del controllo pubblico delle dinamiche del mercato del lavoro era evidentemente ancora fortemente sentita. All'affermazione, contenuta nell'art. 7, l. n. 264/1949, secondo cui «il collocamento è funzione pubblica» si aggiungeva il divieto di esercitare la mediazione gratuitamente e, a maggior ragione, con fine di lucro (cfr. art. 11, c. 1, e art. 27).

Ai sensi della l. n. 264/1949, gli Uffici pubblici del collocamento dovevano provvedere all'*avviamento* al lavoro (che si configurava quale procedimento amministrativo), sulla base delle richieste provenienti dai datori di lavoro intenzionati ad assumere manodopera. Le richieste erano *numeriche* e *non nominative*: contenevano cioè l'indicazione del numero di lavoratori da assumere, la qualifica e la categoria. All'individuazione del lavoratore da avviare al lavoro provvedeva l'Ufficio del collocamento, sulla base di *liste* formate mediante l'applicazione del criterio della priorità cronologica di iscrizione[3] e di ulteriori criteri di carattere sociale[4].

Solo in pochi casi la legge permetteva la deroga alla regola dell'assunzione, a seguito di richiesta numerica, dei soli lavoratori iscritti nelle liste[5]; in ogni caso, anche ove era possibile la richiesta nominativa[6], non era consentita l'assunzione diretta. Per procedere alla stipulazione del contratto di lavoro, il datore di lavoro doveva ottenere il *nulla osta* dall'Ufficio del collocamento competente (salvo il caso del passaggio diretto del lavoratore da un'azienda ad un'altra).

Il ruolo dei soggetti sindacali nella gestione del collocamento non scomparve del tutto: ai rappresentanti delle organizzazioni sindacali erano infatti riservati posti nelle *Commissioni* per la gestione delle funzioni del collocamento, costituite ai vari livelli di organizzazione del servizio (centrale, regionale, provinciale e circoscrizionale).

Nonostante la sua lunga vita, la l. n. 264/1949, è stata una delle leggi meno effettive e più largamente eluse del diritto del lavoro italiano. Nei fatti, la pretesa di governare il mercato del lavoro e le sue dinamiche in nome dell'equa ripartizione del lavoro attraverso una struttura burocratica che si avvaleva di procedure amministrative si è rivelata illusoria. La constatazione dello scarso funzionamento della legge non portò tuttavia a rapide riforme: solo nel 1991 venne rimossa la regola della richiesta numerica e fu generalizzata la regola della richiesta nominativa (art. 25, l. n. 223/1991); solo nel 1996 fu superata la necessità della richiesta preventiva di av-

---

[3] I lavoratori, ordinati secondo la priorità di iscrizione venivano classificati a seconda della loro condizione: si distinguevano così, ai sensi dell'art. 10, l. n. 264/1949, lavoratori disoccupati per effetto della cessazione del rapporto di lavoro immediatamente precedente al loro stato di disoccupazione; giovani di età inferiore ai 21 anni, ed altre persone in cerca di prima occupazione, o rinviati dalle armi; casalinghe in cerca di lavoro; pensionati in cerca di occupazione; lavoratori occupati in cerca di altra occupazione.

[4] Secondo l'art. 15, l. n. 264/1949: il carico familiare; l'anzianità di iscrizione nelle liste di collocamento; la situazione economica e patrimoniale; lo stato sanitario del nucleo familiare.

[5] Erano esonerati dall'obbligo dell'iscrizione nelle liste del collocamento il coniuge, i parenti e gli affini non oltre il 3° grado del datore di lavoro; il personale avente funzioni direttive; i lavoratori di concetto o specializzati assunti mediante concorso pubblico; i lavoratori esclusivamente a compartecipazione, compresi i mezzadri ed i coloni parziari; i domestici, i portieri, gli addetti a studi professionali e gli addetti ai servizi familiari; i lavoratori destinati ad aziende con non più di tre dipendenti oppure ad aziende rurali con non più di sei dipendenti, ma limitatamente a zone mistilingue o montane.

[6] La richiesta nominativa poteva riguardare, a titolo di esempio, i lavoratori destinati ad aziende che non avessero più di cinque dipendenti e, per i lavoratori destinati ad altre aziende, nei limiti di un decimo, sempre che la richiesta fosse per un numero di unità superiore alle nove; per i lavoratori di concetto oppure aventi una particolare specializzazione o qualificazione; per il personale destinato a compiti di fiducia connessi con la vigilanza e la custodia; per il primo avviamento di lavoratori in possesso di titoli di studio rilasciati da scuole professionali.

viamento al lavoro, con conseguente passaggio ad un sistema di assunzione diretta del lavoratore, senza necessità di nulla osta dell'Ufficio del collocamento e con il solo onere di comunicazione dell'instaurazione del rapporto di lavoro (art. 9-*bis*, c. 1, l. n. 608/1996).

Per giungere ad una complessiva riforma del vecchio sistema del collocamento si è dovuto attendere il d.lgs. n. 469/1997.

Il d.lgs. n. 469/1997 è stato abrogato (art. 34, c. 1, lett. *e*), d.lgs. n. 150/2015), ma alcuni dei capisaldi cui era ispirato sono ancora attuali, essendo stati ripresi nella legislazione vigente.

Il primo caposaldo è quello del superamento del monopolio pubblico del collocamento, attraverso la rimozione del divieto di mediazione privata.

La rimozione, nel 1997, del monopolio pubblico del collocamento non fu certo una misura imprevista. Mentre maturava l'iniziativa di riforma governativa, la CGE, con la pronuncia relativa al caso *Job Centre II*[7], dichiarò il monopolio pubblico del collocamento risalente alla l. n. 264/1949 non conforme ai principi della libera concorrenza e in contrasto con il divieto di abuso di posizione dominante, entrambi statuiti dal Trattato[8]. I giudici comunitari non stabilirono l'assoluta incompatibilità con i principi del Trattato dell'attribuzione ad organi pubblici della funzione di collocamento, ma, con argomentazione focalizzata sulle conseguenze prodotte dal regime di monopolio, ritennero illegittimo (per abuso di posizione dominante) un sistema, come quello italiano, oggettivamente non in grado di svolgere una efficace mediazione tra domanda e offerta di lavoro[9].

Nello stesso anno, inoltre, si verificava in seno all'OIL un *revirement* in materia di servizi pubblici del collocamento. Se nelle Convenzioni n. 88/1948 e n. 96/1949 emergeva chiaramente l'opzione a favore di un regime pubblico del collocamento, con la Convenzione n. 181/1997 venne riconosciuta alle agenzie private di collocamento la capacità di svolgere un ruolo positivo nel mercato del lavoro.

Il secondo caposaldo è quello dell'accesso selettivo degli operatori privati nell'attività di mediazione tra domanda e offerta di lavoro, accanto agli operatori pubblici.

Lo svolgimento da parte di soggetti privati dell'attività del collocamento è lecito, ma è assoggettato ad autorizzazione ministeriale e sottoposta ad una serie di vincoli e requisiti di affidabilità e di professionalità (v. *infra*, § 3).

L'intenzione del legislatore è di consentire l'attività di intermediazione a soggetti

---

[7] CGE 11.12.1997, C-55/96, *Job Centre II*.

[8] Tale affermazione presuppone di considerare, così come hanno fatto i giudici comunitari, l'attività di collocamento quale possibile oggetto di attività d'impresa, e quindi rilevante ai sensi del diritto della concorrenza UE.

[9] Secondo la CGE, lo Stato membro che vieti qualunque attività di mediazione e interposizione privata tra domanda e offerta di lavoro trasgredisce ai principi di libera concorrenza e al divieto di abuso di posizione dominante: se gli uffici pubblici di collocamento non sono palesemente in grado di soddisfare, per tutti i tipi di attività, la domanda esistente sul mercato del lavoro; se l'espletamento effettivo delle attività di collocamento da parte delle imprese private viene reso impossibile dal mantenimento in vigore di disposizioni di legge che vietano le dette attività comminando sanzioni penali e amministrative; se le attività di collocamento di cui trattasi possono estendersi a cittadini o territori di altri Stati membri. Tutte queste circostanze negative, secondo la Corte, connotavano la situazione italiana.

che possono favorire l'incontro tra domanda e offerta del lavoro, escludendo i soggetti inaffidabili, o addirittura malavitosi, che altrimenti finirebbero per svolgere attività a danno, e non a vantaggio, delle persone in cerca di occupazione.

Rispetto al sistema disegnato dal d.lgs. n. 469/1997, il d.lgs. n. 150/2015 cambia tuttavia rotta sotto il profilo dell'equilibrio tra competenze statali e regionali. La riforma del 1997 conferiva alle Regioni e agli enti locali funzioni e compiti di governo del mercato del lavoro (nell'ambito di una opzione federalista – rafforzata dalla successiva riforma dell'art. 117 Cost. ad opera della legge costituzionale n. 3/2001 – che attribuisce alla competenza concorrente tra Stato e Regioni la «tutela e sicurezza del lavoro», formula che si ritiene comprendere la disciplina dei servizi per l'impiego). La riforma del 2015 punta invece a una regolazione maggiormente centralizzata della materia, nel presupposto che la garanzia dei «livelli essenziali delle prestazioni» – di competenza esclusiva statale *ex* art. 117, c. 2., lett. *m*), Cost. – comprenda anche l'erogazione di servizi per l'impiego secondo *standard* comuni per tutti i cittadini sul piano nazionale.

3. *La rete dei servizi per l'impiego*

Nella riforma introdotta con il d.lgs. n. 150/2015, attuativo della legge-delega n. 183/2014 (per la parte relativa al riordino della normativa in materia di servizi per il lavoro e di politiche attive), il sistema misto pubblico/privato dei servizi per l'impiego è concepito come parte di una "rete" di soggetti che svolgono, in rapporto di collaborazione e complementarità, funzioni nell'ambito delle politiche del lavoro.

Di tale "rete", denominata *Rete Nazionale dei servizi per le politiche del lavoro* fanno parte: l'Agenzia Nazionale per le politiche attive del lavoro (ANPAL); le strutture regionali per le politiche attive del lavoro (Centri per l'impiego); l'INPS, in relazione alle competenze in materia di incentivi e strumenti a sostegno del reddito; l'INAIL, in relazione alle competenze in materia di reinserimento e di integrazione lavorativa delle persone con disabilità da lavoro; le Agenzie per il lavoro, di cui all'art. 4, d.lgs. n. 276/2003, gli altri soggetti autorizzati all'attività di intermediazione e i soggetti accreditati ai servizi per il lavoro; i fondi interprofessionali per la formazione continua di cui all'art. 118, l. n. 388/2000; i fondi bilaterali di cui all'art. 12, c. 4, d.lgs. n. 276/2003; l'Istituto per lo sviluppo della formazione professionale dei lavoratori (ISFOL); Italia Lavoro S.p.A.; il sistema delle Camere di commercio, industria, artigianato e agricoltura; le Università e gli istituti di scuola secondaria di secondo grado.

La rete, nel suo complesso, è preordinata a promuovere l'effettività del diritto al lavoro, alla formazione ed all'elevazione professionale previsti dagli artt. 1, 4, 35 e 37 della Costituzione e il diritto di ogni individuo ad accedere a servizi di collocamento gratuito di cui all'art. 29 CDFUE.

Il profilo rispetto al quale si avverte maggiormente la tendenza ad una nuova centralizzazione della regolazione concerne il ruolo attribuito all'ANPAL. Quest'ultima è chiamata a svolgere, in particolare, l'attività di coordinamento dei soggetti della rete in relazione: ai servizi per il lavoro; al collocamento dei disabili di cui alla l. n. 68/1999;

alle politiche di attivazione dei lavoratori disoccupati. All'ANPAL competono inoltre compiti nella definizione degli *standard* di servizio dei Centri per l'impiego regionali e, soprattutto, è demandata ad essa la definizione e la gestione di programmi per favorire il ripristino dei livelli essenziali delle prestazioni in materia di politiche attive del lavoro nelle Regioni ove questi non siano rispettati, nonché la possibilità di intervenire nella gestione diretta dei servizi per l'impiego e delle politiche attive del lavoro (al posto dei servizi territoriali regionali).

Ulteriori compiti riguardano la definizione delle metodologie per disegnare il profilo degli utenti (c.d. "profilazione") e la realizzazione di un sistema informativo unitario delle politiche del lavoro, nonché un portale per la registrazione nella Rete nazionale dei servizi per le politiche del lavoro.

Alla Rete, come si è detto, appartengono anche le strutture delle regioni (e delle province autonome di Trento e Bolzano) per le politiche attive del lavoro (artt. 11 e 18, d.lgs. n. 150/2015) denominate, in continuità con il sistema previgente, *Centri per l'impiego*. Essi svolgono, nei confronti dei disoccupati, dei lavoratori beneficiari di strumenti di sostegno al reddito in costanza di rapporto di lavoro e dei soggetti a rischio di disoccupazione, una serie di attività: orientamento, analisi delle competenze e costruzione del profilo dell'utente; ausilio alla ricerca di occupazione; avviamento ad attività di formazione ai fini della qualificazione e riqualificazione professionale, dell'autoimpiego e dell'inserimento lavorativo; accompagnamento al lavoro, anche attraverso l'utilizzo dell'assegno di ricollocazione (su cui v. *infra*, Cap. III, § 6); promozione di esperienze lavorative, compresi i tirocini; gestione di incentivi all'attività di lavoro autonomo; gestione di incentivi alla mobilità territoriale; gestione di strumenti finalizzati alla conciliazione dei tempi di lavoro con gli obblighi di cura nei confronti di minori o di soggetti non autosufficienti.

Per garantire che nell'intero territorio nazionale tutti i lavoratori possano godere dei livelli essenziali di prestazione del servizio, è prevista (art. 11, d.lgs. n. 150/2015) la stipulazione tra il Ministero del lavoro e i Centri per l'impiego di convenzioni volte, in particolare, ad assicurare, da parte delle strutture regionali, oltre alle funzioni ed ai compiti già illustrati, misure di attivazione dei beneficiari di ammortizzatori sociali residenti nel territorio della regione o provincia autonoma; servizi e misure di politica attiva del lavoro a tutti i residenti sul territorio italiano, a prescindere dal luogo di residenza; servizi per il collocamento dei disabili, di cui alla l. n. 68/1999; attività di avviamento al lavoro presso pubbliche amministrazioni, enti pubblici ed enti locali di lavoratori destinati a mansioni per l'accesso alle quali è sufficiente il possesso del titolo di studio della scuola dell'obbligo (art. 16, l. n. 56/1987).

È importante sottolineare che attraverso la convenzione è possibile che siano attribuite all'ANPAL, che le eserciterà direttamente, una o più delle funzioni di cui si è detto. Inoltre, è possibile che le regioni e le province autonome scelgano di svolgere i servizi di politica attiva del lavoro non direttamente, ma mediante il coinvolgimento di soggetti privati accreditati.

L'intermediazione tra domanda e offerta di lavoro può essere svolta anche da soggetti privati. Si tratta delle Agenzie per il lavoro, di cui all'art. 4 del d.lgs. n. 276/2003; dei soggetti autorizzati all'attività di intermediazione (di cui all'art. 6 del medesimo decreto); dei soggetti accreditati ai servizi per il lavoro ai sensi dell'art. 12. Le Agenzie per il lavoro sono imprese (costituite nella forma della società di capitali, della società cooperativa o del consorzio di cooperative)[10] autorizzate a svolgere, a seconda del tipo di autorizzazione ottenuta, tutte le attività indicate nell'art. 4, c. 1, d.lgs. n. 276/2003, o solo alcune di esse. Tali attività sono: la somministrazione di lavoro a tempo determinato; la somministrazione di lavoro a tempo indeterminato (c.d. *staff leasing*); l'intermediazione; la selezione del personale e il supporto alla ricollocazione del personale (c.d. *outplacement*).

Rinviando alla sede opportuna (*infra*, PT. VII, Cap. III, § 4) la trattazione della disciplina della somministrazione di lavoro, è necessario soffermarsi ora sull'attività di *intermediazione*. Questa è definita dall'art. 2, c. 1, lett. *b*), d.lgs. n. 276/2003, come l'attività di mediazione tra domanda e offerta di lavoro, anche in relazione all'inserimento lavorativo dei disabili e dei gruppi di lavoratori svantaggiati[11]. Per svolgere l'attività di intermediazione è necessaria un'autorizzazione rilasciata dal Ministero del lavoro e delle politiche sociali che provvede all'iscrizione dell'agenzia nell'apposito *albo*[12], previo accertamento dei requisiti previsti dall'art. 5 del d.lgs. n. 276/2003[13].

I requisiti necessari per ottenere, o mantenere, l'iscrizione sono i seguenti: la *collocazione e diffusione geografica* dell'agenzia: essa deve avere sede legale o una sua dipendenza nel territorio dello Stato o di altro Stato membro dell'Unione europea e deve svolgere l'attività nell'intero territorio nazionale e comunque in almeno quattro regioni; l'*affidabilità professionale*: l'agenzia deve avere disponibilità di adeguate competenze professionali, dimostrabili per titoli o per specifiche esperienze nel settore delle risorse umane o nelle relazioni industriali; l'*affidabilità patrimoniale* e finanziaria: l'agenzia deve disporre di uffici in locali idonei allo specifico uso e deve inoltre possedere un capitale sociale (versato, o accantonato a riserva indivisibile nel caso delle cooperative) almeno nella misura minima stabilita dalla legge; l'*affidabilità morale* per gli amministratori, i direttori generali, i dirigenti muniti di rappresentanza e i soci accomandatari[14]; la *trasparenza contabile* per i soggetti polifunzionali, cioè non caratterizzati da un oggetto sociale esclusivo[15]; inoltre: la disponibilità alla condivisione di

---

[10] Può trattarsi di imprese italiane o di altro Stato membro della Unione europea. Per le agenzie di cui alle lett. *d*) ed *e*) dell'art. 4 è ammessa anche la forma della società di persone.

[11] L'attività comprende inoltre: la raccolta dei *curricula* dei potenziali lavoratori; la preselezione e costituzione di relativa banca dati; la promozione e gestione dell'incontro tra domanda e offerta di lavoro; l'effettuazione, su richiesta del committente, di tutte le comunicazioni conseguenti alle assunzioni avvenute a seguito della attività di intermediazione; l'orientamento professionale; la progettazione ed erogazione di attività formative finalizzate all'inserimento lavorativo.

[12] Pur non essendo stato modificato l'art. 4 del d.lgs. n. 276/2003, l'art. 9 del d.lgs. n. 150/2015 assegna all'ANPAL il compito di gestione dell'albo nazionale di cui all'art. 4 medesimo.

[13] Ma le agenzie autorizzate alla somministrazione sono autorizzate anche allo svolgimento delle altre attività, compresa quindi l'intermediazione.

[14] Questi soggetti non devono essere stati destinatari di condanne penali, anche non definitive, per i delitti specificamente elencati all'art. 5, d.lgs. n. 276/2003.

[15] La "trasparenza" richiesta consiste nella presenza di distinte divisioni operative, gestite con strumenti di contabilità analitica, tali da consentire di conoscere tutti i dati economico-gestionali specifici.

informazioni relative al mercato del lavoro [16]; il rispetto delle disposizioni di cui all'art. 8 del d.lgs. n. 276/2003, a tutela del diritto del lavoratore alla diffusione dei propri dati soltanto nell'ambito da essi stessi indicato.

I requisiti appena elencati valgono in realtà per tutti i soggetti che aspirino ad ottenere l'iscrizione all'albo al fine di svolgere una delle varie attività elencate all'art. 4, d.lgs. n. 276/2003. Per i soggetti che svolgono attività di intermediazione sono dettati ulteriori criteri o requisiti specifici: l'acquisizione di un *capitale sociale versato* non inferiore a cinquantamila euro e l'indicazione dell'attività di intermediazione come *oggetto prevalente* (anche se non esclusivo: l'agenzia di intermediazione potrebbe svolgere nel contempo anche altre attività).

Meno severi sono invece i requisiti per potere ottenere l'autorizzazione a svolgere le *attività di selezione del personale* o di *supporto alla ricollocazione del personale*: in questo caso è necessaria l'acquisizione di un capitale versato non inferiore a venticinquemila euro e indicazione della attività come oggetto sociale, anche se non esclusivo.

Ancora minori barriere all'entrata sul mercato e allo svolgimento dell'attività di intermediazione sono previste per i soggetti pubblici e per i soggetti privati senza scopo di lucro che ai sensi dell'attuale art. 6 del d.lgs. n. 276/2003 sono autorizzati *ex lege* (in presenza degli specifici requisiti richiesti) allo svolgimento delle attività di intermediazione: rientrano nella categoria gli istituti scolastici e le Università [17], i comuni [18], le camere di commercio; le organizzazioni sindacali dei lavoratori e dei datori di lavoro [19], e altri soggetti ancora [20]. Per tutti i soggetti indicati, tranne che per gli istituti scolastici e le Università, l'iscrizione alla sezione dell'albo relativa all'attività di intermediazione determina anche la possibilità di svolgere attività di ricerca e selezione del personale e di supporto alla ricollocazione professionale. L'attività di intermediazione, ricerca, selezione e *outplacement* può essere inoltre svolta da una fondazione o da altro soggetto dotato di personalità giuridica costituito nell'ambito del Consiglio nazionale dei consulenti del lavoro. L'iscrizione all'albo è subordinata in questo caso al rispetto dei requisiti di cui alle lett. *c*), *d*), *e*), *f*), *g*) di cui all'art. 5, c. 1, d.lgs. n. 276/2003, e quindi agli stessi requisiti richiesti per coloro che svolgono attività a fine lucrativo.

---

[16] Attraverso l'interconnessione obbligatoria alla *Borsa continua nazionale del lavoro*.

[17] Istituti di scuola secondaria di secondo grado, Università pubbliche e private, Consorzi universitari, a condizione che rendano pubblici e gratuitamente accessibili sui relativi siti istituzionali i *curricula* dei propri studenti dalla data di immatricolazione e fino ad almeno dodici mesi successivi alla data del conseguimento del titolo di studio.

[18] Singoli o associati nelle forme delle unioni di comuni e delle comunità montane.

[19] Associazioni dei datori di lavoro e dei lavoratori comparativamente più rappresentative sul piano nazionale anche per il tramite delle associazioni territoriali e delle società di servizi controllate; i patronati, gli enti bilaterali e le associazioni senza fini di lucro che hanno per oggetto la tutela del lavoro, l'assistenza e la promozione delle attività imprenditoriali, la progettazione e l'erogazione di percorsi formativi e di alternanza, la tutela della disabilità.

[20] Gestori di siti internet a condizione che svolgano la predetta attività senza finalità di lucro e che rendano pubblici sul sito medesimo i dati identificativi del legale rappresentante; l'Ente nazionale di previdenza e di assistenza per i lavoratori dello spettacolo e dello sport professionistico, con esclusivo riferimento ai lavoratori dello spettacolo.

L'art. 12 del d.lgs. n. 150/2015 prevede inoltre la possibilità che soggetti privati (denominati *Servizi per il lavoro*) accreditati svolgano funzioni e compiti in materia di politiche attive del lavoro, previa iscrizione in un Albo nazionale[21]. I criteri di ammissione all'Albo, definiti da Regioni e Province autonome, secondo criteri stabiliti con decreto ministeriale previa intesa in sede di Conferenza Stato-Regioni, devono essere coerenti con il sistema di autorizzazione allo svolgimento delle attività di somministrazione, intermediazione, ricerca e selezione del personale, supporto alla ricollocazione professionale, di cui agli artt. 4 e 6 del d.lgs. n. 276/2003, di cui si è già detto. Devono inoltre essere rispettati requisiti minimi di solidità economica ed organizzativa e di esperienza professionale degli operatori, deve essere previsto l'obbligo di interconnessione con il sistema informativo nazionale, e l'invio all'ANPAL di ogni informazione utile a garantire un efficace coordinamento della rete dei servizi per le politiche del lavoro. Infine, deve essere disciplinato il raccordo con il sistema regionale di accreditamento degli organismi di formazione e la definizione della procedura di accreditamento dei soggetti abilitati ad operare con lo strumento dell'assegno di ricollocazione (*infra*, Cap. II, § 6). Qualora ne facciano richiesta all'ANPAL, le agenzie per il lavoro di cui alle lett. *a*) e *c*) dell'art. 4, c. 1, del d.lgs. n. 276/2003 vengono accreditate ai servizi per il lavoro su tutto il territorio nazionale.

4. *Soggetti beneficiari e obblighi degli operatori pubblici e privati*

Il complesso apparato di soggetti pubblici e privati sinora descritto è preordinato a fornire servizi a favore di tre categorie: disoccupati, lavoratori beneficiari di strumenti di sostegno al reddito in costanza di rapporto di lavoro, lavoratori a rischio di disoccupazione.

Per essere considerato "disoccupato" non è sufficiente essere privo di impiego. Occorre altresì, ai sensi dell'art. 19, d.lgs. n. 150/2015, che l'interessato dichiari, per via telematica al portale nazionale delle politiche del lavoro, la propria immediata disponibilità allo svolgimento di attività lavorativa ed alla partecipazione alle misure di politica attiva del lavoro concordate con il Centro per l'impiego. Lo stato di disoccupato rimane sospeso, e non lo si perde, in caso di rapporto di lavoro subordinato di durata fino a sei mesi[22]. Acquisisce lo *status* di disoccupato anche il lavoratore disponibile al lavoro che abbia un reddito da lavoro dipendente o autonomo assai ridotto (relativamente al quale corrisponde un'imposta lorda pari o inferiore alle detrazioni spettanti ai sensi dell'art. 13 del Testo Unico delle imposte sui redditi). Sono inoltre considerati "disoccupati" anche coloro che svolgono prestazioni occasionali *ex* art. 54-*bis*, d.l. n. 50/2017 (*retro*, PT. III, Cap. IV).

Sono definiti lavoratori "a rischio di disoccupazione" coloro che abbiano ricevuto

---

[21] Tenuto presso l'ANPAL.

[22] Lo stato di disoccupazione involontaria costituisce requisito per avere accesso alla NASpI (artt. 3 e 16 d.lgs. n. 22/2015), alla DIS-COLL (art. 15), oltre che per l'iscrizione nell'elenco tenuto dai servizi per il collocamento mirato (art. 8, l. n. 68/1999).

la comunicazione di licenziamento, anche in pendenza del periodo di preavviso (art. 19, c. 4).

Con la l. n. 81/2017, la platea di coloro che possono fruire dei servizi dei Centri per l'impiego e dei soggetti autorizzati alle attività di intermediazione in materia di lavoro è stata allargata ai lavoratori autonomi. Ai sensi dell'art. 10 della l. n. 81/2017, nei centri citati debbono essere previsti appositi sportelli che raccolgano le domande e le offerte di lavoro autonomo, forniscano le relative informazioni ai professionisti ed alle imprese che ne facciano richiesta, forniscano informazioni relative alle procedure per l'avvio di attività autonome e per le eventuali trasformazioni e per l'accesso a commesse ed appalti pubblici, nonché relative alle opportunità di credito e alle agevolazioni pubbliche nazionali e locali.

I servizi erogati da soggetti pubblici o privati sono gratuiti per i lavoratori. Ciò significa che gli operatori che offrono tali servizi a scopo di lucro devono trarre i propri ricavi esclusivamente dal compenso corrisposto dal datore di lavoro che si avvalga del servizio.

L'art. 11, d.lgs. n. 276/2003 introduce tuttavia una (potenziale) eccezione al principio della gratuità. I contratti collettivi nazionali o territoriali possono infatti stabilire deroghe al principio in relazione a «specifiche categorie di lavoratori altamente professionalizzati o per specifici servizi offerti». Non risulta, tuttavia, che la contrattazione collettiva abbia provveduto a esercitare il potere di deroga attribuitole dalla legge.

I lavoratori che beneficiano dei servizi non possono essere oggetto di discriminazione da parte degli intermediari pubblici o privati. Più precisamente, ai sensi dell'art. 10, d.lgs. n. 276/2003, è fatto divieto alle agenzie per il lavoro e agli altri soggetti pubblici e privati autorizzati o accreditati di effettuare qualsivoglia indagine o comunque trattamento di dati ovvero di preselezione di lavoratori, anche con il loro consenso, in base alle convinzioni personali, alla affiliazione sindacale o politica, al credo religioso, al sesso, all'orientamento sessuale, allo stato matrimoniale o di famiglia o di gravidanza, all'età, all'handicap, alla razza, all'origine etnica, al colore, all'ascendenza, all'origine nazionale, al gruppo linguistico, allo stato di salute nonché ad eventuali controversie con i precedenti datori di lavoro.

Il rigore della disciplina, e l'inusuale ampiezza del divieto, è attenuato tuttavia dalla previsione di cui allo stesso art. 10, a norma del quale indagini, trattamenti di dati, preselezioni, *non* sono vietati ove riguardino caratteristiche che costituiscono un requisito essenziale e determinante ai fini dello svolgimento dell'attività lavorativa.

Ragionevole, e coerente con le linee direttrici del diritto antidiscriminatorio, appare invece la previsione secondo cui i divieti posti dall'art. 10 non possono impedire ai soggetti intermediari o che svolgono attività di selezione del personale di fornire specifici servizi o azioni mirate per assistere le categorie di lavoratori svantaggiati nella ricerca di una occupazione.

5. *Profili sanzionatori*

La riprovazione dell'ordinamento nei confronti dell'esercizio non autorizzato dell'attività di intermediazione per lungo tempo ha trovato riscontro in un apparato sanzionatorio presidiato dal diritto penale. La decriminalizzazione introdotta dal d.lgs.

n. 8/2016 (*infra*, PT. IX, § 10) ha tuttavia inciso anche su tale materia, trasformando parte dei reati in illeciti amministrativi.

Oggi, l'esercizio non autorizzato dell'attività di intermediazione svolta senza scopo di lucro (art. 18, c. 1, d.lgs. n. 276/2003, come aggiornato nella misura degli importi delle sanzioni dall'art. 1, c. 445, l. n. 145/2018) è sottoposto a sanzione amministrativa di 50 euro per ogni lavoratore occupato e per ogni giornata di lavoro con il minimo di 6.000 euro e il massimo di 12.000 euro[23].

Rimane invece la sanzione penale nel caso in cui l'attività di intermediazione sia svolta con scopo di lucro: la sanzione prevista è la pena dell'arresto fino a sei mesi e dell'ammenda da 1.800 a 9.000 euro.

La depenalizzazione non ha riguardato l'ipotesi dell'intermediazione con sfruttamento di minori: in tale caso, la pena è dell'arresto fino a 18 mesi e l'ammenda è aumentata fino al sestuplo. A seguito del d.lgs. n. 8 del 2016, l'ipotesi di sfruttamento di minori nell'ambito dell'intermediazione di manodopera è divenuta da aggravante autonoma a fattispecie autonoma di reato[24]. Oltre alle pene indicate, l'art. 18, d.lgs. n. 276/2003, stabilisce che l'autorità competente, in ogni caso di condanna, disponga la confisca del mezzo di trasporto eventualmente adoperato per l'esercizio delle attività di intermediazione (o delle altre attività soggette ad autorizzazione). La previsione intende colpire una delle più tipiche modalità di svolgimento dell'attività dei "caporali": quella svolta con automezzi dedicati al trasporto dei lavoratori dal luogo di reclutamento al luogo di svolgimento dell'attività lavorativa.

È altresì punito con la sanzione amministrativa di 50 euro per ogni lavoratore occupato e per ogni giornata di lavoro con il minimo di 6.000 euro e il massimo di 12.000 euro l'esercizio non autorizzato delle attività di ricerca e selezione del personale e di supporto alla ricollocazione professionale (essendo irrilevante, in questa ipotesi, che l'attività sia svolta con o senza scopo di lucro)[25].

Sanzioni penali si applicano nell'ipotesi di violazione da parte dell'intermediario del divieto di indagini sulle opinioni o nel caso di trattamenti discriminatori (art. 10, d.lgs. n. 276/2003). Le pene sono quelle previste dall'art. 38 della l. n. 300/1970[26], alle quali si aggiunge, nei casi più gravi, la sospensione dell'autorizzazione allo svolgimento dell'attività. In ipotesi di recidiva è revocata l'autorizzazione.

Colpito da sanzioni penali[27] è altresì il comportamento dei soggetti autorizzati o accreditati all'attività di intermediazione (o di somministrazione di lavoro, di selezione, e ricollocazione del personale) che, in violazione del divieto, disposto dall'art. 11, c. 1, del d.lgs. n. 276/2003, esigano o comunque percepiscano, direttamente o indi-

---

[23] L'importo va da 7.000 a 14.000 euro se il trasgressore nell'arco temporale di tre anni è stato sanzionato per lo stesso illecito.

[24] V. Cass. pen. 10.2.2016, n. 10484, in *Cass. Pen.*, 2016, 3419.

[25] Anche in questo caso l'importo è compreso tra 7.000 e 14.000 euro se il trasgressore nell'arco temporale di tre anni è stato sanzionato per lo stesso illecito.

[26] Ammenda da 154 a 1.549 euro o arresto da 15 giorni ad un anno. Nei casi più gravi le pene dell'arresto e dell'ammenda sono applicate congiuntamente. Quando, per le condizioni economiche del reo, l'ammenda stabilita nel primo comma può presumersi inefficace anche se applicata nel massimo, il giudice ha facoltà di aumentarla fino al quintuplo.

[27] Pena alternativa dell'arresto non superiore ad un anno o dell'ammenda da 3.000 a 7.200 euro.

rettamente, compensi dal lavoratore in cambio di un'assunzione presso un utilizzatore o della stipulazione di un contratto di lavoro o dell'avvio di un rapporto di lavoro con l'utilizzatore dopo una missione presso quest'ultimo (art. 18, c. 4-*bis*). Ove ricorrano tali ipotesi, in aggiunta alla sanzione penale, è disposta la cancellazione dall'albo (c. 4-*ter*).

Accanto alle previsioni richiamate vi sono poi le disposizioni contenute all'art. 603-*bis* c.p., introdotto dall'art. 12, d.l. n. 138/2011 (convertito in l. n. 148/2011) [28], e poi riscritto in tempi più prossimi a noi dalla l. n. 199 del 2016.

La norma definisce e sanziona l'*intermediazione illecita* e lo *sfruttamento del lavoro*, con l'intento di colpire le fattispecie di intermediazione e interposizione illecita associata a gravi forme di sfruttamento della manodopera. La norma incriminatrice originariamente si collocava a metà strada tra le fattispecie contravvenzionali previste dall'art. 18 del d.lgs. n. 276/2003 (che si applicavano nei casi di intermediazione e interposizione non autorizzata, ma non necessariamente accompagnata da sfruttamento della manodopera, oggi – come si è detto – in parte decriminalizzate) e la fattispecie del delitto di riduzione o mantenimento in schiavitù o servitù prevista dall'art. 600 c.p., fattispecie, quest'ultima, che difficilmente si configura nelle forme più tipiche di caporalato [29].

Con la l. n. 199/2016, il primo comma dell'art. 603-*bis* c.p. è stato riscritto. Oggi è punito con la reclusione da uno a sei anni e con la multa da 500 a 1.000 euro per ciascun lavoratore reclutato chiunque recluti manodopera allo scopo di destinarla al lavoro presso terzi in condizioni di sfruttamento, approfittando dello stato di bisogno dei lavoratori. Stessa pena è prevista per chi utilizza, assume o impiega manodopera, anche mediante l'attività d'intermediazione di terzi, sottoponendo i lavoratori a condizioni di sfruttamento e approfittando del loro stato di bisogno [30].

Rispetto alla precedente formulazione, il reato si configura anche ove l'attività d'intermediazione sia svolta in maniera non organizzata e anche in mancanza di violenza, minaccia o intimidazione: elementi questi che erano richiesti dalla vecchia formulazione dell'art. 603-*bis* [31].

---

[28] Sulla disciplina precedente v. Cass. n. 16737/2016.

[29] I primi due commi dell'art. 600 c.p. (Riduzione o mantenimento in schiavitù o servitù) dispongono che «chiunque esercita su una persona poteri corrispondenti a quelli del diritto di proprietà ovvero chiunque riduce o mantiene una persona in uno stato di soggezione continuativa, costringendola a prestazioni lavorative o sessuali ovvero all'accattonaggio o comunque a prestazioni che ne comportino lo sfruttamento, è punito con la reclusione da otto a venti anni. La riduzione o il mantenimento nello stato di soggezione ha luogo quando la condotta è attuata mediante violenza, minaccia, inganno, abuso di autorità o approfittamento di una situazione di inferiorità fisica o psichica o di una situazione di necessità, o mediante la promessa o la dazione di somme di denaro o di altri vantaggi a chi ha autorità sulla persona».

[30] L'art. 103, c. 14, d.l. n. 34/2020, conv. con modifiche in l. n. 77/2020, ha previsto che quando i fatti di cui all'art. 603-*bis* c.p. sono commessi ai danni di stranieri che hanno presentato l'istanza di rilascio del permesso di soggiorno temporaneo di cui al c. 2 dell'art. 103, la pena prevista al primo comma dello stesso art. 603-*bis* è aumentata da un terzo alla metà.

[31] La disposizione prosegue indicando una serie di "indici di sfruttamento" che paiono tuttavia lasciare al giudice un grado di discrezionalità interpretativa assai ampia. Secondo Cass. pen. n. 7857/2021, ai fini della configurabilità del reato di intermediazione illecita e sfruttamento del lavo-

L'art. 603-*ter* c.p. prevede inoltre l'applicazione, al verificarsi della fattispecie, di pene accessorie (interdizione da incarichi direttivi, divieto di concludere alcuni tipi di contratto con la pubblica amministrazione, esclusione da agevolazioni e contributi statali o europei). Tali pene accessorie sono estese altresì al differente reato di "riduzione in schiavitù" di cui all'art. 600 c.p., limitatamente al caso in cui lo sfruttamento abbia ad oggetto prestazioni lavorative.

---

ro, l'elencazione degli indici di sfruttamento di cui all'art. 603-*bis*, c. 3, c.p., che devono caratterizzare tanto l'attività di reclutamento quanto quella di utilizzazione, assunzione o impiego della manodopera, non ha carattere tassativo, potendo il giudice individuare ulteriori condizioni suscettibili di dare luogo alla condotta di abuso del lavoratore.

Capitolo II

DISCIPLINE SPECIFICHE DELL'ACCESSO AL LAVORO: DISABILI E STRANIERI

1. *Le assunzioni obbligatorie dei disabili*

L'apertura del mercato ai servizi, pubblici o privati, per l'impiego è, per alcune categorie di persone, e in particolare per le persone colpite da disabilità, una misura insufficiente a garantire l'accesso effettivo al lavoro.

Alla inadeguatezza dei meccanismi allocativi del mercato è chiamata a porre rimedio la Repubblica, tenuta ad assicurare il diritto al lavoro di tutti i cittadini (art. 4 Cost.), nell'ambito degli obiettivi di solidarietà sociale di cui all'art. 2 Cost. e di piena cittadinanza sociale in condizioni di eguaglianza e libertà di cui all'art. 3, c. 2, Cost. Inoltre, l'art. 38, c. 3, Cost. garantisce esplicitamente il diritto degli "inabili e minorati" all'educazione e all'avviamento professionale.

L'intervento legislativo a favore dei disabili è basato, principalmente, sullo strumento delle *quote riservate* e sul connesso meccanismo dell'*assunzione obbligatoria* [1].

Per lungo tempo la disciplina di riferimento in materia è stata la l. n. 482/1968, alla quale si aggiungevano però discipline speciali, tutt'oggi in vigore, relative al collocamento obbligatorio di particolari categorie di lavoratori (centralinisti telefonici, massaggiatori e fisioterapisti non vedenti, sordomuti). La l. n. 482/1968 è stata superata, alla fine del secolo scorso, dalla l. n. 68/1999 ("Norme per il diritto al lavoro dei disabili").

A sua volta, la l. n. 68 è stata oggetto di modifiche successive, le più recenti delle quali si trovano negli artt. da 1 a 13 del d.lgs. n. 151/2015 [2].

---

[1] La promozione del lavoro dei disabili è anche un obiettivo dell'UE. Basti considerare che l'art. 26 della CDFUE sancisce il diritto dei disabili «di beneficiare di misure intese a garantire l'autonomia, l'inserimento sociale e professionale e la partecipazione alla vita della comunità» e la Direttiva CE 78/2000, recepita dall'Italia con il d.lgs. n. 216/2003, volta a eliminare le discriminazioni fondate sull'handicap del lavoratore (v. anche *infra*, PT. V, Cap. I). Con la l. n. 81/2017, sono stati attribuiti agli Uffici per il collocamento mirato compiti di informazione a favore di lavoratori autonomi disabili (art. 10, c. 4).

[2] Linee guida operative sul collocamento mirato dei disabili sono contenute nel d.m. n. 43/2022 adottato dal Ministero del lavoro e delle politiche sociali.

Oggi, i soggetti che possono aspirare all'assunzione obbligatoria sono: le persone in attività lavorativa affette da minorazioni fisiche, psichiche o sensoriali e i portatori di handicap intellettivo con riduzione della capacità lavorativa superiore al 45% e i percettori dell'assegno ordinario di invalidità; gli invalidi del lavoro con grado di invalidità superiore al 33%; gli invalidi di guerra e gli invalidi civili di guerra; i ciechi e i sordomuti. L'accertamento delle residue capacità lavorative è compiuto da apposite commissioni mediche, previste dalla l. n. 104/1992.

L'effettività del diritto al lavoro di tali categorie di persone è assicurata attraverso la previsione di un *obbligo a contrarre* a carico del datore di lavoro. Più precisamente: se il datore di lavoro occupa più di 50 dipendenti la riserva a favore dei disabili è espressa in termini percentuali ed è pari al 7% dei dipendenti; se invece occupa tra 36 e 50 dipendenti l'obbligo riguarda l'assunzione di due disabili. Infine, se il datore di lavoro occupa tra 15 e 35 dipendenti è tenuto ad assumere un soggetto disabile.

Oltre ai disabili, sono soggetti beneficiari dell'avviamento obbligatorio gli orfani e i coniugi di coloro che siano deceduti per causa di lavoro, di guerra o di servizio, ovvero in conseguenza dell'aggravarsi dell'invalidità riportata per tali cause, nonché i coniugi e i figli di soggetti riconosciuti grandi invalidi per causa di guerra, di servizio e di lavoro e dei profughi italiani rimpatriati. A tali persone spetta, ai sensi dell'art. 18, c. 2, l. n. 68/1999, una quota di riserva, sul numero di dipendenti dei datori di lavoro pubblici e privati che occupano più di cinquanta dipendenti, pari all'1%. Tale quota è pari ad una unità per i datori di lavoro, pubblici e privati, che occupano da cinquantuno a centocinquanta dipendenti.

Entro 60 giorni dal momento in cui sorge l'obbligo di assunzione il datore di lavoro deve avanzare richiesta di assunzione agli Uffici competenti, salvo il caso in cui decida di procedere all'assunzione diretta (ipotesi prevista nel caso di assunzione di lavoratori affetti da grave disabilità). Se omette la richiesta si espone all'applicazione di sanzioni amministrative[3]. Nel caso di mancata assunzione, gli uffici competenti avviano i lavoratori secondo l'ordine di graduatoria per la qualifica richiesta o altra specificamente concordata con il datore di lavoro sulla base delle qualifiche disponibili. Gli uffici possono procedere anche previa chiamata con avviso pubblico e con graduatoria limitata a coloro che aderiscono alla specifica occasione di lavoro.

Esclusi dall'obbligo sono i datori di lavoro che occupano meno di 15 dipendenti: e ciò in considerazione degli aggravi all'organizzazione dell'impresa derivanti dalla necessità di adempiere all'obbligo di assunzione.

Le quote indicate sono calcolate a livello nazionale, tenendo conto che è facoltà del datore di lavoro effettuare "compensazioni territoriali" ove lo stesso abbia più unità produttive dislocate sul territorio italiano, ovvero compensazioni tra società differenti (compensando le eventuali assunzioni in eccesso in una unità produttiva o in una impresa del gruppo con una corri-

---

[3] Trascorsi 60 giorni dalla data in cui sorge l'obbligo di assumere soggetti appartenenti alle categorie di cui all'art. 1, per ogni giorno lavorativo durante il quale risulti non coperta, per cause imputabili al datore di lavoro, la quota dell'obbligo di cui all'art. 3, il datore di lavoro stesso è tenuto al versamento al Fondo di cui all'art. 14 di una somma pari a 62,77 euro al giorno per ciascun lavoratore disabile che risulta non occupato nella medesima giornata, a titolo di sanzione amministrativa.

spondente riduzione delle assunzioni in altre unità produttive o imprese del gruppo aventi sede in Italia). In tale senso dispone la modifica dell'art. 5, c. 8, l. n. 68/1999 apportata dall'art. 9, c. 1, l. n. 148/2011. Ai sensi dell'art. 22, c. 5, l. n. 183/2011, l'obbligo di assunzione del disabile può essere adempiuto anche utilizzando la modalità del telelavoro[4].

In ragione delle peculiarità dell'attività svolta, sono escluse dall'obbligo alcune categorie di datori di lavoro. Tra questi si trovano ad esempio i servizi di polizia e della protezione civile (limitatamente al personale addetto a servizi non amministrativi). Sono esonerati dall'obbligo inoltre i datori operanti nel settore del trasporto aereo, marittimo e terrestre, per quanto concerne il personale viaggiante e navigante, e i datori di lavoro del settore edile per quanto concerne il personale di cantiere e i dipendenti addetti ai trasporti. Gli altri datori di lavoro privati (e gli enti pubblici economici) possono avanzare istanza di esonero parziale dall'obbligo ove dimostrino che l'attività svolta sia connotata da "speciali condizioni" che impediscano l'inserimento di soggetti riservatari[5].

In talune circostanze, infine, l'obbligo di assunzione è sospeso: è il caso in cui l'impresa sia interessata dalla sospensione del lavoro con intervento dell'integrazione salariale; nel corso delle procedure di mobilità e, nel caso in cui la procedura si concluda con almeno cinque licenziamenti, per il periodo in cui permane il diritto di precedenza all'assunzione previsto dall'art. 8, c. 1, della l. n. 223/1991.

Come si può comprendere, il sacrificio imposto all'autonomia individuale del datore di lavoro è notevole. Non sorprende quindi la frequenza con la quale sono stati sollevati davanti alla Corte costituzionale dubbi di legittimità del sistema del collocamento obbligatorio. La Corte è stata tuttavia ferma nel respingere le questioni sot-

---

[4] Per quanto riguarda le *modalità di computo* dei dipendenti al fine del raggiungimento delle soglie occupazionali che determinano gli obblighi di assunzione obbligatoria, occorre segnalare che sono *esclusi* dal calcolo i lavoratori occupati ai sensi della stessa l. n. 68/1999, i lavoratori occupati con contratto a tempo determinato di durata fino a sei mesi, i soci di cooperative di produzione e lavoro, i dirigenti, i lavoratori assunti con contratto di inserimento, i lavoratori occupati con contratto di somministrazione presso l'utilizzatore, i lavoratori assunti per attività da svolgersi all'estero per la durata di tale attività, i soggetti impegnati in lavori socialmente utili assunti ai sensi dell'art. 7 del d.lgs. n. 81/2000, i lavoratori a domicilio, i lavoratori che aderiscono al programma di emersione, ai sensi dell'art. 1, c. 4-*bis*, della l. n. 383/2001, e successive modificazioni. Restano salve le ulteriori esclusioni previste dalle discipline di settore. Per i lavoratori assunti con contratto a tempo indeterminato parziale si applicano le norme contenute nell'art. 18, c. 2, St. lav. (Poiché tale rimando è rimasto immutato anche dopo le modifiche all'art. 4, c. 1, introdotte dalla l. n. 92/2012, che ha però contestualmente modificato il c. 2 dell'art. 18 St. lav., si può ritenere che il rimando realizzi un rinvio materiale alla precedente versione dell'art. 18 che, limitatamente a questo profilo, trovi ancora applicazione). Sono invece *inclusi* i lavoratori divenuti inabili alle mansioni in costanza di rapporto, ma solo se abbiano sofferto di una riduzione della capacità lavorativa superiore al 60% e comunque nel solo caso in cui l'invalidità non dipenda dal comportamento (accertato in giudizio) del datore di lavoro inadempiente alle discipline in materia di sicurezza e igiene sul lavoro. I lavoratori disabili a domicilio e in telelavoro rientrano nel calcolo qualora la prestazione loro affidata si svolga continuativamente per un tempo almeno pari all'orario normale di lavoro.

[5] Qualora gli Uffici competenti accolgano l'istanza, il datore di lavoro esonerato è tenuto a versare al Fondo regionale per l'occupazione dei disabili un contributo (attualmente pari a 30,64 euro) per ciascuna unità non assunta e per ciascun giorno di mancato impiego. L'esonero avviene invece a seguito di autocertificazione per i datori di lavoro che occupino lavoratori in mansioni a cui corrisponde un tasso di premio INAIL pari o superiore al 60 per mille, fermo restando l'obbligo di pagare il contributo esonerativo.

toposte[6]. Il riconoscimento della legittimità costituzionale delle discipline del collocamento obbligatorio non ha però eliminato la latente tensione tra i contrapposti interessi in gioco: prova ne è la scarsa effettività della disciplina e la diffusione di un duro contenzioso tra disabili e datori di lavoro recalcitranti, soprattutto nella vigenza della l. n. 482/1968.

Le resistenze dei datori di lavoro erano assecondate da alcune caratteristiche tecniche della vecchia disciplina che, opportunamente sfruttate, contribuivano a depotenziarne la forza cogente.

Ad esempio: la l. n. 482/1968 obbligava il datore di lavoro a denunciare la consistenza del proprio organico, ma la semplice denuncia non era assimilata alla richiesta di avviamento. Mancando la volontà di assumere il disabile, l'assunzione non poteva perfezionarsi. Egualmente la vecchia disciplina obbligava a presentare richiesta di avviamento al raggiungimento di certe soglie occupazionali, ma, secondo la giurisprudenza, l'omissione della richiesta, pur preceduta da denuncia, non era assimilabile ad implicita richiesta, cosicché il procedimento amministrativo di avviamento al lavoro risultava inapplicabile. In ogni caso, il comportamento antigiuridico del datore di lavoro che avesse rifiutato l'assunzione di un disabile regolarmente avviato al lavoro dagli uffici competenti dava luogo, secondo la giurisprudenza più diffusa, soltanto al diritto del lavoratore ad essere risarcito del danno subito per la mancata assunzione, senza tuttavia potere ottenere una pronuncia giudiziale produttiva degli effetti del contratto non concluso (art. 2932 c.c.)[7].

Al di là dell'inadeguatezza delle singole soluzioni tecniche, era l'impianto della l. n. 482/1968 a provocare resistenze datoriali, soprattutto in ragione del fatto che il procedimento amministrativo di avviamento al lavoro avveniva senza preliminare verifica delle effettive mansioni che avrebbero potuto essere svolte dal disabile e senza che fossero note all'Ufficio competente le mansioni disponibili presso il datore di lavoro. Sovente il datore di lavoro si trovava a dovere impiegare nella propria attività un lavoratore non utilizzabile.

La l. n. 68/1999 si è proposta di porre rimedio a tale difetto, cercando di realizzare forme di *collocamento* non casuale, ma *mirato*, del disabile e, nello stesso tempo, incentivando comportamenti collaborativi, e non ostili, dei datori di lavoro.

Era funzionale all'obiettivo del collocamento "mirato" anzitutto la possibilità per i datori di lavoro di presentare, in date circostanze, richiesta di avviamento nominativa e non numerica. Dopo le modifiche intervenute ad opera del d.lgs. n. 151/2015 la *richiesta* è divenuta sempre *nominativa*. Viene inoltre introdotta la possibilità di chiedere all'Ufficio di effettuare una preselezione delle candidature a seconda della qualifica richiesta; il datore di lavoro sceglierà all'interno della rosa dei nomi proposti. È altresì prevista l'assunzione diretta, senza necessità di richiesta al Centro per l'impiego, dei disabili affetti da disabilità particolarmente grave. Complessivamente si può dire che, attualmente, il collocamento del disabile è "mirato" nel senso di una maggiore considerazione delle esigenze del datore di lavoro.

Ancora nella direzione del "collocamento mirato" agisce l'obbligo di inviare an-

---

[6] V. ad esempio Corte cost. n. 38/1960; Corte cost. n. 279/1983; Corte cost. n. 173/1985; Corte cost. n. 449/1994; Corte cost. n. 86/1996.

[7] Cass. n. 12677/1992; Cass. n. 337/1985.

nualmente agli uffici competenti un *prospetto informativo* dal quale risultino il numero complessivo dei lavoratori dipendenti, il numero e i nominativi dei lavoratori computabili nella quota di riserva, nonché – ed è questo il profilo di maggiore interesse – i posti di lavoro e le mansioni disponibili per i lavoratori disabili [8]. Tale prospetto, per esplicita previsione di legge, vale anche quale richiesta di avviamento al lavoro, nel caso quest'ultima non sia stata presentata pur sussistendo in capo al datore di lavoro un obbligo di assunzione.

In tale ipotesi, gli Uffici competenti sono tenuti a inviare un lavoratore che corrisponda al profilo indicato nel prospetto informativo. In caso di impossibilità di avviare lavoratori con la qualifica richiesta, o con altra concordata con il datore di lavoro, gli uffici possono avviare lavoratori di qualifiche simili, secondo l'ordine di graduatoria e previo addestramento o tirocinio. Nel caso non vi sia corrispondenza tra qualifica del disabile avviato al lavoro e qualifica richiesta il datore di lavoro può legittimamente rifiutare l'assunzione [9]. Al disabile rimane la possibilità, riconosciuta dalla giurisprudenza, di richiedere alla pubblica amministrazione il risarcimento dell'eventuale danno subito a causa dell'errore commesso nel procedimento di avviamento [10].

Resta da stabilire quali conseguenze derivino dal rifiuto di assumere un disabile legittimamente avviato al lavoro. Scontata la possibilità per il disabile di ottenere il risarcimento del danno subito (normalmente commisurato alle retribuzioni perdute fino a nuovo avviamento, dedotto l'*aliunde perceptum*) [11], la l. n. 68/1999 non risolve esplicitamente il problema della possibilità di ottenere una sentenza costitutiva *ex* art. 2932 c.c. Merita osservare, però, che l'obbligo di indicare nel prospetto informativo le mansioni cui adibire il disabile (e nella richiesta di avviamento la qualifica) dovrebbe fare superare le remore legate alla mancanza di determinatezza o di determinabilità degli elementi essenziali del contratto da stipulare. Una volta individuato l'oggetto (cioè le mansioni da svolgere) non dovrebbero esservi più ostacoli all'esecuzione in forma specifica dell'obbligo di stipulare il contratto [12].

Ulteriore, importante, strumento per la realizzazione del collocamento "mirato" è costituito dalla possibilità di adempiere agli obblighi legali di assunzione attraverso un *programma concordato*, per mezzo di *convenzione* con gli Uffici competenti, anziché con lo strumento della richiesta di avviamento. La stipula della convenzione, regolata dall'art. 11, l. n. 68/1999, consente di concordare tempi e modalità più flessibi-

---

[8] Le imprese private e gli enti pubblici economici che non adempiano all'obbligo sono soggetti alla sanzione amministrativa del pagamento di una somma di euro 635,11 per ritardato invio del prospetto, maggiorata di euro 30,76 per ogni giorno di ulteriore ritardo.

[9] Cfr. Cass. S.U. n. 1727/1996; Cass. n. 11934/2003; Cass. n. 7007/2011: la Corte, forse con un filo di ipocrisia, ritiene che la previsione di legge che consente il rifiuto dell'assunzione risponda non solo ad un interesse del datore di lavoro (e ciò pare scontato), ma anche ad un interesse del disabile che, se adibito ad una mansione non corrispondente alla propria qualifica, rischierebbe di essere leso nella propria dignità professionale.

[10] Cass. n. 9472/2003, relativa a un caso di avviamento illegittimo e successivo ritardo nella reiscrizione del lavoratore nelle liste.

[11] Cass. n. 236/2012; Cass. n. 488/2009; Cass. n. 5661/2004.

[12] Cass. n. 6017/2009; Cass. n. 15058/2010; Cass. n. 7007/2011; nonché Cass. n. 15913/2004, relativa però al collocamento speciale dei centralinisti non vedenti.

li, rispetto a quelle legali, di assunzione dei disabili. Tra le modalità che possono essere convenute vi sono anche la facoltà della scelta nominativa (attualmente consentita in ogni caso, tuttavia), lo svolgimento di tirocini con finalità formative o di orientamento, l'assunzione con contratto di lavoro a termine, lo svolgimento di periodi di prova più ampi di quelli previsti dal contratto collettivo (purché l'esito negativo della prova, qualora sia riferibile alla menomazione da cui è affetto il soggetto, non costituisca motivo di risoluzione del rapporto di lavoro).

La convenzione costituisce peraltro l'unica modalità per realizzare l'avviamento al lavoro del disabile psichico.

Accanto al tipo di convenzione appena illustrato, il legislatore disciplina altresì ulteriori modelli di convenzione. L'art. 12, l. n. 68/1999, prevede la stipulazione di *convenzioni temporanee* (di durata annuale, prorogabili dagli Uffici competenti per un secondo anno) in forza delle quali il disabile, formalmente assunto da un datore di lavoro, è autorizzato a svolgere la sua attività nell'ambito di una cooperativa sociale di tipo "*b*" [13], o di una impresa sociale di cui al d.lgs. n. 155/2006 [14], o presso un professionista disabile disposti a ospitarlo. Il datore di lavoro si impegna ad assicurare al soggetto ospitante commesse di lavoro che consentano di potere retribuire il lavoratore secondo le tariffe dei contratti collettivi nazionali di lavoro e di versare i relativi oneri contributivi. In questo modo, il datore di lavoro adempie all'obbligo di assunzione del disabile, ma senza utilizzarlo all'interno del proprio complesso aziendale, e quindi senza sopportare gli eventuali oneri di adattamento organizzativo che l'assunzione potrebbe richiedere. Lo schema ora illustrato caratterizza anche le convenzioni (cfr. art. 12-*bis*, l. n. 68/1999) destinate al temporaneo inserimento presso soggetti ospitanti di disabili che presentino particolari caratteristiche e difficoltà di inserimento nel ciclo lavorativo ordinario. In questa ipotesi è più ampia la durata dell'inserimento lavorativo, che arriva a 3 anni.

Ulteriore tipo di convenzione è quello contemplato dall'art. 14, d.lgs. n. 276/2003 [15]. Si tratta di *convenzioni quadro* concluse a livello territoriale tra gli Uffici competenti, le associazioni sindacali dei datori di lavoro e dei prestatori di lavoro comparativamente più rappresentative a livello nazionale, le associazioni di rappresentanza, assistenza e tutela delle cooperative sociali, i consorzi di cooperative sociali e le imprese sociali. Tali convenzioni sono finalizzate all'inserimento al lavoro di disabili che abbiano particolari caratteristiche e difficoltà di collocazione all'interno di un ciclo lavorativo ordinario e hanno ad oggetto il conferimento di commesse di lavoro alle imprese sociali e alle cooperative sociali da parte delle imprese associate o aderenti alla convenzione; si differenziano dal modello precedente soprattutto per il fatto che l'utilizza-

---

[13] Cioè delle cooperative sociali che, ai sensi dell'art. 1, c. 1, lett. *b*), n. 381/1991, svolgono attività agricole, industriali, commerciali o di servizi finalizzate all'inserimento lavorativo di persone svantaggiate.

[14] Il d.lgs. n. 155/2006 è stato abrogato e la nuova disciplina delle imprese sociali si trova oggi nel d.lgs. n. 112/2017.

[15] La disposizione ha avuto una vita travagliata: già abrogata dall'art. 1, l. n. 247/2007, con decorrenza dal 1° gennaio 2008, è stata ripristinata con il d.l. n. 112/2008, conv. in l. n. 133/2008 e quindi modificata dal d.l. n. 137/2020, conv. in l. n. 176/2020 per consentire convenzioni quadro anche con le imprese sociali.

zione del disabile avviene presso imprese e cooperative sociali che provvedono all'assunzione del disabile. Il datore di lavoro, assicurando alla cooperativa o all'impresa sociale commesse di lavoro, può adempiere agli obblighi *ex* l. n. 68/1999 senza dovere assumere il disabile.

2. *Il trattamento economico e normativo dei disabili*

Fatte salve le specifiche regole che possono essere introdotte mediante convenzione (ad esempio la deroga relativa alla durata del periodo di prova), il trattamento economico e normativo del disabile è equiparato, a parità di mansione e inquadramento, a quello dovuto a un qualsiasi lavoratore comparabile (art. 10, c. 1, l. n. 68/1999). Ciò appare del tutto coerente con il divieto di discriminazione sulla base dell'*handicap* stabilito dalla Direttiva CE 2000/78 e, nel diritto interno, dal d.lgs. n. 216/2003 (*infra*, PT. V, Cap. I). Anzi, a ben vedere, il disabile beneficia di specifiche norme, a maggiore tutela della propria posizione, che non trovano applicazione per la generalità dei lavoratori.

Anzitutto il datore di lavoro non può chiedere al disabile una prestazione non compatibile con le sue minorazioni (art. 10, c. 2, l. n. 68/1999).

Ancora, in caso di aggravamento delle condizioni di salute o di significative variazioni dell'organizzazione del lavoro che rendano incompatibile lo stato di salute del disabile con lo svolgimento delle mansioni cui è adibito [16], egli ha diritto alla *sospensione* della prestazione di lavoro, senza retribuzione, sino a che l'incompatibilità non sia rimossa.

Nel caso anzidetto, il *licenziamento* del disabile è possibile solo dopo che sia accertata la definitiva impossibilità di reinserirlo all'interno dell'azienda. L'impossibilità ricorre, tuttavia, per espressa previsione dell'art. 10, c. 3, solo dopo che siano stati effettuati «i possibili adattamenti dell'organizzazione del lavoro», utili a preservare l'occupazione del disabile in azienda. L'obbligo di porre in essere tali adattamenti non include, secondo la giurisprudenza, il dovere del datore di lavoro di modificare in modo sostanziale la propria organizzazione produttiva, né di adibire il lavoratore a mansioni non esistenti nell'assetto organizzativo aziendale [17]; l'obbligo impone invece adattamenti, quali ad esempio la ricomposizione di mansioni e ruoli da affidare al lavoratore protetto [18] o la redistribuzione delle mansioni fra i lavoratori in servizio, con sottrazione al disabile degli incarichi divenuti incompatibili e aumento dei compiti ancora eseguibili [19].

---

[16] La verifica della (in)compatibilità è devoluta, su richiesta del lavoratore o del datore di lavoro, ad apposita Commissione medica di cui all'art. 4 della l. n. 104/1992.

[17] Cass. n. 10914/2005.

[18] Trib. Ferrara 22.10.2008, in *RIDL*, 2009, II, p. 652. Nella fattispecie, a fronte dell'accertamento da parte della commissione medica della residua idoneità del disabile a svolgere mansioni solo a domicilio, è stato dichiarato legittimo il licenziamento motivato dalla non previsione nell'organizzazione aziendale di postazioni di lavoro a distanza.

[19] Trib. Reggio Calabria 16.3.2011.

In proposito è utile ricordare che l'art. 5 della Direttiva CE 2000/78, allo scopo di garantire l'attuazione del principio di parità di trattamento dei disabili, prevede che il datore di lavoro adotti «soluzioni ragionevoli», intese come «provvedimenti appropriati in funzione delle esigenze delle situazioni concrete», per garantire il diritto al lavoro dei disabili[20]. Tali soluzioni, secondo la Direttiva, cessano di essere ragionevoli quando richiedano da parte del datore di lavoro un onere finanziario sproporzionato: ma, sempre secondo la direttiva, non devono essere considerate sproporzionate le soluzioni il cui onere sia compensato da misure a favore dei disabili adottate dallo Stato membro.

Nell'ordinamento italiano alcune misure che possono compiere la funzione di compensazione prevista dalla Direttiva 2000/78 vi sono. L'impiego dei disabili, se effettuato a tempo indeterminato tramite convenzione, è infatti sostenuto dai contributi pubblici all'assunzione previsti dall'art. 13, l. n. 68/1999, e graduati nell'intensità a seconda del grado di invalidità del lavoratore. Tali contributi possono riguardare altresì il rimborso forfetario parziale delle spese necessarie alla trasformazione del posto di lavoro per renderlo adeguato alle possibilità operative dei disabili con riduzione della capacità lavorativa superiore al 50% o per l'apprestamento di tecnologie di telelavoro ovvero per la rimozione delle barriere architettoniche che limitano l'integrazione lavorativa del disabile. Il Fondo per il diritto al lavoro dei disabili può essere alimentato anche con versamenti da parte di soggetti privati a titolo spontaneo e solidale.

Ancora, in caso di licenziamento per riduzione del personale o per giustificato motivo oggettivo, il licenziamento del lavoratore avviato obbligatoriamente è legittimo solo se, in seguito alla cessazione del rapporto, risulti assicurata la copertura della quota obbligatoria di posti di lavoro a favore dei disabili[21].

Un ulteriore profilo di differenziazione nella disciplina dei lavoratori disabili è stato introdotto con l'art. 19 della l. n. 81/2017 in materia di *lavoro agile*. Normalmente, se l'accordo relativo alle modalità di svolgimento del lavoro agile è stipulato a tempo indeterminato, il recesso del datore di lavoro è ammesso con preavviso di 30 giorni. Nel caso di lavoratori disabili il termine di preavviso del recesso da parte del datore di lavoro non può invece essere inferiore a 90 giorni, al fine di consentire un'adeguata riorganizzazione dei percorsi di lavoro rispetto alle esigenze di vita e di cura del lavoratore disabile.

Nel prossimo futuro, la disciplina relativa all'accesso al lavoro dei disabili potrebbe essere soggetta a modifiche a seguito dell'approvazione della legge-delega in materia di disabilità (l. n. 227/2021), per la quale si attendono i decreti attuativi da parte del Governo. Le nuove disposizioni presumibilmente riguarderanno: l'adozione di una nuova nozione di disabilità coerente con la Convenzione ONU 2006; le modalità di accertamento e di verifica della disabilità; l'introduzione della definizione di "accomodamento ragionevole" nella l. n. 104/1992.

---

[20] Trib. Milano 11.5.2021 ha recentemente dichiarato illegittima la collocazione in cassa integrazione del dipendente con limitazioni fisiche quando sia possibile utilizzare la sua prestazione grazie a ragionevoli accomodamenti.

[21] In materia di licenziamento del lavoratore disabile, si segnala la sentenza del Trib. Milano 28.10.2016, n. 2875 che ha ritenuto indirettamente discriminatorio, e quindi nullo, il licenziamento per superamento del periodo di comporto del lavoratore disabile poiché il superamento del periodo protetto era stato determinato (anche) da assenze dovute alla patologia che aveva determinato lo stato di disabilità del lavoratore. Nello stesso senso sono orientati alcuni giudici di merito che si sono pronunciati più recentemente sulla questione.

3. *L'accesso al lavoro degli stranieri*

All'interno del territorio dell'Unione europea, i lavoratori subordinati, cittadini di Stati membri, godono del diritto alla libera circolazione (art. 45 TFUE).

Tale libertà è stata assicurata fin dal momento dell'istituzione, con il Trattato di Roma del 1957, della Comunità economica europea e costituisce una delle quattro libertà fondamentali, insieme alla libera circolazione delle merci, dei servizi e dei capitali, poste alla base della realizzazione del mercato unico europeo. Il riconoscimento della libera circolazione dei lavoratori ha una finalizzazione anzitutto economica: la mobilità dei fattori della produzione è condizione necessaria per il buon funzionamento del mercato e la libertà di circolazione costituisce il presupposto, teorico e pratico, per la configurazione di un mercato del lavoro europeo.

Per quanto concerne i lavoratori subordinati, il principio della libera circolazione implica il diritto di fare ingresso nel territorio di ciascuno Stato membro al fine di cercare un'occupazione, di soggiornarvi e di mantenervi la residenza una volta cessato il lavoro. Sarebbero certamente contrarie alla libertà di circolazione eventuali norme degli Stati membri che limitassero l'accesso al lavoro ai lavoratori di altri Stati dell'UE, anche attraverso la previsione di condizioni di lavoro differenziate.

Della libertà di circolazione non sono destinatari i cittadini provenienti da Stati che non sono membri dell'UE. Il mercato del lavoro europeo, sotto questo profilo, è un mercato libero soltanto al proprio interno; nei confronti dei potenziali entranti permangono invece ostacoli e barriere.

Le ragioni che spingono a mantenere le suddette limitazioni sono essenzialmente di due tipi: ragioni di ordine economico (il libero agire del mercato porterebbe ad un eccesso di offerta con conseguente riduzione dei salari e peggioramento delle condizioni di lavoro della forza lavoro comunitaria) e ragioni di ordine pubblico (l'immigrazione extracomunitaria incontrollata, in assenza di adeguata integrazione sociale, potrebbe favorire lo sviluppo di dinamiche pericolose per la convivenza civile).

Ciò non significa che manchino discipline europee volte a stabilire regole comuni a tutti gli Stati membri in materia di immigrazione extracomunitaria per ragioni di lavoro. A partire dall'approvazione, nel 1997, del Trattato di Amsterdam, le politiche dell'immigrazione hanno cessato di essere oggetto di iniziative di cooperazione intergovernativa per entrare a far parte delle competenze comunitarie. Oggi, le politiche dell'UE volte a realizzare uno "Spazio di libertà, giustizia e sicurezza", in cui vanno annoverate anche quelle in materia di migrazione da Paesi terzi, sono previste nel Titolo V, Capo II del TFUE, come introdotto dal Trattato di Lisbona del 2007. E in effetti il diritto dell'UE regola ormai vari aspetti della materia (condizioni di ingresso e soggiorno, circolazione, controlli alle frontiere, condizioni e procedure per il rilascio di visti e permessi di soggiorno, modalità per il ricongiungimento familiare, profili sanzionatori dell'impiego del lavoro irregolare).

In Italia, la regolamentazione dell'accesso al mercato del lavoro dei lavoratori provenienti da Paesi terzi trova fonte principale nel T.U. in materia di immigrazione, contenuto nel d.lgs. n. 286/1998, come modificato da successivi provvedimenti normativi e, in particolare, dalla l. n. 189/2002. Più precisamente, la disciplina riguarda i cittadini di Stati non appartenenti all'UE e gli apolidi, che vengono indicati nel testo di legge come "stranieri".

La disciplina è contenuta in fonti di legge conformemente alla riserva disposta dall'art. 10, c. 2, Cost., secondo cui «la condizione giuridica dello straniero è regolata dalla legge in conformità delle norme e dei trattati internazionali». La riserva di legge costituisce una garanzia per lo straniero, assicurando che la condizione giuridica di quest'ultimo non possa essere disciplinata esclusivamente da norme regolamentari, sottoposte alla discrezionalità del potere esecutivo.

Il principio cardine della vigente disciplina è quello dell'*accesso programmato* degli extracomunitari. I vincoli all'accesso dello straniero al mercato del lavoro italiano sono fondati in primo luogo sulla limitata possibilità di entrare in modo regolare sul territorio italiano. Un lavoratore straniero può stipulare un contratto di lavoro solo se è *autorizzato* con un *visto* ad entrare nel nostro Paese e può entrare nel nostro Paese solo se è destinatario di una *proposta di contratto di lavoro* inoltrata da parte di un datore di lavoro italiano. Ma non basta: occorre che l'assunzione rientri nelle *quote massime d'ingresso* riservate a lavoratori subordinati [22], stabilite annualmente con d.p.c.m. (c.d. decreto flussi), sulla base di un documento programmatico relativo alla politica dell'immigrazione e degli stranieri nel territorio dello Stato approvato dal Governo con cadenza di norma triennale [23].

Volendo entrare in maggiore dettaglio, si può osservare come il datore di lavoro interessato ad assumere, a tempo determinato o indeterminato, un lavoratore straniero non ancora soggiornante in Italia debba ottenere il *nulla osta* all'assunzione dallo *sportello unico per l'immigrazione*, istituito presso le Prefetture. La necessità del nulla osta riguarda le richieste nominative. Queste ultime sono possibili nel caso in cui il datore conosca già il soggetto da assumere. Altrimenti la richiesta è numerica, e in tale caso il datore potrà attingere da apposite liste compilate sulla base di accordi bilaterali intercorsi tra l'Italia e alcuni Paesi extracomunitari (art. 21, c. 5, d.lgs. n. 286/1998), nelle quali compaiono qualifiche e mansioni di lavoratori disposti a svolgere lavoro in Italia. La domanda di assunzione deve peraltro essere preceduta, così come previsto dall'art. 9, c. 7, l. n. 99/2013, dalla verifica, a carico del datore di lavoro, presso il Centro per l'impiego, dell'indisponibilità di lavoratori presenti sul territorio nazionale a occupare il posto di lavoro.

Contestualmente alla richiesta allo sportello, il datore di lavoro presenta altresì una *proposta di contratto di soggiorno* rivolta allo straniero da assumere. Tale proposta deve contenere l'impegno al pagamento delle spese di rientro nel Paese di provenienza; l'indicazione dell'alloggio in Italia; l'impegno del datore a comunicare ogni variazione concernente il rapporto di lavoro.

---

[22] I limiti massimi (quote) non operano per particolari mansioni dirigenziali o specializzate, per lo svolgimento di ricerca scientifica, per attività altamente qualificate.

[23] Il d.p.c.m. stabilisce vincoli non solo con riguardo ai rapporti di lavoro subordinato a tempo indeterminato, ma anche per i rapporti di lavoro subordinato a carattere stagionale, e per il lavoro autonomo. Per il lavoro stagionale, il flusso viene definito autonomamente e vige un diritto di precedenza del lavoratore che in passato abbia prestato attività presso lo stesso datore di lavoro. Sulla legittimità della regolamentazione italiana dei flussi di ingresso v. Corte cost. n. 244/1974; Corte cost. n. 62/1994; Corte cost. n. 454/1998.

Lo sportello unico, entro 60 giorni dalla domanda, rilascia il nulla osta, sentito il questore, a condizione che siano rispettate le quote di ingresso e che le condizioni del rapporto di lavoro siano conformi a quelle contenute nel contratto collettivo di lavoro applicabile. Le domande per le nuove assunzioni dall'estero sono esaminate entro i limiti numerici stabiliti dal c.d. decreto flussi: una volta esaurite le quote gli Sportelli Unici sono autorizzati a non prendere in considerazione le domande eccedenti, senza dovere motivare (come invece era richiesto in passato) il provvedimento di rigetto (cfr. d.lgs. n. 40/2014).

Ai sensi dell'art. 22, c. 5-*bis*, del T.U. (come risultante dopo il d.lgs. n. 109/2012), il nulla osta al lavoro è rifiutato se il datore di lavoro risulti condannato negli ultimi cinque anni, anche con sentenza non definitiva, per una serie di reati[24]. Il successivo c. 5-*ter* dell'art. 22 dispone altresì che il nulla osta al lavoro è rifiutato ovvero, nel caso sia stato rilasciato, è revocato, se i documenti presentati sono stati ottenuti mediante frode o sono stati falsificati o contraffatti.

Su richiesta del datore, lo sportello unico invia la documentazione alle rappresentanze diplomatiche o agli uffici consolari del paese di origine o di residenza dello straniero per il rilascio del visto di ingresso. Ottenuto il visto di ingresso, lo straniero può entrare nel nostro Paese. Entro otto giorni lavorativi dall'ingresso in Italia, deve però presentarsi presso lo sportello unico della prefettura e sottoscrivere il contratto di soggiorno.

Qualora lo straniero non si rechi in tempo utile a sottoscrivere il contratto di soggiorno il nulla osta al lavoro è revocato (salvo che il ritardo sia dipeso da cause di forza maggiore).

Il contratto di soggiorno, che ha durata correlata al contratto di lavoro, è condizione per l'ottenimento, da parte della questura, del *permesso di soggiorno*, che consente ai cittadini stranieri di soggiornare e lavorare nel territorio di uno Stato membro UE[25].

Il T.U. dispone che la durata del permesso di soggiorno per lavoro è quella prevista dal contratto di soggiorno e comunque non può superare: a) in relazione ad uno o più contratti di lavoro stagionale, la durata complessiva di nove mesi; b) in relazione ad un contratto di lavoro subordinato a tempo determinato, la durata di un anno; c) in relazione ad un contratto di lavoro subordinato a tempo indeterminato, la durata di due anni[26].

---

[24] I reati sono i seguenti: favoreggiamento dell'immigrazione clandestina o dell'emigrazione clandestina; reclutamento di persone da destinare alla prostituzione o allo sfruttamento della prostituzione o di minori da impiegare in attività illecite; intermediazione illecita e sfruttamento del lavoro ai sensi dell'art. 603-*bis* c.p.; impiego di lavoratori stranieri privi del permesso di soggiorno, ovvero il cui permesso sia scaduto (e del quale non sia stato chiesto, nei termini di legge, il rinnovo), revocato o annullato.

[25] Con il d.lgs. n. 40/2014 (in attuazione della Direttiva 2011/98/UE) il permesso di soggiorno è "unico", fatti salvi casi dei permessi di soggiorno UE per lungo-soggiornanti, per motivi umanitari, per i rifugiati, per motivi di protezione sussidiaria, per studio, per lavoro stagionale, per lavoro autonomo, per le specifiche categorie escluse dal meccanismo della programmazione dei flussi.

[26] Possono essere invero ottenuti permessi di soggiorno pluriennali per i lavoratori stagionali in caso di impieghi ripetitivi.

La *perdita del posto di lavoro* non costituisce motivo di *revoca* del permesso di soggiorno. Al lavoratore straniero in possesso del permesso di soggiorno per lavoro subordinato che perda il posto di lavoro, anche per dimissioni, è consentito il temporaneo soggiorno nel nostro Paese. Egli può fruire dei servizi per l'impiego per il periodo di residua validità del permesso di soggiorno, e comunque, salvo che si tratti di permesso di soggiorno per lavoro stagionale, per un periodo non inferiore ad un anno, ovvero per tutto il periodo di durata della prestazione di sostegno al reddito percepita dal lavoratore straniero, qualora superiore. Il soggiorno oltre tali termini è possibile nel caso in cui lo straniero dimostri la disponibilità di un reddito minimo (quantificato dall'art. 29, c. 3, lett. *b*), T.U.) sufficiente a mantenere sé ed eventuali familiari conviventi, e derivante da fonti lecite.

Differente è la disciplina dell'*accesso al lavoro dello straniero già regolarmente soggiornante in Italia*. In questo caso, l'accesso è regolato dalle comuni discipline destinate al lavoratore italiano o di altro Paese dell'UE [27]. È prevista la possibilità di iscrizione agli elenchi tenuti presso i Centri per l'impiego e, dopo la sentenza della Corte costituzionale n. 454/1998, è altresì ammessa l'iscrizione dell'extracomunitario disabile nelle liste del collocamento obbligatorio [28]. Inoltre, con l'abrogazione degli artt. 13, c. 2-*bis*, e 36-*bis* del T.U. ad opera del d.lgs. n. 40/2014 non è più necessario procedere alla stipula del contratto di soggiorno al momento del rinnovo del permesso di soggiorno per lavoro.

Una volta costituito il rapporto di lavoro, si applica ad esso il principio di parità di trattamento retributivo e previdenziale con i lavoratori italiani affermato nell'art. 37, c. 4, del T.U. In ogni caso, trovano applicazione, a tutela dello straniero, le norme che vietano la discriminazione per razza o origine nazionale o etnica previste dall'art. 43 del T.U. (*infra*, PT. V, Cap. I) [29]. La violazione delle regole che limitano l'accesso al lavoro dello straniero è punita anzitutto con l'applicazione di sanzioni penali [30].

---

[27] Ai sensi dell'art. 2, c. 5, del T.U., allo straniero è riconosciuta parità di trattamento con il cittadino relativamente alla tutela giurisdizionale dei diritti e degli interessi legittimi, nei rapporti con la pubblica amministrazione e nell'accesso ai pubblici servizi, nei limiti e nei modi previsti dalla legge.

[28] Corte cost. n. 454/1998.

[29] Costituisce discriminazione ogni comportamento che, direttamente o indirettamente, comporti una distinzione, esclusione, restrizione o preferenza basata sulla razza, il colore, l'ascendenza o l'origine nazionale o etnica, le convinzioni e le pratiche religiose, e che abbia lo scopo o l'effetto di distruggere o di compromettere il riconoscimento, il godimento o l'esercizio, in condizioni di parità, dei diritti umani e delle libertà fondamentali in campo politico, economico, sociale e culturale e in ogni altro settore della vita pubblica.

[30] Il datore di lavoro che occupa alle proprie dipendenze lavoratori stranieri privi del permesso di soggiorno, ovvero il cui permesso sia scaduto e non rinnovato, revocato o annullato, è punito con la reclusione da sei mesi a tre anni e con la multa di 5.000 euro per ogni lavoratore impiegato (le pene sono aumentate da un terzo alla metà se i lavoratori occupati sono più di tre; se i lavoratori occupati sono minori in età non lavorativa; se i lavoratori occupati sono sottoposti a condizioni lavorative di particolare sfruttamento di cui al c. 3 dell'art. 603-*bis* c.p.). In aggiunta, al datore di lavoro è applicata la sanzione amministrativa accessoria del pagamento del costo medio di rimpatrio del lavoratore straniero assunto illegalmente. A tali pene si aggiungono le sanzioni amministrative previste per l'impiego irregolare di manodopera. Inoltre, nel caso in cui il datore di lavoro, al fine di trarre ingiusto profitto dalla condizione di illegalità dello straniero, favorisse l'irregolare permanenza di quest'ulti-

Il d.l. n. 113/2018 conv. in l. n. 132/2018 (c.d. primo decreto sicurezza) ha soppresso la disciplina del permesso di soggiorno per motivi umanitari sostituendola con un elenco di situazioni che consentono il rilascio di permessi di soggiorno per protezione speciale. Successivamente il d.l. n. 130/2020, conv. in l. n. 173/2020, è intervenuto subordinando al rispetto degli obblighi costituzionali o internazionali dello Stato italiano (adottati sulla base di convenzioni o accordi internazionali, resi esecutivi in Italia), il rifiuto o la revoca del permesso di soggiorno quando lo straniero non soddisfi le condizioni di soggiorno applicabili in uno degli Stati contraenti. Con lo stesso intervento legislativo è stato altresì integrato l'art. 19, c. 1, T.U., inserendo l'orientamento sessuale, di identità e di genere tra i motivi di persecuzione per i quali non può essere disposta l'espulsione o il respingimento del cittadino straniero [31]. È tuttora previsto (art. 22, c. 12-*quater*, T.U.), infine, il permesso di soggiorno nel caso in cui il lavoratore denunci una situazione di sfruttamento lavorativo (rientrante tra quelle previste dal c. 3 dell'art. 603-*bis* c.p.).

Quelle sinora esposte sono le regole generali. Occorre peraltro ricordare che l'accesso al lavoro regolare degli stranieri extracomunitari è avvenuto in più circostanze, in Italia, attraverso un canale differente rispetto a quelli sinora illustrati, e cioè con la *sanatoria* delle situazioni di irregolarità.

---

mo nel territorio dello Stato, si configurerebbe l'ipotesi contemplata dall'art. 12, c. 5, del T.U., con conseguente applicazione della pena (reclusione fino a quattro anni e multa) ivi previste: su questa fattispecie (in un caso di sfruttamento di sei cinesi irregolari) cfr. Cass. pen. n. 27997/2012.

[31] Il testo risultante dalla integrazione segnalata risulta oggi il seguente: «In nessun caso può disporsi l'espulsione o il respingimento verso uno Stato in cui lo straniero possa essere oggetto di persecuzione per motivi di razza, di sesso, *di orientamento sessuale, di identità, di genere,* di lingua, di cittadinanza, di religione, di opinioni politiche, di condizioni personali o sociali, ovvero possa rischiare di essere rinviato verso un altro Stato nel quale non sia protetto dalla persecuzione».

Capitolo III
Ammortizzatori sociali e raccordo tra politiche attive e passive del lavoro

1. *Le politiche passive del lavoro*

Accanto alle misure indirizzate a migliorare l'incontro tra domanda e offerta di lavoro, di cui si è detto nel precedente capitolo I, la legge prevede anche misure di sostegno al reddito dei lavoratori che abbiano perduto il lavoro e forme di integrazione del reddito di lavoratori che, pur non essendo stati licenziati, sono interessati da temporanei provvedimenti datoriali di riduzione dell'orario di lavoro o di sospensione totale dell'attività lavorativa. Tali misure appartengono alle c.d. politiche passive del lavoro, perché non si prefiggono l'obiettivo di diminuire il rischio di disoccupazione o di incentivare la ricerca di nuova occupazione, ma assicurano un reddito al lavoratore che si trovi nelle situazioni di disoccupazione o di sospensione del rapporto. Nondimeno, politiche attive e politiche passive del lavoro sono oggi raccordate attraverso le cosiddette "regole di condizionalità", di cui si tratterà successivamente (*infra*, § 5).

2. *Gli ammortizzatori sociali in costanza di rapporto*

All'intervento pubblico di integrazione salariale (tradizionalmente conosciuto con la denominazione di *Cassa integrazione guadagni*) può essere riconosciuta una *duplice funzione*. Da un lato, tale intervento si configura come misura pubblica di *garanzia del reddito* del lavoratore nelle fasi in cui la prestazione offerta non è utile al (o non può essere utilizzata dal) datore di lavoro: in caso di sospensione dell'attività lavorativa, l'integrazione salariale garantisce al lavoratore un reddito sostitutivo della retribuzione, erogato dall'istituto previdenziale (INPS). D'altro lato, l'integrazione salariale è uno strumento di *sostegno dell'occupazione* a fronte della temporanea diminuzione del fabbisogno di lavoro da parte delle imprese. La conservazione dei rapporti di lavoro, seppure sospesi, evita la dispersione del capitale umano e permette di conservare la capacità delle imprese di riprendere celermente le attività produttive in caso di miglioramento delle condizioni del mercato, o all'esito di processi di ristrutturazione o riconversione industriale.

Le origini della Cassa integrazione guadagni vanno ricercate nella contrattazione collettiva corporativa del settore industriale negli anni '40 del secolo scorso [1]. La legge iniziò a regolare l'istituto fin dal secondo dopoguerra, quale strumento utile per far fronte alle esigenze della fase della ricostruzione (d.lgs.lgt. n. 788/1945 e d.lgs.CpS. n. 869/1947). L'assetto normativo attuale è il risultato di una serie di interventi, talvolta ambiziosi, in altre circostanze occasionali e dettati da emergenze, che si sono succeduti negli anni '70 (l. n. 164/1975 per l'industria; l. n. 427/475 per l'edilizia) e che si sono protratti negli anni '80, fino a che non si è giunti, con la l. n. 223/1991, ad un ampio tentativo di razionalizzazione dell'istituto. L'assetto introdotto dalla l. n. 223/1991 non può essere tuttavia considerato un punto di arrivo nella regolazione della materia, ma piuttosto un punto di partenza per l'introduzione di ulteriori deroghe e proroghe ai trattamenti di sostegno introdotte per mezzo di una legislazione caotica, estemporanea e frammentaria.

La conseguenza di questo incessante intervento legislativo è stata la perdita di coerenza e di organicità del sistema. Già a partire dalla seconda metà degli anni '90, ma con grande accelerazione negli anni della crisi economica (e nel biennio 2008-2009 in particolare), l'alluvionale coacervo di discipline transitorie, eccezionali e spesso settoriali ha cominciato ad assumere un'identità autonoma, tanto da essere indicato dagli interpreti e dagli operatori con l'espressione di "ammortizzatori sociali in deroga". Per contro, i progetti di riforma complessiva (si vedano, ad esempio, le deleghe attribuite al Governo, ma non esercitate, prima con l'art. 1, cc. 28 e 29, l. n. 247/2007 e poi con l'art. 46, l. n. 183/2010) per lungo tempo non hanno trovato realizzazione.

Un tentativo di metter mano ad una riforma organica della disciplina è stato compiuto in tempi recenti dal legislatore: prima la l. n. 92/2012, poi in maniera più ampia il d.lgs. n. 148/2015, attuativo della legge-delega n. 183/2014, sono intervenuti a ridisegnare l'assetto degli ammortizzatori sociali in costanza di rapporto. Da ultimo, la l. n. 234/2021 ha riordinato ulteriormente la materia degli ammortizzatori sociali. Le novità riguardano gli interventi di integrazione salariale per episodi di sospensione o riduzione dell'attività dal 1° gennaio 2022 in poi [2].

2.1. *L'intervento di integrazione salariale ordinaria e straordinaria: causali e ambito di applicazione*

Una fondamentale e risalente distinzione relativa alle misure pubbliche di integrazione del reddito dei lavoratori interessati da provvedimenti di sospensione o riduzione dell'attività lavorativa riguarda il tipo di intervento.

---

[1] L'esigenza era, come si può intuire, di garantire un sostegno al reddito degli operai che vedevano le attività produttive sospese a causa degli eventi bellici. Cfr. CCNL 13 giugno 1941 e CCNL 19 luglio 1941.

[2] Con il d.l. n. 4/2022, conv. in l. n. 25/2022, sono state infine disciplinati gli ammortizzatori sociali con riferimento ad alcuni settori produttivi specifici.

È infatti previsto che l'integrazione salariale *ordinaria* possa intervenire a fronte di «situazioni aziendali dovute ad eventi transitori e non imputabili all'impresa o ai dipendenti, incluse le intemperie stagionali»; ovvero a fronte di «situazioni temporanee di mercato» (art. 11, c. 1, d.lgs. n. 148/2015).

L'integrazione salariale *straordinaria*, invece, interviene in caso di «riorganizzazione aziendale» (comprendente, a seguito della l. n. 234/2021, anche "processi di transizione" individuati per via ministeriale) o in caso di «crisi aziendale» (ma con esclusione, a decorrere dal 2016, dei casi di cessazione dell'attività produttiva dell'azienda o di un ramo di essa), o, ancora, in caso di applicazione di un contratto di solidarietà (art. 21, c. 1, d.lgs. n. 148/2015).

In quest'ultima ipotesi, l'accesso al trattamento di integrazione straordinaria è ammesso a fronte della stipulazione, da parte dell'impresa e dalla RSU o dalle RSA costituite nell'ambito delle confederazioni comparativamente più rappresentative, di un contratto collettivo aziendale c.d. *di solidarietà*. Per dare luogo all'applicazione dell'intervento straordinario dell'integrazione salariale, il contratto deve essere "difensivo" (dell'occupazione); deve cioè stabilire una riduzione dell'orario di lavoro al fine di evitare, in tutto o in parte, la riduzione o la dichiarazione di esubero del personale[3]. A partire dal 1° gennaio 2022, è consentita una riduzione media oraria fino all'80% dell'orario giornaliero, settimanale o mensile dei lavoratori interessati, e, per ciascun lavoratore, una riduzione complessiva dell'orario di lavoro fino al 90% nell'arco dell'intero periodo oggetto del contratto di solidarietà.

Ulteriori due ipotesi di ricorso al trattamento di integrazione straordinario sono state aggiunte dalla l. n. 234/2021 nel corpo del d.lgs. n. 148/2015.

La prima riguarda (art. 22-*ter*, d.lgs. n. 148/2015) la possibilità di stipulare un "*Accordo di transizione occupazionale*" che contenga misure per la rioccupazione, l'autoimpiego e/o la formazione dei lavoratori che, all'esito di un intervento di integrazione salariale per riorganizzazione e crisi aziendale, siano a rischio di esubero. In deroga ai limiti massimi, è previsto in tal caso un ulteriore intervento di integrazione straordinaria per un periodo massimo di 12 mesi non prorogabili.

---

[3] Se l'obiettivo del contratto di solidarietà non è la difesa, ma l'incremento dell'occupazione, il contratto si dice "*espansivo*". In tale caso, il contratto prevede la riduzione dell'orario e della retribuzione al fine di incrementare l'organico aziendale con nuove assunzioni a tempo indeterminato. Il datore di lavoro che assume godrà di benefici contributivi, ma i lavoratori che subiscono la riduzione dell'orario e della retribuzione non avranno il sostegno della cassa integrazione. I contratti di solidarietà espansivi, disciplinati dal d.lgs. n. 148/2015 (art. 41) e poco praticati, benché oggetto di una misura di incentivazione ad opera del d.lgs. n. 185/2016, sono stati sostituiti, in via sperimentale, dal nuovo *contratto di espansione*, previsto dal c.d. "decreto crescita" (d.l. n. 34/2019, conv. con mod. in l. n. 58/2019); la sperimentazione è stata prorogata al 2023 dalla l. n. 234/2021, che ha allargato la platea dei beneficiari, abbassando fino a 50 addetti la soglia di accesso e modificando alcune regole in materia di c.d. scivolo pensionistico. I lavoratori che abbiano meno di 5 anni dal raggiungimento dell'età per la pensione di vecchiaia e abbiano raggiunto il minimo contributivo, con accordo firmato dall'azienda e dai sindacati maggiormente rappresentativi con il Ministro del lavoro, possono essere licenziati (ma l'adesione del lavoratore è volontaria); l'impresa, alla quale è garantita la Cassa integrazione straordinaria per 18 mesi, pagherà ai lavoratori una indennità commisurata al trattamento pensionistico lordo spettante alla data della cessazione del rapporto.

La seconda riguarda (art. 44, c. 11-*ter*, d.lgs. n. 148/2015) la possibilità di un intervento straordinario ulteriore di 52 settimane per processi di "riorganizzazione e situazioni di particolare difficoltà" destinato alle imprese che abbiano superato il periodo previsto nel biennio mobile, da utilizzare non oltre il 31 dicembre 2023 e nei limiti dei fondi stanziati.

Le ipotesi illustrate, denominate anche *causali* o *cause integrabili*, indicano la diversa finalizzazione dei due interventi. L'intervento ordinario riguarda difficoltà temporanee e congiunturali dell'impresa, dovute tipicamente, ma non esclusivamente, a cali della domanda, e si estende anche ai casi di impossibilità sopravvenuta non imputabile né all'imprenditore, né ai lavoratori (si pensi, ad esempio, al caso di calamità naturali che determinano la sospensione dell'attività). L'intervento straordinario invece fa fronte a eventi di più lunga durata, non contingenti ma strutturali, caratterizzati da previsioni di riassorbimento del personale di medio-lungo periodo e comunque riconducibili ad una scelta organizzativa del datore di lavoro.

In ogni caso, presupposto dell'integrazione salariale è la *temporaneità* della causa integrabile. Breve o lunga che sia, la difficoltà o la crisi dell'impresa deve essere potenzialmente reversibile e non può avere determinato la cessazione definitiva dell'attività.

Non è stato sempre così. Nel caso di sottoposizione dell'impresa a *procedure concorsuali* (fallimento, liquidazione coatta amministrativa, amministrazione straordinaria), nelle quali *non* fosse stata disposta la continuazione dell'attività era previsto (art. 3, l. n. 223/1991, modificato dalla l. n. 236/1993) l'intervento della Cassa integrazione guadagni straordinaria.

I più recenti interventi regolativi in materia di cassa integrazione guadagni e, in particolare, la l. n. 234/2021, hanno cercato di correggere uno dei difetti tradizionalmente ascritti alle discipline degli ammortizzatori sociali: la limitata estensione del campo di applicazione, soggettivo e oggettivo, dell'intervento di integrazione salariale.

Attualmente – più precisamente, per gli eventi di sospensione del lavoro intervenuti a partire dal 1° gennaio 2022 – il trattamento di integrazione può riguardare tutti i lavoratori assunti con contratto di lavoro subordinato, *ivi* compresi i lavoratori a domicilio e gli apprendisti (ma con limitazioni)[4], che vantino, presso l'unità produttiva per la quale è richiesto il trattamento, un'anzianità di effettivo lavoro di almeno trenta giorni alla data di presentazione della relativa domanda di concessione[5].

Sotto il profilo dei settori produttivi, l'integrazione ordinaria trova applicazione principalmente nel settore industriale, e nelle imprese industriali ed artigiane del settore edile e lapideo[6].

---

[4] Cfr. art. 2, d.lgs. n. 148/2015.

[5] Tale condizione non è necessaria per le domande relative a trattamenti ordinari di integrazione salariale per eventi oggettivamente non evitabili. Sempre in relazione al campo di applicazione soggettivo, occorre precisare che il nuovo art. 8 del d.lgs. n. 148/2015 prevede una regola per la compatibilità con altra attività lavorativa: se durante la sospensione con intervento di integrazione salariale il lavoratore svolge attività subordinata o autonoma di durata superiore a 6 mesi, non ha diritto al trattamento per le giornate di lavoro effettuate; se l'attività è inferiore a 6 mesi, l'integrazione salariale rimane sospesa.

[6] L'elenco completo si trova all'art. 10, c. 1, d.lgs. n. 148/2015: a) imprese industriali manifatturiere, di trasporti, estrattive, di installazione di impianti, produzione e distribuzione dell'energia,

L'integrazione straordinaria invece ha un campo di applicazione che dipende tradizionalmente dalla combinazione di due variabili: il settore di attività dell'impresa e le dimensioni occupazionali della stessa.

Nella disciplina applicabile fino al 31 dicembre 2021 erano presenti limitazioni del campo di applicazione che penalizzavano le imprese di più ridotta dimensione occupazionale e operanti nei settori dei servizi.

La l. n. 234/2021 ha previsto, con intento omnicomprensivo, l'estensione del campo di applicazione dell'intervento straordinario ai datori di lavoro di tutti i settori in cui non operino Fondi di solidarietà bilaterali (ossia quelli costituiti *ex* art. 26, 27, e 40, d.lgs. n. 148/2015), anche nel caso in cui intervenga la tutela del Fondo di integrazione salariale (FIS) di cui all'art. 29, d.lgs. n. 148/2015, a patto che sia superata la soglia di occupazione media di 15 dipendenti nei 6 mesi precedenti, comprese anche le imprese del settore aereonautico e di gestione aeroportuale e società derivate, i partiti e i movimenti politici[7].

2.2. *Oneri procedurali*

Il trattamento di integrazione salariale ordinario e straordinario è concesso dietro presentazione da parte del datore di lavoro di una domanda di ammissione in via telematica all'ente erogatore (INPS).

La domanda per l'intervento ordinario deve essere presentata entro il termine di 15 giorni dall'inizio della sospensione o riduzione dell'attività lavorativa, fatte salve le domande per eventi oggettivamente non evitabili, per le quali si applica il termine della fine del mese successivo a quello in cui si è verificato l'evento. Qualora dalla omessa o tardiva presentazione della domanda derivi a danno dei lavoratori la perdita parziale o totale del diritto all'integrazione salariale, l'impresa è tenuta a corrispondere ai lavoratori una somma di importo equivalente all'integrazione salariale non percepita (art. 15, d.lgs. n. 148/2015).

La domanda deve essere preceduta da una *procedura* di informazione e consultazione sindacale.

---

acqua e gas; b) cooperative di produzione e lavoro che svolgano attività lavorative similari a quella degli operai delle imprese industriali, ad eccezione delle cooperative elencate dal d.p.R. n. 602/1970; c) imprese dell'industria boschiva, forestale e del tabacco; d) cooperative agricole, zootecniche e loro consorzi che esercitano attività di trasformazione, manipolazione e commercializzazione di prodotti agricoli propri per i soli dipendenti con contratto di lavoro a tempo indeterminato; e) imprese addette al noleggio e alla distribuzione dei film e di sviluppo e stampa di pellicola cinematografica; f) imprese industriali per la frangitura delle olive per conto terzi; g) imprese produttrici di calcestruzzo preconfezionato; h) imprese addette agli impianti elettrici e telefonici; i) imprese addette all'armamento ferroviario; j) imprese industriali degli enti pubblici, salvo il caso in cui il capitale sia interamente di proprietà pubblica; k) imprese industriali e artigiane dell'edilizia e affini; l) imprese industriali esercenti l'attività di escavazione e/o lavorazione di materiale lapideo; m) imprese artigiane che svolgono attività di escavazione e di lavorazione di materiali lapidei, con esclusione di quelle che svolgono tale attività di lavorazione in laboratori con strutture e organizzazione distinte dalla attività di escavazione.

[7] Sui Fondi di solidarietà bilaterali e sul FIS v. *infra*, § 2.4.

Per quanto concerne l'intervento di integrazione salariale ordinario, nei casi di sospensione o riduzione dell'attività produttiva, l'impresa è tenuta a comunicare *preventivamente* alle RSA o alla RSU, ove esistenti, o in mancanza alle articolazioni territoriali delle associazioni sindacali comparativamente più rappresentative a livello nazionale, le cause di sospensione o di riduzione dell'orario di lavoro, l'entità e la durata prevedibile, il numero dei lavoratori interessati.

A tale comunicazione può seguire, su richiesta di una delle parti, un *esame congiunto* della situazione avente ad oggetto la tutela degli interessi dei lavoratori in relazione alla crisi dell'impresa.

Anche nel caso di richiesta di ammissione al trattamento di integrazione straordinaria l'impresa è tenuta a dare comunicazione ai soggetti sindacali (gli stessi destinatari della comunicazione relativa all'intervento ordinario), ma solo nel caso in cui l'intervento sia richiesto per riorganizzazione aziendale o per crisi aziendale. Nel caso invece in cui la ragione della domanda sia la stipulazione di un contratto di solidarietà la procedura di informazione e consultazione sindacale non è dovuta.

Alla comunicazione segue l'esame congiunto della situazione aziendale. L'esame si svolge presso gli uffici competenti individuati a livello regionale o presso il Ministero del lavoro qualora l'intervento riguardi unità produttive ubicate in più regioni.

In sede di esame congiunto sono esposti e discussi: il programma che l'impresa intende attuare, la durata e il numero dei lavoratori interessati alla sospensione o riduzione di orario; le ragioni che rendono non praticabili forme alternative di riduzioni di orario, le misure previste per la gestione delle eventuali eccedenze di personale, i criteri di scelta dei lavoratori da sospendere, le modalità della rotazione tra i lavoratori o le ragioni tecnico-organizzative della mancata adozione di meccanismi di rotazione.

L'intera procedura di consultazione, attivata dalla richiesta di esame congiunto, si esaurisce entro i 25 giorni successivi a quello in cui è stata avanzata la richiesta medesima, ridotti a 10 per le imprese che occupano fino a 50 dipendenti (art. 14, d.lgs. n. 148/2015).

2.3. *Misura e durata del trattamento*

La misura del trattamento integrativo (sia ordinario che straordinario) corrisponde all'80% della retribuzione globale che sarebbe spettata per le ore di lavoro non prestate. In ogni caso, però, l'importo del trattamento non può superare il limite massimo mensile stabilito, a partire dal 1° gennaio 2022, in euro 1.167,91, rivalutato di anno in anno.

Per quanto riguarda la durata dei trattamenti, vige un limite cumulativo: la durata massima complessiva, per ciascuna unità produttiva, del trattamento ordinario e di quello straordinario di integrazione salariale non può superare 24 mesi in un quinquennio mobile (cioè un periodo di cinque anni che inizia dalla data in cui la prestazione viene erogata) [8]. Nel caso in cui sia stipulato un contratto di solidarietà, la dura-

[8] I periodi di cassa integrazione fruiti prima dell'entrata in vigore del d.lgs. n. 148/2015 non saranno presi in considerazione. Per le imprese del settore edile, di escavazione e lapideo il limite è di 30 mesi.

ta dei trattamenti per i primi 24 mesi è computata, ai fini del calcolo del limite massimo nel quinquennio, per la metà.

Limiti differenziati, e specifici, sono poi previsti rispettivamente per il trattamento ordinario e straordinario.

Il trattamento *ordinario* può essere concesso per un massimo di 13 settimane continuative. Eventuali proroghe trimestrali che siano concesse non possono estendere il trattamento oltre le 52 settimane complessive.

Qualora l'impresa abbia fruito di 52 settimane complessive di integrazione salariale ordinaria, una nuova domanda può essere proposta, per la medesima unità produttiva per la quale l'integrazione è stata concessa, solo quando sia trascorso un periodo di almeno 52 settimane di normale attività lavorativa. Comunque, l'integrazione salariale ordinaria relativa a più periodi non consecutivi non può superare complessivamente la durata di 52 settimane in un biennio mobile. Tali limiti non valgono relativamente agli interventi determinati da eventi oggettivamente non evitabili.

Il trattamento di integrazione salariale *straordinario* prevede trattamenti più prolungati, in ragione delle cause che ne legittimano il ricorso. Nel caso di riorganizzazione aziendale, la durata massima è di 24 mesi. Nel caso di crisi aziendale la durata massima è di 12 mesi, anche continuativi. Nel caso di stipulazione di un contratto di solidarietà la durata massima è di 24 mesi, anche continuativi, in un quinquennio mobile, con estensione fino a 36 mesi.

2.4. *Cassa integrazione guadagni in deroga e Fondi di solidarietà bilaterali*

L'intento di superare, per quanto possibile, le limitazioni dei campi di applicazione delle discipline generali della cassa integrazione si è storicamente tradotto, da un lato, nella previsione legislativa di ipotesi di Cassa integrazione guadagni "*in deroga*", consistenti nel riconoscimento eccezionale e temporaneo di trattamenti di integrazione salariali in situazioni di bisogno non previste dalla disciplina generale; dall'altro lato nell'incentivo a forme di sostegno del reddito istituite sulla base di accordi sindacali stipulati a livello di categoria.

Attualmente, uno strumento di estensione della tutela del reddito in costanza di rapporto è costituito dai *fondi di solidarietà bilaterali* di categoria. Tali fondi sono costituiti per iniziativa delle organizzazioni sindacali dei datori di lavoro e dei lavoratori ed alimentati con la contribuzione a carico dei datori di lavoro.

I fondi di solidarietà, oltre alla finalità di sostegno al reddito dei lavoratori in costanza di rapporto, possono anche perseguire ulteriori finalità: ad esempio, assicurare prestazioni aggiuntive in caso di perdita del posto di lavoro; prevedere assegni di sostegno al reddito volti a favorire l'esodo di dipendenti prossimi alla pensione; finanziare programmi formativi, di riconversione o riqualificazione professionale.

È stata la l. n. 92/2012 (art. 3, c. 4) a superare la concezione volontaristica dell'istituzione di tali fondi, ponendo in capo delle organizzazioni sindacali e imprenditoriali comparativamente più rappresentative a livello nazionale l'obbligo di costituire, attraverso accordo collettivo, *fondi di solidarietà* presso l'INPS, destinati ad operare nei settori non interessati dall'intervento pubblico di integrazione salariale.

La disciplina è volta a realizzare un modello di intervento a sostegno del reddito di tipo misto (pubblico/privato). Suscita tuttavia perplessità l'obbligo imposto alle organizzazioni sindacali di concludere accordi per la costituzione dei fondi: obbligo che, a prima vista, pare porsi in contraddizione con il principio di libertà nell'esercizio dell'autonomia collettiva garantito dall'art. 39, c. 1, Cost. (pur considerando che l'eventuale inerzia delle organizzazioni sindacali non è sanzionata).

Oggi la disciplina che regola l'istituzione dei fondi di solidarietà è contenuta negli artt. 26 ss., d.lgs. n. 148/2015, come modificato dalla l. n. 234/2021 e dal d.l. n. 21/2022, conv. in l. n. 51/2022; l'art. 26, c. 7, ribadisce l'obbligatorietà dell'istituzione dei fondi stessi.

A far data dal 1° gennaio 2022, devono essere costituiti Fondi di solidarietà per tutti i datori di lavoro che non rientrano nel campo di applicazione dell'intervento di integrazione ordinario (art. 10) e che occupino almeno un dipendente (e non, come precedentemente era previsto, mediamente più di cinque). I Fondi devono garantire l'erogazione di trattamenti di integrazione salariale in caso di riduzione o sospensione del rapporto per le causali ordinarie e straordinarie (art. 26, c. 1-*bis*). I fondi precedentemente costituiti dovranno adeguarsi entro il 31 dicembre 2022 alle nuove regole.

In mancanza di adeguamento, i datori di lavoro del settore coperto dal Fondo di solidarietà saranno assoggettati alle regole del Fondo di solidarietà residuale denominato *Fondo di integrazione salariale* (FIS) disciplinato dall'art. 29, d.lgs. n. 148/2015. I soggetti tutelati dal FIS comprendono i datori non destinatari dell'intervento di integrazione ordinaria o non coperti da Fondi di solidarietà, e anche i datori che operano nei settori "coperti" dai fondi, ma che abbiano una dimensione inferiore a quella prevista dai singoli atti costitutivi dei Fondi (sino al momento in cui il fondo non si adegui alla nuova disciplina che impone trattamenti per tutti i datori con più di un lavoratore).

Il contributo erogato dai Fondi di solidarietà bilaterali si chiama ora "*assegno di integrazione salariale*" (e non più assegno ordinario) dato che il trattamento può essere richiesto in relazione alle causali previste dalla normativa in materia (intervento ordinario e straordinario della CIG). I fondi di solidarietà stabiliscono la durata della prestazione in misura almeno pari ai trattamenti di integrazione salariale e a seconda della soglia dimensionale dell'impresa e della causale invocata.

Invece il FIS riconosce prestazioni per causali ordinarie e straordinarie ai datori che occupano mediamente meno di 15 dipendenti; ai datori che occupano più di 15 dipendenti nel semestre precedente, il FIS può riconoscere l'assegno di integrazione salariale solo per le causali dell'intervento ordinario.

3. *La Nuova Assicurazione Sociale per l'Impiego (NASpI) e la Dis-coll.*

Il lavoratore è assicurato contro il rischio di disoccupazione. È l'art. 38, c. 2, Cost. a prevedere che i lavoratori abbiano diritto a mezzi adeguati alle loro esigenze di vita non solo in caso di infortunio, malattia, invalidità e vecchiaia, ma anche in caso di disoccupazione involontaria.

La l. n. 92/2012 (art. 2) aveva già provveduto a dettare una nuova disciplina degli istituti volti a garantire indennità ai lavoratori che perdono il lavoro. La vecchia disciplina della *indennità di disoccupazione* era stata sostituita con quella dell'*Assicurazione Sociale per l'Impiego* (ASpI). A breve distanza di tempo, tuttavia, l'istituto ha cambiato denominazione (NASpI – *Nuova Assicurazione Sociale per l'Impiego*), ed è stato in parte ridisciplinato ad opera del d.lgs. n. 22/2015 di attuazione della legge-delega n. 183/2014. Ulteriori modifiche della disciplina sono state introdotte con la l. n. 234/2021.

Nella disciplina oggi in vigore viene irrobustito il legame tra contribuzione ed entità e durata del trattamento, con superamento dei precedenti parametri di valutazione del bisogno di protezione legati all'età e all'area geografica di residenza del lavoratore.

La Naspi riguarda i lavoratori subordinati, inclusi gli apprendisti, i soci lavoratori subordinati di cooperativa, i lavoratori subordinati del settore artistico, gli operai agricoli a tempo indeterminato. Restano esclusi i lavoratori a tempo indeterminato del settore pubblico[9].

Per potere beneficiare delle prestazioni (consistenti in un'indennità mensile erogata dall'INPS) devono ricorrere alcuni requisiti: oltre allo stato di disoccupazione involontaria, è necessario, per gli eventi a partire dal 1° gennaio 2022, che i lavoratori possano vantare nei quattro anni precedenti l'inizio del periodo di disoccupazione almeno tredici settimane di contribuzione.

L'erogazione del trattamento è inoltre subordinata alla condizione che il soggetto beneficiario partecipi alle iniziative di attivazione lavorativa nonché ai percorsi di riqualificazione professionale proposti dai servizi competenti (c.d. regola di "condizionalità", volta a incentivare il lavoratore a porre in essere comportamenti che ne favoriscano il reimpiego, pena la perdita del sussidio). In caso di inottemperanza del lavoratore agli obblighi di partecipazione alle azioni di politica attiva del lavoro sono previste sanzioni che possono giungere sino alla perdita del trattamento e dello stato di disoccupazione (cfr. *amplius infra*, § 5).

Quanto alla durata del trattamento, la NASpI è corrisposta mensilmente, per un numero di settimane pari alla metà delle settimane di contribuzione degli ultimi quattro anni, senza che possano essere presi in considerazione gli eventuali periodi contributivi che abbiano già dato luogo all'erogazione delle prestazioni di disoccupazione. Al massimo, pertanto, il periodo di erogazione può raggiungere due anni.

L'indennità inizialmente erogata ammonta al 75% della retribuzione media percepita negli ultimi 4 anni, ma la quota percentuale si riduce a scalare con il prolungarsi dello stato di disoccupazione. L'indennità si riduce a partire dal sesto mese di disoccupazione (dopo 8 mesi per i disoccupati ultracinquantenni) nella misura del 3% ogni mese)[10].

Le prestazioni sono dovute nel solo caso di disoccupazione involontaria: sono in-

---

[9] Vigente la disciplina dell'indennità di disoccupazione, oggi abrogata, si era posta la questione della sua applicazione anche nel caso del part-time verticale (limitatamente ai periodi non lavorati). La Corte costituzionale e la Corte di Cassazione a Sezioni Unite (Corte cost. n. 121/2006; Cass. S.U. n. 1732/2003) ne avevano escluso l'applicabilità nella fattispecie indicata.

[10] La tecnica del *décalage* dovrebbe incentivare il lavoratore a cercare nuova occupazione. Il lavoratore beneficiario dell'indennità può in alternativa richiedere la liquidazione anticipata, in un'unica soluzione, di tutto l'importo non ancora percepito allo scopo di iniziare una attività lavorativa autonoma o di impresa individuale o per associarsi in cooperativa.

fatti esclusi i lavoratori il cui rapporto di lavoro sia cessato per dimissioni o per risoluzione consensuale del rapporto [11]. Il d.lgs. n. 22/2015 specifica che la NASpI è dovuta anche in caso di dimissioni del lavoratore per giusta causa, recependo così l'insegnamento della Corte costituzionale [12] che aveva riconosciuto il diritto del lavoratore alla vecchia indennità di disoccupazione, in ragione della sostanziale involontarietà delle dimissioni rese per giusta causa [13].

Il finanziamento della NASpI è posto a carico dei datori di lavoro attraverso contribuzione obbligatoria.

La c.d. DIS-COLL, introdotta dall'art. 15 del d.lgs. n. 22/2015, è l'indennità di disoccupazione destinata ai collaboratori coordinati e continuativi (cfr. art. 409, n. 3, c.p.c.), esclusi gli amministratori e sindaci di società, che abbiano perduto involontariamente la propria occupazione.

Per accedere al beneficio, occorre che i collaboratori siano iscritti in via esclusiva alla Gestione separata INPS, non siano già pensionati e non siano titolari di partita IVA. È necessario, infine, che possano far valere almeno tre mesi di contribuzione dal 1° gennaio dell'anno solare precedente l'evento di cessazione del rapporto e un mese di contribuzione (oppure un rapporto di collaborazione di pari durata e che abbia dato luogo a reddito almeno pari alla metà dell'importo che dà diritto all'accredito di un mese di contribuzione) nell'anno solare in cui si verifica l'evento di cessazione del rapporto. Per gli eventi di disoccupazione intervenuti dopo il 1° gennaio 2022, la DIS-COLL è corrisposta per un numero di mesi pari ai mesi di contribuzione accreditati nel periodo dal 1° gennaio dell'anno precedente la disoccupazione e l'evento di disoccupazione. La durata massima non può superare i 12 mesi. La DIS-COLL è assoggettata a un meccanismo di *décalage*: si riduce del 3% dal primo giorno del sesto mese di fruizione.

4. *Ammortizzatori sociali e Covid-19 (cenni)*

L'attuale assetto della disciplina degli ammortizzatori sociali, come risultante dall'intervento di riordino predisposto dalla l. n. 234/2021, è, almeno in parte, debitore della difficile esperienza applicativa delle misure di sostegno al reddito durante il periodo della pandemia da Coronavirus.

Lungo l'evolversi dell'emergenza sanitaria si sono succeduti svariati interventi normativi finalizzati ad adeguare, attraverso deroghe ed estensioni, la disciplina generale degli ammortizzatori sociali alle sopravvenute esigenze delle persone in condi-

---

[11] Fatti salvi i casi in cui quest'ultima sia intervenuta nell'ambito della procedura di cui all'art. 7 della l. n. 604/1966, come modificato dalla stessa l. n. 92/2012 (cioè quando la risoluzione sia avvenuta presso l'Ispettorato territoriale del lavoro nell'ambito della procedura di conciliazione prevista per il licenziamento per giustificato motivo oggettivo).

[12] Corte cost. n. 296/2002.

[13] Ai sensi dell'art. 2, c. 31, l. n. 92/2012, in tutti i casi di interruzione di un rapporto di lavoro a tempo indeterminato per causa diversa dalle dimissioni, è dovuta, a carico del datore di lavoro, una somma pari al 50% del trattamento mensile iniziale di ASpI per ogni dodici mesi di anzianità aziendale negli ultimi tre anni.

zione di bisogno [14]. La necessità di colmare lacune di tutela ha indotto ad adottare interventi-tampone che tuttavia, se visti nel loro complesso, rispondevano, seppur in modo disorganico, estemporaneo ed emergenziale, alla finalità di rendere più ampia e generalizzata la tutela offerta ai soggetti in stato di sottoccupazione o di disoccupazione.

Tutti gli strumenti di tutela del reddito e di sostegno in caso di disoccupazione hanno subito, nel periodo dell'emergenza da Covid, modifiche della disciplina in vista di un più largo e generoso utilizzo degli stessi.

Le estensioni della disciplina hanno riguardato l'intervento ordinario di integrazione salariale, le erogazioni dei fondi bilaterali e del FIS; non sono mancate neppure riproposizioni del modello della cassa integrazione in deroga.

Inoltre, l'emergenza sanitaria, e la connessa emergenza sociale, hanno indotto il Governo a predisporre provvedimenti che trovavano applicazione a prescindere, di volta in volta, da alcuni dei requisiti e dei vincoli posti dalla disciplina generale della cassa integrazione: durata massima, necessità di esplicitazione delle causali; termini per la presentazione delle domande; rimozione della procedura sindacale preventiva; estensione dell'ambito oggettivo di applicazione delle discipline. Per alcuni periodi sono inoltre state sospese le regole di condizionalità.

Anche in relazione alle discipline contro la disoccupazione (NASpI e DIS-COLL) vi è stato un allentamento dei requisiti di accesso al trattamento. È stato inoltre previsto un contributo a fondo perduto a favore di lavoratori autonomi titolari di partita IVA.

L'esperienza della fase pandemica ha lasciato il segno. L'intervento di riordino alla disciplina degli ammortizzatori sociali approntato con la l. n. 234/2021 riprende infatti, ancorché soltanto per linee di tendenza, la prospettiva all'estensione e alla generalizzazione degli interventi di sostegno. L'impianto della riforma è ispirato al principio della protezione sociale estesa, idealmente "universale", seppure differenziata sulla base dei settori produttivi e della taglia delle imprese. Lo sforzo del legislatore è stato quello di riordinare il sistema in modo razionale, superando gli interventi emergenziali e inevitabilmente disordinati della fase pandemica, ma anche oltrepassando la logica, troppo sovente coltivata, delle misure derogatorie che rincorrono bisogni contingenti.

5. *Il raccordo tra politiche attive e passive del lavoro: misure di "attivazione" e regole di "condizionalità"*

Affinché si realizzi un collegamento virtuoso tra politiche attive e politiche passive del lavoro occorre che i percettori di misure di sostegno al reddito siano indotti a ricercare attivamente una nuova occupazione. Tra le regole volte ad "attivare" i disoccupati alla ricerca di nuovi impieghi può essere annoverata quella (art. 20, d.lgs. n. 150/2015) che impone la stipulazione (entro 30 giorni dalla registrazione al Portale telematico) tra il disoccupato e i Centri per l'impiego di un "*patto di servizio persona-*

[14] D.l. n. 18/2020; d.l. n. 34/2020; d.l. n. 104/2020; l. n. 178/2020; d.l. n. 30/2021; d.l. n. 41/2021; d.l. n. 73/2021; d.l. n. 146/2021; d.l. n. 4/2022.

lizzato", allo scopo di confermare lo stato di disoccupazione. Con il patto, il Centro per l'impiego si impegna a definire il profilo personale di occupabilità del soggetto e le modalità anche temporali degli incontri e degli atti di ricerca attiva del lavoro dovuti al disoccupato. Quest'ultimo si rende disponibile a partecipare a iniziative e laboratori per il rafforzamento delle competenze nella ricerca attiva di lavoro, a iniziative di carattere formativo o di riqualificazione o ad altre iniziative di politica attiva o di attivazione e ad accettare eventuali "congrue offerte di lavoro".

Ai sensi dell'art. 25 del d.lgs. n. 150/2015, la congruità dell'offerta si determina sulla base di quattro principi: coerenza tra l'offerta di lavoro e le esperienze e le competenze maturate dal disoccupato; distanza del luogo del lavoro dal domicilio del disoccupato e dei tempi di trasferimento utilizzando i mezzi pubblici; durata del periodo di disoccupazione; entità della retribuzione dell'offerta di lavoro che deve superare del 20% l'indennità percepita nell'ultimo mese (con misure diferenziate per i percettori di reddito di cittadinanza).

L'obbligo di stipulazione del patto di servizio personalizzato riguarda anche i beneficiari di prestazioni a sostegno del reddito (NASpI, DIS-COLL). Il beneficiario delle misure anzidette deve presentarsi al Centro per l'impiego secondo il calendario previsto nel patto di servizio personalizzato e può essere inoltre convocato nei giorni feriali con preavviso di almeno 24 ore e non più di 72 ore secondo modalità concordate nel medesimo progetto personalizzato.

La violazione del patto di servizio personalizzato comporta conseguenze negative per il lavoratore, secondo il principio della "condizionalità" (art. 21, c. 7, d.lgs. n. 150/2015, come modificato dal d.lgs. n. 185/2016).

Infine, la mancata accettazione di un'offerta di lavoro congrua in assenza di giustificato motivo, comporta la decadenza dalla prestazione e dallo stato di disoccupazione.

In quest'ultimo caso, non è possibile una nuova registrazione al portale informatico prima che siano decorsi due mesi.

Misure di attivazione e regole di condizionalità riguardano anche i lavoratori che fruiscono di misure di sostegno al reddito in costanza di rapporto di lavoro. A seguito della revisione ad opera della l. n. 234/2021 e della l. n. 25/2022, di conversione del d.l. n. 4/2022, l'art. 25-*ter* del d.lgs. n. 148/2015 prevede che i lavoratori beneficiari di integrazioni salariali straordinarie, allo scopo di mantenere o sviluppare le competenze in vista della conclusione della procedura di sospensione o riduzione dell'attività lavorativa e in connessione con la domanda di lavoro espressa dal territorio, partecipano a iniziative di carattere formativo o di riqualificazione, anche mediante fondi interprofessionali.

La mancata partecipazione senza giustificato motivo alle iniziative di "attivazione" sono sanzionate. Può essere prevista la decurtazione di una mensilità di trattamento di integrazione salariale fino alla decadenza dallo stesso.

Disposizioni in materia di condizionalità si trovano infine nella disciplina dell'*Accordo di transizione occupazionale* di cui all'art. 22-*ter* del d.lgs. n. 148/2015. L'accordo è volto a sostenere le transizioni occupazionali all'esito dell'intervento straordinario di integrazione salariale per la causali della riorganizzazione e della crisi aziendale. Si tratta di un accordo sindacale, perfezionato nella fase di consultazione, in cui sono determinate le azioni finalizzate alla rioccupazione o all'autoimpiego, quali la formazione e riqualificazione professionale.

6. *L'assegno di ricollocazione*

Introdotto dall'art. 23, d.lgs. n. 150/2015, l'assegno di ricollocazione riguarda i percettori di NASpI il cui stato di disoccupazione eccede i quattro mesi. L'assegno si configura come un *voucher* spendibile presso i Centri per l'impiego o presso i soggetti privati accreditati (ai sensi dell'art. 12 del decreto stesso), al fine di ottenere un servizio di assistenza intensiva nella ricerca di lavoro. A partire dal 29 gennaio 2019, a seguito dell'entrata in vigore della disciplina del *Reddito di cittadinanza* (*infra*, § 7) è stata disposta la sospensione fino al 31 dicembre 2021 dell'erogazione dell'assegno di ricollocazione ai soggetti percettori di NASpI disoccupati da più di quattro mesi. La l. n. 205/2017 ha previsto la possibilità di richiedere l'assegno di ricollocazione per quei lavoratori rientranti nei processi di riorganizzazione o crisi aziendali per i quali non è previsto il completo recupero dei livelli occupazionali.

7. *Il reddito di cittadinanza come strumento di contrasto alla povertà e come misura di politica attiva del lavoro (cenni)*

Diverso, rispetto alle misure di sostegno sinora passate in rassegna, è il *Reddito di cittadinanza*, introdotto con d.l. n. 4/2019, convertito con modifiche in l. n. 26/2019 e di recente oggetto di revisione ad opera della l. n. 234/2021.

Il reddito di cittadinanza non è una forma di *basic income*, ossia un trasferimento monetario incondizionato (slegato dalla condizione occupazionale e dal reddito del singolo) dovuto dallo Stato al singolo cittadino per il solo fatto di esistere. Esso è invece una misura di sostegno a nuclei familiari in condizione di povertà determinata da una involontaria condizione di inoccupazione o disoccupazione dei suoi componenti. L'art. 3, c. 4, d.l. n. 4/2019, configura il sussidio come misura di sostentamento a persone comprese nell'elenco dei poveri ai sensi dell'art. 545 c.p.c. Il sostegno si realizza non solo attraverso l'erogazione di un sussidio economico (che prende il nome di *Pensione di cittadinanza* nel caso di nuclei familiari composti esclusivamente da uno o più componenti di età pari o superiore a 67 anni), ma anche con l'erogazione di servizi ai beneficiari volti a favorirne l'inserimento sociale. I requisiti per l'accesso alla misura sono molteplici: tra questi vi sono il criterio della residenza e del soggiorno, quello del reddito e del patrimonio e della disponibilità di beni durevoli. L'erogazione del trattamento ha una durata di 18 mesi e può essere oggetto di rinnovo.

In quanto misura, almeno in parte, di carattere assistenziale, il Reddito di cittadinanza si colloca al di fuori dei confini del diritto del rapporto di lavoro, qualificandosi piuttosto come istituto appartenente al diritto della sicurezza sociale. Nondimeno, la sua disciplina presenta profili di interesse giuslavoristico in relazione alle norme che, prevedendo meccanismi di condizionalità, pongono nei confronti dei percettori doveri di "attivazione" in vista di un futuro inserimento nel mondo del lavoro. La domanda di Reddito di cittadinanza equivale a dichiarazione di immediata disponibilità al lavoro ed è trasmessa all'ANPAL dall'INPS e la corresponsione del sussidio è subordinata alla sottoscrizione di un *Patto per il lavoro* o di un *Patto per l'inclusione sociale*. Con i Patti, i beneficiari del Reddito di cittadinanza si impegnano a seguire percorsi personalizzati di accompagnamento all'inserimento lavorativo e all'inclusione sociale (svolgimento di attività al servizio della comunità, riqualificazione professionale, completamento degli studi, ed altri impegni individuati dai Centri per l'impiego o dai Comuni). Tra i doveri di chi sottoscrive il Patto per il lavoro vi è l'obbligo di consultare quotidianamente una piattaforma digitale per la ricerca del lavoro; di frequentare corsi di formazione o riqualificazione professionale; di sostenere colloqui psicoattitudinali; di svolgere ricerca attiva del lavoro, secondo le modalità e con la frequenza definite nel Patto stesso e, infine, di accettare almeno una delle due offerte di lavoro congrue che gli siano state proposte.

Nei primi dodici mesi di fruizione del beneficio un'offerta di lavoro è ritenuta congrua se si colloca entro ottanta chilometri di distanza dalla residenza del beneficiario o comunque è raggiungibile in cento minuti con i mezzi di trasporto pubblici, se si tratta di prima offerta. Se si tratta di seconda offerta viene meno il limite geografico. La terza offerta è ritenuta congrua se collocata sul territorio italiano. Dopo dodici mesi di fruizione del beneficio, è considerata congrua un'offerta entro duecentocinquanta chilometri di distanza dalla residenza del beneficiario nel caso si tratti di prima o seconda offerta, ovvero ovunque collocata nel territorio italiano se si tratta di terza offerta.

Parte V

I DIRITTI FONDAMENTALI DEL LAVORATORE

Capitolo I

Eguaglianza e non discriminazione

1. *Eguaglianza e non discriminazione*

L'espressione "eguaglianza giuridica" denota un principio, che prescrive che gli appartenenti ad una stessa classe di persone – secondo i casi: esseri umani, o cittadini, o capaci di agire – godano della titolarità dei medesimi diritti fondamentali (diritti umani, diritti pubblici, diritti politici, diritti sociali), indipendentemente dal fatto, e perciò stesso proprio per il fatto, che i titolari di tali diritti sono differenti tra loro. Dunque dire che le donne e gli uomini, i bianchi e i neri, i giovani e gli anziani, i sani e gli handicappati sono eguali *nei diritti* non significa dire che non sono differenti, ma significa dire che il principio di eguaglianza prescrive di fare astrazione dalle differenze (di sesso, di razza, di lingua, di religione, di opinioni politiche, di condizioni personali o sociali), assumendo invece come rilevante l'appartenenza alla stessa classe di persone.

Questo principio di eguaglianza, correntemente detto *formale*, non consiste nell'annullamento delle differenze che corrono tra le persone, ma nella tutela di esse, attraverso l'estensione dei diritti individuali fondamentali e dei connessi spazi di libertà e autonomia.

Nel nostro ordinamento, il principio di eguaglianza formale è contenuto nell'art. 3, c. 1, Cost.: diritto a non essere discriminati (trattati sfavorevolmente, o esclusi o repressi) per le proprie differenze. Come ci ha insegnato Norberto Bobbio, il significato dell'eguaglianza, nelle costituzioni moderne, è quello di eguaglianza nei diritti, vale a dire eguale garanzia di accesso e di godimento dei diritti fondamentali (tra i quali la libertà occupa un posto preminente) [1].

---

[1] Bobbio 1995. Il principio di eguaglianza, che appartiene alle tradizioni costituzionali comuni dei paesi membri dell'UE, è sancito anche dalla CDFUE all'art. 20 (principio di eguaglianza di fronte

Il principio di eguaglianza formale, che impone di fare astrazione dalle differenze elencate nell'art. 3, c. 1, è interpretato dalla Corte costituzionale nel senso che, alla luce di tale principio, è illegittimo trattare in modo "diseguale" (meno favorevole) individui che versano in situazioni analoghe, ma che è contestualmente legittimo (anzi, doveroso) trattare in modo diverso persone che versano in situazioni diverse. Il fattore di "diversità" (che legittima il trattamento differenziale) non può tuttavia consistere in uno di quei fattori la cui considerazione (a fini di esclusione) è inibita dal principio di eguaglianza in senso formale.

All'eguaglianza in senso formale (eguaglianza nei diritti fondamentali) si giustappone un distinto, per quanto non irrelato, principio, che assume comunemente il nome di eguaglianza sostanziale o materiale: principio di "parificazione" o di eguagliamento, vale a dire diritto ad un trattamento diseguale.

Se il principio di eguaglianza formale impone di fare astrazione da talune differenze, il principio di parificazione si fonda invece sulla attribuzione di rilevanza alle differenze che corrono tra le persone, in ragione della loro appartenenza a diversi generi, razze, etnie, categorie e gruppi sociali, al fine di eliminare le conseguenze sfavorevoli (*disparità*) che derivano dall'esistenza di tali differenze. Il principio di eguaglianza sostanziale (o di parificazione) implica dunque la presa in considerazione degli svantaggi che pesano sui diversi gruppi, e la parificazione passa appunto attraverso l'eliminazione, o almeno la riduzione (non delle differenze, ma) delle conseguenze sfavorevoli che derivano dall'esistenza di differenze, e richiede l'adozione di *misure giuridicamente "diseguali"* (trattamenti diseguali: specifici vantaggi e misure dette *azioni positive*).

Distinguere tra eguaglianza formale (nei diritti fondamentali) ed eguaglianza sostanziale (o principio di parificazione), consente anche di distinguere tra le *diseguaglianze antigiuridiche* (*discriminazioni*), che costituiscono violazioni del principio di eguaglianza in senso formale, e le *disparità* economiche e sociali, alle quali il principio di eguaglianza sostanziale impone di porre rimedio, per rimuoverle o ridurle, con misure di carattere positivo.

2. *La nozione di discriminazione*

Per "discriminazione" si intende non ogni differenza di trattamento, ma un trattamento diverso e deteriore rispetto al trattamento di altri appartenenti alla stessa classe di persone, basato su di un fattore (o una ragione) di discriminazione. Come l'eguaglianza, anche la discriminazione, che dell'eguaglianza costituisce la violazione (perciò sopra l'abbiamo definita come *diseguaglianza antigiuridica*), è un concetto di relazione, e come tale si basa su di un giudizio comparativo[2].

---

alla legge); l'art. 21 della Carta sancisce il divieto di discriminazione fondata su una pluralità di fattori, che includono le caratteristiche genetiche, il patrimonio, la nascita; l'art. 23 è specificamente dedicato alla parità tra uomini e donne in tutti i campi.

[2] Non manca chi riduce la discriminazione a lesione di diritti fondamentali altri rispetto all'eguaglianza (la dignità, la libertà politica, religiosa, sessuale), per quanto alla fine sempre riconducibili al principio di eguaglianza formale come accesso eguale ai diritti fondamentali. Di questa no-

La nozione di discriminazione si articola nelle due distinte sub-nozioni di *discriminazione diretta* e *discriminazione indiretta.* Queste nozioni sono formulate da diverse fonti, e presentano molte analogie e qualche differenza a seconda che si riferiscano ai diversi fattori di discriminazione presi in considerazione: il fattore genere, il primo in ordine di tempo ad essere considerato e oggetto di una disciplina separata da quella di altri fattori (*infra*, § 3); i fattori più recentemente presi in considerazione dal diritto: razza ed etnia, religione, convinzioni personali, handicap, età, orientamento sessuale (*infra*, § 4).

Le nozioni di discriminazione costituiscono il nucleo di quello che viene detto *diritto antidiscriminatorio*, con ciò intendendosi quel *corpus* normativo che regola appunto i divieti di discriminazione, le misure per combattere le discriminazioni e quelle per promuovere l'eguaglianza e l'effettiva parità di trattamento. Il diritto antidiscriminatorio ha trovato nell'UE un ampio sviluppo: in una prima fase limitato alla discriminazione di genere, nella seconda fase si è esteso agli ulteriori fattori di discriminazione che abbiamo richiamato sopra.

Per quanto riguarda la discriminazione di genere, il principio della parità salariale tra lavoratori e lavoratrici era già contenuto nell'art. 119 TCE, che aveva costituito la base giuridica delle Direttive CE 75/117 sulla parità salariale, 76/207 sulla parità di trattamento nelle condizioni di lavoro, 79/7 sulla parità nei regimi legali di previdenza sociale, 86/378 sulla parità di trattamento tra gli uomini e le donne nel settore dei regimi professionali di sicurezza sociale, 97/80, sull'onere della prova nei casi di discriminazione basata sul sesso. Dopo il Trattato di Amsterdam (1997), il TCE ribadiva il principio della parità salariale all'art. 141, paragrafi 1 e 2; lo stesso art. 141, paragrafi 3 e 4, estendeva l'applicazione del principio delle pari opportunità e della parità di trattamento alle condizioni di lavoro. Costituisce diritto derivato dall'art. 141 TCE la Direttiva CE 2002/73 trasposta nel nostro ordinamento con d.lgs. n. 145/2005, poi "trasfuso" nel d.lgs. n. 198/2006, Codice delle pari opportunità tra uomo e donna, artt. 25-41. Le direttive sulla parità tra uomini e donne in materia di lavoro sono state fuse insieme e raggruppate nella Direttiva 2006/54 *Refusion*, trasposta con d.lgs. n. 5/2010, che ha apportato alcune modifiche al d.lgs. n. 198/2006, ulteriormente modificato dal d.lgs. 14.9.2015, n. 151, artt. 27 ss., e più recentemente dalla l. n. 162/2021 (*infra*).

La seconda fase (o generazione) del diritto antidiscriminatorio si è aperta con l'entrata in vigore del Trattato di Amsterdam (1999): l'art. 13.1, del TCE (nella riformulazione di Amsterdam), stabiliva infatti la competenza della Comunità europea (CE) ad intervenire con le misure necessarie per combattere le discriminazioni basate su una pluralità di fattori: da qui il diritto derivato cosiddetto di "seconda generazione", basato appunto sull'art. 13 TCE (Direttive CE 2000/43, 2000/78, la cui trasposizione nel nostro diritto interno è avvenuta mediante i decreti legislativi n. 215/2003 e n. 216/2003). Dopo l'entrata in vigore del Trattato di Lisbona (1° dicembre 2009), che ha soppresso la CE, la competenza dell'UE a «prendere i provvedimenti opportuni per combattere le discriminazioni fondate sul sesso, la razza o l'origine etnica, la religione o le convinzioni personali, la disabilità, l'età o l'orientamento sessuale» è prevista dall'art. 19.1 TFUE[3].

---

zione di discriminazione si trova eco nel c.d. Codice delle pari opportunità tra uomo e donna (d.lgs. n. 198/2006), che all'art. 1 propone come obiettivo del divieto di discriminazione l'eliminazione di «ogni distinzione basata sul sesso», che produca una lesione dei diritti umani e delle libertà fondamentali. L'art. 1 è stato successivamente riformulato dal d.lgs. n. 5/2010 (attuazione della Direttiva CE 2006/54 *Refusion*) che amplia la portata del divieto, aggiunge l'obiettivo della parificazione effettiva, e recepisce la metodologia detta *mainstreaming*.

[3] Il testo dell'art. 19.1 TFUE è il seguente: «Fatte salve le altre disposizioni dei trattati e nell'ambito delle competenze da essi conferite all'Unione, il Consiglio, deliberando all'unanimità secondo

2.1. *Discriminazione diretta e indiretta*

Le definizioni legali della discriminazione presentano alcune variazioni in ragione dei fattori presi in considerazione. Prescindiamo per ora da tali variazioni, su cui torneremo oltre (*infra*, §§ 3, 4), per soffermarci sui concetti comuni a tutte le definizioni: dalle discriminazioni di genere, a quelle basate su fattori diversi dal genere. Segnaliamo che sostituiremo il termine *sesso* (presente nella legislazione sia comunitaria che interna) con il termine *genere*, al fine di denotare il sesso nella sua dimensione culturale, sociale e collettiva, superandone la considerazione meramente biologica, predefinita e individuale.

La nozione (o concetto) di *discriminazione diretta* ha, in tutte le definizioni, un nucleo teorico centrale "forte" (presente nel nostro diritto già a partire dalla originaria formulazione dell'art. 4, l. n. 125/1991, relativa alla discriminazione in base al sesso), costituito dalla *nozione oggettiva* di discriminazione (in base agli effetti, cioè, e non all'intenzione dell'agente). Per il diritto, infatti, la discriminazione è l'*effetto pregiudizievole* prodotto da un trattamento meno favorevole rispetto a quello di un lavoratore di diverso sesso in situazione analoga.

Oltre che oggettiva, la discriminazione diretta è anche *assoluta*: non nel senso che sia una nozione non comparativa, ma nel senso che la disparità di trattamento basata sulla diretta considerazione di uno dei fattori in base ai quali è vietata la differenza pregiudizievole di trattamento ammetta solo le *eccezioni* espressamente consentite (di cui diremo oltre), ma non ammetta alcuna "giustificazione", e che dunque, ove sia accertato un trattamento pregiudizievole differenziato in base al sesso, alla razza o all'origine etnica, alla religione o alle convinzioni personali, alla disabilità, all'età, alla nazionalità [4] o all'orientamento sessuale, la discriminazione diretta sia presunta in via assoluta [5].

Diversa è la nozione di *discriminazione indiretta*, il cui nucleo teorico può essere tratto dalla definizione attualmente presente nel diritto dell'UE, che si è largamente avvalso dell'apporto della giurisprudenza della Corte di Giustizia [6]. Elementi essenziali di questa nozione sono: una situazione oggettiva di svantaggio, caratterizzata dal genere o da altre condizioni personali o sociali individuate come (potenziali) fattori di

---

una procedura legislativa speciale e previa approvazione del Parlamento europeo, può prendere i provvedimenti opportuni per combattere le discriminazioni fondate sul sesso, la razza o l'origine etnica, la religione o le convinzioni personali, la disabilità, l'età o l'orientamento sessuale».

[4] Introdotto dalla legge europea 2019/2020 (l. n. 238/2021), v. *infra*.

[5] Segnaliamo sin d'ora che solo nel caso del *fattore età* si ammette la giustificazione di trattamenti differenziali sfavorevoli direttamente basati sulla considerazione dell'età: oltre che nuovo, il fattore età ha una sua intrinseca debolezza, che espone la discriminazione alle più diverse (pretese) giustificazioni. *Infra*, § 4.

[6] A sua volta la CGE aveva fatto tesoro della giurisprudenza della Corte Suprema degli Stati Uniti sulla discriminazione indiretta, costruita in termini di *disparate impact* di misure apparentemente neutre sugli appartenenti a minoranze etniche e razziali. Un esempio "classico" riguarda l'accesso dei candidati afro-americani (appartenenti ad una minoranza, storicamente vittima di discriminazione in base al colore della pelle), a prestigiose Università. L'applicazione di regolamenti apparentemente neutri si traduce nel *disparate impact* sui candidati afro-americani, mediamente non in possesso, per ragioni economiche e sociali, dei requisiti (formazione scolastica ed educativa di alto livello) richiesti, e quindi nella loro indiretta discriminazione.

discriminazione; la presenza di una misura "apparentemente" neutra; l'effetto di disparità di trattamento (anche solo potenziale), definito in termini di *particolare svantaggio* prodotto da tale misura; la estraneità alla discriminazione indiretta delle disparità di trattamento derivanti da misure oggettivamente giustificate per le finalità legittime perseguite e comunque proporzionate per i mezzi con cui la legittima finalità è perseguita.

Proviamo a sciogliere con un esempio (tratto dalla casistica della discriminazione di genere) i nodi di questa nozione, assai più sofisticata della nozione di discriminazione diretta. Il caso controverso riguardava una legge della Provincia autonoma di Trento, nella parte in cui prevedeva in modo indifferenziato per uomini e donne la statura non inferiore a m. 1.65 tra i requisiti richiesti per l'accesso alle carriere direttive e di concetto del ruolo tecnico del Servizio antincendi. Sollevata dal giudice di merito la questione di costituzionalità, la Corte costituzionale (sentenza n. 163/1993) ha ritenuto illegittima la disposizione impugnata, ravvisandovi la violazione del principio di eguaglianza, stabilito dall'art. 3 Cost. Ciò in quanto l'adozione di un trattamento giuridico uniforme – cioè la previsione di un requisito fisico per l'accesso al posto di lavoro identico per uomini e donne – è causa di una "discriminazione indiretta" a sfavore delle persone di sesso femminile, poiché svantaggia queste ultime in modo proporzionalmente maggiore rispetto agli uomini, in considerazione di una differenza fisica statisticamente riscontrabile e obiettivamente dipendente dal sesso[7].

Le nozioni di discriminazione diretta e indiretta sono concettualmente diverse. Mentre il divieto di discriminazione diretta (divieto di trattare meno favorevolmente in ragione del sesso, della razza, dell'origine etnica, della religione, delle convinzioni personali, della disabilità, dell'età, della nazionalità, dell'orientamento sessuale) si basa sul principio di eguaglianza in senso formale (che vieta di distinguere in base ad uno di tali fattori), sorregge il divieto di discriminazione indiretta il principio di eguaglianza in senso sostanziale, che impone di prendere in considerazione il fattore di diversità, e dunque di distinguere in base ad esso, al fine di rimuovere o ridurre la disparità di fatto. Semplificando al massimo, si può dire che l'effetto di disparità di

---

[7] Sulla configurabilità come "discriminazione indiretta" di genere del requisito indifferenziato dell'altezza minima per uomini e donne, si continuano a registrare decisioni sia della CGE (18.10.2017, C-4009/16, *M.E. Kalliri*, relativa al requisito di statura minima previsto dalla legge greca sull'accesso alla scuola per ufficiali e agenti di polizia), sia della Cassazione: Cass. n. 23562/2007; Cass. n. 3196/2019 (sul limite di statura di m. 1,60 per l'assunzione con la qualifica di Capo-treno); Cass. n. 7982/2020, ancora sul requisito di altezza richiesto per l'inquadramento nel profilo di Capo-treno. Sulla discriminazione indiretta di genere derivante da misure sfavorevoli al *part-time* verticale (a fini di trattamento di disoccupazione) nel quale sono occupate un numero proporzionalmente maggiore di donne rispetto agli uomini cfr. CGE 9.11.2017, C-08/15, *Maria Begoña Espadas Ricio*, in *RIDL*, 2018, II, p. 100; Cass. n. 21801/2021, che si segnala anche per l'ampiezza della motivazione, relativa ad una procedura per la progressione di carriera che penalizza i lavoratori *part-time* (in maggioranza donne) rispetto a quelli a tempo pieno; CGE 4.2.2022, C-389/20, *Cj*, che considera indirettamente discriminatoria l'esclusione dalle prestazioni di disoccupazione dei collaboratori domestici (diritto spagnolo), qualora tale disposizione ponga in una situazione di particolare svantaggio i lavoratori di sesso femminile rispetto ai lavoratori di sesso maschile, e non sia giustificata da fattori oggettivi ed estranei a qualsiasi discriminazione fondata sul sesso. Cfr. anche Trib. Bologna decr. 31.12.2021, su ricorso *ex* art. 37, d.lgs. n. 198/2006 della Consigliera regionale di parità, in relazione ad una nuova organizzazione dell'orario di lavoro che crea particolare svantaggio ai lavoratori genitori e specialmente alle lavoratrici madri.

trattamento degli appartenenti ad un genere, ad una minoranza etnica o razziale, agli anziani o ai giovani, ai disabili, alle persone LGBT (o, secondo l'acronimo più aggiornato, LGBTIQ+) è prodotto da una *misura neutra* perché, essendo appunto neutra, omette di prendere in considerazione il fattore di diversità e di commisurare il trattamento alla diversità, evitando così l'effetto discriminatorio. Ragionando *a contrario*: una misura di diritto diseguale, attributiva di un vantaggio specifico, purché giustificata dalla presenza di una disparità e proporzionata all'obiettivo di rimuoverla, non costituisce discriminazione.

Resta qualche riflessione da fare sulla nuova definizione della *disparità di trattamento*: definita in passato nel diritto comunitario e anche nel diritto interno (in origine relativamente alla parità di trattamento tra lavoratori e lavoratrici) come trattamento pregiudizievole che produce uno «svantaggio *proporzionalmente* maggiore dei lavoratori dell'uno o dell'altro sesso»[8] ora è invece definita come «una posizione di *particolare svantaggio* dei lavoratori di un sesso rispetto ai lavoratori dell'altro sesso». La nuova definizione dello svantaggio riguarda anche gli altri fattori di discriminazione. Cambia così il metro di valutazione, che abbandona il riferimento al dato quantitativo della "proporzione", che in passato aveva dato luogo a non poche incertezze interpretative. Può tuttavia rivelarsi non facile definire con precisione il significato di "svantaggio particolare", che non può significare *solo* trattamento meno favorevole, altrimenti si sarebbe detto così, ma neppure trattamento *notevolmente* meno favorevole; forse "particolare" nel senso che spetterà al giudice apprezzare, caso per caso, la rilevanza (o non scarsa importanza) dello svantaggio[9]. Cambia anche la definizione dell'effetto di disparità di trattamento, perché non è chiaro se lo svantaggio particolare debba colpire tutti i lavoratori di un determinato genere, o appartenenti ad una determinata minoranza, o tutti i disabili, e così via, o solo la maggior parte di essi, o anche uno solo. Se non si vuole disperdere il patrimonio di conoscenze acquisito in decenni di elaborazioni e riflessioni sul *disparate impact* delle misure apparentemente neutre, si dovrà continuare a ragionare in termini collettivi e non individuali, utilizzando un metro di valutazione proporzionale, ma godendo del vantaggio di non dover più stabilire quale sia la soglia percentuale minima rilevante.

2.2. *Le molestie*

Per completare il quadro è necessario soffermarsi sulla nozione di "molestie", diversa dalle due precedenti nozioni di discriminazione, e solo più di recente ricondotta nell'ambito del concetto di discriminazione giuridica.

Prima degli interventi legislativi dei quali tratteremo, le molestie (e le molestie ses-

---

[8] Proprio sulla considerazione dello svantaggio "proporzionalmente maggiore" per i lavoratori dell'uno o dell'altro sesso è basata gran parte della ricca giurisprudenza della CGE sulla discriminazione indiretta per ragioni di genere (tra le più significative: CGE 31.3.1981, C-96/80, *Jenkins*; CGE 13.5.1986, C-170/84, *Bilka*; CGE 9.2.1999, C-167/97, *Seymour-Smith*; CGE 23.10.2003, CC-4/02 e 5/02, *Schoneit* e *Becker*; CGE 10.3.2005, C-196/02, *Vasiliki Nikoloudi*).

[9] In una interessante sentenza in materia di discriminazione in ragione dell'origine etnica, la CGE (16.7.2015, C-83/14, *CHEZ RB*) ha precisato che «particolare svantaggio» non significa che tale svantaggio possa sussistere soltanto in presenza di un caso rilevante, evidente e grave di disuguaglianza; significa che la discriminazione può presentarsi quando l'applicazione di una misura nazionale, pur formulata in modo neutro, di fatto sfavorisce un numero molto più elevato di titolari della caratteristica personale protetta che di persone che non la possiedono.

suali in particolare, le uniche ad aver trovato spazio almeno nella giurisprudenza)[10] venivano qualificate come lesioni della «personalità morale» del lavoratore e della lavoratrice, e dunque come una specifica violazione dell'obbligo di sicurezza, vale a dire dell'obbligo (contrattuale) che grava sul datore di lavoro di «adottare nell'esercizio dell'impresa le misure che, secondo la particolarità del lavoro, l'esperienza e la tecnica, sono necessarie a tutelare l'integrità fisica e la personalità morale dei prestatori di lavoro» (art. 2087 c.c.: *infra*, PT. VI, Cap. III, Sez. II). Solo gli studiosi (le studiose, a dire il vero) della discriminazione ritenevano che le molestie sessuali potessero, e anzi dovessero, essere qualificate come discriminazioni per ragioni di genere, e solo qualche giudice aveva seguito quella strada per sanzionarle e per considerarle, ad esempio, una giusta causa di dimissioni (art. 2119 c.c.: *infra*, PT. VIII, Cap. IV) da parte della vittima[11].

Sia in Italia che in Europa, sono state le molestie sessuali le prime ad attrarre l'attenzione; in realtà, nel nostro paese, la molestia sessuale era ancora qualificata come «qualunque atto che oggettivamente pregiudichi la libertà e la dignità delle persone che lavorano, basandosi su connotazioni sessuali» (primo disegno di legge Smuraglia, presentato il 5.8.1992). Già la Raccomandazione CE 92/131 distingueva tuttavia i comportamenti «a connotazione sessuale» da «ogni altro tipo di comportamento basato sul sesso», anche se la distinzione non era limpida; l'una e l'altra fattispecie erano poi accomunate nella stessa Raccomandazione che invitava gli Stati membri a «promuovere la consapevolezza» che quei comportamenti erano da considerarsi «inammissibili». Oggi, in modo finalmente chiaro, il diritto dell'UE e il diritto interno distinguono tra le molestie che potremmo definire "di genere", ovvero i comportamenti indesiderati connessi al sesso di una persona, e le molestie "sessuali", ovvero i comportamenti indesiderati a connotazione sessuale. Oggi, poi, le molestie non solo sono considerate come un comportamento vietato, ma sono anche considerate come una forma di discriminazione di genere: risultato nient'affatto scontato, considerando il dibattito a livello UE e soprattutto l'approccio del diritto nazionale e dei suoi interpreti (giudici e dottrina).

Come si è detto, l'attenzione per le molestie è stata inizialmente focalizzata sulle molestie sessuali, ma i successivi sviluppi normativi hanno seguito altre strade. Il punto di approdo è l'acquisizione di una nozione comunitaria di molestie come comportamenti indesiderati che violano la dignità delle persone in relazione ad un aspetto della loro identità e che sono vietate al pari delle (altre) discriminazioni fondate su quegli stessi fattori[12]. Il diritto interno, come subito vedremo, si è progressivamente adeguato.

---

[10] Sulla nozione di molestia sessuale, si segnalano: Cass. n. 7380/1997; Cass. n. 5049/2000; Cass. n. 623/2001; Cass. pen. n. 22786/2004 (con riferimento al delitto di violenza sessuale con abuso di autorità, compiuto dal datore di lavoro, *ex* art. 609-*bis*, c. 1, c.p.); Cass. n. 9068/2005. Sull'onere della prova delle molestie sessuali e sulle conseguenze del mancato assolvimento, cfr. Cass. n. 143/2000).

[11] Oltre a Cass. n. 7380/1997, cit., Pret. Milano 14.8.1991, in *RIDL*, 1992, II, p. 403; Pret. Trento 22.2.1993, in *RIDL*, 1994, II, p. 172; Trib. Milano, 16.6.1999, in *RCDL*, 1999, p. 787.

[12] Paradossalmente – ma il paradosso è solo apparente – le molestie sessuali sono state le ultime ad essere vietate dal diritto comunitario, con la Direttiva CE 2002/73 (*retro*, § 3), ultima in ordine di tempo, dopo le due Direttive del 2000. Proprio le Direttive del 2000 hanno infatti per la prima volta vietato le molestie fondate su razza e origine etnica (Direttiva CE 2000/43) e su altri fattori di discriminazione (Direttiva CE 2000/78). Sulla scia di quelle direttive, anche la Direttiva 2002/73, di fronte alla insensibilità di molti Stati membri, ha finalmente imposto ai legislatori nazionali di qualificare come discriminazioni e vietare le molestie di genere e le molestie sessuali.

Seguendo l'ordine cronologico degli interventi, nei dd.llgs. nn. 215/2003 e 216/2003 troviamo la stessa previsione: sono «considerate come discriminazioni (...) anche le molestie ovvero quei comportamenti indesiderati, posti in essere per uno dei motivi» contemplati da ciascun decreto (razza e origine etnica da una parte, religione e convinzioni personali, handicap, età, nazionalità, orientamento sessuale, dall'altra) «aventi lo scopo o l'effetto di violare la dignità di una persona e di creare un clima intimidatorio, ostile, degradante, umiliante od offensivo». Identica, peraltro, la previsione contenuta nel successivo d.lgs. n. 145/2005 (ora riprodotto nell'art. 26, d.lgs. n. 198/2006, Codice delle pari opportunità) per quanto riguarda le molestie connesse al genere. A questa previsione si aggiunge la specifica considerazione delle molestie sessuali, che si distinguono dalle molestie di genere in quanto comportamenti indesiderati «a connotazione sessuale, espressi in forma fisica, verbale o non verbale» [13].

Tutte le disposizioni citate sono volte a garantire i diritti fondamentali della persona [14] attraverso la tecnica dei divieti di discriminazione. Merita tuttavia segnalare due differenze rilevanti, rispetto alle definizioni di discriminazione e al concetto (o alla nozione) di discriminazione considerate nei paragrafi precedenti.

La prima differenza è rinvenibile nella definizione di molestia, che contempla sia una nozione tipicamente "*soggettiva*", volta a perseguire il comportamento «avente lo *scopo* di» ledere la dignità della persona, sia una nozione "*oggettiva*", espressa in termini di impatto («*effetto*») di un comportamento oggettivamente indesiderato. La nozione è oggettiva in due sensi: perché la fattispecie molestia si può configurare anche quando non sia ravvisabile l'intento dell'autore di molestare; perché si configura una molestia in ogni ipotesi di comportamento "indesiderato". Risulta dunque chiaro che il confine tra legittimità (o meglio irrilevanza) e illegittimità di un comportamento a motivo o a connotazione sessuale è individuato nella "*indesideratezza*", vale a dire nel non gradimento di tale comportamento da parte del destinatario [15]. In questo senso, allora, si può affermare che il diritto positivo fa propria la prospettiva del destinatario del comportamento, scio-

---

[13] Tra la giurisprudenza di merito più recente merita segnalare – quali "casi di scuola" di molestie sessuali, purtroppo verificatisi effettivamente – App. Firenze 17.1.2020 (che ha confermato la legittimità del licenziamento disciplinare intimato al responsabile di un autogrill che aveva ripetutamente e pesantemente molestato una giovane dipendente neoassunta a termine, escludendo la rilevanza dell'asserito intento scherzoso, «battute innocenti di tipo spinto», secondo il lavoratore) e Trib. Tivoli 14.9.2020 (legittimo il licenziamento disciplinare per analoghi comportamenti di un dipendente di un cinema nei confronti di una pluralità di giovani lavoratrici, aggravati da molestie razziali anche di fronte alla clientela).

[14] Secondo Cass. n. 12318/2010, nella liquidazione del danno subito dalla vittima di molestie sessuali sul luogo di lavoro, si devono tenere in considerazione «la particolare gravità ed odiosità del comportamento lesivo e (...) la sua notevole capacità di offendere i beni personali costituzionalmente protetti indicati come lesi dalla lavoratrice», tenuto conto, altresì dello «stato di soggezione economica della vittima», del «clima di intimidazione creato nell'ambiente lavorativo» e del «peggioramento delle relazioni interne al nucleo familiare» della vittima.

[15] Non è invece necessario che quel comportamento risulti «persistente», come invece era previsto, in contrasto con il diritto dell'UE, dalla legge comunitaria 2003 (art. 17, l. n. 306/2003, in forza della quale è stato emanato il d.lgs. n. 145/2005); si confondevano così le molestie con il pur contiguo fenomeno del *mobbing* (*infra*, PT. V, Cap. III). Molte altre previsioni della legge comunitaria sul punto risultavano peraltro incompatibili con una corretta trasposizione della Direttiva 2002/73.

gliendo implicitamente ma definitivamente un nodo a lungo discusso [16]. Anche il divieto di molestie è peraltro "oggettivo", nel senso che non si limita a tutelare il soggetto portatore di una specifica "differenza", bensì vieta la molestia chiunque ne sia il destinatario, se la violazione della sua dignità è riconducibile ad una dei fattori contemplati dalle direttive. Così si deve ritenere alla luce di una importante sentenza della Corte di Giustizia che ha considerato vittima di molestia per handicap la madre di un figlio gravemente disabile che, a causa della sua attività di assistenza al figlio, aveva subito pesanti offese, dequalificazioni e altri soprusi che l'avevano infine indotta alle dimissioni [17].

La seconda rilevante differenza concettuale tra la nozione di molestia come discriminazione e le "altre" discriminazioni sta nel fatto che la molestia non richiede comparazioni (la comparazione è invece un elemento centrale della nozione di discriminazione: *retro*, § 2) [18]; molestia è infatti ogni comportamento che abbia lo scopo o l'effetto di violare la dignità della persona, che può risultare offesa anche dalle molestie c.d. ambientali. Le molestie sono "considerate" discriminazione, nel senso che devono essere equiparate alla discriminazione per quanto concerne, in particolare, l'applicazione del regime probatorio agevolato presente nell'ordinamento comunitario e nell'ordinamento nazionale, come ha ritenuto la Cassazione in un caso di molestie sessuali, interpretando nel senso più conforme alle finalità proprie del diritto dell'UE l'equiparazione delle molestie alle discriminazioni (di genere, nel caso) enunciata dall'art. 26, c. 2, d.lgs. n. 198/2000 [19].

La specificità delle molestie rispetto alle discriminazioni (di genere, o basate su altri fattori contemplati dal legislatore) permane: con le parole della Direttiva CE *Refusion* (2006/54), possiamo dire, conclusivamente, che «la discriminazione *comprende* le molestie e le molestie sessuali», così come – lo abbiamo visto nei paragrafi precedenti – comprende l'ordine di discriminare.

3. *Discriminazione di genere: le definizioni*

Le definizioni di discriminazione cui faremo riferimento in questo e nei prossimi paragrafi sono quelle contenute nella legislazione italiana: diversamente dai fattori di discriminazione diversi dal genere (si tratta dei dd.llgs. nn. 215/2003 e 216/2003 e successive modifiche), per il fattore "genere" la legislazione italiana è invece solo in parte di derivazione comunitaria (la parità tra lavoratori e lavoratrici è sancita anzi-

---

[16] Già nel Codice allegato alla Raccomandazione CE 92/131 si leggeva che «è la natura indesiderata della molestia sessuale (...) che la distingue dal comportamento amichevole, che è invece beneaccetto e reciproco». La questione ha una evidente rilevanza sul piano probatorio.

[17] CGE 17.7.2008, C-303/06.

[18] Almeno in un caso, tuttavia, la Cassazione ha ritenuto, discutibilmente, che sia configurabile il *tertium comparationis* nell'assenza del trattamento differenziale negativo garantito ai lavoratori di diverso genere che non subiscono gli stessi illegittimi comportamenti (Cass. n. 23286/2016).

[19] Così Cass. n. 23286/2016, che ha valorizzato le disposizioni testimoniali corroborate dalla prova statistica, individuata nel serrato *turn over* tra le giovani dipendenti che, dopo breve tempo dall'assunzione, si dimettevano senza altre apparenti ragioni.

tutto dalla nostra Costituzione), anche se l'evoluzione più recente di questa legislazione è il risultato della trasposizione delle direttive comunitarie o comunque dell'adeguamento al quadro normativo dell'UE.

Come abbiamo già detto, l'attuale diritto antidiscriminatorio ci presenta una molteplicità di fattori (alcuni di natura squisitamente individuale, altri di natura sociale e dimensione collettiva, cioè di gruppo, o di minoranza) ai quali si estende la protezione antidiscriminatoria in materia di lavoro. Rispetto ad altri fattori, di cui diremo oltre (§ 4), il *genere* mantiene una sua specificità: è infatti un fattore di discriminazione trasversale, che si incrocia con altri fattori della identità personale o dell'identità per appartenenza ad un gruppo. Essendo trasversale, il genere può complicare altri fattori, dando luogo ad un fattore multiplo di discriminazione (o *plus factor*, come suole dirsi): la donna extracomunitaria, di colore, anziana, handicappata, tanto per fare qualche esempio. La discriminazione per ragioni di genere mantiene altresì una disciplina separata. Le fonti comunitarie in ciò sono chiarissime; la stessa CDFUE separa la previsione di un generale divieto di discriminazione (art. 21, riferito ad una pluralità di fattori, compreso il sesso) dalla specifica previsione della parità tra uomini e donne, in tutti i campi, compresa la vita professionale (art. 23).

Il diritto italiano vigente fornisce due definizioni di discriminazione per ragioni di genere (i testi usano il termine sesso, oppure, promiscuamente, sesso e genere), distinguendo tra discriminazione diretta e discriminazione indiretta, frutto di una serie di riformulazioni, l'ultima delle quali è opera della l. n. 162/2021, e si inserisce nel contesto di una serie di modificazioni al d.lgs. n. 198/2006 (detto "Codice delle pari opportunità), adottate per adeguarne i contenuti alle sollecitazioni provenienti dall'UE [20].

La definizione della *discriminazione diretta* era stata riformulata in Italia dal d.lgs. n. 145/2005, attuazione della Direttiva CE 2002/73, che aveva modificato la definizione contenuta nell'art. 4 della l. n. 125/1991; questa nuova definizione era stata riprodotta nell'art. 25, d.lgs. n. 198/2006, a sua volta modificato dal d.lgs. n. 5/2010 (attuazione della Direttiva *Refusion* 2006/54) [21]. La formulazione era il risultato dell'assemblaggio della precedente definizione (atti e comportamenti che producono effetti pregiudizievoli) con una parte nuova tratta dalla definizione comunitaria (trattamento meno favorevole): al di là dell'inserimento tra gli atti discriminatori dell'*ordine* di porre in essere un atto o un comportamento discriminatorio (inserimento doveroso, perché imposto dalla trasposizione della direttiva comunitaria), la formulazione risultava sovrabbondante e poco limpida.

---

[20] Commissione europea, *Un'Unione dell'uguaglianza: la strategia per la parità di genere 2020-2025* (COM (2020/152 *final*); già in precedenza Commissione europea, *Raccomandazione 7 marzo 2014 sul potenziamento del principio della parità retributiva tra donne e uomini tramite la trasparenza*, 2014/124 UE; la prospettiva è quella di modificare la Direttiva 2006/54 per rafforzare il diritto dei lavoratori ad ottenere informazioni dettagliate sui livelli salariali. Le misure introdotte dalla l. n. 162/2021 erano in parte previste dal PNRR.

[21] Fino alla riforma più recente il testo era il seguente: «Costituisce discriminazione diretta, ai sensi del presente titolo, qualsiasi disposizione, criterio, prassi, atto, patto o comportamento, nonché l'ordine di porre in essere un atto o un comportamento, che produca un effetto pregiudizievole discriminando le lavoratrici o i lavoratori in ragione del loro sesso e, comunque, il trattamento meno favorevole rispetto a quello di un'altra lavoratrice o di un altro lavoratore in situazione analoga».

A seguito delle modifiche introdotte dalla l. n. 162/2021 (art. 2), il testo dell'art. 25, c. 1, d.lgs. n. 198/2006 è il seguente: «Costituisce discriminazione diretta, ai sensi del presente titolo, qualsiasi disposizione, criterio, prassi, atto, patto o comportamento, nonché l'ordine di porre in essere un atto o un comportamento, che produca un effetto pregiudizievole discriminando *le candidate e i candidati, in fase di selezione del personale*, le lavoratrici o i lavoratori in ragione del loro sesso e, comunque, il trattamento meno favorevole rispetto a quello di un'altra lavoratrice o di un altro lavoratore in situazione analoga». La modifica (riportata in corsivo) estende espressamente il divieto di discriminazione (diretta) ad una fase antecedente alla costituzione del rapporto di lavoro. Si tratta di un'aggiunta non inopportuna, ma non di un'innovazione: il divieto di discriminazione (diretta e indiretta) nei meccanismi di preselezione, nell'orientamento e nella formazione professionale era già previsto dall'art. 1, l. n. 903/1977, ripreso dall'art. 27, d.lgs. n. 198/2006. Per il resto la definizione della discriminazione diretta resta com'era, e si presta alla stessa critica (formulazione sovrabbondante e non limpida).

Per quanto riguarda la *discriminazione indiretta*, la definizione che oggi si legge nell'art. 25, d.lgs. n. 198/2006, è il frutto delle modificazioni introdotte dalla l. n. 162/2021 (art. 2) al testo che a sua volta risultava dalla riformulazione, ad opera del d.lgs. n. 145/2005, trasposizione della Direttiva 2002/73, della definizione contenuta nell'art. 4 della l. n. 125/1991, e quindi delle correzioni apportate dal d.lgs. n. 5/2010 (attuazione della Direttiva CE 2006/54).

Il testo attuale dell'art. 25, c. 2., è il seguente (le modifiche al testo precedente sono in corsivo). «Si ha discriminazione indiretta, ai sensi del presente titolo, quando una disposizione, un criterio, una prassi, un atto, un patto o un comportamento, *compresi quelli incidenti sull'orario di lavoro*, apparentemente neutri mettono o possono mettere *i candidati in fase di selezione*, i lavoratori di un determinato sesso in una posizione di particolare svantaggio rispetto a lavoratori dell'altro sesso, salvo che riguardino requisiti essenziali allo svolgimento dell'attività lavorativa, purché l'obiettivo sia legittimo e i mezzi impiegati per il suo conseguimento siano appropriati e necessari». In questo comma sono presenti tutti gli elementi essenziali della nozione di discriminazione indiretta di cui abbiamo detto sopra (§ 2.1). All'unica giustificazione della disparità di trattamento ammessa (i *requisiti essenziali* allo svolgimento dell'attività lavorativa), è stato aggiunto un nuovo criterio: «purché l'obiettivo sia legittimo e i mezzi impiegati per il suo conseguimento siano appropriati e necessari». L'aggiunta è poco sensata, perché se il requisito è "essenziale", è per ciò stesso appropriato e necessario, e l'obiettivo per cui è posto non può che essere legittimo [22]. Resta al giudice valutare quando un requisito occupazionale sia essenziale, sulla base della prova della essenzialità fornita dal convenuto.

Se l'art. 25, c. 2, subisce modificazioni che non ne alterano il contenuto (il riferi-

---

[22] È vero che la CGE queste giustificazioni le ammette (ed anche con una certa larghezza), ma non essendovi contrasto tra il nostro diritto interno (più rigoroso nel tutelare la parità di trattamento tra lavoratori e lavoratrici) e il diritto comunitario (più flessibile nell'ammettere le giustificazioni), il nostro giudice dovrà attenersi al criterio della essenzialità del requisito, condannando come indirettamente discriminatoria ogni misura neutra che metta (o possa mettere) le lavoratrici in posizione di particolare svantaggio rispetto ai lavoratori (e viceversa), e che non sia giustificata appunto da un essenziale requisito occupazionale.

mento all'orario di lavoro poteva essere già considerato implicito), novità più sostanziose compaiono nella nuova formulazione dell'art. 25, c. 2-*bis*, che sostituisce il comma a suo tempo inserito dal d.lgs. n. 5/2010. Il testo attuale è il seguente. «Costituisce discriminazione, ai sensi del presente titolo, ogni trattamento o modifica dell'organizzazione delle condizioni e dei tempi di lavoro che, in ragione del sesso, dell'età anagrafica, delle esigenze di cura personale o familiare, dello stato di gravidanza nonché di maternità o paternità, anche adottive, ovvero in ragione della titolarità e dell'esercizio dei relativi diritti, pone o può porre il lavoratore in almeno una delle seguenti condizioni: a) posizione di svantaggio rispetto alla generalità degli altri lavoratori; b) limitazione delle opportunità di partecipazione alla vita o alle scelte aziendali; c) limitazione dell'accesso ai meccanismi di avanzamento e di progressione nella carriera».

Sul significato del nuovo testo del c. 2-*bis* la discussione è aperta. Alcuni commentatori hanno apprezzato l'espressa menzione, da parte del legislatore, del potenziale carattere discriminatorio di «ogni trattamento o modifica dell'organizzazione delle condizioni e dei tempi di lavoro», tuttavia a nostro avviso non necessaria, in quanto tali trattamenti o modifiche potevano considerarsi già rientranti nell'ampia formulazione del c. 2. Il rischio della specificazione è sempre quello di essere letta come esaustiva, con il risultato di escludere, anziché includere, altre situazioni dalle quali pure può derivare la discriminazione indiretta. Nella nuova formulazione del c. 2-*bis*, lascia perplessi la declinazione (sovrabbondante e di dubbia utilità) del "particolare svantaggio" di cui al c. 2, in tre ipotesi, di cui una generica, e due molto specifiche. Ancora più perplessi lascia l'elencazione (tassativa?) di fattori di potenziale discriminazione diversi tra loro e disomogenei (il sesso, l'età anagrafica, le esigenze di cura personale o familiare, lo stato di gravidanza nonché di maternità o paternità, anche adottive, la titolarità e l'esercizio dei relativi diritti). La discriminazione di genere non guadagna in specificità dalla diluizione dei suoi contorni.

Per quanto riguarda le autrici di questo manuale, pur essendo consapevoli del dibattito in corso, restano convinte che sia ancora tempo per distinguere l'appartenenza al genere femminile (come connotato storicamente e culturalmente) da altri fattori di discriminazione: le donne subiscono ancora una pesante discriminazione nel lavoro, perché sono donne; essere donne continua ad essere una condizione di svantaggio, frutto dell'accumulazione di storiche diseguaglianze e di perduranti disparità. Un quadro sul quale ci soffermeremo nei prossimi paragrafi, passando dalla storia per arrivare all'attualità.

3.1. *L'eguaglianza delle donne nel lavoro. L'art. 37 Cost. e il percorso della sua attuazione nella legislazione italiana*

Dal punto di vista della storia della legislazione, i divieti di discriminazione di cui abbiamo detto sopra possono essere considerati un traguardo del lungo cammino delle donne per l'eguaglianza nel lavoro, non meno che nei rapporti familiari e nella vita sociale e politica. Solo dopo la seconda guerra mondiale le donne hanno visto finalmente sancita quella eguaglianza nel lavoro che, da sempre, nelle leggi e nei fatti, era stata loro negata[23].

---

[23] La questione femminile era nata nella seconda metà del XIX secolo come questione di prote-

«La donna lavoratrice ha gli stessi diritti e a parità di lavoro le stesse retribuzioni che spettano al lavoratore. Le condizioni di lavoro devono consentire l'adempimento della sua essenziale funzione familiare e assicurare alla madre e al bambino una speciale, adeguata protezione». Questo è il testo, insieme semplice e complicato, dell'art. 37, c. 1, Cost. I costituenti, ma sarebbe meglio dire le costituenti (cioè le 22 donne elette), vollero infatti sancire espressamente il diritto delle lavoratrici alla eguaglianza e alla parità di trattamento. Era chiaro, tuttavia, che sancire solennemente l'eguaglianza non avrebbe eliminato i problemi che, dall'inizio del secolo in poi, avevano indotto il Parlamento ad intervenire con norme di speciale tutela del lavoro femminile: perciò, insieme all'eguaglianza sancirono anche il diritto delle lavoratrici ad una "speciale protezione" [24].

---

zione dallo sfruttamento delle donne e specialmente delle fanciulle, esposte ai gravi danni fisici e morali prodotti dal lavoro di fabbrica, ma passò molto tempo prima che intervenisse una legge, fortemente osteggiata dagli industriali: la prima legge sul lavoro femminile è la l. n. 242/1902, nota come "legge Carcano", poi confluita nel T.U. del 1907 sul lavoro delle donne e dei fanciulli; la Cassa di maternità, che erogava alle lavoratrici madri un modesto sussidio per le quattro settimane di congedo obbligatorio dal lavoro, venne istituita ancora più tardi, con la l. n. 520/1910. Le aspirazioni delle donne all'eguaglianza (le donne borghesi, questa volta, che erano ancora escluse dall'accesso agli impieghi e alle professioni cui la loro crescente cultura le legittimava ad aspirare) trovarono risposta, solo dopo la fine della prima guerra mondiale, nella l. 17.7.1919, n. 1176, sulla capacità giuridica, che, oltre ad abrogare l'istituto dell'autorizzazione maritale, sanciva (art. 7) l'ammissione delle donne, «a pari titolo degli uomini, ad esercitare tutte le professioni ed a coprire tutti i pubblici impieghi», esclusi però «quelli che implicano poteri pubblici giurisdizionali, o l'esercizio di diritti o potestà politiche, o che attengono alla difesa militare dello Stato, secondo la specificazione che sarà fatta con apposito regolamento». L'eguaglianza garantita alle donne dalla legge era dunque molto incompleta, giacché i limiti all'accesso agli impieghi e alle professioni erano molti e importanti, e soprattutto fondati sul pregiudizio della inferiore capacità e dirittura morale delle donne. Pochi anni dopo la legge del 1919, ed essendo ormai imperante il regime fascista, l'inadeguatezza delle donne a svolgere lavori di responsabilità venne addirittura tradotta in legge: partendo dall'interdizione alle donne dell'insegnamento di storia, filosofia, economia nelle scuole superiori, il regime arrivò fino all'espulsione delle lavoratrici dagli impieghi pubblici e privati. Durante il ventennio fascista queste leggi espulsive si alternarono a leggi di tutela del lavoro femminile: le donne venivano espulse dal mercato del lavoro, ma le lavoratrici erano tutelate, nell'interesse della procreazione e della sanità della razza. Per ciò che attiene alla legislazione protettiva, si possono ricordare la l. n. 653/1934 (abrogata dalla l. n. 903/1977), che accomunava donne e fanciulli in una normativa fatta soprattutto di divieti di utilizzazione delle "mezze forze" di lavoro, e soprattutto la legge sulle lavoratrici madri (n. 1347/1934), che enfatizzava la centralità, nella politica anche legislativa del fascismo, della funzione riproduttiva delle donne; i contenuti della legge segnavano peraltro un notevole innalzamento dei livelli della tutela fino ad allora accordata alle lavoratrici madri. La grande guerra aveva aperto alle donne l'accesso ai pubblici impieghi e alle professioni liberali, la seconda guerra mondiale diede loro l'eguaglianza e finalmente anche il diritto di voto. Ma non fece venir meno i pregiudizi: solo nel 1960, a molti anni di distanza dall'entrata in vigore della Costituzione, l'art. 7, l. n. 1176/1919, è stato dichiarato incostituzionale, per contrasto con gli artt. 3 e 51 Cost. (Corte cost. sentenza n. 33/1960). L'accesso delle donne a tutti i pubblici uffici (compresa la Magistratura) e alle professioni è stato finalmente consentito dalla l. n. 66/1963, che ha abrogato l'art. 7 della legge del 1919. Sulla storia della legislazione rinviamo a Ballestrero 1979.

[24] Due punti furono specialmente oggetto di dibattito: la parità salariale (su cui anche a sinistra permanevano perplessità) e la funzione familiare, sulla quale si sviluppò in Assemblea un acceso dibattito. La formula proposta dalla commissione avrebbe consacrato la tradizionale visione del lavoro extra-domestico della donna quale attività residuale, ma la stessa sinistra era d'accordo sul va-

La coesistenza, nella stessa disposizione, di due prescrizioni diverse, quali la parità e la speciale protezione delle lavoratrici, non significa contraddizione: non vi è infatti contraddizione, neppure teorica, tra la parità di diritti e la particolarità della tutela. La parità di trattamento non può infatti essere intesa tanto formalmente da negare che, in presenza di specifiche condizioni che ostacolino le lavoratrici nell'esercizio dei diritti eguali, specifiche garanzie (o protezioni) debbano assisterle, per consentire loro di godere dei diritti di cui la Costituzione le ha rese finalmente titolari.

La coesistenza di due prescrizioni diverse si è tuttavia risolta, per decenni, nella separazione dei percorsi seguiti dall'attuazione dell'art. 37 nella legislazione italiana. Il primo (in ordine di tempo) dei due percorsi di attuazione dell'art. 37 Cost. ha riguardato quel segmento del primo comma nel quale è prescritto che sia assicurata alla madre e al bambino una speciale, adeguata protezione[25]. Il secondo percorso, quello della parità, ha avuto un avvio alquanto stentato: malgrado l'art. 37 Cost., a metterlo in moto è stata la sottoscrizione nel 1957 del Trattato istitutivo della Comunità economica europea (allora Mercato comune) che all'art. 119 stabiliva il principio della parità salariale tra lavoratori e lavoratrici (per ragioni che, all'epoca, molto avevano a che a fare con la concorrenza all'interno del mercato comune, e assai meno con l'eguaglianza fra uomini e donne)[26].

3.1.1. *La parità salariale*

La donna lavoratrice ha gli stessi diritti e «*a parità di lavoro*» – dice l'art. 37 Cost. – ha diritto «*alle stesse retribuzioni che spettano al lavoratore*»[27]. Le interpretazioni riduttive dei giudici di merito, che intendevano la parità di lavoro come parità di rendimento, furono censurate dalla Cassazione, secondo la cui autorevole opinione la parità di lavoro, di cui all'art. 37, doveva essere intesa, sulla scorta di quanto disposto dall'art. 36 Cost., come parità di qualifica e mansioni, e non come parità di rendimento: di conseguenza, ogni discriminazione nel trattamento economico a parità di qualifica e mansioni deve considerarsi illegittima.

L'interpretazione dell'art. 37 fornita oggi dalla Cassazione non è mutata di molto:

---

lore prioritario della famiglia; le premeva piuttosto riconoscere, nella stessa disposizione che sanciva la parità di diritti per le lavoratrici, la funzione sociale della maternità. Alla fine si trovò l'accordo sul testo che può leggersi nell'art. 37, c. 1. Il c. 2 dello stesso art. 37 sancisce la parità per i minori: ancora una volta le donne e i minori si trovano accomunati, come "mezze forze" o quote deboli nel mercato del lavoro.

[25] Alla maternità torneremo nel prossimo capitolo, e vedremo come, attualmente, la parità di trattamento delle lavoratrici e la tutela della maternità si siano idealmente riunite sotto l'ombrello di una unificante tutela contro le discriminazioni per ragioni di genere.

[26] Ma già prima era stata ratificata e resa esecutiva la Convenzione OIL n. 100 (l. n. 741/1956) sulla parità salariale.

[27] La parità salariale tra lavoratori e lavoratrici trovò la sua prima attuazione nell'AI stipulato per il settore industriale nel luglio del 1960, che eliminava alcuni aspetti macroscopici della disparità salariale, ma non la discriminazione maggiore, fondata sull'attribuzione alla forza lavoro femminile di un valore inferiore a quello della forza lavoro maschile; l'inquadramento professionale non era più riferito al sesso, ma basato su categorie differenziate dai diversi parametri retributivi, cosicché le lavoratrici delle ex categorie "donne" si trovavano inquadrate nei livelli più bassi del nuovo inquadramento.

peraltro le azioni in giudizio sono tanto rare che manca ai giudici la possibilità di aggiornare l'interpretazione, tenendo conto della riformulazione del principio di cui all'art. 37 ad opera dell'art. 2, l. n. 903/1977 (ora art. 28, d.lgs. n. 198/2006, Codice delle pari opportunità tra uomo e donna)[28], e sulla scorta della definizione contenuta nella Direttiva CE 75/117. Nella nuova formulazione le lavoratrici hanno diritto alla parità salariale non più «a parità di lavoro», ma per «*prestazioni di lavoro eguali o di eguale valore*»: il riferimento al *valore* della prestazione implica l'applicazione della regola della eguale retribuzione non solo quando una donna svolge mansioni identiche a quelle di un uomo, ma ogniqualvolta le mansioni svolte da una donna siano mansioni del medesimo livello professionale di quelle svolte da un uomo[29].

La discriminazione salariale è vietata, ma nei fatti la parità salariale non può dirsi ancora realizzata: secondo i dati Eurostat, il *gender pay gap* in Italia è ancora elevato nel settore privato (minore nel settore pubblico). La strada da percorrere è certamente ancora lunga e difficile, perché le ragioni maggiori del *gap* salariale stanno nella qualità e quantità del lavoro in cui sono occupate le donne: *part-time* spesso involontario, contratti a termine di breve durata e di basso livello professionale, difficoltà di progressione di carriera legate alla maternità e alla minore disponibilità delle donne, su cui gravano pesantemente le cure familiari, alla mobilità, al lavoro straordinario, all'aggravio delle responsabilità.

Il raggiungimento dell'obiettivo della parità salariale richiede una molteplicità di misure, che investono questioni strutturali, strettamente legate al ruolo delle donne in una società ancora fortemente diseguale. Di alcune di queste misure parleremo oltre, dando conto di quanto è stato fatto (o è possibile fare) attualmente (*infra*, §§ 3.2, 3.3).

3.1.2. *Parità e rimozione delle tutele del lavoro femminile*

Mentre per le lavoratrici madri l'art. 37 Cost. trovava fin da subito un'attuazione assai avanzata per l'epoca[30], ancora trent'anni dopo l'entrata in vigore della Costitu-

---

[28] L'art. 2, l. n. 903/1977, oltre a prevedere il diritto della lavoratrice alla stessa retribuzione del lavoratore quando le prestazioni richieste siano uguali o di pari valore, dispone anche che i sistemi di classificazione professionale ai fini della determinazione delle retribuzioni adottino criteri comuni per uomini e donne. L'art. 2 è stato riportato nell'art. 28, d.lgs. n. 198/2006, poi riformulato dal d.lgs. n. 5/2010: la nuova disposizione, oltre a ribadire l'adozione di sistemi di classificazione professionale comuni per uomini e donne, prevede anche che tali sistemi siano elaborati in modo da eliminare le discriminazioni.

[29] Sul diritto alla parità retributiva per lavori di pari valore (art. 157.1 TFUE) cfr. CGE 3.6.2021, C-624/2019. Il concetto di "eguale retribuzione" non è definito né dall'art. 37, né dalla l. n. 903/1977: in linea di principio, e conformemente alla definizione comunitaria (art. 157.2 TFUE), «per retribuzione si intende (...) il salario o trattamento normale di base o minimo e tutti gli altri vantaggi pagati direttamente o indirettamente, in contanti o in natura, dal datore di lavoro al lavoratore in ragione dell'impiego di quest'ultimo». A fini di parità, dunque, il confronto deve avvenire sull'insieme degli emolumenti corrisposti al lavoratore o alla lavoratrice, e su ciascuno di essi (ma v. l'eccezione giustificata nella sentenza 19.3.2002, C-476/99, *Lommers*, relativa all'accesso gratuito all'asilo nido riservato alle lavoratrici).

[30] Non deve essere dimenticata la l. n. 7/1963 sul divieto di licenziamento delle lavoratrici per causa di matrimonio, di cui parleremo nel capitolo dedicato alla nullità dei licenziamenti (*infra*, PT. VIII).

zione le donne restavano destinatarie delle vecchie norme di tutela (in primo luogo la legge del 1934 sul lavoro delle donne e dei fanciulli) e di molte disparità di trattamento (specie in materia previdenziale). Solo nel colmo degli anni '70 del XX secolo, una serie di circostanze, prima delle quali l'obbligo di trasporre nell'ordinamento interno le direttive comunitarie sulla parità salariale (Direttiva CE 75/117) e sulla parità di trattamento nelle condizioni di lavoro (Direttiva CE 76/207), indussero il Parlamento italiano ad intervenire (anticipando anche la Direttiva CE 79/7 sui regimi legali di previdenza sociale). Un larghissimo consenso politico sostenne l'emanazione della l. 9.12.1977, n. 903, nota come "legge di parità": la legge sanciva finalmente una parità a tutto tondo, abrogando espressamente o implicitamente tutte le disposizioni in contrasto con l'ampio divieto di discriminazione nelle condizioni di lavoro (dall'orientamento professionale fino alla cessazione del rapporto di lavoro) per ragioni di sesso.

La l. n. 903/1977 seguiva fedelmente la traccia segnata dalle Direttive CE 75/117 e 76/207; le sue disposizioni non abrogate sono ora confluite nel d.lgs. n. 198/2006, Codice delle pari opportunità tra uomo e donna (che a sua volta ha subito le modifiche di cui abbiamo detto o diremo oltre): possiamo quindi omettere di soffermarci su quel vecchio testo di legge, limitandoci a ricordare che al divieto di discriminazione per ragioni di sesso, la l. n. 903/1977 univa l'abrogazione delle norme protettive del lavoro femminile (fatta salva comunque la tutela della maternità), con poche eccezioni.

La prima *eccezione* al divieto di discriminazione diretta per ragioni di sesso riguardava, e riguarda ancora, *l'accesso al lavoro* (art. 1, l. n. 903/1977, cui si sono aggiunte ulteriori disposizioni oggi rifluite anch'esse nell'art. 27, d.lgs. n. 198/2006). Mentre il diritto comunitario consente le eccezioni con una formula ampia che rinvia a valutazioni sulla legittimità dell'obiettivo perseguito e sulla proporzionalità del requisito di sesso (art. 14.2, Direttiva CE 2006/54), il nostro diritto interno delimita (molto opportunamente) le eccezioni in modo rigido, stabilendo (art. 27, c. 6) che «non costituisce discriminazione condizionare all'appartenenza ad un determinato sesso l'assunzione in attività della moda, dell'arte e dello spettacolo», ma precisando che ciò è possibile solo quando l'appartenenza ad un determinato sesso sia essenziale alla natura del lavoro o della prestazione[31]. La rigidità del divieto è derogabile solo mediante contrattazione collettiva relativa ai lavori particolarmente pesanti (art. 27, c. 4): una deroga non praticata, dopo qualche infelice tentativo del passato remoto per i lavori sotterranei in miniera, o quelli comportanti lo scarico di colli pesanti nelle ferrovie.

Altre eccezioni al divieto di discriminazione diretta previste dalla l. n. 903/1977 sono venute meno[32], o sono in via di superamento.

---

[31] Il c. 5 dello stesso art. 27 prevede tuttavia che «nei concorsi pubblici e nelle forme di selezione attuate, anche a mezzo di terzi, da datori di lavoro privati e pubbliche amministrazioni la prestazione richiesta dev'essere accompagnata dalle parole "dell'uno o dell'altro sesso", fatta eccezione per i casi in cui il riferimento al sesso costituisca requisito essenziale per la natura del lavoro o della prestazione»: dunque nel settore pubblico le maglie del divieto risultano più larghe che altrove.

[32] Il reclutamento delle donne nel personale militare delle Forze armate e del Corpo della guardia di finanza è stato previsto dalla l. n. 24/2000 (artt. 32 e 33, d.lgs. n. 198/2006); la materia è ora regolata dal d.lgs. n. 66/2010, Codice dell'ordinamento militare, che ribadisce il divieto di discriminazione delle donne nelle carriere militari.

Una rilevante eccezione al divieto di discriminazione venuta meno è quella relativa al *lavoro notturno*. La l. n. 903/1977 (art. 5) teneva fermo (limitandolo alle sole lavoratrici occupate nell'industria manifatturiera e rendendolo derogabile) lo storico divieto del lavoro notturno (risalente alla Convenzione di Berna del 1906), ma il divieto poteva essere rimosso dalla contrattazione collettiva, anche aziendale, quando lo richiedessero le esigenze della produzione, e avuto riguardo alle condizioni ambientali. Il divieto era invece assoluto ed inderogabile per le lavoratrici madri dall'inizio della gravidanza e fino al compimento del settimo mese di età del bambino. La Corte costituzionale aveva salvato (sentenza n. 246/1987) la costituzionalità dell'art. 5, l. n. 903/1977, in quanto conteneva un divieto non assoluto, ma flessibile (derogabile appunto dalla contrattazione collettiva), ma pochi anni dopo, la Corte di Giustizia assumeva però una posizione nettamente contraria alla compatibilità tra principio di parità e divieto di lavoro notturno per le sole donne, e dopo aver condannato Francia e Belgio[33], nel 1997 condannava anche l'Italia per aver mantenuto in vigore nel proprio ordinamento giuridico il divieto di lavoro notturno per le donne in violazione dell'art. 5 della Direttiva CE 76/207 sulla parità di trattamento tra uomini e donne nelle condizioni di lavoro[34]. L'Italia ha dovuto di conseguenza introdurre una disciplina del lavoro notturno uguale per uomini e donne, alla quale può farsi eccezione solo per le lavoratrici madri, la cui salute e sicurezza impongono speciali misure di tutela[35].

Un'altra eccezione al divieto di discriminazione in via di superamento è quella relativa all'*età di pensionamento*. L'art. 4, l. n. 903/1977, confermava il regime delle età di pensionamento allora vigente (cinque anni di anticipo per le donne nel settore privato), ma consentiva alle donne di optare per il prolungamento del rapporto di lavoro, con conseguente tutela contro i licenziamenti ingiustificati[36]. Sulla differenza per sesso dell'età pensionabile si è però abbattuta la censura della Corte di Giustizia[37]. Decidendo relativamente alla disciplina allora vigente nel settore pubblico che differenziava per sesso l'età pensionabile (si trattava del regime legale generale del settore, interpretato tuttavia dalla Corte come regime "professionale", rientrante nell'ampia nozione comunitaria di retribuzione), la Corte ha ravvisato in tale disciplina una discriminazione (salariale) diretta per ragioni di sesso[38]. La risposta del legislatore è stata pronta:

---

[33] CGE 25.7.1991, C-345/89, *Stoeckel*; 2.8.1993, C-158/91, *Levy*; 3.2.1994, C-13/93, *Minne*.

[34] CGE 4.12.1997, C-207/96, *Commissione delle Comunità europee* c. *Repubblica Italiana*. Secondo la Corte, questa tradizionale protezione del lavoro femminile, consistente nel divieto, opponibile alle sole donne, di prestare lavoro notturno, costituiva senz'altro una "discriminazione" diretta fondata sul genere, non giustificabile alla luce delle considerazioni relative all'organizzazione della famiglia e alla ineguale ripartizione delle responsabilità familiari.

[35] La nuova disciplina del lavoro notturno è contenuta nel Capo IV del d.lgs. n. 66/2003 (artt. 11-15): ne parleremo oltre, nel capitolo dedicato all'orario di lavoro: *infra*, PT. VII, Cap. I).

[36] Nella interpretazione data dalla Corte cost. (sent. n. 498/1988), l'art. 4 stabiliva che l'età lavorativa doveva essere eguale per la donna e per l'uomo, mentre rimaneva fermo il diritto della donna a conseguire la pensione di vecchiaia al cinquantacinquesimo anno di età, «onde poter soddisfare esigenze peculiari della donna medesima, il che non contrasta con il fondamentale principio di parità, il quale non esclude speciali profili, dettati dalla stessa posizione della lavoratrice, che meritano una particolare regolamentazione». La Corte aveva dichiarato illegittima la previsione dell'obbligo della lavoratrice di comunicare preventivamente al datore di lavoro la propria opzione per il prolungamento del rapporto di lavoro. Secondo la Corte «la protrazione della durata del rapporto di lavoro, cioè dell'età lavorativa consente anche alla donna lavoratrice di conseguire i relativi vantaggi, come, ad esempio, gli aumenti retributivi e i conseguenti aumenti di pensione».

[37] CGE 13.11.2008, C-46/07, *Commissione* v. *Repubblica italiana*.

[38] Ricordiamo che la riforma delle pensioni del 1995 (nota come riforma Dini) prevedeva un'età

l'età pensionabile delle donne è stata allineata (progressivamente) a quella degli uomini nel settore pubblico, e successivamente anche nel settore privato[39]. Pur rientrando nella competenza degli Stati la definizione dell'età di pensionamento (regimi legali obbligatori) eventualmente differenziata per sesso, mantiene rilevanza sotto il profilo della discriminazione diretta di genere la presenza di disposizioni di legge che limitino per le donne la possibilità di optare per la prosecuzione del rapporto di lavoro fino all'età di pensionamento più elevata prevista per gli uomini, incidendo così sulle condizioni di lavoro, e in particolare sulla continuità dell'occupazione[40].

3.2. *La parità effettiva: misure strumentali e misure "rimediali" (azioni positive)*

Cadute pressoché integralmente le eccezioni al divieto di discriminazione diretta per ragioni di genere, e ammesse, ma entro limiti circoscritti, le giustificazioni che consentono di escludere la presenza della discriminazione indiretta, i due generi sono posti giuridicamente in condizione di parità. Nei fatti, tuttavia, la parità è ancora lontana, ed è il genere femminile quello più colpito dalla discriminazione. Ce lo dicono, tra l'altro, i dati sull'occupazione femminile: tra la popolazione in età lavorativa, è ancora elevata la percentuale delle donne senza lavoro, la maternità continua a determinare l'uscita dal lavoro (specie dopo il secondo figlio) e una gran parte delle donne che lavorano sono occupate in lavori precari, flessibili e ultraflessibili. Per raggiungere l'obiettivo della parità effettiva è necessario mettere in campo una pluralità di misure.

---

pensionabile parificata a 65 anni, ma introduceva possibilità di flessibilizzare il momento del pensionamento, lasciando ai lavoratori e alle lavoratrici la facoltà di determinarlo entro una fascia d'età compresa tra i 57 e i 65 anni, salva comunque la possibilità per le donne di accedere alla pensione di vecchiaia a 60 anni. Con la l. n. 243/2004, e successive modifiche (con effetto differito a partire dal 2008), era stata reintrodotta la diversificazione per sesso dell'età di pensionamento (60 anni per le donne e di 65 per gli uomini), mentre era stata eliminata la possibilità di flessibilizzare il momento del pensionamento. Questi limiti di età si riferivano al diritto di accesso alla pensione: diritto che le donne potevano, se volevano, conseguire prima degli uomini.

[39] A seguito della riforma del sistema pensionistico contenuta nella l. n. 214/2011 (nota come "legge Fornero"), l'età pensionabile delle donne sale progressivamente, come per gli uomini, fino a 67 anni e oltre (in ragione dell'adeguamento all'incremento della vita media). La vita lavorativa è dunque obbligatoriamente più lunga per tutti, ma la materia è oggetto di continui rimaneggiamenti: dalla c.d. "quota cento" (62 anni di età e 38 di anzianità contributiva per consentire uscite anticipate), si dovrebbe passare a "quota 102"; le uscite anticipate sono state previste dal regime sperimentale dell'APE sociale (istituito nel 2017; la scadenza è stata prorogata al 31 dicembre 2022) e dell'APE volontaria. In ogni caso, delle ragioni per le quali la Corte cost. aveva a suo tempo ritenuto giustificata la possibilità lasciata alle donne di scegliere se andare in pensione qualche anno prima degli uomini non si è tuttavia persa la traccia: le misure di anticipazione del pensionamento dette "opzione donna" ne sono la prova, anche se da più parti si lamenta l'eccessiva onerosità di questa "uscita agevolata" dal lavoro prevista per le lavoratrici.

[40] È stata giudicata dalla Cassazione (n. 12108/2018, in *RIDL*, 2018, II, p. 628, nt. Brino) direttamente discriminatoria (sulla scorta dell'interpretazione fornita dalla CGE, a seguito del ricorso in via pregiudiziale: CGE ord. 7.2.2018, C-142/17 e C-143/17, *Manuela Maturi* e al.) la disposizione che riconosceva in via transitoria ai lavoratori dello spettacolo (tersicorei e ballerini) il diritto alla permanenza in sevizio entro i limiti massimi di pensionamento di vecchiaia, previsto a 47 anni per le donne e 52 per gli uomini.

a) Misure strumentali

La prima base per poter mettere in atto politiche di parità di genere è la conoscenza della situazione effettiva dell'occupazione femminile (assunzioni, retribuzioni, formazione, progressioni di carriera, cessazione dei rapporti di lavoro, e altro ancora). La conoscenza è basata a sua volta sulla disponibilità di dati, e la disponibilità di dati sulla comunicazione puntuale e trasparente, da parte dei datori di lavoro delle politiche di gestione del personale.

Si muove in questa direzione il passo compiuto dal legislatore (in attuazione di quanto previsto dal PNRR), che rispondendo alle sollecitazioni provenienti dall'UE [41], ha istituito la *Certificazione della parità di genere*, «al fine di attestare le politiche e le misure concrete adottate dai datori di lavoro per ridurre il divario di genere in relazione alle opportunità di crescita in azienda, alla *parità salariale a parità di mansioni*, alle politiche di gestione delle differenze di genere e alla tutela della maternità» (nuovo art. 46-*bis*, d.lgs. n. 198/2006: art. 4, l. n. 162/2021). La disposizione anzidetta rinvia ai decreti attuativi la specificazione dei parametri minimi (relativi ad una serie di materie, tra cui le retribuzioni corrisposte) necessari per ottenere la certificazione da parte delle aziende pubbliche e private per le quali è obbligatoria (più di 50 dipendenti) o facoltativa (meno di 50 dipendenti). Sulla certificazione vigila un Comitato tecnico permanente istituito presso il Dipartimento per le pari opportunità della Presidenza del Consiglio dei ministri. L'art. 5, l. n. 162/2021 (intitolato "Premialità di parità") collega alla certificazione esoneri contributivi e altri benefici per le imprese.

Sempre nell'ottica della diponibilità dei dati sull'occupazione femminile e della loro comunicazione trasparente, la l. n. 162/2021 (art. 3) ha ampiamente riveduto la disciplina del *Rapporto sulla situazione del personale* (art. 46 d.lgs. n. 198/2006), estendendone l'obbligatorietà alle imprese pubbliche e private con più di 50 dipendenti; il rapporto, redatto in modalità esclusivamente telematica, attraverso la compilazione di un modello pubblicato nel sito internet istituzionale del Ministero del lavoro, è trasmesso alle rappresentanze sindacali aziendali, e reso accessibile alle Consigliere/i regionali di parità (*infra*). I contenuti essenziali e necessari del rapporto (che investono ad ampio raggio le politiche di gestione del personale, disaggregando i dati per genere) sono definiti dal Ministro del lavoro, con proprio decreto adottato di concerto con il Ministro delegato per le pari opportunità.

b) Misure "rimediali": le azioni positive

Se l'obiettivo delle norme antidiscriminatorie è, come si legge nella Direttiva CE 2006/54, la realizzazione della *piena parità* (o parità effettiva) tra uomini e donne [42], la tutela contro le discriminazioni non può consistere solo in misure repressive (sanzioni per la violazione del divieto di discriminazioni dirette e indirette), ma deve consistere anche in misure a contenuto positivo: misure di prevenzione delle discriminazioni; mi-

---

[41] Si rinvia ai documenti citati in nota 20.

[42] La parità non si risolve nel divieto di discriminazione: la realizzazione della eguaglianza sostanziale (o parificazione nel trattamento) tra i generi non si raggiunge solo con i divieti di discriminazione, ma non si raggiunge senza i divieti. Il nesso di strumentalità tra divieto di discriminazione e parità di trattamento appare con chiarezza nella formula che ricorre nella Direttiva 2002/73: il principio della parità di trattamento *comporta* (o implica) l'assenza di ogni discriminazione.

sure promozionali (che garantiscono pari opportunità, rimuovendo gli effetti delle discriminazioni pregresse e gli ostacoli di fatto che impediscono la realizzazione della parità); misure attributive di specifici vantaggi, che compensando le situazioni di svantaggio, realizzino la parità effettiva (ovvero la parificazione nel trattamento). Queste misure (legislative, regolamentari o contrattuali), sono dette *azioni positive*[43]: espressione generica, nell'ambito della quale la dottrina suggerisce opportunamente di distinguere tra azioni positive di tipo "promozionale" (promozione di pari opportunità), azioni di tipo "risarcitorio" (rimedio di discriminazioni passate), e azioni consistenti in trattamenti preferenziali (attributive di specifici vantaggi) dette anche azioni positive "in senso stretto".

A partire dalla l. n. 125/1991 (ora artt. 42 ss., d.lgs. n. 198/2006) il nostro diritto prevede espressamente le azioni positive come misure dirette a favorire l'occupazione delle donne e a realizzare la eguaglianza sostanziale tra uomini e donne nel lavoro. Il riferimento esplicito all'eguaglianza sostanziale rende evidente che il nostro legislatore ha inteso fondare la legittimità di queste misure (che possiamo dire di diritto "diseguale") sull'art. 3, c. 2, Cost. (principio di eguaglianza sostanziale)[44].

Nella definizione più largamente accettata nella cultura europea, le azioni positive (in senso stretto) sono *trattamenti preferenziali*, cioè misure differenziali attributive di

---

[43] *Azione positiva* traduce l'espressione *affirmative action*, utilizzata nell'esperienza giuridica nordamericana per definire i *preferential treatments* riservati ad una minoranza etnica o razziale (ma anche al genere femminile). Le espressioni *affirmative action* (azione positiva) e *reverse discrimination* (discriminazione alla rovescia: discriminazione diretta di una determinata classe di persone) sono spesso erroneamente usate come sinonime. La finalità di un'azione positiva (legittima), in favore delle donne o di una minoranza etnica o razziale, non è discriminare gli uomini, o i bianchi, o gli anglofoni, bensì promuovere, mediante trattamenti preferenziali, l'eguaglianza sostanziale delle donne o degli appartenenti ad una minoranza. La discriminazione alla rovescia può tuttavia essere l'effetto di un'azione positiva illegittima: vale a dire di un trattamento preferenziale non giustificato alla luce del principio di eguaglianza sostanziale, che costituisce il suo fondamento ed anche il suo limite.

[44] I modelli di azione positiva esemplificati dalla legge sono fondamentalmente due, e rispondono a diversi obiettivi: alcuni di questi obiettivi corrispondono alla tradizionale visione dell'azione positiva "*risarcitoria*", "rimedio" di discriminazioni passate, che derivano da cause identificate e colpiscono un gruppo identificato o identificabile di donne. Altri obiettivi, invece hanno carattere "*promozionale*": come quello di rompere, per il futuro, la segregazione sessuale nell'orientamento e nella formazione professionale delle donne, concausa delle minori opportunità. A questi obiettivi il d.lgs n. 5/2010 ne ha aggiunto un altro, assai ambiguo (art. 42, lett. *f-bis*), d.lgs. n. 198/2006): «valorizzare il contenuto professionale delle mansioni a più forte presenza femminile». All'obiettivo del *riequilibrio delle responsabilità familiari* sono invece preordinate le specifiche azioni positive previste dall'art. 9, l. n. 53/2000, intitolato «Misure per conciliare tempi di vita e tempi di lavoro»; l'art. 38, l. n. 69/2009, ha riscritto l'art. 9, l. n. 53/2000: queste azioni positive godono di un finanziamento *ad hoc*, ma il loro successo pratico resta modesto. Al riequilibrio tra attività professionale e vita familiare, nell'ottica di una più equa condivisione delle responsabilità fra uomini e donne è dedicato il d.lgs. n. 105/2022, attuazione della Direttiva UE 2019/1158; dando precoce attuazione all'art. 4 della Direttiva, la legge di bilancio 2021 (l. n. 178/2020), art. 1, c. 363, ha portato a 10 giorni il congedo obbligatorio di paternità (ne parleremo oltre, Cap. II). Azioni positive specifiche, infine, sono previste per *favorire l'imprenditoria femminile* (l. n. 215/1992, ora artt. 52-55, d.lgs. n. 198/2006), che istituisce un apposito Comitato presso il Ministero per le attività produttive. Il PNRR prevede un investimento di 400 milioni di euro per la creazione di imprese femminili.

vantaggi: la più "forte" di queste misure è senza dubbio la *quota*, con ciò intendendosi la riserva a favore del genere in situazione di svantaggio di un trattamento preferenziale nell'accesso al lavoro o alla formazione professionale, nella progressione di carriera, nella conservazione del posto di lavoro [45].

La legittimità delle azioni positive in senso stretto, e delle *quote di genere* in particolare è controversa: trattandosi di misure di diritto diseguale basate sulla considerazione del genere, se ne discute la conformità al principio di eguaglianza e di non discriminazione per ragioni appunto di genere. La questione è stata oggetto di importanti pronunce della Corte di Giustizia [46].

Anche la Corte costituzionale ha avuto occasione di pronunciarsi in merito; il percorso seguito dalla nostra Corte è stato in parte diverso da quello della Corte di Giustizia, ma questo in buona parte dipende dalla circostanza che le decisioni hanno avuto ad oggetto le quote in materia elettorale (c.d. quote rosa, consistenti nella riserva di almeno un terzo delle candidature ai candidati dell'uno o dell'altro sesso) [47].

---

[45] Appartengono a questa categoria (familiarmente detta "quote rosa") le misure dirette al "riequilibrio di genere" introdotte dalla legge c.d. Golfo-Mosca n. 120/2011, che ha imposto nelle società quotate in borsa la riserva di almeno 1/3 dei posti nei consigli di amministrazione al genere sottorappresentato (nella specie, il genere femminile, è arrivato oggi ad occupare il 27,4% dei posti). Il d.lgs. 19.8.2016, n. 175, T.U. in materia di società a partecipazione pubblica, ha previsto una analoga misura (art. 1, c. 4). La legge di bilancio 2020 (l. n. 160/2019) ha portato la quota a 2/5; la l. n. 162/2021, art. 6, ha esteso l'applicazione alle società, costituite in Italia, controllate da pubbliche amministrazioni ai sensi dell'art. 2359, cc. 1 e 2, c.c., non quotate in mercati regolamentati.

[46] La Corte di Giustizia ha affrontato la questione della legittimità delle quote decidendo in merito a norme di legge (tedesche in tre casi e svedese in un altro) che accordano alle donne (a parità di requisiti professionali) la preferenza nell'accesso lavoro, nella progressione di carriera, nella formazione professionale, in quanto *genere sottorappresentato* nella posizione professionale o nel settore considerato. In una prima sentenza (CGE 17.10.1995, C-450/93, *Kalanke*), la Corte censurava la misura preferenziale prevista dalla legge del Land di Brema, sia perché istituiva una quota "rigida" a favore del sesso sottorappresentato, sia soprattutto perché, anziché limitarsi alla promozione dell'eguaglianza di opportunità, prevedeva il conseguimento di un "risultato" di parificazione. In una sentenza di poco successiva (CGE 11.11.1997, C-409/95, *Helmut Marschall*), e soprattutto nella sua giurisprudenza successiva, la Corte ha affermato la legittimità delle quote e dunque delle azioni positive *result oriented*, ma alla condizione che siano "individualizzate", ovvero abbastanza flessibili da consentire di non accordare automaticamente e necessariamente la preferenza al candidato appartenente al sesso sottorappresentato, e che, inoltre, la misura sia adeguata all'obiettivo (legittimo) che si propone di realizzare. L'evoluzione dell'orientamento della Corte ha certamente risentito delle modifiche intervenute nel diritto antidiscriminatorio comunitario "di seconda generazione": la previsione di *specifici vantaggi a favore del sesso sottorappresentato*, diretti allo «scopo di assicurare l'effettiva e completa parità tra uomini e donne nella vita lavorativa» compare nell'art. 141.4. TCE (il § 4 era già stato introdotto con il Trattato di Amsterdam), ora 157.4 TFUE.

[47] Dopo una prima sentenza negativa (n. 422/1995), la Corte cost. (sentenza n. 49/2003), ha in parte mutato orientamento: questa volta la legge è stata giudicata legittima, perché ad avviso della Corte, le misure che riservano ai candidati dei due generi una quota di candidature non sono azioni positive, ma strumenti per riequilibrare i punti di partenza, dunque la legge può legittimamente prevederle. Nella sostanza il giudizio della Corte non è cambiato sulla questione del carattere neutro ed unitario della rappresentanza politica. Il riequilibrio di genere nelle candidature è conforme all'art. 51 Cost., al cui c. 1 («Tutti i cittadini dell'uno o dell'altro sesso possono accedere agli uffici pubblici e alle cariche elettive in condizioni di eguaglianza, secondo i requisiti stabiliti dalla legge») è stato aggiunto il periodo: «A tale fine la Repubblica promuove con appositi provvedimenti le pari

Dopo le incertezze del passato, la Corte di Giustizia identifica ora l'obiettivo della eguaglianza sostanziale nella realizzazione della pari rappresentazione dei due generi, entrato ormai a far parte del diritto antidiscriminatorio. Questo obiettivo è esplicitamente assunto nell'art. 23 CDFUE, che parla (come del resto fa l'art. 157.4, TFUE) di «*specifici vantaggi a favore del genere sottorappresentato*». L'espressione non è ambigua: non si tratta di misure di pari opportunità nei punti di partenza, ma di *affirmative action*; diritto diseguale, dunque, non diritto eguale.

Secondo l'opinione consolidatasi (anche in virtù degli interventi della Corte di Giustizia) le azioni positive sono misure legittime (dunque non in contrasto con il principio di eguaglianza) se *temporanee e proporzionate*: la temporaneità è carattere proprio delle misure; la proporzione deve fare i conti con il singolo fattore di svantaggio (che evidentemente non è lo stesso per un immigrato, per un tossicodipendente, per un alcolista, per i giovani, per le donne delle aree geografiche – tutte o quasi – dove il tasso di disoccupazione femminile è più elevato di quello maschile), ovvero con la combinazione di più fattori (come nel caso delle donne immigrate o disabili).

In Italia, secondo quanto previsto dall'art. 43, d.lgs. n. 198/2006, rimasto invariato, le azioni positive possono essere promosse oltre che dal Comitato nazionale per l'attuazione dei principi di parità di trattamento ed uguaglianza di opportunità tra lavoratori e lavoratrici (CNPO) e dalle consigliere e dai consiglieri di parità (*infra*, § 3.3), da molti altri soggetti[48], legittimati a presentare progetti da sottoporre alla valutazione che in passato era affidata al CNPO, e ora alla apposita Commissione, prevista dal d.lgs. n. 151/2015, art. 30 (nuovo art. 10, d.lgs. n. 198/2006, c. 1, lett. *d*) al fine di ottenerne il finanziamento totale o parziale.

L'adozione dei piani (o progetti) di azioni positive è volontaria nel settore privato; nel settore pubblico, invece, tutte le amministrazioni sono obbligate ad adottare piani triennali di azioni positive: la violazione dell'obbligo comporta la sanzione del blocco delle assunzioni. Per quanto la pratica delle azioni positive abbia raggiunto nel nostro paese una certa diffusione, i risultati sin qui prodotti in termini di realizzazione della piena parità tra lavoratori e lavoratrici sono a dir poco deludenti.

---

opportunità tra donne e uomini». Diverso l'orientamento della Corte quando si tratti di rapporti economici: intervenendo sulla l. n. 215/1992, sulle azioni positive per l'imprenditoria femminile (sentenza n. 109/1993), la Corte ha affermato la legittimità delle azioni positive ai sensi dell'art. 3, c. 2 Cost., perché «tendono ad innalzare la soglia di partenza per le singole categorie di persone socialmente svantaggiate (...) al fine di assicurare alle categorie medesime uno statuto effettivo di pari opportunità di inserimento sociale economico e politico».

[48] Centri per la parità e le pari opportunità a livello nazionale, locale e aziendale, comunque denominati, centri per l'impiego, datori di lavoro pubblici e privati, centri di formazione professionale, organizzazioni sindacali nazionali e territoriali, anche su proposta delle rappresentanze sindacali aziendali o degli organismi rappresentativi del personale. Nel settore pubblico sono istituiti (art. 21, l. n. 183/2010) i Comitato unici di garanzia per le pari opportunità (CUG), che sostituiscono, unificando le competenze in un solo organismo, e assumendone le competenze (inclusa la predisposizione di piani di azioni positive), i preesistenti comitati per le pari opportunità costituiti in applicazione della contrattazione collettiva. In materia è intervenuta la Direttiva 2/2019 del Presidente del Consiglio «Misure per promuovere le pari opportunità e rafforzare il ruolo dei Comitati unici di garanzia nelle amministrazioni pubbliche».

3.3. *La lotta contro le discriminazioni di genere e i suoi strumenti*

Come abbiamo detto l'obiettivo della parità effettiva richiede la messa in campo di misure di diverso tipo, ma occorre non dimenticare che in primo luogo occorre affrontare la partita aperta e molto impegnativa della lotta contro le discriminazioni. Le pratiche discriminatorie sono più diffuse di quanto si creda: ne fanno le spese specialmente le lavoratrici madri, ma in generale tutte le lavoratrici, giovani e meno giovani. Il diritto mette a disposizione una serie di strumenti che dovrebbero consentire di combattere le discriminazioni agendo su tutti i fronti, dalla prevenzione fino alla repressione. Ma l'effettività del "diritto antidiscriminatorio", per quanto sia obiettivamente crescente, rimane ancora al di sotto delle sue potenzialità.

A) *Istituzioni*

La lotta contro le discriminazioni si avvale di un apparato istituzionale complesso e articolato, sul quale è nuovamente intervenuto il legislatore (d.lgs. n. 151/2015, in attuazione di quanto previsto, ma in termini molto generali, dalla legge-delega n. 183/2014), introducendo rilevanti modificazioni.

A livello nazionale, l'istituzione competente in materia di parità e pari opportunità nel lavoro[49] è il CNPO, istituito presso il Ministero del lavoro e delle politiche sociali (artt. 8 ss., d.lgs. n. 198/2006 come modificati dal d.lgs. n. 151/2015, artt. 27 ss.). Il CNPO, che ha il compito di promuovere la rimozione delle discriminazioni e degli ostacoli che limitano di fatto l'uguaglianza fra uomo e donna nel lavoro, è composto dal Ministro, che ne è il Presidente, dalla Consigliera (o Consigliere) nazionale di parità, da componenti designati dalle organizzazioni sindacali, dalle organizzazioni dei datori di lavoro, dalle associazioni del movimento cooperativo, nonché da componenti delle associazioni operanti nel campo della parità e delle pari opportunità nel lavoro che ne facciano richiesta[50]. I compiti del CNPO sono essenzialmente di carattere propositivo; il compito relativo alla valutazione dei progetti di azioni positive, che aveva carattere decisorio, è stato sottratto dal d.lgs. n. 151/2015, art. 30, al CNPO e attribuito invece ad una apposita Commissione (alla quale parteciperanno "rappresentanti del CNPO"), istituita con decreto ministeriale; il decreto fissa, oltre alla composizione della Commissione, anche i criteri di valutazione dei progetti di azioni positive e di erogazione dei finanziamenti (ma il decreto ministeriale non risulta an-

---

[49] Per le altre materie diverse dal lavoro è competente la *Commissione per le pari opportunità tra uomo e donna*, istituita presso la Presidenza del Consiglio, Dipartimento per le pari opportunità.

[50] Partecipano, inoltre, alle riunioni del Comitato, senza diritto di voto tre esperti in materie giuridiche, economiche e sociologiche, con competenze in materia di lavoro e politiche di genere, nonché quattro rappresentanti del Ministero del lavoro e dei Dipartimenti pari opportunità e politiche della famiglia della Presidenza del Consiglio. I componenti del Comitato durano in carica tre anni e sono nominati dal Ministro del lavoro e delle politiche sociali. Il vicepresidente del Comitato è designato dal Ministro del lavoro e delle politiche sociali nell'ambito dei suoi componenti. Il d.lgs. n. 151/2015 ha soppresso il Collegio istruttorio (l'art. 11, d.lgs. n. 198/2006, è stato abrogato), al quale era affidata l'istruzione degli atti relativi alla individuazione e alla rimozione delle discriminazioni e la redazione di pareri al Comitato e alle Consigliere/i di parità, e del quale facevano parte sei esperti indipendenti e un magistrato; attualmente è previsto invece che il CNPO possa istituire "gruppi di lavoro". La struttura del CNPO risulta alleggerita e semplificata, ma il ruolo degli esperti indipendenti (passati da sei a tre), che è stato notevole in passato, è fortemente ridotto.

cora emanato). Spetta invece al CNPO formulare, entro il 30 giugno di ogni anno, un programma-obiettivo nel quale vengono indicate le tipologie di progetti di azioni positive che intende promuovere; il programma è trasmesso al Ministero del lavoro che pubblica il bando per il finanziamento dei progetti.

Modificazioni non meno rilevanti sono state introdotte dal d.lgs. n. 151/2015 anche relativamente alla istituzione più originale e più significativa rappresentata dalla articolata rete delle Consigliere (o Consiglieri) di parità a livello nazionale, regionale e delle città metropolitane o enti di area vasta (che sostituiscono le province soppresse dalla l. n. 56/2014), tutti nominati dal Ministro del lavoro (le Consigliere/i regionali e delle città metropolitane o enti di area vasta su designazione dei relativi enti, previo espletamento di una "procedura di valutazione comparativa") tra persone dotate di adeguata competenza ed esperienza. Il mandato è triennale e rinnovabile una sola volta.

Tra i compiti della Consigliera/e nazionale, che è membro di diritto del CNPO, e componente della Commissione centrale per l'impiego, oltre a quelli promozionali e propositivi (inclusa la promozione di progetti di azioni positive), era stato aggiunto (dal d.lgs. n. 5/2010, attuazione della Direttiva 2006/54) quello di svolgere inchieste indipendenti in materia di discriminazioni sul lavoro e di pubblicare relazioni indipendenti e raccomandazioni in materia di discriminazioni sul lavoro. L'aggiunta (tuttavia insufficiente) si era resa necessaria perché, secondo la Direttiva, agli organismi per la parità e le pari opportunità deve essere garantita l'indipendenza nello svolgimento della loro attività, ed è stata ribadita nella riformulazione dei compiti della Consigliera/e nazionale (d.lgs. n. 151/2015, art. 33)[51].

Le Consigliere/i regionali, delle città metropolitane e enti di area vasta fanno parte delle commissioni tripartite per l'impiego e sono inoltre componenti delle commissioni di parità del corrispondente livello territoriale (comunque denominate); le strutture regionali competenti forniscono alle Consigliere/i il supporto tecnico necessario allo svolgimento di una parte delle loro attività; devono disporre di un ufficio funzionalmente autonomo, dotato del personale, delle apparecchiature e delle strutture necessarie per lo svolgimento dei loro compiti, ma nei limiti delle risorse esistenti e senza aumenti di spesa (in materia potranno essere stipulate apposite convenzioni-quadro tra gli enti territoriali interessati e il Ministero del lavoro). Il finanziamento delle attività delle Consigliere/i grava su un apposito Fondo nazionale. Per lo svolgimento delle proprie attività le Consigliere/i possono vedersi corrisposta un'indennità mensile (ma la corresponsione è diventata solo *eventuale* ed è a carico dell'ente territoriale che ha proceduto alla designazione); le Consigliere/i lavoratori dipendenti hanno diritto di assentarsi dal lavoro usufruendo a tal fine di *permessi* (che prima erano retribuiti e ora sono solo *eventualmente* retribuiti, nei limiti delle disponibilità finanziarie dell'ente territoriale) e di ulteriori permessi non retribuiti; in alternativa possono chiedere l'*aspettativa* non retribuita (sostituita da un'indennità annuale che tiene conto delle retribuzioni perdute e del compenso per l'attività svolta) per la durata del mandato; le Consigliere/i lavoratori autonomi o liberi professioni-

---

[51] Il d.lgs. n. 151/2015, art. 32, precisa che ai fini del completamento e del rinnovo del mandato delle Consigliere/i di parità non si applica l'art. 6, c. 1, l. n. 145/2002, relativo allo *spoil system* nella dirigenza pubblica. Precisazione importante, al fine di evitare che si ripetano vicende come quella verificatasi anni fa, quando era stata revocata la Consigliera nazionale di parità nominata dal precedente Ministro del lavoro, con l'argomento che aveva manifestato un "radicale dissenso" su alcune scelte del Governo, non compatibile con il carattere "fiduciario" dell'incarico. La vicenda era finita davanti ai giudici amministrativi, ma il Cons. Stato, Sez. IV, 29.7.2010, aveva dato torto alla Consigliera di parità "sfiduciata".

sti hanno diritto ad una indennità annuale. Numero di ore massime di permesso e entità delle indennità sono definite con decreto del Ministro del lavoro e delle politiche sociali. Rispetto al passato non solo appare ridotto il margine di indipendenza delle Consigliere/i, ma risulta peggiorato il trattamento economico: ciò che sicuramente non contribuisce al rafforzamento e all'efficienza di questa istituzione, fondamentale per un adeguato sviluppo delle politiche di pari opportunità nel nostro Paese.

Le Consigliere/i sono tenuti a presentare (a pena di decadenza dal mandato) un rapporto annuale agli enti territoriali che li hanno designati (redatto sulla base delle indicazioni fornite dal Ministero del lavoro e delle politiche sociali); secondo quanto previsto dall'art. 20, c. 1, d.lgs. n. 198/2006, come modificato dalla l. n. 162/2021, la Consigliera/e nazionale di parità, presenta al Parlamento, ogni due anni, una relazione contenente i risultati del monitoraggio sull'applicazione della legislazione in materia di parità e pari opportunità nel lavoro e sulla valutazione degli effetti delle disposizioni» del d.lgs. n. 198/2006.

Con la riforma del 2000 (d.lgs. n. 196/2000) era stata istituita la *rete* delle Consigliere, coordinata dalla Consigliera/e nazionale; ora la rete è stata sostituita dalla Conferenza nazionale (nuovo testo dell'art. 19, d.lgs. n. 198/2006: art. 36, d.lgs. n. 151/2015); la Conferenza opera al fine di rafforzare le funzioni delle Consigliere/i di parità, di accrescere l'efficacia della loro azione, di consentire lo scambio di informazioni, esperienze e buone prassi; ma si direbbe che ciò avvenga sotto la "vigilanza" del Dipartimento pari opportunità e Ministro del lavoro e delle politiche sociali, che «promuovono le iniziative volte a garantire il coordinamento e l'integrazione degli interventi necessari ad assicurare l'effettività delle politiche di promozione delle pari opportunità per i lavoratori e le lavoratrici» (art. 36, c. 2).

Tra i poteri più rilevanti della Consigliera/e nazionale (ma anche delle Consigliere/i regionali) vi è quello di promuovere azioni in giudizio (*infra*).

B) *Azioni in giudizio*

In caso di violazione dei divieti di discriminazione diretta o indiretta per ragioni di genere, la legge mette in campo rimedi giudiziari[52] e sanzioni. Partiamo dalle azioni in giudizio, che presentano alcune caratteristiche peculiari. La disciplina è contenuta nel d.lgs. n. 198/2006, il cui testo modificato più volte negli anni scorsi non è stato invece modificato, per questa parte, dal d.lgs. n. 151/2015.

La prima e fondamentale peculiarità consiste nel regime dell'*onere della prova*, che «contribuisce in modo significativo a che il principio della parità di trattamento possa essere applicato efficacemente» (così il "considerando" 30 della Direttiva 2006/54). L'art. 40, d.lgs. n. 198/2006, prevede una *parziale inversione* dell'onere della prova a carico del ricorrente. Qualora questi sia in grado di fornire al giudice elementi di fatto, *desunti anche da dati di carattere statistico* (dati rilevanti specialmente nelle discriminazioni indirette di carattere collettivo: *retro*, § 2.1)[53], «idonei a fondare, in termini precisi

---

[52] La tutela giudiziaria è estesa dall'art. 41-*bis*, d.lgs. n. 198/2006, modificato dal d.lgs. n. 5/2010, alla *vittimizzazione*, vale a dire ad «ogni comportamento pregiudizievole posto in essere, nei confronti della persona lesa da una discriminazione o di qualunque altra persona, quale reazione ad una qualsiasi attività diretta ad ottenere il rispetto del principio di parità di trattamento tra uomini e donne».

[53] Saranno elementi di fatto o dati statistici relativi alle assunzioni, ai regimi retributivi, all'assegnazione di mansioni e qualifiche, ai trasferimenti, alla progressione in carriera ed ai licenziamenti.

e concordanti, la presunzione dell'esistenza di atti, patti o comportamenti discriminatori in ragione del sesso, spetta al convenuto l'onere della prova sull'insussistenza della discriminazione». Dunque quando, a fronte degli elementi forniti dal ricorrente, il giudice ravvisi un consistente *fumus* di discriminazione, sarà il convenuto a dover fornire elementi di prova idonei ad escludere la presenza della discriminazione[54]. Per la disciplina dell'onere della prova in caso di licenziamento discriminatorio o ritorsivo v. *infra*, PT. VIII, Cap. II, Sez. I.

Rimedio giudiziario per così dire ordinario è l'*azione individuale* in giudizio promossa dalla lavoratrice (o dal lavoratore) che ritengano di aver subito una discriminazione nell'accesso al lavoro, nella formazione, nelle condizioni di lavoro, nel licenziamento. Su delega dell'interessata/o, l'azione può essere promossa dalle Consigliere/i di parità di città metropolitane ed enti di vasta area, Consigliere/i regionali competenti per territorio, i quali possono altresì intervenire nei giudizi promossi dall'interessata/o.

Il ricorso individuale contro le violazioni dei divieti di discriminazione diretta e indiretta può essere promosso in via d'urgenza (il procedimento è modellato sull'art. 28 St. lav., repressione della condotta antisindacale: *retro*, PT. II, Sez. II); in questo caso la l. n. 101/2008, ha esteso la legittimazione ad agire (su delega dell'interessata/o) alle organizzazioni sindacali ed anche alle *associazioni e organizzazioni rappresentative del diritto o dell'interesse leso*[55]. Il giudice, ove ritenga sussistente la violazione di cui al ricorso, oltre a provvedere, se richiesto, al risarcimento del danno *anche non patrimoniale*, nei limiti della prova fornita, ordina all'autore del comportamento denunciato, con decreto motivato ed immediatamente esecutivo, la cessazione del comportamento illegittimo e la rimozione degli effetti. Le regole procedurali, anche relative al giudizio di opposizione sono le stesse previste dall'art. 28 St. lav.

Oltre all'azione individuale (rito ordinario o ricorso in via d'urgenza), la legge prevede una *azione collettiva pubblica* che in via autonoma può essere proposta dalla Consigliera/e nazionale (se si tratta di questione di dimensione nazionale o interregionale) o dalla Consigliera/e regionale di parità competente per territorio (art. 37, d.lgs. n. 198/2006, modificato dal d.lgs. n. 5/2010). L'azione è esperibile in presenza di (pretese) violazioni dei divieti di discriminazione diretta e indiretta *di carattere collettivo*, anche quando *non siano individuabili in modo immediato e diretto le lavoratrici o i lavoratori lesi* dalle discriminazioni. Entrambe le specificazioni segnalano che l'azione individuale e l'azione collettiva pubblica non sono sovrapponibili, essendo predisposte a tutela di due diversi interessi ad agire. Occorre infatti distinguere tra l'interesse

---

[54] L'attuale disciplina dell'onere della prova può ritenersi conforme a quanto previsto in materia dall'art. 19 della Direttiva 2006/54.

[55] L'estensione, a parte la vaghezza della formulazione, indebolisce il ruolo delle Consigliere/i di parità regionali e provinciali, che meritava invece di essere rafforzato. Le azioni in giudizio (con rito sommario di cognizione ai sensi degli artt. 702-*bis* ss. c.p.c.) per le *discriminazioni collettive*, diverse dalla discriminazione di genere, sono espressamente richiamate e regolate dall'art. 28, d.lgs. n. 150/2011, nel quale il legislatore ha attribuito ad associazioni, sindacati inclusi, ed enti la legittimazione autonoma ad agire qualora non siano individuabili in modo diretto ed immediato le persone lese dalla discriminazione; queste azioni sono considerate il precedente dell'azione inibitoria di cui alla l. n. 31/2019 (nuova disciplina della *class action*), la cui entrata in vigore è stata posticipata al 19.5.2021.

collettivo (di genere) indivisibile, di cui la Consigliera/e è istituzionalmente portatrice/portatore, che rileva nell'accertamento di una discriminazione collettiva, attualmente o potenzialmente lesiva di quell'interesse, e gli interessi individuali che dovranno essere definiti nella fase del giudizio in cui si dovrà provvedere al risarcimento dei danni, dove dovranno essere valutate le situazioni individuali rilevanti.

L'azione in giudizio *può* essere preceduta dalla richiesta all'autore della discriminazione di predisporre un *piano di rimozione delle discriminazioni accertate*[56]; se il piano è considerato idoneo, la Consigliera/e promuove un tentativo di conciliazione. In caso di esito negativo della conciliazione, la Consigliera/e propone il ricorso in giudizio (il ricorso può essere proposto anche quando la Consigliera/e ritenga di non avvalersi della procedura di conciliazione). Il giudice, nella sentenza che accerta le discriminazioni contestate, oltre a provvedere, se richiesto, al *risarcimento del danno anche non patrimoniale*[57], ordina all'autore della discriminazione di definire un *piano di rimozione delle discriminazioni accertate*[58].

Oltre all'azione di cui si è detto, la Consigliera/e nazionale o regionale possono proporre ricorso in via d'urgenza davanti al giudice del lavoro (o al TAR, quando si tratti di impugnare provvedimenti amministrativi) territorialmente competenti[59].

C) *Sanzioni*

Collegata alla tutela in giudizio è la materia delle sanzioni, che, secondo quanto previsto dalla Direttiva 2006/54 devono essere *proporzionate* e *adeguate* a svolgere una *funzione deterrente*[60]. Il d.lgs. n. 5/2010, nel dare attuazione alla Direttiva, aveva perciò dovuto procedere ad un adeguamento dell'apparato sanzionatorio previsto nel

---

[56] Il termine non sarà superiore a 120 giorni, e dovranno essere sentite, nel caso di discriminazione posta in essere da un datore di lavoro, le rappresentanze sindacali aziendali ovvero, in loro mancanza, le associazioni locali aderenti alle organizzazioni sindacali maggiormente rappresentative sul piano nazionale.

[57] Il risarcimento del danno non patrimoniale «presenta indiscutibilmente una venatura "punitiva" di molto superiore a quella che in generale può ravvisarsi nel risarcimento del danno patrimoniale»; introdurre la risarcibilità del danno non patrimoniale anche nella responsabilità per inadempimento significa che quest'ultima viene a condividere, con la responsabilità aquiliana la dimensione di un risarcimento non commisurato al danno da compensare, e aperto anche alla suggestione sanzionatoria: E. Roppo, *Responsabilità contrattuale: funzioni di deterrenza?*, in *LD*, 2017, p. 407, qui 420. Sull'ammissibilità dei "danni punitivi" ed i limiti della loro risarcibilità Cass. S.U. n. 16601/2017.

[58] Anche in questo caso, oltre alla Consigliera/e, dovranno essere sentite le rappresentanze sindacali. Il piano di rimozione delle discriminazioni accertate può essere definito come azione positiva di contenuto "risarcitorio" o rimediale, ma potrebbe in ipotesi contenere anche misure definibili come azioni positive in senso stretto.

[59] La pratica rilevanza dell'azione collettiva (certamente il più interessante degli strumenti processuali) resta purtroppo assai modesta: una delle ragioni (e non certo la minore) è la scarsità di risorse di cui dispongono le Consigliere/i regionali di parità, che non possono permettersi il lusso di fare cause (sempre difficili, perché malgrado l'alleggerimento dell'onere della prova, la prova della discriminazione resta difficile) pagando avvocati e consulenti di prestigio.

[60] Art. 25: «Gli Stati membri stabiliscono le norme relative alle sanzioni da irrogare in caso di violazione delle disposizioni nazionali di attuazione della presente direttiva e prendono tutti i provvedimenti necessari per la loro applicazione. Le sanzioni, che possono prevedere un risarcimento dei danni, devono essere effettive, proporzionate e dissuasive».

d.lgs. n. 198/2006, e lo aveva fatto elevando di molto l'ammontare delle sanzioni pecuniarie e non. Ora la maggior parte delle sanzioni penali sono state eliminate e sostituite con sanzioni amministrative.

In caso di inosservanza del divieto di discriminazione nell'accesso al lavoro, formazione e promozione professionale, nelle condizioni di lavoro, nella retribuzione, nella progressione di carriera, nell'accesso alle prestazioni previdenziali, a seguito della depenalizzazione disposta dal d.lgs. n. 8/2016, che ha previsto la decriminalizzazione dei reati puniti con la sola pena pecuniaria (e quindi dei delitti e delle contravvenzioni puniti rispettivamente con multa o ammenda), trovano applicazione sanzioni amministrative di importo da 5.000 a 10.000 euro. Queste sanzioni non esauriscono il campo; ad esse devono essere aggiunte le *sanzioni civili*: la *nullità* dell'atto o patto discriminatorio e le conseguenze che ne derivano sul piano individuale (ripristino della situazione *qua ante*, risarcimento del danno patrimoniale ed eventualmente del danno non patrimoniale).

Sanzioni penali sono previste in caso di inottemperanza alla sentenza che accerta le discriminazioni o al decreto che ordina la cessazione del comportamento illegittimo e la rimozione degli effetti, nonché in caso di inosservanza degli obblighi prescritti (ammenda fino a 50.000 euro o l'arresto fino a sei mesi). Per quanto riguarda l'azione collettiva pubblica promossa dalla Consigliera/e nazionale o regionale di parità, l'inottemperanza alla sentenza nel caso dell'azione con rito ordinario, o al decreto nel ricorso in via d'urgenza (o alla sentenza pronunciata nel giudizio di opposizione) è punita con l'ammenda fino a 50.000 euro o l'arresto fino a sei mesi, e comporta altresì il pagamento di una somma di 51 euro per ogni giorno di ritardo nell'esecuzione del provvedimento, da versarsi al Fondo per l'attività delle Consigliere/i di parità, e la revoca dei benefici di cui all'art. 41, c. 1, d.lgs. n. 198/2006 (crediti e appalti pubblici).

4. *Discriminazione correlata a fattori diversi dal genere*

La tecnica del divieto di discriminazione è stata quella più utilizzata per garantire la parità di trattamento ai lavoratori portatori di qualche "diversità", meritevole appunto di una speciale protezione, in piena coerenza con l'evoluzione del diritto dell'UE, come abbiamo già visto, e del diritto internazionale. Per quanto riguarda quest'ultimo, si è passati dalla Convenzione OIL n. 98/1949 [61], che ha sancito la nullità dei licenziamenti determinati dalla affiliazione sindacale del lavoratore o dalla sua partecipazione ad attività sindacale, alle Convenzioni OIL n. 111/1958 e n. 117/1962 [62], che coprono ogni atto discriminatorio fondato su razza, colore, sesso, fede religiosa, opinioni politiche, iscrizione sindacale, appartenenza a gruppi etnici o sociali.

Il campo di applicazione del diritto antidiscriminatorio è venuto allargandosi nel tempo, per successive "aggiunte", legate all'emersione (non di nuovi fattori di discriminazione ma) di nuove sensibilità nei confronti di differenze progressivamente percepite come "fattori di rischio" per il lavoratore: fattori d'altronde già considerati

[61] Ratificata dall'Italia con l. 23.3.1958, n. 367.

[62] Ratificate dall'Italia rispettivamente con le ll. 6.2.1963, n. 405 e 13.7.1966, n. 657; in materia di discriminazioni e molestie sul lavoro è stata approvata la Convenzione OIL n. 206/2019, entrata in vigore il 25.6.2021 (e formalmente ratificata dall'Italia nell'ottobre dello stesso anno, dopo che era stata approvata con l. n. 4/2021).

dall'art. 3 Cost., dove si vietano, in forza della prescritta pari dignità e del principio di eguaglianza, le «distinzioni di sesso, di razza, di lingua, di religione, di opinioni politiche» e, con norma di chiusura, «di condizioni personali e sociali».

Il legislatore ha considerato, di volta in volta, taluni aspetti della persona del lavoratore, talune sue caratteristiche, che, nel momento storico in cui è stata approvata la relativa disposizione di legge, si manifestavano come "fattori di rischio". Rischio di discriminazione, in primo luogo, con il conseguente rischio di ghettizzazione e, più in generale, di mancato rispetto della eguale dignità dei lavoratori, in violazione del principio di eguaglianza [63]. Il fattore genere, al quale abbiamo dedicato la necessaria attenzione perché attorno ad esso si è venuto costruendo un modello evoluto di diritto antidiscriminatorio [64], non è l'unico fattore di diseguaglianza/identità preso in considerazione dal legislatore, né è stato il primo fattore preso espressamente in considerazione dal diritto positivo. Se si prescinde infatti dalle più risalenti tecniche di tutela del lavoro femminile, il divieto di discriminazione per motivi di sesso è entrato espressamente nella legislazione soltanto nel 1977, quando già il nostro diritto conosceva il divieto di licenziamento (assistito dalla sanzione della nullità) per ragioni sindacali, politiche e di fede religiosa (art. 4, l. n. 604/1966).

Nell'ambito delle disposizioni legislative che hanno introdotto divieti di discriminazione nella prospettiva della garanzia dell'eguaglianza sancita dall'art. 3 Cost., la norma fondamentale, di rilievo ed applicazione generale, deve essere ancor oggi individuata nell'art. 15 St. lav. Tale disposizione ha infatti specificamente previsto (lett. *b*), c. 1) la nullità di qualsiasi atto o patto diretto a discriminare un lavoratore «a causa della sua affiliazione o attività sindacale ovvero della sua partecipazione ad uno sciopero». Ma, per quanto qui più rileva, la stessa nullità è comminata dall'art. 15 agli atti o patti diretti «a fini di discriminazione politica, religiosa» e – grazie al disposto dell'art. 13 della l. n. 903/1977 – «razziale, di lingua e di sesso». L'attuale testo dell'art. 15 (come modificato dal d.lgs. n. 216/2003, e recentemente dalla legge n. 238/2021) contempla tra i fattori di discriminazione vietati anche handicap, età, orientamento sessuale, religione e convinzioni personali, nazionalità, coprendo così l'intera area sulla quale insiste il vigente diritto antidiscriminatorio.

Come abbiamo anticipato, a partire dal 2000 il novero dei fattori (di identità e/o appartenenza) sulla base dei quale è vietata ogni discriminazione si è infatti allargato, grazie agli interventi del diritto dell'UE, e in particolare in forza delle Direttive CE 2000/43 (razza e origine etnica) e 2000/78 (religione e convinzioni personali, handicap, età, orientamento sessuale). Prima di analizzare la rilevanza e l'impatto delle c.d. diret-

---

[63] Si spiega così, per esempio, perché il legislatore sia intervenuto (T.U. 1998) considerando congiuntamente due fattori identitari, razza e religione, tra loro spesso concretamente connessi, che il successivo (2000) diritto dell'UE ha invece considerato e regolato distintamente. Non solo. Si spiega anche perché il T.U. non abbia come destinatari i soli cittadini extracomunitari, e la disciplina sanzionatoria si applichi anche agli «atti xenofobi, razzisti o discriminatori compiuti nei confronti dei cittadini italiani, di apolidi e di cittadini di altri Stati membri dell'Unione presenti in Italia».

[64] Nella trattazione dei diritti dei lavoratori e degli obblighi del datore di lavoro abbiamo già avuto e ancora avremo occasione di incontrare ulteriori specifiche regole che vietano la discriminazione in relazione a determinati tipi contrattuali (es. part-time, contratto a tempo determinato, entrambe di derivazione comunitaria) o a determinate "condizioni personali" del lavoratore (es. art. 5, l. n. 135/1990, in forza del quale «l'accertata infezione da HIV non può costituire motivo di discriminazione, in particolare [...] per l'accesso o il mantenimento di posti di lavoro»).

tive di "seconda generazione" (la prima generazione comprende le direttive *gender*, vale a dire sulla discriminazione per ragioni di genere, degli anni '70/'80, fondate sull'art. 13 del TCE – ora art. 19.1 TFUE), merita considerare brevemente le diverse nozioni di discriminazione che hanno arricchito il diritto antidiscriminatorio.

Le nozioni, nelle due direttive, sono molto simili, e presentano una struttura comune anche alla direttiva *gender* di seconda generazione (Direttiva CE 2002/73, poi confluita nella Direttiva CE 2006/54 *Refusion*). Simmetricamente, simili tra loro sono le nozioni presenti nei due decreti legislativi (nn. 215 e 216) emanati nel 2003 per trasporre le due direttive.

Si configura una *discriminazione diretta* quando, a causa di uno dei fattori di discriminazione considerati, «una persona è trattata meno favorevolmente di quanto sia, sia stata o sarebbe trattata un'altra in situazione analoga».

Si configura una *discriminazione indiretta* quando «una disposizione, un criterio, una prassi, un atto, un patto o un comportamento apparentemente neutri possono mettere le persone» portatrici di una delle identità considerate «in una posizione di particolare svantaggio rispetto ad altre persone».

L'*ordine di discriminare* persone a causa di uno dei fattori identitari citati è «considerato una discriminazione» (come pure le molestie: v. *retro*).

Di rilievo è la previsione in forza della quale la discriminazione (concetto sempre relazionale) può derivare da una comparazione con il passato (es. come è trattato oggi un musulmano rispetto a come era trattato ieri un non musulmano, a parità di lavoro). Potenzialmente ricco di ricadute applicative, seppur ad oggi ancora tutte da verificare, è l'allargamento della comparazione a situazioni ipotetiche (come sarebbe trattata una persona con determinate caratteristiche rispetto ad una persona che non presenti quelle caratteristiche).

Si tratta anche in questo caso di nozioni oggettive (basate sugli effetti e non sull'intento dell'agente), i cui confini sono segnati: dalle *eccezioni* espressamente previste; dalle *giustificazioni* (non della discriminazione ma) delle differenze di trattamento. Le eccezioni generali al divieto di discriminazione sono sostanzialmente circoscritte, nel diritto interno, alle ipotesi nelle quali, «nel rispetto dei principi di proporzionalità e di ragionevolezza», le caratteristiche di cui stiamo trattando, «per la natura dell'attività lavorativa o per il contesto in cui essa viene espletata», costituiscano un *requisito essenziale e determinante* per lo svolgimento dell'attività lavorativa; sono altresì legittime («non costituiscono atti di discriminazione») quelle differenze di trattamento che siano giustificate «oggettivamente da finalità legittime perseguite attraverso mezzi appropriati e necessari». Secondo il diritto dell'UE, tuttavia, occorre distinguere tra discriminazioni dirette e discriminazioni indirette, in punto di giustificazioni della diversità di trattamento. Solo le discriminazioni indirette, infatti, possono essere giustificate da una finalità legittima, mentre le discriminazioni dirette possono essere giustificate «esclusivamente», da «sicurezza pubblica, tutela dell'ordine pubblico, prevenzione dei reati nonché tutela della salute, dei diritti e delle libertà altrui», come ha avuto occasione di specificare la Corte di Giustizia [65].

---

[65] CGE 12.12.2013, C-267/12. Sono ormai superate le difficoltà che aveva incontrato la Corte a tutelare le persone discriminate per il loro orientamento sessuale sulla base della storica direttiva *gender* (Direttiva CE 76/207), difficoltà che non avevano tuttavia impedito di tutelare una per-

Ma molte altre specifiche differenze di trattamento sono ammesse, sia dal d.lgs. n. 215, sia dal d.lgs. n. 216 – come pure dalle due direttive recepite, 2000/43 e 2000/78 – in relazione a determinati fattori e a determinati contesti (per esempio: enti religiosi o altri datori di lavoro ideologicamente connotati, forze armate e servizi di polizia o di soccorso), circoscrivendo così ulteriormente la nozione di discriminazione (vietata)[66]; il legislatore si spinge sino a giustificare, in specifici contesti o per specifiche ragioni, le discriminazioni dirette, indebolendo il carattere "assoluto" del divieto. Vedremo successivamente (§ 4.1) quale sia l'effettività della tutela antidiscriminatoria predisposta in relazione ai diversi fattori di identità e/o appartenenza, individuali e collettivi.

Per completare il quadro delle nozioni di discriminazione, occorre precisare che le definizioni introdotte nel 2003 vanno a giustapporsi[67] alle definizioni di discriminazione per motivi razziali, etnici, nazionali o religiosi, previste dal d.lgs. 25.7.1998, n. 286, T.U. delle disposizioni concernenti la disciplina dell'immigrazione e norme sulla condizione dello straniero. Secondo la definizione, generale e onnicomprensiva, «costituisce discriminazione ogni comportamento che, direttamente o indirettamente, comporti una distinzione, esclusione, restrizione o preferenza basata sulla razza, il colore, l'ascendenza o l'origine nazionale o etnica, le convinzioni e le pratiche religiose, e che abbia lo scopo o l'effetto di distruggere o di compromettere il riconoscimento, il godimento o l'esercizio, in condizioni di parità, dei diritti umani e delle libertà fondamentali in campo politico economico, sociale e culturale e in ogni altro settore della vita pubblica» (art. 43, c. 1).

Per quanto concerne l'accesso al lavoro e le condizioni di lavoro «compie un atto di discriminazione»: a) «chiunque illegittimamente imponga condizioni più svantaggiose o si rifiuti di fornire l'accesso all'occupazione allo straniero regolarmente soggiornante in Italia soltanto in ragione della sua condizione di straniero o di appartenente ad una determinata razza, religione, etnia o nazionalità» (art. 43, c. 2, lett. *c*); b) il datore di lavoro o i suoi preposti i quali (...) compiano qualsiasi atto o comportamento che produca un effetto pregiudizievole discriminando, anche indirettamente, i lavoratori in ragione della loro appartenenza ad una razza, ad un gruppo etnico o linguistico, ad una confessione religiosa, ad una cittadinanza». In parti-

sona che aveva mutato genere, comparandola alle persone che appartenevano al suo genere originario, nel noto caso P. deciso da CGE 30.4.1996, C-13/94. Fondandosi ora sulla Direttiva CE 2000/78, la Corte ha finalmente ritenuto che la mancata concessione di congedi retribuiti e di un premio in occasione del matrimonio al dipendente che aveva stipulato un PACS (unione civile registrata, regolata dal diritto francese) con una persona dello stesso sesso costituisce discriminazione vietata. Secondo la Corte, infatti, «una disparità di trattamento fondata sullo status matrimoniale dei lavoratori, e non esplicitamente sul loro orientamento sessuale, è pur sempre una discriminazione diretta in quanto, essendo il matrimonio riservato alle persone di sesso diverso, i lavoratori omosessuali sono impossibilitati a soddisfare la condizione necessaria per ottenere i benefici rivendicati».

[66] Peculiare è la previsione (introdotta dal legislatore italiano in occasione del recepimento della Direttiva CE 2000/78 ma non espressamente prevista dalla stessa direttiva) secondo la quale «resta ferma la legittimità di atti diretti all'esclusione dallo svolgimento di attività lavorativa che riguardi la cura, l'assistenza, l'istruzione e l'educazione di soggetti minorenni nei confronti di coloro che siano stati condannati in via definitiva per reati che concernono la libertà sessuale dei minori e la pornografia minorile» (art. 3, c. 6).

[67] «È fatto salvo il disposto dell'articolo 43, cc. 1 e 2, del testo unico delle disposizioni concernenti la disciplina dell'immigrazione e norme sulla condizione dello straniero, approvato con decreto legislativo 25.7.1998, n. 286» (art. 2, c. 2, d.lgs. n. 215/2003).

colare, «costituisce discriminazione indiretta ogni trattamento pregiudizievole conseguente all'adozione di criteri che svantaggino in modo proporzionalmente maggiore i lavoratori appartenenti ad una determinata razza, ad un determinato gruppo etnico o linguistico, ad una determinata confessione religiosa o ad una cittadinanza e riguardino requisiti non essenziali allo svolgimento dell'attività lavorativa» (art. 43, c. 2, lett. *e*)).

Evidenti sono le differenze di formulazione rispetto alle definizioni che derivano dal diritto dell'UE, così come evidenti sono invece le analogie con le definizioni di discriminazione, diretta e indiretta, per ragioni di genere precedenti alle modifiche degli anni 2000 (*retro*, § 2.1). La pluralità di definizioni di discriminazione per ragioni di razza e origine etnica, nei due diversi testi normativi (d.lgs. n. 215/2003 e d.lgs. n. 286/1998), complicano il quadro di riferimento, creando un dualismo di nozioni (e di tutele, come vedremo: § 4.1) che rischia di ridurre l'effettività della normativa antidiscriminatoria. E il quadro risulta ancor meno intellegibile a causa dell'inserimento del fattore "nazionalità" tra i fattori espressamente considerati dal (modificato) testo del d.lgs. n. 216/2003, come abbiamo anticipato e come torneremo ad osservare (*infra*). L'esito, già iscritto nella precedente giustapposizione di nozioni, divieti, sanzioni, tra loro diversi, è un "doppio binario" di tutela (non per questo migliore o più agevole) di fattori identitari quali la razza, la religione, ed ora anche la nazionalità (fattore eccentrico, come diremo, rispetto agli altri).

4.1. *Vecchi e nuovi fattori di discriminazione*

È opportuno ora soffermarsi brevemente su ciascuno dei fattori considerati in particolare dalla normativa interna che ha recepito le Direttive del 2000, per verificarne il campo di applicazione e il rapporto con la previgente e persistente legislazione in materia.

Per quanto riguarda il fattore *razza* e *origine etnica*, ferma la parità di trattamento e la piena eguaglianza di diritti riconosciuta ai lavoratori stranieri legalmente soggiornanti in Italia dal T.U. del 1998 (in attuazione della Convenzione OIL n. 143/1975), lo stesso T.U., nonché il d.lgs. n. 215/2003 (che ha recepito la Direttiva CE 2000/43), hanno un campo di applicazione che si estende al di là delle condizioni di accesso al mercato e al rapporto di lavoro e allo svolgimento del rapporto di lavoro, includendo la sicurezza sociale, l'assistenza sanitaria, le prestazioni sociali, l'istruzione, l'accesso a beni e servizi, tra cui l'alloggio, coerentemente con quanto previsto dalla Direttiva CE 2000/43. L'allargamento dell'incidenza del diritto antidiscriminatorio risulta funzionale rispetto alla necessità di una protezione onnicomprensiva, a sua volta finalizzata ad una effettiva piena integrazione delle persone di diversa razza o origine etnica [68].

Poiché l'obiettivo dichiarato del d.lgs. n. 215 è l'«attuazione della parità di trattamento tra le persone indipendentemente dalla razza e dall'origine etnica» [69], il principio della parità di trattamento si applica non solo alle persone aventi una determinata origine etnica, ma anche a quelle che, pur non appartenendo all'etnia, subiscono insieme alle prime un trattamento meno favorevole o uno svantaggio particolare a causa di una misura discriminatoria. Il giudice na-

---

[68] Ciò spiega anche perché già il T.U. avesse formulato divieti di discriminazione rivolti ai datori di lavoro, come abbiamo appena visto, ma rivolti anche alle autorità pubbliche e ai privati.

[69] «Anche in un'ottica che tenga conto del diverso impatto che le stesse forme di discriminazione possono avere su donne e uomini, nonché dell'esistenza di forme di razzismo a carattere culturale e religioso», prosegue significativamente il testo dell'art. 1.

zionale dovrà dunque valutare se una controversa, coatta e generalizzata prassi[70] sia essenziale per contrastare fenomeni di abusivi allacci alla rete asseritamente attribuiti a cittadini rom o sia invece sproporzionata rispetto a tali obiettivi e comunque illegittima quale prassi offensiva e stigmatizzante basata su stereotipi razziali.

La Corte di Giustizia[71] ha ritenuto che il comportamento di un datore di lavoro il quale dichiari pubblicamente che non assumerà lavoratori dipendenti aventi una determinata origine etnica o razziale configura una discriminazione diretta nell'assunzione, ai sensi della Direttiva CE 200/43, in quanto siffatte dichiarazioni sono idonee a dissuadere fortemente determinati candidati dal presentare le proprie candidature e, quindi, a ostacolare il loro accesso al mercato del lavoro, salvo che il datore di lavoro provi che la prassi effettiva di assunzione da parte dell'impresa non corrisponde a tali dichiarazioni. Nella stessa occasione, la Corte ha inoltre affermato che quando anche (come nel caso) non vi siano vittime identificabili, le sanzioni da irrogare in caso di violazione delle norme nazionali di attuazione di tale direttiva debbano essere effettive, proporzionate e dissuasive (es. pubblicazione della sentenza sui quotidiani).

Diverso, e limitato all'occupazione e alle condizioni di lavoro era il campo di applicazione del d.lgs. n. 216/2003, che d'altronde raccoglieva fattori di discriminazione tra loro molto eterogenei, ai quali ora è stato aggiunto un fattore – la nazionalità – che risulta eccentrico e foriero di confusione (sopra segnalata per quanto concerne l'intreccio con le previsioni del T.U. immigrazione). L'inserimento del nuovo fattore[72] ha comportato un allargamento dell'estensione dei divieti, ora sostanzialmente equivalente a quella del d.lgs. n. 215/2003, o addirittura più ampia o quanto meno più articolata (sui rischi derivanti da esemplificazioni che possono risultare tassative v. *retro*, § 3). I divieti contemplati dal decreto, infatti, si applicano oggi *all'accesso all'alloggio e a vantaggi sociali e fiscali; all'assistenza fornita dagli uffici di collocamento; alla iscrizione alle organizzazioni sindacali ed alla eleggibilità negli organi di rappresentanza dei lavoratori*; e il legislatore non ha rinunciato a specificare ulteriormente il denotato del sintagma "occupazione e condizioni di lavoro", indicando espressamente che «sono compresi», oltre agli avanzamenti di carriera, alla retribuzione e alle condizioni del licenziamento già contemplati, anche *la salute e la sicurezza, il reintegro professionale o il ricollocamento*.

Veniamo ora brevemente agli altri fattori considerati dal d.lgs. n. 216/2003: *età, handicap, orientamento sessuale, religione e convinzioni personali*.

---

[70] CGE 16.7.2015, C-83/14: in Bulgaria, il gestore (non di origine rom) di un'attività commerciale sita in un quartiere i cui residenti erano di prevalente origine rom lamentava la collocazione del contatore elettrico a 6-7 mt di altezza (invece che a un'altezza di 1,70 mt, nella maggior parte dei casi direttamente presso i consumatori o sulla facciata o sui muri di recinzione, come negli altri quartieri cittadini).

[71] Nel noto caso *Feryn* (CGE 10.7.2008, C-54/07).

[72] L'integrazione è imputabile alla (discutibile) scelta di utilizzare lo stesso "contenitore" (il d.lgs. n. 216/2003) anche per dare attuazione alla Direttiva 2014/54/UE *relativa alle misure intese ad agevolare l'esercizio dei diritti conferiti ai lavoratori nel quadro della libera circolazione dei lavoratori*, come oggi si legge nella nuova intitolazione del decreto. Non a caso, la fonte della integrazione (l. n. 238/2021) è costituita dalla legge europea 2019-2020, nel cui art. 1 si fa espresso riferimento al caso ARES (2019) 1602365 (ossia ad una procedura di infrazione per mancato compiuto recepimento della direttiva sopra citata). Nella stessa occasione, ed allo stesso fine, sono stati estesi i compiti dell'Ufficio nazionale antidiscriminazioni razziali (v. *infra*) regolato dal d.lgs. n. 215/2003, creando così un intricato quadro complessivo di interventi per lo stesso fattore nazionalità.

L'*età* rappresenta sicuramente un fattore di discriminazione "nuovo", che non era mai stato considerato dal legislatore italiano come base di discriminazione vietata[73]. L'età, al contrario, era (ed è tuttora) considerata una base di differenziazione ragionevole di trattamenti: basti pensare ai contratti a finalità formative previsti per i giovani, o invece ai prepensionamenti per i lavoratori anziani. Non a caso, d'altronde, il d.lgs. n. 216/2003, coerentemente con la Direttiva CE 2000/78, legittima trattamenti differenziati per età, in particolare condizioni speciali per l'accesso alla formazione e al lavoro, ivi comprese età minime e massime. Pur a fronte di un'ampia discrezionalità lasciata agli Stati membri, e a numerose decisioni della Corte che avevano ammesso restrizioni all'accesso a diverse professioni in relazione all'età, la Corte di Giustizia è stata ferma nel condannare la disciplina italiana che pone un limite massimo (50 anni) per l'accesso alla professione di notaio. La Corte di Giustizia, dopo aver affermato che tale disciplina rientra nel campo di applicazione della Direttiva 2000/78, ha ritenuto la legge italiana in contrasto con la direttiva (e con l'art. 21 della CDFUE) perché – contrariamente a quanto sostenuto dal Governo italiano intervenuto nel giudizio – la previsione del limite di età non sembra perseguire gli obiettivi di garantire la stabilità dell'esercizio di tale professione per un significativo lasso di tempo prima del pensionamento, di proteggere il buon funzionamento delle prerogative notarili e di agevolare il ricambio generazionale e il ringiovanimento del notariato e, in ogni caso, eccede quanto necessario per raggiungere tali obiettivi (la verifica tuttavia dovrà essere svolta dal giudice nazionale, secondo gli stringenti canoni contenuti nella sentenza)[74].

Per quanto riguarda l'*handicap*[75], benché prima del d.lgs. n. 216/2003 non esistesse in Italia un espresso divieto di discriminazione fondata su tale fattore, il legislatore si era preoccupato da tempo di garantire ai portatori di handicap l'accesso al lavoro (a partire almeno dalle l. n. 482/1968) e la parità di trattamento. L'obiettivo di garan-

[73] La CGE considera invece il principio di non discriminazione in ragione dell'età un «principio generale» dell'Unione europea, che trova la sua fonte in «vari strumenti internazionali» e nelle «tradizioni costituzionali comuni agli Stati membri» (CGE 22.11.2005, C-144/04, *Werner Mangold*, punti 74 e 75; CGE 19.1.2010, C-555/07, *Seda Kücükdeveci*, punti 20 e 21).

[74] CGE 3.6.2021, C-914/19.

[75] Merita menzionare la sentenza resa dalla Corte di Giustizia (CGE 18.12.2014, C-354/13) a margine del licenziamento di un obeso che svolgeva l'attività di babysitter presso un organismo pubblico. La Corte – pur ribadendo che «l'ambito di applicazione della direttiva 2000/78 non deve essere esteso per analogia al di là delle discriminazioni fondate sui motivi elencati tassativamente nell'articolo 1 di quest'ultima» (così già nelle sentenze *Chacón Navas* e *Coleman*, rispettivamente del 2006 e del 2008) e che «l'obesità in quanto tale non può essere considerata un motivo che si aggiunge a quelli in base ai quali la direttiva 2000/78 vieta qualsiasi discriminazione» – ha ritenuto che «nell'ipotesi in cui, in determinate circostanze, lo stato di obesità del lavoratore interessato comporti una limitazione, risultante in particolare da menomazioni fisiche, mentali o psichiche, che, in interazione con barriere di diversa natura, può ostacolare la piena ed effettiva partecipazione della persona interessata alla vita professionale su base di uguaglianza con gli altri lavoratori e se tale limitazione è di lunga durata, una siffatta malattia può ricadere nella nozione di "handicap" ai sensi della direttiva 2000/78». Sulla nozione di handicap, non definita nella direttiva ma da leggersi alla luce della Convenzione ONU sui diritti delle persone con disabilità (approvata dall'UE con decisione 2010/48/CE), v. recentemente CGE 1.12.2016, C-395/15.

tire «soluzioni ragionevoli per i disabili» [76] (art. 5, Direttiva CE 2000/78) [77] – che si coniuga con la legittimità di "azioni positive" *ex* art. 7 della stessa direttiva – comprende, seppure non esaurisce, la finalità della l. n. 68/1999 (Norme per il diritto al lavoro dei disabili: *retro*, PT. IV, Cap. II): «la promozione dell'inserimento e della integrazione lavorativa delle persone disabili nel mondo del lavoro attraverso servizi di sostegno e di collocamento mirato».

Quanto al fattore orientamento sessuale, merita segnalare il caso Taormina, nel quale si è registrato un dialogo serrato tra giudici nazionali e Corte di Giustizia [78]. La Corte [79], riprendendo quanto affermato nel caso *Feryn*, ha affermato che le dichiarazioni rilasciate (nell'ambito di un'intervista radiofonica) dal titolare di un noto studio legale, secondo le quali mai avrebbe assunto un collaboratore con un determinato orientamento sessuale, rientrano nel campo di applicazione della Direttiva 2000/78; nell'occasione, la Corte ha altresì ribadito che una associazione la cui finalità statutaria consista nel difendere in giudizio le persone aventi segnatamente un determinato orientamento sessuale e nel promuovere la cultura e il rispetto dei diritti di tale categoria di persone, è legittimata ad avviare un procedimento giurisdizionale inteso a far rispettare gli obblighi risultanti dalla direttiva e, eventualmente, ad ottenere il risarcimento del danno, nel caso in cui si verifichino fatti idonei a costituire una discriminazione, ai sensi di detta direttiva, nei confronti della citata categoria di persone e non sia identificabile una persona lesa.

Da ultimo, per quanto concerne il fattore oggi più di altri al centro del dibattito (anche) politico nell'UE, grande rilievo mediatico, avevano assunto nel 2017 le due importanti e parallele decisioni assunte (a "Grande Sezione", non a caso) dalla Corte di Giustizia a proposito dell'uso del velo da parte di due lavoratrici di religione islamica, uso in contrasto, almeno in un caso, con le regole interne aziendali che vietavano a tutti i dipendenti di indossare qualsiasi segno politico, filosofico o religioso sul luogo di lavoro. Esclusa la configurabilità di una discriminazione diretta fondata sulla religione (visto che la regola aziendale era di generale applicazione), la Corte non ha tuttavia escluso la configurabilità di una discriminazione indiretta qualora venga dimostrato che l'obbligo apparentemente neutro da essa previsto comporta, di fatto, un particolare svantaggio per le persone che aderiscono ad una determinata religione o

---

[76] Obbligo inserito nel d.gs. n. 216 con il successivo d.l. n. 76 convertito in l. n. 99/2013, dopo la condanna dell'Italia (CGE 4.7.2013, C-312/11) per mancata trasposizione dell'art. 5 della direttiva.

[77] Secondo la Corte di Giustizia (CGE 18.12.2014, C-354/13) «la mera circostanza» che nei confronti del soggetto che lamenta una discriminazione fondata sull'handicap «non siano state adottate misure di adattamento non è sufficiente a ritenere che non possa essere un soggetto portatore di handicap ai sensi di tale direttiva». Più recentemente la CGE (9.3.2017, C-406/15) ha scrutinato la razionalità della differenza di trattamento dei lavoratori disabili dipendenti privati e pubblici, invitando il giudice nazionale (bulgaro) a valutare se la mancata tutela preventiva in caso di licenziamento di un portatore di handicap psichico dipendente pubblico (qualificabile come "azione positiva" e dunque riconducibile al campo di applicazione dell'art. 7 della direttiva) possa costituire una violazione della «completa parità nella vita professionale» che deve essere assicurata in forza della stessa disposizione della direttiva.

[78] Dialogo concluso con la decisione della Cass. n. 28646/2020.

[79] CGE (Grande Sezione) 23.4.2020, C-507/18.

ideologia, a meno che esso sia oggettivamente giustificato da una finalità legittima, come il perseguimento, da parte del datore di lavoro, di una politica di neutralità politica, filosofica e religiosa nei rapporti con i clienti, e che i mezzi impiegati per il conseguimento di tale finalità siano appropriati e necessari – circostanza, questa, che spetta al giudice del rinvio verificare (CGE 14.3.2017, C-157/15)[80]. Ma ove manchi una giustificazione fondata su una finalità legittima di tal genere, secondo la stessa Corte (decisione resa in causa C-188/15), il desiderio di un cliente che i servizi di un'impresa non siano più assicurati da una dipendente che indossa un velo islamico non può essere considerato come un «requisito essenziale e determinante per lo svolgimento dell'attività lavorativa» ai sensi dell'art. 4.1 della direttiva. Come ha concluso la Corte, la nozione di «requisito essenziale e determinante per lo svolgimento dell'attività lavorativa, per la natura di un'attività lavorativa o per il contesto in cui essa viene espletata», «rinvia a un requisito oggettivamente dettato dalla natura o dal contesto in cui l'attività lavorativa in questione viene espletata», mentre «non può includere considerazioni soggettive, quali la volontà del datore di lavoro di tener conto dei desideri particolari del cliente».

Il "contesto" nel quale deve essere resa la prestazione (anche di livello direttivo) assume uno specifico rilievo nelle organizzazioni la cui etica è fondata sulla religione o sulle convinzioni personali, quali le Chiese, come dimostra la sentenza della Corte (a Grande Sezione, anche in questo caso) del 17.4.2018, avente ad oggetto una fattispecie regolata dal diritto tedesco. La Corte ha affermato che il principio di non discriminazione fondata sulla religione e le convinzioni personali riveste carattere imperativo in quanto principio generale dell'UE sancito dall'art. 21 CDFUE, e che in forza dell'art. 47 della stessa Carta deve essere garantita una tutela giurisdizionale effettiva alla persona che sia stata vittima di una discriminazione (nel caso: la mancata assunzione di una lavoratrice agnostica). La Corte ha poi dato un'interpretazione rigorosa dei requisiti "ideologici" che possono essere utilizzati nella selezione del personale, in relazione al contenuto effettivo dell'occupazione offerta (nel caso *Egenberger*, C-414/16, la stesura di una relazione sull'attuazione della Convenzione delle Nazioni Unite sulla soppressione di ogni forma di discriminazione razziale). Il requisito religioso deve essere legittimo, essenziale, giustificato, tenuto conto dell'etica dell'organizzazione (art. 4.2. Direttiva 2000/78), in relazione alla specifica attività lavorativa ed al contesto nel quale si debba svolgere, nonché conforme al principio generale di proporzionalità; tali verifiche spettano al giudice nazionale, mentre non possono essere semplicemente affidate al datore di lavoro, neppure ove il diritto interno garantisca una forte autonomia a determinati datori di lavoro (le Chiese evangeliche, nel caso).

Diverso, e molto più prossimo ai casi che anche i giudici italiani hanno affrontato in materia di licenziamenti è il caso (*IR vs. JQ*, C-68/17) deciso dalla Corte l'11.9.2018, avente ad oggetto il licenziamento di un medico, cattolico, che aveva divorziato e successivamente si era sposato civilmente, per asserita violazione dell'obbligo di buona fede e lealtà nei confronti del

---

[80] Nello stesso senso, recentemente, CGE 15.7.2021, C-804/18 e C-341/19, che ha tuttavia affermato che «un divieto che si limiti all'uso di segni di convinzioni politiche, filosofiche o religiose vistosi e di grandi dimensioni è tale da costituire una discriminazione diretta fondata sulla religione o sulle convinzioni personali, che non può in ogni caso essere giustificata sulla base di tale medesima disposizione», e che «le disposizioni nazionali che tutelano la libertà di religione possono essere prese in considerazione come disposizioni più favorevoli, ai sensi dell'articolo 8, paragrafo 1, di tale direttiva, nell'ambito dell'esame del carattere appropriato di una differenza di trattamento indirettamente fondata sulla religione o sulle convinzioni personali».

suo datore di lavoro (società di capitale, senza fini di lucro, che gestisce ospedali per conto della Caritas), come previsto dal diritto tedesco. Vero è – rileva la Corte – che il c. 2 dell'art. 4 della Direttiva 2000/78 prevede che le organizzazioni la cui etica è fondata sulla religione possano esigere dai loro dipendenti un atteggiamento di buona fede e lealtà, ma a condizione che siano rispettate le altre condizioni poste dalla stessa direttiva: spetterà dunque al giudice nazionale verificare «l'esistenza oggettivamente verificabile di un nesso diretto tra il requisito per lo svolgimento dell'attività lavorativa e l'attività in questione». Secondo la Corte, peraltro, l'adesione alla concezione sacrale e indissolubile del matrimonio «non appare necessaria per l'affermazione dell'etica» del datore di lavoro, «tenuto conto delle attività professionali svolte» dal lavoratore, «cioè la prestazione in ambito ospedaliero, di consulenze e cure mediche nonché la gestione del reparto di medicina interna, di cui era primario». "Traducendo" nel linguaggio dei giudici e della dottrina italiana, il licenziamento è discriminatorio perché il dipendente svolgeva mansioni "neutre" e non invece "di tendenza".

Il divieto di discriminazione correlata a "religione e convinzioni personali" ha assunto un ruolo nuovo e specifico negli ultimi anni in Italia.

Dibattuto in dottrina era il significato dell'espressione «convinzioni personali», che nella Direttiva 2000/78, così come nel d.lgs. n. 216/2003, sono considerate insieme alla «religione». In particolare, il dubbio concerneva la possibilità (o doverosità) di considerare soggette al d.lgs. n. 216/2003 le discriminazioni per ragioni ideologiche, politiche e sindacali. Dell'argomento ci siamo già occupati (*retro*, PT. II, Sez. II, § 5.1). Ricordiamo qui che un chiarimento definitivo e risolutivo è stato offerto dalla importante decisione della Cassazione (n. 1/2020) che, richiamando le basi giuridiche e le previsioni della Direttiva 2000/78, coerenti con l'art. 21 della CDFUE, ha ritenuto corretto includere nel campo di applicazione del d.lgs. n. 216/2003 la discriminazione per "credo ideologico" (così, *incidenter tantum*, già Cass. n. 3821/2011)[81]. Come subito vedremo, questa inclusione del fattore ideologico sindacale nell'ambito del diritto antidiscriminatorio ha avuto e ha conseguenze anche sul piano delle tecniche di contrasto delle discriminazioni sindacali, a partire dall'alleggerimento dell'onere probatorio per il soggetto che lamenta la discriminazione, spostando sul convenuto il rischio della mancata controprova della insussistenza del nesso di causalità tra la disparità di trattamento ed il fattore di discriminazione.

4.2. *Gli strumenti per il contrasto della discriminazione*

Per rendere effettivo il diritto a non essere discriminati sulla base di una delle caratteristiche identitarie (diverse dal genere) di cui abbiamo detto, l'ordinamento prevede, anche in attuazione di specifiche prescrizioni del diritto UE, una serie di inter-

---

[81] Afferma la Corte «se il legislatore comunitario avesse voluto comprendere nelle convinzioni personali solo quelle assimilabili al carattere religioso, non avrebbe avuto alcun bisogno di differenziare le ipotesi di discriminazione per motivi religiosi da quelle per convinzioni per motivi diversi». Conseguentemente, «nell'ambito della categoria generale delle convinzioni personali, caratterizzata dalla eterogeneità delle ipotesi di discriminazione ideologica estesa alla sfera dei rapporti sociali, può essere ricompresa anche la discriminazione per motivi sindacali, con il conseguente divieto di atti o comportamenti idonei a realizzare una diversità di trattamento o un pregiudizio in ragione dell'affiliazione o della partecipazione del lavoratore ad attività sindacali».

venti volti appunto a reprimere le discriminazioni, nonché a prevenire ulteriori discriminazioni.

In primo luogo occorre ricordare che, in forza dell'art. 15 St. lav, gli atti discriminatori sono comunque *nulli.* Per completare e rafforzare la protezione contro le discriminazioni, poi, l'ordinamento (dd.llgs. nn. 215 e 216) garantisce la protezione delle vittime di discriminazione, ed in particolare prevede che la tutela giudiziale (*infra*) si applichi anche «nei casi di comportamenti, trattamenti o altre conseguenze pregiudizievoli posti in essere o determinate, nei confronti della persona lesa da una discriminazione diretta o indiretta o di qualunque altra persona, quale reazione ad una qualsiasi attività diretta ad ottenere la parità di trattamento» [82]. La protezione, dunque, si estende al di là della *vittimizzazione*, sino a ricomprendere, per esempio, chi abbia testimoniato in un'azione in giudizio che attenga ad una (asserita) violazione della parità di trattamento.

Il classico problema che si pone in caso di azioni in giudizio volte a perseguire una discriminazione riguarda l'onere probatorio, sia per quanto riguarda la sua ripartizione, sia per quanto riguarda il suo contenuto, o più propriamente le modalità con le quali tale onere possa essere assolto dalla parte attrice (es. il lavoratore che si rivolge al giudice lamentando di aver subito una discriminazione basata sul suo orientamento sessuale).

Come abbiamo già visto per il fattore genere, anche per gli altri fattori, seppure tardivamente (con successivi interventi di modifica ai decreti del 2003 più volte richiamati), è stata finalmente introdotta una *parziale inversione dell'onere della prova*, che può agevolarne l'assolvimento da parte della (presunta) vittima. La previsione contenuta nel d.lgs. n. 215/2003 (razza e origine etnica) riprendeva sostanzialmente quanto previsto per le azioni in giudizio in materia di discriminazione di genere, compresa l'espressa possibilità di avvalersi di «dati di carattere statistico» [83]. La tutela giurisdizionale [84] seguiva la strada già imboccata dalla disciplina del T.U. in materia di immigrazione, espressamente richiamata dal d.lgs. n. 215/2003 (art. 4). La disciplina applicabile, dunque, risultava quella contenuta nell'art. 44, d.lgs. n. 286/1998 (azione civile contro la discriminazione) e ricalcava in larga misura quanto previsto per la repressione delle discriminazioni di genere.

Irrazionalmente, invece, la parallela previsione per le azioni in giudizio che vertano sulla repressione di discriminazioni "altre" (d.lgs. n. 216/2003) non contemplava l'e-

---

[82] Art. 4-*bis*, d.lgs. n. 215/2003 e art. 4-*bis*, d.lgs. n. 216/2003, introdotti dal d.l. n. 59/2008, convertito in l. n. 101/2008.

[83] «Quando il ricorrente fornisce elementi di fatto, desunti anche da dati di carattere statistico, idonei a fondare, in termini precisi e concordanti, la presunzione dell'esistenza di atti, patti o comportamenti discriminatori, spetta al convenuto l'onere di provare l'insussistenza della discriminazione».

[84] L'importanza dell'accesso ad un «organo giurisdizionale» – e non soltanto ad altri organismi specializzati ma non giurisdizionali – è dimostrata dalla incompetenza della Corte di Giustizia a pronunciarsi sul rinvio operato da un organismo non giurisdizionale (bulgaro) a proposito di una potenziale discriminazione per origini etniche (nell'accesso a servizi pubblici) di cittadini Rom (CGE 31.1.2013, C-394/11). Le azioni in giudizio per le discriminazioni collettive, diverse dalla discriminazione di genere, sono espressamente richiamate e regolate dall'art. 28, d.lgs. n. 150/2011; *retro*, nt. 55.

spressa previsione della c.d. prova statistica, e addirittura richiedeva che gli elementi di fatto forniti dal ricorrente consentano di fondare la presunzione di discriminazione in termini non solo precisi e concordanti, ma anche «gravi» [85]: in questo modo veniva meno il senso e la portata dell'agevolazione probatoria, priva di significative differenze rispetto ad una qualunque presunzione relativa (art. 2729 c.c.) [86].

Il legislatore è finalmente intervenuto modificando e unificando il regime di azione in giudizio ora regolato dai novellati paralleli artt. 4 dei due decreti legislativi (nn. 215 e 216 del 2003) [87]. Dall'entrata in vigore dell'art. 28 del d.lgs. n. 150/2011 le controversie in materia di discriminazione (escluse quelle in base al genere) sono regolate dal rito sommario di cognizione; è competente il tribunale del luogo in cui il ricorrente ha il domicilio, che nel giudizio di primo grado può stare in giudizio personalmente. Il c. 4, per quanto più rileva, prevede che «quando il ricorrente fornisce elementi di fatto, desunti anche da dati di carattere statistico, dai quali si può presumere l'esistenza di atti, patti o comportamenti discriminatori, spetta al convenuto l'onere di provare l'insussistenza della discriminazione. I dati di carattere statistico possono essere relativi anche alle assunzioni, ai regimi contributivi, all'assegnazione delle mansioni e qualifiche, ai trasferimenti, alla progressione in carriera e ai licenziamenti dell'azienda interessata». Per quanto concerne l'effettività del nuovo e unitario sistema rimediale, «con l'ordinanza che definisce il giudizio il giudice può condannare il convenuto al risarcimento del danno anche non patrimoniale e ordinare la cessazione del comportamento, della condotta o dell'atto discriminatorio pregiudizievole, adottando, anche nei confronti della pubblica amministrazione, ogni altro provvedimento idoneo a rimuoverne gli effetti». Non solo: «al fine di impedire la ripetizione della discriminazione», il giudice può altresì ordinare di adottare, entro il termine fis-

---

[85] «Quando il ricorrente fornisce elementi di fatto idonei a fondare, in termini gravi, precisi e concordanti, la presunzione dell'esistenza di atti, patti o comportamenti discriminatori, spetta al' convenuto l'onere di provare l'insussistenza della discriminazione».

[86] La CGE (19.4.2012, C-415/10) ha ribadito che «incombe a colui che si ritenga leso dal mancato rispetto del principio di parità di trattamento dimostrare, in un primo momento, i fatti che consentano di presumere l'esistenza di una discriminazione diretta o indiretta. Solamente nel caso in cui questi abbia provato tali fatti, spetterà poi al convenuto, in un secondo momento, dimostrare che non vi sia stata violazione del principio di non discriminazione». Nel caso specifico (asserita discriminazione plurifattoriale: sesso, età, origine etnica) la Corte ha affermato che né la Direttiva 2006/54, né la Direttiva 2000/78 CE, né la Direttiva 2000/43, «prevedono il diritto, in favore del lavoratore che affermi, in maniera plausibile, di soddisfare i requisiti contenuti in un annuncio di assunzione e la cui candidatura non sia stata accolta, di accedere alle informazioni che precisano se il datore di lavoro, a seguito della procedura di assunzione, abbia assunto un altro candidato», ma che «non può tuttavia escludersi che il diniego di fornire qualunque accesso alle informazioni da parte di un convenuto possa costituire uno degli elementi da prendere in considerazione nell'ambito dell'accertamento dei fatti che consentono di presumere la sussistenza di una discriminazione diretta o indiretta». Resta comunque fermo che «spetta al giudice del rinvio, valutando tutte le circostanze della controversia di cui è investito, verificare se tale sia il caso che ricorre nella causa principale».

[87] Il legislatore ha espressamente previsto l'applicazione del procedimento *ex* art. 28, d.lgs. n. 150/2011, per la tutela giudiziaria delle persone con disabilità vittime di discriminazioni (modificando l'art. 4 della l. n. 67/2003) anche al di fuori delle discriminazioni nell'accesso al lavoro o sul lavoro.

sato nel provvedimento, un piano di rimozione delle discriminazioni accertate; nei casi di comportamento discriminatorio di carattere collettivo, il piano è adottato sentito l'ente collettivo ricorrente». Inoltre, il giudice può ordinare la pubblicazione del provvedimento, per una sola volta e a spese del convenuto, su un quotidiano di tiratura nazionale.

Non si può non apprezzare la semplificazione delle plurime e dispersive azioni in giudizio precedentemente previste in relazione ai diversi fattori di discriminazione. E l'inclusione del fattore ideologico, autonomo e distinto rispetto alla religione, ha aperto la strada, negli ultimi anni, ad interventi significativi in materia. Basti qui richiamare la decisione della Cassazione (n. 20819/2021) che ha dato piena attuazione a quanto già sancito nella sua precedente decisione (v. *retro*) del 2020, ribadendo che l'esercizio della libertà sindacale (nella specie negato dal datore di lavoro Ryanair) rientra pienamente nell'ideologia protetta dal diritto antidiscriminatorio. Nell'occasione, la Corte ha ricordato la legittimità dell'azione in giudizio, da parte di enti esponenziali del diritto leso, anche quando non siano individuabili in modo diretto e immediato le vittime della discriminazione, come espressamente prevede l'art. 5, c. 2. del d.lgs. n. 216/2033 in caso di discriminazione collettiva [88]. Legittimati ad agire – in forza di delega, in nome e per conto o a sostegno della persona lesa (e dei suoi familiari), autonomamente in caso di discriminazioni collettive – sono «le organizzazioni sindacali, le associazioni e le organizzazioni rappresentative del diritto o dell'interesse leso» [89].

Diversa è invece la disciplina della legittimazione ad agire in caso di discriminazione razziale (individuale o collettiva), poiché il novero dei soggetti è ristretto e specifico, limitato alle associazioni e agli enti «inseriti in un apposito elenco approvato con decreto del Ministro del lavoro e delle politiche sociali e del Ministro per le pari opportunità ed individuati sulla base delle finalità programmatiche e della continuità dell'azione» (art. 5, d.lgs. n. 215/2003). Peraltro, per le discriminazioni fondate su razza e origine etnica il legislatore aveva già creato un organismo *ad hoc* (Ufficio per il contrasto delle discriminazioni: UNAR), che, tra gli altri compiti, ha anche quello di fornire assistenza alle persone che agiscono in giudizio [90].

---

[88] Da qui la possibile strategia delle organizzazioni sindacali, di "scegliere", in caso di condotta antisindacale, il ricorso al tradizionale art. 28 Statuto dei lavoratori o all'art. 28, d.lgs. n. 150/2011, via spesso prescelta negli ultimi anni v. PT. II, Sez. II, § 6.

[89] Nel caso Taormina (v. *retro*), è stato (correttamente) escluso che le associazioni debbano essere necessariamente costituite da persone che presentino il fattore sulla cui base si è realizzata la discriminazione (orientamento sessuale, ricordiamo).

[90] Sulla base delle indicazioni della Direttiva 2000/43 (art. 13), è stato infatti istituito, presso la Presidenza del Consiglio, Dipartimento per le pari opportunità, l'Ufficio per il contrasto delle discriminazioni (UNAR), «con funzioni di controllo e garanzia della parità di trattamento e dell'operatività degli strumenti di tutela, avente il compito di svolgere, in modo autonomo e imparziale, attività di promozione della parità e di rimozione di qualsiasi forma di discriminazione fondata sulla razza o sull'origine etnica, anche in un'ottica che tenga conto del diverso impatto che le stesse discriminazioni possono avere su donne e uomini, nonché dell'esistenza di forme di razzismo a carattere culturale e religioso» (art. 7, d.lgs. n. 215/92003). Sul sito *www.unar.it* sono reperibili molte informazioni sull'attività svolta in questi anni dall'Ufficio, il cui ambito di intervento si è esteso ad

Gli enti esponenziali e gli organismi competenti sono molteplici: il rischio di frammentazione degli interventi di prevenzione e repressione delle discriminazioni è concreto, soprattutto quando ci si trovi a combattere contro le c.d. discriminazioni multiple o plurifattoriali (es. lavoratrice anziana). Solo la collaborazione tra organismi diversi può controbilanciare e ridurre quel rischio: collaborazione necessaria ma non sempre agevole né spesso praticata.

ogni forma di discriminazione fondata su tutti i fattori ad oggi considerati dal legislatore (da ultimo, come abbiamo detto, la nazionalità).

Capitolo II

MATERNITÀ, PATERNITÀ, CONCILIAZIONE TRA VITA PROFESSIONALE E VITA FAMILIARE

SOMMARIO: 1. Tutela della maternità e divieto di discriminazione. – 2. La tutela delle lavoratrici madri. *A*) Congedo di maternità. *B*) Divieto di licenziamento. *C*) Salute e sicurezza. *D*) Divieto di lavoro notturno. – 3. Maternità, paternità, genitorialità: la disciplina dei permessi e dei congedi. *A*) Riposi (o permessi) giornalieri e congedi per la malattia del figlio. *B*) Congedi di paternità (obbligatorio e alternativo). – 4. Conciliazione tra vita professionale e vita familiare: il congedo parentale.

1. *Tutela della maternità e divieto di discriminazione*

Nel diritto della Repubblica italiana, la tutela della maternità delle lavoratrici ha fatto il proprio ingresso con l'art. 37, c. 1, Cost., nella parte in cui prevede: «Le condizioni di lavoro devono consentire l'adempimento della sua essenziale funzione familiare e assicurare alla madre e al bambino una speciale, adeguata protezione» [1].

La strada dell'attuazione dell'art. 37 Cost. è stata lunga e non priva di difficoltà. Qui possiamo ricordare che al rafforzamento della tutela delle lavoratrici madri (prima la l. n. 860/1950, poi specialmente la l. n. 1204/1971), si è accompagnata, progressivamente, e grazie all'intervento riformatore svolto dalla Corte costituzionale, l'estensione dei diritti della madre al padre, nella direzione della redistribuzione, secondo eguaglianza, del ruolo familiare dei genitori. Il processo (il cui primo passo, sul piano legislativo, è stato segnato dalla l. n. 903/1977, di cui abbiamo parlato nel capitolo precedente) è culminato nella emanazione della l. n. 53/2000 (nella parte relativa alle

---

[1] L'intervento sulla maternità fu molto intenso durante il periodo fascista, ma solo con l'emanazione del R.d.l. n. 654/1934, convertito nella l. n. 1347/1934 e del regolamento di attuazione (R.d. n. 2237/1938) si pose rimedio alla disorganicità della normativa precedente, costruendo un regime di tutela che era destinato a durare nel tempo. La tutela delle lavoratrici madri risultava notevolmente arricchita: era esteso il periodo di astensione obbligatoria, erano vietati i lavori pesanti e nocivi, erano garantiti i riposi intermedi per allattamento. Un passo decisivo nella direzione dell'unificazione della disciplina giuridica della maternità per le operaie e per le impiegate venne compiuto estendendo alle operaie il divieto di licenziamento, che vigeva per le sole impiegate (art. 6, c. 8, R.d.l. n. 1825/1924), nel periodo intercorrente dal momento della presentazione del certificato attestante lo stato di gravidanza fino alla cessazione del periodo di astensione obbligatoria *post partum*. Alle lavoratrici madri era inoltre erogato dalla Cassa nazionale di maternità un sussidio calcolato in cifra fissa e condizionato ad un minimo di anzianità contributiva.

disposizioni per il sostegno della maternità e della paternità) e del d.lgs. n. 151/2001 (Testo unico delle disposizioni legislative in materia di tutela e sostegno della maternità e paternità, emanato in base alla delega contenuta nell'art. 15 della l. n. 53/2000). Il T.U. del 2001 (d'ora in avanti T.U.) ha subito negli ultimi anni molte modifiche, prima ad opera del d.lgs. n. 119/2011, che ha riordinato la disciplina dei congedi, permessi e aspettative, successivamente della l. n. 92/2012, art. 2, cc. 24, 25 e 26; ulteriori modifiche sono state apportate dal d.lgs. n. 80/2015, emanato in attuazione della legge-delega n. 183/2014 (c.d. *Jobs Act*), art. 1, cc. 8 e 9[2], dalla l. n. 145/2018 (legge di bilancio 2019), art. 1, cc. 278, 485 e, da ultimo dal d.lgs. n. 105/2022, attuazione della Direttiva UE 2019/1158 relativa all'equilibrio tra attività professionale e vita familiare. Ulteriori modifiche potrebbero in futuro derivare dall'attuazione della legge-delega n. 32/2022, che contiene molte previsioni che vanno a sovrapporsi a quelle del d.lgs. n. 105/2022.

Malgrado l'estensione al padre (ma è più corretto dire all'altro genitore)[3] di una serie di diritti in origine propri della sola madre, che esamineremo oltre, la tutela della maternità (biologica e non) delle lavoratrici (comprese le lavoratrici autonome e libere professioniste) ha conservato a lungo una sua autonomia rispetto alla legislazione sulla parità di trattamento tra lavoratori e lavoratrici. Fino ad epoca recente, il diritto interno (nel quale la maternità gode di una elevata protezione specifica) non aveva imboccato con sicurezza la strada della riconduzione esplicita della maternità nell'ambito della tutela antidiscriminatoria per ragioni di genere.

Il diritto dell'UE, invece, ha scelto più di venti anni fa la strada della riconduzione della maternità al genere, inserendola nella tutela antidiscriminatoria[4]. Motore di questo percorso è stata la Corte di Giustizia. Si deve alla Corte l'argomento sul quale si è basata la considerazione della maternità come fattore di discriminazione[5]: poiché

---

[2] D.lgs. 15.6.2015, n. 80, Misure per la conciliazione delle esigenze di cura, di vita e di lavoro, in attuazione dell'art. 1, cc. 8 e 9 della legge-delega 10.10.2014, n. 183.

[3] L'estensione riguarda infatti anche le coppie formate da persone dello stesso sesso che abbiano acquisito lo stato di genitore mediante il riconoscimento del minore da parte di entrambe: cfr. in proposito le interessanti decisioni App. Milano 17.3.2021 e Trib. Milano 12.11.2020 sul diritto di entrambi i genitori dello stesso sesso di usufruire del diritto al congedo parentale e del congedo per malattia del figlio alle stesse condizioni previste dalla legge per i genitori di diverso sesso; illegittimo il rifiuto opposto dal datore di lavoro, essendogli precluso il sindacato sullo stato genitoriale della/del dipendente.

[4] La coesistenza tra principio di parità e protezione della maternità non è, secondo il "legislatore comunitario", in linea di principio contraddittoria; una rigorosa concezione dell'eguaglianza formale tra uomini e donne lo ha tuttavia portato a ridurre lo spazio della protezione assicurata alle lavoratrici madri, circoscrivendo la tutela antidiscriminatoria in un limitato arco di tempo, e dedicando così poco spazio alla considerazione (e al bisogno di protezione) del rapporto tra la madre e il bambino. In passato, la CGE, e la stessa Direttiva 92/85 sulla salute e sicurezza delle lavoratrici madri, pur ribadendo la necessità di assicurare loro una particolare tutela, avevano delimitato l'ambito della tutela entro un confine, al di là del quale era sottinteso che potesse riemergere la contraddizione con il principio della parità di trattamento. Un'ottica egualitaria formalistica ha segnato il percorso del diritto comunitario, portandolo all'approdo segnalato sopra.

[5] L'orientamento della CGE risale alla sentenza 8.11.1990, C-177-88, *Dekker*, in un caso di rifiuto di assunzione di una lavoratrice incinta. Nella giurisprudenza successiva la Corte ha ribadito che

il motivo di gravidanza può essere opposto solo alle donne – ha affermato la Corte – il trattamento meno favorevole riservato alla donna a causa del suo stato di gravidanza rappresenta una discriminazione *diretta* in ragione del sesso. In altri termini: la maternità è un diritto fondamentale delle donne e la sua violazione costituisce violazione del principio di eguaglianza. La causa di maternità come fattore di illecita discriminazione diretta delle donne esprime allora la presa in conto di una specificità femminile, ma anche la presunzione (assoluta) di una "situazione" di particolare svantaggio, della quale, essendo presunta, non si richiede di dare dimostrazione. Del resto le donne (tutte le donne in età feconda, sposate o nubili), rimanendo incinte, sono portatrici di un fattore di discriminazione che gli anglosassoni definiscono "*gender plus*": per dire che la gravidanza è una aggravante dell'essere donna, che già in sé è un potenziale (e nei fatti verificato) fattore di discriminazione.

Nel nostro diritto interno la esplicita considerazione della maternità come fattore di discriminazione è avvenuta anzitutto mediante la riformulazione dell'art. 3 T.U. (ad opera del d.lgs. n. 5/2010, attuazione della Direttiva CE 2006/54 *Refusion*), intitolato *divieto di discriminazione*[6]. Nella nuova formulazione dell'art. 25, c. 2-*bis*, d.lgs. n. 198/2006 (Codice delle pari opportunità) (*retro*, Cap. I, § 3), costituiscono fattori di discriminazione: lo stato di gravidanza, di maternità o paternità, anche adottive, ovvero la titolarità e l'esercizio dei relativi diritti; la maternità (biologica e non) è dunque entrata senz'altro tra i fattori di discriminazione[7]: non da sola, ma in buona compagnia. Dalla maternità, come fattore di discriminazione di genere, il divieto di discriminazione si estende alla paternità, o meglio allo stato genitoriale: fattore non di genere, ma di *ruolo*, collegato cioè ad una condizione personale meritevole di particolare attenzione proprio nell'ottica della condivisione delle responsabilità familiari.

---

la maternità costituisce fattore di discriminazione diretta delle donne per ragioni di sesso. V. da ultimo CGE 20.6.2019, C-404/18, *Hakelbracht e al.*: il fatto di non assumere una candidata perché è incinta – afferma la Corte – deve essere considerato un trattamento meno favorevole di una donna legato alla gravidanza, il quale costituisce, conformemente all'art. 2, § 2, lett. *c*), della Direttiva 2006/54, una discriminazione diretta fondata sul sesso, come sottolinea, inoltre, il Considerando 23 di tale direttiva.

[6] Il testo è il seguente: «È vietata qualsiasi discriminazione per ragioni connesse al sesso, secondo quanto previsto dal d.lgs. 11.4.2006, n. 198, con particolare riguardo ad ogni trattamento meno favorevole in ragione dello stato di gravidanza, nonché di maternità o paternità, anche adottive, ovvero in ragione della titolarità e dell'esercizio dei relativi diritti». Indicazioni in questo senso potevano tuttavia già essere tratte dal d.lgs. n. 151/2001 (d'ora in avanti T.U.), dove l'art. 3 (intitolato "Divieto di discriminazione") riportava le disposizioni degli artt. 1, 2 e 3 della l. n. 903/1977 (discriminazione diretta e indiretta nell'accesso al lavoro, nella formazione e nell'orientamento, nella retribuzione, nell'inquadramento professionale, nella progressione di carriera).

[7] Di ciò è consapevole anche la Cassazione (n. 5476/2021), che ha giudicato discriminatorio il comportamento del datore di lavoro che non proroga il contratto a termine alla lavoratrice in stato di gravidanza, prorogato invece a tutti i suoi colleghi. La S.C. sottolinea che, trattandosi di discriminazione, il regime probatorio "agevolato" fa gravare sul datore di lavoro l'onere della prova dell'insussistenza della discriminazione presunta a causa dello stato di gravidanza della lavoratrice che ha subito un trattamento meno favorevole di quello di altri lavoratori in analoga posizione professionale. Cfr. anche Trib. Roma 25.3.2022, sulla discriminazione indiretta (basata su dati statistici) delle candidate gestanti, nessuna delle quali era stata assunta.

2. *La tutela delle lavoratrici madri*

Il T.U. (d.lgs. n. 151/2001 e successive modifiche) articola in una serie di istituti i capisaldi della tutela psico-fisica delle lavoratrici madri.

Occorre preliminarmente sottolineare che le misure di tutela sono estese anche alla madre affidataria e adottiva; inoltre, come vedremo, alcuni dei diritti in origine propri solo della madre sono stati estesi anche al padre, che può esercitarli in proprio o in alternativa alla madre; altri diritti sono oggi attribuiti ad entrambi i genitori, biologici, ovvero adottivi o affidatari. La legge parla sempre di "padre" ma noi possiamo interpretare questo termine come se si riferisse all'altro genitore, senza specificazione di genere; tuttavia, poiché la legge dice "padre", diremo così anche noi.

Ricapitoleremo anzitutto gli istituti specificamente diretti alla tutela della maternità delle lavoratrici.

A) Congedo di maternità

Ha cambiato nome (si chiamava "astensione obbligatoria"), ma si tratta dell'istituto più vecchio e tradizionale della tutela della maternità delle lavoratrici: il che ovviamente non significa che non sia ancora oggi un istituto di cruciale importanza, presente (pur nella diversità della sua durata) in tutte le legislazioni europee, e previsto anche dalla Direttiva CE 92/85 [8].

Secondo la disciplina vigente (art. 16 T.U., come modificato dal d.lgs. n. 80/2015), è vietato adibire al lavoro le donne durante i 2 mesi precedenti la data presunta del parto e durante i 3 mesi dopo il parto [9]. Una maggiore considerazione delle esigenze specifiche e dei desideri delle singole lavoratrici ha indotto il legislatore a prevedere la facoltà di optare per una diversa articolazione del congedo (astensione dal lavoro a partire dal mese precedente la data presunta del parto e nei 4 mesi successivi al parto), sempre che, a giudizio del medico competente, tale opzione non arrechi pregiudizio alla salute della gestante e del nascituro (art. 20 T.U.) [10]. Suscita invece perplessità, tenuto conto dei delicati equilibri psico-fisici nell'ultimo mese di gravidanza, la disposizione (art. 1, c. 485, l. n. 145/2018) [11], che consente alla lavoratrice, previo parere favorevole del medico competente, di astenersi dal lavoro *solo dopo* il parto, e per i 5 mesi successivi. Senz'altro opportuna invece la disposizione (introdotta dal d.lgs. n. 80/2015, art. 16-*bis* del T.U.) che consente alla lavoratrice, in caso di ricovero del neonato in una struttura sanitaria pubblica o privata, di chiedere la sospensio-

---

[8] La riforma di questa direttiva, pure attesa da anni, è stata archiviata nel 2015, a seguito del ritiro della proposta da parte della Commissione europea.

[9] Qualora il parto avvenga in data anticipata rispetto a quella presunta, i giorni di congedo non goduti si aggiungono al periodo di congedo di maternità dopo il parto. Nel caso di interruzione spontanea o terapeutica della gravidanza successiva al 180° giorno dall'inizio della gestazione, nonché in caso di decesso del bambino alla nascita o durante il congedo di maternità, le lavoratrici hanno la facoltà (non l'obbligo) di riprendere in qualunque momento l'attività lavorativa, dando preavviso (dieci giorni) al datore di lavoro, e sempre che il medico competente attesti che ciò non arreca pregiudizio alla salute della lavoratrice.

[10] L'interruzione della gravidanza, spontanea o volontaria, nei casi previsti dagli artt. 4, 5 e 6 della l. 22.5.1978, n. 194, è considerata a tutti gli effetti come *malattia* (art. 19 T.U.).

[11] Nuovo art. 16, d.lgs. n. 151/2001, c. 1.1.

ne del periodo *post partum* del congedo di maternità e di godere del congedo, in tutto o in parte, dalla data di dimissione del bambino dalla struttura [12].

Il divieto legale di adibizione delle donne al lavoro opera automaticamente, in connessione con lo stato di gravidanza: la lavoratrice è tuttavia tenuta (art. 21 T.U.) a consegnare al datore di lavoro, ed inviare all'INPS (in via telematica direttamente dal medico del Servizio sanitario nazionale), che eroga l'indennità giornaliera di maternità, il certificato medico indicante la data presunta del parto; la data indicata nel certificato «fa stato, nonostante qualsiasi errore di previsione» [13]. Il congedo di maternità può essere anticipato a 3 mesi prima del parto, quando la donna svolge lavori (determinati con propri decreti dal Ministro del lavoro e delle politiche sociali, sentite le organizzazioni sindacali nazionali maggiormente rappresentative) gravosi o pregiudizievoli all'avanzato stato di gestazione (art. 17 T.U.) [14]; l'anticipazione è disposta dal servizio ispettivo del Ministero del lavoro competente per territorio; può essere altresì disposta (dall'ITL in relazione alle condizioni ambientali o all'indisponibilità di mansioni adeguate, o dalla ASL in caso di gravi complicanze della gravidanza) l'interdizione dal lavoro fino al periodo di astensione obbligatoria, e per una durata variabile.

Il congedo di maternità (per un periodo massimo di cinque mesi) spetta alla lavoratrice anche in caso di adozione di un minore, e deve essere fruito durante i primi cinque mesi successivi all'effettivo ingresso del minore nella famiglia della lavoratrice; in caso di affidamento, il congedo ha una durata massima di tre mesi (art. 26 T.U., come modificato dal d.lgs. n. 80/2015) [15].

Durante il congedo di maternità la lavoratrice subordinata [16] gode di una indennità

---

[12] Il legislatore ha così recepito quanto stabilito da Corte cost., sentenza n. 116/2011, che in caso di *parto prematuro* ha riconosciuto alla lavoratrice il diritto di usufruire dei tre mesi del congedo *post-partum*, o della parte residua di esso, a partire dal momento dell'ingresso del bambino nella casa familiare. L'ottica della Corte è, ancora una volta, quella della tutela del rapporto madre-figlio, nell'interesse oltre che della madre, del minore: la durata della permanenza del prematuro nell'incubatrice non è predeterminabile, e le esigenze della cura materna diventano impellenti al momento della dimissione del bambino dalla struttura sanitaria.

[13] Benché sia evidente l'intento di evitare che l'errore possa produrre un danno alla lavoratrice, il caso di errore non ha in realtà alcuna influenza sulla durata dell'astensione obbligatoria, la quale decorre, nella fase antecedente il parto, dalla data presunta (anche se erroneamente individuata), e per la fase successiva, dalla data effettiva, essendo in ogni caso coperto il lasso di tempo intercorrente tra la data presunta e quella effettiva del parto.

[14] Nella legge italiana il congedo è notevolmente più lungo di quello previsto dalla Direttiva CE 92/85 (14 settimane).

[15] Alle lavoratrici madri adottive o affidatarie si applica anche l'art. 16-*bis* del T.U. Per l'adozione internazionale (che come è noto è attualmente diffusa in Italia più di quella nazionale), la lavoratrice ha anche diritto ad un congedo di durata corrispondente al periodo di permanenza nello Stato straniero richiesto per l'adozione e l'affidamento. Il congedo non comporta indennità né retribuzione.

[16] Il trattamento indennitario per lo stesso periodo (cinque mesi) è previsto per le collaboratrici coordinate e continuative: art. 64 T.U., come riformulato dalla Corte cost., sentenza n. 257/2012. La l. 22.5.2017, n. 81 (art. 3, c. 1), ha disposto la modifica dell'art. 64, c. 2, precisando che la tutela della maternità prevista dalla disposizione di cui al c. 16, quarto periodo, dell'art. 59, l. 27.12.1997, n.

giornaliera pari all'80% della retribuzione (a carico dell'INPS, anche se ordinariamente è anticipata dal datore di lavoro, salvo successivo conguaglio)[17]. Il diritto all'indennità è prolungato per tutto il periodo previsto, anche in caso di risoluzione del rapporto per una delle cause che rendono legittimo il licenziamento durante il periodo coperto dal divieto (art. 24, c. 1, T.U., come modificato dal d.lgs. n. 80/2015)[18]. Il periodo di congedo è computato ad ogni effetto nell'anzianità di servizio ed è equiparato all'attività lavorativa, a meno che la contrattazione collettiva non preveda, a determinati fini, l'effettiva presenza in servizio.

B) Divieto di licenziamento

Riformulando e aggiornando (specialmente alla luce delle sentenze della Corte costituzionale, cui faremo oltre riferimento) quanto sancito dalla l. n. 1204/1971, l'art. 54 T.U., stabilisce che il divieto di licenziamento opera dall'inizio del periodo di gravidanza fino al termine del periodo d'interdizione dal lavoro (periodo *post partum* del congedo di maternità) «nonché fino al compimento di un anno di età del bambino».

449, avviene nelle forme e con le modalità previste per il lavoro dipendente, «a prescindere, per quanto concerne l'indennità di maternità spettante per i due mesi antecedenti la data del parto e per i tre mesi successivi, dalla effettiva astensione dall'attività lavorativa».

[17] Il trattamento indennitario è precluso se la lavoratrice è assente dal lavoro per più di 60 giorni prima dell'inizio del periodo di astensione obbligatoria, ma sono numerose le ipotesi nelle quali i giorni di assenza non sono computati nei 60 giorni. La Corte cost. (sentenza n. 158/2018) ha dichiarato costituzionalmente illegittimo l'art. 24, c. 3, T.U., nella parte in cui non esclude dal computo dei 60 giorni il congedo straordinario (art. 42, c. 5, T.U.) di cui la lavoratrice abbia usufruito per assistere il coniuge affetto da grave handicap.

[18] Le *lavoratrici madri autonome* (coltivatrice diretta, mezzadra e colona, imprenditrice agricola a titolo principale, artigiana, esercente attività commerciale, pescatrice autonoma della piccola pesca marittima e delle acque interne) *e le libere professioniste* (artt. 66 ss. T.U.), sulle quali non grava l'obbligo di astenersi dal lavoro, hanno però diritto ad una *indennità* per i tre mesi successivi al parto: nel primo caso l'indennità è erogata dall'INPS; nel secondo caso dagli enti che gestiscono la previdenza dei liberi professionisti. Secondo quanto previsto dal d.lgs. n. 105/2022, il riconoscimento del trattamento di maternità (a carico dell'INPS o dell'ente di diritto privato) nei due mesi antecedenti la data del parto è limitato all'ipotesi di gravi complicanze della gravidanza o di persistenti forme morbose che si presume possano essere aggravate dallo stato di gravidanza; tali ipotesi sono verificate in base agli accertamenti medici di cui all'art. 17, c. 3, del T.U. del 2001 e successive modificazioni. Le lavoratrici madri affidatarie e adottive hanno diritto all'indennità per i tre mesi successivi all'ingresso del minore nella famiglia. Per quanto riguarda le libere professioniste, a seguito della sentenza della Corte cost. (n. 385/2005), che ha dichiarato l'illegittimità costituzionale degli artt. 70 e 72 del T.U. maternità e paternità, nella parte in cui non prevedevano che al padre spettasse il diritto di percepire, in alternativa alla madre, l'indennità di maternità, il d.lgs. n. 80/2015 (art. 66, c. 1-*bis*; art. 70, c. 3-*ter*, T.U.) ha stabilito che l'indennità che sarebbe spettata alla madre spetta al padre lavoratore autonomo in caso di morte, grave infermità della madre o di abbandono. Le indennità anzidette spettano alla lavoratrice (o in alternativa al lavoratore) autonomi o liberi professionisti anche in caso di adozione o affidamento, alle condizioni di cui all'art. 26 T.U., nel testo riformato, che ha cancellato la limitazione ai sei anni di età del bambino in caso di adozione nazionale, prevista dall'art. 72 del T.U., dichiarata incostituzionale da Corte cost. n. 205/2015, con la seguente motivazione: «Nel limitare la concessione di un beneficio, che tutela il preminente interesse del minore, la norma censurata si traduce, in ultima analisi, in una discriminazione pregiudizievole non solo per la madre libera professionista che imbocchi la strada dell'adozione nazionale, ma anche e soprattutto per il minore di nazionalità italiana, coinvolto in una procedura di adozione».

La violazione del divieto comporta la nullità del licenziamento: per spiegare quali ne siano le implicazioni e le conseguenze, occorre entrare nel merito della disciplina dei licenziamenti; ne rinviamo perciò la trattazione alla parte dedicata alla cessazione del rapporto di lavoro (PT. VIII); in quella sede faremo anche cenno alla disciplina delle dimissioni della lavoratrice madre durante il periodo coperto dal divieto.

C) *Salute e sicurezza*

In materia di salute e sicurezza della lavoratrice madre, la disciplina attualmente vigente (artt. 6 ss. T.U.) è ancora ispirata ad un sistema di protezione prevalentemente realizzato mediante la tecnica del divieto.

Dall'inizio della gravidanza e fino a sette mesi dopo il parto è vietato adibire le lavoratrici madri ai lavori pericolosi, faticosi e insalubri (secondo il minuzioso elenco contenuto nell'art. 5, d.P.R. n. 1026/1976), nonché al trasporto e sollevamento di pesi, compreso il carico e lo scarico ed ogni altra operazione connessa. Durante tale periodo, le donne addette a lavori vietati debbono essere adibite ad altre mansioni; le lavoratrici saranno adibite ad altre mansioni anche quando, pur non ricorrendo l'ipotesi anzidetta (lavori interdetti), le condizioni di lavoro o ambientali siano giudicate pregiudizievoli della salute dai servizi ispettivi del Ministero del lavoro [19]. La lavoratrice adibita temporaneamente a mansioni inferiori conserva il diritto alla retribuzione corrispondente alle mansioni precedentemente svolte, nonché la qualifica originale [20].

Come abbiamo già segnalato, quando la lavoratrice non possa essere spostata ad altre mansioni, l'ITL competente per territorio può disporre l'interdizione dal lavoro per tutto il periodo [21].

D) *Divieto di lavoro notturno*

L'art. 53 T.U. ribadisce il *divieto* del lavoro tra le 24 e le 6 dall'accertamento dello stato di gravidanza fino al compimento di un anno di età del bambino. Il divieto per le lavoratrici madri è stato confermato, negli stessi termini, dalla riforma della materia

---

[19] CGE 19.10.2017, C-531/151, *E.O.R.*, in *RIDL*, 2018, II, p. 111, nt. Coppola, considera direttamente discriminatoria per ragioni di sesso la mancata valutazione dei rischi connessi al posto di lavoro, conformemente alla Direttiva 92/85, per la lavoratrice in *periodo di allattamento*, applicando a questa situazione l'art. 19.1 della Direttiva 2006/54 (inversione dell'onere della prova).

[20] Il T.U. consentiva quanto l'art. 2103 c.c. allora vietava, vale a dire l'adibizione a mansioni inferiori rispetto a quelle abitualmente svolte. Si trattava di un'anomalia, la cui obiettiva giustificazione era subordinata alla temporaneità della retrocessione; l'anomalia non è più tale, dato che, nel testo attuale (dettato dall'art. 3, d.lgs. n. 81/2015), l'art. 2103 consente l'adibizione di tutti i lavoratori a mansioni inferiori (in caso di modifica degli assetti organizzativi aziendali, purché nell'ambito della stessa categoria legale, e con la salvaguardia del trattamento retributivo di base) (*infra*, PT. VI, Cap. I).

[21] La giurisprudenza ha affrontato il problema della legittimità dell'assunzione della gestante per lavori ai quali è vietato adibire le lavoratrici dall'inizio della gestazione fino a sette mesi dopo il parto. La Cassazione ha correttamente affermato che dalle disposizioni in materia di parità tra lavoratori e lavoratrici «si trae l'assoluta libertà di accesso al lavoro delle donne in stato di gravidanza»: Cass. n. 2244/2006. La soluzione adottata dalla S.C. è conforme all'orientamento espresso dalla CGE in ordine al carattere direttamente discriminatorio del rifiuto di assunzione della gestante (*retro,* nt. 5).

di cui all'art. 11, d.lgs. n. 66/2003 [22]. Se per le lavoratrici madri opera un divieto, il diritto a non svolgere lavoro notturno è invece garantito ad entrambi i genitori (in alternativa) di bambini di età inferiore ai tre anni, al genitore unico responsabile di un bambino di età inferiore ai dodici anni, alla lavoratrice o al lavoratore che abbia a proprio carico un soggetto disabile. L'art. 11 del d.lgs. n. 80/2015, modificando l'art. 53 del d.lgs. n. 151/2001, ha esteso ai genitori adottivi o affidatari di un minore il diritto a non essere obbligati a prestare lavoro notturno nei primi 3 anni dall'ingresso del minore in famiglia e, in ogni caso, non oltre il dodicesimo anno di età del minore (il regime sanzionatorio è lo stesso previsto per i genitori biologici) [23].

3. *Maternità, paternità, genitorialità: la disciplina dei permessi e dei congedi*

Alcuni istituti regolati dalla legge n. 1204/1971 gettavano già un ponte per il passaggio dalla mera tutela psico-fisica della madre, alla tutela del rapporto tra madre e figlio: questa prospettiva si è arricchita grazie alle leggi successive, e ad alcuni importanti interventi della Corte costituzionale, che hanno progressivamente inserito anche il padre all'interno di un rapporto familiare protetto [24]. Misure di tutela della

---

[22] La nuova formulazione del divieto da un lato allunga (rispetto a quanto previsto dalla l. n. 903/1977) il periodo protetto dopo la nascita del bambino, d'altro lato subordina però l'operatività del divieto all'*accertamento* della gravidanza. La Circolare ministeriale n. 8/2005 ha precisato che, ai fini dell'applicazione della sanzione prevista dall'art. 18-*bis*, c. 1, d.lgs. n. 66/2003 (arresto da 2 a 4 mesi ovvero ammenda da 516 a 2582 euro) per la violazione del divieto, è necessario che il datore di lavoro abbia "piena consapevolezza" dello stato della lavoratrice. Tale consapevolezza può essere acquisita dal datore di lavoro mediante comunicazione da parte della lavoratrice (che avrà tutto l'interesse a darla tempestivamente), ma anche con altri mezzi che portino a conoscenza del datore di lavoro la condizione della lavoratrice. Al di là dell'applicazione della sanzione penale, che presuppone appunto la consapevolezza del datore di lavoro, la lavoratrice madre adibita al lavoro nell'intervallo dalle 24 alle 6 potrà in ogni caso agire in via cautelare per la sospensione del provvedimento, nonché in via ordinaria per il risarcimento del danno subito.

[23] Anche in questa materia vi è una notevole diversità tra il diritto italiano e la Direttiva CE 92/85. La direttiva (art. 7) garantisce solo l'esenzione delle lavoratrici gestanti e puerpere dal lavoro notturno in caso di necessità attestata da certificato medico; risulta perciò abbandonata la tradizionale strada del divieto. La direttiva opta per il conferimento alla lavoratrice del *diritto* a non svolgere lavoro notturno: ma si tratta di un diritto di portata limitata, il cui esercizio potrebbe nei fatti risultare arduo. Peraltro, la strada del divieto di lavoro notturno deve essere apparsa non più percorribile, poiché tale divieto, come abbiamo ricordato sopra, era stato considerato discriminatorio, e perciò contrario alla Direttiva CE 76/207 sulla parità di trattamento, dalla CGE (4.12.1997, C-207/96, *Commissione delle Comunità europee c. Repubblica Italiana*).

[24] Per un'ampia riflessione sull'argomento cfr. Vallauri 2020. Per quanto riguarda la protezione economica del rapporto familiare, era stata sin qui affidata a *bonus* di vario tipo; ricordiamo che la legge di stabilità 2015 (l. n. 190/2014) aveva introdotto l'assegno di natalità, detto anche, *bonus bebè*, e successivamente il *bonus mamma* (premio alla nascita o all'adozione di minore dell'importo di 800 euro: art. 1, c. 353, l. n. 232/2016). La Cass. ord. n. 16164/2019, aveva sollevato la questione di legittimità costituzionale della disciplina dell'assegno di natalità per contrasto con gli artt. 20, 21, 24, 34 CDFUE, in quanto richiede solo ai cittadini extracomunitari il requisito di soggiornanti di lungo periodo. La Corte cost. aveva rinviato (con ricorso in via pregiudiziale) alla CGE, che ha de-

maternità delle lavoratrici sono attualmente estese al padre (o, possiamo aggiungere, altro genitore), che può usufruirne in alternativa alla madre e, talora, anche in proprio.

A) Riposi (o permessi) giornalieri e congedi per la malattia del figlio

I *riposi giornalieri* (attualmente disciplinati dagli artt. 39-41 T.U.), in origine previsti per la sola madre, costituiscono un diritto e non un obbligo della lavoratrice; appartengono dunque alla categoria delle astensioni facoltative. Tradizionalmente finalizzati all'allattamento, i riposi svolgono oggi la più ampia funzione di assicurare alla lavoratrice la possibilità di provvedere all'assistenza diretta del bambino: assistenza che ovviamente comprende, se del caso, l'allattamento naturale o artificiale. La funzione più ampia dei riposi ne spiega l'estensione alle madri adottive e affidatarie (entro il primo anno dall'ingresso del minore nella famiglia) e al padre in alternativa alla madre (quando la madre non voglia o non possa avvalersene), nonché al solo padre quando i figli siano affidati a lui solo, o quando la madre non sia una lavoratrice dipendente.

Il datore di lavoro deve consentire alla lavoratrice madre (o al padre lavoratore), durante il primo anno di vita del bambino, due periodi di riposo, anche cumulabili durante la giornata. Il riposo è uno solo quando l'orario giornaliero di lavoro è inferiore a sei ore. I riposi hanno la durata di un'ora ciascuno e sono considerati ore lavorative agli effetti della durata del lavoro e della retribuzione[25].

L'istituto dei *congedi (o permessi) per la malattia del figlio*, inserito per la prima volta nella l. n. 1204/1971, ha subito da allora profonde modifiche: nella disciplina attuale (artt. 47 ss. T.U.) i congedi spettano *alternativamente ad entrambi i genitori* (anche

---

ciso con sentenza 2.9.2021, C-350/20, *O.D. e altri*; la Corte cost. (sentenza n. 54/2022) si è uniformata, dichiarando l'illegittimità costituzionale delle disposizioni censurate, nella parte in cui escludono dal beneficio i cittadini extracomunitari non in possesso del permesso di soggiorno UE per soggiornanti di lungo periodo. Tutta questa normativa appare oggi superata dal d.lgs. n. 230/2021 (legge-delega n. 46/2021) che istituisce *l'assegno unico universale*, che sostituisce premio alla nascita, *bonus bebè*, Fondo prestiti ai genitori, assegni per il nucleo familiare, detrazioni fiscali sui figli a carico. L'assegno unico per ogni figlio a carico fino a 21 anni e senza limiti di età per i figli disabili, ha importi variabili (mai al di sotto dei 50 euro mensili) in ragione delle condizioni economiche e della numerosità del nucleo familiare; ne sono beneficiari i cittadini italiani e comunitari indipendentemente dalla condizione lavorativa; per i cittadini extracomunitari la formulazione tiene conto delle indicazioni fornite dalla CGE e dalla Corte cost. nelle sentenze citate, estendendo il diritto all'assegno ai titolari del permesso unico di lavoro o del permesso di soggiorno per motivi di ricerca. Non è assorbito dall'assegno unico il *bonus nido* di cui all'art. 1, c. 355, l. n. 232/2016, il cui importo è stato elevato fino al massimo di 3000 euro dalla legge finanziaria 2020 (l. n. 160/2020, art. 1, c. 343). Il PNRR interviene nella materia (Missione 4), con il *Piano asili nido*, che mira ad innalzare il tasso di presa in carico degli asili, il potenziamento dei servizi educativi dell'infanzia (3-6 anni) e l'estensione del tempo pieno a scuola, per fornire sostegno alle madri con figli piccoli e contribuire così all'occupazione femminile.

[25] I riposi giornalieri comportano il diritto della donna ad uscire dall'azienda. I periodi di riposo sono di mezz'ora ciascuno quando la lavoratrice fruisca dell'asilo nido o di altra struttura idonea, istituiti dal datore di lavoro nell'unità produttiva o nelle immediate vicinanze di essa. In caso di parto plurimo, i periodi di riposo sono raddoppiati e le ore aggiuntive rispetto a quelle previste dall'art. 39, c. 1, possono essere utilizzate anche dal padre. Gli artt. 42 ss. T.U. regolano i riposi e i permessi per i *figli con handicap grave*, e si applicano anche ai genitori adottivi o affidatari.

affidatari e adottivi), e spettano comunque al genitore richiedente anche quando l'altro genitore non ne abbia diritto. Entrambi i genitori, alternativamente, hanno diritto di astenersi dal lavoro per periodi corrispondenti alle malattie di ciascun figlio di età non superiore a 3 anni; inoltre ciascun genitore, alternativamente, ha altresì diritto di astenersi dal lavoro, nel limite di cinque giorni lavorativi all'anno, per le malattie di ogni figlio di età compresa fra i 3 e gli 8 anni[26]. I periodi di congedo per la malattia del figlio sono computati nell'anzianità di servizio, esclusi gli effetti relativi alle ferie e alla tredicesima mensilità (o gratifica natalizia).

B) *Congedi di paternità (obbligatorio e alternativo)*

Introdotto in via sperimentale per gli anni 2013-2015 dalla l. n. 92/2012, il congedo *obbligatorio* di paternità (anche adottiva o affidataria) è stato portato successivamente (l. n. 145/2018, c. 278) alla durata massima di cinque giorni, da usufruire entro 5 mesi dalla nascita del figlio, anche in modo non continuativo[27]. Il d.lgs. n. 105/2022, attuazione della Direttiva UE 2019/1158, prevede ora il *congedo obbligatorio* di 10 giorni lavorativi (20 in caso di parto plurimo), da usufruire nel periodo da 2 mesi prima a 5 dopo il parto, ovvero, in caso di adozione o affidamento, dall'effettivo ingresso in famiglia del minore nel caso di adozione nazionale o dall'ingresso del minore in Italia nel caso di adozione internazionale. Il padre gode per tutti i giorni di astensione di un'indennità giornaliera pari al 100% della retribuzione, a carico dell'INPS[28]. Per l'esercizio del diritto è previsto un preavviso di 5 giorni al datore di lavoro. Benché si tratti di un congedo "obbligatorio", il solo obbligato (a concederlo) è il datore di lavoro, ma il lavoratore padre non è obbligato a richiederlo (e dunque ad astenersi obbligatoriamente dal lavoro come la lavoratrice madre).

Oltre al congedo obbligatorio, è previsto per il padre (anche adottivo o affidatario) il *congedo di paternità alternativo*, vale a dire il diritto di astenersi dal lavoro (e il relativo diritto al trattamento indennitario) per tutta la durata del congedo di maternità o per la parte residua che sarebbe spettata alla lavoratrice, in caso di morte o di grave in-

---

[26] Per "malattia" del bambino si intende non solo la «fase di alterazione patologica», ma anche la convalescenza. Ovviamente occorre che un'alterazione patologica vi sia: per fruire dei congedi il genitore deve infatti presentare il certificato di malattia rilasciato da un medico specialista del Servizio sanitario nazionale o con esso convenzionato; ma non si applicano le disposizioni sul controllo della malattia del lavoratore: il legislatore ha accolto l'orientamento interpretativo che già in passato escludeva ogni assimilazione di questa ipotesi con quella della malattia del lavoratore, escludendo quindi l'applicabilità delle regole relative al controllo (*infra*, PT. VII, Cap. II).

[27] La normativa previgente, ora abrogata, prevedeva che al congedo obbligatorio di cinque giorni (previsto come obbligo proprio del padre), si aggiungesse la *facoltà* per il padre di astenersi per un *ulteriore periodo di un giorno*, previo accordo con la madre, il cui congedo obbligatorio veniva decurtato di un giorno. La disposizione, al di là di ogni considerazione sui suoi contenuti, era mal formulata e poteva dar luogo a problemi di applicazione difficili da risolvere.

[28] La madre invece ha diritto ad un'indennità pari all'80% della retribuzione. Il padre lavoratore è tenuto a fornire preventiva comunicazione in forma scritta al datore di lavoro dei giorni prescelti per astenersi dal lavoro almeno cinque giorni prima dei medesimi. La disposizione sul congedo obbligatorio di paternità era stata motivata nel 2012 dall'intento di «sostenere la genitorialità, promuovendo una cultura di maggiore condivisione dei compiti di cura dei figli all'interno della coppia e per favorire la conciliazione dei tempi di vita e di lavoro». Ma è fin troppo facile osservare che, anche dopo l'allungamento a dieci giorni, si tratta di un tempo ridicolmente breve per obiettivi di questa portata.

fermità della madre ovvero di abbandono, nonché in caso di affidamento esclusivo del bambino al padre.

Si estende al congedo di paternità obbligatorio il divieto di licenziamento e di sospensione dal lavoro già previsto per il caso di fruizione del congedo di paternità alternativo; come già stabilito per quest'ultimo, il divieto si applica per la durata del congedo stesso e fino al compimento di un anno di età del bambino; per la violazione del medesimo divieto è prevista – oltre alla nullità del licenziamento intimato – una sanzione amministrativa pecuniaria. Il rifiuto o l'ostacolo frapposto dal datore di lavoro all'esercizio del diritto al congedo di paternità alternativo è punito con la sanzione penale prevista per la violazione del congedo obbligatorio di maternità.

Ai congedi di cui sopra hanno diritto i dipendenti sia privati sia pubblici [29].

4. *Conciliazione tra vita professionale e vita familiare: il congedo parentale*

Costituisce un *diritto proprio* di ciascuno dei genitori (anche adottivi o affidatari) quello al *congedo parentale*. Si tratta di un istituto riconducibile nell'ambito del diritto alla conciliazione tra lavoro e vita familiare sancito dall'art. 33 CDFUE, nella misura in cui consente a padri e madri di usufruire di tempo, liberato dal lavoro, per dedicarsi alle cure familiari, e in particolare all'assistenza dei figli nelle età in cui maggiore è l'esigenza della presenza dei genitori [30]. La disciplina attuale è contenuta nel d.lgs. n. 105/2022, attuazione della Direttiva UE 2019/1158, che modifica la disciplina previgente contenuta negli artt. 32 ss. T.U., come modificati dal d.lgs. n. 80/2015 e successivamente dal d.lgs. n. 148/2015 (art. 43).

Per congedo parentale si intende il diritto di astenersi dal lavoro nei primi 12 anni di vita del bambino per un periodo *complessivamente non superiore a 10 mesi* (che diventano *11*, se è il padre a fruire del congedo per un periodo continuativo di almeno tre mesi; la durata complessiva del congedo è ancora di *11 mesi* quando ad usufruirne è il genitore solo: si tratta in questo caso di una disposizione a favore delle famiglie monoparentali). Il genitore che intende usufruire del congedo deve dare un preavviso al datore di lavoro di almeno 5 giorni (in precedenza erano 15) [31], che sono ridot-

---

[29] Queste disposizioni si applicano anche quando la madre sia una lavoratrice autonoma con diritto all'indennità di maternità, e anche al padre lavoratore autonomo.

[30] Tra gli strumenti per favorire la conciliazione tra lavoro ed esigenze familiari si attribuisce importanza al *telelavoro*. L'art. 23, d.lgs. n. 80/2015 stabilisce per i datori di lavoro che utilizzano l'istituto del telelavoro, per necessità di cure parentali della lavoratrice/lavoratore, in forza di accordi collettivi, il beneficio dell'esclusione dei lavoratori addetti al telelavoro dal computo dei limiti numerici previsti, da leggi e contratti collettivi, per l'applicazione di particolari normative e istituti. Anche la nuova disciplina del lavoro agile (art. 18, l. 22.5.2017, n. 81 e successive modifiche: *retro*, PT. III, Cap. II, Sez. I) ha il dichiarato scopo di «agevolare la conciliazione dei tempi di vita e di lavoro».

[31] Cass. n. 16746/2012, ha affermato che è legittimo il licenziamento della lavoratrice madre in astensione facoltativa che non abbia inviato la richiesta di congedo: secondo quanto allora stabilito dal d.lgs. n. 151/2001, la lavoratrice che voleva esercitare la facoltà di assentarsi dal lavoro per il periodo di astensione facoltativa, infatti, aveva l'onere di darne preventiva comunicazione al datore

ti a 2 in caso di congedo su base oraria (art. 32 T.U.). In particolare: la madre ha diritto, dopo il congedo di maternità, ad un periodo di congedo continuativo o frazionato non superiore a 6 mesi; il padre ha diritto, a partire dalla nascita del figlio, ad un periodo di congedo continuativo o frazionato non superiore a 6 mesi, elevabile a 7 nel caso menzionato sopra. Il congedo parentale spetta al genitore richiedente anche quando l'altro genitore non ne abbia diritto[32]: ciò dipende dal fatto che questo congedo non spetta al padre in alternativa alla madre, ma come *diritto proprio del genitore lavoratore subordinato*[33].

Il d.lgs. n. 80/2015 (art. 32, cc. 1-*bis*, 1-*ter*, T.U.) conferma quanto già disposto nel testo previgente, in conformità a quanto previsto nell'Accordo-quadro recepito dalla Direttiva UE 2010/18, ribadendo la possibilità di fruire del congedo su base oraria (dunque a tempo parziale, o frazionato)[34], e rinviandone la regolamentazione alla contrattazione collettiva, anche aziendale[35]; ove i contratti collettivi non provvedano, la fruizione su base oraria potrà avvenire per metà dell'orario medio giornaliero, secondo le modalità chiarite dalla circolare n. 152/2015 dell'INPS[36].

---

di lavoro e all'INPS, comunque con un periodo di preavviso non inferiore a quindici giorni, precisando il periodo dell'assenza.

[32] Ad esempio, quando la madre sia una libera professionista o una casalinga, il padre lavoratore subordinato ha diritto al congedo parentale (e viceversa). Il diritto al congedo parentale (tre mesi entro il primo anno di vita del bambino) è stato riconosciuto alle lavoratrici autonome.

[33] Il d.lgs. n. 105/2022 estende ai padri lavoratori autonomi iscritti all'INPS – coltivatori diretti, coloni, mezzadri ed imprenditori agricoli professionali, artigiani, esercenti attività commerciali, pescatori autonomi della piccola pesca marittima e delle acque interne – l'istituto del congedo parentale, negli stessi termini già previsti per le omologhe lavoratrici autonome (anche con riferimento ai casi di adozione o affidamento). Queste ultime norme prevedono l'applicazione della disciplina prevista per i congedi parentali per i lavoratori dipendenti, limitatamente ad un periodo di tre mesi ed entro il primo anno di vita del bambino. Per i lavoratori iscritti alla cosiddetta Gestione separata dell'INPS (è il caso dei co.co.co) il d.lgs. n. 105/2022 prevede che la durata complessiva, tra i due genitori, del congedo (ovvero del congedo omologo fruito in altra gestione o cassa di previdenza) non sia superiore a nove mesi (anziché a sei mesi, come previsto dalla norma previgente), con possibilità di fruizione, da parte di un genitore, per un periodo massimo di sei mesi, e che l'istituto in esame sia riconosciuto con riferimento ai primi dodici anni di vita del bambino (anziché ai primi tre anni di vita).

[34] Sul congedo parentale frazionato cfr. Cass. n. 15633/2020: la Corte ha precisato che nella determinazione del periodo di congedo si tiene conto dei giorni festivi e/o non lavorativi (in quanto giorni in cui la prestazione lavorativa non è dovuta) solo nel caso in cui rientrino interamente e senza soluzione di continuità nel periodo di fruizione del congedo; se il congedo viene utilizzato per svolgere altre attività, si configura un abuso per sviamento dalla funzione del diritto (potestativo) al congedo parentale.

[35] Il rinvio alla contrattazione di secondo livello apre un notevole spazio di intervento a discipline concordate a livello aziendale.

[36] La Circolare n. 152/2015 precisa che, rispetto alle modalità già in uso (giornaliera o mensile), l'introduzione della modalità oraria non modifica la durata del congedo parentale e pertanto rimangono invariati i limiti complessivi ed individuali entro i quali i genitori lavoratori dipendenti possono assentarsi dal lavoro a tale titolo. Giornate o mesi di congedo parentale possono alternarsi con giornate lavorative in cui il congedo parentale è fruito in modalità oraria, nei limiti eventualmente stabiliti dalla contrattazione collettiva.

L'art. 8, c. 7, d.lgs. n. 81/2015 prevede inoltre che il lavoratore possa fruire del congedo parentale (o della parte residua di esso), per una sola volta, chiedendo la trasformazione del rapporto da tempo pieno a tempo parziale, con una riduzione dell'orario non superiore al 50%; il datore di lavoro deve dar corso alla trasformazione entro quindici giorni dalla richiesta.

A seguito delle modifiche della disciplina introdotte dal d.lgs. n. 105/2022, l'indennità giornaliera, pagata dall'INPS, pari al 30% della retribuzione, per 3 mesi per ciascun genitore (diritto non trasferibile all'altro genitore), e per 3 mesi (indennità trasferibile) ad un solo genitore, è dovuta per i periodi di congedo parentale fruiti a prescindere dalla collocazione temporale dei periodi di congedo nell'ambito dei primi dodici anni di vita del bambino (nella disciplina previgente il periodo indennizzato doveva collocarsi, di norma e salvo eccezioni, nei primi sei anni di vita del bambino).

Il congedo parentale è prolungato fino a 3 anni, ed è fruibile continuativamente o in misura frazionata alternativamente dai genitori entro il compimento del dodicesimo anno di vita del bambino, per ogni minore con handicap in situazione di gravità accertata ai sensi dell'art. 4, c. 1, l. n. 104/1992, a condizione che il bambino non sia ricoverato a tempo pieno presso istituti specializzati, salvo che, in tal caso, sia richiesta dai sanitari la presenza del genitore[37]. Il d.lgs. n. 105/2022 introduce una specifica disciplina di tutela contro le discriminazioni a danno dei lavoratori che usufruiscano dei benefici (o ne facciano domanda) previsti in relazione alla condizione di disabilità propria o di coloro ai quali vengano prestati assistenza e cura. I giudizi civili contro gli atti e i comportamenti ritenuti discriminatori sono disciplinati dall'art. 28, d.lgs. n. 150/2011.

I periodi di congedo – oltre ad essere computati nell'anzianità di servizio, come già previsto dalla disciplina previgente – non comportano più riduzioni di ferie, tredicesima mensilità o gratifica natalizia; restano ferme le conseguenze del congedo sugli emolumenti accessori connessi all'effettiva presenza in servizio.

Con una disposizione (discutibile) la l. n. 92/2012 (art. 4, c. 25) aveva previsto la possibilità di concedere alla sola *madre lavoratrice*, «al termine del periodo di congedo di maternità, per gli undici mesi successivi e in alternativa al congedo parentale la corresponsione di *voucher* per l'acquisto di servizi di *baby sitting*, ovvero per fare fronte agli oneri della rete pubblica dei servizi per l'infanzia o dei servizi privati accreditati, da richiedere al datore di lavoro»[38]. Il finanziamento del bonus (pari a 600

[37] La materia dei congedi e dei permessi spettanti alla lavoratrice e al lavoratore genitori, anche adottivi o affidatari, di figli con disabilità in situazione di gravità accertata è attualmente regolata dal d.lgs. n. 105/2022, che all'art. 3 ha apportato numerose modifiche alla l. n. 104/1992, sostituendo in particolare pressoché per intero l'art. 33. Per quanto riguarda i permessi e congedi di cui possono usufruire i coniugi conviventi di soggetti con handicap grave, al matrimonio sono equiparate l'unione civile e la convivenza di fatto.

[38] Il legislatore intendeva così incoraggiare, mediante la "monetizzazione" del congedo, la lavoratrice madre a restare al lavoro, dandole il sostegno economico necessario per pagare chi la sostituisca nella cura del figlio. Se la madre utilizzava i *voucher* rinunciava solo al *proprio* congedo parentale (di sei mesi); restavano in tal caso disponibili al padre un massimo di cinque mesi di congedo, ma senza indennità: il che non incoraggiava certo i padri, che già utilizzano ben poco il congedo anche quando hanno diritto all'indennità.

euro mensili) è stato previsto fino al 2018. La legge di bilancio 2019 (l. n. 145/2018) non ha confermato invece il finanziamento del bonus, che di conseguenza non è più disponibile per le lavoratrici (in compenso, il legislatore aveva previsto la maggiorazione degli importi del *bonus bebè*, ora assorbito dall'assegno unico universale, e di altri bonus).

Una fattispecie particolare di congedo parentale è quella prevista dall'art. 9, d.l. n. 146/2021, relativo alla astensione dalla frequenza scolastica del minore di 14 anni a causa della infezione da Sars-Cov 2 (Covid) ed alla relativa quarantena.

Capitolo III

Libertà e dignità del lavoratore

Sommario: 1. Libertà. – 1.1. Libertà di opinioni e diritto di critica. – 1.2. Tutela della sfera personale e divieto di indagini. – 1.2.1. Diritto alla riservatezza. – 2. Dignità. – 2.1. *Mobbing*.

1. *Libertà*

Sia il diritto dell'UE sia il diritto interno, come abbiamo visto, hanno previsto una articolata serie di specifici divieti di discriminazione in relazione a differenti caratteristiche personali del lavoratore e della lavoratrice, che operano quali strumenti di tutela dei diritti fondamentali anche in quella particolare condizione in cui si trova il lavoratore subordinato. Abbiamo ancora visto come quelle differenze tra lavoratori costituiscano, oltre che "fattori di rischio", elementi fondanti dell'identità del lavoratore. La repressione delle discriminazioni fondate su quelle caratteristiche ha perciò il fine di garantire il rispetto della persona, della sua identità e, in fondo, della sua libertà: libertà di essere e di apparire "anche" nel rapporto di lavoro.

Un corollario di questa libertà, o se si preferisce una libertà strumentale rispetto all'obiettivo di assicurare al cittadino-lavoratore la possibilità di esprimere liberamente la sua personalità nei luoghi di lavoro, è costituito dalla *libertà di opinione*.

I giuslavoristi, da quarant'anni, insegnano ai loro studenti che "con lo Statuto dei lavoratori la Costituzione è entrata in fabbrica", leggendo nell'art. 1 dello Statuto la norma di attuazione degli artt. 2 e 21, c. 1, della Costituzione in quella particolare "formazione sociale" che è l'impresa. Pur mantenendo ferma la concezione contrattualistica del rapporto di lavoro, il legislatore, consapevole del coinvolgimento della persona del lavoratore nel contratto di lavoro, ha fatto spazio al "contropotere" delle organizzazioni sindacali (nel Titolo III, in particolare) ed ha introdotto importanti limitazioni al potere del datore di lavoro come creditore ed organizzatore della prestazione lavorativa, riconoscendo esplicitamente ai singoli lavoratori-cittadini alcuni diritti fondamentali (nei Titoli I e II) [1].

Tra questi diritti troviamo, *in primis*, il diritto «di manifestare liberamente il proprio pensiero, nel rispetto dei principi della Costituzione» [2]. A presidio di questo

---

[1] Come ha scritto Rodotà (1995, p. 308), «è significativo che la formale difesa della sfera privata entri per la prima volta nella legislazione italiana (...) con lo Statuto dei lavoratori (...), dunque con una legge direttamente legata alla condizione dell'operaio in fabbrica».

[2] «E delle norme della presente legge», conclude l'art. 1 dello Statuto dei lavoratori. La "coda

principio fondamentale, il legislatore ha posto, come norme complementari, tutte le norme che possono essere tratte dalle disposizioni che garantiscono la *privacy* del lavoratore, la sua libertà di determinazione e la sua dignità: dalle limitazioni al potere di controllo da parte del datore di lavoro (artt. 2, 3, 4, 5 e 6), alla limitazione e proceduralizzazione di quel particolare potere del datore di lavoro che è il potere disciplinare (art. 7), alla tutela della professionalità del lavoratore (art. 13).

La libertà di manifestare liberamente il proprio pensiero (ri)affermata dall'art. 1 dello Statuto come diritto dei lavoratori – quale attuazione del diritto inviolabile dell'uomo (art. 2 Cost.) di manifestare liberamente il proprio pensiero con la parola, lo scritto e ogni altro mezzo di diffusione (art. 21, c. 1, Cost.) – costituisce dunque un diritto espressamente riconosciuto al lavoratore e un limite al potere del datore di lavoro.

La manifestazione del pensiero del lavoratore si può esprimere, tipicamente, nell'esercizio del *diritto di critica*, sicuramente ricompreso nella tutela di cui all'art. 1 St. lav.

1.1. *Libertà di opinioni e diritto di critica*

L'esercizio del diritto di critica incontra un primo limite nella posizione di soggezione del lavoratore a fronte del potere del datore di lavoro. Al fine di risolvere la delicata questione della definizione dell'ambito di esplicazione di tale diritto occorre dunque individuare i "confini" degli obblighi del lavoratore; l'individuazione di tali confini è necessaria per definire "l'area di debito", ossia l'area in cui il datore di lavoro può legittimamente sanzionare comportamenti illegittimi del lavoratore per violazione dell'obbligo di riservatezza e dell'obbligo di fedeltà, spesso inteso in senso molto ampio dalla giurisprudenza (v. *infra*, PT. VI, Cap. II).

Come ha avuto occasione di osservare la Cassazione, gli obblighi tipici del lavoratore subordinato non impediscono al lavoratore di ingerirsi nelle modalità di esercizio dell'attività dell'imprenditore, tenuto conto dell'incidenza che questa ha sulle condizioni di vita e di lavoro dei prestatori d'opera, e legittimano la denuncia di comportamenti illeciti dell'azienda che possano recare pregiudizio a diritti dei lavoratori (come nel caso della violazione delle norme di sicurezza del lavoro) o a diritti della collettività, a fronte di un interesse pubblico (ancora in materia di sicurezza, delle condizioni del servizio reso agli utenti, o in caso di evasione fiscale o di inquinamento)[3].

Nonostante il nodo della questione consista nel *contemperamento* tra i valori dell'organizzazione e i valori del lavoratore come persona, le motivazioni delle sentenze non approfondiscono in genere questo aspetto (che risulta in parte superfluo, poiché i giudici adottano un concetto molto ampio di fedeltà: v. *infra*, PT. VI, Cap. II) e tendono a concentrarsi invece su altri limiti al diritto di critica.

Seguendo questa via, il giudizio relativo alla legittimità della critica si gioca essen-

---

velenosa" di questa precisazione sta nella (discussa) applicazione, ad ogni forma di manifestazione del pensiero, dei limiti previsti per specifiche forme di attività sindacali, in particolare del limite del «normale svolgimento dell'attività aziendale», esplicitamente riferito all'attività di proselitismo sindacale ma surrettiziamente esteso a ciascun diritto sancito dallo Statuto.

[3] Le questioni qui accennate sono state spesso oggetto di valutazione in giudizio in caso di licenziamento disciplinare, e saranno oggetto di considerazione nella sede opportuna.

zialmente sulla *veridicità dei fatti* divulgati dal lavoratore[4] e sul carattere offensivo delle espressioni utilizzate. A tale ultimo proposito, la giurisprudenza di legittimità ha fatto propri, pressoché immutati, i requisiti di "continenza formale e sostanziale" elaborati dalla giurisprudenza sul diritto di cronaca.

Secondo la Cassazione il diritto di critica, come il diritto di cronaca, deve rispettare il principio della *continenza sostanziale* (secondo cui i fatti narrati devono corrispondere a verità) e quello della *continenza formale* (secondo cui l'esposizione dei fatti deve avvenire misuratamente). Al riguardo, la Corte precisa che, nella valutazione del legittimo esercizio del diritto di critica, il requisito della continenza formale, che comporta anche l'osservanza della correttezza e civiltà delle espressioni utilizzate, è attenuato dalla necessità, ad esso connaturata, di esprimere le proprie opinioni e la propria personale interpretazione dei fatti, anche con espressioni astrattamente offensive e soggettivamente sgradite alla persona cui sono riferite, con aggressività e asprezza di toni. Ciò che rileva, dunque, non è la maggiore o minore aggressività dell'espressione o l'asprezza dei toni, che può essere anche accesa, specie nella critica sindacale, ma piuttosto la gratuità delle aggressioni, non pertinenti ai temi in discussione: è lo screditare l'avversario mediante l'evocazione di una sua pretesa indegnità o inadeguatezza personale, piuttosto che criticarne i comportamenti o le azioni[5].

Pacifico, secondo la costante giurisprudenza della Cassazione, è che la forma della critica non è civile non solo quando è eccedente rispetto allo scopo informativo da conseguire o difetta di serenità o obiettività o, comunque, calpesta quel minimo di dignità cui ogni persona ha sempre diritto[6], ma anche quando non è improntata a leale chiarezza. Ciò si riscontra, secondo la S.C., quando si ricorra al "sottinteso sapiente", agli accostamenti suggestionanti, al tono sproporzionalmente scandalizzato e sdegnato, o comunque all'artificiosa e sistematica drammatizzazione con cui si riferiscono notizie neutre, nonché alle vere e proprie insinuazioni.

La rilevanza dell'interesse pubblico generale appare sicuramente rilevante, nella valutazione della critica espressa, sia quando l'autore sia un semplice dipendente, sia quando sia un dirigente sindacale. Così, il giudice delle indagini preliminari di Genova, valutando che non vi fosse stata alcuna violenza o ingiuria[7] archiviò il caso del ferroviere che, secondo le Ferrovie

---

[4] Particolarmente quando i fatti siano denunciati dal lavoratore quali reati o illeciti amministrativi: la questione rileva, in particolare, quando si tratterà (PT. VI, Cap. II) dell'obbligo di fedeltà del lavoratore; ma v. sin d'ora Cass. n. 4125/2017, che ha ritenuto legittima la denuncia del lavoratore all'autorità giudiziaria di reati o illeciti amministrativi commessi dal datore, a meno che non si tratti di calunnia o che il denunciante abbia la consapevolezza dell'insussistenza dell'illecito.

[5] Il Trib. Bologna ord. 15.10.2012, ha ritenuto che la frase di un dipendente «parlare di pianificazione nel Gruppo XXX è come parlare di psicologia con un maiale», tenuto conto del contesto in cui è stata pronunciata, fosse «di scarsa rilevanza offensiva e di modestissimo peso disciplinare».

[6] Cass. n. 24260/2016 ha censurato il comportamento del dipendente che non aveva rispettato la verità dei fatti e si era reso responsabile di una condotta lesiva del decoro dell'impresa (parlando di "corsi fantasma" asseritamente organizzati dall'impresa, i cui dirigenti avrebbero fatto assumere presso l'Ente i propri figli). Un tale comportamento viene qualificato espressamente dalla Corte come violazione dell'obbligo di cui all'art. 2105 c.c. (v. anche in questo caso PT. VI, Cap. II).

[7] Il fatto contestato, tuttavia, portò al licenziamento del lavoratore, che con veemenza aveva indirizzato a Moretti quelle pesanti critiche. Confermando la decisione di primo grado, la Corte d'Ap-

dello Stato, aveva insultato l'amministratore delegato Moretti alla Festa dell'Unità, esprimendo pesanti critiche in merito alla gestione della sicurezza della rete dopo il noto disastro ferroviario di Viareggio che aveva causato trentadue vittime. Diversamente, quando l'interesse pubblico rappresenta solo un pretesto, e quanto affermato non corrisponde al vero (v. *infra*) e denigra il datore di lavoro (nel caso: l'Agenzia delle Dogane e dei Monopoli), il comportamento viene giudicato illegittimo e sanzionabile: è il caso della dirigente, sindacalista, che in una trasmissione televisiva aveva espresso pesanti accuse di gestione scorretta dei concorsi al fine di garantire una «classe dirigente disposta ad attuare politiche di vessazione fiscale ad esclusivo danno dei piccoli contribuenti, lasciando impuniti i grandi evasori»[8].

1.2. *Tutela della sfera personale e divieto di indagini*

La libertà di espressione, corollario del rispetto delle diverse identità dei lavoratori, resterebbe tuttavia una mera *fictio juris* senza strumenti che garantissero il rispetto concreto di quella libertà. Per questa ragione, a fianco di interventi specifici, volti a tutelare particolari condizioni (personali e familiari) del lavoratore[9], si colloca una disposizione fondamentale in tema di protezione della persona rispetto alla "invadenza" del rapporto di lavoro: l'art. 8 St. lav.[10].

La garanzia della effettività della libertà di "essere ed apparire" del lavoratore-cittadino è infatti rinvenibile in due divieti espressi dallo Statuto dei lavoratori: di discriminare il lavoratore (art. 15), e ne abbiamo già trattato; di indagare «sulle opinioni politiche, religiose o sindacali del lavoratore, nonché sui fatti non rilevanti ai fini della valutazione dell'attitudine professionale del lavoratore» (art. 8).

L'art. 8, solo apparentemente marginale rispetto alla "dotazione" di diritti attribuiti dallo Statuto al lavoratore subordinato, costituisce un importante strumento di tutela della *privacy* del lavoratore, a sua volta strumentale rispetto alla effettività del divieto di discriminazione[11]. Come ha avuto occasione di osservare anche la giuri-

---

pello di Firenze (17.7.2014) ha dichiarato legittimo quel licenziamento, per il venir meno del rapporto fiduciario tra le Ferrovie e il lavoratore a causa delle asserite ingiurie e perché il dipendente aveva accettato il ruolo di consulente tecnico per alcuni familiari delle vittime, creando così un conflitto di interessi con il suo datore di lavoro.

[8] App. Roma, 1.10.2021. Se invece i fatti contestati e criticati pubblicamente sono veritieri, e la forma è rispettosa del principio della continenza formale, l'aver evidenziato un problema nello svolgimento di un servizio di pubblico interesse (raccolta "porta a porta" dei rifiuti) rappresenta il legittimo esercizio della libertà di espressione, che non può legittimare il licenziamento per giusta causa del lavoratore (Cass. n. 31395/2019).

[9] Basta qui richiamare le garanzie per il lavoratore tossicodipendente e i suoi familiari, di cui al d.P.R. n. 309/1990, e all'analoga previsione a favore di lavoratori affetti da patologie alcolcorrelate (art. 15, c. 3, "Legge-quadro in materia di alcol e di problemi alcolcorrelati", 30.3.2001, n. 125).

[10] «È fatto divieto al datore di lavoro, ai fini dell'assunzione, come nel corso dello svolgimento del rapporto di lavoro, di *effettuare indagini, anche a mezzo di terzi*, sulle opinioni politiche, religiose o sindacali del lavoratore, nonché su fatti non rilevanti ai fini della valutazione dell'attitudine professionale del lavoratore».

[11] Se il datore di lavoro rispetta il divieto di indagini, avrà meno opportunità di venire a conoscenza di caratteristiche della persona sulle quali potrebbe poi essere "tentato" di effettuare discriminazioni. Si tratta di una lettura del rapporto tra le due norme che ha una portata limitata, come è

sprudenza, infatti, l'art. 8 si colloca nel sistema complessivo dello Statuto dei lavoratori in posizione funzionale rispetto all'enunciato dell'art. 15 dello stesso Statuto. Ciò non esclude che la regola dell'art. 8 abbia anche una valenza immediata e autonoma, quale divieto di accertare opinioni e fatti che non servano a valutare le attitudini professionali. Il che significa che il datore di lavoro, in linea di principio, non può indagare sulla vita privata del lavoratore se tale indagine non è strettamente funzionale per valutare il lavoratore sul piano della professionalità. La regola dell'art. 8 cit., dunque, si atteggia quale schermo imprescindibile fra la vita aziendale del lavoratore e la sua vita privata o anche il suo atteggiarsi nella collettività, quando si tratti di fatti o comportamenti neutri rispetto alla valutazione professionale.

Peraltro la delimitazione della legittima "compressione" della sfera personale del lavoratore giustificata dall'adempimento di obblighi contrattuali è questione interpretativa spesso molto delicata, che impone di trovare un non facile equilibrio tra gli interessi delle parti coinvolte nell'esecuzione del contratto.

Tale problematica è affrontata, per esempio, da una pronuncia della Cassazione [12] relativa all'impugnazione di una sanzione disciplinare irrogata alla dipendente di un'importante compagnia aerea, assistente di volo addetta agli aeromobili a largo raggio, cui il Consolato USA aveva negato il visto d'ingresso a seguito del suo rifiuto di fornire informazioni sulla propria posizione politica. Nel valutare la legittimità di tale sanzione, la Corte ha ritenuto – ferma la disponibilità del *diritto alla riservatezza*, e verificato che la lavoratrice abbia effettivamente inteso assoggettarsi ad un obbligo che incide su tale diritto – che la determinazione dei limiti entro cui si intende in concreto disporre del diritto alla riservatezza è pur sempre rimessa alla valutazione discrezionale del relativo titolare. Nel caso di specie, la Suprema Corte ha confermato la sentenza del Tribunale che aveva ritenuto legittimo il rifiuto della lavoratrice, ravvisandovi l'esercizio del diritto alla riservatezza. Secondo la Corte, il giudice di merito aveva correttamente escluso che tra gli obblighi da osservarsi da parte della lavoratrice ai fini del regolare svolgimento del rapporto rientrasse anche quello di fornire a terzi informazioni circa la propria affiliazione politica.

La giurisprudenza ha ritenuto che qualora il contenuto delle indagini esuli dagli obblighi del sinallagma contrattuale [13] e lo scopo delle stesse sia quello di ottenere generi-

---

ovvio, visto che molte caratteristiche delle persone (il sesso, in primo luogo, come il colore della pelle) sono caratteristiche inevitabilmente apparenti. Ma vi sono altre caratteristiche personali (*in primis* le opinioni) sulle quali pare non solo "giusto" ma anche "utile" vietare l'indagine, come ha fatto il legislatore.

[12] Cass. n. 2535/1987.

[13] Da sempre oggetto di contenzioso sono i controlli che il datore di lavoro svolga sulle eventuali attività extralavorative di lavoratori assenti per malattia *ex* art. 2110 c.c. (fermo che *ex* art. 5 St. lav. «sono vietati accertamenti da parte del datore di lavoro sulla idoneità e sulla infermità per malattia o infortunio del lavoratore dipendente» e che «il controllo delle assenze per infermità può essere effettuato soltanto attraverso i servizi ispettivi degli istituti previdenziali competenti»: v. PT. VII, Cap. II, § 2). La Cassazione (per esempio Cass. n. 18507/2016), escludendo espressamente la lesione del diritto alla riservatezza lamentata dal lavoratore, ha ritenuto legittimo il ricorso da parte del datore di lavoro ad un'agenzia investigativa per verificare l'attendibilità della certificazione medica (le foto e i filmati avevano dimostrato che il lavoratore svolgeva lavori faticosi, sul tetto e nella corte di casa, ritenuti incompatibili con la patologia per la quale era stata certificata la sua assenza dal lavoro).

che informazioni relative al lavoratore, violando la sua sfera privata, l'attività posta in essere dal datore di lavoro integri l'ipotesi descritta dall'art. 8 St. lav. e costituisca un comportamento illegittimo, sanzionato penalmente (artt. 113 e 171, d.lgs. n. 196/2003, codice della *privacy*, come modificato dal d.lgs. n. 101/2018 di attuazione del Regolamento UE 2016/UE/679), per il quale deve essere riconosciuto al lavoratore il risarcimento dei danni morali.

Diverso è il problema, pure connesso alla libertà di "essere e apparire" del lavoratore nel luogo di lavoro e nello svolgimento della prestazione, dei limiti che il datore può imporre alla libertà di scelta dell'abbigliamento del lavoratore, da ritenersi legittimi solo se giustificati dai fini perseguiti dall'impresa e dalla natura della prestazione richiesta. La questione è tornata di attualità in occasione di reazioni datoriali alla scelta di lavoratrici di religione musulmana di indossare un velo o un analogo copricapo. I confini del diritto di portare segni religiosi distintivi, espressione della propria identità da una parte e della propria ideologia (religiosa, nel caso) dall'altra, sono incerti [14], ed altrettanto incerti, come vedremo oltre, sono i confini del potere del datore di imporre un determinato abbigliamento.

1.2.1. *Diritto alla riservatezza*

Se l'ambito di tutela della persona del lavoratore e della sua identità era già potenzialmente molto ampio, grazie all'estensione del divieto di indagini oltre che alle opinioni politiche, sindacali o religiose, ai «fatti non rilevanti ai fini della valutazione dell'attitudine professionale del lavoratore», con la c.d. legge sulla *privacy* (l. n. 675/1996, primo intervento generale sulla materia) il ventaglio dei dati personali che non possono essere raccolti o trattati, o che possono essere trattati secondo specifiche modalità ed ai soli fini previsti dalla legge, si è ulteriormente allargato. Il successivo Codice in materia di protezione dei dati personali (d.lgs. n. 196/2003) ha poi affinato molte nozioni e specificato alcuni diritti fondamentali dei titolari dei dati che possono essere trattati. Un'ulteriore recente sistematizzazione della disciplina è avvenuta con il Regolamento UE 2016/UE/679 e con le modifiche introdotte nel d.lgs. n. 196/2003 con il d.lgs. n. 101/2018 di conformazione del diritto interno al diritto UE [15].

Se pure l'impianto complessivo della disciplina, oggi molto complessa, è mutato, sono rimasti fermi alcuni principi fondamentali in materia di trattamento dei dati personali, tra i quali ricordiamo qui il consapevole e libero consenso e la "necessità" del

---

[14] Basti qui richiamare il dibattito che in Italia ha accompagnato l'uso dei veli che occultino il viso delle lavoratrici addette ad uno sportello pubblico: dibattito nel quale la questione dell'uso dei veli da parte delle lavoratrici spesso si confonde con la più generale questione del loro uso da parte di chiunque negli spazi pubblici. Su tale ultima questione si registrano approcci molto diversificati nei diversi paesi dell'UE. L'uso del velo, quale espressione della libertà di religione, rileva nell'ambito del diritto antidiscriminatorio, alla cui trattazione rinviamo.

[15] È opportuno ricordare che i Regolamenti UE hanno efficacia diretta; il legislatore ha comunque ritenuto necessario intervenire per adeguare la previgente disciplina al Regolamento; sul sito del Garante è disponibile un testo aggiornato del d.lgs. n. 196/2003, profondamente modificato nella sua struttura ma non abrogato.

trattamento, che deve essere realizzato in modo corretto e trasparente. Il trattamento è in particolare lecito, per quanto qui rileva, quando è necessario all'esecuzione di un contratto di cui il titolare dei dati è parte – come un contratto di lavoro.

Generalmente vietato – e ammesso con molte cautele per le sole specifiche modalità indicate – è il «trattamento» (che comprende l'acquisizione e tutti i successivi usi che si facciano dei dati raccolti) di quelli che il Codice del 2003 qualificava come "dati sensibili" ("dati particolari" nel Regolamento): dati che effettivamente sensibili sono anche nella gestione dei rapporti di lavoro. L'elencazione di cui all'art. 9 del Regolamento offre un interessante spaccato delle caratteristiche che contribuiscono a definire l'identità della persona: «dati personali idonei che rilevino l'origine razziale ed etnica, le opinioni politiche, le convinzioni religiose o filosofiche, o l'appartenenza sindacale», oltre che «dati genetici, dati biometrici intesi a identificare in modo univoco una persona fisica, dati relativi alla salute o alla vita sessuale o all'orientamento sessuale della persona».

Se i dati relativi alla vita sessuale lasciano intravedere facilmente una via aperta per possibili discriminazioni, anche i dati personali idonei a rivelare lo stato di salute potrebbero, in un futuro prossimo, costituire fattori di differenziazione potenzialmente utilizzabili per valutare le aspettative di salute o di malattia dei lavoratori, "importando" dagli Stati Uniti modelli di valutazione del personale incompatibili con i principi del nostro ordinamento: modelli che oggi sono in contrasto con lo stesso ordinamento dell'UE, stante l'espresso divieto di discriminazioni fondate sulle «caratteristiche genetiche» sancito dall'art. 21 della Carta dei diritti fondamentali, che costituisce perciò un baluardo particolarmente importante e opportuno [16].

In concreto, l'individuazione delle condizioni di trattamento dei dati è affidata ancora oggi (art. 21, d.lgs. n. 101/2018) al Garante, che già in passato emanava sistematicamente una Autorizzazione generale al trattamento dei dati sensibili nel rapporto di lavoro, che consentiva a tutti i datori di lavoro di "trattare" – nel rispetto delle regole prescritte dalla stessa legge, specificate dall'autorizzazione – i dati personali, quando ciò sia necessario per fini (individuati nell'autorizzazione, ma in generale) riconducibili ad obblighi ed oneri inerenti alla gestione dei rapporti di lavoro.

Il datore di lavoro *non* potrà dunque trattare dati (men che mai "sensibili") che non siano necessari per una corretta gestione (contabile e amministrativa) dei rapporti di lavoro, e comunque nel rispetto dell'art. 8 St. lav., espressamente richiamato dall'art. 113 del codice della *privacy* (come confermato dal d.lgs. n. 101/2018). Si torna così entro i confini tracciati dall'art. 8, ma arricchiti dalle chiare indicazioni sui limiti e sulle modalità di trattamento dei dati personali del lavoratore, quale *summa* dei dati che devono essere trattati «nel rispetto della dignità umana, dei diritti e delle libertà fondamentali della persona dell'interessato, con particolare riferimento alla riservatezza, all'identità personale e al diritto alla protezione dei dati personali» (art. 1, d.lgs. n. 196/2003, come modificato dal d.lgs. n. 101/2018).

Al fine di individuare il campo di applicazione della disciplina legale della c.d. *privacy*, la giurisprudenza prevalente accoglie una nozione ampia di dato personale, che ricomprende ogni notizia, informazione o elemento che abbia un'efficacia informati-

---

[16] La Carta garantisce altresì il diritto alla protezione dei dati personali (art. 8).

va tale da fornire un contributo di conoscenza rispetto a un soggetto interessato identificato o identificabile[17].

Sulla base di tale nozione e del necessario consenso del lavoratore al trattamento dei dati ai sensi dell'art. 11 della l. n. 675/1996 (oggi art. 23, d.lgs. n. 196/2003), per quanto concerne la comunicazione dei dati, è stato per esempio ritenuto legittimo il rifiuto opposto dal datore di lavoro alle organizzazioni sindacali che avevano richiesto all'azienda la consegna del tabulato delle prestazioni di lavoro straordinario effettuate da ciascun dipendente, con la specifica delle relative competenze non ancora corrisposte. Secondo il giudice[18], i dati relativi al lavoro straordinario prestato ed ai relativi compensi rientrano tra quelli presi in esame dalla suddetta normativa, che ne consente l'utilizzo solo quando vi sia il consenso espresso dell'interessato. Nel caso di specie, inoltre, non sussistevano i presupposti dell'eccezione di cui all'art. 24, d.lgs. n. 2196/2003, che escludeva la necessità del consenso qualora il trattamento sia «necessario per eseguire obblighi derivanti da un contratto del quale è parte l'interessato». Infatti, molti dei lavoratori che avevano prestato lavoro straordinario non erano neanche iscritti al sindacato ricorrente.

Peraltro, anche il problema dei limiti al diritto di accesso ai propri dati può rivelarsi particolarmente delicato. In proposito pare emblematica la divergenza interpretativa che si è verificata in un caso in cui la richiesta di accesso proveniva da un gruppo di dipendenti di Poste Italiane S.p.A. e aveva ad oggetto le schede di valutazione personale dei lavoratori predisposte dalla società al fine di ottimizzare il processo di riorganizzazione aziendale in atto. In sede di ricorso *ex* art. 29 della l. n. 675/1996 (oggi artt. 140-*bis* e 143, d.lgs. n. 196/2003)[19], il Garante ha ritenuto illegittimo il diniego opposto dall'azienda, in quanto nel concetto di dato personale rientrano tutti i dati che forniscono un quadro di riferimento al datore di lavoro con precisi effetti sulla persona del lavoratore. Secondo il Garante, infatti, il diritto soggettivo a conoscere le informazioni di carattere personale sussiste anche nei casi in cui tali dati personali non siano eventualmente suscettibili di correzione, in quanto contenuti nell'ambito di un giudizio o di una valutazione. A opposta conclusione (legittimo il diniego di accesso) è invece giunto il Tribunale di Roma[20], che accoglie una nozione più restrittiva di dato personale, nella quale non rientrerebbero le valutazioni funzionali al potere direttivo e organizzativo del datore di lavoro che non si traducono in atti esterni giuridicamente rilevanti (quale invece, ad esempio, la nota di qualifica finale), e come tali impugnabili, ma che rimangono nella sfera soggettiva del datore di lavoro, il quale annota le proprie intenzioni o convinzioni personali nell'esercizio della sua libertà di pensiero e di organizzazione dell'impresa.

Occorre infine osservare che oggi si pongono molte questioni che riguardano dati personali del lavoratore che potrebbero essere acquisiti dal datore di lavoro in occasione o a causa dello svolgimento della prestazione lavorativa, attraverso sistemi informatici evoluti. Il tema sarà trattato nella PT. VI, Cap. I, in relazione ai limiti al potere di vigilanza e controllo posti dall'art. 4 St. lav., prima e dopo le modifiche apportate alla disposizione nel 2015; d'altronde, secondo l'art. 114 del testo vigente del d.lgs.

---

[17] Nella nozione di "dato personale" rientrano anche le informazioni contenute in messaggi di posta elettronica o in *chat*: Cass. n. 15161/2021.

[18] Pret. Roma 25.10.1997, in *RIDL*, 1998, II, p. 759.

[19] Che prevede una speciale procedura, di competenza del Garante per la protezione dei dati personali, alternativa al ricorso all'autorità giudiziaria ordinaria.

[20] Trib. Roma 25.7.2002, in *RIDL*, II, 2003, p. 93, pronunciandosi quale giudice ordinario competente per l'impugnazione della decisione del Garante (art. 152, d.lgs. n. 196/2003).

n. 196/2003 per quanto riguarda le «garanzie in materia di controllo a distanza» «resta fermo» quanto disposto dalla previsione dello Statuto dei lavoratori. Questi sistemi, peraltro, presentano spesso profili di dubbia legittimità anche rispetto al diritto alla riservatezza del lavoratore (si pensi alla riservatezza della corrispondenza con riferimento all'uso della posta elettronica aziendale, per esempio).

Un caso emblematico merita di essere in questa sede citato, per segnalare la connessione tra limiti ai poteri di controllo e diritto alla riservatezza del lavoratore, e riguarda i limiti dell'impiego di una *app* sul cellulare dei dipendenti che consente la loro geolocalizzazione (durante i periodi di servizio). Il Garante della *privacy*, pronunciandosi sulla richiesta di verifica preliminare presentata da due società di telecomunicazioni, ha ritenuto lecita la finalità dell'acquisizione e del trattamento dei dati, perché «consente di ottimizzare la gestione ed il coordinamento degli interventi effettuati dai tecnici sul campo, incrementandone la tempestività e migliorando la qualità del servizio, soprattutto in caso di emergenze e/o calamità naturali», così come «consente di rafforzare le condizioni di sicurezza del lavoro effettuato dai tecnici stessi, permettendo l'invio mirato di eventuali soccorsi soprattutto in aree remote o non facilmente raggiungibili. Fermo il necessario rispetto delle procedure previste dall'art. 4 dello Statuto, poiché «la localizzazione di dispostivi associati a dipendenti identificati può comportare il controllo a distanza dell'attività degli stessi», il Garante ha valutato il fatto che «lo smartphone è, per le proprie caratteristiche, destinato inevitabilmente a "seguire" la persona che lo detiene, indipendentemente dalla distinzione tra tempo di lavoro e tempo di non lavoro», e conseguentemente ha imposto alle aziende di adottare specifiche misure perché la *app* non registri dati ultronei (es. traffico telefonico, destinatari, ecc.) e l'icona che indica l'attivazione del controllo sia chiaramente visibile sullo schermo.

2. *Dignità*

Il valore della dignità è parte del classico binomio "libertà e dignità", che compare nella rubrica dell'art. 1 St. lav., più volte richiamato. Alla dignità umana – inviolabile, da rispettare e tutelare – è dedicata la disposizione di apertura della Carta dei diritti fondamentali dell'UE.

Come abbiamo già visto, il bene specificamente protetto dal divieto di *molestie* (di genere e sessuali, come pure connesse ad altri fattori identitari del lavoratore) è proprio la *dignità della persona*, nel particolare contesto del rapporto di lavoro.

Prima dell'intervento del legislatore, che ha recepito le Direttive UE in materia, la (poca) giurisprudenza aveva costruito la tutela del lavoratore (di fatto, della lavoratrice) sull'obbligo di cui all'art. 2087 c.c., secondo il quale il datore di lavoro deve garantire al lavoratore l'integrità fisica e morale.

In proposito la Cassazione[21], ha affermato che le molestie sessuali compiute sul luogo di lavoro a danno dei dipendenti costituiscono fonte di responsabilità contrattuale del datore di lavoro. Secondo la Corte, infatti, il contenuto dell'obbligo previsto dalla disposizione codicistica non è circoscritto al rispetto della legislazione tipica della prevenzione degli infortuni e delle malattie professionali, ma soprattutto richiede che non venga posto in essere un comportamento che violi il diritto alla *integrità psicofisica* del lavoratore.

Così configurato il contenuto dell'obbligo di sicurezza che grava sul datore di lavoro, alcu-

[21] Cass. n. 7768/1995. Sul punto si segnala anche Cass. n. 143/2000.

ni giudici di merito hanno coerentemente ritenuto che il datore di lavoro, quando sia a conoscenza di comportamenti vessatori di un suo dipendente nei confronti di un collega gerarchicamente subordinato, è tenuto a porre in essere, secondo il tradizionale criterio della massima sicurezza fattibile di cui all'art. 2087 c.c., (*infra*, PT. VI, Cap. III, Sez. II), quanto necessario ad impedire il reiterarsi del comportamento illecito, adottando tutte le misure, anche di natura disciplinare e organizzativa, necessarie a garantire la tutela dei dipendenti in caso di molestie.

Concetto poliedrico, la dignità è declinata in diverse forme dalla Costituzione: la «pari dignità sociale» espressamente garantita (vietando ogni discriminazione), dall'art. 3; la «dignità umana» quale limite all'esercizio della libertà di impresa nell'art. 41, secondo comma. La dignità, nella sua proiezione di «vita libera e dignitosa», è altresì il fine e al tempo stesso il parametro di valutazione della retribuzione "sufficiente" *ex* art. 36.

Lo stesso diritto alla riservatezza, di cui abbiamo detto sopra, può d'altronde essere ricondotto senza forzature alla salvaguardia della dignità della persona del lavoratore, se solo si considera, per esempio, la necessaria garanzia del diritto alla riservatezza a proposito dello stato di salute del lavoratore. Come ha affermato la Corte costituzionale – pur in una decisione che ha ritenuto legittima la disciplina (cui già si è fatto cenno: l. n. 135/1990) che impone, in taluni contesti e al fine di tutelare la salute pubblica, accertamenti sanitari obbligatori sulla sieropositività del lavoratore – deve essere «salvaguardata in ogni caso la dignità della persona, che comprende anche il diritto alla riservatezza sul proprio stato di salute ed al mantenimento della vita lavorativa e di relazione compatibile con tale stato». La necessaria tutela del diritto alla riservatezza sul proprio stato di salute è emersa durante la fase emergenziale della pandemia da Covid-19, ed è stata ricondotta da una parte al problema dei confini del diritto alla *privacy*, dall'altra all'obbligo di sicurezza che grava sul datore di lavoro (PT. VI, Cap. III, Sez. II). Considerando il primo profilo, il Garante, dopo una prima netta chiusura rispetto alla possibilità che i datori di lavoro imponessero accertamenti sanitari non espressamente previsti dalla legge, ha successivamente ritenuto (con una lunga serie di Provvedimenti nell'arco ormai di più di un anno) che l'esigenza di funzionalità del sistema del *Green pass* (cui sono sottese scelte di politica sanitaria che non spetta al Garante sindacare) ben può rappresentare una legittima giustificazione per il trattamento dei dati sulla condizione vaccinale, di negatività al test o di guarigione, rispettosa della ragionevolezza e proporzionalità della limitazione di diritti fondamentali quale è il diritto alla protezione dei dati [22].

La Corte costituzionale, ancora, ha avuto occasione di valorizzare il principio (così lo ha qualificato la Corte) della dignità con riferimento al lavoro dei detenuti, che «si pone come uno dei mezzi di recupero della persona, valore centrale per il nostro sistema penitenziario sotto il profilo della dignità individuale», come pure «sotto quello della valorizzazione delle attitudini e delle specifiche capacità lavorative del singolo» (sentenza n. 158/2001). Merita altresì ricordare, di fronte all'attuale "emergenza immigrazione", che la Corte ha avuto occasione di esprimersi anche a proposito delle condizioni, per l'appunto dignitose, che devono essere garantite allo straniero

---

[22] Provvedimento del 7.4.2022.

extracomunitario, nei centri di accoglienza come nelle carceri, fermo il diritto a pari condizioni di lavoro.

Da ultimo, pare opportuno osservare che la dignità della persona del lavoratore non può essere in concreto garantita se non è prioritariamente garantito a ciascuno un lavoro dignitoso. Grande è l'attenzione riservata al tema de*l decent work* dall'OIL, con la *Decent Work Agenda* e la *Declaration on Social Justice for a Fair Globalization* (2008), oltre che attraverso il monitoraggio del rispetto degli *International Labour Standards* (*ILS*).

2.1. Mobbing

Il rispetto della dignità della persona sta anche alla base della (relativamente) recente attenzione rivolta, da dottrina e giurisprudenza, ai comportamenti vessatori di colleghi o superiori del lavoratore, riassuntivamente denotati con il termine *mobbing*[23].

La Corte costituzionale, nella sentenza n. 359/2003 – ripresa, poi, dalla sentenza n. 22/2006 – ha ricordato che la sociologia[24] ha mutuato il termine mobbing da una branca dell'etologia per designare un complesso fenomeno consistente in una serie di atti o comportamenti vessatori, *protratti o reiterati nel tempo*, posti in essere nei confronti di un lavoratore da parte dei componenti del gruppo di lavoro in cui è inserito o dal suo capo, caratterizzati da un intento di persecuzione ed emarginazione finalizzato all'obiettivo primario di escludere la vittima dal gruppo. Ciò implica l'esistenza di uno o più soggetti attivi cui i suindicati comportamenti siano ascrivibili e di un soggetto passivo che di tali comportamenti sia destinatario e vittima. L'effetto di tali pratiche è quello di intaccare gravemente l'equilibrio psichico del prestatore, menomandone la capacità lavorativa e la fiducia in se stesso e provocando un crollo emotivo, la depressione e talora persino il suicidio. Il fenomeno ha ormai assunto, a seguito delle denunce di numerosi esperti di settore e delle stesse vittime, proporzioni senza dubbio rilevanti, così da coinvolgere in ogni paese europeo percentuali non indifferenti di lavoratori.

La disciplina del *mobbing*, valutata nella sua complessità e sotto il profilo della regolazione degli effetti sul rapporto di lavoro, non può non mirare a salvaguardare sul luogo di lavoro la dignità e i diritti fondamentali del lavoratore (artt. 2 e 3, c. 1, Cost.), come ha affermato la stessa Corte.

Pare opportuno segnalare come nel passato (non troppo remoto) molestie e *mobbing* risultassero spesso confusi, sia come concetti sia come disciplina.

Se si guarda agli atti comunitari, nonostante la successiva chiara scelta di ricondurre le molestie a discriminazione, la risoluzione del Parlamento europeo n. AS-0283/2001 del 21 set-

---

[23] Il termine proviene dalla lingua inglese, dal verbo *to mob* (attaccare, assalire).

[24] La prima elaborazione fu effettuata da Leymann che applicò alle scienze sociali quel fenomeno noto alla etologia in base al quale il gruppo esautorava ed allontanava uno dei membri (Lorenz). Una delle prime sentenze edite risulta quella del Trib. Forlì 23.2.2001, che definì il *mobbing* come quel comportamento, reiterato nel tempo, da parte di una o più persone, colleghi o superiori della vittima, teso a respingere dal contesto lavorativo il soggetto "mobbizzato" che, a causa di tale comportamento in un certo arco di tempo, subisce delle conseguenze negative anche di ordine fisico.

tembre 2001, avente ad oggetto "*Mobbing* sul posto di lavoro", al punto 13 esortava la Commissione ad «esaminare la possibilità di chiarificare o estendere il campo di applicazione della Direttiva quadro per la salute e la sicurezza sul lavoro oppure di elaborare una nuova Direttiva quadro, come strumento giuridico per combattere il fenomeno delle molestie» (come ricorda anche la già richiamata sentenza. n. 359/2003 della Corte costituzionale). È evidente qui una certa confusione tra molestie e *mobbing*, indotta dalla possibile parziale sovrapposizione di talune condotte vessatorie.

Un legame tra *mobbing* e molestia certo esiste, ed è rappresentato dal diritto fondamentale violato, la dignità, e a sua volta il legame tra molestia e discriminazione pure sussiste, ma non pare opportuno né utile confondere le fattispecie. Nel *mobbing* sono irrilevanti le ragioni del comportamento vessatorio, in via di principio; ciò non esclude – a nostro avviso – che quando il comportamento sia connesso (come spesso peraltro avviene) a quelle caratteristiche identitarie del lavoratore sulla cui base sono vietate le molestie (e le discriminazioni), il mobbing debba essere qualificato (e sanzionato) come molestia (o discriminazione), con tutte le conseguenze (agevolazioni) che ne possono derivare sul piano probatorio.

La giurisprudenza di merito[25] ha precisato che il *mobbing* si compone di un elemento oggettivo e di un elemento psicologico. L'elemento oggettivo consiste in ripetuti soprusi posti in essere da parte dei colleghi o di superiori e, in particolare, in *pratiche* – che possono essere *di per sé legittime sebbene biasimevoli* – dirette a danneggiare il lavoratore e a determinarne l'isolamento all'interno del contesto lavorativo. L'elemento psicologico consiste oltre che nel dolo generico – *animus nocendi* – anche nel dolo specifico di nuocere psicologicamente al lavoratore, al fine di emarginarlo[26].

Di tale condotta vessatoria, qualora ne sia provata la sussistenza, nonché il nesso di causalità tra la patologia insorta nel lavoratore e l'ambiente di lavoro, deve essere chiamato a rispondere il datore di lavoro ai sensi dell'art. 2087 c.c., essendo questi tenuto a garantire l'integrità psicofisica dei propri dipendenti e, quindi, ad impedire e scoraggiare con efficacia contegni aggressivi e vessatori da parte di preposti e responsabili, nei confronti dei rispettivi sottoposti.

La prova del nesso di causalità tra comportamento del datore di lavoro ed evento dannoso può essere tuttavia molto difficile da fornire, come dimostra una sentenza della Cassazione[27] che ha negato proprio la sussistenza del nesso di causalità nel caso di un attivista sindacale che lamentava di essere vittima di un comportamento persecutorio da parte dell'azienda, tradottosi, tra l'altro, anche nell'irrogazione di una lunga serie di sanzioni disciplinari risultate poi illegittime. Nei casi di *mobbing*, infatti, il danno psichico non deriva da un'unica condotta palesemente scorretta, ma da un insieme di piccole ricorrenti ingiustizie il cui effetto lesivo prescinde dalla gravità dei singoli episodi. Il danno da *mobbing* – qualificabile come danno esistenziale secondo gli orientamenti più recenti – è ritenuto un danno autonomo ed eventualmente ulteriore rispetto al danno alla salute.

---

[25] Così per esempio Trib. Como 22.2.2003, in *MGL*, 2003, p. 328.

[26] Quasi un caso di scuola quello della dirigente che obbligava una dipendente a lunghe attese davanti alla sua porta, le correggeva qualsiasi testo consegnato, le rivolgeva epiteti ingiuriosi davanti ai colleghi (Cass. n. 35061/2021).

[27] Cass. n. 5491/2000.

Poiché, come abbiamo visto, la fattispecie *mobbing* è stata "creata" dalla giurisprudenza, occorre quanto meno chiedersi se ci siano stati interventi normativi in materia e se sia necessaria o anche solo opportuna una specifica disciplina legale.

Partiamo da quest'ultima questione. A ben vedere, lo "spazio" che resterebbe per l'individuazione di una fattispecie autonoma regolata espressamente dalla legge è limitato dalla contigua nozione di molestie, dai divieti di discriminazione, dalle altre norme del diritto del lavoro che vietano taluni comportamenti del datore di lavoro che la giurisprudenza, a torto o a ragione, qualifica come *mobbing*. La "moltiplicazione" delle fattispecie vietate – come ha purtroppo dimostrato la larga ineffettività del diritto antidiscriminatorio – non ha virtù taumaturgiche, e può rischiare invece di confondere e alla fine ridurre la "forza" del diritto attualmente vigente, che ha già al suo interno molti "antidoti" per reagire a fenomeni (solo apparentemente) nuovi come il *mobbing*. Si intende dire con ciò che alcune "forme" di *mobbing*, o alcuni strumenti utilizzati per vessare i lavoratori, sono già oggi illegittimi, senza che sia necessaria una nuova legge a sancirne l'illegittimità.

Il caso tipico è quello del *demansionamento* del lavoratore (così anche Corte cost. n. 359/2003, *infra*), ossia della adibizione del lavoratore a mansioni diverse ed inferiori rispetto a quelle di assunzione o di successiva (purché legittima) adibizione. In questa sede è sufficiente chiarire che al lavoratore, quale parte del contratto, è riconosciuto il diritto alla professionalità, sancito e regolato dall'art. 2103 c.c. (nel testo risultante dalle modifiche apportate dall'art. 13 St. lav.): ma, come vedremo, quel diritto risulta oggi fortemente ridimensionato, dopo la riscrittura dell'art. 2103 c.c. ad opera del d.lgs. n. 81/2015, in attuazione della legge-delega n. 183/2014 (*infra*, PT. VI, Cap. I).

L'area che risulta meno presidiata da chiare indicazioni del legislatore è invece quella del demansionamento che degenera nello svuotamento della prestazione e, tipico del *mobbing*, nella emarginazione del lavoratore. Dubbia, secondo la giurisprudenza prevalente, è la configurabilità di un diritto allo svolgimento della prestazione lavorativa, generalmente limitata ai casi nei quali il lavoratore possa provare che il mancato svolgimento della prestazione ha influenzato negativamente la sua crescita professionale e, conseguentemente, le sue prospettive di sviluppo della carriera e di reperimento di nuove adeguate opportunità di impiego [28]. Ma la recente giurisprudenza non ha esitato a riconoscere la sussistenza del *mobbing* – ferma la verifica dell'intento vessatorio e persecutorio nonché del nesso eziologico tra l'insieme dei comportamenti del datore di lavoro o dei suoi collaboratori e il pregiudizio subito dalla vittima nella propria integrità psico-fisica e/o nella propria dignità – quando un dipendente era stato privato di ogni compito, lasciato inattivo e isolato, privo di scrivania e di ufficio e addirittura costretto a sostare in piedi nel corridoio [29].

I comportamenti sui quali potrebbe incidere una disciplina *ad hoc* del *mobbing* dovrebbero dunque comprendere, come ha scritto la Corte costituzionale, «le con-

---

[28] È invece generalmente escluso, anche dalla dottrina maggioritaria, che il lavoratore possa invocare l'applicazione dell'art. 4 Cost., che sancisce sì il «diritto al lavoro», ma in una accezione del tutto diversa.

[29] Cass. n. 2142/2017.

dotte – commissive o, in ipotesi, omissive – che possono estrinsecarsi sia in atti giuridici veri e propri sia in semplici comportamenti materiali aventi in ogni caso, gli uni e gli altri, la duplice peculiarità di poter essere, se esaminati singolarmente, anche *leciti, legittimi o irrilevanti* dal punto di vista giuridico, e tuttavia di acquisire comunque rilievo quali elementi della complessiva condotta caratterizzata nel suo insieme dall'effetto e talvolta, secondo alcuni, dallo scopo di persecuzione e di emarginazione».

La Corte costituzionale[30] ha avuto occasione di esprimersi in questi termini – e così concludiamo rispondendo alla domanda su quali interventi normativi vi siano stati – a proposito della prima legge regionale[31] che era intervenuta per definire e sanzionare il *mobbing*, oltre che per approntare una specifica assistenza (sanitaria e psicologica) per il soggetto leso. La Corte ha dichiarato costituzionalmente illegittima, per violazione del riparto di competenze delineato dall'art. 117, c. 2, Cost., quella legge in materia di *mobbing*, materia che la Corte ha ritenuto rientri nell'ordinamento civile riservato alla potestà legislativa esclusiva statale: è «certamente precluso alle Regioni di intervenire, in ambiti di potestà normativa concorrente, dettando norme che vanno ad incidere sul terreno dei principi fondamentali», tra i quali la Corte richiama l'art. 2087 c.c. «Ciò non esclude – ha concluso la Corte – che le Regioni possano intervenire, con propri atti normativi, anche con misure di sostegno idonee a studiare il fenomeno in tutti i suoi profili e a prevenirlo o limitarlo nelle sue conseguenze».

Merita infine far cenno, per completezza, alle ipotesi più gravi di *mobbing* che possano essere qualificate quali minacce (*ex* art. 611 c.p.) o quali atti persecutori aggravati ai sensi dell'art. 612-*bis* c.p., risultando sufficiente, in tal caso, un dolo generico per configurare quello che la Corte definisce «*stalking* occupazionale»[32].

---

[30] Corte cost. n. 359/2003.

[31] Legge della Regione Lazio 11.7.2002, n. 16, "Disposizioni per prevenire e contrastare il fenomeno del *mobbing* nei luoghi di lavoro".

[32] Cass. pen. n. 12827/2022.

PARTE VI

POTERI, DIRITTI E OBBLIGHI DELLE PARTI NEL RAPPORTO DI LAVORO

Capitolo I

I POTERI DEL DATORE DI LAVORO

SOMMARIO: 1. Il potere e i poteri del datore di lavoro. – 2. *Jus variandi* e tutela della professionalità. – 2.1. Le categorie legali dei prestatori di lavoro. – 2.2. Modifica delle mansioni e acquisizione della qualifica. – 2.3. La modificazione del luogo di esecuzione della prestazione. – 3. Il potere di vigilanza e controllo. – 4. Il potere disciplinare e suoi limiti (procedurali, quantitativi e qualitativi). – 4.1. Il trasferimento disciplinare. – 4.2. L'irrogazione delle sanzioni disciplinari.

1. *Il potere e i poteri del datore di lavoro*

La "specialità" del diritto del lavoro trova uno dei suoi fondamenti nella necessità di un intervento eteronomo volto a riequilibrare la posizione di debolezza contrattuale del prestatore, che deriva storicamente dalla sua inferiorità socio-economica, ma che deriva soprattutto dal fatto che l'ordinamento attribuisce al datore di lavoro poteri di direzione, controllo e disciplinari nei confronti della controparte. Quella supremazia è ben riassunta nel codice civile, là dove definisce (art. 2086, c. 1) l'imprenditore come «il capo dell'impresa» da cui «dipendono gerarchicamente i suoi collaboratori». Quel *potere-supremazia* del datore di lavoro che nell'art. 2086 sembra autogiustificarsi [1], trova riconoscimento, come posizione contrattuale, all'interno dell'art. 2094 dello stesso codice, là dove il creditore dell'obbligazione lavorativa viene individuato in colui dal quale "dipende" il lavoratore subordinato e che "dirige" la prestazione da questi resa in adempimento della sua obbligazione contrattuale.

È necessario aver chiari due elementi essenziali. In primo luogo, la "presenza" di una relazione negoziale tra le parti incide, in modo rilevante, sulla definizione dei contenuti e dei limiti delle reciproche obbligazioni, e dunque sia sui poteri del datore sia sugli obblighi del prestatore. In secondo luogo, se non si può trascurare la sussistenza di un rapporto contrattuale tra le parti, neppure si può trascurare l'incidenza, su quel rapporto, delle fonti eteronome, prima tra queste la Costituzione.

---

[1] Recando chiara l'impronta della matrice ideologica del Libro V del codice e del contesto storico, politico e istituzionale nel quale quella disposizione si inseriva. Il *Codice della crisi d'impresa e dell'insolvenza* (d.lgs. n. 14/2019, art. 375) ha sostituito la rubrica (che reca ora «Gestione dell'impresa», invece che «Direzione e gerarchia dell'impresa») e aggiunto un secondo comma che introduce specifici obblighi organizzativi e gestionali al fine di prevenire la crisi dell'impresa; *non* ha invece soppresso né modificato il primo comma, che oggi appare anacronistico, nel nuovo contesto (normativo e sociale) nel quale si colloca.

Proprio nella Costituzione rinveniamo i limiti fondamentali dell'agire del datore di lavoro: tali limiti sono rappresentati da una parte dai diritti fondamentali del cittadino e del cittadino lavoratore (da declinarsi al maschile e al femminile), dall'altra, dai limiti direttamente posti al datore in quanto attore dell'economia nazionale. L'imprenditore è un soggetto privato la cui libertà di iniziativa è garantita dall'art. 41 (c. 1). È proprio questa garanzia costituzionale, coniugata con la libertà contrattuale di matrice civilistica, che legittima il potere organizzativo dell'imprenditore anche nella sua veste di datore di lavoro. Le prerogative riconosciute dall'ordinamento giuridico all'imprenditore nella sua veste di organizzatore di lavoro subordinato devono dunque essere "ancorate" alle norme espresse dall'art. 41, e più propriamente al principio di libertà di iniziativa economica espresso dal c. 1.

Il potere, o meglio i poteri, che l'ordinamento attribuisce al datore di lavoro possono essere rappresentati come i molteplici riflessi delle diverse sfaccettature della figura del datore di lavoro: creditore della prestazione di lavoro subordinato, capo gerarchico dell'impresa, organizzatore delle prestazioni e più in generale dell'attività d'impresa. Non torniamo a ripetere quanto già detto sulla fonte del rapporto di lavoro e sulla natura del contratto. Basti qui dire che il potere organizzativo e direttivo del datore è "accettato" dal prestatore nel contratto, che ha ad oggetto lo scambio di retribuzione[2] contro lavoro: oggetto dello scambio non è infatti un lavoro "qualunque", bensì "lavoro subordinato". È nel rapporto, tuttavia, che l'imprenditore mostra, al contempo, la sua "faccia" di organizzatore e la sua "faccia" di creditore: creditore di una prestazione lavorativa che acquisisce attraverso la stipulazione di un contratto di lavoro subordinato, stipulato proprio per acquisire lavoro prestato «alle dipendenze e sotto la direzione» dell'imprenditore.

Abbiamo detto che il potere organizzativo del datore di lavoro trova il suo fondamento giuridico nel principio di libertà di iniziativa economica sancito dall'art. 41 Cost. Nella stessa disposizione costituzionale troviamo, nel c. 2, i primi limiti di pari rango, là dove si prevede che l'iniziativa economica «non può svolgersi in contrasto con l'utilità sociale o in modo da recare danno alla salute, all'ambiente, alla sicurezza, alla libertà, alla dignità umana»[3]. Facendo nostro un presupposto ormai da tempo accolto dalla dottrina largamente dominante, precisiamo che l'ordinamento lavoristico rifiuta la logica dei c.d. *limiti interni* alla libertà di iniziativa economica, così come

---

[2] La retribuzione costituisce l'elemento essenziale e centrale delle obbligazioni assunte dal datore con il contratto, ma non esaurisce gli obblighi del datore, secondo l'opinione dominante: basti pensare all'obbligo (contrattuale) di sicurezza (*infra*, Cap. III, Sez. II).

[3] Salute e ambiente sono i nuovi valori/limiti introdotti dalla legge costituzionale 11 febbraio 2022 (entrata in vigore il 9.3.2022), che ha aggiunto un nuovo comma all'art. 9 (La Repubblica «tutela l'ambiente, la biodiversità e gli ecosistemi, anche nell'interesse delle future generazioni. La legge dello Stato disciplina i modi e le forme di tutela degli animali») e ha affiancato ai «fini sociali» i fini «ambientali» quali obiettivi di indirizzo e di coordinamento dell'attività economica pubblica e privata, attraverso opportuni programmi e controlli (art. 41, c. 3). L'esperienza ci dirà se questi due nuovi riferimenti – anche se la salute compariva e compare comunque quale valore costituzionale – potranno incidere sulla valutazione dei comportamenti del datore di lavoro e, conseguentemente, sull'esercizio dei suoi poteri e sui diritti che potranno essere riconosciuti ai lavoratori subordinati.

ai poteri del datore che ne rappresentano una specificazione, e rifiuta la conseguente funzionalizzazione di tali poteri.

Escluso che l'art. 41 ponga limiti interni alla libertà di iniziativa economica, restano invece i c.d. *limiti esterni*, ed è certo che la legislazione lavoristica rappresenta un esempio emblematico della progressiva limitazione (esterna) delle prerogative dell'imprenditore nella sua veste di datore di lavoro. Semplificando al massimo, potremmo dire che la *ratio* dell'intero diritto del lavoro del secolo scorso può essere individuata nella costruzione di una serie di limiti sempre più stringenti al libero dispiegarsi del potere del datore di lavoro e alle modalità di esercizio di quel potere.

I primi limiti sono rappresentati dai diritti fondamentali dei lavoratori, che abbiamo già considerato nella sede opportuna. Altri limiti sono rinvenibili nella disciplina dei poteri tipici del datore di lavoro: potere direttivo, potere di controllo, potere disciplinare, e li esamineremo puntualmente, considerando anche il modo in cui la giurisprudenza li ha applicati.

2. Jus variandi *e tutela della professionalità*

Inizieremo l'analisi dei limiti del potere direttivo del datore di lavoro guardando ad una delle sue modalità tipiche di espressione: l'esercizio del potere di determinare e di modificare il contenuto della prestazione lavorativa dedotta in contratto, in relazione alle esigenze organizzative che si manifestino durante lo svolgimento del rapporto di lavoro. I limiti al potere di conformazione della prestazione rappresentano peraltro, dal punto di vista del lavoratore, diritti esigibili nei confronti del datore, riassumibili, in particolare, nel c.d. diritto alla qualifica, emblematica espressione del diritto alla tutela della professionalità del lavoratore, che a sua volta rappresenta uno strumento di protezione della dignità della persona del lavoratore subordinato.

Per individuare i limiti del potere di conformazione della prestazione lavorativa occorre muovere dall'*incipit* dell'art. 2103 c.c. che stabilisce che «il prestatore di lavoro deve essere adibito alle mansioni per le quali è stato assunto». Il punto di partenza è rappresentato dunque dalle *mansioni* definite nel contratto, che rappresentano l'oggetto specifico del contratto stipulato tra le parti.

Le mansioni rappresentano il contenuto essenziale e caratteristico dei compiti per svolgere i quali il lavoratore è stato assunto. Le mansioni sono definite nel contratto individuale (quando stipulato in forma scritta), e comunicate al lavoratore in adempimento dell'obbligo di informazione sugli elementi essenziali del contratto che grava sul datore di lavoro.

L'esatta individuazione delle mansioni del lavoratore rappresenta un momento importante dell'attività contrattuale, spesso sottovalutato ma fondamentale per la successiva valutazione della correttezza delle modifiche che possano successivamente intervenire. D'altro canto, è sul corretto svolgimento delle mansioni dedotte in contratto che saranno valutati sia il corretto o non corretto adempimento della prestazione, sia la diligenza nell'adempimento, entrambi prodromici all'eventuale esercizio del potere disciplinare (*infra*). Ancora, come abbiamo già avuto occasione di considerare, dal corretto svolgimento delle mansioni assegnate dipenderà l'esito della prova.

Le mansioni devono comunque essere *determinate* o *determinabili*, come generalmente prescritto per l'oggetto di un contratto: si può così ritenere sufficiente il rinvio alle previsioni del contratto collettivo applicato dal datore di lavoro, ove siano adeguatamente specificate le mansioni riferibili ad una determinata *qualifica* (o *categoria*: il termine non è usato qui nel senso di categoria legale dei prestatori di cui all'art. 2095 c.c., su cui v. *infra*). La qualifica, a sua volta, rappresenta da una parte la sintesi delle mansioni raggruppate nella stessa qualifica [4] e dall'altra parte il profilo professionale del lavoratore. Come vedremo, tuttavia, il "diritto alla qualifica", ed insieme ad esso la tutela della professionalità del lavoratore, escono fortemente ridimensionati dalla riforma del 2015, con una notevole accentuazione del potere del datore di disporre discrezionalmente della prestazione di lavoro, che diventa sempre più flessibile. Se fino a ieri si riteneva che la flessibilità progressivamente introdotta nel sistema fosse solo in entrata e in uscita dal rapporto, per così dire, con il d.lgs. n. 81/2015 il legislatore interviene, e significativamente, sulla flessibilità *funzionale* della prestazione di lavoro.

2.1. *Le categorie legali dei prestatori di lavoro*

Dopo aver unificato tutti i prestatori di lavoro nella definizione unitaria di "lavoratore subordinato" (art. 2094 c.c.), il codice civile subito dopo li suddivideva in dirigenti, amministrativi e tecnici, impiegati, operai. Ancora oggi il testo dell'art. 2095 c.c., precisa che «i prestatori di lavoro subordinato *si distinguono* in dirigenti, quadri, impiegati e operai» (art. 2095, c. 1).

Delle origini della partizione tra *operai* e *impiegati* abbiamo già avuto occasione di trattare, e le poche persistenti differenze di disciplina per le due categorie saranno considerate di volta in volta in relazione ai diversi istituti sui quali incidono (ferie, retribuzione, malattia). Possiamo ora aggiungere che quella rigida partizione tra operai e impiegati è stata progressivamente superata, a partire dagli anni '70 del secolo scorso, dalle politiche contrattuali, che hanno adottato il sistema del c.d. *inquadramento unico*, incentrato sulle *declaratorie* (descrizioni delle mansioni tipiche di una qualifica o di un *livello*, secondo altra denominazione invalsa nella contrattazione collettiva) e sui *profili professionali* o sulle *qualifiche* o, ancora, sulle *categorie* (i vocaboli sono utilizzati peraltro con accezioni diverse nei diversi contratti collettivi), superando così nei fatti la distinzione tra mansioni operaie e mansioni impiegatizie.

A fronte di questo consolidato orientamento della contrattazione collettiva, occorre tuttavia segnalare che la rilevanza della distinzione in categorie sembra riemergere con decisione nella novella dell'art. 2103 introdotta dalla riforma del 2015 (d.lgs. n. 81/2015). Tratteremo la questione descrivendo le modalità e i limiti dell'esercizio del-

---

[4] Secondo Cass. n. 15739/2011, l'attribuzione al lavoratore della qualifica corrispondente alle mansioni svolte deve avvenire seguendo un procedimento logico articolato in tre fasi successive: l'accertamento in fatto delle attività concretamente svolte dal lavoratore (riservato al giudice del merito e insindacabile in sede di legittimità, se sorretto da logica e adeguata motivazione: Cass. n. 26233/2008); l'individuazione della qualifica rivendicata e delle mansioni alla stessa riconducibili secondo la disciplina dettata dalla contrattazione collettiva; la verifica della corrispondenza fra le attività svolte e le previsioni del contratto collettivo. Questi principi valgono anche quando oggetto di rivendicazione sia la qualifica dirigenziale (Cass. n. 13495/2011).

lo *jus variandi*, ma merita osservare sin d'ora che la categoria legale rappresenta oggi un limite (sia pure superabile, come vedremo) alla mobilità professionale. Resta il fatto che la legge, ad oggi, non definisce le singole categorie né «i requisiti di appartenenza» alle categorie[5], salvo che per i quadri e, indirettamente, per i dirigenti.

La categoria legale dei *dirigenti* ha una lunga storia alle spalle. Vertici dell'organigramma aziendale, tradizionalmente considerati l'*alter ego* dell'imprenditore, soggetti a discipline parzialmente differenziate rispetto a tutti gli altri lavoratori (basti qui richiamare l'inapplicabilità, in via di massima e salvo previsioni specifiche, della disciplina limitativa dell'orario e dei licenziamenti), destinatari dell'applicazione di contratti collettivi specifici in forza della separatezza delle loro forme di rappresentanza sindacale: peculiarità sufficienti a farne una vera "categoria" a sé stante, che ancor oggi mantiene la sua "separatezza".

Quando la giurisprudenza ha avuto occasione di occuparsi dei dirigenti, è stato principalmente per due ragioni: l'attribuzione c.d. convenzionale della qualifica di dirigente; l'individuazione dei confini tra la c.d. alta dirigenza e la c.d. piccola dirigenza (oltre che rispetto ai quadri: *infra*).

In particolare, la giurisprudenza ha ritenuto che il riconoscimento della qualifica di dirigente ad un lavoratore che non svolga effettivamente mansioni dirigenziali costituisce legittima espressione dell'autonomia negoziale, quando risponda a un apprezzabile interesse delle parti e non sia provato un intento elusivo di norme imperative[6]. La giurisprudenza chiama spesso "pseudo dirigente" il lavoratore addetto a mansioni non dirigenziali, ma tuttavia inquadrato come dirigente dal datore di lavoro in ragione di un trattamento *ad personam* di maggior favore.

Secondo un orientamento ormai consolidato della Cassazione soltanto il lavoratore che effettivamente "sostituisca" il capo di un'impresa di dimensioni medio-grandi nelle funzioni strettamente imprenditoriali, ovvero la cui posizione corrisponda sostanzialmente al prototipo del c.d. *top manager*, può essere considerato dirigente[7]. Solo al personale rientrante in tale definizione non si applicherà, ad esempio, la disciplina limitativa dei licenziamenti. Tale esenzione invece non avrà effetto nei confronti del personale dipendente (direttivo) caratterizzato dalla media e bassa dirigenza, rappresentata dalla figura del dirigente di "staff", tecnico altamente specializzato, ricercatore, etc., pur in grado di offrire prestazioni di elevata competenza e responsabilità professionali (sul licenziamento del dirigente v. *infra*, PT. VIII, Cap. II, Sez. IV, C). Secondo i giudici, infatti, deve essere considerato dirigente l'*alter ego* dell'imprenditore, preposto all'intera azienda o ad un ramo o servizio, caratterizzato da particolare autonomia e importanza, al quale competono, con le connesse responsabilità, poteri decisionali di entità tale, pur nell'ambito delle direttive generali impartite dal da-

[5] Come pure consentirebbe il c. 2 dell'art. 2095 c.c., che indica «le leggi speciali» (e i contratti corporativi, venuti meno) quali fonti che «in relazione a ciascun ramo di produzione e alla particolare struttura dell'impresa, determinano i requisiti di appartenenza alle indicate categorie».

[6] Così, tra le tante, Cass. n. 13326/2002.

[7] Cass. n. 4272/2011 ha specificato che la figura professionale del dirigente si caratterizza per lo svolgimento di compiti non subordinati a quelli di altri dirigenti, di qualsiasi livello, e caratterizzati da autonomia e potere decisionale.

tore di lavoro, da influenzare l'intero andamento dell'attività aziendale, tanto al suo interno quanto nei rapporti con i terzi [8].

Dopo l'introduzione (con l. n. 190/1985, che ha integrato l'art. 2095 c.c.) della categoria legale dei *quadri*, l'individuazione dei "veri" dirigenti è divenuta più difficile, non foss'altro perché questa nuova categoria – introdotta per riconoscere uno specifico *status* agli impiegati direttivi e ai tecnici di alto livello, in un particolare momento storico caratterizzato da tensioni sociali e contrapposizioni all'interno sia della categoria degli operai, sia della categoria degli impiegati – è definita in via differenziale rispetto ai dirigenti. Secondo l'art. 2, l. n. 190/1985, infatti, «la categoria dei quadri è costituita dai prestatori di lavoro subordinato che, pur *non appartenendo alla categoria dei dirigenti*, svolgano funzioni con carattere continuativo di rilevante importanza ai fini dello sviluppo e dell'attuazione degli obiettivi dell'impresa». La legge rinvia peraltro alla contrattazione collettiva l'individuazione dei «requisiti di appartenenza» alla categoria, «in relazione a ciascun ramo di produzione e alla particolare struttura organizzativa dell'impresa». Facile prevedere, nel prossimo futuro, l'aumento delle previsioni contrattuali che definiscono funzioni e confini rispettivamente di quadri e dirigenti – come pure di operai e quadri, d'altronde, considerato il rilievo assunto dalle categorie legali nella nuova mobilità ammessa dal d.lgs. n. 81/2015.

Trascurando alcune specifiche previsioni (es. obbligo di assicurazione dei quadri, da parte del datore di lavoro, contro i rischi di responsabilità civile verso i terzi, disciplina delle loro invenzioni o innovazioni quando non costituiscano oggetto della prestazione dedotta in contratto), la norma fondamentale e discretiva rispetto ai dirigenti è racchiusa nell'art. 2, c. 3: «salvo diversa espressa disposizione», ai quadri «si applicano le norme riguardanti la categoria degli impiegati». Per questa via, i quadri sono equiparati agli impiegati, e conseguentemente a tutti gli altri lavoratori subordinati, risultando così soggetti alla disciplina generale del diritto del lavoro. Da ciò deriva l'importanza di distinguere chiaramente i quadri dai dirigenti.

2.2. *Modifica delle mansioni e acquisizione della qualifica*

La disciplina delle mansioni ha subito nel tempo due modificazioni importanti, disegnando una parabola, ascendente e poi discendente, dei diritti dei lavoratori, a partire dal testo originario del codice civile.

Nella sua formulazione iniziale, l'art. 2103 c.c. ("Prestazione del lavoro": rubrica rimasta anche oggi immutata) così recitava: «Il prestatore di lavoro deve essere adibito alle mansioni per cui è stato assunto. Tuttavia, se non è convenuto diversamente, l'imprenditore può, in relazione alle esigenze dell'impresa, adibire il prestatore di lavoro ad una mansione diversa, purché essa non importi una diminuzione nella retribuzione o un mutamento sostanziale nella posizione di lui» [9]. Largo spazio era così lasciato all'autonomia delle parti, che di fatto si traduceva, per lo più, nel potere esercitato dal datore di attribuire al lavoratore mansioni diverse; restava comunque il li-

---

[8] Così Cass. n. 18165/2015.

[9] Così poi proseguiva, al c. 2: «Nel caso previsto dal comma precedente, il prestatore di lavoro ha diritto al trattamento corrispondente all'attività svolta, se è a lui più vantaggioso».

mite della c.d. irriducibilità della retribuzione e il (meno limpido) limite estremo del mutamento sostanziale della posizione del lavoratore.

Con la riscrittura dell'art. 2103 operata in chiave garantista dall'art. 13 St. lav. (1970), il legislatore aveva implicitamente (ma chiaramente) vietato l'adibizione a mansioni inferiori [10], consentendo la sola adibizione del lavoratore a *mansioni equivalenti* o superiori.

Con la riforma del 2015 il legislatore da una parte ha introdotto una diversa modulazione della mobilità orizzontale, dall'altra – con un ritorno all'antico, per così dire – ha legittimato diverse ipotesi di mobilità verticale verso il basso. Vedremo subito quali limiti incontri l'esercizio del c.d. *jus variandi* riconosciuto oggi con maggiore ampiezza al datore di lavoro per mantenere nel tempo l'utilità della prestazione lavorativa fornita dai dipendenti, modificando, appunto, le mansioni attribuite ai lavoratori secondo le mutevoli esigenze aziendali.

Sin d'ora è opportuno segnalare un principio ritenuto fino a ieri fondamentale baluardo della professionalità, formalmente rimasto immutato anche dopo la novella del 2015 ma sostanzialmente molto depotenziato: l'inderogabilità delle regole espresse dalla disposizione di legge. Il secondo comma dell'art. 2103 c.c., recitava, sino a ieri: «ogni patto contrario è nullo» [11]. Oggi il c. 9 del nuovo art. 2013 ribadisce sì la nullità di ogni patto contrario, ma sono fatte salve tutte le ipotesi di adibizione a mansioni inferiori, tra le quali quelle intervenute in sede pattizia (sia pure di fronte ad un organismo terzo, come diremo). Il significato della inderogabilità ne esce drasticamente ridotto.

a) *Mobilità orizzontale*

Poiché oggi, diversamente dal recente passato, è consentito adibire il lavoratore a

---

[10] Il divieto non era smentito, ma anzi rafforzato, dalla presenza di alcune specifiche ipotesi nelle quali il legislatore consente (ancor oggi, è da ritenere), e addirittura talora impone, l'adibizione a mansioni inferiori: è il caso, per esempio, della lavoratrice in stato di gravidanza che deve essere adibita, senza riduzione della retribuzione, a mansioni diverse da quelle abituali che risultino nocive per la madre o per il feto, come dell'adibizione a mansioni inferiori, ferma la precedente retribuzione, del lavoratore divenuto inabile allo svolgimento delle mansioni alla quali era adibito.

[11] Sebbene sia pacifico in giurisprudenza l'assunto che l'eventuale consenso del lavoratore allo spostamento a mansioni inferiori è ininfluente ai fini della configurazione della fattispecie vietata (e dunque della nullità del patto), in qualche particolare circostanza i giudici hanno riconosciuto rilevanza al consenso del lavoratore al "demansionamento": secondo l'orientamento della Cassazione, ad esempio, la nullità di cui al c. 2 dell'art. 2103 c.c. non è riferibile all'ipotesi in cui la modifica *in pejus* delle mansioni sia stata concordata nell'interesse del lavoratore e al fine di evitare il licenziamento del medesimo non più in grado, per ragioni di salute, di svolgere in modo adeguato le mansioni precedenti. Ancora, la Cassazione ha ritenuto che ove il demansionamento rappresenti l'unica alternativa al recesso datoriale, non è necessario un patto di demansionamento o una richiesta del lavoratore in tal senso anteriore o contemporanea al licenziamento, ma è onere del datore di lavoro, in attuazione del principio di correttezza e buona fede, prospettare al dipendente la possibilità di un reimpiego in mansioni inferiori compatibili con il suo bagaglio professionale (Cass. n. 23698/2015, Cass. n. 4509/2016, Cass. n. 26467/2016). La questione sarà considerata nel prosieguo del testo, con particolare riferimento al rapporto tra tutela della professionalità del lavoratore, sopravvenuta inidoneità fisica e disciplina del giustificato motivo di licenziamento (*infra*, PT. VIII, Cap. II, Sez. II, § 5).

mansioni inferiori, è ancora più importante definire il termine di paragone, ossia le mansioni di prima adibizione (e lo abbiamo già fatto) e le mansioni di pari livello, che nel precedente testo dell'art. 2103 c.c. erano definite come «equivalenti» e che oggi trovano una nuova definizione nel d.lgs. n. 81/2015, all'art. 3.

Il vecchio testo dell'art. 2103 consentiva l'adibizione del lavoratore a *mansioni equivalenti* alle ultime effettivamente svolte «senza alcuna diminuzione della retribuzione».

Secondo l'orientamento prevalente della giurisprudenza l'irriducibilità della retribuzione prevista dall'art. 2103 in caso di legittimo esercizio dello *jus variandi* si riferisce all'aspetto qualitativo delle mansioni, quindi alla retribuzione quale compenso della professionalità intrinseca alle mansioni stesse, e non all'aspetto attinente alla quantità e alle modalità del lavoro. Per questa ragione, per esempio, la retribuzione del lavoro straordinario o l'indennità forfetaria di trasferta percepite nello svolgimento della mansione originaria, che ricompensano la penosità od il disagio eccedenti l'ordinaria esecuzione della prestazione, possono essere oggetto di modifiche conseguenti all'adibizione a mansioni che non richiedano lavoro straordinario o trasferte. Il principio legale della c.d. irriducibilità della retribuzione deve essere quindi correttamente inteso, e riferito ai soli compensi corrisposti in considerazione delle qualità intrinseche delle mansioni, escludendo voci retributive (*infra*, Cap. III, Sez. I) quali indennità o compensi relativi alle particolari modalità di svolgimento delle mansioni di provenienza, non collegate al bagaglio di professionalità acquisita dal lavoratore. Questa interpretazione dell'espressione «senza alcuna diminuzione della retribuzione» è oggi confermata dal nuovo testo legislativo.

Con formulazione più distesa ed esplicita, il d.lgs. n. 81/2015 prevede oggi che in caso di adibizione a mansioni inferiori «il lavoratore ha diritto alla conservazione [...] del trattamento retributivo in godimento, fatta eccezione per gli elementi retributivi collegati a particolari modalità di svolgimento della precedente prestazione lavorativa»: *a fortiori*, si deve ritenere che l'irriducibilità della retribuzione, nei limiti visti, debba essere garantita in caso di mobilità c.d. orizzontale.

Secondo il previgente testo dell'art. 2103, la mobilità orizzontale era legittima nei limiti della *equivalenza professionale* delle mansioni, affidata in prima istanza alle declaratorie (mansionario) contenute nei contratti collettivi [12] e in ultima istanza al giudice in caso di contenzioso. Ormai da tempo consolidato era l'orientamento giurisprudenziale che riteneva che le nuove mansioni di adibizione dovessero consentire l'utilizzo del patrimonio di esperienza e di professionalità acquisita nello svolgimento della mansione precedente, in una prospettiva dinamica; era ritenuta legittima l'adibizione anche a mansioni radicalmente diverse da quelle di origine, purché coerenti con la formazione e le competenze del lavoratore, anche in vista del potenziale sviluppo della sua professionalità (il che non comporta la necessità che le nuove mansioni aprano le porte a prospettive di sviluppo della carriera).

Di equivalenza di mansioni si può convenzionalmente continuare a parlare, ma

---

[12] Pare opportuno segnalare che la contrattazione collettiva più recente ha in alcuni casi dato una definizione molto ampia e generica delle mansioni ricomprese in una determinata categoria o qualifica o livello, rendendo così tra loro fungibili mansioni che possono avere un contenuto professionale molto diverso ma che vengono collocate tutte in una stessa "area professionale", nella quale sono esemplificati alcuni profili professionali. Esempio ne è l'ultimo CCNL delle aziende di credito finanziarie e strumentali.

occorre chiarirne le nuove coordinate. In forza del primo comma del nuovo art. 2103, il lavoratore può essere liberamente adibito (oltre che alle mansioni per le quali è stato assunto o a quelle corrispondenti all'inquadramento superiore che abbia successivamente acquisito: v. *infra*) a «mansioni riconducibili allo stesso livello *e* categoria legale di inquadramento delle ultime effettivamente svolte». Nulla di così nuovo, per quanto concerne il riferimento allo stesso *livello* di inquadramento, con un chiaro rinvio alla contrattazione collettiva che definisca le mansioni che rientrino in ciascun livello; salvo osservare che risulta oggettivamente ridotto, se non addirittura azzerato, lo spazio di intervento del giudice, che non potrà più valutare la congruità delle nuove mansioni rispetto al bagaglio professionale del lavoratore, ma dovrà limitarsi a verificare sia l'identità del livello di inquadramento di vecchie e nuove mansioni, sia la riconducibilità delle nuove mansioni alla stessa *categoria legale* di inquadramento. Il duplice limite (la congiunzione "e" utilizzata dal legislatore è chiara in tal senso) costituisce il nuovo e diverso confine della mobilità orizzontale, che introduce da una parte un diritto riconosciuto al lavoratore, dall'altra una rigidità per l'impresa (non si sa quanto consapevolmente voluta dal legislatore, ma comunque superabile: ricorrendo al demansionamento e alla dequalificazione (*infra*). Le nuove regole comportano la necessità di ripensare le categorie legali che avevano perso di rilevanza con l'ormai consolidata prassi dell'inquadramento unico (considerato finora un traguardo di civiltà), e affidano alla contrattazione collettiva il compito, importante e difficile, di riempire il vuoto di contenuti che presentano oggi le diverse categorie legali, con le sole parziali eccezioni dei quadri e dei dirigenti.

La giurisprudenza si era mostrata sensibile all'esigenza di interpretare in maniera flessibile e dinamica l'equivalenza delle mansioni di cui all'art. 2103 c.c., esigenza avvertita in special modo in casi di ricorso al mutamento di mansioni al fine evitare provvedimenti espulsivi di lavoratori in esubero. Così ad esempio, la Cassazione[13] ammetteva che i lavoratori adibiti a mansioni impiegatizie potessero essere successivamente utilizzati come operai, dopo aver frequentato specifici corsi di riqualificazione professionale durante il periodo di fruizione della integrazione salariale straordinaria: le due posizioni – affermava la S.C. – non possono infatti considerarsi non equivalenti quando il dipendente sia in grado di svolgere i nuovi compiti con la sua preparazione culturale di base e con le nozioni tecniche acquisite anche nel corso del rapporto di lavoro, e non risenta pregiudizio sotto il profilo retributivo, restando nella stessa categoria di inquadramento unico, né di progressione di carriera[14]. Il superamento del nuovo confine della categoria legale pare oggi più incerto, se non addirittura precluso, fatti salvi gli accordi individuali (v. *infra*) che possono avere ad oggetto anche la modifica della categoria legale di precedente inquadramento del lavoratore.

b) *Adibizione a mansioni inferiori*

La nuova disciplina introduce tre distinte ipotesi di possibile adibizione a mansioni inferiori.

b1) La prima ipotesi è prevista dal c. 2 del (nuovo: non lo ripeteremo più) art. 2103

---

[13] Tra le tante, Cass. n. 5098/1985.

[14] Secondo la giurisprudenza di legittimità, la contrattazione collettiva può rendere fungibili per temporanee esigenze aziendali anche mansioni che esprimono professionalità di grado diverso, purché siano contrattualmente equivalenti, ovverosia classificate nella medesima categoria e allo stesso livello retributivo (Cass. n. 25033/2006).

c.c.: «in caso di modifica degli assetti organizzativi aziendali che incide sulla posizione del lavoratore, lo stesso può essere assegnato a mansioni appartenenti al livello di inquadramento inferiore purché rientranti nella medesima categoria legale». Il limite posto è duplice: il lavoratore potrà essere adibito alle sole mansioni previste dal livello immediatamente inferiore a quello di provenienza, e a condizione che quelle mansioni siano riferibili alla stessa categoria legale. La flessibilità, e dunque la discrezionalità riconosciuta all'imprenditore è tuttavia grande, perché consente il *demansionamento* quale forma legittima di esercizio del potere organizzativo del datore di lavoro. È da ritenere comunque che il giudice potrà verificare che la modifica delle mansioni di quel particolare lavoratore sia coerente con la modifica degli assetti organizzativi, e prima ancora che quella modifica sia effettiva (sulla falsariga degli orientamenti giurisprudenziali consolidati in materia di licenziamento per giustificato motivo oggettivo, di cui parleremo oltre). Per garantire la chiara individuazione dei nuovi confini del debito contrattuale del lavoratore (le nuove e inferiori mansioni) il legislatore ha opportunamente prescritto che il mutamento di mansioni sia «comunicato in forma scritta, a pena di nullità».

b2) La seconda ipotesi è prevista dal c. 4, in forza del quale «ulteriori ipotesi» di demansionamento entro i limiti appena descritti possano essere previste dai contratti collettivi (poiché il legislatore non specifica né il livello, né i soggetti stipulanti, valgono i criteri di cui all'art. 51, d.lgs. n. 81/2015) [15]. Merita osservare che la delega è molto ampia, poiché non sono richieste specifiche giustificazioni che sorreggano l'accordo delle parti. Anche in questo caso è prevista la comunicazione in forma scritta *ad substantiam*.

In entrambe le ipotesi è previsto il diritto del lavoratore alla conservazione dell'inquadramento e alla precedente retribuzione (nei limiti già visti). Di diritto alla formazione, invece, non è possibile parlare. Il c. 3 prevede infatti che «il mutamento di mansioni è accompagnato, ove necessario, dall'assolvimento dell'obbligo formativo»: ma da una parte la valutazione della sua opportunità è lasciata alla discrezionalità del datore, dall'altra è espressamente previsto che il mancato adempimento di quell'obbligo da parte del datore «non determina comunque la nullità dell'atto di assegnazione delle nuove mansioni». Insomma: il lavoratore dovrà svolgere le nuove mansioni e non potrà vantare alcuna pretesa in merito alla formazione (comunque per lui obbligatoria ove prevista). L'obbligo di informazione (comunicazione in forma scritta) garantisce la conoscibilità ma non la piena trasparenza dell'operazione, salvo ritenere, *praeter legem*, che nella comunicazione debba essere contenuta anche la motivazione del provvedimento adottato (mentre non pare dubbio che debba essere indicata la fonte contrattuale collettiva, ove ricorra).

b3) Mansioni, come pure categoria legale e livello di inquadramento e relativa retribuzione, possono essere infine modificate tramite «accordi individuali», e dunque, come avevamo anticipato, in via pattizia. Il c. 6 prescrive che questi accordi debbano

---

[15] Ricordiamo che l'art. 51 del d.lgs. n. 81/2015 dispone che «salvo diversa previsione, ai fini del presente decreto, per contratti collettivi si intendono i contratti collettivi nazionali, territoriali o aziendali stipulati da associazioni sindacali comparativamente più rappresentative sul piano nazionale e i contratti collettivi aziendali stipulati dalle rappresentanze sindacali aziendali ovvero dalla rappresentanza sindacale unitaria».

essere stipulati in sede di conciliazione (art. 2113 c.c.) o in sede di certificazione (v. PT. IX, Cap. I), e che il lavoratore possa «farsi assistere da un rappresentante dell'associazione sindacale cui aderisce o conferisce mandato o da un avvocato o da un consulente del lavoro». Tali accordi, stando alla lettera della legge, devono comportare modifiche «nell'interesse del lavoratore alla conservazione dell'occupazione [16], all'acquisizione di una diversa professionalità o al miglioramento delle condizioni di vita». La finalizzazione degli accordi, dunque, dovrebbe essere oggetto di puntuale verifica da parte dei soggetti (giudici, funzionari degli ispettorati del lavoro, sindacati, commissioni di certificazione) che dovrebbero garantire, in quelle "sedi protette", la genuina volontà abdicativa del lavoratore al fine di realizzare uno degli obiettivi previsti dalla legge nell'interesse, appunto, del lavoratore. Per questa via si può giungere ad un demansionamento che comporti la modifica *in pejus* di più di un livello, o al di là della categoria legale di appartenenza, con conseguente contemporanea modifica anche della retribuzione, superando così la rigidità, solo apparente, dei limiti al demansionamento unilaterale o in applicazione delle previsioni dei contratti collettivi, che avevamo precedentemente considerato.

Residuano ancora oggi spazi per individuare (e sanzionare) demansionamenti illegittimi: sicuramente quando non ricorrano tutte le condizioni (formali, procedurali, sostanziali) previste dalla legge.

La diversità della disciplina, *ante* e *post* d.lgs. n. 81/2015, unita al perdurare nel tempo degli effetti dell'esercizio dello *jus variandi*, ha tuttavia posto alla giurisprudenza un problema di diritto intertemporale non risolto, e neppure affrontato, dal legislatore. Se la fattispecie (modifica delle mansioni) si pone a cavallo della riforma del 2015, si registrano in giurisprudenza due diverse interpretazioni. Secondo un orientamento, la nuova normativa non si può applicare quando il demansionamento si è prodotto vigente la normativa precedente, perché il fatto che segna il discrimine tra una normativa e l'altra è proprio il prodursi del demansionamento, «non rilevando invece che esso continui nel vigore della legge successiva, la quale peraltro non contiene alcuna norma di natura retroattiva e nemmeno di diritto intertemporale» [17]. Secondo un opposto orientamento, la riforma dell'art. 2103 c.c. non incide sulla qualificazione del fatto per il tratto di tempo antecedente alla data di entrata in vigore della riforma; la qualificazione va operata ai sensi della disciplina previgente, ma la nuova disciplina si deve applicare al periodo successivo all'entrata in vigore del d.lgs. n. 81/2015 [18].

---

[16] Il legislatore sembra così avallare quell'orientamento giurisprudenziale che riteneva comunque legittimi accordi individuali volti a demansionare il lavoratore al fine di garantirgli l'occupazione (quale esito di un bilanciamento tra il diritto alla professionalità e il diritto al mantenimento dell'occupazione, ritenuto prevalente, diremmo noi: ma v. *infra* la diversa valutazione della Cassazione). Ancora poco prima della riforma, la Cassazione (sentenza n. 1195/2014) aveva ribadito che «la disposizione dell'art. 2103 c.c. sulla disciplina delle mansioni e sul divieto di declassamento va interpretata alla stregua del bilanciamento del diritto del datore di lavoro a perseguire un'organizzazione aziendale produttiva ed efficiente e quello del lavoratore al mantenimento del posto, con la conseguenza che, nei casi di sopravvenute e legittime scelte imprenditoriali, comportanti, tra l'altro, interventi di ristrutturazione aziendale, l'adibizione del lavoratore a mansioni diverse, ed anche inferiori, a quelle precedentemente svolte senza modifica del livello retributivo, non si pone in contrasto con il dettato del codice civile».

[17] Trib. Ravenna, 30.9.2015, n. 174, in *FI*, 2016, 1, I, c. 362.

[18] Trib. Roma 30.9.2015, in *DRI*, 2017, 1, p. 230: «il demansionamento del lavoratore costituisce una sorta di illecito "permanente", nel senso che esso si attua e si rinnova ogni giorno in cui il di-

Si può infine ritenere che anche con la nuova disciplina resti aperta una annosa e ad oggi insoluta questione: quella della riduzione per così dire quantitativa delle mansioni (abbiamo già avuto occasione di considerare la questione, da un diverso ma contiguo punto di vista, trattando della dignità del lavoratore, tra *mobbing* e demansionamento).

Secondo la Cassazione, la riduzione quantitativa delle mansioni è legittima nei limiti in cui non comporti una riduzione qualitativa delle mansioni e quindi una *dequalificazione* professionale [19]. Una modifica quantitativa delle mansioni assegnate costituisce violazione dell'art. 2103 c.c. se determina un progressivo deperimento del bagaglio culturale del dipendente e una perdita di quelle conoscenze ed esperienze richieste dal tipo di lavoro svolto, che finiscono per tradursi, in ultima analisi, in un graduale appannamento della propria professionalità ed in una sua più difficile futura utilizzazione (nella stessa azienda come nel mercato del lavoro) [20]. *A fortiori*, la norma espressa dall'art. 2103 è violata quando il dipendente è lasciato in condizioni di forzata inattività e senza assegnazione di compiti, costituendo il lavoro non solo un mezzo di guadagno ma anche un mezzo di estrinsecazione della personalità del soggetto [21].

Ferma la nullità della modifica *in pejus* delle mansioni, unilaterale o in applicazione di previsioni dei contratti collettivi, non comunicata in forma scritta, un demansionamento illegittimo o una dequalificazione, oltre a comportare la reintegrazione nelle originarie mansioni (o in mansioni "equivalenti" secondo i nuovi canoni), può essere affiancata dalla richiesta di risarcimento del danno derivante dalla violazione dell'art. 2103 c.c.

Sulle condizioni del risarcimento, si riscontrano due orientamenti contrastanti.

Secondo un primo orientamento, non è configurabile nell'ipotesi del demansionamento un danno *in re ipsa*; grava sul lavoratore l'onere di provare il danno subito, essendo quest'ultimo una conseguenza possibile, ma non necessaria, della violazione dell'art. 2103. Così la Cassazio-

---

pendente viene mantenuto a svolgere mansioni inferiori rispetto a quelle che egli, secondo legge e contratto, avrebbe diritto di svolgere [...]. Conseguentemente, la valutazione della liceità o meno della condotta posta in essere dal datore di lavoro nell'esercizio del suo potere di assegnare e variare [...] le mansioni che il dipendente è chiamato ad espletare va necessariamente compiuta con riferimento alla disciplina legislativa e contrattuale vigente giorno per giorno; con l'ulteriore conseguenza che l'assegnazione di determinate mansioni che deve essere considerata illegittima in un certo momento, può non esserlo più in un momento successivo».

[19] Secondo Cass. n. 12052/2017, laddove vi sia una riorganizzazione aziendale che comporta la riduzione quantitativa delle attività assegnate ad un lavoratore, mantenendo inalterato il livello qualitativo, è esclusa la possibilità di chiedere un risarcimento del danno da demansionamento.

[20] Ma deve escludersi che ogni modificazione delle mansioni in senso riduttivo comporti una automatica perdita di *chance*, ovvero di ulteriori potenzialità occupazionali o di ulteriori possibilità di guadagno. Ancora: la perdita di una *chance* configura un danno attuale e risarcibile, sempre che ne sia provata la sussistenza anche secondo un calcolo di probabilità o per presunzioni; alla mancanza di una tale prova non è possibile sopperire con una valutazione equitativa ai sensi dell'art. 1226 c.c., atteso che l'applicazione di tale norma richiede che risulti provata o comunque incontestata l'esistenza di un danno risarcibile ed è diretta a fare fronte all'impossibilità di provare l'ammontare preciso del danno. Così Cass. n. 29012/2020.

[21] Cass. n. 2142/2017, che ha qualificato tale ipotesi come *mobbing*. Nello stesso senso (pur escludendo nel caso l'ipotesi del *mobbing*) Cass. n. 3806/2019.

ne[22] ammette la risarcibilità del danno solo se sia provata l'oggettiva consistenza del pregiudizio che deriva dal demansionamento; solo quando la sussistenza del danno sia in qualsiasi modo provata, anche con presunzioni, e tuttavia non sia dimostrabile il preciso ammontare, il giudice di merito può procedere alla valutazione equitativa *ex* art. 1226 c.c.

Secondo l'opposto orientamento, esisterebbe invece una presunzione (semplice) a favore della configurazione del danno, anche in mancanza di una prova specifica della sua sussistenza. Così, in alcune occasioni la Cassazione[23] ha affermato che il danno patrimoniale risarcibile risulta dal mero accertamento del demansionamento (illegittimo, occorre oggi precisare): il demansionamento, infatti, si traduce in lesione del diritto fondamentale alla libera esplicazione della personalità del lavoratore sul luogo di lavoro, determinando un pregiudizio che incide sulla vita professionale e di relazione dell'interessato, con una indubbia dimensione patrimoniale che lo rende suscettibile di risarcimento e di valutazione anche in via equitativa.

Le S.U. della Cassazione[24] hanno confermato il primo orientamento, precisando che il lavoratore deve altresì dimostrare, ai sensi dell'art. 1223 c.c., l'esistenza di un nesso di causalità fra l'inadempimento e il danno, fornendo ogni elemento utile per la valutazione della sua entità. Le successive pronunce della Cassazione si sono conformate alle S.U.[25], ribadendo la distinzione tra «inadempimento» e «danno risarcibile»[26]; ma non mancano pronunce che hanno ritenuto che il danno da demansionamento sia desumibile in via presuntiva o tramite massime di comune esperienza o dalla ricostruzione dei fatti, anche laddove manchino allegazioni specifiche del lavoratore[27].

c) *Adibizione a mansioni superiori*

La c.d. *mobilità verticale verso l'alto* era già ammessa dalla disciplina previgente, e comportava due conseguenze: il diritto al trattamento retributivo corrispondente alla mansione superiore e il diritto ad acquisire la qualifica superiore. Secondo l'art. 13 St. lav., infatti, il lavoratore poteva essere adibito a mansioni «corrispondenti alla categoria superiore che abbia successivamente acquisito»; in tale caso, egli aveva diritto al trattamento corrispondente all'attività svolta, e l'assegnazione stessa diveniva definitiva, ove la medesima non avesse avuto luogo per sostituzione di lavoratore assente con diritto alla conservazione del posto, dopo un periodo fissato dai contratti collettivi, e comunque non superiore a tre mesi[28].

I problemi applicativi che si ponevano riguardavano principalmente tre questioni: il computo del periodo di assegnazione; i casi nei quali la sostituzione non dà diritto all'acquisizione della mansione superiore; la rilevanza del consenso del lavoratore.

---

[22] Ad esempio Cass. n. 6992/2002.

[23] Ad esempio Cass. n. 10/2002.

[24] Cass. S.U. n. 6572/2006. Sulla scia, successivamente, Cass. n. 172/2014.

[25] Così, ancora recentemente, Cass. n. 27910/2020.

[26] Molto chiara, in proposito, Cass. n. 5431/2019. Come ha affermato Cass. n. 10405/2020, «va distinto il momento della violazione degli obblighi contrattuali da quello relativo alla produzione del danno da inadempimento, essendo quest'ultimo eventuale, in quanto il danno non è sempre diretta conseguenza della violazione di un dovere».

[27] Così, ad esempio, Cass. n. 14204/2016 e Cass. n. 20677/2016.

[28] Prima della scadenza del periodo di adibizione a mansioni superiori che comporta l'acquisizione definitiva di tali mansioni, con diritto al relativo inquadramento, ben può il datore legittimamente riassegnare al lavoratore le (inferiori) mansioni originariamente svolte. Così Cass. n. 24587/2006.

Il legislatore è intervenuto ora risolvendo parzialmente questi problemi. L'assegnazione a mansioni superiori (così si esprime il c. 7) «diviene definitiva, *salvo diversa volontà del lavoratore*, ove la medesima non abbia avuto luogo per ragioni sostitutive di altro lavoratore, dopo il periodo fissato dai contratti collettivi o, in mancanza, *dopo sei mesi consecutivi*».

La continuità del periodo di sostituzione è letteralmente riferita al caso in cui non vi siano disposizioni collettive applicabili, ma è ragionevole ritenere che la *ratio* della previsione conformerà altresì le future previsioni collettive e l'interpretazione della giurisprudenza. La Cassazione, anche a Sezioni Unite, si era d'altronde già espressa nel senso che il periodo di adibizione a mansioni superiore deve essere effettivo e continuativo, salvo che il lavoratore provi un comportamento in frode alla legge, tipicamente attraverso reiterate adibizioni di durata prossima, ma mai superiore, al limite di legge [29]. A fronte del notevole incremento della flessibilità assicurato oggi al datore di lavoro, con il raddoppio della durata massima della temporanea adibizione a mansioni superiori (portato da tre a sei mesi) [30], le "occasioni" di frode, o almeno di elusione della legge, risultano accresciute, ed è perciò auspicabile un attento controllo da parte della contrattazione collettiva e della giurisprudenza.

Sulla seconda questione, il legislatore fa oggi riferimento a «ragioni sostitutive» (l'analogia con la disciplina del contratto a tempo determinato è evidente), senza più specificare che la sostituzione debba riguardare un lavoratore "assente con diritto alla conservazione del posto", come prevedeva il testo previgente. Peraltro, la Cassazione confermando un orientamento diffuso nella giurisprudenza di legittimità, aveva affermato che l'ipotesi di sostituzione di altro lavoratore con diritto alla conservazione del posto comprendeva anche quella in cui la sostituzione riguardasse un lavoratore assente per ferie (e non solo per malattia, infortunio, maternità, e così via, ovvero in tutti i casi di sospensione legale della prestazione lavorativa: v. *infra*, PT. VII, Cap. II), allargando quindi il novero delle ipotesi di adibizione a mansioni superiori che non ne consentono il consolidamento.

Resta infine da considerare la questione del consenso del lavoratore. La nuova disciplina non prevede il preventivo consenso del lavoratore al consolidamento dello svolgimento di mansioni superiori (con conseguente consolidamento della relativa retribuzione, s'intende) ma garantisce almeno al lavoratore un diritto di opposizione. Il testo previgente taceva sul punto, e perciò la giurisprudenza riteneva che l'esercizio

---

[29] E salvo che il contratto collettivo preveda specifiche condizioni per procedere alla sommatoria di periodi distinti e inferiori ai tre mesi di adibizione a mansioni superiori. Si può ritenere che i contratti collettivi possano anche oggi prevedere la sommatoria di periodi distinti di sostituzione, utili a raggiungere il nuovo limite di sei mesi. Restano infine aperte le questioni che si sono poste quando il lavoratore è adibito temporaneamente a mansioni superiori a causa della prassi aziendale di adibire a rotazione parte del personale a mansioni superiori per sopperire alla carenza dell'organico, sul quale si riscontrano orientamenti contrastanti.

[30] La generalizzazione del termine dei sei mesi ha coerentemente indotto il legislatore (art. 3, c. 2, d.lgs. n. 81/2015) ad abrogare l'art. 6 della l. n. 190/1985, in forza del quale l'adibizione a mansioni riferite ai quadri e ai dirigenti diveniva definitiva (ove non avvenisse per ragioni sostitutive) quando si fosse protratta «per il periodo di tre mesi o per quello superiore fissato dai contratti collettivi».

dello *jus variandi* rappresentasse un atto unilaterale che non richiedeva il consenso del lavoratore. Era tuttavia ragionevole ritenere, come una parte della dottrina riteneva, che la progressione di carriera avrebbe dovuto richiedere il *consenso* del lavoratore, considerando che essa può comportare maggiori responsabilità e maggiore impegno complessivo, sino ad incidere sulla collocazione e sulla durata della prestazione [31], che potrebbe porsi in contrasto con le legittime esigenze personali o familiari del lavoratore (della lavoratrice, in particolare). Opportuno è stato dunque l'intervento del legislatore, e coerente con la possibilità di addivenire a rinunce nell'interesse del lavoratore (anche) «al miglioramento delle condizioni di vita»: l'ardua strada della conciliazione tra vita personale e vita professionale può passare così oggi sia attraverso il rifiuto di mansioni superiori, sia attraverso l'accettazione di una riduzione della propria professionalità.

2.3. *La modificazione del luogo di esecuzione della prestazione*

Il luogo di esecuzione della prestazione costituisce un elemento essenziale del contratto di lavoro, oggetto dell'obbligo di informazione del prestatore di lavoro, del quale abbiamo già trattato (PT. III, Cap. III, § 5). Il potere di modificare il luogo di svolgimento della prestazione lavorativa era ricondotto al potere direttivo del datore di lavoro già prima delle modifiche apportate all'art. 2103 c.c. dall'art. 13 St. lav.; la novella legislativa (d.lgs. n. 81/2015) ha confermato il potere attribuito al datore di lavoro, quale specifica modalità di esercizio dello *jus variandi*, delimitando tuttavia i confini entro i quali tale potere può essere esercitato.

La disciplina della mobilità "geografica" del lavoratore è contenuta nella parte finale dell'art. 2103: il lavoratore «non può essere trasferito da una unità produttiva ad una altra se non per comprovate ragioni tecniche, organizzative e produttive» (la formulazione è rimasta invariata, e compare oggi al c. 8 dell'art. 2103).

La nozione di trasferimento, dunque, risulta circoscritta allo spostamento *da una unità produttiva ad un'altra*, con tutte le incertezze che connotano la definizione di "unità produttiva", sia nel diritto sindacale, sia nella disciplina dei licenziamenti individuali. Alcuni punti fermi possono tuttavia essere individuati.

In primo luogo, gli spostamenti "interni" ad una stessa unità produttiva (es. fra reparti non autonomi, che dunque non costituiscano una unità produttiva) non sono soggetti alla necessaria giustificazione (dei cui contenuti diremo sotto); non mancano tuttavia decisioni di segno diverso con riferimento allo spostamento dei dirigenti delle rappresentanze sindacali aziendali, espressamente tutelati dall'art. 22 St. lav., in virtù del rilievo del ruolo di rappresentanza dei dirigenti rispetto ai lavoratori di un determinato contesto lavorativo (il singolo reparto, all'interno di una unità produttiva) [32].

---

[31] Si pensi alla "promozione" a dirigente, con la perdita del diritto alla limitazione dell'orario di lavoro, e si considerino anche i limiti che spesso la contrattazione collettiva pone per accedere al lavoro part-time.

[32] «Il trasferimento *dall'unità produttiva* dei dirigenti delle rappresentanze sindacali aziendali di cui al precedente articolo 19, dei candidati e dei membri di commissione interna può essere disposto solo previo *nulla osta* delle associazioni sindacali di appartenenza».

Incerto è l'orientamento giurisprudenziale sulla necessità che le unità produttive siano tra loro "distanti": la lettera della legge non consentirebbe di circoscrivere la fattispecie ai soli spostamenti che arrechino un disagio (personale e familiare) al lavoratore, ma la contrattazione collettiva si è per lo più preoccupata, ragionevolmente, proprio dei trasferimenti che obblighino il lavoratore ad una modifica della sua residenza, introducendo talora tutele specifiche per lavoratori "anziani" o per altre situazioni particolari.

Sul problema dell'individuazione della nozione di *unità produttiva* si è più volte espressa la Cassazione, ma con orientamenti non univoci. Talora la Corte definisce come unità produttiva non ogni sede, stabilimento, filiale, ufficio o reparto dell'impresa, ma soltanto la più consistente e vasta entità aziendale, eventualmente articolata in organismi minori – anche non ubicati tutti nel territorio del medesimo comune – caratterizzata da sostanziali condizioni di indipendenza tecnica ed amministrativa, tali da esaurire per intero il ciclo relativo ad una frazione o ad un momento essenziale dell'attività produttiva aziendale. In altre occasioni la Cassazione[33] distingue il caso in cui lo spostamento del lavoratore avvenga all'interno dello stesso complesso aziendale (oppure entro un ambito geografico ristretto, come il territorio di un Comune) dal caso in cui lo spostamento avvenga a distanza tale da comportare per il lavoratore disagi personali o familiari. Nel primo caso, l'unità produttiva deve essere individuata seguendo la definizione contenuta nell'art. 35 St. lav. (sede, stabilimento, filiale, ufficio o reparto autonomo che occupa più di quindici dipendenti). Nel secondo caso, invece, l'unità produttiva non è necessariamente quella di cui all'art. 35 cit., ma può essere identificata in qualunque articolazione autonoma dell'impresa (indipendentemente dalle dimensioni), avente sotto il profilo funzionale idoneità ad esplicare, in tutto o in parte, l'attività di produzione di beni o servizi[34].

In ogni caso, il riconoscimento del potere datoriale di modificare il luogo della prestazione di lavoro esclude, in modo implicito ma evidente, la rilevanza del consenso del lavoratore al trasferimento, salvo eventuale diversa determinazione della contrattazione collettiva o espressa previsione di legge, come nel caso del lavoratore al quale siano riconosciuti i diritti di cui alla l. n. 104/1992[35].

L'elemento qualificante della disciplina, comunque, resta la necessaria *giustifica-*

---

[33] Cass. n. 5153/1999.

[34] Sulla base di questa distinzione la Corte ha concluso che, nel caso di specie, trattandosi di trasferimento da una ad altra farmacia nell'ambito di un Comune di dimensioni non grandi, come quello di San Giovanni Valdarno, e non avendo perciò il prestatore di lavoro lamentato né disagi personali o familiari, né turbamenti dell'attività sindacale all'interno dell'azienda, non si verificava lo spostamento da una ad altra unità produttiva nel senso dell'art. 35 cit., e poteva essere perciò esclusa la violazione dell'art. 2103 c.c.

[35] Art. 33, c. 5: «Il lavoratore di cui al comma 3 ha diritto a scegliere, ove possibile, la sede di lavoro più vicina al domicilio della persona da assistere e *non può essere trasferito senza il suo consenso* ad altra sede». Interessante il caso di un lavoratore trasferito, senza il suo consenso e a fronte del suo espresso rifiuto, presso una unità produttiva più vicina alla residenza dell'assistito. La Corte (Cass. n. 29009/2020) ha ritenuto comunque illegittimo il trasferimento per violazione della disposizione di legge; d'altronde le S.U. (Cass. S.U. n. 16102/2009) avevano già affermato che il diritto del familiare che assiste il disabile non può subire limitazioni in caso di mobilità connessa ad ordinarie esigenze tecnico-produttive del datore di lavoro.

zione del provvedimento, che, anche in questo caso (come fino a ieri per i contratti a termine e ancor oggi per i licenziamenti per giustificato motivo oggettivo) riprende una formula ormai consolidata, ossia quella delle *ragioni tecniche*, *organizzative e produttive*. L'onere di giustificare il trasferimento trasforma l'arbitrio del datore di lavoro in discrezionalità, come tale valutabile dal giudice, in caso di contenzioso, per quanto concerne la sussistenza della ragione, ma non l'opportunità della scelta (per l'appunto discrezionale) del datore di lavoro. Il controllo del giudice, secondo la giurisprudenza consolidata, è limitato all'accertamento delle ragioni tecniche, organizzative e produttive, e non può essere esteso sino a sindacare l'opportunità del trasferimento e la scelta fra più soluzioni organizzative e, segnatamente, la scelta del lavoratore da trasferire, salvo che risulti diversamente disposto dalla contrattazione collettiva e salva altresì l'applicazione dei principi generali di correttezza e buona fede (oltre che di non discriminazione)[36].

Da tempo tramontata, peraltro, è la lettura del trasferimento quale *extrema ratio:* il che comporta che il datore di lavoro non debba necessariamente provare che il provvedimento adottato nei confronti del lavoratore sia l'unica soluzione possibile[37]. La S.C.[38] ha da tempo chiarito che nell'esercizio del suo potere di scelta fra più soluzioni organizzative, il datore di lavoro non è tenuto a dimostrare la inevitabilità del trasferimento stesso sotto il profilo della inutilizzabilità del prestatore presso la sede di provenienza.

Tra le ragioni organizzative, si ritiene rilevi la c.d. *incompatibilità ambientale*, che pure, di per sé, ha carattere soggettivo e non oggettivo (come invece, in generale, le ragioni tecniche, produttive, organizzative). Si tratta (come vedremo meglio trattando del possibile uso del trasferimento come sanzione disciplinare) di un *escamotage* per allontanare dal suo abituale luogo di lavoro il prestatore quando, per diverse possibili ragioni (tensioni tra colleghi, molestie, ecc.), la sua presenza rappresenti oggettivamente un ostacolo al funzionamento dell'organizzazione, appunto, di quella unità produttiva.

Le ragioni (tecniche, produttive, organizzative) devono essere «*comprovate*», ma questo requisito non si traduce nell'obbligo di comunicazione preventiva e dettagliata delle ragioni al lavoratore[39]. Secondo l'orientamento consolidatosi dopo la pronuncia

---

[36] Così, per esempio, Cass. n. 1912/1998.

[37] Ma secondo un orientamento minoritario della Cassazione, il datore di lavoro, in applicazione dei principi generali di correttezza e buona fede, qualora possa far fronte alle esigenze aziendali avvalendosi di differenti soluzioni organizzative, per lui paritarie, è tenuto a preferire quella meno gravosa per il dipendente, soprattutto nel caso in cui questi deduca e dimostri la sussistenza di serie ragioni familiari ostative al trasferimento (Cass. n. 1608/2016). Nello stesso senso si registra anche giurisprudenza di merito, come Trib. Parma 30.12.2016 per il caso della cuoca di un servizio di mensa in appalto, con una difficile situazione familiare, traferita da Parma a Piacenza a causa, secondo il datore di lavoro, di una riduzione di attività a Parma – riduzione peraltro non provata; peculiare, nella decisione, è l'affermazione che il datore debba dare immediata e contestuale motivazione del trasferimento al lavoratore, per garantirne l'immutabilità in analogia a quanto previsto dalla legge in materia di licenziamento individuale.

[38] Cass. n. 11624/2002.

[39] Ma v. Trib. Parma 30.12.2016, cit.

delle S.U. del 15.7.1986, n. 4572, il datore di lavoro non ha l'obbligo di comunicare al lavoratore le ragioni giustificative del trasferimento; l'art. 2103 c.c. richiede soltanto che tali ragioni, ove contestate, siano effettive e di esse il datore di lavoro fornisca la prova; l'onere delle indicazioni delle ragioni del trasferimento è a carico del datore di lavoro solo nel caso in cui il lavoratore ne faccia richiesta [40]. Come ha ricordato la Cassazione, «il trasferimento realizzato in assenza delle prescritte ragioni tecniche, organizzative e produttive, legittima il rifiuto del dipendente di assumere servizio nella sede diversa cui sia stato destinato»; ma l'eccezione di inadempimento *ex* art. 1460 c.c. deve rispettare il richiamo, contenuto nel secondo comma della stessa disposizione, alla nozione di buona fede, e dunque deve sussistere «equivalenza tra l'inadempimento altrui e l'adempimento che viene rifiutato, sicché il primo giustifichi il secondo» [41].

Resta da ricordare che è illegittimo (e nullo) il trasferimento *discriminatorio*, in forza dell'espresso riferimento contenuto nell'art. 15 St. lav. Resta anche ferma la illegittimità di modifiche *in pejus* delle mansioni del lavoratore in occasione o in conseguenza del trasferimento (che deve dunque avvenire "a parità di mansioni", per così dire).

Il trasferimento sin qui considerato è un trasferimento definitivo (sino alla successiva eventuale legittima determinazione del datore di lavoro, ovviamente). Diverso è il caso della *trasferta*, intesa come temporanea modifica del luogo di esecuzione della prestazione, strumento di cui il datore di lavoro può liberamente disporre in relazione alle contingenti (e provvisorie) necessità organizzative dell'azienda (salvo limiti specificati dalla contrattazione collettiva).

3. *Il potere di vigilanza e controllo*

II *potere di controllo* del datore rappresenta la specificazione lavoristica del potere di intervento del creditore per verificare l'operato del debitore, in particolare nei rapporti di durata, riconosciutogli per tutelare il suo interesse al soddisfacimento della sua pretesa creditoria [42]. Il potere di controllo del datore di lavoro presenta tuttavia peculiari connotazioni, sia a causa della subordinazione del prestatore, sia a causa del particolare coinvolgimento della persona del lavoratore nell'adempimento della sua obbligazione lavorativa, sia infine a causa dell'inserimento del lavoratore in una organizzazione produttiva "altrui". La sussistenza di tale potere in capo al datore, pur non espressamente sancito né regolato dal codice civile, non è mai stata messa in discussione. Il potere di controllo, d'altronde, può essere ragionevolmente considerato quale potere ancillare rispetto al generale potere direttivo, e strumentale rispetto al fine di consentire al datore di verificare nel tempo l'esatto adempimento e il rigoroso ri-

---

[40] In altre occasioni la Cassazione ha affermato che sul datore di lavoro non grava l'obbligo di rispondere al lavoratore che richieda le comprovate ragioni che hanno determinato il trasferimento, fatto salvo l'onere di provarle in giudizio: così, da ultimo, Cass. n. 807/2017.

[41] Così Cass, n. 3959/2016.

[42] Mentre tuttavia in generale il creditore ha un potere di controllo *ex post*, al datore di lavoro è riconosciuto un potere di controllo *in itinere*, per così dire, ossia durante lo svolgimento della prestazione.

spetto degli obblighi che lo stesso codice pone a carico del lavoratore, e procedere, se del caso, all'esercizio del potere disciplinare (*infra*).

I limiti all'esercizio del potere di vigilanza e controllo sono indicati negli artt. 2-6 St. lav., che definiscono limiti stringenti al potere di utilizzare *guardie giurate* (art. 2) e altro *personale di vigilanza* (art. 3) per vigilare sull'operato dei dipendenti, come pure limiti al potere di disporre *controlli "a distanza"* (art. 4) sull'attività dei lavoratori o *controlli "personali"* per salvaguardare i beni dell'impresa (art. 6). Altrettanto rigorosi sono i limiti che incontra quel particolare potere di controllo che si traduce negli accertamenti sanitari (art. 5) sul lavoratore (per la cui disciplina si rinvia alla PT. VII, Cap. II).

L'applicazione delle norme espresse dagli artt. 2, 3, 4 e 6 non ha posto particolari problemi di ordine teorico, ma nel corso degli anni sono emersi problemi relativi alle "nuove" forme di controllo (spesso occulte), che con difficoltà possono essere ricomprese nei precetti citati. Basti qui ricordare i problemi indotti dalla crescente e pervasiva informatizzazione non solo del lavoro ma anche delle relazioni interpersonali, all'interno e all'esterno del rapporto di lavoro, che ha impegnato gli interpreti nella riconduzione dei controlli sull'uso di Internet e della posta elettronica ai limiti di cui all'art. 4 [43]. L'art. 4, infatti, nel testo originario, vietava l'uso «di impianti audiovisivi e di altre apparecchiature, per finalità di controllo a distanza dell'attività dei lavoratori»; consentiva invece l'installazione di impianti e apparecchiature «che siano richiesti da esigenze organizzative e produttive ovvero dalla sicurezza del lavoro, ma dai quali derivi *anche* la possibilità di *controllo a distanza* dell'attività dei lavoratori», previo *accordo* con le rappresentanze sindacali aziendali; «in difetto di accordo, su istanza del datore di lavoro», provvedeva l'Ispettorato del lavoro, dettando, ove occorresse, «le modalità per l'uso di tali impianti» [44].

Sia l'art. 4 sia, in diversa misura, gli artt. 2, 3 e 6, nell'individuare le finalità dei controlli legittimi e nel definirne le modalità, si prefiggono (anche) l'obiettivo di tutelare la sfera di riservatezza del lavoratore, esprimendo così l'ambivalenza di regole che da una parte confermano la sussistenza di particolari poteri di controllo in capo al datore, dall'altra ne limitano l'esercizio al fine – lo ripetiamo ancora una volta – di tutelare la libertà e la dignità del lavoratore.

Così, le *guardie giurate* [45] eventualmente utilizzate dal datore di lavoro «non pos-

---

[43] Secondo Cass. n. 4375/2010, l'installazione di programmi informatici che consentono il monitoraggio della posta elettronica e degli accessi Internet è soggetta alla disciplina di cui all'art. 4, c. 2, l. n. 300/1970, se tali programmi, in virtù delle loro caratteristiche, consentono al datore di lavoro di controllare a distanza e in via continuativa, durante la prestazione, il corretto svolgimento dell'attività lavorativa.

[44] Contro i provvedimenti dell'Ispettorato del lavoro (oggi Servizio Ispezione dell'ITL), il datore di lavoro, le rappresentanze sindacali aziendali o i sindacati dei lavoratori di cui al successivo art. 19 possono ricorrere, entro 30 giorni dalla comunicazione del provvedimento, al Ministro per il lavoro e la previdenza sociale. Alla luce dell'art. 4 St. lav., commette reato il datore di lavoro che provvede a installare un impianto di videosorveglianza, idoneo a controllare a distanza l'attività dei lavoratori, senza il preventivo accordo con le rappresentanze sindacali o il provvedimento di autorizzazione dell'ITL (Cass. n. 40199/2009).

[45] La cui disciplina si rinviene negli artt. 133 ss. del testo unico approvato con R.d. 18.6.1931, n. 773.

sono accedere nei locali dove si svolge» l'attività lavorativa, «durante lo svolgimento della stessa, se non eccezionalmente per specifiche e motivate esigenze attinenti ai compiti [...] di tutela del patrimonio aziendale». Conseguentemente, «le guardie giurate non possono contestare ai lavoratori azioni o fatti diversi da quelli che attengono alla tutela del patrimonio aziendale» (art. 2)[46]. Controlli sullo svolgimento dell'attività lavorativa, invece, possono essere svolti da personale incaricato dello specifico compito: ma «i nominativi e le mansioni specifiche del *personale addetto alla vigilanza* dell'attività lavorativa debbono essere comunicati ai lavoratori interessati» (art. 3), al fine, evidente, di rendere consapevoli i lavoratori dei controlli subiti e di evitare, al contrario, qualsiasi forma di controllo occulto.

Nell'interpretazione e applicazione delle norme sopra richiamate, i giudici, pur senza esplicitare il metodo utilizzato nelle loro decisioni, fanno in vario modo ricorso alla tecnica del bilanciamento dei due diritti confliggenti: il diritto del datore di controllare i comportamenti del prestatore, riconducibile al suo potere organizzativo e, per questa via, alla sua libertà di iniziativa economica; il diritto del prestatore a conoscere le forme di controllo attuate, al fine di proteggere la sua personalità e la sua dignità.

La giurisprudenza prevalente ritiene che lo Statuto dei lavoratori, in particolare con gli artt. 2, 3, 4 e 6, non ha soppresso il potere di controllo attribuito al datore di lavoro dal codice civile, bensì ne ha disciplinato le modalità di esercizio, privando la funzione di vigilanza dell'impresa degli aspetti più "polizieschi". Peraltro un consolidato orientamento della Cassazione riconosce al datore di lavoro un potere di controllo particolarmente ampio quando si tratti di verificare l'eventuale commissione di atti illeciti da parte del lavoratore (c.d. controlli difensivi). In questo caso, «in difetto di espliciti divieti al riguardo e in considerazione della libertà di difesa privata, il datore di lavoro può effettuare controlli anche tramite soggetti diversi dalle guardie giurate»[47]. In particolare, poi, la Cassazione ritiene che la tutela del patrimonio aziendale consentita dallo Statuto dei lavoratori possa legittimare la vigilanza sui lavoratori, limitatamente ad atti e comportamenti degli stessi che siano configurabili come fonte di responsabilità extracontrattuale nei confronti del datore di lavoro, precisando che la sorveglianza è diretta sia sulle prestazioni lavorative sia sulle eventuali irregolarità[48].

---

[46] Così conclude l'art. 2: «In caso di inosservanza da parte di una guardia particolare giurata delle disposizioni di cui al presente articolo, l'Ispettorato del lavoro ne promuove presso il questore la sospensione dal servizio, salvo il provvedimento di revoca della licenza da parte del prefetto nei casi più gravi».

[47] Cass. n. 10313/1998.

[48] Il Pretore di Monza (24.5.1995, in *RIDL*, 1996, II, p: 541), ad esempio, ha ritenuto legittimi i controlli svolti da dipendenti di agenzie investigative che, operando come normali clienti, verificavano direttamente eventuali mancate registrazioni da parte delle cassiere; nello stesso senso Cass. 18.11.2010, n. 23303. Analogamente ha deciso la Cassazione in un altro caso, relativo al controllo effettuato dal datore di lavoro (istituto di credito) su una propria dipendente (cassiera) ricorrendo ad alcuni clienti appositamente istruiti affinché verificassero "mancanze specifiche" della dipendente (Cass. n. 9576/2001). Ma v. Cass. n. 14197/2012, secondo cui il controllo di un'agenzia investigativa non può riguardare, in nessun caso, né l'adempimento, né l'inadempimento dell'obbligazione contrattuale del lavoratore di prestare la propria opera, ma deve limitarsi agli atti illeciti del lavoratore non riconducibili al mero inadempimento dell'obbligazione (nel caso di specie, si trattava dell'appropriazione indebita di danaro riscosso per il datore di lavoro ma non contabilizzato).

L'accertamento di condotte illecite aveva indotto la giurisprudenza a ritenere che i c.d. controlli difensivi potessero superare i limiti posti dall'art. 4 ai controlli a distanza[49]. La sopravvenienza della nuova formulazione dell'art. 4 aveva creato incertezze sulla "sopravvivenza" di legittimi controlli difensivi che non richiedessero il rispetto delle nuove regole.

La Cassazione ha affrontato *ex professo* la questione dei controlli difensivi nella vigenza del nuovo art. 4. Secondo la Corte occorre distinguere tra controlli a difesa del patrimonio aziendale (che oggi rientrano nel campo di applicazione dell'art. 4) e controlli "difensivi" in senso stretto, diretti ad accertare condotte illecite ascrivibili – in base a concreti indizi – a singoli lavoratori. La Cassazione (sentenza n. 25732/2021) ha ritenuto che «questi ultimi controlli [...], non avendo ad oggetto la normale attività del lavoratore, si situino, anche oggi, all'esterno del perimetro applicativo dell'art. 4», purché il controllo sia "mirato", attuato *ex post*, e non invece analizzando dati sulla attività del lavoratore sistematicamente e previamente acquisiti in violazione dell'art. 4. La Corte, in questa importante sentenza, ha affermato il seguente principio di diritto: «Sono consentiti i controlli anche tecnologici posti in essere dal datore di lavoro finalizzati alla tutela di beni estranei al rapporto di lavoro o ad evitare comportamenti illeciti, in presenza di un fondato sospetto circa la commissione di un illecito, purché sia assicurato un corretto bilanciamento tra le esigenze di protezione di interessi e beni aziendali, correlate alla libertà di iniziativa economica, rispetto alle imprescindibili tutele della dignità e della riservatezza del lavoratore, sempre che il controllo riguardi dati acquisiti successivamente all'insorgere del sospetto. Non ricorrendo le condizioni suddette la verifica della utilizzabilità a fini disciplinari dei dati raccolti dal datore di lavoro andrà condotta alla stregua della l. n. 300 del 1970, art. 4, in particolare dei suoi commi 2 e 3».

In generale, la giurisprudenza di merito pare preoccupata del rischio che i controlli a distanza violino, come si diceva precedentemente, la riservatezza dei lavoratori, soprattutto quando siano «esercitati con sistemi sofisticati che possono risultare ossessivi e penetranti». Il legislatore avrebbe infatti inteso evitare «che con le innovazioni tecnologiche si introducesse in azienda un tipo di controllo che il lavoratore, anche consapevole, non percepisce immediatamente e al quale quindi è esposto in modo assillante, senza tregua e senza possibilità di difesa»[50]. Nello stesso senso sembra orientarsi anche la giurisprudenza di legittimità, quando osserva che il primo comma dell'art. 4 si fonda sul presupposto «che la vigilanza sul lavoro, ancorché necessaria nell'organizzazione produttiva, vada mantenuta in una dimensione

---

[49] Cass. pen. n. 20722/2010, aveva ritenuto legittimo l'utilizzo, nel processo penale, delle videoregistrazioni (anche se effettuate in violazione dell'art. 4 St. lav., trattandosi di "controlli difensivi"), installate all'interno dei luoghi di lavoro ad opera del datore di lavoro per esercitare un controllo volto alla salvaguardia della integrità del patrimonio aziendale messo a rischio da possibili comportamenti infedeli dei lavoratori; nello stesso senso, recentemente, si era espressa più recentemente anche la Cassazione civile (n. 10636/2017). Nel caso deciso dalla Cassazione civile, era stato giudicato legittimo il controllo effettuato dal datore di lavoro, in difetto dei requisiti previsti dall'art. 4 St. lav., sulle conversazioni telefoniche private dei dipendenti, realizzato attraverso l'installazione di una apparecchiatura in grado di registrare il numero delle chiamate effettuate, il giorno e l'ora della telefonata e la sua durata. La legittimità del controllo era stata affermata in ragione della non inerenza all'attività lavorativa della condotta del lavoratore. Egualmente era stato ritenuto legittimo il controllo dei dipendenti effettuato dal datore di lavoro attraverso un sistema di telecamere interne, attive però soltanto fuori dell'orario di lavoro e dirette a salvaguardare da furti e sottrazioni il patrimonio aziendale (Cass. n. 4746/2001).

[50] Così, già nel 1990, Trib. Milano 29.9.1990.

"umana", e cioè non esasperata dall'uso di tecnologie che possono rendere la vigilanza stessa continua e anelastica, eliminando ogni zona di riservatezza e di autonomia nello svolgimento del lavoro»[51]. Nello stesso senso – come abbiamo già visto trattando della salvaguardia della dignità del lavoratore – si è recentemente pronunciato il Garante della *privacy* a proposito dell'uso di sistemi di geolocalizzazione tramite smartphone.

L'ormai diffuso utilizzo di telefoni e computer portatili, così come la tecnologia disponibile per localizzare i dipendenti e controllare il loro accesso a determinate aree dell'azienda (per ragioni di protezione degli stessi lavoratori, o degli impianti, o del patrimonio aziendale) hanno moltiplicato le fattispecie che si pongono ai confini dell'area presidiata dall'art. 4. Il problema è stato (parzialmente e discutibilmente) risolto con il c.d. "decreto semplificazione" (art. 23, d.lgs. n. 151/2015), che è intervenuto su tre distinti aspetti della disciplina sostituendo il previgente testo dell'art. 4.

In primo luogo è stato ribadito, con espressione più chiara ed esplicita, che «gli impianti audiovisivi e *gli altri strumenti* dai quali derivi *anche* la possibilità di *controllo a distanza* dell'attività dei lavoratori possono essere impiegati *esclusivamente* per esigenze organizzative e produttive, per la sicurezza del lavoro e per la tutela del patrimonio aziendale». Tali impianti o strumenti possono essere installati *previo accordo collettivo* stipulato dalla rappresentanza sindacale unitaria o dalle rappresentanze sindacali aziendali[52]; in mancanza di accordo, possono essere installati previa autorizzazione della Direzione territoriale del lavoro[53]. Fin qui, dunque, nessuna sostanziale modifica[54].

La prima modifica, presentata quasi sottotono[55] dal Governo, ma invero potenzialmente dirompente, riguarda l'esclusione dal campo di applicazione del regime appena visto (finalità esclusive, accordo o intervento amministrativo sostitutivo) degli «strumenti utilizzati dal lavoratore per rendere la prestazione lavorativa» e degli «strumenti di registrazione degli accessi e delle presenze». Se ne deduce che questi stru-

---

[51] Cass. n. 8250/2000.

[52] «In alternativa, nel caso di imprese con unità produttive ubicate in diverse province della stessa regione ovvero in più regioni, tale accordo può essere stipulato dalle associazioni sindacali comparativamente più rappresentative sul piano nazionale». Pur comprendendo la *ratio* di semplificazione per le grandi aziende diffuse sul territorio, un accordo nazionale difficilmente potrebbe tener conto delle specificità di ogni stabilimento.

[53] O, in alternativa, nel caso di imprese con unità produttive dislocate negli ambiti di competenza di più Direzioni territoriali del lavoro, del Ministero del lavoro e delle politiche sociali. Coerente con la scelta adottata per la via contrattuale, la previsione suscita gli stessi dubbi ai quali si è sopra accennato. Ricordiamo che le DTL sono state sostituite dagli Ispettorati territoriali del lavoro (ITL).

[54] Vero è che *non* è più previsto un espresso divieto di «utilizzare impianti audiovisivi e altre apparecchiature per finalità di controllo a distanza dell'attività dei lavoratori» – come recitava il primo comma del testo originario dell'art. 4 – ma il divieto di utilizzare strumenti che abbiano l'esclusivo fine di controllare l'attività del lavoratore è implicitamente confermato – così riteniamo, insieme con molti commentatori della novella legislativa.

[55] Relazione di accompagnamento allo Schema di decreto legislativo trasmesso al presidente del Senato per il suo esame da parte della Commissioni parlamentari competenti.

menti possono essere liberamente utilizzati dalle imprese *anche* se consentono un controllo (diretto o indiretto) sull'attività svolta dal lavoratore; da qui le critiche espresse in merito da una parte della dottrina e da alcune organizzazioni sindacali dei lavoratori. Insomma: nessun vincolo, per riproporre un esempio già proposto, all'uso di sistemi di geolocalizzazione tramite *smartphone* aziendali, o *badge* per accedere a determinate aree aziendali[56]: purché, pare doveroso aggiungere, nel rispetto dell'obbligo di informazione sulle modalità d'uso e sullo svolgimento dei controlli e nel rispetto delle regole di *privacy* (delle quali abbiamo trattato nella sede opportuna).

Il rispetto della *privacy*, peraltro, è espressamente previsto quale condizione per l'esercizio di un altro potere oggi espressamente riconosciuto al datore di lavoro. La seconda importante modifica apportata all'art. 4, infatti, prevede che «le informazioni raccolte» attraverso tutti gli strumenti di controllo a distanza – che richiedano il preventivo accordo (c. 1) o meno (c. 2) – «sono utilizzabili a tutti i fini connessi al rapporto di lavoro, a condizione che sia data al lavoratore adeguata informazione delle modalità d'uso degli strumenti e di effettuazione dei controlli e *nel rispetto* di quanto disposto dal d.lgs. 30.6.2013, n. 196» (il c.d. Codice della *Privacy*, appunto), integrato oggi dal d.lgs. n. 101/2018[57]. Al fine, potremmo affermare che oggi ogni controllo, o quasi, è ammesso, in taluni casi persino se ha ad oggetto direttamente lo svolgimento della prestazione di lavoro (si pensi al computer portatile utilizzato per accedere alla rete aziendale con connessione remota), purché i lavoratori siano *informati* del controllo (non occulto, dunque) subito e dell'uso che dei dati rilevati può essere fatto da parte del datore di lavoro[58]. Controlli pervasivi[59], che oggettivamente limitano la libertà del lavoratore, modificando l'equilibrio (pur instabile) realizzato dallo Statuto dei lavoratori tra tutela della persona e interesse dell'impresa, a favore di quest'ultima[60].

---

[56] Qualche anno fa aveva suscitato polemiche (e uno sciopero indetto dalle tre maggiori organizzazioni sindacali), in Liguria, la proposta (presentata alle organizzazioni sindacali da una grande azienda in sede di contrattazione integrativa) di inserire un microchip nelle calzature degli operai, per monitorarne l'acceso ai diversi reparti: misura che può essere ricondotta ad esigenze di sicurezza del lavoro (per soccorrere più rapidamente un lavoratore in caso di infortunio), ma anche a finalità di controllo degli spostamenti dei dipendenti (dirigenti sindacali inclusi); misura che dopo la novella dell'art. 4 pare legittima, ove considerata uno strumento di registrazione degli accessi.

[57] Il Garante ha affermato che «la necessaria conformità del trattamento dei dati dei lavoratori al Codice *privacy* (prevista ma discendente dalla primazia del diritto europeo), consentirà l'applicazione di alcuni fondamentali principi (pertinenza, correttezza, non eccedenza del trattamento, divieto di profilazione), utili a impedire la sorveglianza massiva e totale del lavoratore».

[58] Merita ricordare che il legislatore ha sottoposto al rispetto dell'art. 4 anche il c.d. lavoro agile. Secondo l'art. 21 della l. n. 81/2017, infatti, «l'accordo relativo alla modalità di lavoro agile disciplina l'esercizio del potere di controllo del datore di lavoro sulla prestazione resa dal lavoratore all'esterno dei locali aziendali nel rispetto di quanto disposto dall'articolo 4 della l. 20.5.1970, n. 300, e successive modificazioni».

[59] Aveva manifestato preoccupazione per la pervasività di tali controlli lo stesso Presidente del Garante per la protezione dei dati personali; le dichiarazioni, rese anche in sede di esame dello schema di decreto legislativo nella Commissione Lavoro del Senato, non avevano comunque indotto il Governo a modificare il testo.

[60] Stante l'ampiezza delle legittime forme di controllo e dell'utilizzo dei dati che dai controlli de-

Corretto svolgimento dell'attività aziendale, sicurezza e salvaguardia del patrimonio aziendale sono comunque anche oggi le finalità alle quali sono funzionalizzati i poteri di vigilanza e di controllo del datore, da esercitarsi in modo non vessatorio (e nel rispetto delle procedure, ove previsto dalla legge).

Con riferimento ai controlli di cui all'art. 6 St. lav.[61], la Corte costituzionale[62] ha individuato «i fini ai quali devono essere dirette le *visite personali di controllo*» nella «tutela del patrimonio aziendale in relazione alla qualità degli strumenti di lavoro o delle materie prime o dei prodotti», e ha precisato che le modalità di svolgimento di detti controlli («all'uscita dei luoghi di lavoro, con il rispetto della dignità e della riservatezza del lavoratore e con l'applicazione di sistemi di selezione automatica riferiti alla collettività o a gruppi di lavoratori») «sono dirette a dare un carattere impersonale alle visite, salvaguardando la tranquillità e la serenità dell'ambiente lavorativo e proteggendo sia i beni del patrimonio aziendale sia, nei luoghi di lavoro, quelli personali dei singoli lavoratori». Come ha precisato la Corte, «si tratta in ogni caso di controlli che non sono né possono essere coattivamente imposti, ma che devono svolgersi col consenso dell'interessato, soggetto, in caso di ingiustificato rifiuto, soltanto a responsabilità disciplinare». Conclusivamente la Corte ha ritenuto che la norma non si ponga in contrasto con i principi costituzionali invocati dal giudice del rinvio, poiché non è diretta «a limitare la libertà, la dignità e l'onorabilità individuale del lavoratore nell'organizzazione aziendale».

Parzialmente diversa è la prospettiva nella quale si colloca e opera l'art. 5 St. lav. Senza soffermarsi in questa sede sul rapporto tra controllo della malattia e disciplina della sospensione "protetta" della prestazione di lavoro *ex* art. 2110 c.c. (*infra*, PT. VII, Cap. II), ci limitiamo a ricordare che l'oggetto della tutela riconosciuta dall'art. 5 al lavoratore è individuato dalla giurisprudenza prevalente nella tutela della libertà e della dignità del lavoratore; il fine della prescrizione sarebbe quello di «impedire che gli imprenditori possano ricorrere ad accertamenti sanitari diretti, per mezzo di me-

---

rivano, risulta oggettivamente molto limitato il potere deterrente dell'applicabilità di sanzioni penali in caso di violazione del nuovo art. 4 (primo e secondo comma), pur espressamente prevista dal c. 2 dell'art. 23, d.lgs. n. 151/2015. Secondo la Cassazione penale (n. 22148/2017), sussiste continuità di tipo di illecito tra la previgente fattispecie prevista dagli artt. 4 e 38, c. 1, l. n. 300/1970 e 114 d.lgs. n. 196/2003, e quella attuale di cui all'art. 23 d.lgs. n. 151/2015; nella stessa occasione, la Corte ha escluso che l'accordo con le rappresentanze sindacali o l'autorizzazione dell'autorità amministrativa possa essere "sostituito" dal «consenso scritto o orale concesso dai singoli dipendenti, in quanto la tutela penale è apprestata per la salvaguardia di interessi collettivi di cui, nel caso di specie, le rappresentanze sindacali, per espressa disposizione di legge, sono portatrici, in luogo dei lavoratori che, a causa della posizione di svantaggio nella quale versano rispetto al datore di lavoro, potrebbero rendere un consenso viziato».

[61] «Le ipotesi nelle quali possono essere disposte le visite personali, nonché, ferme restando le condizioni di cui al secondo comma del presente articolo, le relative modalità debbono essere concordate dal datore di lavoro con le rappresentanze sindacali aziendali. In difetto di accordo, su istanza del datore di lavoro, provvede l'Ispettorato del lavoro». Contro i provvedimenti dell'Ispettorato del lavoro (ora servizi ispettivi dell'ITL) è ammesso ricorso secondo le stesse modalità previste dall'art. 4.

[62] La Corte (sentenza, n. 99/1980), ha ritenuto infondata la questione di legittimità costituzionale dell'art. 6 sollevata dal Tribunale di Milano con riferimento agli artt. 2, 3, 13 e 41, c. 2, Cost.

dici di loro fiducia, per soddisfare interessi estranei alla verifica dell'idoneità fisica dei lavoratori» Secondo la Cassazione, infatti, «l'affidamento del controllo dell'idoneità fisica a strutture pubbliche denota la preoccupazione del legislatore di evitare che surrettiziamente, attraverso gli accertamenti sanitari, si pongano in atto le discriminazioni espressamente vietate dalla legge» [63].

4. *Il potere disciplinare e suoi limiti (procedurali, quantitativi e qualitativi)*

Ricostruite brevemente le "condizioni d'uso" del potere di controllo e vigilanza, occorre riprendere le fila della riflessione sui rapporti tra queste specifiche forme di estrinsecazione del potere direttivo e i poteri organizzativo e disciplinare del datore di lavoro.

A fronte della difficoltà di ricondurre il potere disciplinare al contratto [64] e della opportunità di "spiegare" il potere disciplinare considerando il nesso tra contratto e organizzazione, che si realizza nel rapporto di lavoro, possiamo considerare che dal contratto di lavoro *e* dalla sussistenza di un'organizzazione che rappresenta la forma concretamente assunta dall'esercizio dell'iniziativa economica dell'imprenditore deriva, in termini di consequenzialità e di causa efficiente, quell'inserimento del lavoratore in una organizzazione altrui, che costituisce il presupposto di fatto sul quale il legislatore ha costruito la disciplina protettiva del lavoratore rispetto all'esercizio dei poteri del datore di lavoro, e in particolare del potere disciplinare.

Punto di partenza non può che essere il contenuto dell'art. 2106 c.c. (Sanzioni disciplinari): «l'inosservanza delle disposizioni contenute nei due articoli precedenti *può* dar luogo all'applicazione di sanzioni disciplinari, secondo la gravità dell'infrazione» [65]. Da qui il collegamento tra (esercizio del) potere disciplinare e obblighi nominati di diligenza e fedeltà, disciplinati, appunto negli artt. 2104 e 2105 c.c. (v. *infra*, Cap. II).

Il codice civile (che non "nomina" il potere disciplinare in quanto tale) è estremamente laconico per quanto riguarda la disciplina delle sanzioni disciplinari (queste sì

[63] Così, tra le tante, Cass. pen. n. 3389/1999. Una significativa parte del contenzioso ha ad oggetto l'interpretazione del termine "*lavoratore*", utilizzato nell'art. 5 Stat. lav. per indicare il soggetto che non può essere sottoposto a *controlli dell'idoneità fisica* da parte del datore di lavoro, se non attraverso gli enti e istituti pubblici a ciò deputati. La rilevanza della questione è determinata in particolare dal fatto che l'art. 38 St. lav. prevede sanzioni di natura penale per la violazione degli obblighi stabiliti dall'art. 5 della stessa legge. La giurisprudenza della Cassazione penale ha peraltro espresso nel tempo orientamenti contrapposti, talora ricomprendendo tra i "lavoratori" anche i candidati per l'assunzione, talaltra al contrario escludendoli – salvo espressa previsione di legge: es. nell'art. 6 della l. 5.6.1990, n. 135 sulla prevenzione e la lotta contro l'AIDS. Generalmente, invece, la Sezione Lavoro della Cassazione accoglie una nozione ampia del temine "lavoratori", includendovi anche coloro che aspirano ad un lavoro, considerando che l'intero Statuto dei lavoratori (in particolare in alcune disposizioni: artt. 2, 35, 37 e l'intero Titolo V dedicato al "collocamento", pur oggi superato) si riferisce anche a questi ultimi.

[64] Emblematicamente espressa da Mancini 1957 e 1993.

[65] [e in conformità delle norme corporative].

menzionate sia nella rubrica sia nel testo della disposizione). L'art. 2106 si limita a legittimare l'esercizio discrezionale (l'infrazione «*può* dar luogo a sanzioni») di un potere che sembra assumere come "preesistente" e "naturale", vincolandolo al solo rispetto del canone della *proporzionalità tra infrazione e sanzione*, e a stabilire i presupposti al cui verificarsi tale potere può essere esercitato (la violazione degli artt. 2104 e 2105)[66].

Benché l'art. 2106 taccia sul punto, nessuno dubita che l'esercizio del potere disciplinare sia strumentale rispetto al funzionamento dell'impresa e di qualsiasi altra organizzazione[67], come nessuno disconosce la "anomalia" di un potere sanzionatorio privato riconosciuto a una parte del contratto. Si tratta infatti di un potere socialtipico che affonda le sue radici nella preistoria del diritto del lavoro, e che anche nella disciplina codicistica mostra la sua irriducibilità agli schemi del diritto comune, siano questi individuati nelle clausole penali[68] o nelle reazioni legittimate dal codice (in particolare, dall'art. 1455) a fronte di un inadempimento (di non scarso rilievo): anche se la responsabilità disciplinare non esclude quella per inadempimento, consentendo al datore di pretendere il risarcimento dei danni causati dal comportamento illegittimo del lavoratore.

L'art. 7 St. lav. integra l'art. 2106 c.c. e muta significativamente le "condizioni d'uso" del potere disciplinare, incidendo sul *quomodo* dell'esercizio di quel potere, attraverso la tecnica della *procedimentalizzazione*, che ha caratterizzato larga parte del diritto del lavoro proprio a partire dagli anni '70. La necessità della preventiva redazione e *pubblicizzazione*, nella forma tassativamente prevista dal legislatore, del c.d. *codice disciplinare*, che renda conoscibili le possibili sanzioni in relazione ai comportamenti che possono costituire infrazione, il rispetto della forma e delle procedure di contestazione, i limiti sostanziali al tipo di sanzioni che possono essere irrogate dal datore: tutti questi elementi concorrono a ridefinire i confini del legittimo esercizio del potere disciplinare, delimitando in modo più chiaro anche i confini del "debito di comportamento" del prestatore. Direttamente (attraverso il riconoscimento del diritto alla difesa) e indirettamente (attraverso l'insieme della procedura) l'art. 7 appronta inoltre

---

[66] La prima "giuridificazione" del potere disciplinare (che non aveva trovato spazio nella legge sull'impiego privato) recupera, ma solo in parte, le previsioni contenute nella Carta del Lavoro. Viene meno la tipizzazione delle sanzioni (tra le quali il licenziamento in tronco), che solo dopo quasi un trentennio sarà recuperata dallo St. lav., e viene eliminato – si è detto – uno degli elementi più significativi della dichiarazione XIX della Carta del lavoro, vale a dire l'esplicita sanzionabilità degli «atti che perturbino il normale andamento dell'azienda».

[67] Pare opportuno segnalare che, in forza dell'art. 21, l. n. 81/2017, sul c.d. lavoro agile, l'accordo tra le parti «individua le condotte, connesse all'esecuzione della prestazione lavorativa all'esterno dei locali aziendali, che danno luogo all'applicazione di sanzioni disciplinari». Pur considerando la specificità delle modalità di lavoro, suscita molte perplessità la scelta di affidare all'accordo tra le parti l'individuazione delle condotte illecite che possono dar luogo all'applicazione di sanzioni disciplinari, invece che individuare (nella legge) forme di diffusione *ad hoc* delle norme del codice disciplinare (di prioritaria competenza della contrattazione collettiva) applicabili a tutti i lavoratori agili.

[68] Delle sanzioni disciplinari come "pene private" si continuerà tuttavia a parlare a lungo, almeno fintanto che l'art. 7 St. lav. non renderà evidente la distanza tra le pene private e le sanzioni disciplinari, in particolare grazie al riequilibrio fra le parti contrattuali realizzato dallo (intero) Statuto e alla marcata procedimentalizzazione dell'esercizio del potere disciplinare *ex* art. 7.

una efficace tutela della persona del lavoratore in termini di rispetto e protezione della sua dignità.

L'*affissione del codice disciplinare* «in luogo accessibile a tutti» – che secondo un orientamento ormai consolidato può essere affiancata ma *non* sostituita da altre forme di comunicazione, talora previste dai contratti collettivi (es. area intranet del sito *web* aziendale) – deve considerarsi requisito essenziale per il legittimo esercizio del potere disciplinare. Secondo consolidata giurisprudenza, l'affissione ha natura costitutiva; ne consegue che è nulla la sanzione irrogata in difetto di tale forma di pubblicità.

Occorre tuttavia segnalare che, estendendo alle sanzioni conservative quanto già affermato a proposito dei licenziamenti disciplinari (dei quali tratteremo nella sede opportuna) la Cassazione (sentenza n. 7105/2014) ha ritenuto che il datore può comunque sanzionare un comportamento «immediatamente percepibile dal lavoratore come illecito, perché contrario al c.d. minimo etico o a norme di rilevanza penale [...] in quanto il lavoratore ben può rendersi conto, anche al di là di una analitica predeterminazione dei comportamenti vietati e delle relative sanzioni da parte del codice disciplinare, della illiceità della propria condotta». Ma quando invece la contestazione riguardi la violazione di norme di azione derivanti da direttive aziendali, suscettibili di mutare nel tempo, in relazione a contingenze economiche e di mercato ed al grado di elasticità nell'applicazione, tali norme devono essere previamente portate a conoscenza dei lavoratori secondo le prescrizioni dell'art. 7 St. lav. Nella specie, la S.C. (Cass. n. 54/2017) ha cassato la sentenza di merito che aveva ritenuto legittima la sospensione di otto giorni irrogata ad un dipendente bancario per la violazione di una mera circolare interna sulla gestione del credito e delle relative istruzioni operative.

Per quanto riguarda la *predeterminazione delle* «*norme disciplinari* relative alle sanzioni, alle infrazioni in relazione alle quali ciascuna di esse può essere applicata ed alle procedure di contestazione delle stesse» è lo stesso art. 7 a prevedere che quelle norme «devono applicare quanto in materia stabilito da accordi e contratti di lavoro ove esistano». Ne deriva l'obbligo del datore di recepire nel codice disciplinare quanto stabilito dalla contrattazione collettiva eventualmente applicabile in ragione della sua affiliazione sindacale: obbligo che può essere anche letto, da un diverso punto di vista, quale limitazione del potere unilaterale del datore di lavoro di definire le norme disciplinari. Il potere unilaterale tuttavia residua nel caso in cui non vi sia un contratto collettivo applicabile: in tal caso il datore di lavoro provvederà mediante regolamento aziendale.

Il collegamento funzionale tra art. 7 St. lav. e art. 2106 c.c. impone comunque il rigoroso rispetto (che potrà essere verificato dal giudice) del basilare *principio di proporzionalità tra infrazione e sanzione* e del c.d. *divieto di recidiva* di cui all'ultimo comma dell'art. 7 («Non può tenersi conto ad alcun effetto delle sanzioni disciplinari decorsi due anni dalla loro applicazione»). Quest'ultima prescrizione rappresenta, come una sorta di "diritto all'oblio", un limite all'esercizio del potere del datore; ma rappresenta al contempo un limite per il codice disciplinare, che non dovrà contenere previsioni che, nella valutazione della gravità della specifica infrazione, tengano conto delle (infrazioni e delle relative) sanzioni coperte da quel "diritto all'oblio".

Non sempre tuttavia è chiaro il confine tra considerazione espressa della recidiva (vietata) e considerazione globale del comportamento tenuto da un lavoratore in un certo arco di tempo (previsto da alcuni contratti e considerato legittimo da parte della giurisprudenza). Per chiarire i termini di questo problema, in utile connessione con l'altro problema sopra evidenziato (la proporzionalità), pare utile richiamare gli orientamenti della Cassazione e alcune argomentazioni addotte a sostegno delle decisioni assunte. Secondo la Corte, ove sia stata verificata la corrispondenza tra fattispecie di infrazione concreta e fattispecie astratta prevista dal codice disciplinare, e sia stata altresì congruamente motivata dal giudice la sua valutazione, «non presenta, di per sé, alcun profilo di illegittimità la norma del codice che preveda la sanzione espulsiva quando il lavoratore abbia riportato nell'arco di un biennio due sospensioni disciplinari dal servizio, poiché tale sanzione non è la conseguenza di una seconda valutazione di comportamenti già sanzionati, bensì la conseguenza del comportamento complessivo del lavoratore, suscettibile di un'autonoma valutazione»[69].

Per quanto riguarda ancora i contenuti del codice disciplinare, nonostante l'uso e l'abuso che larga parte della dottrina ha fatto del binomio di antichi brocardi *nullum crimen sine lege* e *nulla poena sine lege*, i limiti di una evocativa ma scorretta analogia con il diritto penale sono evidenti. Da una parte, infatti, per quanto il regolamento possa essere dettagliato, non potrà contemplare ogni possibile *species* di infrazione, tant'è che spesso sono proprio i contratti collettivi ad adottare la tecnica della esemplificazione, invece che quella della tassatività delle fattispecie. Dall'altra, non si deve dimenticare che l'art. 7 integra l'art. 2106, il quale – ricordiamo – legittima l'esercizio del potere disciplinare a fronte della violazione degli obblighi di cui agli artt. 2104 e 2105 c.c. Da tale necessaria precisazione consegue la legittimità di provvedimenti sanzionatori a fronte di comportamenti considerati antigiuridici dallo stesso codice o da altre fonti legali o contrattuali (in particolare quando si tratti di irrogare un licenziamento disciplinare: *infra*, PT. VIII, Cap. II, Sez. II, § 3).

Tra le fonti contrattuali occorre segnalare i c.d. codici di comportamento o codici etici adottati ormai da molte imprese, soprattutto multinazionali. La questione è connessa alla c.d. responsabilità sociale delle imprese (*corporate social responsibility*), nell'ultimo decennio oggetto di crescente attenzione da parte della dottrina più avvertita. Ma uno dei nodi più problematici del rapporto tra regole etiche volontariamente adottate al di là degli standard di legge[70] e rapporti di lavoro è costituito dal potenziale allargamento dell'area di "debito" del prestatore, della diligenza da lui dovuta e, conseguentemente, dall'eventuale profilo disciplinare della violazione delle regole di comportamento espresse da tali codici etici. La violazione di regole etiche aziendali (che non si limitino, come spesso peraltro avviene, a ribadire obblighi già desumibili dalle leggi) può avere una sicura rilevanza disciplinare ove quei codici siano stati trasfusi (in via contrattuale o unilaterale, ove ammissibile) nelle norme disciplinari di cui all'art. 7 St. lav., o quando almeno la doverosità di comportamenti conformi a codici etici sia stabilita dalle stesse norme disciplinari, quantunque in questo caso emerga la dubbia legittimità del rinvio ad una fonte non pubblicizzata nelle stesse forme richieste dall'art. 7 (salvo che sia materialmente allegata al codice disciplinare affisso).

Prima di considerare i *limiti quantitativi e qualitativi* posti dall'art. 7 alle sanzioni applicabili, occorre preliminarmente considerare "quali" sanzioni siano irrogabili. Il problema, con tutta evidenza, deriva dalla tecnica normativa utilizzata dal legislatore, che non le ha puntualmente elencate, bensì le ha citate (o ne ha citate alcune: torne-

---

[69] Cass. n. 8573/1999.

[70] Secondo la definizione formulata a suo tempo dalla Commissione delle Comunità Europee, *Libro verde "Promuovere un quadro europeo per la responsabilità sociale delle imprese"*, COM (2001) 366 def.

remo subito sul punto) al fine di individuarne i *limiti quantitativi* massimi (art. 7, c. 4: «la *multa* non può essere disposta per un importo superiore a quattro ore della retribuzione base e la *sospensione dal servizio* e dalla retribuzione per più di dieci giorni») o per indicare il *termine minimo di 5 giorni* che deve intercorrere tra contestazione dell'infrazione e applicazione della sanzione (art. 7, c. 5: per i «provvedimenti disciplinari più gravi del *rimprovero verbale*»).

L'ambiguità della formulazione della disposizione ha fatto vacillare il principio della c.d. *tipicità delle sanzioni disciplinari*, inducendo la maggioranza degli interpreti a ritenere né tassativa né esaustiva l'elencazione delle sanzioni contenute nell'art. 7. Larga parte della dottrina ritiene che le sanzioni nominate non costituiscano un numero chiuso, poiché l'art. 7 rinvia – in termini analoghi a quanto faceva l'art. 2106 con riferimento alle "norme corporative" – a quanto previsto dalle norme disciplinari (c. 1), e quindi indirettamente all'elaborazione, mutevole nel tempo, della contrattazione collettiva.

Soprattutto se si accoglie questa proposta interpretativa, fatta ormai propria dalla giurisprudenza prevalente, risulta particolarmente importante applicare rigorosamente il *limite c.d. qualitativo* sancito dallo stesso c. 4. La prescrizione secondo la quale[71] «non possono essere disposte sanzioni disciplinari che comportino mutamenti definitivi del rapporto di lavoro» è importante, e ha indotto la giurisprudenza ad escludere la legittimità di qualsiasi provvedimento che si concretizzi in un mutamento di mansioni, anche in caso di trasferimento disciplinare. Ovviamente la tutela garantita dalla norma dipende dall'interpretazione che si ritiene di dare all'aggettivo "definitivi" giustapposto al vocabolo "mutamenti". A fronte di una interpretazione che fa perno sul carattere definitivo, per l'appunto, nel senso di durevole e acquisito (facendo pensare alla cessazione del rapporto, in particolare), del mutamento del rapporto, si è venuta affermando, fin dalle origini, ma in modo più marcato nella dottrina più recente, una interpretazione che "traduce" il carattere definitivo in carattere "sostanziale". La questione ha assunto rilievo anche pratico con riferimento alla configurabilità o meno del trasferimento disciplinare, risultando ulteriormente complicata dalla possibile duplice funzione dell'istituto del trasferimento, potenzialmente sanzionatoria ma sicuramente organizzativa, come dimostra la disciplina di cui all'art. 2103 c.c., anche nel testo novellato dal d.lgs. n. 81/2015.

4.1. *Il trasferimento disciplinare*

A rigor di logica, poiché «il lavoratore non può essere trasferito da una unità produttiva ad un'altra se non per comprovate ragioni tecniche, organizzative e produttive» (art. 2103, c. 8), la funzione disciplinare del trasferimento sembrerebbe esclusa. Ma occorre ammettere che non necessariamente questa interpretazione rigorosa del combinato disposto degli artt. 7 e 13 St. lav. garantisce al lavoratore una migliore protezione: la configurazione di un trasferimento come sanzione disciplinare comporta infatti il riconoscimento al lavoratore di una serie di diritti rilevanti per tutelarne la

[71] «Fermo restando quanto disposto dalla l. 15.7.1966, n. 604»: *infra*.

personalità (diritto alla preventiva contestazione, all'assistenza da parte di un rappresentante sindacale, al contraddittorio e alla difesa, come presto vedremo).

In ordine all'ammissibilità del trasferimento quale sanzione disciplinare "atipica", un primo orientamento giurisprudenziale, sulla base della considerazione che le sanzioni disciplinari non costituiscono un numero chiuso, riconosceva la legittimità del trasferimento disciplinare solo «laddove incluso da parte della contrattazione collettiva nella tipologia delle sanzioni contemplate dal relativo codice»[72]. Una parte minoritaria della giurisprudenza di merito più risalente riteneva invece in ogni caso illegittimo il trasferimento disciplinare, affermando che il c. 4 dell'art. 7 St. lav. vieta «sanzioni disciplinari che comportino mutamenti definitivi del rapporto di lavoro quali sono pacificamente ritenuti i trasferimenti da un'unità produttiva ad un'altra»[73], aggiungendo che «nessun codice disciplinare può contemplare una simile sanzione»[74].

Occorre tuttavia segnalare che talora la giurisprudenza che pure escludeva la configurabilità del trasferimento come sanzione disciplinare si era pronunciata a favore della legittimità del trasferimento motivato da c.d. *incompatibilità* ambientale (del quale abbiamo già trattato in relazione a molestie e *mobbing*): incompatibilità ambientale che verrebbe in considerazione non come colpa del dipendente ma come disfunzione del servizio[75]; grava comunque sul datore di lavoro l'onere di provare la sussistenza della incompatibilità addotta quale giustificazione del trasferimento[76]. Questo orientamento interpretativo riteneva perciò legittimo il trasferimento del lavoratore quando nell'ambito dell'unità produttiva si era venuta a determinare una situazione di "incompatibilità", a causa dei cattivi rapporti con i colleghi per esempio, che incida oggettivamente in senso negativo sul normale svolgimento dell'attività tecnica, organizzativa e produttiva dell'impresa, riconducendo così la giustificazione del trasferimento alle ordinarie giustificazioni previste dall'art. 2103 c.c.[77].

---

[72] Così Cass. n. 6383/1998.

[73] Pret. Milano 20.7.1981, in *L80*, 1981, p. 928.

[74] Pret. Milano 30.3.1989, in *L80*, 1989, p. 718.

[75] Così, per esempio, Cass. n. 17786/2002 che ha affermato la legittimità, *ex* art. 2103 c.c., del trasferimento del lavoratore disposto per incompatibilità aziendale, qualora tale incompatibilità determini disorganizzazione e disfunzione nell'unità produttiva, configurando così un'obiettiva esigenza datoriale di modifica del luogo di lavoro. Più recentemente, la Corte (Cass. n. 2143/2017) ha ribadito che il trasferimento dovuto ad incompatibilità ambientale non ha natura disciplinare, trovando la sua ragione nelle esigenze tecniche, organizzative e produttive di cui all'art. 2103 c.c., ed è subordinato ad una valutazione discrezionale dei fatti che fanno ritenere nociva, per il prestigio ed il buon andamento dell'ufficio, l'ulteriore permanenza dell'impiegato in una determinata sede.

[76] Come ha ribadito Cass. n. 27345/2019.

[77] Più sottile è la distinzione adottata in altra occasione dalla stessa Cassazione (Cass. n. 12088/1991) nella quale i giudici hanno distinto fra trasferimento disciplinare e trasferimento adottato a seguito di un'infrazione disciplinare. La Cassazione ha infatti affermato che deve «ammettersi la possibilità che un determinato comportamento abbia una doppia valenza, nel senso di integrare contemporaneamente gli estremi di un fatto disciplinarmente rilevante ed altresì una delle ragioni tecniche, organizzative e produttive, previste dall'art. 2103 c.c. È evidente, invero, che in tal caso vi sia un collegamento causale tra comportamento e trasferimento ed una successione cronologica tra i due eventi, ma non può affermarsi che per ciò solo il trasferimento costituisca una seconda sanzione disciplinare di un'unica condotta e sia per questo illegittimo».

Un ulteriore orientamento della giurisprudenza sembra invece favorevole a riconoscere senz'altro la legittimità del trasferimento disciplinare. Verso la fine degli anni '90, la Cassazione ha affermato infatti che «il trasferimento ha carattere conservativo e non comporta un mutamento definitivo del rapporto di lavoro, incidendo soltanto sul luogo di adempimento della prestazione lavorativa [che] non costituisce, di per sé e in via generale, un elemento immutabile del rapporto di lavoro»[78].

Ancora, una parte non trascurabile della giurisprudenza, di merito e di legittimità, ha ritenuto che il trasferimento possa costituire una sanzione disciplinare ove in tal senso dispongano i contratti collettivi.

In definitiva, dottrina e giurisprudenza prevalenti sembrano ammettere soltanto sanzioni c.d. conservative, salve le caute aperture al trasferimento per incompatibilità ambientale e alle previsioni della contrattazione collettiva. Questa conclusione deve tuttavia essere correttamente intesa, considerando sia l'*incipit* del citato c. 4 dell'art. 7, – «fermo restando quanto disposto dalla l. 15.7.1966, n. 604» – sia soprattutto prendendo atto delle importanti pronunce della Corte costituzionale in punto di configurabilità del licenziamento riconducibile a colpa del prestatore quale massima sanzione disciplinare. La questione, particolarmente importante, sarà trattata nella sede opportuna (*infra*, PT. VIII, Cap. II, Sez. II, § 3).

4.2. *L'irrogazione delle sanzioni disciplinari*

L'art. 7, c. 2, St. lav. prevede che il datore di lavoro non possa adottare alcun provvedimento disciplinare nei confronti del lavoratore senza avergli *preventivamente contestato l'addebito* e senza averlo *sentito a sua difesa*.

Che la funzione assegnata a tali regole sia essenziale per la tutela della persona del lavoratore è dimostrato dall'attenzione con la quale la giurisprudenza le ha applicate, "aggiungendo" alla lettera della disposizione altri requisiti che il provvedimento disciplinare deve presentare per essere considerato legittimo.

È il caso della affermata necessità che la contestazione degli addebiti presenti il carattere della *specificità*, ossia contenga «l'esposizione chiara e puntuale dei dati e degli aspetti essenziali del fatto nella sua materialità», considerato il suo scopo di consentire al lavoratore un'immediata ed efficace difesa. È il caso, ancora, del principio, anch'esso di elaborazione giurisprudenziale, della c.d. *immutabilità dei fatti contestati*[79].

---

[78] Cass. n. 6383/1998. In tale occasione, peraltro, la Corte, dopo aver ammesso in linea di principio la legittimità del trasferimento disciplinare in quanto tale, ha preferito ricondurre il *trasferimento adottato a seguito di infrazione disciplinare* nel più ampio contesto del trasferimento regolato dall'art. 2103 c.c. (vale a dire «situazioni che realizzano un'obiettiva esigenza aziendale di modifica del luogo di lavoro»).

[79] Come ha ricordato Cass. n. 22076/2020 «il principio di necessaria corrispondenza tra addebito contestato e addebito posto a fondamento della sanzione disciplinare, che vieta di infliggere un licenziamento sulla base di fatti diversi da quelli contestati, può ritenersi violato qualora il datore di lavoro alleghi, nel corso del giudizio, circostanze nuove che, in violazione del diritto di difesa, implicano una diversa valutazione dei fatti addebitati. Tale modifica non è tuttavia ravvisabile nel caso in cui si tratti di circostanze confermative della condotta in relazione alle quali il lavoratore possa agevolmente controdedurre ovvero quando [...] le stesse non modifichino il quadro generale della contestazione (così già Cass. n. 8293/2019).

Con riferimento alla *ratio* della disciplina statutaria della contestazione, la Cassazione ha precisato che il diritto alla difesa impone il rispetto della corrispondenza tra contestazione preventiva degli addebiti e causa della sanzione. Peraltro, secondo altre pronunce della S.C., la preventiva contestazione dell'addebito di cui all'art. 7, c. 2, non richiede particolari formalità, ma solo l'esposizione dei dati e degli aspetti essenziali del fatto materiale contestato, essendo irrilevante che essa sia denominata come "comunicazione", che non indichi il termine a discolpa e che non convochi il lavoratore per un'audizione a sua difesa. Inoltre, secondo lo stesso orientamento, il disposto del secondo comma dell'art. 7 citato – secondo cui il datore di lavoro non può adottare alcun provvedimento disciplinare nei confronti del lavoratore senza averlo sentito a sua difesa, previa contestazione dell'addebito – deve essere interpretato nel senso che, solo ove il dipendente lo chieda espressamente, il datore di lavoro è tenuto a sentirlo oralmente, salva in ogni caso la facoltà del lavoratore di inoltrare per iscritto le proprie difese [80]. In difetto di tale richiesta, non esiste alcun onere del datore di lavoro d'invitare il lavoratore a discolparsi oralmente, con la conseguenza che nessuna violazione del citato art. 7 è ravvisabile nell'ipotesi che la sanzione disciplinare sia stata irrogata dopo che al lavoratore sia stata effettuata la relativa contestazione, senza che risulti alcuna sua successiva richiesta d'audizione.

Benché interpretate in modo non rigido, le regole della preventiva contestazione dell'addebito e del diritto di difesa del lavoratore esprimono un "valore garantistico" di protezione del destinatario del provvedimento disciplinare, al pari della c.d. *tempestività del provvedimento disciplinare* (*rectius*, della reazione alla infrazione), questa pure "creazione" della giurisprudenza [81]. Il mancato rispetto di tale ulteriore obbligo individuato dalla Cassazione viene, non a caso, presentato non tanto come una «violazione di un obbligo procedimentale», quanto come un possibile «indice di un non corretto uso del potere disciplinare» [82].

L'art. 7, c. 5, prevede che, in ogni caso, i provvedimenti disciplinari più gravi del rimprovero verbale non possano «essere applicati prima che siano trascorsi cinque giorni dalla contestazione per iscritto del fatto che vi ha dato causa». Interpretando

---

[80] Secondo Cass. n. 6845/2010, la richiesta di audizione verbale, formulata dal dipendente contestualmente alle giustificazioni scritte (per quanto di per sé ampie ed esaustive), obbliga il datore di lavoro a fissare uno specifico incontro, in mancanza del quale la sanzione disciplinare risulta illegittima.

[81] Come ricorda Cass. n. 5891/1999, l'art. 7 St. lav. non stabilisce un «termine entro il quale il datore di lavoro deve esercitare il suo potere disciplinare». Secondo Cass. n. 4034/2006, il principio della immediatezza si riferisce sia alla contestazione dell'addebito, sia alla tempestività dell'irrogazione della misura disciplinare. Torneremo sul punto parlando del licenziamento disciplinare.

[82] Cass. n. 5891/1999. Ciò non esclude tuttavia che il requisito della immediatezza debba essere interpretato «in senso non assoluto, ma relativo» e sia «quindi, in concreto, compatibile con un intervallo di tempo indispensabile per l'accertamento dei fatti e la loro valutazione», tanto da consentire di ritenere che l'esercizio del potere disciplinare possa avvenire «anche molto tempo dopo la commissione dell'illecito qualora il datore di lavoro, per cause a lui non imputabili, sia pervenuto a conoscenza di esso solo in quel momento». Ove tuttavia il mancato rispetto del requisito della immediatezza della reazione non sia giustificabile, «il procedimento disciplinare deve essere considerato illegittimo anche se nel caso particolare non abbia avuto alcun effetto pregiudiziale sulle capacità di difesa del lavoratore».

tale disposizione, la Cassazione ha affermato che essa da un lato richiede la *effettiva conoscenza* da parte del lavoratore delle contestazioni scritte del datore di lavoro, dall'altro esige che il provvedimento sanzionatorio *non venga adottato* prima che siano trascorsi cinque giorni da tale conoscenza. Secondo un orientamento consolidato (seppure non pacifico) il termine dei cinque giorni è tassativo: si tratta infatti di un termine chiaramente stabilito per consentire al lavoratore di comunicare (per iscritto o anche oralmente) al datore di lavoro le sue giustificazioni, che decorre pertanto dal momento della ricezione della contestazione. Prima che siano trascorsi i cinque giorni il potere giuridico datoriale di sanzionare il presunto illecito disciplinare commesso dal lavoratore è sospeso: soltanto in questo modo si garantisce non solo che l'eventuale sanzione sia adottata dal datore di lavoro dopo aver conosciuto le difese dell'incolpato, ma anche che lo stesso datore possa fruire di un tempo (ancorché molto breve) di ripensamento, o comunque tale da impedire l'adozione "a caldo" di provvedimenti di estrema gravità per il dipendente senza adeguata preventiva riflessione.

Sulla tassatività o meno del termine dei cinque giorni, si era aperto un contrasto all'interno della giurisprudenza della S.C. che le S.U. hanno composto [83]. Secondo le S.U., il termine dei cinque giorni è funzionale soltanto ad esigenze di tutela dell'incolpato, in quanto tende ad impedire che l'irrogazione della sanzione possa avvenire senza che egli abbia avuto la possibilità di raccogliere e fornire le prove a propria difesa. Ne consegue che, ove il lavoratore abbia fornito le sue giustificazioni prima della scadenza suddetta, senza manifestare alcuna specifica riserva di ulteriori produzioni documentali o motivazioni difensive, nulla più osta, qualora il datore di lavoro ritenga di doversi in tal senso determinare, all'immediata irrogazione della sanzione [84].

Occorre poi segnalare che il diritto alla difesa (il diritto di essere "sentito" dal datore di lavoro prima dell'irrogazione della sanzione) è rafforzato dalla previsione di cui al c. 3: «il lavoratore potrà farsi assistere da un rappresentante dell'associazione sindacale cui aderisce o conferisce mandato» [85].

Ancora, occorre osservare che il datore di lavoro, una volta esercitato validamente il potere disciplinare nei confronti del prestatore di lavoro in relazione a determinati fatti costituenti infrazioni disciplinari, non può esercitare, una seconda volta, per quegli stessi fatti, lo stesso potere; è solo legittimato a tenere conto della sanzione applicata entro il biennio ai fini della recidiva, nel rispetto di quanto prevede l'ultimo comma dell'art. 7. Il principio generale del "*ne bis in idem*" si pone a garanzia del giusto processo e la sua inosservanza determina una violazione dei diritti individuali dell'uomo di cui all'art. 2 della Costituzione e del diritto di difesa sancito dall'art. 24 Cost. Come ha ancora recentemente ricordato la Cassazione «non è perciò consentito – a fronte

---

[83] Cass. S.U. n. 3965/1994.

[84] Così Cass. n. 21622/2011, e successivamente copiosa giurisprudenza nello stesso senso.

[85] Nella decisione resa da Cass. n. 26023/2009, è stato affermato che la circostanza che la volontà del lavoratore di essere sentito di persona sia accompagnata dalla richiesta di essere assistito da un soggetto non contemplato dalla legge (nel caso di specie, un avvocato), non comporta il venir meno dell'obbligo di convocazione a carico del datore di lavoro, affinché l'audizione si svolga nei limiti e con le garanzie difensive previste dalla legge. Giurisprudenza successiva ha confermato l'inammissibilità all'audizione di soggetti non previsti dalla norma, salvo il consenso del datore di lavoro, ma ha ribadito che il datore debba comunque ascoltare il lavoratore.

di una identica condotta contestata nella sua concretezza – sanzionare detta condotta due (o più volte) a seguito di una diversa valutazione e/o configurazione giuridica, stante le ricadute pregiudizievoli scaturenti dall'inosservanza dello scrutinato principio in termini di rispetto della personalità del lavoratore e della sua stessa libertà di agire senza condizionamento di alcun genere nell'espletamento della sua attività lavorativa» [86].

Da ultimo, la speciale procedura di arbitrato irrituale prevista dal c. 6 dell'art. 7 (sull'arbitrato irrituale v. PT. IX) sembra denotare una particolare attenzione del legislatore nei confronti del lavoratore subordinato che si veda addebitare un comportamento illegittimo ed applicare una sanzione. Il ricorso a tale procedura comporta, per espressa previsione del c. 7, la sospensione della sanzione fino alla pronuncia del Collegio. La sospensione opera anche «se il datore di lavoro adisce l'autorità giudiziale»: è evidente sia l'incentivazione al ricorso alla procedura arbitrale, sia il *favor* verso il lavoratore "accusato", ulteriormente dimostrato dalla previsione della prima proposizione dello stesso comma secondo la quale «qualora il datore di lavoro non provveda», entro dieci giorni dall'invito, «a nominare il proprio rappresentante in seno al collegio (...) la sanzione disciplinare non ha effetto».

---

[86] Cass. n. 22388/2014. Nel caso di specie, il datore aveva sanzionato con licenziamento disciplinare fatti che erano stati oggetto di una pronuncia penale, ma quei medesimi fatti erano già stati da lui precedentemente sanzionati con una sanzione conservativa.

Capitolo II

Gli obblighi del lavoratore

Sommario: 1. Gli obblighi del lavoratore subordinato. – 2. Obbligo di obbedienza: contenuti e limiti. – 3. Diligenza e fedeltà. – 3.1. La diligenza del prestatore di lavoro. – 3.1.1. L'obbligo di diligenza nelle organizzazioni ideologicamente connotate ("di tendenza"). – 3.2. Il c.d. obbligo di fedeltà. – 3.3. Divieto di concorrenza. – 3.3.1. Patto di non concorrenza. – 3.4. L'obbligo di riservatezza. – 3.5. Le invenzioni del lavoratore.

1. *Gli obblighi del lavoratore subordinato*

Poiché il contratto di lavoro non istituisce un rapporto di "subordinazione personale" del prestatore al datore di lavoro, ma invece un rapporto di "subordinazione tecnica", gli obblighi del lavoratore devono essere circoscritti a quanto necessario per adempiere l'obbligazione assunta tramite contratto (art. 2094 c.c.), nel rispetto dei canoni di valutazione delle modalità di adempimento dell'obbligazione principale (l'esecuzione della prestazione dedotta in contratto). Quando si tratta degli obblighi del prestatore di lavoro, peraltro, ci si riferisce abitualmente agli obblighi "nominati" o tipici (obbedienza, diligenza, fedeltà: artt. 2104 e 2105 c.c.), considerandoli come obbligazioni in un certo qual modo "autonome" rispetto all'obbligazione principale, che resta una obbligazione di *facere*, seppure specificata dall'atteggiarsi degli "altri" obblighi nel concreto svolgimento del rapporto di lavoro e dalla professionalità che caratterizza quel *facere*. È proprio nella realizzazione del programma negoziale che emergono d'altronde – come abbiamo più volte sottolineato – le peculiarità della subordinazione, da una parte, e le tensioni tra diritti della persona e obblighi del prestatore di lavoro subordinato dall'altra.

Anche in questa sede si seguirà, nella successiva trattazione, la partizione per così dire classica degli obblighi tipici. Preme tuttavia sottolineare la stretta correlazione tra i diversi obblighi che gravano sul prestatore: sia perché da tale correlazione derivano, complessivamente, limitazioni alle libertà (e ai diritti, come abbiamo già detto) del lavoratore, sia perché quell'intreccio di obbligazioni contribuisce in misura determinante a disegnare la figura del lavoratore e, alla fine, a definire la fattispecie astratta del prestatore di lavoro subordinato che trova la sua primaria definizione nell'art. 2094 c.c.

2. *Obbligo di obbedienza: contenuti e limiti*

L'obbligo di *obbedienza*, specificamente regolato nel c. 2 dell'art. 2104 c.c., rappresenta il fulcro della posizione debitoria del prestatore di lavoro, perché costituisce un obbligo assunto dal prestatore attraverso il contratto di lavoro subordinato, presentandosi dunque come elemento coessenziale della fattispecie lavoro subordinato. Il *facere* cui si obbliga il prestatore si traduce infatti nell'impegno contrattuale a prestare il proprio lavoro «sotto la direzione dell'imprenditore» (art. 2094 c.c.). Proprio l'assoggettamento (anche solo potenziale, ma continuativo) al potere direttivo del datore di lavoro costituisce, secondo la dottrina maggioritaria e secondo il prevalente orientamento della giurisprudenza, l'elemento distintivo del rapporto di lavoro subordinato. Esso rappresenta, pertanto, quasi la *summa* della posizione debitoria del prestatore, e, insieme alla sottoposizione al potere disciplinare, la conseguenza della subordinazione e al tempo stesso la *ratio* della disciplina protettiva del lavoratore subordinato.

In forza del contratto, il prestatore si obbliga a conformare la prestazione dedotta in contratto alle direttive impartite dall'imprenditore, il cui potere direttivo risulta regolato, nel suo esercizio e dunque nelle modalità di estrinsecazione, del c. 2 dell'art. 2104 c.c., che specifica l'obbligo del prestatore di «osservare le disposizioni per l'esecuzione e per la disciplina del lavoro impartite dall'imprenditore e dai collaboratori di questo dai quali gerarchicamente dipende». La correlazione tra potere direttivo e obbligo di obbedienza risulta dunque stretta, così come stretta è la correlazione tra obbedienza e subordinazione: tale correlazione ripropone nello schema del rapporto obbligatorio il modello gerarchico definito dall'art. 2086 c.c.

Abbiamo parlato di obbligo di obbedienza come di obbligo "nominato": ma occorre precisare che la lettera delle disposizioni del codice non reca traccia del lemma "obbligo" (o "dovere")[1] di obbedienza; l'obbedienza è un termine di formazione dottrinale, che non ricorre nel linguaggio normativo.

Malgrado il silenzio della legge, la sussistenza dell'obbligo di obbedienza e la sua riconducibilità al contratto (art. 2094 c.c.) non possono, a nostro avviso, essere messe in dubbio. Peculiare è il rilievo che assume l'obbedienza nell'ambito degli obblighi che derivano dal contratto di lavoro: l'obbedienza rappresenta infatti una obbligazione funzionalmente autonoma rispetto all'obbligo di prestazione, ma "ausiliaria" rispetto a quest'ultima. Il lavoratore subordinato, dunque, non è debitore di una prestazione "obbediente", bensì è *debitore di obbedienza* in quanto l'adempimento di tale obbligo gli consente di adempiere correttamente e pienamente, fornendo una prestazione che corrisponda a quanto si è impegnato a realizzare in forza del contratto di lavoro subordinato sottoscritto. L'obbedienza è intrinseca alla prestazione di lavoro subordinato e ne costituisce un elemento qualificante; in particolare, anche la mancata collaborazione[2] può configurare un'ipotesi di insubordinazione, che può giustificare

---

[1] Le due espressioni sono spesso utilizzate in modo indistinto per denotare la posizione di assoggettamento del prestatore di lavoro al potere direttivo del datore. Pare a noi preferibile utilizzare il vocabolo "obbligo" perché più coerente con la lettura qui accolta dello stesso obbligo, direttamente correlata al contratto di lavoro.

[2] Così, per esempio, Cass. n. 24634/2019, che ha ritenuto che il rifiuto di una dipendente di accettare la consegna di una comunicazione datoriale (in merito ad una prossima visita medica di con-

l'adozione di provvedimenti disciplinari, sino al licenziamento (per giusta causa) del lavoratore.

Il mancato rispetto delle disposizioni impartite per l'esecuzione del lavoro comporta infatti il mancato adempimento della obbligazione principale, dal quale discendono sia la responsabilità per inadempimento, sia la responsabilità disciplinare.

L'ultimo corollario (responsabilità disciplinare) rende tuttavia meno nitida la ricostruzione qui presentata, poiché finisce per unificare, sul piano delle conseguenze, ciò che sul piano della fattispecie (malgrado le possibili confusioni)[3] è e deve restare distinto: l'obbedienza è una caratteristica intrinseca della subordinazione, e non invece una "misura" del corretto adempimento della prestazione dedotta in contratto (a differenza della diligenza: *infra*).

Considerando i comportamenti "dovuti" del prestatore (obbligo di obbedienza come osservanza delle disposizioni impartite), riappare la questione della individuazione dei confini della posizione debitoria del prestatore, che quell'obbligo concorre a definire. Pare allora opportuno ricordare che *i confini* del debito del prestatore risultano in primo luogo dalle mansioni attribuite al lavoratore in forza del contratto e del successivo legittimo esercizio dello *jus variandi* da parte del datore *ex* art. 2103 c.c., come pure dal luogo e dalla articolazione temporale della prestazione dovuta: il rifiuto di adempiere ad una prestazione eccedente tali limiti non configura dunque inesatto adempimento della prestazione, né violazione dell'obbligo di obbedienza.

In forza poi dei principi di correttezza e buona fede (di cui agli artt. 1175 e 1375 c.c.), il debito del prestatore comprende anche gli *obblighi preparatori* all'adempimento e i c.d. *obblighi accessori*, ovvero tutti quegli adempimenti che risultano oggettivamente necessari per rendere "organizzabile" la prestazione fornita nell'ambito della struttura aziendale. Dubbi emergono tuttavia sulla legittimità di eventuali disposizioni del datore che attengano alla cura dell'aspetto personale del lavoratore e al suo abbigliamento.

La *cura dell'igiene e dell'aspetto fisico*, così come l'*abbigliamento* appropriato alle mansioni esigibili, può configurarsi come legittimo requisito professionale quando ne possa essere provata (dal datore) la necessità al fine di svolgere l'attività aziendale in modo "sicuro" (in conformità ad obblighi di legge, in particolare) e "proficuo". Il riferimento alla utilità del datore rinvia necessariamente alla rilevanza di tale interesse quale parametro di valutazione della diligenza dall'art. 2104 c.c. (e ne tratteremo espressamente oltre), che in questa sede può essere letto in termini di oggettiva necessità per realizzare il fine (purché legittimo) dell'organizzazione. Sicuramente è in molti casi difficile distinguere[4] quando una disposizione in tal senso ri-

---

tpone, oltre all'osservanza dell'obbligo di diligenza riguardantrollo) configurasse violazione dell'art. 2104 c.c., «considerato che tale dovere di collaborazione ime la prestazione lavorativa in senso stretto, la conformazione della condotta sul luogo di lavoro all'interesse dell'impresa, da intendere come raccordo della prestazione con la specifica organizzazione imprenditoriale in funzione della quale la prestazione è resa».

[3] La confusione è peraltro dovuta a più fattori, tra i quali emerge la (fallace ma formale) "contiguità" tra obbligo di obbedienza e obbligo di diligenza nell'art. 2104 c.c. A rendere nebulosa la distinzione concorre altresì la connessione tra potere direttivo e potere disciplinare che traspare con evidenza dalla stessa formulazione del c. 2 dell'art. 2104 c.c., là dove fa riferimento, in modo indistinto che ingenera confusione, alle «disposizioni per l'esecuzione *e* per la disciplina del lavoro».

[4] Come dimostra la giurisprudenza in materia, (relativamente) copiosa nel recente passato. Tra

sponda ad una esigenza aziendale oggettiva e quando invece risponda soltanto ad una (irrilevante) preferenza generica del datore di lavoro[5]. La distinzione è tuttavia essenziale per tracciare il confine tra legittimo esercizio del potere direttivo che si traduca in legittime pretese all'adempimento, da una parte, e illegittime violazioni del diritto alla personalità del lavoratore, dall'altra. La questione pone in evidenza, ancora una volta, la particolare posizione del prestatore di lavoro, che rischia di comprimere il diritto di "essere ed apparire" del lavoratore (come abbiamo visto) e il diritto di non essere vittima di una discriminazione indiretta correlata ad un fattore "protetto" dall'ordinamento[6].

Sempre in forza dei principi di correttezza e buona fede sopra richiamati, non costituisce violazione dell'obbligo di obbedienza il mancato rispetto di disposizioni datoriali che risultino illecite. Emblematica pare l'ipotesi di un ordine di discriminare impartito dal datore di lavoro o da un superiore gerarchico del prestatore: prevale infatti in questo caso il diritto del lavoratore di non cooperare alla realizzazione di un illecito. Secondo il diritto dell'UE, così come secondo il diritto interno, infatti, l'ordine di discriminare persone sulla base di motivi contemplati dall'ordinamento (sesso, razza, religione e convinzioni personali, handicap, età, orientamento sessuale) è considerato una discriminazione, come abbiamo visto.

Non sempre, tuttavia, la soluzione del conflitto è così chiara e netta, soprattutto quando ci si trovi di fronte a contestazioni dei poteri del datore di lavoro che si collochino sul crinale tra violazione dell'obbligo di obbedienza che si concretizzi in insubordinazione (illegittima) ed esercizio (legittimo) di diritti fondamentali della persona. Un caso classico è quello dell'esercizio del c.d. *diritto di critica* da parte del prestatore. Generalmente tale questione è affrontata nella disamina dell'obbligo del prestatore di non divulgare notizie pregiudizievoli per il datore: l'obbligo è perciò inquadrato nell'ambito dell'art. 2105 c.c. (e anche noi adotteremo questa prospettiva). Ma l'esercizio del diritto di critica può anche comportare una "disobbedienza" del prestatore rispetto ad una espressa disposizione che vieti, per esempio, il contatto con i giornalisti o la pubblicazione di articoli senza il nulla osta del datore[7]. Stante la stretta correlazione tra obbligo di obbedienza e subordinazione, merita ricordare in proposito che – come non ha mancato di segnalare la giurisprudenza di legittimità[8] – «il rapporto di subordinazione investe lo spazio del potere assegnato al superiore (e dei simmetrici obblighi del dipendente a questi subordinato): non gli atti del superiore palesemente ed incontrovertibilmente esterni a questo spazio». Ma sono proprio i confini di questo spazio che occorrerà individuare, per valutare contenuto e limiti dell'obbligo di diligenza, che apparentemente sembra sancire la "superiorità" dell'«interesse dell'impresa» (art. 2104 c.c.) rispetto ai diritti della persona del lavoratore.

---

le tante pronunce, molte delle quali attengono a fattispecie davvero peculiari, segnaliamo App. Milano 9.4.2002, in *RIDL*, 2002, II, p. 658, con nota di G. Pera, *Il lavoratore deve radersi ogni giorno?* in tema di rilevanza dell'aspetto del lavoratore.

[5] È questo il *discrimen* indicato da Ichino 2003, pp. 276-279.

[6] Come nel caso di un nesso tra abbigliamento (velo) e religione (islamica) deciso da App. Milano 20.5.2016, in *RIDL*, 2016, II, p. 821 ss., nt. Peruzzi, e in *Labor*, 2016, p. 431 ss., nt. Tarquini. La questione è già stata trattata, dal punto di vista della discriminazione, nella PT. V, Cap. II.

[7] V. per esempio il caso *Connolly* (CGE 6.3.2001, C-274/99).

[8] Cass. n. 12717/1998.

3. *Diligenza e fedeltà*

Gli obblighi di *diligenza* e di *fedeltà* meritano di essere inizialmente considerati congiuntamente, per poi procedere alla loro opportuna distinzione. Il binomio, infatti, è spesso utilizzato per indicare in modo sincretico il *vincolo fiduciario* che legherebbe il prestatore di lavoro subordinato al datore di lavoro. Da una parte, infatti, è ormai da tempo massima tralaticia che si configuri una giusta causa di licenziamento quando sussista una «grave negazione degli elementi essenziali del rapporto di lavoro», e in particolare «dell'elemento fiduciario, che costituisce il presupposto indefettibile della collaborazione fra le parti nel rapporto di lavoro» [9]. Dall'altra, i vocaboli "diligenza" e "fedeltà" sono spesso usati per denotare proprio quell'elemento fiduciario, nella sua accezione di *intuitus personae*. Nonostante la spersonalizzazione ormai acquisita, almeno in via di principio, del rapporto di lavoro, e nonostante la stessa giurisprudenza (correttamente) precisi che il vincolo fiduciario non attiene al profilo soggettivistico dell'*intuitus fiduciae*, ma al profilo oggettivo dell'adempimento del contratto (fiducia del datore di lavoro nell'esattezza dei successivi adempimenti da parte del lavoratore) [10], residua lo spazio per considerare diligenza e fedeltà come elementi caratterizzanti il rapporto fiduciario che si suole porre alla base della collaborazione dovuta ai sensi dell'art. 2094 c.c.

3.1. *La diligenza del prestatore di lavoro*

In forza del c. 1 dell'art. 2104 c.c., «il prestatore deve usare la diligenza richiesta dalla natura della prestazione dovuta, dall'interesse dell'impresa e da quello superiore della nazione». Per adempiere correttamente all'obbligazione lavorativa, il prestatore deve (oltre che osservare le disposizioni impartite) operare con la *specifica diligenza* richiesta dalla disposizione citata.

Tradizionalmente si dice che il parametro della diligenza esprime la funzione di misuratore dell'entità della collaborazione richiesta al lavoratore per la soddisfazione dell'interesse del creditore [11], individuando dunque nella diligenza un criterio di valutazione della esattezza dell'adempimento. Si può convenire su tale lettura, a patto di aver chiaro che la diligenza svolge al contempo la funzione di delimitare la sfera debitoria del prestatore e la sfera creditoria del datore di lavoro [12].

I criteri (o parametri) di individuazione della diligenza dovuta dal prestatore sono tre: *la natura della prestazione dovuta*; *l'interesse dell'impresa*; *l'interesse superiore del-*

---

[9] Così, per esempio, Cass. n. 4881/1998. Questa massima ritorna frequentemente nelle pronunce della Corte di Cassazione, anche recenti.

[10] L'argomento sarà più ampiamente e specificamente affrontato nella trattazione del licenziamento per giusta causa: *infra*, PT. VIII, Cap. II, Sez. I.

[11] Così, per esempio, Mazzotta 2019, p. 502.

[12] Secondo Cass. n. 8702/2000, per esempio, la violazione da parte del lavoratore degli obblighi di fedeltà e diligenza comporta, oltre all'applicabilità di sanzioni disciplinari, il diritto del datore di lavoro al risarcimento del danno; il danno tuttavia non può essere presunto sulla base della prova del venir meno dell'elemento fiduciario, ma deve essere autonomamente (e concretamente) dimostrato.

la produzione nazionale. L'ultimo criterio, che notoriamente risente del clima politico e istituzionale del tempo in cui è stato redatto il codice, è ormai accantonato nei più recenti trattati, che vi dedicano solo poche parole per spiegarne l'origine. Non ci discosteremo da tale approccio, non potendo che ribadire qui l'estraneità di qualsiasi forma di funzionalizzazione dell'iniziativa economica rispetto al principio di libertà economica sancito dall'art. 41, che, come abbiamo a suo tempo visto, interviene a limitare "dall'esterno" il potere dell'imprenditore.

Liberato il campo dall'ingombrante riferimento ad un asserito interesse superiore della nazione al cui soddisfacimento avrebbe dovuto essere finalizzato anche l'agire del prestatore [13], restano i soli primi due parametri (natura della prestazione; interesse dell'impresa), evidentemente diversi tra loro. Entrambi i parametri, tuttavia, possono essere letti – e talora sono stati letti – attraverso le lenti del diritto civile, riconducendo il primo alla regola generale espressa dall'art. 1176 c.c. e il secondo all'altrettanto generale principio in forza del quale la prestazione di qualsiasi debitore è volta al soddisfacimento dell'interesse del creditore. In particolare, sia parte della dottrina giuslavoristica più risalente [14], sia giuslavoristi di generazioni successive [15] hanno "sottostimato", per così dire, il riferimento alla natura della prestazione dovuta, affermando che in materia di lavoro subordinato è stato solo ribadito quanto previsto dal c. 2 dell'art. 1176 c.c. [16]. Per converso, tra coloro che hanno invece valorizzato la specificità dell'art. 2104 c.c. non manca chi ha tratto da questo "adattamento" e "rafforzamento" del precetto civilistico, una nozione di diligenza particolarmente ampia e pregnante, che qualifica l'intero comportamento obbligatorio per il lavoratore [17].

Sicuramente la specialità della regola lavoristica sta nell'utilizzazione congiunta di più parametri di valutazione (la natura della prestazione e l'interesse dell'impresa). Riferendosi alla natura della prestazione, la regola lavoristica rinvia agli *standard* di professionalità [18] (e di rendimento) [19] mediamente richiesti dal mercato e realizzabili con la dovuta buona fede dal prestatore di lavoro, che dovranno essere valutati «con riferimento alla sua qualifica professionale, alla natura delle incombenze affidategli, nonché alle situazioni ambientali ed aziendali nelle quali egli esplica le sue mansioni» [20].

---

[13] Meriterebbe tuttavia rileggere, in proposito, le pagine che Barassi 1934, pp. 39-45, dedicava al "superiore interesse dello Stato".

[14] Per tutti, Pera 1991, p. 456.

[15] È il caso di Ichino 2003, p. 259, che tuttavia non giunge a ritenere pleonastica o ripetitiva la prescrizione dell'art. 2104, c. 1, come invece fa per esempio Pera.

[16] Secondo il quale «nell'adempimento delle obbligazioni inerenti all'esercizio di un'attività professionale, la diligenza deve valutarsi con riguardo alla natura dell'attività esercitata».

[17] Così già Riva Sanseverino 1986, p. 370.

[18] È opportuno precisare che la mancanza della perizia dovuta costituisce inadempimento della prestazione, secondo un orientamento ormai consolidato in dottrina come in giurisprudenza.

[19] Come osserva puntualmente Ichino 2003, p. 264, «la prestazione lavorativa il cui livello di intensità è inferiore al dovuto non costituisce adempimento parziale dell'obbligazione, bensì inadempimento *tout court*». Ma v. la giurisprudenza in punto di licenziamento per scarso rendimento: *infra*, PT. VIII, Cap. II, Sez. II.

[20] Cass. n. 12758/1995. Si tratta di una massima ricorrente nelle pronunce della Corte di Cassazione. La giurisprudenza prevalente tende ad estendere l'obbligo di diligenza a comportamenti accessori, affermando che «l'obbligo di diligenza di cui all'art. 2104 c.c. si sostanzia non solo in quello

Ma la valutazione della natura della prestazione risulta inevitabilmente correlata alla "natura" dell'attività svolta dal datore e quindi, alla fine, anche all'interesse dell'impresa: la correlazione assume particolare rilievo quando si tratti di organizzazioni ideologicamente orientate.

Oggetto nel passato di un acceso dibattito in ordine alla possibilità di individuare una sorta di "interesse oggettivo" dell'impresa che pareva (giustamente) in contrasto con il rifiuto ormai consolidato di qualsiasi teoria organicistica dell'impresa, l'interesse dell'impresa deve essere correttamente ricondotto all'interesse del creditore.

L'interesse del creditore, nel diritto del lavoro, assume le vesti dell'interesse dell'imprenditore quale organizzatore dell'attività economica e, in particolare, quale organizzatore delle prestazioni acquisite tramite la stipulazione di contratti di lavoro subordinato. L'organizzazione, come abbiamo avuto occasione di osservare, è "esterna" al contratto, ma influisce invece sul rapporto di lavoro, a causa dell'inserimento del lavoratore nell'organizzazione nello svolgimento del rapporto. Partendo da questa premessa, si può arrivare sino ad affermare che l'interesse dell'organizzazione (o meglio, dell'organizzatore) contribuisce a definire i confini delle rispettive posizioni debitoria e creditoria delle parti del contratto, fungendo da *trait d'union* tra il risultato atteso dal creditore e il comportamento dovuto dal debitore; a sostegno di questa proposta interpretativa si può richiamare proprio l'art. 2104 c.c., che espressamente valorizza la relazione tra l'adempimento della prestazione lavorativa e la realizzazione, con esso, dell'interesse dell'impresa.

Il rischio di questa proposta interpretativa è, con tutta evidenza, quello di allargare a dismisura l'adempimento del prestatore, privo di parametri "oggettivi" di riferimento. Non si deve invece dimenticare che l'obbligazione fondamentale del prestatore trova il suo primo limite interno nelle mansioni contrattualmente definite o successivamente (legittimamente) modificate, la cui esecuzione dovrà avvenire nel rispetto delle disposizioni per l'esecuzione della prestazione e con la diligenza richiesta dalla natura della prestazione. Fin qui i limiti per così dire oggettivi. Ma resta la innegabile difficoltà di fare dell'interesse dell'impresa un parametro oggettivo di valutazione della diligenza del prestatore di lavoro, sia che tale interesse lo si voglia leggere come possibilità di organizzare le prestazioni acquisite, sia che lo si voglia invece intendere come finalità concretamente perseguita dal datore di lavoro attraverso la struttura organizzativa prescelta. Il linguaggio normativo utilizzato, tra l'altro, non è di aiuto, visto che l'art. 2104 si riferisce all'"interesse" e non, per esempio, alle "esigenze" dell'impresa.

È stato detto che la diligenza si sostanzia nell'idoneità oggettiva della prestazione ad essere inserita nell'organizzazione produttiva[21]. Si può ragionevolmente convenire con questa affermazione, ma non si può tuttavia negare che l'unico "arbitro" della "organizzabilità" della prestazione resta, alla fine, il creditore. L'interesse dell'impresa, a nostro avviso, non può che essere individuato, di volta in volta, dall'impren-

---

della esecuzione della prestazione secondo la particolare natura di essa (diligenza in senso tecnico), ma anche in quello consistente nell'insieme dei comportamenti accessori che si rendano necessari per assicurare l'interesse del datore di lavoro ad una utile prestazione», salvo «quando la prestazione oggetto dell'obbligo accessorio faccia parte di altra e specifica mansione» (così per esempio Cass. n. 10996/1996).

[21] Così Viscomi 1997, p. 227.

ditore, in relazione alle finalità dell'impresa, alla natura della prestazione dedotta in contratto e alla natura della attività svolta.

3.1.1. *L'obbligo di diligenza nelle organizzazioni ideologicamente connotate ("di tendenza")*

È evidente che i problemi affrontati nel paragrafo precedente si pongono con particolare rilievo nelle *organizzazioni di lavoro ideologicamente connotate (altrimenti dette "di tendenza")*. Quando la diffusione di un'ideologia e dei valori ideali ad essa sottesi costituisce la ragion d'essere dell'organizzazione, l'usuale coinvolgimento della persona nel rapporto di lavoro, che permea e caratterizza l'intero diritto del lavoro, assume caratteristiche peculiari [22]. Innegabile, infatti, è la particolarità di un rapporto di lavoro nel quale l'adesione all'ideologia dell'organizzazione arriva a conformare l'obbligazione lavorativa. Di standard professionali e di organizzabilità della prestazione si può certo continuare a parlare anche in questo caso, ma con la consapevolezza del "peso" della natura della prestazione dovuta e del "peso" dell'interesse dell'impresa, *sub specie* della finalità ideologica dell'organizzazione.

Vero è che, in una organizzazione ideologicamente connotata, le opinioni del lavoratore e il suo comportamento privato, per esempio, possono indirettamente influire sulla sua attitudine professionale, e dunque anche sulla natura della prestazione dovuta e sullo standard professionale giustamente atteso dal datore. Ma come ha affermato in numerose occasioni la giurisprudenza (per lo più pronunciandosi su fattispecie di licenziamento ideologico, di cui si lamentava il carattere illecito perché discriminatorio), le eccezioni al rispetto dei diritti costituzionali della persona del lavoratore, il cui esercizio è stato garantito dal legislatore anche nell'ambito lavorativo, «possono essere ammissibili solo negli stretti limiti in cui sono indispensabili a garantire altri diritti costituzionalmente garantiti, quali la libertà dei partiti politici e dei sindacati, la libertà religiosa e la libertà della scuola» [23].

In primo luogo, secondo l'orientamento giurisprudenziale prevalente, e preferibile perché più equilibrato, l'adesione a un'ideologia può giungere fino a "conformare" l'obbligazione del lavoratore e a definirne la diligenza dovuta solo se è strettamente connessa con la mansione svolta dal lavoratore. Tale affermazione si è sviluppata nel senso di una (defatigante) ricerca, ad opera di dottrina e giurisprudenza, di un criterio selettivo tra "mansioni di tendenza" e "mansioni neutre" [24].

---

[22] C'è chi è giunto addirittura a parlare di un "rapporto organico" o di un "rapporto speciale", per quanto riguarda il rapporto di lavoro nelle organizzazioni di tendenza: così Santoni 1983.

[23] Così Cass. n. 5832/1994.

[24] La rilevanza specifica delle finalità aveva indotto il legislatore (l. n. 108/1990) ad introdurre una lista di finalità che, unitamente alla mancanza del carattere imprenditoriale e del fine di lucro, dovevano caratterizzare le "organizzazioni di tendenza", seppure al *solo* fine di escluderle dall'applicazione della tutela reale in caso di licenziamento illegittimo; tale specifica eccezione è stata tuttavia soppressa: il d.lgs. n. 23/2015 (art. 9, c. 2), infatti, ha previsto che (anche) a questi particolari datori di lavoro si applichi la nuova disciplina dei licenziamenti introdotta per i lavoratori assunti con il contratto a tutele crescenti (v. *infra*, PT. VIII, Cap. II, Sez. III). In prospettiva, dunque, riemerge la questione – già a suo tempo segnalata da Pedrazzoli 1987, p. 749 – del lavoro "ideologico"

Giova a questo proposito ricordare che la giurisprudenza ha accolto tale suggerimento, quando ha affermato – risolvendo un caso di licenziamento, da parte di una scuola cattolica, di un insegnante di educazione fisica che aveva contratto matrimonio civile (ma non religioso) – che «il licenziamento ideologico o è nullo indipendentemente dalla motivazione addotta», «o è legittimo, quando l'adesione ideologica è requisito di autenticità della prestazione»[25]. In quella occasione, infatti, la Corte di Cassazione ha ritenuto che la mansione svolta dall'insegnante dovesse essere considerata neutra, trattandosi dell'insegnamento «di una materia che prescinde completamente dall'orientamento ideologico del docente»[26]. Da una parte, dunque, la Corte ritiene astrattamente rilevante il comportamento privato del prestatore di lavoro inserito in una organizzazione di tendenza – allargando così l'area del suo debito – ma dall'altra introduce una sottile (quanto discutibile, certo) distinzione tra tendenza della congregazione (che sarebbe lesa da comportamenti privati non conformi alla dottrina cattolica) e «tendenza confessionale della scuola, che nessun attentato può ricevere da un diverso orientamento ideologico di dipendenti e di insegnanti, che svolgono attività e insegnamenti in nessun modo influenzati dalla tendenza della scuola». Tale (opinabile) distinzione può essere utilmente tradotta nella distinzione tra interesse del datore come titolare dell'organizzazione e interesse dell'organizzazione concretamente operante, con suoi fini dichiarati. Non siamo giunti, neanche, per questa via, ad una vera (e forse impossibile) "oggettivazione" dell'interesse dell'impresa, ma siamo almeno riusciti a delimitare in modo appropriato – attraverso questa distinzione unita al richiamo alla mansione svolta – la posizione debitoria del prestatore.

In secondo luogo, la connotazione ideologica del datore di lavoro deve essere chiaramente nota al prestatore, attraverso opportune preventive informazioni sulla sua controparte contrattuale, al fine di conoscere *ab inizio* i termini e le condizioni del contratto liberamente sottoscritto. All'interno del contratto individuale di lavoro, infatti, l'(adesione all') ideologia può entrare con una clausola esplicita – secondo parte della dottrina, pur senza eco nella giurisprudenza e nella prassi – o come "presupposto di fatto", sempre secondo parte della dottrina. Bisogna però intendersi sul significato di tale espressione. Un piccolo aiuto può venire dall'obbligo di informazione sulla "identità delle parti" del contratto che secondo l'art. 1, d.lgs. n. 152/1997, grava sul datore di lavoro. Non sembra fuor di luogo allargare l'identità delle parti alla identità anche ideologica del datore di lavoro, introducendo un elemento di trasparenza nel rapporto tra le parti. La comunicazione al lavoratore delle opportune informazioni sull'identità ideologica del datore di lavoro potrebbe svolgere lo stesso ruolo attribuito alla clausola esplicita richiesta dalla dottrina più rigorosa. Al contempo, una adeguata informazione potrebbe correttamente configurarsi come "presupposto di fatto" di un rapporto di lavoro di tendenza. È opportuno infatti ricordare che all'espressione "presupposto di fatto" è stato spesso attribuito il significato di "clausola implicita" presupposta dalle caratteristiche del contraente-datore di lavoro[27].

---

svolto a favore di qualunque datore di lavoro, da una parte, e del lavoro "neutro" svolto a favore di un datore di lavoro ideologicamente connotato dall'altra.

[25] Cass. n. 5832/1994.

[26] La distinzione fra mansioni di tendenza e mansioni neutre non è accolta invece da altre pronunce, tra le quali segnaliamo Cass. n. 13721/2001.

[27] Da questo a dire – come ha detto la Corte costituzionale (sentenza n. 195/1972) – che il docente che accetta di insegnare in una università confessionalmente caratterizzata lo fa per un atto di

È solo il caso di ricordare, in ultimo, che fino a quando nell'ordinamento non è stata introdotta una tutela espressa contro la discriminazione per motivi ideologici – come è avvenuto per la prima volta con il divieto di licenziamento discriminatorio per motivi politici, religiosi o sindacali ad opera dell'art. 4 della l. n. 604/1966 – o una affermazione della libertà di espressione del lavoratore – come è avvenuto con l'art. 1 St. lav. – non era nemmeno concepibile distinguere le reciproche posizioni di lavoratori e datori di lavoro in base al contenuto ideologico della prestazione dedotta in contratto [28].

3.2. *Il c.d. obbligo di fedeltà*

La rubrica dell'art. 2105 c.c. utilizza il sintagma "obbligo di fedeltà", mentre il lemma "fedeltà" non compare nel testo della disposizione. Ciò non ha tuttavia impedito che, soprattutto nel passato, la fedeltà fosse concepita come un obbligo quasi autonomo e comunque ulteriore rispetto allo specifico contenuto prescrittivo della disposizione.

In tempi remoti Barassi, quasi "rammaricandosi" del fatto che il nostro diritto del lavoro non avesse «così solennemente proclamato» il dovere di fedeltà «che aveva avuto una sua particolare esaltazione nell'ordinamento germanico del lavoro», lo riteneva comunque «una conseguenza logica della posizione del dipendente nell'azienda», sostanzialmente «implicito nel dovere giuridico di collaborazione», che «presuppone il fervore spirituale di tutti, nell'azienda» [29]. Molti anni dopo, pur manifestando la «evidente difficoltà di dare un contenuto giuridico ad una espressione di comprensiva accezione morale», Riva Sanseverino scriveva che, «senza rendere imprescindibili presupposti comunitari e senza nemmeno rendere imprescindibile l'abbandono della concezione scambistica del lavoro», la statuizione di un obbligo di fedeltà viene ad «accentuare o, meglio, a particolarmente qualificare posizioni proprie al diritto delle obbligazioni, onde adattare tali disposizioni agli aspetti personalistici e talora fiduciari del lavoro subordinato» [30].

Oggi, nella migliore manualistica si legge che «ad onta della *rubrica legis*, – che come è noto *non est lex* – non è ragionevolmente enucleabile un obbligo che imponga specificamente la fedeltà del lavoratore e che sia ulteriore rispetto agli specifici divieti prefigurati nel corpo della norma» [31]. Ma non manca, nella trattatistica, chi ricorda, opportunamente, che se pure la fedeltà non è fonte di obblighi ulteriori, né positivi né negativi, a cui il lavoratore sia vincolato anche nella sua vita privata, è tuttavia «venuto consolidandosi l'orientamento dottrinale e giurisprudenziale tendente a interpretare la "fedeltà" menzionata nella rubrica dell'art. 2105 c.c. come espressione sintetica di un più generale dovere di perseguire e proteggere l'interesse del creditore nell'ambito dell'adempimento dell'obbligazione contrattuale [32].

---

libero, seppur implicito, consenso, che implica l'adesione ai principi ed alle finalità cui quella istituzione è informata, il passo è breve.

[28] Pedrazzoli 1987, p. 763.

[29] Barassi 1949, pp. 257-258.

[30] Così Riva Sanseverino 1986, p. 385.

[31] Mazzotta 2019, pp. 506-507.

[32] Ichino 2003, p. 310.

Troppo spesso la fedeltà intesa in quest'ultimo senso, ovvero in senso di pervasivo obbligo del prestatore di realizzare e "proteggere" l'interesse del datore, viene utilizzata (in modo per lo più non dichiarato) insieme all'obbligo di diligenza per indicare due elementi essenziali del rapporto di lavoro, e in particolare per denotare quell'«elemento fiduciario che costituisce il presupposto indefettibile della collaborazione fra le parti nel rapporto di lavoro»[33]. La giurisprudenza, infatti, attribuisce spesso un ampio significato all'obbligo di fedeltà, esteso a «comportamenti che per la loro natura e le loro conseguenze appaiono in contrasto con i doveri connessi all'inserimento del lavoratore nella struttura e nell'organizzazione dell'impresa o creino situazioni di conflitto con le finalità e gli interessi dell'impresa»[34], ricollegandone appunto la *ratio* al vincolo fiduciario fra le parti, che la stessa giurisprudenza, come abbiamo detto, definisce come elemento essenziale del contratto. Ciò non esclude che quella stessa giurisprudenza poi, nella decisione concreta, individui specifici limiti alla estensione dell'obbligo di fedeltà, quali la posizione del lavoratore nella organizzazione aziendale, la natura e la qualità del rapporto esistente fra le parti, l'oggetto della prestazione lavorativa dedotta in contratto, il grado di affidamento richiesto dalle specifiche mansioni del dipendente[35].

3.3. *Divieto di concorrenza*

Sgombrato il campo da possibili equivoci sulla nozione di fedeltà, restano le due prescrizioni espresse dall'art. 2105 c.c.: divieto di svolgere *attività in concorrenza* con il datore di lavoro; divieto di *divulgare e utilizzare notizie aziendali*.

La prima prescrizione non presenta particolari difficoltà interpretative. Essa ricalca d'altronde il c. 1 dell'art. 8 della legge sull'impiego privato[36], qualificando come illecito contrattuale[37] la concorrenza operata (in costanza di rapporto di la-

---

[33] Così, per esempio, Cass. n. 16503/2012. Come sottolinea criticamente (e condivisibilmente) Mazzotta 2019, p. 507, «la fiducia non deve invece essere confusa con il carattere fiduciario del rapporto o con le interferenze della personalità della prestazione (come talvolta fa la giurisprudenza)». Anche se spesso la giurisprudenza pare confondere i due concetti, in concreto altrettanto spesso riconduce (correttamente a nostro avviso) la fiducia del datore alla fiducia nell'esattezza dei futuri adempimenti del prestatore (come nella sentenza citata). *Contra*, v. la concezione della fedeltà di Cessari 1969.

[34] Cass. n. 11437/1995. Con le medesime parole si esprimono (massima ormai consolidata) Cass. n. 29008/2009 (relativamente al diritto di critica del lavoratore) e Cass. n. 8711/2017, che specifica peraltro l'obbligo del lavoratore di rispettare i principi generali di cui agli artt. 1175 e 1375 c.c. (correttezza e buona fede) anche nei comportamenti extralavorativi (individuando la lesione dell'obbligo di fedeltà nella condotta del dipendente che aveva assunto l'incarico di consulente tecnico di parte, per conto di soggetti terzi, in dichiarato conflitto di interessi con il datore di lavoro).

[35] Così, per esempio, Cass. n. 11437/1995 citata.

[36] R.d.l. 13 novembre 1924, n. 1825, art. 8, c. 1: «l'impiegato non può trattare, per conto proprio o di terzi, affari in concorrenza con il suo principale».

[37] Come ha ribadito Cass. n. 2239/2017, l'azione di responsabilità fondata sulla violazione dell'obbligo di fedeltà ha carattere contrattuale e comprende ogni attività concorrenziale (e non soltanto quelle costituenti illecito aquiliano ai sensi dell'art. 2598 c.c.) e va tenuta distinta dall'azione per concorrenza sleale, che configura un illecito extracontrattuale tipizzato.

voro)[38] dal lavoratore subordinato nei confronti del datore di lavoro[39], che si usa qualificare come concorrenza "differenziale"[40].

La giurisprudenza è intervenuta più volte sul divieto di svolgere attività in concorrenza con il datore di lavoro, applicando spesso con rigore il divieto. Ciò che è vietato al lavoratore non è «la normale concorrenza che egli, divenuto imprenditore, ben può svolgere nei confronti del precedente datore di lavoro, bensì quella illecitamente svolta ancora durante il servizio, attraverso lo sfruttamento di conoscenze tecniche e commerciali acquisite nel corso del rapporto»[41]. La concorrenza vietata deve essere intesa dunque in senso "oggettivo", e non in una prospettiva "soggettiva", che limiterebbe la possibilità del prestatore di utilizzare per suoi legittimi fini le competenze professionali acquisite con lo svolgimento della sua attività lavorativa.

Secondo un orientamento ormai consolidato, «non è necessario, per la violazione del divieto, che detta illecita attività abbia già inferto danni al datore di lavoro[42], ba-

---

[38] Ove il datore intenda assicurarsi il rispetto di tale divieto anche dopo la cessazione del rapporto di lavoro, deve stipulare un apposito patto, rispettando i requisiti previsti dall'art. 2125 c.c. (*infra*). V. in proposito (anche in merito al discusso ampliamento pattizio dell'obbligo di segreto) Ichino 2003, pp. 301-308.

[39] Nei confronti di qualsiasi datore di lavoro, a nostro avviso, e non solo del datore di lavoro "imprenditore", come invece ritiene quella dottrina che individua il fine esclusivo del divieto nella protezione della «competitività dell'impresa nel mercato» (così Ichino 2003, p. 288). Certo la "concorrenza" che il dipendente può (illecitamente) svolgere nei confronti di una organizzazione di tendenza (es. sindacati, partiti politici) può in molti casi trascolorare nella generica violazione dell'obbligo di fedeltà, o di violazione delle regole di correttezza e buona fede. Ma non si vede alcuna ragione, sistematica o specifica, per escludere, come questa dottrina invece propone, datori di lavoro non imprenditori che svolgano un'attività economica per la quale parlare di concorrenza non risulta improprio: basti pensare al dipendente di uno studio legale, che operi "in concorrenza" (illegittima) con un altro studio professionale.

[40] Riva Sanseverino affermava (p. 386) che «la concorrenza del lavoratore, in quanto lesiva dell'obbligo di fedeltà, deve qualificarsi come sleale», pur aggiungendo successivamente che «nei confronti della massa dei concorrenti, il lavoratore in generale, e l'impiegato in particolare è in grado di fare una concorrenza sensibilmente più intensa, ossia una concorrenza *differenziale*» (p. 388).

[41] Cass. n. 3528/1997. Secondo Cass. n. 13329/2001, il divieto di concorrenza si applica in particolare ai lavoratori altamente qualificati, la cui attività in concorrenza più può recare danno al datore di lavoro. Cass. n. 5365/2012 ha affermato che «in tema di *concorrenza sleale per sviamento di clientela*, l'illiceità della condotta deve essere desunta dalla qualificazione tendenziale della manovra complessivamente realizzata dal dipendente. Pertanto, è illegittima «l'acquisizione sistematica, da parte di un ex dipendente che abbia intrapreso un'autonoma attività imprenditoriale, di clienti del precedente datore di lavoro il cui avviamento costituisca, soprattutto nella fase iniziale, il terreno dell'attività elettiva della nuova impresa, più facilmente praticabile proprio in virtù delle conoscenze riservate precedentemente acquisite»; deve invece ritenersi legittimo, perché «fisiologico, il comportamento del nuovo imprenditore che, nella sua opera di proposizione e promozione sul mercato della sua nuova attività, acquisisca o tenti di acquisire anche alcuni clienti già in rapporti con l'impresa alle cui dipendenze aveva prestato lavoro».

[42] Cass. n. 5365/2012, ha affermato che il danno cagionato dal compimento di atti di concorrenza non è in *re ipsa*, essendo solo un'eventualità che il compimento di atti di concorrenza sleale produca un danno risarcibile. Anche se risulti accertata la concorrenza sleale, pertanto, il danno deve essere provato, secondo i principi generali che regolano le conseguenze del fatto illecito.

stando il solo pericolo[43], così come non è necessario che essa sia stata interamente dispiegata, essendo sufficiente anche un suo inizio». Perciò «gli atti di semplice espressione del proposito del lavoratore di intraprendere un'attività economica concorrente con quella del datore, eventualmente in un momento successivo allo scioglimento del rapporto di lavoro, non possono essere considerati come inosservanza dell'obbligo di fedeltà di cui all'art. 2105 c.c., essendo almeno necessario che una parte dell'attività concorrenziale sia stata compiuta, cioè che il pericolo per l'imprenditore-datore di lavoro sia divenuto concreto ancora durante la pendenza del rapporto»[44]. Ad avviso della stessa Cassazione, in applicazione di tali principi si deve ad esempio ritenere violato l'obbligo di non concorrenza nel caso in cui il lavoratore, dipendente di un'impresa fornitrice, abbia stornato la merce da un rivenditore all'altro, oppure abbia concorso alla costituzione di una società concorrente o vi abbia aderito, o l'abbia amministrata, svolgendovi contemporaneamente la stessa attività lavorativa resa alla società datrice di lavoro[45].

Più recentemente non sono mancate pronunce della Cassazione che si sono spinte ad affermare che «ai fini della valutazione dell'osservanza dell'obbligo di fedeltà, quel che rileva non è solo l'attività concreta e la sua lesività naturale, ma pure la sua natura sintomatica di un atteggiamento mentale del dipendente contrastante con quella leale collaborazione che costituisce l'essenza del rapporto di lavoro subordinato». Così, nel caso di un dipendente di un laboratorio di analisi che aveva deciso di partecipare ad una Srl per realizzare un proprio studio medico, la Corte ha ritenuto che fosse venuto meno il «rapporto fiduciario per avere il datore di lavoro rilevato nel proprio dipendente una propensione a non curare gli interessi dell'impresa cui appartiene»[46]. E la recente giurisprudenza di merito – sulla scia della Cassazione che ha ribadito che «possono porre in discussione il vincolo fiduciario riposto nel prestatore di lavoro anche condotte solo idonee astrattamente ad arrecare un pregiudizio al datore di lavoro»[47] – ha ritenuto violato l'obbligo di fedeltà da parte di una dipendente nel caso di convivenza (non comunicata al datore di lavoro) con un dirigente di azienda concorrente, considerato il «rischio di rivelazione di notizie riservate (ad es., in tema di politica dei prezzi di acquisto delle materie prime e di vendita dei prodotti), facilitata dalla intimità e dalla famigliarità del rapporto affettivo»[48].

---

[43] *Sed contra* Cass. n. 6091/2017, che ha escluso la sufficienza della mera potenzialità lesiva della condotta addebitata al dipendente (nella specie, è stata esclusa la fondatezza dell'addebito per una dipendente a tempo parziale che, nel residuo orario disponibile, lavorava nell'azienda del familiare, operante nello stesso settore del datore di lavoro).

[44] Cass. n. 23528/1997; nello stesso senso, tra le tante, Cass. n. 13394/2004.

[45] Così ancora Cass. n. 23528/1997.

[46] Mentre è stato ritenuto del tutto indifferente, ai fini dell'integrazione dell'elemento psicologico nella condotta disciplinarmente rilevante, il fatto che subito dopo la sospensione cautelare il lavoratore abbia dismesso la sua partecipazione alla neo-costituita società (Cass. n. 19096/2013).

[47] Cass. n. 24976/2019.

[48] App. Milano 2.4.2021.

3.3.1. *Patto di non concorrenza*

Il divieto di concorrenza si esaurisce con la cessazione del rapporto di lavoro al quale è funzionalmente collegato. Il datore di lavoro, con il consenso del lavoratore, può estendere quel divieto, o meglio riformularlo in un apposito *patto di non concorrenza*, «con il quale si limita lo svolgimento dell'attività del prestatore di lavoro, per il tempo successivo alla cessazione del contratto». La disciplina è contenuta nell'art. 2125 c.c.

I requisiti di validità del patto sono tre, e tutti necessari a pena di (espressa) nullità del patto: a) la *forma scritta ad substantiam*, con funzione di definizione dei confini dell'obbligazione assunta dall'ex dipendente nei confronti dell'ex datore di lavoro; b) il «*corrispettivo* a favore del prestatore di lavoro»; c) i «*limiti di oggetto, di tempo e di luogo*».

Per quanto riguarda la *durata*, i limiti sono stabiliti (inderogabilmente, con sostituzione automatica di clausola *ex lege*) dal c. 2 della stessa disposizione: «La durata del vincolo non può essere superiore a cinque anni, se si tratta di dirigenti, e a tre anni negli altri casi. Se è pattuita una durata maggiore, essa si riduce nella misura suindicata».

I limiti di *oggetto* e di *luogo* sono spesso tra loro correlati. In ogni caso, secondo la Cassazione[49], il patto di non concorrenza è valido quando non abbia una ampiezza di oggetto e di luogo tale da comprimere l'esplicazione della concreta professionalità del lavoratore in limiti che non salvaguardino un margine di attività sufficiente per il soddisfacimento delle esigenze di vita[50]. Per quanto riguarda poi il corrispettivo, la Corte rileva che l'espressa previsione di nullità, contenuta nell'art. 2125 c.c., va riferita alla pattuizione non solo di compensi simbolici, ma anche di compensi manifestamente iniqui e sproporzionati in rapporto al sacrificio richiesto al lavoratore e alla riduzione delle sue possibilità di guadagno, indipendentemente dall'utilità che il comportamento richiestogli rappresenta per il datore di lavoro e dal suo ipotetico valore di mercato[51].

Nulla dice, la disposizione del codice civile, in merito al momento in cui il patto può essere sottoscritto. Dal silenzio si potrebbe dedurre – come talora ha fatto la giurisprudenza[52] – l'ammissibilità di un patto stipulato durante lo svolgimento del rap-

---

[49] Per esempio Cass. n. 4801/1998.

[50] «Le clausole di non concorrenza sono finalizzate a salvaguardare l'imprenditore da qualsiasi "esportazione presso imprese concorrenti" del patrimonio immateriale dell'azienda, nei suoi elementi interni (organizzazione tecnica ed amministrativa, metodi e processi di lavoro, eccetera) ed esterni (avviamento, clientela, ecc.), trattandosi di un bene che assicura la sua resistenza sul mercato ed il suo successo rispetto alle imprese concorrenti. In questo ambito, l'art. 2125 c.c. si preoccupa di tutelare il lavoratore subordinato affinché le dette clausole non comprimano eccessivamente le possibilità di poter dirigere la propria attività verso altre occupazioni, ritenute più convenienti»: così Cass. n. 24662/2014.

[51] La *ratio* della previsione di nullità è «palesemente intesa ad assicurare al prestatore di lavoro un margine di attività idoneo a procurargli un guadagno adeguato alle esigenze di vita proprie e della famiglia»: così Cass. n. 24662/2014, cit. Secondo l'orientamento della S.C., sia la valutazione della ragionevolezza dei limiti (di oggetto, di tempo e di luogo), sia la valutazione della congruità del corrispettivo, costituiscono oggetto di apprezzamento riservato al giudice di merito, come tale insindacabile in sede di legittimità se congruamente e logicamente motivato.

[52] Cass. n. 11104/2007.

porto o addirittura in fase di assunzione. In quest'ultimo caso, tuttavia, si può fondatamente dubitare della effettiva e libera volontà di contrarre del lavoratore, che potrebbe essere costretto, o quanto meno indotto, ad "accettare" il patto per accedere al lavoro[53] o per permanere in servizio. Dalla *ratio* della norma, tuttavia, parrebbe ragionevole dedurre che tale patto possa essere stipulato solo al momento della risoluzione del rapporto.

La questione può essere peraltro vista da un diverso punto di vista, ossia dal punto di vista della (necessaria, a nostro avviso) determinazione o almeno determinabilità del corrispettivo (deducibile, ci sembra, dalla lettera della legge). Quando infatti il patto è stipulato in concomitanza con la stipulazione del contratto di lavoro (o addirittura è inserito come clausola del contratto, da applicarsi dopo la sua cessazione), il corrispettivo è spesso "mensilizzato", talora con una voce retributiva *ad hoc* (assegno *ad personam*, non riassorbibile), talaltra addirittura "tradotto" nell'attribuzione di una qualifica superiore o di una anzianità convenzionale. Nel primo caso manca comunque (stante la durata indeterminata del rapporto di lavoro) la determinazione o determinabilità del corrispettivo, venendo così meno la necessaria (*retro*) congruità del corrispettivo rispetto al sacrificio professionale futuro del prestatore. Nel secondo caso, stante la (relativa) discrezionalità del datore di lavoro nell'inquadramento del prestatore di lavoro (nella qualifica e nella fascia di anzianità, alle quali corrisponde la retribuzione dovuta), risulta addirittura dubbia l'effettiva corresponsione di un corrispettivo (che, ricordiamo, rappresenta un elemento di validità del patto)[54].

Infine, merita considerare un'ulteriore questione, che concerne il recesso unilaterale dal patto di non concorrenza. La Cassazione aveva da tempo (es. Cass. n. 9491/2003; Cass. n. 15952/2004) affermato che la risoluzione del patto di non concorrenza rimessa all'arbitrio del datore di lavoro concreta una clausola *nulla* per contrasto con norme imperative, con ciò superando un contrario risalente orientamento (cfr. Cass.

---

[53] Non sono peraltro rari (es. presso aziende di credito) i casi di patti di non concorrenza inseriti nel contratto di lavoro al momento dell'assunzione, talora dal contenuto talmente ampio da risultare comunque illeciti ai sensi dell'art. 2125 c.c. Finalità analoga al patto di non concorrenza hanno i patti di prolungamento del preavviso inseriti al momento della stipulazione del contratto: ma la Cassazione (n. 22933/2015) ha ritenuto (correttamente, a nostro avviso) che il patto di prolungamento del preavviso, sorretto da un minimo incremento retributivo e non in rapporto di corrispettività con una preordinata progressione in carriera, è nullo per frode alla legge in quanto finalizzato a perseguire l'interesse tipico del patto di non concorrenza, eludendone tuttavia i limiti di specificazione dell'attività e di adeguatezza del corrispettivo.

[54] La (poca) giurisprudenza di merito sul punto è oscillante. Per la soluzione da noi ritenuta corretta si è pronunciato per esempio Trib. Milano ord. 13.8.2007, in *RCDL*, 2007, p. 1124, che ha ritenuto violi il disposto dell'art. 2125 c.c. la previsione del pagamento di un corrispettivo mensile in costanza di rapporto di lavoro, in quanto la stessa rende *ex ante* indeterminabile il compenso, con conseguente alterazione della sinallagmaticità del patto, considerato che, al momento della conclusione del patto, il corrispettivo è del tutto indeterminato in quanto ancorato a una circostanza fattuale – quale la durata del rapporto – del tutto imprevedibile. Secondo un'altra decisione dello stesso Tribunale (Trib. Milano ord. 27.1.2007, in *RCDL*, 2007, p. 822), invece, il corrispettivo può essere pagato anche in costanza di rapporto di lavoro senza che in tal caso lo stesso possa considerarsi aleatorio, in quanto un compenso crescente proporzionalmente alla durata del rapporto di lavoro meglio risponde all'esigenza di un equo contemperamento degli interessi delle parti.

n. 1968/1980; Cass. n. 3625/1983). Ora la stessa Corte è tornata a pronunciarsi per ribadire tale interpretazione, anche con riferimento ad una (asserita) tacita accettazione, da parte del dipendente, del recesso del datore di lavoro dal patto: la circostanza che il recesso fosse avvenuto in costanza di rapporto di lavoro – e che perciò, secondo i giudici del merito, non avrebbe concretizzato alcuna compressione della libertà del lavoratore di progettare il proprio futuro lavorativo – è irrilevante. Come ha ricordato la Corte, infatti, «*tamquam non esset* va considerata la successiva rinuncia al patto», perché, «mediante questa rinuncia, si finisce per esercitare proprio la clausola nulla, tramite cui la parte datoriale unilateralmente riteneva di potersi sciogliere dal patto, facendo cessare *ex post* gli effetti, invero già operativi, del patto stesso, in virtù di una condizione risolutiva affidata in effetti a mera discrezionalità di una sola parte contrattuale», senza corrispondere il corrispettivo pattuito «che, nella specie, finirebbe per essere escluso ove al datore stesso venisse concesso di liberarsi *ex post* dal vincolo» (Cass. n. 23723/2021).

3.4. *L'obbligo di riservatezza*

Alla protezione del medesimo interesse tutelato dalla prima prescrizione contenuta nell'art. 2105 (divieto di concorrenza), si riferisce anche la seconda prescrizione contenuta nello stesso articolo: il divieto di «divulgare notizie attinenti all'organizzazione e ai metodi di produzione dell'impresa, o farne uso in modo da poter recare ad essa pregiudizio». La connessione tra le due prescrizioni (divieto di concorrenza e divieto di divulgazione e utilizzazione di notizie) è stata peraltro spesso sottolineata da molti autori, dal momento che le notizie acquisite dal lavoratore grazie alla attività svolta in azienda possono essere messe a frutto sia intraprendendo un'attività concorrenziale, sia traendo vantaggi dalla loro divulgazione[55]. Non a caso, d'altronde, la parte finale della seconda prescrizione fa riferimento al potenziale pregiudizio arrecato all'impresa, quale denominatore comune alla divulgazione e all'utilizzo delle informazioni[56].

Prescindendo dalle ipotesi specifiche già regolate dal codice penale perché attinenti al segreto professionale e industriale[57], la dottrina (e la giurisprudenza, che pure raramente ha dichiarato espressamente i presupposti delle sue decisioni in materia) traduce la seconda prescrizione di cui all'art. 2105 c.c. in un *obbligo di riservatezza*, talune volte qualificato come obbligo di segreto aziendale. L'elemento qualificante sarebbe rappresentato dalla contingenza (il cui onere della prova grava sul datore) che il lavoratore sia venuto a conoscenza di quelle notizie in ragione del suo inserimento in azienda[58].

---

[55] Così Mazzotta 2019, p. 510. Tale nesso era già stato ben rilevato da Ichino 1979, e poi ampiamente ripreso in Ichino 2003, pp. 283-314.

[56] Spesso la giurisprudenza fa peraltro riferimento in modo indistinto agli obblighi di cui all'art. 2105 c.c.

[57] Ci riferiamo alle prescrizioni di cui agli artt. 621, 622 e 623 c.p., che disciplinano rispettivamente la rivelazione del contenuto di documenti segreti, di segreto professionale, di segreti scientifici o industriali (come da nuova rubrica, *ex* art. 9, c. 2, d.lgs. n. 63/2018, dell'art. 623 c.p.).

[58] E non "per ragione" della particolare mansione svolta (segreto professionale *ex* art. 622 c.p. o

Poiché tuttavia la disposizione del codice formula il divieto in chiave teleologica, non si può ragionevolmente configurare una sorta di "obbligo di silenzio" che si spinga fino a coprire la divulgazione di qualsiasi informazione, quand'anche non "dannosa", neppure potenzialmente, per l'interesse dell'impresa. Ciò comporta la necessità di valutare caso per caso le diverse forme di divulgazione di notizie attinte dalla sfera aziendale, tenendo conto, in particolare, della recente disciplina del *whistleblowing*.

La disciplina del *whistleblowing* è contenuta nella l. n. 179/2017, che interviene su due fronti che rispecchiano due *rationes* distinte ma contigue. Da una parte, infatti (art. 1) la legge interviene sul pubblico impiego (d.lgs. n. 165/2001) per tutelare il dipendente pubblico che segnala illeciti, nell'interesse della integrità della pubblica amministrazione. Dall'altra – ed è ciò che qui rileva – il legislatore integra una importante disciplina (non lavoristica) che regola (d.lgs. n. 231/2001) la responsabilità amministrativa delle persone giuridiche, delle società e delle associazioni anche prive di personalità giuridica. La responsabilità degli enti è esclusa quando siano adottati adeguati modelli di prevenzione dei reati che determinati soggetti (es. organi societari, dirigenti, ecc.) possano commettere nell'interesse dell'ente o a suo vantaggio. Nell'ambito delle misure organizzative contenute in questi modelli rientra oggi (art. 2, l. n. 179/2017) la protezione dei lavoratori che trasmettano alle strutture aziendali deputate, «segnalazioni circostanziate di condotte illecite fondate su elementi di fatto precisi e concordanti [...] o di violazioni del modello di organizzazione e gestione dell'ente, di cui siano venuti a conoscenza in ragione delle funzioni svolte». La gestione del sistema deve assicurare canali di comunicazione che garantiscano la riservatezza dell'identità del segnalante (*whistleblower*), al quale è garantita una specifica protezione contro eventuali ritorsioni o discriminazioni da parte dell'ente datore di lavoro[59]. Merita ancora aggiungere che nelle ipotesi di segnalazione o denuncia effettuate nelle forme e nei limiti previsti dalla l. n. 179/2017, «il perseguimento dell'interesse all'integrità delle amministrazioni, pubbliche e private, nonché alla prevenzione e alla repressione delle malversazioni, costituisce giusta causa» di rivelazione di notizie coperte dall'obbligo di segreto (*retro*) e opera in deroga all'obbligo di riservatezza di cui all'art. 2105 c.c. (art. 3, l. n. 179/2017).

Quando la diffusione di notizie avvenga al di fuori delle condizioni e dei limiti previsti per il *whistleblowing*, e non risulti la violazione di altre disposizioni che impongo-

---

segreto scientifico e industriale, a seconda delle ipotesi): Cass. n. 519/2001. Nella specie, ad un lavoratore era stata contestata la violazione dell'obbligo di fedeltà per aver fotocopiato la distinta di una spedizione di merce, venduta a terzi dalla società datrice di lavoro senza la relativa documentazione fiscale, e per aver poi trasmesso la suddetta fotocopia alla Guardia di finanza, la quale aveva avviato un accertamento fiscale nei confronti dell'azienda. Anche dopo l'entrata in vigore della l. n. 179/2017 (c.d. *whistleblowing*) un analogo comportamento del lavoratore potrebbe essere ritenuto illegittimo, poiché la legge prevede specifiche modalità di segnalazione dei reati e degli illeciti imputabili al datore di lavoro.

[59] «Art. 2-*ter*: L'adozione di misure discriminatorie nei confronti dei soggetti che effettuano le segnalazioni [...] può essere denunciata all'Ispettorato nazionale del lavoro, per i provvedimenti di propria competenza, oltre che dal segnalante, anche dall'organizzazione sindacale indicata dal medesimo. Art. 2-*quater*: Il licenziamento ritorsivo o discriminatorio del soggetto segnalante è nullo. Sono altresì nulli il mutamento di mansioni ai sensi dell'articolo 2013 del codice civile nonché qualsiasi altra misura ritorsiva o discriminatoria adottata nei confronti del segnalante. È onere del datore di lavoro, in caso di controversie legate all'irrogazione di sanzioni disciplinari, o a demansionamenti, licenziamenti, trasferimenti, o sottoposizione del segnalante ad altra misura organizzativa avente effetti negativi, diretti o indiretti, sulle condizioni di lavoro, successivi alla presentazione della segnalazione, dimostrare che tali misure sono fondate su ragioni estranee alla segnalazione stessa».

no specifici divieti (nelle fattispecie definite dagli artt. 621, 622 e 623 c.p.: *retro)*, il datore dovrà rigorosamente provare la "pericolosità sociale" del comportamento del lavoratore che intende censurare (attraverso provvedimenti disciplinari, anche espulsivi).

Da una parte, una consolidata giurisprudenza afferma che «l'obbligo di fedeltà di cui all'art. 2105 e quelli, ad esso collegati, di correttezza e buona fede, cui è tenuto il dipendente nell'esecuzione del contratto di lavoro, devono essere riferiti esclusivamente ad attività lecite dell'imprenditore, non potendosi certo richiedere al lavoratore l'osservanza di detti obblighi, nell'ambito del dovere di collaborazione con l'imprenditore, quando quest'ultimo intenda perseguire interessi illeciti» [60]. Dall'altra, la giurisprudenza prevalente pare orientata a riconoscere la violazione dell'obbligo di fedeltà nella sottrazione di documenti aziendali, indipendentemente dal fine processuale perseguito dal lavoratore [61]; tuttavia ha anche riconosciuto che non costituisce violazione dell'obbligo di fedeltà da parte del lavoratore sottrarre documenti relativi alla sua prestazione lavorativa, e produrli in giudizio a propria difesa [62].

Non si può infatti trascurare che in queste ipotesi ci si trova di fronte a diritti costituzionalmente protetti, vuoi alla difesa (come nel caso sopra citato), vuoi alla libertà di espressione quale espressione del principio costituzionale sovraordinato di cui all'art. 21 Cost., riconosciuto a tutti i cittadini, vuoi all'esercizio della libertà sindacale (si pensi alla divulgazione di documenti aziendali da parte di dirigenti sindacali), vuoi alla tutela della sicurezza (es. dichiarazioni del rappresentante per la sicurezza). Emerge in particolare, in molti casi, il difficile rapporto tra obbligo di fedeltà e *diritto di critica* e, più in generale, la complessa relazione tra subordinazione ed esercizio dei diritti della persona del lavoratore: quando si tratti di divulgazione di notizie che non devono essere qualificate come segreto aziendale, ma anche quando si tratti di rivelazione di notizie che rientrino a pieno titolo nel c.d. segreto aziendale.

È stato scritto che l'interesse del datore alla non divulgazione della notizia (non protetta dal segreto aziendale o professionale) soccombe, di regola, di fronte all'interesse altrui alla conoscenza della notizia stessa: ma non «quando la notizia non presenti alcun interesse dal pun-

---

[60] Cass. n. 519/2001.

[61] Cass. n. 12804/2017, ha ritenuto illegittima la fotocopiatura – da parte del lavoratore – di documenti aziendali presentati nella controversia che lo opponeva al datore di lavoro per asserito demansionamento; secondo i giudici erano state fotocopiate e presentate istruzioni operative del reparto al quale il dipendente era addetto che contenevano dettagliate informazioni tecniche attinenti al *know how* dell'impresa, e risultava dunque violato lo specifico obbligo a mantenere riservati documenti che riguardino aspetti importanti e significativi dell'organizzazione produttiva del datore di lavoro; come aveva correttamente ritenuto la Corte di Appello, il lavoratore avrebbe invece potuto chiedere l'acquisizione di tali documenti al giudice, che a sua volta avrebbe potuto valutarne la eventuale mancata esibizione.

[62] Secondo Cass. n. 24106/2016, il lavoratore che produca in una controversia di lavoro copia di atti aziendali riguardanti direttamente la propria posizione lavorativa non viene meno ai doveri di fedeltà di cui all'art. 2105 c.c., tenuto conto che l'applicazione corretta della normativa processuale in materia è idonea a impedire una vera e propria divulgazione della documentazione aziendale e che, in ogni caso, al diritto di difesa in giudizio deve riconoscersi prevalenza rispetto alle eventuali esigenze di segretezza dell'azienda. Ma si registrano anche decisioni della Corte di segno opposto, che distinguono a seconda delle modalità (lecite o illecite) di acquisizione della documentazione poi presentata in giudizio: es. Cass. n. 22923/2014.

to di vista economico, politico, sindacale, scientifico o di cronaca o quando addirittura l'interesse alla cognizione della notizia si identifichi con un motivo illecito»[63]. Salva l'ipotesi del motivo illecito, la legittimazione delle sole divulgazioni (di notizie "libere", lo ripetiamo) che perseguano un fine "meritevole" non pare a nostro avviso coerente con la libertà di espressione sancita, senza limitazioni di questo tenore, dalla Carta costituzionale, così come non pare corretto risolvere il problema proponendo una valutazione comparativa dei due interessi contrapposti, poiché si stanno qui confrontando interessi (dell'impresa, o meglio dell'imprenditore, non necessariamente riconducibili a diritti) e diritti della persona, in specie il diritto alla libertà di espressione.

Da ultimo, merita ricordare che anche l'obbligo di riservatezza si esaurisce con la cessazione del rapporto di lavoro. Ciò non esclude che l'ex dipendente che, successivamente alla risoluzione del rapporto, si avvalga di notizie "riservate" di cui sia venuto a conoscenza durante il rapporto di lavoro possa essere eventualmente ritenuto responsabile di concorrenza sleale secondo i canoni civilistici (art. 2598 c.c.). Dubbio è che l'eventuale patto di non concorrenza possa limitare l'utilizzo di notizie aziendali (fermo il rispetto della disciplina penale) nel successivo esercizio dell'attività dell'ex dipendente; da escludersi, infine, è che l'ex dipendente non possa utilizzare il c.d. bagaglio professionale maturato presso il suo ex datore di lavoro.

3.5. *Le invenzioni del lavoratore*

Da ultimo, merita considerare una questione che appare per così dire, bifronte: un diritto del lavoratore, ma anche un diritto del datore di lavoro. Ci riferiamo alla disciplina legale delle *invenzioni del prestatore di lavoro*[64], contenuta nell'art. 2590 c.c., che fissa un principio ma rinvia, per la definizione dei diritti e degli obblighi delle parti, alle «leggi speciali». Il principio – «il prestatore di lavoro ha diritto di essere riconosciuto autore dell'invenzione fatta nello svolgimento del rapporto di lavoro» – rappresenta il riconoscimento di un diritto personale del lavoratore. D'altro canto, le leggi speciali (oggi il Codice per la proprietà industriale: d.lgs. n. 30/2005, art. 64) attribuiscono al datore di lavoro del "dipendente inventore" un'ampia serie di diritti patrimoniali sull'uso dell'invenzione.

La legge, sulla scorta della previgente disciplina, distingue tra *invenzioni di servizio* (oggetto del contratto di lavoro, e come tale remunerate) e *invenzioni aziendali* (realizzate in connessione con lo svolgimento della prestazione lavorativa), da una parte, e *invenzioni industriali* (invenzioni autonomamente realizzate dal prestatore al di fuori dell'ambito lavorativo ma tuttavia rientranti nel campo di attività dell'imprenditore, spesso indicate con l'espressione "invenzioni occasionali"). Nei primi due casi, i diritti patrimoniali sono attribuiti al datore di la-

---

[63] Ichino 2003, pp. 309 e 311.

[64] Merita ricordare che il legislatore, in attuazione della Direttiva CE 91/250 relativa alla tutela giuridica dei programmi per elaboratore, fermo il riconoscimento del c.d. diritto morale d'autore per il dipendente, ha sancito il diritto di esclusiva del datore di lavoro sul *software* (ora qualificato come "opera dell'ingegno"), ed in particolare dei programmi per elaboratori o delle banche dati creati dal lavoratore dipendente nell'esecuzione delle sue mansioni o su istruzioni impartite dallo stesso datore di lavoro (d.lgs. n. 518/1992; art. 12, l. n. 633/1941, successivamente confluito nel Codice per la proprietà industriale, d.lgs. n. 30/2005).

voro, ma al lavoratore deve essere riconosciuto un «equo premio»[65], per la determinazione del quale si terrà conto dell'importanza dell'invenzione, delle mansioni svolte[66] e della retribuzione percepita dall'inventore, nonché del contributo che questi ha ricevuto dall'organizzazione del datore di lavoro[67]. Nel terzo caso (invenzione c.d. occasionale) invece al datore di lavoro è soltanto riconosciuto il «diritto di opzione per l'uso, esclusivo o non esclusivo dell'invenzione o per l'acquisto del brevetto, nonché per la facoltà di chiedere od acquisire, per la medesima invenzione, brevetti all'estero verso corresponsione del canone o del prezzo, da fissarsi con deduzione di una somma corrispondente agli aiuti che l'inventore abbia comunque ricevuti dal datore di lavoro per pervenire all'invenzione».

Per completezza, si segnala che il legislatore, nei recenti interventi in materia di lavoro autonomo (art. 4, l. n. 81/2017) ha riconosciuto che «i diritti di utilizzazione economica relativi ad apporti originali e a invenzioni realizzati nell'esecuzione del contratto stesso spettano al lavoratore autonomo» secondo le norme speciali sopra richiamate, «salvo il caso in cui l'attività inventiva sia prevista come oggetto del contratto di lavoro e a tale scopo compensata».

---

[65] Solo «qualora il datore di lavoro o suoi aventi causa ottengano il brevetto o utilizzino l'invenzione in regime di segretezza industriale».

[66] Merita segnalare che, secondo quanto prevede la l. n. 190/1985, «i contratti collettivi possono definire le modalità tecniche di valutazione e l'entità del corrispettivo economico della utilizzazione, da parte dell'impresa, sia delle innovazioni di rilevante importanza nei metodi o nei processi di fabbricazione ovvero nell'organizzazione del lavoro, sia delle invenzioni fatte dai *quadri*, nei casi in cui le predette innovazioni o invenzioni non costituiscano oggetto della prestazione di lavoro dedotta in contratto». La previsione introduce elementi di incertezza (es. sindacabilità da parte del giudice della congruità del corrispettivo previsto dai contratti collettivi, si suppone di qualsiasi livello) e di confusione (con riferimento alla disciplina legale delle invenzioni aziendali).

[67] Cass. n. 1285/2006, ha affermato che sia l'invenzione di servizio, sia l'invenzione di azienda, presuppongono lo svolgimento, da parte del dipendente, di un'attività di ricerca volta all'invenzione, mentre l'elemento distintivo tra le due ipotesi risiede nella presenza o meno di un'esplicita previsione contrattuale di una speciale retribuzione costituente corrispettivo dell'attività inventiva, in difetto della quale (e il relativo onere probatorio incombe sul datore di lavoro), spetta al dipendente autore dell'invenzione l'attribuzione dell'equo premio.

Capitolo III

I DIRITTI DEL LAVORATORE

Sezione I

LA RETRIBUZIONE

1. *La retribuzione*

La *retribuzione* è un'attribuzione patrimoniale (detta, nel linguaggio corrente, paga, salario o stipendio) e costituisce il *corrispettivo dovuto* dal datore di lavoro per la prestazione del lavoratore subordinato. Lo scambio tra lavoro e retribuzione è un elemento essenziale del contratto di lavoro subordinato: come abbiamo già avuto modo di vedere quando ci siamo occupati del contratto di lavoro, qualora la disciplina del rapporto sia tale da escludere lo scambio a titolo oneroso, il rapporto non può essere definito come rapporto di lavoro subordinato [1].

Per quanto inserita nella struttura obbligatoria del rapporto di lavoro, la retribuzione assolve tuttavia ad una funzione di tale rilievo sociale da farne l'oggetto di un diritto fondamentale, espressamente previsto dall'art. 36, c. 1, Cost. La formulazione è la seguente: «Il lavoratore ha diritto ad una retribuzione *proporzionata* alla quantità e qualità del suo lavoro e *in ogni caso sufficiente* ad assicurare a sé e alla famiglia un'esistenza libera e dignitosa».

Secondo un orientamento largamente diffuso in dottrina, l'art. 36 contiene due principi, distinti ma strettamente correlati: il principio della sufficienza e il principio della proporzionalità della retribuzione. Il principio della sufficienza esula dalla con-

---

[1] Così Cass. n. 6821/1995.

siderazione della corrispettività della retribuzione, per guardare piuttosto alla funzione della retribuzione, come mezzo di sostentamento, e al valore sociale della sua adeguatezza. Al di là del riferimento ai bisogni della famiglia[2] (ai quali debbono eventualmente provvedere altri istituti, di carattere assistenziale o previdenziale, come il reddito di cittadinanza, l'assegno unico universale, i bonus asili nido, e così via), la formula "esistenza libera e dignitosa" allude alla necessità che la retribuzione non scenda al di sotto della soglia minima necessaria per garantire appunto condizioni di vita "decenti" (cioè rispettose della libertà e della dignità della persona)[3]. Il principio della proporzionalità della retribuzione alla qualità e quantità del lavoro è invece collegato direttamente al sinallagma contrattuale: non quindi ad un presunto valore oggettivo del lavoro, ma al valore che il lavoro ha nella valutazione delle parti contraenti. Come diremo subito, tuttavia, da un lato le valutazioni individuali sono direttamente vincolate al rispetto di quelle espresse dalla contrattazione collettiva, o indirettamente parametrate su di esse, ovvero fissate dalla legge, ove questa provveda a definire un salario minimo legale; d'altro lato, la retribuzione proporzionata alla qualità e quantità del lavoro deve essere *in ogni caso* sufficiente, e dunque la sufficienza integra il criterio della proporzionalità.

Secondo il consolidato orientamento della giurisprudenza, l'art. 36 Cost. è una disposizione immediatamente precettiva (come tale applicabile nei rapporti tra privati): il lavoratore che lamenti l'inadeguatezza della retribuzione corrispostagli dal datore di lavoro può invocare direttamente l'art. 36, chiedendo che il giudice ridetermini la retribuzione, facendo appunto applicazione, nel caso concreto, dei principi di cui all'art. 36. L'applicazione giurisprudenziale dell'art. 36 è vasta e l'orientamento dei giudici è consolidato: si deve pertanto essenzialmente alla giurisprudenza l'elaborazione di una nozione di "giusta retribuzione" che tiene insieme i principi della sufficienza e della proporzionalità della retribuzione.

Prima di entrare nel merito di tale elaborazione (*infra*, § 1.1) occorre ancora soffermarsi su qualche considerazione preliminare e di ordine generale. Fermi restando i principi dettati dall'art. 36 Cost., inderogabili tanto per il legislatore come per i soggetti privati, spetta all'autonomia privata, e in primo luogo alla contrattazione collettiva (della quale la definizione dei salari costituisce uno degli oggetti principali, se non il principale), la determinazione non solo dell'ammontare della retribuzione, ma anche della sua composizione (articolazione in "voci") e dei meccanismi (automatici o meno) della sua variazione. La competenza dell'autonomia collettiva non può tuttavia essere considerata come esclusiva, ma il ruolo della legge è limitato al perseguimento di interessi pubblici, di carattere generale.

---

[2] Il riferimento ai bisogni della famiglia è il frutto del compromesso tra cattolici e laici progressisti in Assemblea Costituente. Il riferimento alla famiglia è presente anche nella Dichiarazione universale dei diritti dell'uomo (1948), art. 23.3, secondo cui «la remunerazione deve assicurare ad ogni individuo e alla sua famiglia un'esistenza conforme alla dignità umana ed integrata, se necessario, da altri mezzi di protezione sociale». Il riferimento non compare invece nella CDFUE, che riconosce al lavoratore solo il diritto a condizioni di lavoro sane, sicure e dignitose (art. 31.1), mentre dedica alla protezione della famiglia e alla conciliazione tra vita familiare e professionale l'art. 33.

[3] Ricordiamo l'Agenda per il lavoro decente" (*decent work*), lanciata dall'OIL nel 1999.

Si può ricordare in proposito che, in passato, alcuni interventi legislativi diretti al contenimento del costo del lavoro e alla riduzione del tasso di inflazione[4] furono ritenuti legittimi dalla Corte costituzionale, con l'argomento che l'ambito della competenza dell'autonomia collettiva non può essere esteso al perseguimento di interessi pubblici, essendo la loro valutazione esclusiva competenza del legislatore[5]. Il legislatore può dunque intervenire sui salari dei lavoratori, quando vi siano interessi pubblici da salvaguardare: così ad es. nel caso della determinazione per legge dei compensi massimi per amministratori, dirigenti e dipendenti delle società a partecipazione pubblica (d.lgs. n. 175/2016, art. 11, c. 6), o nel caso dei tetti minimo e massimo delle retribuzioni per chi lavora nel terzo settore (art. 16, d.lgs. n. 117/2017). Al di fuori di tali (eccezionali) ipotesi, la regolamentazione della materia è lasciata alla libera negoziazione collettiva, nel pieno rispetto del principio della libertà sindacale tutelata dall'art. 39, c. 1, Cost., nonché all'autonomia contrattuale individuale.

Pronunciandosi successivamente sulla legittimità costituzionale della l. n. 333/1992, che rinvia alla contrattazione collettiva ogni decisione in ordine alla natura e all'ammontare dell'*indennità di mensa*, la Corte costituzionale ha precisato che il silenzio dell'art. 36 Cost. sulla struttura della retribuzione e sull'articolazione delle voci che la compongono significa che è rimessa insindacabilmente alla contrattazione collettiva la determinazione degli elementi che concorrono a formare, condizionandosi a vicenda, il trattamento economico complessivo dei lavoratori[6]. Spetterà poi al giudice verificare la rispondenza ai minimi garantiti dalla norma costituzionale[7]: facendo ricorso a parametri che trarrà essenzialmente dalle determinazioni dell'autonomia collettiva.

1.1. *Proporzionalità e sufficienza della retribuzione*

Non essendovi una riserva esclusiva di competenza a favore della contrattazione collettiva in materia salariale, un intervento del legislatore che introducesse anche in Italia, come già avviene in altri Paesi, il *salario minimo* (vale a dire una soglia minima di retribuzione, che deve essere in ogni caso garantita al lavoratore) sarebbe non solo

---

[4] Si trattava della normativa emanata tra il 1976 e 1977, e del d.l. n. 10/1984, sul "raffreddamento" e poi sul taglio dei punti di contingenza. L'indennità di contingenza, meccanismo di adeguamento automatico dei salari al costo della vita (*infra*, § 1.3) è stata definitivamente abrogata dalle parti sociali, che l'avevano istituita nell'immediato dopoguerra, con l'Accordo "triangolare" del 1992, di cui è stato parte il Governo dell'epoca.

[5] Corte cost. n. 34/1985.

[6] Corte cost. n. 164/1994. La questione era quella della controversa legittimità costituzionale della disciplina legale dell'*indennità di mensa* (art. 6, d.l. n. 333/1992, conv. in l. n. 359/1992, cc. 3 e 4), che rinvia alla contrattazione collettiva il compito di stabilire se e in quale misura la mensa costituisca retribuzione in natura, nonché il valore del servizio di mensa e l'importo della prestazione pecuniaria sostitutiva di esso, percepita da chi non usufruisce del servizio istituito dall'azienda; la legge stabilisce per contro che, ove il contratto collettivo non disponga diversamente, la mensa (in natura) o l'indennità sostitutiva *non* costituiscono retribuzione. Secondo la Corte, che ha respinto l'eccezione di incostituzionalità, il servizio di mensa non ha natura retributiva: è un servizio sociale dell'azienda (art. 11 St. lav.), «predisposto dal datore di lavoro con riguardo alla generalità dei lavoratori», mentre gli elementi della retribuzione hanno essenzialmente carattere individuale. Peraltro, ha aggiunto la Corte, l'autonomia collettiva ha il potere di fissare discrezionalmente, senza vincolo di alcun parametro, la misura dell'incidenza del servizio di mensa sugli istituti legali e contrattuali del rapporto di lavoro.

[7] Corte cost. n. 470/2002.

legittimo, ma conforme al principio della sufficienza della retribuzione dettato dall'art. 36 Cost. Fino ad ora, tuttavia, l'intervento del legislatore non si è verificato (*infra*, § 1.2) e il salario minimo è stato garantito dalla contrattazione collettiva, e, più precisamente, dall'applicazione indiretta dei contratti collettivi di categoria, mediante la quale è stata almeno in parte colmata la lacuna rappresentata dalla mancanza di contratti collettivi efficaci *erga omnes*.

Nella interpretazione della giurisprudenza (che abbiamo richiamato parlando della efficacia soggettiva del contratto collettivo di diritto comune) ai fini della determinazione della retribuzione proporzionale e sufficiente (cioè della "giusta retribuzione") [8], costituisce un *parametro di riferimento* il contratto collettivo di categoria non applicabile nella specie. Secondo i giudici, poiché i contratti collettivi di lavoro di diritto comune sono vincolanti solo nei riguardi dei soggetti aderenti alle organizzazioni sindacali stipulanti, e non essendo esclusa l'eventualità che nello stesso tempo possano essere in vigore anche più contratti collettivi per lo stesso settore, stipulati da e con organizzazioni sindacali diverse, i minimi salariali previsti dalla contrattazione collettiva non possono essere *sic et simpliciter* assunti dal giudice a parametro della retribuzione proporzionata e sufficiente quale prevista dall'art. 36 Cost. Altrimenti si finirebbe per attribuire alla contrattazione collettiva di diritto comune (quanto meno per i minimi retributivi e normativi) una efficacia *erga omnes* che non le è propria. I giudici assumono dunque i minimi della contrattazione collettiva a parametro (*non vincolante*) della retribuzione proporzionata e sufficiente ai sensi dell'art. 36 Cost. [9].

Nell'ipotesi (tutt'altro che infrequente) che esista una pluralità di contratti collettivi per una stessa categoria merceologica (talora definita più o meno ampiamente dai contratti) sorge il problema di individuare quale debba essere il contratto di riferimento per la determinazione, ai sensi dell'art. 36 Cost., della retribuzione proporzionale e sufficiente. A questo problema, ma limitatamente alle società cooperative, ha dato risposta la Corte cost. (n. 51/2015), dichiarando non fondata la questione di legittimità costituzionale, per violazione dell'art. 39, c. 1, Cost., dell'art. 7, c. 4, d.l. n. 248/2007, secondo cui, in presenza di una pluralità di contratti collettivi per la medesima categoria, «le società cooperative [...] applicano ai propri soci lavoratori [...] i trattamenti economici complessivi non inferiori a quelli dettati dai contratti collettivi stipulati dalle organizzazioni datoriali e sindacali *comparativamente più rappresentative* a livello nazionale nella categoria nazionale». La Corte ha affermato che tale disposizione, non attribuisce ai predetti contratti collettivi efficacia *erga omnes*, ma richiama i trattamenti economici complessivi minimi ivi previsti, quale *parametro esterno* per la definizione, da parte del giudice, del trattamento economico da corrispondere al socio lavoratore, ai sensi dell'art. 36 Cost. Il criterio della maggiore rappresentatività comparativa è usato dal legislatore anche in

[8] Il giudice, ove ritenga che la retribuzione prevista dal contratto individuale di lavoro sia contraria ai principi di proporzionalità e sufficienza di cui all'art. 36 Cost., dichiara la nullità della clausola del contratto individuale, e facendo ricorso all'art. 2099 c.c. («in mancanza di norme corporative o di accordo tra le parti, la retribuzione è determinata dal giudice»), colma la lacuna così creatasi nel contratto, determinando egli stesso la *retribuzione proporzionale e sufficiente*. In realtà, nella giurisprudenza degli ultimi decenni il riferimento all'art. 2099 è spesso omesso: evidentemente la solida convinzione della immediata precettività dell'art. 36 Cost. ha finito per rendere tale disposizione, agli occhi dei giudici, "autosufficiente".

[9] Nel solco dell'orientamento consolidato Cass. n. 944/2021.

altri casi: ai CCNL stipulati dalle organizzazioni datoriali e sindacali comparativamente più rappresentative nella categoria la legge assegna la funzione di individuare il c.d. "*minimale contributivo*" (art. 1, d.l. n. 338/1989, conv. in l. n. 389/1989, come interpretato dall'art. 2, c. 25, l. n. 549/1995). Il criterio della maggiore rappresentatività comparativa ha poi assunto il valore di una regola generale nell'art. 51, d.lgs. n. 81/2015 (che abbiamo richiamato più volte), da applicare ogni qualvolta la legge faccia rinvio alla "contrattazione collettiva", espressione con la quale debbono intendersi «i contratti collettivi nazionali, territoriali o aziendali stipulati da associazioni sindacali comparativamente più rappresentative sul piano nazionale e i contratti collettivi aziendali stipulati dalle loro rappresentanze sindacali aziendali ovvero dalla rappresentanza sindacale unitaria».

La rappresentatività delle organizzazioni sindacali e datoriali stipulanti non risolve però i problemi che si vanno manifestando laddove l'attività esercitata dal datore di lavoro sia astrattamente riconducibile a più contratti collettivi tutti sottoscritti da organizzazioni sindacali dotate di sicura rappresentatività; avviene così che i giudici, prescindendo dalla rappresentatività delle parti stipulanti, dichiarino nulla la clausola del contratto collettivo applicato per insufficienza e non proporzionalità della retribuzione, e applichino come parametro di riferimento la retribuzione prevista da un altro CCNL che ha un ambito di applicazione coincidente o almeno in parte sovrapponibile [10].

Se il contratto collettivo della categoria di riferimento (in base all'attività merceologica dell'impresa) costituisce parametro non vincolante di riferimento per la determinazione della retribuzione conforme ai principi di cui all'art. 36 Cost., l'adeguamento della retribuzione a tale parametro – precisano i giudici – non deve risolversi in una meccanica trasposizione delle clausole della contrattazione, non trattandosi di realizzare un principio di parità di trattamento (*infra*), ma appunto di adeguare una retribuzione inferiore (in misura rilevante) a quella della categoria equiparabile. Il giudice può pertanto discostarsi dalle previsioni del contratto collettivo: ciò significa che terrà conto in linea di massima dei minimi salariali (detti *minimi tabellari*, che i giudici definiscono il "minimo costituzionale"), ma non necessariamente delle eventuali voci accessorie (come compensi aggiuntivi, scatti di anzianità, quattordicesima mensilità) [11]; potrà altresì tener conto di fattori come le condizioni di mercato, la dimensione dell'impresa, o il potere d'acquisto del salario, per giustificare una retribuzione *inferiore* ai minimi salariali previsti dal contratto collettivo di categoria. Ma su ciò gli orientamenti della giurisprudenza non sono univoci [12].

---

[10] È il caso ad esempio del CCNL Vigilanza privata, di cui il giudice dichiara nulla la clausola retributiva e utilizza come parametro di riferimento il CCNL Multiservizi, relativo allo stesso settore, ma non applicato nella specie: così App. Milano 13.6.2022; v. anche App. Milano 23.10. 2017.

[11] Cass. ord. n. 1756/2021.

[12] La Cassazione ha ritenuto giustificata da condizioni ambientali la riduzione della retribuzione al di sotto dei minimi previsti dal contratto collettivo nazionale di categoria, precisando però che il giudice non può decidere in modo arbitrario, e deve utilizzare non la propria scienza privata ma dati ufficiali, o generalmente riconosciuti. In una decisione di qualche anno fa (Cass. n. 896/2011) la S.C. ha tuttavia affermato che il giudice non può discostarsi dai minimi salariali indicati dalla contrattazione collettiva per asserite peculiarità dell'impresa (una piccola impresa del mezzogiorno), perché le tabelle salariali allegate al contratto collettivo nazionale tengono già conto dell'esistenza e delle esigenze delle piccole imprese e delle difficoltà in cui possono operare in talune zone del paese.

Per quanto più specificamente riguarda la *proporzionalità* della retribuzione alla qualità e alla quantità del lavoro prestato, ancora una volta costituiscono per il giudice parametro di riferimento i minimi tabellari fissati dal contratto collettivo di categoria in relazione alla qualifica e alle mansioni del lavoratore che chiede l'adeguamento della retribuzione corrispostagli. In proposito la giurisprudenza ha affermato che, essendo la retribuzione collegata insieme alla qualità e alla quantità della prestazione, le attitudini professionali del lavoratore, e tra esse ad esempio l'esperienza, incidono sulla retribuzione non direttamente, ma in quanto determinano una superiore qualità del suo lavoro, cui corrisponde un maggior valore specifico di esso, oggetto di valutazione sia nel contratto individuale sia, più spesso, nel contratto collettivo [13].

Mentre la qualità del lavoro è valutabile in relazione alla qualifica del lavoratore (in primo luogo al suo livello di inquadramento), la *quantità* del lavoro è misurata dalla *durata* della prestazione, e cioè dall'*orario di lavoro*. Nel caso in cui l'orario di lavoro sia ridotto rispetto all'orario normale, come nel lavoro a tempo parziale, la proporzionalità della retribuzione alla quantità di lavoro sarà rispettata ove la riduzione della retribuzione sia effettivamente proporzionale alla riduzione dell'orario.

La proporzionalità alla qualità del lavoro prestato può invece determinare l'attribuzione di un trattamento individuale aggiuntivo (come ad esempio il premio di rendimento), in ragione dei particolari meriti che il datore di lavoro intende premiare. Come ha affermato la Cassazione [14], quelle fissate dai contratti collettivi costituiscono le retribuzioni minime spettanti ai lavoratori di una determinata categoria; nulla impedisce, però, al datore di lavoro di corrispondere ai propri dipendenti retribuzioni superiori a quelle previste dal contratto collettivo (in questo caso non si può parlare di atto di liberalità, dato che la retribuzione, qualunque ne sia la misura, costituisce sempre la controprestazione del lavoro svolto dal dipendente).

Se, come dicono i giudici, nulla impedisce al datore di lavoro di corrispondere al singolo lavoratore, o ad un gruppo di lavoratori, un trattamento retributivo migliore rispetto a quello previsto dal contratto collettivo, la presenza di trattamenti retributivi differenziati può aprire tuttavia uno scenario diverso: quello della discriminazione del lavoratore o dei lavoratori esclusi dal beneficio (fino a configurare un trattamento economico collettivo discriminatorio, ai sensi dell'art. 16 St. lav.).

1.2. *Retribuzione sufficiente e salario minimo legale (SML)*

Benché di un intervento legislativo si sia parlato a lungo, e per molti anni, fino ad ora la "via italiana" al salario minimo è passata attraverso l'applicazione diretta o indiretta (via art. 36 Cost.) dei contratti collettivi di categoria, di cui abbiamo parlato

---

[13] Cass. n. 14633/1999.

[14] Cass. n. 4942/2000. Se il contratto collettivo prevede che un determinato emolumento sia erogato solo in presenza di determinate condizioni, il lavoratore non può pretenderne l'erogazione se tali condizioni non sussistono: è il caso del *premio di rendimento*, che, secondo la terminologia corrente, costituisce una forma di remunerazione straordinaria da riconoscersi al lavoratore capace di produrre buoni risultati, della quale è esclusa l'erogabilità a prescindere da qualsiasi presupposto di meritevolezza (così Cass. n. 6221/1998).

sopra [15]. Un insieme di fattori, tra cui specialmente la preoccupante dimensione del fenomeno dei *working poors* (che non riguarda solo le aree marginali ma investe pesantemente anche i lavoratori occupati nei settori più deboli del mercato del lavoro), ha contribuito a riaccendere in tempi recenti la discussione sulla adozione del SML: una misura già presente, sia pure in forme diverse tra loro, nella stragrande maggioranza dei paesi dell'UE [16], ma non in Italia.

Le ragioni che spiegano l'inerzia sin qui mostrata dal legislatore italiano sono essenzialmente politiche. Sino ad ora l'ostacolo politico maggiore all'adozione del salario minimo legale è stata l'opposizione delle Confederazioni sindacali e delle organizzazioni rappresentative dei datori di lavoro. Il problema dell'eventuale impatto negativo sulla "tenuta" della contrattazione collettiva e sulla funzione della contrattazione nazionale come fonte privilegiata della definizione del trattamento economico, nel quale vanno ricompresi altri elementi oltre al minimo tabellare, è alla base della tradizionale opposizione dei sindacati all'introduzione del SML [17]. Queste preoccupazioni non sono infondate e sono certamente legittime, ma l'analisi delle esperienze di altri paesi (la Germania, soprattutto) fornisce buoni argomenti per ridimensionarne la portata. Merita peraltro sottolineare come, recentemente, la posizione delle tre maggiori Confederazioni sindacali (CGIL, CISL e UIL) si sia modificata, passando da una preclusione assoluta all'apertura verso l'ipotesi di rendere generalmente applicabili i livelli salariali di base previsti dai contratti di categoria, prendendoli a riferimento come garanzia salariale minima per le varie categorie e qualifiche di lavoratori [18].

Tra i giuristi le opinioni sull'opportunità di un intervento legislativo divergono ma su un punto almeno vi è accordo: come abbiamo detto (*retro*, § 1.1) un intervento del legislatore che introducesse anche in Italia, come già avviene in altri paesi, il SML sarebbe non solo legittimo, ma conforme alla regola della sufficienza della retribuzione dettata dall'art. 36 Cost. La nostra Costituzione non contempla una riserva esclusiva di competenza in materia salariale a favore della contrattazione collettiva; le ragioni dell'intervento statuale devono tuttavia essere bilanciate con la tutela dell'autonomia

---

[15] La dottrina sottolinea come l'orientamento della giurisprudenza consenta di valorizzare lo stretto collegamento tra gli artt. 36 e 39 Cost., affidando appunto all'autonomia collettiva la funzione di determinare i livelli salariali minimi. Tale funzione non deve essere tuttavia intesa come riserva esclusiva di competenza: lo aveva già detto con chiarezza la Corte cost., nella sentenza n. 106/1962, in cui salvò la legittimità costituzionale della "legge Vigorelli" (l. n. 741/1959), considerandola un intervento transitorio e d'emergenza indispensabile per garantire ai lavoratori trattamenti minimi economici e normativi. La Corte si era d'altronde espressa, seppure implicitamente, nello stesso senso, nella sentenza n. 1/1963 sulla legittimità costituzionale dell'art. 43, d.lgs.lgt. n. 369/1944 che aveva mantenuto in vita (soppresso l'ordinamento corporativo) le disposizioni dei contratti collettivi *erga omnes* corporativi.

[16] I paesi dell'UE che non hanno il SML sono, oltre all'Italia, l'Austria, la Danimarca, la Finlandia, la Svezia e Cipro.

[17] Le associazioni dei datori di lavoro temono un SML troppo alto non sostenibile dalle imprese minori; anche loro, come i sindacati, temono comunque l'aggravarsi della perdita di ruolo e di iscritti già in atto.

[18] Tale operazione potrebbe giustificarsi come attuazione del principio di retribuzione proporzionale e sufficiente sancito dall'art. 36 Cost. e così potrebbe evitare obiezioni *ex* art. 39 Cost.

collettiva nella determinazione delle dinamiche salariali [19], ricercando un corretto equilibrio tra legge e contrattazione collettiva.

Nell'ultima legislatura erano state presentate diverse proposte di legge; ma la legislatura si sta concludendo, per lo scioglimento anticipato delle Camere, e il Parlamento non ha varato alcuna legge sul SML.

Il d.d.l. adottato come testo base dalla Commissione Lavoro del Senato è quello presentato dalla Sen. Nunzia Catalfo del M5S (AS n. 658), Ministra del lavoro nel Governo Conte 2. Secondo il d.d.l. (che estende la sua area di applicazione oltre il lavoro subordinato, menzionando espressamente le collaborazioni etero-organizzate di cui all'art. 2, d.lgs. n. 81/2015) la legge fissa una soglia minima di sufficienza della retribuzione (che non può essere inferiore a 9 euro all'ora, al lordo degli oneri contributivi e previdenziali, e soggetto ad indicizzazione annuale), ma rinvia alla contrattazione collettiva (CCNL stipulati dai sindacati maggiormente rappresentativi) la determinazione dei trattamenti economici proporzionali (che non potranno scendere al di sotto dei 9 euro), variabili per categoria produttiva e per attività svolte dai lavoratori [20].

Una strada diversa, ancora ispirata all'idea che la legge possa porsi in sinergia con la contrattazione collettiva, ma con accentuata funzione residuale del SML, è quella seguita dal d.d.l. del PD (primo firmatario il Sen. Nannicini) (AS 1132), che prevede di estendere a tutti i lavoratori subordinati del settore il trattamento minimo tabellare stabilito dal CCNL stipulato dalle associazioni di rappresentanza dei lavoratori e dei datori di lavoro comparativamente più rappresentative sul piano nazionale, individuate come tali da una Commissione paritetica, istituita presso il CNEL, alla quale compete anche la definizione degli ambiti di applicazione e della efficacia dei contratti collettivi. Il d.d.l. prevede altresì che, nelle aree di attività non coperte dai CCNL stipulati dalle associazioni comparativamente più rappresentative, il datore di lavoro sia tenuto a corrispondere al lavoratore (subordinato), un "salario minimo di garanzia", secondo gli importi e le modalità determinati dalla Commissione paritetica [21].

La discussione parlamentare sui d.d.l. presentati all'inizio della legislatura, che era ripartita di recente, potrebbe riprendere, non necessariamente su quei testi, con il nuovo Governo e la nuova compagine parlamentare. Sui tempi e sul merito delle scelte che potranno essere fatte, non potrà comunque non incidere la Proposta di Direttiva UE COM(2020) 682 *final*, al cui testo facciamo qui riferimento.

La Direttiva, fondata su una base giuridica "fragile" [22], procede con estrema cau-

---

[19] Così ha detto ancora la Corte cost. nella sentenza n. 178/2015, ravvisando nella determinazione delle retribuzioni uno "spazio costituzionalmente tutelato" per la contrattazione collettiva.

[20] Il rinvio apre la porta al problema della individuazione di quale sia il contratto nazionale di riferimento, che il d.d.l. Catalfo risolve facendo ricorso al criterio della maggiore rappresentatività comparativa delle organizzazioni sindacali e datoriali stipulanti, diversamente regolato a seconda che vi sia un solo contratto il cui ambito di applicazione sia coerente con l'attività svolta dai lavoratori, una pluralità di contratti applicabili (come attualmente sempre più spesso avviene), o la carenza di un contratto collettivo applicabile.

[21] In questa proposta, il ruolo del SML (la cui entità non è determinata direttamente dalla legge) è espressamente limitato alla garanzia della retribuzione minima sufficiente per i lavoratori non coperti dalla contrattazione collettiva: anche se, inevitabilmente, il salario minimo assume il ruolo di limite inderogabile (*in pejus*) dalla contrattazione collettiva. Minimi tabellari al di sotto del SML sarebbero del resto nulli per violazione dell'art. 36 Cost.

[22] Usando come base l'art. 153.1, lett. *b*), TFUE, "condizioni di lavoro", viene messa da parte la diffusa lettura "nazionalista" dell'attuale art. 153.5 TFUE, secondo cui le retribuzioni sono escluse dall'ambito delle competenze dell'Unione.

tela, proponendosi come strumento di indirizzo tecnico-politico, e muovendosi sul doppio binario dei due diversi modelli di possibile adeguamento alla direttiva, e dunque di realizzazione dell'obiettivo di garantire un salario minimo adeguato a tutti i lavoratori dell'UE. Si tratta di due modelli che tengono conto della diversità dei contesti nazionali, ove al nutrito gruppo di Paesi (21) che hanno un salario minimo stabilito dalla legge si affianca un piccolo gruppo di Paesi (6, tra i quali l'Italia) che *non* hanno un salario minimo legale mentre affidano alla contrattazione collettiva il compito di realizzare l'obiettivo di una retribuzione, che – richiamando l'art. 36 Cost. – possiamo definire "sufficiente". La Direttiva fa salva la scelta degli Stati membri (SM) di fissare salari minimi legali o promuovere l'accesso alla tutela garantita dal salario minimo fornita da contratti collettivi: ma è chiara la preoccupazione per «il livello dei salari minimi e la percentuale dei lavoratori tutelati [...], determinati direttamente dal funzionamento del sistema di contrattazione collettiva e dalla copertura della contrattazione collettiva» (Considerando 18). Due questioni che – come sappiamo – vedono l'Italia in difficoltà, a causa di una "concorrenza" fra contratti collettivi stipulati da soggetti dotati spesso di ben diversa rappresentatività, che possono indurre ad una valutazione fallace del grado (formalmente alto: oltre l'80%) di copertura dei contratti collettivi esistenti.

Insomma, "l'Europa ci chiede" di individuare una strategia che consenta di rispettare gli obiettivi della direttiva, che, scontata l'ampia autonomia lasciata agli SM sulle modalità di realizzazione, sono: la determinazione di livelli adeguati di salari minimi; l'accesso dei lavoratori alla tutela garantita dal salario minimo. A ben vedere, l'impostazione della Direttiva potrebbe essere ricondotta – vista dalla prospettiva italiana – nell'alveo della "legislazione di sostegno" alla contrattazione collettiva, considerando che gli SM devono promuovere «lo sviluppo e il rafforzamento della capacità delle parti sociali di partecipare alla contrattazione collettiva sulla determinazione dei salari a livello settoriale o intersettoriale»[23]. La Direttiva fa affidamento sulla capacità della contrattazione collettiva (nazionale, in particolare) di garantire salari adeguati[24], confidando implicitamente nella capacità delle parti sociali di individuare il salario minimo adeguato, e preoccupandosi soltanto di incentivare la contrattazione «al fine di aumentare la copertura della contrattazione collettiva», che pare comunque considerare un obiettivo in assoluto positivo.

Graverebbe comunque su tutti gli SM – anche quelli che si affidano esclusivamente alla contrattazione collettiva per la definizione delle retribuzioni, come oggi l'Italia – l'obbligo, sancito dall'art. 1, di garantire livelli adeguati di salari minimi. Si ritorna così all'annosa complessa questione della retribuzione "sufficiente" ai sensi dell'art. 36 Cost. Valorizzando anche i Con-

---

[23] E incoraggiare «negoziazioni costruttive, significative e informate sui salari tra le parti sociali» (art. 4).

[24] La Direttiva interviene puntualmente sul denotato di "adeguatezza" dei salari solo (testualmente) per gli SM in cui sono previsti salari minimi legali (art. 5), introducendo una serie di criteri minimi necessari di determinazione e aggiornamento, che non si rivelano poi cosi "minimi", visto che devono "almeno" comprendere: il potere d'acquisto dei salari minimi legali, tenuto conto del costo della vita e dell'incidenza delle imposte e delle prestazioni sociali; il livello generale dei salari lordi e la loro distribuzione; il tasso di crescita dei salari lordi; l'andamento della produttività del lavoro.

siderando della Direttiva, alcune indicazioni sono rinvenibili là dove si afferma che «i salari minimi sono considerati adeguati se sono equi rispetto alla distribuzione salariale del paese e se consentono un tenore di vita dignitoso»[25]. Il riferimento al «tenore di vita dignitoso» rinvia a sua volta al valore della dignità della persona che apre la CDFUE e al testuale richiamo del principio 6 del Pilastro europeo dei diritti sociali, che a sua volta «ribadisce il diritto dei lavoratori a una retribuzione equa che offra un tenore di vita dignitoso». Il richiamo al Pilastro dei diritti sociali merita di essere attentamente considerato, per segnalare la scelta, niente affatto scontata e del tutto "politica", di indicare la base giuridica nel Titolo del TFUE dedicato alla Politica sociale, e non invece nel Titolo dedicato al Mercato interno. Ma il mercato, e la concorrenza, fanno capolino nei Considerando, là dove si legge che la «concorrenza nel mercato unico dovrebbe essere basata su standard sociali elevati, innovazione e miglioramenti della produttività che garantiscano condizioni di parità». Del resto, la leale concorrenza tra imprese (e dunque tra Paesi) ha indotto recentemente il diritto UE ad intervenire, con grande decisione, proprio sulle regole (di trasparenza, *in primis*) che gli operatori economici e finanziari devono rispettare, e alcune di quelle regole danno un particolare rilievo al rispetto dei salari minimi (e più in generale delle condizioni di lavoro), innescando un possibile circolo virtuoso.

In conclusione: la Direttiva – ove approvata nel testo qui considerato – non impone agli Stati membri di adottare il SML, lasciando aperta la scelta sulla strada da seguire per garantire ai lavoratori salari adeguati; affidare alla contrattazione collettiva la realizzazione di questo obiettivo non solo è una scelta pienamente legittima, ma è vista con favore. La scelta è tuttavia condizionata, se pure – come abbiamo già rilevato – in modo generico e non stringente: ove la copertura della contrattazione collettiva risulti inferiore al 70% dei lavoratori, si dovrà provvedere a promuovere la contrattazione collettiva[26], il che non implica l'obbligo – precisa la Direttiva – di estendere *erga omnes* i contratti collettivi settoriali o intersettoriali (art. 1.3).

Stando alle cronache, l'orientamento del governo Draghi non pareva favorevole alla determinazione per legge di un SML, preferendo una legge che si limitasse ad individuare come salario minimo il trattamento economico previsto dai CCNL (presumibilmente, nel lessico sindacale, il TEM, dove M sta per minimo, ma non è escluso

---

[25] Il Considerando 21, peraltro sulla falsa riga dell'art. 5, così prosegue: «L'adeguatezza dei salariminimi legali è determinata tenendo conto delle condizioni socioeconomiche nazionali, comprese la crescita dell'occupazione, la competitività e gli sviluppi regionali e settoriali. Essa dovrebbe essere valutata almeno in relazione al potere d'acquisto dei salari minimi legali, all'andamento della produttività e al loro rapporto con il livello, la distribuzione e la crescita dei salari lordi. L'uso di indicatori comunemente impiegati a livello internazionale, quali il 60 % del salario lordo mediano e il 50 % del salario lordo medio, può contribuire a orientare la valutazione dell'adeguatezza dei salari minimi in relazione al livello retributivo lordo».

[26] Art. 4.1. «Al fine di aumentare la copertura della contrattazione collettiva gli Stati membri, in consultazione con le parti sociali, adottano *almeno* le seguenti misure: a) promuovono lo sviluppo e il rafforzamento della capacità delle parti sociali di partecipare alla contrattazione collettiva sulla determinazione dei salari a livello settoriale o intersettoriale; b) incoraggiano negoziazioni costruttive, significative e informate sui salari tra le parti sociali». Per gli SM in cui la copertura della contrattazione collettiva – misurata dalle autorità nazionali – risulti inferiore al 70% dei lavoratori si aggiunge l'obbligo di prevedere un quadro di condizioni favorevoli alla contrattazione collettiva, *per legge* a seguito della consultazione delle parti sociali *o mediante un accordo* con queste ultime, e definiscono un piano d'azione» (reso pubblico e notificato alla Commissione europea) – «per promuovere la contrattazione collettiva». I corsivi sono nostri.

che si faccia riferimento al TEC, dove C sta per complessivo) stipulati dalle organizzazioni sindacali e datoriali comparativamente più rappresentative. Se questo fosse anche l'intendimento del futuro Governo, resterebbero comunque aperte alcune questioni non banali.

Gli interrogativi che si aprono sono molteplici; anzitutto occorre domandarsi se rinviando la definizione del salario minimo adeguato ai CCNL, il legislatore ne estenda *erga omnes* la parte relativa al trattamento economico, o se invece il rinvio ai contratti collettivi non estenda *erga omnes* tali contratti, ma richiami i trattamenti economici complessivi minimi ivi previsti, quale parametro esterno di commisurazione della proporzionalità e sufficienza del trattamento economico ai sensi dell'art. 36 Cost. Dunque: attuazione dell'art. 36 e non violazione dell'art. 39? È un'opinione che gode di credito, ma non riesce a fugare tutti i dubbi. Un secondo interrogativo, connesso alla selezione dei contratti collettivi sulla base del criterio della maggiore rappresentatività comparativa dei soggetti stipulanti, si pone nel caso (frequente) della pluralità di contratti collettivi nazionali "di categoria". Pur considerando l'apporto fornito dai dati sulla effettiva applicazione dei contratti collettivi [27], come abbiamo detto parlando dell'art. 2070 c.c. (*retro*, PT. II, Sez. III, § 4), la definizione dell'ambito di applicazione del contratto collettivo (e di conseguenza della categoria contrattuale) appartiene all'autonomia delle organizzazioni sindacali stipulanti; nell'ambito di uno stesso settore o sotto-settore merceologico i contratti collettivi "di categoria" possono (e in effetti spesso sono) una pluralità, e presentano definizioni degli ambiti di applicazione differenziate. La definizione per legge della "categoria" di riferimento per l'individuazione del salario minimo chiama in causa il principio fondamentale sancito dal primo comma dell'art. 39 Cost. Ma questi e altri interrogativi potranno essere adeguatamente affrontati solo quando disporremo di un testo di legge da commentare.

Una notazione finale. Al di là e al di fuori delle considerazioni svolte sin qui, la definizione di un salario minimo adeguato (legale, o più probabilmente legale e contrattuale insieme) risulterebbe di grande utilità in molti ambiti e funzionale rispetto ad ulteriori obiettivi di protezione dei lavoratori e delle lavoratrici, specialmente i più poveri e i più sfruttati.

1.3. *Parità di trattamento e non discriminazione salariale*

Nei capitoli precedenti abbiamo visto che la Costituzione e la legge garantiscono la parità salariale alle lavoratrici e ai minori, e che il divieto di discriminazione nelle condizioni di lavoro (inclusa la retribuzione) si estende oggi al di là del fattore genere, per assicurare parità di trattamento ai lavoratori e alle lavoratrici senza distinzione di razza, etnia, religione e convinzioni personali, handicap, età, orientamento sessuale. Là dove il diritto (dell'UE e italiano) espressamente prevedano il divieto di discriminazione, la parità nella retribuzione, per mansioni di eguale valore, deve essere garantita, e le violazioni danno luogo all'applicazione delle sanzioni di cui si è detto trattando dei divieti di discriminazione.

---

[27] I dati derivano dalla collaborazione tra CNEL e INPS, grazie all'approvazione per legge (d.l. n. 76/2020, art. 16-*quater*) del codice univoco alfanumerico per identificare, nell'ambito dei tredici macro-settori e dei novantasei sotto-settori omogenei per attività economica ai quali sono abbinati i contratti collettivi classificati, quali contratti collettivi godano di più larga applicazione, fornendo così anche un'indicazione sulla rappresentatività dei soggetti stipulanti, che peraltro dovrà risultare anche da altri dati raccolti dall'INPS.

La questione è se esista un principio generale di parità di trattamento (come parità di inquadramento e retribuzione), applicabile al di fuori dei casi in cui la parità è espressamente sancita dalla legge[28]: a tale questione ha dato una risposta (non priva di ambiguità) la Corte costituzionale, nella sentenza n. 103/1989. Respingendo le eccezioni di incostituzionalità degli artt. 2086, 2087, 2099 e 2103 c.c., nella parte in cui consentono all'imprenditore di attribuire ai dipendenti, a parità di mansioni, diversi livelli di inquadramento e di retribuzione, la Corte ha affermato che sia il diritto italiano (Costituzione, legge, contrattazione collettiva), sia il diritto comunitario e internazionale, garantiscono ampiamente la libertà e la dignità del lavoratore, vietando ogni discriminazione che possa lederne la posizione sociale e professionale. Eventuali *differenze di trattamento* sono possibili e tollerabili – ha affermato la Corte – sempre che siano *giustificate* e comunque *ragionevoli*. Spetta al giudice controllare che l'inquadramento dei lavoratori nelle categorie e nei livelli retributivi in base alle mansioni effettivamente svolte sia avvenuto nel rispetto della regolamentazione apprestata sia dalla legge sia dalla contrattazione collettiva, e con il rispetto dei precetti costituzionali e dei principi posti in via generale dall'ordinamento giuridico vigente; «il giudice – ha aggiunto la Corte – deve provvedere alle necessarie verifiche ed ha il potere di correggere eventuali errori, più o meno volontari, perché il lavoratore riceva l'inquadramento che gli spetta nella categoria e nel livello cui ha diritto».

A seguito di questo intervento della Corte costituzionale, si erano registrate, in passato, posizioni fortemente divergenti nella giurisprudenza. Secondo alcuni giudici, la sentenza n. 103/1989 aveva affermato l'esistenza nel nostro ordinamento di un principio generale di parità di trattamento a parità di mansioni, sancendo di conseguenza la nullità delle clausole dei contratti collettivi che prevedevano differenze di trattamento ritenute prive di obiettiva giustificazione. Secondo altri giudici, la Corte costituzionale si era invece limitata a ribadire che le differenze di trattamento sono legittime, almeno fino quando non siano dovute a mera discrezionalità o ad arbitrio: questo secondo orientamento giurisprudenziale negava sostanzialmente al giudice il potere di ingerirsi nelle scelte dell'autonomia collettiva, valutando se le differenze di trattamento previste dal contratto collettivo fossero giustificate o meno.

Dopo i ripetuti interventi della Cassazione a S.U.[29], le divergenze sono state ricomposte. Le S.U. hanno interpretato la sentenza n. 103/1989 della Corte costituzionale nel senso che tutte le norme di diritto interno, comunitario e internazionale richiamate dalla Corte costituzionale, per quanto esprimano un principio generale del diritto del lavoro nel senso che a parità di mansioni corrisponda parità di retribuzioni, non sono sufficienti a trasformare un principio in una norma imperativa; ed in mancanza di questa, oltre a restare ferma l'autonomia privata e collettiva, nonché la libertà dell'iniziativa economica privata, il giudice è privo del potere sanzionatorio: potere che soltanto in presenza di una norma imperativa o di una clausola di ordine

---

[28] La parità di trattamento è sancita nel settore pubblico dal d.lgs. n. 165/2001 e successive modifiche, art. 45, c. 2, che obbliga le p.a. a garantire parità di trattamento contrattuale e comunque trattamenti non inferiori a quelli previsti dal contratto collettivo.

[29] Cass. S.U. n. 6030/1993, coeva alle sentenze nn. 6031, 6032, 6033 e 6034 di identico tenore. Questo orientamento è stato poi ribadito dalla Sezione lavoro della Cassazione (v. ad esempio Cass. n. 9643/2004; più di recente Cass. ord. n. 12356/2020).

pubblico (artt. 1418 e 1343 c.c.) gli è attribuito[30]. La giurisprudenza successiva si è allineata sulla posizione espressa dalle S.U. nelle sentenze del 1993, di cui ripete la massima (trascurando però di riprenderne la complessa motivazione).

Benché non tutti gli interrogativi abbiano trovato soddisfacente riposta, la questione della parità di trattamento può considerarsi ormai accantonata. Le conseguenze sono rilevanti: da un lato, l'attribuzione ingiustificata a un lavoratore di un determinato beneficio non può costituire titolo per attribuire ad altro lavoratore che si trovi nell'identica posizione un diritto a ottenere lo stesso beneficio; d'altro lato, non è configurabile alcun comportamento discriminatorio del datore di lavoro qualora le sue scelte gestionali, pur determinando una disparità di trattamento fra i lavoratori, costituiscano corretto adempimento di una norma collettiva, in quanto il contratto collettivo è un atto di esercizio dell'autonomia collettiva, e come tale si sottrae a ogni potere correttivo in sede di controllo giudiziale.

L'orientamento delle S.U. e della giurisprudenza successiva che ad esso si è allineata ha riscosso larghi consensi in dottrina, soprattutto perché la Cassazione si è dimostrata sensibile alle preoccupazioni espresse da molti sulla ingerenza dei giudici nelle scelte dell'autonomia collettiva; in sostanza il controllo giudiziale sulla giustificazione e ragionevolezza delle differenze di trattamento a parità di mansioni è ristretto nel solo ambito dell'autonomia individuale e dell'eventuale violazione del divieto di discriminazione.

1.4. *Le forme della retribuzione*

Secondo quanto previsto dall'art. 2099 c.c., la retribuzione del prestatore di lavoro può essere stabilita a tempo o a cottimo; il prestatore di lavoro può anche essere retribuito in tutto o in parte con partecipazione agli utili o ai prodotti, con provvigioni o con prestazioni in natura. A queste forme tradizionali di retribuzione si era aggiunto il compenso erogato in buoni orari (o *voucher*), poi sostituito dal titolo di pagamento contenuto nel Libretto Famiglia e dal versamento dell'importo attraverso la piattaforma informatica INPS (nel contratto di prestazione occasionale: art. 54-*bis*,

---

[30] L'affermazione della Corte costituzionale, relativa al potere del giudice di correggere eventuali errori, più o meno volontari, perché il lavoratore riceva l'inquadramento che gli spetta nella categoria e nel livello cui ha diritto, ha, secondo le S.U. della Cassazione, soltanto il senso di individuare un ulteriore, generale limite all'autonomia delle parti ed al potere imprenditoriale in particolare: ossia la necessità per il giudice di applicare la legge e la contrattazione collettiva, beninteso con la supremazia della prima sulla seconda; di conseguenza il giudice deve intervenire per quelle "correzioni" che si rendessero necessarie in caso di contrasto della contrattazione collettiva con norme di diritto positivo. Se non si trattasse invece della violazione di una norma di legge da parte del contratto collettivo, l'intervento "correttivo" del giudice intaccherebbe diritti fondamentali di rilevanza costituzionale quali la libera iniziativa economica privata (autonomia privata) e la libertà sindacale (autonomia collettiva). In particolare la libertà sindacale, hanno affermato le S.U., «verrebbe denegata con l'introduzione di un principio di parità di trattamento o di inquadramento a parità di mansioni che, tra l'altro, pone in discussione l'essenza del fenomeno sindacale, insita nella spontanea formazione di interessi collettivi e di rapporti di gruppo, che l'azione sindacale rileva e conferma autonomamente, con il solo limite della legge».

d.l. n. 50/2017, convertito con modificazioni in l. n. 96/2017, ulteriormente modificato dalla l. n. 96/2018, c.d. "decreto dignità").

– *La retribuzione a tempo*

La forma più diffusa di retribuzione è quella *a tempo*, nella quale la misura della retribuzione è calcolata in ragione del tempo della prestazione (la giornata, la settimana, il mese, l'anno). In passato si distingueva tra il salario degli operai (pagati in genere a giornata) e lo stipendio degli impiegati (pagati a quindicina e poi a mese); oggi la retribuzione è corrisposta ad entrambi mensilmente (c.d. *mensilizzazione*). Al fine di ottenere l'entità della retribuzione giornaliera, necessaria a fini di calcolo della retribuzione dovuta ad esempio per le festività e per le ferie, la retribuzione mensile viene divisa per 30 (secondo l'orientamento attuale, che tiene conto della disponibilità del lavoratore per tutto l'arco del mese).

La retribuzione a tempo è complessa, e si articola in una serie di *voci*, progressivamente introdotte dalla contrattazione collettiva. Accanto alla retribuzione *base* (si tratta del minimo tabellare, vale a dire della retribuzione minima prevista dal contratto collettivo, collegata al livello di inquadramento del prestatore di lavoro), sono previste una serie di voci variabili, per lo più introdotte dalla contrattazione collettiva: le "indennità" (dall'ormai "congelata" indennità di contingenza, alle specifiche indennità che remunerano particolari condizioni di lavoro), i premi, le gratifiche, i superminimi.

Era regolata in origine dalla contrattazione collettiva e successivamente dalla legge, l'*indennità di contingenza*, il cui importo variava periodicamente (in origine ogni tre mesi, successivamente ogni sei), seguendo l'andamento dei prezzi al consumo rilevato mediante il meccanismo della "scala mobile". L'indennità di contingenza è stata soppressa nel 1992, in seguito all'accordo tra Governo e parti sociali. Si trattava di un c.d. *automatismo salariale*, istituito per garantire ai lavoratori (appunto attraverso la corresponsione dell'indennità) il recupero della perdita del potere di acquisto del salario. Posto che l'esigenza di adeguare le retribuzioni al costo della vita è insopprimibile, tale adeguamento è attualmente affidato integralmente alla dinamica della contrattazione collettiva[31].

Gli *scatti di anzianità* sono un automatismo salariale ancora presente; un tempo previsti solo per gli impiegati del settore pubblico, sono attualmente previsti dalla contrattazione collettiva anche nel settore privato sia per gli impiegati sia per gli operai. Si tratta di aumenti salariali la cui maturazione avviene in genere ogni due anni (di anzianità nella stessa azienda, e talora anche nelle imprese di uno stesso gruppo). Occorre tuttavia segnalare che la contrattazione collettiva sta progressivamente depo-

[31] Secondo Corte cost. n. 43/1980, ferma restando l'esigenza del recupero dell'inflazione, l'art. 36 Cost. non impone l'adozione dell'indennità di contingenza, o altro meccanismo di adeguamento automatico della retribuzione al costo della vita. Dopo la soppressione dell'indennità di contingenza, il Protocollo del luglio 1993 aveva previsto, attraverso l'indennità di vacanza contrattuale, uno strumento di recupero parziale della perdita di potere d'acquisto dei salari, ma anche questa indennità è stata eliminata a partire dagli Accordi interconfederali del 2009 (l'argomento è trattato *retro*, PT. II, Sez. III). Bloccata al valore raggiunto nel 1992, l'indennità di contingenza ha continuato a comparire nella "busta paga" dei lavoratori come "voce" della retribuzione.

tenziando anche questo automatismo salariale (aumentando il numero di anni necessari per lo scatto, o mettendo un tetto al numero massimo di scatti).

Possono avere carattere collettivo, o invece carattere individuale, i *superminimi* (incrementi retributivi rispetto ai minimi tabellari), a seconda che trovino fonte in un accordo aziendale, o invece nel contratto individuale di lavoro; solo questi ultimi sopravvivono alla scadenza del contratto collettivo (e al *riassorbimento* ad opera del contratto collettivo successivo)[32]: ma deve effettivamente trattarsi di clausole individuali più favorevoli, stipulate *intuitu personae*.

Tra i *premi* (che possono avere carattere collettivo o anche individuale) vanno menzionati i *premi di produzione* previsti in genere dalla contrattazione collettiva aziendale come compensi fissi annuali (analoghi ai superminimi aziendali, o alle gratifiche di bilancio diffuse nei settori delle banche e delle assicurazioni), non collegati ad incrementi della produttività dell'azienda. Sono invece collegati agli incrementi della produttività dell'impresa e del lavoro i *premi di risultato* o *di produttività* e le altre forme di *retribuzione variabile* ed "incentivi economici" che, secondo gli accordi tra le parti sociali (Accordi interconfederali del 2009), devono essere introdotti nella contrattazione collettiva aziendale, e collegati al raggiungimento di obiettivi di maggiore efficienza e competitività delle imprese.

Le forme di retribuzione variabile trovano sostegno nella legislazione attraverso la previsione di un regime contributivo di favore, e la parziale detassazione. Fino ad ora, tuttavia, non è stato raggiunto il risultato di una maggiore diffusione delle retribuzioni variabili in ragione degli incrementi di produttività, anche a causa della tendenza delle organizzazioni sindacali a consolidare la retribuzione nata come variabile in una cifra fissa stabile. La situazione potrebbe cambiare nel futuro prossimo, se le ipotesi di riforma della struttura del salario, che includono una forte valorizzazione della competenza della contrattazione aziendale anche in materia salariale (e di retribuzioni variabili in particolare), troveranno concreto sbocco nella contrattazione collettiva nazionale di categoria, in attuazione dell'AI del marzo 2018 (c.d. Patto della fabbrica).

Le *gratifiche* (il nome è ingannevole: perché da lungo tempo hanno perduto l'originario carattere di liberalità) sono voci della retribuzione "differita", nel senso che il pagamento di esse avviene una volta l'anno: è il caso della gratifica natalizia (che attualmente prende il nome di 13ª mensilità). Le gratifiche corrisposte occasionalmente dal datore di lavoro non entrano a far parte della retribuzione, in quanto appunto liberalità occasionali.

Molteplici ed eterogenee sono le *indennità*, la maggior parte delle quali ha natura retributiva (e non risarcitoria)[33]: così le indennità di turno, quelle connesse a

---

[32] Sulla presunzione di riassorbimento dei superminimi, e sugli indici rivelatori dell'intenzione del datore di lavoro di non procedere al riassorbimento cfr. Cass. ord. n. 10164/2021.

[33] La natura retributiva di talune indennità può essere controversa. È il caso ad esempio della cosiddetta *indennità estero*, alla quale la Cassazione attribuisce in genere natura mista (in parte retributiva e in parte risarcitoria), distinguendo quelle voci (o componenti) le quali, per le funzioni che adempiono, costituiscono riconoscimento della professionalità eventualmente indispensabile per prestare lavoro in territorio straniero, che hanno natura retributiva, da quelle voci che non risultino correlate alla detta professionalità, che hanno invece natura risarcitoria (Cass. n. 22/2000; Cass. n. 3374/2009). In ogni caso, la linea di discrimine fra natura retributiva e natura risarcitoria non è rap-

particolari condizioni ambientali, gravose o pericolose, ad esigenze del lavoratore connesse allo svolgimento del rapporto di lavoro. Tale natura è esclusa quando l'indennità compensa una particolare perdita del lavoratore (danno o spesa): è il caso dell'indennità di *trasferta*, che tuttavia assume natura c.d. mista quando consiste non nel rimborso delle spese effettivamente sostenute, ma in un compenso forfettario.

– *La retribuzione a cottimo*

Il cottimo costituiva, in un passato ormai remoto, la forma di compenso dei lavoratori autonomi, nel quale l'elemento caratterizzante è dato del risultato dell'attività del prestatore di lavoro. Esteso questo sistema retributivo al lavoro subordinato, per retribuzione a cottimo si è continuato ad intendere quella calcolata non sul tempo, ma sul risultato (unità prodotte in una unità di tempo o in un tempo standard). Nel lavoro subordinato, il riferimento al risultato (di cui assume il rischio il datore di lavoro e non il lavoratore) è privo di rilievo; assume invece rilevanza definitoria la connessione tra rendimento del lavoratore e retribuzione.

A sensi dell'art. 2100 c.c., questa forma di retribuzione è *obbligatoria* quando sia richiesta al lavoratore una prestazione più intensa di quella del normale lavoro retribuito a tempo, ovvero quando sia richiesta la realizzazione di un risultato produttivo determinato, superiore a quello conseguibile nell'ipotesi normale. Ciò può verificarsi o in conseguenza di ritmi produttivi imposti da una particolare organizzazione del lavoro (come nel caso di linea a catena o di linea a flusso continuo), o quando il calcolo della retribuzione da corrispondere avvenga sulla base del tempo mediamente necessario per il conseguimento di un dato risultato produttivo, secondo i tempi, e le quantità medie di prodotto, fissati dal datore di lavoro, e sia il risultato della misurazione dei tempi di lavoro[34]. Il cottimo è obbligatorio altresì nel *lavoro a domicilio* (l. n. 877/1973, art. 8: i lavoranti a domicilio devono essere retribuiti sulla base delle tariffe di cottimo pieno previste dai contratti collettivi).

Il cottimo è invece *vietato* nell'apprendistato, all'evidente fine di evitare che il giovane sia spinto ad intensificare il lavoro, invece di concentrare le sue energie sull'apprendimento.

---

presenta dal carattere forfetario o meno del rimborso, bensì dal collegamento sinallagmatico della spesa sostenuta dal lavoratore con la prestazione lavorativa svolta all'estero, e, dunque, dalla funzione di salvaguardia della retribuzione a fronte delle condizioni ambientali in cui il lavoratore presta la propria attività all'estero (Cass. n. 6563/2009). Secondo Cass. n. 10986/2008, grava sul lavoratore che presta la propria opera all'estero l'onere di provare che il trattamento economico aggiuntivo non sia meramente riconducibile alla funzione di rimborso spese. Ancora, possiamo ricordare l'indirizzo giurisprudenziale secondo il quale l'uso personale di autovettura, concesso dal datore di lavoro al lavoratore, in rapporto di corrispettività con la prestazione lavorativa, costituisce prestazione di natura retributiva (Cass. n. 8831/1992; Cass. n. 3374/2009), il cui valore deve perciò, come vedremo oltre, rientrare nella base di calcolo del trattamento di fine rapporto (§ 2). Della *indennità di mensa* abbiamo detto sopra (§ 1).

[34] Cass. n. 2481/1981, in *RGL*, 1981, II, p. 568; cfr. anche Trib. Milano 16.9.2000, in *FI*, 2001, I, c. 36, che ha riconosciuto l'obbligatorietà del cottimo per i lavoratori addetti ad una linea produttiva a catena, con tempistica fissata dalla direzione in relazione al numero dei pezzi previsti e scandita dal suono di una campana; i cottimisti, se non riescono a completare l'operazione loro affidata, possono essere rimpiazzati da altri lavoratori (cosiddetti soccorritori) solo per le pause fisiologiche o a fine lavoro. Immagini degne di *Tempi moderni* di Chaplin!

Il cottimo può essere *pieno o integrale*, quando la retribuzione è calcolata in funzione diretta ed esclusiva dell'unità di cottimo, o *misto* (detto anche *a tempo*), attualmente più diffuso del cottimo pieno. La funzione specifica del cottimo misto è quella di assicurare al datore di lavoro un minimo di produzione, necessario soprattutto nelle lavorazioni cosiddette "a catena", e inoltre quella di consentire il controllo e di incentivare i lavoratori più diligenti a superare il minimo fissato. A tal fine è previsto un periodo sperimentale, durante il quale viene formata una tariffa comprensiva di una paga base, quella a economia o a tempo, e una parte variabile in relazione all'unità di cottimo; una volta consolidata la tariffa, la retribuzione acquista carattere unitario e comprende sia la paga base sia il minimo di cottimo[35].

Le "fortune" del cottimo sono decisamente in ribasso, ma casi nuovi, come quello dei *rider* che consegnano cibo e altri beni a domicilio, segnalano che al cottimo si fa ancora ricorso: la legge (art. 47-*quater*, d.lgs. n. 81/2015 e succ. modifiche) vieta il pagamento ai *rider* "autonomi" del compenso in ragione delle consegne effettuate (dunque il cottimo), a meno che il contratto collettivo applicabile nella specie non disponga diversamente (*retro*, PT. III, Cap. II, Sez. II, § 3.2).

---

[35] Cass. n. 162/1994. Nel sistema del cottimo misto si pongono particolari problemi di proporzionalità e sufficienza della retribuzione, sui quali si registrano orientamenti non univoci in giurisprudenza. Un problema è quello del diritto del lavoratore alla maggiorazione per lavoro straordinario quando le prestazioni lavorative eccedenti le quantità previste e retribuite a cottimo sono espletate nell'ambito dell'orario normale di lavoro. Ad avviso della Cassazione (n. 15896/2002), l'eventuale quantità di lavoro eccedente quel determinato ritmo produttivo, ma resa entro l'orario normale di lavoro, non può dare diritto a una maggiorazione salariale calcolata su base temporale (come è appunto la maggiorazione per lavoro straordinario). Altre decisioni, invece, erano giunte a conclusioni opposte ed era stata ritenuta compatibile con la retribuzione del sistema a cottimo quella dovuta per il lavoro straordinario, anche quando le prestazioni lavorative erano state rese nel rispetto dell'orario lavorativo normale (fra le tante, Cass. n. 3098/2002). Su questo tema sono intervenute le S.U. della Cassazione (Cass. S.U. n. 4813/2005), che hanno condiviso il primo degli orientamenti indicati, sottolineando la differenza ontologica fra cottimo (che, nel sistema codicistico, «viene contemplato come una forma di retribuzione») e lavoro straordinario («definito dall'art. 2108 c.c. come il prolungamento dell'orario normale»): nel cottimo una maggiore prestazione lavorativa può essere apprezzata in sede di valutazione della laboriosità del singolo (ad esempio ai fini di una promozione), e non si traduce necessariamente nell'incremento di una voce retributiva (…) laddove, di contro, la retribuzione per lavoro straordinario è destinata a compensare sempre ed in ogni caso la penosità e l'attitudine usurante di una attività prestata oltre il limite normale di tempo». Diverso il problema dei cottimisti che pongono in essere un'azione di lotta sindacale che consiste nella volontaria riduzione del ritmo di produzione: mentre in passato la Cassazione aveva affermato che la retribuzione del cottimista deve essere in ogni caso conforme ai canoni di cui all'art. 36 Cost., successivamente, discostandosi da tale orientamento, la Corte (Cass. n. 162/1994, cit.) ha affermato che, nel caso in cui il lavoratore non riesca a produrre il minimo di cottimo, occorre distinguere: se il minor rendimento dipende da cause non imputabili al lavoratore, questi, in base alla disciplina collettiva, ha sempre diritto alla retribuzione prevista per il minimo di cottimo; se invece il mancato raggiungimento del minimo di cottimo dipende dal suo volontario e scarso rendimento, il datore di lavoro può, in base al disposto dell'art. 1460 c.c. (eccezione di inadempimento) ridurre unilateralmente la retribuzione in proporzione all'entità del minor rendimento anche al di sotto dei minimi fissati dalla contrattazione collettiva, e persino al di sotto della cosiddetta retribuzione giudiziale *ex* art. 36, c. 1, Cost. Ma l'attribuzione al datore di lavoro del potere di ridurre persino al di sotto della retribuzione determinata dal giudice secondo i criteri di proporzionalità e sufficienza è fortemente discutibile.

Gli attuali modi di produzione e di organizzazione del lavoro orientano, in genere, verso la sperimentazione di quelle forme di retribuzione variabile, alle quali è affidata l'incentivazione dell'incremento della produttività del lavoro (premi di risultato, retribuzione variabile).

– *La retribuzione in natura*

La retribuzione in natura (limitata essenzialmente al lavoro domestico e agricolo) ha rilievo marginale: in tali casi essa consiste ad esempio nella messa a disposizione del lavoratore del vitto, o dell'alloggio, o di entrambi. Sulla natura di retribuzione in natura del *servizio mensa* la legge, come si è detto sopra, rinvia ogni decisione alla contrattazione collettiva[36]. Più interessanti sono attualmente quelle prestazioni in natura consistenti nei c.d. *fringe benefits* (disponibilità di un'auto o di un cellulare aziendale, ecc.).

– *Partecipazione agli utili e provvigioni*

L'art. 2102 c.c. dispone che «la partecipazione agli utili spettante al prestatore di lavoro è determinata in base agli utili netti dell'impresa, e, per le imprese soggette alla pubblicazione del bilancio, in base agli utili netti risultanti dal bilancio regolarmente approvato e pubblicato». La partecipazione agli utili è una forma di retribuzione che coinvolge il lavoratore nell'andamento dell'impresa, ma che di per sé non gli attribuisce il potere di ingerirsi nella gestione di essa. La partecipazione agli utili non deve essere confusa con l'*azionariato dei dipendenti*. Secondo quanto previsto dagli artt. 2349 e 2441 c.c., i dipendenti possono acquisire azioni sia a titolo gratuito, sia a titolo oneroso (ad un prezzo inferiore a quello di mercato) e in tal caso il loro valore è conteggiato nella retribuzione. Controversa forma di partecipazione dei lavoratori all'andamento dell'impresa, la distribuzione di azioni ai dipendenti è utilizzata dalle imprese come forma di finanziamento facilmente accessibile. Hanno natura di retribuzione incentivante (dei dirigenti e dei *managers*) le *stock options*, che consistono nella possibilità di esercitare entro un dato tempo un'opzione di acquisto di azioni ad un prezzo bloccato al momento dell'offerta.

Le *provvigioni* sono un compenso ragguagliato in percentuale agli affari conclusi (ovvero di quelli trattati, anche se non conclusi). Retribuzione tipica dei commessi viaggiatori e dei piazzisti, deve essere anch'essa, come ogni altra forma di retribuzione, conforme ai principi di cui all'art. 36 Cost. (proporzionalità e sufficienza).

1.5. *La nozione di retribuzione e la questione dell'onnicomprensività*

Più che di nozione (al singolare) della retribuzione, è più corretto parlare di nozioni (al plurale), perché le definizioni legali di retribuzione sono molteplici, e variano in ragione dei diversi fini per cui sono dettate. Al di là delle generiche definizioni contenute negli artt. 2094 e 2099 c.c., diverse definizioni sono previste dalla legge, quando si tratta di individuare la base su cui calcolare la "retribuzione differita" (vale a dire quella parte della retribuzione il cui pagamento è differito al momento della

---

[36] Secondo l'orientamento della Cassazione, i "buoni pasto" non costituiscono un elemento della retribuzione normale, ma un'agevolazione di carattere assistenziale collegata al rapporto di lavoro da un nesso meramente occasionale: Cass. ord. n. 16135/2020, in *RIDL*, 2020, II, p. 647, nt. Comandè.

cessazione del rapporto), ovvero di calcolare la base imponibile a fini contributivi e fiscali.

Una definizione è quella che compare nell'art. 2121 c.c., che dopo l'intervento della l. n. 297/1982, che ha modificato il regime giuridico dell'indennità di anzianità, sostituendola con il trattamento di fine rapporto (TFR: *infra*, § 2), trova applicazione solo a fine di calcolo dell'indennità di mancato preavviso (di cui diremo oltre, nella parte dedicata alla cessazione del rapporto di lavoro: PT. VIII). A tale fine si deve tener conto di ogni compenso (incluse le provvigioni, le partecipazioni agli utili, l'equivalente del vitto e dell'alloggio se dovuti al prestatore di lavoro) di *carattere continuativo*, con esclusione di quanto è corrisposto a titolo di rimborso spese. A fine di calcolo del TFR, l'art. 2120 c.c. (come riformulato dalla l. n. 297/1982), fornisce una definizione in parte diversa: la retribuzione annua, su cui è calcolato il TFR, comprende tutte le somme, compreso l'equivalente delle prestazioni in natura, *corrisposte in dipendenza del rapporto di lavoro, a titolo non occasionale* e con esclusione di quanto è corrisposto a titolo di rimborso spese. L'art. 2120 fa salve le *diverse previsioni dei contratti collettivi*, aprendo così all'autonomia collettiva la possibilità di sottrarre alcune voci alla base di calcolo del TFR.

Ancora diverse e più ampie le definizioni della retribuzione dettate dal legislatore a fini di calcolo dei contributi previdenziali e a fini fiscali.

A fronte di questa varietà di definizioni, mentre la maggior parte degli interpreti escludeva che il nostro ordinamento contenesse una nozione unitaria di retribuzione, la giurisprudenza aveva costruito una *nozione onnicomprensiva* di retribuzione, basata sui seguenti elementi (estrapolati dalle definizioni legali): la *determinatezza* (prevista dall'art. 2099 c.c.); l'*obbligatorietà* (nel senso che deve avere il proprio titolo immediato e diretto nel rapporto di lavoro, con conseguente esclusione dei compensi erogati per scelta discrezionale del datore di lavoro o per liberalità); la *continuità* (nel senso della corresponsione ricorrente nel tempo con regolarità); la *corrispettività* rispetto alla prestazione lavorativa.

La corrispettività tra prestazione lavorativa e retribuzione deve essere correttamente intesa, tenendo conto, oltre che della funzione economico-sociale della retribuzione, quale mezzo di sostentamento del lavoratore e della sua famiglia (art. 36 Cost.), anche dell'implicazione della persona del lavoratore nel rapporto di lavoro, e di conseguenza del suo impegno complessivo, che non si esaurisce nella sola esecuzione della prestazione dedotta in contratto. In ragione di ciò, la legge e i contratti collettivi prevedono una serie di ipotesi nelle quali il lavoratore conserva il diritto alla retribuzione anche in mancanza di adempimento della prestazione lavorativa: ne parleremo oltre affrontando il tema della sospensione del rapporto di lavoro (PT. VII, Cap. II).

Definita la retribuzione sulla base degli elementi sopra menzionati, tutti i compensi erogati dal datore di lavoro in dipendenza del rapporto di lavoro (esclusi i rimborsi spese) finivano per costituire "retribuzione".

La nozione onnicomprensiva di retribuzione costruita dalla giurisprudenza è stata oggetto di dure critiche: un largo settore della dottrina rimproverava ai giudici di avere enormemente dilatato la nozione di retribuzione, trascurandone gli effetti distorsivi di moltiplicazione sul calcolo di alcuni istituti (gratifiche, indennità, retribuzioni differite come il TFR), e non considerando che, al di fuori dei casi in cui la legge detta una definizione onnicomprensiva (è il caso del citato art. 2121 c.c.), una tale definizione è priva di fondamento normativo.

La giurisprudenza si è mostrata sensibile alle critiche, e a partire dalla sentenza della Cassazione a S.U. n. 1073/1984, ha mutato orientamento. La massima, più volte ribadita dalla Cassazione, è del seguente tenore: deve considerarsi acquisito che il *principio di onnicomprensività* della retribuzione *non ha valore di regola generale* dell'ordinamento, ma risulta da questo adottato solo in alcuni casi, in ogni altro rimanendo affidata all'autonomia collettiva e, nell'ambito di questa, all'autonomia individuale, la determinazione della misura, delle modalità e dei termini di erogazione della retribuzione, almeno fino a che non ne derivi violazione dei criteri fondamentali enunciati dall'art. 36 Cost. o in altre norme legislative. Una volta esclusa l'esistenza di un principio generale di onnicomprensività della retribuzione, e fatto sempre salvo il criterio costituzionalmente garantito della retribuzione proporzionata e sufficiente, ad avviso della S.C., la misura e gli elementi della retribuzione sono determinati dall'autonomia collettiva o, in difetto, da quella individuale o dal giudice: a meno che una norma di legge non imponga, per i fini dell'istituto da essa regolato, di calcolare tutti gli elementi della retribuzione indicati, ovvero rinvii puramente e semplicemente alla nozione di retribuzione.

Questo orientamento della giurisprudenza ha, per così dire, liberato le mani della contrattazione collettiva, che può appunto liberamente (ma nel rispetto dell'art. 36 Cost. ed eventualmente di specifiche norme di legge) [37] decidere quali compensi costituiscano tecnicamente retribuzione e quali no, nel segno di un più elevato grado di flessibilità delle dinamiche salariali.

Applicando questi principi, la Cassazione ha deciso in senso negativo in ordine alla computabilità nella retribuzione di una indennità che il contratto collettivo non aveva inserito tra gli elementi che compongono la retribuzione mensile. La Corte ha affermato che, stante l'inesistenza nel nostro ordinamento di un principio di onnicomprensività della retribuzione, in mancanza di una previsione esplicita di legge o di contratto collettivo, un determinato emolumento non può essere incluso nella base di calcolo di altri istituti retributivi (ferie, festività infrasettimanali, mensilità aggiuntive) [38]. Peraltro, ha aggiunto la Corte, la stessa disciplina collettiva può legittimamente escludere determinate componenti retributive dalla computabilità ai fini dei vari istituti indiretti, salvo che questi siano regolati da una norma imperativa.

La nozione di retribuzione torna ad essere onnicomprensiva (nel senso detto sopra) quando la legge o il contratto collettivo facciano riferimento (per il calcolo di un'indennità o di una maggiorazione) ad una base costituita dalla cosiddetta *retribu-*

---

[37] Ricordiamo che, a fini di parità salariale tra lavoratori e lavoratrici, la nozione di retribuzione è quella (onnicomprensiva) dettata dall'art. 157.2 TFUE, a norma del quale «Per retribuzione si intende, a norma del presente articolo, il salario o trattamento normale di base o minimo e tutti gli altri vantaggi pagati direttamente o indirettamente, in contanti o in natura, dal datore di lavoro al lavoratore in ragione dell'impiego di quest'ultimo». La disposizione è interpretata dalla CGE estensivamente (fino a ricomprendervi le pensioni complementari).

[38] Cass. n. 11810/1993. Nella specie, il contratto collettivo di categoria non inseriva l'indennità di maneggio denaro tra le voci della retribuzione mensile, e quindi – ad avviso della S.C. – tale indennità non doveva essere inserita nella "retribuzione mensile globale di fatto" da prendere a base di calcolo della tredicesima mensilità e dell'indennità sostitutiva delle ferie non godute.

zione globale di fatto. Al fine di chiarire cosa debba intendersi con quest'ultima espressione, si può dire che mentre per normale retribuzione ordinaria si intende quella parte della retribuzione che compensa la prestazione lavorativa, così come dedotta nel contratto di lavoro, senza avere riguardo agli elementi accessori, la retribuzione globale di fatto costituisce un'espressione appunto onnicomprensiva, che si riferisce a tutti quegli emolumenti, caratterizzati dalla ricorrenza e dalla continuità, che il dipendente di fatto riceva. In sostanza, ove sia in questione l'attribuzione al lavoratore della retribuzione globale di fatto, non alla definizione contrattuale di retribuzione si deve fare riferimento, *bensì a tutto quanto effettivamente percepito a titolo di retribuzione*, e cioè di corrispettivo percepito in modo ricorrente e continuativo dal lavoratore[39].

Nelle ipotesi in cui il contratto collettivo o la legge facciano riferimento alla *retribuzione globale di fatto*, la Cassazione utilizza la nozione onnicomprensiva di retribuzione di cui si è detto sopra, in quanto tale espressione comprende, nell'usuale terminologia adottata nelle fonti collettive, tutti i compensi continuativamente ricevuti dal lavoratore; così, ad esempio, la *maggiorazione* prevista dal contratto collettivo *per lavoro notturno* svolto secondo regolari turni periodici, e quindi sistematicamente, assume il valore di elemento ordinario della normale retribuzione e si inserisce nella base di calcolo delle competenze indirette quali ferie annuali, festività infrasettimanali, mensilità aggiuntive[40]. In questo caso, la S.C. assegna un ruolo decisivo al fatto che la prestazione di cui si tratta (maggiorazione per il lavoro notturno non occasionale) abbia i caratteri propri di una prestazione "ontologicamente retributiva", in quanto caratterizzata da corrispettività e continuità[41]. Non univoco l'orientamento della stessa S.C. nel caso dei *compensi per lavoro straordinario*; ma di recente la Cassazione ha affermato che la nozione di retribuzione globale di fatto prevista dal contratto collettivo include anche il compenso per lavoro straordinario corrisposto con continuità e sistematicità (Cass. n. 25760/2017).

---

[39] Cass. n. 9538/2002. Nel caso, la Corte doveva stabilire se le mance pagate ai *croupiers* di una casa da gioco avessero o meno natura retributiva, e sul punto gli orientamenti della stessa Corte erano divergenti. La Corte ha affermato che le mance corrisposte ai lavoratori con carattere di continuità e abitualità possono acquistare natura retributiva solo ove uno specifico accordo individuale o collettivo stabilisca le condizioni perché tali emolumenti debbano esse considerati, in tutto o in parte, integrativi della retribuzione (nel caso, il compenso, pure variabile nell'entità, non era aleatorio: di conseguenza aveva, nel caso, natura retributiva). Sulla nozione di retribuzione globale di fatto alla quale è commisurata l'indennità di cui all'art. 18, c. 2, St. lav. cfr. Cass. n. 6744/2022 (PT. VIII, Cap. II, Sez. I).

[40] Cass. n. 6372/1996.

[41] Analogo orientamento emerge anche in un'altra decisione (Cass. n. 4477/2000), nella quale la Corte ha affermato che, se è vero che l'esclusione di un determinato elemento accessorio di un compenso retributivo può essere rimessa alla contrattazione collettiva, è pur vero che tanto può avvenire solo in assenza di una legge che disponga diversamente. Quando invece la legge abbia previsto che non possano essere esclusi da un determinato compenso gli elementi retributivi accessori che abbiano il carattere della continuità, il giudice di merito dovrà accertare in concreto la sussistenza o no del suddetto carattere, prescindendo da eventuali diverse indicazioni fornite dagli accordi collettivi (la decisione aveva ad oggetto la determinazione della retribuzione spettante ai dipendenti delle aziende tramviarie per le festività infrasettimanali). In senso conforme, cfr. Cass. n. 12920/2003. Più recentemente, sull'inesistenza del principio dell'onnicomprensività della retribuzione e sul ruolo della contrattazione collettiva nella determinazione della base per il calcolo degli istituti retributivi indiretti, cfr. Cass. n. 1823/2004; Cass. n. 21797/2008; Cass. n. 25760/2017.

1.6. *L'adempimento dell'obbligo retributivo*

Premesso che l'obbligazione retributiva è una obbligazione di dare, il cui adempimento è soggetto alle regole generali e a quelle specifiche relative alle obbligazioni pecuniarie, l'art. 2099, c. 1, c.c., precisa che la retribuzione deve essere corrisposta «con le modalità e nei termini in uso nel luogo in cui il lavoro viene eseguito». Il luogo del pagamento, secondo un uso praticato su tutto il territorio nazionale, è quello nel quale la prestazione di lavoro viene eseguita, e cioè il luogo di lavoro. Secondo un uso egualmente generale e costante, il pagamento avviene secondo la regola della *postnumerazione* (pagamento al termine periodico, posticipato rispetto alla esecuzione della prestazione; essendo in genere le retribuzioni "mensilizzate" il pagamento avverrà alla fine del mese). Il pagamento può avvenire in contanti (nei limiti in cui la legge consente l'uso del denaro contante), ovvero con assegno o bonifico bancario[42]. All'atto della corresponsione della retribuzione il datore di lavoro deve consegnare al lavoratore un *prospetto paga* (l. n. 4/1953) (detto familiarmente "busta paga"), da cui devono risultare, oltre al nome e al cognome del lavoratore e alla sua qualifica professionale, il periodo di paga e tutti gli elementi che compongono la retribuzione, nonché le trattenute[43]. In alternativa, il datore di lavoro può consegnare al lavoratore copia delle scritturazioni effettuate nel *libro unico del lavoro* (l. n. 133/2008, art. 39, c. 5).

I crediti retributivi godono di una specifica tutela, di cui parleremo oltre, nel capitolo dedicato alle garanzie dei diritti dei lavoratori (PT. IX).

2. *Il trattamento di fine rapporto (TFR)*

Tra gli emolumenti che il datore di lavoro è obbligato a corrispondere al prestatore di lavoro assume un rilievo peculiare il trattamento dovuto (salvo quanto diremo oltre: § 2.3.1) alla cessazione del rapporto di lavoro. Nell'esperienza italiana infatti, diversamente da quanto avviene nella maggioranza dei paesi europei, è maturata, a partire dagli anni '20 del secolo scorso (prima solo per gli impiegati, dal 1942 per tutti i prestatori di lavoro), la scelta di istituire e regolare una forma di *retribuzione differita*: il diritto matura nel corso del rapporto, ma il pagamento è differito al momento della cessazione del rapporto.

2.1. *Dall'indennità di anzianità al trattamento di fine rapporto*

La vigente disciplina del TFR è il frutto di un lungo percorso, alla cui origine si colloca l'indennità di anzianità, progenitrice del TFR.

Il testo originario (1942) dell'art. 2120 c.c.[44] sanciva una sorta di "*diritto condizio-*

---

[42] Per le modalità di pagamento delle prestazioni di lavoro occasionale, v. *retro*, PT. III, Cap. IV.

[43] Il legislatore ha previsto, con diverse modalità e importi, sanzioni amministrative applicabili in caso di mancata o ritardata consegna del prospetto paga, ovvero di omissioni o inesattezze.

[44] L'art. 2120 riprendeva quanto affermato, in via di principio, dall'art. 17 della Carta del Lavoro (1927) e, per gli impiegati, dall'art. 10, c. 4, della legge sul contratto d'impiego privato (R.d.l. n. 1825/1924).

nato" all'indennità di anzianità: condizionato perché spettava solo «in caso di cessazione del contratto di lavoro a tempo indeterminato» e non spettava al lavoratore in «caso di licenziamento per di lui colpa o di dimissioni volontarie»[45].

È più che comprensibile, dunque, che la dottrina si affaticasse a ricondurre a sintesi la funzione (antica e moderna al tempo stesso) di "premio di fedeltà"[46] implicitamente attribuita dal codice civile all'indennità di anzianità e la funzione in senso lato previdenziale dello stesso istituto. Si potrebbe infatti dire che quell'istituto risultava una forma antesignana dei moderni sistemi di "fidelizzazione" dei dipendenti, tenuto conto, in particolare, che quella indennità era «proporzionale agli anni di servizio» presso lo stesso datore di lavoro, e tutelava dunque la stabilità "nell'interesse del datore", disincentivando le dimissioni volontarie e sanzionando il lavoratore colpevole di inadempimenti contrattuali e di infrazioni disciplinari[47].

Nella disciplina dell'indennità di anzianità, la svolta si è registrata con l'art. 9 della l. n. 604/1966, in forza del quale «l'indennità di anzianità è dovuta al prestatore di lavoro in ogni caso di risoluzione del rapporto di lavoro»[48]: da quel momento l'indennità di anzianità è divenuta un diritto generalizzato a carattere retributivo.

Giusto alla vigilia dello svolgimento di un referendum per più versi "temuto" – volto ad abrogare la discussa disposizione che aveva "sterilizzato" l'indennità di contingenza ai fini del computo dell'indennità di anzianità[49] – il legislatore procedette alla "riforma" dell'indennità di anzianità, sostituendola con il *trattamento di fine rapporto*[50]. La nuova disciplina, introdotta con la l. n. 297/1982, presenta elementi di discontinuità con la vecchia indennità di anzianità, ma anche elementi di continuità.

---

[45] Già in quel testo, peraltro, si facevano salve le «norme corporative» che regolassero «condizioni e modalità» dell'attribuzione dell'emolumento in caso di dimissioni volontarie.

[46] Di "premio di collaborazione" parlava ancora U. Romagnoli nel 1968 (Romagnoli 1968).

[47] Romagnoli 1968, p. 283 ss. Quasi quarant'anni dopo, la primigenia indennità di anzianità è stata considerata una "indennità di licenziamento", «una delle tante forme possibili che può assumere il disincentivo al licenziamento», e dunque un *firing cost* connesso, in una prospettiva di analisi economica del diritto, al «contenuto assicurativo implicito nel rapporto di lavoro». Così Ichino 2006, p. 356.

[48] La Corte costituzionale (sentenza n. 75/1968) aveva dichiarato l'illegittimità del testo originario dell'art. 2110 c.c. «nella parte in cui [...] esclude il diritto del prestatore ad un'indennità proporzionale agli anni di servizio, allorquando la cessazione stessa derivi da licenziamento per colpa di lui o da dimissioni volontarie»; «appare evidente – aveva affermato la Corte – che l'indennità di anzianità riveste carattere retributivo, costituendo parte del compenso dovuto pel lavoro prestato, la cui corresponsione viene differita al momento della cessazione del rapporto allo scopo di agevolare al lavoratore il superamento delle difficoltà economiche, possibili ad insorgere pel venir meno del salario».

[49] La richiesta di referendum popolare per l'abrogazione degli artt. 1 e 1-*bis* del d.l. n. 12/1977, recante "Norme per l'applicazione dell'indennità di contingenza" convertito, con modificazioni, nella l. n. 91/1977, fu giudicata ammissibile dalla Corte costituzionale, con sentenza n. 26/1982.

[50] Come ha ben spiegato la Cassazione (n. 10942/2000), la *necessità della riforma* dell'indennità di anzianità derivava dal fatto che, secondo la previsione degli artt. 2120 e 2121 c.c., l'indennità era determinata in funzione della durata del rapporto e dell'ultima retribuzione onnicomprensiva. Questo metodo di calcolo comportava, per il fatto che l'ultima retribuzione è generalmente quella massima, un eccessivo aggravio sul costo del lavoro. Il legislatore del 1982 ha ridisegnato l'istituto del TFR – ha aggiunto la Corte – al fine di evitare sia l'eccessivo costo del lavo-

La maggiore discontinuità rispetto al passato è segnata dal nuovo sistema di calcolo, che trasforma la vecchia "moltiplicazione" dell'ultima retribuzione per il numero di anni di servizio, in una somma di quote della retribuzione annua (*infra*, § 2.3) accantonate. Gli elementi di continuità sono due: il riconoscimento del diritto al TFR «in ogni caso di cessazione del rapporto di lavoro subordinato», come era stato infine previsto per l'indennità di anzianità; la stessa natura, retributiva, che la Corte costituzionale aveva già assegnato all'indennità di anzianità.

Nessun dubbio in merito alla *natura retributiva*: il TFR costituisce la sommatoria di *quote di retribuzione accantonate* che, al fine di evitare la perdita di valore effettivo del TFR per effetto dell'inflazione, devono essere *rivalutate annualmente* sulla base di un indice composto: l'1,5% fisso, al quale si aggiunge il 75% della variazione dell'indice ISTAT dei prezzi al consumo[51]. Il TFR è poi corrisposto, di massima, al momento della cessazione del rapporto di lavoro. Si tratta dunque di un credito retributivo che si può ragionevolmente ritenere maturi durante lo svolgimento del rapporto[52], e che al momento della cessazione del rapporto diviene esigibile dal prestatore[53].

2.2. *La definizione della retribuzione per il calcolo del TFR e il ruolo della contrattazione collettiva*

Ai sensi dell'art. 2120 c.c. (come novellato dall'art. 1, l. n. 297/1982), la quota di accantonamento annuale del TFR è obbligatoriamente «pari o non superiore» al risultato matematico della divisione della retribuzione annua per il *divisore fisso 13,5*.

La prima osservazione che merita fare riguarda l'inderogabilità del divisore, che non lascia alcuno spazio in merito alla contrattazione collettiva.

La seconda osservazione attiene alla definizione di retribuzione – una delle molte presenti nell'ordinamento – che costituisce il dividendo dell'operazione matematica sopra descritta. Essa comprende, salva diversa previsione dei contratti collettivi, tutte le somme, compreso l'equivalente delle prestazioni in natura, corrisposte *in dipendenza del rapporto di lavoro*, *a titolo non occasionale* e con esclusione dei rimborsi spese. La

---

ro, sia il depauperamento dell'indennità di anzianità, che era stato provocato dal congelamento del calcolo dell'indennità di contingenza, e, in considerazione della natura di retribuzione differita dell'istituto, lo ha collegato alla retribuzione dovuta per ciascun anno, di cui costituisce una quota percentuale accantonata.

[51] È evidente che la capacità di tale indice complessivo di rivalutazione di recuperare gli effetti dell'inflazione dipendono dal livello di inflazione annuo: basta un semplice calcolo per comprendere come al di sopra della soglia del 6% il recupero dell'inflazione reale sia solo parziale, con un effetto dunque di contenimento del fenomeno inflattivo, che si è dimostrato penalizzante per i lavoratori ma positivo per l'andamento dell'economia nei (molti) periodi nei quali l'inflazione, in un passato non così remoto, ha raggiunto valori molto elevati.

[52] La questione del "momento" della sua maturazione, la cui individuazione (in alternativa, anno per anno o solo al momento della risoluzione del rapporto) rileva sia da un punto di vista teorico che da un punto di vista pratico (in particolare nell'ipotesi di trasferimento d'azienda).

[53] Con conseguente applicazione della rivalutazione e degli interessi *ex* art. 429, c. 3, c.p.c., in caso di ritardo del pagamento da parte del datore di lavoro rispetto alla cessazione del rapporto di lavoro.

contrattazione dunque in questo caso può sì intervenire, ma solo per espungere talune voci retributive dalla base di calcolo. E merita qui anticipare che qualsiasi riduzione (ad opera della contrattazione) della retribuzione utile a fini di calcolo della quota TFR avrà ripercussioni sul *quantum* dell'indennizzo dovuto dal datore di lavoro in caso di licenziamento illegittimo di un lavoratore assunto con il c.d. contratto a tutele crescenti (PT. VIII, Cap. II, Sez. IV), parametrato, appunto, «all'ultima retribuzione di riferimento per il calcolo del trattamento di fine rapporto».

La Cassazione ha fornito una chiara interpretazione – generalmente fatta propria dalla successiva giurisprudenza, e condivisa dalla dottrina – del predicato «*occasionale*» contenuto nella disposizione di cui all'art. 2120 c.c.: da intendersi come *accidentale* ed estraneo alle vicende tipiche del rapporto, nel senso che il titolo dell'attribuzione deriva da un evento eccezionale[54].

Le ulteriori questioni affrontate dalla giurisprudenza riguardano le diverse "voci" delle quali come abbiamo visto (v. *retro*) è dubbio, e dunque più spesso oggetto di decisioni tra loro contrastanti, se abbiano natura retributiva.

Si è consolidato nella giurisprudenza l'orientamento secondo cui la computabilità del *compenso per lavoro straordinario* ai fini della determinazione del TFR presuppone la continuità di tale lavoro, che deve essere provata dal lavoratore, ma non ne implica una preventiva pattuizione né la predeterminazione o predeterminabilità secondo parametri prefissati. Restano perciò esclusi dal computo i compensi per quelle prestazioni straordinarie a carattere saltuario o non continuativo, mentre sono computabili i compensi percepiti per «lavoro straordinario obbligatorio e continuo»[55].

Altri casi di rilievo sono stati affrontati dalla giurisprudenza, in particolare con riferimento ai diversi *benefit* (uso dell'auto, di un appartamento, di altri beni) attribuiti dall'imprenditore al prestatore di lavoro (tipicamente, ma non esclusivamente, ai dirigenti). In proposito, la Cassazione[56], ribadendo per l'ennesima volta che la nozione di retribuzione contenuta nell'art. 2120 c.c. è onnicomprensiva e deve dunque ricomprendere «tutti gli emolumenti che trovano la loro causa tipica e normale nel rapporto di lavoro cui sono istituzionalmente connessi» ha ritenuto che nella nozione di retribuzione base per il computo del TFR debba essere ricompreso «il controvalore dell'uso dell'autovettura di proprietà del datore di lavoro utilizzata anche per motivi personali, le relative spese di assicurazione e accessorie nonché le polizze assicurative stipulate dal datore di lavoro a favore del lavoratore».

---

[54] Cass. n. 2328/1990: sulla base di queste premesse, la Corte ha ritenuto che l'*indennità sostitutiva del preavviso* debba essere ricompresa nell'ambito della retribuzione annua che costituisce la base di calcolo del TFR: essa infatti inerisce istituzionalmente al rapporto di lavoro, poiché si pone in connessione con la retribuzione cui il dipendente avrebbe avuto diritto in caso di fruizione del preavviso.; secondo la stessa *ratio*, Cass. n. 175/2016 ha ricompreso nella retribuzione annua a fini TFR l'indennità sostitutiva delle ferie non godute.

[55] Così per esempio Cass. n. 17614/2007.

[56] Cass. n. 16636/2012.

2.3. *Le funzioni del TFR e le sue anticipazioni*

La natura retributiva non esclude che – come aveva già affermato la Corte costituzionale nella sentenza n. 78/1968 a proposito dell'indennità di anzianità divenuta un diritto universale con la l. n. 604/1966 – il TFR abbia una *funzione in senso lato previdenziale*, perché finalizzata a costituire un capitale a disposizione del prestatore di lavoro che cessa la sua attività, temporaneamente o definitivamente: il modello di riferimento era all'epoca ancora il lavoratore che trascorreva la sua intera vita lavorativa alle dipendenze di un unico imprenditore.

L'esigibilità del credito maturato, tuttavia, può essere oggetto di (parziale) anticipazione in talune ipotesi espressamente previste dalla legge, di cui diremo, e nelle ulteriori ipotesi eventualmente previste dalla contrattazione collettiva. La preoccupazione e il conseguente impegno del legislatore di garantire al lavoratore la possibilità di ottenere anticipazioni[57] sul TFR non fa venir meno, tuttavia, bensì rafforza ulteriormente la funzione latamente previdenziale/assicurativa del TFR, trattandosi di ipotesi nelle quali il lavoratore può utilizzare (parte di) quanto maturato per far fronte ad *esigenze primarie* (ma v. *infra*), per finalità specificamente definite dal legislatore[58].

In ordine alle giustificazioni della richiesta di anticipazione del TFR, l'art. 2120 c.c. (nel testo risultante dall'art. 1, l. n. 297/1982), dispone che il lavoratore con almeno *otto anni* di servizio presso lo stesso datore di lavoro può chiedere un'anticipazione non superiore al 70% del trattamento di fine rapporto, ove tale richiesta sia giustificata dall'acquisto della *prima casa* di abitazione per sé o per i figli, documentata con atto notarile[59], o dalla necessità di sostenere «eventuali spese sanitarie per terapie e interventi straordinari riconosciuti dalle competenti strutture pubbliche»[60].

Occorre infine segnalare che l'art. 7, l. n. 53/2000 (Disposizioni per il sostegno della maternità e della paternità per il diritto alla cura e alla formazione e per il coordinamento dei tempi della città), ha aggiunto alle ipotesi che giustificano la richiesta di anticipazione le *spese* da sostenere durante i periodi di *congedo parentale*.

---

[57] Opportuno precisare che si tratta di un diritto "condizionato": v. *infra* i limiti entro i quali il datore di lavoro è tenuto ad accogliere le richieste.

[58] Finalità che devono essere effettivamente realizzate dal lavoratore: secondo Cass. n. 1827/2007, la mancata corrispondenza tra la finalità dichiarata della richiesta anticipazione di TFR e la finalità effettiva dell'uso che dell'anticipazione il lavoratore abbia fatto, non costituisce di per sé inadempimento di un obbligo del lavoratore, poiché il rapporto di lavoro rappresenta solo un "titolo" per la sua concessione; ma il comportamento del lavoratore può riflettersi sul rapporto di fiducia che si pone alla base del contratto di lavoro (sino all'estremo di poter configurare, in caso di notevole gravità, una giusta causa di licenziamento).

[59] Ma la Corte costituzionale (sentenza n. 142/1991) ha dichiarato l'illegittimità costituzionale dell'art. 2120, c. 8, lett. *b*), nella parte in cui non prevede la possibilità di concessione dell'anticipazione in ipotesi di acquisto "*in itinere*", comprovato con mezzi idonei a dimostrarne l'effettività. Conseguentemente, la Cassazione ha ritenuto che sia irrilevante lo strumento giuridico utilizzato per acquisire la "prima casa", purché l'esigenza sia attuale e il costo sia effettivamente sostenuto dal lavoratore.

[60] La Cassazione (n. 3046/1990) ha affermato che il significato di "straordinarietà" non può che essere inteso in senso relativo, nel senso di terapie o intervento di "rilievo" medico-economico, vale a dire una terapia o intervento di rilievo per importanza e delicatezza dal punto di vista medico ed economico, che possono essere praticati anche in strutture sanitarie private.

Ulteriori giustificazioni possono essere previste dai contratti collettivi.

Ferma la funzione previdenziale del TFR, non si può tuttavia trascurarne la funzione (o quanto meno l'effetto) di *finanziamento per le imprese*: che si tratti di "etero-finanziamento", cioè di finanziamento ad opera dei dipendenti è ben chiaro[61]. Le rigorose condizioni di accesso alle anticipazioni già viste e gli altrettanto rigorosi limiti all'obbligo dei datori di accogliere le domande presentate dai lavoratori (10% degli aventi titolo, e comunque 4% del numero totale dei dipendenti) dimostrano chiaramente la finalità di tutelare gli assetti finanziari delle imprese, e conducono, in modo tanto lineare quanto discutibile, al risultato di escludere l'obbligo di anticipazioni per le imprese che occupino meno di 25 dipendenti, che non sarebbero in grado di sopportarne il costo[62].

2.3.1. *La c.d. "mensilizzazione" del TFR*

Contigua e connessa alla funzione in senso lato previdenziale del TFR risultava e risulta ancora oggi la dibattuta questione della legittimità della corresponsione "in busta paga" delle quote via via maturate.

Il legislatore, nel 2015, aveva previsto, a determinate condizioni, il diritto del lavoratore di vedersi riconoscere mensilmente l'importo del TFR maturato.

Con la legge di stabilità per il 2015 era stato infatti introdotto il diritto dei lavoratori di ottenere la liquidazione mensile del TFR. La misura, prevista in via sperimentale (da marzo 2015 a giugno 2018) riguardava i lavoratori con un'anzianità minima di servizio di sei mesi presso lo stesso datore di lavoro *privato*, *non domestico* e *non agricolo*, non sottoposto a procedure concorsuali o in stato di crisi accertata da organismi pubblici o che stia facendo ricorso al sistema delle integrazioni salariali. La quota di retribuzione era assoggettata a tassazione ordinaria – e non alla più favorevole tassazione separata prevista per il TFR – e non era imponibile ai fini previdenziali. Per controbilanciare i flussi di cassa negativi per le aziende, soprattutto quelle di minori dimensioni, il Governo aveva introdotto un'articolata serie di agevolazioni per l'accesso al credito (pur non ritenute adeguate dai destinatari)[63].

Il legislatore non è intervenuto a prorogare la previsione. La questione della c.d. mensilizzazione del TFR, con accordo individuale tra datore di lavoro e lavoratore, resta aperta. Vero è che la finalità ultima del TFR pare ancora oggi (e forse oggi ancor più di ieri) di tipo previdenziale, e dunque la corresponsione, pro quota, in busta paga sembra contraddittoria. Tuttavia, il c. 11 dell'art. 2120 c.c. afferma anche che

---

[61] Nonostante che il TFR spesso sia considerato una forma di "auto-finanziamento", dal punto di vista aziendale, in contrapposizione ai finanziamenti che "transitano" attraverso il mercato finanziario.

[62] Così Cass. n. 2749/1992.

[63] L'obiettivo dichiarato del legislatore era quello di aumentare il reddito disponibile (e spendibile) dei lavoratori, al fine di far crescere i consumi interni e, conseguentemente, incentivare la ripresa economica. L'operazione sembra non aver raggiunto i suoi obiettivi: pochissime richieste, per lo più da parte di soggetti con reddito lordo da lavoro inferiore ai trentamila euro lordi annui: proprio coloro che maggiormente avranno necessità, nel loro futuro, di un trattamento pensionistico integrativo (v. *infra*), trattamento che risulterà invece ridotto a causa dell'effetto dei mancati versamenti per il triennio 2015-2018.

«condizioni di miglior favore possono essere previste dai contratti collettivi o da patti individuali». La Cassazione non ha esplicitamente escluso la validità di pattuizioni individuali o collettive nel senso della liquidazione mensile delle quote di TFR maturate [64], e gli orientamenti della dottrina sono divergenti.

2.4. *La destinazione del TFR ai fondi pensione*

Con la riforma strutturale operata dal d.lgs. n. 252/2005 (successivamente modificato in vari punti) il TFR ha assunto il ruolo di fonte primaria di alimentazione dei Fondi pensionistici complementari, in forza della devoluzione delle quote di accantonamento annuale del TFR a quei fondi, senza perdere la sua natura retributiva e la sua fondamentale caratteristica di risparmio forzoso; le quote di TFR alimenteranno le pensioni integrative (previdenza complementare) dei lavoratori al momento del loro pensionamento, fatta salva l'espressa scelta dei lavoratori di conservare il TFR (v. *infra*).

Con la riforma del sistema pensionistico obbligatorio (c.d. primo pilastro), segnato dal passaggio dal metodo retributivo al metodo contributivo, sono attesi livelli molto bassi dei "tassi di sostituzione", con una percentuale di "copertura", come si usa dire, della pensione rispetto all'ultima retribuzione ridotta rispetto al passato, stimata per coloro che fruiranno della pensione tra 35 anni (i giovani neoassunti) attorno al 50%, anche se non mancano stime (pur basate su ipotesi molto ottimistiche di sviluppo delle retribuzioni e dell'economia), che si spingono ad indicare il 70%. Da qui l'opportunità offerta ai lavoratori di integrare il trattamento pensionistico obbligatorio. D'altro canto, la garantita "portabilità" della posizione previdenziale, nella quale possono confluire TFR e contributi individuali [65], agevola la mobilità nel mercato del lavoro, e dunque appare coerente con un mercato del lavoro e con "posti di lavoro" sempre più instabili (quando non precari).

Ai lavoratori il legislatore ha tuttavia garantito la possibilità di mantenere (con espressa richiesta) il TFR, invece che devolvere le quote maturande a Fondi pensionistici. Ma in questo caso (dal 1° gennaio 2007) i datori di lavoro privati (esclusi i datori di lavoro domestico) con almeno 50 dipendenti hanno l'obbligo di versare al Fondo per l'erogazione del trattamento di fine rapporto (cd. Fondo di Tesoreria), istituito presso la tesoreria dello Stato e gestito dall'INPS, una contribuzione pari alle quote maturate da ciascun lavoratore e non destinate a forme pensionistiche complementari; al trattamento di fine rapporto maturato presso il Fondo di Tesoreria (come al TFR che "resta in azienda", s'intende) si applica la disciplina dell'art. 2120

[64] La Cassazione (n. 15813/2002) non ha preso esplicitamente posizione sulla questione, ma non ha neppure censurato sul punto la decisione del Tribunale di Trieste, che aveva dichiarato la nullità della pattuizione. Successivamente la stessa Cassazione (n. 4133/2007) ha opportunamente distinto: «il fatto che non possano essere ammessi patti diversi sulle modalità di calcolo del trattamento di fine rapporto non significa però che il divieto si estenda alla materia diversa delle anticipazioni sul trattamento di fine rapporto». La Corte specifica che «la disciplina inderogabile concerne le modalità di determinazione del trattamento di fine rapporto, la misura di esso, ed esse soltanto, ma non le anticipazioni. In questa materia sono ammissibili, sia a livello collettivo che a livello individuale, condizioni di miglior favore in favore dei lavoratori» (la stessa impostazione della questione si rinviene di Cass. n. 31260/2019).

[65] È ovvio che la possibilità di sfruttare questa ulteriore *chance* dipende dalle condizioni reddituali del prestatore, ed ancor prima dalla stabilità/continuità della sua attività lavorativa; la stessa possibilità è ovviamente esclusa per coloro che decidano di mantenere il TFR (v. *infra*).

c.c. Questo significa che questi lavoratori non avranno accesso, nel loro futuro, ad un trattamento pensionistico complementare.

La riforma del 2005 ha inevitabilmente inciso anche sulle modalità di accesso alle anticipazioni per coloro che scelgono di conferire a Fondi le loro quote TFR o restano "silenti".

Le ipotesi di cui all'art. 2120 c.c. presentano oggi migliori "condizioni d'uso" del diritto all'anticipazione: per le anticipazioni per spese sanitarie viene meno ogni requisito di anzianità contributiva minima (che resta invece immutato per l'acquisto della prima casa); viene innalzato al 75% il tetto della possibile anticipazione. Inoltre, poiché l'anticipazione non viene più a gravare sulle finanze dell'azienda (ma invece sul Fondo), vengono meno le limitazioni vigenti per le anticipazioni del TFR legate al numero dei richiedenti presso l'azienda ed al numero di dipendenti presenti nella stessa azienda: si produce così un benefico effetto perequativo tra i lavoratori, garantendo a tutti gli stessi diritti.

Le anticipazioni connesse alla fruizione dei congedi parentali (*retro*) non sono invece espressamente contemplate dalla nuova disciplina. Questa ipotesi, tuttavia, (come quella precedentemente espressamente prevista per la formazione) può sicuramente rientrare nelle «ulteriori esigenze degli aderenti» che legittimano la richiesta di una anticipazione nella misura del 30% del maturato decorsi otto anni dall'iscrizione al Fondo. Nella stessa sede potranno trovare spazio – si ritiene – le eventuali «condizioni di miglior favore previste dai contratti collettivi» di cui all'ultimo comma dell'art. 2120, particolarmente attraverso apposite previsioni degli Statuti dei Fondi negoziali di categoria.

2.5. *Il fondo di garanzia*

Il rilievo delle finalità (latamente previdenziali, come si è detto) del TFR ha indotto il legislatore a preoccuparsi della sua corresponsione anche in caso di insolvenza del datore di lavoro. La l. n. 297/1982 (art. 2) ha istituito un fondo *ad hoc*, il *Fondo di garanzia*, presso l'INPS, che sostituisce il datore di lavoro inadempiente; il credito retributivo relativo al TFR, dunque, oltre a fruire del privilegio sul patrimonio del datore di lavoro (artt. 2751-*bis* e 2776 c.c.; v. *infra*, PT. IX), è ulteriormente garantito dall'intervento pubblico, pur alimentato dai contributi dei datori di lavoro.

Le finalità del Fondo, e il relativo funzionamento, risultano necessariamente modificati a seguito della riforma del 2005 della quale abbiamo detto, stante la nuova presenza dei Fondi complementari nei quali confluiscono le quote accantonate di TFR.

Dal punto di vista del lavoratore, la nuova disciplina modifica l'assetto dei diritti precedentemente garantiti dall'intervento del Fondo di garanzia del TFR istituito dalla stessa l. n. 297/1982. Il lavoratore "perde" tale garanzia per la quota parte di TFR conferita (con modalità esplicita o tacita) a qualsiasi fondo. Tuttavia, da un lato non si può trascurare la maggiore solvibilità dei Fondi – sottoposti ad un rigoroso controllo da parte di un'autorità amministrativa indipendente, la COVIP – rispetto alla solvibilità del singolo datore di lavoro; d'altro lato resta fermo l'obbligo per il datore di lavoro di (continuare a) versare il c.d. contributo di solidarietà, tramite il quale è finanziato uno specifico Fondo che provvede alla «integrazione dei contributi omessi» da parte del datore di lavoro, tutelando, seppure solo parzialmente, il lavoratore che rilevi il mancato versamento dei contributi previdenziali complementari, *sub specie* quota TFR.

Particolarmente complessi sono i problemi che si pongono in caso di trasferimento di azienda insolvente. Il c. 5-*bis* dell'art. 368 del Codice della crisi d'impresa e dell'insolvenza (d.lgs. n. 14/2019) prevede che «qualora il trasferimento riguardi imprese nei confronti delle quali vi sia stata apertura della liquidazione giudiziale o di concordato preventivo liquidatorio, ovvero emanazione del provvedimento di liquidazione coatta amministrativa, nel caso in cui la continuazione dell'attività non sia stata disposta o sia cessata, (...) il trattamento di fine rapporto è immediatamente esigibile nei confronti del cedente dell'azienda». Il Fondo di garanzia, in presenza delle condizioni previste dall'art. 2 della l. n. 297/1982, interviene anche a favore dei lavoratori che passano senza soluzione di continuità alle dipendenze dell'acquirente; in tali casi, la data del trasferimento tiene luogo di quella della cessazione del rapporto di lavoro.

Il Codice si pone peraltro l'obiettivo di fornire alle aziende nuovi strumenti per la diagnosi precoce dello stato di difficoltà a garanzia della continuità aziendale, e dunque dovrebbe contribuire a ridurre il rischio di insolvenza.

Sezione II

LA SALUTE E LA SICUREZZA DEI LAVORATORI

1. *Il diritto del lavoratore alla salute e sicurezza*

In questo e nei paragrafi seguenti parleremo del diritto del lavoratore alla salute e alla sicurezza: un tema che non può essere affrontato senza ricordare, come necessaria premessa, che in Italia si muore *sul* lavoro, ma si muore soprattutto *di* lavoro. Siamo nel XXI secolo, e nel nostro paese la sicurezza del lavoro è ancora un obiettivo da raggiungere: la diminuzione del numero degli infortuni è lenta, e restano purtroppo molto alti i numeri degli infortuni mortali (le c.d. *morti bianche*) [1]. A questi drammatici dati occorre aggiungere quelli assai poco confortanti sulle malattie professionali *tabellate* (che a seguito dell'introduzione dei divieti di utilizzazione di materiali patogeni dovrebbero essere in calo) [2], e quelli (poco noti e scarsamente rilevati) sulle malattie da lavoro non tabellate: cioè malattie di cui, caso per caso, deve essere provato il nesso di causalità con la prestazione lavorativa [3].

Quali sono le cause del perdurare di un'insicurezza del lavoro tanto intollerabile? In estrema sintesi si può dire che le cause possono essere ricondotte a diversi ordini di fattori, relativi essenzialmente all'organizzazione del lavoro e al funzionamento del

---

[1] Dall'ultima relazione annuale disponibile (2020) del presidente dell'INAIL traiamo i dati seguenti. Sono state 571.000 le denunce di infortunio registrate; gli infortuni riconosciuti sul lavoro sono stati 375.238, di cui circa il 13% "fuori dell'azienda" (cioè "con mezzo di trasporto" o "*in itinere*"). Sono state 1.538 le denunce di infortunio mortale, con un incremento del 27,6% rispetto al 2019. L'incremento è ascrivibile soprattutto ai decessi causati dall'infezione da Covid-19. La pandemia ha generato un duplice effetto: ha determinato una riduzione degli infortuni mortali "tradizionali" (in ragione del *lockdown* e del rallentamento delle attività produttive) e ha nel contempo fatto emergere una nuova categoria di infortuni per i casi di contagio da Covid-19.

[2] Negli ultimi anni le denunce sono in tendenziale aumento, anche se i dati più recenti risentono dell'effetto della pandemia da Covid-19. Nel 2020 le denunce relative a malattie professionali sono diminuite di circa un quarto rispetto all'anno precedente.

[3] Cass. n. 17438/2012, ha ribadito che, al fine di escludere il risarcimento del danno alla salute del lavoratore, non è sufficiente che una determinata malattia non sia tabellata o non sia già riconosciuta dall'INAIL (nel caso di specie, si trattava di patologia oncologica dovuta alle radiofrequenze derivate dall'uso costante e prolungato del telefono cellulare): infatti, nel caso in cui sia provato il nesso causale fra lavoro svolto e patologia, insorge l'obbligazione del risarcimento.

mercato del lavoro, dei quali non è possibile occuparsi in questa sede, ma anche all'ancora insoddisfacente efficienza dell'apparato normativo predisposto per garantire ai lavoratori condizioni ambientali e di lavoro salubri e sicure, ed è di ciò che ci occuperemo in questa sede [4].

Alla base di tale apparato si trovano le disposizioni della Costituzione, in particolare: l'art. 32 («La Repubblica tutela la salute come fondamentale diritto dell'individuo e interesse della collettività»); l'art. 41, che dopo aver sancito (al c. 1) la libertà dell'iniziativa economica privata, aggiunge al c. 2 che essa «non può svolgersi in contrasto con l'utilità sociale o in modo da recare danno alla sicurezza, alla libertà, alla dignità umana». Il diritto alla salute e alla sicurezza è dunque un diritto garantito ai lavoratori dalla Costituzione, e può essere perciò definito come diritto fondamentale della persona; ma è anche un diritto relativo, che si esercita nel rapporto di lavoro, al quale corrisponde un obbligo del datore di lavoro. Il diritto dei lavoratori a «condizioni di lavoro sane e dignitose» è inoltre affermato dall'art. 31 CDFUE.

Il carattere bifronte del diritto alla salute e alla sicurezza, diritto assoluto della persona e diritto relativo (cui corrisponde l'obbligo del datore di lavoro) dipende essenzialmente dalla *implicazione della persona* nel rapporto di lavoro: da un lato il lavoratore è una persona, come tale titolare di diritti, di cui può pretendere il rispetto da parte del datore di lavoro; d'altra parte, proprio perché spende le proprie energie personali nel luogo di lavoro, lavorando alle dipendenze di un datore di lavoro ed es-

---

[4] Non ci occupiamo in questa sede delle norme penali applicabili quando l'infortunio o la malattia professionale abbiano provocato lesioni o addirittura la morte del lavoratore, e la responsabilità penale (personale) sia attribuibile al datore di lavoro (o al suo dirigente o al suo preposto) per dolo o colpa. Vale in ogni caso la pena di richiamare, per il loro carattere innovativo, le sentenze di primo grado e di secondo grado che hanno deciso il caso dell'incendio di un impianto della società *Thyssen Krupp*, che causò la morte di 7 operai; i giudici di Torino, in primo e in secondo grado, avevano condannato per omicidio volontario l'amministratore delegato e altri due consiglieri di amministrazione delegati, come responsabili dei doveri di controllo sul generale andamento dell'impresa; la Cass. pen. ha però "derubricato" il reato, qualificandolo come omicidio colposo, e rinviato gli atti alla Corte di Appello di Torino per il ricalcolo delle pene. Le tappe finali della vicenda *Thyssen Krupp* sono consistite nella celebrazione del secondo processo di appello, concluso con sentenza il 29.5.2015, e nella sentenza della Cass. pen. del 13.5.2016. All'esito di questo lungo *iter* processuale, durato oltre sette anni, sono state inflitte condanne comprese tra i 9 anni e 8 mesi e i 6 anni e 8 mesi di reclusione, per omicidio colposo plurimo, incendio colposo ed omissione dolosa di cautele contro infortuni sul lavoro inflitte a sei dirigenti della *Thyssen Krupp*. Non meno innovativa la sentenza del Tribunale di Torino, confermata in appello, che aveva condannato per disastro ambientale doloso il magnate svizzero a capo della multinazionale *Eternit* (lavorazione dell'amianto), responsabile delle numerose morti per tumore (mesotelioma) dei dipendenti e per inquinamento ambientale, a causa della diffusione dei tumori nei luoghi di insediamento degli stabilimenti. La Cassazione ha però annullato la sentenza di appello perché il reato è prescritto; è stato avviato un nuovo processo a carico dei responsabili, questa volta per omicidio volontario; ma è stata sollevata dal Gup l'eccezione di incostituzionalità dell'art. 649 c.p.p., che sancisce il divieto di un secondo giudizio "per il medesimo fatto". La Corte cost., investita della questione, ha dichiarato (con sentenza n. 200/2016) «l'illegittimità costituzionale dell'art. 649 c.p.p., nella parte in cui esclude che il fatto sia il medesimo per la sola circostanza che sussiste un concorso formale tra il reato già giudicato con sentenza divenuta irrevocabile e il reato per cui è iniziato il nuovo procedimento penale». Il processo *Eternit bis* è stato in seguito diviso in diversi filoni giudiziari. Il Trib. Torino ha condannato l'imprenditore svizzero Schmidheiny a 4 anni per omicidio colposo e al risarcimento dei danni alle parti civili.

sendo perciò inserito nella organizzazione da questi diretta, può pretendere che il datore di lavoro gli garantisca ambiente e condizioni di lavoro di lavoro tali che la sua salute e la sua sicurezza siano salvaguardate [5].

Alla base dell'apparato normativo dobbiamo porre l'art. 2087 c.c., una "vecchia" disposizione, che riletta alla luce dei principi costituzionali sopra richiamati (e in particolare del c. 2 dell'art. 41), assume oggi il significato di principio della massima sicurezza tecnologicamente possibile (così la Corte costituzionale, nella sentenza n. 312/1996) (*infra*, § 1.1). La disposizione ha carattere generale ed è considerata una sorta di *norma di chiusura* del complesso apparato normativo che regola la materia della salute e sicurezza dei lavoratori, al quale si dà correntemente il nome di *diritto prevenzionistico* [6]. L'evoluzione di questo apparato normativo, di cui daremo brevemente conto nei prossimi paragrafi, è passata attraverso varie fasi [7], la più importante delle quali è stata l'attuazione della Direttiva-quadro CE 89/391, e delle altre sette Direttive specifiche, mediante il d.lgs. n. 626/1994; la fase più recente è culminata nella emanazione, in base alla delega contenuta nella l. n. 123/2007, del d.lgs. 9.4.2008, n. 81 (noto come T.U. sulla salute e la sicurezza dei lavoratori, ancorché sia piuttosto un "unico testo", vale a dire una sorta di Codice), al quale sono state apportate successive modifiche, le più recenti delle quali sono contenute nel d.lgs. n. 151/2015 e nel d.l. n. 146/2021, conv. in l. n. 215/2021.

1.1. *L'obbligo di sicurezza del datore di lavoro*

Secondo quanto disposto dall'art. 2087 c.c., «L'imprenditore è tenuto ad adottare nell'esercizio dell'impresa le misure che, secondo la particolarità del lavoro, l'esperienza e la tecnica, sono necessarie a tutelare l'integrità fisica e la personalità morale dei prestatori di lavoro».

---

[5] L'affermazione del diritto alla salute e alla sicurezza nei luoghi di lavoro nei termini appena detti ha seguito un lungo percorso. La prima tappa fu, ancora nel secolo XIX, la l. n. 80/1898, sull'*assicurazione obbligatoria contro gli infortuni sul lavoro* (poi coordinata ad altre successive nel T.U. approvato con R.d. n. 51/1904). La legge superava la logica della responsabilità civile fondata sulla colpa aquiliana o sulla colpa contrattuale, creando, con l'affermazione del principio del *rischio professionale*, le premesse per la responsabilità oggettiva del datore di lavoro, mentre l'assicurazione obbligatoria trasformava l'obbligo di risarcire il danno in obbligo di assicurarsi. Fu invece oggetto di interventi parziali e settoriali la materia della *prevenzione degli infortuni*, limitati alle grandi imprese del settore industriale e alle attività particolarmente pericolose (le cave e miniere, le costruzioni, la produzione di esplosivi). Solo con l'entrata in vigore del codice civile del 1942 ha fatto il suo ingresso nel nostro ordinamento l'*obbligo di sicurezza* del datore di lavoro, sancito dall'art. 2087 (*infra*, § 1.1).

[6] Dell'apparato normativo fa parte anche la disciplina vigente dell'*assicurazione obbligatoria contro gli infortuni e le malattie professionali* (d.P.R. n. 1124/1965, e d.lgs. n. 38/2000): ma questa disciplina, come le altre relative alle assicurazioni sociali obbligatorie (invalidità e vecchiaia, malattia, NASpI), appartiene al campo della sicurezza sociale ed esula pertanto dalla materia trattata in questo manuale.

[7] Ricordiamo che la prevenzione degli infortuni e delle malattie professionali in ogni ambito di lavoro è tra gli obiettivi della riforma sanitaria (l. n. 833/1978) che ha istituito il Servizio sanitario nazionale, attribuendo alle ASL particolari compiti di prevenzione in relazione a fattori di nocività e pericolosità degli ambienti di lavoro.

Il contenuto di questa disposizione è assai ampio: secondo l'orientamento costante della giurisprudenza [8], l'art. 2087 è volto a tutelare il prestatore di lavoro da rischi generici rispetto a quelli specificamente previsti dal sistema delle norme prevenzionistiche e, quindi, a coprire rischi comunque rientranti nel complessivo ambito di tale normativa protettiva; l'art. 2087 ha infatti una funzione di adeguamento permanente dell'ordinamento alla sottostante realtà socio-economica e pertanto vale a supplire alle lacune di una normativa che non può prevedere ogni fattore di rischio; l'art. 2087 ha, rispetto a quest'ultima, una funzione sussidiaria, di adeguamento al caso concreto [9].

Dottrina e giurisprudenza continuano a parlare di *dovere* di sicurezza, in omaggio ad interpretazioni, ormai superate, che ravvisavano nell'art. 2087 un "dovere" pubblicistico, posto a tutela di un interesse generale, ovvero un "dovere" collocato al di fuori dello schema del rapporto obbligatorio (la cui violazione dà luogo a responsabilità extracontrattuale, in base al principio *neminem laedere*). Secondo l'interpretazione più largamente accreditata, quello sancito dall'art. 2087 è invece un *obbligo contrattuale*, autonomo, principale e non accessorio, il cui inadempimento dà luogo a responsabilità contrattuale. Di obbligo dunque e non di dovere è preferibile parlare.

Come abbiamo anticipato sopra, l'art. 2087 c.c. è definito come norma di chiusura dell'apparato normativo prevenzionistico, posta a tutela di situazioni non direttamente contemplate, ma che possono essere ricomprese in tale sistema: ciò in quanto l'art. 2087 esprime un principio di *autoresponsabilità* dell'imprenditore il quale, indipendentemente da specifiche disposizioni normative, è tenuto a porre in essere tutti gli accorgimenti e le misure necessarie ad evitare il verificarsi di lesioni di beni primari come la salute e l'integrità fisica [10]. Sulla scorta della giurisprudenza, il contenuto dell'obbligo di sicurezza può infatti essere così sintetizzato: adempimento del principio della *massima sicurezza tecnologicamente possibile* [11], intesa come effettiva applicazione delle misure che, nei diversi settori e nelle differenti lavorazioni, corrispondono ad applicazioni tecnologiche generalmente praticate e ad accorgimenti organizzativi e procedurali altrettanto generalmente acquisiti (Corte cost. n. 312/1996). La sicurezza non può essere subordinata a criteri di fattibilità economica o produttiva: il datore di lavoro è tenuto a individuare e applicare le misure sufficienti a conseguire il fine della protezione della salute e dell'integrità fisica dei propri dipendenti in modo conforme al principio direttivo sancito dall'art. 32 Cost. [12].

---

[8] Tra le altre Cass. n. 4012/1998.

[9] Così Cass. n. 5048/1988.

[10] Cass. n. 12110/2017: afferma la Corte che, secondo l'opinione largamente accreditata tra gli interpreti, l'obbligo contrattuale sancito dall'art. 2087 c.c., ha natura autonoma e non accessoria. L'imprenditore, anche indipendentemente da specifiche disposizioni normative, è tenuto a porre in essere tutti gli accorgimenti e le misure necessarie a evitare il verificarsi di lesioni di beni primari come la salute e l'integrità fisica, secondo un criterio di massima sicurezza tecnologicamente possibile. Di conseguenza, la violazione dell'obbligo si determina non solo quando si omette di adottare misure tassativamente previste dalla legge, ma anche quando si omette di adottare ogni misura che sia esigibile dal lavoratore secondo le regole di correttezza e buona fede.

[11] Da ultimo, Cass. n. 25597/2021.

[12] Questa sintesi è tratta da Cass. n. 3740/1995. Più in generale, interpretando il precetto espresso dall'art. 2087 c.c. alla luce dei principi costituzionali, Cass. n. 8267/1997, ha affermato che i

La violazione dell'obbligo di sicurezza può essere perpetrata sia mediante fatti commissivi sia mediante atti omissivi; questi ultimi possono estrinsecarsi nell'omissione di misure tassativamente previste dalla legge a tutela della sicurezza del lavoratore, ma altresì nell'omissione di misure non tassativamente previste dalla legge, ma egualmente esigibili nella esecuzione del rapporto di lavoro secondo regole di correttezza e buona fede.

Stante la natura contrattuale dell'obbligo di sicurezza, al quale corrisponde il diritto soggettivo del lavoratore di pretendere un ambiente di lavoro salubre e sicuro, il lavoratore può (almeno in teoria) *rifiutare di adempiere* la prestazione lavorativa quando le condizioni ambientali non rispondano ai predetti canoni di salubrità e sicurezza [13]. In questo caso, il lavoratore può far valere l'eccezione di inadempimento, di cui all'art. 1460 c.c., secondo la quale ciascuno dei contraenti può rifiutarsi di adempiere la sua obbligazione se l'altro non adempie la propria (a meno che l'eccezione sia contraria a buona fede o l'inadempimento della controparte sia di scarsa importanza), conservando il lavoratore che abbia offerto la propria prestazione conforme al contratto il diritto alla retribuzione [14].

Ragioni ovvie, specie in tempi di difficoltà occupazionali come questi, rendono questo rimedio scarsamente praticato; assai più frequente è l'azione in giudizio per ottenere il risarcimento del danno determinato dall'inadempimento dell'obbligo di sicurezza. Secondo l'orientamento della giurisprudenza, l'inadempimento dell'obbligo di sicurezza deve essere dimostrato dal lavoratore che chiede il risarcimento del danno, provando la violazione di obblighi di comportamento imposti da norme di fonte legale o suggeriti dalla tecnica, ma concretamente individuati. Una volta dimostrata la sussistenza dell'inadempimento, non occorre però che il lavoratore dimostri, come invece nella responsabilità extracontrattuale, anche la sussistenza della colpa del datore di lavoro inadempiente. Incombe infatti su quest'ultimo (ai sensi dell'art. 1218 c.c.) l'onere di provare che l'evento lesivo dipenda da un fatto a lui non imputabile [15].

---

principi di tutela del lavoro esistenti nel vigente ordinamento giuridico escludono la legittimità di un potere imprenditoriale volto alla massimizzazione della produzione, che non incontri l'imprescindibile limite di non arrecar danno alla sicurezza, alla libertà, alla dignità umana, secondo quanto disposto dall'art. 41, c. 2, Cost. In ottemperanza a tale precetto il datore di lavoro non può, pertanto, esimersi dall'adottare tutte le misure necessarie a non compromettere l'integrità psico-fisica dei lavoratori soggetti al suo potere di organizzare e dimensionare le strutture aziendali, comprese quindi quelle misure intese a evitare eccessività di impegno da parte di un soggetto che è in condizioni di subordinazione socio-economica.

[13] Cass. n. 21479/2005. L'eventuale licenziamento del lavoratore avrebbe carattere di ritorsione, e sarebbe perciò viziato da motivo illecito e di conseguenza nullo (*infra*, PT. VIII, Cap. II, Sez. I). Il diritto del lavoratore di abbandonare il posto di lavoro in caso di pericolo grave e immediato, senza perciò subire alcun pregiudizio, è previsto, peraltro, dalla Direttiva CE 89/391 (cosiddetta "direttiva madre"). Il diritto al rifiuto di prestare attività in condizione di pericolo grave e immediato alla salute o alla sicurezza è confermato dall'art. 44, d.lgs. n. 81/2008.

[14] Secondo Cass. n. 18921/2012, è legittimo il rifiuto di lavorare in presenza di amianto (giustificata eccezione di inadempimento *ex* art. 1460 c.c.).

[15] Cass. n. 8855/2013; Cass. n. 21590/2008; il lavoratore che lamenti la violazione dell'obbligo di sicurezza dovrà invece provare il fatto materiale e allegare le regole di condotta che assume siano state violate.

Proprio sull'onere della prova si rileva tuttavia qualche contrasto giurisprudenziale, indotto dalla formulazione "aperta" dell'art. 2087 c.c. Nella motivazione di alcune sentenze traspare infatti la preoccupazione che dalla violazione dell'obbligo di sicurezza, quale genericamente definito dall'art. 2087 c.c., possa derivare una responsabilità oggettiva del datore di lavoro (concordemente esclusa da dottrina e giurisprudenza) [16]. Per scongiurare tale rischio, la Cassazione ha precisato che l'art. 2087 c.c. non può essere inteso nel senso che prescriva l'obbligo assoluto di rispettare ogni cautela possibile e innominata per evitare qualsiasi danno [17], con la conseguenza di ritenere automatica la responsabilità del datore di lavoro ogni volta che il danno si sia comunque verificato; la responsabilità del datore di lavoro – ad avviso della Corte – sorge solo se siano violati gli obblighi di comportamento suggeriti dalle conoscenze sperimentali e tecniche del momento [18].

1.1.1. *Il danno alla salute*

Dall'inadempimento dell'obbligo di sicurezza può derivare, oltre che un danno patrimoniale, anche un danno alla integrità psico-fisica del lavoratore, ovvero un *danno alla salute* (autonomo e distinto dal danno patrimoniale) detto *danno biologico* [19]. La giurisprudenza ha configurato un danno biologico in diversi casi: anzitutto nei casi del *mobbing*, con particolare riguardo alla pratica del "demansionamento" e alle mole-

[16] Cass. n. 340/2015; Cass. n. 4970/2017, ha precisato che non può accollarsi al datore di lavoro l'onere di garantire un ambiente di lavoro a "rischio zero" quando di per sé il rischio di una lavorazione o di un'attrezzatura non sia eliminabile, ed egualmente non può pretendersi l'adozione di accorgimenti per fronteggiare evenienze infortunistiche ragionevolmente impensabili. Diversamente vi sarebbe una responsabilità "oggettiva", in quanto attribuita quando la diligenza richiesta sia già stata soddisfatta, ovvero quando una prestazione sia ineseguibile o la diligenza richiesta non sia più esigibile.

[17] Anche l'attività criminosa di terzi può essere considerata "rischio lavorativo", per prevenire il quale devono essere adottate adeguate misure di sicurezza: Cass. n. 7405/2015, in una fattispecie di rapina ai danni di un ufficio postale.

[18] A proposito della (eventuale) rilevanza del *concorso di colpa del lavoratore* nell'aver dato causa all'evento, la Cassazione afferma che la colpa del lavoratore dipendente può essere valutata per determinare una riduzione della responsabilità penale degli altri soggetti che abbiano contribuito a determinare l'infortunio, ma non può esonerare completamente il datore di lavoro, il dirigente od il preposto dalle loro specifiche responsabilità di ordine civile, a meno che la condotta del lavoratore non si ponga come causa esclusiva dell'infortunio. In questo senso, è stato riconosciuto che, nell'ipotesi di mancata adozione, da parte del datore di lavoro, delle misure imposte dall'art. 2087 c.c., a tutela dell'integrità fisica del lavoratore, l'eventuale colpa di quest'ultimo non elimina la responsabilità civile dell'imprenditore, la quale è esclusa solo nel caso di dolo del dipendente o di rischio elettivo generato da una attività non avente rapporto con lo svolgimento del lavoro o esorbitante dai limiti di esso. V. in tale senso Cass. n. 24798/2016: il datore di lavoro – afferma la Corte – non può invocare il concorso di colpa del danneggiato, avendo egli il dovere di proteggerne l'incolumità nonostante la sua imprudenza o negligenza; pertanto, la condotta imprudente del lavoratore attuativa di uno specifico ordine di servizio va addebitata al datore di lavoro, il quale, con l'ordine di eseguire un'incombenza lavorativa pericolosa, determina l'unico efficiente fattore causale dell'evento dannoso.

[19] Il *danno biologico* trova una definizione nell'art. 13, d.lgs. n. 38/2000, riforma dell'assicurazione obbligatoria contro gli infortuni e le malattie professionali; la definizione è stata successivamente accolta anche nel Codice delle assicurazioni private (d.lgs. n. 209/2005).

stie[20], di cui abbiamo già avuto occasione di parlare, e poi in casi di *stress* da usura psico-fisica per mancati risposi settimanali e superlavoro[21], di mancata tutela dei lavoratori dai rischi da fumo passivo[22], e in altri casi ancora. Oltre al danno biologico, categoria giuridica ormai consolidata, la giurisprudenza ha fatto ricorso ad altre figure di danno non patrimoniale alla persona, come ad esempio il danno esistenziale.

Alla proliferazione di queste figure di danno hanno posto argine le S.U. della Cassazione, nelle quattro sentenze gemelle del 2008[23]. La Corte, partendo da un'interpretazione "costituzionalmente orientata" dell'art. 2059 c.c. (secondo cui il danno *non patrimoniale* deve essere risarcito solo nei casi determinati dalla legge), ha affermato che il danno non patrimoniale (danno determinato dalla lesione di interessi inerenti alla persona non connotati da rilevanza economica), caratterizzato dalla regola della tipicità, è riconosciuto non solo nei casi espressamente previsti dalla legge (è il caso, ad esempio, della discriminazione), ma anche nei casi in cui sia cagionato dalla lesione di altri diritti della persona costituzionalmente tutelati. Il danno non patrimoniale costituisce – ad avviso delle S.U. – una *categoria unica* (di massima, ma non necessariamente, coincidente con il danno biologico)[24], all'interno della quale non è possibi-

[20] La Cass. pen. n. 27706/2012, ha ribadito che «lo strumento tradizionale di tutela accordato per assicurare protezione alle vittime di molestie sessuali sui luoghi di lavoro è costituito dall'art. 2087 c.c. predisposto a carico del datore di lavoro, onde garantire l'obbligatoria sicurezza e protezione del lavoratore: si tratta [...] di una forma di tutela non solo dell'integrità fisica, ma anche della "personalità morale"». Perciò, se il datore è a conoscenza o ragionevolmente può essere a conoscenza delle molestie e non interviene per far cessare tali condotte, egli non può «andare esente da responsabilità, da cui deriva il diritto al risarcimento del danno non patrimoniale per il lavoratore, data la natura costituzionale dei beni lesi» (nel caso di specie, il datore di lavoro è stato ritenuto esente da responsabilità poiché il dipendente autore del fatto illecito aveva agito «con dolo e al di fuori del c.d. "rapporto di occasionalità necessaria" con le proprie mansioni»: l'evento lesivo si era cioè verificato sul luogo di lavoro solo in via del tutto accidentale e casuale).

[21] Ai sensi dell'art. 28, d.lgs. n. 81/2008, tra i rischi per la salute e la sicurezza dei lavoratori oggetto di valutazione (*infra*) sono compresi anche quelli collegati allo *stress lavoro-correlato* (o *burn-out*, definibile come situazione di prolungata tensione che può ridurre l'efficienza sul lavoro e può determinare un cattivo stato di salute) secondo i contenuti dell'Accordo autonomo europeo dell'8.10.2004 (recepito in Italia dall'AI del giugno 2008, sottoscritto da CGIL, CISL, UIL a pochi giorni dall'entrata in vigore del d.lgs. n. 81/2008). Lo stress lavoro collegato (il *burn-out* non è inserito dall'OMS tra le malattie, ma tra le condizioni che impattano sulla salute) è tenuto distinto da *mobbing*, molestie, e in genere "*violence and bullying*", anche se si tratta assai spesso dei fattori scatenanti del rischio di stress.

[22] Sulla questione si era pronunciata la Corte cost. n. 399/1966, che pur in mancanza (all'epoca) di un divieto assoluto di fumo nei luoghi chiusi, riteneva doverosa da parte del datore di lavoro, ai sensi dell'art. 2087 c.c., la predisposizione di tutte le misure necessarie ad evitare di esporre i lavoratori ai rischi derivanti dal fumo passivo.

[23] Cfr. Cass. S.U. n. 26793/2008.

[24] Chiarisce la Cassazione (sentenza n. 4025/2016) che la categoria generale del danno non patrimoniale presenta natura composita, articolandosi in una serie di aspetti (o voci) aventi funzione meramente descrittiva, quali: il danno morale (identificabile nel patema d'animo o sofferenza interiore subiti dalla vittima dell'illecito, ovvero nella lesione arrecata alla dignità o integrità morale, quale massima espressione della dignità umana); il danno biologico (inteso come lesione del bene salute); il danno esistenziale (costituito dallo sconvolgimento delle abitudini di vita del soggetto danneggiato). Di tali danni, ove ricorrano cumulativamente, occorre tenere conto in sede di liquidazio-

le "ritagliare" altre sotto-categorie (come il danno esistenziale), ed è risarcibile solo quando l'offesa al diritto sia grave e il pregiudizio sia serio[25].

Per evitare confusioni con l'argomento trattato sopra, occorre tenere a mente che l'assicurazione obbligatoria esonera il datore di lavoro dalla responsabilità civile per il danno subito dal lavoratore a seguito di infortunio sul lavoro o malattia professionale; l'ente assicuratore (INAIL) eroga al lavoratore le provvidenze sia di carattere sanitario sia di carattere economico (indennità e rendite). La responsabilità del datore di lavoro risorge quando l'infortunio o la malattia derivino da fatto costituente reato commesso dal datore di lavoro o da un suo dipendente. In tal caso, il danno risarcibile non è solo quello patrimoniale ma anche quello biologico (Corte cost. nn. 87/1991, 356/1991, 485/1991), per la parte non coperta dall'assicurazione obbligatoria (d.lgs. n. 38/2000, art. 13).

2. *Evoluzione della disciplina in materia di salute e sicurezza*

Il compito di riempire di contenuti l'obbligo di sicurezza, sancito dall'art. 2087 c.c. nei termini di cui si è detto sopra (§ 1.1), spetta alla normativa speciale. Rimasta per lungo tempo ferma ai decreti del 1955 e 1956 in materia di igiene e prevenzione degli infortuni (abrogati soltanto con il d.lgs. n. 81/2008), la normativa speciale ha subito un notevole rinnovamento con l'entrata in vigore del d.lgs. n. 626/1994, e successive modificazioni e integrazioni, applicabile sia nel settore privato sia nelle pubbliche amministrazioni. Con il decreto n. 626/1994, l'Italia ha dato attuazione, sia pure con ritardo, a otto direttive comunitarie (Direttiva-quadro, detta direttiva "madre", 89/391, e Direttive specifiche, dette direttive "figlie", 89/654, 89/655, 89/656, 90/269, 90/270, 90/394, 90/679), riguardanti il miglioramento della sicurezza e della salute dei lavoratori sul luogo di lavoro, adeguando così il nostro ordinamento al più moderno e più complesso approccio comunitario al tema della sicurezza del lavoro, imperniato essenzialmente sulla prevenzione e sulla partecipazione dei lavoratori alla realizzazione dell'obiettivo sicurezza del lavoro.

Pur avendo l'ambizione di dettare una nuova disciplina sistematica e completa, e malgrado l'indubbio merito di aver segnato una decisiva svolta nella legislazione, le nuove norme si erano sommate alla normativa precedente, creando talora una difficile convivenza tra vecchio e nuovo, e dando luogo ad un apparato che, malgrado la

---

ne del danno, in ossequio al principio dell'integralità del risarcimento, senza che a ciò osti il carattere unitario della liquidazione, da ritenere violato solo quando lo stesso aspetto (o voce) venga computato due (o più) volte sulla base di diverse denominazioni meramente formali.

[25] Secondo le S.U., il risarcimento deve essere integrale, nel senso che deve ristorare integralmente il pregiudizio, ma non oltre. Il risarcimento integrale, come hanno notato alcuni commentatori, apre tuttavia la porta alla "personalizzazione" del risarcimento, nel senso che la valutazione dovrà comprendere l'insieme delle conseguenze dannose ricollegabili alla violazione di diritti della persona costituzionalmente tutelati. Costituendo il danno non patrimoniale un "danno conseguenza" deve essere allegato e provato: per il danno biologico la vigente normativa richiede l'accertamento medico-legale (che il giudice può tuttavia disattendere); per altri pregiudizi non patrimoniali potrà farsi ricorso alla prova testimoniale, documentale e presuntiva.

complessità e l'ampiezza, si è rivelato scarsamente efficiente. Permaneva un elevato tasso di inottemperanza alle regole, non solo nelle imprese di piccola dimensione, ma anche nelle imprese di dimensione maggiore, specialmente a causa dell'esternalizzazione di parti della produzione e del ricorso agli appalti; il sistema di vigilanza e controllo risultava carente, per numero di addetti, per mancanza di coordinamento tra i servizi ispettivi delle Direzioni territoriali del lavoro e le ASL, e per difetto di una formazione degli addetti adeguata alla difficoltà tecnica e alla delicatezza dei compiti; l'informazione dei lavoratori era insufficiente e la loro formazione sulla sicurezza troppo scarsa.

Le carenze (specialmente in termini di effettività) della normativa, tristemente sottolineate dal quasi quotidiano conto dei morti sul lavoro, avevano reso urgente un intervento per la riforma dell'apparato normativo: consapevole di questa urgenza, su iniziativa del Governo dell'epoca (presieduto da Romano Prodi) il Parlamento aveva emanato la legge-delega n. 123/2007 per il riassetto e la riforma della normativa in materia di tutela della salute e della sicurezza del lavoro. La legge-delega era divisa in due parti. Una parte conteneva i criteri ai quali il Governo doveva attenersi nel riassetto e nella riforma delle norme vigenti in materia di salute e sicurezza dei lavoratori nei luoghi di lavoro, mediante il loro riordino e coordinamento in un *unico testo normativo* (non si trattava dunque della delega ad emanare un T.U., ma piuttosto un Codice, ovvero una disciplina organica della materia, sostitutiva della disciplina precedente). Un'altra parte della legge-delega n. 123/2007 conteneva, oltre ad una serie di disposizioni di applicazione immediata (che il successivo d.lgs. n. 81/2008 ha poi provveduto ad abrogare), l'indicazione delle finalità e dei principi base ai quali doveva essere ispirata la nuova disciplina: oltre alla centralità della prevenzione, un approccio "globale" ai rischi per la salute e la sicurezza dei lavoratori, che si ripercuote nella definizione del suo ambito oggettivo e soggettivo di applicazione. Tra queste indicazioni contenute nella legge-delega, meritano di essere segnalate, per il loro significato innovativo: l'applicazione generalizzata, a tutti i settori e a tutti i tipi di rischio, tenendo conto delle specificità o della particolare pericolosità di taluni ambiti lavorativi; l'applicazione a tutti i lavoratori, autonomi e subordinati o equiparati; la semplificazione degli adempimenti meramente formali, nel pieno rispetto dei livelli di tutela.

In attuazione della delega, il Governo ha proceduto all'elaborazione di un decreto legislativo (d.lgs. n. 81/2008, in materia di tutela della salute e della sicurezza nei luoghi di lavoro, che indicheremo come T.U., secondo l'uso corrente tra i commentatori), diviso in 13 titoli e 306 articoli, che vanno dai principi generali alle misure di dettaglio per i diversi settori produttivi. Il T.U. è stato oggetto di successive modifiche; oltre alle modifiche contenute nel d.lgs. n. 151/2015, le ultime sono quelle previste nel d.lgs. n. 39/2016, nel d.lgs. n. 159/2016; nel d.l. n. 244/2016, convertito in l. n. 19/2017 e nel d.l. n. 146/2021, convertito in l. n. 215/2021 (ma si tratta di interventi particolari e/o settoriali). Qui daremo conto delle sole innovazioni rilevanti ai fini di questa trattazione necessariamente sommaria[26]. La vastità e la com-

---

[26] Per quanto la materia degli infortuni sul lavoro esuli da questa trattazione, segnaliamo alcune novità importanti contenute nel d.lgs. n. 151/2015: è stato abolito l'obbligo per il datore di lavoro di tenuta del registro degli infortuni; è prevista la trasmissione all'INAIL del certificato di infortu-

plessità del testo del T.U. non ne consentono infatti l'esame in questa sede: ci limitiamo perciò a richiamare solo alcuni punti essenziali della disciplina [27].

Un problema preliminare riguarda la ripartizione delle competenze tra Stato e Regioni; secondo l'art. 117 Cost., le Regioni hanno potestà legislativa concorrente con quella dello Stato in materia di "tutela e sicurezza" del lavoro, mentre lo Stato ha potestà legislativa esclusiva per ciò che attiene alla determinazione dei livelli essenziali delle prestazioni concernenti i diritti civili e sociali da garantire su tutto il territorio nazionale, nonché per le altre materie che riguardano l'ordinamento civile, il diritto penale, amministrativo e processuale coinvolte nella tutela della salute e della sicurezza dei lavoratori. La competenza delle Regioni appare perciò circoscritta al completamento della legislazione statale: essenzialmente si tratta della programmazione e dello svolgimento (tramite le ASL) delle attività di prevenzione e delle attività di vigilanza e controllo. Al fine di realizzare un efficace coordinamento, il d.lgs. n. 81/2008 ha predisposto un complesso apparato istituzionale, di cui fanno parte: il Comitato nazionale per l'indirizzo e la valutazione delle politiche attive e per il coordinamento nazionale delle attività di vigilanza in materia di salute e sicurezza sul lavoro; la Commissione consultiva permanente per la salute e sicurezza sul lavoro (la composizione di entrambe è stata modificata dal d.lgs. n 151/2015, che ha anche portato qualche ritocco alla definizione delle loro funzioni); i Comitati regionali di coordinamento.

Per quanto riguarda il *campo di applicazione oggettivo*, il T.U. si applica a tutti i settori di attività privati e pubblici. Il d.lgs. n. 106/2009 ha espunto però dall'ambito di applicazione le organizzazioni di volontariato della protezione civile, la cui disciplina è stata rinviata ad un successivo decreto interministeriale. È stata prevista inoltre l'emanazione di altri decreti per coordinare la disciplina di cui al T.U. con la specificità di alcuni settori (lavoro portuale, a bordo di navi, ferroviario).

Per quanto riguarda il *campo di applicazione soggettivo*, l'art. 2, lett. *a*), T.U., definisce *lavoratore* la «persona che, indipendentemente dalla tipologia contrattuale, svolge un'attività lavorativa nell'ambito dell'organizzazione di un datore di lavoro pubblico o privato, con o senza retribuzione, anche al solo fine di apprendere un mestiere, un'arte o una professione, esclusi gli addetti ai servizi domestici e familiari» [28].

---

nio e di malattia professionale esclusivamente per via telematica, con conseguente esonero per il datore di lavoro; è prevista inoltre la trasmissione all'autorità di pubblica sicurezza delle informazioni relative alle denunce di infortunio mortali o con prognosi superiore a trenta giorni a carico dell'INAIL, esonerando il datore di lavoro. Altra novità è l'estensione anche nelle imprese che superano i cinque lavoratori dello svolgimento diretto da parte del datore di lavoro dei compiti di primo soccorso, nonché di prevenzione degli incendi e di evacuazione.

[27] Per approfondire gli argomenti trattati sinteticamente in questo capitolo suggeriamo la consultazione del sito *olympus.uniurb.it*.

[28] Nel T.U. sono equiparati ai lavoratori anche i soci lavoratori di cooperativa o di società, anche di fatto; gli associati in partecipazione (ma ricordiamo che il d.lgs. n. 81/2015 ha soppresso l'associazione in partecipazione con apporto di lavoro); i beneficiari delle iniziative di tirocini formativi e di orientamento, e altri soggetti ancora. Per quanto riguarda i collaboratori a progetto (categoria soppressa dal d.lgs. n. 81/2015) e i lavoratori "somministrati" è confermata la precedente disciplina (salvo specifica valutazione dei rischi): nel primo caso, si ricalca quanto disposto dal d.lgs. n. 276/2003; nel secondo caso sono confermate le condizioni di applicabilità della tutela prevista dal d.lgs. n. 276/2003 (prestazione del lavoratore parasubordinato nel luogo di lavoro del committente), escludendo così dalla tutela una platea assai ampia di collaboratori coordinati e continuativi molti dei quali operano al di fuori dell'azienda (come nel caso del telelavoro).

Mentre risulta irrilevante il tipo contrattuale (subordinato o autonomo) in cui è dedotta la prestazione lavorativa, ha decisiva rilevanza l'inserimento della prestazione nell'organizzazione (intesa come contesto produttivo) di cui è responsabile il datore di lavoro.

È definito *datore di lavoro*: il soggetto titolare del rapporto di lavoro con il lavoratore o, comunque, il soggetto che, secondo il tipo e l'assetto dell'organizzazione nel cui ambito il lavoratore presta la propria attività, ha la responsabilità dell'organizzazione stessa o dell'unità produttiva in quanto esercita i poteri decisionali e di spesa[29]. Nelle imprese di piccole dimensioni il datore di lavoro è il legale rappresentante; nelle imprese di maggiori dimensioni, potrà essere qualificato come "datore di lavoro" il dirigente responsabile di stabilimento, o il preposto all'unità produttiva, se dotati dei poteri necessari all'adempimento dai molteplici obblighi imposti dal T.U. La *delega di funzioni*, in forma scritta, e accettata per iscritto dall'interessato, è espressamente regolata dall'art. 16; non sono delegabili gli obblighi di cui all'art. 17: la valutazione di tutti i rischi con la conseguente elaborazione del documento relativo (DVR); la designazione del responsabile del *servizio di prevenzione e protezione dai rischi* (di cui all'art. 34).

In coerenza con il modello "partecipato" di prevenzione dei rischi a tutela della salute e della sicurezza dei lavoratori, accanto al datore di lavoro, ai dirigenti, ai preposti, il T.U. prevede una serie di soggetti destinatari di obblighi (artt. 20-26): in primo luogo *i lavoratori* (art. 20), che devono «prendersi cura della propria salute e sicurezza e di quella delle altre persone presenti sul luogo di lavoro, su cui ricadono gli effetti delle sue azioni o omissioni», conformemente alla loro formazione, alle istruzioni e ai mezzi forniti dal datore di lavoro. I lavoratori devono segnalare le situazioni di pericolo e le eventuali carenze delle attrezzature, utilizzare correttamente le attrezzature di sicurezza, sottoporsi ai controlli sanitari, partecipare ai programmi di formazione e addestramento; possono abbandonare il posto di lavoro in caso di pericolo grave e immediato (art. 40). La violazione degli obblighi dà luogo a sanzioni penali e amministrative pecuniarie (art. 59): per i lavoratori si tratta di una novità, nel segno del loro coinvolgimento nel modello partecipato di prevenzione e protezione.

In ogni caso il datore di lavoro resta il principale responsabile della salute e della sicurezza nei luoghi di lavoro. Dando finalmente all'obbligo di sicurezza di cui all'art. 2087 c.c. un significato concreto e preciso (contribuendo così ad una maggiore certezza del diritto), il T.U. articola l'adempimento dell'obbligo in una serie specifica di adempimenti, disciplinati dall'art. 18 T.U. (tra cui la nomina del *medico competente* e la designazione preventiva dei lavoratori incaricati dell'attuazione delle misure di prevenzione incendi, evacuazione, primo soccorso), la cui realizzazione richiede la partecipazione anche di altri soggetti obbligati.

Il primo fondamentale adempimento è la *valutazione di tutti i rischi* connessi alla prestazione lavorativa (art. 28, c. 1) e la redazione del *documento* di valutazione dei rischi (DVR), il cui contenuto è specificato dall'art. 28, c. 2; le modalità di effettua-

---

[29] Nelle pubbliche amministrazioni per datore di lavoro si intende il dirigente al quale spettano i poteri di gestione, ovvero il funzionario non avente qualifica dirigenziale preposto ad un ufficio avente autonomia gestionale.

zione della valutazione sono regolate dall'art. 29, che prevede la collaborazione del responsabile del servizio di prevenzione e protezione e del medico competente, nonché la previa consultazione del rappresentante per la sicurezza. Il d.lgs. n. 151/2015 ha molto opportunamente previsto la collaborazione dell'INAIL e della ASL, che devono rendere disponibili al datore di lavoro gli strumenti tecnici e specialistici per la riduzione dei rischi.

Quanto all'apparato sanzionatorio, questo è predisposto dal T.U. (artt. 55-60), che ha modificato il precedente regime delle sanzioni, inasprendo le sanzioni penali (dell'arresto o dell'ammenda) a carico del datore di lavoro e del dirigente, non solo calibrandole sulla gravità della violazione delle norme sulla salute e sicurezza nei luoghi di lavoro, ma modulandole in relazione al rischio potenziale di danno. Sul testo originario è poi intervenuto il decreto correttivo (d.lgs. n. 106/2009) che ha attenuato il rigore delle sanzioni, su cui si erano appuntate molte critiche, specie di parte imprenditoriale (ma l'importo di alcune sanzioni è stato aumentato dal d.lgs. n. 151/2015).

Una particolare attenzione merita la *sospensione dell'attività imprenditoriale*, prevista (art. 14) come "*misura di contrasto al lavoro irregolare e al lavoro insicuro*". Dopo l'ultimo intervento correttivo, contenuto nel d.l. n. 146/2021, art. 13, il provvedimento di sospensione, diversamente da quanto previsto nel testo previgente, *deve* essere adottato dal personale ispettivo quando risultino impiegati lavoratori irregolari in misura pari o superiore al 10% dei lavoratori presenti sul luogo di lavoro o quando risultino gravi e reiterate violazioni in materia di tutela della salute e della sicurezza dei lavoratori (in quest'ultimo caso il provvedimento può essere adottato dagli organi di vigilanza delle ASL). La sospensione ha effetto immediato[30]. L'inottemperanza al provvedimento di sospensione è punita con l'arresto fino a sei mesi per gravi violazioni in materia di tutela della salute, o con un'ammenda nelle ipotesi di lavoro irregolare, il cui ammontare è stato aumentato dalla legge di bilancio 2019 (l. n. 145/2018). Il provvedimento può essere revocato dall'organo di vigilanza che lo ha adottato a fronte della regolarizzazione dei lavoratori o del ripristino delle regolari condizioni di lavoro, nonché del pagamento di somme aggiuntive (rispetto alle sanzioni penali e amministrative). Modificando l'art. 14, il d.lgs. n. 151/2015 ha previsto che la revoca del provvedimento, su istanza di parte, ferme restando le altre sanzioni, può essere concessa anche subordinatamente al pagamento soltanto del 20% della somma aggiuntiva; l'importo residuo, maggiorato del 5%, potrà essere poi versato entro sei mesi.

Ricordiamo infine che è prevista la creazione di un sistema informativo pubblico, al quale partecipano anche le parti sociali, per la condivisione e la circolazione di notizie sugli infortuni, sulle ispezioni e sulle attività in materia di salute e sicurezza sul lavoro; sono previsti inoltre finanziamenti per le azioni promozionali private e pubbliche, come l'inserimento nei programmi scolastici e universitari della materia "salute e sicurezza nei luoghi di lavoro".

---

[30] Ma il c. 4 dello stesso art. 14 prevede che «in ogni caso di sospensione, gli effetti della stessa possono essere fatti decorrere dalle ore dodici del giorno lavorativo successivo ovvero dalla cessazione dell'attività lavorativa in corso che non può essere interrotta, salvo che non si riscontrino situazioni di pericolo imminente o di grave rischio per la salute dei lavoratori o dei terzi o per la pubblica incolumità».

2.1. *Il rappresentante dei lavoratori per la sicurezza*

Gli artt. 47-50 T.U. prevedono l'istituzione del *rappresentante dei lavoratori per la sicurezza* (RLS); la nuova disciplina sostituisce quella prevista dal d.lgs. n. 626/1994 (artt. 18 e 19).

Già nello Statuto dei lavoratori (art. 9) era previsto che i lavoratori «mediante loro *rappresentanze*» avessero il «diritto di controllare l'applicazione delle norme per la prevenzione degli infortuni e delle malattie professionali e di promuovere la ricerca, l'elaborazione e l'attuazione di tutte le misure idonee a tutelare la loro salute e la loro integrità fisica». L'art. 9 non forniva indicazioni in ordine alla natura, alla struttura, alla composizione di tali rappresentanze: secondo l'interpretazione prevalente in dottrina (la giurisprudenza ha avuto rare occasioni di intervenire), le rappresentanze di cui all'art. 9 St. lav. potevano identificarsi con le rappresentanze sindacali aziendali (RSA), ma anche con organismi di rappresentanza costituiti *ad hoc* dal personale interno all'azienda, che potevano avvalersi di competenze tecniche esterne per l'elaborazione e l'attuazione delle misure di sicurezza. Nella pratica applicazione, le rappresentanze di cui all'art. 9 St. lav. si erano progressivamente identificate con le rappresentanze sindacali: identificazione favorita dalla scelta in tal senso della contrattazione collettiva.

Con l'entrata in vigore del d.lgs. n. 626/1994, il quadro normativo era mutato[31]: secondo quanto previsto dall'art. 18 del decreto, nelle unità produttive con meno di quindici dipendenti il RLS era eletto direttamente dai lavoratori al loro interno; nelle unità produttive con più di quindici dipendenti era eletto o designato nell'ambito delle RSA. L'art. 18 rinviava alla contrattazione collettiva nazionale la definizione delle modalità di designazione o di elezione del RLS, il tempo di lavoro retribuito e gli strumenti per l'espletamento delle sue funzioni. La contrattazione collettiva a sua volta prevedeva che nelle unità produttive con più di quindici dipendenti il candidato RLS venisse specificamente indicato tra i candidati all'elezione nella RSU, e designato quindi dai componenti della RSU al proprio interno; dove non fosse presente la RSU, la contrattazione prevedeva che il RLS fosse eletto o designato dai lavoratori all'interno delle RSA. La contrattazione aveva dunque operato una scelta a favore dell'identificazione tra RLS e rappresentanza sindacale, o meglio a favore non di una struttura autonoma e diversificata, ma di una *specializzazione funzionale* interna all'organismo di rappresentanza sindacale generale, confermando la tendenza che già si era manifestata nella pratica applicazione dell'art. 9 St. lav.

La nuova disciplina del RLS prevista dal T.U. del 2008 porta verso una più netta separazione tra la funzione di rappresentanza dei lavoratori per la sicurezza e quella di rappresentanza sindacale generale. L'art. 47 T.U. prevede l'istituzione della figura del RLS su tre livelli: il livello dell'unità produttiva (RLS aziendale); il livello territoriale o di comparto (Rappresentante per la sicurezza del territorio); il livello dei c.d. siti produttivi (Rappresentante per la sicurezza di sito produttivo). La nuova disciplina accentua l'istituzionalizzazione della figura del RLS (e con ciò la natura pubblici-

[31] Secondo l'opinione prevalente, la nuova disciplina aveva abrogato implicitamente l'art. 9 St. lav., avendo introdotto una nuova e completa regolamentazione della materia, che assorbiva perciò quella precedente; ma l'opinione non era condivisa da alcuni giudici di merito.

stica dell'interesse collettivo alla sicurezza nei luoghi di lavoro): l'art. 47 dispone l'*elezione* dei RLS in un'unica giornata su tutto il territorio nazionale, individuata «nell'ambito della settimana europea per la salute e la sicurezza sul lavoro» con decreto del Ministro del lavoro.

Resta in ogni caso molto ampio lo spazio riservato alla contrattazione collettiva, cui sono rinviate le modalità di individuazione dei RLS, la definizione del tempo di lavoro retribuito e gli strumenti per l'espletamento delle funzioni, le modalità e la durata della formazione, le modalità per l'esercizio delle funzioni [32].

La legge assicura al RLS particolari prerogative e tutele (art. 50 T.U.): molto rilievo è dato all'obbligo di consultazione preventiva del RLS in ordine alla valutazione dei rischi, alla programmazione realizzazione e verifica della prevenzione, all'organizzazione della formazione. Il datore di lavoro potrà anche non tener conto dei pareri formulati dal RLS, ma questi potrà fare ricorso alle autorità competenti (servizi ispettivi, ASL, autorità giudiziaria) qualora ritenga che le misure di prevenzione e protezione dai rischi adottate dal datore di lavoro non siano idonee a garantire la salute e la sicurezza del lavoro. Il legislatore ha inoltre rafforzato i diritti di informazione e di accesso al documento di valutazione dei rischi; non presentano invece significative innovazioni le disposizioni relative alla formazione (art. 37, c. 6, T.U.).

Il RLS gode delle stesse tutele previste per i rappresentanti sindacali: troveranno dunque applicazione, con i necessari adattamenti, l'art. 18 St. lav., nella parte relativa alla tutela dei rappresentanti sindacali contro i licenziamenti, non modificata dalla l. n. 92/2012, e su cui tace anche il d.lgs. n. 23/2015, che ha istituito il contratto "a tutele crescenti" (*infra*, PT. VIII, Cap. II, Sez. I), nonché l'art. 22 St. lav. che tutela i rappresentanti sindacali contro i trasferimenti disposti dal datore di lavoro senza il nulla-osta del sindacato di appartenenza. Il RLS deve inoltre poter disporre del tempo (retribuito) e dei mezzi necessari per lo svolgimento delle proprie funzioni.

3. *Covid-19 e sicurezza sul lavoro*

La diffusione, a partire dai primi mesi del 2020, del contagio da virus Sars-Cov-2 ha determinato l'insorgere di un'ampia serie di questioni giuridiche in ordine alle misure di prevenzione e protezione che il datore di lavoro è tenuto ad adottare, e alle relative responsabilità in caso di inottemperanza.

Molte di queste misure erano, o sono tuttora, contenute in discipline emergenziali (decreti-legge adottati per necessità e urgenza, poi convertiti in legge dal Parlamento e, nella prima fase pandemica, anche fonti secondarie come i d.p.c.m.) dettate *ad hoc* per prevenire e contenere la diffusione del Covid-19.

---

[32] Per quanto attiene alle modalità di individuazione, il legislatore sembra esprimere una netta preferenza per il metodo elettivo, mediante la previsione dell'*election day* nazionale; tuttavia tale preferenza risulta indebolita dall'aver affidato alla contrattazione collettiva la scelta tra elezione e *designazione* del RLS aziendale: è dunque compito della contrattazione sciogliere il nodo dell'alternativa, accentuando l'autonomia di questa figura di rappresentante rispetto alla rappresentanza sindacale nel cui ambito è eletto o designato.

Le misure hanno interessato, come noto, tutti i cittadini, compresi i cittadini-lavoratori, e hanno riguardato, oltre al blocco di molte attività produttive e il divieto di lasciare il proprio domicilio, obblighi di distanziamento sociale, di indossare presidi individuali (mascherine, guanti), di usare prodotti igienizzanti per le mani, di misurazione della temperatura corporea, di isolamento nel caso di malattia, di sorveglianza sanitaria.

Accanto a queste misure ne sono state poi previste altre, riferite specificamente agli ambienti di lavoro, definite attraverso accordi, definiti "Protocolli condivisi", intercorsi tra il Governo e le organizzazioni sindacali a livello nazionale, oltre che attraverso specifici accordi di categoria o di settore o anche aziendali.

Al Protocollo del 14 marzo 2020 ha fatto seguito quello del 24 aprile 2020, successivamente aggiornato con i Protocolli del 6 aprile 2021 e del 30 giugno 2022. Nei Protocolli sono regolati specifici obblighi per i datori di lavoro del settore privato riguardanti, tra l'altro, le informazioni dovute ai lavoratori sul rischio da contagio; le modalità di ingresso nei luoghi di lavoro; la gestione degli appalti; la pulizia e la sanificazione dei locali e il ricambio dell'aria; le precauzioni igieniche personali; i dispositivi di protezione delle vie respiratorie; la gestione degli spazi comuni; la gestione dell'entrata e uscita dei dipendenti; la gestione delle persone sintomatiche in azienda; la sorveglianza sanitaria; l'utilizzo del lavoro agile; la protezione rafforzata dei lavoratori fragili.

In ogni luogo di lavoro, inoltre, deve essere adottato uno specifico protocollo anti-contagio che tenga conto delle misure indicate nel Protocollo nazionale.

L'obbligatorietà delle prescrizioni di fonte non legale, ma contenute in protocolli o accordi collettivi, è deducibile dal rinvio a questi ultimi da parte del d.l. n. 19/2020 (e ancor prima nei d.p.c.m. dell'11 e del 22 marzo 2020).

La logica che ispira i Protocolli, ma in generale anche le altre misure legislative "anti-covid" è tipicamente precauzionale: il principio di precauzione impone di adottare tutte le misure necessarie per contenere o annullare un possibile rischio, anche in assenza di evidenze scientifiche certe sulla produzione di danni derivanti dallo svolgimento di una certa attività, quando siano in gioco beni di primaria importanza come, ad esempio, la salute della persona.

Le questioni giuridiche più rilevanti legate alla disciplina emergenziale hanno riguardato anzitutto il rapporto tra quest'ultima e le regole ordinarie in materia di sicurezza del lavoro.

Ci si è chiesti se l'adozione da parte del datore di lavoro delle misure previste prima nei d.p.cm. e poi nei decreti e nei Protocolli condivisi sia sufficiente al fine di adempiere all'obbligo di sicurezza nei confronti dei propri dipendenti con riferimento al rischio di contagio da Sars-Cov-2.

La tesi negativa è quella che pare più coerente con la *ratio* complessiva del sistema normativo in materia sicurezza sul lavoro. Le norme di emergenza convivono (auspicabilmente in via transitoria) con quelle ordinarie. Tali norme si configurano come specificazione degli obblighi datoriali in relazione al rischio da Covid-19, non costituendo un nucleo normativo a sé stante e avulso dalla trama regolativa complessiva: con la conseguenza che le specifiche misure da adottare con riferimento al rischio del contagio da Covid non escludono l'applicazione dei principi generali in materia di prevenzione, ivi compreso il principio della massima sicurezza tecnologicamente possibile. Principi, questi, che consentono di adattare in modo dinamico le misure dovute all'evoluzione dell'esperienza e della tecnica con riferimento a qualsiasi rischio idoneo a ledere l'integrità del prestatore di lavoro.

La tesi descritta deve tuttavia fare i conti con un intervento legislativo che pare preoccuparsi soprattutto di delimitare la responsabilità del datore di lavoro di fronte al rischio-Covid. Si tratta dell'art. 29-*bis* del d.l. n. 23/2020, conv. in l. n. 40/2020: disposizione che ai fini della tutela contro il rischio di contagio da Covid-19, prevede che i datori di lavoro pubblici e privati adempiono all'obbligo di sicurezza di cui all'art. 2087 c.c. mediante l'applicazione delle prescrizioni contenute nel Protocollo concluso il 24 aprile 2020 tra Governo e parti sociali per il contrasto e il contenimento della diffusione del Covid-19 negli ambienti di lavoro e degli altri eventuali accordi collettivi di settore stipulati dalle organizzazioni sindacali e datoriali comparativamente più rappresentative sul piano nazionale. Al di là delle intenzioni del legislatore (che non vincolano l'interprete), la disposizione si presta comunque ad essere letta come previsione che specifica l'obbligo di sicurezza con riferimento al rischio-Covid, senza tuttavia incidere sulla portata dell'art. 2087 c.c. Quest'ultima resta la norma di chiusura del sistema prevenzionistico che consente di adeguare al caso concreto il contenuto dell'obbligo di sicurezza gravante sul datore di lavoro.

Con riferimento al rischio biologico legato al Coronavirus si è discusso, soprattutto nelle prime fasi dell'emergenza pandemica, se esso possa considerarsi rischio specifico legato al processo produttivo, o invece rischio generico ed esogeno rispetto all'organizzazione aziendale, al quale il lavoratore è esposto in quanto appartenente alla collettività. In quest'ultimo caso, il datore di lavoro non sarebbe vincolato a svolgere una valutazione dei rischi aggiuntiva, dato che tale valutazione sarebbe svolta direttamente dall'autorità pubblica responsabile della individuazione delle misure di sanità necessarie per tutta la popolazione[33]. È prevalsa tuttavia l'opinione secondo cui il datore di lavoro è tenuto ad effettuare l'aggiornamento della valutazione dei rischi a fronte del sopravvenuto rischio Covid. Il rischio, in sé "esogeno", assume infatti le caratteristiche di rischio "interno", e dunque proprio dell'organizzazione aziendale, quando l'attività imprenditoriale esponga i lavoratori a un rischio da contagio intenso (ad esempio, quando le attività implichino costante contatto con il pubblico); da altro punto di vista, si è ritenuto che, comunque, le regole emergenziali, come ad esempio quelle sul distanziamento interpersonale, determinino modifiche organizzative all'organizzazione aziendale e dunque implichino un aggiornamento della valutazione dei rischi (necessariamente declinata con riferimento alla situazione concreta). Anche l'INAIL si è espresso a favore della necessità di aggiornare la valutazione dei rischi[34].

L'emergenza sanitaria ha sollecitato una specifica riflessione sul bilanciamento tra esigenze di prevenzione del contagio nei luoghi di lavoro e diritto alla riserva-

---

[33] Tale conclusione non potrebbe comunque riguardare le realtà aziendali in cui si utilizzino agenti biologici, oppure in cui vi sia una esposizione continua al rischio di contagio connaturata al tipo di attività svolta (come nel caso delle attività sanitarie).

[34] INAIL, *Documento tecnico sulla possibile rimodulazione delle misure di contenimento del contagio da SARSCoV-2 nei luoghi di lavoro e strategie di prevenzione*, aprile 2020.

tezza dei lavoratori (v. PT. V, Cap. III, § 1.2.1). Il problema ha riguardato la rilevazione e il trattamento di dati relativi alla salute di questi ultimi da parte del datore di lavoro in occasione dell'attuazione di misure quali, ad esempio, la rilevazione della temperatura corporea, o l'acquisizione di dichiarazione di non provenienza da zone a rischio (c.d. zone rosse); o ancora l'assenza di contatti con soggetti a rischio. La legislazione di emergenza ha riconosciuto meritevole di tutela l'esigenza di controllo del contagio: l'art. 17-*bis* del d.l. n. 18/2020, conv. in l. n. 27/2020 autorizza infatti il trattamento dei dati personali «nei casi in cui risultino indispensabili ai fini dello svolgimento delle attività connesse alla gestione dell'emergenza sanitaria in atto». Lo stesso Garante della protezione dei dati personali ha ritenuto che le regole disposte dal Governo e dal Parlamento «risultano idonee a rispettare le garanzie previste dalla normativa in materia di protezione dei dati personali nel contesto di una situazione di emergenza»[35].

Sotto il profilo della tutela previdenziale, va segnalato che l'infezione da Coronavirus, coerentemente con quanto previsto, in generale, in caso di malattie infettive e parassitarie, viene ricondotta dall'INAIL nella categoria degli infortuni sul lavoro, sulla base di una equiparazione tra causa violenta (tipica dell'infortunio) e causa virulenta (tipica della malattia infettiva). La legislazione di emergenza ha confermato questo indirizzo attraverso una specifica disposizione (art. 42, c. 2, d.l. n. 18/2020, conv. in l. n. 27/2020), la quale prevede che la tutela assicurativa INAIL, spettante nei casi di contrazione di malattie infettive e parassitarie negli ambienti di lavoro e/o nell'esercizio delle attività lavorative, opera anche nei casi di infezione da Sars-Cov-2 contratta in occasione di lavoro. La previsione si applica ai datori pubblici e privati e nei confronti dei lavoratori rientranti nel campo di applicazione dell'assicurazione INAIL.

Occorre precisare che la qualificazione del contagio del lavoratore come "infortunio sul lavoro" rileva solo ai fini della tutela assicurativa e non implica un'automatica responsabilità in sede civile (o penale) del datore di lavoro. Per configurare quest'ultima non è sufficiente il mero fatto oggettivo del contagio del lavoratore, ma è necessaria, secondo le regole generali in tema di accertamento della responsabilità, la prova (a seconda dei casi) della colpa o del dolo del datore nell'omettere misure previste dalla disciplina prevenzionistica, dall'esperienza e dalla tecnica.

Ampio dibattito, e vivaci polemiche, hanno generato infine le discipline che, attraverso l'introduzione della Certificazione verde, c.d. *Green pass*, hanno indotto la popolazione e i prestatori di lavoro a procedere alla vaccinazione Covid-19 e ancor più quelle che hanno introdotto un vero e proprio obbligo vaccinale per alcune categorie di lavoratori e, infine, per i cittadini con più di 50 anni.

Un primo intervento normativo (d.l. n. 44/2021, conv. in l. n. 76/2021) ha disposto l'obbligo vaccinale per i lavoratori del settore sanitario.

Un secondo intervento (d.l. n. 52/2021, conv. in l. n. 87/2021) ha previsto come

---

[35] A partire dal Parere sulla bozza di ordinanza recante disposizioni urgenti di protezione civile in relazione all'emergenza sul territorio nazionale relativo al rischio sanitario connesso all'insorgenza di patologie derivanti da agenti virali trasmissibili – 2 febbraio 2020, Registro dei provvedimenti n. 15 del 2 febbraio 2020.

requisito obbligatorio per l'accesso (anche) ai luoghi di lavoro, sia privati che pubblici, il possesso della certificazione verde Covid-19[36].

Un terzo intervento normativo ha esteso l'obbligo vaccinale a tutti i cittadini con età superiore ai cinquant'anni (d.l. n. 1/2022).

Tali discipline, com'è evidente, pongono rilevanti problemi quantomeno sotto il profilo del bilanciamento tra il diritto al lavoro, di cui all'art. 4 Cost., e il principio di tutela della salute pubblica, di cui all'art. 32 Cost. Il dibattito che esse hanno innescato, nella dottrina e nell'opinione pubblica, è talmente vasto da non potere essere riassunto neppure per sommi capi.

Ci si limiterà a dare conto dei contributi provenienti da alcune pronunce che sono intervenute sul tema, e che hanno riguardato principalmente l'obbligo vaccinale per il personale sanitario[37].

In varie circostanze i giudici di merito hanno respinto il ricorso di operatori sanitari che erano stati posti in ferie retribuite dal datore di lavoro per aver rifiutato di vaccinarsi. Le motivazioni non riguardano la specificità delle mansioni svolte da tale personale, ma il fatto che questi ultimi sarebbero venuti a contatto con persone che accedono al luogo di lavoro[38]. L'interesse prevalente, nel bilanciamento, è dunque quello alla tutela degli assistiti[39], con conseguente subordinazione dell'interesse del singolo prestatore all'interesse alla salute pubblica[40]. In coerenza con questa linea ricostruttiva, il Consiglio di Stato[41] ha di recente ricordato come, secondo l'insegnamento della Corte costituzionale[42], il diritto del singolo all'autodeterminazione, così come qualsiasi altro diritto, non è senza limiti, essendo doveroso il bilanciamento con altri diritti, pure tutelati dalla Costituzione, ritenendo legittimo, nei confronti degli esercenti le professioni sanitarie e per gli operatori di interesse sanitario, l'obbligo vaccinale previsto dall'art. 4 del d.l. n. 44/2021. Secondo il Consiglio di Stato, l'obbligo vaccinale imposto ai sanitari costituisce non solo una previsione rispondente ad un preciso obbligo di sicurezza e di protezione nei luoghi in cui il lavoro si svolge a contatto con il pubblico, ma anche al principio, altrettanto fondamentale, di sicurezza delle cure, rispondente ad un interesse della collettività; tale interesse è sicuramente prevalente, nelle condizioni epidemiologiche dovute alla pandemia da Covid-19, sul diritto al lavoro.

---

[36] Obbligo poi esteso e irrobustito con ulteriori interventi normativi: d.l. n. 221/2021 e d.l. n. 229/2021.

[37] L'art. 4 del d.l. n. 44/2021, conv. in l. n. 76/2021, ha introdotto l'obbligo vaccinale per gli esercenti le professioni sanitarie e gli operatori di interesse sanitario che svolgono la loro attività nelle strutture sanitarie, sociosanitarie e socio-assistenziali, pubbliche e private, nelle farmacie, parafarmacie e negli studi professionali.

[38] Trib. Belluno 19.3.2021 n. 12; Trib. Modena 19.5.2021.

[39] Trib. Verona 24.5.2021 relativa a una operatrice socio sanitaria di una RSA; Trib. Roma 28.7.2021.

[40] TAR Puglia, sez. II, Lecce, decreto 5.8.2021, n. 480; TAR Lazio 24.8.2021, n. 4453, relativa all'obbligo di *Green pass* per gli insegnanti.

[41] Cons. Stato, sez. III, n. 7045/2021.

[42] Corte cost. 14.6.1954, n. 1; Corte cost. 9.5.2013, n. 85.

La tutela dell'integrità psico-fisica della collettività dei lavoratori è alla base anche della pronuncia che ha stabilito, in un contesto lavorativo estraneo all'attività sanitaria, la legittimità della condotta del datore di lavoro che aveva impedito l'accesso ai locali aziendali ai lavoratori che si erano rifiutati di sottoporsi al tampone antigienico nel contesto di una campagna di *screening* anti Covid-19 organizzata dallo stesso datore di lavoro: la condotta è stata ritenuta legittima, e anzi rispondente all'art. 2087 c.c., in quanto funzionale all'esigenza di garantire l'incolumità psico-fisica di tutti i lavoratori [43].

---

[43] Trib. Bergamo 8.2.2022, n. 549.

Parte VII

GESTIONE DEI RAPPORTI DI LAVORO E VICENDE DELL'IMPRESA

Capitolo I

Il tempo di lavoro

Sezione I

L'orario di lavoro

Sommario: 1. L'orario di lavoro. Evoluzione della disciplina legale limitativa. – 2. La disciplina dell'orario di lavoro nel diritto vigente. – 2.1. Il lavoro straordinario. – 2.2. Il lavoro notturno. – 2.2.1. Il lavoratore notturno: nozione e tutela. – 2.3. Il tempo di non lavoro: pause e riposi. – 2.4. Deroghe ed eccezioni. – 3. Le ferie.

1. *L'orario di lavoro. Evoluzione della disciplina legale limitativa*

Nel contratto di lavoro subordinato, la prestazione lavorativa è definita come "prestazione di durata", destinata cioè a durare fino che l'obbligazione non si estingue: è una prestazione complessiva, articolata in una somma di prestazioni successive autonome, ma non separate, e *continue*. La prestazione di durata è scandita dal tempo, e il tempo di lavoro è scandito in ore, la cui somma giornaliera costituisce la "giornata lavorativa" [1]. La quantità della prestazione lavorativa (alla quale deve essere ragguagliata proporzionalmente la retribuzione) è determinata dall'orario di lavoro complessivamente inteso, vale a dire dal tempo che, nella giornata, nella settimana, nel mese o nell'anno, il lavoratore impiega nell'esecuzione della prestazione dedotta in contratto.

In base al principio della libertà contrattuale, la determinazione quantitativa della prestazione lavorativa, vale a dire la determinazione del numero delle ore che compongono la giornata lavorativa "normale", dovrebbe spettare alle parti. L'opinione prevalente configura del resto la durata dell'orario di lavoro quale elemento essenziale del contratto, come tale modificabile solo con il consenso di entrambe le parti [2];

[1] L'obbligazione di durata è qualificata da una prestazione di permanente esecuzione dell'obbligo contrattuale al fine di soddisfare un interesse, appunto permanente, a quella prestazione; la continuità attiene alla natura dell'adempimento nei rapporti di durata, connotati appunto dalla permanenza dell'interesse del creditore al suo adempimento.

[2] Si esclude senz'altro la *estensione unilaterale* dell'orario di lavoro ed egualmente la *riduzione unilaterale* dell'orario. Per quanto riguarda invece la collocazione temporale della prestazione, un

l'orario di lavoro è oggetto dell'informazione scritta sulle condizioni essenziali di contratto, nonché su ogni eventuale modifica di esse, che il datore di lavoro deve comunicare al lavoratore in forza del d.lgs. n. 104/2022, attuazione della Direttiva UE 2019/1152 *Condizioni di lavoro trasparenti e prevedibili nell'Unione europea* (*retro*, PT. III, Cap. III, § 5), che modifica quanto previsto dal d.lgs. n. 152/1997, emanato in attuazione della abrogata Direttiva CE 91/533.

In materia di orario di lavoro la libertà contrattuale delle parti subisce notevoli limitazioni: la prescrizione dell'orario massimo normale di lavoro costituisce infatti, e fino da tempi remoti, un classico campo di intervento della legislazione sociale. Spiega la necessità di una disciplina legale limitativa dell'orario di lavoro la considerazione che, fino a quando il lavoratore si presenta sul mercato come libero venditore della propria forza lavoro, la sua debolezza contrattuale lo costringe ad accettare di lavorare secondo l'orario unilateralmente prefissato dal datore di lavoro che, in assenza di prescrizioni limitative (della legge e, come vedremo, del contratto collettivo), tende a prolungare il tempo di lavoro.

Se l'orario di lavoro è da sempre materia di disciplina legislativa, bisogna dire che la conquista di una legge limitativa dell'orario di lavoro (sulla spinta delle lotte operaie e delle loro organizzazioni internazionali per le "otto ore") ha richiesto molto tempo e molta fatica. I primi provvedimenti emanati limitarono l'orario, nell'ordine, dei fanciulli e delle donne (le leggi del 1886 e del 1902, che abbiamo ricordato altrove: PT. III, Cap. I), vale a dire i lavoratori più deboli e sfruttati; ma per la riduzione generalizzata dell'orario di lavoro giornaliero si dovette attendere fino al 1923. A seguito della ratifica della Convenzione di Washington (1923) adottata dalla Conferenza internazionale del lavoro (in base all'art. 427 del Trattato di Versailles), venne finalmente emanato il R.d.l. n. 692/1923, poi modificato dalla l. n. 527/1933 (che tuttavia non ebbe praticamente seguito, a causa della sua sospensione nel 1937); la legislazione transitoria emanata nell'immediato dopoguerra, tra il 1945 e il 1946, arrivò a scadenza senza che nessuna nuova legge della Repubblica intervenisse.

Il decreto del 1923 è così rimasto in vigore fino ad epoca relativamente recente (è stato infatti pressoché integralmente abrogato dal d.lgs. n. 66/2003: *infra*, § 2): è stata perciò a lungo quella vecchia disciplina dell'orario di lavoro la "legge" alla quale l'art. 36, c. 2, Cost., fa rinvio per la determinazione della durata massima della giornata lavorativa. Coincideva con quanto disposto dall'art. 36, c. 2, Cost., anche quanto già in precedenza stabilito dall'art. 2107 c.c., nella parte in cui prevede che la durata giornaliera e settimanale del lavoro non può superare i limiti fissati dalle leggi speciali; doveva invece ritenersi abrogata la parte dell'art. 2107 che fa rinvio, in alternativa alla legge, alle norme corporative[3]: soppresso l'ordinamento corporativo (d.lgs.lgt. n. 369/1944), è infatti caduto anche il rinvio alle norme corporative. Il rinvio ad una fonte diversa dalla legge può essere tuttavia "salvato", mediante interpretazione correttiva, che

---

orientamento giurisprudenziale esclude il potere del datore di lavoro di modificarla unilateralmente; di contrario avviso Cass. ord. n. 31349/2021, secondo cui il datore di lavoro può modificare unilateralmente la distribuzione dell'orario di lavoro dei dipendenti a tempo pieno. Le modifiche devono, in ogni caso, essere comunicate al lavoratore secondo quanto previsto in materia dal d.lgs. n. 104/2022. Torneremo oltre sull'argomento, affrontando la disciplina del lavoro a tempo parziale (*infra*, Sez. II), ma anche guardando agli effetti sul contratto di lavoro e sugli obblighi delle parti dei provvedimenti di sospensione o riduzione dell'orario per i quali è richiesto l'intervento della integrazione salariale.

[3] Art. 2107 c.c.: «La durata giornaliera e settimanale della prestazione di lavoro non può superare i limiti stabiliti dalle leggi speciali o dalle norme corporative».

sostituisca alle norme corporative (che erano fonti del diritto obiettivo) gli attuali contratti collettivi, che tuttavia non potranno porsi come fonte alternativa alla legge, come lo erano le norme corporative: i limiti contrattuali dell'orario massimo di lavoro non potranno eccedere quelli fissati dalla legge; i contratti collettivi non potranno avere effetti oltre i limiti della loro efficacia soggettiva limitata.

Sostituendo alle norme corporative i contratti collettivi, si aggiorna l'art. 2107 c.c., ma resta aperto l'interrogativo se l'art. 36, c. 2, Cost., nel rinviare alla legge la determinazione della durata massima della giornata lavorativa contenga una *riserva assoluta* di legge: ciò che impedirebbe la sostituzione della fonte legale con altra fonte, amministrativa o addirittura contrattuale collettiva. All'interrogativo la dottrina (non senza contrasti) risponde negativamente, ritenendo la *riserva* di legge *relativa*, e aprendo così la strada all'intervento non solo della regolamentazione amministrativa, ma specialmente della contrattazione collettiva, sia pure nell'ambito della necessaria predeterminazione, ad opera della legge, dei limiti entro i quali queste fonti possono disporre. La discussione sul carattere assoluto o relativo della riserva di legge è tornata di attualità nei commenti al d.lgs. n. 66/2003, sia perché la nuova disciplina dell'orario di lavoro non prevede più un limite massimo di durata della giornata lavorativa, sia perché questa disciplina (art. 17, d.lgs. n. 66/2003 e successive modifiche) consente che numerose disposizioni legali siano derogate mediante contrattazione collettiva nazionale, o anche territoriale o aziendale, nonché mediante regolamenti ministeriali in mancanza di disciplina collettiva (*infra*, § 2).

Sarebbe fuor di luogo dedicare spazio alla descrizione dei contenuti della previgente disciplina dell'orario di lavoro. L'art. 19, c. 2, d.lgs. n. 66/2003, prevede infatti l'abrogazione di tutte le disposizioni legislative e regolamentari nella materia disciplinata dal decreto legislativo, salve le disposizioni espressamente richiamate. È tuttavia utile ricordare almeno che la disciplina del 1923 prevedeva che l'orario dei lavoratori subordinati non potesse eccedere le *8 ore giornaliere "o" le 48 settimanali* di lavoro *effettivo* (la disposizione aveva carattere generale, ma le esclusioni dal campo di applicazione e le deroghe al regime limitativo erano numerose). Il decreto prevedeva inoltre che il *lavoro straordinario* (inteso come prolungamento della giornata lavorativa normale) non potesse superare le *2 ore* giornaliere "*e*" le *12 settimanali*. Più sommario il disposto dell'art. 2108 c.c. (da considerarsi ormai abrogato) che si limitava a prevedere che in caso di prolungamento dell'orario normale, il prestatore di lavoro dovesse essere compensato per le ore straordinarie con un aumento di retribuzione rispetto a quella dovuta per il lavoro ordinario [4].

Erano essenzialmente due le questioni interpretative sulle quali dottrina e giurisprudenza si interrogavano: cosa dovesse intendersi per *durata massima* del lavoro; cosa dovesse intendersi per *lavoro effettivo*.

Per quanto riguarda la prima questione, secondo l'opinione prevalente (ma non univoca) l'uso della disgiuntiva "*o*" implicava che il lavoro prestato oltre le otto ore giornaliere, ma entro le quarantotto settimanali, non eccedeva i limiti legali: ciò contribuiva certamente a rendere flessibile la durata della giornata lavorativa, che poteva superare le otto ore, senza che le ore di lavoro prestate oltre le otto dovessero essere considerate come "lavoro straordinario" (*infra*). S'intende che un limite alla durata massima della giornata lavorativa doveva pur essere posto, tenuto conto del rischio per la salute e per la sicurezza che può derivare dall'eccessivo affati-

---

[4] Una disciplina più rigorosa era stata introdotta con la l. n. 1079/1955, nell'intento di porre un freno all'abuso dello straordinario.

camento psico-fisico, e considerato che il lavoratore deve essere tutelato anche da se stesso (spinto dal bisogno, può rendersi disponibile ad accettare un orario di lavoro troppo lungo)[5]. Proprio in ragione di ciò era presente nella giurisprudenza (ma anche in dottrina) un orientamento favorevole a leggere i due limiti posti al lavoro straordinario (giornaliero e settimanale) come autonomi, non alternativi e parimenti vincolanti: l'uso della congiunzione "*e*" nella disciplina dei limiti al lavoro straordinario induceva gli interpreti a ritenere invalicabili entrambi i limiti, giornaliero e settimanale. Per quanto riguarda il lavoro *effettivo* (di cui oggi la legge non parla più: *infra*, § 2), contribuiva a chiarirne il significato l'art. 3, R.d.l. n. 692/1923: per lavoro effettivo si intendeva il lavoro assiduo e continuativo, che richiede una continuità costante di sforzo, e la definizione era utilizzata, in negativo, per definire il lavoro "discontinuo".

I molti decenni che separano il decreto del 1923 dalla disciplina del 2003 (oggetto di incessanti modifiche successive) non sono stati totalmente vuoti. Vale la pena di ricordare che la contrattazione collettiva aveva generalizzato la riduzione dell'orario settimanale a 40 ore (ma il limite era inferiore in alcuni settori industriali), e che questa riduzione era stata accolta dal legislatore, che dando in parte attuazione a quanto previsto dalla Direttiva CE 93/104, aveva previsto nell'art. 13, l. n. 196/1997 (nota come "pacchetto Treu")[6], la riduzione dell'*orario massimo normale* (da 48) a 40 ore; il limite andava ad aggiungersi al limite giornaliero delle 8 ore, previsto dal decreto del 1923, che restava invariato.

Nel frattempo, la Direttiva CE 93/104, ampliata nel campo di applicazione dalla Direttiva CE 2000/34 (poi rifuse entrambe nella Direttiva CE 2003/88) imponeva allo Stato italiano un intervento che riformasse, alla stregua dei principi e delle regole dettate nella direttiva, la disciplina legale dell'orario di lavoro; l'intervento si è fatto attendere a lungo ed è arrivato solo dopo la condanna dell'Italia, per infrazione degli obblighi comunitari, inflitta da parte della Corte di Giustizia[7].

Le Direttive 93/104 e 2000/34 rifuse nella Direttiva 2003/88 promettono di stabilire prescrizioni minime di sicurezza e di salute in materia di organizzazione dell'orario di lavoro (art. 1): in realtà, come hanno notato molti commentatori, si tratta di direttive di basso profilo (scelta necessaria, vista la forte opposizione di alcuni Stati membri alla introduzione di regole più stringenti), limitate nei contenuti e molto attente, per ragioni di tutela delle condizioni della concorrenza, alle esigenze delle imprese di gestione flessibile del personale; gestione che include la flessibilità del tempo di lavoro e talora il prolungamento della durata della prestazione lavorativa. La normativa comunitaria è inoltre caratterizzata da un accentuato decentramento della regolazione, rinviata alla con-

---

[5] Il lavoratore è peraltro libero di prolungare il proprio tempo di lavoro giornaliero, prestando lavoro presso *altri* datori di lavoro: il fenomeno del *doppio lavoro* (diffuso tra lavoratori che hanno bassi salari e un orario di lavoro al di sotto degli standard correnti) dovrebbe preoccupare anche sotto il profilo dei rischi per la salute, oltre che per ragioni economiche e di funzionamento del mercato del lavoro.

[6] Tiziano Treu, autorevole giuslavorista, e attuale presidente del CNEL, era allora Ministro del lavoro; la legge che gli viene attribuita aveva introdotto una serie di misure che contribuirono a rendere assai più flessibile di quanto non fosse fino ad allora la disciplina dei rapporti di lavoro.

[7] CGE 9.3.2000, C-386/98, *Commissione c. Repubblica italiana*: la Corte ha ritenuto che, essendo le misure adottate nel 1997 limitate e parziali, l'Italia non avesse adottato nel termine prescritto le disposizioni legislative, regolamentari e amministrative necessarie per conformarsi alla Direttiva 93/104, venendo meno agli obblighi su di essa incombenti in forza di detta direttiva.

trattazione collettiva anche di livello territoriale, alla quale gli Stati membri possono conferire la competenza a determinare i limiti di durata settimanale del lavoro e ad introdurre deroghe in materia di riposi, pause, lavoro notturno e ferie.

2. *La disciplina dell'orario di lavoro nel diritto vigente*

La riforma della disciplina dell'orario di lavoro è stata introdotta con il d.lgs. n. 66/2003, attuazione delle Direttive CE 93/104 e 2000/34; una serie di modifiche successive [8] hanno ritoccato l'apparato sanzionatorio [9] e ampliato i poteri di deroga attribuiti alla contrattazione collettiva di livello territoriale e aziendale, senza tuttavia stravolgere l'impianto complessivo della disciplina, che risente fortemente dell'ispirazione comunitaria quanto a flessibilità nella gestione del tempo di lavoro e decentramento delle fonti della regolazione (dalla legge alla contrattazione collettiva, e talora alla decretazione ministeriale). Ulteriori modifiche sono state introdotte recentemente dal d.lgs. n. 104/2022, attuazione della Direttiva UE 2019/1152.

Il campo di applicazione è esteso a tutti i settori di attività pubblici e privati: ma in realtà le eccezioni sono molte [10].

Ribadendo quanto era già previsto dalla l. n. 196/1997, il d.lgs. n. 66/2003 (art. 3) prevede un *orario normale* di lavoro di 40 ore *settimanali*; ma, diversamente dalla disciplina del 1997, non riconferma, neppure implicitamente, il limite massimo giornaliero di 8 ore che, come abbiamo detto, era previsto dal decreto del 1923 (in una disposizione sicuramente abrogata, in quanto non espressamente richiamata) [11].

Un *limite massimo della giornata lavorativa* si può dedurre indirettamente da quanto disposto dall'art. 7, che fissa il riposo giornaliero a *11 ore* consecutive ogni ventiquattro ore: il lavoratore di conseguenza non potrà lavorare per più di 12.50 (contando la pausa di dieci minuti oltre le sei ore consecutive) ore al giorno (ma le deroghe, come

---

[8] Le modifiche sono state introdotte dal d.lgs. n. 213/2004; dalla l. n. 133/2008; dalla l. n. 183/2010 (c.d. Collegato Lavoro).

[9] Art. 18-*bis*, d.lgs. n. 66/2003, inserito con d.lgs. n. 213/2004 e modificato con l. n. 133/2008. Le sanzioni penali sono previste solo per la violazione del divieto di lavoro notturno per le lavoratrici madri, per l'adibizione al lavoro notturno del lavoratore "non obbligato", che abbia manifestato per iscritto il proprio dissenso, per gli omessi controlli sullo stato di salute dei lavoratori notturni. Per tutte le altre violazioni sono previste sanzioni amministrative di importo variabile.

[10] Alle eccezioni del lavoro della gente di mare di cui alla Direttiva CE 1999/63, del personale di volo nella aviazione civile di cui alla Direttiva CE 2000/79 e dei lavoratori mobili per quanto attiene ai profili di cui alla Direttiva CE 2002/15, devono aggiungersi tutte le altre eccezioni previste dall'art. 2, c. 2, d.lgs. n. 66/2003, nonché quelle previste al c. 3 (personale della scuola, delle Forze di polizia, delle Forze armate, nonché addetti al servizio di polizia municipale e provinciale, e addetti ai servizi di vigilanza privata). La disciplina contenuta nel d.lgs. n. 66/2003 si applica invece agli apprendisti maggiorenni.

[11] Non sempre è possibile parlare di "orario normale". Per quanto riguarda i rapporti di lavoro in cui non siano predeterminati l'orario di lavoro e la sua collocazione temporale, l'art. 9, d.lgs. n. 104/2022, fissa le condizioni (svolgimento del lavoro entro ore e giorni di riferimento preventivamente comunicati; ragionevole preavviso) in mancanza delle quali il lavoratore può rifiutarsi di eseguire la prestazione lavorativa richiesta.

vedremo sono numerose). La durata della giornata lavorativa, così determinata, risulta tanto spropositata, da riportarci ai tempi della preistoria industriale.

Proprio la mancanza nella legge di un limite (esplicito e ragionevole) di durata massima del lavoro giornaliero ha riportato di attualità, come si è accennato sopra, la discussione sulla conformità dell'art. 3, d.lgs. n. 66/2003, all'art. 36, c. 2, Cost., rinfocolando la discussione sulla doverosità di una espressa previsione di legge in ordine al limite di durata della giornata lavorativa. Ma la questione di costituzionalità non è stata sollevata, e la Corte costituzionale non ha avuto perciò l'occasione di pronunciarsi [12].

Come si è detto, la durata normale dell'orario è calcolata sulla settimana lavorativa; ma (art. 3, c. 2), i contratti collettivi possono stabilire, ai fini contrattuali (ciò che è ovvio), una durata minore e riferire l'orario normale alla durata media delle prestazioni lavorative in un periodo non superiore all'anno. Secondo quanto previsto dall'art. 1, c. 2, lett. *m*), per "contratti collettivi" si devono intendere quelli stipulati da organizzazioni sindacali dei lavoratori comparativamente più rappresentative; resta invece privo di specificazioni il livello (salvo quanto disposto dall'art. 17, c. 1, che conferisce potere di deroga alle disposizioni espressamente richiamate, in mancanza di contratti nazionali, ai contratti collettivi territoriali e aziendali).

L'art. 3, c. 2, prevede dunque la pattuizione dei cosiddetti *orari multiperiodali*: fermo restando che la media non può superare le 40 ore settimanali, il calcolo può farsi su base ultrasettimanale, fino al limite di *un anno* (nell'arco di tempo considerato potranno pertanto esservi settimane con orario superiore alle 40 ore, compensate da settimane di durata inferiore). Gli orari multiperiodali, contrattati a livello anche aziendale, consentono alle imprese un'organizzazione del lavoro estremamente flessibile, con intensificazione e riduzione del tempo di lavoro che può essere richiesto ai dipendenti a seconda delle variabili esigenze della produzione.

Oltre alla durata settimanale normale, il d.lgs. n. 66/2003 prevede anche la *durata massima settimanale* dell'orario (art. 4): ma ne rinvia la determinazione ai contratti collettivi (di cui, ancora una volta, non è specificato il livello). Il legislatore fissa invece un limite legale non massimo ma massimo/medio, stabilendo che la *durata media* dell'orario di lavoro non può "in ogni caso" superare, per ogni periodo di 7 *giorni*, le 48 *ore, comprese le ore di lavoro straordinario*. La durata media deve essere calcolata con riferimento a un periodo non superiore ai 4 *mesi*: i contratti collettivi, tuttavia, possono elevare il limite a 6 *mesi*, ovvero fino a 12 *mesi*, a fronte di ragioni obiettive, tecniche o inerenti all'organizzazione del lavoro, specificate negli stessi contratti collettivi. Poiché l'arco di tempo del calcolo è dilatabile (fino a dodici mesi), anche questo limite risulta flessibile: il che comporta che il limite delle 48 ore nell'arco dei sette

---

[12] Sulla misurazione della durata della giornata lavorativa si è pronunciata la CGE (14.5.2019, C-55/18, *Federación de Servicios de Comisiones obreras v. Deutsche Bank*, che richiamando le Direttive 2003/88 e 89/391 ha affermato che tali direttive, interpretate alla luce dell'art. 31.2 CDFUE, ostano ad una normativa che non impone ai datori di lavoro l'obbligo di istituire un sistema che consenta la misurazione della durata dell'orario di lavoro giornaliero svolto da ciascun lavoratore. La Corte rileva che in assenza di tale strumento, non c'è modo di stabilire con oggettività e affidabilità né il numero di ore di lavoro svolte e la loro ripartizione nel tempo, né il numero delle ore di lavoro straordinario, il che rende eccessivamente difficile per il lavoratore, se non impossibile in pratica, far rispettare i suoi diritti.

giorni può essere superato, purché compensato nel periodo previsto. I periodi di ferie annue e i periodi di assenza per malattia non sono presi in considerazione ai fini del computo della media di cui all'art. 4.

Ma quale è il lavoro "utile" ai fini del computo dell'orario [13]?

Il d.lgs. n. 66/2003 (art. 8, c. 3) richiama espressamente l'art. 5, R.d. n. 1955/1923 e l'art. 4, R.d. n. 1956/1923, che continuano perciò a disciplinare, salvo diverse disposizioni dei contratti collettivi, i periodi non retribuiti o non computati come lavoro a fini di superamento dei limiti di durata dell'orario: riposi intermedi, pause di durata non inferiore a 10 minuti, tempo impiegato per recarsi al lavoro. Manca però una definizione di *lavoro effettivo*: il d.lgs. n. 66/2003, infatti, da un lato (art. 1, lett. *a*) definisce come orario di lavoro «qualsiasi periodo in cui il lavoratore sia al lavoro, a disposizione del datore di lavoro e nell'esercizio della sua attività o delle sue funzioni»; d'altro lato (art. 1, lett. *b*), definisce "periodo di riposo" qualsiasi periodo che non rientra nell'orario di lavoro.

Poiché le definizioni adottate dal legislatore italiano ricalcano alla lettera le definizioni contenute nelle Direttive CE, è utile, ai fini della ricostruzione della nozione di orario di lavoro come contrapposto a periodo di riposo, richiamare l'orientamento espresso dalla Corte di Giustizia, che pur essendo riferito a casi particolari (orario di lavoro dei medici delle unità di pronto soccorso in servizio di guardia, del personale infermieristico, degli addetti ai servizi di ambulanza) hanno valenza di ricostruzione sistematica [14]. La Corte ritiene che, in generale, la prestazione lavorativa rientrante nell'orario di lavoro debba essere caratterizzata dalla indisponibilità da parte del lavoratore del proprio tempo (il "riposo" consiste appunto nel poter gestire il proprio tempo in modo più libero e dedicarsi ai propri interessi), indipendentemente dal concreto svolgimento di una prestazione di lavoro; il lavoro utile a fine di calcolo della durata dell'orario è dunque quello nel quale il lavoratore mette il proprio tempo a disposizione delle esigenze del datore di lavoro [15]. A questo elemento la Corte "cumula" la considerazione del luogo della prestazione, che può anche non essere quello abituale di lavoro, purché sia un luogo "obbligato", e quindi di lavoro [16].

Attualmente, la nozione di lavoro utile a fini di computo dell'orario risulta più am-

---

[13] In passato, si contrapponeva il *lavoro effettivo* al lavoro discontinuo o di mera attesa e custodia; dal lavoro effettivo si sottraevano i tempi durante i quali non vi fosse esecuzione della prestazione lavorativa. La giurisprudenza sottraeva dal computo dell'orario di lavoro: i riposi intermedi; il tempo impiegato per recarsi al lavoro, salvo che tale tempo fosse funzionale rispetto alla prestazione (come nel caso in cui il dipendente, obbligato a presentarsi presso la sede aziendale, di volta in volta fosse inviato in diverse località per svolgervi la sua prestazione lavorativa: così Cass. n. 5775/2003); le soste di durata non inferiore a 10 minuti.

[14] Si tratta delle sentenze CGE 3.10.2000, C-303/98, *Simap*; 9.9.2003, C-151/02, *Jaeger*; 1.12.2005, C-14/04, *Dellas*; (ord.) 11.1.2007, C-437/05, *Jan Vorel*.

[15] La Corte ha anche stabilito che rientra nell'orario di lavoro il tempo che i lavoratori "itineranti", ossia i lavoratori che non hanno un luogo di lavoro fisso o abituale, impiegano per spostarsi dal loro domicilio al primo cliente indicato dal loro datore di lavoro e dall'ultimo cliente indicato dal loro datore di lavoro al loro domicilio: CGE 10.9.2015, C-266/14, *Federación de Servicios privados del sindicato Comisiones obreras*.

[16] In alcune pronunce la CGE ha superato il c.d. criterio cumulativo, ritenendo la presenza fisica presso il luogo di lavoro non necessaria a fini di calcolo dell'orario di lavoro: CGE 9.3.2021, C-344/19, *D.J.*; CGE 9.3.2021, C-580/19, *R.J.*, in *RIDL*, 2021, II, p. 309, nt. Bellomo e Rocchi, relative al periodo di prontezza in regime di reperibilità.

pia di quanto non fosse in passato quella di lavoro effettivo: come abbiamo detto, nella disciplina del 2003, per orario di lavoro si intende qualsiasi periodo in cui il lavoratore sia al lavoro, a disposizione del datore di lavoro e nell'esercizio della sua attività o delle sue funzioni. La formula, come è stato evidenziato dalla Cassazione, «è volutamente ampia e tale da includere nella nozione non solo l'attività lavorativa in senso stretto, ma anche le operazioni strettamente funzionali alla prestazione». A questo fine è necessario che il lavoratore sia "a disposizione" del datore di lavoro, cioè soggetto al suo potere direttivo e disciplinare [17]. D'altra parte, poiché la legge non contrappone più il lavoro effettivo a quello discontinuo o di semplice attesa e custodia, anche questi lavori sono soggetti alla disciplina dell'orario di lavoro, ma limitatamente alla durata massima [18], perché l'art. 16, c. 1, lett. *d*), li esclude dall'applicazione della durata settimanale normale di 40 ore.

La nozione di orario di lavoro si allarga fino a ricomprendere il tempo della *formazione professionale imposta.* L'art. 11, d.lgs. n. 104/2022, ha infatti previsto che quando il datore di lavoro sia tenuto, secondo previsioni di legge o di contratto individuale o collettivo, a erogare ai lavoratori una formazione per lo svolgimento del lavoro per cui sono impiegati, tale formazione, da garantire gratuitamente a tutti i lavoratori, va considerata come orario di lavoro e, ove possibile, deve svolgersi durante lo stesso (è esclusa la formazione professionale o la formazione finalizzata alla qualifica professionale, a meno che il datore di lavoro non sia tenuto a fornirla secondo la legge o la contrattazione collettiva). L'anzidetta disposizione non lo chiarisce, ma dovrebbe interpretarsi nel senso che costituisce orario di lavoro il tempo dedicato alla formazione imposta, anche se erogata fuori del normale orario di lavoro, e al di fuori del luogo abituale di lavoro [19].

---

[17] Secondo l'orientamento prevalente della S.C., il tempo di *vestizione/svestizione* della divisa di lavoro dà diritto alla retribuzione sia quando tale operazione sia eterodiretta (anche implicitamente: Cass. n. 8627/2020), sia quando l'obbligo sia imposto da esigenze di sicurezza e igiene (come nel caso degli infermieri: Trib. Bari 22.9.2020). V. ad es. Cass. n. 1817/2012, che ha ritenuto rientrante nella nozione di "orario di lavoro" il tempo necessario ad indossare, nello spogliatoio, la tuta (c.d. *tempo tuta*) e i dispositivi di protezione individuale, necessari allo svolgimento dell'attività lavorativa (così già Cass. n. 19358/2010), nonché il tempo di percorrenza dallo spogliatoio al reparto produttivo, mentre ha escluso dall'orario il tempo impiegato per andare dall'accesso allo stabilimento sino allo spogliatoio. Anche Cass. n. 2965/2017, ha affermato che il tempo impiegato per indossare gli abiti da lavoro e per spogliarsi di essi deve essere retribuito con retribuzione aggiuntiva. Confermando la propria giurisprudenza, la Cassazione (n. 13466/2017) ha ritenuto che il *tempo per raggiungere il luogo di lavoro* rientri nell'attività lavorativa vera e propria (e vada, quindi, sommato al normale orario di lavoro come straordinario) allorché lo spostamento sia funzionale rispetto alla prestazione.

[18] Sulla differenza fra "temporanea inattività" e "riposo intermedio" (rispettivamente computabile e non computabile ai fini della determinazione della durata del lavoro) cfr. Cass. n. 5023/2009; Cass. n. 18211/2012.

[19] Questa disposizione fa seguito a CGE 28.10.2021, C-909/19, in *RIDL*, 2022, II, p. 90, nt. Magagnoli. La Corte utilizza in questo caso il criterio "cumulativo", vale a dire la compresenza di tre elementi: il lavoratore è a disposizione del datore di lavoro; il tempo dedicato alla formazione non rientra nella disponibilità del lavoratore; il luogo, anche se non è quello abituale di lavoro, è un luogo "obbligato", quindi di lavoro.

2.1. *Il lavoro straordinario*

L'art. 5, d.lgs. n. 66/2003, definisce *lavoro straordinario* il lavoro prestato *oltre l'orario normale* di lavoro[20]. La disposizione si apre con una affermazione di principio («Il ricorso a prestazioni di lavoro straordinario deve essere contenuto») sfornita di sanzione, nella quale si esprime lo sfavore verso un prolungamento dell'orario di lavoro che, se abusato, vanifica la ragione stessa della disciplina limitativa dell'orario[21].

Per quanto concerne la regolamentazione del lavoro straordinario, il d.lgs. n. 66/2003 fa ampio rinvio alla contrattazione collettiva, che ne disciplina le modalità di esecuzione nel rispetto dei limiti di durata massima/media dell'orario (48 ore, nei 7 giorni). In difetto di disciplina collettiva, lo stesso art. 5 prevede che il lavoro straordinario, previo *accordo* fra prestatore e datore di lavoro, sia ammesso per un periodo non superiore a 250 ore annuali[22]. Questa disposizione ribadisce quello che può considerarsi un dato acquisito: il consenso del lavoratore è necessario (perché il prolungamento dell'orario di lavoro non può essere imposto unilateralmente dal datore di lavoro), ma ove lo straordinario sia regolato dal contratto collettivo (che preveda l'obbligo per i lavoratori di svolgere un determinato numero di ore di straordinario), il consenso dei lavoratori si presume acquisito mediante la negoziazione collettiva. Al di là di questi limiti, il ricorso al lavoro straordinario è ammesso nel caso di eventi o esigenze eccezionali: lo straordinario assume allora carattere occasionale[23].

---

[20] I limiti previsti dalla previgente disciplina (2 ore giornaliere e 12 settimanali) (*retro*, § 1), sono stati cancellati. Essendo l'orario normale medio di lavoro fissato a 40 ore, viene meno la distinzione tra lavoro normale giornaliero e lavoro straordinario giornaliero.

[21] Negli ultimi anni, tuttavia, il legislatore ha mostrato un atteggiamento se non proprio favorevole, almeno non sfavorevole, al ricorso al lavoro straordinario, eliminando (a partire dalla l. n. 247/2007) il *contributo addizionale* dovuto all'INPS dai datori di lavoro (imprese con più di 15 dipendenti) in relazione alle ore di straordinario effettuate e diminuendone del 10% la tassazione (introdotta in via sperimentale nel 2008, la riduzione dell'imposizione fiscale è stata successivamente riconfermata dalla l. n. 183/2011 e dalle leggi di stabilità successive). Gli incentivi fiscali sulle ore di lavoro straordinario non sono più stati prorogati dopo il 2015. Il legislatore d'altronde dal 2015 è orientato a detassare i premi di risultato, e dunque la maggiore produttività del lavoro, piuttosto che il prolungamento dell'orario.

[22] Il superamento di gran lunga e per anni del limite annuale delle 250 ore cagiona al lavoratore un danno non patrimoniale, e distinto da quello biologico, da usura psico-fisica, presunto nell'*an* in quanto lesione dell'art. 36 Cost. e variabile nel *quantum* in ragione della gravità della violazione e delle indicazioni della disciplina collettiva: Cass. n. 26450/2021.

[23] Salve diverse previsioni dei contratti collettivi, il ricorso al lavoro straordinario è inoltre ammesso nei seguenti casi: a) eccezionali esigenze tecnico-produttive e impossibilità di fronteggiarle attraverso l'assunzione di altri lavoratori; b) forza maggiore o pericolo grave e immediato o al fine di evitare danni alle persone o alla produzione; c) eventi particolari (quali fiere, mostre o manifestazioni collegate alla attività produttiva, nonché allestimento di prototipi, modelli e simili) preventivamente comunicati agli uffici competenti e alle rappresentanze sindacali aziendali. A questo proposito occorre ricordare la distinzione (importante specialmente a fini di computo della maggiorazione per lavoro straordinario nella retribuzione presa a base di calcolo del TFR) tra straordinario *continuativo* e straordinario *occasionale* (cfr. Trib. Bari 16.11.2021, conforme all'orientamento della S.C.). Come insegna la giurisprudenza, il lavoro straordinario si configura come continuativo quando risulta oggettivamente come espressione di un'organizzazione aziendale che, di fatto, implichi la

L'art. 5, d.lgs. n. 66/2003, prevede che il lavoro straordinario debba essere computato a parte e compensato con le *maggiorazioni retributive* previste dai contratti collettivi di lavoro. I contratti collettivi possono in ogni caso consentire che, *in alternativa* o in aggiunta alle maggiorazioni retributive, i lavoratori usufruiscano di *riposi compensativi*. A differenza della vecchia disciplina, il d.lgs. n. 66/2003 non solo consente che non sia più prevista la maggiorazione (che può essere sostituita dal riposo compensativo), ma non prevede neppure un limite minimo inderogabile per la maggiorazione dovuta (10%, secondo la legge previgente) [24].

Abbiamo detto che per lavoro straordinario si intende il lavoro prestato oltre l'orario normale (settimanale). Poiché la durata legale settimanale normale è di 40 ore, ma nella contrattazione collettiva è spesso previsto un orario settimanale inferiore, la stessa contrattazione definisce come *lavoro supplementare* il lavoro prestato nelle ore che intercorrono tra il limite contrattuale e il limite legale dell'orario normale settimanale [25]. Al lavoro supplementare si applica la relativa disciplina contrattuale e non quella legale dello straordinario [26].

Per quanto riguarda il lavoro a *turni*, la contrattazione collettiva, specialmente aziendale, ha sperimentato regimi di orario estremamente flessibili (compresi i turni del sabato e della domenica) [27], legati alle esigenze di continuità del lavoro e di "saturazione" del tempo di lavoro, anche mediante il prolungamento dell'orario (aumento del monte ore di straordinario obbligatorio previsto dal contratto collettivo).

---

necessità di prestazioni lavorative oltre il normale orario. Il lavoro straordinario va quindi considerato continuativo in relazione a esigenze tecnico-produttive dell'impresa non aventi carattere occasionale e che richiedano un impegno lavorativo superiore a quello normale, e a tal fine è sufficiente che il lavoratore abbia effettuato prestazioni straordinarie con frequenza tale da far escludere la mera occasionalità: il che non significa necessariamente frequenza giornaliera, aggiungono i giudici.

[24] Il compenso per lavoro straordinario può anche essere *forfettario*; se è accordato per lungo tempo e non è correlato all'entità presumibile della prestazione straordinaria perde la funzione originaria, e costituisce un superminimo che fa parte della retribuzione (ed entra perciò nella base di calcolo del TFR): Cass. n. 4/2015; Cass. n. 542/2011.

[25] Nel caso di orari multiperiodali, il calcolo dovrà essere rinviato alla fine dell'arco di tempo considerato.

[26] Secondo Cass. n. 15781/2007, in presenza di disposizioni di contratto collettivo che determinano un orario normale inferiore rispetto a quello massimo fissato per legge, il datore di lavoro può corrispondere ai propri dipendenti, che abbiano superato il limite convenzionale senza superare quello (massimo) legale, un corrispettivo per il suddetto lavoro inferiore a quello prescritto per l'orario straordinario.

[27] Il lavoro *a turni* è definito dall'art. 1, lett. *f*), d.lgs. n. 66/2003, come «qualsiasi metodo di organizzazione del lavoro anche a squadre in base al quale dei lavoratori siano successivamente occupati negli stessi posti di lavoro, secondo un determinato ritmo, compreso il ritmo rotativo, che può essere di tipo continuo o discontinuo, e il quale comporti la necessità per i lavoratori di compiere un lavoro a ore differenti su un periodo determinato di giorni o di settimane». Un sistema di turnazione per esigenze aziendali, basato su criteri aventi natura oggettiva generale e astratta (quale il criterio dell'anzianità di servizio), è legittimo: Cass. n. 13697/2008. Poiché esigenze di programmabilità del tempo libero sussistono anche nel contratto di lavoro a tempo pieno, l'affissione dei turni di servizio (ove prevista) non deve avvenire a ridosso dell'inizio della prestazione lavorativa: Cass. n. 12692/2008.

2.2. *Il lavoro notturno*

La disciplina del lavoro notturno di cui al d.lgs. n. 66/2003, artt. 11-15, sostituisce le disposizioni in materia contenute nel d.lgs. n. 532/1999, emanato per dare attuazione alla Direttiva CE 93/104. A sua volta, il d.lgs. n. 532/1999 dava attuazione alla legge-delega n. 25/1999, che all'art. 17 modificava l'art. 5 della l. n. 903/1977, sul divieto di lavoro notturno per le donne, di cui abbiamo parlato nel capitolo dedicato a parità e non discriminazione di genere.

In materia di lavoro notturno la Direttiva CE 2003/88 (*refusion* delle precedenti Direttive 93/104 e 34/2000) stabilisce alcuni fondamentali principi: il lavoro notturno deve avere una durata limitata; i lavoratori notturni devono beneficiare di una valutazione gratuita del loro stato di salute e di un livello di protezione in materia di salute e sicurezza adeguato alla natura del lavoro ed efficace; i lavoratori notturni che hanno problemi di salute devono essere trasferiti, quando possibile, ad un lavoro diurno per cui siano idonei.

L'attuazione di tali principi nella disciplina italiana presenta più di un punto oscuro e presta il fianco a molte critiche.

In base alla nuova disciplina, qualunque lavoratore (uomo o donna maggiorenni)[28] può essere adibito al lavoro notturno, a meno che non ne sia accertata la inidoneità (art. 11, c. 1, d.lgs. n. 66/2003). Se il datore di lavoro ha introdotto nella propria azienda il lavoro notturno, i lavoratori possono essere obbligati ad effettuarlo[29].

Le eccezioni a questa regola generale sono contenute nel c. 2 dello stesso art. 11, che stabilisce:

– il *divieto assoluto* di adibire le donne al lavoro notturno dalle 24 alle 6 dall'accertamento dello stato di gravidanza fino al compimento di un anno di età del bambino (di tale divieto abbiamo già parlato altrove: *retro*, PT. V, Cap. II);

– il "*non obbligo*" di prestare lavoro notturno; il non obbligo si applica: alla lavoratrice madre di un figlio di età inferiore a tre anni, o in alternativa al lavoratore padre convivente con essa; alla lavoratrice o al lavoratore che siano l'unico genitore affidatario di un figlio convivente di età inferiore a dodici anni; alla lavoratrice madre adottiva o affidataria di un minore nei primi tre anni dall'ingresso del minore in famiglia e comunque non oltre il dodicesimo anno di età, o in alternativa al padre adottivo o affidatario convivente con la stessa (quest'ultimo caso è stato aggiunto dall'art. 11, d.lgs. n. 80/2015); alla lavoratrice o al lavoratore che abbiano a

---

[28] La l. n. 977/1967, disciplina del lavoro dei bambini e degli adolescenti, nel testo modificato dal d.lgs. n. 345/1999, emanato in attuazione della Direttiva CE 94/33, sancisce (art. 15) il divieto di lavoro notturno per i minori. Per "notte" si intende un periodo di 12 ore consecutive comprendente l'intervallo tra le 22 e le 6 o tra le 23 e le 7. L'art. 17 della stessa legge prevede tuttavia la possibilità in via del tutto eccezionale di derogare al divieto per gli adolescenti che abbiano compiuto i 16 anni. (V. *retro*, PT. III, Cap. III. § 4.2.1, anche per l'orientamento della giurisprudenza in materia).

[29] È stata infatti cancellata la previsione contenuta nell'art. 3, d.lgs. n. 532/1999, che assicurava la priorità dell'adibizione al lavoro notturno a coloro che ne facessero richiesta, garantendo inoltre al lavoratore non più idoneo l'assegnazione ad altre mansioni o ad altri ruoli diurni. E non è questo il solo peggioramento introdotto per dare maggior spazio alla flessibilità dell'orario di lavoro.

proprio carico un soggetto disabile ai sensi della l. n. 104/1992 e successive modificazioni[30].

Le ipotesi nelle quali è previsto il "non obbligo" di prestare lavoro notturno espressamente previste dalla legge possono essere ampliate dalla contrattazione collettiva, che ha il compito di definire i requisiti dei lavoratori che possono essere esclusi dall'obbligo di effettuare lavoro notturno. Non si tratta evidentemente né dell'accertata inidoneità (prevista dall'art. 11, c. 1), né della sopravvenuta inidoneità all'effettuazione del lavoro notturno (regolata dall'art. 15 del decreto: *infra*), ma di altri requisiti, e cioè di condizioni soggettive (ad esempio l'età o l'anzianità di servizio) di cui si ritenga di dover tener conto a fini di esenzione dall'obbligo del lavoro notturno[31].

La previsione di un "non obbligo" anziché di un divieto assoluto, tiene certamente conto della libertà del lavoratore di decidere autonomamente a seconda delle sue personali esigenze. Ma, nella realtà, la mancanza del divieto rende assai più difficile sottrarsi al lavoro notturno a quei lavoratori che, a causa delle loro responsabilità familiari, hanno oggettive difficoltà ad affrontare il peso dei turni di notte. Peraltro non è neppure richiesto che, prima di adibire al lavoro notturno una lavoratrice o un lavoratore "non obbligati", il datore di lavoro debba richiedere preventivamente il loro consenso; il lavoratore può solo manifestare il proprio *dissenso* in forma scritta con un preavviso di almeno 24 ore[32].

2.2.1. *Il lavoratore notturno: nozione e tutela*

Vediamo anzitutto cosa si deve intendere attualmente per "lavoro notturno". La Direttiva CE 2003/88 si limita a definire "lavoratore notturno" chi svolge la propria attività o parte di essa in un arco temporale considerato "periodo notturno" (periodo di sette ore definito dalla legge nazionale, ma che in ogni caso deve comprendere l'intervallo tra le 24 e le 5). Il legislatore italiano ha definito *lavoratore notturno* qualsiasi

---

[30] Il diritto ad astenersi dal lavoro notturno spettante al lavoratore avente a carico un soggetto disabile si configura a prescindere dal livello di gravità dello stato di handicap (Trib. Milano 18.9.2016, in *FI*, 2016, I, c. 3602). Sulla controversa questione dell'applicabilità dell'esonero dal lavoro notturno del personale di volo dell'aviazione civile, escluso dal campo di applicazione del d.lgs. n. 66/2003, v. in senso negativo Cass. n. 18285/2017; *contra* Trib. Verona 19.12.2018, in *RIDL*, 2019, II, p. 204, nt. Peruzzi.

[31] Resta dubbio se tra i requisiti definibili in sede contrattuale possa comparire anche il genere del lavoratore: una clausola contrattuale che re-istituisse un generale divieto per le sole donne sarebbe certamente contraria al principio della parità di trattamento tra lavoratori e lavoratrici come interpretato dalla CGE (*retro*, PT. V, Cap. I); viceversa, una clausola contrattuale che estendesse il "non obbligo" alle lavoratrici in situazioni di difficoltà non prese in considerazione dalla legge potrebbe essere considerata legittima. Ma si tratta di un'ipotesi di scuola: ormai la disciplina del lavoro notturno ha imboccato la strada delle regole comuni per donne e uomini, dalla quale pare davvero improbabile che si possa tornare indietro.

[32] Con il decreto correttivo (d.lgs. n. 213/2004) è stata infatti introdotta una disposizione dalla quale risulta indirettamente "chiarito" il (più debole) significato del "non obbligo": a norma dell'art. 18-*bis*, c. 1, la sanzione penale per aver adibito al lavoro notturno un lavoratore non obbligato a prestarlo è applicabile al datore di lavoro solo quando il lavoratore abbia manifestato il suo dissenso in forma scritta e lo abbia comunicato entro le 24 ore anteriori al previsto inizio della prestazione. Se il "non obbligato" non manifesta il proprio dissenso nelle forme previste, il suo consenso è presunto; insomma, il titolare di un "non obbligo" può solo opporsi, e per far valere la sua opposizione, deve farsi carico di una formale e tempestiva manifestazione di volontà.

lavoratore che durante il periodo notturno (di cui però non ha indicato l'ora di inizio, che può variare tra le 22 e le 24: e ciò è fonte di non pochi problemi)[33]: (a) svolga almeno *tre ore* del suo tempo di lavoro giornaliero «impiegato in modo normale» (vale a dire svolga abitualmente almeno tre ore del suo orario giornaliero nel periodo notturno); (b) svolga durante il periodo notturno almeno una parte del suo orario di lavoro secondo le norme definite dai contratti collettivi, o, in mancanza di tali norme, svolga lavoro notturno per un minimo di *ottanta giorni* lavorativi all'anno (riproporzionati in caso di lavoro a tempo parziale: ma la legge non dice come). Il rinvio alla contrattazione collettiva consente alle parti sociali di definire una soglia inferiore, ma anche superiore, agli ottanta giorni nell'arco dell'anno[34].

Per quanto riguarda la *durata* del lavoro notturno, secondo quanto previsto dalla Direttiva CE 2003/88, essa deve essere limitata, e a tal fine «Gli Stati membri prendono le misure necessarie perché l'orario normale di lavoro dei lavoratori notturni non superi le otto ore in media per periodo di 24 ore» (art. 8, Direttiva CE 2003/88)[35]. Il nostro legislatore ha trascritto quanto previsto dalla Direttiva, fissando il limite di «otto ore *in media* nelle ventiquattro ore», o nel più ampio periodo di riferimento stabilito dai contratti collettivi (art. 13, c. 1), a meno che non si tratti di lavorazioni che comportano rischi particolari, definite con apposito decreto ministeriale, per cui la media delle otto ore deve essere calcolata sulle ventiquattro ore[36]. La possibile dilatazione per via contrattuale dell'arco di tempo pare in contrasto con quanto previsto dalla Direttiva (art. 16, lett. *c*), nella quale è stabilito che il legislatore nazionale debba previamente definire l'arco di tempo su cui calcolare la media delle otto ore.

Diversamente da quanto previsto in passato dall'art. 2108 c.c. e dal d.lgs. n. 532/1999

---

[33] Poiché il periodo notturno è un periodo di sette ore consecutive che deve comprendere l'intervallo tra le 24 e le 5, il periodo può essere quello tra le 24 e le 7, tra le 23 e le 6, tra le 22 e le 5.

[34] Le ipotesi (a) e (b) non si sovrappongono: nel primo caso il lavoratore presta in via normale il proprio lavoro in un arco di tempo che per almeno tre ore va a cadere nell'intervallo tra le 24 e le 5; nel secondo caso il lavoratore svolge, per non meno di ottanta giorni all'anno, lavoro nel periodo compreso tra le 24 e le 5, a prescindere dal fatto che tale lavoro rientri nel suo orario normale di lavoro: si tratta in genere dei lavoratori, come ad esempio gli operai delle imprese a ciclo continuo, che lavorano in turni avvicendati su base settimanale, mensile, o annuale, cosicché una parte della loro prestazione viene a svolgersi in periodo notturno. Pur non comparendo più una definizione del lavoro notturno (al quale tuttavia il d.lgs. n. 66/2003 continua a fare più di un riferimento), combinando le definizioni del periodo notturno e del lavoratore notturno si può dire che "lavoro notturno" è quella parte della prestazione lavorativa che si svolge (abitualmente o occasionalmente) durante l'arco di tempo compreso tra le 24 e le 5. La definizione suscita tuttavia non pochi problemi interpretativi: il lavoratore che presta abitualmente il proprio lavoro fino all'una di notte, ad esempio, non può essere considerato lavoratore notturno (perché non presta lavoro nel periodo notturno per almeno tre ore) se l'inizio del periodo è fissato alle 24.

[35] La CGE 24.2.2022, C-262/20, *V.B.*, ha affermato che l'art. 8 della Direttiva non impone l'adozione di una normativa nazionale che preveda per lavoratori del settore pubblico (polizia, vigili del fuoco) una durata del lavoro notturno inferiore alla durata normale del lavoro diurno prevista per tali lavoratori; gli artt. 29 e 31 CDFUE non ostano a che la durata normale di 7 ore del lavoro notturno per il settore privato non si applichi ai lavoratori del settore pubblico, purché la differenza di trattamento sia fondata su un criterio obiettivo, lo scopo sia legittimo e la misura proporzionata.

[36] Nel settore della panificazione non industriale la legge impone invece di calcolare la media sulla settimana.

(entrambi abrogati), l'effettuazione di lavoro notturno *non* dà senz'altro diritto ad una *indennità* (o *maggiorazione retributiva*), ovvero, in alternativa, ad una *riduzione di orario*: l'art. 13, c. 2, d.lgs. n. 66/2003, affida infatti alla contrattazione collettiva «l'*eventuale* definizione delle riduzioni dell'orario di lavoro o dei trattamenti economici indennitari» [37]. Alcuni dubitano della conformità di questa previsione al principio costituzionale della proporzionalità della retribuzione alla qualità e alla quantità della prestazione lavorativa (art. 36 Cost.): per il lavoro notturno, la cui maggiore gravosità rispetto al lavoro diurno è da sempre riconosciuta dalla nostra giurisprudenza, dovrebbe essere obbligatoria (come era in passato), e non solo eventuale, la maggiorazione retributiva, o almeno la compensazione mediante riduzioni di orario.

Per quanto riguarda le misure dirette a tutelare *salute e sicurezza* dei lavoratori notturni, l'accertamento della idoneità al lavoro notturno (sia prima dell'assunzione sia in costanza di rapporto di lavoro) è affidata alle competenti strutture pubbliche, in armonia con quanto previsto in generale dall'art. 5 St. lav. (art. 11, c. 1, d.lgs. n. 66/2003) [38]. Inoltre, «qualora sopraggiungano condizioni di salute che comportino l'inidoneità alla prestazione di lavoro notturno, accertata dal medico competente o dalle strutture sanitarie pubbliche, il lavoratore verrà assegnato al lavoro diurno, in altre mansioni equivalenti, se esistenti e disponibili» (art. 15, c. 1, d.lgs. n. 66/2003) [39].

Per completare il quadro della disciplina si può infine ricordare che il datore di lavoro che intenda utilizzare il lavoro notturno nella propria impresa deve preventivamente consultare le rappresentanze sindacali aziendali (la RSU, ove esista), o in mancanza, i sindacati territoriali: la consultazione deve concludersi rapidamente (sette giorni), e in caso di esito negativo, il datore può comunque procedere all'introduzione del lavoro notturno. È stato invece cancellato dalla l. n. 133/2008 l'obbligo di informazione preventiva dei servizi ispettivi della DTL (ora ITL), originariamente previsto dall'art. 12, c. 2: una "semplificazione" nel segno della "liberalizzazione" del lavoro notturno, e dell'affievolimento dei poteri di controllo della pubblica amministrazione.

---

[37] «Sono fatte salve le disposizioni della contrattazione collettiva in materia di trattamenti economici e riduzioni di orario per i lavoratori notturni anche se non concesse a titolo specifico»: art. 13, c. 2.

[38] Solo con il decreto correttivo n. 213/2004, modificando l'art. 14, d.lgs. n. 66/2003, è stata reintrodotta (in conformità con quanto previsto dalla direttiva comunitaria e a quanto era già previsto dalla disciplina del 1999) la periodicità del controllo dello stato di salute dei lavoratori notturni, da effettuarsi a cura e a spese del datore di lavoro. Mentre la valutazione della inidoneità al lavoro notturno è affidata alle strutture pubbliche, i controlli sullo stato di salute dei lavoratori notturni sono affidati alternativamente alle strutture pubbliche o al medico competente ai sensi dell'art. 17, d.lgs. n. 626/1994 (ma ora gli artt. 38 ss., d.lgs. n. 81/2008, regolano i compiti del medico competente e in particolare alla sorveglianza sanitaria).

[39] Resta aperto il problema della sorte del lavoratore inidoneo al lavoro notturno, quando non siano disponibili mansioni diurne equivalenti: stante il divieto di continuare ad adibire il lavoratore inidoneo al lavoro notturno, l'indisponibilità di mansioni equivalenti sembra portare, come inevitabile alternativa al licenziamento, l'adibizione a mansioni inferiori. In una interessante sentenza, la Cassazione (n. 9353/2005) ha affermato che per salvaguardare il bene primario e costituzionalmente garantito della salute, quando il lavoratore non possa essere adibito permanentemente al lavoro notturno senza danno per la sua salute, tale adibizione è vietata, e laddove una diversa distribuzione temporale del lavoro non sia possibile, il datore di lavoro è obbligato a recedere dal rapporto prima che il danno alla salute si manifesti. Nel caso, la Cassazione ha ritenuto legittimo il licenziamento, ma ha trovato (e non era facile) una strada per imputare al datore di lavoro il danno alla salute subito dal lavoratore.

L'art. 14, d.lgs. n. 66/2003, prevede inoltre che il datore di lavoro sia tenuto (previa informativa alle rappresentanze sindacali aziendali, ma curiosamente non ai rappresentanti dei lavoratori per la sicurezza) ad assicurare «un livello di servizi o di mezzi di prevenzione o protezione adeguato ed equivalente a quello previsto per il lavoro diurno», mentre è affidato alla contrattazione collettiva il compito di prevedere specifiche misure di prevenzione per i lavoratori sieropositivi o tossicodipendenti adibiti al lavoro notturno.

2.3. *Il tempo di non lavoro: pause e riposi*

Il tempo di non lavoro è tutelato dalla legge mediante la limitazione della durata del tempo di lavoro; solo nel caso del riposo settimanale e delle ferie si può sensatamente dire che sia tutelato, oltre al diritto al riposo, anche il diritto al tempo libero, o tempo per sé, del lavoratore.

La disciplina delle pause e dei riposi, ancora una volta di stretta derivazione comunitaria, è contenuta negli artt. 7, 8 e 9, d.lgs. n. 66/2003 e successive modifiche.

– Le *pause* sono regolate dall'art. 8, a norma del quale, «qualora l'orario di lavoro giornaliero ecceda il limite di *sei ore* il lavoratore deve beneficiare di un intervallo per pausa, le cui modalità e la cui durata sono stabilite dai contratti collettivi di lavoro, ai fini del recupero delle energie psico-fisiche e della eventuale consumazione del pasto anche al fine di attenuare il lavoro monotono e ripetitivo». Se il contratto collettivo non prevede alcun intervallo, il lavoratore ha comunque diritto ad una pausa, anche sul posto di lavoro, di durata non inferiore a dieci minuti. Il legislatore precisa che la collocazione deve tener conto delle esigenze tecniche del processo lavorativo, il che sembra voler dire che sarà il datore di lavoro a decidere quando il lavoratore potrà usufruirne; in ogni caso la pausa dovrà essere concessa «tra l'inizio e la fine di ogni periodo giornaliero di lavoro»: quindi né all'inizio, né alla fine della giornata lavorativa (in coerenza con la funzione di recupero di energie psico-fisiche della pausa). Salva diversa previsione dei contratti collettivi, le pause di durata non inferiore a 10 minuti non sono retribuite e non si computano nell'orario di lavoro (a fini di superamento dei limiti di durata).

– Abbiamo detto che il limite massimo di durata della giornata lavorativa è determinato indirettamente da quanto disposto dal d.lgs. n. 66/2003, art. 7 in materia di *riposo giornaliero* (11 ore consecutive). Secondo quanto previsto dallo stesso art. 7, il riposo giornaliero deve essere fruito in modo consecutivo, fatte salve le attività caratterizzate da periodi di lavoro frazionati durante la giornata o da regimi di reperibilità. Ampie facoltà di deroga sono concesse alla contrattazione collettiva (*infra*, § 2.4).

– Per quanto riguarda il *riposo settimanale*, occorre anzitutto ricordare che l'art. 36, c. 3, Cost., stabilisce che il diritto del lavoratore al riposo settimanale è un diritto irrinunciabile[40]; il riconoscimento di questo diritto è altresì previsto nel diritto comuni-

---

[40] L'art. 2109 c.c. dispone: «Il prestatore di lavoro ha diritto ad un giorno di riposo ogni settimana di regola in coincidenza con la domenica». A suo tempo la Cassazione (n. 12556/1998) aveva affermato che il lavoratore che abbia prestato attività lavorativa in giornate destinate al riposo settimanale con definitiva perdita dello stesso e, quindi, della possibilità di recupero delle energie psicofisiche e mentali che il riposo è finalizzato a salvaguardare, ha diritto: alla retribuzione giornaliera (ai sensi dell'art. 2126, c. 2, c.c.) per il lavoro prestato nel giorno di riposo, in quanto la normale retribu-

tario (art. 5, Direttiva CE 2003/88)[41], e nel diritto internazionale (Convenzione OIL n. 106/1957).

L'art. 9, d.lgs. n. 66/2003, dispone che il lavoratore ha diritto *ogni sette giorni* a un periodo di riposo di almeno ventiquattro ore consecutive, *di regola in coincidenza con la domenica*, da cumulare con le ore di riposo giornaliero di cui all'art. 7 (dunque il riposo è complessivamente di 35 ore). Lo stesso art. 7 aggiunge (l'aggiunta è opera della l. n. 133/2008): «Il suddetto periodo di riposo consecutivo è calcolato come media in un periodo non superiore a quattordici giorni». Il legislatore legittima così, senza specificare in quali condizioni ed entro quali limiti, periodi di lavoro superiori *a sei giorni consecutivi* (anche se nell'arco di due settimane il lavoratore dovrà fruire di due riposi ciascuno di 24 ore consecutive).

La necessaria cadenza settimanale, o *periodicità* del riposo ogni *sette* giorni di lavoro fa dubitare della legittimità di questa previsione, a causa della sua formulazione generale e generica: secondo la Corte costituzionale (sentenze n. 65/1973 e n. 23/1982), infatti, la deroga alla cadenza ogni sei giorni di lavoro è possibile, ma a condizione che sia limitata ai casi di necessità, e che in ogni caso il lavoro prestato nel settimo giorno comporti la maggiorazione retributiva (per lavoro festivo), indipendentemente dal successivo riposo compensativo, e anche in mancanza di espressa previsione contrattuale[42].

Come se non bastasse, sono previste una serie di eccezioni (o deroghe) al regime ordinario del riposo settimanale: tanto numerose da mettere in dubbio la conformità dell'art. 9, d.lgs. n. 66/2003, all'art. 36, c. 3, Cost.[43].

Le eccezioni alla ordinaria cadenza del riposo settimanale (anche calcolata su 14 giorni) sono numerose (v. l'elenco all'art. 9, c. 2: lavoro a turni, lavoro frazionato, attività discontinue e connesse con gli orari dei treni). Il c. 3 dello stesso art. 9 prevede inoltre i casi in cui il riposo di ventiquattro ore consecutive possa essere fissato *in un giorno diverso dalla domenica*. Premesso che la coincidenza del riposo settimanale con la domenica è considerata una regola, ma non una regola inderogabile (nel senso che le eccezioni sono sempre state previste, e giudicate

---

zione mensile compensa solo sei giorni di lavoro la settimana e un giorno di riposo; a una maggiorazione retributiva per la maggiore penosità del lavoro domenicale nel caso in cui la prestazione sia stata resa nella giornata di domenica; ad un'attribuzione patrimoniale di natura non retributiva, ma risarcitoria di un danno (usura psicofisica) derivante dal mancato o irregolare godimento del riposo e correlato all'inadempienza del datore di lavoro, il quale compie una scelta organizzativa in contrasto con norme imperative poste a tutela di diritti fondamentali del prestatore.

[41] «Gli Stati membri prendono le misure necessarie affinché ogni lavoratore benefici, per ogni periodo di 7 giorni, di un periodo minimo di riposo ininterrotto di 24 ore a cui si sommano le 11 ore di riposo giornaliero previste all'articolo 3. Se condizioni oggettive, tecniche o di organizzazione del lavoro lo giustificano, potrà essere fissato un periodo minimo di riposo di 24 ore».

[42] In questo senso anche Cass. n. 18708/2007; Cass. n. 2610/2008; Cass. n. 12318/2011; Cass. n. 18284/2012.

[43] La giurisprudenza è chiara e netta nell'affermare che la mancata concessione del riposo settimanale con definitiva perdita dello stesso (in quanto dal lavoratore non recuperato – ancorché oltre la settimana – entro un tempo utile al recupero delle energie psicofisiche) è illecita, siccome in contrasto con il citato precetto costituzionale; in quanto tale, non può essere validamente disciplinata né da clausole di contratto collettivo, che sarebbero nulle per contrarietà a norme imperative o, più precisamente, per illiceità dell'oggetto (artt. 1418 e 1346 c.c.), né dalla legge, che sarebbe fondatamente sospettabile d'illegittimità costituzionale.

legittime)[44], le deroghe sono ancora una volta molto numerose, e talora indicate con estrema genericità (ad esempio: «attività industriali il cui processo richieda, in tutto o in parte, lo svolgimento continuativo per ragioni tecniche», oppure: «servizi ed attività il cui funzionamento domenicale corrisponda ed esigenze tecniche ovvero soddisfi interessi rilevanti della collettività ovvero sia di pubblica utilità»). Alle nuove deroghe si aggiunge la conservazione in vita di quelle già esistenti: infatti (art. 9, c. 4) sono fatte salve le disposizioni speciali che consentono la fruizione del riposo settimanale in giorno diverso dalla domenica, nonché le deroghe previste dalla l. n. 370/1934.

Insomma, anche nel caso del riposo settimanale, che pure è un diritto costituzionalmente sancito come irrinunciabile, il legislatore ha scelto la strada della gestione flessibile (da parte dell'impresa) dell'orario di lavoro: al lavoratore che lavora la domenica spetta la maggiorazione per *lavoro festivo*[45], a meno che il contratto collettivo non preveda il turno domenicale (in tale caso il compenso sarà complessivamente più favorevole: trattamento economico migliore, o ulteriori giorni di riposo)[46].

2.4. *Deroghe ed eccezioni*

L'analisi della disciplina dell'orario di lavoro condotta nei paragrafi precedenti consente di fare due osservazioni. La prima osservazione è che la disciplina legale ha lo spessore e la resistenza di un colabrodo, a causa dell'enorme numero di eccezioni e deroghe previste. La seconda osservazione è che il decentramento dalla legge alle fonti secondarie (la contrattazione collettiva e la decretazione ministeriale, il cui intervento può essere richiesto anche dalle sole organizzazioni dei datori di lavoro), comportan-

---

[44] Corte cost. n. 105/1972 ha considerato al contrario illegittimo il divieto di lavoro domenicale degli addetti all'informazione. A seguito della decisione della CGE 12.11.1996, C-84/94, *Regno Unito c. Consiglio*, nella quale la Corte ha annullato l'art. 5, c. 2, Direttiva 93/104, ai sensi del quale il periodo minimo di riposo settimanale deve comprendere, in linea di principio, la domenica (perché il Consiglio ha omesso di spiegare per quale motivo la domenica, come giorno di riposo settimanale, presenterebbe un nesso più importante con la salute e la sicurezza dei lavoratori rispetto ad un altro giorno della settimana), nella Direttiva 2003/88 non compare più la coincidenza con la domenica del riposo settimanale.

[45] Secondo Trib. Napoli 10.1.2017, l'art. 2109 c.c. implicitamente attribuisce al giorno della domenica una valenza superiore a quello degli altri giorni della settimana, recependo il consolidato costume sociale che vede nella domenica il giorno dedicato dal lavoratore al riposo ed alle attività sociali e culturali, con conseguente diritto, per il lavoratore, ad una maggiorazione di retribuzione per la maggiore penosità del lavoro domenicale.

[46] Per quanto riguarda *le festività infrasettimanali*, dopo la loro riduzione (a partire dalla l. n. 54/1977), sono ora previste dall'art. 2, l. n. 260/1949 in combinato disposto con la l. n. 54/1977, che ha drasticamente ridotto il numero di giorni festivi e con la l. n. 336/2000 che ha ripristinato la festa del 2 giugno, in numero di 5 festività civili e 7 religiose. Il lavoro svolto durante tali festività è retribuito come lavoro festivo. Le festività soppresse (secondo quanto previsto in genere dai contratti collettivi) sono recuperate come giornate (divisibili in mezze giornate, o fruibili in ore, in molti casi) di permesso, che si aggiungono alle ferie. Per quanto riguarda invece le festività infrasettimanali civili e religiose conservate in vita, secondo l'orientamento della Cassazione (n. 22481/2016), il lavoratore ha il diritto soggettivo di astenersi dal lavoro, essendo la normativa (art. 2, l. n. 260/1949) inderogabile anche dalla contrattazione collettiva. Di conseguenza il datore di lavoro non può imporre al lavoratore di prestare lavoro nel giorno festivo per esigenze aziendali.

do l'attribuzione di consistenti poteri di deroga alla legge, impone di tornare a considerare con attenzione l'art. 36, c. 2, Cost. Il senso della riserva di legge (sia pure intesa in modo affievolito come riserva relativa), e le sue ragioni appaiono smarriti, in una disciplina caratterizzata dalla incertezza e dall'instabilità, indotte da una derogabilità amplissima.

Proprio sulla derogabilità occorre spendere ancora qualche parola.

L'art. 16, d.lgs. n. 66/2003 e successive modifiche, prevede una lunga serie di *eccezioni*, vale a dire di casi nei quali non trova applicazione la disciplina della durata settimanale normale dell'orario di lavoro (si può senz'altro rinviare alla lettura della anzidetta disposizione, evitando di enumerare tutti i casi). L'art. 17 prevede invece una serie molto ampia di possibili *deroghe* alle disposizioni di cui agli artt. 7 (riposo giornaliero), 8 (pause), 12 e 13 (modalità e durata del lavoro notturno): queste disposizioni possono essere derogate mediante *contratti collettivi* o accordi conclusi a *livello nazionale* tra le organizzazioni sindacali nazionali comparativamente più rappresentative e le associazioni nazionali dei datori di lavoro firmatarie di contratti collettivi nazionali di lavoro o, conformemente alle regole fissate nei contratti nazionali, mediante contratti collettivi o accordi conclusi al *secondo livello* (territoriale o aziendale) di contrattazione. Alla derogabilità per via contrattuale collettiva (anche decentrata) si aggiunge, in via sussidiaria, la derogabilità delle disposizioni di legge mediante *decreti ministeriali*.

L'intervento del Ministro competente avviene su richiesta delle organizzazioni sindacali nazionali di categoria comparativamente più rappresentative o anche delle sole associazioni nazionali di categoria dei datori di lavoro firmatarie dei contratti collettivi nazionali di lavoro. Il decreto ministeriale può stabilire deroghe agli artt. 4, c. 3, nel limite di sei mesi (la durata media dell'orario di lavoro, che non può superare le 48 ore nei 7 giorni, deve essere calcolata con riferimento a un periodo non superiore a quattro mesi: la deroga consiste nel portare tale arco di tempo a sei mesi), e agli artt. 7, 8, 12 e 13, citati sopra.

L'art. 17 elenca le attività (numerosissime) nelle quali sono possibili le deroghe (che non è il caso enumerare in questa sede, essendo sufficiente rinviare alla lettura della citata disposizione). A titolo di esempio si può ricordare che per quanto riguarda la disciplina del riposo giornaliero (art. 7), si può derogare mediante decretazione ministeriale per l'attività di lavoro a turni tutte le volte in cui il lavoratore cambia squadra e non può usufruire tra la fine del servizio di una squadra e l'inizio di quello della squadra successiva di periodi di riposo giornaliero; per le attività caratterizzate da periodi di lavoro frazionati durante la giornata, in particolare del personale addetto alle attività di pulizie. Le deroghe possono essere ammesse soltanto a condizione che ai prestatori di lavoro siano accordati periodi equivalenti di riposo compensativo o, in casi eccezionali in cui la concessione di tali periodi equivalenti di riposo compensativo non sia possibile per motivi oggettivi, a condizione che ai lavoratori interessati sia accordata una protezione appropriata.

Infine, praticamente l'intera disciplina dell'orario di lavoro (durata settimanale normale, durata massima, lavoro straordinario e notturno, riposo giornaliero, pause) non si applica ai lavoratori la cui durata dell'orario di lavoro, a causa delle caratteristiche dell'attività esercitata, non è misurata o predeterminata; questi lavoratori (dirigenti, personale direttivo, manodopera familiare; lavoratori nel settore liturgico delle chiese e delle comunità religiose) possono determinare essi stessi il proprio orario. Le stesse considerazioni valgono per le prestazioni rese nell'ambito di rapporti di lavoro a domicilio e di telelavoro (art. 17, c. 5, lett. *d*), d.lgs. n. 66/2003) (PT. III, Cap. II, Sez. I).

3. *Le ferie*

Come il diritto al riposo, anche il diritto alle *ferie annuali* retribuite è previsto dall'art. 36, c. 3, Cost. come *diritto irrinunciabile*; il diritto fondamentale alle ferie annuali retribuite è sancito altresì dalla CDFUE, art. 31, c. 2. Il periodo annuale di riposo risponde infatti alla duplice insopprimibile esigenza di ritemprare le energie psico-fisiche, e di poter disporre di tempo effettivamente libero da dedicare alla soddisfazione delle proprie esigenze affettive, culturali, sociali[47]. L'art. 2109 c.c., a sua volta, prevede il diritto del lavoratore ad un periodo annuale di ferie retribuito, possibilmente continuativo, nel tempo che l'imprenditore stabilisce (ma che deve essere preventivamente comunicato al prestatore di lavoro), tenuto conto delle esigenze dell'impresa e degli interessi del prestatore di lavoro. La *durata* delle ferie è stabilita dalla legge, dai contratti collettivi, dagli usi: attualmente la legge stabilisce in *quattro settimane* la durata (minima) delle ferie.

In origine l'art. 2109 c.c. stabiliva che il diritto alle ferie maturasse dopo un anno di "ininterrotto servizio": ma la Corte costituzionale (sentenza n. 66/1963), ha ritenuto tale previsione in contrasto con l'art. 36, c. 3, Cost., sancendo il principio della *introannualità* delle ferie: il lavoratore, il cui rapporto di lavoro cessi prima della maturazione o del godimento delle ferie ha diritto alla indennità sostitutiva.

La disciplina delle ferie è attualmente contenuta nell'art. 10, d.lgs. n. 66/2003 (come modificato dal decreto correttivo n. 231/2004)[48]. Tenuto fermo quanto disposto dall'art. 2109 c.c., l'art. 10 dispone che «il prestatore di lavoro ha diritto ad un periodo annuale di ferie retribuite non inferiore a quattro settimane». Tale periodo (se non diversamente disposto dalla contrattazione collettiva) deve essere goduto per *almeno due settimane*, consecutive in caso di richiesta del lavoratore, nel corso dell'anno di maturazione; per *le restanti due settimane*, può essere goduto nei 18 mesi successivi al termine dell'anno di maturazione. L'art. 10, c. 2, prevede inoltre che il periodo minimo di quattro settimane di ferie non può essere sostituito dalla relativa indennità per ferie non godute (salvo, ovviamente, il caso di risoluzione del rapporto di lavoro, per le ferie maturate in corso di rapporto e non godute). La nuova drastica disciplina rafforza il principio dell'irrinunciabilità delle ferie, poiché il mancato godimento non può dar luogo, diversamente da quanto fino ad ora era previsto dai contratti collettivi, alla corresponsione di un'indennità sostitutiva: l'espressa previsione del divieto di "monetizzare" la mancata fruizione delle ferie rafforza il principio dell'irrinunciabilità, inducendo il lavoratore ad un'effettiva fruizione delle stesse.

---

[47] Corte cost., sentenze n. 616/1987 e n. 158/2001.

[48] Anche la disciplina attuale delle ferie è di "derivazione comunitaria", nel senso che l'art. 10, d.lgs. n. 66/2003 (come modificato dal decreto correttivo n. 231/2004) dà attuazione a quanto previsto dalle Direttive più volte ricordate sopra. La giurisprudenza della CGE in materia è particolarmente ricca: faremo oltre qualche riferimento.

La previsione della necessità dell'effettivo godimento (entro 18 mesi) delle ferie non godute entro l'anno, dovrebbe risolvere il problema della sussistenza del principio del godimento necessariamente introannuale delle ferie, sul quale in giurisprudenza si registravano orientamenti opposti. Secondo parte della giurisprudenza[49], in caso di mancato godimento delle ferie entro l'anno, il lavoratore conservava il diritto ad usufruirne anche decorso tale periodo (come risarcimento in forma specifica); i giudici sancivano perciò la nullità delle clausole dei contratti collettivi che prevedevano, in via esclusiva, l'indennità sostitutiva per mancata fruizione delle ferie. Secondo l'opposto orientamento invece, una volta decorso l'anno di competenza, il datore di lavoro non poteva più imporre al lavoratore di godere effettivamente delle ferie e tanto meno poteva stabilire il periodo nel quale doveva goderle, ma era tenuto al risarcimento del danno. Ciò in ragione della funzione propria delle ferie annuali che è quella di assicurare il recupero delle energie fisiche e psichiche da parte del lavoratore; funzione che sarebbe compromessa se il godimento delle ferie non avvenisse con periodicità[50].

Sempre muovendo dalla *ratio* dell'art. 10, d.lgs. n. 66/2003, si va consolidando in giurisprudenza l'orientamento, già largamente maggioritario, che ravvisa la natura *risarcitoria dell'indennità sostitutiva delle ferie* non godute, in quanto volta a compensare il danno derivante dalla perdita di un bene determinato (il riposo, con recupero delle energie psicofisiche, la possibilità di meglio dedicarsi a relazioni familiari e sociali); tuttavia questa giurisprudenza non trascura il carattere anche retributivo dell'indennità, in quanto costituisce il corrispettivo dell'attività lavorativa resa in un periodo che, pur essendo di per sé retribuito, avrebbe dovuto essere "non lavorato", in quanto destinato al godimento delle ferie annuali[51].

Per quanto riguarda la determinazione del periodo feriale, secondo la giurisprudenza prevalente[52], presupponendo una valutazione comparativa di diverse esigenze,

---

[49] Cass. n. 2569/2001.

[50] Cass. n. 13980/2000.

[51] Cfr. Cass. n. 1756/2016; la Corte precisa che l'indennità sostitutiva delle ferie ha non solo carattere risarcitorio, ma anche retributivo; ai fini della prescrizione, tuttavia, è necessario che il diritto possa essere esercitato in maniera ampia, per cui deve considerarsi prevalente, a tale scopo, la natura risarcitoria della stessa, per la quale è prevista la durata ordinaria decennale della prescrizione. In passato era presente in giurisprudenza un diverso orientamento (Cass. n. 13860/2000) che riteneva invece l'indennità di natura retributiva: l'obbligazione – si affermava – ha fondamento e natura contrattuale e sorge per il solo fatto del mancato godimento delle ferie; il pagamento dell'indennità sostitutiva delle ferie non esclude il diritto al risarcimento del danno per la lesione del diritto alle ferie, che ha ben diverso fondamento. Per quanto riguarda l'importo dell'indennità sostitutiva, la CGE 13.12.2018, C-385/17, *T. Hein*, ha stabilito che l'art. 7.1, della Direttiva CE 2003/88 nonché l'art. 31.2, CDFUE devono essere interpretati nel senso che *ostano* a una normativa nazionale che, ai fini del calcolo dell'indennità per ferie retribuite, consente di prevedere con contratto collettivo che siano prese in considerazione le riduzioni di retribuzione risultanti dall'esistenza, durante il periodo di riferimento, di giorni in cui, a causa di disoccupazione parziale, non sia prestato lavoro effettivo; circostanza che ha come conseguenza che il dipendente percepisce un'indennità per ferie retribuite inferiore alla retribuzione ordinaria che egli riceve durante i periodi di lavoro. Il principio della corrispondenza tra retribuzione feriale e retribuzione ordinaria è stato riaffermato da Cass. n. 20216/2022 che ha sancito la nullità della clausola del CCNL del trasporto aereo che esclude l'indennità integrativa di volo dalla retribuzione da corrispondere nel periodo delle ferie (relativamente al periodo minimo di 4 settimane).

[52] Cass. n. 21918/2014; Cass. n. 18166/2013; Cass. n. 7951/2001.

tale determinazione spetta unicamente all'imprenditore quale estrinsecazione del generale potere organizzativo e direttivo dell'impresa, fermo restando che il lavoratore ha soltanto la facoltà di indicare il periodo entro il quale intende fruire del riposo annuale. Il datore di lavoro non può comunque individuare il periodo di ferie in modo del tutto arbitrario e senza rispettare vincolo alcuno: il potere discrezionale dovrà essere esercitato *tenendo conto anche degli interessi del prestatore di lavoro*[53].

La nuova disciplina pone limiti anche al frazionamento del periodo di ferie (che già l'art. 2109 c.c. indica come "possibilmente continuativo"): il potere dispositivo del datore di lavoro nella determinazione del periodo feriale implica la possibilità di frazionare detto periodo in congrui segmenti temporali a fronte di obiettive e comprovate esigenze aziendali[54]. Tuttavia, da un lato tale frazionamento è legittimo solo se non pregiudica la funzione di tutela e la reintegrazione delle energie psicofisiche del lavoratore propria delle ferie; d'altro lato, la legge attribuisce al lavoratore, che ne faccia richiesta, il diritto di usufruire di almeno due settimane (delle quattro settimane che gli spettano) consecutive.

Il diritto alle ferie matura, in linea di massima, in presenza di un'effettiva prestazione di lavoro[55]. Occorre tuttavia precisare anzitutto che sono numerose le eccezioni previste sia dalla legge sia dalla contrattazione collettiva, che considerano utili a fini di maturazione delle ferie anche periodi di sospensione del rapporto di lavoro (*infra*, Cap. II). A sua volta, il periodo di ferie può essere sospeso dalla *malattia* che insorga durante tale periodo: vedremo oltre in che limiti e a quali condizioni (*infra*, Cap. II). In secondo luogo occorre segnalare che l'orientamento della Corte di Giustizia sembra evolvere verso il riconoscimento del diritto alle ferie (o all'indennità sostitutiva) anche in mancanza, per causa non imputabile al lavoratore, della presta-

---

[53] Cass. n. 13980/2000. Particolari problemi si sono posti durante l'emergenza Covid-19, quando alcuni lavoratori si sono visti imporre unilateralmente le ferie dal datore di lavoro, perché contagiati o perché avevano avuto contatti con persone contagiate, senza una formale disposizione di quarantena (Trib. Milano 4.11.2021) oppure senza neppure considerare che il lavoratore avrebbe potuto lavorare da remoto (Trib. Rovigo 7.9.2021).

[54] Una questione a sé è quella del godimento delle ferie pregresse (non utilizzate nell'arco dell'anno): il Trib. Bari (ord.) 5.2.2015, in *NGL*, 2015, p. 354, ha affermato che il datore di lavoro non può imporre unilateralmente al lavoratore di "smaltire" le ferie non godute in un lungo periodo di assenza.

[55] La questione è stata affrontata da CGE 24.1.2012, C-282/10, *Maribel Dominguez*, che ritiene contrario alla Direttiva il diritto nazionale che preveda che il diritto alle ferie annuali retribuite sia subordinato ad un periodo di lavoro effettivo minimo di dieci giorni o di un mese durante il periodo di riferimento; CGE 21.6.2012, C-78/11, *Asociación Nacional de Grandes Empresas de Distribución*, ha censurato le disposizioni nazionali le quali prevedono che un lavoratore che si trovi in una situazione di incapacità lavorativa sopravvenuta durante il periodo di ferie annuali retribuite non ha il diritto di beneficiare in un momento successivo di un periodo di ferie corrispondente al periodo di incapacità lavorativa; sul periodo di riporto per ferie annuali non godute v. anche CGE 29.11.2017, C-214/16, *C. King*, in *RIDL*, 2018, II, p. 386, nt. Buoso. Per contro la CGE 4.10.2018, C-12/17, *Tribunalul Botoşani e Ministerul Justiţiei/Maria Dicu*, ha stabilito che i giorni di congedo parentale possono *non* essere compresi nel periodo lavorativo utile per le ferie, perché nel caso non ricorrono le circostanze particolari (malattia, congedo obbligatorio di maternità o paternità) che consentono di fare eccezione alla regola generale che lega la maturazione delle ferie al lavoro effettivamente prestato.

zione lavorativa: è il caso del periodo che va dal licenziamento illegittimo alla reintegrazione, per ordine del giudice, nel posto di lavoro[56].

Resta infine da segnalare la disposizione introdotta dal d.lgs. n. 151/2015 (ispirata ad analogo provvedimento adottato in Francia). L'art. 24, prevede che, fermi restando i diritti al riposo settimanale e alle ferie di cui al d.lgs. n. 66/2003, «i lavoratori possono cedere a titolo gratuito i riposi e le ferie da loro maturati ai lavoratori dipendenti dello stesso datore di lavoro, al fine di consentire a questi ultimi di assistere i figli minori che per le particolari condizioni di salute necessitano di cure costanti, nella misura, alle condizioni e secondo le modalità stabilite dai contratti collettivi stipulati dalle associazioni comparativamente più rappresentative sul piano nazionale applicabili al rapporto di lavoro». Il gesto di solidarietà tra lavoratori, consentito dalla legge, non può eccedere tre ordini di limiti: il primo limite riguarda le finalità, che sono solo quelle indicate nell'art. 24 (e ci si può domandare il perché di una tale restrizione); il secondo limite (derivante dal richiamo ai diritti di cui al d.lgs. n. 66/2003) riguarda le ferie e i riposi cedibili, che sono solo quelli eccedenti rispetto ai minimi legali; il terzo limite riguarda l'esercizio del diritto di cedere ferie e riposi, condizionato al rispetto, quanto a misura, condizioni e modalità della cessione, delle clausole dei contratti collettivi applicabili nel caso, ai quali è rinviata in sostanza l'attuazione della previsione legale.

---

[56] La Cassazione (ord. n. 451/2019) ha proposto ricorso in via pregiudiziale alla CGE, interrogandola sulla spettanza dell'indennità sostitutiva delle ferie non godute dal lavoratore nel periodo intercorrente tra la data del licenziamento di cui il giudice abbia accertato l'illegittimità e la reintegrazione nel posto di lavoro, tenuto conto che, in tale ipotesi, alla continuità giuridica del rapporto di lavoro non corrisponde l'effettiva prestazione di lavoro. La CGE si è pronunciata (sul rinvio della Corte italiana e su quello della Corte bulgara) con sentenza 25.6.2020, C-762/18, C-37/19, *Q.H.*, *C.V.*, in *RIDL*, 2020, II, p. 761, n. Siotto, affermando che l'art. 7.2 della Direttiva 2003/88 osta ad una giurisprudenza nazionale che, in caso di cessazione del rapporto del lavoratore illegittimamente licenziato e successivamente reintegrato, neghi al lavoratore il diritto all'indennità sostitutiva delle ferie non godute nel periodo compreso tra il licenziamento e la reintegrazione nel posto di lavoro. Il diritto alle ferie matura quindi anche quando, per cause non imputabili al lavoratore, non è effettuata la prestazione lavorativa; nel caso in cui il lavoratore non possa beneficiare delle ferie maturate nel corso del rapporto, avrà diritto all'indennità sostitutiva.

Sezione II

L'ORARIO RIDOTTO: IL LAVORO A TEMPO PARZIALE

1. *Il lavoro a tempo parziale*

La prima disciplina legale del lavoro a tempo parziale (più comunemente detto *part-time*) è stata introdotta in Italia solo nel 1984 (art. 5, l. n. 863/1984), con grande ritardo rispetto ad altri paesi europei. L'intervento della legge era visto con sfavore da quanti temevano che potesse contribuire a diffondere una modalità di lavoro, già presente nella pratica dei rapporti di lavoro, ma riservata, per le sue caratteristiche, essenzialmente alle donne, sulle quali notoriamente grava il maggior peso delle cure familiari, per assolvere alle quali una gran quantità di donne sacrifica la propria vita professionale. Orario ridotto significa salario ridotto; ma significa spesso anche minori *chances* di svolgere lavori di alto profilo professionale e di progressione di carriera.

Ma nel giro di pochi anni le idee erano cambiate: l'incentivazione del part-time era considerata uno strumento importante per promuovere l'occupazione delle donne: del resto, l'incentivazione del part-time è stata spesso sbandierata, dallo stesso legislatore, come "l'arma vincente" per favorire l'occupabilità delle donne; peraltro si è anche fatto strada un approccio al part-time come al lavoro "adatto alle donne", perché consente di conciliare il lavoro con le cure familiari. È un approccio che non condividiamo, perché pensiamo che la conciliazione tra vita familiare e lavoro sia una questione che deve riguardare in eguale misura le donne come gli uomini. Ma resta l'indiscutibile fatto che sono le donne a continuare a farsi carico delle cure familiari, e dunque devono poter scegliere il tempo parziale quando sia per loro necessario sacrificare alla famiglia il lavoro (e il reddito da lavoro).

Lavorare a tempo parziale è, nei fatti, una necessità per le donne con figli piccoli da accudire o anziani o disabili da assistere, specie se i servizi sociali scarseggiano; può essere una necessità per ragazze e ragazzi ancora impegnati negli studi; può anche essere una scelta, per le persone che possano o vogliano mettere insieme esperienze lavorative diverse, o vogliano riservarsi (potendo, s'intende) tempo libero da dedicare alla soddisfazione dei propri interessi, culturali e non. Era dunque necessario che il lavoro a tempo parziale fosse regolato dalla legge, e possibilmente da una buona legge, che garantisse una adeguata tutela dei diritti di chi, per necessità o per scelta, presta un lavoro a orario ridotto.

Secondo un giudizio pressoché unanime, la prima disciplina legale era approssimativa e lacunosa. L'occasione per una seria riforma di quella disciplina è stata fornita dalla necessità di dare attuazione alla Direttiva CE 97/81 (che recepisce l'AQ sul lavoro a tempo parziale stipulato tra le parti sociali a livello europeo). Il d.lgs. n. 61/2000, emanato appunto per dare attuazione alla Direttiva citata, è stato successivamente più volte modificato; le modifiche hanno oscillato tra modelli ispirati alla valorizzazione del ruolo della contrattazione collettiva nella integrazione della disciplina legale, e modelli che valorizzano invece l'autonomia individuale; questo vero e proprio andirivieni aveva dato luogo ad un testo di legge stratificato e di difficile lettura. A seguito dell'entrata in vigore del d.lgs. n. 81/2015, disponiamo finalmente di un nuovo testo organico, che abroga la previgente disciplina del lavoro a tempo parziale. Anche se non sempre, come vedremo, all'indubbio vantaggio (in termini di certezza del diritto) di un testo organico corrisponde un progresso nella disciplina di questo istituto; il legislatore, infatti, molto attento a garantire al datore di lavoro una gestione flessibile del lavoro a tempo parziale, è assai meno attento alle esigenze di vita dei lavoratori a tempo parziale.

Prima di entrare nel merito della attuale disciplina del lavoro a tempo parziale precisiamo che gli artt. 11 e 12, d.lgs. n. 81/2015, contengono disposizioni relative alla disciplina previdenziale e all'applicazione nel settore pubblico, di cui omettiamo la trattazione, trattandosi in entrambi i casi di materie non affrontate in questo manuale.

1.1. *La nozione di tempo parziale*

La disciplina vigente del lavoro a tempo parziale è contenuta negli artt. 4-12 del d.lgs. n. 81/2015. L'art. 4, benché sia intitolato "definizione", non fornisce alcuna definizione del lavoro a tempo parziale: dice soltanto che l'assunzione può avvenire oltre che a tempo pieno, «a tempo parziale», senza ulteriori specificazioni. Ragioni di ordine sia teorico che pratico rendono tuttavia ancora necessaria una definizione, per la quale si può fare riferimento a quella contenuta nell'abrogato art. 1, d.lgs. n. 61/2000, secondo cui il lavoro a *tempo parziale* è il lavoro il cui orario, stabilito tra le parti del contratto individuale, risulta di *durata inferiore* rispetto all'orario di lavoro a *tempo pieno.* Per tempo pieno si intende l'orario normale di lavoro legale (40 ore settimanali: art. 3, c. 1, d.lgs. n. 66/2003), o l'eventuale orario normale di durata inferiore alle 40 ore fissato dai contratti collettivi applicati nell'impresa (o nell'organizzazione) del datore di lavoro. Questa definizione "a maglie larghe" non comprende l'indicazione di una durata minima: in coerenza con l'intenzione del legislatore di consentire le più diverse modalità di part-time [1].

Nella ormai abrogata disciplina, l'ampia definizione anzidetta si articolava in tre ulteriori definizioni, questa volta riferite alle modalità della riduzione di orario: *a)* tempo parziale *orizzontale*, in cui la riduzione di orario rispetto al tempo pieno è prevista in relazione all'orario normale *giornaliero* di lavoro [2]; *b)* tempo parziale *verticale*, in cui

[1] La definizione contenuta nell'Accordo-quadro allegato alla Direttiva CE 97/81 ha le stesse caratteristiche di ampiezza e vaghezza.

[2] L'orario giornaliero può essere individuato dividendo l'orario settimanale medio per il numero medio di giornate lavorative nella settimana (5 o 6), oppure facendo riferimento, in mancanza di una apposita definizione nel contratto collettivo applicato, a quello ordinariamente praticato come orario giornaliero nell'impresa.

l'attività lavorativa è svolta a tempo pieno, ma limitatamente a periodi predeterminati nel corso della settimana, del mese o dell'anno[3]; *c*) tempo parziale *misto*, che si svolge secondo una combinazione delle due modalità indicate sopra[4]. Di queste diverse articolazioni del part-time, il d.lgs. n. 81/2015 reca traccia nella previsione, contenuta nell'art. 5, c. 2, della collocazione dell'orario della prestazione lavorativa «con riferimento al giorno, alla settimana, al mese e all'anno»; il legislatore si riferisce inoltre (espressamente o implicitamente) al part-time orizzontale nella disciplina del congedo parentale e del congedo per le vittime di violenza di genere. Diversamente dalla previgente disciplina, le regole dettate dagli artt. 4 ss., d.lgs. n. 81/2015, si applicano ai rapporti di lavoro a tempo parziale indipendentemente dalle modalità della riduzione dell'orario. Come vedremo oltre, l'omessa distinzione tra part-time orizzontale e verticale consente ai datori di lavoro una gestione più flessibile delle variazioni di orario (lavoro supplementare, straordinario, clausole elastiche).

Come già previsto nella previgente disciplina, anche il d.lgs. n. 81/2015 (art. 4) prevede che il contratto di lavoro a tempo parziale possa essere stipulato, oltre che a tempo indeterminato anche *a termine*, nei limiti temporali e quantitativi in cui questo è consentito dalla disciplina legale relativa; anche ai fini delle percentuali di lavoratori a tempo determinato rispetto al totale degli occupati nell'azienda consentite dalla legge o dalla contrattazione collettiva, i lavoratori a tempo parziale sono *computati* in proporzione all'orario svolto (secondo la regola generale stabilita dall'art. 9, d.lgs. n. 81/2015).

1.2. *Forma, contenuto, trasformazione del contratto (da tempo pieno a tempo parziale e viceversa)*

In tutti i contratti l'accordo delle parti è un elemento essenziale, ma nel contratto di lavoro a tempo parziale il consenso del lavoratore deve manifestarsi specificamente non solo sulla riduzione dell'orario della prestazione, ma anche sulla sua collocazione temporale (nella giornata lavorativa, oppure nella settimana, nel mese, nell'anno) (art. 5, c. 2, d.lgs. n. 81/2015)[5]. Inutile sottolineare che insieme all'orario ridotto, la collocazione temporale della prestazione assume una importanza decisiva per il lavoratore, che

---

[3] Come ha precisato la Cassazione (n. 26824/2018; n. 21376/2016), nel part-time verticale ciclico vi è continuità del rapporto di lavoro e l'anzianità contributiva deve essere calcolata sull'intera durata del rapporto di lavoro, e non riferita ai soli periodi di effettiva prestazione. La questione rileva anche sotto il profilo della non discriminazione dei lavoratori part-time (*infra*).

[4] Quelli *sub a, b, c*, erano (e forse continuano ad essere) i tipi di part-time *standard*. L'art. 1, c. 3, d.lgs. n. 61/2000 (come modificato dal d.lgs. n. 276/2003), dava alla contrattazione collettiva la possibilità di determinare diverse condizioni e modalità della prestazione lavorativa (anche in relazione a specifiche figure o livelli professionali). Questa ampia "delega" alla contrattazione collettiva (specie aziendale) ha aperto la porta alla sperimentazione nelle aziende di forme particolari di part-time verticale, come quelle che prevedono il lavoro a tempo pieno solo nel *weekend*, o di part-time misto, che variamente combinano giornate a orario ridotto con periodi di lavoro a tempo pieno magari su un arco di tempo lungo, incrementando ulteriormente la flessibilità nella gestione del tempo di lavoro.

[5] Sulla specificazione della collocazione temporale della prestazione lavorativa l'orientamento della giurisprudenza di merito, formatasi nell'applicazione della previgente disciplina, era particolarmente rigoroso. V. ad es. App. Roma 27.8.2018: il giudice ribadisce, riferendosi alla disciplina vigente, che ogni modificazione dell'orario richiede il mutuo consenso delle parti.

intanto è disponibile a lavorare a orario ridotto, in quanto l'orario convenuto gli consenta di far fronte ad altre esigenze della sua vita familiare, professionale, personale[6].

A norma dell'art. 5, c. 1, d.lgs. n. 81/2015, il contratto di lavoro a tempo parziale è stipulato in *forma scritta*: la forma è richiesta però a soli *fini di prova*, e pertanto la mancanza di forma scritta non comporta la nullità del contratto (le conseguenze del vizio di forma sono dettate dall'art. 10, su cui torneremo oltre: § 1.5)[7]. Nel contratto di lavoro a tempo parziale deve essere contenuta la puntuale indicazione della durata della prestazione lavorativa e, come abbiamo già detto, della collocazione temporale dell'orario. Occorrerebbe a tale proposito aprire almeno una finestra sul fenomeno, assai diffuso in alcuni settori (la grande distribuzione, ad esempio), del part-time *involontario*, cioè imposto e non scelto: nel senso che ciò che spesso viene offerto ai lavoratori (per lo più alle lavoratrici) è solo lavoro a tempo parziale verticale, concentrato nei turni del weekend, o nei turni serali[8].

Particolarmente delicata è la questione della eventuale *trasformazione del rapporto a tempo pieno in rapporto a tempo parziale (o viceversa)*, che ha conosciuto molteplici variazioni nelle discipline che si sono succedute negli anni scorsi. Attualmente, l'art. 8, d.lgs. n. 81/2015, prevede che la trasformazione avvenga «su accordo delle parti» risultante da atto scritto (art. 8, c. 2); l'art. 8 tace sul punto, ma si può ritenere che, come in passato, la forma in questo caso sia richiesta *ad substantiam*, a pena di nullità del patto[9]. Ove l'accordo non vi sia, il datore di lavoro può proporre al lavoratore assunto a tempo pieno di trasformare il suo rapporto in tempo parziale (ovviamente

---

[6] Si può segnalare Trib. Milano 31.3.2021, in *RIDL* 2021, II, p. 748, nt. Torsello, sul caso delle lavoratrici assunte a tempo parziale per il venerdì e sabato con possibilità di lavoro domenicale per un massimo di 13 domeniche l'anno, alle quali il datore di lavoro, a seguito della rimozione dell'obbligo della chiusura domenicale delle attività commerciali (d.l. n. 201/2011), aveva imposto di lavorare tutte le domeniche. Il giudice ha ritenuto *illegittima* la modifica unilaterale dell'orario da parte del datore di lavoro e configurato il danno non patrimoniale ("esistenziale") alla vita personale e familiare delle lavoratrici costrette a lavorare tutte le domeniche.

[7] L'art. 5, c. 2, l. n. 863/1984, che prevedeva la forma scritta *ad substantiam*, era stato interpretato dalla Corte cost. (n. 283/2005) nel senso della nullità parziale «circoscrivibile ad una o più clausole (come quella che prevede l'orario di lavoro ridotto) e sempre che la clausola nulla non risulti avere carattere essenziale per entrambe le parti del rapporto, nel senso che, in particolare, anche il lavoratore, il quale di regola aspira ad un impiego a tempo pieno, non avrebbe stipulato il contratto se non con la clausola della riduzione di orario».

[8] Possono essere previste "clausole difformi", cioè clausole relative alla variazione della collocazione temporale della prestazione lavorativa, oppure alla variazione in aumento della durata della prestazione lavorativa: si tratta delle *clausole elastiche*, ammissibili nei termini di cui all'art. 6, cc. 4-8, d.lgs. n. 81/2015 (*infra*, § 1.4).

[9] Al fine di garantire che il consenso del lavoratore fosse genuino e non frutto di un'imposizione del datore di lavoro, l'art. 5, c. 1, d.lgs. n. 61/2000, prevedeva che l'accordo fosse convalidato dalla DTL: ma la convalida era stata eliminata dalla l. n. 183/2011 (un'altra "semplificazione", che toglie di mezzo una garanzia: ricordiamo che la convalida costituisce un classico strumento apprestato per garantire la genuinità del consenso, ad esempio a fini di efficacia delle dimissioni: *infra*, PT. VIII, Cap. IV). La Cassazione riteneva invece che non fosse necessario alcun requisito formale per la trasformazione del rapporto da tempo parziale a tempo pieno, essendo sufficienti fatti concludenti nel senso della prestazione lavorativa resa costantemente a tempo pieno; la S.C. ha confermato tale orientamento anche di recente: Cass. n. 8658/2019; Cass. n. 31342/2018.

con riduzione del trattamento economico corrispettivo ad una prestazione a orario ridotto), ma il lavoratore non è tenuto ad accettare la proposta. L'art. 8, c. 1, d.lgs. n. 81/2015, ribadisce in proposito quanto già era previsto nella disciplina previgente: il rifiuto del lavoratore non costituisce giustificato motivo di licenziamento; ma, possiamo aggiungere, neppure sarebbero giustificate sanzioni disciplinari minori, giacché si tratta di un comportamento pienamente legittimo [10].

Un vero e proprio *diritto* alla trasformazione del rapporto da tempo pieno a tempo parziale è previsto a favore dei lavoratori del settore pubblico e del settore privato affetti *da patologie oncologiche, o da altre gravi patologie cronico-degenerative*, i quali abbiano a causa della patologia o delle terapie una (accertata) ridotta capacità lavorativa. Il rapporto di lavoro a tempo parziale deve essere trasformato nuovamente in rapporto di lavoro a tempo pieno a richiesta del lavoratore. Una *priorità* e non un diritto alla trasformazione del rapporto da tempo pieno a tempo parziale (ma non un diritto alla trasformazione) è riconosciuto anche al coniuge o ai genitori di malati oncologici o affetti da altre gravi patologie, a coloro che assistono persone conviventi con totale inabilità lavorativa, ai genitori di figli minori di 13 anni portatori di handicap (art. 8, cc. 3-5, d.lgs. n. 81/2015, come modificati dal d.lgs. n. 105/2022). Al coniuge sono equiparate la parte dell'unione civile o della convivenza di fatto. Ogni trattamento con effetto negativo nei confronti del richiedente la trasformazione è considerato ritorsivo o discriminatorio, e la misura adottata è nulla.

Ricordiamo inoltre che il lavoratore ha *diritto* alla trasformazione del rapporto da tempo pieno a tempo parziale con riduzione di orario non superiore al 50%, per una sola volta, per la durata del *congedo parentale* (o per la parte residua di esso) (art. 8, c. 7). Ha altresì *diritto* alla trasformazione del rapporto di lavoro da tempo pieno a tempo parziale (qui il legislatore precisa: verticale o orizzontale) la *lavoratrice vittima di violenza di genere*, inserita nei percorsi di protezione, sempre che il posto sia disponibile in organico, e, a richiesta, ha diritto al ritorno al tempo pieno (art. 24, c. 6, d.lgs. n. 80/2015).

Il lavoratore il cui rapporto di lavoro a tempo pieno sia trasformato in rapporto di lavoro a tempo parziale ha *diritto di precedenza* nelle *assunzioni* con contratto a tempo pieno per l'espletamento delle stesse mansioni o di mansioni di pari livello e categoria rispetto a quelle oggetto del rapporto di lavoro a tempo parziale (art. 8, c. 6, d.lgs. n. 81/2015) [11].

Nella situazione opposta, quando cioè il datore di lavoro intenda *assumere* personale *a tempo parziale* (art. 8, c. 8, d.lgs. n. 81/2015), questi è tenuto a darne tempestiva informazione [12] al personale già dipendente con rapporto a tempo pieno occupato in unità produttive site nello stesso ambito comunale, ed a *prendere in considerazione* le eventuali domande di trasformazione a tempo parziale del rapporto dei dipendenti

---

[10] Cass. n. 15999/2021 ha ribadito che, al di fuori di un'ipotesi temporanea ed isolata nel p.i., il rifiuto del lavoratore a tempo parziale di effettuare la prestazione a tempo pieno non può dar luogo a licenziamento disciplinare. Il rientro dal tempo parziale (consensuale o per precedenza nelle assunzioni) è previsto esclusivamente nell'interesse del lavoratore.

[11] La previsione del diritto di precedenza risolve (in senso favorevole ai lavoratori a tempo parziale) le contraddizioni che si erano manifestate nella precedente disciplina, confermando quanto era previsto dall'art. 12-*ter*, d.lgs. n. 61/2000, aggiunto dalla l. n. 92/2012 appunto al fine di rimuovere tali contraddizioni.

[12] La comunicazione può avvenire «anche mediante comunicazione scritta in luogo accessibile a tutti nei locali dell'impresa».

a tempo pieno. Prendere in considerazione non vuol dire accogliere, s'intende; peraltro non è richiesto che il datore di lavoro che non accoglie una domanda debba motivare il proprio rifiuto. La previgente disciplina prevedeva che i contratti collettivi potessero «provvedere ad individuare criteri applicativi con riguardo a tale disposizione», stabilendo ad esempio un ordine di priorità (collegato ad obiettive esigenze); la disciplina attuale ha cancellato il rinvio alla contrattazione collettiva: il che non esclude tuttavia che nei contratti collettivi le parti possano continuare a concordare criteri applicativi che limitino la discrezionalità del datore di lavoro.

1.3. *Principio di non discriminazione e parità di trattamento*

Nella previgente disciplina, sotto il cappello del principio di non discriminazione trovava disciplina l'intero trattamento economico e normativo dei lavoratori a tempo parziale.

Il "cappello" non era certo casuale: l'Accordo-quadro allegato alla Direttiva CE 97/81 contiene una clausola generale di non discriminazione, che il nostro legislatore aveva tradotto nel c. 1 dell'art. 4, d.lgs. n. 61/2000 («Fermi restando i divieti di *discriminazione diretta ed indiretta* previsti dalla legislazione vigente, il lavoratore a tempo parziale non deve ricevere un trattamento meno favorevole rispetto al lavoratore a tempo pieno *comparabile*, intendendosi per tale quello inquadrato nello stesso livello in forza dei criteri di classificazione stabiliti dai contratti collettivi (...) per il solo motivo di lavorare a tempo parziale») [13]. Rinviando al capitolo nel quale abbiamo ampiamente trattato dei divieti di discriminazione (*retro*, PT. V, Cap. I), richiamiamo la giurisprudenza della Corte di Giustizia sui trattamenti meno favorevoli riservati ai lavoratori a tempo parziale, nei quali la Corte ha spesso ravvisato una *discriminazione indiretta* delle lavoratrici, che sono ovunque la stragrande maggioranza dei *part-timers*. La formulazione dell'art. 4 (in coerenza con la clausola della Direttiva 97/81) faceva però del lavoro a tempo parziale un fattore di *discriminazione diretta*, nel senso che costituiva discriminazione un trattamento sfavorevole basato proprio sulla considerazione dell'orario di lavoro ridotto, indipendentemente dal genere dei lavoratori.

Il testo dell'art. 7, d.lgs. n. 81/2015, non contiene più il riferimento esplicito al divieto di discriminazione diretta o indiretta; il riferimento è implicito, ma la formulazione lapidaria («Il lavoratore a tempo parziale non deve ricevere un trattamento meno favorevole rispetto al lavoratore a tempo pieno di pari inquadramento») risulta meno chiara rispetto alla definizione precedente; ma non vi è ragione per non continuare a considerare il tempo parziale come possibile fattore di discriminazione diretta.

Il lavoratore a tempo parziale ha i medesimi diritti di un lavoratore a tempo pieno comparabile, e il suo trattamento economico e normativo «è riproporzionato in ragione della ridotta entità della prestazione lavorativa». Per quanto riguarda in particolare la retribuzione, poiché questa deve essere proporzionata, come prevede l'art. 36, c. 1, Cost., alla qualità e alla quantità del lavoro prestato, il trattamento economi-

---

[13] V. anche la Convenzione OIL n. 175/1994. A fini di valutazione dell'eventuale discriminazione, l'ambito della comparazione tra lavoratori a tempo pieno e lavoratori part-time è delimitato con rigore dai giudici, che si attengono strettamente alla lettera della legge (ma si tratta dell'art. 4, d.lgs. n. 61/2000), escludendo che possano essere utilizzati criteri di comparazione diversi da quello dell'inquadramento: Cass. n. 8966/2018; Cass. 28097/2017.

co del lavoratore a tempo parziale risulterà "riproporzionato" *pro rata temporis*, vale a dire in ragione della riduzione dell'orario rispetto all'orario normale di lavoro [14]. L'art. 7, c. 2, d.lgs. n. 81/2015, prevede inoltre che i contratti collettivi possano modulare la durata del periodo di prova, del periodo di preavviso in caso di licenziamento o dimissioni e la durata del periodo di conservazione del posto di lavoro in caso di malattia ed infortunio in relazione all'articolazione dell'orario di lavoro. Benché nulla la legge dica in proposito, si deve ritenere che continui a non essere suscettibile di "riproporzionamento" la durata del periodo di astensione obbligatoria e facoltativa per maternità, così come la durata delle ferie (sarà però riproporzionata la retribuzione feriale) [15]; non è soggetto a riproporzionamento neppure il riposo settimanale. Non sono oggetto di riproporzionamento, inoltre, quei diritti la cui titolarità o il cui esercizio non sono collegati con la ridotta quantità del lavoro prestato: così i diritti all'informazione sugli elementi essenziali del rapporto di lavoro e sulle condizioni di lavoro; i diritti derivanti dall'applicazione delle norme di tutela della salute e sicurezza dei lavoratori nei luoghi di lavoro; il diritto all'accesso ad iniziative di formazione professionale organizzate dal datore di lavoro e ai servizi sociali aziendali; i diritti sindacali, ivi compresi quelli di cui al Titolo III St. lav.

---

[14] Il calcolo della retribuzione deve essere effettuato su base mensile e non oraria: Cass. n. 19269/2017. Il riproporzionamento riguarda in particolare: l'importo della retribuzione globale e delle singole componenti di essa; l'importo della retribuzione feriale, dei trattamenti economici per malattia, infortunio sul lavoro, malattia professionale e maternità. I contratti collettivi possono tuttavia prevedere condizioni di miglior favore (emolumenti retributivi, in particolare a carattere variabile, più che proporzionali). Per quanto riguarda la maggiorazione retributiva per il lavoro notturno prevista dal contratto collettivo di categoria, la Cassazione (n. 6087/2017) ha affermato che tale maggiorazione si applica anche ai lavoratori in regime part-time che abbiano lo stesso livello di inquadramento e svolgano le stesse modalità di prestazione lavorativa del personale turnista a tempo pieno (lavoro notturno con caratteristiche di costanza), dovendosi ritenere che una diversa interpretazione contrasti con il principio di non discriminazione.

[15] Sulla discriminazione dei lavoratori a tempo parziale riguardo al diritto alle ferie si è pronunciata più volte la CGE: secondo CGE 13.12.2018, C-142/17 e 143/17, gli artt. 7.1 Direttiva CE 2003/88 (organizzazione dell'orario di lavoro) e 31.2 CDFUE ostano a una normativa nazionale che, ai fini del calcolo dell'indennità per ferie retribuite, consente di prevedere (nella specie con contratto collettivo) che siano prese in considerazione le riduzioni di retribuzione risultanti dall'esistenza, durante il periodo di riferimento, di giorni in cui, a causa di disoccupazione parziale, non sia prestato lavoro effettivo; CGE 13.6.2013, C-415/12, ha precisato che contrasta con le Direttive CE 2003/88 e 1997/81 una norma nazionale che preveda la riduzione del numero di giorni di ferie annuali per il lavoratore che sia passato dal tempo pieno al tempo parziale, per il periodo già maturato a tempo pieno. La CGE, 11.11.2015, C-219/14, ha inoltre affermato che in caso di aumento del numero di ore di lavoro effettuate da un lavoratore, gli Stati membri non hanno l'obbligo di prevedere che le ferie annuali retribuite già maturate, ed eventualmente godute, siano ricalcolate retroattivamente sulla base del nuovo ritmo di lavoro di detto lavoratore; un nuovo calcolo deve tuttavia essere effettuato per il periodo durante il quale l'orario di lavoro è aumentato. Nella sentenza 9.11.2017, C-08/15, la CGE ha affermato l'importante principio che, nel caso del part-time verticale ciclico, a fini di calcolo dell'indennità di disoccupazione, devono essere calcolati i contributi versati nei periodi "non lavorati"; nello stesso senso si è espressa anche Cass. n. 26824/2018, con riferimento al calcolo dell'anzianità contributiva.

1.4. *La gestione flessibile dell'orario ridotto*

L'attuale disciplina delle modalità di gestione flessibile, da parte del datore di lavoro, dell'orario di lavoro convenuto con il lavoratore al momento della stipulazione del contratto di lavoro a tempo parziale risulta profondamente modificata rispetto a quella previgente (contenuta nell'art. 3, d.lgs. n. 61/2000, che era stato a sua volta frutto di numerose modifiche successive, assai meno rigorose e garantiste della disciplina originaria). Le modifiche introdotte ora aumentano il grado di flessibilità nella gestione del lavoro part-time da parte del datore di lavoro, riducendo contemporaneamente la rilevanza del consenso del lavoratore, a salvaguardia del quale resta solo la clausola seguente: «il rifiuto del lavoratore di concordare variazioni dell'orario non costituisce giustificato motivo di licenziamento» (art. 6, c. 8, d.lgs. n. 81/2015); clausola come vedremo insufficiente a garantire al lavoratore che nessuna variazione dell'orario possa essere fatta senza il suo consenso. Inutile sottolineare che si tratta di una materia di estrema delicatezza, poiché le esigenze di organizzazione della propria vita che inducono un lavoratore a stipulare un contratto di lavoro a tempo parziale (ammesso che abbia potuto sceglierlo, e non sia stato invece costretto ad accettarlo) possono risultare del tutto incompatibili con una gestione flessibile (nell'interesse del solo datore di lavoro) del suo orario di lavoro.

L'art. 6, d.lgs. n. 81/2015, intitolato «Lavoro supplementare, lavoro straordinario, clausole elastiche», prevede due diverse modalità di variazione dell'orario.

a) La prima di tali modalità consiste nel prolungamento dell'orario di lavoro, nelle forme del *lavoro supplementare* e del *lavoro straordinario* (per le relative nozioni, *retro*, Sez. I, § 2.1). Diversamente da quanto previsto dalla disciplina previgente, sia il lavoro supplementare, sia il lavoro straordinario possono essere richiesti dal datore di lavoro ai lavoratori a tempo parziale, senza distinzioni correlate alle modalità (che continuiamo a dire "orizzontali" o "verticali") di riduzione dell'orario.

– Per quanto riguarda il lavoro *supplementare* (prestazioni lavorative svolte *oltre l'orario di lavoro concordato* fra le parti, anche in relazione alle giornate, alle settimane e ai mesi, ed *entro il limite dell'orario normale di lavoro*), il datore di lavoro ha facoltà di richiederne lo svolgimento nei limiti previsti dai contratti collettivi [16]. Fino qui niente di nuovo; le novità arrivano però subito dopo. Nel caso in cui il contratto collettivo applicabile al rapporto di lavoro non disciplini il lavoro supplementare, «il datore di lavoro può richiedere al lavoratore lo svolgimento di prestazioni di lavoro supplementare in misura non superiore al 25 per cento delle ore di lavoro settimanali concordate». Il preventivo consenso del lavoratore non è più richiesto (in passato lo era, quando non si potesse presumere già acquisito mediante la negoziazione collettiva). In compenso, il lavoratore può *rifiutare* lo svolgimento del lavoro supplementare, ma solo se il rifiuto sia «giustificato da comprovate esigenze lavorative, di salute, familiari o di formazione professionale». Ci si può

[16] In base a quanto previsto dall'art. 51, d.lgs. n. 81/2015, il rinvio di cui all'art. 6, c. 1, dello stesso decreto, deve intendersi come rinvio ai contratti collettivi nazionali, territoriali stipulati da associazioni sindacali comparativamente più rappresentative sul piano nazionale e ai contratti collettivi aziendali stipulati dalle loro rappresentanze sindacali aziendali ovvero dalle rappresentanze sindacali unitarie.

chiedere se, in difetto di una delle giustificazioni anzidette, il rifiuto del lavoratore sia legittimo, o non costituisca invece un inadempimento sanzionabile con sanzione disciplinare conservativa (essendo comunque escluso il licenziamento): la formulazione letterale della disposizione farebbe propendere per la risposta positiva, che urterebbe tuttavia contro la regola della consensualità che dovrebbe conformare l'intera disciplina del part-time.

Il lavoro supplementare è retribuito con una maggiorazione del 15% della retribuzione oraria globale di fatto, comprensiva dell'incidenza della retribuzione delle ore supplementari sugli istituti retributivi indiretti e differiti.

– Nel rapporto di lavoro a tempo parziale è consentito inoltre lo svolgimento di *prestazioni lavorative straordinarie*, per la definizione delle quali l'art. 6, c. 3, d.lgs. n. 81/2015, rinvia al d.lgs. n. 66/2003 (disciplina dell'orario di lavoro); non essendo prevista alcuna specifica regola relativa a condizioni o limiti del ricorso al lavoro straordinario, devono ritenersi applicabili le regole generali, che lasciano ampio spazio alla contrattazione collettiva. Vale la pena di ricordare che, nella previgente disciplina, il lavoro straordinario era previsto solo nel part-time verticale o misto: il lavoro straordinario è infatti un prolungamento dell'orario normale di lavoro (*retro*, Sez. I, § 2.1), e dunque si riteneva possibile solo quando la prestazione del lavoratore a tempo parziale prevedesse (in alcuni giorni della settimana, del mese o dell'anno) la prestazione a tempo pieno, come avviene appunto nel part-time verticale o misto. L'attuale disciplina, come abbiamo detto, non ha ripreso la distinzione tra part-time orizzontale, verticale o misto, e non specifica che il lavoro straordinario non possa essere richiesto nel part-time orizzontale; se ne potrebbe inferire che anche il lavoratore che lavora con part-time orizzontale possa essere tenuto a svolgere lavoro oltre i limiti dell'orario normale giornaliero, ma sarebbe dubbia la compatibilità di tale conclusione con la nozione di lavoro straordinario.

Anche nel caso dello straordinario è prevista la clausola di salvaguardia, secondo cui «il rifiuto del lavoratore di concordare variazioni dell'orario non costituisce giustificato motivo di licenziamento» (art. 6, c. 8, d.lgs. n. 81/2015), ma, diversamente dal lavoro supplementare, non sono richieste "giustificazioni" del rifiuto; ove lo straordinario non sia previsto dal contratto collettivo applicabile, il prolungamento dell'orario richiederà il consenso del lavoratore.

b) La seconda delle modalità di gestione flessibile dell'orario di lavoro consiste nell'apposizione al contratto di lavoro a tempo parziale di *clausole elastiche* (la previgente disciplina distingueva tra clausole flessibili e clausole elastiche, ma la distinzione è ora venuta meno): si tratta di clausole apposte al contratto di lavoro a tempo parziale (anche a tempo determinato), al momento della sua stipulazione, o successivamente. Le clausole elastiche sono disciplinate dall'art. 6, cc. 4-7, d.lgs. n. 81/2015; la disciplina ha subito nel tempo che ci separa dal d.lgs. n. 61/2000 una serie di modifiche, all'insegna di un incessante andirivieni, sia per quanto riguarda le garanzie a favore del lavoratore, sia per quanto riguarda il ruolo riservato alla contrattazione collettiva nella regolamentazione delle clausole.

Prima di descrivere la disciplina attuale, conviene soffermarsi brevemente sulla disciplina originaria, per cogliere le differenze che le separano. Il d.lgs. n. 61/2000 prevedeva solo "clausole elastiche", che consentivano la variazione della collocazione temporale della prestazione di lavoro; la stipulazione e la utilizzazione di tali clausole era circondata da numerosi limiti, a tutela del lavoratore (per lo più lavoratrice), quali la necessità che il lavoratore manifestasse, in forma scritta, il suo consenso allo svolgimento del rapporto di lavoro a tempo parziale "flessibile", la previsione di maggiorazioni retributive specifiche per coloro che accettassero questa forma di part-time e di un preavviso minimo per la modifica della collocazione dell'orario, nonché la previsione del diritto del lavoratore di "denunciare" tale patto per comprovate esigenze familiari, di salute o connesse allo svolgimento di altra attività lavorativa. Tali limiti erano diretti a garantire la conformità delle clausole elastiche ai principi, formulati dalla Corte costituzionale nella sentenza n. 210/1992, nella quale la Corte aveva affermato l'illegittimità di una clausola elastica che consentisse al datore di lavoro di pretendere la prestazione lavorativa «non già entro coordinate temporali contrattualmente predeterminate od oggettivamente predeterminabili, ma *ad libitum*, con soppressione, quindi, di qualunque spazio di libera disponibilità del proprio tempo di vita, compreso quello non impegnato dall'attività lavorativa» (la Corte aveva definito questa ipotesi come "part-time a chiamata").

Dei limiti e delle garanzie originariamente previsti era poi rimasto poco, anche se rispetto alle cancellazioni apportate nel 2003 (art. 46, d.lgs. n. 276/2003), alcuni interventi successivi avevano ripristinato qualche frammento della disciplina originaria. E ancor meno ne resta ora.

Le clausole *elastiche* (che prevedono sia la variazione della collocazione temporale della prestazione lavorativa, sia la variazione in aumento della sua durata) possono essere pattuite:

– per iscritto tra le parti «nel rispetto di quanto previsto dai contratti collettivi» (nazionali, territoriali o aziendali). Entrambe le variazioni possono riguardare tutte le diverse forme di part-time, e anche il part-time a tempo determinato. La pattuizione deve avere forma scritta: nel silenzio della legge, pare ragionevole ritenere che il requisito di forma sia prescritto *ad substantiam*. Il prestatore di lavoro ha diritto a un preavviso di due giorni lavorativi [17], a meno che le parti non abbiano diversamente disposto; per quanto riguarda il compenso (maggiorazione della retribuzione), questo spetterà al lavoratore nella misura ovvero nelle forme determinate dai contratti collettivi [18];

– le clausole elastiche possono essere stipulate anche quando il contratto collettivo applicato al rapporto di lavoro nulla disponga in materia: l'autonomia individuale torna così a farsi spazio, a scapito della funzione di controllo esercitata dalla contrattazione collettiva in una materia tanto delicata dal punto di vista della salvaguardia dei diritti del lavoratore part-time. Al fine di garantire la genuinità del consenso del lavoratore, l'art. 6, c. 6, d.lgs. n. 81/2015, prevede che la stipulazione della clausola elastica avvenga per iscritto avanti alle Commissioni di certificazione, con facoltà del lavoratore di farsi assistere da un rappresentante dell'associazione sindacale cui aderisce o conferisce mandato o da un avvocato o da un consulente del lavoro. Le clausole elastiche dovranno prevedere, a pena di nullità, «le condizioni e le modalità con le quali il datore di lavoro, con preavviso di due giorni lavorativi, può modificare la collocazione temporale

---

[17] La durata del preavviso (certamente importante, almeno nell'ottica di evitare il part-time "a chiamata") era prevista in origine di 5 giorni, ridotto a 2 dal d.lgs. n. 276/2003, riportato a 5 dalla l. n. 247/2007, e di nuovo riportato a 2 dalla l. n. 183/2011, art. 22, c. 4.

[18] Secondo Cass. n. 6900/2018, in caso di nullità della clausola elastica al lavoratore spetta l'integrazione del trattamento economico, «atteso che la disponibilità alla chiamata del datore di lavoro, di fatto richiesta al lavoratore, pur non potendo essere equiparata a lavoro effettivo, deve comunque trovare adeguato compenso, per compensare la disponibilità».

della prestazione e variarne in aumento la durata, nonché la misura massima dell'aumento, che non può eccedere il limite del 25% della normale prestazione annua a tempo parziale». Le variazioni dell'orario comportano il diritto del lavoratore ad una maggiorazione del 15% della retribuzione oraria globale di fatto, comprensiva dell'incidenza della retribuzione sugli istituti retributivi indiretti e differiti.

Una volta stipulate, le clausole elastiche non permettono al lavoratore di "pentirsi" del consenso dato (anche il limitato riconoscimento di tale diritto previsto dalla l. n. 92/2012, è stato cancellato). La facoltà di revocare il consenso è attualmente riconosciuta solo ai lavoratori ai quali i cc. da 3 a 5 dell'art. 8, d.lgs. n. 81/2015 (ora modificati dal d.lgs. n. 105/2022), attribuiscono il diritto (o la priorità) alla trasformazione del rapporto da tempo pieno a tempo parziale e ai lavoratori studenti (art. 10 Stat. lav.). L'art. 6, c. 7, prevede inoltre che possa revocare il consenso anche il lavoratore che abbia ottenuto dal giudice il riconoscimento della sussistenza di un rapporto di lavoro a tempo pieno (*infra*, § 1.5): la revoca dovrebbe tuttavia considerarsi implicita, dato che nel lavoro a tempo pieno non ha più senso la presenza di una clausola elastica (per le variazioni di orario occorre fare riferimento alla disciplina legale e contrattuale dell'orario di lavoro).

1.5. *Le sanzioni*

L'apparato sanzionatorio (art. 10, d.lgs. n. 81/2015) ha subito poche, ma non irrilevanti modifiche rispetto alla disciplina previgente. La parte di maggior interesse di tale apparato è quella relativa al vizio di forma. Partendo dalla premessa che la forma scritta (relativa alla definizione dell'orario ridotto e alla sua collocazione temporale) è richiesta *a fini di prova* (e non *ad substantiam*), la mancanza dell'atto scritto non determinerà la nullità del contratto. Qualora manchi l'atto scritto, la stipulazione a tempo parziale del contratto di lavoro potrà essere provata in giudizio; in difetto di prova, *su richiesta del lavoratore*, potrà essere dichiarata la sussistenza fra le parti di un rapporto di lavoro a tempo pieno. L'art. 10, c. 1, non specifica se tale "trasformazione" decorra dall'inizio del rapporto, o dalla data in cui la mancanza della scrittura sia stata accertata dal giudice (come prevedeva la disciplina previgente); ma parrebbe più logica la prima soluzione. Resta fermo il diritto alle retribuzioni e alla contribuzione previdenziale dovute per le prestazioni che prima di quella data siano state *effettivamente* svolte dal lavoratore.

Se nel contratto scritto (o nel contratto non scritto ma del quale sia provata la stipulazione) non è specificata *la durata* della prestazione lavorativa, ancora *su richiesta del lavoratore* può essere dichiarata la sussistenza fra le parti di un rapporto di lavoro a tempo pieno a partire dalla data del relativo accertamento giudiziale. Qualora invece l'omissione riguardi la sola *collocazione temporale* dell'orario, il giudice provvede a determinare le modalità temporali di svolgimento della prestazione lavorativa a tempo parziale con valutazione equitativa, contemperando le esigenze familiari o professionali del lavoratore con quelle del datore di lavoro. In entrambi i casi il lavoratore ha diritto alle retribuzioni relative alle prestazioni svolte, nonché alla corresponsione di un ulteriore emolumento a titolo di risarcimento del danno (il cui ammontare sarà determinato dal giudice).

Al lavoratore sono dovuti, oltre alla retribuzione, il risarcimento del danno nel caso di prestazioni di lavoro eseguite in violazione delle condizioni, delle modalità e dei limiti delle clausole elastiche. L'art. 10, c. 3, d.lgs. n. 81/2015, non contempla più il risarcimento del danno per altre violazioni della disciplina legale e contrattuale del part-time; è stata anche cancellata (opportunamente, questa volta), la sanzione amministrativa per omessa comunicazione alla DTL della stipulazione del contratto di lavoro a tempo parziale, il cui obbligo era già stato abrogato nel 2011 (l. n. 183).

Capitolo II

LA SOSPENSIONE DEL RAPPORTO DI LAVORO

SOMMARIO: 1. Sospensione del rapporto di lavoro e corrispettività tra prestazione di lavoro e retribuzione. – 2. Malattia e infortunio sul lavoro. – 3. Altri eventi sospensivi. – 4. La sospensione del rapporto per ragioni attinenti al datore di lavoro.

1. *Sospensione del rapporto di lavoro e corrispettività tra prestazione di lavoro e retribuzione*

Oggetto del contratto di lavoro sono le prestazioni contrattuali, che costituiscono al tempo stesso le obbligazioni principali delle parti del contratto: la prestazione di lavoro da un lato, la retribuzione dall'altro. Alle obbligazioni principali si aggiungono altre obbligazioni, il cui insieme definisce la posizione giuridica delle parti (*retro*, PT. VI).

La prestazione di lavoro, secondo la definizione corrente, è una prestazione di *fare*, di carattere squisitamente *personale*, nel senso che il suo adempimento è direttamente collegato alla persona del lavoratore. Questa definizione pare escluderne un'altra (sulla quale invece i consensi sono scarsi): quella secondo cui l'obbligazione del lavoratore consiste non in un *facere*, ma nello "stare a disposizione". Le due definizioni, che paiono antitetiche, possono essere invece ricomposte, analizzando la prestazione del lavoratore dedotta in obbligazione e tenendo logicamente separati il *facere* generico (messa a disposizione delle energie lavorative) dal *facere* specifico (attività individuata mediante l'assegnazione delle mansioni: art. 2103 c.c.): l'attività originariamente generica si specifica successivamente, una volta avvenuta la sua determinazione ad opera del creditore. La separazione logica tra questi due momenti non deve far perdere di vista né l'unità dell'obbligazione, né l'unità del contenuto della prestazione dedotta in obbligazione: che è una prestazione di attività, determinata nella qualità e nella quantità mediante l'attribuzione delle mansioni.

Definita la prestazione di lavoro come prestazione di fare, occorre ancora ricordare che il contratto di lavoro è un contratto la cui funzione economico-sociale consiste nello scambio tra prestazioni interdipendenti (c.d. *sinallagma*): l'interdipendenza (o *corrispettività*) tra prestazione di lavoro e retribuzione è al tempo stesso *genetica* (vale a dire attinente al momento della conclusione del contratto, nel quale viene definito tra le parti il regolamento negoziale), e *funzionale* (vale a dire attinente alla fase della esecuzione del contratto, e dunque al rapporto di lavoro).

Essendo il contratto di lavoro un contratto di durata, durante la sua esecuzione (e dunque nel rapporto di lavoro) possono verificarsi eventi che ne impediscono il normale svolgimento: questi eventi possono interessare la sfera del lavoratore, oppure la sfera del datore di lavoro. Il diritto del lavoro conosce da lungo tempo queste situazioni ed ha apprestato discipline, che da un lato si discostano dalle regole privatistiche applicabili in generale ai contratti sinallagmatici, e d'altro lato tengono conto della necessità di tutelare la posizione del lavoratore.

Quando dalla parte del lavoratore si verificano eventi che impediscono temporaneamente l'esecuzione della prestazione lavorativa (è il caso della malattia e dell'infortunio, della gravidanza e del puerperio, dei congedi e di altri eventi), è anzitutto esclusa l'applicabilità dell'art. 1256, c. 2, c.c. (estinzione dell'obbligazione per impossibilità temporanea, e quindi risoluzione *ipso iure* del contratto); l'impossibilità temporanea è ricondotta nell'ambito dell'art. 1464 c.c. (impossibilità parziale *ratione temporis*) [1], con conseguente conservazione del rapporto.

Rinviando oltre la riflessione sulla eventuale risoluzione del rapporto per impossibilità sopravvenuta (*infra*, PT. VIII, Cap. II, Sez. II, § 5), consideriamo ora i casi nei quali l'impossibilità parziale/temporanea determina la *sospensione* del rapporto (ma sarebbe più corretto parlare di sospensione dell'esecuzione della prestazione lavorativa): in tali casi il rapporto di lavoro resta giuridicamente in vita in difetto di prestazione lavorativa. Poiché una delle due prestazioni legate dal nesso della corrispettività non è adempiuta, si pone la questione se dalla permanenza giuridica del rapporto consegua anche la permanenza della obbligazione retributiva a carico del datore di lavoro, pure in mancanza di scambio effettivo (o funzionale) con la prestazione lavorativa.

Nel diritto del lavoro (almeno a partire dall'art. 6, R.d.l. n. 1825/1924, c.d. legge sull'impiego privato, poi riscritto negli artt. 2110 e 2111 c.c.) vale la regola generale della traslazione sul datore di lavoro del rischio dell'impossibilità (non imputabile a colpa del lavoratore) della prestazione lavorativa. Applicandosi tale regola, per corrispettività non può intendersi la corrispondenza biunivoca tra lavoro effettivo e retribuzione: la retribuzione (anche per le ragioni già ampiamente illustrate commentando l'art. 36 Cost.) costituisce infatti il corrispettivo della prestazione di fare dedotta in obbligazione nel suo complesso (di lavoro e non lavoro) [2] e non dell'adempimento della prestazione. In virtù della regola anzidetta, il lavoratore conserva dunque il diritto alla retribuzione anche quando un fatto a lui non imputabile gli impedisca l'adempimento della prestazione: ma più spesso il rischio si trasferisce dal datore di lavoro al sistema previdenziale, sul quale grava il pagamento di indennità sostitutive della retribuzione.

La legge estende la disciplina della sospensione del rapporto di lavoro al di là del classico caso dell'impossibilità temporanea/parziale, garantendo il diritto del lavora-

---

[1] L'impossibilità temporanea è ricondotta a impossibilità parziale *ratione temporis* a causa della irrecuperabilità delle prestazioni impedite (*operae preteritae sunt peritae*) e dunque dell'adempimento tardivo di esse.

[2] Non hanno a che fare con gli eventi che impediscono temporaneamente la prestazione lavorativa (e dunque con la sospensione del rapporto di lavoro) i *riposi* e le *ferie* (*retro*, Cap. I): pur essendo "tempi di non lavoro", fanno parte del normale svolgimento del rapporto di lavoro, che include le pause necessarie al recupero delle energie psico-fisiche, garantite al lavoratore dai diritti sanciti dall'art. 36 Cost.

tore di astenersi dalla prestazione lavorativa, conservando il proprio posto di lavoro: per esercitare i propri diritti sindacali (diritto di sciopero, diritto di assemblea, permessi sindacali), oppure per fare fronte alle esigenze di cura della famiglia e dei figli in particolare, o ancora per migliorare il proprio livello professionale. In tali casi, la mancata prestazione lavorativa dipende non da un'impossibilità di prestare lavoro, ma da una scelta del lavoratore (il lavoratore è titolare di diritti, e può decidere se esercitarli o no).

2. *Malattia e infortunio sul lavoro*

Della disciplina della maternità abbiamo dato conto altrove (*retro*, PT. V, Cap. II); resta ora da esaminare la disciplina della malattia e dell'infortunio, partendo dall'art. 2110 c.c. Tale disposizione prevede anzitutto il diritto del lavoratore di astenersi dalla prestazione lavorativa. Durante l'astensione dal lavoro a causa di malattia o infortunio, ed entro il periodo (detto *periodo di comporto*) stabilito dalla legge o dai contratti collettivi (che attualmente sostituiscono le abrogate norme corporative), il rapporto di lavoro è sospeso e il lavoratore ha diritto alla conservazione del posto (il datore di lavoro non può recedere dal rapporto, e l'eventuale licenziamento intimato durante il periodo di comporto è nullo: ma di ciò diremo meglio affrontando specificamente l'argomento)[3]. Il lavoratore ha inoltre diritto a che il periodo di assenza dal lavoro per malattia o infortunio sia computato nell'anzianità di servizio. In secondo luogo l'art. 2110 c.c. prevede che al lavoratore sia dovuta la *retribuzione* (o un'*indennità* a carico del sistema previdenziale, ove siano previste "forme equivalenti di previdenza o di assistenza"), nella misura e per il tempo determinati dalla legge, dal contratto collettivo, dagli usi o secondo equità.

A fini di sospensione del rapporto, è necessario che la malattia o l'infortunio impediscano l'adempimento della prestazione: dunque non qualunque affezione rileva, ma solo quelle che comportano *incapacità al lavoro* («infermità comportante incapacità lavorativa»: così l'art. 2, c. 1, l. n. 33/1980)[4].

---

[3] Sul licenziamento durante la malattia rinviamo al capitolo ove è trattata la materia (PT. VIII, Cap. II, Sez. II). Secondo l'orientamento della Cassazione (di recente n. 9647/2021), la malattia va intesa non come stato che comporti la impossibilità assoluta di svolgere qualsiasi attività, ma come stato impeditivo delle normali prestazioni lavorative del dipendente; di guisa che, nel caso di un lavoratore assente per malattia il quale sia stato sorpreso nello svolgimento di altre attività, spetta al dipendente dimostrare la compatibilità di dette attività con la malattia impeditiva della prestazione lavorativa e la loro inidoneità a pregiudicare il recupero delle normali energie psico-fisiche (nella specie, la Corte ha ritenuto legittime le attività fisiche ricreative svolte durante il periodo di malattia dal lavoratore colpito da una lieve forma di depressione). In linea generale, dunque, durante il periodo di sospensione del rapporto di lavoro per malattia, lo svolgimento di un'altra attività, pure compatibile con la patologia, è *illegittimo*, se l'attività interferisce con i doveri di cura e di riposo (ricondotti a correttezza e buona fede, obblighi che permangono anche durante il periodo di sospensione), e pertanto in grado di ripercuotersi negativamente sull'adempimento della prestazione: Cass. n. 17625/2014; Cass. n. 23365/2013; Trib. Parma 23.9.2021.

[4] Secondo quanto stabilito da Corte cost. n. 559/1987, la malattia rilevante ai sensi dell'art. 2110 c.c. non è solo la situazione patologica acuta, ma anche una condizione morbosa che, pur non de-

Per quanto riguarda la *durata del periodo di comporto*[5], questo è determinato dai contratti collettivi, in misura variabile, in genere legata all'anzianità di servizio (a partire dal minimo di 180 giorni corrispondente al limite previsto dalla legge per l'erogazione del trattamento economico di malattia a carico degli enti previdenziali). Il periodo di comporto tradizionalmente è unico, vale a dire relativo ad un unico periodo di malattia (c.d. *comporto secco*). Ma per consentire al datore di lavoro di tenere conto del ripetersi di eventi morbosi brevi, i contratti collettivi hanno spesso introdotto il c.d. *comporto per sommatoria*, che consente appunto di sommare, entro un arco di tempo definito (in genere corrispondente alla durata del contratto collettivo), eventi morbosi ripetuti, intervallati a periodi di lavoro: eventi morbosi brevi, sommati tra loro, possono portare al superamento del periodo massimo di conservazione del posto (con conseguente possibilità, per il datore di lavoro, di licenziare il lavoratore per superamento del periodo di comporto: *infra*, PT. VIII, Cap. II, Sez. II, § 6)[6]. Il comporto per sommatoria può essere previsto dal contratto collettivo applicato nel caso di specie, ma può anche non essere previsto; in giurisprudenza è presente un orientamento secondo cui, ove non sia previsto il comporto per sommatoria, è facoltà del giudice determinarlo secondo equità[7].

Per quanto riguarda il *trattamento economico* relativo al periodo di sospensione, la disciplina presenta ancora una rilevante *differenza tra impiegati e operai* (in altri casi ormai superata). Gli *impiegati*, per i quali trova tutt'ora applicazione la disciplina di cui all'art. 6, R.d.l. n. 1825/1924, ma largamente migliorata dalla contrattazione collettiva, hanno diritto a percepire la retribuzione, integrale per un primo periodo e ridotta successivamente; gli *operai*, invece, percepiscono un'indennità di carattere previdenziale, a carico dell'INPS in caso di malattia, pari al 50% della retribuzione media giornaliera, salva elevazione al prolungarsi della malattia; l'indennità decorre dal

---

terminando una attuale incapacità al lavoro, reclami tuttavia terapie non compatibili con la prosecuzione del lavoro: tali terapie possono consistere anche in *cure termali*, sulle quali la legge (ll. nn. 8/1990 e 412/1991) ha posto limiti (le patologie curabili con cure termali sono solo quelle individuate da un decreto del Ministro della salute; le cure termali non effettuate nel periodo di *ferie* iniziano entro 30 giorni dalla richiesta del medico curante).

[5] La durata del comporto è maggiore in caso di infortunio e malattia professionale, rispetto a quella prevista per la malattia generica.

[6] Come ha osservato Cass. n. 12376/1998, il termine di riferimento per il calcolo del periodo di comporto è mobile: è l'ultimo evento morboso che consente di individuare, con procedimento a ritroso, l'arco temporale (il c.d. termine esterno) entro il quale calcolare per sommatoria il periodo (termine interno) di assenze frazionate, superato il quale è consentito al datore di lavoro recedere dal rapporto. Cass. n. 20106/2014 (conf. Cass. n. 29317/2008), ha affermato che in carenza di esplicite disposizioni del contratto collettivo, devono essere compresi nel calcolo del periodo di comporto anche i giorni festivi o non lavorativi, compresi quelli di sciopero, operando, in difetto di prova contraria, una presunzione di continuità in quei giorni dell'episodio morboso addotto dal lavoratore quale causa dell'assenza dal lavoro e del mancato adempimento della prestazione dovuta.

[7] Il termine esterno (cioè il periodo entro cui sono computabili tutti gli episodi di malattia verificatisi), potrà essere fissato in misura equivalente alla durata dell'efficacia del contratto collettivo; il termine interno (periodo massimo di sospensione) utilizzando il periodo di comporto previsto per la malattia unitaria: App. Milano 22.12.2004, in *LG*, 2005, p. 592; Trib. Milano 28.2.2005, in *OGL*, 2005, p. 154.

4° giorno dall'inizio della sospensione (c.d. *periodo di carenza*)[8] e per un massimo di 180 giorni[9]. La contrattazione collettiva ha provveduto tuttavia a migliorare il trattamento economico degli operai, prevedendo per lo più sia l'obbligo del datore di lavoro di integrare tale trattamento, corrispondendo la retribuzione del periodo di carenza, sia l'obbligo di integrare il trattamento economico, commisurandolo alla normale retribuzione, e allungando il periodo di copertura oltre il 180° giorno. Il datore di lavoro anticipa il pagamento dell'indennità, salvo conguaglio con i contributi dovuti all'INPS (o all'INAIL, in caso di infortunio).

A causa soprattutto dell'esigenza, fortemente rivendicata dai datori di lavoro, di contrastare fenomeni di assenteismo (frequenti assenze per malattia, talora anche di dubbia veridicità), la legge e la contrattazione collettiva hanno introdotto una serie di stringenti regole relative al controllo delle assenze.

Le prime di queste regole attengono alla necessaria *comunicazione* dell'assenza e *certificazione della malattia* (l. n. 33/1980, come modificata dalla l. n. 311/2004): l'inosservanza degli obblighi relativi alla certificazione comporta la perdita dell'indennità per ogni giorno di ritardo (a meno che non sia giustificata da ragioni serie e apprezzabili, che deve essere consentito al lavoratore di provare)[10].

L'assenza per malattia deve essere *comunicata* al datore di lavoro tempestivamente e comunque all'inizio dell'orario di lavoro del giorno in cui si verifica[11]. Il lavoratore dipendente contatta il proprio medico del SSN per richiedere il certificato attestante l'assenza per malattia da presentare al relativo datore di lavoro (in realtà non di vero certificato si tratta, ma di un numero di protocollo che lo identifica e che potrà essere usato per consultarlo sul sito dell'INPS). Il medico effettua l'invio telematico di tale certificato all'INPS, che, a sua volta, rende disponibile l'attestato di malattia al datore di lavoro, tramite modalità telematica. L'invio per via telematica all'INAIL è previsto anche per il certificato di infortunio e malattia professionale (art. 21, d.lgs. n. 151/2015), rilasciato a fini di denuncia, da «qualunque medico presti la prima assistenza a un lavoratore infortunato sul lavoro o affetto da malattia professionale».

Secondo un orientamento interpretativo diffuso in giurisprudenza, il contenuto della certificazione medica prodotta dal lavoratore a giustificazione dell'assenza per malattia è sindacabile dal giudice. Tale sindacato può essere esteso sino alla verifica della gravità della malattia e della idoneità di quest'ultima a costituire impedimento al lavoro: il giudice può rilevare l'incongruità fra diagnosi e prognosi e quindi censurare la valutazione del medico sull'idoneità della malattia a giustificare l'astensione dal lavoro[12].

---

[8] Le ragioni della carenza possono essere individuate, oltre che nell'alleggerimento dell'onere economico a carico degli enti previdenziali, nell'intento di scoraggiare l'assenteismo.

[9] L'indennità è a carico dell'INAIL in caso di infortunio, e il suo importo è superiore (per ragioni ovvie) a quello di malattia: l'indennità è portata al 75% dopo il 90° giorno di invalidità, ed è erogata sino a guarigione avvenuta.

[10] Corte cost. n. 1143/1988.

[11] Sulla tempestività e correttezza della comunicazione delle circostanze impeditive della prestazione di lavoro cfr. Cass. n. 3129/2015; Cass. n. 10352/2014.

[12] I certificati medici costituiscono elementi di convincimento liberamente valutabili dal giudice, e dunque è correttamente motivata la sentenza del giudice di merito che, non mettendo in dubbio la veridicità della diagnosi contenuta nei certificati medici esibiti dal lavoratore, ritiene tuttavia, sulla base del comportamento tenuto dal lavoratore, delle terapie effettivamente praticate e di altre

Una seconda serie di regole attiene al *controllo della malattia* (in quanto causa giustificatrice dell'assenza dal lavoro)[13]. Occorre anzitutto ricordare che l'art. 5 St. lav. vieta gli accertamenti da parte del datore di lavoro sulla idoneità e sulla infermità per malattia o infortunio del lavoratore dipendente. Il controllo delle assenze per infermità può essere effettuato soltanto attraverso i servizi ispettivi degli istituti previdenziali competenti, i quali sono tenuti a compierlo quando il datore di lavoro lo richieda[14]. Il datore di lavoro dovrà dunque richiedere l'effettuazione della visita di controllo all'INPS per la malattia e all'INAIL per l'infortunio.

La l. n. 638/1983 ha previsto che il lavoratore assente per malattia debba rendersi *reperibile* per la visita domiciliare di controllo durante due *fasce orarie* giornaliere (10-

---

circostanze, che il disturbo certificato non fosse di entità tale da poter costituire impedimento totale al lavoro rilevante per un periodo relativamente lungo (nel caso specifico: tre mesi; così Cass. n. 5622/2000). Affrontando la questione della sindacabilità, da parte del giudice, dello stato di malattia del lavoratore, e in particolare della corrispondenza tra diagnosi e prognosi, la giurisprudenza ha finito per definire anche la nozione di malattia rilevante ai sensi dell'art. 2110 c.c., come infermità dalla quale derivi una temporanea incapacità di prestare lavoro. Secondo un costante orientamento giurisprudenziale, la malattia comprende non soltanto "l'evento morboso", ma anche la conseguente convalescenza.

[13] La Cassazione (n. 1247/2002; n. 5414/1998) ha ritenuto che l'obbligo di reperibilità del lavoratore nel proprio domicilio durante le fasce orarie si riferisca alle sole assenze per malattia, ma non a quelle dovute a infortunio sul lavoro. L'art. 5, c. 14, d.l. n. 463/1983, convertito con modificazioni in l. n. 638/1983, infatti, non contiene una specifica disciplina della reperibilità in caso di infortunio: da un lato, la legge non prevede come sanzione la perdita delle prestazioni erogate dall'INAIL in caso di infortunio; d'altro lato, secondo la S.C., le disposizioni relative alle fasce orarie di reperibilità devono interpretarsi restrittivamente, incidendo sul diritto del lavoratore, garantito dall'art. 16 Cost., alla libertà di movimento, e ciò impedisce di estendere la disciplina della reperibilità dettata per la malattia all'infortunio sul lavoro.

[14] Sono vietati gli accertamenti del datore di lavoro, senza il consenso dell'interessato, anche per l'infezione da AIDS (l. n. 135/1990), salvo che per le attività a rischio (Corte cost. n. 218/1992). Nella pratica si è posto il problema della rilevanza di fatti accertati dal datore di lavoro attraverso fonti diverse da quelle consentite dall'art. 5. Ad esempio, il datore di lavoro apprende, tramite un'agenzia investigativa privata appositamente incaricata, che il lavoratore assente per malattia sta svolgendo attività lavorative o ludiche, del tutto incompatibili con il suo stato. Secondo Cass. n. 6236/2001, le disposizioni dell'art. 5 non impediscono che il datore di lavoro utilizzi a fini probatori ogni risultanza di fatto – pur non risultante da un accertamento sanitario – atta a dimostrare l'insussistenza della malattia o la non idoneità di quest'ultima a determinare uno stato di incapacità lavorativa, e quindi a giustificare l'assenza. L'indagine del datore di lavoro non è un accertamento sanitario, ma rimane nell'alveo di quelle relative alla verifica dello svolgimento da parte del lavoratore in malattia di attività incompatibili con il suo stato. Più di recente la Cassazione (n. 36729/2021), dopo aver ribadito che il datore di lavoro può procedere ad accertamenti delle circostanze di fatto atte a dimostrare l'insussistenza della malattia, ha affermato che il lavoratore è obbligato durante la malattia a rendersi reperibile e di conseguenza a comunicare al datore di lavoro le variazioni del proprio indirizzo (la violazione dell'obbligo dà luogo, secondo la contrattazione collettiva, a sanzione disciplinare conservativa). Secondo Trib. Modena 2.12.2021, la permanenza presso il proprio domicilio durante gli orari previsti per le visite mediche domiciliari di controllo costituisce un vero e proprio obbligo per il lavoratore assente per malattia, sia nei confronti dell'istituto previdenziale, sia nei confronti del datore di lavoro, che ha interesse a ricevere regolarmente la prestazione lavorativa e, perciò, a controllare l'effettiva sussistenza della causa che impedisce tale prestazione (l'assenza ingiustificata al controllo può integrare una giusta causa di licenziamento).

12, 17-19) [15]; in caso di *assenza ingiustificata* alla visita di controllo effettuata nelle fasce orarie di reperibilità, il lavoratore perde il diritto all'intero trattamento economico di malattia per i primi dieci giorni e perde altresì il 50% di detto trattamento per il restante periodo, qualora risulti nuovamente assente ingiustificato ad una seconda visita di controllo [16]. Il d.lgs. n. 151/2015, art. 25, rinvia ad un decreto ministeriale l'individuazione anche nel settore privato (come già avviene nel settore pubblico) dei casi di esenzione dalle fasce di reperibilità; il d.m. 7.6.2016 ha previsto le esenzioni per le patologie gravi che richiedono terapie salvavita, per gli stati patologici sottesi o connessi alla situazione di invalidità riconosciuta.

La giurisprudenza ammette che il lavoratore, al fine di evitare la perdita del trattamento economico di malattia, possa giustificare l'assenza dal proprio domicilio durante la visita di controllo. La condizione esimente è individuata dalla Cassazione nell'esistenza di un "ragionevole impedimento" ad essere presente alla visita, la cui sussistenza deve essere provata dal lavoratore interessato [17].

Una questione rilevante è quella degli effetti della *malattia intervenuta durante il periodo di ferie*: la questione è se la malattia sospenda o meno il decorso delle ferie. La risposta a tale questione è nel senso che non ogni malattia è in grado di interrompere le ferie. Secondo la giurisprudenza, lo stato morboso deve essere tale da rendere il lavoratore incapace non solo di effettuare la prestazione lavorativa, ma anche di godere del proprio tempo libero: questo orientamento fa applicazione di quanto stabilito dalla Corte costituzionale nella sentenza n. 616/1987, secondo la quale il principio dell'effetto sospensivo non ha valore assoluto, ma tollera eccezioni, per l'individuazione delle quali occorre avere riguardo alla specificità degli stati morbosi e delle cure di volta in volta considerate [18].

---

[15] Sulla reperibilità cfr. ad es. Trib. Cuneo 20.12.2021, secondo cui il dovere di diligenza e cooperazione che grava sul dipendente comporta che questi non solo debba essere reperibile durante le fasce orarie, evitando di allontanarsi dalla propria abitazione senza un giustificato motivo, ma richiede altresì che mantenga un comportamento tale da consentire al medico della struttura pubblica sia l'immediato accesso nell'abitazione, sia la possibilità della visita di controllo (ad esempio, dovrà accertarsi della presenza del proprio nome sull'etichetta del citofono, oltre che comunicare tempestivamente le eventuali esigenze di allontanamento, fornendone la relativa prova).

[16] La perdita del 50% dell'indennità per il restante periodo è stata ritenuta legittima dalla Corte cost. (n. 78/1988), solo se conseguente ad una *seconda visita* di controllo nella quale il lavoratore non si renda reperibile senza giustificato motivo.

[17] Cass. n. 1603/2015; Cass. n. 2047/2014: il "ragionevole impedimento" può consistere in una situazione sopravvenuta che comporti la necessità, assoluta e indifferibile, di allontanarsi dal luogo nel quale il controllo deve essere esercitato, quale ad esempio l'esigenza del ricorso urgente al proprio medico curante per la verifica dell'andamento della malattia o ad altro medico per altre ragioni, del pari urgenti: in ogni caso il lavoratore deve dimostrare la necessità di tale ricorso allo scopo di evitare di porre in essere una condotta che, per incuria, negligenza o altro motivo giuridicamente non apprezzabile, impedisca in concreto l'esecuzione del controllo sanitario.

[18] Cass. n. 11462/2012, ha affermato che le ferie non godute a causa di un periodo di malattia, e che poi non vengono effettuate per cessazione del rapporto di lavoro, vanno sempre compensate con il pagamento dell'indennità sostitutiva, indipendentemente da ciò che prevede il contratto collettivo applicabile. Secondo Cass. S.U. n. 14020/2001, la maturazione delle ferie non trova limiti ostativi nella sospensione del rapporto dovuta a malattia; dopo una lunga malattia il lavoratore

Occorre infine segnalare che la pandemia da Covid-19 ha posto alcuni problemi particolari, per i quali è stato necessario adottare soluzioni non tutte temporanee, in quanto destinate a durare fino a quando il virus continuerà a circolare, provocando effetti legati allo stato di malattia o anche al contatto con persone infettate. Rinviamo al capitolo dedicato alla salute e sicurezza (*retro*, PT. VI, Cap. III, Sez. III, § 3) la trattazione delle questioni connesse all'obbligo vaccinale e alle misure restrittive adottate dal datore di lavoro, ai sensi dell'art. 2087 c.c. nei confronti dei lavoratori non disponibili a sottoporsi al vaccino (o al tampone). Segnaliamo invece qui che tutte le misure previste dal Governo e dal Parlamento nel tempo per arginare la diffusione del virus hanno inteso tutelare i lavoratori che sono costretti a rimanere assenti dal lavoro in quanto interessati dalle misure di *quarantena* e di *isolamento fiduciario* (a causa della positività al virus, o del mero contatto con casi confermati di malattia, o di rientro da zone a rischio epidemiologico) prevedendo, da un lato, l'equiparazione di detta assenza alla malattia (dal punto di vista del trattamento economico) e, dall'altro, escludendone la computabilità ai fini del periodo di comporto[19].

3. *Altri eventi sospensivi*

Oltre alla malattia e all'infortunio, altre circostanze che si verificano nella sfera del lavoratore possono determinare la sospensione del rapporto di lavoro con diritto alla conservazione del posto. Alcune di queste circostanze determinano impossibilità sopravvenuta della prestazione (è il caso del servizio militare), altre dipendono invece dalla volontà dell'interessato di esercitare il proprio diritto di astenersi dalla prestazione di lavoro (congedi e permessi, oltre all'esercizio dei diritti di sciopero e di as-

ha diritto di chiedere un periodo di ferie, poiché il diritto alle ferie, irrinunciabile, deve essere esercitato in condizioni di salute, o almeno in condizioni fisiche compatibili con la funzione di riposo e di ricreazione. In argomento si segnala l'apporto della giurisprudenza della CGE, nell'interpretazione della Direttiva CE 2003/88. Cfr. CGE 20.1.2009, procedimenti riuniti C-350/06 e C-520/06, *Gerhard Schultz-Hoff* e *Stringer*, nella quale la Corte, dopo aver affermato che il diritto dell'UE non osta a disposizioni o a prassi nazionali le quali prevedano che un lavoratore in congedo per malattia non abbia diritto di fruire di ferie annuali retribuite durante detto congedo, ha però precisato che ove il lavoratore non abbia potuto esercitare il diritto alle ferie perché in congedo di malattia, il diritto non si estingue, e dunque il lavoratore ha diritto all'indennità sostitutiva delle ferie; CGE 10.9.2009, C-277/08, *Francisco Vicente Pereda*, che riconosce al lavoratore in congedo per malattia durante il periodo di ferie annuali fissato nel calendario delle ferie dell'impresa di appartenenza, il diritto, una volta ristabilitosi, di godere delle ferie annuali in un periodo diverso da quello definito inizialmente, eventualmente al di fuori del periodo di riferimento corrispondente. Tre decisioni recenti della CGE (25.11.2021, C-233/20, *WD*; 9.12.2021, C-217/20, *XXXX*, in *Labor*, 2, 2022, p. 161, nt. Calafà; 13.1.2022, C-514/20, *DS*) hanno precisato che, ai sensi dell'art. 7.1. della Direttiva 2003/88, la retribuzione per le ferie annuali retribuite da corrispondere al lavoratore inabile al lavoro a causa di malattia che eserciti il suo diritto alle ferie non può subire decurtazioni conseguenti all'inabilità al lavoro; la malattia è equiparata a tale fine a periodo di lavoro effettivo.

[19] In questo senso Trib. Asti 5.1.2022.

semblea), altre infine dipendono dalla situazione del lavoratore investito di una carica elettiva pubblica o di una funzione sindacale (aspettative)[20].

a) Il *servizio militare* è previsto dall'art. 2111 c.c., che distingue la chiamata alle armi per adempiere agli obblighi di leva dal richiamo alle armi. Secondo tale disposizione, i cc. 1 e 3 dell'art. 2110 c.c. (sospensione del rapporto e diritto alla conservazione del posto) si applicavano solo alla seconda fattispecie; ma già prima dell'entrata in vigore della Costituzione (che all'art. 52, c. 2, stabilisce che l'adempimento degli obblighi «non pregiudica la posizione di lavoro del cittadino»), un decreto legislativo aveva equiparato servizio di leva obbligatorio e richiamo alle armi[21].

A partire dal 1° gennaio 2005, a seguito dell'abolizione del servizio di leva obbligatorio, progressivamente sostituito dal servizio militare professionale (l. n. 331/2001), le chiamate per lo svolgimento del servizio di leva sono state definitivamente sospese. Per questa parte, la disciplina di cui all'art. 2111 c.c. perde di interesse; la garanzia della conservazione del posto di lavoro e il decorso dell'anzianità sono però riconosciuti nel caso del *volontariato civile* nei Paesi in via di sviluppo, sia nel caso del *servizio civile* (non più sostitutivo di quello militare di leva, ma volontario, ora regolato dal d.lgs. n. 40/2017).

b) Per quanto riguarda i *congedi*, rinviando a quanto abbiamo già detto a proposito dei congedi di maternità, paternità e parentali (*retro*, PT. V, Cap. II), dobbiamo ancora ricordare che la l. n. 53/2000 (art. 4) prevede il diritto dei lavoratori a *congedi familiari*, consistenti in un permesso retribuito di tre giorni all'anno in relazione al decesso o alla grave infermità del convivente o di un parente entro il secondo grado[22]. Un congedo, continuativo o frazionato, di durata non superiore a due anni, non retribuito può essere richiesto dal lavoratore per gravi motivi familiari (al lavoratore è però inibito lo svolgimento di qualsiasi attività lavorativa durante il congedo).

La l. n. 53/2000 (artt. 5 e 6) prevede altresì i *congedi formativi* e per la *formazione continua*.

Aspettative e permessi sono previsti in altre circostanze: per motivi di studio, per programmi terapeutici connessi alla tossicodipendenza e in altri casi ancora; la sospensione del rapporto è prevista dalla disciplina del lavoro dei disabili in caso di ag-

---

[20] L'art. 51, c. 3, Cost., garantisce a chi è chiamato a funzioni pubbliche elettive il diritto di «disporre del tempo necessario al loro adempimento e di conservare il suo posto di lavoro». Le aspettative e i permessi retribuiti e non retribuiti dei lavoratori *chiamati a funzioni pubbliche elettive o a ricoprire cariche sindacali provinciali e nazionali* sono regolate dall'art. 31 St. lav.; l'art. 32 della stessa legge regola i *permessi ai lavoratori chiamati a funzioni pubbliche elettive*.

[21] Per il servizio di leva non era prevista alcuna garanzia economica: la Corte cost. (n. 136/1986), aveva però esteso ad esso il trattamento previdenziale previsto in caso di richiamo alle armi. Tale trattamento (previsto in origine solo per gli impiegati), consiste in un'indennità pari alla differenza tra il trattamento economico militare e quello derivante dal rapporto di lavoro. Il diritto alla conservazione del posto era legato alla prontezza del lavoratore nel mettersi a disposizione per la ripresa del servizio.

[22] L'esercizio immediato e diretto del diritto al congedo è previsto solo in casi di urgenza (il decesso o la grave infermità del familiare o del convivente); in altri casi, il lavoratore dovrà farne previa richiesta al datore di lavoro, che ha dieci giorni per comunicare le proprie decisioni al riguardo: Cass. n. 2803/2015.

gravamento delle condizioni di disabilità o di modifiche organizzative che rendono incompatibile la prestazione del disabile (*retro*, PT. IV, Cap. III).

c) Una nuova disposizione, contenuta nell'art. 24, d.lgs. n. 80/2015, istituisce un *congedo* a favore delle lavoratrici subordinate (con esclusione del lavoro domestico), vittime di *violenza di genere*, e inserite nei relativi percorsi di protezione certificati [23], per un periodo massimo di *tre mesi*; hanno diritto all'astensione dalla prestazione e alla sospensione del rapporto per un periodo massimo di tre mesi anche le collaboratrici coordinate e continuative inserite in percorsi di protezione certificati; la l. 11.12.2016, n. 232, art. 1, c. 243, ha riconosciuto alle lavoratrici autonome il diritto all'astensione dal lavoro nella misura massima di tre mesi.

La fattispecie è quella della violenza sulle donne, definita dalla Conferenza Mondiale delle Nazioni Unite (Vienna, 1993) come «qualsiasi atto di violenza di genere che comporta, o è probabile che comporti, una sofferenza fisica, sessuale o psicologica o una qualsiasi forma di sofferenza alla donna, comprese le minacce di tali violenze, forme di coercizione o forme arbitrarie di privazione della libertà personale sia che si verifichino nel contesto della vita privata che di quella pubblica».

Ai fini dell'esercizio del diritto al congedo (o all'astensione della prestazione), è necessario che la lavoratrice dia un preavviso al datore di lavoro (o al committente) di almeno 7 giorni (salvi i casi di oggettiva impossibilità), e produca la certificazione richiesta. Durante il periodo di congedo, la lavoratrice ha diritto a percepire un'indennità pari all'ultima retribuzione, con riferimento alle voci fisse e continuative del trattamento; il periodo è computato ai fini dell'anzianità di servizio a tutti gli effetti (inclusi ferie, tredicesima, TFR). Le modalità di fruizione del congedo, che deve avvenire nell'arco temporale di tre anni, sono le stesse previste per il congedo parentale (*retro*, PT. V, Cap. II) [24].

4. *La sospensione del rapporto per ragioni attinenti al datore di lavoro*

Le cause di sospensione del rapporto di lavoro sin qui esaminate attengono alla sfera del lavoratore; occorre ora esaminare le cause che possono verificarsi nella sfera del datore di lavoro. Tra queste è necessario distinguere le cause di impossibilità oggettiva assoluta, per lo più temporanea, di continuare l'attività (forza maggiore e *factum principis*) [25], dalle cause di mera difficoltà temporanea. Alle prime si applicano le

---

[23] L'inserimento nel percorso di protezione deve essere certificato dai servizi sociali del comune di residenza o dai centri antiviolenza o dalle case rifugio di cui all'art. 5-*bis*, d.l. 14.8.2013, n. 93, conv. con modifiche in l. 15.10.2013, n. 119.

[24] Come abbiamo segnalato nel capitolo dedicato al part-time, la lavoratrice vittima di violenza di genere ha diritto alla trasformazione del rapporto di lavoro a tempo pieno in lavoro a tempo parziale, verticale od orizzontale, ove disponibile in organico. Il rapporto di lavoro a tempo parziale deve essere nuovamente trasformato, a richiesta della lavoratrice, in rapporto di lavoro a tempo pieno.

[25] Si tratta di impedimenti alla piena continuazione dell'attività aziendale consistenti in atti o eventi estranei alla sfera di organizzazione del datore di lavoro: atti della pubblica autorità (*factum principis*), come la requisizione dello stabilimento, o l'ordinanza del giudice che impone di sospendere la

regole civilistiche in materia di sospensione ed estinzione delle obbligazioni (art. 1256 c.c.). Le seconde sono per lo più prese in considerazione dalla legislazione in materia di integrazione salariale (*retro*, PT. IV, Cap. III), e meritano perciò una considerazione separata.

Per quanto riguarda la sopravvenienza di cause di temporanea difficoltà nello svolgimento dell'attività dell'impresa che non rientrano tra quelle che legittimano il ricorso alla integrazione salariale, gli effetti sul rapporto di lavoro sono ricondotti da un'opinione diffusa in dottrina e in giurisprudenza all'istituto della *mora del creditore* (artt. 1206 ss. c.c.), fonte di responsabilità del datore di lavoro per mancata *cooperazione all'adempimento* delle prestazioni da parte dei lavoratori.

Al datore di lavoro (salvo che non ricorra una temporanea impossibilità oggettiva) non è riconosciuto il potere unilaterale di sospendere il rapporto di lavoro, che la legge riconosce invece, in talune circostanze, al lavoratore (*retro*). Se quindi il datore sospende l'attività per temporanea difficoltà di proseguirla, si pone – secondo questa opinione – nella situazione del creditore che rifiuta illegittimamente la prestazione offerta dai lavoratori; il fondamento della responsabilità del datore di lavoro si rinviene non nell'inadempimento dell'obbligo contrattuale di retribuire la prestazione della quale la sospensione unilaterale della attività non ha reso possibile l'esecuzione, ma nella *mora del creditore*. La posizione del lavoratore rimasto inattivo è equiparata a quella del debitore (della prestazione) che costituisce in mora il creditore che illegittimamente rifiuta di *accipere* la prestazione offerta (artt. 1210 e 1217 c.c.), rifiutando così quella cooperazione all'adempimento della quale è onerato (non obbligato)[26].

Poiché il ricorso all'istituto della mora del creditore è largamente utilizzato dalla dottrina e altresì da (parte) della giurisprudenza nella materia dei licenziamenti, ne approfondiremo l'analisi nel capitolo dedicato all'argomento (PT. VIII, Cap. II, Sez. I, B).

Per quanto riguarda la sospensione del rapporto di lavoro (cosiddetta sospensione a zero ore, e altresì la riduzione dell'orario dei lavoratori interessati dalla riduzione parziale dell'attività aziendale, o dalla sua sospensione), in presenza di cause che legittimano il ricorso all'integrazione salariale ordinaria e straordinaria, tale sospensione determina conseguenze diverse a seconda che si tratti di *eventi oggettivamente non evitabili* (forza maggiore e *factum principis*), o invece di *situazioni di difficoltà economica o di gestione*.

Secondo una ricostruzione dottrinale[27], che la Cassazione ha fatto sostanzialmente propria[28], nel primo caso si configura l'*impossibilità* oggettiva (temporanea) di conti-

---

produzione perché pericolosa per la salute dei lavoratori o per l'ambiente (come è avvenuto nel caso del sequestro giudiziario degli stabilimenti dell'ILVA di Taranto); eventi naturali, rientranti nella ordinaria nozione di caso fortuito, come incendi, inondazioni, terremoti, ecc.

[26] Cfr. Trib. Trani 28.10.2019: secondo questo giudice il datore di lavoro non può unilateralmente ridurre o sospendere l'attività lavorativa e specularmente rifiutare di corrispondere la retribuzione. Il rifiuto di eseguire la prestazione può essere opposto dal datore di lavoro soltanto se l'altra parte ometta di effettuare la prestazione da lui dovuta; ma non già quando questa sia impedita dalla volontà datoriale unilaterale, salva la prova a carico del medesimo di una impossibilità sopravvenuta, fondata sull'inutilizzabilità della prestazione lavorativa per fatti non addebitabili al predetto, perché non prevedibili, né evitabili, né riferibili a carenze di programmazione o di organizzazione aziendale ovvero ad un calo di commesse o a crisi economiche o congiunturali o strutturali e salvo comunque un eventuale accordo tra le parti.

[27] Ballestrero 1985.

[28] Cass. S.U. n. 5454/1987. L'orientamento delle S.U. è stato tenuto fermo anche in sentenze

nuare l'attività e dunque di ricevere le prestazioni lavorative pattuite; il datore di lavoro è liberato dall'obbligazione di retribuire le prestazioni non ricevute, ma il diritto "speciale" che disciplina l'istituto dell'integrazione salariale (integrando la disciplina del contratto di lavoro) lo obbliga a chiedere l'intervento della integrazione salariale (ordinaria), e ad anticipare il pagamento dell'indennità, al fine di sostenere il reddito dei lavoratori (la prestazione previdenziale assolve alla funzione di conservare il reddito dei lavoratori privi di retribuzione, e perciò in stato di bisogno). Il datore di lavoro inadempiente (omessa o tardiva domanda di intervento dell'integrazione salariale) è tenuto a risarcire ai lavoratori i danni equivalenti nell'ammontare alle integrazioni salariali non percepite.

Nel secondo caso, trattandosi di *difficoltà* temporanee e non di impossibilità, il datore di lavoro non è obbligato, ma ha il potere di fare ricorso all'integrazione salariale (quando ricorra una delle c.d. cause integrabili). A seguito del ricorso all'integrazione (o meglio a seguito dell'intervento di essa) il diritto speciale (vale a dire il diritto che regola l'istituto della integrazione salariale) modifica, integrandolo, il diritto che regola il contratto di lavoro e la sua esecuzione. Secondo il diritto dei contratti, la difficoltà economica o gestionale non configura una impossibilità liberatoria rispetto all'obbligazione retributiva (che permane, in presenza di un inadempimento contrattuale: tale essendo la sospensione unilaterale del rapporto di lavoro, o la riduzione unilaterale dell'orario). La liberazione del datore di lavoro dall'obbligo retributivo avviene se, e solo quando, l'autorità amministrativa competente autorizza l'intervento della integrazione salariale (l'autorizzazione è un provvedimento discrezionale di carattere costitutivo: fino a che non interviene l'autorizzazione, sospensione e riduzione di orario sono illeciti contrattuali). *Medio tempore*, il datore di lavoro è tenuto al pagamento della retribuzione, ovvero – secondo l'avviso della Cassazione – all'anticipazione del trattamento di integrazione salariale, fermo restando che, in caso di diniego dell'autorizzazione, il datore di lavoro resta tenuto al pagamento della integrale retribuzione[29]. Quando l'autorizzazione è accordata, il datore di lavoro è liberato dall'obbligazione retributiva, e il debito nei confronti dei lavoratori si trasferisce sull'INPS (obbligato al pagamento dell'integrazione salariale); il datore di lavoro sarà tenuto ad anticipare (come *adiectus solutionis causa*) il trattamento di integrazione salariale, di cui sarà rimborsato dall'INPS (salvi i casi in cui al pagamento ai lavoratori provvede l'INPS direttamente).

Il diritto "speciale" che regola l'integrazione salariale interviene sul diritto dei contratti, liberando il datore di lavoro dall'obbligazione retributiva, e creando un debito a carico dell'INPS per il pagamento dell'integrazione salariale. In materia di sospensioni e riduzioni di orario possono intervenire, e frequentemente intervengono, accordi sindacali che dettano regole in ordine al regime specifico da applicare a tali sospen-

---

più recenti, nelle quali la Corte ha affermato il diritto del lavoratore alla retribuzione in caso di sospensione unilateralmente disposta dal datore di lavoro (salva la impossibilità sopravvenuta): Cass. n. 10516/2018; v. anche Cass. n. 7300/2004; Cass. n. 5101/2002; Cass. n. 13742/2000.

[29] Secondo Cass. n. 10516/2018, cit., i lavoratori collocati in cassa integrazione guadagni a seguito di illegittima sospensione del rapporto da parte del datore di lavoro hanno diritto ad ottenere la retribuzione piena, e non già il minore importo delle integrazioni salariali, sicché la relativa somma liquidata a titolo di risarcimento del danno costituisce retribuzione imponibile ai fini contributivi e tributari.

sioni/riduzioni: in tali casi sarà l'accordo la fonte dell'esonero del datore di lavoro dagli obblighi che gli deriverebbero dall'applicazione del diritto dei contratti [30].

Occorre infine ricordare che una ipotesi particolare di sospensione del rapporto di lavoro si verifica in caso di fallimento (ora *liquidazione giudiziale*) dell'impresa. Secondo quanto disposto dall'art. 189, c. 1, d.lgs. n. 14/2019 (Codice della crisi d'impresa e dell'insolvenza, in vigore dal 15.7.2022), «L'apertura della liquidazione giudiziale nei confronti del datore di lavoro non costituisce motivo di licenziamento. I rapporti di lavoro subordinato in atto alla data della sentenza dichiarativa restano sospesi fino a quando il curatore, con l'autorizzazione del giudice delegato, sentito il comitato dei creditori, comunica ai lavoratori di subentrarvi, assumendo i relativi obblighi, ovvero il recesso» [31].

---

[30] Restano tuttavia aperti non pochi problemi in ordine al potere dei sindacati di disporre dei diritti individuali, e della efficacia soggettiva di tali accordi (*retro*, PT. II, Sez. IV).

[31] Riferendosi al regime del fallimento dell'impresa, la Cassazione ha affermato che durante il periodo di sospensione i lavoratori non hanno diritto alla retribuzione, perché questa presuppone la corrispettività della prestazione: Cass. n. 13693/2018.

Capitolo III

Rapporti tra imprese e rapporti di lavoro

1. *Tra mercato e contratto. Frammentazione e riorganizzazione dell'attività imprenditoriale*

La scelta, non usuale per un Manuale, di trattare in modo congiunto istituti (somministrazione, distacco, appalti, trasferimento d'azienda) tra loro eterogenei [1] è giustificata dalla opportunità di guardare in modo unitario alle scelte aziendali di acquisire o di espellere "forza lavoro" attraverso strumenti giuridici diversi dalla diretta stipulazione di contratti di lavoro con i lavoratori in vario modo utilizzati da un'impresa o da un gruppo di imprese. Premesso che la scelta della collocazione sistematica di un determinato argomento non è mai "neutra", l'obiettivo che ci proponiamo è quello di mettere in evidenza i rapporti, le relazioni, non sempre virtuose, che si possono creare, e di fatto si creano, tra fenomeni solo apparentemente distanti tra loro. L'obiettivo ci pare coerente con l'evoluzione del diritto del lavoro, considerando che il decentramento produttivo assume oggi forme nuove, utilizzate dalle aziende per disarticolare e riarticolare il loro ciclo produttivo, spesso concentrandosi sul *core business* di volta in volta definito, in relazione all'andamento dell'economia e alle conseguenti prospettive di sviluppo.

Per anticipare un esempio che riguarda un fenomeno ormai diffuso: un'azienda può "esternalizzare" una determinata attività attraverso la cessione di un ramo d'azienda, e contestualmente "reinternalizzarla" attraverso la stipulazione di un contratto di appalto con l'imprenditore che quel ramo d'azienda ha acquisito. Si tratta, allora, di valutare la correttezza dell'impiego di contratti (somministrazione, appalto, cessione d'azienda o di ramo d'azienda) nominati, regolati dalla legge e funzionali rispetto alle

[1] Ciascun argomento, di per sé, potrebbe essere trattato in altra sede, e non impropriamente: la somministrazione tra i contratti c.d. atipici o flessibili; il distacco nell'ambito dell'analisi dei limiti al potere direttivo del datore di lavoro; gli appalti tra le forme di decentramento del lavoro (insieme, per esempio, al lavoro a domicilio); il trasferimento d'azienda (e di ramo d'azienda) tra i diritti del lavoratore.

esigenze di riorganizzazione (anche giuridica) delle imprese. Del resto, molti fenomeni che in passato potevano essere considerati "patologici", hanno assunto una diffusione e una dimensione tali da farli ritenere, nell'odierna economia, in qualche misura "fisiologici", o strutturali.

Questa constatazione induce a pensare che il diritto del lavoro debba assolvere a nuove funzioni, senza dimenticare la sua storica funzione di protezione dei lavoratori. La sfida del diritto del lavoro odierno è rappresentata dalla capacità di *regolare* il mercato, mantenendo fermi i principi fondamentali della disciplina ma individuando nuovi modelli di intervento – nel mercato del lavoro e nel rapporto di lavoro – per concretizzare quei principi nel nuovo assetto e contesto economico. In questa necessaria direzione orientano anche alcuni recenti interventi del legislatore, che ha riconosciuto e regolato talune forme giuridiche adottate dagli imprenditori per svolgere la loro attività (le reti e i gruppi), o meglio, per quanto qui più rileva, ha indicato le conseguenze che dalla scelta di un determinato "modello" di organizzazione aziendale possono o devono derivare sulla disciplina del mercato e del rapporto di lavoro.

Merita altresì dedicare attenzione ad un diverso ma correlato "modello" di riorganizzazione delle imprese, che vede una crescente diffusione – in tutta Europa, ed in particolare nei Paesi UE che hanno un sistema di protezione dei lavoratori particolarmente avanzato – della c.d. delocalizzazione. Già nel 2018 (con il c.d. "decreto dignità", d.l. n. 87/2018, conv. in l. n. 96/2018, Capo II) il legislatore, per quanto qui rileva, si era occupato della ricaduta di queste operazioni di delocalizzazione[2] (spesso di grandi gruppi multinazionali) sui livelli occupazionali: indirettamente, stabilendo la decadenza dai benefici riconosciuti alle imprese e imponendo la restituzione degli "aiuti di Stato" a diverso titolo erogati, con l'applicazione di interessi, quando l'attività sia, appunto, delocalizzata rispetto al sito per il quale gli investimenti erano stati incentivati; direttamente, prevedendo in altri casi la decadenza dai benefici pubblici attribuiti quando comunque le imprese procedono a significative riduzioni dell'occupazione[3]. Successivamente, a fronte della chiusura di molte attività economiche (tipicamente ma non necessariamente correlate a delocalizzazioni) il legislatore (l. n. 234/2021, Legge di Bilancio 2022) ha introdotto specifici obblighi di informazione e consultazione sindacale preventiva (v. PT. II, Sez. II, § 6.1) in capo a grandi aziende che intendano cessare definitivamente l'attività con conseguenti licenziamenti collettivi (v. PT. VIII, Cap. III, § 6), al fine di responsabilizzare le aziende, imponendo l'adozione di un piano concordato per ridurre l'impatto occupazionale, anche presentando soluzioni che prevedano la cessione dell'azienda o di suoi rami (*infra*).

Analizzeremo nel prosieguo alcuni istituti del diritto del lavoro che hanno assunto

---

[2] Art. 5, c. 6, "decreto dignità": «per delocalizzazione si intende il trasferimento dell'attività economica specificamente incentivata o di una sua parte dal sito produttivo incentivato ad altro sito, da parte della medesima impresa beneficiaria dell'aiuto o di altra impresa che sia con essa in rapporto di controllo o collegamento ai sensi dell'articolo 2359 del codice civile». Una nozione molto ampia, come è agevole osservare.

[3] Art. 6: «Qualora una impresa italiana o estera, operante nel territorio nazionale, che beneficia di misure di aiuto di Stato che prevedono la valutazione dell'impatto occupazionale, fuori dei casi riconducibili a giustificato motivo oggettivo, riduca in misura superiore al 50 per cento i livelli occupazionali degli addetti all'unità produttiva o all'attività interessata dal beneficio nei cinque anni successivi alla data di completamento dell'investimento, decade dal beneficio; qualora la riduzione di tali livelli sia superiore al 10 per cento, il beneficio è ridotto in misura proporzionale alla riduzione del livello occupazionale».

un nuovo rilievo in relazione ai nuovi "usi" che di essi fanno le imprese: imprese che assumono nuove forme organizzative e giuridiche, che a loro volta si intersecano con i nuovi usi di istituti giuridici più o meno risalenti.

2. *Reti e gruppi di imprese*

Come abbiamo già avuto occasione di osservare, parlando dei soggetti del contratto di lavoro (PT. III, Cap. III, § 4), l'individuazione del datore di lavoro presenta non poche difficoltà quando il rapporto di lavoro sia instaurato con un datore di lavoro che abbia relazioni giuridicamente rilevanti con uno o più soggetti che, direttamente o indirettamente, si avvalgano della prestazione fornita dal lavoratore. La questione, pur risalente nel tempo (in particolare per le imprese di gruppo), è assurta agli onori della cronaca quando il legislatore, nel 2013, è intervenuto per indicare le conseguenze lavoristiche, per così dire, della sussistenza di una "rete di imprese" o di altri particolari legami tra imprese di specifici settori, fino ad arrivare ad ammettere le assunzioni congiunte e la codatorialità.

Per quanto concerne i *gruppi*, basti qui ricordare che nel nostro ordinamento (come in quello UE) [4] manca una nozione legale e una disciplina di queste forme, pur così diffuse, di organizzazione giuridica dell'attività imprenditoriale, tipicamente utilizzata dalle multinazionali, vere protagoniste della globalizzazione dei mercati. Il diritto regola invece i rapporti di *controllo* e di *collegamento* tra società (art. 2359 c.c.) così come l'attività di *direzione e controllo* (art. 2497 c.c.) che la capogruppo (spesso una *holding*) può esercitare sulle società controllate [5].

Pacifico (e ragionevole) è l'orientamento della giurisprudenza che esclude la soggettività giuridica del gruppo, confermando l'autonomia giuridica delle società controllate, che restano titolari dei rapporti giuridici (anche lavorativi) instaurati. Ciò non esclude che una consolidata giurisprudenza della Cassazione ammetta che un rapporto di lavoro possa essere imputato alla controllante o ad altre società del gruppo quando sia verificata la "contemporaneità" e la "promiscuità" dell'utilizzazione, da parte di più imprese di gruppo, della prestazione lavorativa dedotta nel contratto stipulato con la società del gruppo che ha assunto la veste di formale datore di lavoro (c.d. confusione di rapporti) [6]. Spesso, poi, la giurisprudenza (di merito, in particola-

---

[4] Ciò non ha peraltro impedito alla Corte di Giustizia di intervenire su vicende che rientravano nel campo di applicazione di specifiche direttive (es. Direttiva 98/59/CE in materia di licenziamenti collettivi e Direttiva 2001/23/CE in tema di trasferimento d'azienda) e che si collocavano in una realtà di gruppo.

[5] Il riferimento all'art. 2497 non è affatto peregrino, come dimostra l'importante decisione della Cassazione che ha utilizzato tale disposizione per individuare il soggetto responsabile delle obbligazioni assunte nei confronti dei dipendenti delle società sottoposte a "direzione e controllo" da parte di quel soggetto (Cass. n. 19931/2010).

[6] Secondo la giurisprudenza di merito, ancora, si può ritenere che il gruppo possa rilevare quale "contesto" – per quanto riguarda, per esempio, l'ambito del *repêchage* in caso di licenziamenti per giustificato motivo oggettivo, o per quanto riguarda l'individuazione dell'ambito nel quale possono essere individuati e utilizzati "strumenti alternativi" alla messa in mobilità, o ancora computati i lavo-

re) imputa il rapporto di lavoro ad una o a più società che "compongono" il gruppo, sulla base della verifica dell'effettivo esercizio dei poteri tipici del datore di lavoro.

Fatte queste necessarie premesse, occorre dar brevemente conto degli interventi, frammentati e disorganici, del legislatore in materia di lavoro. Non li richiameremo tutti, limitandoci a considerare le disposizioni che hanno introdotto per la prima volta la possibilità delle *assunzioni congiunte* o della *codatorialità*. Dedicheremo la nostra attenzione alle modifiche apportate agli artt. 30 e 31 del d.lgs. n. 276/2003 dalla l. n. 99/2013 e dalla l. n. 154/2016. Si tratta di modifiche che condividono con i numerosi precedenti interventi *spot* la caratteristica di essere inseriti occasionalmente in disposizioni preesistenti, e di regolare, al margine, alcuni aspetti della disciplina del mercato del lavoro, soprattutto, o del rapporto di lavoro, con specifico riferimento ai gruppi. Gli interventi recenti mostrano, al contempo, una maggiore apertura verso le esigenze delle imprese di gruppo e di rete.

Un breve cenno deve allora essere dedicato alle *reti*, introdotte e regolate dalla l. n. 33/2009 [7]. Con il contratto di rete due o più imprese si obbligano ad esercitare in comune una o più attività economiche rientranti nei rispettivi oggetti sociali allo scopo di accrescere la reciproca capacità innovativa e la competitività sul mercato. Merita segnalare che se il contratto prevede un fondo patrimoniale comune, allora la rete (anziché essere meramente annotata presso i registri in cui sono registrate le imprese aderenti) può iscriversi come posizione autonoma presso la sezione ordinaria del registro delle imprese nella cui circoscrizione ha sede. In questo caso, per espressa previsione legislativa, con l'iscrizione nel registro la rete acquista soggettività giuridica (la c.d. *rete soggetto*), e diviene un unico centro di imputazione giuridica di diritti e obblighi.

Tornando al decreto n. 276/2003, l'art. 31 (rubricato "Gruppi di imprese") già consentiva (c. 1) alla capogruppo, su delega delle controllate e delle collegate, lo svolgimento degli adempimenti in materia di gestione dei rapporti di lavoro [8]. I nuovi cc. 3-*bis*, 3-*ter*, 3-*quater* dell'art. 31, consentono oggi alle imprese agricole «appartenenti allo stesso gruppo» [9] e alle «imprese legate da un contratto di rete, quando almeno il 40% di esse sono imprese agricole», di «procedere congiuntamente all'assunzione di lavoratori dipendenti per lo svolgimento di attività lavorative presso le relative aziende». Destinatarie della norma sono dunque le sole imprese agricole e le reti che comprendano una componente significativa di imprese agricole.

---

ratori al fine di individuare la tutela applicabile in caso di licenziamento individuale illegittimo – nel quale siano stati esercitati i poteri tipici del datore di lavoro.

[7] La legge ha subito successive modificazioni, sia per quanto riguarda l'ambito di applicazione (es. equiparazione degli Accordi di foresta alle reti agricole), sia per quanto riguarda regimi transitori introdotti per far fronte alla crisi indotta dalla pandemia (es art. 43-*bis*, d.l. n. 34, conv. in l. n. 77/2020) che ha previsto la possibilità di stipulare contratti di rete «per favorire il mantenimento dei livelli di occupazione delle imprese delle filiere colpite da crisi economiche in seguito a situazioni di crisi o stati di emergenza dichiarati con provvedimento delle autorità competenti».

[8] Analogamente era stato poi disposto (c. 2 come sostituito dal d.lgs. n. 251/2004) per i consorzi di società cooperative.

[9] O «riconducibili allo stesso proprietario o a soggetti legati tra loro da un vincolo di parentela o di affinità entro il terzo grado». Quasi inutile sottolineare le incertezze che inevitabilmente si incontreranno nella "riconduzione" di più imprese allo stesso proprietario o a parenti e affini.

Si tratta di un provvedimento che potrebbe essere considerato settoriale, e dunque marginale nel contesto degli assetti produttivi nazionali, se non fosse accompagnato dalla coeva innovazione apportata all'art. 30 ("Distacco") dal c. 4-*ter*, in forza del quale per le imprese (ma nelle righe precedenti si parlava di aziende) che abbiano sottoscritto un regolare contratto di rete «è ammessa la codatorialità dei dipendenti ingaggiati [*sic!*] con regole stabilite attraverso il contratto di rete stesso». Destinatarie della norma sono dunque le imprese di qualunque settore, in presenza di una rete formalizzata [10].

Di fronte alla difficoltà di distinguere e alla apparente coincidenza tra *assunzioni congiunte* e *codatorialità*, alla luce della normativa secondaria (Decreti ministeriali, Decreti direttoriali, Circolari del Ministero del lavoro) si può ritenere che *l'assunzione congiunta* sia riservata alle imprese agricole appartenenti allo stesso gruppo o a una rete che leghi imprese di cui almeno una quota significativa (40%) agricole [11]. L'assunzione congiunta – secondo la Circolare n. 7671/2015 – comporterebbe l'instaurazione «di un rapporto di lavoro con una pluralità di datori, intesi come tali sia sotto il profilo formale sia sotto il profilo sostanziale». Il c. 3-*quinquies* dell'art. 31, d'altronde, prevede che «i datori di lavoro rispondono in solido delle obbligazioni contrattuali, previdenziali e di legge che scaturiscono dal rapporto instaurato con le modalità disciplinate dai commi 3-*bis* e 3-*ter*» (imprese agricole e reti con significativa presenza di imprese agricole, lo ricordiamo).

Diversamente – almeno secondo la Circolare n. 35/2013 – nel caso della stipulazione di un contratto di rete «sul piano di eventuali responsabilità penali, civili e amministrative – e quindi sul piano della sanzionabilità di eventuali illeciti – occorrerà rifarsi ai contenuti del contratto di rete, senza pertanto configurare "automaticamente" una solidarietà tra tutti i partecipanti al contratto» di rete. Sempre che – aggiungiamo noi – non si tratti di una "rete soggetto" (che, come abbiamo detto, assurge al ruolo di centro di imputazione unitario di diritti ed obblighi, e che dunque opera come datore di lavoro unico, formalmente e sostanzialmente) o – stando alla confusa lettera della legge – di una rete latamente agricola (per la quale, come per i gruppi agricoli, pare sancita la responsabilità solidale delle imprese agricole aderenti).

Complessivamente, non pare ingeneroso giudicare inadeguato l'intervento del legislatore, e foriero di incertezze, invece che, come sarebbe stato necessario, di certezze che potessero rispondere alle effettive legittime esigenze delle imprese di gruppo e di rete (non solo agricole).

---

[10] Alle reti di imprese, senza specificazioni ulteriori, fa d'altronde riferimento il d.m. 29.10.2021 che ha definito le regole per la comunicazione dei rapporti di lavoro in regime di codatorialità da parte dell'impresa referente individuata nell'ambito dei contratti di rete, così come per la comunicazione dei distacchi (v. *infra*) disposti nell'ambito di un contratto di rete (non agricola).

[11] La riduzione dal 50% al 40%, operata dalla l. n. 154/2016 ha evidentemente ampliato la platea delle reti potenzialmente interessate alle assunzioni congiunte, forse per venire incontro alle esigenze delle filiere produttive che integrino il processo produttivo e distributivo di prodotti agricoli. Il d.m. 27.3.2014 ha definito le modalità operative per le assunzioni congiunte in agricoltura.

3. *Il distacco*

Attraverso il "distacco" ("comando")[12] del lavoratore, il datore di lavoro (distaccante) può destinare la prestazione del lavoratore (distaccato) con il quale ha stipulato il contratto di lavoro al soddisfacimento dell'interesse di un terzo (distaccatario); il "terzo", allo stesso tempo, può utilizzare le prestazioni di un lavoratore con il quale non ha alcun vincolo contrattuale[13]. Sembra dunque corretto riconoscere in questa fattispecie una forma di utilizzazione "indiretta" della manodopera.

Il distacco è soprattutto utilizzato là ove esistano rapporti di collegamento fra i due imprenditori[14], che li inducano a ricorrere a tali modalità di utilizzazione del fattore lavoro. Il rapporto tra i due imprenditori, tuttavia, non è un elemento qualificante della fattispecie, bensì, come si vedrà, soltanto un dato di fatto che concorrerà a tracciare i confini della legittimità del ricorso al distacco.

Il distacco rappresenta una forma di destinazione della prestazione a favore di un soggetto diverso dal datore di lavoro, caratterizzata dalla *deviazione funzionale della prestazione a favore di un terzo*, che diviene il soggetto beneficiario della prestazione. Ciò che rileva insomma non è il luogo dello svolgimento della prestazione, bensì il soggetto destinatario della prestazione stessa, che è un soggetto diverso dal datore di lavoro. Ciò è sufficiente ad escludere che il distacco possa essere semplicemente (ed erroneamente, a nostro avviso) ricondotto ad una particolare ipotesi di trasferimento del lavoratore; la modificazione del luogo di lavoro può essere, e normalmente ma non necessariamente è, la conseguenza del distacco.

Prima dell'abrogazione della l. n. 1369/1960, che vietava ogni forma di interposizione e sanciva la necessaria coincidenza tra datore di lavoro e utilizzatore della prestazione dedotta in contratto, dottrina e giurisprudenza ritenevano legittimo il distacco al verificarsi di alcuni requisiti indicati dalla stessa giurisprudenza (relativamente copiosa, sul tema). In generale, la giurisprudenza, in particolare della Cassazione[15], ha considerato legittimo il distacco di un lavoratore operato da un'impresa a favore di un'altra

---

[12] Le due espressioni, che originariamente denotavano due istituti regolati nel settore pubblico, sono state (e tuttora sono spesso) utilizzate indistintamente per descrivere lo stesso fenomeno; oggi, come vedremo, il termine appropriato, perché scelto dal legislatore, è "distacco".

[13] Un presupposto implicito del distacco è la permanenza, durante il periodo di distacco, del rapporto di lavoro tra il lavoratore distaccato e l'impresa distaccante (così, in modo esplicito, in caso di distacco transnazionale prevedeva l'art. 1 del d.lgs. n. 72/2000, e oggi prevede l'art. 1 del d.lgs. n. 136/2016 che lo ha sostituito recependo la Direttiva 2014/67/UE: *infra*, § 5). La questione ha dato adito ad una copiosa giurisprudenza, in tutti quei casi nei quali il distacco sia stato seguito dall'assunzione del lavoratore distaccato da parte del distaccatario, pur mantenendo in vita il rapporto originario con il distaccante (magari "sospeso" o limitato alla corresponsione di una indennità di trasferta, spesso forfetaria).

[14] Si tratta dell'ipotesi più diffusa, ma il "prestito di manodopera" può coinvolgere anche soggetti non imprenditori (per es. studi professionali), senza che ciò comporti alcun riflesso sulla configurazione dell'istituto.

[15] Fin da una decisione risalente nel tempo ed anteriore alla l. n. 1369/1960, nella quale viene esplicitamente affermata la legittimità del distacco e la permanenza dell'unicità del rapporto di lavoro con l'originario datore di lavoro, purché il fenomeno sia temporaneo (Cass. n. 3345/1955).

impresa quando fossero verificati due requisiti: la temporaneità del distacco; la sussistenza in capo al distaccante di un interesse giuridicamente rilevante al distacco [16].

Tali criteri sono stati sostanzialmente accolti dal legislatore quando, finalmente, ha definito e regolato l'istituto. Nozione e disciplina del distacco sono contenuti nell'art. 30, d.lgs. n. 276/2003, non a caso collocato *a latere* della somministrazione e degli appalti. Secondo l'art. 30, c. 1, il distacco «si configura quando un datore di lavoro, per soddisfare un proprio interesse, pone temporaneamente uno o più lavoratori a disposizione di altro soggetto per l'esecuzione di una determinata attività lavorativa».

Il requisito della *temporaneità* del distacco deve essere inteso in senso relativo [17], come "brevità" del distacco programmata tra le parti, evidentemente verificabile solo *ex post* [18]. La durata limitata del distacco, peraltro, deve essere opportunamente valutata in correlazione alla (necessaria) persistenza dell'*interesse al distacco* da parte del datore di lavoro (distaccante) [19].

La giurisprudenza aveva generalmente giudicato legittimo il ricorso al distacco nell'ambito dei gruppi di società, richiedendo tuttavia un'attenta valutazione dell'interesse al distacco. In questa prospettiva, ha ritenuto che l'esistenza di un semplice collegamento "finanziario" fra i soggetti coinvolti nella vicenda non fosse idoneo a suffragare una presunzione di interesse al distacco, giudicando invece necessaria una verifica della sussistenza di un interesse effettivo e specifico [20]. L'interesse al distacco risulta particolarmente evidente quando il distacco realizza una finalità di controllo della società-datore di lavoro sulla società-distaccataria collegata; in questi casi si giungeva addirittura a parlare di una presunzione (in senso atecnico, o al massimo relativa, si riteneva) della sussistenza dell'interesse al distacco, come pure in molte occasioni ha ritenuto la giurisprudenza.

Nel 2013 il legislatore (l. n. 99, che ha aggiunto all'art. 30 del d.lgs. n. 276/2003 il nuovo c. 4-*ter*) ha introdotto una inedita *presunzione assoluta* di sussistenza dell'interesse al distacco

---

[16] Secondo Cass. n. 594/2000, l'interesse in capo al distaccante può anche essere di natura non economica, ma solidaristica (nel caso di specie, è stato considerato lecito il distacco di alcuni lavoratori da un ente *no profit* ad un altro, per il conseguimento di fini mutualistici). L'interesse del distaccante è stato ravvisato (Cass. n. 18959/2020) anche quando consista nella utilità, occasionata dalla temporanea crisi produttiva in atti documentata, di non disperdere il patrimonio professionale di impresa costituito dal complesso delle competenze di ciascun dipendente ed anzi di incrementare la polivalenza funzionale individuale (non negata, nel caso, dallo stesso lavoratore); in alcune decisioni (es. Cass. S.U. n. 1499/1985) peraltro i giudici hanno ritenuto rilevante anche «l'interesse del lavoratore» a subire, per così dire, il distacco.

[17] Così anche la Circolare n. 3/2004 del Ministero del lavoro. Cass. n. 17748/2004 ha affermato che la temporaneità del distacco non deve intendersi nel senso che la durata del distacco debba essere predeterminata, né che essa sia più o meno lunga, ma solo che la durata del distacco coincida con quella dell'interesse del datore di lavoro a che il proprio dipendente presti la sua opera in favore di un terzo.

[18] Secondo la giurisprudenza, non si configura distacco quando la destinazione del lavoratore presso altra azienda abbia carattere definitivo: così Cass. S.U. n. 1499/1985. In parte analoga è la posizione assunta da quella giurisprudenza di legittimità (non univoca, peraltro) che ha escluso che il distacco possa essere contestuale all'assunzione.

[19] Il rilievo attribuito all'interesse del distaccante, tuttavia, non deve portare ad escludere la possibilità che il distacco realizzi un analogo interesse dell'utilizzatore della prestazione lavorativa, che è anzi implicito nel ricorso a tale forma di "flessibilità" nella gestione della forza lavoro.

[20] Sull'interesse ad operare il distacco nell'ambito di società collegate cfr. Cass. n. 5708/1984.

nelle *reti*[21]: «qualora il distacco di personale avvenga tra aziende che abbiano sottoscritto un *contratto di rete*», «l'interesse della parte distaccante sorge automaticamente in forza dell'operare della rete»[22]. Il legislatore – senza invece intervenire sul distacco nei gruppi – ha disciplinato così una delle conseguenze (abbiamo già considerato le altre) dell'operare di una rete regolarmente costituita secondo i requisiti di cui alla l. n. 33/2009.

Nel 2016 la Cassazione ha infine ritenuto che *l'interesse al distacco si presume in via assoluta tra società del medesimo gruppo* o in rapporto di controllo o collegamento *ex* art. 2359 c.c., analogamente a quanto previsto dall'art. 30, c. 4-*quater*, del d.lgs. n. 276/2003 per le aziende che abbiano stipulato un contratto di rete. Il (discutibile) ricorso all'analogia ha superato la tassatività della presunzione (assoluta, come ha ribadito la stessa Cassazione) per le reti, rendendo certamente più flessibile l'impiego della manodopera nei gruppi. La Cassazione ha avuto d'altronde buon gioco a valorizzare il riferimento operato dal legislatore nel 2013 al mero «operare della rete», «e cioè ad un fatto, che è ad un tempo giuridico ed economico, della funzionalità del contratto di rete di impresa», che «presenta per un verso, scopi economici unificanti che risultano certamente avvicinabili a quelli che muovono la logica imprenditoriale di un gruppo di imprese e, per altro verso, non istituisce legami più condizionanti di quelli che definiscono, ai sensi dell'art. 2359 c.c., il controllo o il collegamento di società»[23].

«In caso di distacco il datore di lavoro rimane responsabile del trattamento economico e normativo a favore del lavoratore» (art. 30, c. 2, d.lgs. n. 276/2003): non si verifica dunque alcuna modificazione soggettiva del datore di lavoro, e il datore di lavoro (formale e unico) mantiene la piena responsabilità del rapporto[24].

Introducendo una specifica disciplina del distacco, il legislatore ha implicitamente, ma chiaramente, ritenuto che il potere di destinare la prestazione lavorativa del lavoratore subordinato ad un terzo rientri nel potere (direttivo) del datore di lavoro, avallando così un orientamento della dottrina largamente predominante (seppure non incontrastato). Riconducendo il distacco ai poteri tipici del datore di lavoro, la legge si è peraltro preoccupata di garantire al prestatore garanzie analoghe, seppure non pienamente coincidenti, a quelle riconosciute al lavoratore che continui a svolgere la sua attività presso il "suo" datore di lavoro. L'art. 30 è così intervenuto su due versanti: quello della tutela della professionalità del lavoratore e quello della modifica del luogo di esecuzione della prestazione.

---

[21] «Fatte salve le norme in materia di mobilità dei lavoratori previste dall'art. 2103 del codice civile»: la specificazione è foriera di dubbi in merito al contenuto del rinvio, perché pare introdurre, contraddittoriamente, la necessità (verificabile dal giudice) che sussistano quelle ragioni (tecniche, organizzative, produttive) che sole legittimano il trasferimento del lavoratore.

[22] Secondo la Circolare n. 35/2013 del Ministero del lavoro, «ai fini della verifica dei presupposti di legittimità del distacco, il personale ispettivo si limiterà a verificare l'esistenza di un contratto di rete tra distaccante e distaccatario».

[23] Cass. n. 8068/2016. Secondo la Corte, «se il distacco del lavoratore viene realizzato tra aziende facenti parte dello stesso gruppo di imprese, il requisito dell'interesse può ritenersi sempre esistente, a prescindere da indagini specifiche, in quanto il collegamento societario comporta il perseguimento di uno scopo economico unitario, al pari di quanto accade nei "contratti di rete"».

[24] La "piena responsabilità" è correttamente interpretata da Cass. n. 23933/2010, in cui si individua, tra gli «elementi indefettibili», «il permanere, in capo al datore di lavoro, del potere direttivo – eventualmente delegato al destinatario – unitamente a quello di determinare la cessazione del distacco».

In primo luogo, infatti, la prima parte del c. 3 sancisce che «il distacco che comporti un mutamento di mansioni deve avvenire con il consenso del lavoratore interessato». *A contrario*, si deve ritenere che il distacco che non comporti mutamento di mansioni non richieda il consenso del prestatore. Si può in proposito osservare che il legislatore ha recepito il (ragionevole) orientamento della Cassazione, secondo il quale il lavoratore, in caso di distacco, non deve subire alcun pregiudizio in relazione alla propria professionalità [25].

In secondo luogo, la seconda parte del c. 3 prevede che ove il distacco «comporti un trasferimento a una unità produttiva sita a più di 50 km da quella in cui il lavoratore è adibito, il distacco può avvenire soltanto per comprovate ragioni tecniche, organizzative, produttive o sostitutive». È evidente una almeno parziale simmetria con la disciplina generale del trasferimento del lavoratore, volta a salvaguardare, si ritiene, la stabilità delle condizioni di lavoro, tenuto conto delle esigenze personali e familiari del lavoratore.

L'art. 30 ha altresì confermato la possibilità (già prevista dalla l. n. 236/1993) di utilizzare il *distacco collettivo* quale strumento alternativo alla riduzione del personale, in forza di accordi collettivi eventualmente raggiunti nel corso della procedura dei licenziamenti collettivi (v. PT. VIII, Cap. III).

Opportunamente, il d.lgs. n. 251/2004 ha aggiunto l'importante c. 4-*bis*, in forza del quale ove il distacco non presenti i requisiti dei quali abbiamo detto, il lavoratore potrà ottenere – con ricorso giudiziale «notificato anche soltanto al soggetto che ne ha utilizzato la prestazione»: senza litisconsorzio necessario, dunque – la costituzione di un rapporto di lavoro alle dipendenze del «soggetto che ne ha utilizzato la prestazione». Sembra così prevalere, in caso di patologico (ossia illegittimo) ricorso al distacco, la riqualificazione del rapporto, ristabilendo la piena coincidenza, in fatto e in diritto, tra titolarità del contratto di lavoro e utilizzazione effettiva della prestazione.

Conclusivamente, dunque, il distacco rappresenta uno strumento (un istituto) che consente agli imprenditori di perseguire un loro interesse indiretto consentendo l'utilizzazione della prestazione lavorativa da loro acquisita a favore di un altro soggetto, così da agevolare rapporti di collaborazione tra imprese tra loro in vario modo collegate (tipicamente nell'ambito dei gruppi o delle reti di imprese) [26].

4. *La somministrazione di lavoro*

La dissociazione funzionale (tra titolare del contratto e utilizzatore della prestazione in quel contratto dedotta) appena vista nell'ipotesi del distacco si accentua ulteriormente nelle ipotesi di somministrazione.

---

[25] La Cassazione (Cass. n. 2471/1984) aveva già ritenuto che «se il terzo beneficiario del distacco adibisce il lavoratore a mansioni superiori a quelle prima svolte presso il datore di lavoro distaccante, costui è tenuto a corrispondere il trattamento economico relativo alle mansioni effettivamente svolte e al conferimento del grado o qualifica superiore». Vedremo che questa questione, non definita dal legislatore in caso di distacco, è invece chiaramente risolta in caso di somministrazione.

[26] La particolare disciplina, di derivazione comunitaria del *distacco transnazionale* sarà trattata successivamente, insieme alla (comune) disciplina dell'appalto transnazionale (§ 5).

Come abbiamo già visto trattando della figura del datore di lavoro (PT. III, Cap. III, § 4.2), la l. n. 1369/1960 sanciva la regola aurea della necessaria coincidenza tra utilizzatore effettivo della prestazione e datore di lavoro formale, conseguentemente vietando ogni fornitura di «mere prestazioni di lavoro», svolta da qualunque soggetto, con o senza fini di lucro. Il suo superamento, prima in via di eccezione qualificata con la l. n. 196/1997 (c.d. Pacchetto Treu), poi definitivo con il d.lgs. n. 276/2003, si è tradotto in una compiuta disciplina del lavoro tramite agenzia interinale (secondo l'espressione del diritto dell'UE), ovvero del lavoro somministrato. Con il d.lgs. n. 81/2015 è stata integralmente sostituita la disciplina di cui al d.lgs. n. 276/2003 (per quella parte abrogato), mantenendo fermi i principi fondamentali della previgente disciplina (già segnata da modifiche non marginali) ma procedendo ad una sua riscrittura coerente (e in buona misura "parallela", come vedremo) con la disciplina del contratto a tempo determinato che abbiamo già trattato. Descriveremo la disciplina vigente, con i necessari riferimenti alle più rilevanti innovazioni rispetto alla disciplina previgente.

Il lavoro somministrato può essere considerato una forma di lavoro flessibile, ma la sua caratteristica essenziale è rappresentata dalla *dissociazione* tra il soggetto che assume il lavoratore (l'agenzia di lavoro temporaneo, il «somministratore», secondo la legge) e il soggetto che utilizza la prestazione oggetto di un contratto di lavoro di cui egli non è parte (l'«utilizzatore», secondo la legge). Evidente è la differenza rispetto al distacco: nella somministrazione, il somministratore non destina ad altri la prestazione, acquisita con il contratto di lavoro stipulato, «per soddisfare un proprio interesse», ma perché la fornitura di prestazioni di lavoro rappresenta l'oggetto[27] della sua attività professionale, di *agenzia per la somministrazione di lavoro* (art. 4, lett. *a*), d.lgs. n. 276/2003). I requisiti (organizzativi e finanziari, in particolare) per lo svolgimento di tale attività sono puntualmente regolati dalla legge, e in larga misura coincidono con quelli previsti per tutte le *agenzie per il lavoro*[28] puntualmente regolata è anche la (necessaria) iscrizione al relativo Albo (v. PT. IV, Cap. I, § 3).

Il fenomeno sinteticamente denominato "lavoro somministrato" rappresenta il risultato della combinazione di *due contratti*, stipulati fra *tre soggetti* diversi: il somministratore, l'utilizzatore, il lavoratore.

a) Il primo contratto è il *contratto di somministrazione*: esso intercorre *tra un somministratore autorizzato*[29] *e un utilizzatore* (non necessariamente un'impresa) e può essere stipulato sia per la somministrazione di lavoratori a tempo determinato sia per la somministrazione di lavoratori a tempo indeterminato. Il secondo contratto (tra somministratore e lavoratore che sarà "somministrato" in base al primo contratto) è

---

[27] Seppure non necessariamente esclusivo: la legge consente alle agenzie di svolgere altre attività (anch'esse regolate) contigue, come la ricerca e la selezione del personale o l'*outplacement*.

[28] Per le agenzie che svolgano attività di somministrazione sono tuttavia previsti requisiti più rigorosi, soprattutto per ciò che concerne l'affidabilità finanziaria, per garantire i crediti dei lavoratori (art. 5, c. 2, d.lgs. n. 276/2003).

[29] L'esercizio non autorizzato delle attività somministrazione, così come il ricorso da parte degli utilizzatori alla somministrazione di prestatori di lavoro da parte di soggetti non autorizzati o comunque al di fuori dei limiti previsti dalla legge, è punito con la sanzione dell'ammenda di 50 € per ogni lavoratore occupato e per ogni giornata di lavoro; se vi è sfruttamento dei minori la pena è dell'arresto fino a 18 mesi e l'ammenda è aumentata fino al sestuplo: così prevede l'art. 18, d.lgs. n. 276/2003, come modificato dal d.lgs. n. 251/2004.

un *contratto di lavoro* subordinato (che può essere sia a tempo determinato, sia a tempo indeterminato).

L'art. 33 del d.lgs. n. 81/2015 contiene i requisiti di forma scritta *ad substantiam*[30] e indica gli «elementi» del *contratto di somministrazione*, a tempo indeterminato o determinato (art. 30): a) gli estremi dell'autorizzazione rilasciata al somministratore; b) il numero dei lavoratori da somministrare; c) l'indicazione di eventuali rischi per la salute e la sicurezza del lavoratore e le misure di prevenzione adottate; d) la data di inizio e la durata prevista del contratto di somministrazione; e) le mansioni alle quali saranno adibiti i lavoratori e l'inquadramento dei medesimi; f) il luogo, l'orario e il trattamento economico e normativo dei lavoratori. Tali elementi, insieme «alla data di inizio e la durata prevedibile della missione», devono essere comunicati per iscritto al prestatore di lavoro da parte del somministratore, «all'atto della stipulazione del contratto di lavoro ovvero all'atto dell'invio presso l'utilizzatore» (il periodo di lavoro presso l'utilizzatore è detto "missione"). Non è invece previsto che siano indicati «i casi e le ragioni di carattere tecnico, produttivo, organizzativo o sostitutivo»[31], che legittimino il ricorso alla somministrazione, come invece prevedeva nel passato il d.lgs. n. 276/2003, già peraltro modificato, sul punto, prima dalla l. n. 92/2012 (che aveva consentito una "prima missione" acausale), poi dalla l. n. 78/2014 (che aveva generalizzato l'acausalità). Ma vedremo che nel 2018, con il c.d. Decreto dignità (convertito in l. n. 96/2018), il legislatore ha introdotto in taluni casi la necessità di giustificare (*non* il contratto di somministrazione ma) il contratto (di lavoro) a tempo determinato stipulato tra somministratore e lavoratore.

Il *contratto di somministrazione* è dunque un contratto *acausale,* e con la l. n. 78/2014 la acausalità è estesa anche alla somministrazione a tempo indeterminato, che viene "liberalizzata" così rispetto al passato anche recente.

La somministrazione, sorta per far fronte ad esigenze temporanee di manodopera da parte delle imprese (l. n. 196/1997), e dunque a tempo determinato, è stata ammessa (testo originario del d.lgs. n. 276/2003), poi vietata (l. n. 247/2007), e successivamente (dalla "finanziaria 2010", l. n. 191/2009) nuovamente ammessa *anche a tempo indeterminato*: prima nelle sole ipotesi (ampie ma) tassativamente previste dalla legge, poi anche nelle ulteriori ipotesi previste dalla contrattazione collettiva, nazionale, territoriale, aziendale, nonché in ulteriori ipotesi espressamente previste da successivi interventi normativi. Le ipotesi previste dal legislatore per il ricorso alla somministrazione a tempo indeterminato (detta anche *staff leasing*, con espressione di derivazione anglosassone) erano disparate: dai servizi di pulizia, alla consulenza aziendale e informatica, dalle attività di *marketing* alle attività dei *call center*. Nella pratica, il ricorso alla

---

[30] L'art. 38, c. 1, prevede infatti che «in mancanza di forma scritta il contratto di somministrazione è nullo e i lavoratori sono considerati a tutti gli effetti alle dipendenze dell'utilizzatore». La Cassazione (n. 22066/2020) ha ritenuto che, dopo la costituzione del rapporto con l'utilizzatore in conseguenza della nullità del contratto di somministrazione, l'utilizzatore potrà gestire il rapporto di lavoro secondo le regole applicate in azienda (nel caso, con una retribuzione inferiore a quella percepita dal lavoratore durante la somministrazione illegittima).

[31] Secondo la giurisprudenza prevalente, le ragioni che legittimavano il ricorso alla somministrazione di manodopera a tempo determinato dovevano essere necessariamente temporanee, e comunque il datore di lavoro aveva l'onere di dimostrare in giudizio le condizioni previste dalla legge, «instaurandosi, ove tale onere non sia soddisfatto, un contratto di lavoro a tempo indeterminato con l'utilizzatore della prestazione» (così Cass. n. 1630/2013).

somministrazione a tempo indeterminato è risultato sino ad oggi modesto; ciò non toglie che questo istituto metta in discussione uno dei principi di fondo del diritto del lavoro, legittimando una dissociazione permanente, e non più solo temporanea, tra datore di lavoro formale e utilizzatore della prestazione di lavoro, prefigurando ipotesi di aziende utilizzatrici largamente (seppure non completamente) virtuali e riproponendo così in chiave moderna quelle marcate differenze (di trattamento e normative: *infra*) tra lavoratori direttamente assunti dall'impresa che ne utilizza le prestazioni e lavoratori "forniti" da un'agenzia: differenze che il divieto di interposizione si era preoccupato a suo tempo di vietare. La somministrazione a tempo indeterminato rappresenta davvero una peculiare forma di esternalizzazione dell'attività (tipica o accessoria: la legge non distingue) dell'impresa.

Non è chiara la *ratio* della (quasi) completa liberalizzazione della somministrazione, anche in settori "delicati" come l'edilizia e l'agricoltura, ove sembra aver ripreso piede lo sfruttamento dei lavoratori attraverso l'odioso e risalente sistema del "caporalato".

La somministrazione è comunque soggetta almeno a due limiti. Il primo limite previsto dal d.lgs. n. 81/2015 è di tipo *quantitativo,* ricorrendo dunque alla stessa tecnica già vista per il "controllo" del ricorso al contratto a tempo determinato. «Salvo diversa previsione contenuta nei contratti collettivi – di qualsiasi livello – applicati dall'utilizzatore», infatti, «il numero dei lavoratori somministrati con contratto di somministrazione di lavoro a tempo *indeterminato* non può eccedere il *20 per cento* del numero dei lavoratori a tempo indeterminato in forza presso l'utilizzatore al 1° gennaio dell'anno di stipula del predetto contratto»; tale limite potrà dunque essere liberamente rideterminato dai contratti collettivi. Il secondo limite, contenuto nello stesso art. 31, è la regola secondo la quale «possono essere somministrati a tempo indeterminato esclusivamente i lavoratori assunti dal somministratore a tempo indeterminato [32].

Per concludere sulla disciplina della fornitura di manodopera da parte dei soggetti autorizzati, l'attività professionale dell'agenzia può essere svolta a fine di lucro: i suoi ricavi saranno costituiti (oltre che dal rimborso degli oneri retributivi e previdenziali sostenuti per i lavoratori assunti: *infra*) dal corrispettivo pattuito con l'utilizzatore per la fruizione del servizio di fornitura di manodopera. Vietato invece (e sanzionato penalmente, con la conseguente cancellazione dall'Albo delle agenzie per il lavoro: art. 18, c. 4, d.lgs. n. 276/2003) è esigere o comunque percepire compensi da parte dei lavoratori.

b) Il secondo contratto del rapporto triangolare che si crea nella somministrazione è il *contratto di lavoro*, che si costituisce *tra il somministratore e il lavoratore*. Come

---

[32] Tuttavia «nel caso in cui il contratto di somministrazione tra l'agenzia di somministrazione e l'utilizzatore sia a tempo determinato l'utilizzatore può impiegare in missione, per periodi superiori a ventiquattro mesi anche non continuativi, il medesimo lavoratore somministrato, per il quale l'agenzia di somministrazione abbia comunicato all'utilizzatore l'assunzione a tempo indeterminato, senza che ciò determini in capo all'utilizzatore stesso la costituzione di un rapporto di lavoro a tempo indeterminato con il lavoratore somministrato. La disposizione di cui al periodo precedente ha efficacia fino al 30 giugno 2024». Tale disciplina derogatoria, inizialmente provvisoria (legata alla crisi pandemica, come altre che abbiamo avuto già occasioni di considerare in altre occasioni) e con efficacia al 31 dicembre 2021, è stata prima prorogata, poi "stabilizzata" e infine nuovamente limitata nel tempo alla data sopra indicata (d.l. n. 21/2022, "Misure urgenti per contrastare gli effetti economici e umanitari della crisi ucraina", conv. in l. n. 51/2022).

abbiamo detto, il contratto di somministrazione può essere stipulato a tempo determinato o a tempo indeterminato, secondo l'art. 30 del d.lgs. n. 81/2015.

b1) *Quando il contratto di somministrazione* (vale a dire il contratto tra somministratore e utilizzatore) *è a tempo indeterminato* (ossia quando i lavoratori «sono somministrati a tempo indeterminato») *il contratto di lavoro tra l'agenzia e il prestatore di lavoro deve anch'esso essere a tempo indeterminato* (ossia i lavoratori devono essere «assunti dal somministratore a tempo indeterminato»). La *ratio* e la finalità della previsione sembrano, rispettivamente, quella di correlare direttamente la durata indeterminata della somministrazione e del contratto di lavoro, e quella di garantire "stabilità" ai lavoratori somministrati a tempo indeterminato. Quando il contratto di somministrazione è a tempo determinato, anche il contratto di lavoro è (usualmente) a tempo determinato; ciò non esclude che il somministratore possa assumere a tempo indeterminato anche i lavoratori che saranno somministrati a tempo determinato.

In forza dell'art. 34, c. 1, d.lgs. n. 81/2015, «in caso di *assunzione a tempo indeterminato* il rapporto di lavoro tra somministratore e prestatori di lavoro è soggetto alla disciplina prevista per il rapporto di lavoro a tempo indeterminato». Il generico e generale rinvio alla disciplina "ordinaria" dei rapporti di lavoro subordinato non deve tuttavia trarre in inganno: da una parte perché quel contratto è caratterizzato dalla dissociazione di cui si è più volte detto, dall'altra perché in altre disposizioni dello stesso testo normativo si rinvengono frammenti normativi che disegnano una disciplina specifica del rapporto.

La principale "anomalia" della disciplina del rapporto di lavoro a tempo indeterminato emerge chiaramente dallo stesso art. 34. Tale disposizione stabilisce, infatti, che per i periodi nei quali il lavoratore «rimane in attesa di essere inviato in missione», al lavoratore spetti, non una "vera" retribuzione (che dovrebbe compensare lo "stare a disposizione", con obbligo di accettare le missioni di volta in volta proposte dall'agenzia), bensì una «indennità mensile di disponibilità, divisibile in quote orarie», stabilita nel contratto e «corrisposta dal somministratore al lavoratore», nella misura prevista dal contratto collettivo applicabile al somministratore (e comunque non inferiore all'importo fissato da un decreto del Ministero del lavoro).

b2) In forza dell'art. 34, c. 2, d.lgs. n. 81/2015, «in caso di *assunzione a tempo determinato* il rapporto di lavoro tra somministratore e prestatore di lavoro è soggetto alla disciplina» del contratto a tempo determinato (contenuta nello stesso d.lgs. n. 81). L'applicazione della disciplina del contratto a termine subisce tuttavia, ancora oggi, alcune limitazioni. Il d.lgs. n. 81/2015 escludeva espressamente l'applicazione della disciplina generale dei limiti di durata e dei rinnovi, oltre che dei limiti quantitativi *ex lege* e del diritto di precedenza. Con la recente l. n. 96/2018, invece, la disciplina del contratto a tempo determinato (contenuta nel d.lgs. n. 81, come a sua volta modificato dalla l. n. 96/2018), si applica nella sua interezza, *con le sole eccezioni* delle previsioni contenute agli artt. 21, c. 2 (pause tra un contratto e il successivo, c.d. *stop and go*), 23 (limiti quantitativi al numero dei contratti a tempo determinato che può stipulare ogni datore di lavoro) e 24 (diritto di precedenza)[33]. Di conseguenza, in caso di

---

[33] Come precisa la Circolare n. 17/2018 del Ministero del lavoro, nessuna limitazione è prevista

durata della somministrazione a termine per un periodo superiore a 12 mesi presso lo stesso utilizzatore, o di rinnovo della missione (anche in tal caso presso lo stesso utilizzatore), il contratto di lavoro stipulato dal somministratore con il lavoratore dovrà indicare una motivazione riferita alle esigenze dell'utilizzatore medesimo. A questo proposito è utile precisare che, invece, non sono cumulabili a tale fine i periodi svolti presso diversi utilizzatori, fermo restando il limite massimo di durata di 24 mesi del rapporto (o la diversa soglia individuata dalla contrattazione collettiva)[34].

Non solo: come avevamo anticipato trattando dei limiti quantitativi alla stipulazione dei contratti a tempo determinato, la nuova formulazione dell'art. 31, c. 2, del d.lgs. n. 81/2015 ha introdotto un nuovo limite quantitativo[35] che possiamo definire "cumulativo", perché riguarda la soglia massima (30% dei lavoratori a tempo indeterminato in forza presso l'utilizzatore, salvo diversa previsione dei contratti collettivi) di lavoratori assunti con *contratto a termine o utilizzati con somministrazione a termine* dallo stesso datore di lavoro. Insomma: una disciplina molto complessa, che obbliga a molti complicati calcoli per non "sforare" i limiti legali, e che dovrebbe – ma il condizionale è d'obbligo – ridurre l'abuso del ricorso (ai contratti a tempo determinato e) alla somministrazione a termine.

Infine, anche dopo la novella del 2018 resta fermo – e non è previsione marginale – che «il termine inizialmente posto al contratto di lavoro può in ogni caso essere prorogato, con il consenso del lavoratore e per atto scritto, nei casi e per la durata prevista dal contratto collettivo applicato dal somministratore»: ma entro i limiti di durata massima sopra indicati.

La protezione contro la "precarizzazione *sine die*" dei lavoratori somministrati assunti con contratto a tempo determinato è oggettivamente cresciuta con la novella del 2018, anche se permangono alcune differenze rispetto a quella (già ridotta con i più recenti provvedimenti, come dicemmo a suo tempo) concessa agli "altri" lavoratori a termine: con buona pace del contenuto precettivo della Direttiva 99/70/CE[36] sul contratto a tempo determinato. Qualche discrasia emerge altresì rispetto alla Direttiva 2008/104/CE sul lavoro tramite agenzia, soprattutto considerando la somministrazione a tempo indeterminato.

---

dalla l. n. 96/2018 «per l'invio in missione di lavoratori assunti a tempo indeterminato dal somministratore. Pertanto in questo caso, ai sensi dell'art. 31 del citato d.lgs. n. 81, tali lavoratori possono essere inviati in missione sia a tempo indeterminato che a termine presso gli utilizzatori senza obbligo di causale o limiti di durata, rispettando i limiti percentuali stabiliti dalla medesima disposizione» (il 20% o la diversa misura stabilita dalla contrattazione collettiva, come abbiamo detto).

[34] Così la Circolare n. 17/2018.

[35] Limite che si applica per le nuove assunzione a termine o utilizzazione di lavoratori somministrati a termine dopo il 15.8.2018.

[36] Ma la Corte di Giustizia (11.4.2013, C-290/12) – pronunciandosi sul rinvio pregiudiziale del Tribunale di Napoli, che ravvisava un possibile contrasto della disciplina italiana che non pone limiti alla reiterazione di contratti a termine per le agenzie di lavoro interinale – ha affermato che la Direttiva 99/70 (e l'AQ che ne è parte) sul contratto a tempo determinato deve essere interpretata nel senso che essa non si applica al rapporto di lavoro a tempo determinato tra un lavoratore interinale e un'agenzia di lavoro. Come ha precisato la Corte, «l'esclusione che compare nel preambolo dell'AQ è riportata anche nella clausola 3, punto 1, di quest'ultimo, secondo la quale soltanto il rapporto di lavoro concluso "direttamente" con il datore di lavoro rientra nell'ambito di tale AQ».

È opportuno ricordare che la Direttiva 2008/104 relativa al lavoro tramite agenzia prevede che i lavoratori assunti da un'agenzia interinale siano assegnati a imprese utilizzatrici per lavorare «*temporaneamente*» sotto il controllo e la direzione delle stesse. La direttiva sancisce così che la somministrazione deve essere "*temporanea*" [37], e che il contratto di lavoro subordinato a tempo indeterminato rappresenta la "forma comune" di rapporto di lavoro ("considerando" 15), oltre a dichiarare, tra le sue finalità (art. 2), l'obiettivo di migliorare la qualità del lavoro tramite agenzia interinale. Il Tribunale di Brescia (16.10.2018) aveva sottoposto alla Corte di Giustizia una questione pregiudiziale, chiedendo in particolare la conformità rispetto all'art. 5 della Direttiva 2008/104/CE della disciplina nazionale – ante "decreto dignità" – in punto di assenza di limiti alle missioni successive dello stesso lavoratore presso lo stesso utilizzatore e di carenza di giustificazioni (temporaneità, in particolare) per il ricorso alla somministrazione da parte dell'utilizzatore. Secondo la Corte (14.10.2020, C-681/18) l'art. 5, § 5, prima frase, della Direttiva 2008/104, tuttavia, deve essere interpretato nel senso che esso «non osta ad una normativa nazionale che non limita il numero di missioni successive che un medesimo lavoratore tramite agenzia interinale può svolgere presso la stessa impresa utilizzatrice e che non subordina la legittimità del ricorso al lavoro tramite agenzia interinale all'indicazione delle ragioni di carattere tecnico, produttivo, organizzativo o sostitutivo che giustifichino tale ricorso». La Corte ha peraltro affermato che, «per contro, tale disposizione deve essere interpretata nel senso che essa osta a che uno Stato membro non adotti alcuna misura al fine di preservare la natura temporanea del lavoro tramite agenzia interinale, nonché ad una normativa nazionale che non preveda alcuna misura al fine di evitare l'assegnazione ad un medesimo lavoratore tramite agenzia interinale di missioni successive presso la stessa impresa utilizzatrice con lo scopo di eludere le disposizioni della direttiva 2008/104 nel suo insieme». Se i dubbi di *non* conformità della disciplina italiana all'epoca vigente rispetto alla direttiva erano comunque fondati, non si può negare che risultino ridotti (anche se non del tutto assenti) dopo la riforma del 2018.

c) Nella prospettiva della "fuoriuscita" dalla precarietà si possono peraltro inquadrare sia le disposizioni che prevedono, in analogia a quanto già visto per il contratto a tempo determinato, il diritto dei lavoratori somministrati di essere informati sulla disponibilità di posti vacanti presso l'utilizzatore (art. 31, c. 3), sia la nullità di «ogni clausola diretta a limitare, anche indirettamente, la facoltà dell'utilizzatore di assumere il lavoratore al termine della sua missione» (ma non, stando alla lettera, durante la missione), «fatta salva l'ipotesi in cui al lavoratore sia corrisposta una adeguata indennità, secondo quanto stabilito dal contratto collettivo applicabile al somministratore» (art. 35, c. 8).

Un tratto comune e caratterizzante del rapporto di lavoro subordinato (a tempo determinato o indeterminato, a tempo pieno o a tempo parziale) [38] stipulato con un somministratore è rappresentato, come già detto, dalla circostanza che la prestazione sia utilizzata da un soggetto diverso dal datore di lavoro. In modo chiaro ed incisivo,

---

[37] Ma la CGE (17.3.2022, C-232-20) ha ritenuto che il termine "temporaneamente" non osti «alla messa a disposizione di un lavoratore interinale presso un'impresa utilizzatrice per coprire un posto di natura permanente e che non è occupato a titolo di sostituzione».

[38] L'art. 4 del d.lgs. n. 81/2015 prevede, con disposizione di carattere generale (da considerarsi perciò applicabile anche al caso *de* quo) che «nel rapporto di lavoro subordinato, anche a tempo determinato, l'assunzione può avvenire a tempo pieno, ai sensi dell'articolo 3 del decreto legislativo 8.4.2003, n. 66, o a tempo parziale». Così già il c. 3-*bis* dell'art. 22, introdotto dal d.lgs. n. 24/2012, secondo il quale in questo caso trovava applicazione l'allora vigente d.lgs. n. 61/2000 «*in quanto compatibile*» con la disciplina del d.lgs. n. 276/2003.

l'art. 30 stabilisce che i lavoratori messi a disposizione dell'utilizzatore «per tutta la durata della missione svolgono la propria attività *nell'interesse nonché sotto la direzione e il controllo dell'utilizzatore*».

Se pure è certo che non si crea alcun rapporto di lavoro tra utilizzatore e lavoratore, si crea tuttavia un rapporto giuridicamente rilevante (e non di mero fatto) fra di loro: sia perché il lavoratore è tenuto *ex lege* a rispettare le direttive impartite dall'utilizzatore e a subirne il controllo (oltre che, si può ritenere, a dover usare la diligenza richiesta dall'interesse dell'utilizzatore), sia perché la legge attribuisce all'utilizzatore il diritto (non l'obbligo) di dare avvio ad un possibile procedimento disciplinare nel caso in cui il lavoratore venga meno agli obblighi sopra richiamati. La peculiare ripartizione di diritti e obblighi fra utilizzatore e lavoratore somministrato, in particolare, si riflette sulla titolarità (e il conseguente esercizio) del potere disciplinare. Il potere disciplinare, *ex* art. 35, c. 6, resta infatti in capo («è riservato») al datore di lavoro (il somministratore), al quale l'utilizzatore comunicherà gli «elementi che formeranno oggetto della contestazione» ai sensi dell'art. 7 St. lav.

Altrettanto complessa è la disciplina dell'esercizio dello *jus variandi*, che presuppone l'adibizione alle mansioni definite nel contratto di somministrazione. L'adibizione, da parte dell'utilizzatore, del lavoratore in missione a mansioni di livello superiore o inferiore rispetto a quelle dedotte nel contratto (di somministrazione, *ex* art. 35, c. 5) [39] deve essere «immediatamente» comunicata al somministratore (oltre che al lavoratore); se l'utilizzatore non rispetta tale obbligo, resterà l'unico responsabile «per le differenze retributive spettanti al lavoratore occupato in mansioni superiori e per l'eventuale risarcimento del danno derivante dall'assegnazione a mansioni inferiori».

Un ulteriore elemento, anch'esso centrale, nella disciplina della somministrazione è rappresentato dalla c.d. *parità di trattamento* garantita al lavoratore somministrato [40], sulla quale si rende tuttavia necessaria qualche precisazione, per definirne i confini.

Il testo originario del d.lgs. n. 276/2003 (art. 23, c. 1) sanciva il diritto del lavoratore somministrato ad «un trattamento economico e normativo complessivamente non inferiore a quello dei dipendenti di pari livello dell'utilizzatore, a parità di mansioni svolte». La previsione successivamente introdotta dal legislatore (d.lgs. n. 24/2012) era invece del seguente tenore: «Per tutta la durata della missione presso un utilizzatore, i lavoratori dipendenti dal somministratore hanno diritto a *condizioni di base di lavoro e d'occupazione complessivamente non inferiori* a quelle dei dipendenti di pari livello dell'utilizzatore, a parità di mansioni svolte».

La modifica era stata apportata con il d.lgs. n. 24/2012, che aveva recepito – ma è legittimo dubitare della necessità di un intervento *ad hoc* – la Direttiva CE 2008/104 relativa al lavoro tramite agenzia, la quale stabilisce i diritti minimi che devono essere garantiti ai lavoratori somministrati. La direttiva, d'altronde, ha un impianto compromissorio [41]; pare infatti controbilan-

---

[39] In ogni caso, l'indicazione delle mansioni, così come degli altri elementi essenziali del contratto di somministrazione (*ex* art. 33, c. 1) nonché l'inizio e la durata prevista della missione, deve essere comunicata «per iscritto al lavoratore da parte del somministratore all'atto della stipulazione del contratto di lavoro ovvero all'atto dell'invio in missione presso l'utilizzatore» (art. 33, c. 3).

[40] Ai lavoratori somministrati sono riconosciuti anche i diritti sindacali, articolati in considerazione della peculiarità del caso (art. 36, d.lgs. n. 81/2015, ove sono pure previsti diritti di informazione collettiva sul ricorso alla somministrazione). Particolari misure sono altresì previste in materia di salute e sicurezza dei lavoratori somministrati.

[41] Il compromesso deriva dalla marcata diversità delle discipline nazionali. Non è un caso, peral-

ciare la protezione del lavoratore con la necessità di «inquadrare adeguatamente il ricorso al lavoro tramite agenzia interinale al fine di contribuire efficacemente alla creazione di posti di lavoro e allo sviluppo di forme di lavoro flessibili» (art. 2). Molte sono le possibilità concesse agli Stati membri di regolare in modo specifico (e deteriore) le condizioni di lavoro e di retribuzione dei lavoratori, anche in deroga al *principio di non discriminazione* (c.d. parità di trattamento), riducendo così la portata del principio stesso, che pure è già formulato in modo vago, e certo meno rigoroso rispetto alle parallele disposizioni contenute nella direttiva sul part-time e sul contratto a tempo determinato: «per tutta la durata della missione presso un'impresa utilizzatrice *le condizioni di base di lavoro e d'occupazion*e dei lavoratori tramite agenzia interinale sono *almeno identiche* a quelle che si applicherebbero loro se fossero direttamente impiegati dalla stessa impresa per svolgervi il medesimo lavoro».

Oggi l'art. 35, c. 1, d.lgs. n. 81/2015 sancisce che «per tutta la durata della missione presso l'utilizzatore, i lavoratori del somministratore hanno diritto, a parità di mansioni svolte, a *condizioni economiche e normative complessivamente non inferiori* a quelle dei dipendenti di pari livello dell'utilizzatore». Opportunamente, l'art. 33, c. 2, prevede che «con il contratto di somministrazione di lavoro l'utilizzatore assume l'obbligo di comunicare al somministratore il trattamento economico e normativo applicabile ai lavoratori suoi dipendenti che svolgono le medesime mansioni dei lavoratori da somministrare e a rimborsare al somministratore gli oneri retributivi e previdenziali da questo effettivamente sostenuti in favore dei lavoratori».

Debitore del trattamento retributivo, come pure dei contributi previdenziali dovuti, è il somministratore, ma «l'utilizzatore è obbligato in solido con il somministratore a corrispondere ai lavoratori i trattamenti retributivi e a versare i relativi contributi previdenziali, salvo il diritto di rivalsa verso il somministratore» (art. 25, c. 2). Si tratta, diversamente dal passato, di una vera *responsabilità solidale* dei due soggetti, anche se il riferimento finale al diritto di rivalsa nei confronti del somministratore induce a ritenere che il primo obbligato sia il somministratore, coerentemente d'altronde con la sua qualifica di datore di lavoro. Solidarietà comunque piena ed *ex lege*[42]; si tratta, con tutta evidenza, di una importante garanzia per il prestatore di lavoro.

d) Da ultimo, anche al fine di valutare il rigore della disciplina dell'istituto e l'effettività delle regole in essa contenute, occorre considerare il *regime sanzionatorio* predisposto dal legislatore. Ferme le molte sanzioni amministrative e penali previste in specifici casi (art. 40), la sanzione civile più rilevante, a fini di sistematizzazione della materia, è rappresentata dalla *imputazione del rapporto di lavoro all'utilizzatore*,

---

tro, che il lavoro tramite agenzia sia stato finalmente regolato solo nel 2008, ossia dopo un ventennio dai primi progetti di direttiva e un decennio dalle altre direttive sui lavori c.d. atipici (Direttiva 97/81, part-time, e Direttiva 99/70, contratto a tempo determinato).

[42] Non si tratta dunque più di solidarietà *ex contractu*, come era nella disciplina previgente, secondo la quale, nel contratto di somministrazione dovevano essere inserite clausole che garantissero «l'assunzione da parte del somministratore della obbligazione del pagamento diretto al lavoratore del trattamento economico, nonché del versamento dei contributi previdenziali» e «l'assunzione da parte dell'utilizzatore, in caso di inadempimento del somministratore, dell'obbligo del pagamento diretto al lavoratore del trattamento economico nonché del versamento dei contributi previdenziali» fatto salvo, anche all'epoca, il diritto di rivalsa verso il somministratore.

con una sorta di riemersione carsica delle conseguenze un tempo previste per qualsiasi forma di interposizione vietata (l. n. 1369/1960) [43].

La sussistenza di un rapporto di lavoro con l'utilizzatore, in particolare, è espressamente sancita dalla legge «in mancanza di forma scritta» del contratto di somministrazione: «i lavoratori *sono considerati* a tutti gli effetti alle dipendenze dell'utilizzatore», recita l'art. 38, c. 1.

Lo stesso art. 38, c. 2, prevede poi che in caso di *somministrazione irregolare* (così la rubrica della disposizione), ossia di una somministrazione che si sia realizzata «al di fuori dei limiti e delle condizioni» di cui agli artt. 31, cc. 1 e 2 (limiti quantitativi), 32 (divieti), 33, c. 1, lett. *a*), *b*), *c*), *d*) (elementi indefettibili del contratto) [44], il lavoratore potrà «chiedere, anche soltanto nei confronti dell'utilizzatore [45], la costituzione di un rapporto di lavoro alle dipendenze di quest'ultimo, con effetto dall'inizio della somministrazione» [46].

Le due ipotesi di cui ai cc. 1 e 2 dell'art. 38 devono essere mantenute distinte, perché distinte sono le regole che riconoscono o invece limitano l'effettività del diritto del lavoratore alla costituzione del rapporto di lavoro con l'utilizzatore. Nel caso di nullità del contratto di somministrazione (per mancanza di forma scritta), nessun limite al termine per l'azione in giudizio è previsto dal legislatore, coerentemente con la ritenuta imprescrittibilità dell'azione di nullità. Nel caso in cui, invece, il lavoratore «chieda la costituzione del rapporto di lavoro con l'utilizzatore, ai sensi dell'art. 38, c. 2, trovano applicazione le disposizioni» sui (brevi) termini di decadenza previsti dal nuovo testo dell'art. 6, l. n. 604/1966 (come recentemente modificato: v. PT. VIII, Cap. II, Sez. III), e il termine «decorre dalla data in cui il lavoratore ha cessato di svolgere la propria attività presso l'utilizzatore». Analogamente a quanto previsto nella disciplina del contratto a tempo determinato, l'accoglimento da parte del giudice della richiesta

---

[43] Secondo Cass. n. 22894/2011, qualora un'impresa abbia utilizzato e diretto la prestazione lavorativa di uno o più lavoratori da lei non dipendenti, ma *non* abbia fatto ricorso all'istituto della somministrazione di manodopera, ai sensi del d.lgs. n. 276/2003, od altra fattispecie legittimante la scissione fra utilizzatore delle prestazioni e titolare del relativo rapporto di lavoro, lo stesso rapporto non può che essere imputato alla medesima impresa ai sensi dell'art. 2094 c.c.

[44] Da quanto previsto dall'art. 38 si deve dedurre che gli altri «elementi» che devono essere contenuti nel contratto *ex* art. 30 (le mansioni alle quali saranno adibiti i lavoratori e l'inquadramento dei medesimi di cui alla lett. *e*) nonché il luogo, l'orario di lavoro e il trattamento economico e normativo dei lavoratori di cui alla lett. *f*) *non* siano indefettibili.

[45] L'espressione «anche soltanto nei confronti dell'utilizzatore» oggi presente nel testo di legge è ambigua; pare ragionevole interpretarla alla luce della precedente formulazione (art. 27, c. 1, d.lgs. n. 276/2003) che specificava che il ricorso giudiziale del lavoratore poteva essere «notificato anche soltanto al soggetto che ne ha utilizzato la prestazione».

[46] In tale caso, opportunamente il legislatore prevedeva e prevede oggi (art. 38, c. 3) che «tutti i pagamenti effettuati dal somministratore, a titolo retributivo o di contribuzione previdenziale, valgono a liberare il soggetto che ne ha effettivamente utilizzato la prestazione dal debito corrispondente fino a concorrenza della somma effettivamente pagata». Non solo: «tutti gli atti compiuti o ricevuti dal somministratore nella costituzione o nella gestione del rapporto, per il periodo durante il quale la somministrazione ha avuto luogo, si intendono come compiuti o ricevuti dal soggetto che ha effettivamente utilizzato la prestazione». Tuttavia il d.l. n. 34/2020, conv. in l. n. 77/2020 ha precisato che tale ultima previsione «si interpreta nel senso che tra gli atti di costituzione e di gestione del rapporto di lavoro non è compreso il licenziamento».

del lavoratore comporta la costituzione del rapporto di lavoro con l'utilizzatore; per quanto riguarda il risarcimento del danno, anche in questo caso in parallelo a quanto previsto nella disciplina del contratto a termine, il giudice stabilisce «un'indennità onnicomprensiva nella misura compresa tra un minimo di 2,5 e un massimo di 12 mensilità dell'ultima retribuzione di riferimento per il calcolo del trattamento di fine rapporto [47], avuto riguardo ai criteri indicati nell'art. 8, l. n. 604/1966». Il legislatore non manca di specificare (con formulazione analoga a quella presente nella disciplina del contratto a termine, anche in questo caso) che tale indennità «ristora per intero il pregiudizio subito dal lavoratore, comprese le conseguenze retributive e contributive, relativo al periodo compreso tra la data in cui il lavoratore ha cessato di svolgere la propria attività presso l'utilizzatore e la pronuncia con la quale il giudice ha ordinato la costituzione del rapporto di lavoro».

Infine, come in un moto del pendolo, dal 2003 al 2018 è comparsa, scomparsa e riapparsa la figura della *somministrazione fraudolenta*. Era infatti "scomparsa", nel d.lgs. n. 81/2015, la previsione precedentemente contenuta nell'art. 28 del d.lgs. n. 276/2003, la cui rubrica, "Somministrazione fraudolenta", prometteva peraltro più di quanto mantenesse il testo della disposizione. In primo luogo, infatti, la fattispecie si verificava «quando la somministrazione di lavoro è posta in essere *con la specifica finalità di eludere norme inderogabili di legge o di contratto collettivo applicabile al lavoratore»;* in secondo luogo, la sanzione era limitata ad una (ennesima) ammenda («20 euro per ciascun lavoratore coinvolto e per ciascun giorno di somministrazione»). Ora, con l'art. 38-*bis* introdotto dalla l. n. 96/2018, è ricomparsa nell'identico testo del 2003, con la retorica del c.d. Decreto dignità ma con gli stessi limiti di effettività e di deterrenza della previsione originaria.

Volendo trarre qualche conclusione, la somministrazione rappresenta uno strumento di flessibilità per il datore di lavoro, ed anche uno strumento di esternalizzazione: dei costi di gestione amministrativa del personale distaccato (che gravano sul somministratore), ma addirittura di parte dell'attività aziendale in caso di somministrazione a tempo indeterminato (con servizi aziendali affidati completamente ai lavoratori somministrati).

Per quanto riguarda i costi, la comparazione tra una somministrazione a tempo determinato ed una assunzione diretta a tempo determinato mostra un maggior costo "diretto" [48], stante la parità di trattamento economico (almeno tendenziale) dei lavora-

[47] Il parametro di riferimento (l'ultima retribuzione di riferimento per il calcolo del trattamento di fine rapporto) è coerente con quanto disposto, in via generale, dalla disciplina del contratto a tutele crescenti (d.lgs. n. 23/2015).

[48] O almeno così dovrebbe essere: i recenti casi di agenzie di paesi UE diversi dall'Italia che somministrano lavoratori non italiani (spesso rumeni) a costi "stracciati" (es. retribuzioni rumene, largamente inferiori a quelle italiane), senza il rispetto della parità di trattamento, ha indotto il Ministero del lavoro ad intervenire. Con la Circolare n. 14/2015 è stata richiamata l'attenzione delle imprese sulla necessità del rispetto del d.lgs. n. 72/2000 (che aveva recepito la Direttiva 96/71 sul distacco per servizi transnazionali, oggi sostituita dalla Direttiva 2014/67/UE recepita dal d.lgs. n. 36/2016 che a sua volta ha sostituito il d.lgs. n. 72/2000), e degli organi ispettivi sulla opportunità di procedere a verifiche ed utilizzare la diffida accertativa (v. PT. IX) per tutelare i crediti retributivi dei lavoratori somministrati in regime di distacco transnazionale.

tori somministrati e il compenso dovuto al somministratore per i servizi resi (pur bilanciato dall'assenza di molti costi interni, come detto). La prospettiva tuttavia muta se consideriamo non solo i costi diretti e finanziari, ma anche i costi o i risparmi "indiretti", particolarmente legati ai "costi impliciti" dell'applicazione della ordinaria disciplina del rapporto di lavoro subordinato. L'art. 34, c. 3, d.lgs. n. 81/2015, infatti, ha confermato che il prestatore di lavoro somministrato «non è computato nell'organico dell'utilizzatore ai fini dell'applicazione di normative di legge o di contratto collettivo»[49]. I lavoratori somministrati risultano, al fine, lavoratori "invisibili", per l'utilizzatore, che non compaiono nell'organico dell'azienda e che, dunque, consentono al datore di lavoro di non applicare alcune discipline (tipicamente in materia di diritti sindacali e di licenziamenti) che comportano costi normativi rilevanti. Quei lavoratori, tuttavia, possono essere utilizzati al pari dei lavoratori interni, e allo stesso modo diretti e controllati: ciò che non avviene, invece, quando il datore di lavoro ricorra all'appalto.

5. *Gli appalti*

Il ricorso all'appalto è regolato oggi dall'art. 29 del d.lgs. n. 276/2003, che definisce le "condizioni d'uso" dell'appalto al fine espresso di distinguerlo dalla somministrazione. Vi è dunque una continuità nel disegno di regolazione (o di relativa liberalizzazione) del ricorso a forme di acquisizione "indiretta" di manodopera. Le successive, e talora contraddittorie, scelte operate in merito alle condizioni d'uso dell'appalto e ai diritti dei lavoratori mostrano invece una marcata discontinuità con la disciplina previgente, e segnatamente con la l. n. 1369/1960.

La l. n. 1369/1960 distingueva tra *appalti illeciti*, perché di «mere prestazioni di lavoro»[50]; *appalti regolati*; *appalti liberi*.

Per quanto concerne gli appalti regolati, la disciplina si applicava agli appalti entroaziendali o interni (art. 3), ossia agli appalti che si svolgessero «all'interno dell'azienda»[51]. In questi casi era prevista la *responsabilità solidale* tra appaltante e appaltatore per tutti i crediti e le condizioni di lavoro dei dipendenti dell'appaltatore, ai quali era dovuto un *trattamento minimo inderogabile retributivo* e un *trattamento normativo non inferiori a quelli applicati dall'appaltante ai suoi dipendenti.* Per la durata dell'appalto, dunque, ai lavoratori era sostanzialmente riconosciuta la *parità di trattamento* con i lavoratori interni, equiparando così i costi, diretti e indiretti, di questa forma di acquisizione di manodopera.

Quando invece l'appalto si realizzava nei casi eccezionali previsti dall'art. 5 (es. attività di costruzioni, installazione, montaggio, che pure si svolgono tipicamente all'interno dell'azienda,

---

[49] «Fatta eccezione per quelle relative alla tutela della salute e della e sicurezza sul lavoro».

[50] Secondo Cass. n. 9264/2008 si configurava un appalto di mere prestazioni di lavoro (vietato dall'art. 1, l. n. 1369/1960) quando l'appaltatore, pur titolare di effettiva organizzazione aziendale, metteva a disposizione del committente una prestazione lavorativa, svolgendo esclusivamente compiti di gestione amministrativa del rapporto, senza che da parte sua ci fosse una reale organizzazione della prestazione stessa, finalizzata a un risultato produttivo autonomo (nello stesso senso, copiose successive sentenze della Corte).

[51] Da intendersi, secondo l'orientamento prevalente della giurisprudenza, nell'accezione di "ciclo produttivo" – di per sé peraltro indefinito – e non in senso topografico.

in senso topografico), le regole sopra indicate non trovavano applicazione. Da qui, l'espressione (non utilizzata dalla legge ma diffusa nella pratica) di appalti "liberi".

L'abrogazione della l. n. 1369/1960, e il conseguente venir meno delle distinte nozioni di appalto da quella legge previste e regolate, rende necessario definire in modo chiaro la nozione di appalto e le conseguenze che oggi derivano, per imprenditori e lavoratori, dall'impiego di questo contratto.

Le "condizioni d'uso" dell'appalto si ricavano dall'art. 29 del d.lgs. n. 276/2003, come abbiamo anticipato, ma ancor prima dalla stessa definizione codicistica dell'appalto. Secondo l'art. 1655 c.c., infatti, «l'appalto è il contratto col quale una parte assume, *con organizzazione dei mezzi necessari e con gestione a proprio rischio*, il compimento di una opera o di un servizio verso un corrispettivo in danaro». Analoga è la nozione di appalto che si deduce dall'art. 29 del d.lgs. n. 276/2003 (che peraltro fa espresso rinvio proprio all'art. 1655 c.c.), se si considerano i requisiti necessari per distinguerlo (come prevede il decreto) dalla somministrazione: *a*) organizzazione dei mezzi necessari da parte dell'appaltatore[52]; *b*) assunzione del rischio di impresa da parte dello stesso appaltatore.

La differenza specifica, contenuta nell'art. 29, sta tutta in un inciso: il requisito di cui alla lett. *a*) (ossia l'organizzazione dei mezzi necessari da parte dell'appaltatore) «può anche risultare, in relazione alle esigenze dell'opera o del servizio dedotti in contratto, dall'esercizio del potere organizzativo e direttivo nei confronti dei lavoratori utilizzati nell'appalto». La rilevanza della previsione contenuta nell'inciso, che pure ha suscitato dubbi e preoccupazioni in parte della dottrina, non deve a nostro avviso essere sovrastimata. Pare infatti ragionevole leggere quella indicazione come una specificazione delle modalità di gestione degli appalti c.d. *labour intensive*, nei quali è il fattore lavoro, più che i mezzi strumentali, l'oggetto della organizzazione.

L'art. 29, d'altronde, non introduce una nuova definizione di appalto, diversa da quella generale di cui all'art. 1655 c.c. (alla quale come abbiamo detto rinvia), bensì definisce le condizioni d'uso di quel contratto per distinguerlo dalla somministrazione. L'elemento discretivo fondamentale è rappresentato proprio dall'indicazione che l'organizzazione dei mezzi necessari da parte dell'appaltatore (requisito già previsto dal codice civile) si traduce nell'esercizio del potere organizzativo e direttivo (effettivamente) esercitato dall'appaltatore. Insomma: l'appalto non è un succedaneo della somministrazione, perché, diversamente da quanto previsto per quest'ultima, l'appaltante *non* è titolare del potere direttivo e di controllo sui dipendenti dell'appaltatore[53]: l'appaltante *non* può dunque utilizzare quei lavoratori "come se" fossero suoi dipendenti. Se si verifica una intromissione dell'appaltante nell'organizzazione dell'appaltatore, o se si riscontra la traslazione del rischio di impresa dell'appaltatore sull'appaltante, il lavora-

---

[52] Secondo Cass. n. 14371/2020, l'utilizzazione di capitali, macchine, attrezzature dell'appaltante non inficia la genuinità dell'appalto quando l'appaltatore apporti *know-how*, *software*, altri beni immateriali che risultino di preminente rilievo nella gestione dell'appalto e sussistano apprezzabili indici di autonomia organizzativa dell'appaltatore.

[53] Significativa in proposito è la decisione del Trib. Padova (16.7.2019) secondo la quale il rapporto di lavoro deve essere imputato al soggetto (nel caso l'apparente appaltante) che ha la disponibilità e la effettiva gestione del *software* attraverso il quale gestisce direttamente l'attività lavorativa (e i dati personali dei lavoratori formalmente dipendenti dall'appaltante).

tore può ottenere – con ricorso giudiziale «notificato anche soltanto al soggetto che ne ha utilizzato la prestazione»: senza litisconsorzio necessario, dunque – la *costituzione di un rapporto di lavoro alle dipendenze del «soggetto che ne ha utilizzato la prestazione»* (c. 3-*bis*, introdotto dal d.lgs. n. 251/2004).

La regola, come si vede, è sostanzialmente identica a quella prevista in caso di distacco illegittimo o di somministrazione irregolare. Che si ritenga (come parte della dottrina[54] continua a ritenere) o meno che il divieto di interposizione sia sopravvissuto all'abrogazione della l. n. 1369/1960, in quanto principio implicito del diritto del lavoro, la reazione attuale dell'ordinamento è sostanzialmente identica: in ogni caso di dissociazione tra datore di lavoro formale ed utilizzatore effettivo della prestazione che *non* rispetti i requisiti previsti dalla legge in relazione a ciascun istituto (distacco, somministrazione, appalto), la titolarità del rapporto deve essere riconosciuta in capo all'effettivo utilizzatore della prestazione (il distaccatario, l'utilizzatore, l'appaltante).

In caso di appalto, l'unica protezione per i dipendenti è affidata attualmente al *regime di solidarietà*[55] tra appaltante e appaltatore («nonché con ciascuno degli eventuali subappaltatori entro il limite di due anni dalla cessazione dell'appalto»)[56], previsto dalla legge per i trattamenti retributivi, quote di TFR comprese, e per i contributi previdenziali e i premi assicurativi dovuti dal datore di lavoro (l'appaltatore o il subappaltatore)[57]. La regola è stata, nel recente passato, suscettibile di eccezioni: le disposizioni che prevedevano espressamente che la contrattazione collettiva potesse diversamente disporre sono state inserite, poi soppresse, poi riformulate, in particolare con la l. n. 92/2012 (art. 4, c. 31, lett. *a*). La questione è stata oggetto di un quesito referendario (ammesso da Corte cost. n. 27/2017), ma il legislatore (come è avvenuto per il lavoro accessorio) è intervenuto modificando il testo dell'art. 29, c. 2, facendo venir meno l'oggetto del *referendum* (che non si è dunque svolto). Il testo soppresso (dall'art. 2 del d.l. n. 25/2017, convertito senza modificazioni dalla l. n. 49/2017) prevedeva che la regola della responsabilità solidale dell'appaltante si applicasse «*salvo diversa disposizione* dei contratti collettivi nazionali sottoscritti da associazioni dei datori di lavoro e dei lavoratori comparativamente più rappresentative del settore che possono individuare metodi e procedure di controllo e di verifica della regolarità com-

---

[54] Si tratta di una posizione condivisa da un consistente orientamento della giurisprudenza penale di legittimità: per esempio, Cass. S.U. 16.6.2006, n. 20758, ha stabilito che la fattispecie di appalto di mere prestazioni di lavoro prevista dall'art. 1, l. n. 1369/1960, è solo parzialmente abrogata ad opera dell'art. 18, d.lgs. n. 276/2003, in quanto continua ad essere punita come reato l'attuale fattispecie di somministrazione di lavoro da parte di agenzie non abilitate.

[55] Regime che non si applica «qualora il committente sia una persona fisica che non esercita attività d'impresa o professionale»: art. 29, c. 3-*ter*.

[56] Merita ricordare che il legislatore, tenendo conto della posizione di *dipendenza economica* delle piccole imprese fornitrici e subfornitrici, soprattutto quando operino in regime di mono-committenza, ha predisposto una specifica disciplina (l. n. 192/1998) della *subfornitura* (introducendo alcune tutele minime, in particolare in materia di termini di pagamento). Si tratta di una forma di protezione dei contraenti deboli, che ha come destinatari le imprese, non i lavoratori da queste dipendenti, ma che può tradursi in una tutela indiretta per gli stessi lavoratori (in virtù, per esempio, della maggiore solvibilità del datore di lavoro).

[57] Delle sanzioni civili risponde invece solo il responsabile dell'inadempimento.

plessiva degli appalti»[58]. Non era chiara la *ratio* della previsione, caparbiamente reintrodotta dal legislatore pur a fronte dei molti dubbi sull'opportunità della devoluzione alla contrattazione collettiva di una competenza dai confini così ampi (il limite estremo è naturalmente rappresentato dalla tutela generale di cui all'art. 1676 c.c.), che rischiava di privare i dipendenti dell'appaltatore dell'unico strumento di protezione previsto oggi dalla legge. Positivo risulta dunque l'esito della complessa vicenda, che vede oggi il regime di solidarietà quale regola indefettibile[59].

Il regime generale di solidarietà "copre" tutti gli appalti[60], allargando così il campo di applicazione oggettivo della stessa disciplina rispetto a quanto a suo tempo previsto dalla l. n. 1369/1960. Il *plus* di tutela rispetto alle regole generali già previste nel codice civile è rappresentato dal fatto che l'art. 1676 c.c. prevede un diritto diverso, e più limitato, per i dipendenti dell'appaltatore. Secondo tale disposizione (rubricata come "Ausiliari dell'appaltatore"), infatti, «coloro che, alle dipendenze dell'appaltatore, hanno dato la loro attività per eseguire l'opera o per prestare il servizio possono proporre *azione diretta* contro il committente per conseguire quanto è loro dovuto, *fino alla concorrenza del debito* che il committente ha verso l'appaltatore nel tempo in cui essi propongono la domanda»[61].

Venuta meno la distinzione tra appalti "entroaziendali" e altri appalti, che caratterizzava la l. n. 1369/1960, *non* è invece garantita in alcun caso la parità di trattamento

---

[58] Il regime della solidarietà negli appalti (così come peraltro i casi di ricorso alla somministrazione di lavoro) era stato peraltro già indicato tra le materie sulle quali l'art. 8, l. n. 148/2011, consente una contrattazione "di prossimità" (livello aziendale o territoriale) in deroga alla contrattazione nazionale e alla legge.

[59] Il citato art. 2 del d.l. n. 25/2017 ha soppresso anche i frammenti dello stesso art. 29 che riguardavano – con le parole di Corte cost. n. 27/2017 – «l'articolata disciplina processuale dell'azione esperibile dal lavoratore», che rendevano più gravoso il soddisfacimento del credito del lavoratore, in particolare prevedendo che il committente (convenuto in giudizio unitamente all'appaltatore e con gli eventuali subappaltatori) potesse eccepire, nella prima difesa, il beneficio della preventiva escussione del patrimonio dell'appaltatore medesimo e degli eventuali subappaltatori. Come ha avuto occasione di precisare la Cassazione (n. 28517/2019) la solidarietà non ha tuttavia ad oggetto gli eventuali crediti risarcitori vantati dai lavoratori nei confronti dell'appaltatore (nel caso, risarcimento per illecita riduzione dell'orario di lavoro); più recentemente, secondo la stessa *ratio*, la Corte (Cass. n. 5247/2022) ha escluso dal regime di solidarietà altri crediti (indennità sostitutiva delle ferie) che ha ritenuto avessero natura risarcitoria.

[60] E i subappalti, anche quando l'appaltante aveva vietato il subappalto che, nei fatti, si era realizzato per iniziativa dell'appaltatore (pur ignorata dall'appaltante): così Cass. n. 27382/2019 con riferimento specifico alla contribuzione previdenziale.

[61] Tale azione diretta di rivalsa (utile, per esempio, quando sia decorso il termine di due anni della responsabilità solidale del subappaltatore) resta comunque disponibile anche oggi per i dipendenti dell'appaltatore, *a latere* e in aggiunta alla specifica disciplina lavoristica. Secondo Cass. n. 23489/2010, l'art. 1676 c.c. ha lo scopo di offrire ai lavoratori che hanno prestato il loro lavoro per l'esecuzione in appalto di un'opera o di un servizio una garanzia per il soddisfacimento della retribuzione dovuta loro per tale prestazione, in relazione alle ipotesi di inadempimento del datore di lavoro (fra cui si può annoverare l'insolvenza dello stesso). La tutela è limitata al solo credito maturato dal lavoratore in forza dell'attività svolta per l'esecuzione dell'opera o la prestazione del servizio oggetto dell'appalto, e non anche con riferimento a ulteriori crediti, pur relativi allo stesso rapporto di lavoro ma non afferenti in alcun modo all'appalto.

tra dipendenti dell'appaltante e dipendenti dell'appaltatore: il superamento di quella incerta distinzione era da molti auspicato, ma non si può dire altrettanto per quanto riguarda l'abbandono della protezione offerta ai lavoratori dalla garanzia della parità di trattamento.

La parità di trattamento restava invece garantita per gli appalti realizzati nell'ambito di una prestazione di servizi transnazionali, in forza dell'art. 3 del d.lgs. n. 72/2000, creando una evidente asimmetria di diritti dei lavoratori e di obblighi degli imprenditori rispetto alle altre ipotesi di appalto. Successivamente è intervenuto il d.lgs. n. 136/2016, in attuazione della Direttiva UE 2014/67, abrogando il d.lgs. n. 72/2000, a sua volta modificato dal più recente d.lgs. n. 122/2020, che ha recepito la nuova Direttiva 2018/957. Il susseguirsi di interventi UE dimostra peraltro l'importanza e la delicatezza delle questioni coinvolte, così come lascia intravedere le tensioni tra Stati membri sull'approccio al tema di quella che possiamo considerare una forma di "concorrenza" tra ordinamenti giuridici nazionali.

La nuova disciplina, invero complessa, ha un ampio campo di applicazione, con confini che intersecano gli appalti, i distacchi e la somministrazione, quando abbiano carattere transnazionale. Si applica infatti alle agenzie di somministrazione di lavoro stabilite in uno Stato membro diverso dall'Italia che distaccano presso un'impresa utilizzatrice con sede nel medesimo o in un altro Stato membro uno o più lavoratori da tale ultima impresa inviati, nell'ambito di una prestazione transnazionale di servizi, diversa dalla somministrazione, presso una propria unità produttiva o altra impresa, anche appartenente allo stesso gruppo, che ha sede in Italia; alle agenzie di somministrazione di lavoro stabilite in uno Stato membro diverso dall'Italia che distaccano presso un'impresa utilizzatrice che ha la propria sede o unità produttiva in Italia, uno o più lavoratori da tale ultima impresa inviati, nell'ambito di una prestazione transnazionale di servizi, diversa dalla somministrazione, nel territorio di un altro Stato membro, diverso da quello in cui ha sede l'agenzia di somministrazione.

Ai lavoratori distaccati sono riconosciute le medesime condizioni di lavoro e di occupazione previste in Italia da disposizioni normative e contratti collettivi – di cui all'art. 51 del d.lgs. n. 81/2015, riferimento ormai consolidato, come abbiamo avuto più volte occasione di osservare – per i lavoratori che effettuano prestazioni lavorative subordinate analoghe nel luogo in cui si svolge il distacco, per quanto concerne i principali aspetti dei rapporti di lavoro (es. retribuzione, salute e sicurezza, tutela della maternità, ecc.). Quando la durata effettiva di un distacco supera i dodici mesi, ai lavoratori distaccati si applicano, se più favorevoli, «*tutte* le condizioni di lavoro e di occupazione previste in Italia da disposizioni normative e dai contratti collettivi nazionali e territoriali stipulati da organizzazioni dei lavoratori e dei datori di lavoro comparativamente più rappresentative sul piano nazionale» (ad eccezione di quelle concernenti le procedure e le condizioni per la conclusione e la cessazione del contratto di lavoro, le clausole di non concorrenza, la previdenza integrativa di categoria).

Sicuramente un passo avanti verso una maggiore protezione dei lavoratori e verso una concorrenza leale tra imprese (e tra ordinamenti nazionali).

Conclusivamente, si può osservare che l'appalto offre agli imprenditori la possibilità di esternalizzare qualsiasi attività aziendale, anche strettamente integrata nel ciclo produttivo tipico dell'azienda, a costi che possono risultare particolarmente ridotti, offrendo un margine di competitività alle imprese che siano in grado di ottenere sul mercato migliori offerte per la realizzazione di un'opera o per la fornitura di un servizio. Il ricorso all'appalto, inoltre, consente anche una riduzione di quelli che abbiamo precedentemente qualificato come costi "indiretti" o "impliciti": con tutta evidenza, infatti, i lavoratori dipendenti dall'appaltatore sono (come i lavoratori somministrati, da questo punto di vista) lavoratori "invisibili", perché non computabili nell'organico dell'impresa appaltante[62]. Ma è opportuno ricordare ancora una volta che l'imprenditore appaltante non può invece "disporre" dei dipendenti dell'appaltatore, né intromettersi nell'organizzazione (propria) dell'appaltatore, pena la costituzione di un rapporto di lavoro diretto in capo all'appaltante.

6. *Il trasferimento d'azienda*

Il trasferimento d'azienda rappresenta uno strumento tipico di circolazione delle attività economiche, e in quanto tale trova la sua collocazione sistematica e la sua disciplina nel diritto civile, specificamente nel diritto commerciale. Nel codice civile troviamo – Libro V Del lavoro, Titolo VIII Dell'azienda, Capo I Disposizioni generali – sia la definizione di azienda[63], sia, per quanto più interessa, l'indicazione della regola che si applica ai contratti in capo al cedente dell'azienda: «se non è pattuito diversamente, l'acquirente dell'azienda subentra nei contratti stipulati per l'esercizio dell'azienda stessa che non abbiano carattere personale» (art. 2558 c.c.). La *ratio* della previsione deve essere rinvenuta nell'obiettivo di garantire la continuità dell'attività dell'azienda ceduta[64], nonché il mantenimento del suo valore[65].

La stessa *ratio* era sottesa alla disciplina di cui all'art. 2112 dello stesso codice civile che, sin dal testo originario[66], sanciva la continuazione del rapporto di lavoro con l'acquirente[67]. A fronte della libertà di recesso (art. 2118 c.c.) garantita all'epoca alle parti del contratto di lavoro, il "passaggio automatico" dei lavoratori dal cedente al cessionario rappresentava una regola predisposta nell'interesse delle imprese, e non del lavoratore (comunque liberamente licenziabile da cedente e cessionario).

La prospettiva è invece mutata quando (a partire dalla l. n. 604/1966) il legislatore ha limitato il potere di recesso del datore di lavoro. Da quel momento, il trasferimento *ex lege* del dipendente dal cedente al cessionario ha iniziato a rappresentare una tutela (anche) per il lavoratore, rafforzata dal divieto di licenziamenti giustificati dalla cessione d'azienda. Da quel momento, infatti, il diritto del lavoro si è preoccupato di garantire, come si suol dire, la insensibilità del rapporto di lavoro alle modificazioni soggettive del datore di lavoro. Occorre infatti rilevare che quando il diritto del lavoro si occupa della disciplina del trasferimento d'azienda, in realtà, si occupa delle *conseguenze* che il

---

[62] In capo al datore di lavoro appaltante sono tuttavia previsti specifici obblighi volti a tutelare la salute e sicurezza *anche* dei dipendenti dell'appaltatore: art. 26 T.U. Sicurezza, d.lgs. n. 81/2008.

[63] Art. 2555 c.c. «L'azienda è il complesso dei beni organizzati dall'imprenditore per l'esercizio dell'impresa».

[64] O affittata o oggetto di usufrutto, come prevede il c. 3.

[65] Tant'è che il terzo contraente può «recedere dal contratto entro tre mesi dalla notizia del trasferimento, se sussiste una giusta causa», ma in questo caso è stabilita «la responsabilità dell'alienante».

[66] Le origini della disciplina sono tuttavia molto più remote: le norme consuetudinarie delle Camere di Commercio, poi il R.d.l. n. 1825/1924 per gli impiegati (che tuttavia consentiva alla nuova "ditta" di licenziare con preavviso il lavoratore proveniente dalla precedente "ditta"), e infine il codice civile con l'art. 2112.

[67] «Se l'alienante non ha dato disdetta in tempo utile»: e non si trattava di un inciso di poco conto.

trasferimento d'azienda potrebbe produrre sui rapporti di lavoro in essere con il cedente. Come tuttavia vedremo, a partire dal recepimento del diritto dell'UE, il diritto interno non si è più limitato a regolare le conseguenze del trasferimento, ma è intervenuto sulle nozioni stesse di "trasferimento" e di "azienda" (e pure di ramo d'azienda, come diremo): il diritto del lavoro è divenuto dunque consapevole della necessità di definire i confini di operazioni di frammentazione delle imprese che hanno assunto nuove funzioni nell'economia di mercato odierna [68].

A fronte del primo intervento del diritto comunitario (Direttiva CE 77/187), l'Italia, dopo aver subito una prima condanna della Corte di Giustizia per inadempimento [69], ha predisposto un intervento di manutenzione minima della disciplina vigente, affiancando alla tutela (individuale) già sancita dall'art. 2112 c.c. (nell'occasione riformulato), una tutela "collettiva" (procedura preventiva di informazione e consultazione) con l'art. 47 della l. n. 428/1990. Il punto di svolta, tuttavia, è stato segnato dal d.lgs. n. 18/2000, che ha finalmente recepito la Direttiva CE 77/187 e la Direttiva CE 98/50, che nel frattempo aveva modificato la disciplina comunitaria. Il d.lgs. n. 18/2000, a sua volta, è stato ulteriormente modificato, in particolare con il d.lgs. n. 276/2003 (art. 32), in occasione dell'emanazione della Direttiva CE 2001/23 [70].

Considereremo in questa sede la disciplina attualmente vigente, iniziando con l'analisi della nozione di trasferimento d'azienda e di ramo d'azienda e degli strumenti per la realizzazione dell'operazione, procedendo con l'esposizione dei diritti (individuali e collettivi) riconosciuti al lavoratore e concludendo con una riflessione sui collegamenti tra trasferimento di ramo d'azienda e appalti.

6.1. *La fattispecie*

Il c. 5 dell'art. 2112 c.c. stabilisce che, ai fini dell'applicazione della disciplina lavoristica del trasferimento d'azienda, per *trasferimento d'azienda* si intende qualsiasi operazione che, in seguito a cessione contrattuale o fusione, comporti il mutamento nella titolarità di *un'attività economica organizzata*, con o senza scopo di lucro, preesistente al trasferimento e *che conserva nel trasferimento la propria identità* a prescindere dalla tipologia negoziale o dal provvedimento sulla base del quale il trasferimento è attuato, compresi l'usufrutto o l'affitto di azienda.

Decostruendo la complessa nozione, si evince in primo luogo che per azienda [71] non si intende necessariamente un complesso di beni materiali, quanto invece una *attività economica organizzata*, nozione nella quale l'accento cade sulla necessaria organizzazione (ad opera del cedente, evidentemente) dell'attività, che può anche con-

---

[68] Come dimostra la copiosa giurisprudenza sia delle Corti italiane, sia della Corte di Giustizia.

[69] CGE 10.7.1986, C-235/84.

[70] In realtà, la Direttiva CE 2001/23 era soltanto una direttiva *refusion*, una sorta di testo unico, che di per sé non avrebbe richiesto un provvedimento di recepimento (tant'è che nel testo compare una tavola di corrispondenza tra le disposizioni delle precedenti direttive 77/1487 e 98/50, abrogate, ma non un termine per il recepimento della nuova direttiva).

[71] Le direttive peraltro si riferiscono al trasferimento «di imprese o di stabilimenti» (o di parti di imprese o di stabilimenti, come vedremo).

cretizzarsi in un servizio che richiede pochi beni strumentali anche di modico valore, ma che invece richiede il lavoro di un gruppo di dipendenti per l'appunto organizzati[72]. Correttamente[73], il legislatore non attribuisce rilevanza alla sussistenza o meno di un fine di lucro dell'attività[74]. Quella «entità economica» (secondo l'espressione utilizzata nella Direttiva CE 2001/23) deve conservare, con il trasferimento, la preesistente identità, «intesa come insieme di mezzi organizzati al fine di svolgere un'attività economica, sia essa essenziale o accessoria» (così l'art. 1 della direttiva, alla luce del quale è doveroso interpretare la disciplina interna). Insomma: si deve trattare del proseguimento o della ripresa della stessa attività economica precedentemente svolta dal cedente o di attività ad essa analoga[75], realizzata utilizzando l'entità economica trasferita[76].

In secondo luogo, lo strumento giuridico utilizzato può essere considerato indifferente, nonostante la ridondante, e perciò confusa, formulazione della disposizione sopra richiamata. Vero è che si fa espresso riferimento alla *cessione contrattuale* e alla *fusione*[77], oltre che all'*usufrutto* e all'*affitto*, ma il trasferimento si configura, nello stesso testo, come *qualsiasi operazione* che, *a prescindere dalla tipologia negoziale*, realizzi il passaggio di una attività economica organizzata. L'indifferenza dello strumento (o degli strumenti, al plurale, utilizzati per realizzare una determinata "operazione") si spinge sino al punto di comprendere anche le modificazioni soggettive del datore di lavoro che si realizzino in forza di un *provvedimento*[78]: il vocabolo utilizzato evoca

[72] Sulla "smaterializzazione" dell'azienda v., in giurisprudenza, Cass. n. 24917/2020; Cass. n. 12720/2017; Cass. n. 21484/2011, secondo cui un complesso strutturato di lavoratori, nonostante la mancanza di significativi elementi patrimoniali, materiali o immateriali, può corrispondere a un'entità economica che persegua un proprio obiettivo e che sia sufficientemente strutturata e autonoma.

[73] Tenendo conto degli orientamenti della Corte di Giustizia e della Cassazione. Sul punto, ma più in generale sull'intera materia del trasferimento d'azienda, la giurisprudenza di merito, della Cassazione e della Corte di Giustizia è sterminata. Ci limiteremo dunque a richiamare pochi precedenti che, seppur remoti, hanno segnato lo sviluppo successivo sia della stessa giurisprudenza sia delle direttive.

[74] Cass. n. 29422/2017.

[75] Così già CGE 18.3.1986, C-24/85, nel caso *Spijkers*.

[76] Cass. n. 19631/2015; Cass. n. 22329/2013; Cass. n. 16641/2012.

[77] Non è espressamente considerato il fenomeno per così dire "inverso", ovvero la scissione societaria: dottrina e giurisprudenza sono divise, sul punto, talora propendendo per l'inclusione, fondata sulla *ratio* della disciplina, talora invece ritenendo che il subentro nella titolarità dell'attività si realizzi quale successione a titolo universale tra i soggetti coinvolti (non necessariamente solo due). Cass. n. 19000/2010 ha affermato che nell'ipotesi di fusione per incorporazione di società ricorre la fattispecie del trasferimento d'azienda *ex* art. 2112 c.c. tutte le volte in cui l'intera impresa, o un ramo di essa, viene trasferita ad altro soggetto. Altro caso non espressamente regolato è quello della *retrocessione dell'azienda precedentemente oggetto di affitto.* In questa ipotesi, la giurisprudenza costantemente afferma che la disciplina dell'art. 2112 c.c. si applica anche nell'ipotesi della cessazione del contratto di affitto d'azienda e della conseguente retrocessione della stessa all'originario cedente, purché quest'ultimo prosegua l'attività già esercitata in precedenza, mediante l'immutata organizzazione aziendale (così, Cass. n. 23765/2018).

[78] Cass. n. 5708/2009 aveva affermato – in un caso risalente a prima della novella del 2003 che ha finalmente regolato la materia – che l'art. 2112 c.c., dovesse ritenersi applicabile anche nei casi

immediatamente ipotesi di subentro in concessioni amministrative [79] o in appalti [80], che si realizzano senza un negozio diretto tra il precedente e il successivo "gestore" di un'attività organizzata (tipicamente un servizio, pubblico o privato).

Non poteva indurre a diversa conclusione la (quantomeno ambigua) disposizione contenuta nell'originario art. 29, c. 3, d.lgs. n. 276/2003 (disposizione, lo ricordiamo, che disciplina *ex professo* l'appalto), secondo la quale «l'acquisizione del personale già impiegato nell'appalto a seguito di subentro di un nuovo appaltatore, in forza di legge, di CCNL, o di clausola del contratto d'appalto, *non* costituisce trasferimento d'azienda o di parte d'azienda». Al di là delle possibili intenzioni del legislatore, l'unica interpretazione coerente con l'inderogabilità della disciplina e la tassatività della nozione di trasferimento d'azienda (confermata dalla Corte di Giustizia) [81] era quella di considerare tale regola applicabile quando leggi, contratti collettivi, clausole di contratti di capitolati di appalti (pubblici o privati) prevedessero il passaggio dei dipendenti in casi che *non* potessero essere qualificati come trasferimenti d'azienda. La nuova formulazione del c. 3 dell'art. 29 – *ex* art. 30 legge europea 2015-2016 (l. n. 122/2016) [82] –, pur in forma non cristallina, sembra confermare questa (a nostro avviso doverosa) lettura. La versione vigente afferma infatti che «l'acquisizione del personale già impiegato nell'appalto a seguito di subentro di nuovo appaltatore dotato di propria struttura organizzativa e operativa, in forza di legge, di CCNL o di clausola del contratto d'appalto, ove siano presenti elementi di discontinuità che determinano una specifica identità di impresa, non costituisce trasferimento d'azienda o di parte d'azienda».

Riassumendo, potremmo dire che ogni vicenda circolatoria di un'entità economi-

---

in cui il trasferimento dell'azienda non derivasse da un contratto tra cedente e cessionario, ma fosse invece riconducibile a un atto autoritativo della pubblica amministrazione. Più di recente: Cass. n. 26808/2018.

[79] Così già CGE 14.3.2000, C 343/98, nel caso *Collino* e *Chiappero*, ove mancava un atto traslativo diretto a titolo oneroso tra i due successivi gestori di un servizio, affidato al nuovo gestore tramite un atto amministrativo di concessione.

[80] Nella giurisprudenza della Corte di Giustizia, la sentenza "simbolo" dell'apertura della Corte all'applicazione della disciplina del trasferimento al subentro in appalti ad alta intensità di lavoro e a basso impiego di capitali e di mezzi è quella resa nel caso *Süzen* (CGE 11.3.1997, C-13/95).

[81] La questione richiederebbe uno specifico, e qui ultroneo, approfondimento sulla compatibilità delle c.d. clausole sociali, stabilite dalla legge o dalle parti sociali o dai redattori dei capitolati di appalto. Un caso per così dire classico ("passaggio" di lavoratori a fronte del "passaggio" di servizi aeroportuali, da un unico gestore ad una pluralità di gestori dopo la c.d. privatizzazione dei servizi di *handling* in attuazione di una specifica direttiva comunitaria) è quello in cui la Corte di Giustizia (CGE 9.12.2004, C-460/02) ha giudicato incompatibile con il diritto comunitario (e segnatamente anche con la Direttiva CE 77/187) una previsione di legge italiana che garantiva il passaggio, appunto, dei dipendenti, dal vecchio al nuovo gestore di servizio pur in assenza dei requisiti che devono caratterizzare il trasferimento d'azienda.

[82] La novella è stata indotta dalla *procedura di pre-infrazione* (caso EU Pilot 7622/15/EMPL) avviata dalla Commissione europea nei confronti dell'Italia. Residuano incertezze sul significato dell'espressione "elementi di discontinuità", che hanno portato a interpretazioni diverse da parte della dottrina; una prima pronuncia di merito (Trib. Bologna 7.7.2017, n. 5941) ha stabilito che la mera riduzione quantitativa dei servizi appaltati non comporta discontinuità d'impresa e dunque non esclude l'applicabilità dell'art. 2112 c.c.

ca organizzata che mantenga la propria identità [83] deve essere qualificata come trasferimento d'azienda, a prescindere dallo strumento giuridico utilizzato per il suo "passaggio", ivi compresi dunque gli appalti [84].

6.2. *I diritti dei lavoratori*

a) La *tutela sostanziale e individuale del lavoratore*, in caso di trasferimento d'azienda (o di ramo d'azienda: non ripeteremo ogni volta questa specificazione, salvo che la disciplina risulti differenziata) è affidata a due regole cardine: la *continuità del rapporto* e la *responsabilità solidale* tra cedente e cessionario.

L'art. 2112 c.c. prevede infatti che in caso di trasferimento d'azienda, il rapporto di lavoro continua con il cessionario ed il lavoratore conserva tutti i diritti che ne derivano.

Corollario, o strumento di rafforzamento, del diritto alla continuità del rapporto, è il divieto di licenziamento per trasferimento d'azienda: «ferma restando la facoltà di esercitare il recesso ai sensi della normativa in materia di licenziamenti, il trasferimento d'azienda *non costituisce di per sé motivo di licenziamento*» [85]. In conformità con il diritto dell'UE, il cessionario potrà procedere a licenziamenti, individuali o collettivi, nel rispetto della relativa disciplina «per motivi economici, tecnici o di organizzazione che comportano variazioni sul piano dell'occupazione» (art. 4, Direttiva 2001/23).

Secondo la giurisprudenza consolidata e la dottrina largamente prevalente, la continuità dei rapporti di lavoro costituisce un effetto automatico *ex lege* del trasferimento d'azienda [86], escludendo così il rilievo della volontà delle parti e dunque la necessi-

---

[83] Consolidato è l'orientamento giurisprudenziale secondo il quale per decidere se il trasferimento ha ad oggetto un'entità economica organizzata il giudice può apprezzare una serie di elementi, quali: il tipo di impresa o stabilimento in questione; la cessione o meno di elementi materiali, quali gli edifici e i beni mobili; il valore degli elementi immateriali al momento della cessione; la riassunzione o meno della maggior parte del personale da parte del nuovo imprenditore; il trasferimento o meno della clientela; il grado di analogia delle attività esercitate prima e dopo la cessione e la durata di un'eventuale sospensione di tali attività. Tali elementi costituiscono tuttavia soltanto aspetti parziali della valutazione complessiva cui si deve procedere e non possono, perciò, essere considerati isolatamente. Così, tra le tante, Cass. n. 6770/2017, che ha cassato con rinvio la decisione della Corte d'Appello di Roma che non aveva considerato tali elementi e aveva escluso la sussistenza di un trasferimento d'azienda fermandosi «al dato formale della esistenza di una fattispecie di appalto di servizi».

[84] Non rientra invece in questa pur ampia nozione di trasferimento d'azienda la *cessione di un pacchetto azionario*, anche di maggioranza, secondo l'orientamento consolidato della giurisprudenza, confermato dalla dottrina maggioritaria: da ultimo, Cass. n. 4425/2019.

[85] Peraltro, secondo la Cassazione, il legittimo recesso esercitato dal cedente nell'imminenza del trasferimento dell'azienda non costituisce necessariamente un atto emulativo o in frode alla legge, oppure in violazione dei doveri di correttezza e buona fede a norma degli artt. 1175 e 1375 c.c.: così recentemente Cass. n. 11410/2018.

[86] Anche se è presente un orientamento giurisprudenziale che configura la continuità del rapporto di lavoro, anziché come effetto automatico *ex lege* del trasferimento d'azienda, come diritto soggettivo del lavoratore attuale e perfetto, e perciò disponibile ai sensi dell'art. 2113 c.c., anche in via preventiva rispetto ad un ipotetico trasferimento d'azienda. Primo esempio della novità del (di-

tà del consenso del lavoratore [87]. In altri termini: la sostituzione di un datore di lavoro all'altro è automatica, e la continuazione del contratto (e del rapporto) si impone sia al cessionario, sia al lavoratore [88].

La questione del consenso del lavoratore riappare tuttavia in una innovazione, di diretta derivazione comunitaria [89], introdotta nel nuovo testo dell'art. 2112: «il lavoratore, le cui condizioni di lavoro subiscono una *sostanziale modifica* nei tre mesi successivi al trasferimento d'azienda, può rassegnare le proprie dimissioni con gli effetti di cui all'art. 2119, primo comma» [90]. Le dimissioni con gli effetti di cui all'art. 2119 sono previste solo successivamente al trasferimento, e devono trovare causa nelle condizioni di lavoro sostanzialmente mutate nei tre mesi successivi al trasferimento d'azienda, nel quale appunto trova causa tale sostanziale modifica. I tre mesi previsti rappresentano il termine entro cui deve verificarsi la modificazione sostanziale (in questo senso è la lettera della disposizione); il termine non si riferirebbe allora al recesso, che potrebbe essere esercitato anche più tardi. Il nodo certamente più difficile da sciogliere è costituito dalla nozione di modificazione sostanziale delle condizioni di lavoro. L'espressione (che non è propria del linguaggio del diritto del lavoro italiano, che conosce una disciplina dei limiti allo *jus variandi* dell'imprenditore) ricalca alla lettera quella contenuta nella Direttiva CE 98/50 (ora 2001/23). Sembra ragionevole ritenere che il legislatore abbia voluto dare rilevanza a quelle modificazioni "importanti" (e sfavorevoli) nelle condizioni di lavoro che, indipendentemente dalla loro

---

scusso e discutibile) approccio è Cass. n. 10963/2000. Va in ogni caso rilevata la differenza rispetto alla cessione del contratto di lavoro, che *ex* art. 1406 c.c., per il suo perfezionamento richiede il consenso del lavoratore.

[87] Occorre segnalare che il d.lgs. n. 18/2001 ha dato attuazione (di segno negativo) all'orientamento della Corte di Giustizia, secondo cui spetta agli Stati membri stabilire quali siano i diritti del lavoratore che decide liberamente di non continuare a prestare il proprio lavoro alle dipendenze del cessionario. Come già avveniva in passato, anche il nuovo art. 2112 c.c. nulla dice in proposito: anche oggi si può allora dire che, essendo il lavoratore una persona e non essendo il lavoro una merce, il lavoratore può liberamente rifiutare di "trasferirsi" presso il cessionario, dimettendosi volontariamente (art. 2118 c.c.).

[88] Questa conclusione implica la condivisione della tesi dell'inderogabilità dell'art. 2112, c. 1, come disciplina specifica della continuità dei rapporti di lavoro nell'attualità del trasferimento. Ma cfr. Cass. n. 19379/2004, secondo la quale se pure il trasferimento di azienda comporta «l'automatica prosecuzione del rapporto di lavoro presso il cessionario», resta ferma in ogni caso la facoltà dei lavoratori ceduti di opporsi all'indicato automatismo, rimanendo alle dipendenze del cedente: in tal caso, però, essi si espongono al rischio di essere licenziati, secondo le regole comuni, a causa della cessazione dell'attività cui erano adibiti.

[89] La Direttiva CE 98/50 (ora Direttiva 2001/23) prevede: «se il contratto o il rapporto di lavoro è risolto in quanto il trasferimento comporta a scapito del lavoratore una sostanziale modifica delle condizioni di lavoro, la risoluzione del contratto o del rapporto di lavoro è considerata come dovuta alla responsabilità del datore di lavoro».

[90] Questa disposizione sembra destinata ad interessare prevalentemente lavoratori posti al vertice della gerarchia aziendale che possono godere di cospicue indennità di preavviso; lo suggerisce l'analogia con la previsione contenuta nella contrattazione collettiva dei dirigenti, ma occorre sottolineare la differenza della formulazione dell'art. 2112 rispetto alle clausole dei contratti collettivi dei dirigenti che consentono le dimissioni *ex* art. 2119 del dirigente in caso di mutamento sostanziale della sua "posizione".

fonte (la legge o il contratto collettivo applicabile o un atto unilaterale in sé legittimo del datore di lavoro [91]), possono determinare e giustificare il dissenso del lavoratore alla continuazione del rapporto presso il cessionario.

Modifiche sostanziali alle condizioni di lavoro possono derivare, in particolare, dal contratto collettivo (legittimamente) applicato dal nuovo datore di lavoro, che potrebbe prevedere appunto condizioni complessivamente meno favorevoli rispetto al contratto collettivo applicato dal cedente. Secondo l'attuale formulazione [92] dell'art. 2112 c.c., «il cessionario è tenuto ad applicare i trattamenti economici e normativi previsti dai contratti collettivi nazionali, territoriali e aziendali vigenti alla data del trasferimento fino alla loro scadenza, salvo che siano sostituiti da altri contratti collettivi applicabili all'impresa del cessionario [93]. L'effetto di sostituzione si produce esclusivamente tra contratti collettivi del medesimo livello». La nuova formulazione rafforza l'opinione prevalente in ordine alla capacità del contratto collettivo applicato dal cessionario di sostituire il contratto collettivo applicato dal cedente come fonte del trattamento economico e normativo da garantire ai lavoratori trasferiti; il pur apprezzabile limite posto all'effetto di sostituzione non è sufficiente a contrastare un eventuale peggioramento nelle condizioni di lavoro, alle quali i lavoratori trasferiti possono reagire solo imputando al cessionario le proprie dimissioni.

A parità di "livello" di contratti collettivi, sembra dunque ragionevole ritenere che oggi la sostituzione possa avvenire "automaticamente", salvo gli opportuni (e non semplici) interventi, per esempio, per rendere coerentemente applicabile il contratto aziendale di provenienza presso un cessionario che applichi solo un contratto nazionale (e magari diverso da quello del cedente, al quale il contratto aziendale del cedente faceva riferimento). Si tratta di questioni pratiche ma importanti che possono essere oggetto di negoziazione collettiva, in particolare nell'ambito della consultazione della quale diremo.

Infine, come avevamo anticipato, tra i diritti individuali dei prestatori di lavoro deve essere annoverata la *responsabilità solidale* tra cedente e cessionario «per tutti i crediti che il lavoratore aveva al tempo del trasferimento», come prevede il c. 2 dell'art. 2112 c.c., secondo una tecnica ormai classica e che abbiamo già avuto occasione di considerare [94].

---

[91] Vale la pena di precisare che non costituisce "modificazione sostanziale", bensì lesione di diritti, la violazione dei limiti posti da norme inderogabili allo *jus variandi* del nuovo datore di lavoro.

[92] L'innovazione sta nell'ultima frase, espressamente riferita a quell'effetto di sostituzione sul quale in passato le opinioni divergevano. Dottrina e giurisprudenza avevano proposto soluzioni diverse, ispirate a logiche anch'esse diverse: la preminenza dell'interesse all'omogeneità dei trattamenti nella situazione "di arrivo"; la preminenza dell'interesse alla conservazione dei trattamenti "di provenienza"; la preminenza dell'interesse (comune) alla definizione di un graduale passaggio dalle condizioni (trattamento economico e normativo) di provenienza alle diverse condizioni di arrivo.

[93] Cass. n. 5882/2010, ha affermato che «solo nel caso in cui l'azienda acquirente non applichi alcun contratto collettivo ai lavoratori ceduti si applica il contratto collettivo che regolava il rapporto con la precedente azienda, mentre, nel caso in cui l'impresa acquirente applichi un contratto collettivo, questo sostituisce immediatamente e totalmente la disciplina collettiva vigente presso l'impresa alienante, anche se più sfavorevole».

[94] Ma «con le procedure di cui agli artt. 410 e 411 c.p.c. il lavoratore può consentire la libera-

La regola ha dato luogo a dubbi applicativi con riferimento al diritto al TFR rimanendo incerto se di tale credito debba rispondere solo il cessionario, oppure (*pro quota*) anche il cedente, in ragione del vincolo di solidarietà. La questione rinvia al problema della qualificazione giuridica del TFR, alternativamente qualificabile come credito che sorge al momento della cessazione del rapporto di lavoro (e di cui, pertanto è responsabile il solo cessionario), oppure come diritto che sorge durante l'esecuzione del rapporto, che matura progressivamente, e che diviene esigibile al momento della cessazione: accogliendo questa interpretazione, responsabile per la quota maturata fino al trasferimento rimarrebbe il cedente (oltre che il cessionario in ragione del vincolo di solidarietà). Considerando che il TFR costituisce istituto di retribuzione differita, come abbiamo a suo tempo visto, la giurisprudenza più recente (es. Cass. n. 164/2016) ha ritenuto che il datore di lavoro cedente rimanga obbligato nei confronti del lavoratore suo dipendente, il cui rapporto sia proseguito con il datore di lavoro cessionario, per la quota di trattamento di fine rapporto maturata durante il periodo di lavoro svolto fino al trasferimento aziendale, mentre il datore cessionario è obbligato per la stessa quota solo in ragione del vincolo di solidarietà, e resta l'unico obbligato quanto alla quota maturata nel periodo successivo alla cessione[95].

b) La *tutela indiretta e collettiva* dei lavoratori è stata per la prima volta introdotta dall'art. 47 della l. n. 428/1990, in prima (tardiva) attuazione della disciplina comunitaria, e successivamente riformulata nell'art. 2 del d.lgs. n. 18/2001. È stato così introdotto un obbligo[96] – che grava congiuntamente su cedente e cessionario[97] – di *in-*

zione del cedente dalle obbligazioni derivanti dal rapporto di lavoro» (v. PT. IX). La tecnica utilizzata dal legislatore è quella della autonomia individuale assistita. Il richiamo dei soli articoli sopra citati, che si riferiscono alle sedi di conciliazione delle controversie di lavoro costituite presso le DTL (ITL) e alle sedi sindacali, rende dubbio che il lavoratore possa validamente rinunciare alla garanzia della responsabilità del cedente in sedi diverse da quelle individuate. Parte della dottrina ammette tuttavia la possibilità di liberare il cedente presso le sedi di certificazione (artt. 75 ss., d.lgs. n. 276/2003) e in sede giudiziale (cfr. Novella 2019).

[95] Merita segnalare che la nuova disciplina del trasferimento di aziende in crisi (v. *infra*) dedica un'apposita previsione al TFR, e prevede che nelle (nuove) procedure indicate dalla legge «*non si applica l'art. 2112, c. 2, del codice civile e il trattamento di fine rapporto è immediatamente esigibile nei confronti del cedente dell'azienda*». La scelta del legislatore suscita perplessità, poiché sembra escludere la responsabilità solidale del cessionario per tutti i crediti che i lavoratori vantano al tempo della cessione; inoltre, dichiarare che il TFR è immediatamente esigibile nei confronti del cedente significa rendere attuale il diritto al trattamento anche laddove si abbia il passaggio alle dipendenze del cessionario senza soluzione di continuità nel rapporto di lavoro.

[96] Il legislatore, per garantire l'effettivo rispetto degli obblighi di informazione e consultazione, ha espressamente previsto (art. 47, c. 3) che «il mancato rispetto, da parte del cedente o del cessionario» di tali obblighi «costituisce condotta antisindacale ai sensi dell'articolo 28 della l. 20.5.1970, n. 300». Non è chiara, tuttavia, l'incidenza della omessa procedura sulla validità del trasferimento; neppure è chiaro se l'ordine del giudice (*ex* art. 28) di cessare il comportamento e di rimuoverne gli effetti possa comportare la dichiarazione di nullità del negozio traslativo (con sanzione dunque effettiva e dissuasiva, come richiederebbe il diritto dell'UE) o debba limitarsi ad imporre l'avvio (seppur tardivo, e dunque sostanzialmente inutile) della procedura (come ritiene la giurisprudenza prevalente).

[97] Ma la nuova disciplina del trasferimento di aziende in crisi (v. *infra*) ammette la possibilità che la comunicazione preventiva di cui al c. 1 sia effettuata «anche solo da chi intenda proporre proposta di acquisto dell'azienda o proposta di concordato preventivo concorrente con quella dell'imprenditore».

formazione preventiva che, nella normalità dei casi, è seguito da un *esame congiunto* (consultazione, secondo l'espressione più diffusa, e utilizzata dalla stessa legge)[98].

L'attuale testo del c. 1 dell'art. 47 prevede che «quando si intenda effettuare, ai sensi dell'articolo 2112 c.c., un trasferimento d'azienda in cui sono complessivamente occupati più di quindici lavoratori, anche nel caso in cui il trasferimento riguardi una parte d'azienda, ai sensi del medesimo articolo 2112, il cedente ed il cessionario devono darne comunicazione per iscritto *almeno venticinque giorni prima* che sia perfezionato l'atto da cui deriva il trasferimento o che sia raggiunta un'intesa vincolante tra le parti, se precedente, alle rispettive rappresentanze sindacali unitarie, ovvero alle rappresentanze sindacali aziendali costituite, a norma dell'articolo 19 della l. 20.5.1970, n. 300, nelle unità produttive interessate, nonché ai sindacati di categoria che hanno stipulato il contratto collettivo applicato nelle imprese interessate al trasferimento»[99].

Il *dies a quo* della decorrenza dell'obbligo di informazione è individuato in modo sufficientemente chiaro, almeno se lo si legge alla luce della giurisprudenza della Corte di Giustizia, che lo collega alla finalità dell'adempimento dell'obbligo. La procedura di informazione deve essere avviata «in tempo utile prima dell'attuazione del trasferimento» (art. 7 della Direttiva 2001/23) perché possa (utilmente, appunto) avere ad oggetto l'esame delle alternative ipotizzabili al trasferimento dell'azienda (o del suo ramo) e comunque delle misure che possano essere previste nei confronti dei lavoratori. D'altronde, secondo l'art. 47, che correttamente ha trasposto l'art. 7 della Direttiva 2001/23, «l'informazione deve riguardare: a) la data o la data proposta del trasferimento; b) i motivi del programmato trasferimento d'azienda; c) le sue conseguenze giuridiche, economiche e sociali per i lavoratori; d) le eventuali misure previste nei confronti di questi ultimi». Secondo la Corte di Giustizia[100], poi, la procedura di consultazione deve essere avviata dal datore di lavoro nel momento in cui è stata adottata una decisione strategica o commerciale che comporta la cessione dell'intera azienda o di una sua parte. L'obbligo di avviare la procedura, ancora, «prescinde dalla circostanza che il medesimo sia già in grado di fornire ai rappresentanti dei lavoratori tutte le informazioni richieste dalla direttiva» (è peraltro espressamente previsto che possa essere indicata, per esempio, una "data programmata", come tale suscettibile di modifica).

L'importanza del "momento" dell'informazione e del suo "contenuto" è stata particolarmente evidenziata, in molte occasioni, dalla Corte di Giustizia, unitamente alla individuazione dei soggetti onerati. Ci limitiamo a richiamare una sentenza che offre

---

[98] «Su richiesta scritta delle rappresentanze sindacali o dei sindacati di categoria, comunicata entro sette giorni dal ricevimento della comunicazione di cui al c. 1, il cedente e il cessionario sono tenuti ad avviare, entro sette giorni dal ricevimento della predetta richiesta, un esame congiunto con i soggetti sindacali richiedenti. La consultazione si intende esaurita qualora, decorsi dieci giorni dal suo inizio, non sia stato raggiunto un accordo».

[99] «In mancanza delle predette rappresentanze aziendali, resta fermo l'obbligo di comunicazione nei confronti dei sindacati di categoria comparativamente più rappresentativi e può essere assolto dal cedente e dal cessionario per il tramite dell'associazione sindacale alla quale aderiscono o conferiscono mandato».

[100] Così, interpretando le parallele disposizioni della Direttiva CE 98/59 in materia di licenziamenti collettivi, CGE 10.9.2009, C-44/08.

un'interpretazione (vincolante) dell'ultimo comma dell'art. 47, secondo il quale gli obblighi d'informazione e di esame congiunto «devono essere assolti anche nel caso in cui la decisione relativa al trasferimento sia stata assunta da altra impresa controllante», e «la mancata trasmissione da parte di quest'ultima delle informazioni necessarie non giustifica l'inadempimento» di quegli obblighi. La disposizione interna recepisce, pur con formulazione non perspicua, quanto previsto dall'art. 7, c. 4, Direttiva CE 2001/23 [101].

La sentenza è quella in cui, per la prima volta, la Corte di Giustizia ha avuto occasione di pronunciarsi sulla questione [102]. La Corte ha ritenuto che due società di uno stesso gruppo, che hanno gli stessi proprietari, la stessa direzione, gli stessi locali e svolgono la stessa attività *non* potessero essere considerate «un'impresa unica ai fini della direttiva» – come invece pretendevano le imprese, che non avevano applicato la disciplina del trasferimento d'azienda e non avevamo garantito la continuità di tutti i rapporti di lavoro. Secondo la Corte, infatti, «pur appartenendo allo stesso gruppo, due consociate costituiscono comunque due persone giuridiche diverse che contraggono obblighi diversi nei confronti dei rispettivi dipendenti». D'altronde – e qui appare chiara la giustificazione del rigido formalismo della Corte – se la gestione "invasiva" della società controllata fosse sufficiente ad escludere i «trasferimenti tra società dello stesso gruppo dall'ambito d'applicazione della direttiva» si produrrebbe un effetto «in contrasto con gli scopi» della direttiva, che è «volta a garantire, per quanto possibile, la salvaguardia dei diritti dei lavoratori in caso di cambiamento dell'imprenditore, consentendo loro di rimanere al servizio del nuovo imprenditore alle stesse condizioni pattuite con l'imprenditore cedente» (v. anche il caso *Amatori*, *infra*, § 6.3).

Insomma: di fronte ad un'ipotesi di controllo societario, espressamente dichiarato dalla capogruppo, "in danno dei lavoratori", la Corte di Giustizia interviene per garantire la tutela dei lavoratori. Non perché intenda in alcun modo sanzionare le scelte organizzative dei gruppi, delle quali semplicemente "prende atto" senza valutarle; ma perché la (necessaria) effettività della tutela approntata dal diritto dell'UE a fronte di *qualsiasi fattispecie*, che rientri nell'ipotesi del trasferimento d'impresa, deve prevalere sugli interessi privati di qualsiasi organizzazione imprenditoriale, non esclusi i gruppi.

Da ultimo, merita un breve cenno la complessa vicenda del *trasferimento di aziende in crisi*, segnata da un dialogo serrato tra legislatore nazionale e Commissione europea (sfociato in sentenze di condanna dell'Italia da parte della Corte di Giustizia).

---

[101] «Gli obblighi di cui al presente articolo si applicano indipendentemente dal fatto che la decisione riguardante il trasferimento sia presa dal datore di lavoro o da un'impresa che lo controlla. Nell'esame delle pretese violazioni degli obblighi in materia di informazione e di consultazione previsti nella presente direttiva, non si deve tener conto quale mezzo di difesa del fatto che tale violazione è avvenuta in quanto l'impresa che controlla il datore di lavoro non gli ha trasmesso le informazioni necessarie». La previsione risale alla Direttiva CE 98/50, nel cui "Considerando" 10 si trovano esposte le ragioni dell'innovazione introdotta rispetto all'originaria Direttiva CE 77/187.

[102] CGE 9.12.2009, C-234/98, nel caso *G.C. Allen e aa. vs. Amalgamated Construction Co. Ltd.*, che riguardava una serie di "passaggi" di appalti tra società dello stesso gruppo, tutte controllate al 100% dalla capogruppo, con sistematica "confusione" nella titolarità e nella gestione dei rapporti: quasi un caso di scuola!

La disciplina italiana originaria escludeva l'applicazione dell'art. 2112 c.c.[103] nelle ipotesi di trasferimento di imprese soggette a procedure concorsuali (anche ove si verificasse la prosecuzione provvisoria dell'attività: da qui la condanna, per incompatibilità con la Direttiva CE 77/187)[104] o di imprese il cui stato di crisi risultasse accertato da un organismo pubblico (il Cipi, previsto dalla l. n. 675/1977). La successiva Direttiva CE 98/50 (art. 4-*bis*, confluito nell'attuale art. 5 della Direttiva CE 2001/23) ha consentito la modifica delle condizioni di lavoro, attraverso accordi collettivi *ad hoc*, in caso di trasferimenti attuati nell'ambito di procedure di insolvenza o riguardanti imprese in stato di grave crisi economica accertata da un organismo pubblico *e soggetta a controllo giudiziario*, purché l'accordo abbia disposto il mantenimento almeno parziale dei posti di lavoro[105].

La disciplina del trasferimento di azienda in crisi è stata modificata dal nuovo *Codice della crisi d'impresa e dell'insolvenza* (d.lgs. n. 14/2019). Il c. 5 del nuovo art. 47 della l. n. 428/1990 stabilisce che, nei casi di procedura concorsuale a finalità liquidatoria (nei casi, cioè, in cui l'azienda sia destinata a cessare irrimediabilmente l'attività in ragione dello stato di crisi irreversibile), attraverso accordi sindacali possano essere disapplicate le tutele previste per i lavoratori dall'art. 2112 c.c., e in particolare quelle relative al diritto alla continuazione del rapporto di lavoro con il cessionario e al mantenimento dei relativi diritti.

Con riguardo invece alle procedure concorsuali non liquidatorie, all'esito delle quali sia prospettabile il proseguimento e il rilancio dell'attività imprenditoriale, il nuovo c. 4-*bis* dell'art. 47 dispone che, nel caso in cui sia stato raggiunto un accordo sindacale con finalità di salvaguardia dell'occupazione, possa essere escluso il diritto al mantenimento delle condizioni di lavoro, ma debba essere comunque garantito il diritto alla continuazione dei rapporti di lavoro.

Come si vede, la disciplina del trasferimento d'azienda in caso di crisi d'impresa è espressione di un bilanciamento tra interessi eterogenei e talvolta contrapposti: l'interesse dei singoli lavoratori a mantenere il rapporto di lavoro e i relativi diritti; l'interesse generale ad una proficua gestione delle situazioni di crisi e di insolvenza delle aziende; l'interesse generale alla tutela dei livelli occupazionali, ma anche l'interesse generale al risanamento e al rilancio delle attività imprenditoriali. In considerazione di tali diversi interessi, la disciplina di cui all'art. 47 consente, in presenza di consenso sindacale, di derogare alle tutele individuali normalmente attribuite ai lavoratori in caso di trasferimento di azienda. L'entrata in vigore delle norme da ultimo illustrate è stata oggetto di ripetuti rinvii: da ultimo, il d.l. n. 36/2022 ne ha disposto l'entrata in vigore il 15 luglio 2022.

---

[103] Salvo condizioni di miglior favore contrattate in sede di consultazione (v. sopra).

[104] CGE 11.6.2009, C-561/07. Il rapporto tra la disciplina interna e la disciplina comunitaria (molto complicata, in effetti) era già stato oggetto di precedenti pronunce pregiudiziali della stessa Corte.

[105] Ai lavoratori che restino alle dipendenze del cedente la legge riserva un diritto di precedenza nelle assunzioni che il cessionario effettui entro un anno dalla data del trasferimento, o entro il maggior termine eventualmente previsto dagli accordi sindacali.

6.3. *Trasferimento di ramo d'azienda e appalti*

La disciplina del trasferimento d'azienda sin qui ricostruita si applica anche in caso di *trasferimento di ramo d'azienda*. La (distinta) nozione di *trasferimento di ramo d'azienda*, che pure (almeno nel diritto dell'UE) si diparte dalla nozione generale di trasferimento d'azienda e non dovrebbe perciò costituire una nozione contrastante e irrelata con i principi generali e con la *ratio* complessiva della disciplina, presenta tuttavia alcuni tratti differenziali, che meritano di essere considerati. Secondo l'art. 2112 c.c. (come modificato dall'art. 32 del d.lgs. n. 276/2003), la disciplina del trasferimento d'azienda si applica anche al trasferimento di parte dell'azienda, intesa come *articolazione funzionalmente autonoma* di un'attività economica organizzata, *identificata come tale dal cedente e dal cessionario al momento del suo trasferimento*. È questa la nozione più problematica dell'intera disciplina del trasferimento d'azienda, sia dal punto di vista sistematico e ricostruttivo, sia dal punto di vista della sua (diffusa) applicazione.

Anche se il legislatore (con l'art. 32, d.lgs. n. 276/2003) ha soppresso ogni riferimento (presente nel testo originario del d.lgs. n. 18/2001) al requisito della *preesistenza* e della *persistenza* dell'attività economica oggetto di trasferimento, non si vede infatti ragione per escludere la necessità di quei requisiti, che traducevano nel diritto interno, il requisito del *mantenimento* dell'identità del ramo d'azienda (come pure dell'azienda: la direttiva non distingue) previsto dalla direttiva [106]. Non pare dunque conforme al diritto dell'UE, né coerente con il carattere imperativo delle tutele accordate ai lavoratori [107], la scelta del legislatore del 2003, che sembra lasciare alla esclusiva determinazione delle parti l'individuazione, e dunque anche la qualificazione, del ramo d'azienda.

A ben vedere, d'altronde, analoga questione si pone anche nella verifica della sussistenza della "autonomia funzionale" dell'attività economica che si intende trasferire: autonomia effettivamente preesistente alla cessione o autonomia anche solo potenziale? L'interrogativo si pone, in particolare, quando oggetto del trasferimento sia un'attività che manchi di elementi materiali significativi, sino a ridursi ad un insieme di lavoratori e di funzioni che si intende "esternalizzare" [108].

---

[106] Secondo Cass. n. 13068/2005, la cessione di ramo d'azienda è legittima solo se la struttura ceduta è dotata di pregressa autonomia organizzativa ed è idonea, già all'atto della cessione, a costituire un'entità economica unitaria, finalizzata allo svolgimento di un'attività volta alla produzione di beni e servizi. In assenza di tali requisiti, non si configura la cessione di un ramo d'azienda, ma piuttosto la cessione di una pluralità di contratti di lavoro per il perfezionamento della quale è indispensabile il consenso dei lavoratori. Analogamente, Cass. n. 2489/2008 aveva escluso – con riferimento ad una fattispecie anteriore all'entrata in vigore del d.lgs. n. 276/2003 – la configurabilità di un trasferimento di ramo d'azienda in caso di cessione di «una struttura produttiva creata *ad hoc* in occasione del trasferimento o come tale identificata dalle parti del negozio traslativo, essendo preclusa l'esternalizzazione come forma incontrollata di espulsione di frazioni di attività non coordinate fra loro, di semplici reparti o uffici, di articolazioni non autonome, unificate soltanto dalla volontà dell'imprenditore».

[107] Così, con grande chiarezza, Cass. n. 21711/2012.

[108] Ci si perdoni il barbarismo dell'espressione, utilizzata per esprimere in forma sintetica una pluralità di obiettivi e di tecniche per decentrare l'attività economica, e con essa la manodopera, restando comunque *dominus* dell'attività economica complessiva.

Esempio emblematico è stato il caso Ansaldo/Manital, nel quale oggetto di esternalizzazione (con utilizzo della disciplina del trasferimento di ramo d'azienda, e con conseguente "passaggio" di dipendenti) era una serie composita di servizi tecnici e amministrativi, da una grande azienda (Ansaldo) ad una società costituita *ad hoc* (Manital). Il caso (che riguardava sia gli uffici di Genova che quelli di Milano) è stato oggetto di decisioni contrastanti da parte del foro genovese (I e II grado di giudizio) – che aveva negato che l'operazione di esternalizzazione attuata da Ansaldo costituisse una cessione di ramo d'azienda, stante la mancata preesistenza del "ramo" – e da parte del foro milanese (I e II grado di giudizio) – secondo cui invece l'autonomia del complesso di beni ceduto può essere intesa anche in senso meramente potenziale e non deve essere necessariamente già attuale nell'ambito dell'attività del cedente. La Corte di Cassazione, con le sentenze n. 15105/2002 e n. 17207/2002 aveva confermato l'interpretazione del foro genovese.

La risposta prevalente, ad oggi, da parte della dottrina maggioritaria e della Cassazione, è nel senso della necessaria attualità ed effettività dell'autonomia funzionale al momento della cessione, anche se una parte del tutto minoritaria della giurisprudenza e isolata dottrina persistono nell'affermare la sufficienza della mera potenzialità dell'autonomia del ramo ceduto, anche ove, per la sua operatività, quest'ultimo necessiti dell'indispensabile supporto di strutture rimaste nella disponibilità del cedente (come spesso avviene quando, come subito vedremo, il servizio esternalizzato sia "reinternalizzato" ricorrendo ad un appalto affidato al cessionario).

Tenuto conto dei limiti che incontra l'interpretazione conforme da parte dei giudici nazionali, il Tribunale di Trento, tramite un rinvio pregiudiziale nel 2012, ha sottoposto alla Corte di Giustizia due quesiti volti ad accertare se è conforme alla direttiva la disciplina italiana che sembra non richiedere la necessaria preesistenza dell'entità funzionalmente autonoma trasferita, da una parte, e dall'altra parte pare ammettere che si configuri il trasferimento di ramo d'azienda anche quando l'azienda cedente possa continuare ad esercitare uno stretto potere di supremazia sull'entità ceduta. Il caso riguardava l'esternalizzazione (tramite cessione qualificata da Telecom come trasferimento di ramo d'azienda) di una serie di funzioni (*IT Operations:* sviluppo *software*, gestione degli applicativi e delle infrastrutture), che l'azienda cessionaria (*TIIT*, società controllata da Telecom) aveva poi svolto sotto la direzione e il coordinamento di Telecom, in posizione di sostanziale mono-committenza.

Le risposte della Corte di Giustizia [109] sono apparentemente contraddittorie. Da una parte, infatti, rispondendo al primo quesito, la Corte conferma che «l'autonomia dell'entità ceduta deve, in ogni caso, preesistere al trasferimento», confermando così l'orientamento prevalente della Cassazione. Dall'altra, tuttavia, la Corte afferma che «l'articolo 8 della direttiva 2001/23 dispone che quest'ultima non pregiudica la facoltà degli Stati membri di applicare o di introdurre disposizioni legislative, regolamentari o amministrative più favorevoli ai lavoratori», considerando "di miglior favore" il mantenimento dell'occupazione alle condizioni garantite dal cedente. Rispondendo poi al secondo quesito, la Corte, e richiamando i precedenti, ha ritenuto che «una situazione come quella oggetto del procedimento principale, in cui l'impresa cedente esercita nei confronti del cessionario un intenso potere di

---

[109] CGE 6.3.2014, C-458/12, *Amatori e aa. vs. Telecom Italia spa e Telecom Italia Information Technology Srl, già Shared Service Center Srl.*

supremazia, che si manifesta attraverso uno stretto vincolo di committenza ed una commistione del rischio di impresa, non può costituire, di per sé, un ostacolo all'applicazione della direttiva 2001/23».

All'indomani della sentenza della Corte di Giustizia, la Cassazione [110] ha mantenuto fermo l'orientamento prevalente e consolidato nella giurisprudenza nazionale, facendo perno sulla riaffermazione, da parte della Corte di Giustizia, della necessità della preesistente autonomia del ramo. Secondo la Cassazione, infatti, «la specifica finalità perseguita dalla giurisprudenza comunitaria (volta ad agevolare il trapasso dei lavoratori al cessionario e la conservazione del posto di lavoro)» – chiaramente manifestata dalla possibilità lasciata agli stati membri di estendere il campo di applicazione della disciplina del trasferimento d'azienda, come abbiamo visto – «non è incompatibile con la finalità, perseguita dalla giurisprudenza nazionale, di impedire le esternalizzazioni che realizzino un peggioramento della posizione dei lavoratori, trattandosi di tutele volte alla protezione dei diritti dei lavoratore nell'ambito delle vicende successorie del datore di lavoro» [111].

La decisione della Corte di Giustizia, peraltro, sembra il risultato di quella eterogenesi dei fini che ha segnato, negli ultimi decenni, la disciplina del trasferimento d'azienda, e particolarmente del ramo d'azienda. L'attuale disciplina del trasferimento di ramo d'azienda, infatti, mostra il palese intento del legislatore di agevolare ogni forma di destrutturazione e riorganizzazione (giuridica) delle imprese, a fronte di cicli produttivi e *core business* sempre più mutevoli nel tempo, con successive disaggregazioni e riaggregazioni di attività in relazione agli altrettanto mutevoli obiettivi, strategici o tattici delle imprese (spesso "imprese di gruppo", come nel caso appena considerato). Occorre allora segnalare il mutamento di segno della disciplina del trasferimento d'azienda (e di ramo d'azienda, in particolare), o meglio della sua applicazione: da strumento invocato dal lavoratore di fronte ad una modifica soggettiva del datore di lavoro per vedersi garantita la continuità dell'occupazione (propriamente: del contratto di lavoro) a tecnica di esternalizzazione di attività e di lavoro, invocata dagli imprenditori per riorganizzare liberamente le proprie attività in relazione ai propri (pur legittimi, s'intende) interessi.

A conferma di tali considerazioni depone la grande quantità di pronunce in cui i lavoratori ricorrenti chiedono l'accertamento dell'assenza dei requisiti applicativi dell'art. 2112 c.c. al fine di mantenere il rapporto di lavoro alle dipendenze del cedente, non essendo interessati, a torto o a ragione, a transitare presso il cessionario.

All'esito di vicende giudiziali in cui sia stata accertata l'assenza dei requisiti applicativi dell'art. 2112 c.c., e quindi affermato il diritto del lavoratore a rimanere alle dipendenze del cedente, si è sovente posto il problema dell'inottemperanza, da parte di quest'ultimo, alla sentenza che stabilisca il ripristino del rapporto di lavoro. Il ripristino del rapporto implica una

---

[110] Sentenza n. 11832/2014; nello stesso senso, Cass. n. 28503/2018.

[111] Anche in tempi più recenti la Corte di Cassazione ha ribadito la necessità che il ramo di azienda mantenga nel trasferimento la propria identità, ritenendo che l'autonomia funzionale del ramo debba essere tale già prima del trasferimento: v. Cass. n. 18948/2021, secondo la quale «l'autonomia funzionale del ramo ceduto postula la sua capacità, già al momento dello scorporo dal complesso cedente, di provvedere a uno scopo produttivo con i propri mezzi funzionali e produttivi, transitando quindi nella sua integrità al cessionario, senza necessità di apporti da parte del cedente o di terzi».

prestazione infungibile di fare, e dunque incoercibile, da parte del datore. A stimolare l'adempimento del cedente contribuisce tuttavia l'interpretazione, avallata dalla Corte costituzionale e dalla Corte di Cassazione a Sezioni Unite [112], che riconosce natura retributiva, e non risarcitoria, alle somme dovute dal cedente inadempiente che rifiuti, senza giustificazione, la prestazione formalmente offerta dal lavoratore. Riconoscere la natura retributiva dell'obbligo ha quale conseguenza l'indetraibilità dell'*aliunde perceptum*, cioè di quanto il lavoratore ha percepito prestando la propria attività alle dipendenze del cessionario [113]. Ove fosse invece riconosciuta la natura risarcitoria delle somme, il cedente inadempiente potrebbe detrarre dal risarcimento le somme erogate dal cessionario, e con ciò cesserebbe ogni stimolo del cedente al ripristino del rapporto.

Una considerazione finale, per concludere. Molto spesso le esternalizzazioni realizzate attraverso il trasferimento di un ramo d'azienda sono accompagnate dalla stipulazione di un contratto di appalto con il cessionario del ramo d'azienda. In questo modo, attività che erano state (formalmente) esternalizzate vengono "reinternalizzate", acquisendo gli stessi servizi grazie ad un contratto con il medesimo oggetto [114].

Oggi, a tutela dei lavoratori trasferiti alle dipendenze del soggetto con il quale l'originario datore abbia stipulato un contratto di appalto per lo svolgimento della stessa attività, interviene l'ultimo comma dell'art. 2112 c.c. [115]: «nel caso in cui l'alienante stipuli con l'acquirente un contratto di appalto la cui esecuzione avviene utilizzando il ramo d'azienda oggetto di cessione, tra appaltante e appaltatore opera un regime di solidarietà di cui all'art. 29, c. 2, d.lgs. 10.9.2003, n. 276». Nessun diritto ulteriore, nessuna "protezione" specifica, ma almeno il riconoscimento espresso della responsabilità solidale tra cedente-appaltante e cessionario-appaltatore.

Resta infine da considerare che in caso di trasferimento di ramo d'azienda è evidente la delicatezza del procedimento di individuazione dei lavoratori trasferiti "insieme" al ramo d'azienda, soprattutto ove si ritenga massima la discrezionalità dei contraenti nell'individuare l'attività trasferita e i suoi confini.

Difficile e incerta può risultare la soluzione del problema quando uno o più lavoratori svolgano mansioni effettivamente destinate a soddisfare le esigenze di diverse articolazioni dell'impresa, e non solo dell'attività economica organizzata oggetto di cessione (ricorrendo spesso la giurisprudenza alla valutazione della "prevalente destinazione" dei compiti svolti dal prestatore di lavoro).

---

[112] Corte cost. n. 29/2019; Cass. S.U. n. 2990/2018.

[113] Cass. n. 17785/2019; Cass. n. 7977/2020; Cass. n. 5413/2022.

[114] Ma naturalmente l'appalto deve essere legittimo, senza intromissioni dell'appaltante: non lo è (e i rapporti dovranno essere imputati all'effettivo utilizzatore delle prestazioni) quando il servizio appaltato sia svolto con sistematiche intromissioni dell'appaltante nella gestione del personale (ad es. imponendo la rimozione di personale adibito ad una determinata mansione) e utilizzando sistemi operativi dell'appaltante che gestiva i dati di accesso dei lavoratori (Trib. Catania 4.11.2021).

[115] Nella sua formulazione *ex* l. n. 251/2004: il testo precedente (introdotto dall'art. 32 del d.lgs. n. 276/2003) prevedeva la mera applicazione dell'art. 1676 c.c. (*retro*), con la conseguente evidente irrazionale (e dunque illegittima) disparità di trattamento dei lavoratori "esternalizzati" rispetto a qualunque altro lavoratore dipendente da un appaltatore.

Parte VIII

LA CESSAZIONE DEL RAPPORTO DI LAVORO

Capitolo I

IL RECESSO UNILATERALE

SOMMARIO: 1. Il recesso unilaterale. – 1.1. Il preavviso.

1. *Il recesso unilaterale*

Il recesso (manifestazione unilaterale della volontà di recedere dal contratto) costituisce lo strumento principale e pressoché esclusivo per porre termine ad un rapporto di lavoro a tempo indeterminato; la scadenza del termine è invece il modo ordinario di cessazione del contratto di lavoro a tempo determinato. La maggioranza degli interpreti ritiene l'istituto del recesso integralmente sostitutivo dello strumento ordinario della risoluzione giudiziale del contratto per inadempimento, in ragione della specialità del contratto di lavoro. Tuttavia, per quanto il recesso del datore di lavoro e del lavoratore costituiscano modalità tipiche di cessazione del rapporto di lavoro a tempo indeterminato, altre modalità di estinzione del rapporto (come la risoluzione per mutuo consenso) sono possibili e ammesse (*infra*), altre invece sono inevitabili (la morte del lavoratore).

Il recesso unilaterale dal rapporto di lavoro, nella sua fondamentale struttura, trova ancora oggi disciplina nelle disposizioni del codice civile, ispirate ai principi della libertà contrattuale e dell'eguaglianza delle parti del contratto: l'art. 2118 c.c. regola il recesso unilaterale con preavviso (dal rapporto di lavoro a tempo indeterminato); l'art. 2119 c.c. regola il recesso unilaterale senza preavviso (dal rapporto di lavoro sia a tempo indeterminato, sia a termine), esercitabile da ciascuna delle parti in presenza di una giusta causa (*infra*, Cap. II, Sez. II).

Il recesso unilaterale del datore di lavoro prende il nome di "licenziamento", il recesso del lavoratore prende il nome di "dimissioni".

Il recesso è definito come negozio giuridico unilaterale recettizio; la dottrina attribuisce ad esso il carattere della irretroattività, nel senso che l'effetto estintivo, essendo collegato alla sua comunicazione, non può che prodursi successivamente alla manifestazione di volontà.

1.1. *Il preavviso*

Elemento fondamentale di distinzione tra il recesso disciplinato dall'art. 2118 c.c. e quello disciplinato dall'art. 2119 c.c. è il preavviso, presente nel primo caso e assente nel secondo. Ai sensi dell'art. 2118 c.c., nel contratto di lavoro a tempo indeterminato la parte recedente è obbligata a "dare il preavviso"; «in mancanza di preavviso, il recedente è tenuto verso l'altra parte a un'indennità equivalente all'importo della retribuzione che sarebbe spettata per il periodo di preavviso» (art. 2118, c. 2).

Il preavviso è un periodo di tempo durante il quale il rapporto di lavoro prosegue a tutti gli effetti (e durante il quale anche la prestazione di lavoro si svolge regolarmente); la durata del preavviso è fissata dai contratti collettivi (o, in mancanza, è stabilita secondo gli usi o l'equità) ed è variabile in ragione del livello d'inquadramento e dell'anzianità di servizio del prestatore di lavoro. Il periodo di preavviso ha la funzione di consentire al lavoratore licenziato di organizzare la propria esistenza usufruendo di un tempo minimo per trovarsi un'altra occupazione e al datore di lavoro di reperire un altro lavoratore, quando sia il suo dipendente a dimettersi. Tale funzione spiega perché il preavviso non sia previsto quando il momento della cessazione del rapporto sia fissato fin dall'inizio (come avviene, ad esempio, nel contratto a tempo determinato, o nei rapporti con clausola di durata minima garantita).

Sulla efficacia del preavviso le opinioni divergono: il problema è, in sostanza, quello di stabilire se l'obbligo di dare il preavviso abbia effetto sul rapporto, nel senso di determinarne la continuità fino alla scadenza del periodo di preavviso, o se, al contrario, avendo previsto l'art. 2118 la possibilità per il recedente di sostituire il periodo di preavviso con il pagamento di un'indennità sostitutiva, il recedente che decida per il pagamento dell'indennità possa far cessare il rapporto al momento in cui la comunicazione del recesso perviene al destinatario.

Un orientamento interpretativo, che pare ormai consolidato nella giurisprudenza della Cassazione [1], attribuisce *efficacia* meramente *obbligatoria* al preavviso. Secondo questo orientamento, sulla parte che recede grava un'obbligazione alternativa; il recedente può quindi optare per il pagamento dell'indennità sostitutiva con estinzione immediata del rapporto.

Secondo un altro orientamento interpretativo (precedentemente seguito anche dalla Cassazione), che tiene in considerazione l'interesse della parte che subisce il recesso, il preavviso ha invece *efficacia reale* [2]: il preavviso costituisce cioè un termine legale che sospende l'efficacia del negozio di recesso, e comporta la prosecuzione del rapporto e di tutte le obbligazioni connesse fino alla scadenza di tale termine; pertanto il recedente non può unilateralmente disporre la sostituzione di tale periodo con il pagamento dell'indennità sostitutiva, ponendo in tal modo fine al rapporto prima della scadenza del termine previsto [3]. Le parti possono tuttavia accordarsi per porre

---

[1] Cass. ord. n. 2734/2021; Cass. n. 13988/2017; ma già in precedenza Cass. n. 21216/2009; Cass. n. 11740/2007.

[2] Cass. n. 17334/2004.

[3] Se il preavviso ha efficacia reale, il recesso produce i suoi effetti solo alla scadenza del periodo di preavviso: ne consegue che l'offerta, da parte del recedente, dell'indennità sostitutiva del preavviso non è di per sé sufficiente ad estinguere immediatamente il rapporto, e neppure a sostituire il preavviso "lavorato" (vale a dire la normale esecuzione della prestazione lavorativa durante il periodo di preavviso). Dall'efficacia reale del preavviso discende, come ulteriore conseguenza, che spettano al lavoratore gli eventuali incrementi salariali correlati all'entrata in vigore, in tale periodo, di un nuovo contratto collettivo; inoltre, durante il periodo di preavviso il lavoratore ha diritto di godere

immediatamente termine al rapporto: l'accettazione (anche tacita o per comportamenti concludenti, secondo la giurisprudenza) dell'indennità sostitutiva del preavviso, con conseguente esonero dalle prestazioni per il periodo di preavviso previsto dal contratto, si configura come un accordo solutorio (ovvero come una risoluzione consensuale), che viene a sovrapporsi al recesso unilaterale, e il cui effetto è l'immediata cessazione del rapporto di lavoro.

La disciplina del preavviso è inderogabile: la giurisprudenza ha considerato perciò nulle le clausole risolutive, contenute in alcuni contratti collettivi [4], che prevedono la cessazione automatica del contratto (*ipso jure*, dunque senza preavviso) al verificarsi di un determinato evento (come il raggiungimento dell'età pensionabile, ovvero la maturazione del diritto alla pensione di vecchiaia) [5].

Per quanto riguarda infine l'indennità sostitutiva del preavviso, di cui all'art. 2118, c. 2, c.c., le regole in materia di computo, basate su un principio di onnicomprensività, sono dettate dall'art. 2121 c.c. [6]. In caso di *morte del lavoratore*, l'indennità deve essere corrisposta ai soggetti individuati dall'art. 2122 c.c., c. 1, nei confronti dei quali svolge una funzione eminentemente assistenziale; in mancanza delle persone indicate al c. 1, l'indennità è attribuita secondo le norme della successione legittima (c. 3), ma il lavoratore può disporre dell'indennità per testamento [7].

---

delle ferie (e ciò comporta lo spostamento *ope legis* del termine finale del preavviso); anche la sopravvenienza della malattia durante il preavviso sospende, entro i limiti del comporto, il decorso del preavviso.

[4] I casi più noti, perché affrontati spesso dalla giurisprudenza, sono quelli dei contratti collettivi dell'Enel e delle Poste. Cfr. Cass. n. 17987/2003, secondo cui il contratto collettivo di diritto comune non può regolare un rapporto di lavoro a tempo indeterminato in modo da snaturare il tipo legale mediante la previsione della sua cessazione automatica.

[5] La Cassazione (n. 19660/2019) ha affermato la piena legittimità di un accordo collettivo sottoscritto *ex* art. 8, l. n. 148/2011, ove le parti, al fine di ridurre le conseguenze negative per l'occupazione della crisi aziendale, hanno deliberato la rinuncia al pagamento a favore dei lavoratori licenziati della indennità sostitutiva del preavviso. Secondo la Corte, essendo l'indennità un'obbligazione pecuniaria, può essere negoziata e costituire oggetto di rinuncia (così già Cass. n. 12636/2015), senza che ciò comporti il contrasto con l'art. 4 CSE, che stabilisce il diritto del lavoratore ad un ragionevole periodo di preavviso. Il problema della inderogabilità del preavviso si pone tuttavia ove il datore di lavoro abbia optato per la cessazione immediata del rapporto (opzione legittima, alla luce della tesi dell'efficacia obbligatoria e non reale del preavviso), perché in tal caso la rinuncia alla indennità sostitutiva, eventualmente concordata con accordo collettivo, priverebbe in sostanza il lavoratore del diritto al preavviso. In ogni caso, se il lavoratore rinuncia all'indennità sostitutiva del preavviso la rinuncia non ha effetto sull'obbligazione contributiva del datore di lavoro verso l'INPS: Cass. n. 12932/2021, in *Labor*, 6, 2021, p. 707, nt. Bolego, in un caso di revoca del licenziamento per fatti concludenti.

[6] In passato un'opinione diffusa attribuiva all'indennità sostitutiva del preavviso natura risarcitoria (risarcimento del danno derivante dalla mancata concessione del preavviso); attualmente la S.C. è orientata nel senso dell'attribuzione all'indennità della *natura retributiva* (da ult. Cass. n. 12932/2021, cit.). Come l'indennità sostitutiva delle ferie, secondo la giurisprudenza, anche l'indennità sostitutiva del preavviso rientra nella base di calcolo del TFR, essendo dovuta in dipendenza del rapporto di lavoro.

[7] Corte cost. n. 8/1972, ha dichiarato illegittimo il c. 3 dell'art. 2122 c.c., nella parte in cui esclude che il lavoratore possa disporre per testamento dell'indennità in caso di morte.

Capitolo II

I LICENZIAMENTI INDIVIDUALI

Introduzione: evoluzione della disciplina dei licenziamenti individuali e pluralità dei regimi giuridici

L'attuale disciplina dei licenziamenti individuali è costituita da un complesso di disposizioni contenute in diverse leggi, che si sono succedute nel tempo senza che mai la legge successiva abrogasse e sostituisse completamente la legge precedente: questa formazione alluvionale ha dato luogo ad una disciplina dei licenziamenti estremamente complessa, nella quale convivono, talora intrecciandosi, regimi diversi tra loro.

Brevemente riassumendo le tappe del percorso che ha portato la disciplina dei licenziamenti fino all'attuale assetto della materia, ricordiamo che, nella pratica, l'istituto del licenziamento con preavviso era già largamente conosciuto tra la fine del secolo XIX e l'inizio del secolo XX: infatti, benché all'epoca l'art. 1628 c.c. prevedesse la necessaria temporaneità dei vincoli obbligatori, i contratti di lavoro *sine die* erano utilizzati nel settore industriale[1]. Il R.d. n. 1825/1924, rovesciando la regola fissata nell'art. 1628 c.c., stabilì la normale durata indeterminata del contratto di impiego privato, prevedendo che nessuna delle parti potesse recedere dal contratto a tempo indeterminato senza «previa disdetta e senza indennità». Il codice civile del 1942 ripropose, senza variazioni notevoli, la precedente disciplina del recesso unilaterale con preavviso (detto *ad nutum*, cioè con un cenno del capo); questa disciplina (così come quella del licenziamento per giusta causa di cui all'art. 2119 c.c.) è rimasta immutata fino all'intervento del legislatore del 1966 (l. 15.7.1966, n. 604). Solo con questa legge è stata introdotta una disciplina limitativa dei licenziamenti individuali, che finalmente ha previsto la necessaria giustificazione del licenziamento e il pagamento di un'indennità risarcitoria in caso di licenziamento non giustificato (cosiddetta *tutela obbligatoria*). La legge n. 604/1966 lasciava però in vita il licenziamento *ad nutum* in una non piccola area di imprese e organizzazioni, e per un'area non irrilevante di lavoratori (*infra*, Sez. III, § 4).

La legge era stata preceduta da una serie di Accordi interconfederali (AI), a partire dall'AI del 1947, stipulato a ridosso della scadenza del blocco dei licenziamenti, e successivamente dagli AI del 1950 (due diversi accordi, uno sui licenziamenti individuali, l'altro sui licenziamenti collettivi per riduzione del personale), e infine dagli AI del 1965, gli ultimi stipulati in questa materia. Una disciplina convenzionale, intrinsecamente debole anche a causa della limitata

---

[1] La dottrina del tempo aveva ritenuto sufficiente, per salvaguardare la libertà contrattuale delle parti, estendere dalla «locazione senza determinazione di tempo» (art. 1609 c.c. del 1865) alla locazione delle opere a tempo indeterminato la disciplina della disdetta volontaria con preavviso.

efficacia del contratto collettivo nel nostro ordinamento, non poteva certo porsi come fonte alternativa rispetto alla legge[2]: di questo si prese progressivamente atto, via via che si faceva strada la convinzione che l'assoluta libertà di licenziamento consentita dall'art. 2118 c.c. non fosse più compatibile con i principi enunciati negli artt. 4 e 41, c. 2, Cost. La sollecitazione al Parlamento venne dalla Corte costituzionale (sentenza n. 45/1965), che respinse la questione di costituzionalità dell'art. 2118, ma sfruttò l'occasione appunto per sollecitare il legislatore ad intervenire ponendo limiti al potere di licenziamento[3]. La sollecitazione della Corte venne colta dal Parlamento l'anno successivo.

Un passo decisivo sulla via del superamento del licenziamento *ad nutum* venne compiuto dallo Statuto dei lavoratori (l. n. 300/1970, art. 18). Si trattava di una svolta radicale, perché oltre a prevedere espressamente la *invalidità* del licenziamento ingiustificato (cosa che la l. n. 604/1966 non faceva), l'art. 18 introduceva la sanzione della *reintegrazione nel posto di lavoro*, vale a dire la *tutela in forma specifica* del diritto del lavoratore a riprendere il posto di lavoro dal quale fosse stato ingiustamente estromesso (cosiddetta *tutela reale*).

La svolta era radicale, ma non tutti i lavoratori potevano beneficiarne: anche questo nuovo intervento del legislatore, a causa della (infelice) definizione del campo di applicazione, sostituiva solo in parte la disciplina precedente, determinando un complicato intreccio di regimi dei licenziamenti, su cui torneremo oltre (Sez. III).

Neppure un successivo intervento del legislatore ha messo definitivamente da parte quel licenziamento *ad nutum* da cui ha preso avvio il lungo e accidentato viaggio della disciplina limitativa dei licenziamenti. Emanata al fine di evitare lo svolgimento di un *referendum*, i cui esiti erano fortemente temuti[4], la l. 11.5.1990, n. 108, ha modificato i campi di applicazione delle discipline, ed ha esteso il principio della necessaria giustificazione del licenziamento anche in aree nelle quali era ancora consentito al datore di lavoro recedere *ad nutum*, senza riuscire tuttavia a centrare pienamente l'obiettivo di dare alla giustificazione del licenziamento quella valenza di principio generale di civiltà giuridica che pure avrebbe meritato.

Rimasta immutata per venti anni, la disciplina dei licenziamenti individuali ha conosciuto negli ultimi anni una nuova fase di evoluzione; alcuni interventi del legislatore e della Corte costituzionale hanno profondamente modificato l'assetto precedente.

Un primo passo è stato compiuto dalla l. n. 183/2010 (nota come "Collegato lavoro"), che è intervenuta essenzialmente sul versante processuale, riducendo i termini per l'impugnazione dei licenziamenti; molto più incisivo il successivo intervento del

---

[2] Gli AI del 1950 furono estesi *erga omnes* rispettivamente con d.P.R. n. 1011/1960 (licenziamenti individuali) e con d.P.R. n. 1019/1960 (licenziamenti collettivi), emanati ai sensi della l. 14.7.1959, n. 741 (legge Vigorelli), ma l'estensione venne in parte annullata dalla Corte cost. n. 50/1966, in *GI*, 1966, I, 1, c. 1553, relativa al d.P.R. n. 1011/1960, e n. 8/1966, in *FI*, 1966, I, c. 201, relativa al d.P.R. n. 1019/1960. L'AI del 1965 sui licenziamenti collettivi ha avuto una vita assai più lunga di quello sui licenziamenti individuali: *infra*, Cap. III.

[3] Sulla sentenza n. 45/1965, *infra*, Sez. II.

[4] Il *referendum* chiedeva la rimozione dei limiti al campo di applicazione dell'art. 18 St. lav., e dunque l'estensione della tutela in forma specifica (reintegrazione) contro i licenziamenti ingiustificati o comunque invalidi. Il *referendum* venne dichiarato ammissibile dalla Corte cost. (sentenza n. 65/1990).

legislatore (l. n. 92/2012, nota come "riforma Monti-Fornero", o "riforma Fornero", art. 1, cc. 37-69, che ha introdotto una profonda modifica dell'art. 18 St. lav., il cui fondamentale obiettivo non era più l'estensione della tutela contro i licenziamenti ingiustificati, ma, al contrario, la riduzione dell'ambito di applicazione della tutela in forma specifica (reintegrazione), nel contesto di un complessivo alleggerimento dell'apparato sanzionatorio.

A seguito delle modifiche introdotte dalla l. n. 92/2012, la disciplina dei licenziamenti continua a prevedere (ma solo per i lavoratori assunti con contratto a tempo indeterminato prima del 7.3.2015, data di entrata in vigore del d.lgs. 4.3.2015, n. 23) diverse modalità, o aree di tutela, caratterizzate da diversi insiemi di regole, i cui campi di applicazione, a differenza di quanto avveniva prima della riforma, si intrecciano.

Sintetizzando quanto avremo modo di approfondire oltre (Sez. III), dopo la l. n. 92/2012 possiamo distinguere quattro diverse aree di tutela contro i licenziamenti illegittimi: una prima area è quella della *tutela (o stabilità) reale*, nella quale l'invalidazione del licenziamento dà luogo al diritto del lavoratore al risarcimento del danno ed alla reintegrazione nel posto di lavoro. Una seconda area (articolata dalla l. n. 92/2012 in più sotto-aree) è quella della *tutela (o stabilità)* che chiameremo d'ora in avanti *indennitaria* (per evitare confusioni con la tutela obbligatoria di cui alla l. n. 604/1966), nella quale il licenziamento ingiustificato è illecito ma valido: il rapporto di lavoro si estingue, ma il lavoratore ha diritto ad una indennità risarcitoria di entità variabile entro un minimo e un massimo. Una terza area è quella nella quale trova ancora applicazione la *tutela obbligatoria* (l. n. 604/1966); nella quarta area trova applicazione la regola residuale del licenziamento *ad nutum* (art. 2118 c.c.).

Ferma restando l'area residuale di applicazione dell'art. 2118 c.c., i regimi dei licenziamenti come disciplinati a seguito dell'intervento della l. n. 92/2012 costituiscono ormai una *disciplina vigente, ma in via di progressivo esaurimento*, essendo applicabile – come già detto – ai contratti di lavoro stipulati prima del 7.3.2015, ma non ai nuovi *contratti di lavoro a tempo indeterminato a tutele crescenti* (d'ora in avanti: CTC) stipulati dopo quella data[5]. Infatti, per i contratti di lavoro a tutele crescenti, la legge-delega n. 183/2014 e il d.lgs. n. 23/2015 hanno previsto un nuovo regime dei licenziamenti individuali assai più favorevole al datore di lavoro. La nuova disciplina dei licenziamenti, generalmente applicabile nel settore privato (*infra*, Sez. IV) prevede la generalizzazione della tutela meramente indennitaria (indennità che questa volta il legislatore aveva – nella versione originaria della legge e prima dell'intervento della Corte costituzionale – rigidamente predeterminato in ragione della sola anzianità di servizio, con riduzione ulteriore (rispetto a quella già realizzata dalla l. n. 92/2012)

[5] In linea meramente teorica non è escluso che, anche dopo il 7.3.2015, possano essere stipulati contratti di lavoro a tempo indeterminato "vecchia maniera" (ai quali resterebbe applicabile il vecchio regime dei licenziamenti, come modificato dalla l. n. 92/2012). Le cronache segnalano qualche caso di accordo aziendale nel quale l'applicazione del vecchio regime dei licenziamenti è prevista come *benefit* per i nuovi assunti: non si tratta, è bene precisarlo, di accordi in deroga alla legge (in applicazione dell'art. 8, l. n. 148/2011), perché da un lato la legge-delega n. 183/2014 e il d.lgs. n. 23/2015 non obbligano ad applicare la disciplina del contratto a tutele crescenti a tutti i nuovi assunti, e d'altro lato è certamente ammissibile la derogabilità in senso più favorevole al lavoratore da parte dell'autonomia individuale e collettiva.

dell'ambito di applicazione della tutela reale, limitata ormai a due soli casi: il licenziamento inefficace per vizio di forma o nullo (licenziamento discriminatorio o riconducibile agli altri casi di nullità espressamente previsti dalla legge); il licenziamento disciplinare nel quale sia accertata la insussistenza del fatto materiale contestato al lavoratore.

Il quadro ha subito successivamente ulteriori modificazioni.

Merita anzitutto segnalare che la proposta di *referendum* abrogativo delle discipline dei licenziamenti introdotte dalla l. n. 92/2012 e dal d.lgs. n. 23/2015, promossa dalla CGIL e sostenuta dalla sottoscrizione di più di tre milioni di cittadini, era stata dichiarata inammissibile dalla Corte costituzionale (sentenza n. 26/2017)[6], lasciando così tali discipline immutate. A mutarle è intervenuto anzitutto il legislatore: nel cosiddetto "decreto dignità" (d.l. n. 87/2018, conv. con modifiche in l. n. 96/2018), sono stati aumentati gli importi minimo e massimo dell'indennità prevista nel contratto a tutele crescenti per il licenziamento ingiustificato, senza tuttavia modificare il sistema di calcolo: l'aumento dell'indennità era rimasto perciò rigido e predeterminato in ragione della sola anzianità di servizio. È successivamente intervenuta la Corte costituzionale (sentenza n. 194/2018, alla quale hanno fatto seguito altre sentenze di cui daremo conto oltre), che ha cancellato la predeterminazione dell'ammontare dell'indennità, restituendo al giudice il potere di calcolare, entro i nuovi limiti minimo e massimo stabiliti dal "decreto dignità", l'indennità dovuta al lavoratore ingiustamente licenziato, tenendo conto di altri fattori oltre all'anzianità di servizio.

Un ultimo intervento del legislatore, di cui abbiamo già detto, è contenuto nel *Codice della crisi d'impresa e dell'insolvenza* (CCII) (d.lgs. n. 14/2019, art. 376), che ha modificato il secondo comma dell'art. 2119 c.c., al fine di coordinarne il testo con le innovazioni introdotte dal codice medesimo[7].

Di tutto ciò parleremo ampiamente nei prossimi paragrafi. Ma per completare questo breve *excursus* nelle vicende della disciplina dei licenziamenti non si può omettere di ricordare che, al momento dello scoppio della pandemia da Covid-19, il Governo allora in carica ha imposto per decreto-legge il *blocco dei licenziamenti individuali per giustificato motivo oggettivo* (detto nel linguaggio non tecnico "motivo economico") e *dei licenziamenti collettivi per riduzione del personale*. Il blocco (dal quale restano esclusi i licenziamenti disciplinari), previsto all'origine per un periodo di due mesi, è stato via via prorogato, decreto dopo decreto, ed è definitivamente sca-

---

[6] La proposta di *referendum* è stata dichiarata inammissibile dalla Corte costituzionale sulla base dei criteri che la Corte pone a fondamento del proprio giudizio di ammissibilità costituzionale: chiarezza, omogeneità, univocità, assenza di "manipolazione" (che si verifica quando l'abrogazione nasconde la formulazione di una norma nuova). Nella specie – ad avviso della Corte – il quesito referendario, oltre a non essere univoco, era manipolatorio (l'abrogazione di un frammento normativo avrebbe comportato una nuova definizione dell'ambito di applicazione dell'art. 18 St. lav.).

[7] Le modifiche al c.c. apportate dal CCII sono entrate in vigore il 16.3.2019, ma non la modifica all'art. 2119 (art. 376, d.lgs. n. 14/2019) contenuta nelle sezioni del CCII la cui entrata in vigore è attualmente fissata al 15.7.2022 (d.l. n. 36/2022, conv. in l. n. 79/2022). Il CCII (con gli artt. 189 e 368, anch'essi con entrata in vigore posticipata) interviene anche sulla disciplina dei licenziamenti collettivi: ne parleremo nel capitolo dedicato alla materia.

duto il 31.12.2021 [8]. Si trattava di una misura eccezionale (il solo precedente risale al periodo 1945-47), che trovava scarso riscontro nelle misure adottate in altri paesi europei. Dal punto di vista giuridico il blocco dei licenziamenti era un vero e proprio divieto, interpretato anche dai giudici (nelle poche sentenze emesse al riguardo) in modo rigoroso: dalla violazione del divieto derivava la nullità del licenziamento con diritto del lavoratore licenziato alla reintegrazione nel posto di lavoro [9]; restava tuttavia controversa l'applicazione del divieto anche al licenziamento "economico" individuale dei dirigenti, in considerazione della loro esclusione sia dal campo di applicazione della disciplina legale dei licenziamenti, sia da quello della CIG ordinaria e straordinaria [10].

Secondo un'opinione largamente diffusa, e sulla quale si può convenire, la limitazione alla libertà d'impresa garantita dall'art. 41, c. 1, Cost., è giustificata solo se temporanea. Alcuni interpreti aggiungono che per essere giustificata la limitazione deve essere altresì contro-bilanciata dal sostegno finanziario dello Stato. È una tesi questa che merita di essere discussa, tenendo conto dei doveri di solidarietà sociale che la stessa Costituzione (artt. 2, 4, 41, c. 2) pone a carico degli imprenditori, alla luce dei quali una situazione di emergenza sociale, come quella creata dalla pandemia, può giustificare la temporanea compressione del potere dell'imprenditore di licenziare, senza che la collettività debba necessariamente farsi carico dei costi sopportati dall'impresa.

Nell'esperienza conclusasi alla fine del 2021, la temporaneità del blocco dei licenziamenti è stata rispettata, anche se la durata (un anno e tre mesi in generale, con ulteriore prolungamento di tre o di sei mesi in alcuni casi particolari) è stata considerevole. È stato altresì rispettato il contro-bilanciamento. A partire dal primo d.l. (marzo 2020) il blocco dei licenziamenti è stato infatti controbilanciato dal massiccio intervento dello Stato per finanziare gli ammortizzatori sociali che permettevano ai datori di lavoro di non sopportare il costo del mantenimento in servizio dei lavoratori in una fase di forte riduzione dell'attività produttiva. In particolare si è trattato del-

---

[8] Il d.l. n. 104/2020, c.d. "decreto Agosto", modificato dalla legge di conversione n. 126/2020, aveva segnato il passaggio da un divieto di carattere generale, ad un divieto soggetto alle tre seguenti eccezioni: la cessazione definitiva dell'attività dell'impresa; l'accordo collettivo aziendale, stipulato dalle organizzazioni sindacali comparativamente più rappresentative a livello nazionale, che preveda incentivi alla risoluzione del rapporto di lavoro, limitatamente ai lavoratori che aderiscono al predetto accordo; i licenziamenti intimati in caso di fallimento, quando non sia previsto l'esercizio provvisorio dell'impresa, ovvero ne sia disposta la cessazione.

[9] Trib. Roma 7.9.2021; Trib. Milano 2.7.2021, relativa ad un licenziamento collettivo. Il blocco dei licenziamenti si applica anche ai licenziamenti per sopravvenuta inidoneità del lavoratore alla mansione (Trib. Ravenna 7.1.2012; Nota INL 298/2020).

[10] Escludono l'applicabilità del blocco ai dirigenti, con l'argomento che i dirigenti sono esclusi dal campo di applicazione delle disposizioni richiamate nei decreti (art. 3, l. n. 604/1966) e della CIG ordinaria e straordinaria: Trib. Roma 6.4.2021; Trib. Roma 19.4.2021. Nel senso dell'applicazione del blocco anche ai dirigenti Trib. Milano 10.11.2021: il giudice ha ritenuto che il divieto di licenziamento dovesse applicarsi anche ai dirigenti sulla base di una interpretazione complessiva e costituzionalmente orientata della disciplina; ad avviso del giudice una diversa lettura, anche considerando l'applicazione ai dirigenti del divieto di licenziamenti collettivi, darebbe luogo ad una irragionevole disparità di trattamento.

l'estensione dell'intervento della Cassa integrazione guadagni (CIG) anche alle imprese che ordinariamente ne erano escluse; la CIG, che assumeva la causale specifica Covid-19, diveniva gratuita (nel regime ordinario le imprese destinatarie sono tenute al pagamento dei contributi); il finanziamento era di conseguenza a totale carico dello Stato. Detto in parole povere, si è verificato uno scambio tra divieto di licenziare e aiuto finanziario dello Stato [11].

La scadenza definitiva del blocco dei licenziamenti non ha determinato quella "valanga" di licenziamenti che le stesse parti sociali si attendevano, e che le ha indotte a formulare un "avviso comune", nel quale si impegnano a raccomandare l'utilizzazione degli ammortizzatori sociali come alternativa ai licenziamenti. La formulazione è debole e non facilita certamente una interpretazione nel senso del carattere vincolante dell'avviso [12].

Con la cessazione del blocco dei licenziamenti tornano pienamente in funzione le regole ordinarie, delle quali ci occuperemo nei prossimi paragrafi di questo capitolo, nel quale provvederemo ad una esposizione il più ordinata possibile di una materia, che resta alquanto caotica. A tal fine procederemo distinguendo anzitutto il regime giuridico dei licenziamenti inefficaci e nulli, che godono di una disciplina (quasi) generale, dal regime giuridico dei licenziamenti ingiustificati, ai quali si applicano invece discipline molto differenziate.

---

[11] Secondo Trib. Venezia 17.5.2021, il blocco dei licenziamenti si applica anche ai datori di lavoro che decidano di non ricorrere ad alcun ammortizzatore sociale; l'esclusione legittimerebbe infatti il datore di lavoro ad applicare il divieto di licenziare a propria discrezione, e ciò non sarebbe coerente con gli interessi generali perseguiti dal legislatore.

[12] In questo senso Trib. Firenze 20.9.2021, sul caso della chiusura dello stabilimento GKN e delocalizzazione della produzione.

Sezione I

LICENZIAMENTI INEFFICACI E NULLI. FATTISPECIE E REGIME SANZIONATORIO

Premessa: la distinzione tra licenziamenti nulli e licenziamenti ingiustificati

Nell'introduzione di questo capitolo dedicato ai licenziamenti individuali abbiamo sommariamente ricostruito il percorso della nostra legislazione, che ha attraversato fasi diverse e ci presenta attualmente un insieme alquanto complesso di discipline, che si intrecciano e talora si sovrappongono, tanto da renderne difficile la comprensione anche a giuristi competenti ed esperti. In questo quadro, che cercheremo di districare via via, possiamo cominciare ad individuare un'area che gode, nel diritto attualmente vigente, di una disciplina quasi generale e (relativamente) compatta: l'area dei licenziamenti nulli, ai quali è dedicata questa sezione.

Alla base della autonomia dell'area dei licenziamenti nulli (ai quali possiamo assimilare quelli inefficaci per vizio di forma), rispetto all'area dei licenziamenti ingiustificati, cui saranno dedicate le sezioni successive, possiamo porre un principio, formulato dalla Corte costituzionale, fin dalla sentenza n. 45/1965, nella quale aveva affermato che, alla luce del diritto al lavoro sancito dall'art. 4 Cost., la libertà di licenziare non è un «principio fondamentale» del nostro ordinamento, e che il licenziamento «deve essere sorretto da una causa coerente con i principi fondamentali dell'ordinamento» (come vedremo meglio oltre, il principio è altresì conforme al diritto dell'UE, nel quale la giustificazione del licenziamento ha il valore di regola generale) [1]. Il dato-

[1] Richiamata dall'art. 136 TCE (ora 151 TFUE), la CSE prevede, in particolare (art. 24), l'impegno delle parti contraenti a riconoscere il diritto dei lavoratori a non essere licenziati senza un

re di lavoro può dunque licenziare il lavoratore da lui dipendente, ma per farlo legittimamente deve poter addurre una "giustificazione", vale a dire una ragione che, secondo legge, è necessaria e sufficiente.

Le giustificazioni dotate di queste caratteristiche sono previste dalla legge: le esamineremo oltre (Sez. II); i licenziamenti nei quali le ragioni addotte non sono sufficienti, o sono addirittura insussistenti sono licenziamenti ingiustificati, soggetti, nella legislazione attualmente vigente, a regimi sanzionatori differenziati (Sez. IV).

Ma vi sono ragioni che certamente non possono in alcun caso essere addotte dal datore di lavoro per licenziare. Sono le ragioni che entrano direttamente in conflitto con i diritti fondamentali dei lavoratori (eguaglianza, non discriminazione, dignità e libertà: *retro*, PT. V) ai quali l'ordinamento assicura una tutela, che trova un rafforzamento rilevante proprio nel divieto di licenziare e nell'applicazione di un regime sanzionatorio che garantisce al lavoratore quella "tutela in forma specifica" che consiste nella restituzione del bene (il posto di lavoro) di cui è stato illegittimamente privato: si tratta della *reintegrazione nel posto di lavoro*, nella forma *piena* già prevista dall'art. 18 St. lav. nella formulazione originaria, e confermata, salvo qualche ritocco, anche nella legislazione successiva (*infra*, *sub* B).

Come vedremo meglio entrando nel merito, il regime giuridico dei licenziamenti nulli è di applicazione pressoché generale, ma anche in questo caso non mancano né le eccezioni e neppure le incongruenze.

A) VIZIO DI FORMA E CAUSE DI NULLITÀ DEL LICENZIAMENTO

1. *La forma del licenziamento*

La forma scritta della comunicazione del licenziamento è richiesta *ad substantiam*; tale requisito risponde all'esigenza, sottolineata dalla Corte costituzionale, di «tutelare l'essenziale interesse della parte più debole del rapporto a conoscere e ad impugnare l'atto nel termine decorrente dalla data di notifica dello stesso»[2].

Secondo quanto previsto dall'art. 2, cc. 1 e 2, l. n. 604/1966, come modificato dall'art. 1, c. 37, l. n. 92/2012, il datore di lavoro, imprenditore o non imprenditore, deve comunicare per iscritto il licenziamento al prestatore di lavoro; «la comunicazione del licenziamento deve contenere la specificazione dei motivi che lo hanno determi-

---

valido motivo legato alle loro attitudini o alla loro condotta o basato sulle necessità di funzionamento dell'impresa, dello stabilimento o del servizio. Ancora: la CDFUE, all'art. 30, dispone: «ogni lavoratore ha il diritto alla tutela contro ogni licenziamento ingiustificato, conformemente al diritto comunitario e alle legislazioni e prassi nazionali». Il testo dell'art. 30 è assai conciso, e più povero di quello dell'art. 24 della CSE; l'applicabilità diretta dell'art. 30 nel diritto interno è controversa, e l'opinione prevalente esclude che possa fondarsi su di esso il diritto di ogni lavoratore alla giustificazione del licenziamento, nonché ad una adeguata tutela riparatoria in caso di licenziamento ingiustificato.

[2] Corte cost. n. 398/1994.

nato»: la legge dispone dunque la *comunicazione contestuale dei motivi*[3]. L'art. 2, l. n. 604/1966, ha un campo di applicazione molto largo, ma non generale[4].

Essendo un atto recettizio, il licenziamento produce i suoi effetti dal momento in cui viene conosciuto dal destinatario; per quanto attiene alle modalità di comunicazione del licenziamento, l'art. 2, l. n. 604/1966, non prescrive forme particolari in ordine alla consegna dell'atto scritto[5]. La giurisprudenza ammette anche forme sostitutive dell'usuale comunicazione scritta, oggi largamente in uso[6].

Dal momento in cui la comunicazione del licenziamento giunge al destinatario, decorre il termine di decadenza per l'impugnazione del licenziamento (*infra*, Sez. V).

1.1. *Inefficacia del licenziamento privo di forma scritta*

L'art. 2, c. 3, l. n. 604/1966, dispone l'inefficacia del licenziamento «intimato senza l'osservanza delle disposizioni di cui ai cc. 1 e 2». Secondo un'opinione condivisibile, il legislatore ha fatto riferimento ad un concetto ampio di inefficacia: il licenziamento privo del requisito di forma rimane improduttivo di effetti al pari di un atto nullo[7]. A differenza del licenziamento nullo, il licenziamento inefficace può essere però legittimamente riformulato in forma scritta, ma con effetto *ex nunc*.

---

[3] Prima di tale modificazione, la comunicazione del licenziamento poteva invece contenere l'enunciazione del motivo o della causa addotti a giustificazione, ma poteva anche non contenerla: l'art. 2, c. 2, prevedeva infatti che il lavoratore potesse chiedere, entro quindici giorni dalla comunicazione del licenziamento, la motivazione: in tale caso il datore di lavoro doveva, nei sette giorni dalla richiesta, comunicare per iscritto i motivi. L'omessa comunicazione dei motivi costitutiva allora causa di inefficacia del licenziamento.

[4] Il licenziamento in forma orale è consentito solo nei casi in cui resta applicabile l'art. 2118 c.c. (area residuale del recesso *ad nutum*): lavoratori in prova (art. 10, l. n. 604/1966); lavoratori domestici (art. 4, c. 1, l. n. 108/1990); lavoratori ultrasessantenni in possesso dei requisiti pensionistici (che non abbiano optato per la prosecuzione del rapporto) e che abbiano maturato il diritto alla pensione (art. 4, c. 2, l. n. 108/1990). Ricordiamo inoltre che l'art. 26, c. 1, d.lgs. n. 36/2021 esclude l'applicazione dell'art. 2, l. n. 604/1966, al lavoro subordinato sportivo.

[5] Opera al riguardo la presunzione di conoscenza di cui all'art. 1335 c.c.: Cass. n. 971/2005; la presunzione opera anche quando il destinatario rifiuti di ricevere l'atto che gli venga consegnato: Cass. n. 20272/2009. Non occorre che la comunicazione sia formalmente diretta al lavoratore, ma è necessario che sia almeno portata a sua conoscenza: Cass. n. 14090/2006; Cass. n. 23061/2007; quando per la comunicazione si utilizza il servizio postale, valgono le regole vigenti in materia di notificazione. Per altre modalità di comunicazione *infra*, nota 18.

[6] Cass. n. 5523/2018 ha ritenuto che l'e-mail tradizionale, sprovvista di firma digitale, sia, salva diversa valutazione del giudice di merito, inidonea a soddisfare il requisito della forma scritta; Cass. n. 29753/2017 ha ritenuto invece idonea la comunicazione del licenziamento via e-mail anche al di fuori del circuito della posta certificata e senza firma digitale. La comunicazione del licenziamento via *sms* è stata considerata conforme a quanto prescritto dall'art. 2, l. n. 604/1966: App. Firenze 5.7.2016, in *RIDL*, 2017, II, p. 120. Restano in tali casi controverse sia la riferibilità della comunicazione al datore di lavoro, in mancanza di firma autografa, sia la presunzione di conoscenza da parte del lavoratore ai sensi dell'art. 1335 c.c.; v. Trib. Catania 27.6.2017, secondo cui anche il licenziamento via *whatsApp* contiene una comunicazione inequivocabile della volontà di licenziare.

[7] «Il licenziamento inefficace è *tamquam non esset* e non incide sulla continuità giuridica del rapporto di lavoro»: così Cass. S.U. n. 1236/1984; così, ripetendo affermazioni correnti nella giuri-

Sul regime sanzionatorio dei licenziamenti inefficaci per vizio di forma torneremo oltre (*infra*, *sub* B).

1.1.1. *Violazione del requisito di motivazione del licenziamento*

Prima delle riforme del 2012 e del 2015, l'omessa o incompleta comunicazione dei motivi era stata considerata non meno grave della mancata comunicazione per iscritto del licenziamento: la comunicazione dei motivi serve infatti a rendere immutabile la motivazione, precludendo al datore di lavoro la possibilità di far valere in giudizio fatti nuovi o diversi da quelli contestati, o ragioni diverse da quelle addotte nella comunicazione al lavoratore [8]; secondo l'orientamento consolidato della giurisprudenza, la motivazione del licenziamento deve essere inoltre sufficientemente specifica e completa da consentire al lavoratore di impostare la propria difesa, anche se il datore di lavoro non è tenuto ad esporre in modo analitico tutti gli elementi di fatto e di diritto alla base del provvedimento [9].

Il legislatore si è però discostato da tale consolidato orientamento, distinguendo nettamente il vizio di forma consistente nella mancata comunicazione scritta del licenziamento (licenziamento inefficace) dal vizio formale consistente nella comunicazione incompleta o comunque insufficiente dei motivi (licenziamento efficace).

a) Nei contratti di lavoro a tempo indeterminato, in essere prima del 7.3.2015, ai quali si applica ancora quanto disposto dal c. 6 dell'art. 18 St. lav. (come riformulato dalla l. n. 92/2012), il licenziamento, quando sia stato dichiarato "inefficace" per violazione del requisito di motivazione, produce l'effetto di risolvere il rapporto (dunque è "efficace"), e al lavoratore spetta solo un'indennità onnicomprensiva, determinata tra un minimo di 6 e un massimo di 12 mensilità dell'ultima retribuzione globale di fatto (l'entità dell'indennità è determinata dal giudice, sul quale la legge fa gravare l'onere di specifica motivazione) [10]. La prevista efficacia del licenziamento risulta tut-

---

sprudenza della S.C., Cass. n. 20727/2007, che esclude la possibilità di convalida del licenziamento intimato in forma orale.

[8] La giurisprudenza è pacifica sul punto (da ultimo Cass. n. 21558/2019); il datore di lavoro non può allegare nel corso del giudizio circostanze nuove che implicano una diversa valutazione dei fatti addebitati.

[9] Cass. n. 16795/2020; Cass. n. 1587/2017: una motivazione assolutamente generica corrisponde ad una materiale omissione della comunicazione dei motivi. Prima delle riforme del 2012 e del 2015, dalla formulazione letterale dell'art. 2, c. 3, l. n. 604/1966, la maggior parte degli interpreti aveva dedotto l'intenzione del legislatore di considerare ambedue le ipotesi (licenziamento intimato oralmente; omessa o insufficiente comunicazione dei motivi) alla stregua di vizi di forma, dai quali doveva discendere la medesima conseguenza dell'inefficacia del licenziamento; in questo senso è stato sin qui anche l'orientamento della Cassazione, dopo che un intervento delle S.U. (Cass. S.U. n. 508/1999) aveva superato le incertezze determinatesi nella giurisprudenza, giustamente rigettando la tesi della distinzione tra mancata (o insufficiente) comunicazione dei motivi e mancata comunicazione per iscritto del licenziamento.

[10] Il c. 6 aggiunge: «a meno che il giudice, sulla base della domanda del lavoratore, accerti che vi è anche un difetto di giustificazione del licenziamento, nel qual caso si applicano, in luogo di quelle previste dal presente c., le tutele di cui ai commi quarto, quinto o settimo» (tutela reale o tutela solo indennitaria: *infra*, Sez. IV). Nel caso, al vizio di forma viene a sovrapporsi un vizio sostanziale (giustificazione insussistente o inadeguata) e trovano applicazione le sanzioni relative; il che non risolve

tavia non congruente con il c. 3 dell'art. 2, l. n. 604/1966, rimasto inalterato, che prevede l'*inefficacia* del licenziamento anche nel caso della violazione del c. 2, e dunque della mancanza di motivazione contestuale alla comunicazione per iscritto del licenziamento [11].

b) La stessa regola di cui si è detto sopra trova conferma nel d.lgs. n. 23/2015 per i lavoratori assunti con CTC [12]. L'art. 4 del decreto prevede infatti che ove il licenziamento sia intimato con violazione del requisito di motivazione di cui all'art. 2, c. 2, l. n. 604/1966, «il giudice dichiara estinto il rapporto di lavoro alla data del licenziamento e condanna il datore di lavoro al pagamento di un'indennità non assoggettata a contribuzione previdenziale di importo pari a una mensilità dell'ultima retribuzione di riferimento per il calcolo del trattamento di fine rapporto per ogni anno di servizio, in misura comunque non inferiore a due e non superiore a dodici mensilità, a meno che il giudice, sulla base della domanda del lavoratore, accerti la sussistenza dei presupposti per l'applicazione delle tutele di cui agli artt. 2 e 3 del presente decreto» (vale a dire la nullità ovvero la mancata giustificazione del licenziamento: nel caso, al vizio di forma viene a sovrapporsi un vizio di sostanza ed è su questo che verterà il giudizio). Questa disposizione non è stata modificata dal "decreto dignità" (l. n. 96/2018), ma la Corte costituzionale, con sentenza n. 150/2020, ha affermato l'incostituzionalità (per violazione degli artt. 3, 4, c. 1, e 35, c. 1, Cost.) dell'art. 4, d.lgs. n. 23/2015, nella parte in cui prevede che l'indennità dovuta al lavoratore in caso di licenziamento affetto da vizi formali o procedurali debba essere commisurata in funzione della sola anzianità di servizio e senza possibilità di tenere in considerazione anche altri elementi che contribuiscono a rendere la determinazione giudiziale più aderente alle particolarità del caso concreto [13]. L'illegittimità costituzionale del sistema di calcolo dell'indennità è stata ribadita dalla Corte costituzionale (ord. n. 93/2021).

---

di per sé il problema di un licenziamento qualificato come inefficace che in realtà è efficace (perché risolve il rapporto).

[11] Occorre inoltre aggiungere che, stando alla lettera della legge (c. 8 dell'art. 18), il c. 6 dell'art. 18 si applica solo (semplificando) ai datori di lavoro che occupano più di 15 dipendenti: di conseguenza, al di fuori di tale ambito, il licenziamento viziato dalla omessa comunicazione contestuale dei motivi dovrebbe restare inefficace, con le conseguenze (*nullità di diritto comune*) di cui si è detto sopra. Il legittimo dubbio sulla ragionevolezza e razionalità della evidente disparità di trattamento che ne deriva è stato accantonato dalla Cassazione (n. 17589/2016), secondo cui nel regime di tutela obbligatoria, in caso di violazione del requisito di motivazione trova applicazione l'art. 8 della l. n. 604/1966 (licenziamento efficace e indennità forfetaria) «in virtù di un'interpretazione sistematica e costituzionalmente orientata» del nuovo art. 18 St. lav., che in caso di omessa motivazione prevede una tutela esclusivamente risarcitoria. Le disuguaglianze sono sanate, ma livellando le tutele verso il basso.

[12] La disciplina si applica a tutti i lavoratori assunti con CTC, senza distinzione in ragione della dimensione dell'unità produttiva in cui sono occupati. Tuttavia anche nei nuovi CTC resta una differenza di trattamento per i lavoratori occupati nelle unità produttive con meno di 15 dipendenti, per i quali l'indennità prevista in caso di violazione del requisito di motivazione è dimezzata (art. 9, c. 1, d.lgs. n. 23/2015).

[13] Questa sentenza fa seguito alla sentenza Corte cost. n. 194/2018, che ha dichiarato costituzionalmente illegittimo del sistema di calcolo dell'indennità risarcitoria di cui all'art. 3, c. 1, d.lgs. n. 23/2015 (*infra*, Sez. IV).

2. *Le cause di nullità del licenziamento*

I licenziamenti illegittimi possono essere radicalmente nulli: ciò accade quando siano violate le norme che espressamente prevedono la nullità del licenziamento o quando l'atto di recesso sia viziato da motivo illecito, o sia in frode alla legge, o comporti comunque la violazione di norme imperative di ordine pubblico.

Una delle innovazioni introdotte dalla disciplina dei licenziamenti dettata dalla l. n. 92/2012 consiste nella unificazione del regime sanzionatorio (*tutela reale piena*: *reintegrazione nel posto di lavoro e risarcimento del danno*) per tutti i licenziamenti viziati da nullità [14], estendendo tale regime anche al di fuori del campo di applicazione dell'art. 18 St. lav., dove ancora trovava applicazione il regime della nullità c.d. *di diritto comune* (continuità giuridica del rapporto, ripristino del rapporto e risarcimento dei danni: ma senza l'applicazione della disciplina della reintegrazione). L'estensione del regime sanzionatorio (reintegrazione nel posto di lavoro e risarcimento dei danni) a tutti i licenziamenti viziati da nullità è confermata anche dal d.lgs. n. 23/2015, e di conseguenza riguarda anche i lavoratori assunti con CTC.

Il regime sanzionatorio della reintegrazione nel posto di lavoro e del risarcimento dei danni si applica anche ai licenziamenti nulli dei dirigenti; la formulazione letterale sia dell'art. 18, c. 1, St. lav. (come riformulato dalla l. n. 92/2012) sia dell'art. 2, c. 2, d.lgs. n. 23/2015, non risolvono invece i dubbi relativi all'applicazione di tale regime nei rapporti di lavoro domestico: ma l'opinione favorevole all'applicazione (quanto meno in caso di licenziamento discriminatorio) godeva di consenso già prima della riforma.

2.1. *Il licenziamento discriminatorio*

L'unificazione del regime sanzionatorio per i licenziamenti discriminatori e per quelli nulli per altre ragioni (violazione di divieti legali; motivo illecito determinante; frode alla legge) non deve ingenerare confusione tra fattispecie che restano distinte, e meritano pertanto di essere esaminate distintamente.

Ai sensi dell'art. 3, l. n. 108/1990, è nullo, indipendentemente dalla motivazione addotta, il licenziamento determinato da ragioni discriminatorie ai sensi dell'art. 4, l. n. 604/1966 [15] e dell'art. 15 St. lav. (già modificato dall'art. 13, l. n. 903/1977, e ulteriormente modificato dall'art. 4, c. 1, d.lgs. n. 216/2003). Di conseguenza, attualmente sono nulli i licenziamenti discriminatori per ragioni di affiliazione o attività sindacale e di partecipazione ad uno sciopero, per ragioni politiche, religiose, di sesso, di razza, di lingua, di nazionalità, di handicap, di età, per ragioni basate sull'orientamento sessua-

---

[14] Si tratta dei licenziamenti discriminatori, dei licenziamenti per causa di matrimonio, dei licenziamenti di cui all'art. 54, cc. 1, 6, 7 e 9, d.lgs. n. 151/2001 (T.U. maternità e paternità) e succ. mod., dei licenziamenti riconducibili ad altri casi di nullità previsti dalla legge o determinati da un motivo illecito ai sensi dell'art. 1345 c.c.

[15] Nullità del licenziamento determinato da ragioni di credo politico, fede religiosa, dall'appartenenza ad un sindacato e dalla partecipazione ad attività sindacali: si tratta dei licenziamenti di rappresaglia o ritorsivi, che l'art. 3, l. n. 108/1990, ora assimila ai licenziamenti discriminatori, basati sui fattori di discriminazione elencati dall'art. 15 St. lav.

le o sulle convinzioni personali. Costituisce senz'altro licenziamento discriminatorio quello del lavoratore o della lavoratrice vittime dei comportamenti riconducibili a molestie in ragione di uno dei fattori di discriminazione considerati nei dd.llgs. nn. 215/2003 e 216/2003 e successive modifiche, nonché a molestie di genere o a molestie sessuali (art. 26, d.lgs. n. 198/2006) [16].

Come abbiamo detto, la nullità del licenziamento discriminatorio è ribadita sia dalla l. n. 92/2012, sia dal d.lgs. n. 23/2015, che assimilano il regime sanzionatorio di altri licenziamenti nulli per ragioni diverse dalla discriminazione a quello del licenziamento discriminatorio.

Malgrado l'assimilazione del regime sanzionatorio, la distinzione tra licenziamento discriminatorio e altre ipotesi di licenziamento nullo, e in particolare il licenziamento per motivo illecito, mantiene una indubbia rilevanza; tuttavia solo a partire dalla sentenza 5.4.2016, n. 6575 la Cassazione si è pronunciata nel senso della distinzione netta tra licenziamento discriminatorio e licenziamento nullo per illiceità del motivo [17]. Questa svolta ha contribuito a dissipare la confusione tra licenziamenti cosiddetti *ritorsivi* (determinati da ingiusta ritorsione nei confronti di un comportamento legittimo del lavoratore, ma non basati, né direttamente né indirettamente, su uno dei fattori di discriminazione elencati nell'art. 15 St. lav. e nelle altre fonti a tal fine rilevanti) e licenziamenti *discriminatori* (basati invece su di un fattore di discriminazione positivamente previsto).

La distinzione assume particolare rilevanza sul piano probatorio. Essendo il licenziamento ritorsivo viziato da motivo illecito, l'inclusione in questa fattispecie del licenziamento discriminatorio faceva sì che molti giudici continuassero a qualificare la discriminazione come atto intenzionale, facendo gravare per intero sul ricorrente l'onere di provare l'intento discriminatorio, che doveva pertanto risultare come motivo (illecito) unico e determinante del recesso [18]. Considerando in sostanza la discri-

---

[16] La rubrica dell'art. 3, l. n. 108/1990 sembra voler definire una fattispecie generale e onnicomprensiva di licenziamento discriminatorio, ma il testo della disposizione elenca – attraverso il richiamo agli artt. 4, l. n. 604/1966 e 15 St. lav. – una serie di fattori di discriminazione; l'elencazione ha carattere *tassativo* (*retro*, PT. V, Cap. I). Segnaliamo che il d.lgs. n. 5/2010 ha aggiunto all'art. 26, d.lgs. n. 198/2006 (molestie e molestie sessuali) il c. 2-*bis* («Sono, altresì, considerati come discriminazione i trattamenti meno favorevoli subiti da una lavoratrice o da un lavoratore per il fatto di aver rifiutato i comportamenti di cui ai cc. 1 e 2 o di esservisi sottomessi»): si tratta della cosiddetta *vittimizzazione*, che ora viene assimilata alla discriminazione, e tutelata perciò con gli strumenti del diritto antidiscriminatorio e dunque con la nullità dell'eventuale licenziamento.

[17] Orientamento accolto dalla S.C. nella giurisprudenza successiva: Cass. ord. n. 2414/2022; Cass. n. 23338/2018, in *RIDL*, 2019, II, p. 46, nt. Novella, e *ivi* riferimenti. Qualche incertezza si riscontra invece nella giurisprudenza di merito.

[18] Nel caso del licenziamento determinato da motivo illecito (come il licenziamento *ritorsivo*) secondo la Cassazione (ord. n. 2414/2022; n. 9468/2019; n. 26035/2018; n. 20742/2018), poiché il motivo illecito deve essere unico e determinante, il giudice deve previamente accertare l'insussistenza della causale posta a base del licenziamento. L'onere della prova del motivo illecito è a carico del lavoratore ricorrente, che potrà avvalersi a tale fine anche di presunzioni gravi, precise, e concordanti. Precisa Cass. n. 1514/2021 che il motivo illecito può ritenersi esclusivo e determinante quando il licenziamento non sarebbe stato intimato se esso non ci fosse stato, e quindi deve costituire l'unica effettiva ragione del recesso, indipendentemente dal motivo formalmente addotto. L'esclusività

minazione come una specificazione della più ampia fattispecie del motivo illecito [19], la giurisprudenza finiva per impedire al lavoratore di avvalersi del più favorevole regime probatorio della discriminazione.

Ad orientare i giudici nel senso espresso dalla Cassazione, nella sua più recente giurisprudenza, è stato sufficiente prestare maggiore attenzione al carattere oggettivo (vale a dire non necessariamente intenzionale) della discriminazione, che le consente di emergere anche in presenza di una giustificazione del licenziamento, e indipendentemente da essa, appunto perché non costituisce il "motivo" unico e determinante del licenziamento [20]. L'emersione della discriminazione, "indipendentemente" dalla motivazione, e dunque al di sotto e al di fuori di essa, è agevolata dal particolare regime probatorio. Ove un atto o comportamento sia qualificabile come discriminatorio dovrà infatti applicarsi lo speciale regime dell'onere della prova che grava sul ricorrente [21]. A tal fine, il ricorrente dovrà allegare elementi in fatto capaci di convincere *prima facie* il giudice del *fumus* della discriminazione: non dell'intento dell'agente, ma di un oggettivo collegamento fattuale del trattamento sfavorevole a lui riservato con uno specifico fattore di discriminazione. Graverà allora sul datore di lavoro l'onere di fornire elementi di prova sufficienti ad escludere positivamente l'assenza di discriminazione: elementi che non si esauriscono nella prova della fondatezza delle motivazioni addotte, ma comportano la dimostrazione che il licenziamento è, nella specie, oltre che sorretto da una motivazione conforme ai canoni di cui agli artt. 2119 c.c. e 3, l. n. 604/1966, estraneo ad ogni possibile collegamento con il fattore di discriminazione invocato [22].

---

sta a significare che il motivo illecito può concorrere con un motivo lecito, ma solo nel senso che quest'ultimo sia stato formalmente addotto, ma risulti non sussistente nel riscontro giudiziale.

[19] Ciò dipende probabilmente dal fatto che il contenzioso più classico e cospicuo continua ad essere quello relativo ai licenziamenti *di ritorsione*, fondati su motivi *sindacali*, che in origine trovava disciplina nel solo art. 4, l. n. 604/1966, quando ancora tale ritorsione non aveva conosciuto, proprio nell'art. 15 St. lav., la sua più precisa qualificazione in termini di discriminazione. Ha contribuito a cambiare il tradizionale orientamento la riconduzione della discriminazione sindacale nell'ambito della discriminazione in base alle "convinzioni personali" (d.lgs. n. 216/2003 e succ. mod.). Di conseguenza, il licenziamento per "ritorsione sindacale" è un licenziamento discriminatorio a tutti gli effetti.

[20] La Cassazione, innovando rispetto alla propria precedente giurisprudenza, afferma che la presenza di una ragione giustificatrice legittima *non* esclude la possibile natura discriminatoria del licenziamento: Cass. ord. n. 2414/2022; Cass. n. 28453/2018; Cass. n. 6575/2016; Cass. n. 10834/2015, secondo cui l'accertamento della natura discriminatoria o ritorsiva del licenziamento va logicamente anteposta alla verifica della sussistenza della giusta causa addotta dal datore di lavoro.

[21] Cass. n. 23338/2018, cit. Se questo regime probatorio dia luogo ad una vera e propria inversione dell'onere della prova è questione controversa, ma è indubbio che si tratta almeno di una diversa ripartizione dell'onere della prova, divenuto asimmetrico a causa dell'alleggerimento dell'onere per il ricorrente. Lo ammette la stessa Cassazione (n. 1426/2013), che pure insiste sul mero alleggerimento dell'onere probatorio a carico del ricorrente rispetto alla regola di cui all'art. 2729 c.c.: in sintesi, dimostrati dal ricorrente i fatti che fanno ritenere probabile la discriminazione, spetta alla controparte dimostrarne l'insussistenza. Come abbiamo visto (*retro*, PT. V, Cap. I), le regole in materia di prova sono in parte diverse a seconda che si tratti di discriminazione di genere (art. 40, d.lgs. n. 198/2006) o di discriminazione basata su altri fattori (art. 28, c. 4, d.lgs. n. 150/2011).

[22] Come giustamente rilevato dalla Cassazione, nella sentenza n. 6575/2016, «l'articolo 3 della

Occorre segnalare l'allargamento del campo dei licenziamenti "ritorsivi" a seguito dell'entrata in vigore del d.lgs. n. 104/2022, attuazione della Direttiva n. 2019/1152 (di cui abbiamo detto parlando dei diritti di informazione del lavoratore: *retro*, PT. III, Cap. III), che all'art. 14 stabilisce il divieto di licenziamento (ma anche di altri trattamenti pregiudizievoli) del lavoratore conseguenti all'esercizio dei diritti previsti dal decreto medesimo e dal decreto legislativo 26 maggio 1997, n. 152, per le parti ancora in vigore. Costituisce un'innovazione significativa, che potrebbe portare alla revisione degli orientamenti giurisprudenziali di cui si è detto sopra, e in prospettiva all'estensione a tali licenziamenti del regime probatorio dei licenziamenti discriminatori: incombe infatti sul datore di lavoro l'onere di provare che i motivi addotti a fondamento del licenziamento non siano riconducibili all'esercizio dei diritti sanciti dal decreto.

2.2. *Il licenziamento per causa di matrimonio*

A norma dell'art. 1, l. 9.1.1963, n. 7 (ora riportato nell'art. 35, d.lgs. n. 198/2006), è nullo il licenziamento della lavoratrice che intervenga nel periodo intercorrente tra la richiesta delle pubblicazioni e l'anno successivo alla celebrazione. Nulle sono anche le dimissioni presentate dalla lavoratrice nello stesso periodo per cui è prevista la nullità del licenziamento, a meno che la lavoratrice non le confermi entro un mese davanti all'Ufficio del lavoro (ora ITL) (ma sul punto v. *infra*, cap. IV).

Per sollevare la lavoratrice ricorrente dall'onere di provare l'illecito motivo determinante il recesso, la legge stabilisce che il licenziamento si presume disposto per causa di matrimonio quando intervenga nel periodo considerato[23]. La Corte costituzionale ha affermato il carattere assoluto della presunzione[24]: di conseguenza, il datore di lavoro non potrà provare che il licenziamento non è stato disposto a causa di matrimonio. Il divieto è superabile solo in presenza di una delle eccezioni espressamente previste dalla medesima legge: colpa grave della lavoratrice, costituente giusta causa per la risoluzione del rapporto di lavoro; cessazione dell'attività dell'azienda cui essa è addetta; ultimazione della prestazione per la quale la lavoratrice è stata assunta o risoluzione del rapporto per scadenza del termine[25].

---

l. n. 108/1990 dispone che il licenziamento determinato da ragioni discriminatorie – ai sensi dell'art. 4 della l. 15.7.1966, n. 604 e dell'art. 15 della l. 20.5.1970, n. 300 – è nullo indipendentemente dalla motivazione addotta con ciò evidenziando, da un lato, una netta distinzione della discriminazione dall'area dei motivi, dall'altro, la idoneità della condotta discriminatoria a determinare di per sé sola la nullità del licenziamento».

[23] La protezione opera indipendentemente da qualsiasi comunicazione e in connessione col presupposto oggettivo del matrimonio: Cass. n. 270/2005, e ivi riferimenti ai precedenti citati nell'ampia motivazione della sentenza. La S.C. sottolinea tuttavia come la comunicazione al datore di lavoro del matrimonio possa rientrare nei generali doveri di correttezza e buona fede.

[24] Corte cost. n. 27/1969, secondo cui il divieto di licenziamento, sostenuto dalla presunzione della causa di matrimonio, è diretto a «salvaguardare la libertà e la dignità umana» dei soggetti a favore dei quali è disposto (cioè delle donne, e solo delle donne), e non crea perciò un ingiustificato vantaggio (quello della conservazione del posto) per le donne sposate.

[25] Si tratta delle stesse cause che consentivano allora di derogare al divieto di licenziamento delle lavoratrici madri: *infra*, § 2.3.

In epoca meno remota e anche recentemente si è posto l'interrogativo se non avesse carattere discriminatorio (dei lavoratori di sesso maschile) la limitazione alle sole lavoratrici della nullità del licenziamento per causa di matrimonio. Una prima risposta negativa la aveva data la Corte costituzionale (sentenza n. 46/1993), affermando che il divieto di licenziamento per causa di matrimonio esprime la politica di «favore per il matrimonio e di agevolazione della formazione della famiglia legittima», che ispira la legge del 1963, ed è al riparo «da un giudizio di eccessività di tutela», perché l'art. 31 Cost. tutela l'interesse pubblico a che sia favorita la formazione della famiglia legittima fondata sul matrimonio. Meno datato l'approccio della Cassazione, secondo cui «la diversità di trattamento è giustificata da ragioni legate alla maternità, costituzionalmente garantita alla donna, che pur essendo titolare degli stessi diritti dei lavoratori uomini «adempie ad un'essenziale funzione familiare soprattutto nel periodo della gravidanza e del puerperio»[26]. Giusto il richiamo alla maternità; non invece quello all'essenziale funzione familiare, che non può continuare ad essere considerata una prerogativa esclusiva delle donne.

Per quanto riguarda le conseguenze della nullità del licenziamento la disciplina del 1963 è ormai superata: come vedremo (*infra*, *sub* B), la l. n. 92/2012, art. 1, c. 42, lett. *b*), estende anche a questo licenziamento nullo la sanzione della reintegrazione nel posto di lavoro e il risarcimento dei danni (art. 18, cc. 1-3, come modificati dalla legge citata). Egualmente dispone l'art. 2, c. 1, d.lgs. n. 23/2015, per le lavoratrici assunte dopo il 7.3.2015 con CTC, trattandosi di un caso di nullità espressamente previsto dalla legge[27].

2.3. *Il licenziamento della lavoratrice madre*

Riformulando e aggiornando (alla luce delle sentenze della Corte costituzionale) quanto sancito dalla abrogata l. n. 1204/1971, l'art. 54, d.lgs. n. 151/2001 (T.U. maternità e paternità), prevede il divieto di licenziamento della lavoratrice madre, dall'inizio della gravidanza fino al termine del periodo d'interdizione dal lavoro (congedo di maternità), nonché fino al compimento di un anno di età del bambino. L'art. 54, c. 2, aggiunge che il divieto «opera in connessione con lo stato oggettivo di gravidanza», prescindendo di conseguenza dalla conoscenza dello stato di gravidanza da parte del datore di lavoro; la lavoratrice licenziata è tenuta tuttavia a presentare (non più nel

---

[26] Cass. n. 28926/2018, in *RIDL*, 2019, II, p. 188, nt. Gottardi, giustamente critica sull'approccio della S.C. che pare ignorare le prospettive di una lettura della misura in termini di "diritto diseguale". La S.C. afferma infatti che la diversità di trattamento «è giustificata da ragioni, non già di genere del soggetto che presti un'attività lavorativa, ma di tutela della maternità, costituzionalmente garantita alla donna, pure titolare come lavoratrice degli stessi diritti dell'uomo, in funzione dell'adempimento della "sua essenziale funzione familiare" (art. 37 Cost., comma 1)».

[27] L'estensione della tutela reale ha fatto perdere importanza pratica (ma non teorica) alla questione della qualificazione del licenziamento per causa di matrimonio come licenziamento discriminatorio, che dovrebbe risultare peraltro evidente, se solo si tenesse nella giusta considerazione la circostanza che tutte le leggi antidiscriminatorie vigenti in Europa menzionano il matrimonio come causa di discriminazione diretta e/o indiretta delle donne nell'accesso al lavoro e nelle condizioni di lavoro.

termine di 90 giorni, come in precedenza) idonea certificazione da cui risulti lo stato di gravidanza al momento del licenziamento[28].

Alle tre eccezioni al divieto già previste art. 2, c. 3, della (abrogata) l. n. 1204/1971 (colpa grave della lavoratrice, costituente giusta causa per la risoluzione del rapporto di lavoro[29]; cessazione dell'attività dell'azienda cui essa è addetta[30]; ultimazione della prestazione per la quale la lavoratrice è stata assunta o risoluzione del rapporto per scadenza del termine), l'art. 54, d.lgs. n. 151/2001, ha aggiunto una quarta ipotesi (il recesso per esito negativo della prova), frutto della sentenza n. 172/1996 della Corte costituzionale.

L'art. 54, c. 5, stabilisce che il licenziamento intimato in violazione del divieto è *nullo*. La nullità del licenziamento, espressamente sancita, costituisce il frutto della sentenza interpretativa di accoglimento della Corte costituzionale n. 61/1991, che, respingendo l'orientamento della Cassazione (allora favorevole alla mera temporanea inefficacia del licenziamento), ha stabilito appunto la nullità del licenziamento intimato in costanza di divieto, e al di fuori delle previste eccezioni[31]. La nullità implica che, durante il periodo vietato, l'esistenza di eventuali ragioni giustificatrici (che non siano quelle consentite) è del tutto ininfluente: anche se il datore di lavoro fosse in grado di provare un giustificato motivo o una giusta causa (diversa dalla colpa grave della lavoratrice), il licenziamento sarebbe egualmente nullo[32].

Il divieto di licenziamento delle lavoratrici gestanti e puerpere opera anche nell'ambito della disciplina dei *licenziamenti collettivi per riduzione del personale*, fatta

---

[28] Poiché il divieto opera in connessione con lo stato di gravidanza, il certificato medico che attesta tale stato ha valore meramente probatorio: in questo senso si era già pronunciata in passato e ripetutamente la Cassazione, e tale interpretazione non può che essere avvalorata dall'attuale riformulazione del divieto.

[29] Corte cost. n. 172/1996. Secondo la giurisprudenza la "colpa grave" comprende situazioni più complesse rispetto ai comuni schemi previsti dai contratti collettivi come giusta causa di licenziamento: Cass. n. 12503/2000. È in ogni caso esclusa la possibilità di licenziare la lavoratrice, durante il divieto, per giustificato motivo soggettivo. Corte cost. n. 405/2001, ha dichiarato illegittimo l'art. 2, c. 3, della (abrogata) l. n. 1204/1971, e l'art. 24, d.lgs. n. 151/2001, nella parte in cui escludono la corresponsione dell'indennità di maternità in caso di licenziamento per colpa grave. L'estensione dell'indennità di maternità era stata affermata dalla stessa Corte (sentenza n. 310/1999) per le addette a lavori socialmente utili.

[30] L'eccezione è soggetta a interpretazione restrittiva; la cessazione del solo reparto autonomo cui era adibita la lavoratrice non rientra nell'eccezione: Cass. ord. n. 13861/2021; Cass. n. 22720/2017, in *RIDL*, 2018, II, p. 39, nt. G. De Luca.

[31] Nella sentenza n. 61/1991 la Corte cost., collegando l'art. 37 al principio di eguaglianza, ha affermato che la legge deve impedire che dalla maternità e dagli impegni connessi alla cura del bambino possano derivare conseguenze negative e discriminatorie, aggiungendo che il rafforzamento della tutela è «uno strumento necessario per evitare che la maternità si traduca in concreto in un impedimento alla realizzazione dell'effettiva parità di diritti della donna lavoratrice».

[32] Occorre tuttavia segnalare che, nel caso della prova, il recesso si presume legittimo, in quanto determinato da esito negativo della prova. La presunzione è solo relativa, perché ammette la prova in contrario, di cui è onerata la lavoratrice (a meno che il datore non fosse a conoscenza della gravidanza: in questo caso, dovendo motivare il licenziamento, questi è anche onerato della prova della fondatezza delle ragioni addotte).

eccezione per il caso della cessazione dell'azienda (art. 54, c. 4, d.lgs. n. 151/2001). Occorre tuttavia segnalare che la CGE ha affermato che, mentre il divieto di licenziamento deve essere in linea di principio sancito, la Direttiva CE 92/85 (in materia di tutela delle lavoratrici madri) *non osta* ad una normativa nazionale che consenta di inserire la lavoratrice gestante o in periodo di allattamento in un licenziamento collettivo, purché siano indicati i criteri oggettivi adottati per individuare i lavoratori da licenziare, allargando così le eccezioni al divieto di licenziamento, che la nostra S.C. giustamente interpreta invece come di stretta interpretazione e non estensibili in via analogica [33].

Per quanto riguarda le conseguenze della nullità del licenziamento, fino alla riforma dell'art. 18 St. lav., c. 1, ad opera della l. n. 92/2012, queste variavano a seconda che il licenziamento fosse qualificato come discriminatorio oppure no, perché la mancata qualificazione del licenziamento come discriminatorio privava la lavoratrice della tutela reale (reintegrazione nel posto di lavoro e risarcimento del danno: *infra*, *sub* B). Come nel caso del licenziamento per causa di matrimonio, anche in questo caso l'estensione della tutela reale (che trova conferma anche nel d.lgs. n. 23/2015, art. 2, c. 1) ha fatto perdere importanza pratica alla questione della qualificazione del licenziamento della lavoratrice madre come licenziamento discriminatorio, che ormai dovrebbe darsi per acquisita [34]. Peraltro, il *revirement* della Cassazione in materia licenziamento discriminatorio (*retro*) si segnala tuttavia anche per aver qualificato come discriminatorio per ragioni di genere un licenziamento riconducibile alle assenze della lavoratrice per sottoporsi alle pratiche della procreazione medicalmente assistita.

Alla luce di quanto previsto nell'art. 25, c. 2-*bis*, d.lgs. n. 198/2006, come sostituito dalla l. n. 162/2021, è qualificato come discriminatorio anche il licenziamento previsto dall'art. 54, c. 6, d.lgs. n. 151/2001, T.U. maternità e paternità («è altresì nullo il licenziamento causato dalla domanda o dalla fruizione del congedo parentale e per malattia del bambino da parte della lavoratrice o del lavoratore»), nonché dai cc. 7 (fruizione o domanda del congedo di paternità obbligatorio e alternativo), e 9 (adozione e affidamento) dello stesso art. 54 (*supra*, PT. V, Cap. II). A tutti questi licenziamenti discriminatori (e pertanto nulli) la legge estende il regime della reintegrazione nel posto di lavoro e del risarcimento dei danni (art. 18, c. 1, come riformulato dalla l. n. 92/2012); l'estensione è confermata anche dal d.lgs. n. 23/2015 per i lavoratori assunti con CTC, trattandosi di cause di nullità espressamente previste dalla legge (*infra*, *sub* B).

---

[33] CGE 22.2.2018, C-103/16, e Cass. 4515/2018, che esclude l'estensione delle eccezioni in via analogica, riferita proprio ad un caso di licenziamento collettivo, entrambe in *RIDL*, 2018, II, p. 912, nt. Pareo, e *ivi* riferimenti.

[34] Buona parte della dottrina e la stessa Cassazione ancora insistono sul fatto che tale licenziamento è vietato perché cade "durante" il divieto, e non perché è "a causa di gravidanza o puerperio": dunque il licenziamento è nullo perché contrario a norma imperativa, ma non è un licenziamento discriminatorio (Cass. n. 5749/2008; Cass. n. 17606/2007; Cass. n. 426/2005). Ma cfr. App. Roma 16.11.2019, secondo cui costituisce licenziamento discriminatorio in ragione della maternità il licenziamento di una lavoratrice al termine del periodo di congedo parentale e dopo due anni di assenza dal lavoro per maternità.

2.4. *Gli altri casi di nullità del licenziamento: art. 18, c. 1, St. lav. e art. 2, c. 1, d.lgs. n. 23/2015*

Come abbiamo segnalato sopra vi sono licenziamenti la cui nullità è sancita espressamente dalla legge: i licenziamenti discriminatori, i licenziamenti per causa di matrimonio, i licenziamenti delle lavoratrici madri nel periodo coperto da divieto, i licenziamenti in violazione dei divieti di cui all'art. 54, cc. 6, 7 e 9, d.lgs. n. 151/2001. Altre cause di nullità del licenziamento derivano dalla violazione di norme imperative [35] nonché dalla estensione agli atti unilaterali (art. 1324 c.c.) delle cause di nullità del contratto: nullità determinata da motivo illecito (unico e determinante: art. 1345 c.c.); da frode alla legge (art. 1344 c.c.) [36].

Secondo quanto previsto dalla l. n. 92/2012, mediante la riformulazione dell'art. 18, c. 1, St. lav., tutti i licenziamenti «riconducibili ad altri casi di nullità previsti dalla legge, o determinati da un motivo illecito determinante ai sensi dell'art. 1345 c.c.» sono assoggettati al regime sanzionatorio della reintegrazione nel posto di lavoro e del risarcimento dei danni. La formulazione è dunque "onnicomprensiva".

Nel d.lgs. n. 23/2015, art. 2. c. 1, e dunque relativamente ai soli lavoratori assunti con CTC, l'ambito di applicazione dell'anzidetto regime sanzionatorio è diversamente formulato. La disposizione prevede infatti che la sanzione della reintegrazione sia applicata nei casi di nullità del licenziamento «*discriminatorio a norma dell'art. 15 St. lav. e successive modifiche, ovvero perché riconducibile agli altri casi di nullità espressamente previsti dalla legge*». Da tale formulazione emerge l'intento del legislatore di innovare, rispetto alla l. n. 92/2012, su due punti importanti.

a) Per quanto riguarda il licenziamento *discriminatorio* il d.lgs. n. 23/2015 rinvia all'art. 15 St. lav., e con ciò dunque ai fattori di discriminazione ivi previsti: così facendo sembra aver voluto escludere le letture "pandiscriminatorie" di ogni licenziamento nullo perché determinato da motivo illecito o da violazione di norma imperativa (e in particolare l'orientamento di quella giurisprudenza sul licenziamento *ritorsivo*, di cui abbiamo detto sopra).

b) Il riferimento ai casi di nullità *espressamente* previsti dalla legge, insieme all'omesso richiamo all'art. 1345 c.c., sembra voler escludere dal regime della reintegrazione i licenziamenti la cui nullità può essere dichiarata ove sia accertata dal giudice la violazione di una norma imperativa, ovvero siano determinati da motivo illecito, o siano in frode alla legge. Pare tuttavia ragionevole, alla luce di un consolidato orientamento interpretativo, che trova riscontro in giurisprudenza, considerare "espressamente prevista dalla legge" anche la nullità del licenziamento ai sensi degli artt. 1345 e 1344 c.c., per quanto sia frutto della estensione agli atti unilaterali delle cause di nullità del contratto (art. 1324 c.c.). Se in via interpretativa si considerasse invece non superabile la lettera della legge, resterebbe in ogni caso la nullità del licenziamento: il regime sarebbe però quello *di diritto comune* (continuità giuridica del rapporto, ripristino del rapporto e risarcimento dei danni: ma senza l'applicazione delle misure ul-

---

[35] È il caso dell'art. 2110 c.c.: il licenziamento intimato durante il periodo di comporto è qualificato come nullo dalla Cassazione (*infra*, Sez. II).

[36] Cfr. ad esempio Cass. n. 10869/2021: il licenziamento per giustificato motivo oggettivo disposto per gli stessi motivi già addotti per un (valido) licenziamento collettivo realizza uno schema fraudolento ai sensi dell'art. 1344 c.c.

teriori di cui allo stesso art. 2, cc. 1-3, d.lgs. n. 23/2015: *infra*, *sub* B). Ma una tale soluzione comporterebbe, a fronte di licenziamenti comunque nulli, una irragionevole disparità di trattamento fra lavoratori assunti prima o dopo il 7.3.2015.

B) Regime sanzionatorio dei licenziamenti inefficaci e nulli: la tutela reale "piena"

Introduzione. Pluralità dei regimi sanzionatori tra tutela reale e tutela economica

Nell'introduzione di questo capitolo, dedicato alla evoluzione della disciplina dei licenziamenti individuali, abbiamo dato brevemente conto dell'andamento non lineare del percorso seguito dal legislatore italiano per garantire ai lavoratori subordinati la tutela della continuità (o *stabilità*) del rapporto di lavoro (fino a che non intervenga un licenziamento legittimo), che costituisce un "valore", incorporato nella disposizione costituzionale che sancisce il diritto al lavoro (art. 4, c. 1, Cost.). Già nella sentenza n. 45/1965, la Corte costituzionale aveva infatti affermato che «se è esatto che il diritto al lavoro non può essere configurato come un diritto soggettivo all'occupazione nei confronti dello Stato o degli imprenditori, ciò non esclude che per i rapporti di lavoro già costituiti si imponga un'adeguata protezione del lavoratore nei confronti del datore di lavoro». Con ciò la Corte non affermava che l'art. 4 Cost. sancisse il diritto del lavoratore alla conservazione del posto: rinviava invece al legislatore il compito di realizzare la "adeguata protezione" del lavoratore.

Anche in anni più vicini a noi, dopo aver detto più chiaramente che in passato che la libertà di licenziare *non* è un «principio fondamentale» del nostro ordinamento, e che il licenziamento «deve essere sorretto da una causa coerente con i principi fondamentali dell'ordinamento», la Corte ha ribadito che, se «dall'art. 4 Cost. discendono principi che esprimono l'esigenza di un contenimento della libertà di recesso del datore di lavoro e l'ampliamento della tutela del lavoratore quanto alla conservazione del posto di lavoro, ciò non esclude che l'attuazione di questi principi resti affidata alla discrezionalità del legislatore ordinario quanto alla scelta dei tempi e dei modi in rapporto alla situazione economica generale»[37].

L'approccio della Corte non è cambiato neppure nella sentenza n. 46/2000, nella quale aveva dichiarato ammissibile un *referendum* con cui si chiedeva l'abrogazione della disposizione che prevedeva il diritto alla reintegrazione nel posto di lavoro per il lavoratore illegittimamente licenziato (art. 18 St. lav.): ancora una volta la Corte ha detto che la norma costituzionale "indirizza", ma la "progressiva garanzia" del diritto al lavoro è compito del legislatore, al quale spetta anche la scelta dei rimedi adeguati per tutelare i lavoratori contro i licenziamenti illegittimi[38]. Sulla questione la Corte è tornata nella sentenza n. 194/2018 sulla disciplina dei licenziamenti prevista dal d.lgs. n. 23/2015, rispondendo all'interrogativo (proposto nell'ordinanza di rimessione: *infra*, Sez. IV) se i valori fondanti della Costituzione (artt. 3, 4 e 35) non fossero

---

[37] Questa citazione è il frutto della combinazione di passi delle motivazioni delle sentenze nn. 103/1989 e 427/1989.

[38] La Corte più di recente ha affermato che si deve riconoscere garanzia costituzionale al solo diritto di non subire un licenziamento arbitrario: Corte cost., ord. n. 56/2006.

stati disattesi dalla previsione (in luogo della reintegrazione soppressa) di un controvalore monetario irrisorio e fisso al licenziamento privo di giustificazione. La Corte si è limitata a ribadire quanto già affermato nella sentenza n. 46/2000. L'unico limite che la Corte aveva già posto al legislatore è il rispetto del principio di eguaglianza: la disciplina dei licenziamenti, per essere conforme alla Costituzione, deve rispettare l'esigenza di un trattamento eguale per situazioni eguali e, in relazione a queste, può essere diversificato solo in presenza di giustificate ragioni. Ora aggiunge che il legislatore ben può, nell'esercizio della sua discrezionalità, prevedere un meccanismo di tutela anche solo risarcitorio-monetario «purché un tale meccanismo si articoli nel rispetto del principio di ragionevolezza».

Alla luce della giurisprudenza della Corte costituzionale si può dire che "stabilità" significa, insieme, limitazione del potere di recesso del datore di lavoro e adeguata riparazione del danno subito dal lavoratore illegittimamente licenziato. Sono orientate nello stesso senso anche le fonti internazionali e sovranazionali: secondo l'art. 24 CSE, il lavoratore illegittimamente licenziato ha infatti diritto ad essere adeguatamente risarcito in denaro o mediante altra forma riparatoria[39]; l'art. 30 CDFUE si limita a menzionare il diritto del lavoratore alla tutela contro ogni licenziamento ingiustificato, ma il collegamento con l'art. 24 CSE, espressamente sottolineato dalle spiegazioni della Commissione, allegate al testo della CDFUE, induce a ritenere che la tutela debba consistere in una riparazione adeguata. L'adeguatezza della riparazione (su cui torneremo oltre, dando conto di quanto stabilito dalla Corte costituzionale nella sentenza n. 194/2018) costituisce dunque un principio solennemente sancito a livello internazionale e sovranazionale.

Fino alle più recenti riforme della disciplina dei licenziamenti, il legislatore ha esercitato la propria discrezionalità in ordine alla attuazione dei principi anzidetti, dettando, prima con la l. n. 604/1966, poi con la l. n. 300/1970 (St. lav.), discipline limitative dei licenziamenti, riconducibili a due diversi modelli:

– il modello della *tutela* (o stabilità) *obbligatoria* (l. n. 604/1966), nel quale la giustificazione opera come limite esterno al potere di licenziamento; la violazione del limite costituisce un illecito (e il datore di lavoro ne risponde: la riparazione del danno consiste nel pagamento di un'indennità risarcitoria), ma non determina la invalidità del licenziamento ingiustificato, che produce il proprio effetto estintivo del rapporto di lavoro. Semplificando, questo modello di tutela era applicabile (fino al 2012) nell'area delle unità produttive con meno di 15 dipendenti.

– il modello della *tutela* (o stabilità) *reale* (art. 18 St. lav., nel testo originario) nel quale la giustificazione costituisce il presupposto del potere di recesso; il licenziamento intimato in difetto del presupposto è invalido, e dunque inidoneo a produrre effetti; alla continuità giuridica del rapporto si accompagna la ripresa della funzionalità del rapporto, assicurata dall'ordine del giudice – immediatamente esecutivo – di reintegrare il lavoratore nel posto. Semplificando, e salvi i necessari chiarimenti che daremo oltre, questo modello di tutela era applicabile (fino al 2012) nell'area delle unità produttive con più di 15 dipendenti.

La riforma del 2012 (l. n. 92/2012) ha rimescolato le carte, facendo saltare l'originaria divisione dei modelli di tutela per aree di applicazione individuate in base alla dimensione dell'unità produttiva, frammentando la tutela reale e introducendo una nuova *tutela indennitaria* (Sez. IV). Un passo ulteriore e probabilmente decisivo sulla

---

[39] L'art. 24 CSE formula in termini generali tre principi: la necessaria giustificazione di ogni licenziamento; il diritto di chi sia illegittimamente licenziato ad essere adeguatamente risarcito in denaro o mediante altra forma riparatoria; il diritto al ricorso davanti ad un organo imparziale.

via della riduzione dell'ambito di applicazione della tutela reale è stato compiuto dal legislatore con il d.lgs. n. 23/2015, che istituisce il contratto a tutele crescenti (CTC) (Sez. IV).

Come vedremo nei prossimi paragrafi, ambedue le riforme anzidette riservano la *tutela reale "piena"* (corrispondente grosso modo all'originaria disciplina contenuta nell'art. 18: reintegrazione nel posto di lavoro e risarcimento del danno) indipendentemente dal numero dei dipendenti occupati dal datore di lavoro, ai licenziamenti inefficaci per vizio di forma (laddove, s'intende, vi sia obbligo di forma scritta: *retro, sub* A), ai licenziamenti discriminatori e agli altri licenziamenti colpiti da nullità[40].

Nelle sezioni successive, dedicate ai licenziamenti ingiustificati, ritroveremo nuovamente la tutela reale, ma questa volta nella forma "*ridotta*" di cui illustreremo i tratti salienti.

1. *Nullità e inefficacia del licenziamento: la tutela reale "piena" (reintegrazione e risarcimento del danno)*

Sia nell'art. 18, cc. 1 e 2, St. lav. (applicabile ai lavoratori assunti prima del 7.3.2015), sia nell'art. 2, cc. 1-3, d.lgs. n. 23/2015 (applicabile ai lavoratori assunti dopo quella data), è prevista l'unificazione del regime sanzionatorio applicabile al licenziamento, indipendentemente sia dal numero dei dipendenti occupati dal datore di lavoro, sia dalla qualificazione del vizio che affligge il licenziamento in termini di *inefficacia* (licenziamento viziato nella forma) o di *nullità* (licenziamento discriminatorio, in violazione di divieti legali, o nullo per altre cause). Diversamente da quanto avviene nel diritto delle obbligazioni, le due diverse situazioni producono dunque i medesimi effetti.

---

[40] Occorre ricordare che la reintegrazione nel posto di lavoro ha una disciplina *speciale* per i lavoratori di cui all'art. 22 St. lav. (*dirigenti delle Rappresentanze sindacali aziendali*), ai quali l'art. 18 della stessa legge (attualmente cc. 11 ss.) garantisce una speciale tutela processuale in caso di licenziamento. Poiché l'art. 18 non è stato abrogato, e poiché nulla dispone in proposito il d.lgs. n. 23/2015, si può ritenere che la disciplina speciale sia tutt'ora vigente; tale disciplina prevede che nel corso del giudizio di merito relativo al licenziamento di un dirigente della rappresentanza sindacale aziendale (RSA), il giudice, su istanza congiunta del lavoratore e del sindacato cui questi aderisce o conferisce mandato, possa disporre con ordinanza la reintegrazione del lavoratore nel posto di lavoro. L'ordinanza di reintegrazione anticipa la sentenza con cui il giudice deciderà il merito della causa, e può essere emanata quando il giudice medesimo ritenga irrilevanti o insufficienti gli elementi di prova forniti dal datore di lavoro. L'ordinanza può essere revocata dal giudice nella sentenza che decide la causa: ciò avverrà quando la sentenza decida nel senso della legittimità del licenziamento. Il datore di lavoro che non ottempera all'ordine di reintegrazione del dirigente della RSA illegittimamente licenziato (indipendentemente dal fatto che sia stata presentata istanza di reintegrazione anticipata) è infatti tenuto, per ogni giorno di ritardo, al pagamento al Fondo pensioni dei lavoratori dipendenti (INPS) di una somma pari all'importo della retribuzione dovuta al lavoratore. Questa ulteriore sanzione ha l'evidente scopo di indurre il datore di lavoro a procedere prontamente alla reintegrazione, a tutela dell'interesse del rappresentante sindacale ad una sollecita ripresa dello svolgimento del proprio mandato. La procedura ha avuto scarsissima applicazione: nell'esperienza è stato infatti nettamente preferito il ricorso per la repressione della condotta antisindacale (art. 28 St. lav.) più rapido ed egualmente efficiente.

Secondo l'orientamento prevalente, in tutti i casi gli effetti sono quelli propri della nullità: il licenziamento inefficace o nullo *non* ha effetti estintivi (vale a dire: non estingue il contratto), ma produce una mera interruzione di fatto della funzionalità del rapporto. Tale orientamento è avvalorato dalla formulazione dal c. 2 dell'art. 18, e dall'art. 2, c. 2, d.lgs. n. 23/2015, che operano la ricomposizione dei due periodi (precedente e successivo alla sentenza); dalla ricomposizione deriva la continuità del rapporto giuridicamente mai interrotto, e la ricostruzione integrale degli effetti (ivi compresa la posizione previdenziale del lavoratore).

Per i contratti di lavoro a tempo indeterminato stipulati prima del 7.3.2015 (o per quelli eventualmente stipulati dopo, ma non qualificati come CTC), a norma dell'art. 18, cc. 1-3, come riformulati dalla l. n. 92/2012, il giudice, con la sentenza con la quale *dichiara la nullità* del licenziamento (nelle ipotesi analizzate sopra, *sub* A) oppure *dichiara l'inefficacia* del licenziamento perché viziato nella forma, *ordina* al datore di lavoro, imprenditore o non imprenditore, la *reintegrazione* del lavoratore nel posto di lavoro, indipendentemente dal motivo formalmente addotto e quale che sia il numero dei dipendenti occupati dal datore di lavoro (c. 1). Questa disposizione si applica anche ai dirigenti, indipendentemente dalla data di assunzione (*infra*, Sez. IV, C).

Il giudice, con la stessa sentenza, *condanna* altresì il datore di lavoro al *risarcimento del danno* subito dal lavoratore per il licenziamento di cui sia stata dichiarata la nullità o l'inefficacia, stabilendo a tal fine un'indennità commisurata all'ultima retribuzione globale di fatto maturata dal giorno del licenziamento sino a quello dell'effettiva reintegrazione, dedotto quanto percepito, nel periodo di estromissione, per lo svolgimento di altre attività lavorative. *In ogni caso la misura del risarcimento non potrà essere inferiore a cinque mensilità della retribuzione globale di fatto*[41]. Il datore di lavoro è condannato inoltre, per il medesimo periodo, al versamento dei contributi previdenziali e assistenziali (c. 2).

Rispetto a quanto previsto nell'art. 18, cc. 1-3, St. lav., come riformulati dalla l. n. 92/2012, l'art. 2, cc. 1-3, d.lgs. n. 23/2015 (applicabile ai soli operai, impiegati e quadri assunti con CTC, esclusi quindi i dirigenti), pur riscrivendo l'intera disposizione in forma più semplice e sintetica, introduce, come unica novità, la commisurazione dell'indennità non all'ultima retribuzione globale di fatto, ma *all'ultima retribuzione di riferimento per il calcolo del trattamento di fine rapporto*, che potrà, per le ragioni illustrate nel capitolo in cui abbiamo trattato l'argomento (*retro*, PT. VI, Cap. III, Sez. I), risultare inferiore alla retribuzione globale di fatto.

Entrambe le disposizioni limitano dunque ai licenziamenti nulli e inefficaci la tutela reale (che chiamiamo "piena" o anche "forte", per contrapporla al più debole regime di tutela reale ora previsto per alcuni licenziamenti ingiustificati (*infra*, Sez. IV). La disciplina è in sostanza quella prevista dall'art. 18 St. lav. nel testo originario; le questioni interpretative sono quelle su cui per molti anni si sono cimentate dottrina e giurisprudenza.

[41] Cass. n. 6744/2022, in *Labor*, 1, 2022, nt. Avanzi: per retribuzione globale di fatto si intende l'intero trattamento retributivo che il lavoratore avrebbe concretamente percepito se non fosse stato illegittimamente licenziato.

1.1. *La reintegrazione nel posto di lavoro*

Con la sentenza con cui dichiara inefficace o nullo il licenziamento, il giudice «*ordina al datore di lavoro di reintegrare il lavoratore nel posto di lavoro*». Obiettivo del legislatore è quello di assicurare al lavoratore, illegittimamente estromesso dal suo posto di lavoro, una tutela in forma specifica, e la specificità consiste nella *effettiva* riammissione in azienda del lavoratore e nella ripresa della normale utilizzazione della prestazione lavorativa[42]. Ma come vedremo oltre (*infra*, § 1.2) proprio questa effettività è difficile da realizzare: tanto difficile, che il legislatore ha già previsto la condanna del datore di lavoro a risarcire il danno derivante dalla mancata reintegrazione.

Per quanto riguarda il significato da attribuire all'*ordine di reintegrazione*, da tempi ormai remoti si confrontano (semplificando al massimo) due opinioni.

Una opinione attribuisce all'ordine di reintegrazione natura *inibitoria*: uno specifico comando giudiziale, che impone al datore di lavoro di desistere dal proprio comportamento e di astenersi dal ripeterlo per il futuro, la cui violazione dà luogo alla sanzione compulsiva del risarcimento del danno, e può dar luogo all'applicazione di sanzioni penali[43]. La contraria opinione ritiene addirittura "inutile" l'ordine di reintegrazione: perché la previsione dell'obbligo di reintegrazione non porta di per sé altre conseguenze, rispetto a quelle che già deriverebbero dai principi generali.

È in linea con questa seconda opinione l'orientamento della S.C., sviluppato dalla Corte nelle sentenze in materia di *riforma in appello della sentenza di reintegrazione*[44]. L'ordine di reintegrazione – ragiona la Corte – «non è una nuova e autonoma fonte di diritti sostanziali», e l'indennità dovuta dal datore di lavoro, che non ottempera all'ordine del giudice, non ha il carattere sanzionatorio di una *astreinte*[45]; riformata la sentenza che aveva ordinato la reintegrazione, viene meno anche l'ordine di reintegrazione nel posto di lavoro: «venendo a cadere l'illecito ascritto al datore di lavoro e non sussistendo più obbligo di risarcimento a suo carico, tutte le somme percepite dal lavoratore perdono il loro titolo legittimante e debbono essere di conseguenza restituite fin dal momento della riforma»[46].

---

[42] Incertezze si registrano nella definizione del diritto del lavoratore tutelato mediante l'ordine di reintegrazione: diritto alla conservazione del posto di lavoro secondo alcuni, diritto di lavorare (corrispettivo all'obbligo del datore di far lavorare) secondo altri; per altri ancora, diritto di eseguire la prestazione lavorativa (corrispettivo all'obbligo del datore di lavoro di cooperare all'adempimento della prestazione che scaturisce dall'ordine di reintegrazione).

[43] La sanzione penale per inottemperanza all'ordine del giudice è prevista dall'art. 650 c.p. (*Inosservanza dei provvedimenti dell'Autorità*). La giurisprudenza prevalente esclude invece l'applicabilità dell'art. 388 c.p. (mancata esecuzione dolosa di un ordine del giudice).

[44] In passato la Cassazione (a partire da Cass. S.U. n. 2925/1988), riteneva che mentre le somme pagate a titolo di risarcimento per il licenziamento illegittimo dovevano essere restituite dal lavoratore a seguito della riforma della sentenza di primo grado a lui favorevole (essendo venuto meno il titolo del risarcimento), le somme erogate in caso di omessa reintegrazione, avendo natura retributiva, non dovevano essere restituite (s'intende nel caso in cui, non avendo il datore di lavoro proceduto alla doverosa reintegrazione, il lavoratore non avesse potuto eseguire la propria prestazione lavorativa). La soluzione nel senso della irripetibilità delle somme erogate dopo la sentenza in caso di mancata reintegrazione è stata tenuta ferma dalla S.C., fino al mutamento di rotta intervenuto con la sentenza n. 8263/2000, alla quale hanno fatto seguito numerose decisioni conformi.

[45] L'*astreinte* consiste nell'imposizione al debitore, condannato all'adempimento in natura, del pagamento di una somma di denaro, ove esso non dia esecuzione all'obbligo derivante dalla condanna.

[46] Citazioni da Cass. n. 482/2005; Cass. n. 4943/2003, che confermano il precedente Cass. n.

1.2. *Incoercibilità dell'obbligo di reintegrazione*

In giurisprudenza, come nell'opinione di parte della dottrina, si registra una tendenza a sottovalutare il significato della reintegrazione come fondamentale strumento di tutela del diritto al lavoro, che va di pari passo con l'affermazione del primato della tutela risarcitoria (risarcimento per equivalente) rispetto alla tutela in forma specifica (reintegrazione)[47]. Ciò corrisponde peraltro alla diffusa opinione che la reintegrazione è una tutela se non inutile, quantomeno debole o ineffettiva, a causa soprattutto dell'incoercibilità dell'obbligo di reintegrazione, di cui tutti sono più o meno convinti. Anche se non mancano lodevoli tentativi di rimettere in discussione il "dogma" dell'incoercibilità, la giurisprudenza, d'accordo con la prevalente dottrina, è infatti ferma nel ritenere che le sentenze di condanna alla reintegrazione nel posto di lavoro ordinino al datore di lavoro un *facere* infungibile e incoercibile, dunque *non suscettibile di esecuzione forzata*[48].

A fini di effettiva reintegrazione è perciò necessario un comportamento attivo del datore di lavoro, che deve *invitare* il lavoratore a *riprendere il servizio*: l'invito deve essere specifico, e deve riguardare il reinserimento del lavoratore nelle mansioni precedenti o in mansioni equivalenti, nella stessa unità produttiva o in un'altra (ma allora il trasferimento deve essere giustificato da ragioni tecnico-produttive o organizzative)[49].

Il mancato invito al lavoratore a riprendere servizio costituisce inottemperanza all'ordine di reintegrazione: il datore di lavoro sarà allora tenuto a corrispondere al lavoratore sino al giorno dell'effettiva reintegrazione un'indennità risarcitoria. Sulla natura di tale indennità si è recentemente pronunciata la Corte costituzionale (sentenza n. 86/2018), escludendo senz'altro la natura retributiva. Occorre premettere che, ad avviso della Corte, il diritto a percepire la retribuzione sussiste solo in ragione (e in proporzione) della prestazione lavorativa *eseguita*: dunque, a tale fine, la sola *offerta* della

---

8263/2000 cit. La Corte porta per questa via alle estreme conseguenze la tesi che attribuiva alla "indennità" di cui all'art. 18, c. 4, nella formulazione originaria, natura esclusivamente risarcitoria; il passaggio chiave per arrivare a queste conseguenze è la qualificazione del licenziamento illegittimo non come violazione di un obbligo contrattuale, ma come illecito civile (con il corollario della rilevanza dell'elemento soggettivo a fini di responsabilità per l'ingiusto danno). La tesi della natura esclusivamente risarcitoria dell'indennità dovuta in caso di mancata reintegrazione ha trovato autorevole conferma nella sentenza n. 86/2018 della Corte cost., sul presupposto della corrispettività tra diritto alla retribuzione ed effettiva esecuzione della prestazione lavorativa.

[47] Occorre tuttavia segnalare che la Cass. S.U., nella sentenza n. 141/2006 cit., ha affermato invece la priorità del risarcimento in forma specifica sul risarcimento per equivalente.

[48] Un'analisi più attenta potrebbe tuttavia mettere in evidenza che l'adempimento dell'obbligo di reintegrazione comporta un complesso di comportamenti dovuti che si compongono non solo di obblighi di *non fare* e di *pati* (suscettibili di coercizione), ma altresì di obblighi di *fare* che non hanno carattere strettamente personale, e sono surrogabili dall'attività di un terzo, e che perciò dovrebbero essere considerati anch'essi suscettibili di esecuzione forzata. Resta tuttavia il nocciolo duro dell'attività infungibile del datore di lavoro, che la dottrina ravvisa in quegli atti di esercizio del potere direttivo (assegnazione delle mansioni, modalità di esecuzione della prestazione, ecc.), in cui si esprime la sua libertà di organizzazione dell'impresa.

[49] Così Cass. n. 17298/2016.

prestazione non è equiparabile all'*esecuzione* effettiva della prestazione[50]. Tanto precisato, la Corte afferma: «Se è pur vero [...] che l'ordine di reintegrazione del lavoratore illegittimamente licenziato ripristina, sul piano giuridico, la *lex contractus*, ciò non è vero anche sul piano fattuale, poiché la concreta attuazione di quell'ordine non può prescindere dalla collaborazione del datore di lavoro, avendo ad oggetto un *facere* infungibile. Per cui, ove il datore di lavoro non ottemperi all'ordine di reintegrazione, tale suo comportamento, riconducibile ad una fattispecie di illecito istantaneo ad effetti permanenti, perpetuerebbe le conseguenze dannose del licenziamento intimato *contra ius*, da cui propriamente deriva una *obbligazione risarcitoria* del danno stesso da parte del datore nei confronti del dipendente non reintegrato».

L'art. 18, c. 2, St. lav. e l'art. 2, c. 1, d.lgs. n. 23/2015, assegnano al lavoratore un termine di 30 giorni dall'«*invito* del datore di lavoro» per riprendere il servizio (mettendosi effettivamente a disposizione del datore di lavoro); decorso inutilmente tale termine «il rapporto si intende risolto»[51]. La risoluzione automatica non si verifica se la mancata ripresa del servizio è giustificata: così nel caso della malattia del lavoratore, certificata e comunicata al datore di lavoro.

1.3. *Indennità sostitutiva della reintegrazione*

Dell'incoercibilità dell'obbligo di reintegrazione è stato certamente consapevole il legislatore del 1990 (l. n. 108/1990), quando ha previsto, innovando così profondamente rispetto all'originaria formulazione dell'art. 18 St. lav., la possibilità per il lavoratore di "monetizzare" la reintegrazione, chiedendo in sua vece una *indennità sostitutiva*.

Ha in seguito dato luogo a diversi orientamenti interpretativi la definizione del momento in cui avviene la cessazione del rapporto di lavoro in caso di opzione da parte del lavoratore per l'indennità sostitutiva della reintegrazione.

Nella giurisprudenza della Cassazione si era affermato un orientamento fedele alla interpretazione "correttiva" fornita dalla Corte costituzionale (sentenza n. 81/1992): secondo la Corte, prevedendo la facoltà del lavoratore di optare per l'indennità sostitutiva della reintegrazione, il legislatore ha introdotto un'*obbligazione con facoltà alternativa dal lato del creditore*, sicché il rapporto non cessa con la dichiarazione di scelta del lavoratore, bensì solo al momento, e per effetto, del *pagamento* dell'indennità (fino a quel momento il rapporto di lavoro continua, e il lavoratore ha diritto alla retribuzione); l'adempimento dell'obbligazione (e dunque il pagamento dell'indennità) produce, insieme alla cessazione del rapporto, anche l'estinzione dell'obbligo di reintegrare il lavoratore nel posto, per sopravvenuta mancanza dello scopo.

Dopo una serie di oscillazioni, nel 2009 la Cassazione aveva rimesso in discussione la qualificazione dell'obbligazione, definendola *alternativa*; così riqualificata l'obbligazione, il rapporto di lavoro si estingue con l'esercizio dell'opzione da parte del lavoratore; tuttavia la S.C. continuava a ritenere che permanesse l'obbligo di risarcire il danno per le retribuzioni perdute

---

[50] La Corte si basa su una concezione della corrispettività della retribuzione che appare decisamente datata.

[51] Il termine per rispondere all'invito del datore di lavoro (che non deve ovviamente attendere il deposito della sentenza) si interseca con il termine per l'esercizio dell'opzione per l'indennità sostitutiva della reintegrazione.

fino al momento del pagamento dell'indennità sostitutiva. Questa seconda affermazione è stata cancellata dalla stessa Cassazione nel 2012: la cancellazione è coerente con la affermata estinzione del rapporto al momento della richiesta della indennità. Successivamente sono intervenute le S.U. della Cassazione (sentenza n. 18353/2014)[52] che hanno confermato l'orientamento interpretativo del 2012.

L'orientamento da ultimo fatto proprio dalla Cassazione risulta in linea con quanto disposto dall'art. 18, c. 3, come riformulato dalla l. n. 92/2012 (analogamente dispone l'art. 2, c. 3, d.lgs. n. 23/2015): il legislatore ha infatti tenuto conto dei mutamenti intervenuti negli indirizzi interpretativi della Cassazione, facendo espressamente coincidere la risoluzione del rapporto con la comunicazione dell'opzione del lavoratore per l'indennità sostitutiva.

La disciplina attuale è la seguente: «Fermo restando il diritto al risarcimento del danno [...] è data la facoltà di chiedere al datore di lavoro, in sostituzione della reintegrazione nel posto di lavoro, un'indennità pari a quindici mensilità dell'ultima retribuzione globale di fatto, la cui *richiesta* determina la risoluzione del rapporto di lavoro, e che non è assoggettata a contribuzione previdenziale».

La *richiesta dell'indennità* deve essere effettuata entro 30 giorni dalla comunicazione[53] del deposito della sentenza che ordina al datore di lavoro di reintegrare il lavoratore illegittimamente licenziato, o dall'invito del datore di lavoro a riprendere servizio, se anteriore alla predetta comunicazione. In passato si era posta la questione se l'indennità potesse essere richiesta prima che fosse intervenuta la sentenza che ordina la reintegrazione, e cioè se il lavoratore potesse esercitare immediatamente il diritto di opzione, o se, invece, la sentenza che dispone la reintegrazione ne rappresentasse un presupposto imprescindibile. La Cassazione era orientata in senso favorevole alla prima soluzione[54]. Alla luce della disciplina attuale, nella quale la richiesta dell'indennità determina l'estinzione del rapporto, sembra venir meno l'interesse del lavoratore ad anticipare la richiesta ad un momento precedente al provvedimento di condanna del datore di lavoro alla reintegrazione[55].

Dei ritardi nel pagamento dell'indennità sostitutiva il datore di lavoro risponde secondo le regole vigenti in materia di mora del debitore.

---

[52] Le S.U. ricostruiscono nei dettagli gli orientamenti della giurisprudenza della Cassazione: in motivazione sono citate tutte le sentenze alle quali fa riferimento il testo. Conf. Cass. n. 10408/2020.

[53] Alla comunicazione è equiparata la conoscenza completa ed esatta della sentenza da parte del lavoratore: Cass. n. 203/2016.

[54] Cass. n. 26920/2008. Una ulteriore questione postasi in passato era se l'indennità spettasse al lavoratore anche *in caso di revoca* del licenziamento. La nuova disciplina della revoca (purché tempestiva) fa venir meno la questione (la revoca produce l'effetto del ripristino *ex tunc* del rapporto: *infra,* Sez. V); la questione resta invece aperta nel caso in cui la revoca sia tardiva.

[55] La scelta dell'indennità sostitutiva, come viceversa quella di riprendere il servizio a seguito dell'ordine di reintegrazione è irreversibile, senza possibilità di ripensamenti da parte del prestatore; la scelta per la reintegrazione consuma il diritto di opzione per l'indennità sostitutiva anche in caso di riforma della sentenza di primo grado: Cass. ord. n. 22063/2020.

1.4. *Il risarcimento dei danni*

L'art. 18, c. 2, St. lav., prevede che il giudice, nella sentenza nella quale dichiara la nullità del licenziamento e ordina la reintegrazione del lavoratore, condanna altresì il datore di lavoro «al risarcimento del danno subito dal lavoratore per il licenziamento di cui sia stata accertata la nullità, stabilendo a tal fine un'indennità commisurata all'ultima retribuzione globale di fatto maturata dal giorno del licenziamento sino a quello dell'effettiva reintegrazione». Analogamente dispone l'art. 2, c. 2, d.lgs. n. 23/2015, ma, come già segnalato, commisurando l'indennità all'ultima retribuzione di riferimento per il calcolo del TFR.

Le opinioni in materia di risarcimento dei danni sono state e in una certa misura restano variegate, in ragione delle diverse letture proposte della corrispettività nel contratto di lavoro. Per chi assegna titolo retributivo alle attribuzioni patrimoniali previste dalle disposizioni citate, il risarcimento svolge una funzione reintegratoria delle utilità perdute (per tutto il periodo, passato e futuro: *danno emergente*, dunque), alla quale viene a sommarsi la funzione sanzionatoria del minimo di cinque mensilità di retribuzione comunque dovute. È però largamente presente, sia in dottrina, sia in giurisprudenza, una ricostruzione delle posizioni delle parti nella fase di mancata esecuzione di fatto del rapporto in termini di *mora del creditore*, variamente articolata al suo interno.

Secondo una ricostruzione degli obblighi contrattuali del datore di lavoro che in passato è stata diffusa in dottrina (ed anche in giurisprudenza)[56], poiché dalla nullità del licenziamento consegue la continuità (giuridica) del rapporto si lavoro, l'obbligazione retributiva (corrispettiva all'esecuzione della prestazione di lavoro) non si è estinta con il licenziamento: il mancato svolgimento della prestazione lavorativa è dovuto infatti ad un atto invalido (il licenziamento nullo) imputabile al datore di lavoro, che ha di fatto interrotto l'esecuzione del rapporto, impedendo al lavoratore di eseguire la propria prestazione, e violando così il contratto, che lo obbliga a ricevere la prestazione e a retribuirla. Dall'obbligazione retributiva primaria inadempiuta si fa derivare l'obbligazione del datore di lavoro di risarcire il lavoratore per il danno subito; il risarcimento dovrà contenere in primo luogo proprio le retribuzioni perdute (danno emergente).

Un diverso orientamento, diffusosi maggiormente in dottrina e in giurisprudenza[57], pone a fondamento della responsabilità del datore di lavoro non l'inadempimento dell'obbligo contrattuale di retribuire la prestazione, perché nel caso il licenziamento non ha reso possibile l'esecuzione della prestazione e dunque ha fatto venir meno l'obbligo di retribuirla, ma la *mora del creditore* (artt. 1206 ss. c.c.). La posizione del lavoratore licenziato è equiparata a quella del debitore (della prestazione) che costituisce in mora il creditore che illegittimamente rifiuta di *accipere* la prestazione offerta (artt. 1210 e 1217 c.c.), rifiutando così quella cooperazione all'adempimento della quale è onerato (non obbligato). Effetto della costituzione in mora è il risarcimento del danno (lucro cessante), che deriva al lavoratore dall'essere messo in condizioni di non poter adempiere la propria prestazione, perdendo così il diritto alla retribuzione corrispettiva. Il diritto al risarcimento è collegato non all'estromissione di fatto del lavoratore, ma

---

[56] Cfr. Cass. n. 15093/2009, relativa ad un caso di nullità del licenziamento per motivo illecito.

[57] Per la ricostruzione di questi orientamenti interpretativi v. Ballestrero 2009; la giurisprudenza fa capo alla sentenza delle S.U. della Cass. n. 508/1999, alla quale si è più volte uniformata la giurisprudenza successiva della Cassazione.

all'effettiva offerta (intimazione a ricevere nelle forme d'uso: art. 1217, c. 2, c.c.) della prestazione da parte del lavoratore: offerta per la quale si richiede un comportamento che dimostri un'effettiva prontezza ad adempiere, che non si ritiene soddisfatta dalla sola impugnazione del licenziamento [58].

Per quanto attiene alla quantificazione del risarcimento, degli artt. 18, c. 2, St. lav., e 2, c. 2, d.lgs. n. 23/2015, sono state date diverse letture, ma l'opinione che gode maggior credito è quella secondo la quale la retribuzione, alla quale deve essere "commisurato" il risarcimento del danno, costituisce un *parametro*, sul quale calcolare il risarcimento [59]. Come ha affermato la Corte costituzionale (sentenza n. 86/2018, cit.) «Viene, in tale contesto, in rilievo il "lucro cessante" – il mancato guadagno, cioè, subito dal lavoratore per effetto, prima, del licenziamento illegittimamente intimato e, poi, della mancata riassunzione – e tale voce di danno è coerentemente rapportata a quanto il dipendente avrebbe percepito se, senza il licenziamento, avesse continuato a lavorare e poi se, dopo l'annullamento di questo, fosse stato riammesso in servizio in esecuzione dell'ordine di reintegrazione imposto dal giudice».

È generalmente condivisa la soluzione giurisprudenziale che riconduce il risarcimento al regime ordinario (art. 1218 c.c.). Secondo l'orientamento consolidato in giurisprudenza nell'interpretazione dell'art. 18 St. lav. (formulazione originaria), essendo commisurata l'indennità risarcitoria alla retribuzione globale di fatto maturata dal giorno del licenziamento, la commisurazione alla retribuzione costituisce una presunzione legale *iuris tantum* circa l'entità del danno subito dal lavoratore.

Già in passato, stante la natura squisitamente risarcitoria dell'indennità di cui all'art. 18, la giurisprudenza riteneva detraibile dall'importo delle retribuzioni complessiva-

---

[58] Molte critiche sono state mosse alla diffusa ricostruzione della situazione di inesecuzione del rapporto determinata dal licenziamento inefficace in termini di mora del creditore; in ogni caso non si può trascurare che, nel caso del licenziamento nullo, si verifica la traslazione sul creditore del rischio dell'impossibilità sopravvenuta della prestazione di lavoro (parziale *ratione temporis*, ma definitiva per le opere *praeteritae*): traslazione che lascia appunto in vita l'obbligo della controprestazione retributiva (art. 1207 c.c.). Dunque, pur partendo dal comune denominatore dell'estromissione del lavoratore come illegittimo rifiuto della cooperazione creditoria, alcuni assegnano alle attribuzioni patrimoniali carattere puramente risarcitorio (di ristoro per equivalente del *lucro cessante*, cioè del mancato guadagno), altri invece carattere reintegratorio delle utilità perdute, ritenendo che la mora non escluda, nel caso del licenziamento illegittimo, la permanenza dell'obbligo retributivo a carico del creditore moroso. Per i necessari riferimenti bibliografici su tali questioni, rinviamo a Ballestrero 2009.

[59] All'interno di questa soluzione si distinguono però posizioni fortemente differenziate. Secondo un'opinione, le retribuzioni perdute dal lavoratore a causa dell'illegittima interruzione del rapporto costituiscono il *parametro "reale"* del risarcimento del danno, perché l'obbligazione di risarcimento, che sorge a carico del debitore a seguito dell'inadempimento (ovvero della mora del creditore) a lui imputati (e oggettivamente imputabili), assume un diverso contenuto (la prestazione risarcitoria al posto di quella originariamente dovuta), ma permane la "identità" giuridica della prestazione originariamente dovuta (cioè la retribuzione). Secondo un'altra opinione, poiché il titolo in base al quale il datore di lavoro tenuto a risarcire il danno non è la violazione del contratto, ma la lesione del diritto del lavoratore a non essere "ingiustamente licenziato", la retribuzione non corrisposta costituisce solo un *parametro di riferimento*, essendo appunto il titolo del risarcimento svincolato dalla vigenza della *lex contractus*: sembra questa la strada imboccata anche dalla Corte cost., nella sentenza n. 86/2018 cit.

mente maturate l'*aliunde perceptum*, applicando la regola della *compensatio lucri cum damno* (art. 1223 c.c.), quando il datore di lavoro fosse in grado di provare che il lavoratore avesse *medio tempore* trovato un'altra occupazione, percependo la relativa retribuzione (in quanto reddito conseguito attraverso l'impiego della medesima capacità lavorativa non impegnata nell'attività cessata a causa del licenziamento illegittimo) [60].

Ora sia l'art. 18 St. lav., c. 2, sia l'art. 2, c. 2, d.lgs. n. 23/2015, espressamente sanciscono che dal risarcimento debba essere «dedotto quanto percepito, nel periodo di estromissione, per lo svolgimento di altre attività lavorative» [61], *escludendo* perciò la detraibilità dal risarcimento (ai sensi dell'art. 1227, c. 2, c.c.), dell'*aliunde percipiendum* (vale a dire di quanto il lavoratore avrebbe potuto percepire dedicandosi con diligenza alla ricerca di una nuova occupazione), che la giurisprudenza invece ammetteva, ma solo quando fosse provato un fatto colposo del lavoratore in relazione al danno economico (mancato guadagno) che avrebbe potuto evitare con la ordinaria diligenza, ricercando una nuova occupazione, nonché attivandosi per ottenere la corresponsione dell'indennità di disoccupazione [62].

Il risarcimento del danno, come abbiamo detto, segue il regime ordinario; un elemento di specialità tuttavia permane: si tratta della garanzia del *minimo di cinque mensilità di retribuzione*, "penale" irriducibile e assistita da una presunzione assoluta di danno [63]. La presunzione assoluta di danno non significa tuttavia che il lavoratore abbia sempre diritto a tale risarcimento forfetario: la condizione (unica) richiesta dai

---

[60] Ne discende che la misura del risarcimento potrà essere ridotta in rapporto ai (soli) guadagni del lavoratore, che trovano causa immediata nel venir meno dell'impegno richiesto dal rapporto di lavoro di fatto interrotto: così i guadagni che il lavoratore licenziato ha conseguito occupandosi altrove: Cass. n. 22649/2009; Cass. n. 23565/2007. Il risarcimento non può invece essere diminuito degli importi eventualmente ricevuti dall'interessato a titolo di pensione: Cass. ord. n. 1725/2014.

[61] Con questa espressa previsione può ritenersi risolta la questione della detraibilità dal risarcimento dell'indennità di disoccupazione percepita dal lavoratore a seguito del licenziamento, su cui in passato si era registrato un orientamento non univoco, poi risolto dalla Cassazione nel senso della non detraibilità: Cass. n. 5217/2010. A seguito della dichiarata illegittimità del licenziamento, e disposta la reintegrazione nel posto di lavoro, viene meno lo stato di disoccupazione e l'indennità deve essere richiesta in restituzione dall'Istituto previdenziale.

[62] Cass. n. 21066/2007, esclude che il risarcimento possa essere ridotto perché il lavoratore non si è iscritto nelle liste del collocamento o ha rifiutato un nuovo rapporto di lavoro. La giurisprudenza ha sin qui generalmente ammesso la possibilità per il lavoratore di provare di aver subito un *danno maggiore* rispetto alla perdita della retribuzione (ad esempio il pregiudizio alla professionalità), coerentemente con la considerazione che la retribuzione globale di fatto non costituisce un limite invalicabile della quantificazione del danno. Restano risarcibili i danni che possono trovare causa non nel licenziamento in sé, ma in un comportamento illecito del datore di lavoro (come nel caso del licenziamento ingiurioso): ma il danno deve essere provato dal lavoratore (Cass. n. 1591/2009; Cass. n. 5927/2008).

[63] Corte cost. n. 420/1998. Secondo la Corte, stabilendo questa "penale", «il legislatore ha operato un non irragionevole bilanciamento complessivo» tra potere di recesso unilaterale del datore di lavoro e interesse del lavoratore alla conservazione del posto. Il risarcimento deve coprire l'intero periodo tra il licenziamento e la sentenza, anche se nelle more il lavoratore ha compiuto l'età pensionabile: Cass. ord. n. 29365/2021.

giudici è che il regolare svolgimento del rapporto di lavoro risulti di fatto interrotto e subisca una soluzione di continuità con l'allontanamento dal posto di lavoro del dipendente[64].

Occorre infine ricordare che, ai sensi dell'art. 18, c. 2, St. lav., e dell'art. 2, c. 2, d.lgs. n. 23/2015, il datore di lavoro condannato alla reintegrazione del lavoratore illegittimamente licenziato è tenuto al versamento dei contributi assistenziali e previdenziali dal momento del licenziamento al momento della effettiva reintegrazione: la disposizione conferma la ricostituzione integrale degli effetti del rapporto, ribadita anche di recente dalla Cassazione[65].

[64] L'interruzione del rapporto di lavoro costituisce infatti elemento costitutivo del diritto al risarcimento minimo forfetario: Cass. n. 6331/2001. Il problema si era posto concretamente in caso di *revoca del licenziamento*, che ha ora una disciplina specifica (*infra*, Sez. V). L'effetto *ex tunc* assegnato alla revoca, fa venir meno i presupposti per la conservazione del diritto al risarcimento minimo di cinque mensilità.

[65] Cass. n. 4899/2017, relativa ad un caso di condanna del datore di lavoro alla reintegrazione a seguito dell'accoglimento di un ricorso *ex* art. 28 St. lav.

Sezione II

Licenziamenti individuali giustificati. Le giustificazioni

Introduzione. La giustificazione del licenziamento

La regola della giustificazione del licenziamento è largamente, ma non completamente applicabile [1]. Anche dove è operante, la regola della giustificazione ha un'incidenza notevolmente diversa a seconda che il licenziamento privo di giustificazione sia sanzionato con la reintegrazione nel posto di lavoro (tutela reale) o invece con il solo pagamento di un'indennità (tutela obbligatoria *ex* l. n. 604/1966 e tutela indennitaria). Dove è prevista la tutela reale, la giustificazione costituisce un presupposto del potere di licenziamento, la cui mancanza (come vedremo) rende il licenziamento inidoneo a produrre effetti; dove invece è prevista la sola tutela obbligatoria o indennitaria, la giustificazione costituisce «un onere accessorio ed esterno allo stesso potere di licenziamento, il cui esercizio (...) è comunque (...) valido ed efficace, sebbene illecito» [2].

Il diverso impatto della regola della giustificazione sulla validità del licenziamento costituisce una scelta discrezionale del legislatore, legittima sino a che non entra in conflitto con i principi costituzionali, o comunque di rango superiore alla legge. Ne parleremo oltre, quando entreremo nel merito dei diversi regimi sanzionatori previsti

[1] Occorre fin d'ora segnalare la sopravvivenza nel nostro diritto interno di un'area (per quanto residuale) nella quale il licenziamento può essere intimato senza giustificazione (dirigenti, lavoratori pensionabili, lavoratori in prova, apprendisti alla fine del periodo di apprendistato, lavoratori domestici, atleti professionisti – v. *infra*, Sez. III, § 4), e in talune ipotesi senza neppure l'obbligo di comunicazione per iscritto. Ci si può domandare se le norme di legge che consentono al datore di lavoro di lavoro di licenziare senza addurre alcuna giustificazione siano compatibili con quanto affermato dalla Corte costituzionale (a partire dalla sentenza n. 45/1965), e altresì conformi al diritto dell'UE, nel quale la giustificazione del licenziamento ha il valore di regola generale (*retro*, Sez. I). Ma la questione non è stata sollevata di fronte alla Corte costituzionale e neppure di fronte alla CGE.

[2] Nogler 2007, p. 617. La diversa incidenza della giustificazione sulla validità del licenziamento pone l'interrogativo se la disparità di trattamento dei lavoratori che ne deriva sia compatibile con i principi costituzionali, e in particolare con l'art. 4 Cost. La risposta a tale interrogativo è stata fornita, in più occasioni, dalla Corte costituzionale.

per i licenziamenti ingiustificati, e delle disparità di trattamento tra i lavoratori che possono comportare (*infra*, Sez. IV).

Ai sensi dell'art. 1, l. 15.7.1966, n. 604, «nel rapporto di lavoro a tempo indeterminato, intercedente con datori di lavoro privati o con enti pubblici, ove la stabilità non sia assicurata da norme di legge, di regolamento e di contratto collettivo o individuale, il licenziamento del prestatore di lavoro non può avvenire che per giusta causa ai sensi dell'art. 2119 c.c. o per giustificato motivo». Accanto ai motivi giustificati di licenziamento con preavviso, definiti dall'art. 3, l. n. 604/1966, la stessa legge continua dunque a prevedere una "giusta causa" di licenziamento senza preavviso, per definire la quale fa rinvio all'art. 2119 c.c.

Gli artt. 1 e 3, l. n. 604/1966, non hanno subito modificazioni ad opera della legislazione successiva. Tenuto conto di ciò, nei paragrafi che seguono daremo conto delle nozioni elaborate dalla dottrina e dalla giurisprudenza nell'interpretazione e applicazione degli artt. 2119 c.c. e 3, l. n. 604/1966.

Nei primi due paragrafi parleremo delle nozioni legali di giusta causa (g.c.) e giustificato motivo soggettivo (g.m.s.); ma fin d'ora occorre sottolineare che entrambe le ipotesi, nelle quali la giustificazione del licenziamento è fondata su condotte imputabili al lavoratore, sono qualificate come *licenziamenti disciplinari*; la qualificazione del licenziamento come *sanzione disciplinare* non modifica le nozioni legali di g.c. e g.m.s., ma comporta conseguenze rilevanti sul piano sia procedurale (a causa dell'applicazione delle regole previste dall'art. 7 St. lav.), sia sostanziale (valutazione della proporzionalità della sanzione irrogata), che esamineremo oltre.

1. *La giusta causa*

Secondo l'art. 2119 c.c., c. 1, costituisce giusta causa (g.c.) di recesso dal rapporto di lavoro prima della scadenza del termine, se il contratto è a tempo determinato, o senza preavviso, se il contratto è a tempo indeterminato, «una causa che non consenta la prosecuzione anche provvisoria del rapporto». Il secondo comma dell'art. 2119, sia nella nuova formulazione contenuta nel CCII[3], sia nella formulazione originaria («Non costituisce giusta causa di risoluzione del contratto il fallimento dell'imprenditore o la liquidazione coatta amministrativa dell'azienda»), contiene una definizione *in negativo* della g.c.[4].

---

[3] Il nuovo testo, che entrerà in vigore il 30.7.2022, è il seguente: «Non costituisce giusta causa di risoluzione del contratto la liquidazione coatta amministrativa dell'impresa. Gli effetti della liquidazione giudiziale sui rapporti di lavoro sono regolati dal codice della crisi e dell'insolvenza».

[4] L'art. 189, c. 1, CCII, ribadisce che «L'apertura della liquidazione giudiziale nei confronti del datore di lavoro non costituisce motivo di licenziamento». L'art. 189, c. 1, prosegue così. «I rapporti di lavoro subordinato in atto alla data della sentenza dichiarativa restano sospesi fino a quando il curatore, con l'autorizzazione del giudice delegato, sentito il comitato dei creditori, comunica ai lavoratori di subentrarvi, assumendo i relativi obblighi, ovvero il recesso». Il curatore potrà procedere ai licenziamenti, e in ogni caso, decorsi i termini fissati, i rapporti ancora in essere saranno risolti di diritto (in tal caso i lavoratori avranno diritto all'indennità prevista dall'art. 189, c. 4.) La procedura dei licenziamenti sia individuali, sia collettivi, è regolata dai commi successivi dello stesso art. 189.

Elemento costitutivo del licenziamento per g.c. non previsto dalla legge, ma dedotto dalla giurisprudenza dalla mancanza del preavviso, è l'*immediatezza* del provvedimento espulsivo, che distingue appunto il licenziamento per g.c. da quello per giustificato motivo soggettivo (nel quale è invece dovuto il preavviso). L'immediatezza deve essere intesa in senso relativo, essendo compatibile con un congruo intervallo di tempo, necessario per l'accertamento dei fatti contestati al lavoratore[5].

La definizione legale della g.c. (definita "clausola generale" dall'art. 30, c. 1, l. n. 183/2010: ma si tratta piuttosto di una norma "aperta", che richiede una integrazione valutativa da parte del giudice), è insieme ampia e generale; la nozione in concreto di g.c. è di conseguenza il risultato dell'elaborazione giurisprudenziale.

Secondo la tradizionale massima giurisprudenziale, costituiscono g.c. di licenziamento i comportamenti del lavoratore, «anche estranei rispetto alla sfera del contratto, e in particolare anche diversi dall'inadempimento contrattuale, che siano tali da far venir meno quella fiducia che costituisce il presupposto essenziale della collaborazione e quindi della sussistenza del rapporto di lavoro subordinato»[6]. Questa massima, sottoposta fin da tempi remoti a serrata critica, è stata rielaborata dalla dottrina, che ha proposto di definire la g.c. di cui all'art. 2119 c.c. guardando non alla fiducia in senso *soggettivo*, ma alla ripercussione che l'inadempimento del prestatore ha sulla fiducia "*oggettiva*" del datore di lavoro circa l'esattezza delle future prestazioni[7]. Questa rilettura, che restringe e precisa la nozione di g.c., riportandola all'interno della logica comune ai contratti di durata a prestazioni corrispettive, può ritenersi in sostanza accolta dalla giurisprudenza[8].

Pur avendo riportato la lesione della fiducia nell'ambito e nella logica del contratto, resta da risolvere la questione se la g.c. sia riconducibile solo all'*inadempimento di*

---

[5] Cass. ord. n. 2869/2022: l'immediatezza del licenziamento rispetto alla condotta censurata è un elemento costitutivo del diritto al recesso, in quanto la tardività della contestazione induce ragionevolmente a ritenere che il datore abbia soprasseduto ritenendo non grave la colpa del dipendente. L'immediatezza del provvedimento espulsivo si collega alla immediatezza e tempestività della contestazione dell'addebito disciplinare al lavoratore, su cui *infra*, testo e note.

[6] Il giudice deve valutare il fatto concreto nella sua portata oggettiva e soggettiva, attribuendo rilievo determinante, ai fini in esame, alla potenzialità del fatto medesimo di porre in dubbio la futura correttezza dell'adempimento (Cass. n. 31202/2021). A tale fine, secondo il consolidato orientamento della S.C., la valutazione in ordine alla ricorrenza della giusta causa deve essere operata con riferimento agli aspetti concreti afferenti alla natura e alla utilità del singolo rapporto, alla posizione delle parti, al grado di affidamento richiesto dalle specifiche mansioni del dipendente, al nocumento eventualmente arrecato, alla portata soggettiva dei fatti stessi, ossia alle circostanze del loro verificarsi, ai motivi e all'intensità dell'elemento intenzionale o di quello colposo (Cass. n. 23694/2017).

[7] La dottrina fa riferimento all'art. 1564 c.c.: la disposizione si riferisce alla risoluzione del contratto di somministrazione, ma è considerata di portata generale ed applicabile a tutti i contratti di durata.

[8] V. ad es. Cass. n. 5693/2017, nel caso di un giornalista che ha pubblicato una notizia falsa. Afferma la Corte: «È, infatti, chiaro che anche una condotta negligente, ove risulti connotata da gravità (...), è idonea a ledere irrimediabilmente il vincolo fiduciario tra datore di lavoro e lavoratore, non consentendo una prognosi favorevole circa il corretto adempimento delle future prestazioni e tanto più a fronte di un'attività che, anche per la sua oggettiva rilevanza sociale, richiede la pratica di uno scrupolo professionale costante».

obblighi contrattuali del lavoratore[9], ovvero se possano rilevare come g.c. di licenziamento anche *atti e comportamenti estranei all'esecuzione del rapporto*, e non riconducibili alla violazione di obblighi derivanti dall'assunzione del vincolo contrattuale. La questione, rilevante anche sotto il profilo della sovrapposizione (totale o solo parziale) tra g.c. di licenziamento e licenziamento disciplinare, nasce dalla necessità di coordinare l'ampia nozione di g.c. con la più precisa definizione legale del giustificato motivo soggettivo (notevole inadempimento degli obblighi contrattuali: *infra*, § 2).

Una limitata rilevanza (valutata caso per caso, in riferimento specialmente alla delicatezza dei compiti affidati al prestatore di lavoro) di atti e comportamenti estranei alla esecuzione del rapporto è ammessa dalla giurisprudenza prevalente che, come si è detto, assegna un fondamento fiduciario "oggettivo" alla g.c.: non nega cioè ogni rilevanza ai motivi inerenti alla fiducia personale nell'area della g.c., ma ritiene che essi debbano essere ricondotti nel contesto dei fatti idonei ad influire, per il futuro, sulla capacità di adempimento del prestatore di lavoro[10]. La copiosissima giurisprudenza in materia mostra quanto variabile sia la valutazione della gravità dei comportamenti; pare tuttavia importante sottolineare lo sforzo compiuto dai giudici per ricondurre a parametri obiettivi quella "lesione della fiducia" che la tradizionale massima della Cassazione pone ancora a base della definizione della g.c.[11].

---

[9] Relativamente a fattispecie legate alla pandemia Covid-19: Trib. Trento 8.7.2021 ha giudicato legittimo il licenziamento irrogato ad un dipendente che, anteponendo interessi personali a quelli generali, rifiuta di indossare la mascherina protettiva durante l'orario di servizio; Trib. Arezzo 13.1.2021 ha giudicato illegittimo il licenziamento irrogato al lavoratore che si rifiuta di servire un cliente sprovvisto di mascherina, dal momento che il dipendente può astenersi dallo svolgere la prestazione che lo esponga ad un rischio per la propria salute; Trib. Trento ord. 21.1.2021 ha giudicato legittimo il licenziamento irrogato alla lavoratrice non rientrata in servizio al termine delle ferie per osservare i 14 giorni di isolamento fiduciario disposto come conseguenza di un viaggio all'estero che la dipendente avrebbe potuto evitare.

[10] Un'eccezione alla normale irrilevanza di comportamenti del lavoratore al di fuori dell'ambito aziendale è ravvisata dalla giurisprudenza nel caso in cui la gravità o la natura dei comportamenti sia tale da far ritenere (sulla base di specifiche circostanze, di cui deve essere fornita prova) che il lavoratore sia professionalmente inidoneo alla prosecuzione del rapporto o alla permanenza nell'ambiente di lavoro. Cfr. Cass. n. 10540/2020 (integra giusta causa di licenziamento – ed è quindi idoneo a ledere il vincolo fiduciario posto alla base del rapporto di lavoro – il ripetuto utilizzo del telepass aziendale per fini personali in orari extra lavorativi da parte di un dipendente rivestente una posizione apicale); Cass. n. 9304/2021 (la grave violazione del codice della strada, per motivi estranei al servizio, da parte del dipendente che si trova alla guida dell'auto aziendale, integra la giusta causa di licenziamento); Cass. n. 31531/2019 (è legittimo il licenziamento per giusta causa di un lavoratore che in sede penale aveva patteggiato una condanna per possesso di droga, che pur essendo avvenuto fuori dal posto di lavoro e in orario non di lavoro, costituisce per sé una condotta censurabile, tale da violare principi essenziali del vivere civile; il lavoratore – afferma la Corte – anche in ambiente extra lavorativo non deve compromettere gli interessi materiali e morali del datore di lavoro).

[11] Un esempio significativo è fornito dalla casistica relativa allo *svolgimento di altre attività durante il periodo di assenza per malattia*, poiché durante la malattia l'esecuzione del rapporto di lavoro è sospesa (ma permangono i doveri di correttezza e buona fede). Dopo molte oscillazioni, la giurisprudenza sembra ormai consolidata sull'orientamento espresso dalla S.C. (Cass. n. 9647/2021; Cass. n. 6047/2018; Cass. n. 21093/2014; Cass. n. 4869/2014), secondo cui, pur non sussistendo il

Diversamente dalla prevalente giurisprudenza, buona parte della dottrina (alla quale fa talora riferimento la giurisprudenza di merito) desume l'esclusione dalla nozione di g.c. di ogni comportamento estraneo al contratto dal coordinamento dell'art. 2119 c.c. con l'art. 3 della l. n. 604/1966: disposizione nella quale il legislatore ha assegnato rilevanza, a fini di licenziamento con preavviso, al solo «*notevole inadempimento degli obblighi contrattuali*».

Tuttavia, mentre secondo alcuni la distinzione tra giustificato motivo soggettivo e g.c. è solo di ordine *quantitativo* (l'inadempimento che giustifica il licenziamento senza preavviso dovrà essere più che notevole, dunque più grave), secondo altri la distinzione non è solo quantitativa, ma anche *qualitativa*, nel senso che la causa che legittima il licenziamento senza preavviso non è solo e necessariamente un inadempimento più grave, ma un comportamento che, integrando comunque l'inadempimento notevole, valutate complessivamente le circostanze interne ed eventualmente esterne al rapporto, legittimi anche l'esonero dal preavviso.

Per decidere in concreto quali atti o comportamenti del prestatore di lavoro integrino una g.c. di licenziamento, resta ancora da risolvere, in via preliminare, il problema se, a fini di licenziamento, rilevi solo l'inadempimento "colpevole" o anche l'inadempimento "incolpevole". Senza entrare nel merito di una discussione sul fondamento della responsabilità contrattuale del prestatore di lavoro, ma tenendo nel debito conto il fatto che nel rapporto di lavoro è essenziale l'adempimento personale da parte del prestatore, si può pervenire alla conclusione della rilevanza, a fini di licenziamento, del solo *inadempimento imputabile a colpa* del prestatore di lavoro [12].

Scarsamente trattata dalla dottrina, infine, è la questione della rilevanza del danno nella qualificazione dell'inadempimento del lavoratore, che talora emerge nella casistica giudiziale. La giurisprudenza è orientata nel senso che, a fini di qualificazione di un comportamento del lavoratore come g.c. (ma anche come giustificato motivo soggettivo: *infra*) di licenziamento, è irrilevante il danno che dal comportamento possa derivare o sia effettivamente derivato al datore di lavoro [13]. L'irrilevanza è tuttavia intesa in senso relativo: sia perché il requisito della fiducia può venir meno in relazione a comportamenti del lavoratore che non abbiano di per sé prodotto al datore di lavoro un danno di particolare entità; sia perché l'idoneità del comportamento del lavoratore ad arrecare pregiudizio all'interesse del datore di lavoro entra, insieme ad altri elementi (natura e qualità del rapporto, grado di affidamento del lavoratore, posizione delle parti), nella valutazione concreta della gravità della violazione degli obblighi di diligenza e di obbedienza [14].

---

divieto di prestare attività lavorativa in proprio o presso terzi (a meno che la fattispecie non sia riconducibile alla violazione dell'obbligo di fedeltà: art. 2105 c.c.), può rappresentare una grave violazione del dovere di correttezza di cui all'art. 1175 c.c., che integra gli estremi della g.c., lo svolgimento di un'attività che evidenzi la simulazione della malattia, ovvero comprometta o ritardi la guarigione.

[12] L'espressione "licenziamento per inadempimento degli obblighi contrattuali" finisce per coincidere, nel significato, all'ancora corrente espressione *licenziamento per colpa*, derivante dal vecchio testo dell'art. 2120 c.c., che riconnetteva a tale ipotesi di licenziamento la perdita dell'indennità di anzianità.

[13] Cass. n. 16260/2004.

[14] V. ad es. Cass. n. 22708/2006, relativa ad una grave negligenza professionale di un'infermiera.

2. *Il giustificato motivo soggettivo*

L'art. 3 della l. n. 604/1966, definisce il giustificato motivo soggettivo (g.m.s.) di licenziamento con preavviso come *notevole inadempimento degli obblighi contrattuali*[15].

Nella definizione del g.m.s., dottrina e giurisprudenza prevalenti escludono senz'altro la rilevanza dei fatti estranei al rapporto, ripetutamente affermata invece nell'interpretazione della definizione legale della g.c. (*retro*, § 1). Gli obblighi contrattuali la cui violazione può dar luogo ad un legittimo licenziamento sono quelli derivanti dagli artt. 2104, 2105 e 2106 c.c.; la casistica in materia è ricchissima, e non è questa la sede per analizzarla.

Merita tuttavia attenzione, per la sua rilevanza teorica e pratica, almeno il problema dello *scarso rendimento* del lavoratore, e della sua possibile qualificazione in termini di notevole inadempimento degli obblighi contrattuali.

Occorre anzitutto precisare che lo scarso rendimento può dipendere da colpa del lavoratore (negligenza, imperizia, incapacità professionale), ma anche da altri fattori e circostanze che, pur essendo riferibili alla persona del lavoratore, non gli sono imputabili: è il caso dell'inidoneità sopravvenuta, che la giurisprudenza prevalente riconduce nell'ambito del giustificato motivo oggettivo di licenziamento (*infra*, § 4 ss.), perché a fini di g.m.s. prende in considerazione solo l'inadempimento imputabile a colpa del lavoratore. La qualificazione in termini di notevole inadempimento dipende, in buona sostanza, dall'imputabilità dello scarso rendimento a negligenza (ma anche ad imperizia) del lavoratore, la cui prestazione risulti inferiore al risultato atteso ed esigibile, tenuto conto del grado di diligenza normalmente richiesta per la prestazione lavorativa e di quello effettivamente usato dal lavoratore, nonché dell'incidenza dell'organizzazione complessiva del lavoro nell'impresa e dei fattori socio-ambientali[16].

Una controversa ipotesi di scarso rendimento è quella connessa alla cosiddetta *eccessiva morbilità del lavoratore* (vale a dire "eccessiva" frequenza di assenze per malattia): la malattia è un evento protetto dall'ordinamento (art. 2110 c.c.: *infra*, § 6, e *retro*, PT. VII, Cap. II), e dunque le ripetute assenze dal lavoro non determinano inadempimenti imputabili al lavoratore. L'orientamento giurisprudenziale prevalente esclude che il licenziamento sia giustificato, non essendo la morbilità riconducibile ad

---

[15] A suo tempo in dottrina il dibattito si era incentrato sul raffronto tra la nozione di "notevole inadempimento" di cui all'art. 3, l. n. 604/1966, e la nozione civilistica dell'inadempimento «di non scarsa importanza avuto riguardo all'interesse dell'altra parte» di cui all'art. 1455 c.c. (risoluzione per inadempimento). Parte della dottrina escludeva la possibilità di una lettura del giustificato motivo alla luce dell'art. 1455 c.c., tenuto conto della presenza di altri strumenti (le sanzioni disciplinari di tipo conservativo) che consentono al datore di lavoro di reagire agli inadempimenti non notevoli. In tal senso anche Cass. n. 17739/2011.

[16] Per Cass. n. 13625/2020 integra il giustificato motivo soggettivo di licenziamento la fattispecie di inadempimento, rispetto ad una competenza centrale del dipendente, determinata da mancanza di diligenza ed impegno professionale. Secondo l'orientamento consolidato della S.C., lo scarso rendimento, provato dal datore di lavoro, consiste in una violazione della diligente collaborazione dovuta dal lavoratore e a lui imputabile, resa evidente dalla grave sproporzione tra gli obiettivi fissati dai programmi di produzione dei lavoratori e quanto effettivamente realizzato dal lavoratore nel periodo di riferimento.

un g.m.s. A meno che l'eccessiva morbilità non sia attribuibile a comportamenti del lavoratore contrari ai principi di buona fede e correttezza, in caso di malattia del lavoratore valgono le regole speciali (art. 2110 c.c.: diritto alla conservazione del posto) che prevalgono su quelle generali (disciplina dei licenziamenti) [17].

Rientra nella classica problematica del g.m.s. la questione della "conversione" di un licenziamento motivato da g.c. (senza preavviso) in licenziamento per g.m.s. (con preavviso): ma occorre precisare che non si tratta di vera e propria conversione (*ex* art. 1424 c.c.: conversione degli atti giuridici nulli), ma di una diversa qualificazione della situazione di fatto che è stata posta a fondamento dell'atto. In sostanza, il giudice, ove ritenga il fatto addebitato al lavoratore non sufficiente ad integrare una g.c. di licenziamento, ma sufficiente ad integrare invece un giustificato motivo soggettivo, può convertire anche d'ufficio il licenziamento, attribuendo al lavoratore l'indennità sostitutiva del preavviso [18].

Pare invece da escludere la riqualificazione di un licenziamento motivato per g.c. in licenziamento per giustificato motivo oggettivo (g.m.o.) o viceversa [19], trattandosi di fattispecie eterogenee, tra le quali non corre quel rapporto (nel più sta il meno) che gli interpreti istituiscono tra g.c. e g.m.s., in quanto ambedue riconducibili a "colpa" del lavoratore. In tale caso, infatti, la riqualificazione incontra due ostacoli non sormontabili. Il primo ostacolo è rappresentato dall'immutabilità della contestazione dell'addebito (ovvero dalla "cristallizzazione" della motivazione fornita al momento della contestazione). Il secondo ostacolo è rappresentato dall'onere probatorio che grava sul datore di lavoro, perché è assai improbabile (anche se non può essere in linea di principio escluso) che la prova della "colpa" del lavoratore sia sufficiente a provare esigenze tecnico produttive idonee a giustificare un licenziamento per g.m.o. (*infra*, § 4).

3. *Qualificazione del licenziamento per giusta causa e per giustificato motivo soggettivo come licenziamento disciplinare*

La qualificazione del licenziamento per g.c. e g.m.s. come licenziamento disciplinare è ormai scontata, ma alle sue spalle sta in realtà una vicenda interpretativa complessa: al centro della discussione si poneva la questione, di grande rilevanza anche

[17] Cass. n. 703/2021; Cass. n. 18283/2019, secondo cui è legittimo il licenziamento per giusta causa del dipendente che abusa delle assenze per malattia, comunicandole sistematicamente all'ultimo momento utile e collocandole strategicamente a ridosso dei giorni di riposo. Non manca neppure qualche decisione nella quale lo scarso rendimento causato da eccessiva morbilità è stato ricondotto a giustificato motivo oggettivo (*infra*, § 4), determinato da ragioni tecnico-produttive dell'impresa: Cass. n. 18678/2014.

[18] È questo l'orientamento espresso in più occasioni dalla Cassazione. La dottrina prevalente concorda con questo orientamento: in sostanza, si afferma, se un comportamento non è idoneo ad integrare il più (il licenziamento senza preavviso) può tuttavia integrare il meno (licenziamento con preavviso); ciò che conta è che all'interesse del datore di lavoro ad estinguere il rapporto non sia denegata tutela a causa dell'errore in cui è caduto nella qualificazione del licenziamento.

[19] Cass. n. 10538/2010, che esclude la possibilità di modificare la motivazione da g.m.o. a g.c. (di cui peraltro non sarebbe avvenuta la dovuta contestazione). Ammettono invece che un inadempimento colpevole possa assumere rilevanza come giustificazione oggettiva del licenziamento: Cass. n. 11556/2003; Cass. n. 12781/2005.

pratica, della applicabilità ai licenziamenti individuali delle regole procedurali dettate dall'art. 7 St. lav. per l'irrogazione delle sanzioni disciplinari (*retro*, PT. VI, Cap. I), che avrebbe comportato un appesantimento della procedura del licenziamento (contestazione scritta preventiva dell'addebito disciplinare; diritto di difesa del lavoratore). Peraltro, la contrattazione collettiva in genere includeva nell'elenco delle sanzioni disciplinari, come sanzioni di maggiore gravità, il licenziamento con preavviso e quello "in tronco" (cioè senza preavviso); solo in alcuni casi tuttavia i contratti collettivi richiamavano anche le regole procedurali dettate dall'art. 7 St. lav.

Senza ripercorrere all'indietro e nei dettagli la vicenda interpretativa, possiamo ricordare che la Cassazione, all'indomani dell'entrata vigore dello Statuto dei lavoratori, aveva per lo più subordinato l'applicabilità al licenziamento dell'art. 7 St. lav. all'espressa previsione in tal senso da parte del contratto collettivo (o meglio del "codice disciplinare" applicato nel caso)[20]. Era per questo intervenuta la Corte costituzionale[21], che aveva dichiarato l'illegittimità (per contrasto con l'art. 3 Cost.) dei primi tre commi dell'art. 7 St. lav., ove interpretati nel senso di escluderne l'applicabilità ai "licenziamenti disciplinari" ("inclusi tra le sanzioni disciplinari"), nel caso in cui tale normativa procedurale non fosse espressamente prevista dal codice disciplinare.

A seguito della sentenza della Corte costituzionale (non priva di ambiguità), si erano tuttavia profilate nella giurisprudenza di legittimità e di merito tendenze "formalistiche", o meglio interpretazioni riduttive, tendenti a limitare l'applicazione dei primi tre commi dell'art. 7 St. lav. ai soli licenziamenti "inclusi" da una qualche normativa tra le sanzioni disciplinari. Queste tendenze sono state superate: la nozione "ontologica" del licenziamento disciplinare è stata infatti affermata dalla Cassazione a S.U. e poi confermata dalla giurisprudenza successiva della Corte[22]. I giudici hanno dunque affermato che il licenziamento per g.c. o per g.m.s. fondato sulla violazione da parte del lavoratore degli obblighi scaturenti dal rapporto rimane in ogni caso assoggettato alla disciplina dettata dai cc. 1, 2, 3 e 5 dell'art. 7 St. lav., perché ha natura "ontologicamente" disciplinare. In sostanza, non occorre che il licenziamento per colpa sia espressamente inserito dal codice disciplinare tra le sanzioni, perché già fa

---

[20] In tal senso si era espressa Cass. S.U. n. 1781/1981, in *FI*, 1981, I, c. 1283.

[21] Corte cost. n. 204/1982, in *FI*, 1983, I, c. 854. In particolare la Corte aveva tratto argomento dalla irrazionalità (dispregio del valore della coerenza) dell'interpretazione propugnata dalla Cassazione, che escludeva l'osservanza delle regole procedurali proprio per il licenziamento; tale esclusione – aveva affermato la Corte – «suona offesa dell'art. 3 Cost. pur a prescindere dalla maggiore gravità del licenziamento rispetto alle altre misure disciplinari». La questione dell'applicabilità dei primi tre commi dell'art. 7 St. lav. nell'area della recedibilità *ad nutum* è stata affrontata dalla Corte cost. (sentenza n. 427/1989, in *RIDL*, 1989, II, p. 64. Respingendo l'orientamento negativo espresso in materia dalla Cassazione, la Corte ha affermato che principi di civiltà giuridica e l'esigenza di assicurare la parità di trattamento impongono di applicare le garanzie di cui all'art. 7 anche «ai lavoratori di imprese che occupano meno di sedici dipendenti» (un'area nella quale all'epoca della sentenza il recesso con preavviso non doveva essere motivato, trovando applicazione il solo art. 2118 c.c.), «e non possono essere omesse in alcun caso a tutela del lavoratore».

[22] Cass. S.U. n. 4823/1987, in *RGL*, 1987, II, p. 219. In questa sentenza le S.U. non hanno affrontato il problema della piccola impresa e dell'area nella quale operava, all'epoca, il licenziamento *ad nutum* (*infra*, Sez. III, § 4). Cass. S.U. n. 3965/1994 ha esteso l'applicabilità del c. 5 dell'art. 7. Per la giurisprudenza successiva: Cass. n. 6437/2010; Cass. n. 17652/2007.

parte di queste, essendo una sanzione tipica, prevista dalla legge. La previsione espressa è necessaria solo quando si tratti di sanzionare comportamenti particolari, in relazione alle peculiarità dell'organizzazione del lavoro.

Questo orientamento interpretativo è sorretto da due ordini di ragioni. La prima ragione è l'*inderogabilità* della disciplina legale (la nozione di giusta causa è una nozione legale – afferma la Cassazione – e il giudice non è vincolato alle previsioni di condotte integranti giusta causa contenute nei contratti collettivi). La seconda ragione è che spetta al giudice il potere di controllare, alla luce delle nozioni legali di giusta causa e giustificato motivo soggettivo, la *proporzionalità* della sanzione del licenziamento all'infrazione (secondo quanto previsto dall'art. 2106 c.c.). Il giudice insomma valuta caso per caso in relazione alle circostanze soggettive e oggettive della condotta del lavoratore[23], e caso per caso decide se la gravità dell'addebito rientri nella trama aperta della definizione legale e se, di conseguenza, la sanzione eventualmente prevista dal contratto collettivo sia proporzionata alla gravità dell'addebito.

La qualificazione del licenziamento per g.c. e per g.m.s. come *sanzione disciplinare* trova conferma nell'art. 1, c. 40, l. n. 92/2012[24], e con ciò trova conferma anche l'applicazione delle regole procedurali di cui all'art. 7 St. lav.: contestazione preventiva per iscritto dell'addebito[25]; diritto di difesa del lavoratore; lasso minimo di cinque giorni tra la contestazione e l'applicazione della sanzione (in questo caso del licenziamento) (*retro*, PT. VI, Cap. I, § 4.2)[26].

La questione della proporzionalità tra infrazione disciplinare e sanzione (licenziamento), anche in relazione alle c.d. tipizzazioni contrattuali (vale a dire le fattispecie sanzionatorie previste dal contratto collettivo), si è riproposta a seguito dell'intervento della l. n. 92/2012 e del d.lgs. n. 23/2015 sul regime sanzionatorio dei licen-

---

[23] Cass. n. 19585/2021, che ha ritenuto illegittimo, perché non proporzionale, il licenziamento disciplinare irrogato al dipendente che ha commesso il fatto addebitatogli solo per assecondare le richieste avanzate dai suoi superiori; Cass. n. 20130/2017, secondo cui per valutare la proporzionalità della sanzione la verifica degli *elementi soggettivi* che caratterizzano le azioni contestate al lavoratore sul piano disciplinare deve ricomprendere il profilo psicologico della condotta contestata, al fine di accertare l'esistenza di colpa o dolo. Ad esempio, nel caso di un licenziamento motivato da insubordinazione, Cass. n. 2692/2015, ha ritenuto che le parole volgari rivolte ad un superiore gerarchico costituiscano una insubordinazione di non sufficiente gravità da legittimare il licenziamento, se pronunciate in stato di alterazione psichica.

[24] «Ferma l'applicabilità, per il licenziamento per giusta causa e per giustificato motivo soggettivo, dell'art. 7 della l. 20.5.1970, n. 300».

[25] La giurisprudenza richiede altresì la *tempestività* della contestazione dell'infrazione, che in genere è considerata, insieme all'*immediatezza*, un elemento costitutivo del licenziamento disciplinare: Cass. ord. n. 2869/2022. L'immediatezza deve essere intesa in senso relativo, ma il datore di lavoro non può far valere fatti nuovi e non contestati (Cass. n. 15966/2018). Ove siano necessarie ulteriori indagini per l'accertamento dei fatti, il datore di lavoro può disporre la sospensione cautelare (di carattere non disciplinare) del lavoratore. La questione della tempestività della contestazione dell'addebito disciplinare ha dato luogo ad una complessa problematica in ordine alla valutazione della sussistenza del fatto contestato e della sua rilevanza ai fini dell'applicazione del regime sanzionatorio dei licenziamenti ingiustificati (*infra*, Sez. IV, A).

[26] Cass. n. 3129/2015, ha ritenuto superabile il limite dei cinque giorni quando il lavoratore abbia fatto pervenire prima le proprie difese.

ziamenti disciplinari ingiustificati: ne rinviamo la trattazione alla Sezione dedicata al regime sanzionatorio dei licenziamenti disciplinari ingiustificati (*infra*, Sez. IV, A).

4. *Il giustificato motivo oggettivo*

Ai sensi dell'art. 3, l. n. 604/1966 il licenziamento con preavviso può avvenire per «ragioni inerenti all'attività produttiva, all'organizzazione del lavoro e al regolare funzionamento di essa». La fattispecie legale si articola in tre sub-ipotesi, ma la giurisprudenza per lo più non distingue, facendo generico riferimento alle ragioni tecnico-produttive, ribattezzate dagli interpreti con formula sintetica "giustificato motivo oggettivo" (g.m.o.), per contrapporre alla giustificazione basata sull'inadempimento imputabile al prestatore di lavoro la giustificazione basata su ragioni estranee alla sfera personale del lavoratore. Occorre tuttavia tenere presente che la contrapposizione fra ragioni soggettive e ragioni oggettive, oltre a non essere sempre chiara e netta (come vedremo *infra*, § 5), può risultare ingannevole, se si dimentica che in entrambi i casi la giustificazione del licenziamento è il risultato del bilanciamento tra la tutela dell'interesse del lavoratore alla conservazione del posto (artt. 4 e 41, c. 2, Cost.) e la tutela dell'interesse del datore di lavoro a licenziare, riconducibile alla sua libertà di iniziativa economica (art. 41 Cost.): in entrambi i casi il licenziamento è giustificato, quando il sacrificio dell'interesse del lavoratore può essere considerato "ragionevole" (non in contrasto con i valori di giustizia sociale di cui agli artt. 4 e 41, c. 2, Cost.) e la bilancia può dunque pendere dalla parte della libertà di iniziativa economica.

Anche sul carattere "oggettivo" della giustificazione basata su ragioni inerenti all'organizzazione e all'attività dell'impresa occorre intendersi. A tal fine, si può ricordare che in passato il licenziamento giustificato dalle ragioni di cui all'art. 3 era stato anche detto "nell'interesse dell'impresa": ma l'uso di questa espressione, evocativa di un interesse oggettivo dell'impresa, rilevante in sé e identificabile *super partes*, aveva suscitato vivaci reazioni negative nella dottrina, che giustamente aveva corretto "interesse dell'impresa" in "interesse dell'imprenditore". Ridotto l'interesse dell'impresa ad interesse dell'imprenditore, e definita la libertà economica come "campo trincerato nel quale dominano sovrane" le *scelte insindacabili* dell'imprenditore, dottrina e giurisprudenza prevalenti ne hanno tratto la conseguenza che il licenziamento deve considerarsi giustificato quando sussista un *nesso causale* tra le pregiudiziali scelte economiche dell'imprenditore, il concreto assetto tecnico e produttivo dell'azienda, e le implicazioni di questi fattori sulla conservazione del posto del lavoratore[27].

---

[27] Così Pera 1980, al quale si deve tale ricostruzione della giustificazione oggettiva del licenziamento. Benché in dottrina siano state prospettate altre letture della nozione di g.m.o. di licenziamento, la tesi che premetteva alla ricostruzione di tale nozione l'insindacabilità delle scelte economiche organizzative e produttive dell'imprenditore era destinata, per ragioni che paiono oggi del tutto ovvie, a prevalere; così come è prevalsa una lettura dell'art. 41 Cost. che, mentre assegna al secondo comma di questa disposizione una portata limitata, rinvia alla legge il possibile bilanciamento della libertà dell'iniziativa privata con altri diritti: ma sempre nei limiti della salvaguardia del nucleo essenziale di quella libertà che consiste, per quanto qui interessa, nella possibilità di organizzare l'impresa modificando la consistenza della forza lavoro occupata.

La salvaguardia dell'insindacabilità delle scelte organizzative dell'imprenditore (alle quali è legata la libertà di decidere in merito al numero dei propri dipendenti) è alla base del notevole affievolimento dei regimi sanzionatori introdotti prima dalla l. n. 92/2012, e successivamente dal d.lgs. n. 23/2015 che, come vedremo, hanno fortemente ridotto la tutela dei lavoratori ingiustamente licenziati per motivo oggettivo.

4.1. *Giustificazione oggettiva e sindacato del giudice*

Non diversamente da quanto avviene per le giustificazioni soggettive (*retro*, §§ 2 e 3), anche nel caso del g.m.o. la definizione legale (che non è priva di vaghezza) richiede di essere riletta alla luce della giurisprudenza, poiché spetta ai giudici operare, nei casi concreti, quel bilanciamento (appunto in concreto) tra contrapposti interessi che consente di decidere il caso, facendo prevalere l'uno o l'altro dei due interessi in gioco.

Punto di partenza del ragionamento (nell'orientamento largamente prevalente in giurisprudenza, ma anche in dottrina) è la considerazione che il controllo del giudice non possa estendersi fino a sindacare l'opportunità e la congruità delle scelte in materia di assetti produttivi ed organizzativi, rispetto alle quali l'imprenditore gode dell'autonomia garantita dall'art. 41, c. 1, Cost.

Parrebbe dunque tecnicamente superfluo quanto disposto dall'art. 30, c. 1, l. n. 183/2010, a norma del quale «il controllo giudiziale è limitato esclusivamente, in conformità ai principi generali dell'ordinamento, all'accertamento del presupposto di legittimità e non può essere esteso al sindacato di merito sulle valutazioni tecniche, organizzative e produttive che competono al datore di lavoro o al committente»[28]. Il legislatore si è evidentemente preoccupato delle interferenze del giudice sulle scelte organizzative dell'imprenditore, denunciate da un settore della dottrina molto critico nei confronti di orientamenti giurisprudenziali considerati non rispettosi della libertà di iniziativa economica garantita dall'art. 41, c. 1, Cost.

La giurisprudenza è ormai da tempo consolidata nel senso di ritenere che l'effettiva soppressione del posto di lavoro ricoperto dal lavoratore licenziato integri gli estremi del g.m.o. di licenziamento; del pari consolidato è l'orientamento secondo il quale il giudice (di merito) dovrà limitarsi a verificare la sussistenza di un nesso causale tra l'insindacabile scelta del datore di lavoro che sta a monte della soppressione del posto e il conseguente licenziamento del lavoratore. Della prova della effettività della scelta tecnico produttiva addotta a giustificazione del licenziamento e dell'esistenza del nesso causale tra tale scelta e il licenziamento è onerato il datore di lavoro[29].

Insindacabile nel merito è anche, secondo l'orientamento emerso nella giurisprudenza più recente, la scelta dell'imprenditore di modificare l'assetto organizzativo, esternalizzando una determinata attività. Fermo restando che la riorganizzazione deve essere *effettiva* e *non pretestuosa*, i giudici considerano legittima ogni ragione (in senso eco-

---

[28] Ma nel 2012 il legislatore ha rincarato la dose, aggiungendo (art. 1, c. 43, l. n. 92/2012): «L'inosservanza delle disposizioni di cui al precedente periodo, in materia di limiti al sindacato di merito sulle valutazioni tecniche, organizzative e produttive che competono al datore di lavoro, costituisce motivo di impugnazione per violazione di norme di diritto».

[29] *Ex plurimis*: Cass. n. 8237/2010; Cass. n. 16163/2004; Cass. n. 88/2002.

nomico) che abbia determinato tale scelta[30]: ragioni di mercato di carattere non contingente, scelte organizzative e produttive a fronte a situazioni di difficoltà o addirittura di crisi; di recente la Cassazione ha considerato sufficienti a giustificare il licenziamento anche le modifiche organizzative (come la redistribuzione delle mansioni del lavoratore licenziato tra altri lavoratori già in forze nell'azienda)[31] finalizzate al risparmio dei costi o all'incremento dei profitti[32].

Su questi orientamenti giurisprudenziali si registrano in dottrina larghi consensi, sia pure variamente argomentati; qualche dissenso si registra tuttavia sull'orientamento più recente della Cassazione, che indubbiamente allarga l'area della giustificazione oggettiva del licenziamento sulla quale il giudice non è in grado di svolgere alcun controllo.

È ormai consolidata in giurisprudenza l'affermazione del c.d. obbligo di *repêchage*[33], considerato dai giudici come elemento costitutivo della giustificazione oggettiva del licenziamento[34]: i giudici ritengono infatti legittimo il licenziamento solo quando il datore di lavoro sia in grado di provare l'impossibilità di adibire il lavoratore a mansioni equivalenti e comunque compatibili con la qualifica rivestita e con il contenuto professionale dell'attività cui era adibito (o con lo stato di salute del lavoratore: *infra*, § 5)[35]. Se le mansioni equivalenti non sono disponibili, i giudici ritenevano assolto l'obbligo di *repêchage* solo se il datore di lavoro avesse prospettato al lavoratore la possibilità di essere adibito a mansioni inferiori[36], ma questo orientamento de-

---

[30] Cass. ord. n. 3819/2020: ai fini del licenziamento per giustificato motivo oggettivo l'andamento economico negativo dell'azienda non costituisce un presupposto fattuale che il datore di lavoro debba necessariamente provare, essendo sufficiente che le ragioni inerenti all'attività produttiva e all'organizzazione del lavoro, comprese quelle dirette ad una migliore efficienza gestionale ovvero ad un incremento della redditività, determinino un effettivo mutamento dell'assetto organizzativo attraverso la soppressione di una individuata posizione lavorativa.

[31] Cass. n. 2938/2017.

[32] Cass. n. 10435/2018; Cass. n. 25201/2016; nello stesso senso Cass. n. 4015/2017; Cass. n. 13516/2016 e Cass. n. 15082/2016; in precedenza Cass. n. 23620/2015. Sin qui la giurisprudenza prevalente non considerava invece il solo incremento dei profitti un g.m.o. di licenziamento (Cass. n. 21282/2006).

[33] Sul piano processuale, l'obbligo si risolve nell'*onere* della prova, che grava sul datore di lavoro, della impossibilità di utilizzare altrimenti il lavoratore licenziato.

[34] Cass. n. 10435/2018. Secondo l'orientamento consolidato della S.C., «la legittimità del licenziamento per giustificato motivo oggettivo presuppone, da un lato, l'esigenza di soppressione di un posto di lavoro, dall'altro, la impossibilità di diversa collocazione del lavoratore licenziato (*repêchage*), consideratane la professionalità raggiunta, in altra posizione lavorativa analoga a quella soppressa». *Ex plurimis*, Cass. n. 4460/2015, Cass. n. 5592/2016, Cass. n. 12101/2016, Cass. n. 24882/2017, Cass. n. 27792/2017.

[35] Il datore di lavoro deve provare di aver assolto l'obbligo di *repêchage* al momento del recesso e non successivamente (Cass. ord. n. 1386/2022), ma l'esito non deve essere necessariamente comunicato nella lettera di licenziamento (Cass. n. 16795/2020). Deve essere segnalato che attualmente la S.C. pone interamente a carico del datore di lavoro la prova del *repêchage* (Cass. n. 2234/2020), mentre in passato affermava il dovere del lavoratore di "collaborare", allegando l'esistenza di altri posti di lavoro nei quali poteva essere utilmente collocato (Cass. n. 12101/2016; Cass. n. 5592/2016). Prevale, a ben vedere, una rigorosa rilettura dell'onere della prova, alla luce dell'obbligo di *repêchage* quale elemento costitutivo della giustificazione oggettiva del licenziamento.

[36] Cass. n. 4509/2016; Cass. n. 24037/2013.

ve essere riveduto alla luce della disciplina dell'adibizione del lavoratore a mansioni inferiori di cui all'art. 2103 c.c., come novellato dal d.lgs. 15.6.2015, n. 81 (*retro*, PT. VI, Cap. I, § 2).

Questo insieme di regole, se rigidamente inteso, potrebbe condurre a configurare come giustificato oggettivamente solo il licenziamento *extrema ratio*. Occorre tuttavia tenere presente che l'impossibilità di utilizzare altrimenti il lavoratore è interpretata dai giudici in senso relativo: è pacifico infatti che l'onere probatorio del *repêchage* che grava sul datore di lavoro possa essere assolto mediante la prova che i posti di lavoro riguardanti mansioni equivalenti fossero al tempo del licenziamento stabilmente occupati da altri lavoratori, oppure con la prova che, dopo il licenziamento e per un congruo periodo, non sia stata effettuata alcuna nuova assunzione nella stessa qualifica dei lavoratori licenziati [37], oppure, ancora, con la prova che il *repêchage* comporterebbe misure di riorganizzazione complesse e un aggravio di costi, e che comunque la professionalità del lavoratore licenziato non sia utilizzabile, in alcun modo, nell'organizzazione produttiva [38].

5. *Impossibilità sopravvenuta e potere di recesso; l'inidoneità sopravvenuta*

Molto controversa è la soluzione dei casi che hanno ad oggetto non le vicende dell'azienda (scelte produttive e organizzative, andamento del mercato, etc.), ma vicende che riguardano il lavoratore (sono i casi della impossibilità sopravvenuta temporanea, parziale *ratione temporis*, della prestazione lavorativa) [39], che tuttavia non costituiscono inadempimenti a lui imputabili per colpa, incluso il caso delle frequenti assenze per malattia del lavoratore (c. d. eccessiva morbilità) (*retro*, §2).

---

[37] Spetta al datore di lavoro provare che le mansioni dei nuovi assunti non siano equivalenti a quelle del lavoratore licenziato, ma è legittimo il licenziamento quando la nuova assunzione sia avvenuta per rimpiazzare un lavoratore dimissionario che svolgeva mansioni diverse da quelle del lavoratore licenziato (Cass. n. 7218/2021).

[38] Cfr. Cass. n. 1508/2021, secondo cui l'obbligo di *repêchage* è incompatibile con le esigenze dell'impresa di ridurre i costi del personale.

[39] Volendo semplificare al massimo, ci si può limitare a ricordare, seguendo un orientamento che ha avuto largo seguito anche in giurisprudenza, che è esclusa la risoluzione *ipso iure* del contratto (che discenderebbe dall'applicazione dell'art. 1256, c. 2, c.c.: estinzione dell'obbligazione per impossibilità temporanea); la dottrina prevalente riconduce invece la fattispecie della sopravvenuta impossibilità della prestazione lavorativa nell'ambito dell'art. 1464 c.c. (impossibilità parziale *ratione temporis*). Dalla configurazione dell'impossibilità temporanea come impossibilità parziale discende che l'estinzione del rapporto può avvenire solo in conseguenza dell'esercizio del potere di recesso da parte del datore di lavoro, e solo dal momento in cui non sia più rinvenibile un suo apprezzabile interesse all'adempimento della prestazione. Questa soluzione deve tuttavia fare i conti con la disciplina legale del licenziamento. Poiché ai sensi degli artt. 1 e 3, l. n. 604/1966, il recesso del datore di lavoro può avvenire *solo* per g.c. o per g.m., e dovendosi escludere la giustificazione soggettiva (trattandosi di impossibilità di adempiere non imputabile a colpa del lavoratore), ci si chiede se l'impossibilità possa costituire g.c. di licenziamento (non disciplinare, vale a dire per fatti non riconducibili a colpa del lavoratore), o se invece il venir meno dell'interesse del datore di lavoro che giustifica il recesso debba essere ricondotto nell'ambito della giustificazione oggettiva.

Si sono sin qui confrontati in materia due diversi orientamenti. Secondo un orientamento (che ha goduto di ampio credito in dottrina), rientrano nella nozione di g.m.o. soltanto vicende e/o eventi che conseguono a scelte del datore di lavoro non riferibili in alcun modo a vicende della sfera personale del prestatore; l'impossibilità temporanea della prestazione, il cui prolungarsi sia tale da far venir meno l'interesse del datore alla continuazione del rapporto, può configurare un'ipotesi di causa (non imputabile a colpa del lavoratore) che non consente la prosecuzione anche provvisoria del rapporto (g.c.).

Un diverso orientamento, diffuso soprattutto in giurisprudenza, attrae invece nell'area del g.m.o. tutte le vicende (incluse quelle relative all'impossibilità temporanea della prestazione) e tutti gli eventi che, per l'incidenza immediata sulla realtà aziendale in cui il lavoratore è inserito, cagionano l'effettiva esigenza del datore di porre fine al rapporto di lavoro, anche quando queste vicende e questi eventi siano riconducibili a vicende personali del lavoratore. Tale orientamento è rinvenibile nella giurisprudenza che si è ripetutamente pronunciata, oltre che sulle ipotesi del superamento del periodo di comporto per malattia del lavoratore (*infra*, § 6), su altre ipotesi di impossibilità sopravvenuta, tra le quali spiccano quella della carcerazione preventiva e quella della sopravvenuta inidoneità fisica o psichica del lavoratore allo svolgimento delle mansioni cui è addetto.

Per quanto attiene alla *carcerazione preventiva*, la prevalente giurisprudenza riconduce tale ipotesi nell'ambito del g.m.o., quando, in relazione alla durata dell'assenza nonché alle mansioni affidate al lavoratore, emergano esigenze aziendali obiettivamente apprezzabili che giustifichino il recesso [40].

Ricordiamo che l'art. 102-*bis* delle norme di attuazione del c.p.p., introdotto dalla l. n. 332/1995, impone la *reintegrazione* del lavoratore che sia stato sottoposto alla custodia cautelare in carcere o agli arresti domiciliari, e sia stato perciò licenziato, «qualora venga pronunciata in suo favore sentenza di assoluzione, di proscioglimento, di non luogo a procedere». La Cassazione esclude che tale disposizione implichi l'illegittimità del licenziamento, quando il licenziamento abbia una giustificazione oggettiva e non soggettiva: in altri termini, l'accertamento della non colpevolezza del lavoratore non può incidere sulla legittimità del licenziamento motivato da ragioni tecnico-produttive [41].

Per quanto attiene al licenziamento intimato al lavoratore che abbia perduto *l'idoneità fisica* (o psichica) per svolgere le mansioni cui era adibito, su cui si registrano maggiori incertezze, la Cassazione a S.U., dopo avere precisato che la legge speciale (art. 3, l. n. 604/1966) è la fonte di regolazione esclusiva delle conseguenze dell'ina-

---

[40] Cass. n. 6714/2021: la sottoposizione del lavoratore a carcerazione preventiva per fatti estranei al rapporto di lavoro non costituisce inadempimento degli obblighi contrattuali, ma consente il licenziamento per giustificato motivo oggettivo ove, tenuto conto di ogni circostanza rilevante ai fini della determinazione della tollerabilità dell'assenza, non persista l'interesse del datore di lavoro a ricevere le ulteriori prestazioni del dipendente, senza che sia configurabile, inoltre, a carico del datore di lavoro, l'obbligo del *repêchage*, che richiede una idoneità attuale lavorativa (sia pure parziale) del dipendente, che non ricorre nel caso di impossibilità sopravvenuta della prestazione per stato di detenzione del lavoratore.

[41] Cass. n. 6803/2003 cit.; Cass. n. 5499/2000. In caso di reintegrazione è escluso l'obbligo del datore di lavoro di corrispondere la retribuzione per il periodo anteriore all'assoluzione.

dempimento del prestatore, ha qualificato come inadempimento non imputabile a colpa del lavoratore l'impossibilità della prestazione determinata da sopravvenuta inidoneità fisica alle mansioni svolte. Poiché in tale caso la giustificazione soggettiva non è utilizzabile, il licenziamento dovrà essere giustificato da ragioni oggettive, con la conseguenza che il datore di lavoro sarà assoggettato all'onere di provare la inutilizzabilità del prestatore in altre mansioni aziendali (*repêchage*), anche non equivalenti o addirittura inferiori rispetto a quelle precedentemente svolte (ma solo se ciò è giustificato da ragioni organizzative dell'impresa e sempre che il lavoratore sia disponibile ad accettarle)[42].

Nella riforma del 2012, il legislatore (art. 18, c. 7, come riformulato dalla l. n. 92/2012) ha accolto la qualificazione dell'inidoneità fisica o psichica del lavoratore come motivo oggettivo di licenziamento, prevedendo espressamente, nel caso di mancata giustificazione, il diritto del lavoratore alla reintegrazione e (anziché al risarcimento del danno) ad una indennità risarcitoria non superiore a dodici mensilità di retribuzione. Tale qualificazione non compare più nel d.lgs. n. 23/2015, art. 2, c. 4, per la ragione che per i lavoratori assunti con CTC il licenziamento per g.m.o. ingiustificato non è più sanzionato con la reintegrazione nel posto di lavoro; il legislatore ha però mantenuto l'applicazione della sanzione della reintegrazione (questa volta con diritto al risarcimento del danno: *infra*, § 6) al licenziamento «per motivo consistente nella disabilità fisica o psichica del lavoratore, *anche* ai sensi degli artt. 4, c. 4, e 10, c. 3, della l. 12.3.1999, n. 68». Il richiamo alla l. n. 68/1999 (Norme per il diritto al lavoro dei disabili)[43], preceduto da "anche", lascia intendere che la disciplina trova altresì applicazione al di fuori di tale legge, in ogni caso di inidoneità sopravvenuta del lavoratore (*infra*, Sez. IV, B).

6. *Superamento del periodo di comporto*

Diverso da quello di cui si è detto sopra è l'orientamento emerso nella giurisprudenza per l'ipotesi del protrarsi dell'assenza dal lavoro dovuta a malattia del lavorato-

---

[42] Cass. S.U. n. 7755/1998; tale orientamento ha trovato seguito nella giurisprudenza successiva della S.C.: *ex plurimis* Cass. n. 32158/2018; Cass. n. 4757/2015; Cass. n. 18535/2013 (in motivazione ampi riferimenti ai precedenti).

[43] Sulla disciplina del lavoro dei disabili, inclusa la disciplina del licenziamento *retro*, PT. IV, Cap. I, Sez. II). L'obbligo di *repêchage* è espressamente previsto nel caso dei *lavoratori disabili*, in caso di sopravvenuta inidoneità allo svolgimento delle mansioni cui sono adibiti: art. 4, c. 4 e art. 10, c. 3, l. n. 68/1999. Con due innovative sentenze, la Cass. (n. 6768/2018 e n. 27243/2018, entrambe in *RIDL*, 2019, II, p. 145, nt. M. Aimo) ha affermato che nel licenziamento per inidoneità fisica sopravvenuta derivante da una condizione di handicap, sussiste l'obbligo di previa verifica a carico del datore di lavoro, della possibilità di adattamenti organizzativi nei luoghi di lavoro – purché comportanti un onere finanziario proporzionato alle dimensioni e alle caratteristiche dell'impresa e nel rispetto delle condizioni di lavoro dei colleghi dell'invalido – ai fini della legittimità del recesso, in applicazione dell'art. 3, c. 3-*bis*, d.lgs. n. 216/2003 (parità di trattamento delle persone con disabilità), di recepimento dell'art. 5 della Direttiva CE 2000/78, secondo un'interpretazione costituzionalmente orientata e conforme agli obiettivi posti dal predetto art. 5. Questo orientamento trova conferma nella giurisprudenza successiva della S.C. (che qualifica gli adattamenti organizzativi richiesti come "accomodamenti ragionevoli"): Cass. n. 4896/2021; Cass. n. 6497/2021.

re (anche derivante da infortunio o malattia professionale)[44] oltre il periodo di comporto (periodo durante il quale il rapporto di lavoro è sospeso, con diritto del lavoratore alla conservazione del posto: *retro*, PT. VII, Cap. II)[45]. Dopo l'ormai remoto intervento della Cassazione a S.U. (sentenze nn. 2072, 2073 e 2074/1980) si è diffusa tra i giudici la convinzione che il superamento del periodo di comporto costituisca un'*autonoma fattispecie di recesso*, interamente regolata dall'art. 2110, c. 2, c.c., che conferisce all'imprenditore il diritto di recedere dal contratto di lavoro a norma dell'art. 2118 c.c., quando la malattia del lavoratore si sia protratta oltre «il periodo stabilito dalla legge, dal contratto collettivo, dagli usi».

Così inteso, il superamento del periodo di comporto costituisce dunque una sorta di giustificato motivo tipizzato dall'art. 2110 c.c.: poiché però la risoluzione del rapporto non è automatica, ma richiede il recesso del datore di lavoro (in forma scritta e con comunicazione scritta del motivo), il giudice può indagare sull'effettivo motivo che legittima il licenziamento avvenuto una volta decorso il periodo di comporto, spingendosi fino a verificare se per caso non sussistano altre concause, o altri motivi del licenziamento[46].

Il licenziamento intimato durante il periodo di comporto è nullo[47]. Nella l. n.

---

[44] Cass. n. 15972/2017, conforme all'orientamento della stessa S.C.

[45] Le assenze per infortunio devono essere scomputate a fini di superamento del periodo di comporto, ove vi sia responsabilità del datore di lavoro ai sensi dell'art. 2087 c.c.: Cass. n. 7247/2022; Cass. n. 15972/2017; Cass. n. 7037/2011. In materia merita segnalare che, secondo Trib. Palmi 13.1.2022, non può essere valutato ai fini del superamento del periodo di comporto sia il tempo trascorso in quarantena precauzionale per chi ha avuto contatti con un soggetto infetto, sia quello passato in isolamento domiciliare, disposto da un apposito provvedimento del sindaco, per coloro che siano risultati positivi al Covid-19.

[46] Cass. n. 13992/1999. Il datore di lavoro non è tenuto a precisare le singole assenze contestate, ma grava su di lui l'onere della prova del superamento del periodo di comporto: Cass. n. 1634/2018; vale comunque la regola generale dell'immodificabilità delle ragioni comunicate come motivo del licenziamento: Cass. n. 8628/2022. Il licenziamento deve essere tempestivo, ma un ragionevole ritardo può essere giustificato: Cass. n. 18960/2020. In alcuni casi, la Cassazione esclude che il semplice superamento del periodo di comporto, pur provato, sia sufficiente a giustificare il licenziamento (Cass. n. 2527/2020 sulla malattia derivante da infortunio sul lavoro): ciò avviene, in particolare, quando l'effettiva ragione del licenziamento sia stata individuata (dal giudice del merito) nell'infermità del lavoratore causata dall'attività lavorativa svolta, e dunque nella violazione da parte del datore di lavoro dell'obbligo di sicurezza di cui all'art. 2087 c.c.: Cass. n. 17780/2005. La questione viene così spostata sul terreno della valutazione dell'impossibilità della prestazione come giustificato motivo oggettivo di licenziamento: con la conseguenza che il datore di lavoro sarà onerato della prova dell'effettiva impossibilità di proficua utilizzazione della professionalità del lavoratore in mansioni consone al suo stato di salute; in difetto di tale prova, il licenziamento non sarà legittimo: Cass. n. 572/2002.

[47] Poiché all'interno della S.C. era presente un orientamento nel senso della temporanea inefficacia del licenziamento, con ord. n. 24766/2018 (in *RIDL*, 2018, II, p. 72, nt. Tempesta), la Cass. ha rimesso alle S.U. la decisione in ordine all'inefficacia temporanea o alla nullità del licenziamento intimato durante il periodo di comporto, prima del suo completo decorso e quando il lavoratore sia ancora assente per malattia. La Cass. S.U. n. 12568/2018 si è pronunciata per la *nullità* del licenziamento. Ma cfr. Cass. ord. 26709/2021, secondo cui è legittimo il licenziamento per giusta causa, irrogato durante l'assenza per malattia e in vigenza del periodo di comporto, se fondato su una accertata violazione dei doveri di correttezza e buona fede da parte del lavoratore.

92/2012, il legislatore (art. 18, c. 7, come riformulato dalla l. n. 92/2012) ha previsto per il licenziamento intimato in violazione dell'art. 2110 c.c. l'applicazione della reintegrazione nel posto di lavoro, e la corresponsione (anziché del risarcimento del danno) di una indennità limitata nel massimo a dodici mensilità di retribuzione. Tale disciplina (vigente per i rapporti di lavoro in essere al 7.3.2015) trova applicazione solo nel campo di applicazione dell'art. 18 (*infra*, Sez. III); nelle unità produttive con meno di quindici dipendenti, dove, almeno in via transitoria, trova ancora applicazione la l. n. 604/1966, alla inefficacia del licenziamento non fa seguito la reintegrazione nel posto di lavoro: il regime è allora quello della nullità di diritto comune.

Nel d.lgs. n. 23/2015 (art. 2, c. 4) la fattispecie del superamento del periodo di comporto non compare più; secondo alcuni dovrebbe restare ferma la nullità del licenziamento intimato mentre era ancora in corso il periodo di comporto; secondo altri, l'ipotesi può ritenersi assorbita da quella della sopravvenuta inidoneità fisica o psichica, per la quale è ancora prevista la reintegrazione nel posto di lavoro. Questa seconda opinione propone un'interpretazione "adeguatrice", che colma una lacuna della legge, evitando che il lavoratore assente per malattia (evento "protetto" dall'art. 38 Cost.) subisca un trattamento deteriore rispetto al lavoratore ingiustamente licenziato per sopravvenuta inidoneità.

Sezione III

LICENZIAMENTI INDIVIDUALI INGIUSTIFICATI. PLURALITÀ DELLE DISCIPLINE: I CAMPI DI APPLICAZIONE

1. *Lavoratori assunti dopo il 7 marzo 2015. Campo di applicazione del d.lgs. n. 23/2015*

Il campo di applicazione del d.lgs. n. 23/2015, intitolato "Contratto a tutele crescenti" (CTC) ma contenente solo la nuova disciplina dei licenziamenti entrata in vigore il 7.3.2015, per coerenza con quanto previsto dalla legge-delega n. 183/2014, art. 1, c. 7, lett. *c*) [1] si riferisce (o dovrebbe riferirsi) alle *sole* assunzioni con CTC avvenute dopo il 7.3.2015. Ma non è sempre la data di assunzione a fare da discrimine. Occorre infatti richiamare quanto disposto dall'art. 1, c. 3, d.lgs. n. 23/2015, che estende la nuova disciplina anche i lavoratori assunti prima del 7.3.2015, nel caso in cui il datore di lavoro, in conseguenza di assunzioni a tempo indeterminato avvenute successivamente all'entrata in vigore del decreto, superi la soglia minima per l'applicazione dell'art. 18 St. lav. (cc. 4-7) (*infra*, § 2). Si tratta di una estensione della nuova disciplina dei licenziamenti a lavoratori già in servizio, non prevista dalla legge-delega n. 183/2014, per la quale avrebbe potuto configurarsi un eccesso dalla delega, come tale censurabile per violazione dell'art. 76 Cost. (ma l'eccezione di incostituzionalità non è stata sollevata).

Alle nuove assunzioni, il c. 2 dell'art. 1, d.lgs. n. 23/2015, assimila anche due casi che, tecnicamente "nuove assunzioni" non sono. I casi sono quelli della «conversione, successiva all'entrata in vigore del presente decreto, di contratto a tempo determinato o di apprendistato in contratto a tempo indeterminato».

Nel primo caso la "conversione" (per quanto avvenuta dopo il 7.3.2015) opera infatti con effetto *ex tunc* (vale a dire dalla data della stipulazione del contratto a termine) e dunque riqualifica come contratto a tempo indeterminato un contratto già esi-

[1] Il testo del c. 7, lett. *c*) è il seguente: «previsione, per le *nuove assunzioni*, del contratto a tempo indeterminato a tutele crescenti in relazione all'anzianità di servizio, escludendo per i licenziamenti economici la possibilità della reintegrazione del lavoratore nel posto di lavoro, prevedendo un indennizzo economico certo e crescente con l'anzianità di servizio e limitando il diritto alla reintegrazione ai licenziamenti nulli e discriminatori e a specifiche fattispecie di licenziamento disciplinare ingiustificato, nonché prevedendo termini certi per l'impugnazione del licenziamento».

stente, ma viziato dalla nullità del termine (*retro*, PT. III, Cap. IV)[2]; nel secondo caso, la continuazione del rapporto di lavoro dell'apprendista al termine del periodo di formazione non costituisce una nuova assunzione, e meno che mai una "conversione" dell'apprendistato in contratto di lavoro a tempo indeterminato (l'apprendistato *è* un contratto di lavoro a tempo indeterminato: *retro*, PT. III, Cap. IV)[3].

Tanto precisato, torniamo al campo di applicazione del d.lgs. n. 23/2015. Per quanto riguarda i datori di lavoro, a norma dell'art. 9, c. 2, il decreto si applica anche «ai datori di lavoro non imprenditori, che svolgono senza fine di lucro attività di natura politica, sindacale, culturale, di istruzione ovvero di religione o di culto» (definiti nella rubrica dell'articolo "organizzazioni di tendenza"). Sulle ragioni dell'estensione del campo di applicazione alle organizzazioni di tendenza torneremo oltre, § 3.1).

Per quanto riguarda i lavoratori, l'art. 1, c. 1, prevede che il regime di tutela nel caso di licenziamento illegittimo si applichi ai lavoratori «che rivestono la qualifica di operai, impiegati o quadri, assunti con contratto di lavoro subordinato a tempo indeterminato a decorrere dalla data di entrata in vigore del presente decreto» (7.3.2015). Mentre è subito evidente che i dirigenti sono esclusi dal campo di applicazione del decreto, altre esclusioni sono assai meno evidenti.

Un primo problema riguarda l'esclusione dei lavoratori del *settore pubblico*: il dubbio, lasciato aperto dalla formulazione generica della delega, è stato risolto (nel senso dell'esclusione) dalla nuova disciplina del lavoro nel settore pubblico; nel settore trova applicazione il d.lgs. n. 175/2017, emanato in attuazione della legge-delega n. 124/2015 (c.d. riforma Madia), che modifica in più parti il d.lgs. n. 165/2001[4].

Un secondo problema riguarda i *rapporti speciali di lavoro*, nei quali i lavoratori non sono classificati in operai, impiegati e quadri ai sensi dell'art. 2095 c.c., e per i quali vigono diverse discipline in materia di cessazione dei rapporti di lavoro (personale navigante del settore marittimo ed aeronautico; lavoratori domestici; atleti professionisti). Dubbio è il caso degli apprendisti, assunti dopo il 7.3.2015, e licenziati durante il periodo di formazione, ai quali, dovendosi applicare il regime dei licenziamenti previsto "dalla normativa vigente", dovrebbe applicarsi la disciplina di cui al d.lgs. n. 23/2015: ma rende dubbia questa soluzione la considerazione che il contratto di apprendistato non è un CTC, ma un contratto a sé, caratterizzato, anche in senso causale, dalla commistione tra lavoro e formazione professionale.

---

[2] Ad avviso del Trib. Roma 6.8.2018, in *RIDL*, 2019, II, p. 71, nt. Ratti, possono ritenersi comprese nel campo di applicazione del d.lgs. n. 23/2015 solo le ipotesi di contratti a termine stipulati prima del 7.3.2015, ma che subiscono una conversione "in senso tecnico" successiva per via giudiziale o stragiudiziale (escluse dunque le trasformazioni in data successiva per iniziativa del datore di lavoro).

[3] Al di là dell'uso scorretto del termine "conversione" riferito ai due casi anzidetti, questa estensione del campo di applicazione del CTC costituisce un ulteriore eccesso dalla delega, non essendo stata prevista dall'art. 1, c. 7, lett. *c*) della legge-delega n. 183/2014. Ma anche in questo caso l'eccezione di incostituzionalità non è stata sollevata.

[4] L'art. 63, d.lgs. n. 165/2001, come modificato dal d.lgs. n. 175/2017, applica a tutti i casi di nullità e annullamento del licenziamento una particolare tutela reintegratoria (reintegrazione, indennità risarcitoria dal licenziamento all'effettiva reintegrazione ma fino al limite di 24 mesi, dedotto l'*aliunde perceptum*; non è prevista l'indennità sostitutiva della reintegrazione).

2. *Lavoratori assunti prima del 7 marzo 2015. Campi di applicazione delle discipline dei licenziamenti*

Salva l'area residuale nella quale trova ancora applicazione il licenziamento *ad nutum* (*infra*, § 4) i licenziamenti dei lavoratori assunti prima del 7.3.2015 sono regolati dall'art. 18 St. lav. (come riformulato dalla l. n. 92/2012) o dalla l. n. 604/1966, a seconda che il rapporto di lavoro rientri nel campo di applicazione dell'una o dell'altra normativa.

La disciplina dei campi di applicazione di tali normative, vigente fino all'entrata in vigore della l. n. 92/2012, ha conosciuto una travagliata vicenda, alla quale aveva posto fine la l. n. 108/1990, approvata in gran fretta dal Parlamento per evitare la celebrazione di un *referendum* il cui esito positivo avrebbe determinato, secondo le intenzioni dei proponenti, l'estensione della tutela reale a tutti i lavoratori[5].

La l. n. 108/1990, aveva ridisegnato i campi di applicazione dei due regimi di tutela; quanto disposto da quella legge delimita ancora il campo di applicazione della l. n. 604/1966. Il campo di applicazione dell'art. 18 St. lav., come definito dalla l. n. 108/1990, e riportato nel c. 8 dell'art. 18 (come modificato dalla l. n. 92/2012), si riferisce ai soli cc. 4, 5, 6 e 7 dell'art. 18. I cc. 1, 2 e 3 dell'art. 18, come abbiamo visto parlando dei licenziamenti inefficaci e nulli, trovano invece applicazione in tutte le unità produttive, indipendentemente dal numero dei dipendenti.

2.1. *Campo di applicazione dei commi 4, 5, 6 e 7, dell'art. 18 St. lav.*

Occorre preliminarmente precisare che le regole in materia di definizione dei campi di applicazione dell'art. 18 St. lav. e della l. n. 604/1966 sono suscettibili di subire modificazioni tali da non consentire di stabilire immediatamente quali discipline si applichino ai lavoratori assunti prima del 7.3.2015. Come abbiamo precisato sopra, secondo

---

[5] Il *referendum* con cui si chiedeva la soppressione del riferimento all'art. 18 nell'art. 35 St. lav. fu dichiarato ammissibile dalla Corte costituzionale, con sentenza 18.1.1990, n. 65. L'oscura definizione del campo di applicazione dell'art. 18 (contenuta nell'art. 35 St. lav.) era stata fonte di notevoli difficoltà interpretative, sfociate nella soluzione nota come teoria delle "*tutele parallele*" (Corte cost. n. 2/1986, in *RGL*, 1986, II, p. 230). Il parallelismo delle tutele dava luogo a tre aree (appunto parallele) di disciplina dei licenziamenti: l'area delle unità produttive con più di 15 dipendenti, dove trovava applicazione la tutela reale; l'area delle imprese e delle organizzazioni con più di 35 dipendenti, nelle quali, limitatamente alle unità produttive con meno di 16 dipendenti, trovava ancora applicazione la tutela obbligatoria; l'area delle imprese e delle organizzazioni minori (meno di 35 dipendenti) dove restava operante il regime di libera recedibilità (art. 2118 c.c.), ma ancora una volta nelle sole unità produttive con meno di 16 dipendenti (nelle unità produttive con più di 15 dipendenti si applicava infatti la tutela reale). Dal "pasticcio" delle tutele parallele potevano scaturire disparità di trattamento delle quali non era certo facile trovare una razionale giustificazione; investita della questione, la Corte costituzionale salvò tuttavia la legittimità dell'art. 18 St. lav. (Corte cost., sentenze nn. 55/1974, 152/1975 e 2/1986). Le ragioni che avevano determinato il legislatore a differenziare il trattamento tra unità produttive con più o meno di 15 dipendenti furono ravvisate dalla Corte: nell'elemento fiduciario che permea il rapporto nelle piccole unità; nella necessità di non gravare le piccole unità delle tensioni che potevano derivare dalla forzata reintegrazione del lavoratore licenziato; nella necessità infine di non gravare di costi eccessivi le imprese minori.

quanto previsto dall'art. 1, c. 3, d.lgs. n. 23/2015, una volta superata la soglia minima per l'applicazione dell'art. 18 St. lav., grazie ai nuovi assunti con il CTC, anche i lavoratori assunti prima del 7.3.2015 saranno destinatari della nuova disciplina dei licenziamenti, contenuta nel d.lgs. n. 23/2015; ad essi infatti non sarà più applicabile la l. n. 604/1966, ma neppure potrà essere applicato l'art. 18, cc. 4-7.

Prescindiamo da questa situazione particolare, e guardiamo all'applicazione dell'art. 18 (testo riformulato dalla l. n. 92/2012) ai lavoratori assunti prima del 7.3.2015. Il c. 8 dell'art. 18 St. lav., che definisce il campo di applicazione dei cc. 4-7 (tutela reale o indennitaria contro i licenziamenti ingiustificati), prevede che vi rientrino i datori di lavoro imprenditori e non imprenditori che complessivamente occupano *più di 60 dipendenti*, comunque l'attività sia organizzata (ma, come precisato sopra, tale soglia deve essere raggiunta a prescindere dalle nuove assunzioni con CTC). Rientrano inoltre nel campo di applicazione dei cc. 4-7 dell'art. 18 le *unità produttive* (sede, stabilimento, filiale, ufficio o reparto autonomo) *con più di 15 dipendenti*, anche se costituiscono articolazioni organizzative di imprese o organizzazioni con meno di 60 dipendenti. I predetti commi dell'art. 18 si applicano altresì ai datori di lavoro imprenditori e non imprenditori che, nell'ambito dello stesso Comune, occupano più di 15 dipendenti e alle *imprese agricole*, che nel medesimo ambito territoriale, occupano *più di 5 dipendenti*, anche se ciascuna unità produttiva, singolarmente considerata, non raggiunge tali limiti. Sono esclusi i datori di lavoro «che svolgono, senza fini di lucro, attività di natura politica, sindacale, culturale, di istruzione ovvero di religione o di culto», su cui si tornerà oltre (*infra*, § 3.1).

La l. n. 108/1990, ed anche la l. n. 92/2012, hanno tenuto fermo il riferimento ai lavoratori occupati nell'*unità produttiva*, come soglia numerica minima[6]. Occorre perciò richiamarne brevemente la nozione.

Per *unità produttiva* si intende un'articolazione organizzativa dotata di una propria autonomia (art. 35 St. lav.). L'autonomia della struttura organizzativa è considerata l'elemento centrale della definizione dell'unità produttiva. Per quanto la dottrina abbia fornito nozioni di autonomia non univoche, la giurisprudenza prevalente definisce come unità autonoma quella struttura organizzativa che costituisce una rilevante componente dell'impresa, capace di realizzare, con i connotati dell'indipendenza tecnica e amministrativa, una "frazione" dell'attività aziendale. La difficoltà di individuare in concreto l'autonomia di un'unità produttiva, già notevole quando si tratta di imprese industriali e commerciali, aumenta ancora quando si tratta di organizzazioni non imprenditoriali, alle quali non si attagliano le indicazioni fornite dall'art. 35 St. lav., richiamate anche nel testo attuale dell'art. 18 St. lav.

---

[6] In alcuni casi, il riferimento all'unità produttiva può riproporre, sia pure in una misura più limitata rispetto al passato, quella coesistenza di diversi regimi dei licenziamenti all'interno della stessa impresa (o organizzazione non imprenditoriale), che la legge del 1990 avrebbe dovuto togliere di mezzo. Ancora oggi può infatti avvenire che, in un'impresa (o organizzazione non imprenditoriale) con meno di 60 dipendenti (solo vecchi assunti), ai lavoratori siano applicabili i cc. 4-7 dell'art. 18 St. lav. se occupati in un'unità produttiva con più di 15 dipendenti, e la tutela obbligatoria ai sensi della legge n. 604/1966, se occupati invece in un'unità produttiva di minori dimensioni, mentre i lavoratori occupati in unità produttive minime, ma facenti capo a datori di lavoro con più di 60 dipendenti (tutti assunti prima del 7.3.2015), hanno comunque diritto alla disciplina di cui all'art. 18.

2.2. *Computo dei dipendenti*

Verificata che sia l'autonomia amministrativa e funzionale dell'unità produttiva, occorre procedere al computo del numero dei dipendenti necessario al raggiungimento della soglia minima fissata dalla legge (il computo dei limiti occupazionali non incide comunque su norme o istituti che prevedono agevolazioni finanziarie o creditizie). Dal computo sono esclusi i nuovi assunti con CTC, trattandosi di una normativa applicabile solo ai lavoratori assunti prima del 7.3.2015.

L'art. 18, c. 8, fa generico riferimento ai "dipendenti": nel computo dei dipendenti rientrano anche i lavoratori a tempo determinato, computati tenendo conto del numero medio mensile di lavoratori a tempo determinato (compresi i dirigenti) impiegati negli ultimi due anni, sulla base dell'effettiva durata dei loro rapporti di lavoro (art. 27, d.lgs. n. 81/2015, che agli artt. 19-29 ha sostituito il d.lgs. n. 368/2001, e successive modificazioni). Sono invece esclusi senz'altro dal computo i lavoratori non subordinati (anche se collaboratori coordinati e continuativi). Sono attualmente esclusi anche i lavoratori subordinati occupati con particolari contratti di lavoro (diversi dal tradizionale rapporto di lavoro subordinato a tempo pieno e indeterminato): i lavoratori a domicilio; gli apprendisti (art. 47, c. 3, d.lgs. n. 81/2015, che agli artt. 41-47 ha sostituito il d.lgs. n. 167/2011, Testo unico dell'apprendistato)[7]. Sono inoltre esclusi dal computo dei dipendenti i lavoratori somministrati (art. 34, c. 3, d.lgs. n. 81/2015, che agli artt. 30-40 ha sostituito la disciplina della somministrazione di cui al d.lgs. n. 276/2003 e successive modificazioni). Per quanto riguarda i lavoratori a tempo parziale, l'art. 18, c. 8, prevedeva che si computassero solo i lavoratori assunti «con contratto a tempo indeterminato parziale e per la quota di orario effettivamente svolto, tenendo conto, a tale proposito, che il computo delle unità lavorative fa riferimento all'orario previsto dalla contrattazione collettiva del settore». Il criterio di computo è stato però modificato: l'art. 9, d.lgs. n. 81/2015 (che agli artt. 6-12 ha sostituito la disciplina del part-time sino ad allora vigente) ha stabilito infatti che «i lavoratori a tempo parziale sono computati in proporzione all'orario svolto, in rapporto al tempo pieno», senza più distinguere tra *part-timers* a tempo determinato o indeterminato; dunque anche gli assunti a termine dovranno essere computati.

Ai fini del raggiungimento della soglia numerica, non si computano il coniuge e i parenti del datore di lavoro entro il secondo grado in linea diretta e in linea collaterale. Sono infine esclusi i soci lavoratori anche dopo l'intervento della disciplina del lavoro del socio di cooperativa (l. n. 142/2001). Esclusi dal computo sono anche i lavoratori ammessi al telelavoro per esigenze di conciliazione dei tempi di vita e di lavoro (art. 23, d.lgs. n. 80/2015), ma non i lavoratori occupati nel "lavoro agile" (*retro*, PT. III, Cap. II, Sez. I).

Secondo un'opinione consolidata, a fini di computo della soglia dimensionale occorre prendere in considerazione la "media occupazionale" nel periodo antecedente l'epoca del licenziamento, guardando alla "normale occupazione" nel periodo, al fine

---

[7] Erano esclusi dal computo anche i lavoratori assunti con contratto di inserimento (art. 59, c. 2, d.lgs. n. 276/2003): ma la l. n. 92/2012 ha eliminato il contratto di inserimento, abrogando la relativa disciplina.

di non incentivare condotte elusive in prossimità del licenziamento [8]. Vigente il vecchio testo dell'art. 18, l'onere di provare la sussistenza del requisito numerico era in genere fatto gravare sul lavoratore che proponeva la domanda di reintegrazione nel posto di lavoro, essendo il requisito dimensionale considerato elemento costitutivo del diritto alla reintegrazione [9]. L'orientamento interpretativo anzidetto non era tuttavia univoco: il contrasto verificatosi all'interno della Cassazione è stato risolto dalle S.U. [10], che, rovesciando l'impostazione sopra richiamata, hanno affermato che il requisito dimensionale costituisce "fatto impeditivo" del diritto del lavoratore alla reintegrazione: dell'onere di provare che l'unità produttiva nella quale è avvenuto il licenziamento non raggiunge la soglia numerica minima è stato pertanto gravato il datore di lavoro convenuto in giudizio. Le S.U. hanno inoltre aggiunto che tale ripartizione dell'onere probatorio è necessaria, per non rendere troppo difficile l'esercizio del diritto al lavoratore, il quale «a differenza del datore di lavoro, è privo della "disponibilità" dei fatti idonei a provare il numero dei lavoratori occupati nell'impresa». L'orientamento delle S.U. è stato seguito dalla successiva giurisprudenza della Cassazione, e non è mutato a seguito delle modifiche apportate all'art. 18 St. lav. dalla l. n. 92/2012 [11].

3. *Campo di applicazione della l. n. 604/1966*

A seguito della nuova definizione del campo di applicazione dell'art. 18 St. lav. ad opera della l. n. 108/1990 (art. 2, c. 1), e ora ad opera del c. 8 del nuovo art. 18 St. lav., e fatto salvo quanto previsto dall'art. 1, c. 3, d.lgs. n. 23/2015 (di cui abbiamo detto sopra), il campo di applicazione della l. n. 604/1966, risulta definito "per esclusione" (è bene precisare che ci si riferisce qui non all'intera l. n. 604, ma all'art. 8, vale a dire alla disposizione che regola il regime sanzionatorio dei licenziamenti ingiustificati).

Rientrano infatti nell'area di applicazione di questa legge i datori di lavoro imprenditori e non imprenditori che occupano fino a 15 dipendenti, gli imprenditori agricoli che occupano fino a 5 dipendenti. La l. n. 604 si applica altresì nelle unità produttive che occupano fino a 15 dipendenti, ove facciano capo ad imprese o ad organizzazioni imprenditoriali che occupano complessivamente meno di 60 dipendenti.

---

[8] Cass. n. 2315/2012: occorre guardare al periodo antecedente al licenziamento senza dare rilevanza alle contingenti e occasionali contrazioni o espansioni del livello occupazionale.

[9] Questo orientamento aveva fatto seguito all'intervento della Cass. S.U. n. 2249/1988. La giurisprudenza affermava che spetta invece al datore di lavoro, per sottrarsi agli effetti di cui alla l. n. 604/1966 (che configura il regime generale di tutela del lavoratore licenziato), provare che si versa in una delle fattispecie previste dall'art. 4 della l. n. 108/1990, stante il carattere eccezionale, e, pertanto, residuale del recesso *ad nutum*.

[10] Cass. S.U. n. 141/2006.

[11] Cass. n. 22371/2021. Riprende bene le solide argomentazioni delle S.U. Cass. n. 29241/2017; in senso conforme, Cass. n. 9867/2017.

3.1. *Le organizzazioni di tendenza*

L'art. 4, c. 1, l. n. 108/1990, esclude dal campo di applicazione dell'art. 18 St. lav. (che all'epoca significava escludere la reintegrazione nel posto di lavoro del lavoratore licenziato senza giusta causa o giustificato motivo) i «datori di lavoro non imprenditori che svolgono, senza fini di lucro, attività di natura politica, sindacale, culturale, di istruzione ovvero di religione o di culto». Secondo tale disposizione, i datori di lavoro che svolgono attività, che riassuntivamente (e non sempre propriamente) si dicono *di tendenza*, sono destinatari del regime di stabilità obbligatoria di cui alla l. n. 604/1966, *indipendentemente dal numero dei propri dipendenti*.

Senza entrare nel merito della discussione sulla nozione di "organizzazione di tendenza" (su cui v. *retro*, PT. VI, Cap. II, § 3.1.1), si possono richiamare i requisiti che, secondo la Cassazione, sono richiesti dall'art. 4, c. 1, per escludere l'applicazione dell'art. 18 St. lav.

Il primo requisito è che si tratti di datori di lavoro "non imprenditori", privi cioè dei requisiti di cui all'art. 2082 c.c. (professionalità, organizzazione, natura economica dell'attività di produzione o di scambio di beni o servizi, ovvero nell'interposizione nello scambio di beni o servizi). Il secondo requisito è che l'attività rientri in quelle tassativamente previste dall'art. 4: che si tratti dunque di attività di natura politica, sindacale, culturale, di istruzione ovvero di religione o di culto [12].

Nell'escludere le organizzazioni di cui all'art. 4, c. 1, dall'area di applicazione della tutela reale, il legislatore non ha fatto alcuna differenza tra lavoratori che svolgono mansioni "ideologicamente connotate" e lavoratori con mansioni "neutre" (*retro*, PT. VI, Cap. II, § 3.1.1) [13]. Sulla rilevanza di tale differenza si erano registrate in passato opinioni discordi sia in dottrina sia in giurisprudenza: ma tenuto conto che di tale differenza non si trova traccia nella disposizione citata, la giurisprudenza prevalente è orientata nel senso di non distinguere, con l'argomento che l'esonero dall'obbligo di reintegrazione *ex* art. 18 St. lav. si spiega con la volontà del legislatore di garantire al datore di lavoro di tendenza la possibilità di mantenere l'adesione di tutti i dipendenti alla finalità tipica dell'organizzazione.

---

[12] Cfr. Cass. n. 16349/2017; la Corte ribadisce (citando in motivazione i precedenti conformi) che la disciplina stabilita per le cosiddette "organizzazioni di tendenza" dalla l. n. 108/1990, art. 4, ha carattere eccezionale ed è di stretta interpretazione, essendo finalizzata a consentire il perseguimento degli obiettivi che l'ordinamento reputa meritevoli e che giustificano una disciplina differenziata, senza che ne soffra il principio di uguaglianza. Laddove, però, l'organizzazione di tendenza svolga un'attività strutturata a modo d'impresa, essa finisce per non essere dissimile da qualunque altro datore di lavoro, di modo che un diverso trattamento rispetto agli altri datori di lavoro non sarebbe giustificabile. I caratteri imprenditoriali dell'attività svolta dalle organizzazioni di tendenza, ai fini dell'applicazione dell'art. 4 della l. n. 108/1990, da accertarsi in concreto, postulano che: l'attività sia svolta con economicità, cioè che sia diretta al procacciamento di entrate remunerative dei fattori produttivi e non semplicemente rivolta al perseguimento di fini sociali dell'ente; sussista una compiuta autonomia gestionale e che vi sia autonomia contabile, caratterizzata dalla redazione di bilanci separati per il controllo dell'economicità della gestione. L'erogazione gratuita dei beni o servizi prodotti non può essere considerata attività imprenditoriale; non per questo può ritenersi il contrario, vale a dire che sia qualificabile come imprenditoriale qualsivoglia attività che preveda l'erogazione di un corrispettivo per il servizio reso.

[13] La distinzione tra mansioni "di tendenza" e mansioni neutre è stata fatta propria dalla Cass. n. 5633/1994, nel famoso caso del licenziamento, da parte di una scuola cattolica, di un insegnante di educazione fisica che aveva contratto matrimonio civile (ma non religioso). Sul caso v. le riflessioni svolte *retro*, PT. VI, Cap. II, § 3.1.1, a proposito degli obblighi del lavoratore nelle organizzazioni di tendenza.

La l. n. 92/2012 non ha abrogato l'art. 4, c. 1, l. n. 108/1990: pertanto, nel silenzio della legge, la vigenza di tale disposizione per i lavoratori assunti prima del 7.3.2015 deve ritenersi confermata; per i lavoratori assunti con CTC (dopo il 7.3.2015) valgono invece le nuove regole, di cui parleremo oltre (Sez. IV).

L'esclusione delle organizzazioni non imprenditoriali di tendenza (o ideologicamente connotate) dal campo di applicazione dell'art. 18 St. lav., non comporta l'esclusione dall'applicazione ai licenziamenti intimati da tali organizzazioni dei requisiti di forma di cui all'art. 2, l. n. 604/1966, e successive modifiche: le conseguenze della violazione delle regole formali saranno le medesime già esaminate sopra (Sez. I, B). Le modifiche intervenute a seguito della riformulazione, ad opera della l. n. 92/2012, dell'art. 18 St. lav., comportano inoltre l'applicabilità dei cc. da 1 a 3 di tale disposizione, che estendono la tutela reale "piena" a tutti i licenziamenti nulli (per violazione di divieti legali, incluso il divieto di discriminazione, o per motivo illecito determinante), anche al di fuori dell'originario campo di applicazione dell'art. 18.

La l. n. 92/2012 ha dunque risolto la questione della nullità del licenziamento discriminatorio nelle organizzazioni di tendenza, applicando il regime della tutela reale. In precedenza la questione era dibattuta: in dottrina era presente un'opinione secondo la quale l'esclusione della tutela reale costituisce in ogni caso il necessario presidio della libertà delle organizzazioni di tendenza. A questa opinione si contrapponeva quella di quanti ritenevano che la nullità del licenziamento discriminatorio, con diritto alla reintegrazione nel posto di lavoro, non potesse essere negata al lavoratore dipendente da un datore di lavoro "ideologicamente connotato", perché costituisce un indispensabile presidio della libertà del lavoratore. Secondo quest'ultima opinione, il licenziamento poteva essere configurato come discriminatorio solo quando le mansioni del lavoratore fossero neutre o comunque estranee alla tendenza [14].

Resta da dire che qualsiasi licenziamento fondato su un fattore diverso dall'ideologia dell'organizzazione di tendenza, e rilevante come fattore di discriminazione (l'insegnante di filosofia in una scuola cattolica licenziato perché omosessuale, per esempio), deve essere qualificato come licenziamento discriminatorio illegittimo e dunque nullo, che comporta, ai sensi dell'art. 18, c. 1, St. lav. (ma anche ai sensi degli artt. 9 e 2, c. 1, d.lgs. n. 23/2015) la sanzione della reintegrazione e del risarcimento del danno (tutela reale "piena").

4. *L'area residuale del recesso* ad nutum

Malgrado l'allargamento dell'ambito di applicazione della l. n. 604/1966, avvenuto a seguito della l. n. 108/1990 (il campo di applicazione, come abbiamo detto, non è stato modificato dalla l. n. 92/2012), e malgrado che la nuova disciplina dei licenziamenti di cui al d.lgs. n. 23/2015 si applichi a tutti i lavoratori assunti con CTC, le esclusioni dall'ambito di applicazione della disciplina legale limitativa dei licenziamenti previste dalla l. n. 604/1966 e dalla l. n. 108/1990 restano invariate. Permane dunque un'area ristretta e residuale nella quale trova ancora applicazione la disciplina

---

[14] Tale conclusione è indirettamente avvalorata dal disposto dell'art. 3, c. 5, d.lgs. n. 216/2003, attuazione della Direttiva CE 2000/78, che esclude (negli specifici casi della religione e delle convinzioni personali) la configurazione del trattamento pregiudizievole in termini di discriminazione (diretta o indiretta) nei soli casi in cui la coerenza con l'ideologia dell'organizzazione costituisca un requisito essenziale, legittimo e giustificato della prestazione lavorativa.

del recesso *ad nutum* di cui all'art. 2118 c.c. Rientrano in questa area i dirigenti, esclusi anche dall'ambito di applicazione del d.lgs. n. 23/2015 (rinviamo oltre la trattazione dell'argomento: *infra*, Sez. IV, C).

Sono esclusi dalla disciplina limitativa dei licenziamenti i lavoratori assunti in prova entro il limite di durata del patto di prova e comunque non oltre sei mesi (art. 10, l. n. 604/1966). Il patto di prova è caratterizzato dalla libera recedibilità, senza vincolo di preavviso e motivazione (*retro*, PT. III, Cap. III) [15].

A norma dell'art. 4, c. 2, l. n. 108/1990, sono esclusi dall'applicazione della disciplina limitativa dei licenziamenti (fatta eccezione per il divieto di licenziamenti discriminatori, per motivo illecito determinante, o per violazione di divieti legali) i lavoratori a partire dal raggiungimento dell'età pensionabile (allora fissata a 60 anni, ma il limite di età è progressivamente salito) e dall'acquisizione dei requisiti pensionistici. Al raggiungimento dei limiti di età (e dei requisiti pensionistici) il lavoratore può essere licenziato *ad nutum*, con preavviso che decorre dal compimento dell'età pensionabile [16], a meno che non abbia optato per la prosecuzione del rapporto ai sensi dell'art. 6, l. n. 54/1982. La prosecuzione è attualmente "incentivata" fino al settantesimo anno di età dall'art. 24, c. 4, l. n. 214/2011 (conversione del d.l. n. 201/2011) [17].

Sono altresì disciplinati dall'art. 2118 c.c. i licenziamenti degli apprendisti, ma solo al termine del periodo di formazione, con decorrenza del preavviso dalla scadenza del termine (se nessuna delle parti esercita il potere di recesso, il rapporto prosegue come rapporto di lavoro a tempo indeterminato, e se la cosiddetta «conversione» avviene dopo il 7.3.2015, si applica la disciplina prevista per il CTC (art. 1, c. 2, d.lgs. n. 23/2015: *retro*, PT. III, Cap. IV, §§ 5 ss.). L'applicazione dell'art. 2118 c.c. vale anche nell'ambito della disciplina del lavoro sportivo subordinato (art. 26, d.lgs. n. 36/2021).

L'ultima area esclusa dall'applicazione della disciplina limitativa dei licenziamenti (fatta ancora una volta eccezione per il divieto di licenziamenti discriminatori) è quella del lavoro domestico: l'art. 4, l. n. 108/1990, fa riferimento alla l. n. 239/1958 (che regola solo i rapporti di lavoro domestico della durata di almeno 4 ore giornaliere presso lo stesso datore di lavoro), ma è generalmente condivisa la tesi dell'esclusione dell'intera area delle collaborazioni familiari (*retro*, PT. III, Cap. IV, § 4).

---

[15] Cfr. Cass. n. 23227/2010, che esclude la necessità della motivazione; la discrezionalità del datore di lavoro non è però assoluta, e deve essere coerente con la ragione del patto di prova; Cass. n. 28531/2008: la motivazione può essere tuttavia imposta dalla contrattazione collettiva a tutela del prestatore di lavoro.

[16] Cfr. Cass. n. 6157/2018: il datore di lavoro può far cessare immediatamente il rapporto al compimento dell'età pensionabile da parte del lavoratore, ma solo nel caso in cui il lavoratore abbia potuto giovarsi del periodo di preavviso grazie ad una comunicazione tempestiva del licenziamento.

[17] Nell'applicazione dell'art. 24, c. 4, l. n. 214/2011 si è posto il problema se la prosecuzione del rapporto di lavoro costituisca un diritto soggettivo del lavoratore o se occorra il consenso del datore di lavoro. La giurisprudenza è stata in un primo momento oscillante. Il contrasto è stato risolto, infine, dalle S.U. della Cassazione (Cass. n. 17589/2015) nel senso della necessità del consenso del datore di lavoro (cfr. anche Cass. n. 1850/2016). La giurisprudenza di merito precisa che l'accordo per la prosecuzione del rapporto fino al 70° anno di età con le garanzie dell'art. 18 St. lav. non è soggetto ad oneri di forma, quindi può perfezionarsi con la forma libera, e anche per fatti concludenti (Trib. Roma 6.10.2015; Trib. Palermo 19.1.2017; Trib. Como, sez. II, 21.1.2016).

Sezione IV

REGIMI SANZIONATORI DEI LICENZIAMENTI INGIUSTIFICATI

1. *Premessa*

Nei paragrafi seguenti daremo uno sguardo d'insieme alla disciplina dei licenziamenti individuali ingiustificati, partendo da quella introdotta dalla l. n. 92/2012 (nota come "riforma Fornero" o "Monti-Fornero"). Benché si tratti di una disciplina destinata all'esaurimento, la giurisprudenza della Cassazione, alla quale dobbiamo fare riferimento, si riferisce nella maggior parte dei casi a licenziamenti che rientrano ancora nel campo di applicazione di quella disciplina.

La riforma del 2012, lasciando immutate le nozioni legali di giusta causa e giustificato motivo soggettivo e oggettivo (*retro*, Sez. II), è intervenuta sui regimi sanzionatori previsti dalla l. n. 604/1966 e dall'art. 18 St. lav., originariamente distinti in ragione dei diversi campi di applicazione delle due normative. La riforma del 2012 riguarda essenzialmente i regimi sanzionatori (ma non solo: la legge interviene anche sulle procedure e sul processo), ma finisce tuttavia per incidere anche sulla giustificazione dei licenziamenti, e di ciò occorrerà dare conto.

Per quanto riguarda i regimi sanzionatori, la riforma del 2012 si è concentrata sull'art. 18 St. lav., che in origine prevedeva la tutela reale per tutti i licenziamenti inefficaci, nulli e ingiustificati, determinando: – la restrizione dell'ambito di applicazione della tutela reale, al cui interno è stata introdotta la inedita distinzione tra *tutela reale "piena"*, riservata ai licenziamenti inefficaci e nulli (*retro*, Sez. I) e *tutela reale "ridotta"*, applicabile solo in alcuni casi ai licenziamenti ingiustificati (dei quali parleremo nei prossimi paragrafi); – l'espansione della *tutela indennitaria*, nell'ambito della quale la legge distingue una tutela "forte" e una "debole", applicabili in altri casi di licenziamenti ingiustificati, o affetti da vizi formali e/o procedurali. La *tutela obbligatoria*, prevista dalla l. n. 604/1966, è rimasta immutata.

Due precisazioni preliminari sono indispensabili.

La prima precisazione è che la l. n. 92/2012 non ha modificato i campi di applicazione della l. n. 604/1966 (sulla quale la riforma interviene solo in alcuni limitati punti, che segnaleremo), e dell'art. 18 St. lav., riformulato in buona parte, ma non nella parte relativa al suo campo di applicazione. Come vedremo, questa scelta ha dato luogo ad alcune incongruenze, che segnaleremo nei prossimi paragrafi.

La seconda precisazione, ed è forse la più importante, è che la disciplina dei licenziamenti contenuta nella l. n. 92/2012, per quanto vigente, può essere ormai considerata "ad esaurimento", poiché trova applicazione nei contratti di lavoro a tempo indeterminato stipulati prima del 7.3.2015, ma non nei contratti a tutele crescenti (CTC) stipulati dopo quella data; la disciplina del 2012 potrebbe tuttavia continuare ad applicarsi anche ai contratti stipulati dopo il 7.3.2015, ma non qualificati come CTC, che potrebbero in ipotesi continuare ad esistere, seppure in casi marginali.

In ogni caso, fino a che vi saranno contratti di lavoro a tempo indeterminato, ma *non* a tutele crescenti, per questi contratti la disciplina dei licenziamenti vigente – salve le precisazioni che faremo oltre – è quella contenuta nella l. n. 92/2012 (o, in caso di unità produttive minori, quella contenuta nella l. n. 604/1966): la disparità di trattamento cui dà luogo l'applicazione di discipline fortemente differenziate solo in ragione della data di assunzione dei lavoratori è stata ritenuta «ragionevole» (e dunque legittima) dalla Corte costituzionale (sentenza n. 194/2018), chiudendo così, almeno per ora, le prospettive di una auspicabile riunificazione (sostanziale ma anche processuale) delle diverse discipline, oggi frammentate in una pluralità di regimi che rende la materia a dir poco caotica.

2. *Regimi sanzionatori dei licenziamenti ingiustificati nel campo di applicazione dell'art. 18 St. lav. (l. n. 92/2012): l'alternativa tra tutela reale "ridotta" e tutela indennitaria*

La l. n. 92/2012 ha riformulato l'art. 18 St. lav., spezzando in due la tutela reale, e ponendola altresì in alternativa alla tutela indennitaria.

La tutela reale *piena* (*retro*, Sez. I, B) è garantita solo nel caso di licenziamenti inefficaci o nulli, ed è estesa al di fuori dell'originario campo di applicazione dell'art. 18.

La *tutela reale*, che diciamo *ridotta* (reintegrazione nel posto di lavoro, secondo le regole illustrate sopra, ma ridotta nel trattamento economico) è stata invece prevista per i *licenziamenti ingiustificati* (privi di giusta causa o di giustificato motivo soggettivo o oggettivo) che ricadono nel campo di applicazione dell'originario art. 18 (ora riportato nel c. 8 di tale articolo).

La tutela reale "ridotta" è tuttavia garantita solo nei casi espressamente previsti dalla legge. Negli altri casi di licenziamento ingiustificato il licenziamento è valido (dunque produce effetto estintivo del rapporto di lavoro) e la tutela del lavoratore è solo economica (l'indennità è calcolata dal giudice tra un minimo e un massimo fissati dalla legge).

Al fine di graduare le sanzioni applicabili, il legislatore ha introdotto una "graduazione" delle giustificazioni del licenziamento, agendo in tal modo non solo sul versante della "punizione" del datore, ma anche su quello dei presupposti (giustificazioni) che devono sorreggere il licenziamento perché sia legittimo; il che è ovvio: perché non si possono graduare le sanzioni se non se ne sono graduati i presupposti.

3. *Il d.lgs. n. 23/2015: ulteriore espansione della sola tutela indennitaria*

Nelle pagine precedenti abbiamo già avuto occasione di osservare che la nuova disciplina dei licenziamenti individuali, applicabile ai lavoratori assunti con contratto a tutele crescenti (CTC), è caratterizzata dalla forte riduzione della tutela reale (sia piena, sia ridotta) e dal contestuale allargamento della tutela meramente economica (tutela indennitaria). Nei prossimi paragrafi ricapitoleremo la disciplina contenuta nel d.lgs. n. 23/2015, entrando nel merito delle sue disposizioni. Segnaliamo sin d'ora che la disciplina originaria ha subito due importanti modificazioni: la prima ad opera del "decreto dignità" (d.l. n. 87/2018, conv. con modifiche in l. n. 96/2018); la seconda ad opera della Corte costituzionale, a partire dalla sentenza n. 194/2018, seguita dalla sentenza n. 150/2020 e dall'ordinanza n. 93/2021.

Ma prima di entrare nel merito, vale la pena di fare qualche considerazione di ordine più generale.

La scelta del legislatore di sopprimere (pressoché integralmente) la tutela reale (e con essa la reintegrazione) in caso di licenziamento ingiustificato e di marginalizzare la tutela reale a vantaggio della generalizzazione della tutela indennitaria (cioè meramente economica) non è neutra, né politicamente, né giuridicamente. La non neutralità politica è tanto ovvia, che non merita neppure parlarne; se mai vale la pena di sottolineare che ad ispirare il legislatore è stata certamente la preoccupazione (molto sentita dai datori di lavoro) di rendere prevedibile il costo del licenziamento, mettendolo per così dire "al riparo" dalle valutazioni discrezionali del giudice. Quanto alla non neutralità giuridica, che ovvia non è, occorre partire da una considerazione: il risarcimento in forma specifica dovrebbe essere la forma privilegiata di risarcimento del danno, compreso quello subito da chi è stato illegittimamente privato del "bene" della conservazione del posto di lavoro [1]. La sostituzione del risarcimento in forma specifica (ma per la reintegrazione sarebbe più corretto parlare di tutela restitutoria) con il solo pagamento di un'indennità, abbassa il livello di "civiltà giuridica" del nostro ordinamento, se tale civiltà la misuriamo in termini di salvaguardia dei diritti di libertà e dignità dei lavoratori. Senza una tutela "forte" del diritto alla conservazione del posto – è persino banale rilevarlo – al lavoratore è certamente più difficile esercitare i diritti fondamentali di cui è titolare [2].

---

[1] Così almeno sosteneva la Cassazione, nella famosa sentenza 10.1.2006, n. 141, con il conforto di un'autorevole dottrina.

[2] Anche senza scomodare i diritti fondamentali, possiamo ben dire che il livello di civiltà si abbassa: basta considerare che una tutela meramente indennitaria (con estinzione del rapporto di lavoro dalla data del licenziamento illegittimo) scarica sul lavoratore che impugna il licenziamento il costo della durata del processo; specie se, come avviene con il d.lgs. n. 23/2015, viene messo da parte il c.d. rito

Ma non si tratta solo di questo. La soppressione della tutela reale ha infatti molto a che fare con l'equilibrio delle posizioni soggettive nel contratto di lavoro, poiché porta con sé la soppressione del diritto del lavoratore alla conservazione del posto, fino a che non sopravvenga un motivo giustificato di licenziamento, ed il corrispondente obbligo del datore di lavoro di non licenziare se non in presenza di un motivo giustificato. È eccessivo sostenere che con il CTC il nostro diritto del lavoro è tornato ai tempi del licenziamento *ad nutum*; ma è realistico considerare che la stabilità assicurata ai lavoratori assunti a tempo indeterminato quando ancora vigeva una forte tutela contro i licenziamenti illegittimi è andata perduta: il CTC garantisce flessibilità "in uscita" ai datori di lavoro, ma non garantisce stabilità ai lavoratori, che possono essere licenziati senza una accettabile giustificazione, perdendo il posto di lavoro e dovendo accontentarsi di una somma di denaro, non commisurata al danno subito.

Politicamente e giuridicamente tutt'altro che neutra, la scelta del legislatore di sopprimere (pressoché integralmente) la tutela reale è però una scelta in sé legittima: come abbiamo ricordato altrove, la Corte costituzionale, nella sentenza n. 46/2000, aveva affermato che la reintegrazione nel posto di lavoro del lavoratore illegittimamente licenziato *non* costituisce «l'unico possibile paradigma attuativo» dei principi di cui agli artt. 4 e 35 Cost.; ad avviso della Corte, infatti, il lavoratore illegittimamente licenziato deve essere risarcito del danno subito, ma la Costituzione (art. 4) non impone al legislatore di garantire al lavoratore il risarcimento in forma specifica (reintegrazione nel posto da cui è stato illegittimamente estromesso). Una adeguata riparazione del danno però è necessaria, dobbiamo aggiungere, anche alla luce dell'art. 30 della CDFUE (fonte del diritto primario dell'UE), come integrato dall'art. 24 della CSE (che deve essere "tenuta presente" dagli Stati membri: art. 151 TFUE); quest'ultima disposizione prevede, oltre al diritto del lavoratore alla giustificazione del licenziamento, il suo diritto ad un congruo indennizzo o altra adeguata riparazione, nonché ad impugnare il licenziamento presso un organo imparziale.

L'attenta considerazione delle fonti appena richiamate ha indotto alcuni giudici di merito a sollevare questioni di costituzionalità della nuova disciplina dei licenziamenti, anche e soprattutto sotto il profilo della inadeguatezza della riparazione economica. Di questo parleremo oltre. Per ora conviene fermarsi su una questione preliminare e di fondo: la violazione del principio di eguaglianza (art. 3, c. 1, Cost.), che ad avviso di molti parrebbe configurarsi a causa delle disparità di trattamento che derivano dalla presenza di tutele contro i licenziamenti ingiustificati già fortemente differenziate, e ora ancor più differenziate a seguito dell'entrata in vigore del d.lgs. n. 23/2015; disparità di trattamento tra lavoratori già in servizio e nuovi assunti, occupati nello stesso momento e fianco a fianco nella stessa unità produttiva.

Questa questione di costituzionalità, sollevata tra le altre di cui parleremo oltre, dal Tribunale di Roma[3], è stata respinta dalla Corte costituzionale (sentenza n. 194/2018),

---

Fornero (l. n. 92/2012, art. 1, cc. 47-69), che, bene o male (più male che bene, secondo un giudizio diffuso), ha garantito una discreta celerità alle cause in materia di licenziamento.

[3] Trib. Roma ord. 26.7.2017. Per quanto attiene a questo aspetto, il giudice ha affermato che la data di assunzione appare come un dato accidentale ed estrinseco a ciascun rapporto che in nulla è idoneo a differenziare un rapporto da un altro a parità di ogni altro profilo sostanziale. Il giudice ha ritenuto esservi altre disposizioni di dubbia costituzionalità nella disciplina dei licenziamenti di cui al d.lgs. n. 23/2015, su cui torneremo oltre.

richiamando la propria consolidata giurisprudenza, secondo cui «non contrasta, di per sé, con il principio di eguaglianza un trattamento differenziato applicato alle stesse fattispecie, ma in momenti diversi nel tempo, poiché il fluire del tempo può costituire un valido elemento di diversificazione delle situazioni giuridiche». Molte critiche si sono appuntate su questa parte della decisione. Posto infatti che l'argomento del "fluire del tempo" male si presta ad essere utilizzato nel giudizio comparativo tra disposizioni che regolano diversamente fattispecie identiche che coesistono nel medesimo tempo, resta da considerare che, come la stessa Corte ha più volte affermato, e in questa occasione ribadito, spetta «alla discrezionalità del legislatore, nel rispetto del canone di ragionevolezza, delimitare la sfera temporale di applicazione delle norme». Secondo la Corte può essere considerata "ragionevole" la giustificazione addotta dal legislatore, costituita dallo "scopo", dichiaratamente perseguito, «di rafforzare le opportunità di ingresso nel mondo del lavoro da parte di coloro che sono in cerca di occupazione», privando del diritto alla reintegrazione nel posto di lavoro (fatta eccezione per pochi casi) i lavoratori assunti dopo il 7.3.2015[4]. Così dicendo, la Corte sembra aver accettato la correlazione tra riduzione della tutela dei lavoratori ed aumento dei livelli occupazionali, molto controversa sul piano empirico e scientifico; peraltro, gli andamenti dell'occupazione sembrano dimostrare che la scommessa del legislatore sull'incremento dell'occupazione stabile era a dir poco azzardata, e comunque l'obiettivo troppo vago per sorreggere la giustificazione del trattamento deteriore riservato ai nuovi assunti.

A) LICENZIAMENTI DISCIPLINARI INGIUSTIFICATI: REGIMI SANZIONATORI

1. *Regime sanzionatorio dei licenziamenti disciplinari ingiustificati nell'art. 18 St. lav.*

Nei rapporti di lavoro che (ancora) rientrano nel campo di applicazione dell'art. 18 St. lav., nel testo modificato dalla l. n. 92/2012 (*retro*, Sez. III), i licenziamenti per motivo soggettivo o per giusta causa (detti altrimenti "*disciplinari*" dallo stesso legislatore) ingiustificati, sono soggetti a due distinti regimi sanzionatori (tutela reale ridotta; tutela indennitaria), in ragione del diverso grado di (mancata o carente) giustificazione.

1.1. *Tutela reale "ridotta"*

A norma dell'art. 18, c. 4, nel caso del *licenziamento "disciplinare"*, vale a dire per giusta causa (g.c.) o giustificato motivo soggettivo (g.m.s.), la *reintegrazione del lavoratore nel posto* è prevista *solo* nelle *due* seguenti ipotesi.

---

[4] La Corte ha poi aggiunto: «Tanto chiarito circa la non irragionevolezza del contestato regime temporale, non spetta a questa Corte addentrarsi in valutazioni sui risultati che la politica occupazionale perseguita dal legislatore può aver conseguito».

– *Prima ipotesi: l'insussistenza del fatto contestato*

Ad avviso della giurisprudenza formatasi in questi anni di applicazione della legge Fornero, questa ipotesi si verifica non solo quando il datore di lavoro abbia rivolto al lavoratore un'accusa infondata, basata su un fatto non vero, ma anche quando il fatto contestato, pur essendo vero, palesemente non assuma la rilevanza sufficiente a giustificare il licenziamento (con o senza preavviso). Per quanto in dottrina si sia sostenuto che il "fatto" al quale la legge fa riferimento è un fatto materiale o storico, in giurisprudenza prevale – e non poteva essere altrimenti – l'opinione secondo la quale, quando si tratta di licenziamenti disciplinari, il giudice deve valutare non fatti "materiali", ma inadempimenti contrattuali "imputabili" al lavoratore[5]. Come ha detto con grande chiarezza la Cassazione[6], un fatto materiale esistente, ma privo di rilievo disciplinare, è "insussistente": l'irrilevanza giuridica – ha affermato la Corte – equivale a insussistenza materiale. La rilevanza dell'inadempimento, a fini di giustificazione del licenziamento, deve essere valutata alla stregua di criteri legali (art. 2119 c.c. e art. 3, l. n. 604/1966) non modificati dalla riforma del 2012: dunque l'inadempimento che giustifica il licenziamento deve essere almeno "notevole". E poiché si tratta di inadempimenti imputabili a colpa del lavoratore, oltre alla componente materiale (il fatto storico), il giudice dovrà valutare l'elemento soggettivo, nonché le circostanze specifiche della condotta (che servono a misurare il grado di "colpa" del lavoratore)[7].

Nel caso in cui l'infrazione disciplinare non sia stata contestata al lavoratore secondo le regole previste dall'art. 7 St. lav., la giurisprudenza considera che si versi nell'ipotesi della insussistenza del fatto[8]. Diverso, rispetto alla mancata contestazione dell'addebito disciplinare, il rilievo attribuito alla tardività o intempestività della contestazione. Alcuni giudici (ma non altri) ritenevano che la tardiva contestazione rendesse il "fatto" insussistente, perché dimostra la scarsa importanza, per il datore di lavoro, dell'infrazione disciplinare[9]. Sulla questione sono intervenute le S.U. della Cassazione (n. 30985/2017)[10], escludendo che la tardiva contestazione integri un'ipotesi di

---

[5] Gli orientamenti dei giudici di merito seguono strade diverse ma, pur nella diversità degli orientamenti, i giudici convergono in una lettura del "fatto" come inadempimento imputabile al lavoratore.

[6] Cass. n. 20540/2015; orientamento successivamente confermato dalla S.C. (cfr. Cass. n. 12174/2019 e *ivi* richiami in motivazione). Come vedremo l'orientamento è confermato anche nell'interpretazione dell'art. 3, d.lgs. n. 23/2015 (ma con alcune distinzioni rilevanti: *infra*).

[7] Cfr. Cass. n. 12786/2019; Cass. n. 17337/2016. Cass. ord. n. 35581/2022, in *Boll. ADAPT*, n. 6, 2022, ha precisato che, ai fini della valutazione circa la legittimità del licenziamento, non occorre valutare l'addebito disciplinare in astratto ma guardare ad alcuni aspetti concreti quali le condotte rilevanti sul piano disciplinare tipizzate dalla contrattazione collettiva, l'intensità dell'elemento intenzionale, l'assenza di sanzioni pregresse e altro ancora. La valutazione in concreto spetta al giudice di merito.

[8] Cass. n. 4879/2020; conf. Trib. Roma 14.9.2020.

[9] Con ordinanza n. 10159/2017 la Cassazione aveva rimesso alle S.U. la soluzione del contrasto, verificatosi nella giurisprudenza della stessa Corte in ordine alla rilevanza della tardiva contestazione dell'addebito disciplinare.

[10] La sentenza non ha mancato di sollevare perplessità in dottrina; tra i giudici si registra anche qualche aperto dissenso: cfr. Trib. Ravenna 12.1.2022, secondo cui la contestazione tardiva fa venir meno la rilevanza disciplinare e quindi la sussistenza del fatto.

"insussistenza del fatto contestato". La violazione del principio generale della tempestività – affermano le S.U. – è una ulteriore ipotesi di licenziamento ingiustificato per violazione, da parte del datore di lavoro, dei doveri di buona fede e correttezza (artt. 1175 e 1375 c.c.), che come tale non rientra nel caso previsto dall'art. 18, c. 4, St. lav., ma in quello previsto dall'art. 18, c. 5 (tutela indennitaria forte: *infra*). Tuttavia, nel caso in cui il contratto collettivo preveda dei termini per la contestazione – aggiungono le S.U. – la loro violazione costituisce una violazione di regole procedurali, che dà luogo all'applicazione della tutela prevista dall'art. 18, c. 6 (tutela indennitaria *debole*: *infra*, § 2.3) [11].

Infine, anche se il legislatore ha omesso, e non a caso, di richiamare l'art. 2106 c.c., i giudici continuano a valutare la proporzionalità tra infrazione addebitata al lavoratore e sanzione irrogata [12]. D'altra parte, in materia di sanzioni disciplinari, la proporzionalità tra infrazione e sanzione è sancita dall'art. 2106 c.c., vigente, anche se non espressamente richiamato, e i cosiddetti codici disciplinari (che il datore di lavoro è tenuto a rispettare) graduano le sanzioni in ragione della loro proporzionalità con le infrazioni. Una evidente sproporzione tra licenziamento e fatto contestato (pure nella specie sussistente, ma di scarsa rilevanza) renderebbe tale fatto giuridicamente "insussistente": il licenziamento sarebbe allora del tutto ingiustificato, dunque arbitrario [13].

– *Seconda ipotesi: la sanzione "conservativa"*

Il legislatore ha previsto che il giudice sia tenuto ad annullare un licenziamento motivato per g.c. o g.m.s. quando il fatto addebitato «rientra tra le condotte punibili con una *sanzione conservativa* sulla base delle *previsioni dei contratti collettivi ovvero dei codici disciplinari applicabili*» (art. 18, c. 4, come riformulato dalla l. n. 92/2012) [14]. Il legislatore sembra voler attribuire carattere vincolante alle "tipizzazioni" del codice disci-

---

[11] Cass. n. 12788/2019 ha ribadito il principio, già sancito dalla S.C. in più occasioni, secondo cui l'immediatezza della contestazione rispetto al fatto è compatibile con l'intervallo necessario all'accertamento della condotta del lavoratore ed alle adeguate valutazioni di questa, cosicché deve escludersi che incorra nella violazione di tale principio il datore di lavoro che, ai fini di un corretto accertamento del fatto, anziché procedere a proprie indagini, scelga di attendere l'esito degli accertamenti svolti in sede penale.

[12] Il consolidato orientamento della giurisprudenza in materia di valutazione della proporzionalità tra sanzione e infrazione è stato ribadito da Cass. n. 12786/2019; Cass. n. 2167/2018; Cass. n. 17337/2016; Cass. n. 10950/2016. Ma v. Cass. n. 33027/2018 (ma già Cass. n. 23669/2014, in *RIDL*, 2015, p. 25, nt. Del Punta, Martelloni), secondo cui, in caso di sproporzione tra infrazione e sanzione del licenziamento, spetta al lavoratore il diritto alla sola tutela indennitaria: la decisione anticipa la problematica posta dall'art. 3, c. 2, d.lgs. n. 23/2015, ove è prevista espressamente l'esclusione di ogni valutazione del giudice in ordine alla proporzionalità del licenziamento nel giudizio relativo all'insussistenza del fatto materiale addebitato al lavoratore. Rinviamo oltre il commento a tale disposizione.

[13] Cass. n. 3283/2020, che ha considerato sproporzionata la sanzione del licenziamento prevista dal contratto collettivo in un caso di assenza ingiustificata.

[14] Il precedente di questa disposizione è contenuto nell'art. 30, c. 3, primo periodo, l. n. 183/2010, dove il legislatore aveva previsto che il giudice dovesse *tenere conto*, nel valutare le motivazioni poste a base del licenziamento, delle "tipizzazioni" della giusta causa e del giustificato motivo presenti nei contratti collettivi di lavoro stipulati dai sindacati comparativamente più rappresentativi, ovvero nei contratti individuali di lavoro certificati.

plinare, e del resto lo stesso legislatore ha volutamente omesso ogni riferimento all'art. 2106 c.c., nell'intento di limitare la discrezionalità del giudice nella valutazione dell'adeguatezza della sanzione espulsiva.

L'applicazione di questa disposizione ha posto una serie di interrogativi. Il primo interrogativo è se, nel caso in cui il contratto collettivo (o altra fonte del "codice disciplinare" consentita dall'art. 7 St. lav.) preveda per una determinata infrazione una sanzione conservativa (ad es. la multa o la sospensione), il giudice possa ritenere giustificato il licenziamento, o viceversa possa ritenere adeguata una sanzione conservativa dove il contratto collettivo ha previsto il licenziamento [15].

Secondo l'orientamento consolidato della giurisprudenza, il giudice non è vincolato, nella propria decisione, ad attenersi a quanto previsto dal contratto collettivo ove si tratti di sanzione *espulsiva* (licenziamento con o senza preavviso). Le c.d. *tipizzazioni contrattuali* (che sono peraltro spesso molto generiche) hanno valore solo esemplificativo e costituiscono per il giudice parametri di riferimento non vincolanti [16].

Per quanto riguarda invece le sanzioni *conservative*, secondo l'orientamento che si è venuto consolidando in giurisprudenza, il giudice si atterrà alle tipizzazioni contrattuali: quando una condotta sia stata valutata nel contratto collettivo come punibile con sanzione conservativa il giudice si atterrà alla previsione contrattuale (prevale, come in genere in materia di sanzioni, il principio del *favor*) [17]. La questione si pone diversamente quando invece la condotta *non* sia stata espressamente prevista dal contratto collettivo come punibile con sanzione conservativa, e ci si domanda se il giudice possa sostituire la propria valutazione a quella delle parti contraenti, riconducendo nell'ambito delle sanzioni conservative anche infrazioni non espressamente previste, e riconoscendo di conseguenza al lavoratore licenziato la tutela reale ridotta. L'orientamento giurisprudenziale sin qui prevalente nel senso della vincolatività per il giudice delle tipizzazioni contrattuali delle sanzioni conservative (frutto dell'opinione che vede nella tutela reintegratoria l'eccezione, come tale di stretta interpretazione, e nella tutela indennitaria la regola) è stata rimessa in discussione dalla Cassazione (Sez. VI) con ordinanza interlocutoria ampiamente argomentata [18]. In attesa della pronuncia della Sez. IV della S.C., si registra già un'importante decisione della S.C. (Sez. lavoro) che, ricalcando la motivazione dell'ordinanza interlocutoria, riconosce al giudice il potere di ricondurre nell'ambito della sanzione conservativa la condotta addebitata al lavoratore non espressamente prevista [19].

---

[15] Cass. n. 3283/2020, cit.

[16] Da ult. Cass. n. 33811/2021; Cass. n. 30510/2021; Cass. n. 28911/2021; Cass. n. 16387/2021; Cass. 7567/2020.

[17] V. sentenze citate alla nt. precedente, nelle quali è ribadita la vincolatività delle tipizzazioni delle sanzioni conservative.

[18] Cass., sez. VI, ord. n. 14777/2021, in *RIDL*, 2021, II, p. 714, nt. Polito, e in *Labor*, 2, 2022, p. 191, nt. critica di Romei. La S.C., ravvisando nella vincolatività la fonte di una possibile disparità di trattamento tra comportamenti non gravi previsti e comportamenti egualmente non gravi non previsti, ha rimesso la decisione alla Sez. IV, in funzione nomofilattica.

[19] Cass. n. 1165/2022, secondo cui è consentita al giudice la sussunzione della condotta addebitata al lavoratore nella previsione contrattuale che punisce l'illecito con sanzione conservativa anche laddove tale previsione sia espressa attraverso clausole generali o elastiche. Precisa la S.C. che non

In conclusione, malgrado l'insistenza del legislatore sulla vincolatività delle "tipizzazioni" contrattuali, la proporzionalità tra infrazione addebitata al lavoratore e licenziamento, a prescindere dal mancato richiamo all'art. 2106, continua a costituire principio generale (proprio altresì del diritto dell'UE, e ribadito più volte dalla Corte di Giustizia) in materia di sanzioni: dunque spetta ancora al giudice (tenuto ad applicare in primo luogo la legge) valutare la proporzionalità della sanzione del licenziamento all'infrazione, alla luce della nozione legale di giusta causa e giustificato motivo soggettivo.

Nelle due ipotesi anzidette (insussistenza del fatto; sanzione contrattuale conservativa), il datore di lavoro è condannato a reintegrare il lavoratore. Al lavoratore è dovuto però non il risarcimento dei danni (come nel caso della tutela reale "piena": *retro*, Sez. I, B), ma un'*indennità risarcitoria* (vale a dire con funzione risarcitoria, ma non connessa al danno effettivo), «commisurata all'ultima retribuzione globale di fatto dal giorno del licenziamento sino a quello dell'effettiva reintegrazione, *dedotto* quanto il lavoratore ha percepito, nel periodo di estromissione, per lo svolgimento di altre attività lavorative, nonché quanto avrebbe potuto percepire dedicandosi con diligenza alla ricerca di una nuova occupazione»[20].

L'indennità *non può essere superiore a 12 mensilità* della retribuzione globale di fatto: il limite si riferisce al solo periodo che va dal licenziamento alla sentenza. Per il periodo successivo resta salvo il diritto del lavoratore al risarcimento, commisurato alla retribuzione, in caso di mancata reintegrazione[21]. Il datore di lavoro è condannato, altresì, al versamento dei contributi previdenziali e assistenziali per tutto il periodo fino alla reintegrazione, ma riducibili per singoli periodi alla quota differenziale rispetto ai contributi eventualmente maturati con altra occupazione, anche con rapporti di lavoro non subordinati. Secondo le regole già esaminate sopra, a seguito dell'ordine di reintegrazione, il rapporto di lavoro si intende risolto quando il lavoratore non abbia ripreso servizio entro 30 giorni dall'invito del datore di lavoro, salvo il caso in cui abbia richiesto l'indennità sostitutiva della reintegrazione nel posto di lavoro (come abbiamo visto, la richiesta dell'indennità risolve il rapporto).

Lo stesso trattamento (tutela reale ridotta) è previsto (art. 18, c. 7, primo periodo) per il licenziamento in *violazione dell'art. 2110 (superamento del periodo di comporto)*[22], o motivato da *inidoneità fisica o psichica del lavoratore*: si tratta (come abbiamo

---

si tratta nel caso di un'autonoma valutazione di proporzionalità del giudice, ma di interpretazione della clausola contrattuale.

[20] Le deduzioni riguardano l'*aliunde perceptum* (come già nella tutela reale piena) ma anche l'*aliunde percipiendum,* invece escluso dal calcolo del risarcimento dei danni nella tutela reale piena (*retro*, Sez. I, B), § 1.4). Anche per i chiarimenti relativi al modo di calcolo cfr. Cass. ord. n. 3824/2022 e ord. n. 3825/2022. L'onere della prova delle somme deducibili dal risarcimento (perché percepite o percepibili dal lavoratore licenziato) grava sul datore di lavoro.

[21] Come ha precisato la Corte cost. (sentenza n. 86/2018, cit.) «Va poi considerato che il datore di lavoro, ove messo in mora, dal lavoratore, ai fini dell'adempimento del suo obbligo di ottemperanza all'ordine del giudice, nel contesto della disciplina lavoristica ispirata al *favor praestatoris*, può andare, a sua volta, incontro alla richiesta risarcitoria che, secondo i principi generali delle obbligazioni (artt. 1206 e 1207, c. 2, c.c.), nei suoi confronti, formuli il lavoratore medesimo, per il danno conseguente al mancato reinserimento nell'organizzazione del lavoro».

[22] Cfr. Cass. n. 8834/2017.

visto sopra: Sez. II), di due casi oggetto di considerazione separata rispetto alle altre ipotesi di giustificazione soggettiva e oggettiva.

1.2. *Tutela indennitaria "forte"*

Il c. 5 dell'art. 18 prevede che, al di fuori delle due ipotesi che abbiamo menzionato sopra, (dunque una volta assodato che il fatto addebitato al lavoratore sussiste, e non rientra tra le condotte punibili, secondo il codice disciplinare, con una sanzione conservativa), il giudice debba valutare se gli elementi in fatto forniti dal datore di lavoro (che ha l'onere della prova della giustificazione) integrino gli estremi del g.m.s. o della g.c. Se il giudice accerta che tali estremi non ricorrono (e dunque che la giustificazione addotta non è sufficiente a legittimare il licenziamento: l'ipotesi ricorre quando l'inadempimento del lavoratore sussiste, e gli è imputabile, ma non è tanto notevole o grave da giustificare il licenziamento), «*dichiara risolto il rapporto di lavoro con effetto dalla data del licenziamento*». Il licenziamento è pertanto valido (la "dichiarazione" del giudice è un mero accertamento della validità) e produce effetto dal momento in cui la sua comunicazione scritta è pervenuta al lavoratore (decorso il preavviso, ove previsto).

Il giudice condanna in tale caso il datore di lavoro al pagamento di un'*indennità risarcitoria onnicomprensiva* (in tal caso non sono previste deduzioni) determinata tra un minimo di 12 e un massimo di 24 mensilità dell'ultima retribuzione globale di fatto, tenendo conto di vari criteri: l'anzianità del lavoratore; il numero dei dipendenti occupati; le dimensioni dell'attività economica; il comportamento e le condizioni delle parti. Il giudice ha l'onere di dare specifica motivazione dei criteri utilizzati per determinare l'importo dell'indennità.

1.3. *Vizi formali e procedurali: tutela indennitaria "debole"*

Parlando dei requisiti formali del licenziamento (*retro*, Sez. I), abbiamo visto che, secondo quanto disposto dal c. 6, art. 18 St. lav., come riformulato dalla l. n. 92/2012, quando il licenziamento sia stato dichiarato "inefficace" per omessa comunicazione contestuale della motivazione (art. 2, c. 2, l. n. 604/1966, e successive modificazioni), il licenziamento produce l'effetto di risolvere il rapporto, e al lavoratore spetta solo un'indennità onnicomprensiva determinata tra un minimo di 6 e un massimo di 12 mensilità dell'ultima retribuzione globale di fatto (l'entità dell'indennità è determinata dal giudice, sul quale la legge fa gravare l'onere di specifica motivazione). La tutela garantita al lavoratore è una tutela indennitaria "debole", nel senso che l'ammontare dell'indennità è ridotto rispetto a quello previsto nelle ipotesi esaminate nel paragrafo precedente.

Secondo quanto previsto dalla l. n. 92/2012, e sempre nell'ambito di applicazione dell'art. 18 St. lav., lo stesso regime sanzionatorio (tutela indennitaria debole) si applica in altri due casi, relativi alla violazione di regole procedurali, il primo dei quali (trattato nel paragrafo seguente) riguarda i licenziamenti disciplinari. Il secondo riguarda il licenziamento per g.m.o. e sarà trattato oltre.

1.3.1. *Violazione della procedura disciplinare*

Il primo di questi ulteriori due casi è quello della *violazione della procedura di cui all'art. 7 St. lav.* (si tratta delle regole procedurali relative all'applicazione delle sanzioni disciplinari). Il c. 6 dell'art. 18, come riformulato dalla l. n. 92/2012, prevede la stessa sanzione (il licenziamento produce l'effetto di risolvere il rapporto, e al lavoratore spetta solo un'indennità onnicomprensiva determinata tra un minimo di 6 e un massimo di 12 mensilità dell'ultima retribuzione globale di fatto).

Questa disciplina introduce una significativa innovazione rispetto alle regole elaborate dalla giurisprudenza in mancanza di specifiche norme di legge al riguardo.

Ricordiamo in proposito che l'applicazione della procedura di cui all'art. 7 St. lav. ai licenziamenti disciplinari aveva lasciato aperta la questione dell'applicabilità dei primi tre commi dell'art. 7 (nonché del c. 5, secondo la tesi prevalente)[23] nell'area della recedibilità *ad nutum*. La questione è stata risolta dalla Corte costituzionale[24]; dal dispositivo di questa sentenza è derivata sicuramente l'estensione dei requisiti procedurali sanciti dai cc. 1-3 e 5 dell'art. 7 St. lav. a tutti i licenziamenti (con e senza preavviso) espressamente motivati per colpa, ai quali si deve attribuire, per le ragioni brevemente richiamate sopra, carattere "ontologicamente" disciplinare.

Risolto un problema, se ne era aperto un altro, questo relativo alle *conseguenze* della mancata applicazione delle regole procedurali. Nella giurisprudenza di legittimità si erano delineati in passato due diversi orientamenti, uno favorevole a ricondurre la mancata applicazione della procedura ad un *vizio di forma*, l'altro favorevole a qualificare il licenziamento come intimato "in carenza di potere", assimilabile al licenziamento privo di giustificato motivo o di giusta causa (dunque *viziato nella sostanza*). Il conflitto è stato risolto nel 1994 dalle S.U. con due interventi consecutivi[25], che hanno accolto il secondo orientamento: la Corte ha equiparato la violazione delle regole procedurali di cui all'art. 7 St. lav. ad un vizio di sostanza, vale a dire alla mancanza di giusta causa o giustificato motivo; le conseguenze dovevano allora essere quelle che le norme applicabili nel caso di specie prevedevano per sanzionare i licenziamenti ingiustificati.

Questa soluzione giurisprudenziale resta ferma nell'area della libera recedibilità (ove non è richiesta la motivazione del licenziamento): in questa area residuale, dal licenziamento per colpa intimato senza preavviso in violazione delle regole procedurali di cui all'art. 7, deriva solo l'obbligo di corrispondere al lavoratore l'indennità sostitutiva del preavviso. La soluzione resta ferma anche nell'area di applicazione della l. n. 604/1966, dove le conseguenze sono quelle previste da quella legge per il licenziamento ingiustificato (indennità in alternativa alla riassunzione: *infra*, *sub* C).

La ragione della scelta di sanzionare la violazione delle regole procedurali con una sanzione meramente economica non è difficile da capire (si tratta, ancora una volta,

---

[23] Come abbiamo già avuto modo di ricordare, Cass. S.U. n. 3965/1994, ha ritenuto applicabile al licenziamento disciplinare anche il c. 5 dell'art. 7 (escluso invece dalla Corte cost., in ragione dell'immediatezza del licenziamento senza preavviso), considerando la funzione del termine di cinque giorni, preordinato all'esercizio del diritto di difesa (ma il licenziamento può essere disposto anche prima, se le difese sono state effettivamente presentate dal lavoratore); l'orientamento delle S.U. è stato seguito dalla successiva giurisprudenza della Cassazione.

[24] Corte cost. n. 427/1989, cit. (Sez. II, § 3).

[25] Cass. S.U. n. 3966/1994; Cass. S.U. n. 4844/1994. La giurisprudenza di legittimità ed anche quella di merito si sono successivamente allineate a questa posizione, avallata da Corte cost. n. 398/1994, come "diritto vivente"; secondo la Corte, la "ragionevolezza" della soluzione adottata dalle S.U. sta nella necessità di rendere coerente il sistema delle tutele previste in caso di licenziamento, perché «sarebbe illogico» che dall'inosservanza delle regole procedurali derivassero «conseguenze diverse e più gravi di quelle derivanti dall'accertata insussistenza dell'illecito disciplinare».

di ridurre i costi del licenziamento illegittimo); suscita tuttavia qualche perplessità da un lato l'abbandono del consolidato orientamento giurisprudenziale, che riconduceva a vizio sostanziale (mancata giustificazione) il vizio procedurale; d'altro lato, la scarsa rilevanza che finisce per essere attribuita a regole procedurali tese a garantire al lavoratore il diritto alla difesa.

La l. n. 92/2012, art. 1, c. 41, dispone inoltre che il licenziamento intimato all'esito del procedimento disciplinare di cui all'art. 7 St. lav. produca effetto *dal giorno della comunicazione* con cui il procedimento medesimo è stato avviato, salvo l'eventuale diritto del lavoratore al preavviso o alla relativa indennità sostitutiva; il periodo di eventuale lavoro svolto in costanza della procedura si considera come preavviso. La modifica, che assegna carattere retroattivo ad un licenziamento che fino all'esito del procedimento non può essere intimato (il che costituisce a dir poco una anomalia), introduce una deroga alle regole generali in materia di procedimento disciplinare, il cui svolgimento sospende l'applicazione della sanzione (*retro*, PT. VI, Cap. I, § 4.2)[26]. Appare perciò opportuna la correzione apportata dal d.lgs. n. 23/2015, art. 4 (ma la correzione vale solo per i licenziamenti dei lavoratori assunti con CTC) che fa decorrere l'estinzione del rapporto dalla *data del licenziamento* (e non da quello della comunicazione che dà l'avvio al procedimento disciplinare).

La disciplina si chiude con una clausola di "salvaguardia": «a meno che il giudice, sulla base della domanda del lavoratore, accerti che vi è anche un difetto di giustificazione del licenziamento, nel qual caso applica, in luogo di quelle previste dal presente comma, le tutele di cui ai commi quarto, quinto o settimo» (tutela reale o tutela solo indennitaria). Al vizio procedurale viene in tal caso a sovrapporsi un vizio sostanziale (giustificazione insussistente o inadeguata) e trovano applicazione le sanzioni relative; ma l'onere della prova grava, almeno in parte, sul lavoratore.

2. *Regime sanzionatorio dei licenziamenti disciplinari ingiustificati nel d.lgs. n. 23/2015*

Oltre ai casi di nullità e inefficacia del licenziamento, la reintegrazione nel posto di lavoro potrà essere garantita ai lavoratori assunti con CTC (d.lgs. n. 23/2015), anche in caso di *licenziamento disciplinare ingiustificato*, la cui fattispecie (a) viene definita in modo da restringerne la configurabilità, mentre il risarcimento dei danni è sostituito da un'indennità (b): siamo di fronte dunque ad una tutela reale "ridotta".

2.1. *Tutela reale ridotta*

a) La fattispecie

La legge-delega n. 183/2014 (art. 1, c. 7, lett. *c*) prevedeva che fossero individuate "specifiche fattispecie" di licenziamenti disciplinari ingiustificati da sanzionare con la reintegrazione, ma il d.lgs. n. 23/2015, art. 3, c. 2, disattendendo la delega, prevede

---

[26] Secondo la l. n. 92/2012 (art. 1, c. 41) l'effetto sospensivo permane invece nel caso previsto dal d.lgs. n. 151/2001 (ma in tal caso opera il divieto di licenziamento: *retro*, Sez. I), e in caso di impedimento derivante da infortunio sul lavoro.

invece che la reintegrazione sia prevista «esclusivamente nelle ipotesi di licenziamento per giustificato motivo soggettivo o per giusta causa in cui sia *direttamente* dimostrata in giudizio *l'insussistenza del fatto materiale* contestato al lavoratore, rispetto alla quale resta estranea ogni valutazione circa la *sproporzione* del licenziamento»[27].

Le questioni interpretative suscitate dalla formulazione di questa disposizione sono molteplici.

Resta ferma l'interpretazione della Cassazione (n. 20540/2015) secondo cui nel campo delle infrazioni e relative sanzioni disciplinari (il licenziamento per "colpa" è definito come "ontologicamente disciplinare"), per essere sussistente, il "fatto contestato" deve necessariamente avere rilevanza disciplinare[28]. Le condotte prive di rilievo disciplinare sono di per sé "insussistenti"; il rilievo disciplinare include anche valutazioni di ordine soggettivo, nella misura in cui è disciplinarmente rilevante solo un inadempimento imputabile al lavoratore, e nel rapporto di lavoro sono imputabili al lavoratore solo gli inadempimenti riconducibili a sua colpa o dolo. In sostanza, la giurisprudenza sembra procedere nella direzione di una lettura correttiva della formulazione davvero infelice della disposizione che stiamo commentando.

Assai più incerta la soluzione per quanto riguarda la valutazione, da parte del giudice, della *proporzionalità* tra infrazione e sanzione del licenziamento. La Cassazione[29] ha ribadito che il fatto materiale è insussistente quando non si è verificato oppure si è verificato ma non ha rilievo disciplinare (valutati tutti gli elementi oggettivi e soggettivi, inclusa l'intenzionalità e i danni prodotti). Meno chiara però sulla valutazione della proporzionalità: si direbbe che, ad avviso della Corte, se il fatto è sussistente ed è imputabile al lavoratore al giudice sia preclusa, a fini di applicazione della sanzione, la valutazione della gravità del fatto, in quanto tale valutazione comporterebbe un giudizio di proporzionalità, che il legislatore ha espressamente escluso. La proporzionalità, sembra voler dire la Corte, è essenziale per verificare la legittimità del licenziamento (se è sproporzionato rispetto alla gravità dell'infrazione, il licenziamento è ingiustificato), ma non per stabilire i rimedi applicabili (reintegrazione o tutela indennitaria).

L'orientamento espresso dalla S.C. è oggetto di discussione in dottrina. A noi pare di poter osservare che benché il legislatore abbia (volutamente) omesso il richiamo alla contrattazione collettiva, l'obbligo del datore di lavoro di applicare il c.d. codice disciplinare (e, con esso, la proporzionalità tra infrazione e sanzione che presiede alla graduazione delle sanzioni da meno a più gravi) rende l'espressa esclusione del giudizio di proporzionalità tra fatto contestato e licenziamento, più che irragionevole, irra-

---

[27] Nulla dice la legge per quanto riguarda la immediatezza del licenziamento e la tempestività della contestazione: valgono perciò le regole generali, di cui abbiamo detto a proposito della disciplina del 2012.

[28] Cass. n. 12174/2019.

[29] Cass. n. 12174/2019, cit. La Corte perviene con ampia motivazione a formulare il seguente principio di diritto: «Ai fini della pronuncia di cui all'art. 3, c. 2, d.lgs. n. 23/2015, l'insussistenza del fatto materiale contestato al lavoratore, rispetto alla quale resta estranea ogni valutazione circa la sproporzione del licenziamento, comprende non soltanto i casi in cui il fatto non si sia verificato nella sua materialità, ma anche tutte le ipotesi in cui il fatto, materialmente accaduto, non abbia rilievo disciplinare».

zionale. In ogni caso, e anche prescindendo dalle valutazioni espresse dalla contrattazione collettiva, un licenziamento disciplinare motivato da una condotta del lavoratore, che pur essendo un "fatto sussistente", fosse di scarsissimo rilievo, sarebbe così platealmente sproporzionato da sconfinare nell'uso arbitrario del potere di licenziamento[30]: con la conseguenza di urtare violentemente contro quella lettura del diritto al lavoro di cui all'art. 4 Cost., che la Corte costituzionale ha affermato fin dal lontano 1965.

Una lettura correttiva si rende infine necessaria per quella parte del c. 2 dell'art. 3, che richiede, a fine di applicazione della sanzione della reintegrazione, che l'insussistenza del fatto sia «direttamente dimostrata in giudizio». Ciò al fine di evitare che venga sovvertita la regola sull'onere della prova (che, oltre a rispondere a principi di ordine generale, è tutt'ora sancita dal non modificato art. 5, l. n. 604/1966), facendo gravare sul lavoratore, che chieda di essere reintegrato, l'onere di provare che il fatto contestatogli è insussistente[31].

b) *L'indennità*

Come abbiamo detto, l'art. 3, c. 2, d.lgs. n. 23/2015, sostituisce il risarcimento dei danni previsto in caso di tutela reale piena, con una indennità che dà luogo ad una tutela ridotta (nelle sue conseguenze economiche). L'indennità (che opportunamente è riferita al solo periodo che va dal licenziamento alla sentenza) è commisurata all'ultima retribuzione di riferimento per il calcolo del TFR; dall'indennità, il cui importo non può essere superiore a *dodici mensilità* dell'ultima retribuzione di riferimento per il calcolo del TFR, sarà dedotto quanto il lavoratore abbia percepito per lo svolgimento di altre attività lavorative, nonché quanto avrebbe potuto percepire accettando una congrua offerta di lavoro ai sensi dell'art. 4, c. 1, lett. *c*), d.lgs. n. 181/2000, e successive modificazioni. Il lavoratore ha diritto di chiedere l'indennità sostitutiva della reintegrazione (come disciplinata dall'art. 2, c. 3, d.lgs. n. 23/2015: *retro*, Sez. I, B).

Poiché, ove il fatto contestato sia insussistente, il licenziamento è invalido, e di conseguenza vi è continuità giuridica del rapporto di lavoro, il datore di lavoro è condannato al versamento dei contributi previdenziali e assistenziali dal giorno del licenziamento fino a quello dell'effettiva reintegrazione: ma senza applicazione di sanzioni per omissione contributiva. L'esenzione dalla sanzione è un beneficio di cui si può forse comprendere la ragione per il periodo che va dal licenziamento alla sentenza, ma assai meno per il periodo nel quale il rapporto di lavoro non riprende la sua funzionalità a causa dell'inottemperanza, da parte del datore di lavoro, all'ordine di reintegrazione emesso dal giudice.

---

[30] Si può richiamare, a titolo di esempio, il famoso caso deciso da Trib. Ravenna ord. 18.3.2013, in *RIDL*, 2013, II, p. 549, relativo al licenziamento (per furto) di un lavoratore che aveva sottratto un paio di scarpe dal lavoro, ritenendo che fossero da gettar via: benché il fatto sussistesse, il difetto dell'elemento soggettivo e insieme lo scarso rilievo del fatto hanno indotto il giudice a ordinare la reintegrazione del lavoratore.

[31] Che questa sia l'intenzione del legislatore (espressa peraltro a chiare lettere nella Relazione allo schema del d.lgs. n. 23/2015) è un fatto; ma sarebbe di dubbia legittimità costituzionale un'interpretazione che, rispettando l'intenzione del legislatore, portasse a richiedere al lavoratore la prova di un fatto negativo, senza potersi avvalere della prova presuntiva o della prova indiretta su fatti positivi secondari.

2.2. *Tutela indennitaria*

Nei licenziamenti disciplinari (per giusta causa e per giustificato motivo soggettivo), l'applicazione della sanzione della reintegrazione è, come abbiamo visto, limitata ai casi previsti dall'art. 3, c. 2, sulla cui interpretazione restano aperti gli interrogativi che abbiamo segnalato sopra. Nessun dubbio invece che, quando si versi negli ordinari casi di licenziamento ingiustificato, laddove il fatto contestato sussiste, ma non integra gli estremi della g.c. e del g.m.s., come definiti dagli artt. 2119 c.c. e 3, l. n. 604/1966, e come valutati nel c.d. codice disciplinare, la sanzione applicabile dal giudice consiste nel solo pagamento di una indennità (la stessa tutela indennitaria si applica ai licenziamenti per g.m.o. ingiustificati: *infra*, *sub* B).

Secondo quanto disposto dall'art. 3, c. 1, d.lgs. n. 23/2015, nel testo originario (poi modificato a seguito delle sentenze della Corte costituzionale: *infra*), «il giudice dichiara estinto il rapporto di lavoro alla data del licenziamento e condanna il datore di lavoro al pagamento di un'indennità non assoggettata a contribuzione previdenziale di importo pari a *due mensilità* dell'ultima retribuzione di riferimento per il calcolo del trattamento di fine rapporto *per ogni anno di servizio*, *in misura comunque non inferiore a quattro e non superiore a ventiquattro mensilità*». Le frazioni di anno e di mese sono calcolate secondo quanto previsto dall'art. 8 del decreto. L'ammontare della indennità è stato elevato dal "decreto dignità" (l. n. 96/2018, art. 3): il minimo è passato da 4 a 6 mensilità di retribuzione e il massimo da 24 a 36, e sono stati elevati altresì i tetti minimo e massimo previsti dall'art. 6, d.lgs. n. 23/2015 per l'offerta di conciliazione (*infra*, Sez. V). Non era stato però modificato il sistema di calcolo: l'aumento dell'indennità era rimasto perciò rigido e predeterminato in ragione della sola anzianità di servizio.

Per completare il quadro: sia nel caso del licenziamento disciplinare (sia nel caso del licenziamento per g.m.o.: *infra*), il lavoratore licenziato potrà accettare una somma di denaro (non assoggettata a contribuzione previdenziale, ed esente da IRPEF) variabile, dopo l'intervento del "decreto dignità" fra 3 e 27 mensilità dell'ultima retribuzione di riferimento per il calcolo del TFR (in ragione di una mensilità per ogni anno di servizio), offerta dal datore al lavoratore in cambio della rinuncia all'impugnazione del licenziamento. Rinviamo alla prossima sezione (Sez. V) l'illustrazione di questa nuova forma di conciliazione.

Ricordiamo inoltre che anche nel d.lgs. n. 23/2015 la tutela in caso di vizi formali (violazione del requisito di motivazione; violazione del procedimento disciplinare) è ridotta rispetto a quella prevista per i vizi sostanziali del licenziamento (licenziamento ingiustificato). L'indennità prevista in caso di licenziamento viziato nella forma è ridotta ad un importo pari a una mensilità dell'ultima retribuzione di riferimento per il calcolo del TFR per ogni anno di servizio, in misura comunque non inferiore a 2 e non superiore a 12 mensilità. In tutti questi casi il d.lgs. n. 23/2015 prevedeva l'aumento dell'indennità rigidamente predeterminato in ragione della sola anzianità di servizio[32].

[32] Una disposizione particolare riguarda il computo dell'anzianità negli *appalti*, ai fini del calcolo delle indennità previste dagli artt. 3, 4 e 6 del d.lgs. n. 23/2015: l'art. 7 prevede che «l'anzianità di servizio del lavoratore che passa alle dipendenze dell'impresa subentrante nell'appalto si computa tenendosi conto di tutto il periodo durante il quale il lavoratore è stato impiegato nell'attività appaltata», anche se prestata a favore di diversi datori di lavoro. La formulazione vaga di tale disposizio-

2.2.1. *Il calcolo dell'indennità dopo la sentenza n. 194/2018 della Corte costituzionale*

Già nel 2012 (l. n. 92) il legislatore aveva scelto di dare la prevalenza alla tutela meramente economica, declassando però il risarcimento del danno ad indennizzazione. "Declassamento" è un termine tecnicamente non corretto, ma serve a mettere in evidenza che, nella indennità, non solo l'entità del danno, ma lo stesso collegamento causale con il danno diviene irrilevante: l'indennità risponde infatti ad una logica di tipo distributivo, estranea alla logica compensativa della riparazione del danno.

Con il d.lgs. n. 23/2015, il trattamento indennitario, che diventa pressoché l'unica tutela accordata, subisce due modificazioni profonde. Primo: una importante riduzione nel *quantum* (solo successivamente corretta verso l'alto); secondo: la predeterminazione rigida, che esclude la variabilità in ragione di fattori discrezionalmente valutabili dal giudice, e garantisce al datore di lavoro la prevedibilità del c.d. *firing cost*. Detto in altri termini: il licenziamento ingiustificato, nelle intenzioni del legislatore, doveva avere un *costo fisso predeterminato*, variabile solo in ragione dell'anzianità di servizio del lavoratore (in ciò in sostanza consistevano le "tutele crescenti"). La rigida predeterminazione risulta certamente penalizzante per i lavoratori con modesta anzianità di servizio, tanto da far dubitare della conformità di tale misura con il principio della "adeguata riparazione" del danno di cui all'art. 24 della CSE.

Proprio la considerazione della modestia e inadeguatezza dell'indennizzo ha indotto il Tribunale di Roma (ord. 26.7.2017, cit.) a sollevare numerose questioni di costituzionalità della nuova disciplina dei licenziamenti. La decisione della Corte (sentenza n. 194/2018, già più volte citata) si è però concentrata sul solo art. 3, c. 1, d.lgs. n. 23/2015 e neppure sull'intera disposizione[33].

La Corte ha dichiarato costituzionalmente illegittimo l'art. 3, c. 1, limitatamente alle parole «di importo pari a due mensilità dell'ultima retribuzione di riferimento per il calcolo del trattamento di fine rapporto per ogni anno di servizio». Avendo così delimitato l'area colpita dalla sua censura, la Corte ha ritenuto di poter travolgere anche lo *ius superveniens*, intervenuto appunto nelle more del giudizio, e dunque non preso in considerazione nella ordinanza di rimessione. Come abbiamo già segnalato, nel "decreto dignità" è stato infatti inserito un ritocco (verso l'alto) dell'indennità prevista nel contratto a tutele crescenti per il licenziamento ingiustificato (il minimo è passato da 4 a 6 mensilità di retribuzione e il massimo da 24 a 36), senza tuttavia modificare il sistema di calcolo: l'aumento dell'indennità era rimasto perciò rigido e predeterminato in ragione della sola anzianità di servizio.

Cancellando nel testo dell'art. 3, c. 1, d.lgs. n. 23/2015 (come modificato dal "decreto dignità) le parole che definiscono il sistema di calcolo dell'indennità, la Corte ha restituito al giudice il potere di decidere discrezionalmente (tra il minimo e il massimo fissati dalla legge) l'ammontare dell'indennità, tenendo però nel debito conto, oltre all'anzianità, anche altri criteri. La Corte indica, come già insiti nel sistema, i cri-

---

ne lascia tuttavia aperti molti interrogativi, specie in ordine a quali periodi di attività (quanto distanti nel tempo l'uno dall'altro) possano essere ricongiunti a fini di calcolo dell'anzianità.

[33] La Corte, infatti, ha estratto dalle doglianze della giudice rimettente un "cuore" (il meccanismo di determinazione dell'indennità), trascurando che il giudice poneva alla Corte anche la questione di legittimità costituzionale dei limiti minimo e massimo dell'indennità (all'epoca fissati in 4 e 24 mensilità di retribuzione) con riferimento al parametro interposto dell'art. 24 CSE.

teri previsti dall'art. 8, l. n. 604/1966, e dall'art. 18, c. 5, St. lav., ma aggiunge che il giudice «terrà innanzitutto conto del criterio dell'anzianità» (prescritto dall'art. 1, c. 7, l. n. 183/2014 «che ispira il disegno riformatore del d.lgs. n. 23/2015»).

Oltre al modo di calcolo dell'indennità, restava aperto il problema della adeguatezza dell'indennità. Il richiamo (da parte del Tribunale di Roma, nella citata ordinanza di rimessione) all'art. 24 CSE è stato giudicato appropriato dalla Corte costituzionale ma come parametro interposto relativo non alla adeguatezza dell'indennità forfetaria prevista dall'art. 3, c. 1, d.lgs. n. 23/2015, bensì alle sole modalità di calcolo di essa: è restata così priva di risposta la questione se il rimedio economico, nella attuale entità e nelle nuove modalità di calcolo, sia congruo, sia dal punto di vista del ristoro del danno subito dal lavoratore, sia dal punto di vista del suo carattere dissuasivo, come appunto previsto dall'art. 24 CSE, nell'interpretazione del Comitato europeo dei diritti sociali (CEDS)[34]. La Corte ha invece escluso la rilevanza, quale parametro interposto, dell'art. 30 CDFUE: trattandosi di materia (i licenziamenti individuali) che non rientra nel "cono d'ombra" del diritto dell'UE (vale a dire nell'ambito dell'attuazione, da parte dello Stato membro, del diritto dell'UE), mancherebbe la porta d'ingresso (diritto primario e derivato) che consente alla disposizione della Carta di operare nel diritto interno, in virtù del primato del diritto dell'UE.

In conclusione: il costo del licenziamento illegittimo diventa variabile, ma resta fermo il *range*, ora compreso tra 6 e 36 mensilità della retribuzione base di calcolo del TFR, entro il quale può esercitarsi la discrezionalità del giudice: l'entità dell'indennizzo è cresciuta, e non è più irrisoria (anzi, secondo alcuni, il tetto è ora molto alto), ma può risultare ancora non proporzionata al danno (patrimoniale e non patrimoniale) effettivamente subito dal lavoratore ingiustamente licenziato.

La Corte costituzionale, con sentenza n. 150/2020 (ribadita con ord. n. 93/2021), ha sancito l'incostituzionalità, per violazione degli artt. 3, 4, c. 1, e 35, c. 1, Cost., dell'art. 4 del d.lgs. n. 23/2015 nella parte in cui prevede che l'indennità (da un minimo di 2 ad un massimo di 12 mensilità) dovuta al lavoratore in caso di licenziamento affetto da vizi formali o procedurali debba essere commisurata in funzione della sola anzianità di servizio e senza possibilità di tenere in considerazione anche altri elementi che contribuiscono a rendere la determinazione giudiziale più aderente alle particolarità del caso concreto[35].

---

[34] La Corte, già nella sentenza n. 120/2018, aveva attribuito alla CSE il carattere di "norma interposta". La Corte ribadisce ora tali affermazioni, precisando che l'art. 24 «specifica sul piano internazionale, in armonia con l'art. 35, c. 3, Cost. e con riguardo al licenziamento ingiustificato, l'obbligo di garantire l'adeguatezza del risarcimento, in linea con quanto affermato da questa Corte sulla base del parametro costituzionale interno dell'art. 3 Cost. Si realizza, in tal modo, un'integrazione tra fonti e – ciò che più rileva – tra le tutele da esse garantite». Rispetto alla sentenza n. 120/2018, la Corte sembra aver fatto un passo avanti nella valorizzazione della CSE. L'integrazione delle fonti non fornisce però alla Corte lo spunto per approfondire la riflessione sulla adeguatezza del rimedio alla luce dei due canoni elaborati dal CEDS nell'interpretazione dell'art. 24 CSE: congruità del ristoro e carattere dissuasivo del rimedio.

[35] La Corte ha ritenuto contrastante con i princìpi di eguaglianza e di ragionevolezza e con la tutela del lavoro in tutte le sue forme il criterio di commisurazione dell'indennità previsto per il licenziamento affetto da vizi formali o procedurali. Inoltre ha ravvisato la violazione del principio di ragionevolezza, che si esprime come esigenza di una tutela adeguata: occorre attribuire «il doveroso

Resta fermo (almeno per ora) il modo di calcolo nei casi previsti dall'art. 6, d.lgs. n. 23/2015 (offerta di conciliazione: *infra*, Sez. V).

2.3. *Piccole imprese e organizzazioni di tendenza*

Secondo quanto previsto dall'art. 9, c. 1, d.lgs. n. 23/2015, ai datori di lavoro, imprenditori e non imprenditori, che non raggiungono i requisiti dimensionali di cui all'art. 18, cc. 8 e 9, St. lav. (unità produttive con meno di 15 dipendenti), anzitutto non si applica l'art. 3, c. 2: dunque anche in caso di licenziamento disciplinare nel quale il fatto contestato al lavoratore è insussistente, questi non avrà diritto alla reintegrazione; in secondo luogo, l'ammontare delle indennità previste dall'art. 3, c. 1 (licenziamenti disciplinari ingiustificati) e dall'art. 4, c. 1 (vizi formali e procedurali) è dimezzato e non può in ogni caso superare il limite di 6 mensilità; anche l'importo della somma dovuta ai sensi dell'art. 6, c. 1 (offerta di conciliazione) è ridotto nella stessa misura.

Nella citata sentenza n. 194/2018, la Corte costituzionale non si è pronuncia sul calcolo dell'indennità nelle piccole imprese (art. 9, c. 1)[36]: ma correttamente, a nostro avviso, qualche giudice ha ritenuto estensibile, mediante un'interpretazione costituzionalmente orientata, il nuovo modo di calcolo all'indennità di cui all'art. 9, d.lgs. n. 23/2015[37]. Resta tuttavia aperto un altro problema: l'indennità è dimezzata (e fin qui nessun problema: dopo il "decreto dignità" le mensilità sono 3 invece delle 2 originariamente previste), ma il limite massimo (non ritoccato in aumento dal "decreto dignità") resta di 6 mensilità, evidentemente sproporzionato rispetto al massimo di 36 mensilità previsto per le imprese di maggiori dimensioni, e comunque irrisorio. La questione di costituzionalità è stata sollevata[38]; la Corte, con sentenza n. 183/2022, la ha dichiarata inammissibile.

Merita segnalare che la Corte ha riconosciuto che la disciplina prevista dall'art. 9 c. 1, d.lgs. n. 23/2015, non attua quell'equilibrato componimento tra i contrapposti interessi, che rappresenta la funzione primaria di un'efficace tutela indennitaria contro i licenziamenti illegittimi, e di conseguenza ha riconosciuto l'effettiva sussistenza del *vulnus* denunciato dal giudice rimettente, ma ha ritenuto di non potervi porre rimedio, e ha dichiarato perciò inammissibili le questioni di costituzionalità sollevate. Nel contempo la Corte ha però affermato la necessità che l'ordinamento si doti di rimedi adeguati per i licenziamenti illegittimi intimati dai datori di lavoro che hanno in comune il dato numerico dei dipendenti, aggiungendo: «Nel dichiarare l'inammissibilità delle odierne questioni, questa Corte non può conclusivamente esimersi dal segnalare che un ulteriore protrarsi dell'inerzia legislativa non sarebbe tollerabile e la indurreb-

---

rilievo al fatto, in sé sempre traumatico, dell'espulsione del lavoratore», attraverso il riconoscimento del giusto ristoro e la salvaguardia di una efficace funzione dissuasiva della tutela indennitaria.

[36] Nel ritoccare l'entità dell'indennizzo, il "decreto dignità" si è dimenticato di quanto previsto dall'art. 9, d.lgs. n. 23/2015 per le piccole imprese, ove l'indennità è dimezzata (e fin qui nessun problema: tre mensilità invece delle due originariamente previste), ma il limite massimo resta di sei mensilità: e qui il problema c'è, perché il massimo risulta sproporzionato rispetto al massimo di 36 mensilità previsto per le imprese di maggiori dimensioni, e comunque irrisorio.

[37] Trib. Genova 21.11.2018, in *RIDL*, 2019, II, p. 168, nt. Albi.

[38] Trib. Roma ord. 24.2.2021, ha ritenuto l'art. 9 in contrasto con il criterio di adeguatezza e deterrenza della sanzione stabilito dagli artt. 3, 4, 35 e 177 Cost. e dall'art. 24 CSE.

be, ove nuovamente investita, a provvedere direttamente», nonostante le difficoltà che hanno indotto la stessa Corte a pronunciarsi per l'inammissibilità.

Per quanto riguarda le *organizzazioni di tendenza*, l'art. 9, c. 2, d.lgs. n. 23/2015, prevede che «ai datori di lavoro non imprenditori, che svolgono senza fine di lucro attività di natura politica, sindacale, culturale, di istruzione ovvero di religione o di culto, si applica la disciplina di cui al presente decreto». Rinviando a quanto abbiamo detto in proposito nelle pagine dedicate alle organizzazioni di tendenza (*retro*, Sez. III), ci limitiamo a sottolineare che costituisce una innovazione importante l'estensione a queste organizzazioni della tutela reale per i licenziamenti disciplinari dei lavoratori assunti con CTC (nei casi di cui all'art. 3, c. 2); fino ad ora la sanzione della reintegrazione era stata ammessa (ma non tutti condividevano questa opinione) solo per i licenziamenti discriminatori o determinati da motivo illecito. Il legislatore (più o meno consapevolmente) sembra dunque aver ritenuto non più meritevoli di considerazione le ragioni con le quali era stato giustificato il maggior favore riservato a queste organizzazioni in materia di sanzioni per i licenziamenti ingiustificati.

B) Licenziamenti per giustificato motivo oggettivo ingiustificati: regimi sanzionatori

1. *Art. 18 St. lav. Licenziamenti per giustificato motivo oggettivo ingiustificati*

A seguito della riforma del 2012, anche i licenziamenti per motivo oggettivo ingiustificati sono soggetti a due distinti regimi sanzionatori (la tutela reale ridotta; la tutela indennitaria forte), ma diversamente dai licenziamenti disciplinari, l'applicazione dei due diversi regimi non dipende necessariamente dalla diversità dei presupposti.

a) Tutela reale "ridotta"

Prima del duplice intervento della Corte costituzionale (sentenze n. 59/2021 e n. 125/2022), secondo quanto previsto dall'art. 18, c. 7, secondo periodo, St. lav. (come modificato dalla l. n. 92/2012), la possibilità per il lavoratore ingiustamente licenziato di vedersi garantita la *tutela reale* nel caso del licenziamento per giustificato motivo oggettivo (g.m.o.) risultava più ristretta rispetto al caso del licenziamento disciplinare. La tutela reale era infatti prevista solo nell'ipotesi in cui il giudice accertasse la *manifesta insussistenza del fatto* posto a base del licenziamento.

L'intento di limitare la discrezionalità del giudice era evidente, ma non era meno evidente la difficoltà di ricostruire il significato della espressione usata dal legislatore (*manifesta insussistenza del fatto*): infatti la giustificazione oggettiva per lo più non è basata direttamente su fatti, ma su valutazioni dell'imprenditore in ordine al venir meno della convenienza della conservazione di un posto di lavoro, nella quale i fatti giocano un ruolo secondario. La Cassazione aveva precisato che "manifesta insussistenza del fatto" significa chiara, evidente e facilmente verificabile assenza dei presupposti di legittimità del licenziamento; ma, aggiungeva, se non si vuole ridurre la reintegrazione a sanzione per le ipotesi patologiche e come tali del tutto marginali, si dovrà considerare come manifestamente insussistente non solo la motivazione meramente pretestuosa, ma anche, secondo il consolidato orientamento della giurisprudenza, la mancata prova del *nesso causale* tra le scelte tecnico-produttive (insindacabili) e il licenziamento del singolo lavoratore[39]. Le ulteriori incertezze manifestatesi negli orientamenti della giurisprudenza di merito non erano, e non sono tutt'ora, dissipate dalla Cassazione. La questione è se la mancata prova della violazione, da parte del datore di lavoro che ha licenziato per g.m.o., dell'obbligo di *repêchage* possa dar luogo all'applicazione della tutela reale, sulla quale si registrano posizioni non univoche[40].

Nel caso in cui sia verificata la manifesta insussistenza del fatto, secondo la formulazione originaria della legge il giudice *poteva* (non doveva) decidere per la reintegrazione (e allora l'indennità è limitata al massimo di 12 mensilità), ma poteva anche decidere nel senso della validità del licenziamento, condannando il datore di lavoro al solo pagamento della indennità (in tal caso l'indennità va da un minimo di 12 a un massimo di 24 mensilità). Insomma, quando si tratta di un licenziamento motivato da ragioni tecnico-produttive, il giudice poteva condannare il datore di lavoro alla reintegrazione solo ove accertasse la "manifesta insussistenza del fatto", ma l'applicazione della sanzione della reintegrazione era lasciata alla scelta discrezionale del giudice, sulle cui spalle ricadeva perciò il peso di una decisione certamente non facile. La disposizione aveva dato luogo, anche in giurisprudenza, a contrapposti orientamenti[41], spazzati via da un deciso intervento della Corte costituzionale.

La Corte, con sentenza n. 59/2021 ha dichiarato l'illegittimità costituzionale dell'art. 18, c. 7, secondo periodo, St. lav., nella parte in cui prevede che il giudice, quando accerti la manifesta insussistenza del fatto posto a base del licenziamento per giustificato motivo oggettivo, "può altresì applicare" (invece che "applica altresì") la disciplina di cui al medesimo art. 18, c. 4 (reintegrazione). Secondo la Corte, in un sistema

---

[39] Cass. n. 16253/2020. Precisava la Cassazione (n. 10435/2018): «posto che nella nozione di licenziamento per giustificato motivo oggettivo rientra [...] sia l'esigenza della soppressione del posto di lavoro sia l'impossibilità di ricollocare altrove il lavoratore, [...] a fronte della espressione lessicale utilizzata dal legislatore, il "fatto", sganciata da richiami diretti ed espliciti alle "ragioni" connesse con l'organizzazione del lavoro o l'attività produttiva previste dall'art. 3 della l. n. 604/1966, il riferimento normativo deve intendersi effettuato alla nozione complessiva di giustificato motivo oggettivo così come elaborata dalla giurisprudenza consolidata».

[40] Secondo Cass. ord. n. 9158/2022, la mancata prova del *repêchage* non integra la manifesta insussistenza del fatto, ma l'assoluta mancanza della deduzione, prima ancora della prova, dell'impossibilità di *repêchage* rende evidente l'insussistenza del fatto; secondo Cass. n. 10435/2018, cit., invece, il giudice di merito, ai fini dell'individuazione del regime sanzionatorio da applicare, deve verificare se sia manifesta ossia evidente l'insussistenza anche di uno solo degli elementi costitutivi del licenziamento, inclusa l'impossibilità di una diversa utilizzazione del lavoratore licenziato in mansioni diverse.

[41] Sulla interpretazione della lettera della legge erano presenti in giurisprudenza due distinti orientamenti: secondo Cass. n. 7167/2019, quando il giudice accerti la manifesta insussistenza del fatto, l'espressione "può altresì applicare" *non* assegna al giudice un margine ulteriore di discrezionalità (tra casi reputati meritevoli della più severa sanzione per la loro estrema gravità e casi che, pur rivelandosi compresi anch'essi nell'identico e comune ambito di eccezione, non siano considerati tali), posto che, ove il fatto sia caratterizzato dalla "manifesta insussistenza", è unica, e soltanto applicabile, la protezione del lavoratore rappresentata dalla disciplina di cui al c. 4. Secondo Cass. n. 10435/2018, invece, il tenore lessicale della disposizione non può essere superato, e pertanto spetta al giudice valutare discrezionalmente se applicare o meno la tutela reintegratoria.

che, per scelta consapevole del legislatore, attribuisce rilievo al presupposto dell'insussistenza del fatto (comune sia al licenziamento disciplinare sia al licenziamento per g.m.o.) e a questo presupposto comune collega l'applicazione della tutela reintegratoria del lavoratore, si rivela «disarmonico e lesivo del principio di eguaglianza» il carattere facoltativo del rimedio della reintegrazione per i soli licenziamenti per g.m.o., a fronte dell'inconsistenza della giustificazione addotta e della presenza di un vizio ben più grave rispetto alla pura e semplice insussistenza del fatto. Insomma, se nel caso del licenziamento disciplinare, a fronte dell'insussistenza del fatto addebitato al lavoratore il giudice *deve* applicare la sanzione della reintegrazione, la stessa sanzione *deve* applicare quando la giustificazione tecnico-produttiva addotta dal datore di lavoro si riveli "manifestamente" infondata.

La Corte sembra respingere così l'idea che vi sia una differenza "ontologica" tra i licenziamenti, tale da giustificare la denunciata disparità nelle tutele in ragione del motivo addotto dal datore di lavoro: quale ne sia il motivo – afferma la Corte – il licenziamento è sempre «un fatto traumatico» per il lavoratore, e a fronte di motivazioni infondate o pretestuose, la tutela garantita deve essere la stessa.

L'occasione per pronunciarsi più esplicitamente sulla questione le è stata fornita dall'ordinanza che ha sollevato una nuova questione di costituzionalità, per violazione dei principi di eguaglianza e ragionevolezza, dell'art. 18, c. 7, nella parte in cui prevede per il g.m.o. la tutela reintegratoria nel solo caso di "manifesta" insussistenza del fatto, a fronte della tutela reintegratoria prevista per il licenziamento disciplinare (art. 18, c. 4) nel caso di semplice insussistenza del fatto[42]. La Corte costituzionale (sentenza n. 125/2022) ha ritenuto fondata la questione di costituzionalità in relazione all'art. 3 Cost., e ha dichiarato l'illegittimità costituzionale dell'art. 18, c. 7, secondo periodo, St. lav., come modificato dall'art. 1, c. 42, lett. *b*), l. n. 92/2012, limitatamente alla parola «manifesta».

Il fulcro della motivazione non verte tuttavia sulla disparità di trattamento a seconda che il licenziamento sia motivato da ragioni disciplinari o "economiche" (la Corte ribadisce che tra i licenziamenti disciplinari, con la connessa violazione degli obblighi contrattuali, e i licenziamenti per giustificato motivo oggettivo, dovuti a scelte tecniche e organizzative, intercorrono delle differenze), ma sulla irrazionalità e irragionevolezza del criterio, incerto e indeterminato della "manifesta" insussistenza del fatto addotto a giustificazione del licenziamento. Il risultato, tuttavia, è quello di un indubbio allineamento del regime sanzionatorio: sia nel licenziamento disciplinare, sia in quello per g.m.o., a fronte della insussistenza del fatto addotto dal datore di lavoro, il giudice dovrà ordinare la reintegrazione del lavoratore.

Nella motivazione la Corte ha affermato che la scelta tra due forme di tutela (tutela reale o indennitaria) profondamente diverse è rimessa a una valutazione non ancorata a precisi punti di riferimento, tanto più necessari quando vi sono fondamentali esigenze di certezza, legate alle conseguenze che la scelta stessa determina. Il requisito della manifesta insussistenza de-

---

[42] Trib. Ravenna ord. 6.5.2021. Nella lunghissima motivazione il giudice rimettente sottolinea tra l'altro come la "manifesta insussistenza del fatto", dietro uno schermo pseudo probatorio il cui onere finisce per gravare sul lavoratore, attribuisca al giudice un ampio potere discrezionale, senza riferimenti concreti e specifici di valutazione.

manda al giudice una valutazione sfornita di ogni criterio direttivo e per di più priva di un plausibile fondamento empirico. L'elemento distintivo dell'insussistenza manifesta neppure si giustifica razionalmente alla luce delle differenze (ribadite dalla Corte nella sentenza n. 59/2021) che intercorrono tra i licenziamenti disciplinari, con la connessa violazione degli obblighi contrattuali, e i licenziamenti per giustificato motivo oggettivo, dovuti a scelte tecniche e organizzative. Infine – afferma la Corte – nel far leva su un requisito indeterminato e per di più svincolato dal disvalore dell'illecito, la disposizione censurata si riflette sul processo e ne complica taluni passaggi, con un aggravio irragionevole e sproporzionato. Oltre all'accertamento, non di rado complesso, della sussistenza o della insussistenza di un fatto, essa impegna le parti, e con esse il giudice, nell'ulteriore verifica della più o meno marcata graduazione dell'eventuale insussistenza.

b) *Tutela indennitaria "forte"*

Al di fuori della insussistenza del fatto (che non occorre più sia "manifesta"), nelle altre ipotesi in cui accerta che non ricorrono gli estremi del giustificato motivo oggettivo il giudice applica la tutela *indennitaria*: il licenziamento è valido e produce l'effetto estintivo del rapporto di lavoro; il lavoratore ha diritto ad una indennità risarcitoria *onnicomprensiva*, variabile tra un minimo di 12 e un massimo di 24 mensilità di retribuzione (tutela indennitaria "forte").

Ai fini della determinazione dell'indennità tra il minimo e il massimo previsti, il giudice terrà conto, oltre che dei criteri di cui al quinto comma (anzianità del lavoratore; numero dei dipendenti occupati; dimensioni dell'attività economica; comportamento e condizioni delle parti), delle iniziative assunte dal lavoratore per la ricerca di una nuova occupazione e, inoltre, del comportamento delle parti nell'ambito della procedura di conciliazione preventiva obbligatoria (si tratta della procedura regolata dall'art. 7 della l. n. 604/1966, come riformulato dalla l. n. 92/2012: *infra*, Sez. V).

Qualora, nel corso del giudizio, sulla base della domanda formulata dal lavoratore, il licenziamento risulti determinato da ragioni discriminatorie o disciplinari, trovano applicazione le relative tutele previste rispettivamente dai cc. 1-3 e 4-5 dell'art. 18. Nel primo caso, l'onere della prova grava sul lavoratore nei termini di cui si è detto parlando del licenziamento discriminatorio (*retro*, Sez. I, A); per quanto riguarda la motivazione disciplinare, grava sul lavoratore l'onere di provarne la sussistenza.

1.1. *Violazione della procedura preventiva di conciliazione*

Oltre al caso della violazione della procedura disciplinare (*retro*, A), § 1.3.1) un ulteriore caso di applicazione della tutela indennitaria "debole" è quello relativo alla violazione della procedura di cui all'art. 7, l. n. 604/1966, come modificato dalla l. n. 92/2012, art. 1, c. 40, che ha introdotto una nuova procedura di conciliazione preventiva obbligatoria per il licenziamento per giustificato motivo oggettivo (ne rinviamo oltre l'illustrazione (*infra*, Sez. V), segnalando sin d'ora che tale procedura è stata soppressa dal d.lgs. n. 23/2015 per i licenziamenti dei lavoratori assunti con CTC.

Trattandosi di procedura obbligatoria, sorprende che il legislatore consenta al datore di lavoro di procedere al licenziamento, violando l'obbligo di comunicare preventivamente l'intenzione di licenziare, e che applichi per la violazione di tale obbligo la sanzione della tutela obbligatoria "debole" (validità del licenziamento illegittimo e indennità ridotta). Anche in questo caso vale la clausola di "salvaguardia" di cui abbiamo detto sopra.

2. *D.lgs. n. 23/2015: licenziamento per motivo oggettivo ingiustificato. Tutela indennitaria*

Nel d.lgs. n. 23/2015, ai licenziamenti per g.m.o. dei lavoratori assunti dopo il 7.3.2015 o che altrimenti rientrano nel campo di applicazione del decreto, è riservato lo stesso regime sanzionatorio previsto per i licenziamenti disciplinari ingiustificati dall'art. 3, c. 1: nei casi in cui risulta accertato che non ricorrono gli estremi del licenziamento per g.m.o., il licenziamento è valido ed efficace; il datore di lavoro è condannato al pagamento dell'indennità prevista dal citato art. 3, c. 1, decisa dal giudice tra un minimo di 6 e un massimo di 36 mensilità di retribuzione, tenuto conto oltre che dell'anzianità anche degli altri criteri indicati dalla Corte costituzionale nella sentenza n. 194/2018 (*retro*, A), § 2.2.1). La tutela reintegratoria è dunque esclusa in ogni caso: anche nel caso in cui la motivazione addotta sia evidentemente infondata o pretestuosa. Il legislatore ha così sancito una diversità tra licenziamenti disciplinari e licenziamenti per ragioni *lato sensu* economiche, finendo peraltro per attribuire al datore di lavoro la possibilità di condizionare la tutela del lavoratore ponendo alla base del licenziamento una motivazione oggettiva, anziché soggettiva [43].

Stante la vigente disciplina, che esclude in ogni caso di giustificazione oggettiva la tutela reintegratoria, viene meno l'esigenza di distinguere (come invece è necessario fare per applicare l'art. 18, c. 7, St. lav.) tra motivazioni carenti o inadeguate e motivazioni prive di fondamento. Riprendono di conseguenza piede le interpretazioni elaborate dalla giurisprudenza prima della l. n. 92/2012 in ordine alla nozione di g.m.o., che includono l'obbligo di *repechâge* fra gli elementi costitutivi della giustificazione obiettiva del licenziamento (*retro*, Sez. II).

Per quanto riguarda le piccole imprese e le organizzazioni di tendenza vale quanto si è detto sopra a proposito dei licenziamenti disciplinari.

La procedura conciliativa preventiva (art. 7 l. n. 604/1966, come modificato dalla legge n. 92/2012) è stata soppressa.

---

[43] La questione della disparità delle tutele tra licenziamenti disciplinari e licenziamenti per g.m.o. nella disciplina del 2012 (art. 18, c. 7, St. lav.) è già stata sottoposta al giudizio della Corte costituzionale (*retro*, B, § 1); se la Corte fosse chiamata a pronunciarsi anche sulla ancor più grave disparità presente nella disciplina del 2015, le motivazioni delle sentenze n. 59/2021 e 125/2022 potrebbero fornirle argomenti, ma non è detto che sia disposta a spingere fino in fondo l'acceleratore della riforma per via giudiziaria della disciplina dei licenziamenti.

C) Ulteriori regimi sanzionatori: legge n. 604/1966; dirigenti

1. *Regime sanzionatorio dei licenziamenti ingiustificati nel campo di applicazione della l. n. 604/1966 (tutela obbligatoria)*

È in via di esaurimento anche il regime sanzionatorio previsto dall'art. 8, l. n. 604/1966 (come modificato dalla l. n. 108/1990, ma non dalla l. n. 92/2012), al quale si dà tradizionalmente il nome di *tutela obbligatoria*; tale regime riguarda i soli licenziamenti ingiustificati (cioè privi di giusta causa o di giustificato motivo) intimati nell'ambito di applicazione della l. n. 604/1966, nonché, secondo l'orientamento della Cassazione, i licenziamenti disciplinari viziati nella procedura intimati in questo stesso ambito di applicazione[44].

Ai sensi dell'art. 8, l. n. 604/1966, quando il licenziamento risulti ingiustificato, il datore di lavoro è tenuto «a riassumere il prestatore di lavoro entro il termine di tre giorni o, in mancanza, a risarcire il danno versandogli un'indennità di importo compreso tra un minimo di 2,5 ed un massimo di 6 mensilità dell'ultima retribuzione globale di fatto».

La legge prevede che il datore di lavoro debba riassumere il prestatore di lavoro «entro il termine di tre giorni», ma non dice né che questo termine è perentorio (e giustamente, perché la perentorietà porterebbe a conseguenze illogiche), né da quando decorra il termine (se dalla lettura del dispositivo o dalla notifica di esso).

La prima questione interpretativa attiene alla idoneità del licenziamento ingiustificato a risolvere il rapporto. L'orientamento della dottrina, così come quello della giurisprudenza, si è consolidato (dopo le incertezze manifestatesi nei primi anni di applicazione della l. n. 604/1966) nel senso di ritenere che il licenziamento risolva il rapporto[45]. Ciò significa che il licenziamento ingiustificato (illecito per violazione della regola che ne impone un'adeguata giustificazione) è idoneo a produrre l'effetto di estinguere il rapporto: la giustificazione del licenziamento non costituisce in tal caso un presupposto del potere di licenziamento (cosicché il licenziamento privo di adeguata giustificazione è invalido), ma un onere esterno allo stesso potere di licenziamento, il cui esercizio è comunque valido ed efficace, benché illecito.

La seconda questione interpretativa attiene alla qualificazione dell'obbligazione del datore di lavoro e alle conseguenze che ne derivano. A risolvere molti dubbi ha contribuito la Corte costituzionale[46], che ha qualificato l'obbligazione del datore in ter-

---

[44] La tutela obbligatoria sarebbe inoltre applicabile, stando a quanto affermato dalla stessa Cassazione (n. 17589/2016), in caso di omessa o insufficiente motivazione del licenziamento, per la quale la stessa legge prevede invece la inefficacia del licenziamento.

[45] A favore di questa interpretazione gioca la considerazione che il legislatore ha usato il termine "reintegrazione" nel caso in cui ha espressamente sancito la invalidità del licenziamento (e dunque la sua inidoneità ad incidere sulla continuità del rapporto: art. 18 St. lav.), mentre in questo caso, in cui tace sulla validità o meno del licenziamento, ha usato il termine "riassunzione". Nel linguaggio ordinario "riassumere" e "reintegrare" hanno significato equivalente; ma nel linguaggio tecnico il significato è diverso: reintegrare significa ricostituire la situazione *qua ante*; riassumere significa costituire una situazione nuova.

[46] Corte cost. n. 194/1970, in *FI*, 1971, I, c. 3; ad avviso della Corte, una corretta interpretazione

mini di *obbligazione alternativa*, ritenendo in sostanza che, divenuta “impossibile” una delle due prestazioni alternativamente dedotte in obbligazione, l’obbligazione si concentri sull’altra. La permanenza dell’obbligazione risarcitoria in caso di mancata riassunzione (per qualsiasi causa) può essere peraltro giustificata sulla base della considerazione che sarebbe incompatibile con la *ratio* dell’art. 8 anzidetto una soluzione che consentisse al datore di lavoro di sottrarsi alle conseguenze del licenziamento illecito [47].

Per quanto riguarda l’entità dell’indennità risarcitoria, questa è diminuita rispetto al passato: la riduzione è andata di pari passo con l’estensione del regime della stabilità obbligatoria in aree che un tempo godevano ancora del regime del recesso *ad nutum*. L’indennità varia da 2,5 a 6 mensilità dell’ultima retribuzione globale di fatto, è elevabile fino a 10 mensilità se l’anzianità di servizio del lavoratore è superiore a 10 anni e fino a 14 se è superiore a 20 anni.

I criteri per la determinazione dell’importo del risarcimento forfetario (detto generalmente “penale”), di cui il giudice dovrà tenere conto, sono stati più di recente modificati dall’art. 30, c. 3, l. n. 183/2010, che ha inserito anche i parametri fissati dai contratti collettivi stipulati dai sindacati comparativamente più rappresentativi e dai contratti individuali certificati (nel caso prevedano criteri diversi, integrativi e non alternativi rispetto ai criteri legali) [48].

Il risarcimento è calcolato in base all’ultima retribuzione globale di fatto (l’ultima corrisposta al lavoratore quando era in servizio), ma solo a fini di computo del forfait (l’ultima mensilità moltiplicata per il numero deciso dal giudice tra il minimo e il massimo previsti dalla legge). Il danno effettivamente subito dal lavoratore resta (anche) questa volta al di fuori di ogni considerazione [49].

---

dell’art. 8, l. n. 604/1966, comporta che il «pagamento dell’indennità, qualora il rapporto non si ripristini, sia sempre dovuto e lo sia per il solo fatto del mancato ripristino di esso, senza che a nulla rilevi quale sia il soggetto e quale la ragione per cui ciò abbia a verificarsi». Cass. n. 2846/2002, ha affermato che la facoltà di scelta del datore di lavoro, per essere conforme ai principi costituzionali, non può far venir meno il diritto del lavoratore all’indennizzo anche quando la mancata ricostituzione del rapporto sia imputabile al suo rifiuto di riprendere servizio.

[47] Corte cost. n. 44/1996, ha precisato che, fermo restando il potere del datore di lavoro di scegliere tra riassunzione e risarcimento, ove abbia optato per la riassunzione non è liberato dall’obbligo di pagare il risarcimento del danno, se il lavoratore rifiuta la ricostituzione del rapporto. La Corte ha così implicitamente ribadito che, alla fine, spetta al lavoratore decidere se dare o no il proprio consenso alla costituzione di un nuovo rapporto col datore di lavoro che lo ha illegittimamente licenziato. Cass. ord. n. 5406/2020 ribadisce che la riassunzione ai sensi dell’art. 8, l. n. 604/1966, a differenza della reintegrazione a norma dell’art. 18 St. lav., determina la ricostituzione *ex nunc* del rapporto di lavoro, per cui quando il lavoratore chieda il pagamento dell’indennità, il datore di lavoro, ove risulti confermata la mancanza di una valida giustificazione del licenziamento, non può sottrarsi al pagamento dell’indennità offrendo la riassunzione.

[48] I criteri sono molteplici (oltre al numero dei dipendenti occupati, alle dimensioni dell’impresa, all’anzianità di servizio del prestatore di lavoro, al comportamento e alle condizioni delle parti, anche le condizioni dell’attività esercitata dal datore di lavoro, la situazione del mercato del lavoro locale) e paiono indicare al giudice la via di una valutazione complessiva della situazione. Tuttavia il criterio dell’anzianità di servizio del lavoratore, al quale l’art. 8, l. n. 604/1966, collega l’aumento dell’indennità, potrebbe perdere d’importanza, rispetto ad altri criteri, quali la situazione economica dell’impresa o l’andamento del mercato locale del lavoro del lavoro, con cui si troverà ad essere bilanciato.

[49] Il riferimento all’ultima retribuzione globale di fatto non consente di tenere conto degli aumenti salariali intervenuti *medio tempore*.

2. *Il licenziamento dei dirigenti*

I dirigenti di azienda ai sensi dell'art. 10, l. n. 604/1966, sono esclusi dall'applicazione della disciplina legale dei licenziamenti, *fatta eccezione* per l'art. 2, c. 1, l. n. 604/1966, che, a seguito della modifica introdotta con la l. n. 108/1990, estende ai dirigenti la prescrizione della *forma scritta* della comunicazione del licenziamento (ma *non* della motivazione, che è prevista dal c. 2 dell'art. 2)[50], e per il nuovo art. 18, cc. 1-3, St. lav. (*licenziamento discriminatorio o altrimenti nullo*) espressamente esteso anche ai dirigenti[51]. Come abbiamo già segnalato, non si applicano invece ai dirigenti le nuove norme in materia di nullità dei licenziamenti previste dal d.lgs. n. 23/2015, per la ragione che per i dirigenti non è prevista l'assunzione con CTC. Nel 2014 è stata invece estesa ai dirigenti la disciplina dei licenziamenti collettivi (*infra*, Cap. III).

L'esclusione dei dirigenti dalla disciplina legale dei licenziamenti individuali è stata più volte affrontata dalla Corte costituzionale, che ha sempre affermato la legittimità di tale esclusione, in considerazione dello stretto vincolo fiduciario che caratterizza il rapporto[52].

Occorre intanto segnalare che, a fronte della limitata parte della disciplina legale dei licenziamenti applicabile ai dirigenti, le discipline convenzionali assicurano loro, in caso di *licenziamento ingiustificato*, un'indennità supplementare variabile tra un minimo ed un massimo di mensilità di retribuzione; il licenziamento ingiustificato produce tuttavia in ogni caso l'effetto di estinguere il rapporto[53]. Le riforme del 2012 e del 2015 della disciplina legale dei licenziamenti individuali, che hanno fortemente ridotto la tutela reale a vantaggio della tutela meramente economica, hanno in sostanza avvicinato la disciplina legale (dalla cui applicazione i dirigenti sono esclusi) alla disciplina dei contratti collettivi dei dirigenti.

Sulla nozione di giustificato motivo di licenziamento del dirigente, frequente oggetto di controversie, si registra un orientamento giurisprudenziale consolidato nel senso che la nozione convenzionale non coincide con quelle (legali) di giusta causa e giu-

---

[50] La comunicazione delle motivazioni è prevista dai contratti collettivi dei dirigenti.

[51] Nei casi dei licenziamenti nulli per *superamento del periodo di comporto* e di *inidoneità fisica o psichica* del lavoratore parrebbe ragionevole applicare anche ai dirigenti la tutela reale "ridotta" (art. 18, c. 4), anziché la tutela reale "piena" (art. 18, cc. 1-3), per evitare disparità di trattamento con gli altri lavoratori destinatari dell'art. 18 St. lav.

[52] Corte cost. n. 309/1992. La Corte ha peraltro affermato che, pur cadendo il rapporto del dirigente nell'area della libera recedibilità, deve essere riconosciuta al dirigente la tutela contro atti che ledono la sua dignità (menzionando espressamente il licenziamento disciplinare privo delle garanzie procedimentali). La prova dell'inesistenza della qualifica di dirigente deve essere data dal ricorrente (che pretenda l'applicazione della disciplina legale dei licenziamenti), che deve provare che alla qualifica formale non corrispondono mansioni e poteri dirigenziali: Cass. n. 18998/2010.

[53] Le discipline contrattuali sono diverse a seconda dei settori; in alcuni casi prevedono oltre alla comunicazione scritta del licenziamento anche la comunicazione contestuale dei motivi del licenziamento. Il dirigente che ritenga ingiustificato il licenziamento può fare in ogni caso ricorso al Collegio arbitrale previsto dal contratto collettivo: l'arbitrato è irrituale, e dunque il dirigente può optare per l'azione in giudizio, così come il datore di lavoro può rifiutare l'arbitrato, ma se entrambe le parti accettano l'arbitrato opera il principio *electa una via non datur recursus ad alteram*, e dunque l'azione in giudizio diviene improponibile.

stificato motivo di licenziamento del lavoratore subordinato, ma si estende sino a comprendere qualsiasi motivo di recesso che ne escluda l'arbitrarietà, con i limiti del rispetto dei doveri di correttezza e buona fede nell'esecuzione del contratto e del divieto del licenziamento discriminatorio o ritorsivo [54]. La ragione di tale ampia nozione sta nel «legame di fiducia col datore di lavoro, nel cui ambito rientra l'ampiezza dei poteri attribuiti: maggiori poteri presuppongono una maggiore intensità della fiducia e uno spazio più ampio dei fatti idonei a scuoterla» [55]. Il licenziamento del dirigente può anche essere giustificato da ragioni oggettive di riorganizzazione aziendale, non arbitrarie né pretestuose, ma economicamente apprezzabili anche in termini di risparmio [56].

Per quanto riguarda la controversa questione del licenziamento disciplinare dei dirigenti, dopo che si era formato un orientamento nel senso della non applicabilità ai dirigenti dell'art. 7 St. lav. [57], la questione è stata risolta qualche anno fa dalla Cassazione a S.U. [58], che si è pronunciata nel senso auspicato da larga parte della dottri-

---

[54] Cass. ord. n. 34976/2021, sulla giustificazione "oggettiva" del licenziamento; Cass. n. 16261/2018: la Corte ribadisce che la nozione di giustificatezza del licenziamento del dirigente non si identifica con quella di giusta causa o giustificato motivo del licenziamento di cui all'art. 2119 c.c. e all'art. 3, l. n. 604/1966; rileva invece qualsiasi motivo che sorregga il licenziamento, basato su motivazione coerente e fondata su ragioni apprezzabili sul piano del diritto, senza necessità di un'analitica verifica di specifiche condizioni, essendo sufficiente una valutazione globale, che escluda l'arbitrarietà del recesso, in quanto intimato con riferimento a circostanze idonee a turbare il rapporto fiduciario con il datore di lavoro, nel cui ambito rientra l'ampiezza di poteri attribuiti al dirigente. Conformi Cass. n. 17039/2005; Cass. n. 6110/2014. Criteri così generici si prestano a valutazioni molto variabili; v. ad es. Cass. ord. n. 2246/2022, che ha ritenuto giustificato (escludendone l'arbitrarietà) il licenziamento di un dirigente per una e-mail inviata al datore di lavoro, in cui aveva scritto «voi avete tradito la mia fiducia e buona fede e non so quanto potrò andare avanti a sopportare questo vostro comportamento che giudico inqualificabile», riconoscendogli il diritto all'indennità sostitutiva del preavviso ma non all'indennità supplementare.

[55] Citazione da Cass. n. 15322/2004; così anche Cass. n. 3121/2015.

[56] Cass. n. 12823/2016, che ha giudicato legittimo il licenziamento di un dirigente con affidamento delle sue mansioni ad un socio. Sulla giustificazione oggettiva cfr. Cass. n. 3628/2012; Cass. n. 15322/2004.

[57] La Cassazione a S.U. n. 6041/1995, aveva risolto il conflitto che si era creato all'interno della stessa Cassazione in ordine alla applicabilità dell'art. 7 St. lav., affermando che è impossibile applicare le tutele previste da tale disposizione nei confronti del dirigente collocato al vertice dell'organizzazione aziendale, il quale svolga mansioni tali da caratterizzare la vita dell'azienda stessa, ponendosi in un rapporto di collaborazione fiduciaria che di per sé esclude la dipendenza gerarchica e la sottoposizione al potere disciplinare del datore di lavoro. La debolezza della costruzione (il dirigente è pur sempre un lavoratore subordinato) spiega forse perché, facendosi forte della affermazione delle S.U., che escludevano dall'applicazione delle regole procedurali solo i "veri" dirigenti (e non gli pseudo-dirigenti, cioè coloro che pur avendo la qualifica formale di dirigenti non ne esercitano i poteri), la giurisprudenza successiva si fosse incamminata sulla strada di restringere l'area della non applicazione dell'art. 7 St. lav. ai soli dirigenti "apicali", riconoscendo soltanto a queste figure un'autonomia e un livello di responsabilità tali da escludere la presenza di un potere disciplinare nei loro confronti (Cass. n. 27464/2006).

[58] Cass. S.U. n. 7880/2007. La giurisprudenza successiva della Cassazione appare allineata all'orientamento delle S.U. Cfr. ad es. Cass. n. 17676/2018, che richiama il consolidato orientamento della S.C. secondo cui le tutele dell'art. 7 St. lav. trovano applicazione nell'ipotesi di licenziamento

na: la Corte, partendo dalla premessa che anche i dirigenti sono soggetti al potere disciplinare del datore di lavoro, ha affermato che le garanzie procedimentali di cui all'art. 7 St. lav. devono trovare applicazione nei confronti di tutti i dirigenti (apicali e no), quando il licenziamento sia motivato da comportamento negligente o comunque colpevole del dirigente, incompatibile con il rapporto fiduciario. La violazione delle regole procedurali darà luogo – secondo le S.U. – alle conseguenze previste dalla contrattazione collettiva, essendo comunque esclusa (*ex* art. 10, l. n. 604/1966) l'applicabilità ai dirigenti della disciplina legale[59].

---

di un dirigente, a prescindere dalla sua specifica collocazione nell'impresa, sia se il datore di lavoro gli addebiti un comportamento negligente, o colpevole in senso lato, sia se a base del recesso ponga comunque condotte suscettibili di pregiudicare il rapporto di fiducia tra le parti, con la conseguenza che la violazione di dette garanzie esclude la possibilità di valutare le ragioni che giustificano il recesso.

[59] Le conseguenze di cui parlano le S.U. sono quelle che la contrattazione collettiva dei dirigenti prevede in caso di licenziamento ingiustificato; si pone allora l'interrogativo se, a fronte della distinzione introdotta sia dalla l. n. 92/2012, sia dal d.lgs. n. 23/2015 tra vizi sostanziali e vizi formali (procedurali) del licenziamento, per i quali vigono tutele differenziate, sia ragionevole che per i dirigenti tale distinzione non sussista.

Sezione V

REGOLE PROCEDURALI E PROCESSUALI

1. *L'impugnazione del licenziamento*

L'eccessiva lunghezza del processo è da tempo individuata come una delle cause che maggiormente hanno determinato un aumento talora spropositato del costo dei licenziamenti, per i quali la legge prevedeva (e tutt'ora prevede, ma in ipotesi assai più limitate) oltre alla reintegrazione nel posto di lavoro, il risarcimento dei danni in misura equivalente alle retribuzioni non corrisposte dalla data del licenziamento fino a quello della effettiva reintegrazione nel posto di lavoro. Se la decisione definitiva di condanna del datore di lavoro arriva a molti anni di distanza dal licenziamento, e nel frattempo il datore di lavoro non ha provveduto a reintegrare il lavoratore, l'entità del risarcimento dovuto può toccare livelli assai elevati.

Della riforma del processo del lavoro, con particolare riguardo ai licenziamenti e non solo, e degli strumenti tecnici necessari per velocizzarlo si è discusso per anni, e alcune proposte erano state formulate dalla Commissione Foglia, istituita nel 2000. L'attenzione del legislatore si è tuttavia risvegliata solo in anni più vicini a noi. Il regime del contenzioso in materia di licenziamenti è stato infatti oggetto di due riforme, la prima nel 2010 e la seconda nel 2012.

La prima riforma è contenuta nella l. n. 183/2010, c.d. *Collegato lavoro*, art. 32, che ha ridotto drasticamente i termini per l'azione in giudizio, nell'intento di aumentare, essenzialmente nell'interesse del datore di lavoro, la certezza dei rapporti giuridici[1]. La seconda riforma è contenuta nell'art. 1, cc. 38, 39 e 47-68, l. n. 92/2012: oltre a ridurre ulteriormente i termini per l'impugnazione, la legge ha introdotto un *nuovo rito speciale*, nell'intento di imprimere alle cause in materia di licenziamenti una maggiore velocità. A velocizzare il giudizio dovrebbe contribuire, tra l'altro, la cosiddetta corsia preferenziale ad esso riservata: la legge dispone infatti che alla trattazione delle controversie regolate dai cc. da 47 a 64 devono essere riservati particolari giorni nel calendario delle udienze, imponendo ai capi degli uffici giudiziari di vigilare sull'osservanza di tali regole (art. 1, cc. 65 e 66). Il rito speciale (noto come "rito Fornero": *in-*

---

[1] Il d.l. n. 225/2010 (c.d. mille proroghe), convertito con modifiche nella l. n. 10/2011, aveva sospeso l'applicazione di tali regole fino al 31.12.2011. Il termine non è stato ulteriormente prorogato.

fra, § 2) non trova più applicazione nelle controversie in materia di licenziamenti di lavoratori assunti con CTC (art. 11, d.lgs. n. 23/2015).

Occorre infine segnalare che già la l. n. 183/2010 aveva soppresso l'obbligatorio esperimento del tentativo di conciliazione davanti alla DTL (ora ITL). Il tentativo di conciliazione era previsto dagli artt. 410 ss. c.p.c. (a seguito della novella introdotta con d.lgs. n. 80/1998) come condizione di procedibilità dell'azione in giudizio. L'abrogazione non ha sollevato reazioni critiche, essendo diffusa la consapevolezza del fallimento di quell'esperienza di soluzione stragiudiziale delle controversie in materia di lavoro [2].

a) *I termini dell'impugnazione*

L'art. 6, l. n. 604/1966, come novellato dall'art. 32, c. 1, l. n. 183/2010, modificato ancora dall'art. 1, c. 38, l. n. 92/2012, prevede che il lavoratore debba impugnare il licenziamento, a pena di decadenza, entro 60 giorni dalla ricezione della sua comunicazione in forma scritta, «con qualunque atto scritto, anche extragiudiziale, idoneo a rendere nota la volontà del lavoratore anche attraverso l'iniziativa dell'organizzazione sindacale diretto ad impugnare il licenziamento stesso» [3]. Ai tempi della legge del 1966, il termine poteva decorrere dalla comunicazione scritta dei motivi se successiva; attualmente la comunicazione dei motivi deve essere contestuale alla comunicazione del licenziamento (*retro*, Sez. I) [4].

Il termine di decadenza di 60 giorni è esteso dall'art. 32, c. 2, l. n. 183/2010, anche «a tutti i casi di invalidità del licenziamento». La disposizione può essere interpretata come riferita oltre che ai licenziamenti nulli o annullabili, anche ai licenziamenti inefficaci, essendo l'inefficacia equiparata, sul piano degli effetti, a nullità [5]. Restano al di fuori di tale previsione i licenziamenti intimati oralmente, avendo il legisla-

---

[2] Conciliazione e arbitrato (ormai solo facoltativi) sono regolati dall'art. 31, l. n. 183/2010, che ha sostituito gli artt. 410, 411, 412, 412-*ter*, 412-*quater* c.p.c., modificando in modo radicale la disciplina di questi istituti (*infra*, PT. IX). Un tentativo obbligatorio di conciliazione è stato reintrodotto dalla l. n. 92/2012 nel caso del licenziamento per giustificato motivo oggettivo, intimato da datore di lavoro che occupa più di 15 dipendenti (*infra*, § 2.1); il d.lgs. n. 23/2015 ha soppresso il tentativo obbligatorio di conciliazione per i lavoratori assunti con CTC.

[3] Cfr. Cass. n. 14212/2018: la S.C., dopo aver precisato che l'iniziativa può essere assunta dall'organizzazione sindacale senza necessità di una procura *ex ante*, ha formulato il seguente principio di diritto: «l'art. 6 della l. n. 604/1966 deve essere interpretato nel senso che l'impugnativa di cui al c. 1 è soddisfatta con l'esercizio, nel termine di giorni 60, dell'azione *ex* art. 28 della l. n. 300/1970 avverso il licenziamento del dipendente».

[4] Il termine decorre durante il preavviso, se il rapporto non è ancora estinto: Cass. n. 6751/1996. La decadenza, per espressa previsione dell'art. 5, c. 3, l. n. 223/1991, si applica anche all'impugnazione del licenziamento collettivo per riduzione del personale.

[5] Per quanto riguarda il *licenziamento dei dirigenti*, i termini di decadenza ed inefficacia dell'impugnazione stabiliti dall'art. 6 della l. n. 604/1966, come modificato dall'art. 32 della l. n. 183/2010, non si applicano alle ipotesi di ingiustificatezza convenzionale del recesso, cui consegue la tutela meramente risarcitoria dell'indennità supplementare, secondo un'interpretazione doverosamente restrittiva – trattandosi di norme in materia di decadenza – del concetto di "invalidità", da intendere quale vizio suscettibile di determinare la demolizione del negozio e dei suoi effetti solutori (Cass. n. 148/2020; Cass. n. 395/2020).

tore specificato che il termine decorre dalla comunicazione del licenziamento in "forma scritta" [6].

Come abbiamo detto, l'impugnazione del licenziamento può avvenire con *qualsiasi atto scritto*, anche extragiudiziale, idoneo a manifestare l'intento di impugnare il licenziamento [7]. L'impugnazione può essere anche direttamente giudiziale: il legislatore (art. 32, c. 1, l. n. 183/2010) ha espressamente stabilito che è sufficiente il deposito del ricorso ad impedire la decadenza.

Al termine di 60 giorni per l'impugnazione scritta stragiudiziale (termine breve, che espone il lavoratore meno esperto o meno attrezzato al rischio di perdere la possibilità di contestare la legittimità del licenziamento subito) [8], la l. n. 183/2010 ha aggiunto un nuovo termine di decadenza che va a sommarsi al primo. L'impugnazione stragiudiziale è infatti inefficace se non è seguita, entro 180 giorni (la l. n. 183/2010 ne prevedeva 270, ma il termine è stato ridotto dalla l. n. 92/2012), dal deposito del ricorso nella cancelleria del tribunale competente [9] o dalla comunicazione alla controparte della richie-

---

[6] Cass. n. 523/2019. Secondo l'orientamento che si era consolidato in giurisprudenza, la disposizione di cui all'art. 6, l. n. 604/1966, avendo carattere eccezionale, non poteva essere applicata, neppure in via analogica, ai casi di invalidità del licenziamento che non rientravano nella previsione della legge medesima. Tale orientamento risulta attualmente superato a causa della sopravvenienza del nuovo regime dell'impugnazione esteso a *tutti* i casi di invalidità del licenziamento.

[7] La Corte cost. ord. n. 161/1987, ha respinto l'eccezione di incostituzionalità dell'art. 6. L'impugnazione può essere fatta anche con lettera sottoscritta dal solo difensore del lavoratore, purché la specifica procura scritta, ovvero la successiva ratifica da parte del lavoratore, siano portate a conoscenza del datore di lavoro entro il termine di cui all'art. 6, l. n. 604/1966: cfr. Cass. n. 14087/2006 e Cass. n. 11116/2006 (decisioni di segno opposto); per l'impugnazione da parte dell'organizzazione sindacale v. nt. 3. Per quanto attiene al *dies a quo* della decorrenza del termine, occorre segnalare che Cass. S.U. n. 8830/2010 ha affermato che l'impugnazione del licenziamento, formulata con una dichiarazione spedita a mezzo raccomandata al datore di lavoro entro il termine di 60 giorni, deve intendersi tempestiva (e dunque idonea ad impedire la decadenza), anche se la raccomandata sia stata ricevuta dal datore di lavoro oltre tale termine. La Corte ravvisa nella scissione tra l'impedimento della decadenza (impedimento per cui è sufficiente l'avvio del procedimento) e il momento in cui si perfeziona l'impugnazione un equo e ragionevole bilanciamento degli interessi in gioco: l'interesse del lavoratore a conservare il posto di lavoro contestando l'illegittimità del licenziamento (interesse che sarebbe vanificato dalla decadenza), e quello del datore di lavoro a sapere in tempi rapidi se il licenziamento sarà impugnato o meno.

[8] La decadenza comporta l'impossibilità per il lavoratore di chiedere l'applicazione dell'art. 18 St. lav., come degli altri rimedi; resta disponibile l'azione risarcitoria ordinaria, ma per fatti diversi rispetto al licenziamento (è il caso ad esempio del licenziamento ingiurioso), del quale non è più possibile accertare in giudizio l'illegittimità: Cass. n. 6727/2010; Cass. n. 2676/2010; Cass. n. 21833/2006; Cass. n. 245/2007.

[9] La Corte cost. (n. 212/2020) ha dichiarato l'illegittimità costituzionale dell'art. 6, c. 2, l. n. 604/1966 come sostituito dall'art. 32, c. 1, l. n. 183/2010, nella parte in cui non prevede che l'impugnazione è inefficace se non è seguita, entro il successivo termine di 180 giorni, oltre che dal deposito del ricorso nella cancelleria del tribunale in funzione di giudice del lavoro o dalla comunicazione alla controparte della richiesta di tentativo di conciliazione o arbitrato, anche dal deposito del ricorso cautelare anteriore alla causa ai sensi degli artt. 669-*bis*, 669-*ter* e 700 c.p.c. È irragionevole infatti escludere che la proposizione del ricorso cautelare possa impedire la decadenza dall'impugnativa del provvedimento datoriale.

sta del tentativo di conciliazione o arbitrato [10]. Qualora la conciliazione o l'arbitrato siano rifiutati o non sia stato raggiunto l'accordo necessario al relativo espletamento, il ricorso al giudice deve essere depositato a pena di decadenza entro 60 giorni dal rifiuto o dal mancato accordo (art. 32, c. 1) [11].

b) *L'onere della prova*

Nel paragrafo dedicato ai licenziamenti discriminatori abbiamo già detto del particolare regime dell'onere probatorio (parziale inversione o "alleggerimento", come ritiene la Cassazione) previsto dal legislatore italiano, sulla scorta di quanto disposto in materia dalle fonti rilevanti del diritto dell'UE (*retro*, Sez. I, A), § 2.1). Al di fuori di queste ipotesi, e dunque nella maggior parte delle controversie in materia di licenziamenti, merita ricordare che, mentre della prova della giustificazione del licenziamento è onerato il datore di lavoro convenuto in giudizio (art. 5, l. n. 604/1966) [12], il lavoratore che impugna il licenziamento ha l'onere di provare (quale fatto costitutivo della pretesa) oltre al rapporto di lavoro subordinato, il licenziamento (e dunque la risoluzione del rapporto ad opera del datore di lavoro e non solo il fatto dell'avvenuta estromissione dal luogo di lavoro) [13].

La questione dell'onere probatorio a carico del lavoratore assume particolare rilevanza nel caso del licenziamento orale, quando il lavoratore affermi di essere stato licenziato e il datore di lavoro eccepisca che invece è stato il lavoratore a dimettersi. L'orientamento della giurisprudenza in materia è mutato: secondo l'avviso più recente della Cassazione, il lavoratore ha l'onere di provare (anche per fatti concludenti) il licenziamento (cioè la manifestazione di volontà da parte del datore di lavoro) [14]; la prova delle dimissioni del lavoratore, trattandosi di eccezione in senso stretto, spetta al datore di lavoro.

---

[10] Questi ulteriori termini, come si vede, brevi non sono, e non si può dire che comportino una lesione del diritto del lavoratore di contestare di fronte al giudice (togato e non togato) il licenziamento che ritenga illegittimo. Vale tuttavia la pena di ricordare che, nel regime previgente, dopo la tempestiva impugnazione stragiudiziale, l'azione in giudizio doveva essere proposta nel termine di prescrizione quinquennale ai sensi dell'art. 1442 c.c.; nessun termine era invece applicabile nel caso di licenziamenti nulli o inefficaci.

[11] Ma v. Cass. n. 14108/2018: la Corte chiarisce che la decorrenza del termine breve di 60 giorni si ha solo nel caso di pregiudiziale rifiuto del procedimento inerente al tentativo di conciliazione (o arbitrato), essendo a ciò equivalente il mancato accordo necessario al relativo espletamento, e dunque nel caso in cui la conciliazione o l'arbitrato non abbiano luogo *tout court* per una pregiudiziale volontà contraria di una delle parti e non invece nel caso in cui uno dei due procedimenti deflattivi si siano regolarmente svolti, sia pur con esito negativo.

[12] Si tratta certamente di una norma che ha lo scopo di semplificare la posizione processuale del lavoratore che impugna il licenziamento, ma già deducibile dalle regole in materia di ripartizione dell'onere della prova (art. 2697 c.c.), in quanto la giustificazione del licenziamento costituisce fatto costitutivo del potere del datore di lavoro di licenziare, il cui esercizio legittimo è subordinato dalla legge al presupposto del giustificato motivo o della giusta causa.

[13] Cass. n. 23927/2020: in caso di licenziamento avvenuto durante il periodo di prova incombe sul lavoratore l'onere, ai sensi dell'art. 2697 c.c., di dimostrare il positivo superamento del periodo di prova o che il recesso sia stato determinato da motivo illecito, estraneo alla funzione del patto di prova.

[14] Cass. n. 13195/2019; Cass. n. 3822/2019. La nuova disciplina delle dimissioni, che ne ha sancito la forma vincolata a pena di inefficacia, ha conseguenze sul piano dell'onere della prova: *infra*, Cap. IV.

1.1. *La revoca del licenziamento*

Collegata strettamente all'impugnazione da parte del lavoratore è la revoca del licenziamento, che può intervenire, nei modi che diremo, per iniziativa unilaterale del datore di lavoro.

La l. n. 92/2012, nel riformulare l'art. 18 St. lav., ha introdotto per la prima volta una disciplina specifica della *revoca* del licenziamento (art. 18, c. 10), applicabile ai soli datori di lavoro destinatari dei cc. da 4 a 7 dell'art. 18 medesimo (semplificando: unità produttive con più di 15 dipendenti). Con il d.lgs. n. 23/2015 (art. 5), una analoga disciplina della revoca del licenziamento diviene, in prospettiva, di generale applicazione: attualmente trova infatti applicazione solo per i lavoratori assunti con CTC dopo il 7.3.2015; ma, come abbiamo detto, è questa la nuova forma di contratto di lavoro a tempo indeterminato destinata a prendere progressivamente il posto di quella precedente, via via che si esauriranno i rapporti di lavoro in essere alla data di entrata in vigore del d.lgs. n. 23/2015. Anche in questo caso (come già nel caso dell'art. 18, c. 10, St. lav.) la disciplina della revoca non si applica ai dirigenti, per i quali dovrà farsi ricorso alle regole generali (civilistiche).

La disciplina della revoca del licenziamento di cui all'art. 18, c. 10, St. lav. e all'art. 5, d.lgs. n. 23/2015, si differenzia notevolmente da quella elaborata a suo tempo dalla giurisprudenza, in mancanza di regole legali specifiche[15]. Secondo quanto disposto da ambedue le disposizioni citate, la revoca è un *atto unilaterale* del datore di lavoro e non richiede pertanto l'accettazione del lavoratore. Trattandosi di atto recettizio deve essere comunicata al lavoratore, ma il legislatore non specifica in quale forma: sarebbe tuttavia logico fosse la stessa forma del licenziamento. Il legislatore prevede un termine breve (15 giorni) per la revoca; il termine decorre dalla comunicazione al datore di lavoro dell'impugnazione del licenziamento da parte del lavoratore (impugnazione che deve avvenire entro 60 giorni dalla ricezione della comunicazione del licenziamento: *retro*, § 1).

La revoca tempestiva ripristina, con effetto *ex tunc* («senza soluzione di continuità»), il rapporto di lavoro; per il periodo tra il licenziamento e la revoca, il lavoratore ha diritto alle retribuzioni maturate (senza possibilità di richiedere il risarcimento degli eventuali ulteriori danni, né di potersi avvalere «dei regimi sanzionatori» previsti rispettivamente dall'art. 18 St. lav. o dal d.lgs. n. 23/2015). Le nuove regole in materia di revoca consentono al datore di lavoro, che sia consapevole di avere licenziato

---

[15] Secondo l'orientamento prevalente in giurisprudenza, la revoca del licenziamento poteva produrre effetto solo se accettata dal lavoratore. La revoca del licenziamento era configurata come proposta contrattuale, che, se accettata dal lavoratore, produceva l'effetto di ripristinare *ex nunc* il rapporto, senza tuttavia eliminare gli effetti (dannosi) prodotti dal licenziamento illegittimo (e senza impedire al lavoratore di chiedere l'indennità sostitutiva della reintegrazione: Cass. n. 23435/2016). In dottrina si sottolineava invece come la revoca dovesse essere configurata come negozio bilaterale di revoca di un atto unilaterale, avente ad oggetto non la costituzione *ex novo* del rapporto di lavoro, bensì la revoca del licenziamento, da cui deriva il venir meno degli effetti estintivi del negozio revocato e delle conseguenze ad esso collegate. Ancora secondo l'orientamento prevalente in giurisprudenza, la revoca del licenziamento, e così anche l'accettazione del lavoratore (di cui doveva in ogni caso essere accertata la reale volontà abdicativa), non richiedevano la forma scritta (Cass. n. 5929/2008).

illegittimamente (per vizio di forma o di sostanza), di valutare la reazione del lavoratore e di provvedere appunto revocando tempestivamente il licenziamento; la revoca può risultare molto conveniente, anche dal punto di vista dei costi, quando il datore di lavoro abbia intimato un licenziamento certamente nullo [16].

2. *Discipline "ad esaurimento" (l. n. 92/2012): il c.d. "rito Fornero"*

Il c.d. "rito Fornero" è una disciplina in via di esaurimento. Anzitutto, questo rito non trova più applicazione nelle controversie in materia di licenziamenti dei lavoratori assunti dopo il 7.3.2015 con CTC (art. 11, d.lgs. n. 23/2015); in secondo luogo, la legge-delega 26.11.2021, n. 206, ne ha previsto implicitamente l'abrogazione (art. 1, c. 11) proponendosi il legislatore l'obiettivo di unificare e coordinare la disciplina dei procedimenti di impugnazione dei licenziamenti (ma i tempi per l'attuazione della delega sono lunghi e la legislatura è agli sgoccioli).

Pur essendo in via di esaurimento, il "rito Fornero" è ancora vigente, e perciò se ne deve dare almeno brevemente conto.

L'art. 1, cc. 47-68, l. n. 92/2012, introduce una speciale disciplina del processo da applicarsi nelle controversie instaurate successivamente al 18.7.2012, aventi ad oggetto «l'impugnativa dei licenziamenti nelle ipotesi regolate dall'articolo 18 della l. 20.5.1970, n. 300, e successive modificazioni, anche quando devono essere risolte questioni relative alla qualificazione del rapporto di lavoro» (art. 1, c. 47). Sono pertanto esclusi i licenziamenti ingiustificati rientranti nel campo di applicazione dell'art. 8 della l. n. 604/1966 [17]; sono invece ricomprese nel rito speciale le questioni relative alla qualificazione del rapporto di lavoro, in quanto si tratti di questioni pregiudiziali alla controversia sul licenziamento (come nel caso in cui si contesti la natura autonoma o subordinata del rapporto); sono ammesse anche altre domande «fondate sugli identici fatti costitutivi» (c. 48) [18].

---

[16] Resta da chiedersi se la nuova disciplina della revoca lasci spazio all'applicazione delle vecchie regole in caso di revoca *tardiva* (avvenuta cioè dopo l'instaurazione del giudizio: la Cassazione riconosceva in tal caso al lavoratore il diritto al risarcimento minimo di cinque mensilità di retribuzione). Le profonde modificazioni intervenute nei regimi sanzionatori dei licenziamenti (*retro*, Sez. IV) rendono tali regole non più utilizzabili; poiché tuttavia una revoca intempestiva non produce l'effetto di ripristinare il rapporto "senza soluzione di continuità", resta da valutare se possa produrre l'effetto di ripristinare *ex nunc* il rapporto, e quali siano le conseguenze per il lavoratore nel periodo intercorrente tra il licenziamento e la revoca di esso.

[17] Il lavoratore ricorrente potrebbe però chiedere l'applicazione dell'art. 18 St. lav. deducendone l'applicabilità in ragione della dimensione dell'organico, ovvero contestando la nullità o l'inefficacia del licenziamento: in tal caso sarebbe applicabile il rito speciale, che trascinerebbe la domanda subordinata di tutela obbligatoria *ex* art. 8, l. n. 604/1966 per la mancata o inadeguata giustificazione del licenziamento (si registra un orientamento giurisprudenziale in tale senso).

[18] Come è stato rilevato in dottrina, le domande in materia di licenziamento in cui si chiede l'applicazione dell'art. 18 sono per lo più proposte in cumulo con altre (trattamento di fine rapporto, indennità sostitutiva del preavviso, ecc.), fondate su fatti costitutivi almeno in parte diversi, e se davvero dovessero essere proposte con separato ricorso darebbero luogo ad un vero "sperpero di giurisdizione".

Secondo la ricostruzione fornita dalla Corte costituzionale (sentenza n. 78/2015)[19], il rito speciale consiste in tre possibili gradi di giudizio: il primo grado, introdotto con ricorso al Tribunale in funzione di giudice del lavoro, è articolato in *due (eventuali) fasi*: una prima fase sommaria, e una seconda fase di opposizione a cognizione piena di fronte al medesimo Tribunale (e, come ha precisato la Corte, nella citata sentenza, anche di fronte allo stesso Magistrato che ha deciso la prima fase). Il secondo grado è un "*reclamo*" (vale a dire un appello) in Corte d'appello; avverso la sentenza d'appello è ammesso il ricorso per cassazione.

Nella prima fase (definibile come *fase sommaria*, ma non cautelare), la controversia viene introdotta con ricorso al Tribunale in funzione di giudice del lavoro (c. 48); la competenza territoriale è regolata dall'art. 413 c.p.c. L'udienza deve essere fissata non oltre quaranta giorni dal deposito del ricorso. Il giudice assegna un termine per la notifica del ricorso e del decreto non inferiore a venticinque giorni prima dell'udienza, nonché un termine, non inferiore a cinque giorni prima della stessa udienza, per la costituzione del resistente. Il giudice procede nel modo che ritiene più opportuno agli atti di istruzione indispensabili richiesti dalle parti o disposti d'ufficio, e provvede, *con ordinanza immediatamente esecutiva*, all'accoglimento o al rigetto della domanda. L'efficacia esecutiva del provvedimento non può essere sospesa o revocata fino alla pronuncia della sentenza con cui il giudice definisce l'eventuale giudizio di opposizione (cc. 49 e 50).

La (eventuale) seconda fase dell'unico giudizio di primo grado è costituita dalla *fase di opposizione*, nella quale il giudizio si "espande" a cognizione piena. La parte soccombente nella fase sommaria può proporre innanzi al medesimo Tribunale opposizione avverso l'ordinanza entro 30 giorni dalla notificazione o, se anteriore, dalla comunicazione di questa (c. 51); valgono le ordinarie preclusioni e decadenze previste in sede di opposizione; non possono essere proposte domande diverse da quelle di cui al c. 47, salvo che siano fondate sugli identici fatti costitutivi o che siano svolte nei confronti di soggetti rispetto ai quali la causa è comune o dai quali si intende essere garantiti. Il giudice fissa con decreto l'udienza di discussione non oltre i successivi 60 giorni, «assegnando all'opposto termine per costituirsi fino a dieci giorni prima dell'udienza». Il giudice «procede nel modo che ritiene più opportuno agli atti di istruzione ammissibili e rilevanti richiesti dalle parti nonché disposti d'ufficio, ai sensi dall'art. 421 c.p.c., e provvede con *sentenza* all'accoglimento o al rigetto della domanda, dando, ove opportuno, termine alle parti per il deposito di note difensive fino a dieci giorni prima dell'udienza di discussione. La sentenza, completa di motivazione, deve essere depositata in cancelleria entro 10 giorni dall'udienza di discussione. La sentenza è provvisoriamente esecutiva e costituisce titolo per l'iscrizione di ipoteca giudiziale» (c. 57).

---

[19] La Corte ha considerato tale ricostruzione "diritto vivente", essendo conforme a quella fornita da Cass. S.U. ord. n. 19674/2014. La stessa Corte cost. (ord. n. 205/2014), aveva respinto come inammissibile la questione di costituzionalità sulla quale invece si è pronunciata nella sentenza n. 78/2015, respingendo le eccezioni di incostituzionalità. Nella giurisprudenza di merito erano presenti due diversi orientamenti (l'uno favorevole a considerare la fase di opposizione come avente carattere impugnatorio; l'altro invece favorevole a considerare la fase di opposizione come fase, non impugnatoria, dell'unico giudizio di primo grado): nel primo senso v. App. Genova 12.3.2014, in *RIDL*, 2014, II, p. 164, e *ivi* riferimenti ai contrastanti orientamenti della giurisprudenza.

Contro la sentenza di primo grado può essere proposto "*reclamo*" (cioè appello) davanti alla Corte d'appello. Il reclamo si propone con ricorso da depositare, a pena di decadenza, entro 30 giorni dalla comunicazione, o dalla notificazione se anteriore (c. 58). Non sono ammessi nuovi mezzi di prova o documenti, salvo che non siano indispensabili ai fini della decisione ovvero che la parte dimostri di non aver potuto proporli in primo grado per causa ad essa non imputabile (c. 59). La Corte fissa l'udienza di discussione nei successivi 60 giorni; può sospendere l'efficacia della sentenza reclamata se ricorrono gravi motivi. La Corte procede nel modo che ritiene più opportuno agli atti di istruzione ammessi e provvede con sentenza all'accoglimento o al rigetto della domanda; la sentenza, completa di motivazione, deve essere depositata in cancelleria entro dieci giorni dall'udienza di discussione (c. 60). La sospensione dell'efficacia della sentenza deve essere chiesta alla Corte d'appello, che provvede a norma del c. 60 (c. 61).

Contro la sentenza d'appello può essere proposto *ricorso per cassazione*, entro 60 giorni dalla comunicazione o, se anteriore, dalla notificazione (c. 62) oppure, in mancanza di entrambe, nel termine di sei mesi dal deposito della sentenza previsto dall'art. 327 c.p.c. (c. 64). L'udienza di discussione è fissata dalla Cassazione «non oltre sei mesi dalla proposizione del ricorso» (c. 63).

Il nuovo rito speciale per le controversie (non tutte, in ogni caso) in materia di licenziamenti è stato oggetto di molte critiche, e la sua applicazione ha dato luogo ad una imponente giurisprudenza. Riteniamo di poter omettere in questa sede di dare conto delle complicate questioni processuali affrontate dai giudici in questi anni di applicazione per due ordini di ragioni: in primo luogo perché si tratta di questioni che richiederebbero di approfondire problemi di natura squisitamente processuale, e non è questa la sede per farlo; in secondo, perché, come abbiamo detto, il c.d. rito Fornero è diritto vigente, ma in via di esaurimento e forse di vera e propria cancellazione.

I giudizi espressi dalla dottrina sul "rito Fornero" sono prevalentemente critici. In ogni caso vale l'osservazione che l'introduzione di un nuovo rito speciale non necessariamente produce l'effetto di accelerare la definizione delle liti, per la necessità che comporta di riorganizzare il carico di lavoro dei giudici, con il rischio di rallentare la definizione di controversie diverse dai licenziamenti, ma egualmente rilevanti per gli interessati.

2.1. *La procedura preventiva di conciliazione*

Abrogato dalla l. n. 183/2010, il tentativo obbligatorio di conciliazione è ricomparso nella l. n. 92/2012 in altra veste: da un lato il legislatore ha previsto un procedimento conciliativo obbligatorio *preventivo* e non successivo al licenziamento (art. 1, c. 40, l. n. 92/2012, che novella integralmente l'art. 7, l. n. 604/1966); d'altro lato, però, ha limitato l'ambito di applicazione di tale procedimento preventivo al solo licenziamento per giustificato motivo oggettivo (g.m.o.), e ai soli datori di lavoro aventi «i requisiti dimensionali» per l'applicazione delle disposizioni dell'art. 18 St. lav. sul licenziamento ingiustificato, con esclusione quindi dei datori di lavoro che occupano fino a 15 dipendenti e delle organizzazioni di tendenza (che l'art. 4, l. n. 108/1990 esclude dal campo di applicazione dell'art. 18, indipendentemente dal numero dei dipendenti).

Il tentativo obbligatorio di conciliazione previsto dalla l. n. 92/2012 non è diretto a comporre in via stragiudiziale una controversia già insorta, ma a *prevenire* un'azione in giudizio dagli esiti resi incerti dal complesso regime sanzionatorio previsto dalla stessa legge, che apre notevoli spazi alla valutazione discrezionale del giudice (*retro*, Sez. IV, B). Ancora una volta si tratta di una disciplina "ad esaurimento": nel d.lgs. n. 23/2015, il licenziamento per g.m.o. dei lavoratori assunti con CTC non è soggetto a procedure preventive di conciliazione; il decreto introduce invece una procedura volontaria (ad iniziativa del datore di lavoro) di conciliazione successiva al licenziamento, di cui diremo oltre (§ 3).

Brevemente riassumendo: la procedura preventiva obbligatoria per il licenziamento per motivo oggettivo prende avvio con la comunicazione del datore di lavoro alla DTL (ora ITL), contenente l'intenzione di licenziare, i motivi del preannunziato licenziamento e le "eventuali" misure di assistenza alla ricollocazione. L'ITL, entro il termine "perentorio" di 7 giorni dalla richiesta del datore, convoca innanzi alla Commissione di conciliazione le parti, che possono essere assistite da un rappresentante sindacale, da un avvocato o da un consulente del lavoro.

La procedura, salvo diversa concorde volontà delle parti, deve concludersi entro 20 giorni da tale convocazione ed in caso di impedimento del lavoratore è sospesa al massimo per 15 giorni. Se fallisce il tentativo di conciliazione e, comunque, decorso il termine di 7 giorni entro cui l'ITL deve provvedere alla convocazione delle parti, il datore di lavoro può comunicare il licenziamento al lavoratore (che potrà procedere all'azione in giudizio). Se la conciliazione ha esito positivo e prevede la risoluzione consensuale del rapporto di lavoro, è prevista espressamente l'applicabilità della indennità di disoccupazione (NASpI: d.lgs. n. 22/2015, art. 3, c. 2) e un'assistenza alla ricollocazione. Il comportamento di ciascuna parte nel procedimento preventivo è valutato sia ai fini della misura dell'indennità risarcitoria da corrispondere al lavoratore nel caso che il licenziamento sia ingiustificato, sia ai fini del regime delle spese processuali.

Anche in questo caso (come già nel caso del procedimento disciplinare), il legislatore ha previsto che il licenziamento intimato all'esito del procedimento produca effetto dal giorno della comunicazione con cui il procedimento medesimo è stato avviato, salvo l'eventuale diritto del lavoratore al preavviso o alla relativa indennità sostitutiva. Dunque, e questa è certamente una discutibile "stranezza", il licenziamento opera retroattivamente, prima ancora della sua intimazione (e infatti la legge precisa che «il periodo di eventuale lavoro svolto in costanza della procedura si considera come preavviso lavorato»). Come nel caso del procedimento disciplinare, anche nel caso di questo procedimento l'effetto sospensivo, escluso per la malattia, è fatto salvo per la maternità e per l'infortunio.

3. *La conciliazione offerta dal datore di lavoro nel contratto a tutele crescenti*

Per i soli lavoratori assunti con CTC, e dunque soggetti alla nuova disciplina dei licenziamenti, l'art. 6, d.lgs. n. 23/2015, ha introdotto una nuova forma di conciliazione, la cui espressa finalità è quella «di evitare il giudizio», e che in ogni caso non esclude «la possibilità per le parti di addivenire a ogni altra modalità di conciliazione prevista dalla legge». La novità consiste nella circostanza che si tratta di una somma di denaro che il datore di lavoro può offrire al lavoratore che ha licenziato «entro i termini di impugnazione stragiudiziale del licenziamento» (60 giorni dalla recezione della comunicazione in forma scritta del licenziamento). L'offerta dovrà avvenire in una delle sedi di cui all'art. 2113, c. 4, c.c., e all'art. 76, d.lgs. n. 276/2003 e successive modificazioni: le sedi sono quelle della conciliazione sindacale, amministrativa o giudiziaria, nonché le Commissioni di certificazione (*infra*, PT. IX).

L'importo offerto dal datore di lavoro *non costituisce reddito imponibile* ai fini dell'imposta sul reddito delle persone fisiche (IRPEF) e non è assoggettato a contribuzione previdenziale; il suo ammontare (modificato dal "decreto dignità": d.l. n. 87/2018, conv. con modifiche in l. n. 96/2018) è pari ad *una mensilità* della retribuzione di riferimento per il calcolo del TFR per ogni anno di servizio, *in misura comunque non inferiore a 3 e non superiore a 27 mensilità*; l'offerta è effettuata mediante consegna al lavoratore di un *assegno circolare* (che ne garantisce l'effettiva copertura). L'accettazione dell'assegno da parte del lavoratore (che deve avvenire nella stessa sede in cui è fatta l'offerta) comporta l'estinzione del rapporto alla data del licenziamento e la rinuncia alla impugnazione del licenziamento anche qualora il lavoratore l'abbia già proposta.

Le modalità di calcolo (rigidamente predeterminate in ragione dell'anzianità di servizio) sono le stesse previste dall'art. 3, c. 1, d.lgs. n. 23/2015, sulle quali si è abbattuta la censura della Corte costituzionale (sentenza n. 194/2018), di cui abbiamo detto parlando del calcolo dell'indennità dovuta al lavoratore in caso di licenziamento ingiustificato. È possibile che la questione di costituzionalità venga sollevata, anche se la *ratio* dell'art. 6 è in parte diversa da quella dell'art. 3. Come è evidente, infatti, la "conciliazione" consiste in uno scambio tra una somma di denaro (che potremmo dire "in nero", nel senso che su tale somma il lavoratore non paga l'IRPEF) e la chiusura tombale di ogni possibile controversia sul licenziamento: una soluzione che può rivelarsi molto conveniente per il lavoratore, vista la scarsa probabilità di ottenere dal giudice la reintegrazione nel posto di lavoro, e stante la non elevata entità delle indennità previste in caso di licenziamento ingiustificato, soggette al prelievo fiscale.

La previsione di un limite minimo della somma offerta dal datore di lavoro è ragionevole (anche se la somma può risultare modesta se il lavoratore ha poca anzianità di servizio); ragionevole, ma in altro senso, è anche la previsione di un tetto massimo: poiché la somma offerta e accettata dal lavoratore è sottratta al fisco, questa conciliazione comporta un aggravio della spesa pubblica (mancato introito fiscale). Non a caso, l'art. 6, c. 2, prevede la copertura finanziaria delle minori entrate (stimate in via presuntiva) che la diffusione di questa forma di conciliazione potrebbe comportare; il c. 3 dello stesso articolo prevede poi un monitoraggio sull'applicazione della conciliazione, imponendo al datore di lavoro l'obbligo di comunicare tempestivamente oltre alla cessazione del rapporto di lavoro anche l'esito della conciliazione (l'omissione della comunicazione comporta l'applicazione della sanzione amministrativa pecuniaria da 100 a 500 euro per ogni lavoratore) [20].

---

[20] L'art. 3, c. 6, d.lgs. n. 23/2015, prevede: «Il sistema permanente di monitoraggio e valutazione istituito a norma dell'art. 1, c. 2, l. 28.6.2012, n. 92, assicura il monitoraggio sull'attuazione della presente disposizione. A tal fine la comunicazione obbligatoria telematica di cessazione del rapporto-

L'art. 6 aggiunge che «le eventuali ulteriori somme pattuite nella stessa sede conciliativa a chiusura di ogni altra pendenza derivante dal rapporto di lavoro sono soggette al regime fiscale ordinario»: la formulazione è ambigua, ma può essere interpretata nel senso che si tratti delle somme ulteriori rispetto al tetto massimo delle ventisette mensilità esentasse, relative ad altri crediti che il lavoratore possa vantare al momento del licenziamento.

to di cui all'art. 4-*bis*, d.lgs. 21.4.2000, n. 181, e successive modificazioni, è integrata da una *ulteriore comunicazione*, da effettuarsi da parte del datore di lavoro entro 65 giorni dalla cessazione del rapporto, nella quale deve essere indicata *l'avvenuta ovvero la non avvenuta conciliazione* di cui al c. 1 e la cui omissione è assoggettata alla medesima sanzione prevista per l'omissione della comunicazione di cui al predetto art. 4-*bis*. Il modello di trasmissione della comunicazione obbligatoria è conseguentemente riformulato. Alle attività di cui al presente comma si provvede con le risorse umane, strumentali e finanziarie disponibili a legislazione vigente e, comunque, senza nuovi o maggiori oneri per la finanza pubblica». Le modalità della comunicazione obbligatoria telematica sono specificate nella nota del Ministero del lavoro del 27.5.2015, n. 2788.

Capitolo III

I LICENZIAMENTI COLLETTIVI

1. *Evoluzione della disciplina dei licenziamenti collettivi*

La disciplina legale dei licenziamenti collettivi (o per riduzione del personale) è stata introdotta dalla l. 23.7.1991, n. 223. Alcune modifiche, che hanno riguardato il campo di applicazione della disciplina sono intervenute successivamente, a seguito di sentenze di condanna da parte della Corte di Giustizia dell'UE (*infra*, § 3.2). Altre modifiche, che hanno inciso in profondità sull'assetto della materia, sia sotto il profilo delle regole procedurali, sia specialmente sotto il profilo della tutela dei lavoratori coinvolti nelle riduzioni del personale, sono state introdotte dalla l. n. 92/2012, art. 1, cc. 44, 45, 46, e successivamente dal d.lgs. n. 23/2015, ma con applicabilità limitata ai lavoratori che rientrano nel suo campo di applicazione. Queste ultime modifiche sono rimaste ferme anche a seguito degli interventi della CGE e della Corte costituzionale, di cui diremo oltre.

Occorre ancora segnalare il *Codice della crisi d'impresa e dell'insolvenza* (CCII) (d.lgs. n. 14/2019 e successive modifiche, la cui entrata in vigore per questa parte è stata posticipata al 15.7.2022 dal d.l. n. 36/2022) prevede una procedura semplificata per i licenziamenti collettivi in caso di liquidazione giudiziale dell'impresa (espressione che sostituisce il termine fallimento). Infine, le disposizioni contenute nella l. n. 234/2021 (legge di bilancio 2022), art. 1, cc. 224-238 prevedono regole procedurali relative alla chiusura di stabilimenti o siti produttivi che vanno ad aggiungersi a quelle relative ai licenziamenti collettivi.

Fino all'entrata in vigore della l. n. 223/1991 (e successive modifiche), i licenziamenti collettivi per riduzione del personale erano esclusi dall'ambito di applicazione della disciplina legale dei licenziamenti (art. 11, l. n. 604/1966, come modificata dalla l. n. 108/1990). Ciò non significa che la materia fosse priva di disciplina: la disciplina era infatti affidata alla contrattazione collettiva, nella quale, a partire dal primo AI, stipulato nel 1947, i licenziamenti per riduzione di personale erano soggetti a regole diverse da quelle previste per i licenziamenti individuali. L'ultimo AI stipulato (5.5.1965) sostituiva l'Accordo del 1950, la cui estensione *erga omnes* (con d.p.r. n. 1019/1960) era stata censurata dalla Corte costituzionale, che aveva salvato la sola parte "sostanziale" del decreto di estensione (criteri di scelta dei lavoratori da licenziare: *infra*, § 4.1), annullandone invece la parte procedurale.

La disciplina interconfederale prevedeva una procedura conciliativa da svolgersi tra le organizzazioni sindacali e l'associazione imprenditoriale territoriale: ove in sede conciliativa fosse stato raggiunto un accordo sul numero dei licenziamenti (o sul ritiro del progetto di riduzione del personale), l'imprenditore si sarebbe attenuto a quanto previsto nell'accordo; ove invece la procedura si fosse conclusa negativamente (come perlopiù avveniva), l'imprenditore avrebbe potuto procedere ai licenziamenti liberamente decisi. In ogni caso, sia che il numero dei licenziamenti fosse stato concordato in sede di conciliazione sindacale, sia che fosse stato unilateralmente deciso dall'imprenditore a seguito del fallimento della conciliazione, l'individuazione dei lavoratori da licenziare doveva avvenire in base a tre criteri di scelta (anzianità, carichi di famiglia, esigenze tecnico-produttive) in concorso fra loro, stabiliti dall'accordo medesimo [1].

Stante la scarsa consistenza ed efficienza della procedura conciliativa prevista dall'AI, l'unica via per uscire dalle strettoie in cui l'art. 11, l. n. 604/1966, costringeva la questione del licenziamento collettivo era l'intervento della legge, resa peraltro necessaria dalla scadenza dei termini per l'attuazione della Direttiva CE 75/129: due sentenze di condanna da parte della Corte di Giustizia [2] indussero finalmente il legislatore italiano ad intervenire.

2. *La disciplina attuale: licenziamenti collettivi e integrazione salariale*

A norma dell'art. 24, c. 5, l. n. 223/1991, la materia dei licenziamenti collettivi per riduzione di personale di cui al primo comma dell'art. 11, l. n. 604/1966, come modificato dall'art. 6, l. n. 108/1990, «è disciplinata dal presente articolo». Le cose però non stanno esattamente così. Nella l. n. 223/1991, infatti, la disciplina del licenziamento collettivo risulta dall'insieme di disposizioni collocate in diverse parti della legge e non facili da coordinare: l'art. 24 definisce la fattispecie e delimita il campo di applicazione della disciplina del licenziamento collettivo per riduzione del personale; la disciplina della procedura che deve necessariamente precedere il licenziamento è

---

[1] L'esclusione dalla disciplina limitativa dei licenziamenti e l'intrinseca debolezza della disciplina sindacale apriva il problema della tutela dei lavoratori coinvolti in una riduzione del personale. Qualche soluzione era stata tentata dagli interpreti: la giurisprudenza restringeva l'ambito dei licenziamenti sottratti al controllo giudiziario ai sensi dell'art. 3, l. n. 604/1966 (giustificato motivo oggettivo) ai soli licenziamenti per i quali l'imprenditore si fosse assoggettato alla procedura prevista dall'AI, stabilendo che, in difetto di tale procedura, i licenziamenti si "convertissero" in una serie di licenziamenti individuali, la cui giustificazione sarebbe stata soggetta al controllo del giudice. A sua volta la dottrina (Pera 1980) aveva proposto un'interpretazione correttiva dell'art. 11, l. n. 604/1966, affermando la possibilità per il lavoratore licenziato per riduzione del personale di impugnare il licenziamento ai sensi dell'art. 3 della stessa legge (giustificato motivo oggettivo).

[2] CGE 8.6.1982, C-91/81, *Commissione c. Repubblica Italiana*; 6.11.1985, C-131/84, *Commissione c. Repubblica Italiana*. Entrambe le sentenze si riferivano alla mancata trasposizione della Direttiva CE 75/129, successivamente sostituita dalla Direttiva CE 92/56 (trasposta con d.lgs. n. 151/1997); ambedue queste Direttive sono state abrogate e sostituite dalla Direttiva CE 98/59. A seguito di due nuove condanne da parte della CGE (16.10.2003, C-32/02, *Commissione c. Repubblica Italiana*; 13.2.2014, C-596/12, *Commissione c. Repubblica Italiana*) l'art. 24, l. n. 223/1991, è stato modificato: *infra*, § 3.2.

invece contenuta negli artt. 4 e 5 della stessa legge (facenti parte dell'insieme delle disposizioni che regolavano la Cassa integrazione straordinaria, prima della riforma della integrazione salariale intervenuta con il d.lgs. n. 148/2015, in attuazione della delega di cui alla legge-delega n. 183/2014).

Nella formulazione originaria, l'art. 4 (e seguenti: "norme in materia di mobilità") della l. n. 223/1991 regolava una procedura, detta di *mobilità*, che costituiva una (eventuale) seconda fase della vicenda apertasi con il ricorso alla integrazione salariale straordinaria il cui esito finale poteva essere la "dichiarazione di mobilità". Il legislatore aveva fatto ricorso ad una nuova espressione, il cui significato era tuttavia il medesimo del termine licenziamento, poiché la "collocazione in mobilità" dei lavoratori era preceduta dal recesso con preavviso dell'imprenditore.

La legge n. 92/2012 (art. 2, c. 72) ha sostituito i riferimenti contenuti nella l. n. 223/1991 alla "mobilità" con l'espressione "*procedura per i licenziamenti collettivi*": come già era in passato, anche attualmente la procedura (che ha subito con la riforma del 2012 alcune rilevanti modificazioni) è quella prevista dall'art. 4, l. n. 223/1991, applicabile sia nel caso del ricorso alla integrazione salariale straordinaria (quando l'impresa non è «in grado di garantire il reimpiego a tutti i lavoratori sospesi», e non può ricorrere a «misure alternative» capaci di riassorbire il personale eccedentario), sia nel caso di licenziamenti disposti ai sensi dell'art. 24, l. n. 223/1991.

In entrambi i casi si applica dunque la stessa "procedura per i licenziamenti collettivi", ma questo non significa che si tratti di una fattispecie unitaria di eccedenza di personale, e neppure che il ricorso alla integrazione salariale straordinaria sia un "precedente obbligato" del licenziamento collettivo[3]. Le fattispecie infatti restano distinte[4].

La fattispecie prevista dall'art. 24 è caratterizzata dalla presenza di un elemento "causale" (riduzione o trasformazione di attività o di lavoro; cessazione di attività), e da due elementi qualificativi: il *requisito numerico* (almeno 5 licenziamenti) e il *requisito spazio-temporale* (l'arco di 120 giorni, e il territorio della provincia in cui hanno sede le

---

[3] Non erano comuni alle due fattispecie le disposizioni relative al pagamento ed al recupero dei contributi legati alla disciplina dell'indennità di mobilità, applicabili solo ai licenziamenti collettivi avvenuti nelle imprese destinatarie della integrazione salariale straordinaria, indipendentemente dal fatto che vi avessero fatto effettivo ricorso: l'art. 16, l. n. 223/1991, prevedeva che il trattamento (indennità di mobilità) fosse riservato ai lavoratori "collocati in mobilità" a seguito della procedura di cui all'art. 4 (licenziati ai sensi dell'art. 4 o dell'art. 24, e iscritti alle liste di mobilità) solo ove l'impresa licenziante rientrasse nel campo di applicazione della integrazione salariale straordinaria. Questo elemento distintivo è ora venuto meno: la l. n. 92/2012 ha infatti previsto la *soppressione dell'indennità di mobilità* dall'1.1.2017; a partire da tale data anche ai lavoratori licenziati all'esito della procedura di cui all'art. 4, l. n. 223/1991 si applica il trattamento di NASpI.

[4] L'opinione prevalente pare avere dalla sua una lettura degli artt. 4 e 24, che meglio coordina l'insieme di queste disposizioni, spiegando come il legislatore abbia infilato nello stesso "imbuto" procedurale due vicende di riduzione del personale, che hanno trovato origine in vicende per larga parte simili ma non eguali, e che comunque imboccano la procedura dei licenziamenti collettivi dopo aver percorso strade rese diverse dalla presenza o dalla mancanza dell'intervento della integrazione salariale straordinaria. La giurisprudenza è orientata nel senso della autonomia delle due fattispecie, con la conseguenza di ritenere inammissibile la conversione del licenziamento collettivo in licenziamento individuale per giustificato motivo oggettivo: *ex plurimis*: Cass. n. 25553/2009; Cass. S.U. n. 461/2000.

unità produttive interessate dalla riduzione del personale). L'altra fattispecie, quella prevista dall'art. 4, è caratterizzata dalla presenza di un elemento causale connesso al ricorso alla integrazione salariale straordinaria; le ragioni che determinano il ricorso alla integrazione salariale straordinaria (legate ad esigenze temporanee e reversibili di riorganizzazione o di crisi) dovrebbero, almeno in linea teorica, essere diverse da quelle che inducono a ritenere fin dall'inizio necessaria la riduzione del personale [5].

3. *Il licenziamento collettivo: la fattispecie*

Come si è detto sopra, la definizione di licenziamento collettivo prevista dall'art. 24, l. n. 223/1991 si compone di un *elemento sostanziale*, generalmente detto "causale", e cioè di un insieme di ragioni giustificatrici (riduzione o trasformazione di attività o di lavoro, ovvero cessazione di attività), e di altri *due elementi* costitutivi della fattispecie: un *requisito numerico* (almeno 5 licenziamenti, che dopo le modifiche apportate all'art. 24 dall'art. 16, l. n. 161/2014, includono anche i licenziamenti dei dirigenti); un *requisito spazio-temporale* (l'arco di 120 giorni e l'ambito territoriale: una o più unità produttive nel territorio di una stessa provincia). La definizione si completa, in negativo, con l'esplicita esclusione delle ipotesi della scadenza di rapporti di lavoro a termine, di fine lavoro nelle costruzioni edili, delle attività stagionali o saltuarie: tutte attività nelle quali il ridimensionamento dell'organico aziendale è prevedibile e, per così dire, fisiologico.

Ricordando che nel disciplinare la materia il nostro legislatore deve adeguarsi al diritto dell'Unione europea vigente (come interpretato dalla CGE, che di quel diritto è l'interprete autentico), occorre segnalare che ai sensi dell'art. 1, par. 1, Direttiva CE 98/59, per licenziamento collettivo «si intende ogni licenziamento effettuato da un datore di lavoro per uno o più motivi non inerenti alla persona del lavoratore se il numero dei licenziamenti effettuati è, a scelta degli Stati membri, non inferiore ai limiti quantitativi e temporali indicati».

La definizione comunitaria, considerata "acausale" per la sua ampiezza e per la mancata indicazione di ragioni giustificatrici, da un lato consente di ritenere senz'altro estranee alla fattispecie del licenziamento collettivo le ragioni "inerenti alla persona del lavoratore", tra le quali rientrano, come si è visto (*retro*, Cap. II, Sez. II), anche talune ipotesi di inadempimento della prestazione non imputabile direttamente a colpa del lavoratore. D'altro lato, la Corte di Giustizia ha avuto modo di precisare che l'espressione "licenziamento effettuato dal datore di lavoro" «presuppone, in via di principio, che il datore di lavoro effettui, o in ogni caso abbia l'intenzione di effettuare tali licenziamenti», mentre l'espressione "per iniziativa del datore di lavoro" «implica una manifestazione diretta della volontà del datore di lavoro consistente nell'adottare un'iniziativa» [6]. Secondo quanto previsto dall'art. 1, lett. *b*) della Direttiva CE 98/59,

---

[5] La questione dell'unicità o duplicità della nozione ha importanti risvolti anche pratici. Se, come ritiene un'opinione minoritaria, la fattispecie fosse unica, la procedura di cui all'art. 4 dovrebbe applicarsi solo ove ricorressero i requisiti numerici di cui all'art. 24: di conseguenza ove l'impossibilità di reimpiego riguardasse ad esempio un numero di lavoratori inferiore a 5 (soglia numerica prevista dall'art. 24), il datore di lavoro potrebbe procedere con licenziamenti individuali per giustificato motivo oggettivo, evitando così l'applicazione delle regole procedurali di cui all'art. 4.

[6] La Direttiva CE 92/56, modificando la preesistente Direttiva 75/129 che escludeva dal proprio ambito di applicazione i licenziamenti collettivi conseguenti a cessazione di attività determinata da de-

per il calcolo del numero dei licenziamenti necessari a fini di applicazione della direttiva sono *assimilate* ai licenziamenti le cessazioni del contratto di lavoro verificatesi per iniziativa del datore di lavoro per una o più ragioni non inerenti alla persona del lavoratore, *purché i licenziamenti veri e propri siano almeno cinque* (che costituiscono pertanto una quota minima necessaria). Merita segnalare che la CGE ha ulteriormente allargato l'area delle "cessazioni assimilate" assoggettate alle regole procedurali di consultazione sindacale, inserendovi le *modifiche sostanziali* disposte unilateralmente dal datore di lavoro, anche quando non comportano la cessazione dei rapporti di lavoro; in caso di rifiuto da parte dei lavoratori – secondo la Corte – le modifiche possono infatti dar luogo a licenziamenti collettivi (potenziali)[7].

Il legislatore italiano, nell'adeguare il diritto interno al diritto comunitario (d.lgs. n. 151/1997, attuazione della Direttiva 92/56) ha taciuto sulla possibilità di assimilare ai licenziamenti ipotesi diverse di cessazione del rapporto, e fino a tempi molto recenti la giurisprudenza, partendo dal presupposto che il limite numerico previsto dalla legge italiana (5 licenziamenti) resta al di sotto della soglia fissata dalla Direttiva CE 98/59, affermava che il termine "licenziamento" deve essere strettamente e tecnicamente inteso (escludendo perciò risoluzioni consensuali, dimissioni e prepensionamenti volontari, per quanto "incentivati" dal datore di lavoro)[8]. L'orientamento pareva essere mutato di recente, nel senso di un maggiore allineamento alla giurisprudenza della CGE[9], ma è un orientamento tutt'altro che assestato; incertezze si verificano anche nella giurisprudenza di merito.

Resta da precisare che il numero minimo di 5 licenziamenti si riferisce al progetto iniziale del datore di lavoro e non alla riduzione del personale che effettivamente risulterà al termine della procedura, che potrebbe essere minore rispetto a quella progettata all'inizio.

Per quanto riguarda il requisito spazio-temporale, occorre ricordare che sulla previsione dell'arco di 120 giorni di cui all'art. 24, c. 1, l. n. 223/1991 (modificato dal d.lgs. n. 151/1997) è intervenuta una disposizione "interpretativa" (art. 8, c. 4, l. n. 236/1993),

---

cisione giudiziaria, estende espressamente la disciplina a questa specifica ipotesi. La Direttiva 98/59 non apporta modifiche, ma richiama l'ipotesi nei "considerando". Secondo la Corte di Giustizia, rientra nell'ambito di applicazione della direttiva la cessazione dell'attività di un datore di lavoro (persona giuridica), conseguente ad una decisione giurisdizionale (è il caso dello scioglimento e liquidazione per insolvenza): CGE 3.3.2011, cause da C-235/10 a C-239/10. Tale avviso conforta l'orientamento della nostra S.C., favorevole all'applicazione della procedura di cui alla l. n. 223/1991 da parte del curatore fallimentare anche quando non sia possibile continuare l'attività dell'impresa (Cass. n. 5032/2009). A partire dal 15.7.2022 la procedura, in Italia, è quella regolata dall'art. 189 CCII.

[7] CGE 11.11.2015, C-422/14, *Pujante Rivera*; v. anche CGE 21.9.2017, C-149/16, *Socha*, in *RIDL*, 2018, II, p. 131, nt. Gadaleta; CGE 21.9.2017, C-429/16, *Ciupa*.

[8] Cass. n. 1334/2007; esclude le dimissioni incentivate Cass. n. 14638/2006.

[9] La Cassazione (ord. n. 15401/2020), ha optato per una interpretazione estensiva della nozione di licenziamento *ex* art. 24, l. n. 223/1991 alle risoluzioni consensuali a seguito di una modifica sostanziale delle condizioni di lavoro disposta unilateralmente dal datore di lavoro (nella specie la S.C. ha incluso nel computo le risoluzioni consensuali derivanti dalla mancata accettazione di un trasferimento per comprovate ragioni organizzative). A distanza di meno di un anno la stessa Cassazione si è pronunciata in senso contrario all'estensione verso le "cessazioni assimilate" (Cass. n. 15118/2021), escludendo nella specie i licenziamenti (per g.m.o.) progettati ma ancora soggetti alla procedura di cui all'art. 7, l. n. 604/1966. Secondo la S.C. l'espressione «intenda licenziare» di cui alla l. n. 223/1991, art. 24, è una chiara manifestazione della volontà di recesso, mentre cosa ben diversa è l'espressione «deve dichiarare l'intenzione di procedere al licenziamento» per motivo oggettivo ai sensi della novellata l. n. 604 del 1966, art. 7, che è invece imposta al fine di intraprendere la nuova procedura di compensazione (o conciliazione) dinanzi all'ITL, e non può quindi ritenersi di per sé un licenziamento.

in base alla quale la facoltà di collocare in mobilità deve essere esercitata per tutti i lavoratori oggetto della procedura di mobilità entro 120 giorni dalla conclusione della procedura medesima, salvo diversa indicazione nell'accordo sindacale (di cui all'art. 4, c. 9, l. n. 223/1991).

Per quanto riguarda infine l'ambito territoriale (una o più unità produttive nel territorio di una stessa provincia) pare ragionevole l'interpretazione nel senso che, una volta soddisfatto il requisito numerico minimo nell'ambito territoriale indicato, ulteriori licenziamenti che interessino unità produttive situate in altre province debbano essere ricondotti all'interno della medesima procedura e debbano essere effettuati nel medesimo arco temporale.

3.1. *Le ragioni giustificatrici*

Essendo il licenziamento collettivo regolato dalla legge con una propria separata disciplina (della quale fanno parte una ragione giustificatrice e due elementi qualificativi, uno numerico ed uno spazio-temporale), la distinzione tra licenziamento collettivo e licenziamenti plurimi per giustificato motivo oggettivo è certamente più semplice di quanto non fosse in passato. Tuttavia, mentre gli elementi numerico e spazio-temporale che compongono la definizione legale di licenziamento collettivo sono dotati di una oggettività che li rende facilmente controllabili (almeno quando si sia deciso che cosa debba intendersi per "licenziamento"), la definizione della ragione giustificatrice, nella sua ampiezza, non rende sempre agevole la distinzione tra licenziamento collettivo e licenziamenti plurimi per giustificato motivo oggettivo. Le opinioni in materia si possono, semplificando, ridurre a due.

L'autonomia, e dunque la diversità, del licenziamento collettivo rispetto a quello individuale per giustificato motivo oggettivo (g.m.o.) dipende, secondo un'opinione diffusa, dalla cosiddetta *procedimentalizzazione* del potere di recesso, che colloca sul piano collettivo (della procedura sindacale) il fulcro del sistema di protezione dei lavoratori, affidata alla preventiva mediazione sindacale (ed eventualmente pubblica) degli interessi in conflitto, che hanno appunto dimensione collettiva e non individuale [10]. Partendo da questa premessa, e portandola alle sue estreme conseguenze, un largo settore della giurisprudenza (ma anche della dottrina) è pervenuto a concludere nel senso dell'insindacabilità in giudizio della ragione giustificatrice del licenziamento collettivo (in quanto tale, non invece del licenziamento del singolo lavoratore inserito in un licenziamento collettivo) [11].

---

[10] In altri termini, mentre il potere di licenziare individualmente (per g.m.o.) incontra nelle ragioni tecnico-produttive un limite sostanziale, il potere di licenziare collettivamente (cioè di ridurre il personale) incontra solo limiti procedurali. La presenza di una procedura vincolante, allora, non solo rende "collettivo" il licenziamento, ma ne sorregge anche la legittimità: nel senso che è legittimo solo il licenziamento intimato a seguito del corretto svolgimento della procedura, e ogni vizio della procedura si riflette sulla legittimità del licenziamento. Queste conclusioni devono oggi essere almeno in parte riviste, a seguito delle modifiche della disciplina dei licenziamenti collettivi introdotte dalla l. n. 92/2012, che in sostanza ha escluso che i vizi procedurali incidano sulla validità dei licenziamenti, nonché dal d.lgs. n. 23/2015, che ha escluso in ogni caso il diritto alla reintegrazione del lavoratore ingiustamente licenziato (*infra*, § 5).

[11] Secondo l'orientamento prevalente nella giurisprudenza della S.C., il controllo sull'intento

Secondo la contraria opinione (minoritaria), il licenziamento collettivo, non diversamente da quello individuale, è legittimo solo se sorretto da una ragione giustificatrice, come tale soggetta al controllo giudiziale *ex post*[12]. Infatti, ragioni di coerenza e razionalità dovrebbero portare ad escludere che il legislatore abbia voluto costruire un'area, quella del licenziamento collettivo, nella quale sia inibita al giudice la verifica, almeno, dell'esistenza di un nesso di causalità tra le scelte insindacabili del datore di lavoro e la riduzione del personale[13].

Gli argomenti messi in campo da questa opinione dovrebbero essere rafforzati dalla considerazione dell'indebolimento subito dall'apparato sanzionatorio, che consente di mantenere fermi gli effetti del licenziamento anche in presenza di rilevanti violazioni delle regole procedurali (*infra*, § 5); certamente non contribuisce a sorreggerli il diritto dell'UE, nella lettura riduttiva che la CGE dà della Direttiva 98/59[14].

3.2. *Il campo di applicazione della disciplina*

Il campo di applicazione della disciplina del licenziamento collettivo presenta delle differenze rispetto a quello della integrazione salariale straordinaria (*retro*, PT. IV, Cap. II), avvalorando la tesi della distinzione tra la fattispecie di cui all'art. 4 e quella di cui all'art. 24, l. n. 223/1991.

Il campo di applicazione dell'art. 24 già molto ampio (imprese con più di 15 dipen-

---

dell'imprenditore di procedere alla riduzione del personale è devoluto *ex ante* alle organizzazioni sindacali, destinatarie di incisivi poteri di informazione e consultazione. Da ciò discende, secondo questo orientamento, un ridimensionamento del potere di controllo del giudice per quanto attiene alla verifica delle cause legittimanti la riduzione del personale, in quanto tale verifica avviene già nell'ambito della procedura di cui all'art. 4: Cass. n. 24109/2016; Cass. n. 2516/2012. L'orientamento in tal senso risale a Cass. n. 11455/1999. Cass. n. 2010/2022 precisa però che resta impregiudicata la verifica del nesso causale tra il progettato ridimensionamento e i singoli provvedimenti di recesso.

[12] Cass. n. 6385/2003. Come requisito "causale" possono individuarsi una serie di vicende tecnico-produttive che comportano la necessità di ridurre la forza lavoro, divenuta eccedente rispetto alle mutate esigenze aziendali, purché l'operazione che giustifica il ridimensionamento occupazionale sia effettiva e di carattere non meramente contingente.

[13] Anche nel licenziamento individuale per g.m.o. le scelte tecnico-produttive e organizzative dell'imprenditore sono considerate insindacabili dal giudice, ma ciò non esclude il controllo *ex post* sul nesso causale tra tali scelte insindacabili e l'estromissione del lavoratore (*retro*, Cap. II, Sez. II). Insomma, sarebbe concettualmente corretto distinguere quanto attiene alla qualificazione del licenziamento come "collettivo" (la definizione legale della fattispecie e la presenza delle regole procedurali), da quanto attiene invece alla giustificazione del licenziamento (le ragioni o presupposti del recesso), che costituisce, non diversamente da quanto avviene nel licenziamento individuale, il limite di carattere sostanziale del licenziamento collettivo.

[14] In più occasioni la CGE ha affermato che la Direttiva CE 98/59 riguarda *solo* le procedure di informazione e consultazione sindacale e la procedura amministrativa, e non si occupa dell'armonizzazione della tutela che gli Stati membri garantiscono ai lavoratori coinvolti nelle riduzioni del personale. Nella sentenza CGE 21.12.2016, C-201/15, *AGET Iraklis*, in *RIDL*, 2017, II, p. 446, nt. Salimbeni, la Corte si è però spinta ad affermare che l'esigenza di preservare l'effetto utile della direttiva impone di «preservare la possibilità dei licenziamenti collettivi», censurando la legge greca che prevedeva un potere di inibizione della pubblica autorità.

denti, nei quali successivamente sono stati inclusi i dirigenti)[15], a seguito dell'emanazione del d.lgs. n. 110/2004 è stato esteso anche ai datori di lavoro non imprenditori che occupino più di 15 dipendenti, incluse le c.d. organizzazioni di tendenza (vale a dire i «datori di lavoro non imprenditori che svolgono, senza fini di lucro, attività di natura politica, sindacale, culturale, di istruzione ovvero di religione o di culto»)[16]. Imposta dalla necessità di adeguare la disciplina interna al diritto dell'UE[17], l'estensione del campo di applicazione dilata l'area coperta dall'art. 24, attraendo in essa licenziamenti che altrimenti dovrebbero essere senz'altro qualificati come individuali[18].

Per quanto attiene alla soglia dimensionale, la legge non precisa in quale momento debba essere verificata la sussistenza del requisito minimo («più di quindici dipendenti»). La Direttiva CE 98/59 (art. 1) fa riferimento al «numero di lavoratori abitualmente occupati», e nello stesso senso si è pronunciata, pochi mesi dopo l'approvazione della l. n. 223/1991, la Circolare del Ministero del lavoro n. 155/1991.

Dal canto suo, la Cassazione ha ritenuto estensibile al licenziamento collettivo la regola posta dall'art. 1, l. n. 223/1991, che applica la disciplina in materia di intervento

---

[15] Art. 24, c. 1, come modificato dall'art. 16, l. n. 161/2014. La modificazione in tal senso si è resa necessaria per dare attuazione alla sentenza CGE 13.2.2014, C-596/12, *Commissione c. Repubblica Italiana*, che ha ritenuto in contrasto con la Direttiva CE 98/59 l'esclusione della categoria dei *dirigenti* (così la lettera dell'art. 4, c. 9, l. n. 223/1991). Attualmente, l'art. 24, c. 1-*quinquies*, estende ai dirigenti la procedura di cui all'art. 4 e l'art. 5 (criteri di scelta), cc. 1, 2, 3 (primo e quarto periodo, esclusa quindi la parte relativa al regime sanzionatorio per violazione dei criteri di scelta); tuttavia la citata disposizione precisa che la procedura di consultazione sindacale si svolge, per i dirigenti, in «appositi incontri» (precisazione opportuna, per evitare che nello stesso incontro sindacale si debbano discutere posizioni in possibile conflitto tra di loro). Per quanto riguarda la possibilità di inserire nella procedura di mobilità la *lavoratrice madre*, durante il periodo protetto dal divieto di licenziamento, la Cassazione, diversamente dalla CGE, interpreta in senso rigoroso l'eccezione prevista dall'art. 54, c. 4, d.lgs. n. 151/2001 (cessazione dell'intera attività dell'azienda: *retro*, Sez. I, A), § 2.3, testo e note).

[16] Le organizzazioni di tendenza restavano soggette, in caso di violazione delle regole procedurali e dei criteri di scelta, al regime di tutela obbligatoria di cui alla l. n. 604/1966, diversamente dagli altri datori lavoro, che erano invece assoggettati al regime di tutela reale. Con la riforma di cui alla l. n. 92/2012, la tutela reale residua nel solo caso della violazione dei criteri di scelta dei lavoratori da licenziare, ma l'art. 24, c. 1-*ter*, l. n. 223/1991 (come modificato dall'art. 16, l. n. 161/2014) esclude esplicitamente l'applicazione della tutela reale in caso di violazione dei criteri di scelta nelle organizzazioni di tendenza. Secondo quanto previsto dal d.lgs. n. 23/2015, per i lavoratori assunti con CTC è prevista comunque la sola tutela indennitaria. *Infra*, § 5.

[17] CGE 16.10.2003, C-32/02, *Commissione c. Repubblica Italiana*, ha ritenuto che la legge italiana non avesse attuato compiutamente la Direttiva CE 98/59, perché indicava le "imprese" quali unici soggetti tenuti ad assolvere agli obblighi di informazione e consultazione, nonché ad osservare la procedura di mobilità, mentre l'art. 1, lett. *a*), della Direttiva CE 98/59 si riferisce ai datori di lavoro senz'altra distinzione (inclusi di conseguenza quelli che non perseguono uno scopo di lucro).

[18] L'area è assai più ampia di quella prevista dalla Direttiva CE 98/59, sia per la bassa soglia dimensionale prevista dalla legge italiana (15 dipendenti), sia perché è stato conservato il limite minimo di 5 licenziamenti (molto più basso di quello previsto dalla Direttiva), mentre è stato allungato, rispetto alla Direttiva, l'arco temporale. Per contro, la previsione da parte della nostra legge di specifiche causali del licenziamento collettivo potrebbe comportare una restrizione dell'area di applicazione rispetto all'area "acausale" definita dal diritto dell'UE.

straordinario di integrazione salariale alle «imprese che abbiano occupato mediamente più di 15 lavoratori nel semestre precedente alla richiesta» di intervento della integrazione straordinaria [19].

4. *La procedura per i licenziamenti collettivi*

La procedura dei licenziamenti collettivi per riduzione del personale, è disciplinata in modo analitico dall'art. 4, cc. da 2 a 12, richiamati dall'art. 24, l. n. 223/1991. I cc. 2 e 9 dell'art. 4 sono stati modificati dalla l. n. 92/2012, art. 1, cc. 44 e 45, nel senso che si dirà.

La procedura prende avvio con la comunicazione scritta, effettuata dal datore di lavoro (anche tramite la propria associazione territoriale) alle rappresentanze sindacali aziendali, costituite ai sensi dell'art. 19 St. lav., ovvero sostituite dalle RSU (rappresentanze sindacali unitarie) e alle rispettive associazioni di categoria a norma dell'art. 4, c. 2, l. n. 223/1991. Copia della comunicazione deve essere contestualmente inviata alla DTL (ora ITL). La comunicazione (art. 4, c. 3, come modificato dal d.lgs. n. 151/1997) deve contenere l'indicazione: dei motivi che determinano la situazione di eccedenza del personale e dei motivi tecnici, organizzativi o produttivi per i quali si ritiene di non poter adottare misure idonee a porvi rimedio evitando la dichiarazione di mobilità (cioè i licenziamenti); del numero, della collocazione aziendale e dei profili professionali del personale eccedente [20]; dei tempi di attuazione del programma di mobilità; delle misure programmate per fronteggiare le conseguenze sul piano sociale della attuazione del programma medesimo; del metodo di calcolo di tutte le attribuzioni patrimoniali diverse da quelle già previste dalla legge e dalla contrattazione collettiva. A norma dell'art. 4, c. 15-*bis*, l'obbligo di comunicazione (come quelli di informazione e consultazione sindacale) devono essere adempiuti indipendentemente dal fatto che le decisioni relative all'apertura della procedura di mobilità siano assunte dal datore di lavoro o da un'impresa che lo controlli [21], e il datore di lavoro inadempiente non potrà eccepire a sua difesa la mancata trasmissione delle informazioni relative alla decisione di aprire la procedura da parte dell'impresa controllante [22].

---

[19] Da ultimo, Cass. n. 5240/2020.

[20] Si tratta della comunicazione preliminare dei criteri in base ai quali sarà individuato il personale eccedente: la comunicazione deve essere chiara e trasparente e non può essere modificata nel corso della procedura: Cass. n. 6841/2010. Può costituire parte di tale comunicazione anche la proposta di utilizzare come unico criterio di scelta del personale da licenziare quello del possesso dei requisiti pensionistici, ovvero della maturazione dei requisiti di accesso al Fondo di solidarietà per il sostegno del reddito, dell'occupazione e della riconversione e riqualificazione professionale istituito presso l'INPS: Cass. n. 8971/2014. Sui criteri di scelta *infra*, testo e note.

[21] Secondo l'interpretazione fornita dalla CGE, *impresa controllante* è qualsiasi impresa collegata al datore di lavoro per mezzo di vincoli di partecipazione al capitale sociale o altri vincoli giuridici che consentano di esercitare un'influenza determinante sugli organi decisionali del datore di lavoro e di costringerlo a prevedere o effettuare licenziamenti collettivi: CGE 7.8.2018, C-61/17, C-62/17, C-72/17, in *RIDL*, 2019, II, p. 16, nt. Degoli.

[22] In tale senso è orientato anche il diritto dell'UE: cfr. CGE 10.9.2009, C-44/08.

La comunicazione iniziale assume una notevole importanza, poiché la sua funzione è quella di garantire alla controparte sindacale «la possibilità di esercitare in maniera trasparente e consapevole un effettivo controllo sulla programmata riduzione di personale, valutando anche la possibilità di misure alternative al programma di esubero»[23]. Ove la riduzione di personale sia inevitabile, il d.lgs. n. 151/1997 (attuazione della Direttiva CE 92/56), ha previsto che debbano essere esaminate le misure di accompagnamento intese a facilitare la riqualificazione e riconversione dei lavoratori licenziati[24].

La necessità che la comunicazione iniziale sia veridica, precisa, puntuale e completa è stata enfatizzata da un settore della nostra giurisprudenza[25], che si è mostrata particolarmente intransigente quanto al rispetto dei vincoli formali e sostanziali imposti al datore di lavoro, e poco disponibile a tollerare errori. Meno rigoroso e formalistico l'approccio di un altro settore della giurisprudenza, che non solo ammette una comunicazione limitata all'indicazione del numero complessivo dei lavoratori eccedenti suddivisi tra i diversi profili professionali[26], ma soprattutto esclude la rilevanza (a fini di legittimità dei licenziamenti) dei vizi della comunicazione di avvio della procedura, quando sia stato raggiunto l'accordo sindacale[27]. Il legislatore ha condiviso questo secondo orientamento: la l. n. 92/2012, art. 1, c. 45, ha infatti aggiunto all'art. 4, c. 12, l. n. 223/1991, il seguente periodo: «Gli eventuali vizi della comunicazione di cui al c. 2 del presente articolo possono essere sanati, ad ogni effetto di legge, nell'ambito di un accordo sindacale concluso nel corso della procedura di licenziamento collettivo». Sembra necessario precisare tuttavia che l'accordo deve essere raggiunto nell'*ambito* della procedura, che dunque deve avere avuto corso, e deve essere stata avviata sulla base della comunicazione di cui all'art. 4, c. 2. Gravi vizi della comunicazione (del tutto carente o ingannevole, o comunque tale da non consentire al sindacato un controllo sulla adeguatezza della comunicazione)

---

[23] Cass. 12.12.2006, n. 26462.

[24] Gli accordi sindacali stipulati nel corso della procedura di mobilità possono prevedere il riassorbimento in tutto o in parte del personale eccedente, anche attraverso l'assegnazione a mansioni inferiori, in deroga all'art. 2103 c.c. La CGE (27.1.2005, C-188/03, *Imrtraud Junk*), ha precisato che la procedura di consultazione è prevista, ai sensi dell'art. 2, n. 1, della Direttiva CE 98/59, «al fine di giungere ad un accordo»; secondo il n. 2 dello stesso articolo, nel corso della procedura «devono essere almeno esaminate le possibilità di evitare o ridurre i licenziamenti collettivi, nonché di attenuarne le conseguenze ricorrendo a misure sociali di accompagnamento». La CGE conclude che l'art. 2 della direttiva sancisce un *obbligo di negoziazione*: il che non significa che vi sia l'obbligo del datore di lavoro di raggiungere un accordo con i rappresentanti dei lavoratori, ma l'obbligo di cercare seriamente di raggiungerlo.

[25] Cass. n. 5582/2012; Cass. n. 16834/2013.

[26] Ad avviso della S.C., la comunicazione prevista dall'art. 4 della l. n. 223/1991 è in contrasto con l'obbligo normativo di trasparenza quando i dati comunicati dal datore di lavoro siano incompleti o inesatti e la funzione sindacale di controllo e valutazione sia stata limitata (Cass. n. 6225/2007; Cass. n. 880/2013; Cass. n. 7490/2015). Ma secondo Cass. n. 5556/2018 è sufficiente la comunicazione del personale eccedente con indicazione del profilo professionale, senza che occorra l'indicazione degli uffici o reparti con eccedenza.

[27] *Ex plurimis*: Cass. n. 21075/2013; la S.C. (cfr. Cass. n. 25394/2013) precisa tuttavia che la comunicazione che dà avvio alla procedura è un «atto essenziale per la proficua partecipazione alla cogestione della crisi da parte del sindacato e per la trasparenza del processo decisionale del datore di lavoro»; il raggiungimento di un accordo sindacale non sana *ex se* l'incompletezza dell'informazione, che può essere fatta valere quale vizio del licenziamento. Il vizio della comunicazione può essere sanato quando il giudice del merito accerta che non è stata pregiudicata la correttezza dell'operazione di riduzione del personale: Cass. n. 2113/2016.

non potrebbero essere sanati, senza entrare in conflitto con il diritto dell'UE e con lo stesso orientamento della Cassazione accolto dal legislatore[28].

La comunicazione iniziale introduce la fase della consultazione sindacale, che deve esaurirsi nel termine di 45 giorni; in caso di mancato accordo, la procedura prosegue presso la ITL, alla quale il datore di lavoro è tenuto a dare comunicazione scritta del risultato della consultazione sindacale e dei motivi del suo esito negativo. La procedura in sede amministrativa deve concludersi nel termine di 30 giorni dal ricevimento della comunicazione (art. 4, cc. 5, 6, 7, 8). Tutti i termini sono ordinatori, e sono ridotti alla metà quando il numero dei lavoratori interessati è inferiore a 10.

Raggiunto l'accordo, o esaurita la procedura, il datore di lavoro può procedere al licenziamento collettivo, applicando i criteri di scelta dei lavoratori da licenziare (*infra*, § 4.1); il recesso dovrà essere comunicato per iscritto a ciascun lavoratore nel rispetto del preavviso, ma senza necessità di motivazione; il datore di lavoro dovrà comunicare alla ITL l'elenco dei lavoratori licenziati, indicandone il nominativo, il luogo di residenza, la qualifica, l'età, il carico di famiglia, e inoltre indicando "puntualmente" le modalità con le quali sono stati applicati i criteri di scelta.

Nel caso di cessazione dell'attività per fallimento (ora *liquidazione giudiziale*) dell'impresa si applica la diversa procedura prevista dal CCII. Per quanto riguarda la procedura (che a partire dal 15 luglio 2022 sostituisce quella ordinaria fino a quella data prevista in caso di fallimento), l'art. 189, c. 1, CCII, prevede che l'apertura della liquidazione giudiziale *non* costituisce motivo di licenziamento; i rapporti di lavoro subordinato, in atto alla data della sentenza dichiarativa della liquidazione giudiziale, restano *sospesi* (la sentenza contiene un immediato effetto sospensivo del rapporto di lavoro) fino a quando il curatore, con l'autorizzazione del giudice delegato, sentito il comitato dei creditori, comunichi ai lavoratori di subentrarvi, assumendo i relativi obblighi, oppure comunichi loro il recesso. Decorso il termine di quattro mesi dalla data di apertura della liquidazione giudiziale, o il successivo termine prorogato (ad istanza del curatore o del direttore dell'ITL *ex* art. 189, c. 4, qualora essi ritengano sussistenti la possibilità di ripresa o il trasferimento a terzi dell'azienda o di un suo ramo), senza che il curatore abbia comunicato il subentro, i rapporti di lavoro subordinato che non siano già cessati, si intendono *risolti di diritto* con decorrenza (retroattiva) dalla data di apertura della liquidazione giudiziale (art. 189, c. 3)[29]. In tale ipotesi, a favore di ciascun lavoratore nei cui confronti è stata disposta la proroga, è riconosciuta un'indennità, non assoggettata a contribuzione previdenziale, di importo pari a due mensilità dell'ultima retribuzione di riferimento per il calcolo del TFR per ogni anno di servizio, in misura comunque non inferiore a due e non superiore a otto mensilità, ammessa al passivo come credito successivo all'apertura della liquidazione giudiziale ovvero in prededuzione. L'art. 189, c. 5, prevede inoltre che le (eventuali) dimissioni del lavoratore sono considerate per g.c. ai sensi dell'art. 2119 c.c., salvi i casi di ammissione al trattamento di integrazione salariale, dei fondi di solidarietà o altre prestazioni di sostegno dl reddito.

Nel caso in cui il curatore intenda procedere al licenziamento collettivo (del quale ricorrano i presupposti numerici e spazio-temporali), l'art. 189, c. 6, prevede una *procedura semplifi-*

---

[28] La Cassazione ha escluso la retroattività dell'effetto sanante dell'accordo sindacale, trattandosi di un elemento del tutto innovativo introdotto nella procedura: Cass. n. 3045/2017.

[29] La *risoluzione di diritto* al termine del periodo di sospensione dei rapporti di lavoro è un istituto nuovo (i rapporti di lavoro si risolvono di norma mediante un atto negoziale, il recesso), e suscita più di una perplessità.

cata e accelerata rispetto a quella prevista dall'art. 4, l. n. 223/1991 (che non si applica però alle procedure di amministrazione straordinaria delle grandi imprese: all'art. 189, c. 7). La comunicazione di avvio dev'essere inviata alle «rappresentanze sindacali unitarie», all'ITL del luogo ove i lavoratori interessati prestano «in prevalenza» la propria attività nonché, in ogni caso, all'ITL del luogo in cui è stata aperta la liquidazione giudiziale. La comunicazione d'avvio deve contenere una sintetica indicazione delle informazioni da fornire ai destinatari. Non è prevista la fase amministrativa. La procedura si intende esaurita se non perviene l'istanza per l'esame congiunto da parte sindacale entro 7 giorni ovvero la convocazione da parte dell'ITL entro 40 giorni dalla ricezione della comunicazione di avvio. Se si svolge l'esame congiunto, al quale può partecipare il Direttore dell'ITL o un funzionario delegato, la procedura si conclude qualora, decorsi 10 giorni dal suo inizio, non sia stato raggiunto un accordo sindacale, salvo che il giudice delegato, per giusti motivi, ne autorizzi la proroga, prima della sua scadenza, per un termine non superiore a dieci giorni. Se nella procedura sono implicati anche dei dirigenti, l'esame congiunto si svolge in «apposito incontro». Raggiunto l'accordo sindacale ovvero esaurita la procedura, il curatore provvede ad intimare i licenziamenti osservando i precetti dettati dall'art. 4, c. 9, l. n. 223/1991.

Infine merita segnalare che l'art. 189, c. 8, disciplina l'istituto del preavviso con riferimento alle varie modalità di risoluzione del rapporto, prevedendo che in caso di recesso del curatore, di licenziamento, dimissioni o risoluzione di diritto secondo le previsioni dello stesso art. 189, spetti al lavoratore, con rapporto a tempo indeterminato, l'indennità di mancato preavviso che, ai fini dell'ammissione al passivo, è considerata, unitamente al trattamento di fine rapporto, come credito anteriore all'apertura della liquidazione giudiziale.

4.1. *La scelta dei lavoratori da licenziare: i criteri e il loro ambito di applicazione*

L'art. 5, l. n. 223/1991, prevede che l'individuazione dei lavoratori da collocare in mobilità debba avvenire nel rispetto dei criteri previsti dai contratti collettivi stipulati dai sindacati di cui all'art. 4, c. 2 (RSA costituite ai sensi dell'art. 19 St. lav., e associazioni sindacali aderenti alle confederazioni maggiormente rappresentative sul piano nazionale), ovvero, in mancanza di questi contratti, nel rispetto dei criteri c.d. legali, stabiliti dallo stesso art. 5, «in concorso fra loro». I criteri legali (carichi di famiglia[30], anzianità, esigenze tecnico-produttive ed organizzative) ricalcano quelli già previsti dall'AI del 1965 (*retro*, § 1). L'art. 5, c. 2, prevede che possano essere inclusi tra i lavoratori in mobilità anche gli invalidi collocati obbligatoriamente, purché nella stessa misura percentuale prevista per la loro assunzione, e le donne, ma in una percentuale non superiore alla percentuale di manodopera femminile occupata con riguardo alle mansioni prese in considerazione[31]. Queste ultime prescrizioni sono utili a precostituire le valutazioni in termini di discriminazione indiretta (ai sensi dell'art. 25, d.lgs. n. 198/2006, come modificato dalla l. n. 162/2021: *retro*, PT. V, Cap. I) di provvedimenti apparentemente neutri.

---

[30] Cfr. Cass. n. 20464/2018: La S.C. afferma che la nozione di carichi di famiglia non deve essere intesa come una verifica del numero dei familiari a carico sul piano fiscale, ma deve ricomprendere il più generale ed effettivo fabbisogno economico cui il prestatore è chiamato a concorrere per soddisfare le esigenze del proprio nucleo.

[31] Cass. n. 26454/2021: nell'ambito delle procedure collettive, l'impresa deve scegliere i lavoratori da licenziare rispettando il criterio delle c.d. quote rosa, ossia assicurando la permanenza, all'esito del recesso, della stessa quota proporzionale di manodopera femminile sul totale degli occupati.

Aveva suscitato dubbi di legittimità costituzionale la previsione del potere da parte della contrattazione collettiva (qualificata dalla selezione dei soggetti stipulanti) di sostituirsi alla legge nella definizione dei criteri di scelta. Ma la Corte costituzionale ha escluso la illegittimità dell'art. 5, con l'argomento che questa disposizione non prevede alcun potere sindacale di deroga a norme imperative di legge, bensì sostituisce alla determinazione unilaterale dei criteri di scelta, originariamente spettante all'imprenditore nell'esercizio del suo potere organizzativo, una determinazione concordata con i sindacati maggiormente rappresentativi, "procedimentalizzando" il potere dell'imprenditore[32]. Solo in mancanza di accordo vengono infatti in applicazione i criteri indicati nella seconda parte della disposizione, la quale, sotto questo aspetto, ha natura di norma suppletiva.

Le parti sociali possono individuare liberamente i criteri più idonei, diversi da quelli legali, purché lo scostamento da questi ultimi (tradizionalmente praticati nei licenziamenti per riduzione del personale nel settore dell'industria) sia giustificato. I margini di libertà dell'autonomia collettiva sono stati tuttavia delimitati dalla stessa Corte costituzionale, che ha affermato l'invalidità dell'accordo – con conseguente annullabilità del recesso intimato dal datore di lavoro – quando sia contrario a principi costituzionali o a norme imperative di legge. Le parti sociali dovranno rispettare non solo il principio di non discriminazione di cui all'art. 15 St. lav.[33], ma anche il principio di razionalità, alla stregua del quale i criteri concordati devono avere i caratteri dell'obiettività e della generalità e devono essere coerenti col fine dell'istituto della mobilità dei lavoratori.

Per quanto riguarda la fonte negoziale abilitata alla definizione dei criteri, talora la Cassazione ha affermato che i criteri devono essere stabiliti con «contratto collettivo, anche aziendale, di carattere normativo, che li fissi in via generale e astratta e non in riferimento soltanto a una singola determinata procedura collettiva»[34]. In altre occasioni, la stessa Cassazione ha ritenuto invece che i criteri possano essere determinati con un accordo specifico che riguarda i lavoratori coinvolti nella procedura (ancorché non nominativamente individuati)[35]. Secondo l'orientamento più recente della Cassazione, posto che i criteri definiti in via contrattuale devono rispettare non solo il

---

[32] Corte cost. n. 268/1994. Come abbiamo già ricordato (PT. II, Sez. IV, § 3), la Corte ha affermato che l'art. 5, c. 1, non si pone in conflitto con l'art. 39, c. 4, Cost., perché gli accordi sindacali che stabiliscono i criteri di scelta dei lavoratori da collocare in mobilità non appartengono alla specie dei contratti collettivi normativi contemplati dall'art. 39 Cost., ma ad un tipo diverso di contratto (che la Corte definisce "gestionale").

[33] La Corte cost. (nella sentenza n. 268/1994 cit.) ha affermato che la svalutazione del privilegio tradizionale dell'anzianità di servizio, nei confronti dei lavoratori prossimi al raggiungimento dei requisiti di età e di contribuzione per fruire di un trattamento di quiescenza, può essere giustificata sia in una situazione del mercato del lavoro nella quale i lavoratori più giovani hanno scarse possibilità di trovare a breve termine un altro posto di lavoro, sia nei casi di ristrutturazioni industriali caratterizzate da elevati livelli di innovazione tecnologica. Questo orientamento è seguito dalla S.C. (*infra*, nt. 37).

[34] Di conseguenza, i criteri stabiliti con l'accordo sindacale conclusivo della procedura dei licenziamenti collettivi, in quanto concordati solo per essa, non possono ritenersi validamente fissati e dunque non prevalgono su quelli di fonte legale: Cass. n. 3057/1998, in *RIDL*, 1999, II, p. 197.

[35] Cass. n. 3133/1998. Come ha precisato però Cass. n. 5718/1999, in *RIDL*, 2000, II, p. 189, la necessaria oggettività dei criteri esclude che questi possano essere ritagliati caso per caso a misura delle situazioni personali degli interessati.

principio di non discriminazione, ma anche quello di razionalità (obiettività e generalità)[36], è legittima anche la definizione in sede contrattuale di un criterio *unico* di scelta: sovente si tratta del criterio del possesso dei requisiti pensionistici, ovvero della maturazione entro una data certa del diritto alla pensione, ritenuto appunto legittimo, sempre che dalla sua applicazione derivi una individuazione oggettivamente verificabile, sottratta al potere discrezionale del datore di lavoro[37].

In mancanza di criteri di scelta definiti mediante contratto collettivo, devono essere applicati i criteri legali. I criteri devono essere applicati "in concorso tra loro": dunque, malgrado che l'art. 5, c. 1, li elenchi in un ordine che pare di priorità, nessuno dei tre criteri dovrebbe avere la prevalenza rispetto agli altri.

Una delle questioni di maggior importanza affrontate dai giudici in materia di applicazione dei criteri di scelta è quella della definizione dell'*ambito* entro il quale deve avvenire la comparazione ai fini della scelta in base ai criteri, siano essi legali o contrattuali[38]. Emerge qui la rilevanza delle esigenze tecnico-produttive e organizzative e, indirettamente, la prevalenza che questo criterio può assumere rispetto agli altri[39]. Come ha affermato la Cassazione, è pacifico che in via di principio la comparazione dei lavoratori da avviare alla mobilità debba essere effettuata nell'ambito dell'intero complesso aziendale in modo che concorrano lavoratori con analoghe professionalità[40], anche perché, secondo la previsione testuale dell'art. 5, le esigenze tecnico-produttive devono essere riferite al «complesso aziendale». Tuttavia, la stessa Cassazione ammette la delimitazione dell'ambito di applicazione dei criteri di scelta dei lavoratori da licenziare quando dipenda proprio da ragioni produttive e organizzative: quando cioè i motivi dell'esubero indicati nella comunicazione iniziale (art. 4, c. 3, l. n. 223/1991) conducano coerentemente a limitare tale ambito agli addetti all'unità produttiva da dismettere[41].

---

[36] Cass. n. 6959/2013.

[37] La S.C. ha avallato come "razionale" e anche "ragionevole" il criterio contrattuale della prossimità al conseguimento della pensione: Cass. n. 10995/2021; Cass. n. 8971/2014, cit.; Cass. n. 9348/2011, che esclude che tale criterio possa integrare una discriminazione in ragione dell'età, con l'argomento che i lavoratori vicini al pensionamento, diversamente da quelli più giovani, potranno contare, dopo il licenziamento, su di un reddito sicuro. Questo orientamento è condiviso anche da una consistente giurisprudenza di merito.

[38] La comparazione delle diverse posizioni deve essere effettuata nel rispetto dei principi di buona fede e correttezza, intesi come equilibrata conciliazione dei divergenti interessi delle parti: Cass. n. 14488/2007. Cass. n. 14990/2021 ha ritenuto non conforme a buona fede e correttezza il licenziamento di una dipendente che fino a pochi mesi prima del licenziamento era adibita a mansioni diverse da quelle in esubero.

[39] Ammette la prevalenza del criterio delle esigenze tecnico-produttive, purché sia obiettivo e non elusivo o discriminatorio Cass. n. 12634/2021.

[40] Cass. n. 22825/2009; Cass. n. 13876/2007; Cass. n. 11034/2007: la S.C. formula così una sorta di *repêchage* collettivo, imponendo di valutare se i lavoratori del reparto interessato alla riduzione del personale non siano idonei ad occupare le posizioni lavorative degli addetti ad altri reparti.

[41] Cass. n. 2390/2022; Cass. n. 12040/2021, precisando che il mantenimento in servizio dei dipendenti appartenenti all'unità soppressa esigerebbe il loro trasferimento in altra sede, con aggravio di costi per l'azienda e interferenza sull'assetto organizzativo; Cass. n. 36451/2021. Allarga l'ambito della comparazione Cass. n. 6086/2021, secondo cui occorre tenere conto della capacità professio-

Secondo quanto previsto dalla l. n. 223/1991, art. 4, c. 9, il datore di lavoro deve comunicare alla DTL (ora ITL) l'elenco dei lavoratori licenziati, indicandone il nominativo, il luogo di residenza, la qualifica, l'età, il carico di famiglia, e inoltre indicando "puntualmente" le modalità con le quali sono stati applicati i criteri di scelta [42]. Il testo previgente dell'art. 4, c. 9, prevedeva che la comunicazione alla DTL fosse "contestuale" al licenziamento; ora la l. n. 92/2012, art. 1, c. 44, ha sostituito la parola "contestualmente" con la frase «entro 7 giorni dalla comunicazione dei recessi».

La contestualità serviva a cristallizzare le modalità di applicazione dei criteri di scelta nel momento in cui erano stati in concreto utilizzati (e infatti la Cassazione a S.U. aveva ritenuto inefficace il licenziamento non solo in caso di inosservanza delle varie fasi procedimentali che precedono l'invio delle comunicazioni conclusive, ma anche per le violazioni inerenti a tali comunicazioni) [43]. Il lasso temporale di 7 giorni può ora consentire al datore di lavoro di "riaggiustare" i criteri in modo da renderli compatibili con i licenziamenti già effettuati (e in ogni caso i vizi procedurali non danno più luogo alla inefficacia del licenziamento: *infra*, § 5).

5. *Regimi sanzionatori*

Nella versione previgente, l'art. 4, l. n. 223/1991, garantiva l'effettività delle regole procedurali con la sanzione dell'inefficacia del recesso. Le conseguenze della violazione della procedura sono più specificamente regolate nell'art. 5, c. 3, della stessa legge, anch'esso modificato dalla l. n. 92/2012, art. 1, c. 46. Nella versione previgente, al recesso intimato al termine della procedura di mobilità, del quale fosse stata dichiarata l'inefficacia (per violazione delle regole procedurali) o l'invalidità (per violazione dei criteri di scelta di cui all'art. 5, c. 1), si applicava il regime della tutela reale.

Tutto l'apparato sanzionatorio previsto dall'art. 5, c. 3, l. n. 223/1991, è stato modificato dalla l. n. 92/2012, art. 1, c. 46, che ha sostituito l'intero c. 3. Una ulteriore modifica è stata introdotta dal d.lgs. n. 23/2015, art. 10, ma riguarda i soli lavoratori assunti dopo il 7.3.2015 con CTC. Di conseguenza, come già nei licenziamenti individuali, siamo in presenza di *due diversi regimi*, l'uno vigente per i lavoratori già in servizio al momento dell'entrata in vigore del d.lgs. n. 23/2015, e l'altro vigente per i

---

nale degli addetti ai settori da sopprimere, mettendo quindi a confronto tutti coloro che siano in grado di svolgere le mansioni proprie dei settori che sopravvivono, indipendentemente dal fatto che in concreto non le esercitino al momento del licenziamento collettivo.

[42] La totale mancanza di criteri di scelta rende illegittimi i licenziamenti: Cass. n. 14180/2021.

[43] Cass. S.U. n. 302/2000; Cass. S.U. n. 419/2000; Cass. S.U. n. 461/2000. Sul punto v. *retro*, nt. 27 e 28. Ricordiamo, in aggiunta, che la stessa Cassazione, anche dopo gli interventi delle S.U., aveva adottato soluzioni assai meno rigorose, ammettendo che l'inosservanza degli obblighi di comunicazione di cui all'art. 4, c. 9, potesse essere sanata dal successivo accordo sindacale, e che il licenziamento potesse essere dichiarato inefficace solo se il lavoratore era in grado di provare che l'inosservanza delle regole procedurali aveva influito sull'esercizio dei poteri di controllo delle organizzazioni sindacali: Cass. n. 5942/2004. Un orientamento più rigoroso emerge in altre decisioni più recenti della stessa S.C.: Cass. n. 5553/2021; Cass. n. 25554/2016; ribadisce invece che la violazione delle regole sulla comunicazione finale dà luogo alla sola tutela indennitaria Cass. n. 17694/2022.

lavoratori assunti dopo quella data, anche se nella riduzione del personale potranno essere coinvolti insieme vecchi e nuovi assunti.

Le sanzioni (molto indebolite rispetto al passato) sono ora di diverso tipo, a seconda delle violazioni in cui sia incorso il datore di lavoro.

– La l. n. 92/2012 prevede che, qualora il licenziamento sia stato intimato *senza l'osservanza della forma scritta*, si applichi il regime sanzionatorio di cui all'art. 18, c. 1, St. lav. Il licenziamento è dunque *inefficace*, e si applica la tutela reale "piena". Anche l'art. 10 d.lgs. n. 23/2015 prevede che in mancanza di forma scritta si applichi la sanzione della tutela reale piena, di cui all'art. 2 del decreto (*retro*, Cap. II, Sez. I, A).

– Secondo quanto disposto dalla l. n. 92/2012, «in caso di *violazione delle procedure* richiamate all'art. 4, c. 12, si applica il regime di cui al terzo periodo del settimo comma del predetto articolo 18». Il rinvio non è preciso, perché il regime sanzionatorio è quello previsto dal nuovo art. 18, c. 5. Dalla violazione della procedura, a cui in sostanza la legge affida tutto il peso di garantire la tutela dei lavoratori nelle riduzioni del personale, non deriva più, come in passato, l'inefficacia del licenziamento (con diritto dei lavoratori licenziati alla reintegrazione nel posto di lavoro). Ove siano state violate le regole procedurali (e il vizio della comunicazione non sia stato sanato da un accordo sindacale concluso nell'ambito della procedura), il *licenziamento* è infatti *valido ed efficace*; il lavoratore avrà diritto solo ad una indennità risarcitoria onnicomprensiva, calcolata dal giudice tra un minimo di 12 e un massimo di 24 mensilità dell'ultima retribuzione globale di fatto, «in relazione all'anzianità del lavoratore e tenuto conto del numero dei dipendenti occupati, delle dimensioni dell'attività economica, del comportamento e delle condizioni delle parti, con onere di specifica motivazione a tale riguardo». Secondo quanto disposto dall'art. 10, d.lgs. n. 23/2015, nella stessa ipotesi (violazione delle regole procedurali) si applica ai lavoratori assunti con CTC il regime sanzionatorio di cui all'art. 3, c. 1, del decreto: il licenziamento è valido ed efficace, e al lavoratore spetta una indennità pari a 2 mensilità della retribuzione di riferimento per il calcolo annuale del TFR per ogni anno di anzianità, entro un minimo di 4 ed un massimo di 24 mensilità (come si vede, l'entità dell'indennizzo per i nuovi assunti si abbassa sensibilmente). Questa disposizione non è stata modificata dal "decreto dignità" (d.l. n. 87/2018, conv. in l. n. 96/2018) e neppure è stata presa in considerazione dalla sentenza n. 194/2018 della Corte costituzionale, che ha riformulato parte dell'art. 3, c. 1, d.lgs. n. 23/2015, sopprimendo il rigido meccanismo di predeterminazione dell'ammontare dell'indennità in ragione della (sola) anzianità di servizio. Questa ed altre questioni, come diremo oltre, restano tutt'ora aperte.

– Ancora secondo quanto disposto dalla l. n. 92/2012, in caso di *violazione dei criteri di scelta*, «si applica il regime di cui al quarto c. del medesimo articolo 18». In tale caso è stato conservato il regime sanzionatorio precedente (*tutela reale*): non si tratta della tutela reale "piena" (prevista solo nell'ipotesi di inosservanza della forma scritta), ma di quella "ridotta", nella quale alla reintegrazione nel posto di lavoro si accompagna non il risarcimento del danno, ma la corresponsione di un'indennità risarcitoria che può arrivare sino ad un massimo di 12 mensilità dell'ultima retribuzione globale di fatto.

Nel caso in cui uno o più licenziamenti siano viziati dalla omessa o non corretta applicazione dei criteri di scelta e vi sia stata conseguentemente la reintegrazione dei lavoratori illegittimamente licenziati, il datore di lavoro, nel rispetto (questa volta) dei criteri di scelta, «può procedere alla risoluzione del rapporto di un numero di lavoratori pari a quello dei lavoratori reintegrati senza dover esperire una nuova procedura, dandone previa comunicazione alle RSA» (art. 17, l. n. 223/1991). Pare evidente che l'art. 17 possa trovare applicazione solo dove la reintegrazione sia effettivamente avvenuta: dunque non si potrà procedere con un licenziamento sostitutivo se il lavoratore che aveva diritto alla reintegrazione ha optato per l'indennità sostitutiva (*retro*, Cap. II, Sez. I, B).

– L'art. 10, d.lgs. n. 23/2015, ha eliminato anche questa residua ipotesi di applicazione della tutela reale, prevedendo che nel caso della violazione dei criteri di scelta si applichi la *tutela indennitaria* di cui all'art. 3, c. 1, del decreto, come nella ipotesi della violazione delle regole procedurali. Di conseguenza per i nuovi assunti con CTC, coinvolti nel licenziamento collettivo non trova applicazione neppure l'art. 17, l. n. 223/1991, richiamato sopra.

Il regime sanzionatorio previsto dall'art. 10, d.lgs. n. 23/2015 ha suscitato seri dubbi di conformità alla Costituzione e al diritto dell'UE; le relative questioni sono state sollevate da alcuni giudici di merito sia di fronte alla Corte costituzionale, sia di fronte alla CGE. Ma l'esito è stato in entrambi i casi negativo.

La CGE, alla quale si era rivolta con rinvio pregiudiziale la Corte d'Appello di Napoli [44], si è dichiarata incompetente a decidere in ordine al regime sanzionatorio previsto dalla legge italiana per violazione dei criteri di scelta in un licenziamento collettivo nel quale siano coinvolti lavoratori assunti con CTC dopo il 7.3.2015 [45]. Dello stesso tenore anche la successiva sentenza della CGE, ancora relativa alla violazione dei criteri di scelta, ma in riferimento al caso del lavoratore il cui contratto a termine, stipulato prima del 7.3.2015, sia stato successivamente convertito in contratto a tempo indeterminato, con conseguente applicazione del d.lgs. n. 23/2015 (incluso l'art. 10) [46].

A sua volta la Corte costituzionale (sentenza n. 254/2020), ha dichiarato *inammis-*

---

[44] App. Napoli ord. 18.9.2019 ha sollevato la doppia questione di pregiudizialità. La "doppia pregiudizialità" si riferisce a controversie che possono dare luogo a questioni di illegittimità costituzionale e, simultaneamente, a questioni di compatibilità con il diritto dell'Unione. Nell'ipotesi di un concorso di tutele, questo va ordinato concedendo *priorità al giudizio di costituzionalità*, purché i giudici ordinari restino liberi di sottoporre alla Corte di Giustizia, in qualunque fase del procedimento ritengano appropriata, qualsiasi questione pregiudiziale a loro giudizio necessaria; di adottare qualsiasi misura necessaria per garantire la tutela giurisdizionale provvisoria dei diritti conferiti dall'ordinamento giuridico dell'Unione; di disapplicare, al termine del giudizio incidentale di legittimità costituzionale, la disposizione legislativa nazionale in questione che abbia superato il vaglio di costituzionalità, ove, per altri profili, la ritengano contraria al diritto dell'UE (Corte cost. n. 269/2017).

[45] CGE ord. 4.6.2020, C-32/20, *Romagnuolo*. La Corte ha ribadito che la Direttiva CE 98/59 riguarda *solo* le procedure di informazione e consultazione sindacale e la procedura amministrativa, negando così ogni possibile interdipendenza tra gli obblighi di informazione e consultazione sindacale e il rispetto dei criteri di scelta (spesso definiti proprio nel corso della procedura sindacale).

[46] CGE 17.3.2021, C-652/19, *Fallimento Consulmarketing S.p.a.*, in *RGL*, 2021, II, p. 333, nt. G. Orlandini. Il rinvio pregiudiziale è stato proposto da Trib. Milano ord. 5.8.2019. Lo stesso giudice decidendo (in sede di rinvio) la controversia da cui erano scaturite le questioni pregiudiziali, ha sovvertito le conclusioni della CGE, disapplicando gli artt. 1, c. 2, e 10 d.lgs. n. 23/2015, per violazione del principio di non discriminazione dei lavoratori a termine, il cui contratto sia stato volontariamente convertito in contratto a tempo indeterminato (Trib. Milano 28.5.2021, *ivi*).

sibili le questioni di legittimità costituzionale sollevate dalla stessa Corte d'Appello di Napoli, lasciando così senza risposta gli interrogativi sollevati dai giudici napoletani sulla complessiva inadeguatezza della tutela esclusivamente indennitaria prevista nell'ipotesi di licenziamenti collettivi intimati in violazione dei criteri di scelta ai lavoratori assunti dopo il 7.3.2015, con trattamento deteriore rispetto ai lavoratori assunti prima di quella data, e inoltre non corrispondente ai criteri di effettività del risarcimento e deterrenza della sanzione dettati dalla CSE [47].

Per concludere: vale la pena di sottolineare che né la l. n. 92/2012, né il d.lgs. n. 23/2015, dispongono in ordine alle conseguenze del licenziamento intimato in carenza dei suoi presupposti sostanziali, e quando manchino o siano insufficienti le ragioni giustificatrici (riduzione o trasformazione di attività o di lavoro, ovvero cessazione di attività); la ragione, come abbiamo detto, sta nella diffusa convinzione (evidentemente condivisa dal legislatore) che sia precluso al giudice l'accertamento di tale vizio (*retro*, § 3.1).

Per quanto riguarda infine l'impugnazione del licenziamento, il legislatore ha precisato (l. n. 92/2012, art. 1, c. 46) che «si applicano le disposizioni di cui all'articolo 6 della l. 15.7.1966, n. 604, e successive modificazioni», fugando così i dubbi sorti in passato in ordine ai termini, quando il licenziamento collettivo affetto da vizi procedurali era inefficace. La giurisprudenza di merito successiva alla entrata in vigore della l. n. 92/2012 ha ritenuto che alle cause relative a licenziamenti collettivi, intentate dopo l'entrata in vigore della legge, si debba applicare la disciplina processuale di cui al c.d. "rito Fornero" (*retro*, Cap. II, Sez. V) [48]; a norma dell'art. 11, d.lgs. n. 23/2015, tale rito non è più applicabile «ai licenziamenti di cui al presente decreto»: per i licenziamenti individuali di lavoratori assunti con CTC, la disposizione è chiara; per i licenziamenti collettivi no, poiché, come abbiamo detto, in un licenziamento collettivo possono essere coinvolti vecchi e nuovi assunti.

6. *La procedura preventiva (delocalizzazioni e altro)*

Nella parte dedicata al diritto sindacale, e in particolare alla repressione della condotta antisindacale (*retro*, PT. II, Sez. II, § 6.1), abbiamo fatto cenno ad alcuni recenti casi giudiziari [49], relativi a cessazioni di attività produttive e chiusure di stabi-

---

[47] Come hanno osservato alcuni commentatori, l'esito negativo è stato certamente favorito dalla flessibilità dei principi elaborati dalla Corte cost. in materia di ammissibilità/inammissibilità, che le consentono di selezionare se valorizzare le ragioni negative che consentono di inibire la valutazione di costituzionalità o di utilizzare quelle che permettono invece di entrare nel merito delle questioni sollevate. Nel caso la Corte ha scelto senz'altro per l'inammissibilità.

[48] Trib. Roma ord. 21.1.2014; Trib. Roma 12.11.2012; Trib. Bari 2.4.2013 e 13.11.2012, sulla base dell'interpretazione letterale della legge (rinvio all'art. 18 St. lav., applicabile anche ai licenziamenti collettivi, in caso di violazione dei criteri di scelta) e dell'intenzione del legislatore di semplificare l'apparato processuale, evitando la moltiplicazione di riti processuali.

[49] Trib. Ancona decr. 22.2.2022, *Caterpillar Hidraulics Italia S.r.l.*; Trib. Firenze decr. 20.9.2021, *GKN Driveline Campi Bisenzio*; Trib. Monza decr. 12.10.2021, *Giannetti Ruote di Ceriano Laghetto*; Trib. Napoli 3.11.2021, *Whirpool Napoli.*

limenti con conseguente licenziamento di tutti i dipendenti da parte di imprese (perlopiù facenti parte di gruppi multinazionali), nei quali emerge come il mancato, o il non corretto adempimento da parte dell'impresa degli obblighi di informazione e consultazione sindacale possa incidere negativamente sulla procedura dei licenziamenti collettivi, se i rappresentanti sindacali non hanno avuto negli incontri previsti dai contratti collettivi informazioni sufficienti a prevedere le decisioni dell'impresa e ad aprire con essa un dialogo "costruttivo", alla ricerca di soluzioni alternative ai licenziamenti e di minor impatto sociale.

Lo svolgimento di corrette relazioni sindacali a monte dell'avvio della procedura di licenziamento collettivo è certamente importante, ma non è meno importante il coinvolgimento delle istituzioni (centrali e locali) e della p.a. nella ricerca di soluzioni alle gravi questioni sociali (ma anche giuridiche) che le vicende connesse alla chiusura di stabilimenti e cessazioni di attività (non solo a causa di delocalizzazioni)[50] mettono in campo. Su questa delicata e difficile materia è intervenuta recentemente la legge, con una normativa il cui intento dichiarato è quello di «garantire la salvaguardia del tessuto occupazionale e produttivo» di una determinata area. L'obiettivo è diverso e assai più ampio rispetto a quello della normativa precedente (tutt'ora in vigore, a quanto ci consta), che si era occupata esclusivamente del contrasto alle delocalizzazioni di imprese beneficiarie di contributi pubblici verso Paesi membri dell'UE (l. n. 147/2013, legge di stabilità 2014) e verso Paesi al di fuori dell'UE (d.l. n. 87/2018, conv. in l. n. 96/2018, c.d. decreto dignità).

La l. n. 234/2021 (legge di bilancio 2022), art. 1, cc. da 224 a 238, ha un campo di applicazione nel quale rientrano certamente le delocalizzazioni, ma si estende ad altre fattispecie. La procedura disciplinata dalla legge, che va ad aggiungersi alla procedura dei licenziamenti collettivi di cui abbiamo parlato nei paragrafi precedenti, si applica alle imprese che occupano mediamente *almeno 250 dipendenti* con contratto di lavoro subordinato, inclusi gli apprendisti e i dirigenti, quando la *chiusura* di un'unità produttiva (sede, stabilimento, filiale, ufficio o reparto autonomi, situati nel territorio nazionale) e la *cessazione definitiva* della relativa attività comportano (prevedibilmente) *almeno 50 licenziamenti*[51].

Già sulla definizione del campo di applicazione le questioni interpretative che si pongono sono molteplici, ma è prematuro occuparsene ora; meglio attendere i riscontri che verranno dall'esperienza concreta. Qui è sufficiente richiamare per sommi capi i dati salienti delle nuove regole procedurali, nella prospettiva del loro rapporto con la procedura dei licenziamenti collettivi.

---

[50] Per *delocalizzazione* si intende in genere il trasferimento di un'attività produttiva o di una fase di essa da un Paese ad altro Paese (ma anche dall'area geografica di un Paese ad altra area geografica dello stesso Paese), per ragioni connesse ai vantaggi competitivi derivanti al minor costo del lavoro, agli incentivi economici, alle migliori infrastrutture, alla riduzione del costo dei trasporti. La delocalizzazione è dunque un fenomeno complesso, che deve essere affrontato con strumenti di intervento tecnico e politico altrettanto complessi.

[51] Sono esclusi i datori che si trovano in condizioni di squilibrio patrimoniale o economico-finanziario che ne rendono probabile la crisi o l'insolvenza e che possono accedere alla procedura di composizione negoziata per la soluzione della crisi d'impresa di cui al d.l. 24.8.2021, n. 118, conv. in l. 21.10.2021, n. 147, entrata definitivamente in vigore il 15.7.2022; il sistema di allerta risulta allo stato accantonato.

La procedura prende avvio con una comunicazione scritta del datore di lavoro, diretta alle rappresentanze sindacali, alle sedi territoriali delle associazioni sindacali di categoria comparativamente più rappresentative sul piano nazionale e, contestualmente, alle regioni interessate, al Ministero del lavoro e delle politiche sociali, al Ministero dello sviluppo economico e all'Agenzia nazionale per le politiche attive del lavoro (ANPAL). La comunicazione deve essere effettuata *almeno 90 giorni prima* dell'avvio della procedura dei licenziamenti collettivi, e deve contenere oltre alle ragioni economiche, tecniche e produttive, il numero e i profili professionali degli occupati, e il termine entro cui è prevista la chiusura.

In mancanza di comunicazione o prima dello scadere dei 90 gg., *i licenziamenti collettivi e individuali per g.m.o. sono nulli*; prima dello scadere dei 90 gg., il datore di lavoro non può avviare la procedura di licenziamento collettivo né intimare licenziamenti individuali per g.m.o. La legge ha così introdotto un *blocco temporaneo* dei licenziamenti, per consentire, mediante il dialogo tra l'imprenditore, le parti sociali e i soggetti istituzionali coinvolti, di individuare soluzioni in grado di ridurre l'impatto sociale ed economico della chiusura definitiva di un'attività produttiva, che in tanti casi costituisce parte essenziale del tessuto produttivo di una determinata area e, di conseguenza, una risorsa fondamentale per la popolazione locale.

L'*iter* della procedura prevede che entro i primi 60 gg. il datore di lavoro presenti un *piano* per limitare le ricadute occupazionali ed economiche derivanti dalla chiusura; il piano non può avere una durata superiore a 12 mesi, e deve indicare una serie di misure per la salvaguardia dei livelli di occupazione e per la qualificazione e ricollocazione dei lavoratori. Il piano è presentato alle rappresentanze sindacali, e contestualmente ai soggetti istituzionali cui è stata indirizzata la comunicazione iniziale. La discussione, che deve svolgersi nei 30 gg. successivi, può concludersi con un *accordo sindacale* che impegna il datore di lavoro alla realizzazione del piano[52]. Se al termine dei 90 gg. non viene sottoscritto l'accordo sindacale e il datore di lavoro avvia la procedura di licenziamento collettivo, non trovano applicazione i cc. 5 e 6 dell'art. 4, l. n. 223/1991 (esame congiunto e procedura amministrativa: *retro*, § 4).

Come il rispetto della libertà di iniziativa economica garantita dall'art. 41, c. 1, Cost., non consente al legislatore di inibire all'imprenditore di cessare la propria attività produttiva, così l'art. 39, c. 1, Cost., impedisce al legislatore di obbligare l'imprenditore e i sindacati a sottoscrivere un accordo. La legge può invece "incentivare" la stipulazione dell'accordo sindacale, e in questo caso lo fa usando la leva del gravoso *ticket-licenziamento*[53]. In caso di accordo, qualora il datore di lavoro avvii, al termine del piano, la procedura di licenziamento collettivo di cui alla l. n. 223/1991, non si applica il contributo previsto dall'art. 2, c. 35, l. n. 92/2012: si tratta del contributo (triplicato) previsto per il licenziamento collettivo che non abbia formato oggetto di accordo sindacale. In caso di mancata sottoscrizione dell'accordo sindacale il

---

[52] I lavoratori coinvolti nel piano possono godere del trattamento di integrazione salariale straordinaria e accedere al programma Garanzia di occupabilità dei lavoratori (GOL) di cui all'art. 1, c. 324, l. n. 178/2020.

[53] Il contributo dovuto in caso licenziamento (e di ogni interruzione del rapporto di lavoro a tempo indeterminato che darebbe diritto alla NASpI) è pari al 41% del massimale mensile di NASpI per ogni 12 mesi di anzianità negli ultimi tre anni (art. 2, c. 31, l. n. 92/2012).

contributo è aumentato del 50% (ma non si applica la triplicazione). Il contributo triplicato è ancora raddoppiato se il datore non presenta il piano o lo presenta privo di elementi essenziali[54].

La normativa che abbiamo riportato per sommi capi è molto recente, e per ora non è possibile formulare giudizi ponderati. Le perplessità espresse dai primi commentatori sono molte, anche a causa della non sempre perspicua formulazione delle singole disposizioni. Certamente la capacità della nuova procedura preventiva di produrre risultati effettivi e coerenti con gli obiettivi di salvaguardia del tessuto produttivo (al di là del blocco temporaneo dei licenziamenti) resta affidata alla capacità dei soggetti istituzionali e delle parti sociali di gestire una credibile politica industriale, ma anche al funzionamento efficiente del sistema delle politiche attive del lavoro ancora in fase di costruzione.

---

[54] Il costo si aggira mediamente intorno ai 10.000 euro per ogni lavoratore licenziato.

Capitolo IV

Le dimissioni del lavoratore e la risoluzione consensuale del rapporto

Sommario: 1. Le dimissioni del lavoratore. – 1.1. Dimissioni volontarie e per giusta causa. – 2. Disciplina generale delle dimissioni. – 3. Discipline specifiche: maternità e paternità. – 4. La risoluzione consensuale.

1. *Le dimissioni del lavoratore*

Le dimissioni, vale a dire l'atto unilaterale con cui il lavoratore pone termine al proprio rapporto di lavoro, sono da sempre considerate un paragrafo minore, se non marginale, del capitolo della cessazione del rapporto, occupato per la maggior parte dalla disciplina dei licenziamenti. Solo in tempi molto recenti, e certamente a seguito delle profonde modificazioni che la pandemia Covid-19 ha prodotto nel modo di lavorare, nei rapporti familiari e nelle relazioni sociali dei lavoratori, si è manifestata, anche in Italia, una notevole crescita delle dimissioni. Non siamo certamente di fronte al *Great Resignation* di cui abbondantemente si discute negli USA, ma il fenomeno ha una sua consistenza anche nel nostro Paese, dove pure l'assai minore dinamicità del mercato del lavoro restringe l'azzardo della scelta di una nuova occupazione alla cerchia dei lavoratori più qualificati.

Ma veniamo alla vigente disciplina delle dimissioni. Mentre il recesso del datore di lavoro (licenziamento) è stato fin dal lontano 1966 assoggettato ad una disciplina legale che ha sostituito pressoché integralmente quella dettata dal codice civile, il recesso del lavoratore (dimissioni) è rimasto per lungo tempo regolato dal codice civile (artt. 2118 e 2119) [1]. La riforma del mercato del lavoro del 2012 (l. 28.6.2012, n. 92) aveva introdotto una nuova disciplina delle dimissioni (art. 4, cc. 16-23), diretta a contrastare gli abusi frequenti nella pratica, e in particolare le cosiddette *dimissioni "in bianco"*

[1] Sono state però rimosse le remore di ordine economico che l'art. 2120 c.c., nella formulazione originaria, poneva alle dimissioni, negando al lavoratore dimissionario l'indennità di anzianità, ed esprimendo con ciò lo sfavore del legislatore del tempo per lo scioglimento del vincolo obbligatorio da parte del lavoratore. Prima l'art. 9 della l. n. 604/1966, poi l'art. 2120 c.c. (come novellato dalla l. n. 287/1982 sul trattamento di fine rapporto) hanno esteso il diritto al trattamento di fine rapporto ad ogni caso di cessazione del rapporto di lavoro subordinato. Peraltro, la Corte cost. (sentenza n. 75/1968), aveva dichiarato l'illegittimità dell'art. 2120, c. 1, c.c., limitatamente alla parte in cui prevedeva che l'indennità di anzianità non fosse dovuta al lavoratore in caso di dimissioni volontarie o di licenziamento per colpa.

(vale a dire senza data), sottoscritte dal lavoratore al momento dell'assunzione o durante lo svolgimento del rapporto e "completate" poi dal datore di lavoro nel momento in cui decide di risolvere il contratto. In realtà il legislatore era intervenuto in precedenza, prescrivendo la forma scritta delle dimissioni su modulo *on line*; ma la l. n. 188/2007, aveva avuto una vita brevissima: entrata in funzione il 5 marzo del 2008, era stata abrogata nell'agosto dello stesso anno. Con l'abrogazione di questa legge, la disciplina delle dimissioni era tornata nell'alveo del codice civile, dove era rimasta fino all'entrata in vigore della l. n. 92/2012. Sempre nell'intento di contrastare la pratica illecita delle dimissioni in bianco (così espressamente l'art. 1, c. 6, lett. *g*), della legge-delega n. 183/2014), è stata emanata una nuova disciplina delle dimissioni, che ha abrogato le disposizioni della l. n. 92/2012, sostituendole con nuove disposizioni che, per buona parte, recuperano l'abrogata disciplina del 2007.

La nuova disciplina, contenuta nell'art. 26, d.lgs. n. 151/2015 (come modificato dal d.lgs. n. 185/2016), riguarda la *forma* delle dimissioni (e della risoluzione consensuale: *infra*, § 4); per la *struttura* dell'istituto delle dimissioni occorre invece fare riferimento agli artt. 2118 e 2119 c.c.

1.1. *Dimissioni volontarie e per giusta causa*

Secondo quanto previsto dal codice civile, le dimissioni del lavoratore possono essere: *volontarie* (dette *ad nutum*, cioè con un cenno del capo: art. 2118, dimissioni con preavviso dal rapporto di lavoro a tempo indeterminato); *per giusta causa* (art. 2119, dimissioni senza preavviso dal rapporto di lavoro a tempo indeterminato e *ante tempus* dal rapporto a tempo determinato). Le nuove regole in materia, che come vedremo si riferiscono a "tutte le dimissioni", non fanno venir meno la distinzione tra dimissioni volontarie e per giusta causa prevista dal codice civile.

– *Dimissioni volontarie*

Il lavoratore è libero di recedere volontariamente dal rapporto di lavoro a tempo indeterminato in qualsiasi momento (salvo l'obbligo del preavviso) e senza fornire alcuna motivazione. Le dimissioni sono definite dalla dottrina come negozio unilaterale recettizio: prima delle recenti riforme, si riteneva che le dimissioni operassero dal momento in cui il datore di lavoro ne fosse venuto a conoscenza, non richiedessero accettazione da parte di questi, e fossero revocabili solo fino a quando non fossero pervenute al datore di lavoro[2]. Questo orientamento resta fermo anche dopo le riforme

[2] La questione della forma delle dimissioni, sulla quale l'art. 2118 c.c. tace, può considerarsi superata, essendo attualmente previsto un requisito di forma a pena di *inefficacia* delle dimissioni. In passato, in base al principio secondo cui la forma degli atti di autonomia privata è libera, a meno che la forma non sia espressamente prescritta, la forma delle dimissioni si intendeva libera, ma poteva essere convenzionalmente pattuita (nel contratto individuale o nel contratto collettivo): in tal caso, secondo un consolidato orientamento giurisprudenziale, la forma scritta si presumeva richiesta *ad substantiam*, con la conseguenza che le dimissioni rassegnate oralmente erano considerate nulle. La libertà della forma poneva il problema dell'ammissibilità delle dimissioni tacite o per fatti concludenti (problema che dovrebbe considerarsi oggi superato dalla nuova disciplina). La giurisprudenza ammetteva che un'assenza ingiustificata prolungata nel tempo potesse essere intesa come manifestazione della volontà di dimettersi, e dunque come dimissioni tacite, ma in tale caso il giudice doveva

della disciplina delle dimissioni, che mantengono la natura di atto negoziale recettizio[3].

Il lavoratore può disporre (purché lo faccia liberamente) della sua libertà di recesso[4]: secondo l'avviso della Cassazione, è infatti libero di pattuire una clausola di durata minima garantita, dalla quale deriva l'irrecedibilità dal rapporto per un periodo determinato. Non deve essere confusa con questa libertà l'ipotesi, opposta, delle *dimissioni in bianco*: queste dimissioni, che ovviamente non sono volontarie, perché sottoscrivendo una lettera di dimissioni senza data il lavoratore consegna nelle mani del datore di lavoro il potere di licenziarlo arbitrariamente, sono nulle[5].

– *Dimissioni per giusta causa*

Oltre che volontariamente (vale a dire per ragioni proprie, che non è tenuto ad esplicitare), il lavoratore può dimettersi per giusta causa: in tale caso, ai sensi dell'art. 2119 c.c., l'obbligo del preavviso viene meno e il recesso è esercitabile anche prima della scadenza del contratto di lavoro a tempo determinato; il lavoratore dimissionario ha diritto *all'indennità sostitutiva del preavviso*. Benché si tratti in ogni caso di un recesso (e dunque di una manifestazione di volontà), la differenza strutturale che corre tra le dimissioni volontarie e quelle per giusta causa (g.c.) è di tutta evidenza: come ha precisato la Corte costituzionale (sentenza n. 269/2002), le dimissioni in tal caso non sono riconducibili alla libera scelta del lavoratore, ma sono «indotte da comportamenti altrui idonei ad integrare la condizione di improseguibilità del rapporto»[6].

---

accertare la eventuale presenza di vizi del consenso, e in particolare della violenza morale, ai sensi degli artt. 1435 e 1438 c.c.: Cass. n. 2992/2007; Cass. n. 6604/2000.

[3] Cass. n. 33632/2021.

[4] La giurisprudenza si è pronunciata più volte sui vizi del consenso del lavoratore dimissionario. Le dimissioni rassegnate sotto la minaccia del licenziamento sono annullabili per violenza morale: Cass. n. 41271/2021, in *RIDL*, 2022, p. 3. Per quanto riguarda l'incapacità (anche temporanea) di intendere e di volere, è sufficiente uno stato di grave turbamento psichico che impedisca la formazione di una volontà cosciente: Cass. n. 30126/2018, in *RIDL*, 2019, II, p. 57, nt. Pannone. Il lavoratore che chieda l'annullamento delle dimissioni deve provare la sussistenza dello stato di incapacità e il grave pregiudizio subito (art. 428, c. 1, c.c.), ma non la malafede del datore di lavoro (Cass. n. 16998/2019). È equiparata a vizio del consenso anche l'incapacità naturale (non necessariamente totale e permanente) che sussista al momento dell'atto di dimissioni: Cass. n. 515/2004.

[5] La giurisprudenza qualifica in genere le dimissioni "in bianco" come licenziamento inefficace (per vizio di forma).

[6] La nozione di giusta causa (g.c.) (definita dall'art. 2119 come causa che non consente la prosecuzione anche provvisoria del rapporto) è la stessa per le dimissioni e per il licenziamento (ma di fatto per le dimissioni rilevano solo i gravi inadempimenti del datore di lavoro). Talora è la contrattazione collettiva a individuare specifiche ipotesi di g.c. di dimissioni. Particolare è il caso del contratto collettivo dei giornalisti, che configura un'ipotesi peculiare di giusta causa di dimissioni (il "caso di coscienza"), in considerazione della necessaria tutela della libertà di espressione nell'esercizio della professione di giornalista. In altri casi è la legge a prevedere una g.c. tipica di dimissioni: così l'art. 2112, c. 4, c.c., a norma del quale il lavoratore, le cui condizioni di lavoro subiscano una sostanziale modifica nei tre mesi successivi al trasferimento d'azienda, può rassegnare le proprie dimissioni con gli effetti di cui all'art. 2119, c. 2, c.c. Il *Codice della crisi d'impresa e dell'insolvenza* (d.lgs. n. 14/2019) prevede (art. 189, c. 5) che trascorsi quattro mesi dall'apertura della liquidazione giudiziale, le eventuali dimissioni del lavoratore si intendono rassegnate per g.c. ai sensi dell'art. 2119 c.c., con effetto dalla data di apertura della liquidazione giudiziale (*retro*, Cap. III, § 4).

Per quanto le dimissioni per g.c. del lavoratore trovino appunto "causa" in un comportamento del datore di lavoro (e in via generale in un grave inadempimento da parte di questi dei suoi obblighi contrattuali), secondo l'orientamento prevalente nella giurisprudenza ogni equiparazione tra dimissioni per giusta causa e licenziamento deve essere esclusa. Il lavoratore dimissionario non avrà dunque diritto ad altro trattamento economico oltre all'indennità sostitutiva del preavviso; resta tuttavia fermo il diritto al risarcimento, secondo le regole comuni, di tutti gli altri danni, diversi dai pregiudizi direttamente derivanti dalla risoluzione del rapporto, cagionati dall'(eventuale) inadempimento del datore di lavoro.

Malgrado le differenze che corrono tra le dimissioni per g.c. e quelle volontarie, la nuova disciplina (art. 26, d.lgs. n. 151/2015) le accomuna, sottoponendole entrambe alle regole dettate per garantire che siano frutto di una scelta del lavoratore non viziata.

2. *Disciplina generale delle dimissioni*

La disciplina delle dimissioni è contenuta nell'art. 26, d.lgs. n. 151/2015.

L'operatività della disciplina è stata condizionata alla emanazione di un decreto del Ministero del lavoro e delle politiche sociali, al quale era affidato il compito di definire le regole applicative (modulistica *on line*, procedure informatiche per la compilazione). Il Ministero ha provveduto con d.m. 15.12.2015. Il decreto ha definito gli aspetti tecnici indispensabili per dare attuazione al nuovo sistema: dati di identificazione del datore di lavoro e del lavoratore, modalità di trasmissione del modulo, standards tecnici per definire la data certa di trasmissione[7].

Una osservazione preliminare: l'art. 26, d.lgs. n. 151/2015, presenta una discordanza tra la rubrica, dove le dimissioni sono "volontarie", e il testo del c. 1 (che introduce il requisito di forma) nel quale le dimissioni sono prive di ulteriori qualificazioni. Pare evidente che il riferimento alle dimissioni senza ulteriori qualificazioni possa essere letto come inclusivo sia delle dimissioni volontarie, sia di quelle per g.c. Di conseguenza, per il lavoratore che ritenesse di averne valide ragioni, non sarebbe più possibile limitarsi semplicemente ad "andarsene sbattendo la porta"; il modulo predisposto dal Ministero del lavoro (allegato al d.m. 15.12.2015), non distingue infatti tra dimissioni volontarie e dimissioni per g.c. e nel decreto ministeriale (e nel modulo allegato) le "dimissioni" non hanno ulteriori specificazioni. La procedura informatica risulta dunque estesa alle dimissioni per g.c.; nella compilazione del modulo il lavoratore può tuttavia inserire "dimissioni per g.c." come "tipologia di comunicazione" (evi-

---

[7] Nelle more dell'entrata in vigore del decreto ministeriale, restava transitoriamente in vigore la previgente disciplina (art. 4, cc. 17-23-*bis*, l. n. 92/2012) che affidava a due strumenti (alternativi tra loro) il contrasto della pratica dei licenziamenti arbitrari, mascherati da dimissioni o da risoluzioni consensuali: l'efficacia delle dimissioni (e della risoluzione consensuale del rapporto) veniva infatti sospensivamente condizionata o alla *convalida* effettuata presso la DTL o il Centro per l'impiego territorialmente competenti, ovvero presso le sedi individuate dai contratti collettivi nazionali stipulati dalle organizzazioni sindacali comparativamente più rappresentative a livello nazionale, oppure, in alternativa, alla *sottoscrizione di apposita dichiarazione* «apposta in calce alla ricevuta di trasmissione della comunicazione di cessazione del rapporto di lavoro di cui all'art. 21 della l. 29.4.1949, n. 264, e successive modificazioni».

dentemente aggiunta nel modulo, probabilmente a seguito delle numerose critiche suscitate dalla mancata indicazione di tale tipologia). Nella comunicazione obbligatoria della cessazione del rapporto di lavoro il datore di lavoro dovrà a sua volta indicare "dimissioni per g.c.".

La disciplina contenuta nell'art. 26, d.lgs. n. 151/2015 (come modificato dal d.lgs. n. 185/2016), semplifica notevolmente, rispetto alla l. n. 92/2012, le modalità delle dimissioni, in sostanza tornando al sistema previsto dalla l. n. 188/2007. Il "recupero" di quel sistema, che serve a garantire autenticità e data certa delle dimissioni (con ciò contrastando la pratica illecita delle dimissioni in bianco), elimina in parte, ma non del tutto, complessità, complicazioni e incertezze della disciplina del 2012 [8].

A partire dall'entrata in vigore del decreto ministeriale (cioè a partire dal momento in cui è diventata operativa la strumentazione tecnica necessaria) le dimissioni (e la risoluzione consensuale del rapporto) devono essere fatte, a pena di inefficacia, *esclusivamente con modalità telematiche* su appositi *moduli*, resi disponibili dal Ministero del lavoro e delle politiche sociali, attraverso il proprio sito; la compilazione del modulo può essere effettuata dal lavoratore personalmente (ma dovrà essere in possesso del PIN INPS) oppure per il tramite di patronati, organizzazioni sindacali, enti bilaterali, commissioni di certificazione, consulenti del lavoro, sedi territoriali dell'Ispettorato nazionale del lavoro. Una volta completata la compilazione, il modulo viene inviato all'indirizzo di posta elettronica (anche certificata) del datore di lavoro, e alla ITL competente. Come precisa il Ministero del lavoro (Circolare n. 12/2016), il rispetto di tali modalità rende "valide" (*rectius*: efficaci) le dimissioni ai sensi di quanto previsto dall'art. 26, d.lgs. n. 151/2015, in quanto il modulo è trasmesso per via telematica (c. 1) e contiene i dati essenziali di cui al c. 3. Il datore di lavoro potrà considerare efficaci le dimissioni soltanto se presentate con tali modalità, e considerare così risolto il contratto di lavoro (e, conseguentemente, procedere alla comunicazione obbligatoria della cessazione del rapporto di lavoro). Occorre tuttavia precisare che, per quanto riguarda l'efficacia, mentre le dimissioni volontarie producono l'effetto della cessazione del rapporto di lavoro solo alla scadenza del preavviso (a meno che il datore di lavoro non rinunci al preavviso, facendo cessare immediatamente il rapporto) [9], le dimissioni per g.c. producono l'effetto della cessazione del rapporto con la recezione del modulo da parte del datore di lavoro. La data della effettiva cessazione del rapporto di lavoro è comunque quella risultante dalla comunicazione obbligatoria del datore di lavoro.

Restano al di fuori del campo di applicazione della nuova disciplina, oltre alle dimissioni regolate dall'art. 55, c. 4, d.lgs. n. 151/2001 (*infra*, § 3), il lavoro domestico e

---

[8] Un contributo alla soluzione dei molti dubbi sull'applicazione delle nuove regole è stato fornito dal Ministero del lavoro e delle politiche sociali con la Circolare n. 12/2016 e le allegate FAQ (quesiti frequentemente posti e risposte del Ministero).

[9] Premessa l'efficacia obbligatoria del preavviso, dalla quale si fa discendere anche il diritto della parte che subisce il recesso a rinunciare al preavviso (*retro*, Cap. I), la giurisprudenza ha affermato che ove il datore di lavoro, a fronte delle dimissioni del lavoratore, abbia rinunciato al preavviso, non è tenuto al pagamento dell'indennità, poiché dalla rinuncia ad un proprio diritto non può discendere un'obbligazione: Cass. n. 27934/2021; Trib. Padova 7.3.2019, in *RIDL*, 2019, II, p. 385, nt. Del Gaiso.

le dimissioni o la risoluzione consensuale intervenute nelle sedi di cui all'art. 2113 c.c. (conciliazioni giudiziali o stragiudiziali), o avanti alle Commissioni di certificazione (*infra*, PT. IX). Il c. 8-*bis* dell'art. 26 esclude inoltre i rapporti di lavoro alle dipendenze delle amministrazioni pubbliche di cui all'art. 1, c. 2, d.lgs. 30.3.2001, n. 165.

Le dimissioni (o la risoluzione consensuale) fatte in modo diverso da quello previsto (modulo *on line*) e fatte salve le eccezioni menzionate sopra, sono prive di *efficacia*: l'efficacia, come abbiamo detto, decorre dal momento dell'avvenuta trasmissione del modulo alla casella di posta elettronica del datore di lavoro (o meglio, essendo le dimissioni un atto di recesso unilaterale recettizio, dal momento in cui l'e-mail arriva nell'*account* del datore di lavoro) [10]. La stessa regola vale per la risoluzione consensuale, benché in tal caso la compilazione del modulo non abbia la funzione di manifestare la volontà del lavoratore di recedere, ma piuttosto quella di "certificare" che il lavoratore ha effettivamente espresso il suo consenso alla risoluzione del rapporto.

Una innovazione degna di rilievo (già contenuta nella l. n. 92/2012 e in parte confermata dalla disciplina attuale) consiste nella disciplina della *revoca delle dimissioni*. Secondo quanto previsto dall'art. 26, c. 2, d.lgs. n. 151/2015 la revoca deve avvenire entro 7 giorni dalla data di trasmissione del modulo, con le medesime modalità. Null'altro è previsto: restano dunque incerte le conseguenze giuridiche della revoca [11].

Per quanto riguarda le sanzioni, l'art. 26, c. 5, prevede che il datore di lavoro che alteri i moduli sia punito con la sanzione amministrativa (da 5.000 a 30.000 euro), il cui accertamento e irrogazioni sono di competenza della ITL (ma ove il fatto costituisca reato, saranno applicabili le relative sanzioni penali); l'art. 26, c. 5, rinvia all'applicazione delle disposizioni della l. n. 689/1981, in quanto compatibili [12]. L'alterazione del modulo è l'unica fattispecie prevista: più precisa del semplice "abuso", ma

---

[10] In dottrina si discute se le dimissioni non formalizzate mediante il modulo informatico siano inefficaci o nulle. La questione, rilevante a livello teorico, lo è assai meno a livello pratico. Infatti, poiché resta fermo che, nulle o inefficaci che siano, le dimissioni non formalizzate non producono effetto, a fronte del comportamento del lavoratore che non si presenta al lavoro ma non formalizza le dimissioni, al datore non resta che contestargli l'inadempimento, applicandogli le sanzioni disciplinari, incluso il licenziamento per g.c., tra i cui costi deve essere incluso anche il contributo (c.d. *ticket licenziamento*) dovuto ai sensi dell'art. 2, cc. 31 e 32, l. n. 92/2012; il datore potrà eventualmente chiedere al lavoratore inadempiente il risarcimento dei danni. Ma secondo Trib. Udine 27.5.2022, non rientra nel campo di applicazione dell'art. 26, d.lgs. n. 151/2015, il caso delle dimissioni "implicite" nel comportamento concludente del lavoratore che abbandona il posto di lavoro per costringere il datore di lavoro a licenziarlo (dandogli così accesso alla NASpI).

[11] Secondo quanto previsto dalla l. n. 92/2012, negli stessi 7 giorni che decorrevano dall'invito del datore di lavoro a presentarsi per la convalida o per sottoscrivere la ricevuta della comunicazione della cessazione del rapporto, il lavoratore poteva "revocare" (ma spesso si trattava piuttosto di "contestare") le dimissioni (o il proprio consenso alla risoluzione). L'art. 4, c. 21, l. n. 92/2012, ora abrogato, prevedeva che, in caso di revoca, «il contratto di lavoro, se interrotto per effetto del recesso» tornasse a svolgersi normalmente a partire dal giorno successivo alla comunicazione della revoca. Se poi – aggiungeva il legislatore – tra il recesso e la revoca la prestazione lavorativa non fosse stata svolta, la lavoratrice/il lavoratore non maturava alcun diritto retributivo. Si potrebbe ritenere che, anche alla luce della disciplina attuale, valgano regole analoghe.

[12] La l. n. 689/1981, intitolata "Modifiche al sistema penale", è stata modificata successivamente dalla l. 11.8.2014, n. 116 e dai dd.llgs. nn. 7 e 8 del 2016.

anche più improbabile, restando il datore di lavoro estraneo all'intera procedura (compilazione del modulo *on line* e sua trasmissione).

3. *Discipline specifiche: maternità e paternità*

Come abbiamo già detto, anche la nuova disciplina di cui all'art. 26, d.lgs. n. 151/2015, è stata dichiaratamente introdotta nell'intento di contrastare la pratica illecita delle dimissioni in bianco. Tale pratica non è certo nuova: già se ne discuteva all'inizio degli anni '50 del secolo scorso, quando le dimissioni in bianco delle lavoratrici prendevano per lo più la forma delle "clausole di nubilato" (sia nella forma dell'obbligo di dimettersi in caso di matrimonio, sia in quella delle vere e proprie dimissioni in bianco). Il problema venne affrontato per la prima volta dalla l. n. 7/1963 (art. 1, c. 4, ora art. 35, c. 4, d.lgs. n. 198/2006), che insieme alla nullità del licenziamento per causa di matrimonio sancì anche la nullità delle clausole di nubilato e delle dimissioni della lavoratrice nel periodo coperto dal divieto di licenziamento (dalle pubblicazioni del matrimonio ad un anno dopo la sua celebrazione), a meno che la lavoratrice non le confermasse entro un mese davanti all'Ufficio del lavoro (poi DTL e ora ITL). Per quanto l'art. 35, c. 4, d.lgs. n. 198/2006, non sia espressamente abrogato, è dubbio che sia ancora in vigore: questa disposizione non viene infatti richiamata tra le eccezioni all'applicazione della disciplina generale di cui all'art. 26, d.lgs. n. 151/2015. Rispondendo ad un quesito, il Ministero del lavoro ha precisato che la lavoratrice è tenuta a compilare il modulo *on line*; ma nulla ha detto in ordine alla permanenza della necessità, a fini di efficacia, della conferma delle dimissioni.

Una disciplina delle dimissioni della lavoratrice non dissimile da quella prevista dalla l. n. 7/1963, era stata introdotta dalla l. n. 1204/1971 sulla tutela delle lavoratrici madri; tale disciplina era poi confluita con modifiche nell'art. 55, d.lgs. n. 151/2001 (T.U. delle disposizioni legislative in materia di tutela e sostegno della maternità e della paternità), che aveva esteso al padre (per il periodo del congedo di paternità e fino ad un anno di età del bambino) il regime della inefficacia delle dimissioni fino alla convalida da parte del servizio ispettivo del Ministero del lavoro competente per territorio. Questa disposizione è ora sostituita dall'art. 4, c. 16, l. n. 92/2012, che ha modificato l'art. 55, c. 4, d.lgs. n. 151/2001, a sua volta in parte modificato dall'art. 12, d.lgs. n. 80/2015.

Rispetto alla disciplina precedente, le più recenti modifiche hanno introdotto una serie di rilevanti innovazioni. La prima consiste nella equiparazione delle dimissioni alla *risoluzione consensuale*. Si tratta di due fattispecie diverse dal punto di vista sia formale, sia sostanziale: le dimissioni sono un atto unilaterale, la risoluzione consensuale è un accordo; tuttavia anche la risoluzione consensuale può essere "falsamente" consensuale, nel senso che il consenso del lavoratore può essere stato preventivamente acquisito con una dichiarazione "in bianco".

La seconda innovazione consiste nell'allungamento a 3 anni (i primi tre anni di vita del bambino o i primi tre anni di accoglienza del minore adottato o in affidamento, o, in caso di adozione internazionale, i primi tre anni decorrenti dalle comunicazioni di cui all'art. 54, c. 9, T.U.), del periodo "protetto", nel quale *l'efficacia delle dimissioni è condizionata alla convalida in sede amministrativa*. Le dimissioni non convalidate non hanno effetto e non fanno cessare il rapporto di lavoro: così era anche in passato, ma la legge non lo diceva espressamente [13]. La convalida è effettuata (senza "formalità istruttorie") [14] dal servizio ispettivo del Ministero del lavoro e delle politiche sociali competente per territorio. Il legislatore però ha omesso di fissare un termine per la convalida, lasciando così aperti i problemi interpretativi posti dalla disciplina precedente: quando la lavoratrice o il lavoratore si dimettano, ma non sottopongano le dimissioni a convalida, e cessino invece di presentarsi al lavoro, l'assenza potrà essere considerata giustificata? La risposta dovrebbe essere negativa; in ogni caso il datore di lavoro sarà liberato dall'obbligo retributivo (in mancanza di controprestazione lavorativa "imputabile" alla lavoratrice o al lavoratore).

4. *La risoluzione consensuale*

Il rapporto di lavoro può estinguersi anche per mutuo consenso (art. 1372, c. 1, c.c.). Si tratta di una modalità di estinzione del rapporto marginale: tuttavia, secondo l'opinione della maggior parte degli interpreti, condivisa dalla Cassazione, il regime giuridico del contratto di lavoro non impedisce l'ammissibilità della cessazione di esso mediante accordo tra le parti. L'accordo deve essere valido: può non esserlo anzitutto per vizio del consenso (errore, violenza, dolo: e allora l'accordo sarà annullabile, secondo le regole generali in materia di cui agli artt. 1427 ss. c.c.). Quando invece l'accordo sia illecito per ragioni di sostanza (è il caso dell'accordo che celi un licenziamento irregolare o le dimissioni "in bianco" del lavoratore) l'accordo è senz'altro nullo. Poiché nullità e annullamento operano con effetto *ex tunc*, l'invalidità dell'accordo comporterà l'invalidità della cessazione, e dunque la continuità giuridica del rapporto di lavoro [15].

---

[13] L'art. 55, cc. 1 e 2, prevede che, in caso di dimissioni volontarie, la lavoratrice madre durante il periodo di divieto di licenziamento (dall'inizio della gravidanza fino al compimento di un anno di età del bambino) e il padre lavoratore che abbia usufruito del congedo di paternità abbiano diritto alle indennità previste in caso di licenziamento. Resta il problema se nei due anni successivi alla fine del periodo coperto dal divieto di licenziamento lavoratrici e lavoratori che si dimettono "volontariamente" abbiano diritto a percepire l'indennità sostitutiva del preavviso e i trattamenti di disoccupazione. Per quanto riguarda l'indennità sostitutiva del preavviso la risposta negativa sembra ovvia, dato che la lavoratrice o il lavoratore che si dimettano volontariamente non sono più esentati dall'obbligo di preavviso. Per quanto riguarda invece i trattamenti di disoccupazione, la risposta positiva, basata sulla presunzione di non spontaneità delle dimissioni, era stata sostenuta in giurisprudenza (Cass. n. 4919/2014, in *RIDL*, 2014, II, p. 770), ma la disciplina legislativa della NASpI porta ad escludere che l'indennità possa spettare al di fuori del caso delle dimissioni per g.c. (o della risoluzione consensuale).

[14] Così ha precisato il Ministero (Circolare n. 18/2012).

[15] Secondo l'orientamento della giurisprudenza, l'accordo non rientra nell'ambito di applicazione dell'art. 2113 c.c. (invalidità delle rinunce e delle transazioni del lavoratore); ciò non esclude che qualora la definizione degli effetti dell'accordo includa una rinuncia o una transazione su diritti indisponibili del lavoratore, queste siano colpite dall'invalidità di cui all'art. 2113 medesimo (*infra*, PT. IX). Questioni interpretative solo in parte connesse alle precedenti, si pongono relativa-

Come già la l. n. 92/2012, anche l'art. 26, d.lgs. n. 151/2015 ha sottoposto la risoluzione consensuale alle stesse regole previste per le dimissioni, di cui si è detto nei paragrafi precedenti. L'intento del legislatore è quello di contrastare i possibili abusi, introducendo un meccanismo che consenta la verifica oltre che della genuinità del consenso del lavoratore alla cessazione del rapporto, anche della data in cui il consenso è stato manifestato [16].

L'assimilazione non toglie che la distinzione tra risoluzione consensuale e recesso unilaterale resti netta: di conseguenza in caso di risoluzione consensuale non trovano applicazione le regole relative al preavviso (*retro*, Cap. I) [17]. L'indennità sostitutiva del preavviso, di cui all'art. 2118, c. 2, c.c., non è dovuta; è dovuto invece, ai sensi dell'art. 9, l. n. 604/1966, il trattamento di fine rapporto, disciplinato dalla l. n. 297/1982 e successive modifiche, poiché tale trattamento economico spetta al lavoratore in ogni caso di cessazione del rapporto, ivi compresa dunque la cessazione per mutuo consenso.

Talora l'estinzione del rapporto per mutuo consenso viene ad intrecciarsi con il recesso. In caso di recesso con obbligo di preavviso, secondo un orientamento diffuso in dottrina e in giurisprudenza, le parti possono infatti accordarsi per porre termine al rapporto prima della scadenza del preavviso, sostituendo il preavviso con il pagamento della indennità sostitutiva per il periodo residuo, sovrapponendo così al recesso unilaterale un accordo, il cui effetto è l'immediata cessazione del rapporto (*retro*, Cap. I). A tale accordo non sembrano estensibili le regole dettate dal d.lgs. n. 151/2015, in materia di dimissioni. Così come non si estendono tali regole agli accordi sulla cessazione del rapporto di lavoro raggiunti all'esito di una procedura di conciliazione.

---

mente alle clausole risolutive automatiche, contenute in alcuni contratti collettivi, cui si è fatto riferimento a proposito dell'inderogabilità della regola del preavviso (*retro*, Cap. I, § 1.1).

[16] Il problema della genuinità del consenso era avvertito dalla giurisprudenza, che riconosceva l'esistenza di un accordo valido solo quando il comportamento delle parti (e specialmente del lavoratore) fosse inequivoco. Un caso ricorrente è quello del contratto a tempo determinato, che dopo la scadenza del termine illegittimamente apposto (che pertanto non produce l'effetto estintivo) viene di fatto a cessare, a causa del protrarsi nel tempo della mancata funzionalità del rapporto: al completo disinteresse manifestato dalle parti per la prosecuzione del rapporto i giudici attribuiscono il valore di mutuo consenso alla cessazione del contratto. Tuttavia i giudici hanno talora richiesto che fosse provata la consapevolezza da parte del lavoratore dell'illegittimità dell'apposizione del termine: altrimenti la mancata prestazione lavorativa, anziché essere attribuibile al *contrarius consensus*, sarebbe conseguenza dell'ignoranza da parte del lavoratore della conversione del contratto a termine in contratto a tempo indeterminato: Cass. n. 21141/2008.

[17] Cass. n. 1431/1993. Le "dimissioni incentivate" sono equiparate a risoluzione consensuale da Cass. n. 35667/2021.

Parte IX

LA TUTELA DEI DIRITTI DEI LAVORATORI

Capitolo I

LA TUTELA DEI DIRITTI

1. *L'inderogabilità del diritto del lavoro*

Ai sensi dell'art. 1374 c.c., il contratto obbliga le parti non solo a quanto è nel medesimo espresso, ma anche a tutte le conseguenze che ne derivano secondo la legge, o, in mancanza, secondo gli usi e l'equità. Ne discende che il regolamento contrattuale, cioè l'insieme dei precetti che vincolano le parti, scaturisce dall'insieme combinato di fonti autonome e di fonti eteronome. Le norme inderogabili, in particolare, di cui è ancora oggi prevalentemente composto il diritto del lavoro, conformano il regolamento contrattuale prevalendo sulle eventuali difformi pattuizioni individuali delle parti. La strumentazione tecnica che assicura la prevalenza delle norme eteronome imperative sui difformi atti di autonomia individuale è quella prevista dal codice civile: la nullità del contratto e degli atti negoziali unilaterali tra vivi aventi contenuto patrimoniale (1324 c.c.) per contrarietà a norme imperative (1418 c.c.); la nullità parziale con conservazione del contratto (art. 1419, c. 2, c.c.); la sostituzione automatica della clausola contraria a norma imperativa (art. 1339 c.c.) [1].

La funzione di regolamentazione inderogabile del contratto collettivo è invece ricavata dagli interpreti (come si è visto, *retro*, PT. II, Sez. III) dal combinato disposto dell'art. 2077 c.c. e dell'art. 2113 c.c. [2].

Legge e contratto collettivo sono "fonti eteronome" di disciplina dei rapporti individuali di lavoro: esse svolgono la funzione di regolamentazione inderogabile indi-

[1] De Luca Tamajo 1976.

[2] Il contratto collettivo può contenere anche clausole derogabili: ma è richiesta una esplicita qualificazione in tal senso da parte della stessa fonte (Cass. n. 2734/2004).

pendentemente, ed anche in contrasto, con la volontà delle parti.

È generalmente riconosciuto che l'inderogabilità della disciplina del lavoro non abbia l'effetto di travolgere i patti individuali più favorevoli al lavoratore: vige infatti la presunzione che le discipline lavoristiche, ove non sia disposto diversamente, stabiliscano soltanto i trattamenti minimi inderogabili da applicarsi a tutti i lavoratori destinatari, non configurando dunque "deroga" un patto che stabilisca condizioni di miglior favore per il singolo lavoratore (c.d. inderogabilità unidirezionale)[3]. In singole disposizioni di legge è comunque presente, a scanso di equivoci, l'espressa previsione della salvezza delle "condizioni più favorevoli per il lavoratore"[4]. Così come, in altri casi, la stessa "inderogabilità unidirezionale" è esplicitamente esclusa in nome della necessità di imporre una disciplina uniforme ispirata a interessi diversi dalla tutela dell'interesse del singolo lavoratore[5]. Per quanto concerne la fonte contrattuale collettiva, la conservazione delle condizioni di miglior favore per il lavoratore trova esplicita consacrazione nell'art. 2077 c.c.

Ferma restando la matrice inderogabile della disciplina del lavoro, negli ultimi anni sono state introdotte dal legislatore specifiche ipotesi di "*derogabilità assistita*". Con l'espressione si intende un modello di regolazione che consente alle parti individuali del rapporto di derogare consensualmente alle discipline imperative in materia di lavoro con l'assistenza di organi o soggetti che assicurino l'autenticità del consenso prestato e la consapevolezza del contraente con riguardo agli effetti della deroga. In particolare, è consentita, con l'assistenza delle Commissioni di certificazione di cui all'art. 75, d.lgs. n. 276/2003 (v. *infra*, § 7), la deroga per patto individuale assistito al divieto di demansionamento (art. 3, d.lgs. n. 81/2015), e l'apposizione di clausole elastiche al contratto *part-time*, in deroga alla disposizione che le ammette solo se previste e disciplinate dal contratto collettivo applicato al rapporto (art. 6, d.lgs. n. 81/2015)[6].

---

[3] Sono assai diffuse, per indicare il carattere unidirezionale dell'inderogabilità, le espressioni "inderogabilità in *pejus*" e "derogabilità in *melius*", quantunque con la seconda espressione, per i motivi esposti, ci si riferisca, a rigore, ad una fattispecie non derogatoria.

[4] V. ad esempio, l'art. 12, l. n. 604/66 in materia di licenziamenti individuali.

[5] V. art. 2120, c. 1, c.c., come modificato dalla l. n. 297/1982.

[6] La certificazione svolge funzione derogatoria di divieti legali anche in alcune altre ipotesi regolate dall'art. 2, d.p.r. n. 177/2011, relativo ai requisiti per la qualificazione di imprese svolgenti attività in ambienti sospetti di inquinamento o confinati. Il c. 2 del citato art. 2 consente di derogare al divieto di subappalto nelle suddette attività a condizione che il contratto di subappalto sia certificato. Inoltre, il c. 1, lett. *c*), della medesima disposizione consente, previa certificazione del contratto, di impiegare nelle anzidette attività personale assunto anche con contratto diverso da quello subordinato a tempo indeterminato in deroga al requisito che impone la presenza, in percentuale non inferiore al 30% della forza lavoro, di lavoratori con esperienza almeno triennale relativa a lavori in ambienti sospetti di inquinamento o confinati assunta con contratto di lavoro subordinato a tempo indeterminato. Nei casi richiamati, tuttavia, la procedura di certificazione non ha la funzione precipua di accertare la volontà derogatoria delle parti, bensì di accertare la conformità del subappalto o del contratto di lavoro ai requisiti legali imposti.

2. *L'invalidità delle rinunce e delle transazioni*

L'ordinamento non si limita ad assicurare la conformità alle norme imperative del regolamento contrattuale, disponendone, se del caso, l'integrazione o la correzione, ma si spinge oltre, fino a limitare la disponibilità dei diritti attribuiti da norme inderogabili al lavoratore una volta che questi ne sia diventato titolare.

La teoria più accreditata in dottrina prevede che, in generale, il carattere inderogabile di una norma non implichi necessariamente l'indisponibilità del diritto da essa derivante. L'*inderogabilità* attiene – si afferma – al rapporto tra le fonti che contribuiscono a determinare il regolamento contrattuale; l'eventuale *indisponibilità* dei diritti, invece, riguarda i limiti alla facoltà del singolo titolare di un diritto soggettivo di disporne, trasmettendolo ad altri o dismettendolo. Se, in astratto, l'inderogabilità delle norme e l'indisponibilità dei relativi diritti si muovono su piani diversi e distinti, è tuttavia indubbio che se un diritto attribuito da norma inderogabile fosse liberamente disponibile dal suo titolare, l'effettività del diritto sarebbe ampiamente pregiudicata. E ciò soprattutto nei casi in cui le due parti del contratto si trovino nell'ambito di rapporti caratterizzati da diseguale forza contrattuale.

Di ciò è consapevole il legislatore che, all'art. 2113 c.c., pone limiti alla disponibilità dei diritti del lavoratore derivanti da norme inderogabili.

L'art. 2113 c.c. si applica a tutti i rapporti, anche se di natura autonoma o associativa, elencati dall'art. 409 c.p.c. ai fini dell'applicazione del rito del lavoro. Così, sono interessati all'applicazione dell'art. 2113, ricorrendone i presupposti applicativi, oltre che i rapporti di lavoro subordinato, anche i rapporti individuati al n. 2 del citato art. 409 (rapporti di mezzadria, di colonia parziaria, di compartecipazione agraria, di affitto a coltivatore diretto, nonché rapporti derivanti da altri contratti agrari, salva la competenza delle sezioni specializzate agrarie), i rapporti di agenzia, di rappresentanza commerciale ed altri rapporti di collaborazione che si concretino in una prestazione di opera continuativa e coordinata, prevalentemente personale, anche se non a carattere subordinato. Coerentemente, tra le fonti dei diritti l'art. 2113 annovera, oltre alla legge e al contratto collettivo, anche gli accordi economici collettivi. Con quest'ultima espressione si è soliti indicare le regolamentazioni collettive destinate a rapporti di lavoro autonomo.

Il c. 1 dell'art. 2113 c.c. stabilisce che le rinunce e le transazioni aventi ad oggetto diritti del lavoratore derivanti da norme inderogabili (contenute nella legge o nei contratti o accordi collettivi), «non sono valide»[7]. L'impugnazione dell'atto dispositivo deve essere compiuta (con atto anche stragiudiziale) *entro sei mesi* a far data dalla cessazione del rapporto o dalla data della rinuncia o della transazione, se queste sono intervenute dopo la cessazione medesima (art. 2113, c. 2)[8]. Scaduti tali *termini di decadenza*, le rinunce o le transazioni non sono più impugnabili ai sensi dell'art. 2113 c.c.

---

[7] L'invalidità disposta dall'art. 2113, c. 1, c.c., non riguarda invece, per espressa previsione del c. 4 della stessa disposizione, le rinunce e le transazioni concluse in sede di conciliazione delle controversie di lavoro, nonché le rinunce e le transazioni che abbiano per oggetto diritti non «derivanti da norme inderogabili».

[8] Prima della riforma dell'art. 2113 c.c., introdotta dall'art. 6, l. n. 533/1973, il termine di impugnazione era pari a tre mesi e non era ammessa l'impugnazione stragiudiziale.

Per comprendere quali atti dispositivi siano colpiti dall'invalidità di cui all'art. 2113 c.c. è utile tenere presente la distinzione tra due fattispecie: da un lato la *deroga* alla norma inderogabile, che incide sul regolamento contrattuale del rapporto, colpita da nullità; dall'altro l'*atto di disposizione* del diritto, che incide sul diritto nascente dall'applicazione della norma, sottoposto al regime di invalidità previsto dall'art. 2113 c.c.[9].

Come ripete la giurisprudenza[10], se l'atto dispositivo riguarda un diritto, pur derivante da norma inderogabile, ma già acquisito al patrimonio giuridico del lavoratore, allora esso è invalido previa impugnazione *ex* art. 2113 c.c. Se invece l'atto impedisce l'acquisto del diritto (al verificarsi dei relativi presupposti), l'atto è nullo (art. 1418 c.c.), in quanto contrario a norma imperativa.

Coerentemente, in molte pronunce giurisprudenziali la nullità è riconosciuta nel caso di "rinuncia a diritti futuri", o di "rinuncia preventiva". Con queste espressioni si intendono gli atti abdicativi di diritti di cui il rinunciante non sia divenuto ancora titolare. La rinuncia a diritti futuri è nulla, si afferma, perché, incidendo sul momento genetico del diritto, impedisce che il destinatario dalla norma inderogabile divenga titolare del diritto, frustrando così la funzione propria della norma stessa[11]. Se invece, come si è detto, il diritto è già stato acquisito al patrimonio giuridico del lavoratore, il rimedio attivabile è quello previsto dall'art. 2113 c.c. (invalidità sottoposta a tempestiva impugnazione dell'atto dispositivo).

Secondo un accreditato orientamento interpretativo, tuttavia, per alcuni specifici diritti del lavoratore, denominati diritti assolutamente indisponibili, vige un regime di indisponibilità più severo rispetto a quello disposto dall'art. 2113 c.c. Si tratta di diritti identificati in ragione della rilevanza superindividuale degli interessi in gioco e/o dell'esigenza di tutela della persona del lavoratore espressa nella Carta costituzionale. La nullità, in questi casi, colpisce l'atto dispositivo del diritto indipendentemente da qualsiasi considerazione relativa al momento dell'acquisizione del diritto (ossia a prescindere dall'entrata del diritto stesso nel patrimonio giuridico del lavoratore). Sono considerati assolutamente indisponibili il diritto al riposo settimanale e alle ferie (art. 36, c. 3, Cost.), il diritto alla salute (art. 32 Cost.); il diritto di sciopero (art. 40 Cost.); il diritto all'assistenza e previdenza sociale (art. 38 Cost.); il diritto alla retribuzione minima sufficiente (art. 36, c. 1, Cost.).

In talune circostanze è lo stesso legislatore a sottoporre gli atti dispositivi di diritti di natura patrimoniale derivante da norma inderogabile a un regime di nullità e non di invalidità *ex* art. 2113 c.c.: è il caso del patto con il quale, in costanza di rapporto, il lavoratore rinunci a fruire delle ferie maturate in cambio di una somma di denaro (cfr. art. 10, c. 2, d.lgs. n. 66/2003, ai sensi del quale il periodo minimo di quattro set-

---

[9] La distinzione è attualmente accolta dalla dottrina prevalente. Più risalente è invece la tesi (De Luca Tamajo 1976, p. 271 ss.) che distingue tra diritti primari e diritti secondari del lavoratore. I primi sarebbero i diritti derivanti da norma inderogabile, i secondi i diritti di carattere risarcitorio e patrimoniale derivanti dal mancato godimento dei diritti primari. Solo le rinunce e le transazioni aventi ad oggetto i diritti secondari sarebbero assoggettate al regime di cui all'art. 2113 c.c., mentre gli atti dispositivi di diritti primari sarebbero colpiti da nullità.

[10] Di recente, Cass. n. 15947/2021; Cass. n. 17076/2020.

[11] Cass. n. 12227/2013; Cass. n. 4811/2012; Cass. n. 12561/2006.

timane di ferie non può essere sostituito dalla relativa indennità per ferie non godute, salvo il caso di risoluzione del rapporto di lavoro) [12].

3. *Rinunce e transazioni avvenute in sede conciliativa*

Sono valide ed efficaci le rinunce e le transazioni che non riguardano diritti del lavoratore derivanti da norme inderogabili. Validi sono pertanto gli atti dispositivi di diritti che trovano fonte in clausole del contratto individuale di lavoro contenenti trattamenti economici o normativi di migliore favore rispetto agli *standard* legali o contrattuali collettivi. In generale, sottratti al regime giuridico previsto dall'art. 2113 c.c. sono tutti gli atti dispositivi che riguardino materie disponibili per le parti individuali del rapporto di lavoro. Tale è, ad esempio, la materia della risoluzione consensuale e del licenziamento [13].

Oltre a queste ipotesi, l'art. 2113 c.c., c. 4, riconosce la validità delle rinunce e delle transazioni che abbiano ad oggetto diritti del lavoratore, pur derivanti da norme inderogabili, ove queste siano intervenute in sede di conciliazione ai sensi degli artt. 185, 410, 411, 412-*ter* e 412-*quater* c.p.c.

Le disposizioni del codice di procedura civile richiamate dall'art. 2113, c. 4, si riferiscono alla possibilità, in generale, delle parti di un rapporto di lavoro di raggiungere validi accordi conciliativi attraverso i quali prevenire una lite, se la controversia non è ancora sfociata in un ricorso giudiziale, o porre fine alla stessa, se la causa è già in corso. Tali conciliazioni sono valide, efficaci e non impugnabili se raggiunte in alcune sedi privilegiate (c.d. sedi protette) a garanzia della effettiva volontà e consapevolezza del disponente: davanti al giudice, *ex* art. 420 c.p.c. (quantunque l'art. 2113 c.c. invece richiami testualmente l'art. 185 c.p.c.); in sede amministrativa innanzi alla commissione di conciliazione costituita presso l'Ispettorato territoriale del lavoro, *ex* art. 410 c.p.c.; in sede sindacale (art. 411, c. 3, c.p.c.); presso le sedi e con le modalità eventualmente previste dai contratti collettivi (art. 412-*ter* c.p.c.); e infine davanti al collegio di conciliazione e arbitrato irrituale, *ex* art. 412-*quater*.

A seguito del d.lgs. n. 80/1998, era stata introdotta la regola dell'obbligatorietà del tentativo di conciliazione per tutte le controversie di lavoro, sia nel settore pubblico, sia in quello privato: la misura era stata adottata nell'intento di deflazionare il contenzioso giudiziario. Con la l. n. 183/2010 (c.d. "Collegato lavoro") il legislatore ha compiuto un *dietro-front:* oggi il tentativo di conciliazione non è più obbligatorio, ma facoltativo. L'obbligo di esperire il tentativo di conciliazione permane quando la controversia riguardi un contratto certificato: in questa ipotesi, l'art. 80, d.lgs. n. 276/2003 impone lo svolgimento di un preliminare tentativo di conciliazione davanti alla Commissione di certificazione che ha certificato il contratto [14]. Il tentati-

---

[12] V, tuttavia l'art. 24, d.lgs. n. 151/2015, che prevede la possibilità di "cessione" a titolo gratuito delle ferie e dei riposi per ragioni di solidarietà con colleghi di lavoro con gravi problemi di cura e assistenza di figli minori, fermi restando i diritti di cui al d.lgs. n. 66/2003 e nella misura, alle condizioni e secondo le modalità stabilite dai contratti collettivi (v. *retro,* PT. VII, Cap. I, Sez. I).

[13] Cass. n. 1887/2022; Cass. n. 22105/2009.

[14] La mancanza del tentativo di conciliazione è rilevabile anche d'ufficio e comporta la definizione

vo di conciliazione preventiva è stato altresì introdotto con la l. n. 92/2012 nel caso in cui il datore di lavoro, che abbia alle proprie dipendenze più di quindici lavoratori, intenda porre in essere un licenziamento per giustificato motivo oggettivo, come definito dall'art. 3 della l. n. 604/1966. La procedura si svolge in sede amministrativa e deve precedere il licenziamento (*retro*, PT. VIII, Cap. II, Sez. V, § 2.1). L'esperimento di tale procedura non è più previsto nel caso del licenziamento per giustificato motivo oggettivo dei lavoratori assunti con contratto di lavoro a tempo indeterminato a tutele crescenti (d.lgs. n. 23/2015). Del tutto volontaria, ma incentivata sotto il profilo economico, è invece la procedura di conciliazione prevista dall'art. 6, d.lgs. n. 23/2015 (cfr., per i dettagli, *retro* (PT. VIII, Cap. II, Sez. V, § 3).

Se la conciliazione avviene nel corso del processo, e quindi di fronte al giudice, prende il nome di *conciliazione giudiziale*. Ai sensi dell'art. 420, c. 1, c.p.c. (come modificato dall'art. 31, l. n. 183/2010), il giudice fin dalla prima udienza tenta la conciliazione della lite e formula alle parti una proposta transattiva. Il rifiuto della proposta transattiva o la mancata comparizione personale delle parti alla prima udienza, senza giustificato motivo, costituisce comportamento valutabile dal giudice ai fini del giudizio (art. 116 c.p.c.). In caso di accettazione, la conciliazione è verbalizzata. Il verbale acquisisce efficacia di titolo esecutivo. La conciliazione giudiziale ha efficacia tra le parti e non è impugnabile (art. 2113, c. 4, c.c.).

La conciliazione può essere anche *stragiudiziale*. Il codice di procedura civile individua le sedi presso le quali le parti possono validamente conciliare la controversia fuori dal processo. La conciliazione stragiudiziale può avvenire, ai sensi dell'art. 410 c.p.c. (come novellato dall'art. 31, l. n. 183/2010), davanti alla Commissione di conciliazione costituita oggi, dopo il d.lgs. n. 149/2015, presso le sedi territoriali dell'Ispettorato del lavoro (c.d. *conciliazione collegiale amministrativa*) [15].

Una diversa forma di conciliazione stragiudiziale delle controversie è rappresentata dalla *conciliazione monocratica*, istituto introdotto dall'art. 11, d.lgs. n. 124/2004. Il tentativo di conciliazione è condotto personalmente da un ispettore del lavoro e non da una commissione. La conciliazione monocratica può essere *preventiva* rispetto all'accesso ispettivo o *contestuale* ad esso. Nel primo caso, è promossa a seguito di una richiesta di intervento rivolta all'Ispettorato territoriale del lavoro, senza che sia stato dato avvio al procedimento ispettivo. Nel secondo caso, poco frequente nella pratica, la conciliazione avviene al momento dell'accesso ispettivo in azienda, ma prima che siano stati accertati illeciti da parte del personale ispettivo.

Presupposti per il tentativo di conciliazione monocratica sono l'emersione di elementi per una soluzione conciliativa della controversia; il carattere patrimoniale dei diritti oggetto di controversia, l'assenza di chiari indizi di violazioni penalmente rilevanti. L'accordo conciliativo raggiunto dalle parti non è impugnabile ai sensi dell'art. 2113 c.c. Inoltre, l'esecuzione dell'accordo di conciliazione in sede monocratica (con versamento al lavoratore delle somme oggetto di transazione e agli istituti previden-

---

della causa con sentenza dichiarativa dell'improponibilità. In questo senso Trib. Bari 2.3.2017; Trib. Milano 26.1.2012.

[15] La Commissione ha struttura tripartita essendo composta da rappresentanti delle organizzazioni sindacali, rappresentanti delle organizzazioni datoriali e da dirigenti o funzionari pubblici (o magistrati collocati a riposo).

ziali o assicurativi dei contributi dovuti) produce l'effetto di estinguere il procedimento ispettivo (ove si verta in un'ipotesi di conciliazione contestuale).

Ulteriore sede di *conciliazione* è quella *sindacale* (art. 412-*ter* c.p.c.). I contratti e gli accordi collettivi disciplinano le modalità e le procedure con le quali deve svolgersi tale forma di conciliazione. Anche in questo caso, una volta che la conciliazione si sia perfezionata, l'accordo raggiunto non è impugnabile *ex* art. 2113 c.c.

Il verbale di avvenuta conciliazione deve essere sottoscritto dal datore di lavoro, dal lavoratore e dai rappresentanti sindacali che hanno assistito le parti ed è depositato presso l'Ispettorato territoriale del lavoro per il tramite dell'associazione sindacale. Il direttore, o un suo delegato, accertatane l'autenticità, provvede a depositarlo nella cancelleria del Tribunale nella cui circoscrizione è stato redatto. Il giudice, a sua volta, su istanza della parte interessata, accertata la regolarità formale del verbale di conciliazione, lo dichiara esecutivo con decreto.

Sedi di conciliazione delle controversie sono infine le Commissioni di certificazione (per ulteriori dettagli sulla certificazione, *infra*, § 7).

In prospettiva, è probabile che la conciliazione delle liti di lavoro trovi rilevante sviluppo a seguito dell'attuazione, da parte del Governo, dell'art. 1, c. 4, lett. *q*) della legge-delega n. 206/2021 che ammette la possibilità di giungere a valide conciliazioni delle controversie di lavoro, a condizione che ciascuna parte sia assistita dal proprio avvocato, nonché, ove le parti lo ritengano, anche dai rispettivi consulenti del lavoro.

In tutti i casi in cui le rinunce e le transazioni siano sottoscritte nel contesto di una conciliazione "assistita", si afferma in genere che tali rinunce o transazioni non sono impugnabili. Occorre notare, tuttavia, che l'art. 2113, c. 4, c.c., si limita a impedire l'impugnabilità dell'atto dispositivo ai sensi e nei termini di cui all'art. 2113, cc. 1, 2 e 3, c.c., ma *non* esclude che un'impugnazione possa comunque avvenire con gli ordinari strumenti di diritto comune, in conseguenza di altro profilo di invalidità, diverso da quello contemplato dall'art. 2113. Ciò dipende dal fatto che la conciliazione (in tutte le sue forme, compresa quella giudiziale) si realizza attraverso la conclusione di un atto di natura negoziale.

Così, ad esempio, può sempre essere dichiarata la nullità di un accordo concluso in sede di conciliazione ove questo abbia avuto ad oggetto diritti assolutamente indisponibili del lavoratore, o "diritti futuri" [16], o anche quando la transazione abbia un oggetto indeterminato o manchi la *res litigiosa* [17]. Ancora, un altro profilo di invalidità può riguardare l'eventuale vizio del consenso del contraente. Spetterà al lavoratore, in questa ipotesi, provare l'errore, la violenza o il dolo [18], dovendosi peraltro osservare che, nel caso della transazione, troverà applicazione l'art. 1969 c.c., ai sensi del quale tale contratto non può essere annullato per errore di diritto relativo alle questioni che sono state oggetto di controversia tra le parti.

Nulla vieta, inoltre, al giudice di procedere alla riqualificazione giuridica del presunto atto dispositivo, qualora dalla dichiarazione o da altre circostanze si possa appurare che manchi la volontà di disporre di diritti. È ciò che sovente accade nel caso

---

[16] Esclude che la conciliazione possa riguardare diritti non ancora entrati nel patrimonio del prestatore di lavoro Cass. n. 18405/2011.

[17] Cass. n. 9006/2019; Cass. n. 13217/2017.

[18] Cass. n. 8260/2017; Cass. n. 12929/1991; Cass. n. 368/1984; Pret. Torino 18.6.1992.

di sottoscrizione da parte del lavoratore di dichiarazioni, c.d. *quietanze a saldo* o *liberatorie* prive di efficacia dispositiva. Così sono chiamate le dichiarazioni – usualmente sottoscritte alla cessazione del rapporto di lavoro – con le quali il lavoratore dichiara, ad esempio, di avere ricevuto dal datore di lavoro tutto quanto di sua competenza e di non avere altro a pretendere per qualsiasi ragione, titolo o causa connessi all'intercorso rapporto di lavoro [19].

Ove emerga l'assenza di volontà dispositiva, sulla base dell'interpretazione del documento, o dal comportamento complessivo delle parti, oppure per il concorso di altre specifiche circostanze desumibili *aliunde*, la quietanza sottoscritta dal lavoratore potrà acquisire, al più, valore di mera dichiarazione di scienza, priva di efficacia abdicativa o transattiva. Il lavoratore potrà dunque rivendicare eventuali diritti non riconosciuti senza necessità di impugnare alcunché (mentre dovrebbe impugnare l'atto, nei termini di cui all'art. 2113, se nella quietanza fosse rinvenibile una rinuncia o una transazione) [20].

Oltre alle ipotesi descritte, i giudici, in varie circostanze, ma soprattutto nel caso di conciliazione sindacale, hanno riconosciuto l'impugnabilità della rinuncia o della transazione conclusa in sede conciliativa per mancata assistenza del lavoratore da parte del conciliatore. Il presupposto risiede nel significato attribuito all'intervento del terzo investito di una funzione pubblica (giudice, autorità amministrativa, associazione di categoria): l'intervento del terzo è infatti ritenuto idoneo a superare la mancata libertà del consenso del lavoratore, ovvero a sottrarre il lavoratore ad una condizione di soggezione rispetto al datore di lavoro ed a ristabilire l'equilibrio tra i soggetti della controversia [21]. Secondo alcuni giudici la "mera presenza" della parte sindacale è di per sé idonea a far presumere l'avvenuta assistenza al lavoratore [22]; ma secondo l'opinione più diffusa, è necessaria invece una "effettiva assistenza" [23], unitamente allo svolgimento da parte del conciliatore di un ruolo attivo nella composizione della controversia, dovendosi quest'ultimo adoperare per rendere il lavoratore cosciente di ciò che sta stipulando, consigliandolo sulle convenienze e avvertendolo degli effetti dispositivi prodotti e dell'irreversibilità

---

[19] Assai eloquente per cogliere la differenza tra transazione e quietanza a saldo (o liberatoria) priva di valore negoziale è una massima, nella quale la Cassazione ha ribadito che «ai fini della qualificazione di una dichiarazione liberatoria sottoscritta dalla parte come quietanza o piuttosto come transazione, occorre considerare che la quietanza liberatoria rilasciata a saldo di ogni pretesa costituisce, di regola, una semplice manifestazione del convincimento soggettivo dell'interessato di essere soddisfatto di tutti i suoi diritti, e pertanto concreta una *dichiarazione di scienza* priva di alcuna efficacia negoziale, laddove nella dichiarazione liberatoria sono ravvisabili gli estremi di un negozio di rinunzia o transazione in senso stretto soltanto quando, per il concorso di particolari elementi di interpretazione contenuti nella stessa dichiarazione, o desumibili *aliunde*, risulti che la parte l'abbia resa con la chiara e piena consapevolezza di abdicare o transigere su propri diritti» (Cass. n. 2146/2011). Nello stesso senso, tra le molte, Cass. n. 28448/2018; Cass. n. 4420/2017; Cass. n. 1556/2017; Cass. n. 18321/2016.

[20] Cfr. ad esempio Cass. n. 1176/2011 secondo la quale non è ravvisabile volontà negoziale nella dichiarazione, sottoscritta dal lavoratore, ma predisposta dal datore di lavoro in occasione della corresponsione del t.f.r., di rinuncia a diritti, quando essa sia accompagnata dall'espressione "con riserva".

[21] App. Napoli 8.1.2010.

[22] Cass. n. 16154/2021; Cass. n. 12858/2003; Trib. Messina 18.9.2020, n. 113.

[23] Cass. n. 9006/2019; Cass. n. 13217/2008; Cass. n. 12858/2003; Cass. n. 11248/1997; Cass. n. 908/1995.

degli stessi[24]. In caso di carenza del requisito dell'assistenza al lavoratore, il c. 4 dell'art. 2113 c.c. non trova applicazione: ne consegue la possibilità per il prestatore di impugnare la rinuncia o la transazione conclusa in sede sindacale ai sensi dell'art. 2113, prima parte. L'impugnazione deve pertanto avvenire nel rispetto dei termini di decadenza stabiliti da tale disposizione.

Rispettati gli obblighi di assistenza e di composizione dell'organo conciliativo, la rinuncia o la transazione del lavoratore è da considerarsi, sotto il profilo procedurale, valida. Le ulteriori formalità (deposito presso l'Ispettorato territoriale del lavoro e presso la cancelleria del Tribunale) «costituiscono adempimenti successivi ed estranei rispetto all'essenza negoziale della conciliazione, l'assenza dei quali non risulta idonea ad incidere sulla validità della transazione medesima»[25].

4. *La prescrizione dei diritti del lavoratore*

Un diritto (qualsiasi diritto, non solo un diritto del lavoratore) si prescrive qualora il titolare non lo eserciti «per il tempo determinato dalla legge» (art. 2934, c. 1, c.c.). La prescrizione è una modalità generale di estinzione dei diritti: ne sono esclusi i soli diritti "indisponibili" e i diritti la cui imprescrittibilità è disposta dalla legge (art. 2934, c. 2, c.c.). Ma si è detto in precedenza (v. *retro*, § 2) che pochi sono i diritti assolutamente indisponibili del lavoratore, e certamente non sono tali i diritti più frequentemente rivendicati in giudizio dal lavoratore: diritti di credito scaturenti dallo svolgimento della prestazione lavorativa e diritti di natura risarcitoria.

Secondo la regola generale, i diritti si prescrivono in *dieci anni* a partire dal momento in cui il diritto può essere fatto valere, salvi i casi in cui la legge dispone diversamente (così il combinato disposto degli artt. 2935 e 2946 c.c.). La legge "dispone diversamente" quando ad esempio assoggetta alla *prescrizione quinquennale* le indennità spettanti per la cessazione del rapporto di lavoro (art. 2948, n. 5, c.c.)[26].

Non sono assoggettati alla prescrizione decennale, ma a quella breve, quinquennale, i *crediti di natura retributiva* vantati dal lavoratore. Ciò in quanto si riconosce a questi ultimi il carattere periodico richiesto dall'art. 2948, n. 4, c.c.: disposizione che sottopone alla prescrizione quinquennale gli interessi e, «in generale, tutto ciò che deve pagarsi periodicamente ad anno o in termini più brevi»[27].

Restano fuori dal campo di applicazione dell'art. 2948, n. 4, e quindi sono assoggettate a prescrizione decennale ordinaria, le erogazioni originate da causa autonoma

---

[24] Cass. n. 14524/2015; Cass. n. 24024/2013; App. Aquila 10.3.2016.

[25] Cass. n. 4205/1998; Cass. n. 8128/1997.

[26] Dovendosi comprendere tra queste l'indennità di mancato preavviso, l'indennità per causa di morte, il trattamento di fine rapporto, la cui prescrizione decorre, secondo la Cassazione (Cass. n. 5707/2010; Cass. n. 3894/2010; Cass. n. 2625/2010; Cass. n. 1901/1990), dal momento in cui il credito diventa esigibile e dunque dalla cessazione del rapporto di lavoro.

[27] Secondo una massima ricorrente in giurisprudenza, rientrano nel concetto di retribuzione e quindi sono assoggettati all'art. 2948, n. 4, c.c., «non solo gli emolumenti corrisposti in funzione dell'esercizio dell'attività lavorativa, ma anche tutti gli importi che, pur senza trovare riscontro in una precisa e eseguita prestazione lavorativa, costituiscono adempimento di obbligazioni pecuniarie imposte al datore di lavoro da leggi o da convenzioni nel corso del rapporto ed aventi origine e titolo nel contratto di lavoro». Così Cass. n. 18148/2006; Cass. n. 4501/1987.

rispetto alla prestazione lavorativa, quali i rimborsi spese o le liberalità [28]. Altri diritti assoggettati a prescrizione decennale sono il diritto del lavoratore alla qualifica superiore corrispondente alle mansioni effettivamente svolte (mentre alle relative differenze retributive si applica la prescrizione breve) [29]; il diritto al risarcimento del danno per responsabilità contrattuale [30] e per omissione contributiva (art. 2116, c. 2, c.c.).

È bene precisare che sono sottoposti a prescrizione i diritti e non i presupposti di fatto che generano i diritti: ne consegue che non si prescrivono le azioni volte a fare accertare la qualificazione giuridica di un fatto o di una situazione, da cui possono derivare diritti. Così, ad esempio, l'azione di accertamento giudiziale dell'anzianità di servizio di un lavoratore è considerata imprescrittibile, sebbene si prescrivano i singoli scatti di anzianità maturati in corrispondenza di una certa anzianità di servizio. Analogamente, non è soggetta a prescrizione l'azione diretta all'accertamento del carattere subordinato di un rapporto di lavoro, mentre si estinguono per prescrizione i singoli diritti che dalla situazione accertata derivano.

I diritti di credito del lavoratore oltre che alla prescrizione estintiva quinquennale di cui si è detto, sono altresì sottoposti a prescrizione presuntiva, cioè alla presunzione legale di adempimento da parte del debitore. Si presumono prescritte in un anno le retribuzioni dei lavoratori corrisposte per periodi non superiori al mese (art. 2955, n. 2, c.c.); si presumono prescritte in tre anni le retribuzioni corrisposte per periodi superiori al mese (art. 2956, n. 1, c.c.). Trascorso il tempo previsto senza che la prescrizione sia stata interrotta, il debito si considera estinto. La presunzione può essere superata solo ove il debitore rifiuti di prestare il giuramento deferito *ex* art. 2960 c.c. o nel caso di confessione giudiziale resa dallo stesso [31]. Si realizza quest'ultimo caso ove il debitore nel processo ammetta di non avere estinto il debito, oppure compia ammissioni incompatibili con l'estinzione del diritto, ad esempio contestandone l'esistenza [32]. La contestazione dell'esistenza del debito impedisce di avvalersi dell'eccezione di prescrizione presuntiva proprio perché questa consiste, come si è detto, in una presunzione di adempimento.

4.1. *La prescrizione differita dei diritti di credito retributivi*

Usualmente le discipline destinate ad applicarsi ai rapporti di lavoro si distinguono da quelle di diritto comune per la maggiore garanzia offerta alle posizioni giuridiche della parte contrattuale più debole. Alla luce del quadro legale sin qui descritto, in materia di prescrizione la situazione parrebbe diversa: le disposizioni del codice civile non paiono differenziare, in vista di una maggiore tutela, la situazione del lavoratore subordinato.

---

[28] Cass. n. 4501/1987; Cass. n. 1018/2001.

[29] Corte cost. n. 115/1975; Cass. S.U. n. 9417/1987; Cass. n. 12380/1999; App. Roma 21.2.2019, n. 4625. Per l'opinione che nega alla qualifica il carattere di diritto autonomo cfr. Cass. n. 7151/1987; Cass. n. 10832/1998.

[30] Quando invece il risarcimento è dovuto per responsabilità aquiliana la prescrizione è quinquennale (art. 2947 c.c.).

[31] Cfr. ad esempio Cass. n. 7800/2010; Cass. n. 11195/2007.

[32] Cass. n. 7277/2005; Cass. n. 5563/2004; Cass. n. 1266/1999; Cass. n. 1160/1995.

In realtà la considerazione da parte dell'ordinamento delle peculiarità del diritto del lavoro non è del tutto assente in materia di prescrizione: le peculiarità si manifestano non nell'ampiezza, ma nella decorrenza dei termini di prescrizione dei crediti retributivi. La regola secondo la quale la prescrizione (estintiva o presuntiva) inizia a decorrere dal giorno in cui il diritto può essere fatto valere (art. 2935 c.c.), e quindi anche in pendenza del rapporto di lavoro, trova infatti eccezioni per quanto concerne i crediti retributivi del lavoratore. L'assetto vigente non deriva da discipline legislative, ma dal cumularsi di interventi della Corte costituzionale che, nel tempo, hanno adeguato la disciplina codicistica della prescrizione alle esigenze di tutela della posizione del lavoratore.

Nel 1966 la Corte costituzionale, in una notissima pronuncia[33], sancì l'illegittimità costituzionale del regime della prescrizione contenuto negli artt. 2948, n. 4, 2955, n. 2, e 2956, n. 1, c.c., relativamente alle parti in cui consentono la prescrizione del diritto alla retribuzione in costanza di rapporto di lavoro. Il principio costituzionale violato, secondo la Corte, è quello contenuto nell'art. 36, c. 1, Cost.: consentire la prescrizione dei crediti retributivi in costanza di rapporto significherebbe indirettamente ammettere che l'inerzia del lavoratore nel rivendicare i propri crediti possa incidere sul diritto, costituzionalmente tutelato, di ricevere una retribuzione proporzionata alla qualità e alla quantità del lavoro svolto e comunque sufficiente a garantire un'esistenza libera e dignitosa. Affermando che la decorrenza della prescrizione in costanza di rapporto può risolversi in sostanza nella privazione di un diritto costituzionalmente tutelato, la Corte riconobbe che durante il rapporto di lavoro vi possono essere ostacoli materiali a fare valere un diritto: il lavoratore infatti «può essere indotto a non esercitare il proprio diritto per lo stesso motivo per cui molte volte è portato a rinunciarvi». Il motivo cui allude la sentenza non è generico: è specificamente individuato nel timore del licenziamento.

Quando la Corte pronunciava la sentenza n. 63/1966, non era ancora stata emanata la legge che per la prima volta introduceva limiti legali ai licenziamenti (l. n. 604/1966: *retro*, PT. VIII, Cap. II, Sez. I); a partire dall'entrata in vigore di quella legge, e successivamente, in ragione delle significative modifiche nel regime della stabilità nel posto di lavoro apportate dall'art. 18 St. lav., l'argomento del "timore del licenziamento" doveva necessariamente essere sottoposto a revisione. Infatti, negli anni successivi alla sentenza del 1966, la Corte costituzionale tornò sull'argomento, sottoponendo a nuove regole la prescrizione dei crediti di lavoro[34]. In particolare, la Corte giunse a delimitare l'applicazione della regola del differimento della decorrenza della prescrizione alla fine del rapporto ai soli rapporti che non godano di un regime di stabilità contro i licenziamenti illegittimi.

Della nozione di stabilità rilevante ai fini del *dies a quo* la Cassazione a Sezioni Unite (sentenza del 12.4.1976) ha fornito una interpretazione rigorosa: «è stabile ogni rapporto che, indipendentemente dal carattere pubblico o privato del datore di lavoro, subordini la legittimità e l'efficacia della risoluzione alla sussistenza di circostanze obiettive e predeterminate e, sul piano processuale, affidi al giudice il sindacato su

[33] Corte cost. n. 63/1966.

[34] Corte cost. nn. 40, 41, 42, 43, 44, 45/1979.

tali circostanze e la possibilità di rimuovere gli effetti del licenziamento illegittimo»[35]. Perché possa essere riconosciuta la stabilità di un rapporto è necessario dunque non solo che sia ammesso il controllo giudiziale delle ragioni del licenziamento e che il licenziamento sia possibile solo al ricorrere di ragioni obiettive e predeterminate, ma anche che il giudice, nel caso in cui riconosca l'illegittimità del licenziamento, possa rimuoverne gli effetti. Tali condizioni ricorrono solo nelle ipotesi nelle quali sia applicabile il regime della reintegrazione nel posto di lavoro: ove il rapporto sia assistito da stabilità, la prescrizione dei crediti retributivi inizia a decorrere dal momento in cui il diritto può esser fatto valere, non ricorrendo il *metus* che altrimenti potrebbe indurre il lavoratore a non esercitare i propri diritti in costanza di rapporto.

Sulla base di questo orientamento interpretativo, si poteva affermare che la decorrenza della prescrizione dei crediti retributivi del lavoratore fosse rinviata al momento della cessazione del rapporto nei soli casi in cui non trovava applicazione il regime di stabilità reale di cui all'art. 18 St. lav. (dunque dove trovava applicazione la stabilità obbligatoria, di cui alla l. n. 604/1966, oltre all'area residuale del recesso *ad nutum*) (*retro*, PT. VIII, Cap. II, Sez. IV, C).

Regole di tale tenore devono oggi fare i conti con il mutato quadro legale in cui, prima con la l. n. 92/2012 e poi con il d.lgs. n. 23/2015, si è prodotto un sensibile allargamento della tutela meramente indennitaria contro il licenziamento illegittimo (che ora può interessare anche datori di lavoro con più di quindici dipendenti (v. *retro*, PT. VIII, Cap. II, Sez. III): e in effetti, in ragione di tale espansione della tutela meramente indennitaria in caso di licenziamento illegittimo, in giurisprudenza ha incominciato a farsi strada l'orientamento secondo il quale i termini di prescrizione dei crediti retributivi in vigenza della l. n. 92/2012 e del d.lgs. n. 23/2015 decorrono sempre dal momento della cessazione del rapporto di lavoro[36]. Non mancano tuttavia anche pronunce di senso contrario[37].

A dirimere il contrasto tra i giudici di merito è intervenuta, recentissimamente, la Corte di Cassazione con la pronuncia n. 26246 del 6.9.2022. I giudici di legittimità negano che i rapporti di lavoro subordinato assoggettati alla l. n. 92/2012 o, a maggior ragione, al d.lgs. n. 23/2015 possano considerarsi assistiti da "stabilità" in caso di licenziamento illegittimo. Il prestatore di lavoro non è infatti nelle condizioni di sapere, *ex ante* rispetto all'accertamento giudiziale, se potrà riottenere, a seguito della declaratoria di illegittimità del licenziamento, la reintegrazione nel posto di lavoro. La stabilità del rapporto può dirsi assicurata, secondo i tradizionali e già richiamati orientamenti giurisprudenziali, soltanto ove la legittimità e l'efficacia della risoluzione sia subordinata alla sussistenza di circostanze obbiettive e predeterminate e il giudice

[35] Cass. S.U. n. 1268/1976. Nello stesso senso, Cass. n. 1362/1983; Cass. n. 5494/1997; Cass. n. 2058/1996.

[36] Tra i primi contributi giurisprudenziali si segnalano Trib. Milano 16.12.2015, n. 3460; App. Milano 30.7.2019, n. 522; Trib. Alessandria 9.1.2019, n. 4 (relativa a un rapporto di lavoro svoltosi a cavallo della riforma introdotta dalla l. n. 92/2012: il giudice ha ritenuto che per il periodo di vigenza della tutela reale la prescrizione decorresse dalla maturazione dei crediti, mentre per i crediti maturati dopo la riforma, la prescrizione iniziasse a decorrere dalla cessazione del rapporto di lavoro). Più recentemente Trib. Brescia 26.5.2021; App. Milano 28.2.2020, n. 324: App. Milano 30.7.2019, n. 522.

[37] Trib. Roma 21.5.2018, n. 4125; Trib. Milano 24.4.2014; Trib. Milano 7.10.2016, n. 2576.

possa non solo sindacare tali circostanze, ma anche rimuovere gli effetti del licenziamento illegittimo. Il che, vigenti le attuali discipline contenute nella l. n. 92/2012 e nel d. lgs. n. 23/2015, evidentemente non è.

Ne consegue, secondo la Corte di Cassazione, che la prescrizione dei diritti di credito decorre soltanto dal momento della cessazione del rapporto di lavoro.

5. *La decadenza*

La previsione di termini legali di decadenza rappresenta una limitazione all'esercizio o alla tutela del diritto da parte di chi ne è titolare. Poiché nel diritto del lavoro le azioni, nella stragrande maggioranza dei casi e, almeno in prima battuta, sono promosse dal lavoratore, l'istituto della decadenza ha tradizionalmente trovato uno spazio circoscritto.

È sottoposta a decadenza semestrale, come si è già visto, l'impugnazione delle rinunce e delle transazioni aventi ad oggetto diritti del lavoratore derivanti da norme inderogabili (art. 2113 c.c.); è sottoposta a (doppia) decadenza altresì l'impugnazione del licenziamento individuale ai sensi dell'art. 6, l. n. 604/1966 e successive modifiche (PT. VIII, Cap. II, Sez. V)[38].

Le ipotesi di decadenza legale si sono tuttavia moltiplicate con l'approvazione della l. n. 183/2010 (c.d. Collegato lavoro). In nome del valore della certezza dei rapporti giuridici, sono stati introdotti inediti termini di decadenza per la proposizione di domande giudiziali volte alla tutela dei diritti del lavoratore.

Anzitutto, occorre precisare che i nuovi termini per l'impugnazione dei licenziamenti (impugnazione, anche stragiudiziale, entro 60 giorni, cui deve seguire entro 180 giorni, a pena di inefficacia, il deposito del ricorso in giudizio o la comunicazione alla controparte della richiesta di tentativo di conciliazione o arbitrato) si applicano, ai sensi del c. 2 dell'art. 32, anche nelle ipotesi di licenziamento che presupponga la risoluzione di questioni relative alla qualificazione del rapporto di lavoro e di recesso del committente nei rapporti di collaborazione coordinata e continuativa di cui all'art. 409, n. 3, c.p.c.

La stessa disciplina è estesa altresì (art. 32, c. 4, lett. *d*) ad ogni altro caso in cui, compresa l'ipotesi prevista dall'art. 27, d.lgs. n. 276/2003, si chieda la costituzione o l'accertamento di un rapporto di lavoro in capo a un soggetto diverso dal titolare del contratto (es. nel caso di somministrazione irregolare, o di distacco o appalto illecito).

Il doppio termine di decadenza si applica anche al caso dell'impugnazione del contratto di lavoro a termine: sia a quelli in esecuzione alla data di entrata in vigore della l. n. 183/2010, con decorrenza dalla cessazione del rapporto; sia a quelli già cessati a quella data, con decorrenza dalla data stessa (art. 32, c. 4, lett. *a*) e *b*). Ai sensi dell'art. 28 del d.lgs. n. 81/2015 però l'impugnazione deve avvenire entro 120 (e non 60) giorni dalla cessazione del singolo contratto, fermo restando il secondo termine di 180 giorni.

L'introduzione dei termini di decadenza parrebbe, in taluni casi, rispondere all'esigenza di evitare la tattica opportunistica di posticipare l'introduzione del ricorso ad

---

[38] Altre ipotesi di decadenza si trovano in materia di responsabilità solidale negli appalti (art. 29, c. 2, d.lgs. n. 276/2003) e in materia di diritto di precedenza all'assunzione a tempo indeterminato da parte di lavoratori con contratto a termine (art. 24, c. 4, d.lgs. n. 81/2015).

un momento molto prossimo alla prescrizione per potere profittare della conseguente lievitazione dell'entità del risarcimento ottenibile in caso di vittoria; ma non sempre pare essere questa la preoccupazione principale del legislatore.

In realtà la più larga utilizzazione da parte del legislatore dell'istituto della decadenza pare essere legato agli effetti preclusivi della tutela giudiziale dei diritti, simili a quelli della prescrizione, se non addirittura più perentori, che, dal punto di vista "sostanziale" o "funzionale", la decadenza è in grado di produrre[39].

Ciò emerge soprattutto nelle ipotesi in cui i termini di decadenza previsti dal legislatore paiono decorrere in costanza di rapporto. È il caso, ad esempio, dell'art. 32, c. 3, lett. *c*) della l. n. 183/2010, che estende i (doppi) termini di decadenza al caso del trasferimento del lavoratore (art. 2103 c.c.) con termine decorrente dalla data di ricezione da parte del lavoratore della comunicazione di trasferimento; è il caso altresì del c. 4, lett. *d*) del medesimo art. 32, che prevede la decadenza dall'impugnazione della «cessione di contratto di lavoro» (*sic*) avvenuta ai sensi dell'art. 2112 c.c., con termine decorrente dalla data del trasferimento[40].

Sul punto deve registrarsi tuttavia l'interpretazione che da qualche tempo si è fatta strada in giurisprudenza; secondo questo orientamento interpretativo, i termini di decadenza previsti in caso di domanda per la costituzione di un rapporto di lavoro con un soggetto diverso dal titolare formale (in caso di appalto, distacco, somministrazione irregolari) non si applicano ove manchi un provvedimento datoriale in forma scritta o un atto equipollente che neghi la titolarità del rapporto stesso[41].

Questione antica, ma ancora rilevante, è se ipotesi di decadenza possano essere stabilite, oltre che dalla legge, anche dai contratti collettivi. La giurisprudenza, dopo alcune oscillazioni (nelle motivazioni e nei percorsi argomentativi, più che negli esiti), ha ormai da tempo trovato una soluzione stabile alla questione valorizzando l'art. 2965 c.c., ai sensi del quale è nullo il patto che stabilisca termini di decadenza che rendono eccessivamente difficile ad una delle parti l'esercizio del diritto. Secondo la Corte di Cassazione, più precisamente, le condizioni che assicurano la possibilità di libero esercizio del diritto sono quelle contenute nell'art. 2113 c.c.: durata minima semestrale del termine e decorso della decadenza soltanto a rapporto di lavoro cessato[42], salvo che il rapporto non sia assistito da stabilità[43]. L'art. 2113 c.c., pur non ritenuto direttamente applicabile alla fattispecie, è dunque assunto come parametro per valutare la situazione di eccessiva difficoltà di cui all'art. 2965 c.c.

---

[39] La decadenza, proprio perché risponde ad esigenze di certezza dei rapporti giuridici non è suscettibile di interruzione o sospensione (art. 2964 c.c.): fa eccezione, nell'ambito del diritto del lavoro, la sospensione dei termini di decadenza a seguito della comunicazione al datore di lavoro della richiesta di svolgimento del tentativo di conciliazione delle controversie individuali di lavoro.

[40] Il riferimento alla «cessione del contratto di lavoro» accostato al richiamo dell'art. 2112 c.c. pare anomalo, se è vero che, ai sensi di quest'ultima disposizione, la continuazione *ope legis* del rapporto (v. *retro*, PT. VII, Cap. III) esclude la cessione del contratto.

[41] Cass. n. 40652/2021; Cass. n. 30490/2021. Con riferimento all'ipotesi del trasferimento d'azienda, App. Roma 8.3.2021, n. 835.

[42] Cass. n. 9647/2004; Cass. n. 11875/2003.

[43] Cass. n. 11875/2003.

6. *L'arbitrato in materia di lavoro*

L'istituto dell'arbitrato consente alle parti di deferire a un terzo non togato (l'arbitro) il potere di decidere una controversia. Fonte del potere può essere: il *contratto di compromesso*, con cui le parti deferiscono al terzo la soluzione di una controversia già insorta; la *clausola compromissoria*, ossia la clausola con la quale le parti si obbligano a fare decidere dall'arbitro le controversie insorte successivamente alla conclusione del contratto. In ogni caso, nella materia delle controversie del lavoro, è escluso che il deferimento della soluzione di una controversia ad arbitri possa essere imposta alle parti dalla legge, pena la violazione del principio di cui all'art. 24 Cost.

Una controversia di lavoro può essere risolta anzitutto attraverso *l'arbitrato rituale*, regolato dagli artt. 806 ss. c.p.c., quando ciò sia previsto dalla legge o dai contratti o accordi collettivi di lavoro. Ai sensi dell'art. 824-*bis* c.p.c. il lodo arbitrale rituale produce gli stessi effetti di una sentenza ove sia oggetto di omologazione da parte del giudice. Nell'ambito delle controversie di lavoro, il lodo può essere impugnato per violazione di norme di legge e per violazione dei contratti collettivi, oltre che per contrarietà all'ordine pubblico (art. 829 c.p.c.). Ciò significa che gli arbitri devono comporre la controversia secondo diritto.

Le controversie di lavoro possono altresì essere risolte attraverso *arbitrato irrituale*, cioè, come prevede l'art. 808-*ter*, c. 1, c.p.c., mediante "determinazione contrattuale". Dopo le modifiche introdotte dall'art. 31, l. n. 183/2010, sono individuabili quattro forme di arbitrato irrituale: l'arbitrato regolato dai contratti collettivi di lavoro (art. 412-*ter* c.p.c.); l'arbitrato che si svolge presso l'ITL (art. 412 c.p.c.), ove le parti che abbiano inteso conciliare una controversia in sede amministrativa decidano di deferire la definizione della stessa alla Commissione, che così potrà operare come collegio arbitrale; l'arbitrato presso le Commissioni di certificazione (art. 31, c. 12, l. n. 183/2010); infine l'arbitrato che si svolge davanti ad un collegio costituito su iniziativa delle parti individuali (art. 414-*quater*).

Il lodo irrituale ha natura ed effetti contrattuali, vincolando le parti ai sensi dell'art. 1372 c.c. Tuttavia, esso gode di una stabilità maggiore rispetto a quella che caratterizza un qualsiasi accordo intercorso tra datore di lavoro e lavoratore avente ad oggetto diritti derivanti da norme inderogabili. Fin dal 1998 (dd.llgs. nn. 80 e 387/1998), è stata cancellata la disposizione (art. 5, cc. 2 e 3, l. n. 533/1973) che prevedeva l'impugnabilità del lodo arbitrale ai sensi e nei termini di cui all'art. 2113 c.c., pur essendo stato mantenuto, secondo l'opinione prevalente in dottrina, il controllo della validità del lodo per violazione di norme inderogabili (art. 412-*quater*, c. 1, c.p.c.).

Dopo le modifiche introdotte dall'art. 31, l. n. 183/2010, è stato ribadito che il lodo non è impugnabile *ex* art. 2113 c.c.[44], mentre rimane controverso se lo stesso possa essere impugnato per violazione di norme imperative. È pur vero infatti che il lodo è dichiarato impugnabile *ex* art. 808-*ter* c.p.c. (che richiama motivi di impugnazione che *non* attengono alla violazione di norme imperative di carattere sostanziale); tuttavia, nello stesso tempo, il legislatore ammette l'arbitrato di equità (non vincolato dal necessario rispetto delle norme inderogabili di legge) esclusivamente nel caso in cui le parti lo prevedano nel momento in cui attribuiscono

[44] E dunque può dirsi che il lodo ha lo stesso grado di stabilità di una rinuncia o di una transazione concluse tra le parti del rapporto nelle sedi di conciliazione.

agli arbitri il potere di decidere e stabilendo in questo caso, quali limiti per gli arbitri, il rispetto «dei principi generali dell'ordinamento e dei principi regolatori della materia anche derivanti da obblighi comunitari» (art. 412, c. 2, e art. 412-*quater*, c. 3, c.p.c.). Pare allora che, anche dopo le ultime novità legislative, il lodo arbitrale irrituale resti non impugnabile per violazione delle norme imperative (diverse da quelle che costituiscono espressione di principi generali dell'ordinamento o principi regolatori della materia) *nel solo caso* in cui le parti abbiano conferito agli arbitri il potere di decidere secondo equità.

Con l'art. 31, l. n. 183/2010, è stata altresì ammessa la validità delle *clausole compromissorie* pattuite dalle parti individuali del rapporto[45], ma solo ove ricorrano una serie di condizioni, volte a evitare che la clausola, lungi dal costituire effettiva manifestazione della volontà delle parti, sia espressione della prevaricazione di una parte sull'altra, e finisca quindi per precludere alla parte debole il possibile ricorso in giudizio a tutela di propri diritti eventualmente negati o lesi.

La clausola compromissoria è valida se: a) è sottoscritta non prima della conclusione del periodo di prova, ove previsto, o altrimenti, negli altri casi, se sottoscritta dopo 30 giorni dalla data di stipulazione del contratto di lavoro; b) non riguarda controversie relative alla risoluzione del contratto di lavoro; c) è autorizzata da previsioni contenute in accordi interconfederali o contratti collettivi di lavoro stipulati da organizzazioni dei lavoratori e dei datori di lavoro comparativamente più rappresentative sul piano nazionale; d) è certificata da una Commissione di certificazione, a garanzia della effettiva volontà delle parti di deferire ad arbitri le future eventuali controversie relative al rapporto di lavoro.

7. *La certificazione dei contratti di lavoro e le altre ipotesi di certificazione*

La certificazione è una procedura, istituita dal legislatore nell'intento di ridurre il contenzioso in materia di lavoro, a cui le parti accedono volontariamente.

Sin dalla sua introduzione, ad opera del d.lgs. n. 276/2003 (artt. 75 ss.), l'istituto della *certificazione dei contratti di lavoro* ha suscitato giudizi contrastanti. Da una parte se ne è riconosciuto il possibile effetto deflattivo del contenzioso giudiziale; d'altra parte se ne è invece denunciata la strumentalità ad esigenze del solo datore di lavoro, potendosi risolversi, la certificazione, in un ostacolo per il lavoratore all'accesso alla giustizia.

I soggetti deputati a certificare i contratti di lavoro, denominati *Commissioni di certificazione*, possono essere istituiti presso: a) le Università pubbliche o private (comprese le Fondazioni universitarie), con competenza è estesa a tutto il territorio nazionale; b) le sedi territoriali dell'Ispettorato del lavoro, nel proprio ambito territoriale di competenza; c) i Consigli provinciali dei consulenti del lavoro, per contratti di lavoro instaurati nell'ambito territoriale di riferimento; d) gli enti bilaterali. In tale ipotesi la competenza è nazionale o territoriale a seconda che l'ente bilaterale abbia competenza nazionale o territoriale. Le parti devono però rivolgersi

---

[45] Il disegno di legge originariamente approvato dalle Camere prevedeva la possibilità di pattuire la clausola compromissoria anche al momento dell'assunzione e con riferimento a qualsiasi controversia di lavoro. Il Presidente della Repubblica il 31.3.2010 ha tuttavia rinviato il disegno di legge alle Camere ai sensi dell'art. 74 Cost. Il Parlamento ha dato seguito al messaggio del Presidente modificando il d.d.l. nel senso indicato nel testo.

alle Commissioni costituite dalle rispettive associazioni dei datori e dei prestatori di lavoro; e) la Direzione generale della tutela delle condizioni di lavoro del Ministero del lavoro (a seguito del d.lgs. n. 149/2015 l'omologa Direzione è in seno all'Ispettorato Nazionale del lavoro). Tale sede ha competenza limitata ai casi in cui il datore di lavoro abbia le proprie sedi di lavoro in almeno due province, anche di regioni diverse [46].

Alle Commissioni di certificazione sono attribuiti anzitutto compiti di assistenza e consulenza delle parti (art. 81, d.lgs. n. 276/2003). Consulenza e assistenza sono attività accessorie rispetto all'attività di certificazione in senso stretto, che ha un contenuto diverso a seconda dell'oggetto. Se è in questione la qualificazione di un contratto, la certificazione attesta la *corrispondenza* tra l'assetto di interessi voluto dalle parti e lo schema contrattuale adottato. Se invece ad essere in questione sono clausole del regolamento contrattuale, la certificazione attesta la *conformità* di tali clausole rispetto alle norme imperative della legge e del contratto collettivo [47].

La certificazione non realizza, salvi alcuni casi specificamente previsti dal legislatore, un modello di *derogabilità assistita* della disciplina legale e contrattuale collettiva in materia di lavoro. In linea di principio, ogni manifestazione di volontà individuale delle parti del rapporto, pur avvenuta in sede di certificazione, deve rispettare la struttura tendenzialmente inderogabile delle discipline del diritto del lavoro.

L'avvio del procedimento di certificazione avviene con istanza sottoscritta da entrambe le parti del contratto.

Possono essere sottoposti a certificazione tutti i contratti «in cui sia dedotta direttamente o indirettamente una prestazione di lavoro» (art. 75, d.lgs. n. 276/2003). La formula adottata dal legislatore vuole essere omnicomprensiva, anche se il riferimento alla categoria dei contratti in cui è "dedotta indirettamente una prestazione di lavoro" è poco rigorosa. Si può intendere, usando un poco di ragionevolezza, che l'art. 75 si riferisca non solo a tutti i contratti di lavoro, subordinato o autonomo, comprese le ipotesi di collaborazione autonoma coordinata e continuativa (art. 409 c.p.c.), ma anche ad altri contratti, anche di natura commerciale (come ad esempio il contratto di somministrazione di lavoro), connotati o dalla deduzione in obbligazione di una prestazione di lavoro, o da qualche forma di collegamento con i contratti di lavoro.

Certificabili per esplicita previsione legale sono comunque il contratto di appalto, ai fini della distinzione dalla somministrazione di lavoro (art. 84, d.lgs. n. 276/2003) e i regolamenti interni delle cooperative (art. 83, d.lgs. n. 276/2003), cioè i regolamenti, previsti dall'art. 6, l. n. 142/2001, nei quali sono stabilite le forme contrattuali (di lavoro subordinato o autonomo) con le quali si svolgono o si possono svolgere i rapporti di lavoro dei soci lavoratori. In questo

---

[46] La Commissione ministeriale può certificare anche contratti di cui siano parti datori di lavoro con una sede, ma solo se associati a organizzazioni imprenditoriali che abbiano predisposto a livello nazionale schemi di convenzioni certificati dalla commissione di certificazione.

[47] Nel caso della certificazione della clausola compromissoria, la legge prevede che in sede di certificazione sia verificata l'effettiva volontà delle parti di inserire in contratto la clausola di devoluzione delle controversie ad arbitri. Analoga previsione relativa alla necessità di controllo dell'effettiva volontà delle parti manca per altre ipotesi di certificazione, ma è pur vero che, come si vedrà *infra*, il contratto certificato rimane impugnabile per i vizi della volontà, dunque alle Commissioni spetta – quantomeno – il compito di verificare che tali vizi siano assenti all'atto della certificazione.

caso, oggetto della certificazione non è un contratto: la certificazione attiene infatti al contenuto del regolamento. Possono essere certificati sia *contratti stipulati ma non ancora eseguiti,* sia *schemi contrattuali in bozza,* sia *contratti in corso di esecuzione.* Secondo l'opinione più diffusa, è ammessa altresì la certificazione delle *singole clausole* del contratto [48].

È del resto lo stesso legislatore a prevedere la certificabilità di singole clausole del contratto. L'art. 30, c. 3, della l. n. 183/2010, anzitutto, implicitamente ammette la certificabilità di clausole del contratto individuale di lavoro nelle quali siano "tipizzate" ipotesi di giusta causa o giustificato motivo di licenziamento, stabilendo che in tale caso, nel valutare le motivazioni poste alla base del licenziamento, il giudice dovrà "tenere conto" di tali clausole certificate (oltre che di quelle eventualmente presenti nel contratto collettivo di lavoro). L'art. 31, c. 10, l. n. 183/2010, inoltre, individua la certificazione tra le condizioni di validità della eventuale clausola compromissoria inserita nel contratto individuale, con la quale le parti si impegnano a deferire ad arbitri (artt. 412 e 412-*quater,* c.p.c.) le future controversie relative al rapporto (sul punto v. *retro,* § 6). In tale ipotesi, in sede di certificazione dovrà essere verificato non solo il rispetto dei limiti di legittimità della clausola compromissoria [49], ma anche la effettiva volontà delle parti di devolvere ad arbitri le eventuali controversie nascenti dal rapporto di lavoro [50].

Oltre ai contratti di lavoro e ai contratti (non di lavoro ma) nei quali sia dedotta o indirettamente connessa una prestazione di lavoro, possono essere certificate le *rinunce* e le *transazioni* del lavoratore (art. 82), a conferma della volontà abdicativa o transattiva delle parti stesse.

Il procedimento di certificazione è solo in parte definito dal legislatore. Per molti aspetti è regolato invece dai regolamenti adottati dalle Commissioni di certificazione, perdurando la mancanza dei codici di buone prassi annunciati dall'art. 80, cc. 4 e 5, d.lgs. n. 276/2003, ma mai adottati dal Ministero del lavoro e delle politiche sociali.

La disciplina legale si limita a stabilire: a) l'obbligo di comunicazione dell'inizio del procedimento alla DTL (ora ITL). Quest'ultimo provvede a inoltrare la comunicazione alle autorità pubbliche nei confronti delle quali l'atto di certificazione è destinato a produrre effetti (ad esempio gli istituti previdenziali), le quali possono presentare osservazioni alle Commissioni di certificazione; b) il contenuto obbligatorio dell'atto di certificazione: la certificazione deve contenere la motivazione e l'indicazione dell'autorità cui è possibile ricorrere, nonché l'indicazione degli effetti, civili, amministrativi, previdenziali o fiscali, in relazione ai quali le parti richiedono la certificazione; c) l'obbligo di concludere il procedimento entro il termine di 30 giorni dal ricevimento della istanza; d) l'obbligo di conservare i contratti di lavoro certificati, e la relativa documentazione, presso le sedi di certificazione, per un periodo di almeno cinque anni a far data dalla loro scadenza.

---

[48] Tale interpretazione trova conferma nella modifica apportata all'art. 75, d.lgs. n. 276/2003 ad opera della l. n. 183/2010 che ha ampliato la finalità della certificazione estendendola al contenimento del contenzioso in materia di lavoro, mentre in precedenza lo scopo dell'istituto era limitato alla riduzione delle controversie in materia di qualificazione.

[49] La clausola compromissoria non può essere pattuita e sottoscritta prima della conclusione del periodo di prova, ove previsto, ovvero se non siano trascorsi almeno trenta giorni dalla data di stipulazione del contratto di lavoro, in tutti gli altri casi. Inoltre, la clausola compromissoria non può riguardare controversie relative alla risoluzione del contratto di lavoro.

[50] Davanti alle Commissioni di certificazione le parti possono farsi assistere da un legale di loro fiducia o da un rappresentante dell'organizzazione sindacale o professionale a cui abbiano conferito mandato.

7.1. *Effetti della certificazione e motivi di impugnazione*

Gli effetti della certificazione del contratto, ai sensi dell'art. 79, d.lgs. n. 276/2003, permangono, anche verso i terzi, fino al momento in cui sia accolto, con sentenza di merito, uno dei ricorsi giurisdizionali esperibili (v. *infra*), fatti salvi i provvedimenti cautelari. Ciò implica che l'avvenuta certificazione attribuisce stabilità alla qualificazione del contratto sino a che il giudice, eventualmente, la smentisca, pronunciandosi nel merito.

Che il contratto vincoli le parti è di per sé scontato: se non altro perché tra le parti ha forza di legge (art. 1372 c.c.). Non è invece scontato, ma costituisce l'oggetto di una apposita previsione, che il contratto certificato abbia effetti anche nei confronti di *terzi*, portatori di autonomi interessi alla corretta qualificazione.

Anche i terzi interessati, in altre parole, per rimettere in discussione la certificazione devono attendere una pronuncia giudiziale loro favorevole. Tale aspetto della disciplina assume un significato rilevante quando i terzi siano soggetti pubblici (es. Ispettorato del lavoro, INPS, ecc.) dotati di poteri sanzionatori. La certificazione non paralizza l'attività ispettiva, ma inibisce, fino all'accertamento giudiziale della situazione giuridica che ne è presupposto, la potestà sanzionatoria.

A rafforzare l'effetto di stabilizzazione prodotto dalla certificazione partecipano, ancorché in misura minore, due ulteriori disposizioni.

La prima, contenuta nell'art. 80, c. 3, d.lgs. n. 276/2003, prevede che il comportamento complessivo tenuto dalle parti in sede di certificazione del rapporto di lavoro e di definizione della controversia davanti alla commissione di certificazione possa essere valutato dal giudice del lavoro, ai fini della ripartizione delle spese del giudizio.

La seconda, contenuta nell'art. 30, c. 2, l. n. 183/2010, stabilisce che «nella qualificazione del contratto di lavoro e nell'interpretazione delle relative clausole il giudice non può discostarsi dalle valutazioni delle parti, espresse in sede di certificazione dei contratti di lavoro (...), salvo il caso di erronea qualificazione del contratto, di vizi del consenso o di difformità tra il programma negoziale certificato e la sua successiva attuazione». Tale disposizione, comunque, non arriva a vincolare la decisione del giudice al voluto delle parti. Del resto, che la qualificazione del contratto non possa essere sottratta al controllo giudiziale è fuori discussione: non solo perché il principio di indisponibilità del tipo contrattuale è stato a più riprese affermato dalla Corte costituzionale (*retro*, PT. III, Cap. II, Sez. I), ma anche perché lo stesso art. 30, c. 3, l. n. 183/2010, fa salva l'applicazione dei rimedi di cui all'art. 80, c. 1, d.lgs. n. 276/2003 (v. *infra*). La disposizione contenuta nell'art. 30 citato, più limitatamente, intende incidere sull'attività di interpretazione del contratto (artt. 1362 ss. c.c.). Il giudice nello stabilire "la comune intenzione delle parti" dovrà attenersi a ciò che in proposito sia stato eventualmente verbalizzato in sede di certificazione. La considerazione (vincolata) di tale elemento, peraltro, potrebbe non rivelarsi decisiva ai fini della risoluzione della controversia, posto che, ai sensi dell'art. 1362, c. 2, per stabilire l'intenzione delle parti si deve «valutare il loro comportamento complessivo anche posteriore alla conclusione del contratto».

In ogni caso, non pare potersi trarre dalla disposizione di cui all'art. 30, c. 3, l. n. 183/2010, alcuna limitazione al potere del giudice di accertare l'eventuale contrarietà a norma imperativa di una clausola contrattuale certificata. La disposizione, infatti, come si è detto, non limita il controllo giudiziale sulla conformità alla legge dei contratti certificati, riguardando solo l'indagine sulla "volontà comune delle parti".

L'art. 80, d.lgs. n. 276/2003, contempla una serie di rimedi giurisdizionali contro la certificazione.

Chi voglia impugnare la certificazione o il contratto certificato deve tuttavia espletare un preventivo *tentativo di conciliazione* davanti alla Commissione che ha adottato l'atto di certificazione. L'obbligatorietà del tentativo risponde a obiettivi di deflazione del contenzioso. Tale regola è sopravvissuta alla generalizzata rimozione, disposta dalla l. n. 183/2010, del tentativo obbligatorio di conciliazione nelle controversie di cui all'art. 409 c.p.c.

L'impugnazione può avvenire in primo luogo davanti al giudice ordinario (Tribunale in funzione di giudice del lavoro), anzitutto per *erronea qualificazione* del contratto. Legittimati all'impugnazione sono le parti e i terzi nella cui sfera giuridica l'atto di certificazione è destinato a produrre effetti. L'accertamento dell'erroneità della qualificazione ha effetto fin dal momento della conclusione dell'accordo contrattuale.

La certificazione del contratto non impedisce che, sempre davanti al Tribunale, possa essere fatta valere la *difformità* tra il programma negoziale certificato e la sua successiva attuazione. In questa ipotesi, la certificazione cessa di produrre effetti dal momento in cui, con sentenza, il giudice accerti l'inizio della difformità stessa. Si verifica questa ipotesi quando, nell'esecuzione del rapporto, le parti non rispettino il programma negoziale inizialmente pattuito, ma ne realizzino un altro, riconducibile ad un diverso tipo contrattuale.

L'art. 80, c. 1, d.lgs. n. 276/2003, prevede che l'impugnazione della certificazione possa avvenire altresì per *vizi del consenso*. L'impugnazione è da riferirsi più propriamente al contratto certificato, e non alla certificazione in sé, che ha natura, come si è detto, di atto amministrativo. Gli effetti dell'accoglimento della domanda giudiziale si producono *ex tunc*. In ogni caso, l'ipotesi pare di improbabile configurazione.

La certificazione, in quanto atto adottato all'esito di un procedimento amministrativo, può essere inoltre impugnato per violazione del procedimento o per eccesso di potere. In tale caso è competente il Tribunale amministrativo regionale nella cui giurisdizione ha sede la Commissione che ha certificato il contratto.

8. *La tutela dei crediti di lavoro: impignorabilità, insequestrabilità, incompensabilità, incedibilità del credito retributivo*

Il credito retributivo del lavoratore è oggetto di intensa protezione in ragione della funzione assegnata alla retribuzione dall'art. 36 Cost.

Rispondono alla finalità di garantire il sostentamento del lavoratore e della propria famiglia le norme che, derogando all'art. 2740 c.c., limitano la possibilità per i terzi, creditori del lavoratore, di soddisfarsi aggredendo il credito retributivo del debitore-lavoratore.

Le retribuzioni del lavoratore, comprese le indennità derivanti dal rapporto di lavoro e quelle relative alla cessazione del rapporto, possono essere oggetto di pignoramento presso il datore di lavoro limitatamente a un quinto del loro ammontare per crediti di qualsiasi natura, compresi quelli tributari (art. 545, c. 4, c.p.c.). Se invece si tratta di soddisfare crediti alimentari di terzi la misura pignorabile è autorizzata dal giudice (art. 545, c. 3, c.p.c.). Se vi è concorso di più crediti, il credito retributivo è pignorabile per non più della metà (art. 545, c. 4, c.p.c.). I limiti alla pignorabilità riguardano, è bene sottolinearlo, il credito del lavoratore per retribuzioni non ancora corrisposte. Se il credito invece è già stato pagato, il creditore terzo potrà aggredire il patrimonio del debitore senza che si applichino i limiti citati, in applicazione del principio di cui all'art. 2740 c.c.

Anche nel caso del sequestro conservativo dei crediti retributivi del lavoratore (art. 2905 c.c.) valgono i limiti quantitativi indicati per il caso del pignoramento.

Diversa disciplina riguarda l'eventuale obbligo del lavoratore di versare una quota di retribuzione per il mantenimento dei figli e del coniuge separato (artt. 148, c. 2 e 156, c. 6, c.c.). Il versamento diretto della retribuzione da parte del datore di lavoro è autorizzabile dal giudice nei limiti della metà. Stesso limite vale anche per il pignoramento e il sequestro delle retribuzioni destinate al fine del mantenimento (art. 8, l. n. 898/1970).

Gli stessi limiti validi per il pignoramento riguardano la compensabilità dei crediti retributivi del lavoratore con eventuali debiti dello stesso nei confronti del datore di lavoro (art. 1246, n. 3, c.c.). I limiti sono riferibili, tuttavia, alla sola ipotesi in cui i crediti da compensare derivino da rapporti diversi: se invece derivano dallo stesso rapporto (il rapporto di lavoro, appunto) non si realizzano i presupposti di una compensazione in senso tecnico, e dunque la possibilità di portare in deduzione il debito del lavoratore dal credito retributivo rimane intatta[51].

Anche la cessione volontaria del credito retributivo è assoggettata a limiti. La disciplina, un tempo distinta per i lavoratori del settore privato, è stata ricondotta a partire dal 2005 (art. 1, c. 137, l. n. 311/2004; art. 13-*bis*, d.l. n. 35/2005; art. 1, c. 346, l. n. 266/2005) a quella del settore pubblico (d.P.R. n. 180/1950). La cessione è ora consentita nei limiti di un quinto. Se la cessione è prevista a fronte di un prestito concesso da soggetto istituzionale, non può estendersi oltre un periodo di dieci anni.

8.1. *I privilegi, il Fondo di garanzia, la diffida accertativa per i crediti di lavoro*

Accanto alle forme di tutela previste a garanzia dell'effettivo godimento del diritto alla retribuzione *ex* art. 36 Cost., l'ordinamento prevede garanzie rafforzate per il soddisfacimento delle pretese retributive del lavoratore. Il credito retributivo del lavoratore è soddisfatto in via preferenziale con il patrimonio del datore godendo di privilegio «in considerazione della causa del credito» (art. 2745 c.c.). Ai sensi dell'art. 2751-*bis*, n. 1, c.c., al lavoratore subordinato è attribuito il privilegio generale su tutti i beni mobili del datore di lavoro per le retribuzioni, le indennità di fine rapporto, il risarcimento del danno da omissione contributiva e da licenziamento illegittimo. Questo è un privilegio di secondo grado, prevalendo il credito retributivo su tutti gli altri crediti, compresi quelli dei lavoratori autonomi (art. 2751-*bis*, n. 2), salvo che sui crediti per spese di giustizia (artt. 2777 e 2778 c.c.). A rafforzamento della garanzia, il

---

[51] Cass. n. 7337/2004; Cass. n. 9904/2003; Cass. n. 6033/1997, secondo cui nell'ipotesi non si configura compensazione, ma accertamento contabile delle poste del dare e dell'avere, cioè un mero "conguaglio". Sulla questione v. anche Corte cost. n. 259/2006.

codice civile (art. 2776) prevede inoltre che in caso di infruttuosa esecuzione sui beni mobili, il credito del lavoratore abbia preferenza in via sussidiaria sui beni immobili del debitore: più precisamente, il credito per trattamento di fine rapporto e per indennità di preavviso sono anteposti agli altri crediti del lavoratore e questi sono anteposti ai crediti chirografari.

L'*insolvenza del datore di lavoro* può determinare tuttavia situazioni nelle quali neppure i creditori privilegiati trovano soddisfazione.

Per cercare di garantire in una certa misura, anche in caso di insolvenza, il credito del lavoratore, il legislatore ha previsto l'istituzione di un Fondo di garanzia presso l'INPS (art. 2, c. 1, l. n. 297/1982) alimentato da contributi di natura previdenziale a carico esclusivo dei datori di lavoro. Il Fondo, in presenza dei presupposti richiesti, si accolla il debito ed eroga le prestazioni; a seguito di ciò il Fondo è surrogato di diritto nel privilegio del lavoratore. La garanzia del Fondo poteva in passato essere azionata a fronte di crediti non soddisfatti per trattamento di fine rapporto in caso di procedure concorsuali e, in favore di lavoratori dipendenti di datori non assoggettati a procedure concorsuali, in caso di esecuzione forzata infruttuosa. Più di recente la garanzia è stata ampliata (d.lgs. n. 80/1992) ai crediti di lavoro relativi agli ultimi tre mesi precedenti l'apertura della procedura concorsuale o l'inizio dell'esecuzione (se il datore non è assoggettato a tali procedure). Le modifiche alla disciplina si sono rese necessarie dopo le condanne subite dal nostro paese ad opera della CGE, per la mancata attuazione della Direttiva CE 80/987. Con il d.lgs. n. 186/2005 si è provveduto a trasporre la Direttiva CE 2002/74, relativa all'intervento del Fondo di Garanzia nel caso di prestazione lavorativa svolta in ambito transnazionale, sulla base del principio secondo cui, ove l'impresa datrice di lavoro svolga attività nel territorio di almeno due stati membri, organo di garanzia competente per il pagamento delle prestazioni è quello dello Stato membro sul cui territorio i lavoratori esercitano o esercitavano abitualmente il loro lavoro.

Il più recente intervento in ambito europeo è rappresentato dalla Direttiva "di consolidamento" 2008/94, che ha sostituito la citata Direttiva 80/987. Il legislatore italiano non ha ritenuto sussistere la necessità di dare attuazione nell'ordinamento interno alla nuova disciplina europea.

A tutela dei crediti del lavoratore (non soltanto di quelli retributivi, giacché il legislatore si riferisce ai "crediti patrimoniali" per indicare i diritti pecuniari) può essere preordinata, a partire dal d.lgs. n. 124/2004, anche l'attività degli ispettori del lavoro. L'art. 12 del citato d.lgs. n. 124, intitolato «Diffida accertativa per crediti patrimoniali», stabilisce che «qualora nell'ambito dell'attività di vigilanza emergano inosservanze alla disciplina contrattuale da cui scaturiscono crediti patrimoniali in favore dei prestatori di lavoro, il personale ispettivo delle Direzioni del lavoro diffida il datore di lavoro a corrispondere gli importi risultanti dagli accertamenti». L'ispettore può agire dunque a tutela di un credito derivante dal rapporto di lavoro, attraverso la diffida, rivolta al datore di lavoro a procedere al pagamento del credito (entro il termine di 30 giorni). La diffida può essere adottata soltanto ove si proceda all'accertamento, fondato su presupposti certi e oggettivamente predeterminabili, dell'entità del credito. A fronte della diffida, il datore di lavoro può promuovere un tentativo di conciliazione; se la conciliazione ha successo, l'accordo raggiunto con il lavoratore, non impugnabile ai sensi dell'art. 2113 c.c., rende inefficace la diffida. Se invece il tentativo fallisce e il datore di lavoro non adempie, la diffida acquisisce efficacia di titolo esecutivo. Lo stesso esito si produce ove il datore di lavoro non adempia nei termini e non promuova il tentativo di conciliazione.

9. *La tutela giurisdizionale (cenni)*

La tutela delle posizioni giuridiche di cui è titolare il prestatore di lavoro può realizzarsi, anzitutto, per via giurisdizionale. Quella di cui trattiamo brevemente qui è la disciplina generale del processo in materia di lavoro; come abbiamo visto in altre parti di questo manuale, regole processuali particolari sono previste per azioni in giudizio a tutela di diritti e interessi specificamente previsti (condotta antisindacale, discriminazioni collettive, licenziamenti individuali).

Gli artt. 409 ss. c.p.c. dispongono per le controversie di lavoro un rito speciale, diverso da quello ordinario applicabile in sede civile. Il lavoratore che vuole agire in giudizio deve proporre ricorso al Tribunale in composizione monocratica e in funzione di giudice del lavoro, secondo le regole di competenza stabilite dall'art. 413 c.p.c. Nel caso di ricorsi promossi da lavoratori dipendenti da datori di lavoro privati, competente per territorio è in primo grado il Tribunale della circoscrizione ove è sorto il rapporto, oppure del luogo ove ha sede l'azienda (o la dipendenza) alla quale è addetto il lavoratore, o alla quale lo stesso era addetto al momento della cessazione del rapporto[52]. Sono nulle le eventuali clausole derogatorie della competenza per territorio. In secondo grado è competente la Corte di Appello in composizione collegiale in funzione di giudice del lavoro.

L'esistenza di un canale differenziato e privilegiato per la tutela giurisdizionale dei diritti nascenti dal rapporto di lavoro risponde all'esigenza di favorire l'accesso alla giustizia di soggetti, i prestatori di lavoro, che spesso versano in condizioni di debolezza rispetto alla controparte. Il rito speciale è altresì funzionale all'efficace tutela di diritti strettamente legati alla persona del lavoratore (eguaglianza, libertà, dignità, sicurezza, salute, personalità morale del lavoratore) e di diritti di natura patrimoniale, ma collegati funzionalmente al soddisfacimento di bisogni essenziali della persona (retribuzione).

L'attenzione del legislatore verso la tutela del soggetto debole del rapporto è rivelata dall'estensione del campo di applicazione del rito del lavoro. L'art. 409 c.p.c. prevede infatti che la disciplina del processo del lavoro deve osservarsi, oltre che nei rapporti di lavoro subordinato (privati e pubblici, compresi quelli alle dipendenze di datori non imprenditori)[53], nei

---

[52] Per i rapporti di cui all'art. 409, n. 3, c.p.c. (agenti e rappresentanti di commercio, nonché rapporti di collaborazione coordinata e continuativa, prevalentemente personale e senza vincolo di subordinazione) la competenza territoriale dipende dal domicilio del ricorrente.

[53] Il d.lgs. n. 165/2001 stabilisce all'art. 63 che la competenza giurisdizionale del giudice ordinario del lavoro riguarda tutte le controversie relative ai rapporti di lavoro alle dipendenze delle pubbliche amministrazioni, eccetto quelle relative alle procedure concorsuali per l'assunzione dei di-

rapporti di mezzadria (2141 c.c.), di colonia parziaria (2164 c.c.), di compartecipazione agraria, di affitto a coltivatore diretto (1647 c.c.), nonché nei rapporti derivanti da altri contratti agrari, salva la competenza delle sezioni specializzate agrarie. Ma non solo: l'art. 409 c.p.c. (n. 3) contempla anche rapporti di lavoro autonomo caratterizzati – assai sovente – da dipendenza economica: rapporti di agenzia (1742 ss. c.c.), di rappresentanza commerciale ed altri rapporti di collaborazione che si concretino in una prestazione di opera continuativa e coordinata[54], prevalentemente personale, anche se non a carattere subordinato[55].

Le regole del processo del lavoro, introdotte dalla l. n. 533/1973, semplificano, e quasi incoraggiano, l'accesso al giudizio. Risponde allo scopo, anzitutto, il *costo* contenuto del processo del lavoro.

In origine, l'art. 10, l. n. 533/1973, disponeva la gratuità del processo in materia di lavoro. Lo stesso principio valeva anche per le controversie in materia di previdenza ed assistenza obbligatorie. Oggi non è più così, posto che l'art. 37 del d.l. n. 98/2011 (conv. in l. n. 111/2011), modificando l'art. 9, c. 1-*bis*, d.P.R. n. 115/2002, ha previsto il pagamento del contributo unificato per la fase di cognizione delle controversie individuali di lavoro, previdenza e assistenza obbligatorie. Il contributo è dovuto nella misura stabilita dal d.P.R. 115/2002, in funzione del valore della pretesa e del grado di giudizio. Sono previste esenzioni dal pagamento laddove il ricorrente percepisca un reddito inferiore al triplo del reddito fissato per l'accesso al patrocinio a spese dello Stato[56].

Un altro aspetto saliente del processo del lavoro è la *celerità*. Ferme restando le procedure applicabili ai provvedimenti d'urgenza e a quelli adottati in via cautelare, il legislatore prevede tempi brevi per il decreto di fissazione dell'udienza e per l'udienza stessa (art. 415 c.p.c.) e vieta le udienze di mero rinvio (art. 420 c.p.c.). Ma soprattutto la celerità del processo è affidata alle caratteristiche di *oralità*, *concentrazione* e *immediatezza* che informano il processo del lavoro. Chi propone la domanda deve definire fin dall'inizio, oltre all'oggetto, all'esposizione dei fatti e degli elementi di diritto e alle conclusioni, l'indicazione specifica dei mezzi di prova di cui intende avvalersi e in particolare dei documenti che si offrono in comunicazione (art. 414 c.p.c.). Il convenuto, nel costituirsi, deve depositare in cancelleria una memoria difensiva contenente, a pena di decadenza, le eventuali domande in via riconvenzionale e le eccezioni processuali e di merito che non siano rilevabili d'ufficio. Inoltre, nella stessa me-

---

pendenti pubblici (cfr. art. 133, lett. *i*), d.lgs. n. 104/2010) e quelle relative ai rapporti di lavoro non privatizzati (che restano di competenza del giudice amministrativo).

[54] A seguito della novella introdotta con la l. n. 81/2017, l'art. 409, n. 3, c.p.c. precisa che la collaborazione deve intendersi "coordinata" quando, nel rispetto delle modalità di coordinamento stabilite di comune accordo dalle parti, il collaboratore organizza autonomamente l'attività lavorativa.

[55] Si applicano le norme sul processo del lavoro anche ai rapporti previdenziali e assistenziali e alle controversie relative alla repressione della condotta antisindacale (art. 28 St. lav.).

[56] Sul costo del processo incide, seppure indirettamente, la regolazione delle spese in caso di soccombenza. Ai sensi del novellato art. 92 c.p.c., la compensazione può essere disposta del giudice (oltre che nel caso in cui vi sia soccombenza reciproca) se la questione trattata è di assoluta novità e se vi è stato un mutamento della giurisprudenza sulla materia. La Corte costituzionale (sentenza n. 77/2018) ha tuttavia dichiarato l'illegittimità costituzionale dell'art. 92, c. 2, c.p.c. nella parte in cui non prevede che il giudice possa compensare le spese tra le parti, parzialmente o per intero, anche qualora sussistano altre analoghe gravi ed eccezionali ragioni.

moria, il convenuto deve prendere posizione, in maniera precisa e non limitata ad una generica contestazione, sui fatti affermati dall'attore a fondamento della domanda, deve proporre tutte le sue difese in fatto e in diritto ed indicare specificamente, a pena di decadenza, i mezzi di prova dei quali intende avvalersi ed in particolare i documenti che deve contestualmente depositare (art. 416 c.p.c.).

Le disposizioni richiamate (e in particolare quelle che dispongono preclusioni e decadenze) snelliscono il processo. I fatti allegati, se non contestati, sono considerati pacifici; l'onere di tempestiva allegazione e di contestazione consente al giudice di conoscere la causa prima dell'udienza. In questo modo sono altresì delimitati, in applicazione del principio della corrispondenza tra chiesto e pronunciato, i fatti sui quali il giudice dispone l'istruttoria e si pronuncia. Alla celerità del processo contribuisce l'immodificabilità delle domande, delle eccezioni e delle conclusioni: l'integrazione o la modifica delle stesse è autorizzata dal giudice solo per gravi motivi.

Nel corso della prima udienza si svolge l'interrogatorio libero delle parti e sono ammessi e assunti i mezzi di prova[57]. Tale previsione è tuttavia nella prassi non rispettata, articolandosi normalmente la fase istruttoria in più udienze.

Anche l'ulteriore caratteristica del processo del lavoro, e cioè l'attribuzione di ampi *poteri istruttori d'ufficio* al giudice del lavoro, è ispirata all'esigenza di facilitare l'accesso alla tutela giudiziale dei diritti. Il giudice può infatti, in qualsiasi momento e d'ufficio, disporre l'acquisizione o l'ammissione di mezzi di prova; può disporre ispezioni in azienda; può acquisire informazioni presso le organizzazioni sindacali. Gli è precluso, però, il deferimento del giuramento decisorio.

L'attribuzione al giudice di potere istruttorio contribuisce ad alleggerire l'onere della prova dell'attore, che in primo grado è il lavoratore. È infatti il giudice che può cercare la prova, sulla base dei fatti allegati dalle parti. Se al termine dell'istruttoria permangono elementi di incertezza, a soccombere è la parte onerata della prova.

Sotto il profilo della effettività della tutela, occorre ricordare che, ove si arrivi a *sentenza*, quest'ultima è *provvisoriamente esecutiva* (sino all'eventuale contraria decisione in appello) nel caso sia previsto il pagamento di crediti di lavoro a favore del lavoratore (art. 431, c. 1, c.p.c.), salvo che l'esecuzione della sentenza sia sospesa con ordinanza non impugnabile dal giudice di appello, quando dalla stessa possa derivare all'altra parte gravissimo danno (art. 431, c. 3).

Sono provvisoriamente esecutive anche le sentenze che pronunciano condanna a favore del datore di lavoro (art. 431, c. 5): in questa ipotesi la sospensione dell'esecutività è disposta quando ricorrano gravi motivi.

Inoltre, ancor prima che il giudizio di primo grado si concluda, il giudice può adottare un'ordinanza esecutiva, non impugnabile, con la quale dispone il pagamento delle eventuali somme non contestate (art. 423, c. 1). Sempre con ordinanza, può inoltre

---

[57] All'udienza di discussione vige l'obbligo di comparizione personale delle parti. Il giudice potrà dunque sottoporle a interrogatorio libero e svolgere il tentativo di conciliazione della controversia (ma su quest'ultimo aspetto *retro*, § 3). Le parti hanno facoltà di farsi rappresentare da un procuratore generale o speciale, il quale deve essere a conoscenza dei fatti della causa. La procura deve essere conferita con atto pubblico o scrittura privata autenticata e deve attribuire al procuratore il potere di conciliare o transigere la controversia. La mancata conoscenza, senza gravi ragioni, dei fatti della causa da parte del procuratore è valutata dal giudice ai fini della decisione.

disporre a favore del lavoratore il pagamento delle somme per le quali sia stata già raggiunta prova del debito del datore di lavoro (art. 423, c. 2).

Nel caso in cui sia accertata la sussistenza del diritto di credito oggetto della controversia, ma non sia stato possibile determinarne il *quantum*, il giudice, ai sensi dell'art. 432 c.p.c., può liquidare la somma dovuta con valutazione equitativa.

Oltre a tutto quanto sinora esposto, occorre aggiungere che, ai sensi dell'art. 429, c. 3, c.p.c., per i crediti pecuniari del lavoratore non soddisfatti il giudice deve determinare, oltre gli interessi nella misura legale, il maggior danno eventualmente subito dal lavoratore per la diminuzione di valore del suo credito, con decorrenza dal giorno della maturazione del diritto. Tale disposizione costituisce previsione di miglior favore per il lavoratore rispetto al comune creditore: per quest'ultimo il codice civile prevede infatti l'applicazione del principio nominalistico (art. 1277, c. 1, c.c.) secondo cui i debiti pecuniari si estinguono con moneta avente corso legale nello Stato al tempo del pagamento e per il suo valore nominale; la necessità di costituzione in mora per ottenere gli interessi legali (art. 1224, c. 1, c.c.); la necessità di prova del maggiore danno, non assorbito dagli interessi, per ottenere il risarcimento oltre gli interessi legali (art. 1224, c. 2, c.c.)[58].

10. *La tutela amministrativa e penale*

La corretta applicazione delle discipline in materia di lavoro risponde anche ad un interesse pubblico. Se ne può trovare conferma nella circostanza che la violazione dei precetti legali in materia di lavoro spesso determina l'applicazione di sanzioni amministrative e addirittura, in taluni casi, di sanzioni penali.

a) *Le funzioni dei servizi ispettivi*

La vigilanza sulla corretta applicazione della disciplina dei rapporti di lavoro e dei livelli essenziali delle prestazioni concernenti i diritti civili e sociali è una funzione pubblica.

Le origini dell'attività di vigilanza sono da ricercarsi nella l. 22.12.1912, n. 1361 (e nel successivo R.d. 27.4.1913, n. 413) istitutiva del Corpo degli ispettori dell'industria e del lavoro, poi divenuto Ispettorato corporativo nel periodo fascista (R.d. 14.11.1929, n. 2183).

Un'ampia riforma dei servizi ispettivi è stata introdotta alcuni anni orsono con il d.lgs. 23.4.2004, n. 124, in attuazione della delega conferita dall'art. 8, l. 14.2.2003, n. 30 (c.d. "legge Biagi"). Il d.lgs. n. 124/2004 ha dettato disposizioni in materia di or-

---

[58] La cumulabilità tra interessi legali e rivalutazione si applica oggi, ai sensi dell'art. 429 c.p.c., con riferimento al rapporto di lavoro privato, ma durante gli anni '90 del secolo scorso il legislatore intervenne in più occasioni limitando la portata di tale regola. Dapprima, con l'art. 16, l. n. 412/1991, la non cumulabilità fu prevista per i crediti previdenziali, poi fu estesa dall'art. 22, c. 36, l. n. 724/1994 agli emolumenti di natura retributiva, pensionistica ed assistenziale spettanti ai dipendenti pubblici e privati in attività di servizio o in quiescenza. Infine, la Corte costituzionale, con sentenza n. 459/2000, dichiarò l'illegittimità costituzionale dell'art. 22, c. 36, della l. n. 724/1994 limitatamente alle parole "e privati", conseguentemente riaffermando la regola della cumulabilità per i rapporti di lavoro nel settore privato.

ganizzazione dei servizi ispettivi, competenze degli organi deputati al controllo, poteri del personale ispettivo, ricorsi amministrativi. Il procedimento sanzionatorio degli illeciti amministrativi è rimasto invece in larga parte regolato dalla l. 24.11.1981, n. 689[59].

Nei confronti del d.lgs. n. 124/2004 era stato sollevato un dubbio di legittimità costituzionale da parte di alcune Regioni, ad avviso delle quali la regolazione dei compiti amministrativi di ispezione e vigilanza in materia di lavoro e previdenza rientrava nella "tutela e sicurezza del lavoro" attribuita alla competenza concorrente fra Stato e Regioni dall'art. 117, c. 3, Cost. La questione è stata giudicata infondata dalla Corte costituzionale[60]. La premessa del ragionamento della Corte è che la regolamentazione delle sanzioni spetta al soggetto nella cui sfera di competenza rientra la disciplina della materia la cui inosservanza costituisce l'atto sanzionabile. Stesso assunto è applicabile, sempre secondo la Corte, anche nel caso della vigilanza, essendo quest'ultima fonte di individuazione di fattispecie sanzionabili o comunque di carenze che richiedono interventi anche non sanzionatori diretti ad assicurare il rispetto di una determinata disciplina. Dato che la disciplina dei rapporti di lavoro (più precisamente, dei rapporti intersoggettivi tra datore e prestatore di lavoro) fa parte dell'ordinamento civile, anche la competenza legislativa sulla vigilanza, in quanto connessa a competenze esclusive statali, non può che essere statale.

Alcune delle previsioni contenute nel d.lgs. n. 124/2004[61] sono ancora oggi in vigore (e se ne tratterà poco oltre), ma non tutte. Più recentemente sono infatti intervenute modifiche alla disciplina ad opera del d.lgs. n. 149/2015, di attuazione della delega conferita al Governo con la legge-delega n. 183/2014[62].

Le modifiche riguardano principalmente il profilo dell'organizzazione dei servizi ispettivi e del coordinamento delle relative attività.

Secondo la previgente disciplina, la funzione ispettiva era affidata a una pluralità di soggetti: non solo alle articolazioni periferiche del Ministero del lavoro (Direzioni territoriali del lavoro, coordinate dalle Direzioni regionali del lavoro, e dalle Direzioni interregionali del lavoro), ma anche agli enti previdenziali e assicurativi, nelle rispettive sfere di competenza, nonché alle ASL per la materia dell'igiene e sicurezza sul lavoro (a seguito della riforma del Servizio Sanitario Nazionale ad opera della l. 23.12.1978, n. 833). Tra i diversi soggetti erano previste forme di coordinamento dell'azione ispettiva, rivelatesi però nei fatti inefficaci.

Il d.lgs. n. 149/2015 ha cercato di ridurre questa frammentazione attraverso l'istituzione di un'Agenzia unica per le ispezioni del lavoro denominata *Ispettorato nazionale del lavoro* (INL), dotata di personalità giuridica di diritto pubblico e di autono-

---

[59] Il procedimento sanzionatorio per gli illeciti amministrativi in materia di lavoro è improntato ai principi di legalità e responsabilità personale del trasgressore (artt. 1, 2, 3, l. n. 689/1981).

[60] Corte cost. n. 384/2005.

[61] Come modificato e integrato dalla l. n. 183/2010.

[62] Ai sensi dell'art. 1, c. 7, lett. *l*) della l. n. 183/2014 al Governo è stata attribuita delega per la razionalizzazione e semplificazione dell'attività ispettiva, attraverso misure di coordinamento ovvero attraverso l'istituzione di una Agenzia unica per le ispezioni del lavoro, tramite l'integrazione in un'unica struttura dei servizi ispettivi del Ministero del lavoro e delle politiche sociali, dell'INPS e dell'INAIL, prevedendo strumenti e forme di coordinamento con i servizi ispettivi delle aziende sanitarie locali e delle agenzie regionali per la protezione ambientale.

mia organizzativa e contabile[63]. L'Ispettorato nazionale esercita e coordina l'attività di vigilanza in materia di lavoro, di contribuzione e assicurazione obbligatoria, nonché di vigilanza sull'applicazione della legislazione sociale. Più precisamente, all'Ispettorato è attribuito il potere di dettare le linee di condotta e le direttive di carattere operativo, nonché di definire tutta la programmazione ispettiva e le specifiche modalità di accertamento nei confronti dei servizi di INPS e INAIL. L'Ispettorato, inoltre, ferme restando le rispettive competenze, coordina la propria attività con quella dei servizi ispettivi delle aziende sanitarie locali e delle agenzie regionali per la protezione ambientale.

Sotto il profilo della struttura, l'INL è articolato in un ufficio centrale, con sede a Roma, nel quale operano la Direzione centrale vigilanza, affari legali e contenzioso e la Direzione centrale risorse umane, bilancio e affari generali, in quattro uffici interregionali (ubicati a Milano, Venezia, Roma e Napoli) denominati Ispettorati interregionali del lavoro e in 74 uffici territoriali denominati Ispettorati territoriali del lavoro (ITL).

Finalità dell'intervento legislativo sono: il miglioramento dell'azione ispettiva, evitando sovrapposizioni e duplicazioni degli accessi presso le aziende; il contenimento della spesa pubblica necessaria per l'azione ispettiva; l'uniformazione delle modalità di svolgimento della vigilanza e degli orientamenti interpretativi e applicativi della disciplina lavoristica in sede di ispezione. Non è quest'ultimo un obiettivo nuovo: da tempo sono previste, ad esempio, disposizioni in materia di *interpello* (art. 9, d.lgs. n. 124/2004, come modificato dal d.l. n. 262/2006). Attraverso l'istituto dell'interpello i soggetti abilitati[64] possono sottoporre al Ministero del Lavoro quesiti di ordine generale sull'applicazione delle normative in materia di lavoro[65]. Le risposte agli interpelli vincolano l'attività di vigilanza e ispezione, essendo prevista l'inapplicabilità delle sanzioni penali, amministrative e civili, nel caso in cui il datore di lavoro si adegui alle indicazioni fornite nelle risposte ai quesiti.

Anche per quanto riguarda i poteri degli ispettori, il d.lgs. n. 149/2015 ha introdotto novità. Ai sensi dell'art. 1, c. 2, ai funzionari ispettivi dell'INPS e dell'INAIL sono attribuiti i poteri già assegnati al personale ispettivo del Ministero del lavoro e delle politiche sociali, ivi compresa la qualifica di ufficiale di polizia giudiziaria. Ciò significa che tutti gli ispettori possono svolgere, oltre alla funzione amministrativa di vigilanza e ispezione[66], anche i compiti loro assegnati dell'autorità giudiziaria, per la

---

[63] Funzione e struttura organizzativa dell'INL sono disciplinate dal d.p.c.m. del 23.2.2016.

[64] Sono legittimati a proporre interpello esclusivamente gli organismi associativi a rilevanza nazionale degli enti territoriali, gli enti pubblici nazionali, le organizzazioni sindacali e dei datori di lavoro maggiormente rappresentative sul piano nazionale e i consigli nazionali degli ordini professionali.

[65] In materia di salute e sicurezza sul lavoro la Commissione interpelli è istituita dall'art. 12 d.lgs. n. 81/2008.

[66] Agli ispettori del lavoro sono attribuiti dall'art. 7, d.lgs. n. 124/2004 compiti di vigilanza sull'applicazione di tutte le leggi in materia di livelli essenziali delle prestazioni concernenti i diritti civili e sociali che devono essere garantiti su tutto il territorio nazionale, di tutela dei rapporti di lavoro e di legislazione sociale ovunque sia prestata attività di lavoro a prescindere dallo schema contrattuale, tipico o atipico, di volta in volta utilizzato. Essi sono tenuti altresì a vigilare sulla corretta applicazione dei contratti e accordi collettivi di lavoro.

raccolta e la conservazione delle fonti di prova utili alla celebrazione di processi penali[67].

Tra i poteri più incisivi riconosciuti agli ispettori del lavoro vi è il *potere di accesso*, previsto dalla Convenzione OIL 11.7.1947, n. 81 (ratificata con l. n. 1305/1952), e regolato dal d.P.R. 19.3.1955, n. 520, in virtù del quale il personale ispettivo può accedere liberamente senza preavviso, in ogni ora del giorno e della notte, in qualsiasi stabilimento soggetto al controllo dell'ispezione (art. 7, lett. *a*), d.p.r. n. 520/1955). Gli ispettori possono inoltre ottenere informazioni attraverso l'esame di documenti presso l'azienda o presso l'ufficio di appartenenza, o presso lo studio del professionista abilitato e possono interrogare i lavoratori dell'azienda, anche separatamente dal datore di lavoro, acquisendo a verbale le dichiarazioni.

Tra gli ulteriori poteri attribuiti agli ispettori spicca il *potere di diffida*. Nei casi in cui dall'inosservanza di una norma derivino sanzioni amministrative, e l'illecito amministrativo sia materialmente sanabile mediante adempimento, seppure tardivo, l'ispettore deve diffidare il datore di lavoro a regolarizzare (art. 13, d.lgs. n. 124/2004). In caso di regolarizzazione della situazione di illecito, il trasgressore beneficia dell'ammissione al pagamento delle sanzioni amministrative in misura ridotta[68].

L'ispettore ha altresì il potere di adottare *provvedimenti di disposizione* (art. 14), immediatamente esecutivi, in tutti i casi in cui le irregolarità rilevate in materia di lavoro e legislazione sociale non siano già soggette a sanzioni penali o amministrative, e *atti di prescrizione*, con i quali l'ispettore, accertato l'illecito penale punibile con pena dell'ammenda, o, in alternativa, dell'arresto o dell'ammenda, prescrive l'adempimento per la regolarizzazione, stabilendo un termine e se necessario indicando le modalità.

Agli ispettori del lavoro è inoltre attribuito il potere di adottare la *diffida accertativa* dei crediti del lavoratore (art. 12, d.lgs. n. 124/2004). Essendo, quest'ultimo, uno strumento finalizzato alla garanzia dei crediti del lavoratore, se ne è già trattato in precedenza (§ 8.1).

Regole minuziose riguardano la *verbalizzazione degli accertamenti ispettivi* (art. 33, l. n. 183/2010 che ha modificato l'art. 13 del d.lgs. n. 124/2004). L'adozione del verbale di primo accesso e l'obbligo di esposizione dettagliata, nel verbale, delle fonti di prova, da un lato favoriscono l'esercizio dei diritti di difesa del soggetto ispezionato, dall'altro dovrebbero migliorare la qualità della verbalizzazione e quindi ridurre i casi di soccombenza delle amministrazioni in sede di ricorso in opposizione a ordinanza-ingiunzione.

---

[67] È bene ricordare che l'ispettore non può esercitare in modo promiscuo funzioni di vigilanza amministrativa e di polizia giudiziaria. Per accertare se l'ispettore svolga funzioni amministrative o funzioni di polizia giudiziaria occorre individuare il fine al quale è diretta la sua azione. Così ha stabilito Corte cost. n. 10/1971, ribadendo la necessità di distinguere le attività per le quali è necessario il rispetto delle forme richieste dalla Costituzione e dal codice di procedura penale a garanzia del diritto di difesa e dei diritti della persona (nel caso ad esempio di atti di coercizione come sequestri o perquisizioni), da quelle per le quali tali garanzie non trovano applicazione in ragione della natura amministrativa della funzione esercitata.

[68] In caso di ottemperanza alla diffida, il datore di lavoro è ammesso al pagamento dell'importo delle sanzioni nella misura pari al minimo previsto dalla legge ovvero nella misura pari ad un quarto della sanzione stabilita in misura fissa. Il pagamento dell'importo delle sanzioni amministrative estingue il procedimento sanzionatorio.

Oltre ai compiti di vigilanza, i servizi ispettivi sono tenuti a svolgere anche compiti di *conciliazione delle controversie di lavoro* (la c.d. conciliazione monocratica di cui all'art. 11, d.lgs. n. 124/2004); essi sono inoltre tenuti a fornire indicazioni operative sulle modalità per la concreta attuazione ed il rispetto della normativa lavoristica e previdenziale (art. 7, d.lgs. n. 124/2004).

Sotto il profilo dell'*apparato sanzionatorio*, merita un cenno la previsione della c.d. maxi-sanzione, che trova applicazione in caso di impiego di lavoratori subordinati, anche a titolo occasionale, senza preventiva comunicazione di instaurazione del rapporto di lavoro da parte del datore di lavoro privato, con la sola esclusione del datore di lavoro domestico [69]. L'illecito è assoggettabile a diffida. Nei casi in cui l'occultamento dei rapporti di lavoro raggiunga il 10% del totale dei rapporti in un certo luogo di lavoro (sede, stabilimento, cantiere, ecc.), l'ispettorato del lavoro può adottare un provvedimento di sospensione dell'attività imprenditoriale. Lo stesso provvedimento può essere adottato dai funzionari ispettivi delle ASL, ove si riscontrino gravi e reiterate violazioni delle discipline in materia di salute e sicurezza sul lavoro. La revoca della sospensione avviene, su istanza del trasgressore, previa regolarizzazione e pagamento delle sanzioni amministrative previste (art. 14, d.lgs. n. 81/2008, come modificato dalla l. n. 133/2008, dal d.lgs. n. 106/2009 e da ultimo dal d.lgs. n. 151/2015, che ha introdotto la possibilità di ottenere la revoca previa regolarizzazione e pagamento di un quarto della somma dovuta).

Complessivamente, emerge, negli ultimi anni, la tendenza a concentrare l'attività di vigilanza e ispettiva sulle violazioni di tipo sostanziale, assegnando priorità, in particolare, alle strategie volte a prevenire e reprimere il lavoro sommerso in tutte le sue forme [70].

Anche in relazione a ciò, e nell'intento di semplificare la gestione burocratica dei rapporti di lavoro, alcuni dei tradizionali adempimenti di tipo formale legati all'amministrazione del rapporto sono stati rimossi. Si pensi alla abrogazione dell'obbligo di tenuta di libri obbligatori (quali i libri paga e matricola), sostituiti dall'obbligo di tenuta del c.d. *libro unico del lavoro* (art. 39, d.l. 25.6.2008, n. 112, conv. in l. 6.8.2008, n. 133). Il perseguimento dell'obiettivo della semplificazione è confermato nel d.lgs. n. 151/2015, nel quale sono previste misure che in parte ribadiscono, in parte razionalizzano e rafforzano, discipline precedenti. È il caso, ad esempio, delle disposizioni di cui all'art. 15 del d.lgs. n. 151/2015 relativo alla tenuta con modalità telematiche del libro unico del lavoro, o dell'art. 18, che sopprime l'obbligo di autorizzazione preventiva per il lavoro all'estero (d.l. n. 317/1987, convertito con modifiche in l. n. 398/1987).

---

[69] La sanzione amministrativa, aggiornata nelle modalità di calcolo dall'art. 22, d.lgs. n. 151/2015 e poi dalla l. n. 145/2018, è di entità rilevante (da qui il nome di maxi-sanzione) ed è articolata in fasce, a seconda della durata del periodo di lavoro "nero" accertato: va da 3.800 a 10.800 euro per ciascun lavoratore irregolare, in caso di impiego del lavoratore sino a 30 giorni; da 3.600 a 21.600 euro in caso di impiego del lavoratore da 31 sino a 60 giorni; da 7.200 a 43.200 euro in caso di impiego del lavoratore oltre 60 giorni.

[70] Tali obiettivi e priorità sono condivisi dal Parlamento europeo (risoluzioni 9.10.2008 sul rafforzamento della lotta al lavoro sommerso e del 14.1.2014 sulle ispezioni sul lavoro efficaci come strategia per migliorare le condizioni di lavoro in Europa) e richiamati nella stessa legge-delega n. 183/2014 (art. 1, c. 7, lett. *l*).

b) *Le sanzioni penali*

Ulteriore conferma della dimensione pubblica che possono assumere gli interessi e i valori coinvolti nei rapporti di lavoro proviene dalla previsione di un apparato sanzionatorio penalistico. La sanzione penale interviene, in via sussidiaria, ove i rimedi civilistici e le sanzioni amministrative non siano ritenuti sufficienti a garantire la tutela dei beni protetti. Del resto, l'intervento della legge penale si giustifica ove strettamente necessario e rispondente all'esigenza di proteggere da rilevanti offese un interesse tutelato dalle fonti primarie dell'ordinamento (dalla Costituzione, in primo luogo).

Vasta era l'estensione del diritto penale alle origini del diritto del lavoro: la legislazione sociale, connotandosi quale disciplina preordinata alla tutela di interessi pubblici, era presidiata dal diritto penale. Nel periodo corporativo la "penalizzazione" del diritto del lavoro, estesa anche al diritto sindacale (con la previsione dei reati di sciopero, di serrata, di occupazione di azienda) era preordinata alla tutela degli interessi superiori della nazione e della produzione nazionale. Dopo la caduta dell'ordinamento corporativo, per lungo tempo è stato confermato l'impianto repressivo penalistico – salvo gli interventi parzialmente demolitori compiuti dalla Corte costituzionale in materia di sciopero e di serrata, in ragione della sopravvenuta incompatibilità di tali discipline con gli artt. 39 e 40 Cost. – e nonostante la tutela non riguardasse più gli interessi superiori della nazione, ma interessi di rango costituzionale inerenti alla tutela della persona del lavoratore.

Oggi, a seguito di una lunga serie di interventi di depenalizzazione e della conseguente riqualificazione delle condotte vietate come illeciti amministrativi (l. 24.11.1981, n. 689, legge-delega n. 499/1993; l. n. 561/1993; l. n. 205/1999; e, da ultimo, d.lgs. n. 8/2016), le fattispecie di reato residue si trovano emarginate in alcune specifiche materie.

Tra queste, possono essere annoverate la tutela della salute e della sicurezza sul lavoro (d.lgs. n. 81/2008); la tutela della dignità della persona che lavora (cfr. artt. 2, 5, 6 St. lav., relativi, rispettivamente, al divieto di impiego di guardie giurate in compiti di vigilanza dell'attività lavorativa, agli accertamenti sanitari, alle perquisizioni; la tutela del lavoratore contro i controlli a distanza dell'attività lavorativa (art. 4, cc. 1 e 2, St. lav., richiamati dall'art. 171, d.lgs. n. 196/2003). Le sanzioni afflittive del diritto penale sono rimaste ferme, inoltre, nelle materie del lavoro minorile, delle lavoratrici madri e del lavoro a domicilio.

Sono state invece sottoposte a decriminalizzazione, a titolo di esempio, l'esercizio non autorizzato dell'attività di somministrazione di lavoro; il ricorso dell'utilizzatore alla somministrazione di lavoro da parte di soggetti non autorizzati; l'appalto e il distacco privi dei requisiti di liceità, l'intermediazione di lavoro non autorizzata svolta senza scopo di lucro; la ricerca e selezione del personale e il supporto alla ricollocazione professionale non autorizzate. Alla depenalizzazione non sono sfuggite neppure varie ipotesi di reato previste dal d.lgs. n. 198/2006 in materia di discriminazione diretta e indiretta tra uomini e donne: sono oggi colpite da sanzione amministrativa le condotte discriminatorie riguardanti i trattamenti retributivi, i sistemi di classificazione professionale, l'attribuzione delle qualifiche e delle mansioni e la progressione di carriera. È sottoposta a sanzione amministrativa e non più penale, altresì la violazione della norma che attribuisce alle lavoratrici in possesso dei requisiti pensionistici di vecchiaia il diritto alla prosecuzione del rapporto fino agli stessi limiti di età previsti per gli uomini.

La depenalizzazione è stata disposta dal d.lgs. n. 8/2016, di attuazione della delega di cui alla l. n. 67/2014, che ha previsto la decriminalizzazione dei reati puniti con la sola pena pecuniaria (e quindi dei delitti e delle contravvenzioni puniti rispettivamente con multa o ammenda). Le nuove sanzioni amministrative sono articolate in tre fasce: per i reati puniti con pena pecuniaria non superiore nel massimo a 5.000 euro, la sanzione prevista va da 5.000 a 10.000 euro; per quelli con pene non superiori nel massimo a 20.000 euro, la sanzione va da 5.000 a 30.000 euro; infine per quelli puniti con pene superiori nel massimo a 20.000 euro la sanzione va da 10.000 a 50.000 euro. Nel caso di pene pecuniarie penali articolate in termini proporzionali, senza limiti massimi e minimi, la somma dovuta è pari a quella della multa o dell'ammenda, ma non potrà essere comunque inferiore a 5.000, né superiore a 50.000 euro[71].

Non si deve credere che la depenalizzazione abbia come necessaria conseguenza una minore effettività della tutela. In realtà, la sanzione penale era nella maggior parte dei casi contravvenzionale, pecuniaria e di entità modesta. Largo corso aveva la possibilità di estinzione attraverso l'oblazione e in molte circostanze della condanna non rimaneva traccia sul certificato penale del reo. A ciò si aggiunga che il modello della sanzione penale fondata sulla responsabilità personale male si prestava a reprimere gli illeciti nell'ambito delle organizzazioni più articolate, in cui le responsabilità sono sovente frazionate e oggetto di deleghe.

[71] Tale regola si applica, ad esempio, in materia di somministrazione illecita (art. 18, d.lgs. n. 276/2003), ove l'ammenda prevista era pari a 50 euro per ogni lavoratore occupato e per ogni giornata di lavoro.

Riferimenti bibliografici

Oltre alle opere citate in forma abbreviata nel testo, si indicano alcune letture utili per un primo orientamento nella ricerca, seguendo l'ordine delle parti e dei capitoli

Parte I – Le fonti del diritto del lavoro

Sulle fonti del diritto in generale: Guastini R. (2010), *Le fonti del diritto. Fondamenti teorici*, Giuffrè, Milano. Con particolare riguardo alla riforma del Titolo V della Costituzione: Parodi G. (2012), *Le fonti del diritto. Linee evolutive*, Giuffrè, Milano.

Sulle fonti del diritto del lavoro: Mazzotta O. (2001), *Il diritto del lavoro e le sue fonti*, in *RIDL*, I, p. 219; Dell'Olio M. (2002), *Il diritto del lavoro italiano e le sue fonti*, in *DLRI*, p. 515; Mariucci L. (2003), *Le fonti del diritto del lavoro. Quindici anni dopo*, Giappichelli, Torino; v. anche i saggi di Guastini R., Nogler L., Mazzotta O. e Speziale V. (2014), in *LD*, *Il lavoro e la giustizia. Interpretare, argomentare, decidere*, n. 2/3, pp. 223-286.

Sul diritto dell'UE, in generale e con riferimento al diritto sociale: Mancini G.F. (1988), *Principi fondamentali di diritto del lavoro nell'ordinamento delle Comunità Europee*, in AA.VV., *Il lavoro nel diritto comunitario e l'ordinamento italiano*, Cedam, Padova; Bercusson B. (1999), *European Labour Law*, Cambridge University Press, Cambridge; Chalmers D., Davies G., Monti G. (2014), *European Union Law, Text and Materials*, Cambridge University Press, Cambridge; Mastroianni R., Pollicino O., Allegrezza S., Pappalardo F., Razzolini O. (a cura di) (2017), *Carta dei diritti fondamentali dell'Unione europea*, Giuffrè, Milano; sul diritto del lavoro dell'UE: Roccella M., Treu T. (2016), *Diritto del lavoro dell'Unione europea*[7], Cedam, Padova; De Simone G. (2014), *L'effettività del diritto come obiettivo e come argomento. La giurisprudenza della Corte di Giustizia Europea, tra interventismo e* self restraint, in *LD*, p. 489; Jaspers T., Pennings F., Peters S. (a cura di) (2019), *European Labour Law*, Intersentia, Cambridge.

Sul diritto internazionale del lavoro e sull'Organizzazione internazionale del lavoro: Hepple B. (2005), *Labour Laws and Global Trade*, Oxford and Portland, Oregon; Perulli A., Brino V. (2015), *Manuale di diritto internazionale del lavoro*, Giappichelli, Torino; Supiot A. (2016), *Quale giustizia sociale internazionale nel XXI secolo?*, in *RGL*, 3, p. 659; Casale G. (2019), *The Fundamentals of International Labour Law*, Giappichelli, Torino. Sulla regolazione internazionale degli scambi: Perulli A. (2006), *Globalizzazione, governance e diritti sociali*, in M. Napoli (a cura di), *Globalizzazione e rapporti di lavoro*, Vita e Pensiero, Milano, p. 3.

Sul lavoro nella Costituzione: Mortati C. (1975), sub *art. 1*, in G. Branca (a cura di), *Commentario della Costituzione*, Zanichelli-Il Foro Italiano, Bologna-Roma, p. 13; Mancini G.F. (1975), *sub* art. 4, in G. Branca (a cura di), *Commentario della Costituzione*, Zanichelli-Il Foro Italiano, Bologna-Roma, p. 199; Apostoli A. (2005), *L'ambivalenza costituzionale del lavoro tra libertà e diritto sociale*, Giuffrè, Milano; Alaimo A. (2009), *Il diritto sociale al lavoro nei mercati integrati*, Giappichelli, Torino; Ghera E., Pace A. (a cura di) (2009), *L'attualità dei principi fondamentali della Costituzione in materia di lavoro*, Jovene, Napoli; Rescigno U. (2009) *Lavoro e Costituzione*, in *DP*, p. 21; Ballestrero M.V. (2012), *La Costituzione e il lavoro*, in E. Montali (a cura di), *Annali della Fondazione Giuseppe Di Vittorio 2011, I 150 anni dell'Unità d'Italia*, Ediesse, Roma; Zagrebelsky G. (2013), *Fondata sul lavoro*, Einaudi, Torino; Gaeta L. (a cura di) (2014), *Prima di tutto il lavoro. La costituzione di un diritto all'Assemblea Costituente*, Ediesse Roma; Occhino A. (2017), *I diritti sociali nell'interpretazione costituzionale*, in *RDSS*, 1, p. 3; Pessi R. (2019), *Il diritto del lavoro e la Costituzione: identità e criticità*, Cacucci, Bari.

Parte II – ORGANIZZAZIONE SINDACALE, CONTRATTAZIONE COLLETTIVA E CONFLITTO COLLETTIVO

Su organizzazione sindacale e contrattazione collettiva: in generale, per tutti, Ballestrero M.V. (2018), *Diritto sindacale*, Giappichelli, Torino, e ivi ampi riferimenti bibliografici e giurisprudenziali; Proia G. (a cura di) (2014), *Organizzazione sindacale e contrattazione collettiva*, in M. Persiani, F. Carinci (diretto da), *Trattato di diritto del lavoro*, Vol. II, Cedam, Padova.

Sulla libertà sindacale: Esposito C. (1954), *Lo Stato e i sindacati nella Costituzione italiana*, in C. Esposito, *La Costituzione italiana. Saggi*, Cedam, Padova; Pera G. (1974), *Libertà sindacale. Diritto vigente*, in *ED*, XXIV, p. 501; Giugni G. (1979), sub *art. 39*, in G. Branca (a cura di), *Commentario della Costituzione*, Tomo I, artt. 35-40, Zanichelli-Il Foro Italiano, Bologna-Roma, p. 257; Mancini G.F. (1981), sub *art. 17*, in G. Ghezzi, G.F. Mancini, L. Montuschi, U. Romagnoli, *Statuto dei diritti dei lavoratori*[2], Artt. 14-18, Zanichelli-Il Foro Italiano, Bologna-Roma, p. 67; Ghezzi G., Romagnoli U. (1997), *Il diritto sindacale*, Zanichelli, Bologna; Napoli M. (1999), *Sindacato*, in *DDP*, *sez. comm.*, ora in M. Napoli (2009), *Il Sindacato*, Vita e Pensiero, Milano, p. 217; Rusciano M. (2013), *Lettura e rilettura dell'art. 39 della Costituzione*, in *DLM*, p. 263; Ballestrero M.V. (2021), *Libertà e attività sindacale a cinquant'anni dallo Statuto dei lavoratori*, in *ADL*, IV, p. 915. Sulla libertà sindacale dei militari di carriera: Lambertucci P. (2019), *Linee evolutive della libertà di associazione sindacale per i militari*, in *LD*, p. 305.

Su rappresentanza e rappresentatività sindacale: Caruso B. (1992), *Rappresentanza sindacale e consenso*, Franco Angeli, Milano; Scarponi S. (2005), *Rappresentatività e organizzazione sindacale*, Cedam, Padova; Bellocchi P. (2011), *Rappresentanza e diritti sindacali in azienda*, in *DLRI*, p. 543. Sulla rappresentanza sindacale aziendale (art. 19 St. lav.): Treu T. (1971) *Sindacato e rappresentanze aziendali*, Il Mulino, Bologna; Grandi M. (1976), *L'attività sindacale nell'impresa*, Franco Angeli, Milano; Gottardi D. (1989), *Organizzazione sindacale e rappresentanza dei lavoratori in azienda*, Cedam, Padova; Ricci M. (1999), *Autonomia collettiva e giustizia costituzionale*, Cacucci, Bari.

Sull'art. 19 St. lav. dopo la sentenza n. 231/2013 della Corte costituzionale: Guarriello F. (2014), *L'articolo 19 dello Statuto rivisitato*, in *DLRI*, p. 767; Scarponi S., Cella G.P., Napoli M., Del Punta R., Leccese V. (2013), in *LD*, 2013, pp. 495-558; Zoppoli A. (2014), *Art. 19 dello Statuto dei lavoratori, democrazia sindacale e realismo della Consulta nella sentenza n. 231/2013*, WP CSDLE "Massimo D'Antona".IT – 201/2014; Ballestrero M.V. (2015), *Osservazioni a margine della sentenza n. 231/2013 della Corte costituzionale*, in *Studi in memoria di M.G. Garofalo*, Cacucci, Bari, p. 55.

Sui diritti sindacali, in generale: Ballestrero M.V. (2018), *Diritto sindacale*, Giappichelli, Torino, e *ivi* ampi riferimenti bibliografici.

Sulla repressione della condotta antisindacale, di recente: Carta C. (2020), *Di 28 ce n'è uno? Azione e contrattazione collettiva fra statuto e CDFUE*, in *LD*, p. 719; Falsone M. (2021), *La repressione della condotta antisindacale fra spiazzamenti, potenzialità inespresse ed esigenze di manutenzione*, in *LD*, p. 373; Donini A. (2021), *Condotta antisindacale e collaborazioni autonome: tre decreti a confronto*, in *LLI*, I, p. 1.

Sulla funzione e sull'efficacia del contratto collettivo: Giugni G. (1968), *La funzione giuridica del contratto collettivo di lavoro*, ora in Giugni G. (1989), *Lavoro, legge, contratti*, Il Mulino, Bologna, p. 151; Mariucci L. (1985), *La contrattazione collettiva*, Il Mulino, Bologna; Vardaro G. (1985), *Contratti collettivi e rapporto individuale di lavoro*, Franco Angeli, Milano; Proia G. (1994), *Questioni sulla contrattazione collettiva. Legittimazione, efficacia, dissenso*, Giuffrè, Milano; D'Antona M. (1998), *Il quarto comma dell'art. 39 Cost., oggi*, in *DLRI*, p. 665, ora in M. D'Antona (2000), *Opere*, Vol. II, a cura di B. Caruso, S. Sciarra, Giuffrè, Milano, p. 399; Rusciano M. (2003), *Contratto collettivo e autonomia sindacale. Nuova edizione riveduta e aggiornata*, Utet, Torino; Lassandari A. (2010), *Problemi e ricadute della contrattazione "separata"*, in *DLRI*, p. 323; Maresca A. (2010), *Accordi collettivi separati tra libertà contrattuale e democrazia sindacale*, in *RIDL*, I, p. 29; Ferraro G. (2011), *L'efficacia soggettiva del contratto collettivo*, in *RGL*, I, p. 739; Ghera E. (2012), *Il contratto collettivo tra natura negoziale e di fonte normativa*, in *RIDL*, I, p. 197; Bavaro V. (2014), *Sull'efficacia temporale del contratto collettivo nell'ordinamento giuridico sindacale*, in *RIDL*, I, p. 51; Centamore G. (2020), *Contrattazione collettiva e pluralità di categorie*, BUP, Bologna; Ferraresi M. (2020), *La categoria contrattuale nel diritto sindacale italiano*, Cedam, Padova.

Sull'inderogabilità del contratto collettivo: Novella M. (2009), *L'inderogabilità nel diritto del lavoro. Norme imperative e autonomia individuale*, Giuffrè, Milano. Sulla contrattazione collettiva delegata dalla legge: Falsone M. (2016), *I rinvii legali alla contrattazione collettiva nel d.lgs. 81/2015*, in *DRI*, 2016, p. 1173; Alvino I. (2018), *I rinvii legislativi al contratto collettivo. Tecniche e interazioni con la dinamica delle relazioni sindacali*, Jovene, Napoli.

Sul contratto collettivo aziendale: Sciarra S. (1985), *Contratto collettivo e contrattazione aziendale*, Franco Angeli, Milano; Persiani M. (1999), *Contratti collettivi normativi e contratti collettivi gestionali*, in *ADL*, p. 1; Lassandari A. (2001), *Il contratto collettivo aziendale e decentrato*, Giuffrè, Milano; Gragnoli E. (2003), *Le rappresentanze sindacali unitarie e i contratti aziendali*, in *RGL*, I, p. 799; Lunardon F. (2012), *Il contratto collettivo aziendale: soggetti ed efficacia*, in *DLRI*, p. 1; Gargiulo U. (2016), *L'azienda come luogo "preferenziale" delle relazioni sindacali?*, in *LD*, p. 391.

Sul welfare aziendale: Chiaromonte W., Vallauri M.L. (2018), *Modelli ed esperienze del welfare aziendale*, Giappichelli, Torino.

Sul sistema contrattuale dopo gli accordi interconfederali del 2009 e del triennio 2011-2014 e sull'art. 8, legge n. 148/2011: Voza R. (2010), *Effettività e competenze della contrattazione decentrata nel lavoro privato alla luce degli accordi del 2009*, in *DLRI*, p. 361; Leccese V. (2012), *Il diritto sindacale al tempo della crisi*, relazione presentata alle giornate di studio AIDLASS di Pisa 7-9 giugno 2012; Bavaro V. (2012), *Azienda, contratto e sindacato*, Cacucci, Bari; Perulli A. (2013), *La contrattazione collettiva «di prossimità»: teoria, comparazione e prassi*, in *RIDL*, I, p. 919; Santoni F. (2013), *Contrattazione collettiva e principio di maggioranza*, in *RIDL*, I, p. 75; Barbera M., Perulli A. (a cura di) (2014), *Consenso, dissenso e rappresentanza: le nuove relazioni sindacali*, Cedam, Padova; Carinci F. (2014), *Il lungo cammino per Santiago della rappresentatività sindacale: dal Tit. III dello Statuto dei lavoratori al Testo Unico sulla Rappresentanza 10 gennaio 2014*, WP CSDLE "Massimo D'Antona".IT – 205/2014; Caruso B. (2014), *"Costituzionalizzare" il sindacato. I sindacati italiani alla ricerca di regole: tra crisi di legittimità e ipertrofia pubblicista*, in *LD*, p. 595; Marazza M. (2014), *Dalla "autoregolamentazione" alla "legge sindacale"? La questione dell'ambito di misurazione della rappresentatività sindacale*, WP CSDLE "Massimo D'Antona".IT – 209/2014; Cella G.P. (2016), *Quale futuro per la contrattazione collettiva?*, in *DLRI*, p. 217; Gottardi D. (2016), *La contrattazione collettiva tra destrutturazione e ri-regolazione*, in *LD*, p. 877; Passalacqua P. (2021), *Contratti di categoria e contratti "pirata"*, in *VTDL*, II, p. 271.

Sul "caso Fiat": Carinci F. (a cura di) (2011) *Da Pomigliano a Mirafiori: la cronaca si fa storia*, Ipsoa, Milano; AA.VV., *Il caso Fiat: una crisi di sistema?* (2011), in *LD* (fascicolo monografico), n. 2; Liso F. (2013), *La Fiom e la rappresentanza in azienda*, WP CSDLE "Massimo D'Antona".IT – 166/2013; Corazza L. (2016), *Percorso di lettura sul caso Fiat*, in *DLRI*, 151, p. 541.

Sul diritto di sciopero anche nei servizi pubblici essenziali: Gaeta L. (2014), *Le quattro facce dello sciopero*, in Gaeta L. (a cura di) (2014), *Prima di tutto il lavoro. La costruzione di un diritto all'Assemblea Costituente*, Ediesse, Roma, p. 255; La Tegola O. (2019), *"Social media" e conflitto: i nuovi strumenti dell'attività sindacale*, in *LLI*, II, p. 144; Rota A. (2019), *Tecnologia e lotta sindacale: il "netstrike"*, in *LLI*, II, p. 196; D'Onghia M. (2019), *Il diritto di sciopero nell'interpretazione giurisprudenziale. Verso un arretramento della logica del conflitto?*, in *RGL*, III, p. 390; De Simone G. (2021), *Il liberalismo illuminato di Zanardelli: legislazione sociale e libertà sindacale,* in *LD*, p. 623; Pino G. (a cura di) (2021), *L'assemblea costituente e il diritto di sciopero. Attualità di uno storico dibattito*, Giappichelli, Torino; Ballestrero M.V. (2021), *Ancora sui "rider". La cecità discriminatoria della piattaforma*, in *Labor*, I, p. 104.

Sul dibattito intorno alla titolarità del diritto di sciopero e alle clausole di tregua sindacale: Corazza L., Liso F. (2015), *La clausola di pace: variazioni sul tema*, WP CSDLE "Massimo D'Antona".IT – 247/2015; Falsone M. (2015), *Dalle clausole di tregua alla esigibilità: di nuovo l'obbligo implicito di pace sindacale?*, in *LD*, p. 121; Lambertucci P. (2015), *Sulla titolarità del diritto di sciopero e clausole di tregua sindacale: brevi note*, in *ADL*, p. 72; Ballestrero M.V. (2018), *Interesse collettivo e conflitto*, in *LD*, p. 411.

Sullo sciopero nei servizi pubblici essenziali, di recente: AA.VV. (2015), *Diritti fondamentali e regole del conflitto collettivo. Esperienze e prospettive*, a cura di G. Pino, Giuffrè, Milano; v. anche Santoro Passarelli G. (2017), *Rappresentatività sindacale e legittimazione al conflitto*, *DLRI*, p. 81; Razzolini O. (2019), *Adesione preventiva e informazione degli utenti: problemi aperti in materia di sciopero nei servizi pubblici essenziali*, in *DLRI*, p. 541.

Parte III – Subordinazione e contratto di lavoro

Letture classiche sul contratto di lavoro: Barassi L. (1901), *Il contratto di lavoro nel diritto positivo italiano*, Società editrice libraria, Milano; Idem (1915-1917), *Il contratto di lavoro nel diritto positivo italiano*, II edizione interamente rifatta, Vol. I e II, Società editrice libraria, Milano; Carnelutti F. (1911), *Del licenziamento nella locazione di opere a tempo indeterminato*, in *RDComm.*, p. 377; Carnelutti F. (1913 e 1916), *Studi sulle energie come oggetto di rapporti giuridici*, in *RDComm.*, XI (1913), p. 384, e in *Studi di diritto civile*, Atheneum, Roma, 1916, p. 238; Greco P. (1939), *Contratto di lavoro*, in *Trattato di diritto civile*, diretto da F. Vassalli, Utet, Torino; Mengoni L. (1971), *Contratto di lavoro e impresa*, in L. Mengoni (2008), *Il contratto di lavoro*, a cura di M. Napoli, Vita e Pensiero, Milano, p. 3; A. Supiot (2015), *Critique du droit du travail*[3], Puf, Paris.

Sulla storia del contratto di lavoro: Castelvetri L. (1994), *Il diritto del lavoro delle origini*, Giuffrè, Milano; Grandi M. (1997), *«Il lavoro non è una merce»: una formula da rimeditare*, in *LD*, p. 557; Mengoni L. (2004), *L'evoluzione del pensiero di L. Barassi dalla prima alla seconda edizione del "contratto di lavoro"*, in L. Mengoni, *Il contratto di lavoro*, a cura di M. Napoli, Vita e Pensiero, Milano, 2004, p. 119; Passaniti P. (2006), *Storia del diritto del lavoro. I. La questione del contratto di lavoro nell'Italia liberale (1865-1920)*, Giuffrè, Milano; Ballestrero M.V. (2011), *Le "energie da lavoro" tra soggetto e oggetto*, in *Trattato di biodiritto*, diretto da S. Rodotà e P. Zatti, *Il governo del corpo*, Tomo I, Giuffrè, Milano, p. 855.

Subordinazione e autonomia. Sulla nozione e sulle caratteristiche del lavoro subordinato: Mengoni L. (1954), *Obbligazioni "di risultato" e obbligazioni "di mezzi"*, in *RDComm.*, p. 185; Suppiej G. (1957), *La struttura del rapporto di lavoro*, Cedam, Padova; Assanti C. (1961), *Autonomia negoziale e prestazioni di lavoro*, Cedam, Padova; Spagnuolo Vigorita L. (1967), *Subordinazione e diritto del lavoro. Problemi storico critici*, Morano, Napoli; Magrini S. (1973), *Lavoro (contratto individuale)*, in *ED*, Vol. XXIII, p. 369; Mengoni L. (1986), *La questione della subordinazione in due trattazioni recenti*, in *RIDL*, I, p. 5; D'Antona M. (1988), *I mutamenti del diritto del lavoro ed il problema della subordinazione*, in *RCDPriv.*, p. 195; Pessi R. (1989), *Contributo allo studio della fattispecie lavoro subordinato*, Giuffrè, Milano; Proia G. (1997), *Rapporti di lavoro e tipo, considerazioni critiche*, Giuffrè, Milano; *Subordinazione e autonomia: vecchi e nuovi modelli* (1998), in *QDLRI* (fascicolo monografico), Utet, Torino; AIDLASS (1999), *Impresa e nuovi modi di organizzazione del lavoro*, Atti delle Giornate di Studio di diritto del lavoro di Salerno, 22-23 maggio 1998, Giuffrè, Milano; Corazza L. (2004), Contractual integration *e rapporti di lavoro*, Cedam, Padova; Persiani M. (2005), *Individuazione delle nuove tipologie tra subordinazione ed autonomia*, in *ADL*, p. 1; Ghera E. (2006), *Subordinazione, Statuto protettivo e qualificazione del rapporto di lavoro*, in *DLRI*, p. 1; Roccella M. (2008), *Lavoro subordinato e lavoro autonomo, oggi*, WP CSDLE "Massimo D'Antona".IT – 65/2008; Pallini M. (2013), *Il lavoro economicamente dipendente*, Cedam, Padova; Mazzotta O. (2019), *Diritto del lavoro*[7], in G. Iudica e P. Zatti (a cura di), *Trattato di diritto privato*, Giuffrè, Milano. Recenti contributi in tema di subordinazione: Razzolini O. (2020), *I confini tra subordinazione, collaborazioni etero-organizzate e lavoro autonomo coordinato: una rilettura*, in *DRI*, p. 345; Santoro Passarelli G. (2021), *Il nuovo volto del diritto del lavoro a cinquanta anni dello Statuto dei lavoratori*, in *RDC*, I, p. 1; Aimo M. (2021), *Subordinazione e autonomia: che cosa ha da dire l'unione europea?*, in *Labor*, IV, p. 389; Bandelloni G. (2021), *Corsi e ricorsi dell'eterodirezione*, in *LLI*, I, p. 1. Sempre sul tema si veda *Labour&Law Issues*, 2, 2020 pp. I-145.

Sul lavoro agile: Tiraboschi M. (2017), *Il lavoro agile tra legge e contrattazione collettiva: la tortuosa via italiana verso la modernizzazione del diritto del lavoro*, WP CSDLE "Massimo D'Antona".IT – 335/2017; Peruzzi M. (2017), *Sicurezza e agilità: quale tutela per lo smart worker?*, in *DSL*, 1, p. 7; Raimondi E. (2019), *Potere di controllo, tutela della riservatezza e "lavoro agile"*, in *RGL*, I, p. 69; Del Conte M. (2021), *Problemi e prospettive del lavoro agile tra remotizzazione forzata e trasformazione organizzativa*, in *ADL*, p. 549; Aimo M., Fenoglio A. (2021), *Alla ricerca di un bilanciamento tra autonomia organizzativa del lavoratore e poteri datoriali nel lavoro agile*, in *Labor*, I, p. 25; Razzolini O. (2022), *Lavoro agile e orario di lavoro*, in *DRI*, II, p. 371; Tinti A.R. (2022), *Travestimenti. potere e libertà nel lavoro agile*, in *LD*, I, p. 147.

Sui metodi di qualificazione del rapporto di lavoro: De Nova G. (1974), *Il tipo contrattuale*, Cedam, Padova; Nogler L. (1990), *Metodo tipologico e qualificazione dei rapporti di lavoro*, in *RIDL*, I, p. 182; Idem (1997), *Sull'inutilità delle presunzioni legali relative in tema di qualificazione dei rapporti di lavoro*, in *RIDL*, I, p. 313; Idem (2002), *Ancora su "tipo" e rapporto di lavoro subordinato nell'impresa*, in *ADL*, p. 109; Proia G. (2002), *Metodo tipologico, contratto di lavoro subordinato e categorie definitorie*, in *ADL*, p. 37.

Sul principio dell'indisponibilità del tipo contrattuale: D'Antona M. (1995), *Limiti costituzionali alla disponibilità del tipo contrattuale nel diritto del lavoro*, in *ADL*, p. 63; Scognamiglio R. (2001), *La disponibilità del rapporto di lavoro subordinato*, in *RIDL*, 2001, I, p. 95; De Luca M. (2014), *Rapporto di lavoro subordinato: tra «indisponibilità del tipo contrattuale», problemi di qualificazione giuridica e nuove sfide della economia postindustriale*, in *RIDL*, I, p. 397.

Sul lavoro autonomo, per tutti, Perulli A. (1996), *Il lavoro autonomo*, Giuffrè, Milano. Sul lavoro autonomo dopo la legge n. 81/2017, Perulli A. (2017), *Il jobs act degli autonomi: nuove (e vecchie) tutele per il lavoro autonomo non imprenditoriale*, in *RIDL*, p. 173; Giubboni S. (2017), *Il jobs Act del lavoro autonomo: commento al capo I della legge n. 81/2017*, in *DLRI*, p. 471; Martelloni F. (2017), *I rimedi nel "nuovo" diritto del lavoro autonomo*, in *LD*, p. 517; Ferraro F. (2018), *Prime osservazioni sulle tutele civilistiche del lavoro autonomo non imprenditoriale*, in *RIDL*, I, p. 501.

Sulle collaborazioni coordinate e continuative, sulla disciplina originaria del lavoro a progetto e del lavoro prestato dai titolari di partite IVA, dopo la legge n. 92/2012, v. la bibliografia citata in Ballestrero M.V., De Simone G. (2012), *Diritto del lavoro*, Giappichelli, Torino.

Sulla disciplina delle collaborazioni coordinate e continuative di cui al d.lgs. n. 81/2015: Perulli A. (2015), *Un* Jobs Act *per il lavoro autonomo: verso una nuova disciplina della dipendenza economica?*, WP CSDLE "Massimo D'Antona".IT – 235/2015; Razzolini O. (2015), *La nuova disciplina delle collaborazioni organizzate dal committente*, WP CSDLE "Massimo D'Antona".IT – 266/2015; Treu T. (2015), *In tema di Jobs Act. Il riordino dei tipi contrattuali*, in *DLRI*, p. 155; Ferraro G. (2016), *Collaborazioni organizzate dal committente*, in *RIDL*, I, p. 53; Tosi P. (2017), *Autonomia, subordinazione e coordinazione*, in *Labor*, 2, p. 245.

Sulle collaborazioni etero-organizzate: Martelloni F. (2020), *La tutela del lavoro nel prisma dell'art. 35 Cost.*, in *RIDL*, I, p. 399; Zoppoli A. (2020), *Le collaborazioni eterorganizzate tra antiche questioni, vincoli di sistema e potenzialità*, in *DRI*, p. 703; Maresca A. (2020), *Brevi cenni sulle collaborazioni eterorganizzate*, in *RIDL*, I, p. 73; Perulli A. (2021), *Oltre la subordinazione. La nuova tendenza espansiva del diritto del lavoro*, Giappichelli, Torino.

Sui contratti di lavoro nell'era della digitalizzazione, con particolare riferimento all'economia delle piattaforme: Tullini P. (2017), *Web e lavoro: profili evolutivi e di tutela*, Giappichelli, Torino; De Stefano V., Silberman M.S., Irani L., Berg J., Cherry M.A., Finkin M.W., Prassl J., Risak M., Aloisi A. (2017), in *CLLPJ*, 37, 3 (fascicolo monografico); De Simone G. (2019), *Lavoro digitale e subordinazione. Prime riflessioni*, in *RGL*, 1, p. 3; Donini A. (2019), *Il lavoro attraverso le piattaforme digitali*, Bup, Bologna; Carinci M.T. (2021), *I lavoratori delle piattaforme quali 'working poors'*, in *Labor*, p. 627; Novella M., Tullini P. (a cura di) (2022), *Lavoro digitale*, Giappichelli, Torino; Borelli S., Brino V., Faleri C., Lazzeroni L., Tebano L., Zappalà L. (2022), *Lavoro e tecnologie. Dizionario del diritto del lavoro che cambia*, Giappichelli, Torino.

Sul particolare caso dei *riders*: Giubboni S. (2019), *I "riders" e la legge*, in *RDSS*, IV, p. 847; Zoppoli L. (2020), *I "riders" tra fattispecie e disciplina: dopo la sentenza della Cassazione n. 1663/2020*, in *MGL*, 2020, I, p. 265; Barbieri M. (2020), *Il luminoso futuro di un concetto antico: la subordinazione nell'esemplare sentenza di Palermo sui "riders"*, in *LLI*, II, p. 61; Mazzotta O. (2020), *L'inafferrabile etero-direzione: a proposito di ciclofattorini e modelli contrattuali*, in *Labor*, I, p. 5; Forlivesi M. (2021), *Retribuzione e inquadramento nel contratto collettivo aziendale c.d. Just Eat*, in *LLI*, I, p. 175.

Sul contratto di lavoro subordinato, con particolare riferimento all'origine contrattuale del rapporto: Mancini G.F. (1957), *La responsabilità contrattuale del prestatore di lavoro*, Giuffrè, Milano. Sull'origine non contrattuale del rapporto di lavoro: Scognamiglio R. (2007), *La natura non contrattuale del lavoro subordinato*, in *RIDL*, I, p. 379.

Sulla connessione tra contratto di lavoro e organizzazione: Mengoni L. (1965), *Contratto e rapporto di lavoro nella recente dottrina italiana*, in *RSoc.*, p. 675; Persiani M. (1966), *Contratto di lavoro e organizzazione*, Cedam, Padova; Liso F. (1982), *La mobilità del lavoratore in azienda*, Franco Angeli, Milano; Carabelli U. (2004), *Organizzazione del lavoro e professionalità: una riflessione su contratto di lavoro e post-taylorismo*, in *DLRI*, p. 1; Ghera E. (2011), *Diritto del lavoro*, Cacucci, Bari. Più in generale, Ichino P. (2000), *Il contratto di lavoro*, Vol. I, Giuffrè, Milano.

Su onerosità, lavoro gratuito e volontariato: Ghezzi G. (1959), *Osservazioni sulla prestazione gratuita di lavoro subordinato*, in *RTDPC*, p. 1365; Grandi M. (2000), *Osservazioni critiche sulla prestazione gratuita di lavoro subordinato*, in *ADL*, p. 439; Treu T. (2011), *Onerosità e corrispettività*, in M. Marazza, M. Martone (a cura di), *Contratto di lavoro e organizzazione*, M. Persiani, F. Carinci (diretto da), *Trattato di diritto del lavoro*, Vol. IV, Tomo II, Cedam, Padova, p. 1323; Bano F. (2002), *Il lavoro senza mercato. Le prestazioni di lavoro nelle organizzazioni "non profit"*, Il Mulino, Bologna; Menghini L. (2007), *Lavoro gratuito e volontariato*, in F. Carinci, C. Cester, M. Miscione, C. Zoli (a cura di), *Il rapporto di lavoro subordinato: Costituzione e svolgimento*, F. Carinci (diretto da), *Diritto del lavoro. Commentario*, Vol. II, Tomo I, Utet, Torino, p. 150.

Su *stage* e tirocini: Pascucci P. (2008), *Stage e lavoro. La disciplina dei tirocini formativi e di orientamento*, Giappichelli, Torino; Id. (2013), *Verso le nuove regole dei tirocini. L'evoluzione delle regole sui tirocini formativi e di orientamento: un'ipotesi di eterogenesi dei fini?*, in *DLRI*, p. 413; D'Onghia M., Barbieri M. (2013), *I tirocini formativi*, in P. Chieco (a cura di), *Flessibilità e tutele nel lavoro. Commentario della legge 28 giugno 2012 n. 92*, Cacucci, Bari, p.173.

Sul lavoro in cooperativa: Romagnoli U. (1967), *La prestazione di lavoro nel contratto di società*, Giuffrè, Milano; Biagi M. (1983), *Cooperative e rapporti di lavoro*, Giuffrè, Milano. Dopo la legge n. 142/2001: Montuschi L., Tullini P. (a cura di) (2004), *Le cooperative ed il socio-lavoratore: la nuova disciplina. Legge 14 febbraio 2003, n. 30 e D.lgs. 10 settembre 2003, n. 276*, Giappichelli, Torino; Barbieri M. (2006), *Cinque anni dopo: il rapporto di lavoro del socio di cooperativa tra modifiche legislative, dottrina e giurisprudenza*, in P. Curzio (a cura di), *Lavoro e diritti a tre anni dalla legge 30/2003*, Cacucci, Bari, p. 523; Palladini S. (2006), *Il lavoro nelle cooperative oltre il rapporto mutualistico*, Cedam, Padova; Laforgia S. (2009), La *cooperazione e il socio lavoratore*, Giuffrè, Milano; Costantini S. (2012), *L'esclusione del socio lavoratore dalla cooperativa. Note a margine*, in *LD*, p. 99; Imberti L. (2012), *Il socio lavoratore di cooperativa. Disciplina giuridica ed evidenze empiriche*, Giuffrè, Milano; Palladini S. (2021), *Il rapporto di lavoro del socio di cooperativa: ricadute "flessibili" nella relazione esclusione/licenziamento dopo le riforme della tutela reintegratoria*, in *VTDL*, II, p. 473.

Sul lavoro dei minori: De Cristofaro M. (1993), *Minori (lavoro dei)*, in *DDP, sez. comm.*, p. 473; Mazziotti F. (1999) *Interesse del minore e diritto del lavoro*, in *Scritti in onore di Gino Giugni. Studi sul lavoro*, Vol. I, Cacucci, Bari, p. 673; Miscione M. (a cura di) (2002), *Il lavoro dei minori. Legge, prassi amministrativa e contrattazione collettiva*, Ipsoa, Milano; Topo A. (2007), *La tutela del lavoro dei bambini e degli adolescenti*, in F. Carinci, C. Cester, M. Miscione, C. Zoli (a cura di), *Il rapporto di lavoro subordinato: Costituzione e svolgimento*, F. Carinci (diretto da), *Diritto del lavoro. Commentario*, Vol. II, Tomo I, Utet, Torino, p. 583.

Sulla forma del contratto di lavoro: D'Onghia M. (2005), *La forma vincolata nel diritto del lavoro*, Giuffrè, Milano.

Sull'invalidità del contratto: Campanella P. (2013), *Prestazione di fatto e contratto di lavoro*, Giuffrè, Milano.

Sul patto di prova: Del Punta R. (1990), *Lavoro in prova*, in *EGT*, Vol. XXVIII, Roma; Varesi P.A., Roccella M. (1990), *Le assunzioni. Prova e termine nei rapporti di lavoro. Artt. 2096-2097*, in P. Schlesinger (fondato da), D. Busnelli (diretto da), *Il codice civile. Commentario*, Giuffrè, Milano.

Sui contratti di lavoro, in generale: Treu T. (2001), *Politiche del lavoro. Insegnamenti di un decennio*, Il Mulino, Bologna; Carinci M.T. (2016), *Il contratto di lavoro subordinato a tempo indeterminato costituisce la forma comune di rapporto di lavoro? Contratto di lavoro subordinato a tempo indeterminato,* versus *contratto di lavoro subordinato a termine, somministrazione di lavoro e lavoro accessorio*, in *RGL*, 2, p. 316.

Sul lavoro intermittente: Allamprese A. (2009), *Il lavoro intermittente*, in A. Vallebona (a cura di), *I Contratti di lavoro*, E. Gabrielli, P. Rescigno (diretto da), *Trattato dei contatti*, Tomo II, Utet, Torino, p. 1229; Leccese V. (2013), *La tenace sopravvivenza del "lavoro intermittente" nell'ordinamento italiano*, in P. Chieco (a cura di), *Flessibilità e tutele nel lavoro. Commentario della legge 28 giugno 2012 n. 92*, Cacucci, Bari, p. 107; Raimondi E. (2014), *Il lavoro intermittente nelle recenti riforme del mercato del lavoro*, in *RGL*, I, p. 679; Gragnoli E. (2016), *Il contratto di lavoro intermittente e la possibile discriminazione per età*, in *DRI*, 4, p. 1111; Centamore G. (2020), *Lo statuto intermittente dei lavoratori*, in *LD*, IV, p. 589; Calafà L. (2021), *Il lavoro intermittente tra politiche e poteri del datore di lavoro*, in *DLM*, I, p. 59.

Sulla disciplina previgente in materia di lavoro occasionale accessorio: v. la bibliografia citata in Ballestrero M.V., De Simone, G. (2015), *Diritto del lavoro*, Giappichelli, Torino. Sulla disciplina attuale del lavoro occasionale: Marinelli F. (2019), *Il lavoro occasionale in Italia. Evoluzione, disciplina e potenzialità della fattispecie lavoristica*, Giappichelli, Torino.

Sulla disciplina del lavoro a termine "acausale" prima del Jobs act: v. la bibliografia in M.V. Ballestrero, G. De Simone (2015), *Diritto del lavoro*, Giappichelli, Torino. Sulla disciplina del contratto a termine dopo il Jobs act: Cester C. (2016), *Il neotipo e il prototipo*, in *Labor*, 5-6, p. 328; Aimo M. (2017), *Il lavoro a termine tra modello europeo e regole nazionali*, Giappichelli, Torino.

Sul lavoro sportivo: Mazzotta O. (1981), *Il lavoro sportivo*, in *FI*, V, c. 302; Dell'Olio M. (1988), *Lavoro sportivo e diritto del lavoro*, in *DL*, I, p. 323; D'Harmant François A. (1990), *Lavoro sportivo. I) Diritto del lavoro*, in *EGT*, Vol. XXVII, Istituto poligrafico dello Stato, Roma; Spadafora M.T. (2012), *Diritto del lavoro sportivo*[2], Giappichelli, Torino.

Sul lavoro nautico: Lucifredi Enrico C. (1990), *Il contratto di arruolamento*, Cedam, Padova; Menghini L. (1996), *I contratti di lavoro nel diritto della navigazione*, Giuffrè, Milano; Cardillo C. (1998), *Il rapporto di lavoro nautico*, Cedam, Padova.

Sul lavoro domestico: Mengoni L. (1961), *Lo sviluppo del diritto del lavoro fattore essenziale del progresso sociale*, ora in L. Mengoni (2004), *Il lavoro nella dottrina sociale della Chiesa*, a cura di M. Napoli, Vita e Pensiero, Milano, p. 17; Persiani M. (1964), voce *Domestici*, in *ED*, Vol. XIII, p. 826; Bianchi D'Urso F. (1990), voce *Lavoro domestico*, in *EGT*, Vol. XVIII, Istituto poligrafico dello Stato, Roma; Basenghi F. (2000), *Il lavoro domestico. Artt. 2240-2246*, in P. Schlesinger (fondato da), D. Busnelli (diretto da), *Il codice civile. Commentario*, Giuffrè, Milano; Passaniti P. (2008), *La cittadinanza sommersa. Il lavoro domestico tra otto e novecento*, in *QF*, p. 233; Colombo A., Sarti R. (2009), *Il servizio domestico dal dopoguerra ad oggi*, in *Il Mulino*, p. 164; Saraceno C. (2009), *L'assistenza senza il Welfare*, in *Il Mulino*, p. 553; De Simone G. (2009), *I lavoratori domestici come attori della conciliazione*, in M.V. Ballestrero, G. De Simone (a cura di), *Persone, lavori, famiglie. Identità e ruoli di fronte alla crisi economica.* Giappichelli, Torino; De Martino C. (2021), *Chi bada alle badanti? la specialità del lavoro domestico alla prova del covid-19*, in *DLRI*, p. 53.

Sul lavoro carcerario: Romagnoli U. (1976), *Il lavoro nella riforma carceraria*, in M. Cappelletto, A. Lombroso (a cura di), *Carcere e società*, Marsilio editori, Venezia; Barbera M. (1992), *Lavoro carcerario*, in *Dig. sez. comm.*, VIII, p. 221; Scognamiglio R. (2007), *Il lavoro carcerario*, in *ADL*, p. 18; Marinelli F. (2014), *Il lavoro dei detenuti*, WP CSDLE "Massimo D'Antona".IT – 234/2014.

Sui contratti a contenuto formativo e in particolare sull'apprendistato: Napoli M. (1996), *Contratto e rapporti di lavoro oggi*, in *Questioni di diritto del lavoro*, Giappichelli, Torino; Balandi G. (2007), *Formazione e contratto di lavoro*, in *DLRI*, p. 135; Caruso B. (2007), *Occupabilità, formazione e "capability" nei modelli giuridici di regolazione dei mercati del lavoro*, in *DLRI*, p. 1; *Il testo unico dell'apprendistato e le nuove regole sui tirocini: commentario al Decreto legislativo 14 settembre 2011, n. 167, e all'articolo 11 del Decreto legge 13 agosto 2011, n. 138, convertito con modifiche nella Legge 14 settembre 2011, n. 148* (2011) a cura di M. Tiraboschi, Giuffrè, Milano; Carinci F. (2012), *E tu lavorerai come apprendista: l'apprendistato da contratto "speciale" a contratto "quasi unico"*, Cedam, Padova; D'Onghia M. (2012), *Il Testo Unico sull'apprendistato*, in *RGL*, I, p. 211; Garofalo D. (2014), *L'apprendistato nel decreto legge 20 marzo 2014, n. 34*, in *LG*, n. 12 suppl., p. 33; Garofalo D. (2014), *Gli interventi legislativi sul contratto di apprendistato successivi al T.U. del 2011*, in *DLRI*, p. 427; Luciani V. (2016), *La riforma dell'apprendistato: rapporto con il contratto a tutele crescenti e "riordino" delle fonti di regolazione*, in *DRI*, p. 739; Vitaletti M. (2017), *L'apprendistato tra formazione e lavoro*, in *Diritto e processo del lavoro e della previdenza sociale. Privato e pubblico*, VII Edizione, a cura di Santoro Passarelli G., Milanofiori Assago, Wolters Kluwer, p. 533.

Parte IV – La tutela del lavoro nel mercato

Sulla protezione del lavoratore nel mercato: De Luca Tamajo R. (2009), *Flexicurity: un improbabile ossimoro o un'utile mediazione?*, in *FI*, 5, c. 193; Delfino M. (2009), *Diritti sociali e flexicurity*, in *RIDL*, III, p. 29; Amoroso B. (2010), *Luci ed ombre del modello sociale danese*, in *DLM*, p. 227; Perulli A. (2012), *Il diritto del lavoro tra libertà e sicurezza*, in *RIDL*, p. 247; Zoppoli L. (2012), *Flex/insecurity: la riforma Fornero (L. 28 giugno 2012, n. 92) prima, durante e do-

po, Editoriale scientifica, Napoli; v. inoltre i saggi raccolti nel fascicolo n. 3/2007 della rivista *DLM* dedicato al tema; Corti M. (2018), *Flessibilità e sicurezza dopo il* Jobs Act. *La* flexicurity *italiana nell'ordinamento multilivello*, Giappichelli, Torino; Tiraboschi M. (2019), *Mercati, regole, valori*, relazione presentata alle giornate di studio AIDLASS di Udine, 13-14 giugno 2019.

Sulle politiche attive del lavoro: Garbuio C. (2021), *Politiche del lavoro e condizionalità*, Giappichelli, Torino; Garofalo D. (2022), *Gli interventi sul mercato del lavoro nel prisma del PNRR*, in *DRI*, I, p. 114; Varesi P.A. (2022), *Una nuova stagione per le politiche attive del lavoro. le prospettive tra azioni dell'unione europea e riforme nazionali*, in *DRI*, I, p. 75.

Sulle riforme del collocamento e dei servizi per l'impiego e sui rapporti tra soggetti pubblici e privati del mercato del lavoro: Ales E. (1998), *La nuova disciplina nel mercato del lavoro tra decentramento controllato e liberalizzazione accentrata*, in *ADL*, p. 527; *I servizi per l'impiego tra pubblico e privato* (1999), in *QDLRI*, n. 22; Tullini P. (2008), *Il dilemma tra pubblico e privato nel mercato del lavoro* (2008), in *DRI*, p. 311; Alaimo A. (2004), *I servizi all'impiego e l'art. 4 Cost. dopo le recenti riforme del mercato del lavoro*, in *DLRI*, p. 249; Ead. (2009), *Il diritto sociale al lavoro nei mercati integrati. I servizi per l'impiego tra regolazione comunitaria e nazionale*, Giappichelli, Torino; Napoli M., Occhino A., Corti M. (2010), *I servizi per l'impiego*, Giuffrè, Milano; Tullini P. (2011), *Ragioni e filosofie della collaborazione tra pubblico e privato nel mercato del lavoro*, in *DLM*, p. 575; Alaimo A. (2013), *Politiche attive, servizi per l'impiego e stato di disoccupazione*, in M. Cinelli, G. Ferraro, O. Mazzotta (a cura di), *Il nuovo mercato del lavoro dalla riforma Fornero alla legge di stabilità 2013*, Giappichelli, Torino, p. 648; Canavesi G. (2013), *Politiche attive e servizi per l'impiego*, in S. Liebman, M. Persiani (a cura di), *Il nuovo diritto del mercato del lavoro*, Utet, Torino, p. 693; Alaimo A. (2015), *Ricollocazione dei disoccupati e politiche attive del lavoro. Premesse e promesse di security nel Jobs Act del Governo Renzi*, WP CSDLE "Massimo D'Antona".IT – 249/2015; *Le politiche attive nel mercato del lavoro* (2016), in *LD* (fascicolo monografico), 2; Caruso S.B., Cuttone M. (2016), *Verso il diritto del lavoro della responsabilità: il contratto di ricollocazione tra Europa, Stato e Regioni*, in *DRI*, 1, p. 63; Ricci M. (2017), *I servizi per l'impiego dopo le modifiche legislative tra luci e ombre*, in *ADL*, 2, p. 326.

Sul lavoro dei disabili: Maresca A. (1999), *Rapporto di lavoro dei disabili e assetto dell'impresa*, in *ADL*, p. 659; Tursi A. (1999), *La nuova disciplina del diritto al lavoro dei disabili*, in *RGL*, I, p. 727; *Diritto del lavoro dei disabili. Commentario alla legge n. 68/1999* (2000), a cura di M. Cinelli, P. Sandulli, Giappichelli, Torino; *Norme per il diritto al lavoro dei disabili* (2000), a cura di G. Santoro Passarelli, P. Lambertucci, in *NLCC*, p. 1351. In particolare, sull'accesso al lavoro dei disabili: Limena F. (2004), *L'accesso al lavoro dei disabili*, Cedam, Padova; Garofalo D. (2010), *L'inserimento e l'integrazione lavorativa dei disabili tramite convenzione*, in *RDSS*, p. 231; Ferraresi M. (2012), *La recente giurisprudenza sul collocamento delle persone disabili: assestamenti del "diritto diseguale"*, in *ADL*, p. 309; Di Stasi A. (2013), *Il diritto al lavoro dei disabili e le aspettative tradite del "collocamento mirato"*, in *ADL*, p. 880; Lambertucci P. (2016), *Il lavoratore disabile tra disciplina dell'avviamento al lavoro e tutela contro i licenziamenti: brevi note a margine dei provvedimenti attuativi del c.d. Jobs act alla "prova" della disciplina discriminatoria*, in *ADL*, 2, p. 1147; Garofalo D. (2016), Jobs act *e disabili*, in *RDSS*, 1, p. 89, Gragnoli E. (2016), *Il collocamento obbligatorio e le politiche attive*, in *RGL*, 3, p. 533; Riccardi A. (2018), *Disabili e lavoro*, Cacucci, Bari.

Sul lavoro degli extracomunitari: Viscomi A. (1991), *Immigrati extracomunitari e lavoro subordinato: tutele costituzionali, garanzie legali e regime contrattuale*, Esi, Napoli; *Lavoro e immigrazione*, a cura di A. Tursi (2005), Giappichelli, Torino; Nappi S. (2005), *Il lavoro degli extracomunitari*, Jovene, Napoli; Loy G. (2013), *Misure in favore degli extracomunitari*, in M. Cinelli, G. Ferraro, O. Mazzotta (a cura di), *Il nuovo mercato del lavoro dalla riforma Fornero alla legge di stabilità 2013*, Giappichelli, Torino, p. 685; Calafà L. (2013), *Migrazione economi-*

ca e contratto di lavoro degli stranieri, Il Mulino, Bologna; Calafà L. (2017), *Lavoro irregolare (degli stranieri) e sanzioni. Il caso italiano*, in *LD*, p. 67; Ferrara M.D. (2017), *Status degli stranieri e questioni di welfare tra diritti e inclusione sociale*, in *RDSS*, 2, p. 265; Garilli A. (2017), *Immigrati e diritti sociali: parità di trattamento e tutela multilivello*, in *DLM*, 1, p. 13.

Sulla disciplina della Cassa integrazione guadagni e degli ammortizzatori sociali: Miscione M. (1978), *Cassa integrazione e tutela della disoccupazione*, Jovene, Napoli; Balandi G. (1984), *Tutela del reddito e mercato del lavoro nell'ordinamento italiano*, Giuffrè, Milano; Ballestrero M.V. (1985), *Cassa integrazione e contratto di lavoro*, Franco Angeli, Milano; Renga S. (1996), *Mercato del lavoro e diritto*, Franco Angeli, Milano; Miscione M. (2007), *Gli ammortizzatori sociali per l'occupabilità*, in *DLRI*, p. 695; Del Punta R. (2020), *Note sugli ammortizzatori sociali ai tempi del covid-19*, in *RIDL*, II, p. 251; Sigillò Massara G. (2021), *Il (nuovo) ruolo degli ammortizzatori sociali fra crisi e pandemia*, in *RDSS*, II, p. 279; Carchio C. (2022), *Gli strumenti di integrazione salariale tra emergenza sanitaria e legge di bilancio*, in *RDSS*, I, p. 51; Renga S. (2022), *La tutela del reddito. Chiave di volta per il lavoro sostenibile*, Editoriale scientifica, Napoli.

Sugli ammortizzatori in deroga: Barbieri M. (2011), *Ammortizzatori in deroga e modelli di welfare negli accordi Stato-Regioni e Regioni-parti sociali*, in *RGL*, I, p. 379.

Sui fondi bilaterali di solidarietà: Giubboni S. (2015), *I fondi bilaterali di solidarietà nel prisma della riforma degli ammortizzatori sociali*, in *DLRI*, p. 715; Occhino A. (2016), *Il sostegno al reddito dei lavoratori in costanza di rapporto tra intervento pubblico e bilateralità*, in *DLM*, 3, p. 499.

Sulla NaSpI e sulle nuove discipline di cui alla legge n. 92/2012: Renga S. (2012), *La "riforma" degli ammortizzatori sociali*, in *LD*, p. 621; i contributi di Bozzao P., Giubboni S., Emiliani S.P. (2013), in M. Cinelli, G. Ferraro, O. Mazzotta (a cura di), *Il nuovo mercato del lavoro dalla riforma Fornero alla legge di stabilità 2013*, Giappichelli, Torino, p. 427.

Sul reddito di cittadinanza: Tullini P., Bongiovanni G., Bronzini G., Del Bò C., Forlivesi M., Toso S. (2018), in *RDSS*, 4 (fascicolo monografico); Ballestrero M.V. (2019), *Reddito senza lavoro, lavoro senza reddito*, in *Teoria Politica 2019*, Marcial Pons, Madrid, p. 359; Valente L. (2021), *Reddito di cittadinanza e politiche attive per il lavoro, oggi*, in *RGL*, p. 372; Bozzao P. (2021), *Reddito di cittadinanza e ammortizzatori sociali: dialogo virtuoso o interferenze?*, in *RGL*, p. 396; Corazza L. (2022), *La condizionalità "relazionale": reddito di cittadinanza, mercato del lavoro, esclusione sociale*, in *DRI*, I, p. 174.

Parte V – I DIRITTI FONDAMENTALI DEL LAVORATORE

Eguaglianza e non discriminazione. Sulla nozione di eguaglianza: Paladin L. (1965), *Il principio costituzionale d'eguaglianza*, Giuffrè, Milano; Bobbio N. (1995), *Eguaglianza e libertà*, Einaudi, Torino; per una ricognizione più recente, Rescigno F. (2016), *Percorsi di eguaglianza*, Giappichelli, Torino. Sulla giurisprudenza costituzionale e della Corte di Giustizia: Sorrentino F. (2001), *L'eguaglianza nella giurisprudenza della Corte costituzionale e della Corte di giustizia delle Comunità europee*, in *PD*, p. 179. Sulla eguaglianza nel diritto del lavoro: Romagnoli U. (1994), *Eguaglianza e differenza nel diritto del lavoro*, in *DLRI*, p. 545.

Sul diritto antidiscriminatorio, in generale: De Simone G. (2001), *Dai principi alle regole. Eguaglianza e divieti di discriminazione nella disciplina dei rapporti di lavoro*, Giappichelli, Torino; Izzi D. (2005), *Eguaglianza e differenze nei rapporti di lavoro. Il diritto antidiscriminatorio tra genere e fattori di rischio emergenti*, Jovene, Napoli; Barbera M. (a cura di) (2007), *Il nuovo diritto antidiscriminatorio. Il quadro comunitario e nazionale*, Giuffrè, Milano; Calafà L., Gottardi D. (a cura di) (2009), *Il diritto antidiscriminatorio tra teoria e prassi applicativa*, Ediesse, Roma; Lassandari A. (2010), *Le discriminazioni nel lavoro. Nozione, interessi, tutele*, Cedam,

Padova; Donini A. (2020), *L'art. 15 e oltre. La nullità nel diritto antidiscriminatorio*, in *LD*, IV, p. 611; Borelli S., Ranieri M. (2021), *La discriminazione nel lavoro autonomo. riflessioni a partire dall'algoritmo Frank*, in *LLI*, I, p. 18; Pasquarella V. (2021), *La violenza di genere attraverso la lente del giuslavorista. azioni di tutela e strumenti a supporto della vittima*, in *VTDL*, numero straordinario, p. 1485. Con particolare riguardo alle nozioni di discriminazione: Barbera M. (2003), *Eguaglianza e differenza nella nuova stagione del diritto antidiscriminatorio*, in *DLRI*, p. 399; De Simone G. (2003), *La nozione di discriminazione diretta e indiretta*, in *NLCC*, p. 711; Gottardi D. (2004), *Dalle discriminazioni di genere alle discriminazioni doppie o sovrapposte: le transizioni*, in *DLRI*, p. 447; Ballestrero M.V. (2005), *Riflessioni in tema di eguaglianza e discriminazioni*, in *Studi in onore di G. Ghezzi*, Vol. I, Cedam, Padova, p. 217; Chieco P. (2006), *Frantumazione e ricomposizione delle nozioni di discriminazione*, in *RGL*, I, p. 559; La Tegola O. (2009), *Oltre la discriminazione: legittima differenziazione e divieti di discriminazione*, in *DLRI*, p. 471; De Simone G. (2012), *Tra il dire e il fare. Obiettivi e tecniche delle politiche per il lavoro femminile nella riforma Fornero*, in *LD*, p. 589; Nunin R. (2012), *La persistenza dei differenziali retributivi di genere nel contesto italiano ed europeo*, in *AG*, Vol. I, n. 2; Scarponi S. (a cura di) (2014), *Diritto e genere. Analisi interdisciplinare e comparata*, Cedam, Padova; Tarquini E. (2015), *Le discriminazioni sul lavoro e la tutela giudiziale*, Giuffrè, Milano; Santagata De Castro R. (2019), *Le discriminazioni sul lavoro nel "diritto vivente". Nozione giustificazione prova*, Esi, Napoli.

Sulla nozione di molestia e molestia sessuale: De Simone G. (2007), *Le molestie sessuali, tra tutela della libertà e tutela della salute della donna*, in O.n.da (Osservatorio Nazionale sulla salute della Donna) (a cura di), *La tutela della salute della donna nel mondo del lavoro*, p. 123; Giubboni S., Borelli S. (2011), *Discriminazioni, molestie, mobbing*, in M. Marazza, M. Martone (a cura di), *Contratto di lavoro e organizzazione*, M. Persiani, F. Carinci (diretto da), *Trattato di diritto del lavoro*, Vol. IV, Tomo II, Cedam, Padova, p. 1323; Scarponi S. (2021), *La convenzione Oil n. 190/2019 su violenza e molestie nel lavoro e i riflessi sul diritto interno*, in *RGL*, I, p. 23.

Sulla storia della legislazione sul lavoro delle donne: Ballestrero M.V. (1979), *Dalla tutela alla parità. La legislazione sul lavoro delle donne*, Il Mulino, Bologna.

Sulle azioni positive: *Legge 10 aprile 1991, n. 125, Azioni positive per la realizzazione della parità uomo-donna nel lavoro*, Commentario sistematico a cura di M.V. Ballestrero e T. Treu, in *NLCC*, 1994; Ghera E. (1995), *Azioni positive e pari opportunità*, in *DLRI*, p. 1; Ballestrero M.V. (1996), *Azioni positive. Punto e a capo*, in *LD*, p. 117; D'Aloja A. (2002), *Eguaglianza sostanziale e diritto diseguale. Contributo allo studio delle azioni positive nella prospettiva costituzionale*, Cedam, Padova; Calafà L. (2005), *Azioni positive possibili tra lotta alle discriminazioni e promozione dell'uguaglianza*, in *LD*, p. 273.

Sui fattori di discriminazione diversi dal genere: Ballestrero M.V. (1994), *Lavoro subordinato e discriminazione fondata sulla cittadinanza*, in *DLRI*, p. 481; Savino F. (2010), *L'orientamento sessuale come fattore di discriminazione. Problemi di tutela*, in *LD*, p. 235; Casadonte A., Guariso A. (2010), *L'azione civile contro la discriminazione: rassegna giurisprudenziale dei primi dieci anni*, in *DIC*, p. 59; Ballestrero M.V. (2011), *Pensionati recalcitranti e discriminazione fondata sull'età*, in *LD*, p. 141; Scarponi S. (2011), *Discriminazione per età, ricambio generazionale, discriminazione di genere nei recenti orientamenti della Corte di Giustizia Ue*, in *RGL*, I, p. 543; Pasqualetto E. (2013), *L'età di accesso al lavoro tra tutele, differenziazioni e discriminazione*, Cedam, Padova.

Sulla disciplina della maternità e dei congedi di maternità, paternità e parentali: Del Punta R. (1992), *La sospensione del rapporto di lavoro. Artt. 2110-2111*, in P. Schlesinger (fondato da), D. Busnelli (diretto da), *Il codice civile. Commentario*, Giuffrè, Milano; Ballestrero M.V. (1993), *Maternità*, in *DDP, sez. comm.*, Vol. IX; Calafà L. (2004), *Congedi e rapporto di lavoro*, Cedam, Padova; Calafà L. (a cura di) (2007), *Paternità e lavoro*, Il Mulino, Bologna; Ballestrero M.V., De Simone G. (a cura di) (2009), *Persone, lavori, famiglie. Identità e ruoli di fronte alla crisi economica*, Giappichelli, Torino; Gottardi D. (2012), *La condivisione delle responsabilità genitoriali in salsa italiana*, in *LD*, p. 609; Corso S.M. (2013), *Le nuove misure a sostegno dei genitori lavoratori*, in S. Liebman, M. Persiani (a cura di), *Il nuovo diritto del mercato del lavoro*, Utet, Torino, p. 649; Renga S. (2013), *Disposizioni sulla genitorialità: congedo di paternità e* vouchers, in M. Cinelli, G. Ferraro, O. Mazzotta (a cura di), *Il nuovo mercato del lavoro dalla riforma Fornero alla legge di stabilità 2013*, Giappichelli, Torino, p. 679; Vallauri M.L. (2020), *Genitorialità e lavoro. Interessi protetti e tecniche di tutela*, Giappichelli, Torino; Scudieri L. (2021), *Libere di lavorare sino al parto? note a margine del c.d. congedo "post partum"*, in *Ragion pratica*, fasc. 56, p. 303.

Sul lavoro nell'ambito dei servizi di cura alla persona: Borrelli S. (2020), *Who cares? Il lavoro nell'ambito dei servizi di cura alla persona*, Jovene, Napoli.

Sulla libertà e dignità del lavoratore, in generale: Romagnoli U. (1979), sub *art. 1*, in G. Branca, A. Scialoja (a cura di), *Commentario del codice civile, Libro I Del lavoro, Titoli I e II – Supplemento Legge 20 maggio 1970 n. 300, Artt. 1-13*, II ed., Zanichelli-Il Foro Italiano, Bologna-Roma, p. 3; Bellavista A. (1995), *Il controllo sui lavoratori*, Giappichelli, Torino; Rodotà S. (1995), *Le libertà e i diritti*, in R. Romanelli (a cura di), *Storia dello Stato italiano dall'unità a oggi*, Donzelli, Roma, p. 301; Smuraglia C. (2000), *Diritti fondamentali della persona nel rapporto di lavoro (situazioni soggettive emergenti e nuove tecniche di tutela)*, in *RGL*, 2000, I, p. 447; Del Punta R. (2006), *Danno alla persona e contratto di lavoro*, in *DLRI*, p. 195; Ferrante V. (2011), *Dignità dell'uomo e diritto del lavoro*, in *LD*, p. 202; De Simone G. (2019), *La dignità del lavoro tra legge e contratto*, relazione presentata alle giornate di studio AIDLASS di Udine, 13-14 giugno 2019; De Simone G. (2019), *La dignità del lavoro e della persona che lavora*, in *DLRI*, p. 633; Gragnoli E. (2022), *Esiste un diritto alla felicità in azienda?*, in *VTDL*, I, p. 9; Romei R. (2022), *Della felicità, della dignità e di possibili declinazioni*, in *VTDL*, I, p. 49. Sui riflessi lavoristici del riconoscimento delle c.d. unioni civili: Nicolini C.A. (2016), *Quali i riflessi previdenziali delle unioni civili tra persone dello stesso sesso e delle convivenze di fatto?*, in *RDSS*, 3, p. 563; Passalacqua P. (2016), *Profili lavoristici della L. n. 76 del 2016 su unioni civili e convivenze di fatto*, WP CSDLE "Massimo D'Antona".IT – 320/2017 e in *LPO*, 3-4, p. 111.

Sulla libertà di espressione e la protezione dei dati del lavoratore dipendente: Ichino P. (1979), *Diritto alla riservatezza e diritto al segreto nel rapporto di lavoro: la disciplina giuridica della circolazione delle informazioni nell'impresa*, Giuffrè, Milano; *La tutela della* privacy *del lavoratore* (2000), *QDLRI* (fascicolo monografico); Avio A. (2001), *I diritti inviolabili nel rapporto di lavoro*, Giuffrè, Milano; Aimo M. (2003), Privacy, *libertà di espressione e rapporto di lavoro*, Jovene, Napoli; Rivara A. (2003), *Riflessioni sul diritto di critica del lavoratore nell'ordinamento italiano e comunitario*, in *LD*, p. 415; Bellavista A. (2007), *La disciplina della protezione dei dati personali e i rapporti di lavoro*, in F. Carinci, C. Cester, M. Miscione, C. Zoli (a cura di), *Il rapporto di lavoro subordinato: Costituzione e svolgimento*, F. Carinci (diretto da), *Diritto del lavoro. Commentario*, Vol. II, Tomo I, Utet, Torino, p. 447; Sitzia A. (2013), *Il diritto alla "privatezza" nel rapporto di lavoro tra fonti comunitarie e nazionali*, Cedam, Padova; Proia G. (2016), *Trattamento dei dati personali, rapporto di lavoro e l'«impatto» della nuova disciplina dei controlli a distanza*, in *RIDL*, 4, p. 546; D'Arcangelo L. (2020), *L'obbligo di protezione dei dati del lavoratore: adempimento e sanzioni*, in *DLM*, I, p. 75; Bologna S., Riccobono A. (2020), *"A cosa stai pensando?". Libertà di pensiero e diritto del lavoro ai tempi dei "social network"*, in *VTDL*, p. 819; Biasi M. (2021), *Riflessioni sull'attualità dell'art. 8 Stat. Lav. al tempo dei "social media"*, in *LG*, I, p. 40; Aimo M. (2021), *Dalle schedature dei lavoratori alla profilazione tramite algoritmi: serve ancora l'art. 8 dello Statuto dei lavoratori?*, in *LD*, p. 585.

Sul tema dell'abbigliamento del lavoratore dipendente: Bellavista A. (1994), *Abbigliamento del dipendente e poteri del datore di lavoro*, in *RGL*, II, p. 226; Nunin R. (1997), *"Look" e "sessismo" nel rapporto di lavoro*, in *DL*, I, p. 119; Ichino P. (2002), *Sui limiti del controllo del da-*

tore sull'aspetto fisico del lavoratore, in *RIDL*, II, p. 658; Ranieri M. (2010), *L'abbigliamento nei luoghi di lavoro dalla tuta blu al velo usa e getta*, WP CSDLE "Massimo D'Antona".IT. – 100/2010; Quattrocchi M.L. (2011), *Il divieto di indossare in burqa e il niqab in Italia e in Europa*, in *Forum di Quaderni Costituzionali*; Tarquini E. (2016), *Il velo islamico e i divieti di discriminazione: spunti per alcune riflessioni sull'efficacia protettiva del principio paritario*, in *Labor*, 5-6, p. 431; Nuzzo V. (2017), *Verso una società multiculturale. Gli inediti conflitti tra la libertà di vestirsi secondo la propria fede e l'interesse datoriale al profitto*, WP CSDLE "Massimo D'Antona".IT – 324/2017.

Sul *mobbing* e sulla tutela della professionalità: Tullini P. (2000), *Mobbing e rapporto di lavoro. Una fattispecie emergente di danno alla persona*, in *RIDL*, I, p. 251; Amato F., Casciano L., Lazzeroni L., Loffredo A. (2002), *Il mobbing. Aspetti lavoristici: nozione, responsabilità, tutele*, Giuffrè, Milano; Viscomi A. (2002), *Il mobbing: alcune questioni su fattispecie ed effetti*, in *LD*, p. 45; Del Punta R. (2003), *Il mobbing: l'illecito e il danno*, in *LD*, p. 539; Scognamiglio R. (2004), *A proposito del mobbing*, in *RIDL*, I, p. 489; Smuraglia C. (2005), *Nuovi fattori di rischio, prevenzione e responsabilità del datore di lavoro. Quali regole?*, in *RGL*, I, p. 3; Del Punta R. (2007), *Il mobbing: un rischio specifico per la salute della donna?*, in O.n.da (Osservatorio Nazionale sulla salute della Donna) (a cura di), *La tutela della salute della donna nel mondo del lavoro*, Giuffrè, Milano, p. 113; Scarponi S. (a cura di) (2009), *Il mobbing. Analisi giuridica interdisciplinare*, Cedam, Padova; Carbone M. (2014), *La nozione di mobbing nella giurisprudenza di legittimità*, in *DLM*, p. 743; Astone A. (2021), *"Mobbing" e teoria dell'atto illecito*, in *Jus*, I, p. 7; Di Maio A., Tonellotto M. (2021), *D.lgs. 231/2001 e "mobbing" tra il paradigma della criminalità d'impresa e (timide) riflessioni ermeneutiche*, in *RPen.*, II, p. 123.

Parte VI – Poteri, diritti e obblighi delle parti nel rapporto di lavoro

Sui poteri del datore di lavoro, in generale: Barassi L. (1901), *Il contratto di lavoro nel diritto positivo italiano*, Società editrice italiana, Milano; Mancini F. (1957), *La responsabilità contrattuale del prestatore di lavoro, La responsabilità contrattuale del prestatore di lavoro*, Giuffrè, Milano; AIDLASS (1972), *I poteri dell'imprenditore e i limiti derivanti dallo Statuto dei lavoratori*, Giuffrè, Milano; Perulli A. (1992), *Il potere direttivo dell'imprenditore*, Giuffrè, Milano; Mancini F. (1993), *Intervista*, in *RIDL*, 1993, I, p. 143; De Luca Tamajo R. (2005), *Profili di rilevanza del potere direttivo del datore di lavoro*, in *ADL*, 2005, p. 467; De Simone G. (2007), *Poteri del datore di lavoro e obblighi del lavoratore*, Cap. V, Trattato di diritto privato diretto da M. Bessone, vol. XXIV, *Il lavoro subordinato*, a cura di F. Carinci, Tomo II, *Il rapporto individuale di lavoro: costituzione e svolgimento*, coordinato da A. Perulli, Giappichelli, p. 249; Mazzotta O. (2019), *Diritto del lavoro*[7], in G. Iudica e P. Zatti (a cura di), *Trattato di diritto privato*, Giuffrè, Milano; Ferrante V. (2012), *Direzione e gerarchia nell'impresa (e nel lavoro pubblico privatizzato). Art. 2086*, in P. Schlesinger (fondato da), D. Busnelli (diretto da), *Il codice civile. Commentario*, Giuffrè, Milano; Mazzotta O. (2017), *Manuale di diritto del lavoro*[5], Cedam, Padova; Ratti L. (2020), *Funzioni della dignità e regolazione del rapporto individuale di lavoro*, in *VTDL*, p. 607.

Sulla classificazione dei lavoratori e sulle categorie legali: Giugni G. (1963), *Mansioni e qualifica nel rapporto di lavoro*, Jovene, Napoli; Mancini G.F. (1966), *Le categorie dei prestatori di lavoro nell'ordinamento italiano*, in *RTDPC*, p. 693; Tosi P. (1974), *Il dirigente d'azienda. Tipologia e disciplina del rapporto di lavoro*, Franco Angeli, Milano; Suppiej G. (1975), *Mansioni del lavoratore*, in U. Prosperetti (diretto da), *Commentario allo Statuto dei lavoratori*, Vol. I, Giuffrè, Milano, p. 334; Romagnoli U. (1979), sub *art. 13*, in G. Branca, A. Scialoja (a cura di), *Commentario del codice civile, Libro I Del lavoro, Titoli I e II – Supplemento Legge 20 mag-*

*gio 1970 n. 300, Artt. 1-13*², Zanichelli-Il Foro Italiano, Bologna-Roma, p. 217; Ballestrero M.V. (1980), *Operaio*, in *ED*, Vol. XXX, p. 237; Pera G. (1981), *Dirigente d'impresa o d'azienda*, in *NDI*, Vol. II, p. 1097; Liso F. (1982), *La mobilità del lavoratore in azienda: il quadro legale*, Franco Angeli, Milano; Scognamiglio R. (1983), *Mansioni e qualifiche dei lavoratori*, in *NDApp*, IV, p. 1101; Dell'Olio M. (1986), *L'oggetto e la sede della prestazione di lavoro. Le mansioni, la qualifica, il trasferimento*, in *Trattato Rescigno*, Vol. XV, Tomo I, p. 499; Garilli A. (1988), *Le categorie dei prestatori di lavoro*, Jovene, Napoli; Liso F. (1989), *Categorie e qualifiche del lavoratore*, in *EGT*, Vol. VI, Istituto poligrafico dello Stato, Roma; Brollo M. (1993), *Mansioni e qualifiche dei lavoratori*, in *DDP, sez. comm.*, Vol. IX; Zoppoli A. (2000), *Dirigenza, contratto di lavoro e organizzazione*, Esi, Napoli; Alessi C. (2004), *Professionalità e contratto di lavoro*, Giuffrè, Milano; Faioli M. (2018), *Mansioni e macchina intelligente*, Giappichelli, Torino.

Specificatamente sull'art. 2103 c.c. e sullo *jus variandi*: Pisani C. (1996), *La modificazione delle mansioni*, Franco Angeli, Milano; Brollo M. (1997), *La mobilità interna del lavoratore. Mutamento di mansioni e trasferimento. Art. 2103*, in P. Schlesinger (fondato da), D. Busnelli (diretto da), *Il codice civile. Commentario*, Giuffrè, Milano; Scarpelli F. (1997), *Professionalità e nuovi modelli di organizzazione del lavoro: le mansioni*, in L. Spagnuolo Vigorita (ricerca diretta da), *Qualità totale e diritto del lavoro*, Giuffrè, Milano, p. 263; Pisani C. (2013), *Sub art. 2103*, in O. Cagnasso, A. Vallebona (a cura di), *Dell'impresa e del lavoro*, E. Gabrielli (diretto da), *Commentario del Codice Civile*, Vol. II, Utet, Torino, p. 109; Liso F. (2015), *Brevi osservazioni sulla revisione della disciplina delle mansioni contenuta nel decreto legislativo n. 81/2015 e su alcune recenti tendenze di politica legislativa in materia di rapporto di lavoro*, WP CSDLE "Massimo D'Antona".IT – 257/2015; Voza R. (2015), *Autonomia privata e norma inderogabile nella nuova disciplina del mutamento di mansioni*, WP CSDLE "Massimo D'Antona".IT – 262/2015; Cester C. (2016), *La modifica in pejus delle mansioni nel nuovo art. 2103 c.c.*, in *DLRI*, p. 167; Voza R. (2017), *L'adibizione a mansioni inferiori mediante patti in deroga nel riformato art. 2103 c.c.*, in *RGL*, p. 3.

In tema di controlli sui lavoratori e di rispetto della *privacy*: Veneziani B. (1975), *I controlli dell'imprenditore ed il contratto di lavoro*, Cacucci, Bari; Ichino P. (1979), *Diritto alla riservatezza e diritto al segreto nel rapporto di lavoro: la disciplina giuridica della circolazione delle informazioni nell'impresa*, Giuffrè, Milano; Bellavista A. (1995), *Il controllo sui lavoratori*, Giappichelli, Torino; Aimo M.P. (2003) Privacy, *libertà di espressione e rapporto di lavoro*, Jovene, Napoli; *La tutela della privacy del lavoratore* (2000), in *QDLRI* (fascicolo monografico); Bellavista A. (2007), *La disciplina della protezione dei dati personali e i rapporti di lavoro*, in F. Carinci, C. Cester, M. Miscione, C. Zoli (a cura di), *Il rapporto di lavoro subordinato: costituzione e svolgimento*, F. Carinci (diretto da), *Diritto del lavoro. Commentario*, Vol. II, Tomo I, Utet, Torino, p. 447; Levi A. (2013), *Il controllo informatico sull'attività del lavoratore*, Giappichelli, Torino; Lambertucci P. (2015), *Potere di controllo del datore di lavoro e tutela della riservatezza del lavoratore: i controlli a "distanza" tra attualità della disciplina statutaria, promozione della contrattazione di prossimità e legge delega del 2014 (c.d.* Jobs act*)*, WP CSDLE "Massimo D'Antona".IT – 255/2015; Monaco M.P. (2021), *Controlli a distanza sui lavoratori: evoluzione, riforme e "privacy"*, in *Labor*, II, p. 155; Giaconi M. (2021), *Gli accertamenti sanitari sui lavoratori. segnali di vita dall'art. 5 St. Lav.*, in *Labor*, p. 171. Sul tema dei controlli a distanza cfr., più di recente, i saggi raccolti nel fascicolo 1/2016 della rivista *LLI* e i contributi in Tullini P. (a cura di) (2017), *Controlli a distanza e tutela dei dati personali del lavoratore*, Giappichelli, Torino.

Sul potere disciplinare: Assanti C. (1963), *Le sanzioni disciplinari nel rapporto di lavoro*, Giuffrè, Milano; Montuschi L. (1973), *Potere disciplinare e rapporto di lavoro*, Giuffrè, Milano; Vardaro G. (1986), *Il potere disciplinare giuridificato*, in *DLRI*, p. 1; Gaeta L., Vardaro G. (1993), *Sanzioni disciplinari. I) Rapporto di lavoro privato*, in *EGT*, Vol. XXVIII, Istituto poligrafico dello Stato, Roma; Mainardi S. (2002), *Il potere disciplinare nel lavoro privato e pubblico. Art. 2106*, in P. Schlesinger (fondato da), D. Busnelli (diretto da), *Il codice civile. Commentario*, Giuffrè, Milano; Mainardi S. (2002), *Il potere disciplinare nel lavoro privato e pubblico. Art. 2106*, in P. Schlesinger (fondato da), D. Busnelli (diretto da), *Il codice civile. Commentario*, Giuffrè, Milano; Mattarolo M.G. (2007), *Il potere disciplinare*, in F. Carinci, C. Cester, M. Miscione, C. Zoli (a cura di), *Il rapporto di lavoro subordinato: Costituzione e svolgimento*, F. Carinci (diretto da), *Diritto del lavoro. Commentario*, Vol. II, Tomo I, Utet, Torino, p. 794; Persiani M. (2011), *Preliminari al potere disciplinare*, in M. Marazza, M. Martone (a cura di), *Contratto di lavoro e organizzazione*, M. Persiani, F. Carinci (diretto da), *Trattato di diritto del lavoro*, Vol. IV, Tomo I, Cedam, Padova, p. 769.

Sul trasferimento del lavoratore: Brollo M. (2007), *Il trasferimento del lavoratore*, in F. Carinci, C. Cester, M. Miscione, C. Zoli (a cura di), *Il rapporto di lavoro subordinato: Costituzione e svolgimento*, F. Carinci (diretto da), *Diritto del lavoro. Commentario*, Vol. II, Tomo II, Utet, Torino, p. 1549; Angiello L. (2011), *Il luogo di lavoro*, in M. Marazza, M. Martone (a cura di), *Contratto di lavoro e organizzazione*, M. Persiani, F. Carinci (diretto da), *Trattato di diritto del lavoro*, Vol. IV, Tomo I, Cedam, Padova, p. 710.

Sul tema della responsabilità sociale delle imprese: Napoli M. (a cura di) (2005), *La responsabilità sociale delle imprese*, Vita e Pensiero, Milano; Montuschi L., Tullini P. (a cura di) (2006), *Lavoro e responsabilità sociale dell'impresa*, Zanichelli, Bologna; *La responsabilità sociale d'impresa* (2006), in *LD* (fascicolo monografico), n. 1; Perulli A. (a cura di) (2013), *La responsabilità sociale dell'impresa: idee e prassi*, Mulino, Bologna; Perulli A., Treu T. (2017), *Enterprise and Social Rights*, Wolters Kluwer, Assago.

Sugli obblighi del lavoratore, in generale: Barassi L. (1949), *Il diritto del lavoro. 1. Le fonti – Il rapporto di lavoro – Le qualifiche*, Giuffrè, Milano; Cessari A. (1969), *Fedeltà, lavoro, impresa*, Giuffrè, Milano; Ichino P. (1979), *Diritto alla riservatezza e diritto al segreto nel rapporto di lavoro: la disciplina giuridica della circolazione delle informazioni nell'impresa*, Giuffrè, Milano; Santoni F. (1983), *Le organizzazioni di tendenza e i rapporti di lavoro*, Giuffrè, Milano; Riva Sanseverino L. (1986), *Disciplina delle attività professionali. Impresa in generale. Artt. 2060-2134*[6], in G. Branca, A. Scialoja (diretto da), *Commentario del codice civile*, Zanichelli-Il Foro Italiano, Bologna-Roma; Pedrazzoli M. (1987), *Tutela della tendenza e* tendenzschutz, in *DLRI*, 1987, p. 749; Pera G. (1991), *Diritto del lavoro*, Cedam, Padova; Viscomi A. (1997), *Diligenza e prestazione di lavoro*, Giappichelli Torino; Mattarolo M.G. (2000), *Obbligo di fedeltà del prestatore di lavoro. Art. 2105 c.c.*, in P. Schlesinger (fondato da), D. Busnelli (diretto da), *Il codice civile. Commentario*, Giuffrè, Milano; Rivara A. (2002), *Riflessioni sul diritto di critica del lavoratore nell'ordinamento italiano e comunitario*, in *LD*, p. 415; Ichino P. (2003), *Il contratto di lavoro*, Vol. II, Giuffrè, Milano; Grandi M. (2004), *Riflessioni su dovere di obbedienza nel rapporto di lavoro subordinato*, in *ADL*, p. 725; Zoppoli L. (2005), *La fiducia nei rapporti di lavoro*, in AA.VV., *Diritto del lavoro: i nuovi problemi. L'omaggio dell'Accademia a Mattia Persiani*, Cedam, Padova, p. 837; Cester C., Mattarolo M.G. (2007), *Diligenza e obbedienza del prestatore di lavoro. Art. 2104*, in P. Schlesinger (fondato da), D. Busnelli (diretto da), *Il codice civile. Commentario*, Giuffrè, Milano; Cendon P. (a cura di) (2011), *Commentario al codice civile. Artt. 2060-2134: Lavoro subordinato*, Giuffrè, Milano; Marazza M. (2013), *Sub art. 2104*, e Bellomo S. (2013), *Sub art. 2105*, in O. Cagnasso, A. Vallebona (a cura di), *Dell'impresa e del lavoro*, E. Gabrielli (diretto da), *Commentario del Codice Civile*, Vol. II, Utet, Torino, p. 261; Mazzotta O. (2019), *Diritto del lavoro*[7], in G. Iudica e P. Zatti (a cura di), *Trattato di diritto privato*, Giuffrè, Milano; Vitaletti M. (2020), *La direttiva europea in materia di "whistleblowing". effetti e ricadute sulla tutela della "persona" nel diritto del lavoro*, in *MGL*, II, p. 447; Ghera E., Valente L. (2021) *Sulla riforma degli obblighi di segreto contenuta nella legge su whistleblowing*, in *RIDL*, I, p. 245.

Con specifico riferimento al divieto di concorrenza e al patto di non concorrenza: Boscati

A. (2010), *Patto di non concorrenza. Art. 2125*, in P. Schlesinger (fondato da), D. Busnelli (diretto da), *Il codice civile. Commentario*, Giuffrè, Milano; Menegatti E. (2012), *I limiti alla concorrenza del lavoratore subordinato*, Cedam, Padova; Pettinelli R. (2021), *Il patto di non concorrenza «giusto» - the «fair» non-compete agreement*, in *ADL*, p. 1151; Sigillò Massara G. (2021), *I limiti al patto di non concorrenza tra diritto positivo e diritto vivente*, in *MGL*, II, p. 451.

Sulle invenzioni del lavoratore: Sciarra S. (1997), *Invenzioni industriali (invenzioni e opere dell'ingegno del lavoratore)*, in *EGT*, Vol. XVII, Istituto poligrafico dello Stato, Roma; Ciucciovino S. (2011), *Le invenzioni e le opere dell'ingegno*, in M. Marazza, M. Martone (a cura di), *Contratto di lavoro e organizzazione*, M. Persiani, F. Carinci (diretto da), *Trattato di diritto del lavoro*, Vol. IV, Tomo II, Cedam, Padova, p. 1573.

Sulla retribuzione in generale: Napoletano D. (1951), *Natura ed efficacia della norma di cui all'art. 36, 1° comma, della Costituzione e la sua rilevanza sui contratti individuali di lavoro*, in *MGL*, p. 217; Pera G. (1953), *La giusta retribuzione dell'art. 36 della Costituzione*, in *DL*, I, p. 99; De Cristofaro M.L. (1971), *La giusta retribuzione*, Il Mulino, Bologna; Treu T. (1979), sub *art. 36*, in G. Branca (a cura di), *Commentario della Costituzione*, Tomo I, Artt. 35-40, Zanichelli-Il Foro Italiano, Bologna-Roma, p. 72; Persiani M. (1982), *Problemi in tema di retribuzione*, Cedam, Padova; D'Antona M. (1984), *Le nozioni giuridiche della retribuzione*, in *DLRI*, p. 269; Roccella M. (1986), *I salari*, Il Mulino, Bologna; Perone G. (1989), *Retribuzione*, in *ED*, Vol. XL, p. 34; Zoppoli L. (1991), *La corrispettività nel contratto di lavoro*, Esi, Napoli; Caruso B., Zoli C., Zoppoli L. (1994) (a cura di), *La retribuzione. Struttura e regime giuridico*, Jovene, Napoli; Dell'Olio M. (1995), *Retribuzione, quantità e qualità del lavoro, qualità di vita*, in *ADL*, p. 1; Zilio Grandi G. (1996), *La retribuzione. Fonti, struttura, funzioni*, Jovene, Napoli; Zoli C. (1996), *Retribuzione (impiego privato)*, in *DDP, sez. comm.*, Vol. XII, Utet, Torino; De Felice A. (2007), *La retribuzione e il trattamento di fine rapporto*, Giappichelli, Torino; *Nuove forme di retribuzione e attualità dei principi costituzionali*, *ADL Quaderni* 1998 (fascicolo monografico); Ichino P. (2010), *La nozione di "giusta retribuzione" nell'articolo 36 della Costituzione*, in *RIDL*, I, p. 719; Marinelli M. (2010), *Il diritto alla retribuzione proporzionata e sufficiente: problemi e prospettive*, in *ADL*, p. 86; Corti M., Gragnoli E. (2011), *La retribuzione*, in M. Marazza, M. Martone (a cura di), *Contratto di lavoro e organizzazione*, M. Persiani, F. Carinci (diretto da), *Trattato di diritto del lavoro*, Vol. IV, Tomo II, Cedam, Padova, p. 1375; Gragnoli E., Palladini S. (a cura di) (2011), *La retribuzione*, Utet, Torino; Pascucci P. (2018), *Giusta retribuzione e contratti di lavoro. Verso un salario minimo?*, Franco Angeli, Milano; sulla "questione retributiva", Brancaccio E., Giammetti R., Lassandari A., Ballestrero M.V., Lazzeroni L., Centamore G., Novella M., in *RGL* (2019), n. 2 (fascicolo monografico).

Sul rapporto tra legge e autonomia collettiva nella giurisprudenza della Corte costituzionale: Ricci M. (1999), *Autonomia collettiva e giustizia costituzionale*, Cacucci, Bari; Bellomo S. (2002), *Retribuzione sufficiente e autonomia collettiva*, Giappichelli, Torino; Ferraro G. (2010), *Retribuzione e assetto della contrattazione collettiva*, in *RIDL*, I, p. 693.

Sul principio di parità di trattamento: Gottardi D. (2011), *"Vuoti" e "pieni": la retribuzione e la parità di trattamento nell'ordinamento dell'Unione europea*, in *LD*, p. 615; Novella M. (2011), *La parità di trattamento a fini retributivi*, in E. Gragnoli, S. Palladini (a cura di), *La retribuzione*, Utet, Torino, p. 277.

Sul salario minimo: Bellavista A. (2014), *Il salario minimo legale*, in *DRI*, p. 741; Speziale V. (2015), *Il salario minimo legale*, WP CSDLE "Massimo D'Antona".IT – 244/2015. V. anche i saggi di Bavaro V., Giubboni S. e Martelloni F. in *RDSS*, n. 2/2014; Menegatti E. (2017), *Il salario minimo legale. Aspettative e prospettive*, Giappichelli, Torino; Delfino M. (2019), *Salario legale, contrattazione e concorrenza*, Editoriale Scientifica, Napoli; Martone M. (2019), *A che prezzo. L'emergenza retributiva tra riforma della contrattazione collettiva e salario minimo legale*, Luiss University Press, Roma, p. 149; Barbieri M. (2021), *La proposta di direttiva sul salario minimo legale: opportunità e limiti*, in *DRI*, II, p. 387; Menegatti E. (2021), *Il salario minimo nel quadro europeo e comparato. a proposito della proposta di direttiva relativa a salari minimi adeguati nell'unione europea*, in *DRI*, I, p. 41; Bellavista A. (2021), *La proposta di direttiva sui salari minimi adeguati. L'Europa sociale ad una svolta*, in *DRI*, II, p. 411; Ratti L. (2021), *La proposta di direttiva sui salari minimi adeguati nella prospettiva di contrasto all'"in-work poverty"*, in *DRI*, I, p. 59; Treu T. (2021), *La proposta sul salario minimo e la nuova politica della commissione europea*, in *DRI*, I, p. 1; Proia G. (2021), *La proposta di direttiva sull'adeguatezza dei salari minimi*, in *DRI*, I, p. 26; Delfino M. (2021), *Proposta di direttiva, tutela giuridica dei salari e nodi della contrattazione collettiva in Italia*, in *DRI*, II, p. 432; Corazza L. (2021), *Crisi della contrattazione e retribuzione sufficiente*, in *DRI*, IV, p. 1087; Ferrante V. (2021), *Reddito di cittadinanza, retribuzione e salario minimo legale*, in *RGL*, III, p. 414.

Sulla partecipazione dei lavoratori: Corti M. (2012), *La partecipazione dei lavoratori. La cornice europea e l'esperienza comparata*, Vita e Pensiero, Milano; Biasi M. (2013), *Il nodo della partecipazione dei lavoratori in Italia. Evoluzione e prospettive nel confronto con il modello tedesco ed europeo*, Egea, Milano.

Sull'azionariato dei dipendenti: Ghera E. (1997), *L'azionariato dei lavoratori dipendenti*, in *ADL*, p. 1; Alaimo A. (1998), *La partecipazione azionaria dei lavoratori*, Giuffrè, Milano; Biagi M. (1999), *La partecipazione azionaria dei dipendenti tra intervento legislativo e autonomia collettiva*, in *RIDL*, I, p. 283; Guaglianone L. (2003), *Individuale e collettivo nell'azionariato dei dipendenti*, Giappichelli, Torino; Santagata R. (2008), *Il lavoratore azionista*, Giuffrè, Milano; Pantano F. (2011), *Azionariato dei lavoratori*, in E. Gragnoli, S. Palladini (a cura di) (2011), *La retribuzione*, Utet, Torino, p. 753.

Sulla partecipazione agli utili e sulla retribuzione variabile: Treu T. (2010), *Le forme retributive incentivanti*, in *RIDL*, I, p. 637; Lassandari A (2011), *La retribuzione ed i contratti collettivi aziendali*, in E. Gragnoli, S. Palladini (a cura di) (2011), *La retribuzione*, Utet, Torino, p. 193; Villa E. (2013), *Orientamenti della giurisprudenza in tema di premi di risultato*, in *ADL*, p. 443.

Sul trattamento di fine rapporto (TFR): Romagnoli U. (1968), *Dimissioni del prestatore di lavoro e indennità di anzianità*, in *RIDL*, I, p. 283; Napoli M. (1983), *Il trattamento di fine rapporto nella nuova legge di riforma*, in *RTDPC*, p. 78; Pera G. (1983), *Il trattamento di fine rapporto*, in *DL*, I, p. 9; Giugni G., De Luca Tamajo R., Ferraro G. (1984), *Il trattamento di fine rapporto*, Cedam, Padova; Vallebona A. (1984), *Il trattamento di fine rapporto di lavoro*, Franco Angeli, Milano; Alleva P.G. (1994), *Trattamento di fine rapporto*, in *EGT*, Vol. XXXI, Istituto poligrafico dello Stato, Roma; Ichino P. (2003), *Promozione del risparmio o prestito obbligatorio al datore di lavoro?*, in *RIDL*, II, p. 933; Novella M. (2003), *Sulla legittimità del trasferimento nella retribuzione mensile del trattamento di fine rapporto*, in *RIDL*, II, p. 440; Vallebona A. (2003), *Il valore del risparmio nella disciplina del trattamento di fine rapporto*, in *RIDL*, II, p. 931; Tursi A. (a cura di) (2007), *La nuova disciplina della previdenza complementare*, in *NLCC*, n. 3-4; Giubboni S. (2007), *Legge, contratto collettivo e autonomia individuale nella nuova disciplina della previdenza complementare*, in *RIDL*, I, p. 337; Santoro Passarelli G. (a cura di) (2007), *Trattamento di fine rapporto e previdenza complementare*, Giappichelli, Torino; De Simone G. (2008), *Riforma del Tfr e previdenza complementare, tra neopaternalismo pubblico e autonomia privata*, in *LD*, p. 605; Santoro Passarelli G. (2009), *Il trattamento di fine rapporto. Artt. 2120-2122*, in P. Schlesinger (fondato da), D. Busnelli (diretto da), *Il codice civile. Commentario*, Giuffrè, Milano; Lucantoni S., Pandolfo A. (2011), *Trattamento di fine rapporto e previdenza complementare*, in M. Marazza, M. Martone (a cura di), *Contratto di lavoro e organizzazione*, M. Persiani, F. Carinci (diretto da), *Trattato di diritto del lavoro*, Vol. IV, Tomo II, Cedam, Padova, p. 1519; Mazzotta O. (2019), *Diritto del lavoro*[7], in G. Iudica e P. Zatti (a cura di), *Trattato di diritto privato*, Giuffrè, Milano.

Sulla salute e la sicurezza dei lavoratori: Albi P. (2008), *Adempimento dell'obbligo di sicurezza e tutela della persona, Art. 2087*, in P. Schlesinger (fondato da), D. Busnelli (diretto da), *Il codice civile. Commentario*, Giuffrè, Milano; Tullini P. (2017), *Sicurezza sul lavoro: posizione di garanzia del datore e concorso di colpa del lavoratore*, in *Labor*, 2, p. 125; Pascucci P. (2021), *Sicurezza sul lavoro e cooperazione del lavoratore*, in *DLRI*, p. 421; Dagnino E., *Le tecnologie per la tutela della salute e sicurezza dei lavoratori tra garanzie e vincoli*, in *LG*, p. 591; Peruzzi M. (2021), *Nuove tecnologie e salute dei lavoratori*, in *RGL*, II, p. 179; Tullini P. (2021), *Prevenzione e tutela della sicurezza sul lavoro nell'economia digitale*, in *RDSS*, p. 671.

Sulla previgente disciplina in materia di salute e sicurezza dei lavoratori, rinviamo per brevità, alla bibliografia indicata in M.V. Ballestrero, G. De Simone (2012), *Diritto del lavoro*, Giappichelli, Torino.

Sul d.lgs. n. 81/2008 e successive modifiche: Fantini L., Tiraboschi M. (a cura di) (2009), *Il testo unico della salute e sicurezza sul lavoro dopo il correttivo (D.Lgs. n. 106/2009)*, Giuffrè, Milano; Galantino L. (a cura di) (2009), *Il Testo Unico in materia di salute e sicurezza sul lavoro. Il d.lgs. n. 81/2008 e il d.lgs. n. 106/2009*, Utet, Torino; Natullo G., Pascucci P., Zoppoli L. (a cura di) (2010), *Le nuove regole per la salute e la sicurezza dei lavoratori*, *Commentario al d.lgs. 9 aprile 2008, n. 81, aggiornato al d.lgs. 3 agosto 2009, n. 106*, Ipsoa, Milano; Ales E. (2011), *L'art. 9 dello Statuto dei lavoratori alla luce della legislazione più recente in materia di salute e sicurezza: partecipazione o controllo?*, in *RIDL*, I, p. 57; Lepore M. (2011), *Le prestazioni di sicurezza*, in M. Marazza, M. Martone (a cura di), *Contratto di lavoro e organizzazione*, M. Persiani, F. Carinci (diretto da), *Trattato di diritto del lavoro*, Vol. IV, Tomo II, Cedam, Padova, p. 1713; Nunin R. (2011), *Lavoro femminile e tutela della salute e della sicurezza: nuovi scenari per una prospettiva di genere dopo il d.lgs. n. 81/2008*, in *RDSS*, p. 383; Lepore M., Persiani M. (a cura di) (2012), *Il nuovo diritto della sicurezza sul lavoro*, Utet, Torino; Zoppoli L. (2013), *Il controllo collettivo sull'efficace attuazione del modello organizzativo diretto a garantire la sicurezza nei luoghi di lavoro*, in *DLM*, p. 15.

Sul caso "ThyssenKrupp": Pascucci P., Marra G. (2012), *La sentenza sulla tragedia della ThyssenKrupp tra diritto penale e diritto del lavoro*, in *DLRI*, p. 431.

Sullo stress lavoro correlato: AA.VV., *Il rischio psico-sociale nel lavoro. Un'analisi comparata*, in *LD*, n. 2/2012 (fascicolo monografico); Nunin R. (2012), *La prevenzione dello stress lavoro-correlato. Profili normativi e responsabilità del datore di lavoro*, Trieste, EUT; Menegatti E. (2014), *Stress lavoro-correlato e responsabilità risarcitoria del datore di lavoro*, in *ADL*, p. 972.

In tema di salute e sicurezza, ricchissimo di informazioni il sito *Olympus*, che pubblica *Working papers* e la rivista *Diritto della sicurezza sul lavoro (DSL)*, su cui sono rinvenibili saggi di approfondimento della materia.

Parte VII – Gestione dei rapporti di lavoro e vicende dell'impresa

Sulla previgente disciplina dell'orario di lavoro: Ballestrero M.V. (1980) voce *Orario di lavoro*, in *ED*, Vol. XXX, Giuffrè, Milano; Ichino P. (1987), *L'orario di lavoro e i riposi. Artt. 2107-2109*, in P. Schlesinger (fondato da), D. Busnelli (diretto da), *Il codice civile. Commentario*, Giuffrè, Milano; Leccese V. (2001), *L'orario di lavoro. Tutela costituzionale della persona, durata della prestazione e rapporto tra le fonti*, Cacucci, Bari.

Sulla disciplina vigente: Allamprese A. (2003), *Riduzione e flessibilità del tempo di lavoro. Quadro normativo e poteri individuali*, Ipsoa, Milano; Ricci G. (2005), *Tempi di lavoro e tempi sociali. Profili di regolazione giuridica nel diritto interno e dell'UE*, Giuffrè, Milano; Ferrante V. (2008), *Il tempo di lavoro fra persona e produttività*, Giappichelli, Torino; Bavaro V. (2008), *Il tempo nel contratto di lavoro subordinato. Critica sulla de-oggettivazione del tempo-lavoro*, Cacucci, Bari; Ricci G. (2009), *Orario di lavoro*, in S. Sciarra, B. Caruso (a cura di), *Il lavoro subordinato*, Giappichelli, Torino; Mattarolo M.G. (2011), *I tempi di lavoro*, in M. Marazza, M. Martone (a cura di), *Contratto di lavoro e organizzazione*, M. Persiani, F. Carinci (diretto da), *Trattato di diritto del lavoro*, Vol. IV, Tomo I, Cedam, Padova, p. 604.

Sul lavoro straordinario: Bolego G. (2004), *Il lavoro straordinario: fattispecie, disciplina e tecniche di tutela*, Cedam, Padova.

Sul lavoro notturno: Ferrante V. (2004), sub *artt. 11, 12, 13*, in M. Napoli (a cura di), *L'orario di lavoro tra ordinamento interno e disciplina comunitaria, Commentario*, in *NLCC*, p. 1380; Ballestrero M.V. (2007), *La disciplina del lavoro notturno tra diritto interno e diritto comunitario*, in O.n.da (Osservatorio Nazionale sulla salute della Donna) (a cura di), *La tutela della salute della donna nel mondo del lavoro*, Giuffrè, Milano, p. 61; Delfino M. (2014), *Il lavoro notturno e a turni fra problemi teorici e questioni applicative*, in *ADL*, p. 50. Sulle prospettive di rimodulazione dell'orario nel lavoro digitale: Fenoglio A. (2018), *Il tempo di lavoro nella New Automation Age. Un quadro in trasformazione*, in *RIDL*, I, p. 625.

Sulle ferie: Ichino P., Rucci C. (1991), *Ferie*, in *DDP*, *sez. comm.*, Vol. VI, p. 3; Pessi A. (2006), *Il diritto alle ferie tra vecchie e nuove problematiche*, in *ADL*, p. 789.

Sul lavoro a tempo parziale in generale: Brollo M. (a cura di) (2001), *Il lavoro a tempo parziale*, Ipsoa, Milano; Liso F. (a cura di) (2002), *Il lavoro a tempo parziale*, Quaderni Ce.S.R.I., Roma; Delfino M. (2008), *Il lavoro part-time nella prospettiva comunitaria: studio sul principio volontaristico*, Jovene, Napoli; Brollo M. (2009), *Il lavoro a tempo parziale*, in A. Vallebona (a cura di), *I Contratti di lavoro*, E. Gabrielli, P. Rescigno (diretto da), *Trattato dei contratti*, Tomo II, Utet, Torino, p. 1177.

Sul lavoro a tempo parziale dopo la legge n. 92/2012: Brollo M. (2012) *Lavoro a tempo parziale: meno* flex, *più* security, in F. Carinci, M. Miscione (a cura di), *Commentario alla Riforma Fornero*, Supplemento a *DPL*, n. 33, p. 118; Leccese V. (2013), *A volte ritornano: il "diritto di ripensamento" nel lavoro a tempo parziale*, in P. Chieco (a cura di), *Flessibilità e tutele nel lavoro. Commentario della legge 28 giugno 2012 n. 92*, Cacucci, Bari, p. 93; Lepore M. (2013), *La nuova disciplina del lavoro a tempo parziale*, in S. Liebman, M. Persiani (a cura di), *Il nuovo diritto del mercato del lavoro*, Utet, Torino, p. 163. Sul lavoro a tempo parziale dopo il c.d. Jobs act: Altimari M. (2016), *Il lavoro a tempo parziale tra influssi europei e ordinamento interno: dalla Direttiva 97/81/CE al Jobs Act (D.lgs. n. 81/2015)*, Edizioni scientifiche italiane, Napoli.

Sulla sospensione del rapporto di lavoro: Vaccaro M.J. (1983), *La sospensione del rapporto di lavoro*, Esi, Napoli; Cinelli M. (1984), *I permessi nelle vicende del rapporto di lavoro*, Franco Angeli, Milano; Del Punta R. (1992), *La sospensione del rapporto di lavoro. Artt. 2110-2111*, in P. Schlesinger (fondato da), D. Busnelli (diretto da), *Il codice civile. Commentario*, Giuffrè, Milano; Rusciano M. (1993), *Sospensione del rapporto di lavoro (cause di)*, in *EGT*, Vol. XXX, Istituto poligrafico dello Stato, Roma; Del Punta R. (2009), *Sospensione della prestazione di lavoro*, in A. Vallebona (a cura di), *I Contratti di lavoro*, P. Rescigno, E. Gabrielli (diretto da), *Trattato dei contratti*, Tomo I, Utet giuridica, Torino, p. 813. Con particolare riguardo alla corrispettività nel rapporto di lavoro: Treu T. (1968), *Onerosità e corrispettività nel rapporto di lavoro*, Giuffrè, Milano; Zoppoli L. (1991) *La corrispettività nel contratto di lavoro*, Esi, Napoli; Mazzotta O. (2019), *Diritto del lavoro*[7], in G. Iudica e P. Zatti (a cura di), *Trattato di diritto privato*, Giuffrè, Milano.

Sulla malattia del lavoratore: Ichino P. (1990), *Malattia del lavoratore*, in *EGT*, Vol. XIX, Istituto poligrafico dello Stato, Roma; Pandolfo A. (1991), *La malattia del lavoratore*, Franco Angeli, Milano.

Sui rapporti tra contratto di lavoro e integrazione salariale: Ballestrero M.V. (1985), *Cassa integrazione e rapporto di lavoro*, Franco Angeli, Milano; D'Antona M. (con Salimbeni M.T.) (1988), *Glossario giurisprudenziale della cassa integrazione guadagni*, in *FI*, I, c. 2200, ora in M. D'Antona (2000), *Opere*, a cura di B. Caruso e S. Sciarra, Vol. III, Tomo II, Giuffrè, Milano, p. 799.

Sulla frammentazione e riorganizzazione dell'attività imprenditoriale: AA.VV., *Frammentazione organizzativa e lavoro: rapporti individuali e collettivi. Atti delle giornate di studio di diritto del lavoro, Cassino, 18-19 maggio 2017*, Giuffrè, Milano, 2018; Ferrante V. (2021), *Decen-*

tramento produttivo (interno e internazionale) e forme di tutela dei lavoratori: un'evoluzione incompiuta, in *RIDL*, I, p. 45.

Letture generali sulla dissociazione tra datore di lavoro formale e utilizzatore: Mazzotta O. (1979), *Rapporti interpositori e contratti di lavoro*, Giuffrè, Milano; De Simone G. (1995), *Titolarità dei rapporti di lavoro e regole di trasparenza. Interposizione, imprese di gruppo, lavoro interinale*, Franco Angeli, Milano; AIDLASS (2000), *Diritto del lavoro e nuove forme di decentramento produttivo*. Atti delle Giornate di studio, Trento, 4-5 giugno 1999, Giuffrè, Milano; Carinci M.T. (2000), *La fornitura di lavoro altrui. Art. 2127*, in P. Schlesinger (fondato da), D. Busnelli (diretto da), *Il codice civile. Commentario*, Giuffrè, Milano; Ichino P. (2000), *Il contratto di lavoro*, Vol. I, Giuffrè, Milano; Bonardi O. (2001), *L'utilizzazione indiretta dei lavoratori*, Franco Angeli, Milano; De Luca Tamajo R. (a cura di) (2002), *I processi di esternalizzazione. Opportunità e vincoli giuridici*, Esi, Napoli; Esposito M. (2002), *La mobilità del lavoratore a favore del terzo*, Jovene, Napoli; Perulli A. (2003), *Tecniche di tutela nei fenomeni di esternalizzazione*, in *ADL*, p. 473; Corazza L. (2004), Contractual integration *e rapporti di lavoro*, Cedam, Padova; De Luca Tamajo R. (2005), *Trasferimento d'azienda, esternalizzazione del lavoro, somministrazione, appalto dei servizi, distacco, nella riforma del diritto del lavoro*, in *ADL*, p. 59; Speziale V. (2006), *Appalti e trasferimento d'azienda*, WP CSDLE "Massimo D'Antona".IT – 41/2006; Barbera M. (2010), *Trasformazioni della figura del datore di lavoro e flessibilizzazione delle regole del diritto*, in *DLRI*, p. 216; Roccella M. (2015), *Manuale di diritto del lavoro*[6], Giappichelli, Torino; Mazzotta O. (2019), *Diritto del lavoro*[7], in G. Iudica e P. Zatti (a cura di), *Trattato di diritto privato*, Giuffrè, Milano; Speziale V. (2010), *Il datore di lavoro nell'impresa integrata*, in *DLRI*, p. 19; Scarpelli F. (2012), *Linee e problemi dei fenomeni di esternalizzazione e decentramento produttivo*, in M. Brollo (a cura di), *Il mercato del lavoro*, M. Persiani, F. Carinci (diretto da), *Trattato di diritto del lavoro*, Vol. VI, Cedam, Padova, p. 1421; Fontana G. (2013), *Somministrazione di manodopera e rapporti di lavoro negli appalti*, in *ADL*, p. 211; Aimo M., Izzi, D. (a cura di) (2014), *Esternalizzazioni e tutela dei lavoratori*, Utet, Torino; Carinci M.T. (2016), *Processi di ricomposizione e di scomposizione dell'organizzazione: verso un datore di lavoro* "à la carte"?, in *DLRI*, p. 733; Calcaterra L. (2016), *Lo staff leasing dall'ostracismo alla liberalizzazione*, in *RIDL*, I, p. 579; Ingrao A. (2020), *Il mercato delle ore di lavoro. Interposizione nei rapporti di lavoro autonomo*, Giuffrè, Milano.

Sui gruppi di imprese e sulle reti d'impresa: Carabelli U. (2009), *La responsabilità del datore di lavoro nelle organizzazioni di imprese complesse*, in *DRI*, p. 91; con particolare riguardo alla "codatorialità" del rapporto di lavoro nelle imprese di gruppo: De Simone G. (1995) *Titolarità dei rapporti di lavoro e regole di trasparenza. Interposizione, imprese di gruppo, lavoro interinale*, Franco Angeli, Milano; Razzolini O. (2009), *Contitolarità del rapporto di lavoro nel gruppo caratterizzato da "unicità di impresa"*, in *DLRI*, p. 263; De Simone G. (2012), *I gruppi*, in M. Brollo (a cura di), *Il mercato del lavoro*, M. Persiani, F. Carinci (diretto da), *Trattato di diritto del lavoro*, Vol. VI, Cedam, Padova; i contributi di Speziale V., Mazzotta O., Razzolini O., Pinto V., Perulli A., Greco M.G. (2013), in *RGL*, I, 2013, pp. 3-138; Biasi M. (2014), *Dal divieto di interposizione alla codatorialità: le trasformazioni dell'impresa e le risposte dell'ordinamento*, WP CSDLE "Massimo D'Antona".IT – 218/2014; Alvino I. (2014), *Il lavoro nelle reti di imprese: profili giuridici*, Milano, Giuffrè, 2014; Carinci M.T. (a cura di) (2015), *Dall'impresa a rete alle reti d'impresa*, Giuffrè, Milano; Sitzia A. (2015), *Il problema della codatorialità nel sistema del contratto di rete*, in *ADL*, p. 585; De Simone G. (2015), *Confini dell'impresa, esercizio di poteri, responsabilità, nei gruppi e nelle reti*, in *Studi in memoria di Mario Giovanni Garofalo*, Cacucci, Bari; Greco M.G. (2017), *Il rapporto di lavoro nell'impresa multidatoriale*, Giappichelli, Torino; Di Salvatore L. (2020), *Codatorialità e responsabilità del datore di lavoro nelle reti di imprese,* in *RIDL*, III, p. 451.

Sul distacco: Esposito M. (2004), *L'incerta collocazione del «comando» e del «distacco» nel-*

le fattispecie interpositorie, in R. De Luca Tamajo, M. Rusciano, L. Zoppoli (a cura di), *Mercato del lavoro. Riforma e vincoli di sistema. Dalla legge 14 febbraio 2003, n. 30 al decreto legislativo 10 settembre 2003, n. 276*, Esi, Napoli, p. 147; Zoli C. (2004), *Distacco*, in AA.VV., *Il nuovo mercato del lavoro. D.lgs. 10 settembre 2003, n. 276*, Zanichelli, Bologna, p. 329; Corso I. (2007), *Il distacco del lavoratore*, in F. Carinci, C. Cester, M. Miscione, C. Zoli (a cura di), *Il rapporto di lavoro subordinato: Costituzione e svolgimento*, F. Carinci (diretto da), *Diritto del lavoro. Commentario*, Vol. II, Tomo II, Utet, Torino, p. 1571. Sul distacco nell'ambito di una prestazione di servizi transnazionale: Balandi G. (1998), *La direttiva comunitaria sul distacco dei lavoratori: un passo avanti verso il diritto comunitario del lavoro*, in *QDLRI*, p. 115; Bano F. (2008), *La circolazione comunitaria di servizi* labour intensive, in *LD*, p. 7; Orlandini G. (2013), *Mercato unico e tutela del lavoro*, Franco Angeli, Milano. Per recenti contributi in tema di distacco transazionale dei lavoratori si veda *VTDL*, 1, 2021, pp. 9-123.

Sul contratto di somministrazione di manodopera: Tiraboschi M. (1999), *Lavoro temporaneo e somministrazione di manodopera: contributo allo studio della fattispecie lavoro intermittente tramite agenzia*, Giappichelli, Torino; Bonardi O. (2004), sub *artt. 20-26*, in G. Ghezzi (a cura di), *Il lavoro tra progresso e mercificazione. Commento critico al decreto legislativo n. 276/2003*, Ediesse, Roma, p. 118; Ichino P. (2004), sub *Artt. 20-29. Somministrazione di lavoro, appalto di servizi, distacco*, in AAVV., *Il nuovo mercato del lavoro. D.lgs. 10 settembre 2003, n. 276*, Zanichelli, Bologna, p. 257; Lamberti M. (2013), *La somministrazione di lavoro*, in M. Cinelli, G. Ferraro, O. Mazzotta (a cura di), *Il nuovo mercato del lavoro dalla riforma Fornero alla legge di stabilità 2013*, Giappichelli, Torino, p. 71; Pantano F. (2014), *Il nuovo art. 20 del d.lgs. n. 276/2003 e l'adattamento della Direttiva sul lavoro tramite agenzia*, in *RGL*, I, p. 763; Cucciovino S. (2016), *Il sistema sanzionatorio del contratto a termine e della somministrazione di lavoro dopo il Jobs Act*, in *DLRI*, p. 611; Giubboni S. (2021), *Somministrazione di lavoro e tecniche anti-abusive alla prova del diritto dell'Unione europea*, in *RIDL*, I, p. 27.

Sul contratto di appalto e la subfornitura: Imberti L. (2008), *La disciplina delle responsabilità solidali negli appalti e nei subappalti: lo stato dell'arte in continuo movimento (aggiornato al decreto legge 97/2008)*, in WP C.S.D.L.E. "Massimo D'Antona".IT – 72/2008; Albi P. (2012), *Il contratto di appalto*, in M. Brollo (a cura di), *Il mercato del lavoro*, M. Persiani, F. Carinci (diretto da), *Trattato di diritto del lavoro*, Vol. VI, Cedam, Padova, p. 1595; Marinelli M. (2012), *La subfornitura*, in M. Brollo (a cura di), *Il mercato del lavoro*, M. Persiani, F. Carinci (diretto da), *Trattato di diritto del lavoro*, Vol. VI, Cedam, Padova, p. 1647; Izzi D. (2013), *La responsabilità solidale nell'appalto: una tutela in declino?*, in *DLM*, p. 635; Lozito M. (2013), *Tutele e sottotutele del lavoro negli appalti privati*, Cacucci, Bari; Villa E. (2017), *La responsabilità solidale come tecnica di tutela del lavoratore*, Bup, Bologna.

Sul trasferimento d'azienda: Romei R. (1993), *Il rapporto di lavoro nel trasferimento dell'azienda. Art. 2112*, in P. Schlesinger (fondato da), D. Busnelli (diretto da), *Il codice civile. Commentario*, Giuffrè, Milano; Cester C. (2004), *Il trasferimento d'azienda e di parte di azienda fra garanzie per i lavoratori e nuove forme organizzative dell'impresa: l'attuazione delle direttive comunitarie è conclusa?*, in M.T. Carinci, C. Cester (a cura di), *Somministrazione, comando, appalto, trasferimento d'azienda*, in F. Carinci (diretto da), *Commentario al D.lgs. 10 settembre 2003, n. 276*, Tomo II, Ipsoa, Milano, p. 238; Novella M., Vallauri M.L. (2005), *Il nuovo art. 2112 c.c. e i vincoli del diritto europeo*, in *DLRI*, p. 177; Speziale V. (2006), *Il trasferimento d'azienda tra disciplina nazionale ed interpretazioni "vincolanti" della Corte di Giustizia europea*, WP CSDLE "Massimo D'Antona".IT – 46/2006; De Luca Tamajo R., Salimbeni M.T. (2012), *Il trasferimento d'azienda*, in M. Brollo (a cura di), *Il mercato del lavoro*, Persiani M., Carinci F. (diretto da), *Trattato di diritto del lavoro*, Vol. VI, Cedam, Padova, p. 1453: Aimo M.P. e Izzi D. (a cura di) (2014), *Esternalizzazioni e tutela dei lavoratori*, Utet, Torino; Novella M. (2020), Sub *art. 2112*, in R. Del Punta, F. Scarpelli, M. Marrucci, P. Rausei, *Codice commentato del lavoro*, Wolters Kluwer, Assago; Speziale V. (2020), *Trasferimento d'azienda illegittimo e 'doppia retribuzione'*, in *RIDL*, II, p. 161; Zampini G. (2021), *Trasferimento illegittimo di ramo d'azienda e continuità dei rapporti di lavoro. problemi e prospettive*, in *ADL*, I, p. 809.

Parte VIII – La cessazione del rapporto di lavoro

Sul recesso in generale: Natoli U. (1954), *Sui limiti legali e convenzionali della facoltà di recesso ad nutum dell'imprenditore*, in *RGL*, I, p. 281; Mancini G.F. (1962), *Il recesso unilaterale e i rapporti di lavoro. I. Individuazione della fattispecie. Il recesso ordinario*, Giuffrè, Milano; Mancini G.F. (1969), *Prime osservazioni sul recesso straordinario*, in *RTDPC*, p. 79; Pera G. (1980), *La cessazione del rapporto di lavoro*, in *Enciclopedia giuridica del lavoro*, diretta da G. Mazzoni, Cedam, Padova; Napoli M. (1980), *La stabilità reale del rapporto di lavoro*, Franco Angeli, Milano; Fergola P. (1985), *La teoria del recesso e il rapporto di lavoro*, Giuffrè, Milano; Bellina M. (2007), *Il preavviso*, in F. Carinci (diretto da), *Diritto del lavoro, Commentario*[2], Vol. III, *Il rapporto di lavoro subordinato: garanzie del reddito, estinzione e tutela dei diritti*, a cura di M. Miscione, Utet, Torino, p. 215.

Sui licenziamenti in generale, per tutti: Nogler L. (2007), *La disciplina dei licenziamenti individuali nell'epoca del bilanciamento tra "principi" costituzionali*, in *DLRI*, p. 593; Ballestrero M.V. (2009), *La stabilità nel diritto vivente. Saggi su licenziamenti e dintorni* (2007-2009), Giappichelli, Torino; Ead. (2011), voce *Licenziamento individuale*, *ED*, *Annali V*, Giuffrè, Milano, p. 791; Ballestrero M.V. (2016), *Tra discriminazione e motivo illecito: il percorso accidentato della reintegrazione*, in *DLRI*, p. 231. Per una recente ampia analisi della materia dei licenziamenti: Giubboni S. (2020), *Anni difficili. I licenziamenti in Italia in tempi di crisi*, Giappichelli, Torino.

Sul c.d. blocco dei licenziamenti nel periodo dell'emergenza pandemica da Covid-19: Passalacqua P. (2021), *Il contratto di lavoro a tempo determinato e il divieto di licenziamento nella legislazione emergenziale da Covid-19*, in *DML*, I, p. 129; Scarpelli F. (2021), *Emergenza sociale e licenziamenti tra legge e ruolo delle parti sociali*, in *RIDL*, II, p. 115; Speziale V. (2022), *Il divieto di licenziamento per ragioni economiche nel biennio 2020-2021*, WP CSDLE "Massimo D'Antona".IT. – 449/2022.

Sulla disciplina dei licenziamenti dopo la legge n. 92/2012, limitatamente alle trattazioni monografiche: Ballestrero M.V. (2013), *Sub artt. 2118-2119*, in O. Cagnasso, A. Vallebona (a cura di), *Dell'impresa e del lavoro*, E. Gabrielli (diretto da), *Commentario del Codice Civile*, Vol. III, Utet, Torino, p. 3; Barbieri M., Dalfino D. (a cura di) (2013), *Il licenziamento individuale nell'interpretazione della legge Fornero*, Cacucci, Bari; Cester C. (a cura di) (2013), *I licenziamenti dopo la legge n. 92 del 2012*, Cedam, Padova; Speziale V. (2014), *La riforma del licenziamento individuale tra* law and economics *e giurisprudenza (Parte I e Parte II)*, in *RGL*, I, pp. 345 e 447; Varva S. (2015), *Il licenziamento economico. Pretese del legislatore e tecnica del giudizio*, Giappichelli, Torino.

Sulla giurisprudenza di merito in materia di licenziamenti, all'indomani dell'entrata in vigore della legge n. 92/2012, Biasi M. (2013), *Il nuovo articolo 18 dopo un anno di applicazione giurisprudenziale: un bilancio provvisorio*, WP CSDLE "Massimo D'Antona".IT – 181/2013; Ferraresi M. (2013), *L'articolo 18 dello Statuto dei lavoratori dopo la riforma Fornero: bilancio delle prime applicazioni in giurisprudenza*, in *DRI*, p. 338; v. anche i saggi di Santini F., Marinelli F. e Corti M. in *DRI*, 2013, pp. 1005-1047.

Sulla disciplina dei licenziamenti nel contratto a tutele crescenti: Carinci F. e Tiraboschi M. (a cura di) (2014), *I decreti attuativi del* Jobs Act*: prima lettura e interpretazioni*, Adapt Labour Studies – e-Book series, n. 37/2014; Rusciano M., Zoppoli L. (a cura di) (2014), Jobs Act *e contratti di lavoro dopo la legge delega 10 dicembre 2014 n. 183*, WP CSDLE

"Massimo D'Antona" – Collective Volumes – 3/2014; Ballestrero M.V. (2015), *La riforma del lavoro: questioni di costituzionalità*, in *LD*, p. 39; Carinci F., Cester C. (a cura di) (2015), *Il licenziamento all'indomani del d.lgs. n. 23/2015*, Adapt Labour Studies – e-Book series n. 46/2015; De Luca M. (2015), *Contratto di lavoro a tempo indeterminato a tutele crescenti e nuovo sistema sanzionatorio contro i licenziamenti illegittimi: tra legge delega e legge delegata*, WP CSDLE "Massimo D'Antona".IT – 251/2015; De Luca Tamajo R. (2015), *Licenziamento disciplinare, clausole elastiche, "fatto" contestato*, in *ADL*, p. 269; Ferraro G. (a cura di) (2015), *I licenziamenti nel contratto "a tutele crescenti"*, Cedam, Padova; Fiorillo L., Perulli A. (a cura di) (2015), *Contratto a tutele crescenti e Naspi*, Giappichelli, Torino; Garilli A. (2015), *Nuova disciplina dei licenziamenti e tecniche di prevenzione del conflitto*, in *RIDL*, I, p. 215; Garofalo D., Ghera E. (a cura di) (2015), *Le tutele per i licenziamenti e per la dissocupazione involontaria nel Jobs Act 2*, Cacucci, Bari; Giubboni S. (2015), *Profili costituzionali del contratto di lavoro a tutele crescenti*, WP CSDLE "Massimo D'Antona".IT – 246/2015 e Id. (2015), *Il licenziamento per sopravvenuta inidoneità alla mansione dopo la legge Fornero e il Jobs Act*, WP CSDLE "Massimo D'Antona".IT – 261/2015; Marazza M. (2015), *Il regime sanzionatorio dei licenziamenti nel* jobs act, in *ADL*, p. 310; Nogler L. (2015), *I licenziamenti per giustificato motivo soggettivo o per giusta causa nel d.lgs. n. 23 del 2015*, in *ADL*, p. 507; Prosperetti G. (2015), *L'elemento della malafede del datore nella nuova disciplina dei licenziamenti*, in *RIDL*, I, p. 241; Pessi R., Pisani C., Proia G., Vallebona A. (2015), *Jobs Act e licenziamento*, Giappichelli, Torino; Persiani M. (2015), *Noterelle su due problemi di interpretazione della nuova disciplina dei licenziamenti*, in *ADL*, p. 393, e Id. (2015), *Altra notarella su un problema di interpretazione della nuova disciplina dei licenziamenti*, in *ADL*, p. 645; Voza R. (2015), *Licenziamento e malattia: le parole e i silenzi del legislatore*, WP CSDLE "Massimo D'Antona".IT – 248/2015; Ballestrero M.V. (2016), *Il ruolo della giurisprudenza nella costruzione del diritto del lavoro*, in *LD*, p. 761; Ferraresi M., Tursi A. (2016), *Il giustificato motivo oggettivo di licenziamento: dalla legge 604 del 1966 al contratto a tutele crescenti*, Giappichelli, Torino; Persiani M. (2017), *Giustificato motivo oggettivo di licenziamento e autorità del punto di vista giuridico*, in *ADL*, 1, p. 133; Gragnoli E. (a cura di) (2017), *L' estinzione del rapporto di lavoro subordinato* (Vol. 5), in M. Persiani, F. Carinci (diretto da), *Trattato di diritto del lavoro*, Cedam, Padova; Biasi M. (2017), *Saggio sul licenziamento per motivo illecito*, Wolters Kluwer, Assago; Marinelli F. (2017), *Il licenziamento discriminatorio e per motivo illecito: contributo allo studio delle fattispecie*, Giuffrè, Milano. Sulla sentenza della Corte costituzionale n. 194/2018: Mariucci L., Ballestrero M.V., Martelloni F., Novella M. (2019), in *LD*, n. 2; Maurelli R. (2021), *Il licenziamento in frode alla legge nell'evoluzione dei sistemi di tutela*, in *ADL*, II, p. 364.

Sul licenziamento dei dirigenti: Galardi R. (2020), *Il dirigente d'azienda. Figure sociali, fattispecie e disciplina*, Giappichelli, Torino.

Sul c.d. "rito Fornero": Boghetic E. (2013), *Il rito speciale in tema di licenziamento*, in S. Liebman, M. Persiani (a cura di), *Il nuovo diritto del mercato del lavoro*, Utet, Torino, p. 405; Borghesi D. (2014), *Il rito speciale dei licenziamenti*, in L. Fiorillo, A. Perulli (a cura di), *La riforma del mercato del lavoro*, Vol. IV, Giappichelli, Torino, p. 183; Buoncristiani D. (2013), *Rito licenziamenti: profili sistematici e problemi applicativi*, in *RIDL*, I, p. 351; Curzio P. (2013), *Il nuovo rito per i licenziamenti*, in P. Chieco (a cura di), *Flessibilità e tutele nel lavoro. Commentario della legge 28 giugno 2012 n. 92*, Cacucci, Bari, p. 407; Luiso F.P. (2013), *Il processo speciale per l'impugnazione del licenziamento*, in *RIDL*, I, p. 123; Vidiri G. (2013), *Il nuovo rito sui licenziamenti: una normativa di difficile lettura*, in *RIDL*, I, p. 39 e Id. (2014), *Nuovo rito sui licenziamenti: «giusto processo» ed «imparzialità» del giudice del lavoro*, in *RIDL*, I, p. 17.

Sui licenziamenti collettivi, in generale, e limitatamente alle trattazioni di carattere monografico: Carabelli U. (2001), *I licenziamenti per riduzione del personale in Italia*, in AA.VV., *I licenziamenti per riduzione del personale in Europa*, Cacucci, Bari, p. 111; Natullo G. (2004), *Il licenziamento collettivo. Interessi, procedure, tutele*, Franco Angeli, Milano; Bolego G. (2007),

La procedura di mobilità, in M. Bessone (diretto da), *Trattato di diritto privato*, vol. XXIV, F. Carinci (a cura di), *Il lavoro subordinato*, Tomo III, S. Mainardi (coordinato da), *Il rapporto individuale di lavoro: estinzione e garanzie dei diritti*, Giappichelli, Torino, p. 451.

Sulla disciplina dei licenziamenti collettivi dopo la legge n. 92/2012: Albi P. (2013), *I licenziamenti collettivi*, in M. Cinelli, G. Ferraro, O. Mazzotta (a cura di), *Il nuovo mercato del lavoro dalla riforma Fornero alla legge di stabilità 2013*, Giappichelli, Torino, p. 310; Ballestrero M.V. (2013), *Sub artt. 2118-2119*, in O. Cagnasso, A. Vallebona (a cura di), *Dell'impresa e del lavoro*, E. Gabrielli (diretto da), *Commentario del Codice Civile*, Vol. III, Utet, Torino, p. 3; Carabelli U., Giubboni S. (2013), *Il licenziamento collettivo*, in P. Chieco (a cura di), *Flessibilità e tutele nel lavoro. Commentario della legge 28 giugno 2012 n. 92*, Cacucci, Bari, p. 391; De Feo D., Marazza M. (2013), *I licenziamenti collettivi*, in S. Liebman, M. Persiani (a cura di), *Il nuovo diritto del mercato del lavoro*, Utet, Torino, p. 385; De Simone G. (2014), *L'effettività del diritto come obiettivo e come argomento. La giurisprudenza della Corte di Giustizia Europea, tra interventismo e* self-restraint, in *LD*, p. 489; Lambertucci P. (2013), *La disciplina dei licenziamenti collettivi nella legge 28 giugno 2012, n. 92 in materia di riforma del mercato del lavoro: prime riflessioni*, in *ADL*, p. 242; Natullo G. (2014), *Tutele collettive versus tutele individuali nella riforma dei licenziamenti collettivi (legge n. 92/2012)*, in *DRI*, p. 933; Sartori A. (2014), *Prospettive sistematiche per i licenziamenti collettivi dopo la legge n. 92/2012*, in *RIDL*, I, pp. 467 e 617; Topo A. (2014), *I licenziamenti collettivi*, in L. Fiorillo, A. Perulli (a cura di), *La riforma del mercato del lavoro*, Vol. IV, Giappichelli, Torino, p. 255; Gaudio G. (2022), *Licenziamenti collettivi: la nozione di "licenziamento" nel dialogo tra la corte di giustizia e la Corte di Cassazione*, in *Labor*, p. 55.

Sulla disciplina dei licenziamenti collettivi nel d.lgs. n. 23/2015: Ferraro G. (2015), *I licenziamenti collettivi nel Jobs Act*, in *RIDL*, I, p. 187.

Sulle dimissioni. In riferimento alla disciplina previgente: Altavilla R. (1987), *Le dimissioni del lavoratore*, Giuffrè, Milano; Mainardi S. (2007), *L'estinzione del rapporto nella sistematica del codice civile. Dimissioni e risoluzione consensuale*, in M. Bessone (diretto da), *Trattato di diritto privato*, Vol. XXIV, F. Carinci (a cura di), *Il lavoro subordinato*, Tomo III, S. Mainardi (coordinato da), *Il rapporto individuale di lavoro: estinzione e garanzie dei diritti*, Giappichelli, Torino, p. 3; Ballestrero M.V. (2008), *Recesso on line: ovvero la nuova disciplina delle dimissioni volontarie*, in *LD*, p. 511.

Sulla disciplina delle dimissioni di cui alla legge n. 92/2012: Levi A. (2012), *Contratto di lavoro e recesso del dipendente*, Giappichelli, Torino; Maio V. (2013), *Le norme per il contrasto del fenomeno delle dimissioni e delle finte risoluzioni consensuali «in bianco»*, in S. Liebman, M. Persiani (a cura di), *Il nuovo diritto del mercato del lavoro*, Utet, Torino, p. 617; Rossano M. (2013) *Dimissioni e risoluzione consensuale*, in M. Cinelli, G. Ferraro, O. Mazzotta (a cura di), *Il nuovo mercato del lavoro dalla riforma Fornero alla legge di stabilità 2013*, Giappichelli, Torino, p. 379; Calafà L. (2014), *Il recesso del lavoratore e della lavoratrice*, in L. Fiorillo, A. Perulli (a cura di), *La riforma del mercato del lavoro*, Vol. IV, Giappichelli, Torino, p. 269; Dessì O. (2014), *Riflessioni sulle recenti "vicende" normative delle dimissioni*, WP CSDLE "Massimo D'Antona".IT – 222/2014.

Sulla disciplina attuale in materia di dimissioni e risoluzione consensuale: Proia G. (2017), *La nuova disciplina delle dimissioni e della risoluzione consensuale*, in *RIDL*, I, p. 2; Tinti A.R. (2017), *Dimissioni e risoluzione consensuale di lavoratori e lavorativi: uno studio sulle tecniche di controllo*, WP CSDLE "Massimo D'Antona".IT – 340/2017.

Parte IX – La tutela dei diritti dei lavoratori

Sull'inderogabilità del diritto del lavoro e sulle rinunce e le transazioni del lavoratore: Santoro Passarelli F. (1948), *Sull'invalidità delle rinunce e delle transazioni del prestatore di lavoro*, in *GCCC*, p. 53; Prosperetti U. (1950), *L'invalidità delle rinunce e delle transazioni del prestatore di lavoro*, Giuffrè, Milano; Giugni G. (1970), *Le rinunzie e le transazioni del lavoratore: riesame critico*, in *DL*, I, p. 3; De Luca Tamajo R. (1976), *La norma inderogabile nel diritto del lavoro*, Jovene, Napoli; Ballestrero M.V. (1989), *Riflessioni in tema di inderogabilità dei contratti collettivi*, in *RIDL*, I, p. 357; Cester C. (1989), *Rinunzie e transazioni (diritto del lavoro)* in *ED*, Vol. XL, Giuffrè, Milano, p. 984; Pera G. (1990), *Le rinunce e le transazioni del lavoratore. Art. 2113*, in P. Schlesinger (fondato da), D. Busnelli (diretto da), *Il codice civile. Commentario*, Giuffrè, Milano; Ferraro G. (1990), *Rinunzie e transazioni del lavoratore*, in *EGT*, Vol. XXVII, Istituto poligrafico dello Stato, Roma; Magnani M. (1990), *Disposizione dei diritti*, in *DDP, sez. comm.*, V, Giappichelli, Torino, p. 51; Mazzotta O. (1991), *Autonomia individuale e sistema del diritto del lavoro*, in *DLRI*, p. 489; D'Antona M. (1991), *L'autonomia individuale e le fonti del diritto del lavoro*, in *DLRI*, p. 445; Voza R. (2007), *L'autonomia individuale assistita nel diritto del lavoro*, Cacucci, Bari; Cester C. (2008), *La norma inderogabile: fondamento e problema del diritto del lavoro*, in *DLRI*, p. 341; Tullini P. (2008), *Indisponibilità dei diritti dei lavoratori: dalla tecnica al principio e ritorno*, in *DLRI*, p. 423; Novella M. (2009), *L'inderogabilità nel diritto del lavoro. Norme imperative e autonomia individuale*, Giuffrè, Milano; Dessì O. (2011), *L'indisponibilità dei diritti del lavoratore secondo l'art. 2113 c.c.*, Giappichelli, Torino; Timellini C. (2012), *La transazione novativa nei rapporti di lavoro*, Giappichelli, Torino; De Luca Tamajo R. (2013), *Il problema dell'inderogabilità delle regole a tutela del lavoro: passato e presente*, in *DLRI*, p. 715; Zoppoli A. (2013), *Il declino dell'inderogabilità?*, in *DLM*, p. 53, De Luca Tamajo R. (2016), *La (in)derogabilità della normativa lavoristica ai tempi del Jobs act*, in *Labor*, 5-6, p. 321, Albi P. (2016), *La dismissione dei diritti del lavoratore, art. 2113*, in P. Schlesinger (fondato da), D. Busnelli (diretto da), *Il codice civile. Commentario*, Giuffrè, Milano.

Sulla prescrizione dei diritti dei lavoratori e sulla decadenza: Galantino L. (1974), *Le clausole di decadenza dei contratti collettivi*, Cedam, Padova; Maresca A. (1983), *La prescrizione dei crediti di lavoro*, Giuffrè, Milano; Santoni F. (1988), *Decadenza. V) Diritto del lavoro*, in *EGT*, Vol. X, Istituto poligrafico dello Stato, Roma; Pera G. (1995), *Prescrizione nel diritto del lavoro*, in *DDP, sez. comm.*, Vol. IX, Giappichelli, Torino, p. 216; Ghera E. (2008), *La prescrizione dei diritti del lavoratori e la giurisprudenza creativa della Corte Costituzionale*, in *RIDL*, I, p. 3; Menghini L. (2011), *Il nuovo regime delle decadenze nel Collegato lavoro 2010*, in *LG*, p. 41; Novella M. (2012), *Prescrizione e decadenza*, in M. Persiani e F. Carinci (diretto da), *Trattato di diritto del lavoro*, Vol. IV, Tomo II, a cura di M. Marazza, p. 1990; Nicolini C.A. (2013), *L'evoluzione del regime delle decadenze nei rapporti di lavoro*, in *RIDL*, I, p. 609; Santoni F. (2013), *La decorrenza della prescrizione dei crediti di lavoro e la legge n. 92/2012*, in *RIDL*, I, p. 881; Persiani M. (2018), *Situazione psicologica di timore, stabilità e prescrizione dei crediti di lavoro*, in *ADL*, p. 1; De Luca Tamajo R. (2022), *Il regime della decorrenza della prescrizione dei crediti retributivi dei lavoratori*, in *Labor*, II, p. 153.

Sulla conciliazione delle controversie di lavoro e sull'arbitrato: Pizzoferrato A. (2003), *Giustizia privata del lavoro (conciliazione e arbitrato)*, Cedam, Padova; Zoli C. (2005), *La conciliazione monocratica*, in *Razionalizzazione in materia ispettiva. Commentario al D.Lgs. n. 124/2004*, a cura di L. Nogler e C. Zoli, in *NLCC*, p. 951; Zaccarelli L. (2005), *La conciliazione monocratica*, in *RGL*, I, p. 839; Ferraro G. (2010), *La composizione stragiudiziale delle controversie nel Collegato lavoro*, in *RDSS*, p. 313; Speziale V. (2010), *La riforma della certificazione e dell'arbitrato nel "Collegato lavoro"*, in *DLM*, p. 139; Voza R. (2011), *La proposta transattiva del giudice del lavoro*, in *LG*, p. 986; Lambertucci P. (2011), *La nuova disciplina della conciliazione delle controversie di lavoro nella legge 4 novembre 2010, n. 183 (cd. Collegato lavoro): prime riflessioni*, in *RIDL*, I, p. 581; De Angelis A. (2011), *Il tentativo di conciliazione e l'arbitrato irrituale lungo un accidentato percorso di certezza dei rapporti e deflazione giudiziaria*, in *DRI*, p. 399; Cester C. (2011), *La clausola compromissoria nel Collegato lavoro 2010*, in *LG*, p.

23; Bove M. (2011), *Conciliazione e arbitrato nel collegato lavoro*, in *RTDPC*, p. 125; Cecchella C. (2011), *La risoluzione stragiudiziale delle controversie di lavoro, dopo la riforma del 2010: la conciliazione*, in *RA*, p. 373; Borghesi D. (2014), *Negoziazione e giurisdizione*, in *LD*, p. 287; Luiso F.P. (2014), *La composizione stragiudiziale delle controversie: la procedura di cui all'art. 7, l. n. 604/1966*, in *LD*, p. 331; Dessì O. (2015), *L'arbitrato del lavoro*, in *LD*, p. 149.

Sulla certificazione: Nogler L. (2004), *La certificazione dei contratti di lavoro*, in *DLRI*, p. 203; Zoppoli L. (2010), *Certificazione dei contratti di lavoro e arbitrato: le* liaisons dangereuses, WP CSDLE "Massimo D'Antona".IT – n. 102/2010; Pasquini F., Tiraboschi M. (2011) (a cura di), *La certificazione dopo il collegato lavoro (L. 183/2010). Manuale di teoria e pratica*, Giuffrè, Milano; Nicolini C.A. (2011), *Certificazione dei contratti e contenzioso nel "collegato lavoro"*, in *LG*, p. 350; Marazza M. (2011), *Oggetto ed effetti della nuova certificazione dei contratti di lavoro*, in *ADL*, I, p. 61; Novella M. (2014), *Certificazione in materia di lavoro e tutela giurisdizionale*, in *LD*, p. 347.

Sulle garanzie dei crediti di lavoro: Angelini L., Renna L., Romei R. (1994), *La disciplina dei crediti del lavoratore subordinato*, Utet, Torino; Corsini F., Fornero C., Tampieri A. (1999), *Crediti di lavoro, surrogazione e compensazione*, Giuffrè, Milano; Caiafa A. (a cura di) (2011), *I rapporti di lavoro e la tutela del credito nella crisi d'impresa*, Giappichelli, Torino; Zilio Grandi G., Sferrazza M. (2013-2014), *La tutela del lavoratore nei confronti dell'insolvenza del datore di lavoro*, in *DRI*, p. 685 e p. 142.

Sulla tutela giurisdizionale: Vallebona A. (a cura di) (2011), *Il diritto processuale del lavoro*, in M. Persiani e F. Carinci (diretto da), *Trattato di diritto del lavoro*, Vol. IX, Cedam, Padova; Borghesi D., De Angelis L. (2013), *Il processo del lavoro e della previdenza*, Utet, Torino, nonché i contributi di Proto Pisani A., Tarquini E. e Romei R. (2014), in *LD*, pp. 537-564; Pagni I. (2016), *L'effettività della tutela in materia di lavoro*, in *RIDL*, p. 209; Razzolini O. (2018), *Azione sindacale e tutela giurisdizionale: studio preliminare a partire da un'analisi comparata*, Franco Angeli, Milano; Miscione M. (2020), *Processo del lavoro: a che punto siamo*, in *VTDL*, IV, p. 1019 .

Sulla tutela amministrativa: Rausei P. (2009), *Ispezioni del lavoro. Procedure e strumenti di tutela*, Ipsoa, Milano; Santoro C. (2010), *L'illecito amministrativo in materia di lavoro*, Esi, Napoli; Esposito M. (2016), *Le attività ispettive e il contrasto al lavoro irregolare nel sistema del Jobs Act*, in *RGL*, 3, p. 575; Esposito M. (2017), *Il nuovo sistema ispettivo e il contrasto al lavoro irregolare dopo il Jobs Act*, Utet, Torino; Novella M. (2018), *Contratto di lavoro e ispezione: modelli e strumenti tra interessi pubblici e privati*, Aracne, Roma.

Sulla tutela penale: Smuraglia C. (1980), *Diritto penale del lavoro.* Cedam, Padova; Padovani T. (1994), *Diritto penale del lavoro: profili generali*, Franco Angeli, Milano; Morrone A. (2009), *Diritto penale del lavoro: nuove figure e questioni controverse*, Giuffrè, Milano; Musacchio V. (2010), *Il sistema penale del lavoro*, Franco Angeli, Milano; Garofalo D. (2020), *Lo sfruttamento del lavoro tra prevenzione e repressione nella prospettiva dello sviluppo sostenibile*, in *ADL*, VI, p. 1303.

Finito di stampare nel mese di settembre 2022
nella Stampatre s.r.l. di Torino – Via Bologna, 220